आर गुप्ता® कृत

पॉपुलर मास्टर गाइड

पत्रकारिता एवं जनसंचार

Journalism & Mass Communication

प्रवेश परीक्षा

विभिन्न महत्वपूर्ण विश्वविद्यालयों एवं संस्थाओं द्वारा आयोजित प्रवेश परीक्षाओं के लिए उपयोगी

RPH संपादक मंडल
द्वारा संपादित

रमेश पब्लिशिंग हाउस, नई दिल्ली

प्रकाशक

ओ॰पी॰ गुप्ता, **रमेश पब्लिशिंग हाउस**

प्रशासनिक कार्यालय

12-H, न्यू दरियागंज रोड, ऑफिसर्स मेस के सामने,
नई दिल्ली-110002 ✆ 23275224, 23245124

E-mail: info@rameshpublishinghouse.com
For Online Shopping: www.rameshpublishinghouse.com

विक्रय केन्द्र

• बालाजी मार्किट, नई सड़क, दिल्ली-110006 ✆ 23282525 📱 9354373464
• 4457, नई सड़क, दिल्ली-110006

Book Code: R-967

ISBN: 978-81-7812-454-4

मूल्यः ₹ 495

मुद्रकः जे.पी. इंटरप्राइजेज, दिल्ली

अनुक्रमणिका

पिछले प्रश्न-पत्र

पत्रकारिता एवं जनसंचार

प्रवेश परीक्षा, 2025*

(Exam held on 29-03-2025)

1. नीति आयोग के उपाध्यक्ष की नियुक्ति कौन करते हैं?

1. भारत के राष्ट्रपति
2. भारत के प्रधानमंत्री
3. भारत के मुख्य न्यायाधीश
4. भारत के उपराष्ट्रपति

2. *'मेरी माटी मेरा देश'* कार्यक्रम किस अवधि में आयोजित किया गया था?

1. 9-15 जनवरी, 2023
2. 9-15 मार्च, 2023
3. 9-15 मई, 2023
4. 9-15 अगस्त, 2023

3. भारतीय संविधान का कौन-सा भाग मौलिक अधिकारों से संबंधित है?

1. भाग 1 2. भाग 2
3. भाग 3 4. भाग 4

4. भारतीय संविधान के कौन-से अनुच्छेद में अस्पृश्यता उन्मूलन का प्रावधान है?

1. अनुच्छेद 14
2. अनुच्छेद 15
3. अनुच्छेद 16
4. अनुच्छेद 17

5. भारत में पहला आम चुनाव कब हुआ?

1. 1950 2. 1951
3. 1953 4. 1954

6. 'मध्याह्न भोजन' योजना के विषय में निम्नलिखित कथनों पर विचार करें :

A. यह योजना महिला और बाल विकास मंत्रालय के अंतर्गत चलती है।

B. इस योजना में कक्षा 1 से 8 तक के छात्र सम्मिलित हैं।

C. मध्याह्न भोजन छुट्टियों के दौरान भी वितरित किया जाता है।

D. सामान्यतः मध्याह्न भोजन स्कूल चलने के दिनों में वितरित किया जाता है।

नीचे दिए गए विकल्पों में से **सही** उत्तर चुनें :

1. केवल A, B और D
2. केवल A, B और C
3. A, B, C और D
4. केवल B, C और D

7. निम्नलिखित में से भारत के मुख्य चुनाव आयुक्त कौन-कौन रहे?

A. श्री राजीव कुमार B. श्री सुनील अरोड़ा
C. श्री सी.पी. अग्रवाल D. श्री ओ.पी. रावत

नीचे दिए गए विकल्पों में से **सही** उत्तर चुनें :

1. केवल A, B और D
2. केवल A, B और C
3. A, B, C और D
4. केवल B, C और D

1. 2 **2.** 4 **3.** 3 **4.** 4 **5.** 2 **6.** 4 **7.** 1

* *Conducted by CUET.*

8. सूची-I का सूची-II के साथ मिलान करें :

सूची-I (व्यक्ति)	सूची-II (व्यवसाय)
A. होमई व्यारावाला	I. लेखक
B. निखत जरीन	II. मुक्केबाज
C. सुनीता विलियम्स	III. अंतरिक्ष यात्री
D. कृष्णा सोबती	IV. फोटो पत्रकार

नीचे दिए गए विकल्पों में से **सही** उत्तर चुनें :
1. A-IV, B-II, C-III, D-I
2. A-I, B-III, C-II, D-IV
3. A-I, B-II, C-IV, D-III
4. A-III, B-IV, C-I, D-II

9. सूची-I का सूची-II के साथ मिलान करें :

सूची-I (लेखक)	सूची-II (पुस्तक)
A. जवाहरलाल नेहरू	I. ऐन एरिया ऑफ डार्कनेस
B. मौलाना अबुल कलाम आजाद	II. डिस्कवरी ऑफ इंडिया
C. वी.एस. नॉयपाल	III. इंडिया विन्स फ्रीडम
D. अर्नोल्ड जे. टॉयनबी	IV. ए स्टडी ऑफ हिस्ट्री

नीचे दिए गए विकल्पों में से **सही** उत्तर चुनें :
1. A-I, B-II, C-III, D-IV
2. A-II, B-III, C-I, D-IV
3. A-I, B-III, C-II, D-IV
4. A-II, B-I, C-III, D-IV

10. सूची-I का सूची-II के साथ मिलान करें :

सूची-I (दिवस)	सूची-II (दिनांक)
A. मानवाधिकार दिवस	I. 11 जुलाई
B. विश्व जनसंख्या दिवस	II. 7 अप्रैल
C. विश्व स्वास्थ्य दिवस	III. 10 दिसंबर
D. विश्व पर्यावरण दिवस	IV. 5 जून

नीचे दिए गए विकल्पों में से **सही** उत्तर चुनें :
1. A-II, B-I, C-III, D-IV
2. A-I, B-II, C-III, D-IV
3. A-III, B-II, C-I, D-IV
4. A-III, B-I, C-II, D-IV

11. भारत में आयोजित 'G20 शिखर' सम्मेलन का विषय क्या था?
1. एक साथ विश्व निर्माण
2. एक धरती - एक परिवार - एक भविष्य
3. गरीबी का उन्मूलन
4. पर्यावरण का संरक्षण

12. आईएमईसी (IMEC) का पूर्ण रूप .... है।
1. इंडिया मिडिल ईस्ट यूरोप इकनॉमिक कॉरिडोर
2. इनफार्मेशन मैसेज फॉर ईस्ट यूरोपियन इकनॉमिक कॉरिडोर
3. इंटरनेशनल मिडिल ईस्ट इकनॉमिक एसेंशियल कॉरिडोर
4. इंडियन मिडिल ईस्ट यूरोपियन एंटरटेनमेंट कॉरिडोर

13. आईएमएफ का मुख्यालय .... में स्थित है।
1. विएना
2. वॉशिंगटन डीसी
3. टोक्यो
4. बोस्टन

14. संयुक्त राष्ट्र के वर्तमान महासचिव कौन हैं?
1. बान की मून
2. एंटोनियो गुटेरेस
3. डेविड कैमरून
4. ए.एस. बंगा

15. वैश्विक प्रतिस्पर्धात्मक रिपोर्ट .... द्वारा प्रकाशित की जाती है।
1. विश्व बैंक
2. अंतर्राष्ट्रीय मुद्रा कोष
3. विश्व आर्थिक मंच
4. एशियाई विकास बैंक

16. निम्नलिखित घटनाओं के सही कालक्रमानुसार (प्रारंभ से) की पहचान करें :

A. वियतनाम युद्ध
B. सोवियत-अफगान युद्ध
C. ईरान-इराक युद्ध
D. बांग्लादेश मुक्ति युद्ध

नीचे दिए गए विकल्पों में से **सही** उत्तर चुनें :
1. A, D, B, C
2. A, B, C, D
3. B, A, D, C
4. C, B, D, A

8. 1 **9.** 2 **10.** 4 **11.** 2 **12.** 1 **13.** 2 **14.** 2 **15.** 3 **16.** 1

17. निम्नलिखित में से किन फिल्मों ने दादासाहेब फाल्के अंतर्राष्ट्रीय फिल्म महोत्सव पुरस्कार में सर्वश्रेष्ठ फिल्म का पुरस्कार जीता है?

A. द कश्मीर फाइल्स
B. पुष्पा द राइज
C. तान्हाजी
D. शेरशाह

नीचे दिए गए विकल्पों में से **सही** उत्तर चुनें :

1. केवल A, B और D
2. केवल A, B और C
3. A, B, C और D
4. केवल A, C और D

18. निम्नलिखित में से कौन-कौन लॉन टेनिस से संबंधित नहीं है?

A. क्रिस एवर्ट लॉयड
B. जिमी कॉनर्स
C. टाइगर वुड्स
D. माइकल शूमाकर

नीचे दिए गए विकल्पों में से **सही** उत्तर चुनें :

1. केवल C और D
2. केवल A और C
3. केवल A, B और D
4. केवल B और D

19. निम्नलिखित में से किन देशों ने एक से अधिक बार एक-दिवसीय विश्व कप जीता है?

A. इंग्लैंड
B. भारत
C. ऑस्ट्रेलिया
D. वेस्ट इंडीज

नीचे दिए गए विकल्पों में से **सही** उत्तर चुनें :

1. केवल A, B और D
2. केवल A, B और C
3. A, B, C और D
4. केवल B, C और D

20. सूची-I का सूची-II के साथ मिलान करें :

सूची-I (समाचार-पत्र)	**सूची-II (देश)**
A. फाइनेंशियल टाइम्स	I. भारत
B. डॉन	II. पाकिस्तान
C. पीपल्स डेली	III. चीन
D. द टाइम्स ऑफ इंडिया	IV. ब्रिटेन

नीचे दिए गए विकल्पों में से **सही** उत्तर चुनें :

1. A-IV, B-II, C-III, D-I
2. A-I, B-III, C-II, D-IV
3. A-I, B-II, C-IV, D-III
4. A-III, B-IV, C-I, D-II

21. इसरो के आदित्य एल-1 उपग्रह मिशन का प्राथमिक उद्देश्य क्या है?

1. पृथ्वी के वायुमंडल का अध्ययन
2. चंद्रमा के दक्षिणी ध्रुव का अध्ययन
3. मंगल पर खोज-बीन
4. सूर्य का विस्तृत अध्ययन

22. रुपए का प्रतीक .... पर आधारित है।

1. रोमन और देवनागरी लिपि
2. फारसी और देवनागरी लिपि
3. यूनानी और देवनागरी लिपि
4. रोमन और यूनानी लिपि

23. भारत रत्न प्राप्तकर्ताओं के सही कालानुक्रमानुसार (प्रारंभ से) की पहचान करें :

A. मदर टेरेसा
B. सी.वी. रमन
C. डॉ. एपीजे अब्दुल कलाम
D. डॉ. राजेंद्र प्रसाद

नीचे दिए गए विकल्पों में से **सही** उत्तर चुनें :

1. A, B, C, D
2. B, D, A, C
3. B, A, D, C
4. C, B, D, A

17. 4 **18.** 1 **19.** 4 **20.** 1 **21.** 4 **22.** 1 **23.** 2

24. सूची-I का सूची-II के साथ मिलान करें :

सूची-I (फिल्म)	सूची-II (निर्देशक)
A. फैंड्री	I. पा रंजीत
B. काला	II. टी.जे. ज्ञानवेल
C. कर्णन	III. नागराज मंजुले
D. जय भीम	IV. मारी सेल्वराज

नीचे दिए गए विकल्पों में से **सही** उत्तर चुनें :
1. A-III, B-I, C-IV, D-II
2. A-I, B-III, C-II, D-IV
3. A-I, B-II, C-IV, D-III
4. A-III, B-IV, C-I, D-II

25. सूची-I का सूची-II के साथ मिलान करें :

सूची-I (खेल)	सूची-II (खिलाड़ी)
A. मुक्केबाजी	I. सुनील छेत्री
B. फुटबॉल	II. मीराबाई चानू
C. भारोत्तोलन	III. मैरी कॉम
D. हॉकी	IV. मनप्रीत सिंह

नीचे दिए गए विकल्पों में से **सही** उत्तर चुनें :
1. A-III, B-I, C-II, D-IV
2. A-I, B-III, C-II, D-IV
3. A-I, B-II, C-IV, D-III
4. A-III, B-IV, C-I, D-II

26. सूची-I का सूची-II के साथ मिलान करें :

सूची-I (खिलाड़ी)	सूची-II (खेल)
A. संदेश झिंगन	I. कुश्ती
B. विनेश फोगाट	II. भाला फेंक
C. किशोर जेना	III. हॉकी
D. दिलीप तिर्की	IV. फुटबॉल

नीचे दिए गए विकल्पों में से **सही** उत्तर चुनें :
1. A-I, B-II, C-III, D-IV
2. A-IV, B-I, C-II, D-III
3. A-I, B-II, C-IV, D-III
4. A-III, B-IV, C-I, D-II

27. मधुबनी कला ...., क्षेत्र की एक परंपरा है।
1. विदर्भ
2. अवध
3. मिथिला
4. कोंकण

28. निम्नलिखित में से 'उद्देश्य प्रस्ताव' किसने पेश किया था, जिसे बाद में भारत के संविधान की प्रस्तावना के रूप में अपनाया गया?
1. डॉ. राजेंद्र प्रसाद
2. जे.बी. कृपलानी
3. जवाहरलाल नेहरू
4. डॉ. बी.आर. अम्बेडकर

29. निम्नलिखित में से किस युग में कृषि भूमि का सबसे विस्तृत स्तर पर विस्तार हुआ?
1. मुगल युग
2. मौर्य युग
3. गुप्त युग
4. उत्तर-मौर्य युग

30. *'सत्यमेव जयते'* सर्वप्रथम किसके द्वारा बोला गया था?
1. पं. दीनदयाल उपाध्याय
2. पं. मदन मोहन मालवीय
3. पं. जवाहरलाल नेहरू
4. पं. रवि शंकर

31. 'ए पैसेज टू इंडिया' के लेखक कौन हैं?
1. ई.एम. फोर्स्टर
2. रुडयार्ड किपलिंग
3. रबींद्रनाथ टैगोर
4. सलमान रुश्दी

32. भारत के सर्वोच्च न्यायालय के प्रथम मुख्य न्यायाधीश कौन थे?
1. एच.जे. कानिया
2. सुकुमार सेन
3. वाई.वी. चंद्रचूड़
4. लीला सेठ

33. महाराष्ट्र में *'वारकरी'* परंपरा के संस्थापक कौन थे
1. तुकाराम
2. रामदास
3. ज्ञानेश्वर
4. एकनाथ

34. 1913 में सैन फ्रांसिस्को में गदर पार्टी का संस्थापक कौन था?
1. रास बिहारी बोस
2. लाला हरदयाल
3. एस.एस. भाकना
4. एस.सी. बोस

24. 1 **25.** 1 **26.** 2 **27.** 3 **28.** 3 **29.** 3 **30.** 2 **31.** 1 **32.** 1 **33.** 3 **34.** 2

35. डॉ. बी.आर. अम्बेडकर ने निम्नलिखित में से किस समाचार पत्र का संपादन किया?

1. नव जीवन
2. यंग इंडिया
3. मूकनायक
4. हरिजन

36. निम्नलिखित समाचार पत्रों की शुरूआत से सही अनुक्रम की पहचान कीजिए :

A. द इंडियन गजट
B. केसरी
C. नवजीवन
D. मिरात-उल-अखबार

नीचे दिए गए विकल्पों में से **सही** उत्तर चुनें :

1. A, D, B, C
2. A, C, B, D
3. A, B, C, D
4. C, A, D, B

37. निम्नलिखित घटनाओं को सही कालक्रमानुसार (प्रारम्भ से) में व्यवस्थित करें :

A. पानीपत की तीसरी लड़ाई
B. शिवाजी का राज्याभिषेक
C. औरंगजेब की मृत्यु
D. मिर्जा गालिब का जन्म

नीचे दिए गए विकल्पों में से **सही** उत्तर चुनें :

1. B, C, A, D
2. A, B, C, D
3. B, A, D, C
4. C, B, D, A

38. निम्नलिखित के सही कालक्रमानुसार (प्रारम्भ से) की पहचान करें :

A. ऋग्वेद
B. हर्षचरित
C. आइन-ए-अकबरी
D. गोदान

नीचे दिए गए विकल्पों में से **सही** उत्तर चुनें :

1. A, B, C, D
2. A, B, D, C
3. B, A, D, C
4. C, B, D, A

39. निम्नलिखित में से कौन-सी सार्वजनिक क्षेत्र की कंपनियाँ नवरत्न हैं?

A. सेल
B. एसजेवीएनएल
C. राष्ट्रीय इस्पात निगम लिमिटेड
D. एनएमडीसी

नीचे दिए गए विकल्पों में से **सही** उत्तर चुनें :

1. केवल C और D
2. केवल A, B और C
3. केवल A और D
4. केवल B और C

40. निम्नलिखित में से कौन-सी पुस्तक मुंशी प्रेमचंद ने नहीं लिखी है?

A. गोरा
B. गबन
C. चित्रा
D. महाभोज

नीचे दिए गए विकल्पों में से **सही** उत्तर चुनें :

1. केवल A, B और D
2. केवल A, B और C
3. A, B, C और D
4. केवल A, C और D

41. निम्नलिखित में से किन फिल्मों का निर्देशन श्याम बेनेगल ने नहीं किया?

A. निशांत
B. मंडी
C. कथा
D. भुवन शोम

नीचे दिए गए विकल्पों में से **सही** उत्तर चुनें :

1. केवल A और B
2. केवल A, B और C
3. A, B, C और D
4. केवल C और D

42. निम्नलिखित में से कौन-से स्मारक दिल्ली में स्थित नहीं हैं?

A. बीबी-का-मकबरा
B. सफदरजंग का मकबरा
C. चारमीनार
D. हवा महल

नीचे दिए गए विकल्पों में से **सही** उत्तर चुनें :

1. केवल A, C और D
2. केवल A, B और C
3. A, B, C और D
4. केवल B, C और D

35. 3 **36.** 1 **37.** 1 **38.** 1 **39.** 4 **40.** 4 **41.** 4 **42.** 1

43. एक ब्रांड के लिए उपयोग किए गए संगीतमय संदेश को .... कहते हैं।
1. लोगो
2. सिंबल्स
3. जिंगल
4. टैगलाइन

44. निम्नलिखित में से कौन-सा जेनेरेटिव एआई का एक उदाहरण नहीं है?
1. चैटजीपीटी
2. सिरी
3. पीएनजी
4. डीएएलएल-ई

45. निम्नलिखित में से कौन-सा एक केवल ध्वनि संपादन सॉफ्टवेयर है?
1. प्रो टूल्स
2. वेगास
3. एफसीपी
4. प्रीमियर प्रो

46. 'सिनेमेटोग्राफ' शब्द किसने गढ़ा?
1. लुमियर ब्रदर्स
2. डी.डब्ल्यू. ग्रिफिथ
3. टी.ए. एडिसन
4. जिगा वर्तोव

47. वीडियो संपादन कार्यप्रवाह के सही अनुक्रम की पहचान करें :

A. फुटेज की लॉगिंग
B. समीक्षा
C. कच्ची प्रति
D. अंतिम प्रति

नीचे दिए गए विकल्पों में से **सही** उत्तर चुनें :
1. A, B, C, D
2. A, B, D, C
3. A, D, B, C
4. A, C, D, B

48. निम्नलिखित कंपनियों की स्थापना के सही कालक्रमानुसार (प्रारंभ से) की पहचान करें :

A. फेसबुक
B. ट्विटर
C. गूगल
D. एप्पल

नीचे दिए गए विकल्पों में से **सही** उत्तर चुनें :
1. A, B, C, D
2. A, B, D, C
3. B, A, D, C
4. D, C, A, B

49. निम्नलिखित में से कौन-से प्रारूप रेडियो से संबंधित हैं?

A. साक्षात्कार
B. फोन-इन
C. एवी
D. समाचार बुलेटिन

नीचे दिए गए विकल्पों में से **सही** उत्तर चुनें :
1. केवल A, B और D
2. केवल A, B और C
3. A, B, C और D
4. केवल B, C और D

50. सूची-I का सूची-II के साथ मिलान करें :

सूची-I (सॉफ्टवेयर)	**सूची-II (अनुप्रयोग)**
A. प्रीमियर प्रो	I. ऑडियो संपादन
B. ऑडेसिटी	II. मोशन ग्राफिक्स
C. फोटोशॉप	III. इमेज संपादन
D. ऑफ्टर इफेक्ट्स	IV. वीडियो संपादन

नीचे दिए गए विकल्पों में से **सही** उत्तर चुनें :
1. A-I, B-II, C-III, D-IV
2. A-I, B-III, C-II, D-IV
3. A-I, B-II, C-IV, D-III
4. A-IV, B-I, C-III, D-II

51. निम्नलिखित में से कौन-सी फिल्म सत्यजीत रे की अंतिम फिल्म थी?
1. पाथेर पांचाली
2. अपूर संसार
3. सद्गति
4. आगंतुक

52. निम्नलिखित में से किसे जनसंपर्क का जनक कहा जाता है?
1. थॉमस जेफरसन
2. एडवर्ड बर्नेज
3. सिगमंड फ्रॉयड
4. ओगिल्वी

53. 'लावणी' निम्नलिखित में से किस भारतीय राज्य का लोक नृत्य है?
1. महाराष्ट्र
2. गुजरात
3. हरियाणा
4. कर्नाटक

54. निम्नलिखित हिंदी समाचार पत्रों में से कौन-सा सबसे पहले प्रकाशित हुआ था?
1. संवाद कौमुदी
2. उदंत मार्तंड
3. केसरी
4. प्रताप

43. 3 **44.** 3 **45.** 1 **46.** 1 **47.** 1 **48.** 4 **49.** 1 **50.** 4 **51.** 4 **52.** 2 **53.** 1 **54.** 2

55. निम्नलिखित में से कौन-सा समाचार पत्र का एक अंग नहीं है?
1. हेडलाइन 2. बायलाइन
3. लीड 4. पैकेज

56. निम्नलिखित में से किसने संचार के 'द्वि-स्तरीय-प्रवाह सिद्धांत' की स्थापना की?
1. काट्ज और लाजर्सफेल्ड
2. शैनन और वीवर
3. विल्बर श्रैम
4. मार्शल मैक्लुहान

57. श्याम बेनेगल की निम्नलिखित फिल्मों के सही कालक्रमानुसार (प्रारम्भ से) की पहचान करें :
A. भूमिका B. मंथन
C. अंकुर D. जुबैदा
नीचे दिए गए विकल्पों में से **सही** उत्तर चुनें :
1. A, B, C, D 2. A, B, D, C
3. C, B, A, D 4. C, B, D, A

58. निम्नलिखित घटनाओं के सही कालक्रमानुसार (प्रारम्भ से) की पहचान करें :
A. भारत में पहला टीवी प्रसारण
B. विविध भारती की शुरूआत
C. साइट (SITE) परियोजना
D. कृषि दर्शन
नीचे दिए गए विकल्पों में से **सही** उत्तर चुनें :
1. A, B, D, C 2. A, B, C, D
3. B, A, D, C 4. B, A, C, D

59. सूची-I का सूची-II के साथ मिलान करें :

सूची-I (संगठन)	सूची-II (स्थापना वर्ष)
A. फिल्म प्रभाग	I. 1919
B. एनएफडीसी	II. 1959
C. फोटो प्रभाग	III. 1975
D. पत्र सूचना कार्यालय	IV. 1948

नीचे दिए गए विकल्पों में से **सही** उत्तर चुनें :
1. A-I, B-II, C-III, D-IV
2. A-I, B-III, C-II, D-IV
3. A-I, B-II, C-IV, D-III
4. A-IV, B-III, C-II, D-I

60. सूची-I का सूची-II के साथ मिलान करें :

सूची-I (रेडियो स्टेशन)	सूची-II (आवृत्ति)
A. एफएम रेनबो	I. 106.4 MHz
B. एफएम गोल्ड	II. 93.5 MHz
C. रेडियो मिर्ची	III. 102.6 MHz
D. रेड एफएम	IV. 98.3 MHz

नीचे दिए गए विकल्पों में से **सही** उत्तर चुनें :
1. A-III, B-I, C-IV, D-II
2. A-I, B-III, C-II, D-IV
3. A-I, B-II, C-IV, D-III
4. A-III, B-IV, C-I, D-II

61. दुर्गावती बाघ अभयारण्य किस राज्य में स्थित है?
1. मध्य प्रदेश 2. उत्तर प्रदेश
3. हिमाचल प्रदेश 4. आंध्र प्रदेश

62. 'जस्ट स्टॉप ऑयल' .... में स्थित जलवायु कार्यकर्ताओं का एक समूह है।
1. जर्मनी 2. यूके
3. यूएसए 4. इटली

63. निम्नलिखित में से कौन-सा देश सार्क का सदस्य नहीं है?
1. अफगानिस्तान 2. मालदीव
3. चीन 4. नेपाल

64. 'सेमिओलॉजी' शब्द .... द्वारा गढ़ा गया था।
1. फर्डिनांड डी सस्यूर 2. रोलैंड बार्थेस
3. नोम चॉम्स्की 4. लुई अल्थूसर

65. कुछ बड़ी कंपनियों के नियंत्रण में मीडिया व्यवसायों की बढ़ती संख्या को .... के रूप में जाना जाता है।
1. एकाधिकार 2. द्वयधिकार
3. अल्पाधिकार 4. मैकडोनल्डाइजेशन

55. 4 **56.** 1 **57.** 3 **58.** 3 **59.** 4 **60.** 1 **61.** 2 **62.** 2 **63.** 3 **64.** 1 **65.** 3

66. शैक्षणिक संवर्धन के उद्देश्य से उपग्रह अनुदेशात्मक टेलीविजन प्रयोग किस वर्ष शुरू किया गया था?

1. 1973
2. 1975
3. 1977
4. 1980

67. निम्नलिखित में से कौन एक प्रिंट पत्रकारिता पेशेवर नहीं होता है?

1. संपादक
2. रिपोर्टर
3. स्तंभ लेखक
4. निर्माता

68. गटर प्रेस .... का वर्णन करने के लिए एक सामान्य शब्द है।

1. टैब्लॉइड समाचार पत्र
2. क्षेत्रीय समाचार पत्र
3. साप्ताहिक समाचार पत्र
4. देशी भाषायी समाचार पत्र

69. निम्नलिखित में से कौन-सा प्रसार भारती का ओटीटी मंच है?

1. नेटफ्लिक्स
2. वेव्स
3. दूरदर्शन ओटीटी
4. हॉटस्टार

70. वर्ष 2024 में किसे भारत रत्न मिला?

1. श्री अटल बिहारी वाजपेयी
2. श्री कर्पूरी ठाकुर
3. श्री नानाजी देशमुख
4. श्री भूपेन हजारिका

71. निम्नलिखित में से कौन-सा सॉफ्टवेयर परत-आधारित डिजाइन के लिए प्रसिद्ध है?

1. कोरेल ड्रा
2. इनडिजाइन
3. फोटोशॉप
4. एमएस ऑफिस

72. स्वास्थ्य संबंधी लाभों के लिए भारत सरकार की निम्नलिखित में से कौन-सी योजना है?

1. मनरेगा
2. पीएम-जेएवाई
3. इंदिरा आवास योजना
4. जन-धन योजना

73. 2024 में विश्व शतरंज चैम्पियनशिप किसने जीता?

1. आर. प्रज्ञानन्द
2. डी. गुकेश
3. अनातोली कारपोव
4. जी. भुनेश

74. निम्नलिखित में से किस सॉफ्टवेयर का उपयोग वीडियो को संपादित करने के लिए किया जाता है?

1. एडोब फोटोशॉप
2. कोरेल ड्रा
3. एडोब प्रीमियर प्रो
4. क्वार्क एक्सप्रेस

75. निम्नलिखित परमवीर चक्र पुरस्कार विजेताओं को सही कालक्रमानुसार (प्रारम्भ में) से व्यवस्थित करें :

A. कैप्टन विक्रम बत्रा
B. मेजर सोमनाथ शर्मा
C. मेजर धन सिंह थापा
D. फ्लाइंग ऑफिसर निर्मलजीत सिंह सेखों

नीचे दिए गए विकल्पों में से **सही** उत्तर चुनें :

1. B, C, D, A
2. D, C, A, B
3. B, C, A, D
4. D, C, B, A

व्याख्यात्मक उत्तर

1. नीति आयोग (NITI Aayog) भारत सरकार का एक महत्वपूर्ण नीति-निर्माण संस्थान है, जिसका गठन 1 जनवरी 2015 को किया गया था। इसका अध्यक्ष भारत का प्रधानमंत्री होता है, इसलिए संगठन की प्रमुख नियुक्तियाँ भी प्रधानमंत्री द्वारा ही की जाती हैं। उपाध्यक्ष नीति आयोग का कार्यकारी प्रमुख होता है और उसकी नियुक्ति सीधे प्रधानमंत्री करते हैं। यह पद कैबिनेट मंत्री के स्तर का होता है और नीतिगत योजनाओं के निर्माण एवं कार्यान्वयन में महत्वपूर्ण भूमिका निभाता है।

2. 'मेरी माटी मेरा देश' कार्यक्रम भारत सरकार द्वारा आजा का अमृत महोत्सव के समापन के अवसर पर आयोजित कि गया था। यह कार्यक्रम 9 अगस्त से 15 अगस्त 2023 तक देश में मनाया गया। इसका उद्देश्य स्वतंत्रता संग्राम सेनानि और शहीदों को श्रद्धांजलि देना तथा देशभक्ति की भाव को मजबूत करना था। इस दौरान देशभर में 'अमृत कल यात्रा' और 'वीर भूमि वंदन' जैसे आयोजन भी किए ग

3. भारतीय संविधान का भाग 3 (Part III) मौलिक अधिक से संबंधित है, जो नागरिकों को विभिन्न प्रकार की स्वतंत्र

66. 2	67. 4	68. 1	69. 2	70. 2	71. 3	72. 2	73. 2	74. 3	75. 1

और सुरक्षा प्रदान करते हैं। ये अधिकार लोकतंत्र की आधारशिला माने जाते हैं और सरकार के मनमाने कार्यों पर नियंत्रण रखते हैं। इसमें समानता का अधिकार, स्वतंत्रता का अधिकार, शोषण के विरुद्ध अधिकार, धर्म की स्वतंत्रता, सांस्कृतिक एवं शैक्षिक अधिकार तथा संवैधानिक उपचारों का अधिकार शामिल हैं। इन अधिकारों की रक्षा के लिए नागरिक सीधे न्यायालय जा सकते हैं।

4. भारतीय संविधान का अनुच्छेद 17 अस्पृश्यता के उन्मूलन से संबंधित है और इसे एक ऐतिहासिक प्रावधान माना जाता है। इस अनुच्छेद के तहत अस्पृश्यता को पूर्णतः समाप्त कर दिया गया है और इसका किसी भी रूप में पालन करना कानूनन अपराध घोषित किया गया है। इसके उल्लंघन पर दंड का प्रावधान भी किया गया है, जिसे सिविल राइट्स एक्ट, 1955 के माध्यम से लागू किया गया। यह प्रावधान सामाजिक समानता और न्याय स्थापित करने की दिशा में एक महत्वपूर्ण कदम है।

5. भारत में पहला आम चुनाव 1951 में प्रारंभ हुआ था, जो 1951-52 तक चला। यह स्वतंत्र भारत का पहला लोकतांत्रिक चुनाव था, जिसमें देश के करोड़ों मतदाताओं ने भाग लिया। इस चुनाव में सार्वभौमिक वयस्क मताधिकार के आधार पर मतदान कराया गया, जो उस समय एक बहुत बड़ी उपलब्धि थी। इस चुनाव के परिणामस्वरूप पहली लोकसभा का गठन हुआ और लोकतांत्रिक व्यवस्था को मजबूत आधार मिला।

6. A. **यह योजना महिला और बाल विकास मंत्रालय के अंतर्गत चलती है – गलत :** मध्याह्न भोजन योजना (PM-POSHAN) शिक्षा मंत्रालय के अंतर्गत संचालित होती है, इसलिए इसे महिला और बाल विकास मंत्रालय से जोड़ना सही नहीं है।

B. **इस योजना में कक्षा 1 से 8 तक के छात्र सम्मिलित हैं – सही :** यह योजना सरकारी एवं सहायता प्राप्त विद्यालयों में कक्षा 1 से 8 तक के बच्चों को कवर करती है, जिससे उनके पोषण स्तर और विद्यालय में उपस्थिति में सुधार होता है।

C. **मध्याह्न भोजन छुट्टियों के दौरान भी वितरित किया जाता है – सही :** विशेष परिस्थितियों जैसे सूखा, आपदा या विद्यालय बंद होने की स्थिति में बच्चों को भोजन या सूखा राशन उपलब्ध कराया जाता है, ताकि उनका पोषण प्रभावित न हो।

D. **सामान्यतः मध्याह्न भोजन स्कूल चलने के दिनों में वितरित किया जाता है –** सही : इस योजना का मुख्य उद्देश्य स्कूल के दिनों में बच्चों को गर्म पका हुआ भोजन देना है, जिससे उनकी पढ़ाई में रुचि और स्वास्थ्य दोनों बेहतर हों।

7. A. **श्री राजीव कुमार – सही :** श्री राजीव कुमार भारत के मुख्य चुनाव आयुक्त रह चुके हैं और उन्होंने चुनाव आयोग में महत्वपूर्ण भूमिका निभाई है।

B. **श्री सुनील अरोड़ा – सही :** श्री सुनील अरोड़ा भी भारत के मुख्य चुनाव आयुक्त रहे हैं और उनके कार्यकाल में कई महत्वपूर्ण चुनाव संपन्न हुए।

C. **श्री सी.पी. अग्रवाल – गलत :** श्री सी.पी. अग्रवाल भारत के मुख्य चुनाव आयुक्त नहीं रहे हैं, इसलिए यह कथन सही नहीं है।

D. **श्री ओ.पी. रावत – सही :** श्री ओ.पी. रावत भी भारत के मुख्य चुनाव आयुक्त के पद पर कार्य कर चुके हैं और उन्होंने चुनाव प्रक्रिया के संचालन में योगदान दिया है।

8. A. **होमई व्यारावाला – (IV: फोटो पत्रकार) :** होमई व्यारावाला भारत की पहली महिला फोटो पत्रकार थीं और उन्होंने स्वतंत्रता काल के कई ऐतिहासिक क्षणों को अपने कैमरे में कैद किया।

B. **निखत जरीन – (II: मुक्केबाज) :** निखत जरीन एक प्रसिद्ध भारतीय महिला मुक्केबाज हैं, जिन्होंने अंतरराष्ट्रीय स्तर पर भारत का प्रतिनिधित्व किया है और कई पदक जीते हैं।

C. **सुनीता विलियम्स – (III: अंतरिक्ष यात्री) :** सुनीता विलियम्स एक प्रसिद्ध अंतरिक्ष यात्री हैं, जिन्होंने नासा के साथ मिलकर अंतरिक्ष में कई मिशनों में भाग लिया है।

D. **कृष्णा सोबती – (I: लेखक) :** कृष्णा सोबती हिंदी की प्रसिद्ध लेखिका थीं, जिन्हें उनके साहित्यिक योगदान के लिए कई पुरस्कार प्राप्त हुए।

9. A. **जवाहरलाल नेहरू – (II: डिस्कवरी ऑफ इंडिया) :** यह पुस्तक नेहरू जी द्वारा लिखी गई है, जिसमें भारत के इतिहास और संस्कृति का विस्तृत वर्णन है।

B. **मौलाना अबुल कलाम आजाद – (III: इंडिया विन्स फ्रीडम) :** यह पुस्तक आजाद जी की आत्मकथा है, जिसमें स्वतंत्रता आंदोलन के अनुभवों का वर्णन किया गया है।

C. **वी.एस. नायपाल – (I: ऐन एरिया ऑफ डार्कनेस) :** यह पुस्तक भारत की सामाजिक और सांस्कृतिक स्थिति पर आधारित है, जिसे नायपाल ने लिखा है।

D. **अर्नोल्ड जे. टॉयनबी – (IV: ए स्टडी ऑफ हिस्ट्री) :** यह एक प्रसिद्ध ऐतिहासिक कृति है, जिसमें सभ्यताओं के विकास का विश्लेषण किया गया है।

10. A. **मानवाधिकार दिवस – (III: 10 दिसंबर) :** मानवाधिकार दिवस प्रत्येक वर्ष 10 दिसंबर को मनाया जाता है, क्योंकि इसी दिन 1948 में संयुक्त राष्ट्र महासभा ने मानवाधिकारों की सार्वभौम घोषणा को अपनाया था।

B. **विश्व जनसंख्या दिवस – (I: 11 जुलाई) :** यह दिवस 11 जुलाई को मनाया जाता है, जिसका उद्देश्य जनसंख्या वृद्धि और उससे जुड़े मुद्दों के प्रति जागरूकता फैलाना है।

C. **विश्व स्वास्थ्य दिवस – (II: 7 अप्रैल) :** विश्व स्वास्थ्य संगठन (WHO) की स्थापना के उपलक्ष्य में 7 अप्रैल को यह दिवस मनाया जाता है, जो वैश्विक स्वास्थ्य के महत्व को दर्शाता है।

D. **विश्व पर्यावरण दिवस – (IV: 5 जून) :** यह दिवस 5 जून को मनाया जाता है और इसका उद्देश्य पर्यावरण संरक्षण के प्रति जागरूकता बढ़ाना है।

11. भारत में आयोजित G20 शिखर सम्मेलन 2023 का विषय 'एक धरती - एक परिवार - एक भविष्य' (One Earth, One Family, One Future) था। यह थीम भारतीय संस्कृति के 'वसुधैव कुटुम्बकम्' के विचार को दर्शाती है, जिसमें पूरी दुनिया को एक परिवार के रूप में देखा जाता है। इस विषय का उद्देश्य वैश्विक सहयोग, सतत विकास और साझा भविष्य की दिशा में कार्य करना था।

12. IMEC का पूर्ण रूप 'India-Middle East-Europe Economic Corridor' है। यह एक अंतरराष्ट्रीय व्यापार एवं परिवहन गलियारा है, जिसकी घोषणा G20 शिखर सम्मेलन 2023 में की गई थी। इसका उद्देश्य भारत, मध्य पूर्व और यूरोप के बीच व्यापार, कनेक्टिविटी और आर्थिक सहयोग को बढ़ावा देना है। यह परियोजना वैश्विक व्यापार मार्गों को सुदृढ़ करने की दिशा में एक महत्वपूर्ण पहल है।

13. अंतर्राष्ट्रीय मुद्रा कोष (IMF) का मुख्यालय संयुक्त राज्य अमेरिका की राजधानी वॉशिंगटन डीसी में स्थित है। IMF की स्थापना 1944 में ब्रेटन वुड्स सम्मेलन के दौरान हुई थी। इसका मुख्य उद्देश्य वैश्विक आर्थिक स्थिरता बनाए रखना, वित्तीय सहयोग बढ़ाना और सदस्य देशों को आर्थिक सहायता प्रदान करना है।

14. वर्तमान में संयुक्त राष्ट्र के महासचिव एंटोनियो गुटेरेस हैं, जिन्होंने 2017 में यह पद संभाला था। वे पुर्तगाल के पूर्व प्रधानमंत्री भी रह चुके हैं और अंतरराष्ट्रीय कूटनीति में उनका महत्वपूर्ण योगदान रहा है। उन्हें 2022 में दूसरे कार्यकाल के लिए पुनः नियुक्त किया गया। उनका कार्यकाल वैश्विक शांति, सुरक्षा और सतत विकास को बढ़ावा देने पर केंद्रित है।

15. वैश्विक प्रतिस्पर्धात्मक रिपोर्ट (Global Competitiveness Report) विश्व आर्थिक मंच (World Economic Forum) द्वारा प्रकाशित की जाती है। इस रिपोर्ट में विभिन्न देशों की आर्थिक प्रतिस्पर्धात्मकता का मूल्यांकन किया जाता है। इसमें बुनियादी ढांचे, नवाचार, बाजार दक्षता और शिक्षा जैसे कई मानकों को शामिल किया जाता है। यह रिपोर्ट नीति निर्माण में महत्वपूर्ण भूमिका निभाती है।

16. A. **वियतनाम युद्ध** – यह युद्ध 1955 में शुरू होकर 1975 तक चला। यह शीत युद्ध के दौरान अमेरिका और साम्यवादी ताकतों के बीच एक महत्वपूर्ण संघर्ष था।

D. **बांग्लादेश मुक्ति युद्ध** – यह युद्ध 1971 में हुआ, जिसमें पूर्वी पाकिस्तान ने भारत की सहायता से स्वतंत्र होकर बांग्लादेश का निर्माण किया।

B. **सोवियत-अफगान युद्ध** – यह युद्ध 1979 में शुरू हुआ, जब सोवियत संघ ने अफगानिस्तान में हस्तक्षेप किया और यह 1989 तक चला।

C. **ईरान-इराक युद्ध** – यह युद्ध 1980 से 1988 तक चला, जो मध्य पूर्व का एक लंबा और विनाशकारी संघर्ष था।

इस प्रकार सही कालक्रम है –A-(1955), D-(1971), B-(1979), C-(1980)।

17. A. **द कश्मीर फाइल्स – सही :** इस फिल्म ने वर्ष 2023 में दादासाहेब फाल्के अंतर्राष्ट्रीय फिल्म महोत्सव में 'सर्वश्रेष्ठ फिल्म' का पुरस्कार जीता, जिसमें इसके विषय और प्रस्तुति को सराहा गया।

B. **पुष्पा द राइज – गलत :** इस फिल्म को वर्ष 2022 में 'फिल्म ऑफ द ईयर' का पुरस्कार मिला था, लेकिन इसे 'सर्वश्रेष्ठ फिल्म' का पुरस्कार नहीं दिया गया।

C. **तान्हाजी – सही :** 'तान्हाजी : द अनसंग वॉरियर' ने वर्ष 2021 में 'सर्वश्रेष्ठ फिल्म' का पुरस्कार जीता था और यह ऐतिहासिक विषय पर आधारित एक सफल फिल्म रही।

D. **शेरशाह – सही :** 'शेरशाह' फिल्म को वर्ष 2022 में 'सर्वश्रेष्ठ फिल्म' का पुरस्कार मिला, जो कारगिल युद्ध के नायक कैप्टन विक्रम बत्रा के जीवन पर आधारित है।

18. A. **क्रिस एवर्ट लॉयड – गलत (टेनिस से संबंधित) :** वे एक प्रसिद्ध महिला टेनिस खिलाड़ी रही हैं और कई ग्रैंड स्लैम खिताब जीत चुकी हैं।

B. **जिमी कॉनर्स – गलत (टेनिस से संबंधित) :** वे भी एक प्रसिद्ध टेनिस खिलाड़ी हैं और पुरुष एकल में कई प्रमुख खिताब जीत चुके हैं।

C. **टाइगर वुड्स – सही (टेनिस से संबंधित नहीं) :** टाइगर वुड्स एक विश्व प्रसिद्ध गोल्फ खिलाड़ी हैं, उनका टेनिस से कोई संबंध नहीं है।

D. माइकल शूमाकर – सही (टेनिस से संबंधित नहीं) : माइकल शूमाकर एक प्रसिद्ध फॉर्मूला-1 रेसिंग ड्राइवर हैं, वे टेनिस खिलाड़ी नहीं हैं।

19. A. इंग्लैंड – गलत : इंग्लैंड ने एकदिवसीय विश्व कप केवल एक बार (2019) जीता है।

B. भारत – सही : भारत ने 1983 और 2011 में विश्व कप जीतकर एक से अधिक बार यह खिताब हासिल किया है।

C. ऑस्ट्रेलिया – सही : ऑस्ट्रेलिया ने कई बार (5 बार) विश्व कप जीतकर सबसे सफल टीम का स्थान प्राप्त किया है।

D. वेस्ट इंडीज – सही : वेस्ट इंडीज ने 1975 और 1979 में लगातार दो बार विश्व कप जीता है।

20. A. फाइनेंशियल टाइम्स – (IV: ब्रिटेन) : यह एक प्रमुख अंतरराष्ट्रीय समाचार-पत्र है, जिसका प्रकाशन यूनाइटेड किंगडम (ब्रिटेन) से होता है।

B. डॉन – (II: पाकिस्तान) : 'डॉन' पाकिस्तान का एक प्रसिद्ध अंग्रेजी समाचार-पत्र है।

C. पीपल्स डेली – (III: चीन) : यह चीन की कम्युनिस्ट पार्टी का आधिकारिक समाचार-पत्र है।

D. द टाइम्स ऑफ इंडिया – (I: भारत) : यह भारत का एक प्रमुख अंग्रेजी दैनिक समाचार-पत्र है।

21. आदित्य L-1 इसरो का पहला सौर मिशन है, जिसे सूर्य के अध्ययन के लिए लॉन्च किया गया है। इसका मुख्य उद्देश्य सूर्य के बाहरी वायुमंडल (कोरोना), सौर हवाओं, सौर ज्वालाओं और अंतरिक्ष मौसम (Space Weather) का अध्ययन करना है। यह उपग्रह पृथ्वी और सूर्य के बीच स्थित L1 बिंदु पर स्थापित किया गया है, जिससे यह बिना किसी बाधा के लगातार सूर्य का अवलोकन कर सकता है। यह मिशन सौर गतिविधियों के प्रभाव को समझने में मदद करता है।

22. भारतीय रुपये का प्रतीक (₹) देवनागरी के 'र' और रोमन लिपि के 'R' के संयोजन पर आधारित है। इसमें ऊपर की दो क्षैतिज रेखाएं भारतीय ध्वज का प्रतीक मानी जाती हैं और साथ ही यह समानता (Equality) के चिन्ह को भी दर्शाती हैं। इस प्रतीक को 2010 में अपनाया गया था, जिससे भारतीय मुद्रा को अंतरराष्ट्रीय पहचान मिली।

23. B. सी.वी. रमन – इन्हें 1954 में भारत रत्न से सम्मानित किया गया था, जो इस पुरस्कार के प्रारंभिक प्राप्तकर्ताओं में से एक थे।

D. डॉ. राजेंद्र प्रसाद – इन्हें 1962 में भारत रत्न मिला, वे भारत के प्रथम राष्ट्रपति थे।

A. मदर टेरेसा – इन्हें 1980 में भारत रत्न से सम्मानित किया गया, उनके मानव सेवा कार्यों के लिए।

C. डॉ. एपीजे अब्दुल कलाम – इन्हें 1997 में भारत रत्न मिला, जो उनके वैज्ञानिक योगदान और राष्ट्र सेवा के लिए दिया गया।

इस प्रकार सही कालक्रम है – B (1954), D (1962), A (1980), C (1997)।

24. A. फैंड्री – (III: नागराज मंजुले) : 'फैंड्री' एक मराठी फिल्म है, जिसका निर्देशन नागराज मंजुले ने किया है। यह फिल्म सामाजिक मुद्दों, विशेषकर जाति व्यवस्था पर आधारित है।

B. काला – (I: पा रंजीत) : 'काला' एक तमिल फिल्म है, जिसका निर्देशन पा रंजीत ने किया है। यह फिल्म सामाजिक न्याय और दलित अधिकारों पर केंद्रित है।

C. कर्णन – (IV: मारी सेल्वराज) : 'कर्णन' फिल्म का निर्देशन मारी सेल्वराज ने किया है, जो एक सामाजिक और ऐतिहासिक पृष्ठभूमि पर आधारित है।

D. जय भीम – (II: टी.जे. ज्ञानवेल) : 'जय भीम' फिल्म के निर्देशक टी.जे. ज्ञानवेल हैं, जो न्याय और मानवाधिकार के विषय पर आधारित है।

25. A. मुक्केबाजी – (III: मैरी कॉम) : मैरी कॉम एक प्रसिद्ध भारतीय महिला मुक्केबाज हैं, जिन्होंने कई अंतरराष्ट्रीय पदक जीते हैं।

B. फुटबॉल – (I: सुनील छेत्री) : सुनील छेत्री भारत के प्रसिद्ध फुटबॉल खिलाड़ी और राष्ट्रीय टीम के कप्तान रहे हैं।

C. भारोत्तोलन – (II: मीराबाई चानू) : मीराबाई चानू एक प्रसिद्ध भारतीय भारोत्तोलक हैं और उन्होंने ओलंपिक में पदक जीता है।

D. हॉकी – (IV: मनप्रीत सिंह) : मनप्रीत सिंह भारतीय हॉकी टीम के कप्तान रहे हैं और उन्होंने अंतरराष्ट्रीय स्तर पर भारत का प्रतिनिधित्व किया है।

26. A. संदेश झिंगन – (IV: फुटबॉल) : संदेश झिंगन भारतीय फुटबॉल टीम के प्रमुख खिलाड़ी हैं और डिफेंडर के रूप में खेलते हैं। उन्होंने अंतरराष्ट्रीय स्तर पर भारत का प्रतिनिधित्व किया है।

B. विनेश फोगाट – (I: कुश्ती) : विनेश फोगाट एक प्रसिद्ध भारतीय महिला पहलवान हैं, जिन्होंने कई अंतरराष्ट्रीय प्रतियोगिताओं में पदक जीते हैं।

C. किशोर जेना – (II: भाला फेंक) : किशोर जेना भारतीय एथलीट हैं, जो भाला फेंक (Javelin Throw) में प्रतिस्पर्धा करते हैं और हाल के वर्षों में उभरते हुए खिलाड़ी हैं।

D. दिलीप तिर्की – (III: हॉकी) : दिलीप तिर्की भारतीय हॉकी टीम के पूर्व कप्तान रहे हैं और उन्होंने लंबे समय तक अंतरराष्ट्रीय हॉकी में भारत का प्रतिनिधित्व किया।

27. मधुबनी कला भारत की एक प्रसिद्ध पारंपरिक चित्रकला शैली है, जो बिहार के मिथिला क्षेत्र में उत्पन्न हुई है। इसे 'मिथिला पेंटिंग' भी कहा जाता है और यह मुख्यतः दीवारों तथा कागज पर बनाई जाती है। इसमें प्राकृतिक रंगों का उपयोग किया जाता है और इसमें धार्मिक, सामाजिक तथा प्रकृति से जुड़े विषयों को दर्शाया जाता है। यह कला शैली अपनी विशिष्ट रेखाओं और डिजाइन के लिए जानी जाती है।

28. उद्देश्य प्रस्ताव (Objective Resolution) 13 दिसंबर 1946 को पंडित जवाहरलाल नेहरू द्वारा संविधान सभा में प्रस्तुत किया गया था। इस प्रस्ताव में भारत के भविष्य के संविधान की मूल भावना और उद्देश्यों को व्यक्त किया गया था। बाद में यही प्रस्ताव संशोधित रूप में भारतीय संविधान की प्रस्तावना (Preamble) का आधार बना। इसमें संप्रभुता, लोकतंत्र, न्याय और समानता जैसे मूल सिद्धांत शामिल थे।

29. कृषि भूमि का सबसे विस्तृत स्तर पर विस्तार गुप्त युग में हुआ माना जाता है। इस काल में कृषि तकनीकों के विकास, भूमि अनुदानों की वृद्धि और नए क्षेत्रों को खेती के अंतर्गत लाने की प्रक्रिया तेज हुई। अनेक इतिहास-आधारित स्रोतों में यही माना गया है कि गुप्त काल में कृषि विस्तार सबसे व्यापक रूप में दिखाई देता है। इसलिए इस प्रश्न का सही उत्तर मुगल युग नहीं, बल्कि गुप्त युग है।

30. 'सत्यमेव जयते' मूल रूप से मुण्डकोपनिषद का एक वैदिक वाक्य है, जिसका अर्थ है 'सत्य की ही विजय होती है।' इसे स्वतंत्रता आंदोलन के दौरान एक प्रभावशाली नारे के रूप में लोकप्रिय बनाने का श्रेय पंडित मदन मोहन मालवीय को दिया जाता है। उन्होंने 1918 के भारतीय राष्ट्रीय कांग्रेस अधिवेशन में इसका प्रयोग किया, जिससे यह व्यापक रूप से जनमानस में प्रसिद्ध हुआ। बाद में इसी वाक्य को भारत के राष्ट्रीय आदर्श वाक्य के रूप में अपनाया गया।

31. 'A Passage to India' एक प्रसिद्ध अंग्रेजी उपन्यास है, जिसे ई.एम. फोर्स्टर ने 1924 में लिखा था। यह उपन्यास ब्रिटिश शासन के दौरान भारत की सामाजिक, सांस्कृतिक और राजनीतिक परिस्थितियों को दर्शाता है। इसमें भारतीयों और अंग्रेजों के बीच संबंधों, गलतफहमियों और सांस्कृतिक टकराव को प्रमुखता से दिखाया गया है। कहानी का केंद्र 'माराबार गुफाओं' की घटना है, जो पूरे कथानक को प्रभावित करती है। यह कृति औपनिवेशिक भारत के यथार्थ को समझने के लिए अत्यंत महत्वपूर्ण मानी जाती है।

32. भारत के सर्वोच्च न्यायालय के प्रथम मुख्य न्यायाधीश (Chief Justice of India) एच.जे. कानिया थे। उन्होंने 26 जनवरी 1950 को, जब भारत का संविधान लागू हुआ, इस पद को संभाला। वे स्वतंत्र भारत की न्यायिक प्रणाली के प्रथम प्रमुख बने और उन्होंने न्यायपालिका की नींव को मजबूत करने में महत्वपूर्ण भूमिका निभाई। उनका कार्यकाल न्यायिक परंपराओं और प्रक्रियाओं की स्थापना के लिए अत्यंत महत्वपूर्ण माना जाता है।

33. महाराष्ट्र की 'वारकरी' परंपरा भक्ति आंदोलन से जुड़ी एक महत्वपूर्ण धार्मिक परंपरा है। इसके प्रारंभिक प्रवर्तक संत ज्ञानेश्वर माने जाते हैं, जिन्होंने भगवद्गीता का मराठी भाष्य 'ज्ञानेश्वरी' लिखा। इस परंपरा में भगवान विठ्ठल (पांडुरंग) की भक्ति प्रमुख है और इसमें नियमित तीर्थयात्रा (वारी) की परंपरा भी शामिल है। बाद में तुकाराम और एकनाथ जैसे संतों ने भी इस परंपरा को आगे बढ़ाया।

34. गदर पार्टी की स्थापना 1913 में अमेरिका के सैन फ्रांसिस्को में हुई थी, जिसका उद्देश्य भारत को ब्रिटिश शासन से मुक्त कराना था। इसके प्रमुख संस्थापक लाला हरदयाल थे, जिन्होंने प्रवासी भारतीयों को संगठित कर क्रांतिकारी आंदोलन को बढ़ावा दिया। इस पार्टी का मुख्यालय 'युगांतर आश्रम' था और यह भारतीय स्वतंत्रता संग्राम का एक महत्वपूर्ण चरण था।

35. डॉ. बी.आर. अम्बेडकर ने 'मूकनायक' नामक समाचार पत्र का संपादन किया था, जिसकी शुरुआत 1920 में हुई थी। इस पत्र का उद्देश्य समाज के वंचित और दलित वर्गों की आवाज को सामने लाना था। इसके माध्यम से उन्होंने सामाजिक असमानता, जाति व्यवस्था और अन्याय के खिलाफ आवाज उठाई। यह पत्र दलित आंदोलन के इतिहास में एक महत्वपूर्ण भूमिका निभाता है।

36. A. द इंडियन गजट – (1780) : यह भारत के शुरुआती समाचार पत्रों में से एक था, जिसकी शुरुआत ब्रिटिश काल में हुई।

D. मिरात-उल-अखबार – (1822) : यह समाचार पत्र राजा राममोहन राय द्वारा शुरू किया गया था।

B. केसरी – (1881) : 'केसरी' बाल गंगाधर तिलक द्वारा शुरू किया गया एक प्रमुख समाचार पत्र था।

C. नवजीवन – (1919) : 'नवजीवन' महात्मा गांधी द्वारा शुरू किया गया था।

इस प्रकार सही कालक्रम है – A, D, B, C।

37. B. शिवाजी का राज्याभिषेक – (1674) : छत्रपति शिवाजी महाराज का राज्याभिषेक 1674 में हुआ था।

C. **औरंगजेब की मृत्यु – (1707) :** मुगल सम्राट औरंगजेब की मृत्यु 1707 में हुई।

A. **पानीपत की तीसरी लड़ाई – (1761) :** यह युद्ध मराठों और अहमद शाह अब्दाली के बीच लड़ा गया।

D. **मिर्जा गालिब का जन्म – (1797) :** प्रसिद्ध उर्दू शायर मिर्जा गालिब का जन्म 1797 में हुआ।

इस प्रकार सही क्रम है – B, C, A, D।

38. A. **ऋग्वेद** – यह सबसे प्राचीन वैदिक ग्रंथ है, जिसकी रचना लगभग 1500-1200 ईसा पूर्व मानी जाती है।

B. **हर्षचरित** – यह ग्रंथ बाणभट्ट द्वारा 7वीं शताब्दी में लिखा गया, जिसमें सम्राट हर्षवर्धन का वर्णन है।

C. **आइन-ए-अकबरी** – अबुल फजल द्वारा 16वीं शताब्दी में लिखा गया यह ग्रंथ अकबर के शासन का विवरण देता है।

D. **गोदान** – मुंशी प्रेमचंद द्वारा 1936 में लिखा गया यह उपन्यास आधुनिक हिंदी साहित्य की महत्वपूर्ण कृति है।

इस प्रकार सही क्रम है – A, B, C, D।

39. A. **सेल (SAIL) – गलत :** स्टील अथॉरिटी ऑफ इंडिया लिमिटेड को 2010 में महारत्न का दर्जा मिल चुका है, इसलिए यह अब नवरत्न श्रेणी में शामिल नहीं है।

B. **एसजेवीएनएल (SJVNL) – सही :** सतलुज जल विद्युत निगम लिमिटेड को हाल ही में (2024) नवरत्न का दर्जा प्रदान किया गया है, इसलिए यह वर्तमान में नवरत्न कंपनियों में शामिल है।

C. **राष्ट्रीय इस्पात निगम लिमिटेड (RINL) – सही :** यह एक सार्वजनिक क्षेत्र की कंपनी है और नवरत्न श्रेणी में शामिल है।

D. **एनएमडीसी (NMDC) – गलत :** एनएमडीसी को अब महारत्न का दर्जा मिल चुका है, इसलिए यह नवरत्न श्रेणी में नहीं आती।

40. A. **गोरा – सही (प्रेमचंद द्वारा नहीं) :** यह उपन्यास रवींद्रनाथ टैगोर द्वारा लिखा गया है और यह भारतीय समाज तथा राष्ट्रीयता के विषयों पर आधारित है।

B. **गबन – गलत (प्रेमचंद द्वारा लिखा गया) :** 'गबन' मुंशी प्रेमचंद का प्रसिद्ध उपन्यास है, जिसमें मध्यवर्गीय समाज और नैतिक संघर्ष का चित्रण है।

C. **चित्रा – सही (प्रेमचंद द्वारा नहीं) :** 'चित्रा' भी रवींद्रनाथ टैगोर की रचना है, इसलिए यह प्रेमचंद द्वारा लिखी गई नहीं है।

D. **महाभोज – सही (प्रेमचंद द्वारा नहीं) :** 'महाभोज' मन्नू भंडारी द्वारा लिखी गई एक प्रसिद्ध कृति है, जो राजनीतिक और सामाजिक विषयों पर आधारित है।

41. A. **निशांत – गलत (श्याम बेनेगल द्वारा निर्देशित) :** 'निशांत' श्याम बेनेगल की प्रसिद्ध फिल्मों में से एक है, जो समानांतर सिनेमा का हिस्सा है।

B. **मंडी – गलत (श्याम बेनेगल द्वारा निर्देशित) :** 'मंडी' का निर्देशन भी श्याम बेनेगल ने किया है और यह सामाजिक व्यंग्य पर आधारित फिल्म है।

C. **कथा – सही (श्याम बेनेगल द्वारा निर्देशित नहीं) :** 'कथा' फिल्म का निर्देशन सईद अख्तर मिर्जा ने किया था।

D. **भुवन शोम – सही (श्याम बेनेगल द्वारा निर्देशित नहीं) :** 'भुवन शोम' का निर्देशन मृणाल सेन ने किया था, न कि श्याम बेनेगल ने।

42. A. **बीबी-का-मकबरा – सही (दिल्ली में नहीं) :** यह स्मारक औरंगाबाद (महाराष्ट्र) में स्थित है और इसे 'दक्कन का ताजमहल' भी कहा जाता है।

B. **सफदरजंग का मकबरा – गलत (दिल्ली में स्थित) :** यह स्मारक नई दिल्ली में स्थित है और मुगल स्थापत्य का एक प्रमुख उदाहरण है।

C. **चारमीनार – सही (दिल्ली में नहीं) :** चारमीनार हैदराबाद (तेलंगाना) में स्थित एक प्रसिद्ध ऐतिहासिक स्मारक है।

D. **हवा महल – सही (दिल्ली में नहीं) :** हवा महल जयपुर (राजस्थान) में स्थित है और यह अपनी अनूठी खिड़कियों के लिए प्रसिद्ध है।

43. किसी ब्रांड के प्रचार के लिए उपयोग किए जाने वाले संगीतमय संदेश को 'जिंगल' कहा जाता है। यह आमतौर पर एक छोटा, आकर्षक और याद रखने योग्य संगीत या गीत होता है, जिसका उद्देश्य ग्राहकों के मन में ब्रांड की पहचान बनाना होता है। विज्ञापन में जिंगल का उपयोग ब्रांड को अधिक प्रभावी और यादगार बनाने के लिए किया जाता है।

44. PNG (Portable Network Graphics) एक इमेज फाइल फॉर्मेट है, जो चित्रों को स्टोर करने के लिए उपयोग किया जाता है। यह कोई आर्टिफिशियल इंटेलिजेंस या जेनेरेटिव एआई का उदाहरण नहीं है। जबकि ChatGPT, Siri और DALL-E जैसे सिस्टम एआई तकनीकों पर आधारित हैं और सामग्री या प्रतिक्रिया उत्पन्न कर सकते हैं।

45. प्रो टूल्स एक पेशेवर ऑडियो (ध्वनि) संपादन सॉफ्टवेयर है, जिसका उपयोग मुख्य रूप से संगीत निर्माण, रिकॉर्डिंग और साउंड एडिटिंग के लिए किया जाता है। यह फिल्म, रेडियो और संगीत उद्योग में व्यापक रूप से प्रयोग किया जाता है। जबकि वेगास, एफसीपी (Final Cut Pro) और प्रीमियर प्रो मुख्यतः वीडियो संपादन सॉफ्टवेयर हैं। इसलिए केवल ध्वनि संपादन के लिए उपयुक्त विकल्प प्रो टूल्स है।

46. 'सिनेमेटोग्राफ' शब्द का संबंध लुमियर ब्रदर्स से है, जिन्होंने इस यंत्र का आविष्कार किया था। यह एक ऐसा उपकरण था जो फिल्म को रिकॉर्ड, विकसित और प्रदर्शित कर सकता था। इसी के माध्यम से आधुनिक सिनेमा की शुरुआत हुई और चलचित्रों का सार्वजनिक प्रदर्शन संभव हुआ। इसलिए 'सिनेमेटोग्राफ' शब्द का श्रेय भी लुमियर ब्रदर्स को दिया जाता है।

47. A. **फुटेज की लॉगिंग – सबसे पहले :** इस चरण में सभी शूट किए गए वीडियो क्लिप्स को व्यवस्थित किया जाता है, उपयोगी शॉट्स चुने जाते हैं और उन्हें एडिटिंग के लिए तैयार किया जाता है।

B. **समीक्षा – इसके बाद :** लॉगिंग के बाद निर्देशक और एडिटर फुटेज की समीक्षा करते हैं, ताकि यह तय किया जा सके कि कहानी के अनुसार कौन-से दृश्य उपयुक्त रहेंगे।

C. **कच्ची प्रति – इसके बाद :** इस चरण में चयनित क्लिप्स को जोड़कर एक प्रारंभिक संरचना (रफ कट) बनाई जाती है, जिसमें कहानी का बेसिक फ्लो तैयार होता है।

D. **अंतिम प्रति – अंत में :** इसमें वीडियो को अंतिम रूप दिया जाता है, जिसमें साउंड, इफेक्ट्स, कलर करेक्शन और टाइटल्स जोड़कर इसे प्रस्तुत करने योग्य बनाया जाता है।

48. D. **एप्पल – सबसे पहले (1976) :** एप्पल कंपनी की स्थापना स्टीव जॉब्स, स्टीव वॉजनियाक और रोनाल्ड वेन ने 1976 में की थी।

C. **गूगल – इसके बाद (1998) :** गूगल की स्थापना लैरी पेज और सर्गेई ब्रिन ने 1998 में की।

A. **फेसबुक – इसके बाद (2004) :** फेसबुक की स्थापना मार्क जुकरबर्ग ने 2004 में की थी।

B. **ट्विटर – अंत में (2006) :** ट्विटर की शुरुआत 2006 में हुई, जो एक माइक्रोब्लॉगिंग प्लेटफॉर्म है।

इस प्रकार सही क्रम है – D, C, A, B।

49. A. **साक्षात्कार – सही :** रेडियो कार्यक्रमों में साक्षात्कार एक प्रमुख प्रारूप होता है, जिसमें किसी व्यक्ति से बातचीत की जाती है।

B. **फोन-इन – सही :** इसमें श्रोता फोन करके अपनी राय या प्रश्न साझा करते हैं, जो रेडियो का एक लोकप्रिय प्रारूप है।

C. **एवी – गलत :** एवी (Audio-Visual) में वीडियो शामिल होता है, जबकि रेडियो केवल ऑडियो माध्यम है।

D. **समाचार बुलेटिन – सही :** रेडियो पर नियमित रूप से समाचार बुलेटिन प्रसारित किए जाते हैं।

50. A. **प्रीमियर प्रो – (IV: वीडियो संपादन) :** यह एक पेशेवर वीडियो एडिटिंग सॉफ्टवेयर है।

B. **ऑडेसिटी – (I: ऑडियो संपादन) :** यह एक फ्री और ओपन-सोर्स ऑडियो एडिटिंग सॉफ्टवेयर है।

C. **फोटोशॉप – (III: इमेज संपादन) :** इसका उपयोग फोटो और इमेज एडिटिंग के लिए किया जाता है।

D. **आफ्टर इफेक्ट्स – (II: मोशन ग्राफिक्स) :** यह सॉफ्टवेयर मोशन ग्राफिक्स और विजुअल इफेक्ट्स बनाने के लिए उपयोग किया जाता है।

51. सत्यजीत रे की अंतिम फिल्म 'आगंतुक' थी, जो 1991 में रिलीज हुई। यह फिल्म उनकी जीवन के अंतिम चरण में बनाई गई और इसमें मानवीय संबंधों, विश्वास और आधुनिक समाज पर गहन चिंतन प्रस्तुत किया गया है। 'आगंतुक' को उनकी परिपक्व सोच और दार्शनिक दृष्टिकोण का उत्कृष्ट उदाहरण माना जाता है। इससे पहले की फिल्में जैसे 'पाथेर पांचाली' और 'अपूर संसार' उनके प्रारंभिक और मध्य काल की कृतियाँ हैं।

52. एडवर्ड बर्नेज को जनसंपर्क (Public Relations) का जनक कहा जाता है। उन्होंने आधुनिक जनसंपर्क के सिद्धांतों और तकनीकों को विकसित किया और इसे एक पेशेवर क्षेत्र के रूप में स्थापित किया। उनकी प्रसिद्ध पुस्तक 'Crystallizing Public Opinion' ने इस क्षेत्र को नई दिशा दी। उन्होंने जनमत को प्रभावित करने की कला को वैज्ञानिक रूप दिया।

53. 'लावणी' महाराष्ट्र का एक प्रसिद्ध लोक नृत्य है, जो अपनी तेज लय, भावपूर्ण अभिनय और पारंपरिक वेशभूषा के लिए जाना जाता है। यह नृत्य विशेष रूप से ढोलकी की धुन पर प्रस्तुत किया जाता है और इसमें सामाजिक एवं ऐतिहासिक विषयों को भी दर्शाया जाता है। लावणी महाराष्ट्र की सांस्कृतिक पहचान का एक महत्वपूर्ण हिस्सा है।

54. 'उदंत मार्तंड' पहला हिंदी समाचार पत्र था, जिसकी शुरुआत 1826 में पंडित जुगल किशोर शुक्ल ने की थी। यह साप्ताहिक पत्र था और कोलकाता से प्रकाशित होता था। हालांकि आर्थिक कठिनाइयों के कारण यह अधिक समय तक नहीं चल सका, लेकिन हिंदी पत्रकारिता की शुरुआत इसी से मानी जाती है।

55. हेडलाइन, बायलाइन और लीड समाचार लेख (news story) के प्रमुख अंग होते हैं। हेडलाइन समाचार का शीर्षक होती है, बायलाइन लेखक का नाम बताती है और लीड समाचार का सार प्रस्तुत करती है। जबकि 'पैकेज' मुख्यतः टीवी या मल्टीमीडिया पत्रकारिता में उपयोग होने वाला शब्द है,

न कि पारंपरिक समाचार पत्र के मूल अंग के रूप में। इसलिए 'पैकेज' सही उत्तर है।

56. संचार का 'द्वि-स्तरीय-प्रवाह सिद्धांत' (Two-Step Flow Theory) पॉल लाजर्सफेल्ड और एलीहू काट्ज द्वारा विकसित किया गया था। इस सिद्धांत के अनुसार, मीडिया का प्रभाव सीधे जनता पर नहीं पड़ता, बल्कि पहले 'ओपिनियन लीडर्स' पर पड़ता है, जो बाद में आम लोगों को प्रभावित करते हैं। यह सिद्धांत जनसंचार के प्रभाव को समझने में महत्वपूर्ण माना जाता है।

57. **C.** **अंकुर – (1974)** : यह श्याम बेनेगल की पहली प्रमुख फिल्म थी, जिसने समानांतर सिनेमा को नई पहचान दी।

B. **मंथन – (1976)** : यह फिल्म दुग्ध क्रांति पर आधारित थी और इसे व्यापक सराहना मिली।

A. **भूमिका – (1977)** : यह फिल्म एक अभिनेत्री के जीवन पर आधारित थी और अपने विषय के लिए प्रसिद्ध हुई।

D. **जुबैदा – (2001)** : यह फिल्म श्याम बेनेगल की बाद की कृतियों में से एक है।

इस प्रकार सही क्रम है – C, B, A, D।

58. **B.** **विविध भारती की शुरुआत – (1957)** : यह ऑल इंडिया रेडियो की एक लोकप्रिय सेवा थी, जिसे मनोरंजन कार्यक्रमों के लिए शुरू किया गया।

A. **भारत में पहला टीवी प्रसारण – (1959)** : भारत में टेलीविजन का पहला प्रसारण 1959 में दिल्ली से शुरू हुआ।

D. **कृषि दर्शन – (1966)** : यह एक टेलीविजन कार्यक्रम था, जो किसानों के लिए जानकारी और शिक्षा प्रदान करने हेतु शुरू किया गया।

C. **साइट (SITE) परियोजना – (1975-76)** : यह सैटेलाइट इंस्ट्रक्शनल टेलीविजन एक्सपेरिमेंट था, जिसका उद्देश्य ग्रामीण क्षेत्रों में शिक्षा और विकास को बढ़ावा देना था।

इस प्रकार सही क्रम है – B, A, D, C।

59. **A.** **फिल्म प्रभाग – (IV: 1948)** : फिल्म्स डिवीजन की स्थापना 1948 में हुई थी, जो वृत्तचित्र और सरकारी फिल्मों का निर्माण करता है।

B. **एनएफडीसी – (III: 1975)** : नेशनल फिल्म डेवलपमेंट कॉर्पोरेशन की स्थापना 1975 में हुई थी।

C. **फोटो प्रभाग – (II: 1959)** : फोटो डिवीजन की स्थापना 1959 में की गई थी।

D. **पत्र सूचना कार्यालय – (I: 1919)** : प्रेस इन्फॉर्मेशन ब्यूरो की शुरुआत 1919 में हुई थी।

60. **A.** **एफएम रेनबो – (III: 102.6 MHz)** : यह ऑल इंडिया रेडियो का एक लोकप्रिय एफएम चैनल है।

B. **एफएम गोल्ड – (I: 106.4 MHz)** : यह समाचार और मनोरंजन कार्यक्रमों के लिए जाना जाता है।

C. **रेडियो मिर्ची – (IV: 98.3 MHz)** : यह भारत का एक प्रसिद्ध निजी एफएम रेडियो स्टेशन है।

D. **रेड एफएम – (II: 93.5 MHz)** : यह भी एक लोकप्रिय निजी एफएम चैनल है।

61. दुर्गावती बाघ अभयारण्य उत्तर प्रदेश के मिर्जापुर और सोनभद्र क्षेत्रों में स्थित है। यह अभयारण्य विंध्य पर्वतमाला के अंतर्गत आता है और यहाँ घने जंगल, पहाड़ी क्षेत्र और विविध वन्यजीव पाए जाते हैं। इसे बाघों के संरक्षण के उद्देश्य से विकसित किया गया है और यह क्षेत्र जैव विविधता की दृष्टि से महत्वपूर्ण है। यहाँ तेंदुआ, हिरण, जंगली सूअर जैसी अन्य प्रजातियाँ भी पाई जाती हैं।

62. 'Just Stop Oil' एक प्रमुख जलवायु आंदोलनकारी समूह है, जो यूनाइटेड किंगडम (UK) में सक्रिय है। यह समूह सरकारों पर दबाव डालता है कि वे नए तेल और गैस परियोजनाओं को बंद करें। यह अपने शांतिपूर्ण लेकिन प्रभावशाली प्रदर्शनों, जैसे सड़कों को अवरुद्ध करना या कला स्थलों पर विरोध प्रदर्शन करने के लिए जाना जाता है। इसका मुख्य उद्देश्य जलवायु परिवर्तन के खतरे के प्रति जागरूकता बढ़ाना है।

63. सार्क (SAARC) की स्थापना 1985 में हुई थी और इसके सदस्य देश दक्षिण एशिया के राष्ट्र हैं। इसमें अफगानिस्तान, मालदीव, नेपाल, भारत, पाकिस्तान, बांग्लादेश, भूटान और श्रीलंका शामिल हैं। चीन इस संगठन का सदस्य नहीं है, बल्कि उसे पर्यवेक्षक (Observer) का दर्जा प्राप्त है। इसलिए चीन सही उत्तर है।

64. फर्डिनांड डी सस्यूर एक प्रसिद्ध स्विस भाषाविद् थे, जिन्होंने 'सेमिओलॉजी' (Semiology) शब्द का प्रयोग किया। यह अध्ययन का वह क्षेत्र है, जिसमें संकेतों (Signs), प्रतीकों और उनके अर्थों का विश्लेषण किया जाता है। सस्यूर के विचारों ने आधुनिक भाषाविज्ञान और संरचनावाद (Structuralism) की नींव रखी। उनके अनुसार भाषा एक संकेत प्रणाली है, जिसमें 'संकेतक' (signifier) और 'संकेतित' (signified) के बीच संबंध होता है।

65. जब मीडिया उद्योग में कुछ ही बड़ी कंपनियाँ अधिकांश मीडिया संस्थानों पर नियंत्रण रखती हैं, तो इस स्थिति को 'अल्पाधिकार' (Oligopoly) कहा जाता है। इसमें बाजार पर कुछ गिने-चुने समूहों का प्रभाव होता है, जिससे

प्रतिस्पर्धा सीमित हो जाती है। मीडिया के संदर्भ में यह स्थिति विचारों की विविधता को भी प्रभावित कर सकती है। यह पूर्ण एकाधिकार (Monopoly) नहीं होता, बल्कि कुछ प्रमुख कंपनियों का प्रभुत्व होता है।

66. शैक्षणिक संवर्धन के उद्देश्य से 'सैटेलाइट इंस्ट्रक्शनल टेलीविजन एक्सपेरिमेंट' (SITE) परियोजना 1975 में शुरू की गई थी। यह भारत सरकार और नासा के सहयोग से चलाया गया एक महत्वपूर्ण प्रयोग था। इसका उद्देश्य दूरदराज के ग्रामीण क्षेत्रों में शिक्षा, स्वास्थ्य और कृषि संबंधी जानकारी पहुंचाना था। यह परियोजना भारतीय प्रसारण इतिहास में एक मील का पत्थर मानी जाती है।

67. प्रिंट पत्रकारिता में मुख्य रूप से संपादक, रिपोर्टर और स्तंभ लेखक जैसे पेशेवर शामिल होते हैं, जो समाचार लिखने, संपादित करने और विश्लेषण प्रस्तुत करने का कार्य करते हैं। 'निर्माता' (Producer) का कार्य मुख्यतः टेलीविजन, रेडियो या फिल्म निर्माण से जुड़ा होता है, जहाँ कार्यक्रमों का निर्माण और समन्वय किया जाता है। इसलिए निर्माता को प्रिंट पत्रकारिता पेशेवर नहीं माना जाता।

68. 'गटर प्रेस' शब्द का उपयोग उन समाचार पत्रों के लिए किया जाता है जो सनसनीखेज, अतिरंजित और अक्सर कम विश्वसनीय खबरें प्रकाशित करते हैं। ये समाचार पत्र आमतौर पर पाठकों का ध्यान आकर्षित करने के लिए चटपटी और मनोरंजक सामग्री पर अधिक जोर देते हैं। ऐसे प्रकाशनों में पत्रकारिता के उच्च मानकों का पालन कम होता है और इन्हें सामान्यतः टैब्लॉइड प्रेस के रूप में जाना जाता है।

69. प्रसार भारती का ओटीटी (OTT) प्लेटफॉर्म 'WAVES' है, जिसे डिजिटल माध्यम पर सामग्री उपलब्ध कराने के लिए विकसित किया गया है। इस प्लेटफॉर्म के माध्यम से दूरदर्शन और आकाशवाणी की सामग्री ऑनलाइन देखी और सुनी जा सकती है। इसका उद्देश्य सरकारी प्रसारण सेवाओं को आधुनिक डिजिटल दर्शकों तक पहुँचाना है। यह भारत सरकार के डिजिटल प्रसारण क्षेत्र में एक महत्वपूर्ण पहल है।

70. वर्ष 2024 में भारत सरकार ने कर्पूरी ठाकुर को भारत रत्न से सम्मानित करने की घोषणा की। वे बिहार के पूर्व मुख्यमंत्री और एक प्रमुख समाजवादी नेता थे, जिन्होंने पिछड़े वर्गों के उत्थान के लिए महत्वपूर्ण कार्य किए। यह सम्मान उन्हें मरणोपरांत दिया गया। उनके योगदान को सामाजिक न्याय और समानता के क्षेत्र में अत्यंत महत्वपूर्ण माना जाता है।

71. फोटोशॉप एक प्रसिद्ध ग्राफिक डिजाइन सॉफ्टवेयर है, जो परत-आधारित (Layer-based) डिजाइन के लिए जाना जाता है। इसमें उपयोगकर्ता विभिन्न लेयर्स पर काम करके इमेज को संपादित कर सकते हैं, जिससे जटिल और पेशेवर डिजाइन बनाना आसान होता है। यह फोटो एडिटिंग, ग्राफिक डिजाइन और डिजिटल आर्ट में व्यापक रूप से उपयोग किया जाता है।

72. प्रधानमंत्री जन आरोग्य योजना (PM-JAY) भारत सरकार की एक प्रमुख स्वास्थ्य योजना है, जिसका उद्देश्य आर्थिक रूप से कमजोर वर्गों को मुफ्त स्वास्थ्य बीमा प्रदान करना है। इस योजना के तहत पात्र परिवारों को अस्पताल में भर्ती होने पर वित्तीय सहायता दी जाती है। यह 'आयुष्मान भारत' कार्यक्रम का हिस्सा है और देश में स्वास्थ्य सेवाओं की पहुंच को बढ़ाने में महत्वपूर्ण भूमिका निभा रही है।

73. वर्ष 2024 में विश्व शतरंज चैम्पियनशिप भारतीय ग्रैंडमास्टर डी. गुकेश ने जीती। उन्होंने इस उपलब्धि के साथ विश्व स्तर पर भारत का नाम रोशन किया और सबसे कम उम्र के विश्व चैम्पियन बनने का गौरव भी प्राप्त किया। यह जीत भारतीय शतरंज इतिहास में एक महत्वपूर्ण उपलब्धि मानी जाती है। गुकेश की रणनीति, धैर्य और खेल कौशल की व्यापक प्रशंसा हुई।

74. एडोब प्रीमियर प्रो एक पेशेवर वीडियो संपादन सॉफ्टवेयर है, जिसका उपयोग फिल्म, टेलीविजन और डिजिटल मीडिया में वीडियो एडिटिंग के लिए किया जाता है। इसमें कटिंग, ट्रांजिशन, इफेक्ट्स और ऑडियो सिंक्रोनाइजेशन जैसे कई फीचर्स उपलब्ध होते हैं। जबकि फोटोशॉप और कोरेल ड्रा इमेज एडिटिंग के लिए तथा क्वार्क एक्सप्रेस लेआउट डिजाइन के लिए उपयोग होता है।

75. **B.** **मेजर सोमनाथ शर्मा – (1947) :** वे पहले परमवीर चक्र विजेता थे, जिन्हें 1947-48 के भारत-पाक युद्ध में वीरता के लिए सम्मानित किया गया।

C. **मेजर धन सिंह थापा – (1962) :** उन्हें भारत-चीन युद्ध 1962 में साहस के लिए परमवीर चक्र प्रदान किया गया।

D. **फ्लाइंग ऑफिसर निर्मलजीत सिंह सेखों – (1971) :** उन्हें 1971 के भारत-पाक युद्ध में अद्वितीय वीरता के लिए सम्मानित किया गया।

A. **कैप्टन विक्रम बत्रा – (1999) :** उन्हें कारगिल युद्ध 1999 में वीरता के लिए परमवीर चक्र से सम्मानित किया गया।

इस प्रकार सही क्रम है – B, C, D, A।

पिछले प्रश्न-पत्र

पत्रकारिता एवं जनसंचार

प्रवेश परीक्षा, 2024

1. भारत के किस केन्द्रीय मंत्रालय ने 'ओसियन रिंग ऑफ योग' स्पेशल इवेंट का आयोजन किया?

1. रक्षा मंत्रालय
2. आयुष मंत्रालय
3. विदेश मंत्रालय
4. खेल मंत्रालय

2. किस शहर में केन्द्रीय मंत्री अमित शाह ने क्रेडाई-गार्डेन पीपल्स पार्क का उद्घाटन किया?

1. नई दिल्ली
2. वाराणसी
3. अहमदाबाद
4. लखनऊ

3. किसे भारत का सॉलिसिटर जनरल नियुक्त किया गया है?

1. तुषार मेहता
2. बिपिन रावत
3. गिरीश चंद्र मुर्मू
4. पी.के. श्रीवास्तव

4. भारत में नई शिक्षा नीति जिसे राष्ट्रीय शिक्षा नीति कहा गया है, की शुरुआत कब की गई थी?

1. 2014
2. 2015
3. 2019
4. 2020

5. केन्द्रीय सूचना एवं प्रसारण मंत्री कौन हैं?

1. प्रकाश जावडेकर
2. एल.एन. मुरुगण
3. अश्विनी वैष्णव
4. अनुराग ठाकुर

6. ओलम्पिक 2028 की मेजबानी कौन-सा शहर करने जा रहा है?

1. पेरिस
2. लंदन
3. लॉस एंजेल्स
4. जेनेवा

7. बिशन सिंह बेदी, जिनका निधन अभी हाल ही में हुआ है, किस खेल से जुड़े थे?

1. हॉकी
2. क्रिकेट
3. फुटबॉल
4. टेनिस

8. ₹ 100 के नोट का मुद्रण इनमें से कहाँ होता है?

1. भारत सुरक्षा प्रेस, नासिक
2. भारत सुरक्षा प्रेस, हैदराबाद
3. बैंक नोट प्रेस, देवास
4. उपरोक्त सभी

9. भारत के प्रधानमंत्री के मीडिया सलाहकार कौन हैं?

1. हरीश खरे
2. अरुण शौरी
3. एस. निहाल सिंह
4. प्रभु चावला

10. किस संगठन ने हाल ही में वैश्विक खाद्य नीति रिपोर्ट (2024) निर्गत किया?

1. विश्व बैंक
2. अंतर्राष्ट्रीय वानिकी शोध केंद्र
3. अंतर्राष्ट्रीय खाद्य नीति शोध
4. अंतर्राष्ट्रीय मजदूर संघ

1. 2 **2.** 3 **3.** 1 **4.** 4 **5.** 3 **6.** 3 **7.** 2 **8.** 4 **9.** 1 **10.** 3

11. इनमें से कौन-सी नदी विंध्य एवं सतपुड़ा पर्वतमाला के बीच बहती है?
1. नर्मदा 2. महानदी
3. सोन 4. नेत्रावती

12. वर्तमान चावल अनुसंधान केन्द्र कहाँ अवस्थित है?
1. चेन्नई 2. कटक
3. बेंगलुरु 4. पटना

13. इनमें से किसने संस्कृत व्याकरण लिखा है?
1. कालिदास 2. चरक
3. पाणिनी 4. आर्यभट्ट

14. इनमें से कौन-सा खेल रोवर्स कप से जुड़ा है?
1. क्रिकेट 2. फुटबॉल
3. हॉकी 4. बैडमिंटन

15. कॉमनवेल्थ गेम्स फेडरेशन के प्रथम अध्यक्ष कौन थे?
1. जेम्स लीघ-वुड 2. ध्यानचंद
3. ऑर्थर असा बरजर 4. पीटर हीटी

16. बॉल पाइन्ट पेन का आविष्कार किसने किया?
1. वॉटरमैन ब्रदर्स 2. बीरो ब्रदर्स
3. बाइक ब्रदर्स 4. राइट ब्रदर्स

17. आयरन मैन ऑफ इंडिया के रूप में कौन जाने जाते हैं?
1. गोविंद वल्लभ पंत
2. महात्मा गाँधी
3. नरेन्द्र मोदी
4. सरदार वल्लभ भाई पटेल

18. ज्यामिति के जनक कौन हैं?
1. अरस्तू 2. यूक्लिड
3. पाइथागोरस 4. केपलर

19. इनमें से कौन एक प्रसिद्ध चित्रकार हैं?
1. शारदा उकील 2. उदय शंकर
3. वी. शांताराम 4. एम. मेहेराली

20. प्रो. अमर्त्य सेन किस क्षेत्र के लिए प्रसिद्ध हैं?
1. बायो-केमेस्ट्री 2. पत्रकारिता
3. अर्थशास्त्र 4. भूगर्भशास्त्र

21. प्रेस एवं पुस्तक का पंजीकरण अधिनियम कब लागू हुआ था?
1. 1867 2. 1882
3. 1946 4. 1972

22. वर्ष 1948 में भारतीय पत्रकारिता की सर्वाधिक महत्वपूर्ण घटना के रूप में किसकी स्थापना हुई थी?
1. प्रसार भारती
2. यू.एन.आई.
3. प्रेस ट्रस्ट ऑफ इंडिया
4. प्रेस गिल्ड

23. भारत में पत्रकारिता के क्या मुद्दे हैं?
1. पत्रकारिता में मर्यादा का ह्रास
2. पक्षपाती रिपोर्टिंग
3. वाक् की स्वतंत्रता का दुरुपयोग
4. उपरोक्त सभी

24. इनमें से क्या है, जो एक पत्रकार की जिम्मेदारी नहीं है
1. कानूनी जिम्मेदारी 2. नैतिक जिम्मेदारी
3. व्यावसायिक जिम्मेदारी 4. इनमें से कोई नहीं

25. फोन-इन कार्यक्रम को .... प्रोग्रामिंग भी कहा जाता है।
1. इन्टरएक्टिव 2. डॉक्युमेंटरी
3. म्यूजिक 4. रेडियो ब्रिज

26. रेडियो नाटक एक कहानी होती है, जो इनमें से किसके द्वारा बोली जाती है?
1. मात्र ध्वनि
2. दृश्य प्रभाव
3. ध्वनि एवं दृश्य प्रभाव
4. इनमें से कोई नहीं

11. 1	**12.** 2	**13.** 3	**14.** 2	**15.** 1	**16.** 2	**17.** 4	**18.** 2
19. 1	**20.** 3	**21.** 1	**22.** *	**23.** 4	**24.** 4	**25.** 1	**26.** 1

27. इनमें से कौन-सा रेडियो विज्ञापन का लाभ नहीं है?
1. यह एक विशाल क्षेत्र को कवर करता है।
2. यह याद रखने के महत्व के लाभ पर जोर देता है।
3. उपभोक्ता की माँग पर विज्ञापन उपलब्ध है।
4. यह काफी लचीला है क्योंकि यह आवश्यकतानुसार राष्ट्रीय या स्थानीय स्तर पर उपयोग किया जा सकता है।

28. प्रथम वाणिज्यिक रेडियो के कॉल लेटर्स क्या थे?
1. WOR 2. WNBC
3. KQV 4. KDKA

29. एफ.एम. बैंड का आविष्कार किसने किया था?
1. रॉबर्ट श्रॉफ
2. हॉवर्ड स्टर्न
3. एडविन हॉवर्ड आर्मस्ट्रांग
4. मो॰ हॉवर्ड

30. ब्राडकॉस्टिंग शब्द किस क्षेत्र से आया है?
1. शिपिंग 2. कृषि
3. रेलरोड 4. स्टील

31. ए.एम. तरंग कितनी लंबी होती है?
1. ब्रेडबॉक्स के जितनी लंबी
2. फिस्ट के जितनी लंबी
3. फुटबॉल के मैदान जितनी लंबी
4. ऑटोमोबाइल के जितनी लंबी

32. वर्ष 1975 में एक लिजेंड्री फिल्म 'शोले' को रिलीज किया गया था। इसके स्क्रिप्ट व डायलॉग को किसने लिखा था?
1. ऋषि कपूर एवं रणधीर कपूर
2. अमिताभ भट्टाचार्य एवं रोहित शेट्टी
3. सलीम खान एवं जावेद अख्तर
4. मंसूर खान एवं महबूब खान

33. 'बजरंगी भाईजान' फिल्म का नायक कौन था?
1. सलमान खान 2. जावेद खान
3. आमिर खान 4. सलीम खान

34. भारतीय संविधान का जनक किन्हें कहा जाता है?
1. महात्मा गाँधी 2. सुभाष चंद्र बोस
3. बी.आर. अम्बेडकर 4. जवाहरलाल नेहरू

35. भारतीय संविधान की धारा 19 के तहत मौलिक अधिकार किसे प्रदान किया जाता है?
1. भारतीय नागरिक
2. भारतीय सीमारेखा में रहने वाले सभी लोग
3. विदेशी भी
4. उपरोक्त सभी

36. किस धारा के तहत भारतीय नागरिकों को आंदोलन की स्वतंत्रता प्रदान की जाती है?
1. धारा 19(1) C 2. धारा 19(1) B
3. धारा 19(1) D 4. धारा 19(1) A

37. 'तास' क्या है?
1. समाचार पत्र 2. समाचार समिति
3. रेडियो बुलेटिन 4. टी.वी. चैनल

38. PCI का पूर्ण रूप है :
1. Public Council of India
2. Press Council of India
3. Press Committee of India
4. Press Code of India

39. रॉयटर किस देश की समाचार समिति है?
1. यू.के. 2. यू.एस.ए.
3. भारत 4. फ्रांस

40. द्वितीय प्रेस आयोग के अध्यक्ष कौन हैं?
1. न्यायमूर्ति पी.सी. गोस्वामी
2. न्यायमूर्ति जी.एस. राजाध्यक्ष
3. न्यायमूर्ति एन.एल. उटवालिया
4. न्यायमूर्ति वाई.वी. चन्द्रचूड़

27. 3	**28.** 4	**29.** 3	**30.** 2	**31.** 3	**32.** 3	**33.** 1
34. 3	**35.** 1	**36.** 3	**37.** 2	**38.** 2	**39.** 1	**40.** 1

41. कुलदीप नैयर समिति इनमें से किससे जुड़ी थी?

1. समाचार-पत्र　2. पत्रिका
3. समाचार समिति　4. फिल्म

42. भारत के प्रथम केन्द्रीय सूचना एवं प्रसारण मंत्री कौन थे?

1. इंदिरा गाँधी
2. लाल बहादुर शास्त्री
3. सरदार वल्लभ भाई पटेल
4. विद्या चरण शुक्ल

43. भारत में आपात काल (1975-77) के दौरान सूचना एवं प्रसारण मंत्री कौन थे?

1. आई.के. गुजराल　2. एल.के. आडवाणी
3. वी.सी. शुक्ल　4. एन.के.पी. साल्वे

44. भारतीय प्रेस परिषद् के अध्यक्ष कौन हैं?

1. न्यायमूर्ति आर.पी. देसाई
2. न्यायमूर्ति एम. काटजू
3. न्यायमूर्ति वी.एन. अग्रवाल
4. न्यायमूर्ति के. दयाल

45. इनमें से किसे सोशल मीडिया के अंतर्गत श्रेणीबद्ध किया जा सकता है?

1. समाचार-पत्र　2. ट्विटर
3. रेडियो　4. फिल्म

46. जब दो या उससे अधिक ग्रह या नक्षत्र आपस में मिलते हैं, या संबंध बनाते हैं, तो उसे किस प्रकार का संचार कहा जाता है?

1. अंतरावैयक्तिक संचार
2. अंतरवैयक्तिक संचार
3. ग्रहीय संचार
4. ट्रांसपर्सनल संचार

47. जब कुत्ता आदमी को काटता है, तो उसे आप कैसे श्रेणीबद्ध करेंगे?

1. समाचार　2. समाचार नहीं
3. फीचर　4. आलेख

48. यदि प्रधानमंत्री के घुटने में दर्द होता है, तो यह किस प्रकार का संपादकीय सामग्री होगा?

1. समाचार　2. समाचार फीचर
3. समाचारलेख　4. बैकग्राउन्डर समाचार

49. इनमें से कौन टेलीविजन सीरियल की प्रसिद्ध कहानी लेखक/लेखिका हैं?

1. कपिल शर्मा　2. एकता कपूर
3. स्मृति ईरानी　4. करण जौहर

50. टेलीविजन सीरियल के लिए प्राइम टाइम क्या है?

1. सुबह　2. दोपहर
3. संध्या　4. रात्रि

51. इनमें से किस पर रेडियो समाचार सुनाई जाती है?

1. वॉयस ऑफ यू.के.　2. बी.बी.सी.
3. वॉयस एलोन　4. स्टार न्यूज

52. 'बिनाका गीतमाला' नामक एक प्रसिद्ध रेडियो कार्यक्रम के प्रसिद्ध एंकर कौन हैं?

1. अमीन सयानी　2. अमित कुरैशी
3. नरोत्तम पुरी　4. डी.के. रत्नाकर

53. इनमें से कौन-सा प्रसिद्ध टेलीविजन मनोरंजन कार्यक्रम है?

1. कुंडली भाग्य　2. कुमकुम भाग्य
3. द कपिल शर्मा शो　4. डिस्कवरी प्रोग्राम

54. DAVP का पूर्ण रूप क्या है?

1. Directorate of Audio Visual Programme
2. Directorate of Advertising & Visual Publicity
3. Department of Audio Visual Programme
4. Department of Advertising & Visual Publicity

41. 3	**42.** 3	**43.** 3	**44.** 1	**45.** 2	**46.** 3	**47.** 2
48. 1	**49.** 2	**50.** 4	**51.** 2	**52.** 1	**53.** 3	**54.** 2

55. ट्विटर (जिसे अब X बोलते हैं) के अध्यक्ष कौन हैं?
1. लिन्डा याकारिनो
2. एलॉन मस्क
3. मार्क एलियॉट जुकरबर्ग
4. इनमें से कोई नहीं

56. मेटा प्लेटफॉर्म्स (जिसे पहले फेसबुक कहा जाता था) के सी.ई.ओ. कौन हैं?
1. चान जुकरबर्ग
2. लिंडा याकारिनो
3. मार्क एलियॉट जुकरबर्ग
4. इनमें से कोई नहीं

57. सूचना का अधिकार अधिनियम कब पारित हुआ था?
1. 2002 2. 2003
3. 2004 4. 2005

58. किस वर्ष भारतीय प्रेस परिषद् अधिनियम पारित हुआ था?
1. 1965 2. 1966
3. 1967 4. 1968

59. दूरदर्शन एवं आकाशवाणी को कब पृथक किया गया था?
1. 1 अप्रैल, 1976
2. 1 अप्रैल, 1977
3. 1 अप्रैल, 1978
4. 1 अप्रैल, 1979

60. प्रथम भारतीय फिल्म राजा हरिश्चन्द्र की नायिका कौन थी?
1. माला सिन्हा 2. अन्ना सालुन्के
3. नलिनी जयवन्त 4. अजूरी

61. यूट्यूब की शुरूआत किस वर्ष में हुई थी?
1. 2003 2. 2004
3. 2005 4. 2006

62. यूट्यूब का सी.ई.ओ. कौन है?
1. मार्क एलियॉट जुकरबर्ग
2. नील मोहन
3. एलॉन मस्क
4. इनमें से कोई नहीं

63. भारतीय सिनेमा के भीष्म पितामह कौन हैं?
1. सत्यजीत रे 2. दादा साहेब फाल्के
3. जे.एफ. मदोन 4. नटराज मुरलीधर

64. टाइम्स समूह का मुख्य कार्यालय कहाँ है?
1. नई दिल्ली 2. मुंबई
3. बेंगलुरु 4. चेन्नई

65. नेशनल हेराल्ड के संस्थापक थे :
1. महात्मा गाँधी 2. मोतीलाल नेहरू
3. सरदार पटेल 4. जवाहरलाल नेहरू

66. मीडिया साक्षरता का कार्य है :
1. समाचार-पत्र जागरण
2. रेडियो जागरण
3. टेलीविजन जागरण
4. मीडिया जागरण

67. सभी डिजिटलीकृत मीडिया आजकल पहचाने जाते हैं :
1. गैर-डिजिटल मीडिया
2. एनालॉग मीडिया
3. नॉन-इंटरएक्टिव मीडिया
4. टेक्सटुअल मीडिया

68. मीडिया को समझने की योग्यता को कहा जाता है?
1. डिजिटल साक्षरता 2. सूचना साक्षरता
3. कम्प्यूटर साक्षरता 4. मीडिया साक्षरता

69. इंडिया टुडे के मुख्य संपादक कौन हैं?
1. अरुण शौरी 2. अरुण पुरी
3. मधु त्रेहाण 4. उक्त में से कोई नहीं

55. 2	56. 3	57. 4	58. 1	59. 1	60. 2	61. 3	62. 2
63. 2	64. 2	65. 4	66. 4	67. 2	68. 4	69. 2	

70. भारत में जानने का अधिकार है :
1. असीमित
2. असमानान्तर
3. पूर्ण
4. सीमित

71. वॉयस ऑफ अमेरिका की शुरूआत कब हुई थी?
1. 1940 2. 1941
3. 1942 4. 1943

72. हिन्दुस्तान टाइम्स के मुख्य संपादक कौन हैं?
1. एच.के. दुआ
2. एम.सी. मेनन
3. सुकुमार रंगनाथन
4. पी.सी. जोशी

73. भारत में शासकीय गोपनीयता अधिनियम की शुरूआत कब हुई थी?
1. 1920 2. 1921
3. 1922 4. 1923

74. भारत में शासकीय गोपनीयता अधिनियम की शुरूआत किसने की थी?
1. लॉर्ड कर्जन 2. लॉर्ड हेमिंग्टन
3. लॉर्ड पीटर 4. लॉर्ड जॉन

75. निम्नलिखित में से कौन दुनिया को नजदीक लाया है?
1. टेलीविजन 2. टेपरिकॉर्डर
3. टाइप राइटर 4. कैमकॉर्डर

76. मीडिया में सरकारी नियंत्रण इस प्रकार जाना जाता है?
1. विनियमन 2. अभिवेचन
3. आपातकाल 4. स्वतंत्रता

77. किस वर्ष बी.बी.सी. एक जन निगम बना?
1. 1923 2. 1924
3. 1925 4. 1926

78. प्रसार भारती के अध्यक्ष कौन हैं?
1. गौरव द्विवेदी
2. नवनीत कुमार सहगल
3. मृणाल पांडे
4. एम.वी. कामथ

79. "A Voice for Freedom" पुस्तक किसने लिखी है?
1. कोरा जॉन एक्विनो
2. नयनतारा सहगल
3. अनुराग सेन
4. बेनजीर भुट्टो

80. पुलित्जर पुरस्कार किस क्षेत्र में उत्कृष्ट कार्य के लिए प्रदान किया जाता है?
1. टेलीविजन प्रौद्योगिकी
2. पर्यावरणीय अध्ययन
3. साहित्य व पत्रकारिता
4. अंतर्राष्ट्रीय संबंध

81. Choose the correct spelling:
1. Vicissitudinious
2. Vicisitudinous
3. Visicitudinous
4. Vicissitudinus

82. Choose the correct spelling:
1. Reselience
2. Resellience
3. Resilience
4. Recelience

83. Choose the correct meaning of EVOLUTION:
1. Magnification 2. Expansion
3. Progression 4. Modification

84. Choose the correct meaning of UBIQUITOUS:
1. Omnipresent 2. Omnipotent
3. Matchless 4. Unique

70. 1	**71.** 3	**72.** 3	**73.** 4	**74.** 1	**75.** 1	**76.** 2	**77.** 3
78. 2	**79.** 2	**80.** 3	**81.** 2	**82.** 3	**83.** 3	**84.** 1	

85. Choose the correct meaning of RECALCITRANT:

1. Disobedient 2. Marvellous
3. Wise 4. Helpful

86. Choose the correct one word for many words:

One who believes in God.

1. Atheist 2. Theist
3. Recalcitrant 4. Godliness

87. Choose the correct one words for many words:

One who is comfortable with both hands.

1. Ambivalent
2. Ambidextrous
3. Ambipotent
4. Ambience

88. Choose the correct prepositon:

We should not look .... upon the poors.

1. for 2. beyond
3. down 4. under

89. Choose the correct preposition:

I agree .... your proposal.

1. with 2. on
3. to 4. for

90. Choose the correct sentence:

1. The CBI is looking after the recent scandal
2. The CBI is looking up the recent scandal
3. The CBI is looking into the recent scandal
4. The CBI is looking at the recent scandal

91. शुद्ध शब्द को चुनें :

1. जनसंपर्क 2. जन संपर्क
3. जनसंर्पक 4. जनर्संपक

92. शुद्ध शब्द को चुनें :

1. अंतर्निहित
2. अन्तरनिहित
3. अंतनिहित
4. अंतर्निहीत

93. समरूपी शब्द चुनें :

माता :

1. विरंची 2. अंबा
3. नसन 4. शारदा

94. समरूपी शब्द चुनें :

वृक्ष :

1. तरिणी 2. तरुणी
3. विटप 4. तनूजा

95. अनेक शब्दों के लिए एक शब्द चुनें :

जिसे जाना न जा सके।

1. अज्ञेय 2. कठिन
3. जटिल 4. अज्ञाता

96. अनेक शब्दों के लिए एक शब्द चुनें :

जिसे किसी विषय की जानकारी न हो।

1. अविषयी 2. अनभिज्ञ
3. अवसनी 4. नाजंत

97. शुद्ध वाक्य को चुनें :

1. पानी ठंडी है 2. पानी ठंडा है
3. पानी ठंडे हैं 4. पानी ठँडे हैं

98. शुद्ध वाक्य को चुनें :

1. उसने आँखें फाड़कर देखी
2. वह आँख फाड़कर देखा
3. वह आँखें फाड़कर देखा
4. उसने आँखें फाड़कर देखा

85. 1	**86.** 2	**87.** 2	**88.** 3	**89.** 1	**90.** 3	**91.** 1
92. 1	**93.** 2	**94.** 3	**95.** 1	**96.** 2	**97.** 2	**98.** 4

99. शब्द के क्रमानुसार जोड़ी में लिंग चुनें :

दूध : दही

1. स्त्रीलिंग-स्त्रीलिंग
2. स्त्रीलिंग-पुल्लिंग
3. पुल्लिंग-स्त्रीलिंग
4. पुल्लिंग-पुल्लिंग

100. शब्द के क्रमानुसार जोड़ी में लिंग चुनें :

चाय : कॉफी

1. स्त्रीलिंग-स्त्रीलिंग
2. स्त्रीलिंग-पुल्लिंग
3. पुल्लिंग-स्त्रीलिंग
4. पुल्लिंग-पुल्लिंग

व्याख्यात्मक उत्तर

1. (2): 'ओसियन रिंग ऑफ योग' स्पेशल इवेंट का आयोजन आयुष मंत्रालय द्वारा अंतर्राष्ट्रीय योग दिवस 2024 पर किया गया था। इस कार्यक्रम का उद्देश्य समुद्री सीमाओं पर तैनात भारतीय नौसेना और मित्र देशों के जहाजों पर एकसाथ योगाभ्यास कराना था, जिससे योग का वैश्विक स्तर पर प्रचार हो सके।

2. (3): गृहमंत्री अमित शाह ने गुजरात के अहमदाबाद शहर में क्रेडाई-गार्डेन पीपल्स पार्क का उद्घाटन किया। यह पार्क क्रेडाई संस्था द्वारा विकसित किया गया है, जिसका उद्देश्य शहरी पर्यावरण को हरित बनाना और लोगों को सामूहिक गतिविधियों के लिए एक सार्वजनिक स्थान उपलब्ध कराना है।

3. (1): तुषार मेहता भारत के सॉलिसिटर जनरल नियुक्त किए गए हैं और वे केंद्र सरकार की ओर से उच्चतम न्यायालय में कानूनी मामलों का प्रतिनिधित्व करते हैं। वे अटॉर्नी जनरल के बाद भारत के दूसरे सबसे वरिष्ठ विधि अधिकारी हैं और अनेक संवैधानिक मामलों में सरकार का पक्ष रखते हैं।

4. (4): भारत की नई राष्ट्रीय शिक्षा नीति (NEP) की शुरुआत 29 जुलाई 2020 को की गई थी। यह नीति शिक्षा प्रणाली में 34 वर्षों बाद व्यापक सुधार लेकर आई, जिसमें स्कूली ढांचे को 5+3+3+4 में बदला गया और मातृभाषा में शिक्षा, व्यावसायिक पाठ्यक्रमों और डिजिटल लर्निंग पर बल दिया गया।

5. (3): अश्विनी वैष्णव वर्तमान में भारत के सूचना एवं प्रसारण मंत्री हैं। वे इस मंत्रालय के अंतर्गत मीडिया नीति, प्रसारण सेवाएं, फिल्म निर्माण तथा सरकारी योजनाओं के जनसंपर्क कार्यों की निगरानी करते हैं। साथ ही वे रेलवे और संचार मंत्रालय का कार्यभार भी संभाल चुके हैं।

6. (3): ओलंपिक 2028 की मेजबानी लॉस एंजेल्स, अमेरिका करेगा। इसे आधिकारिक रूप से अंतर्राष्ट्रीय ओलंपिक समिति (IOC) ने मंजूरी दी है और यह तीसरी बार होगा जब लॉस एंजेल्स ओलंपिक की मेजबानी करेगा, इससे पहले 1932 और 1984 में भी यह आयोजन यहाँ हुआ था।

7. (2): बिशन सिंह बेदी भारत के महान स्पिन गेंदबाज थे और उन्होंने 1960 व 70 के दशक में भारतीय क्रिकेट टीम के लिए शानदार प्रदर्शन किया। वे बाएं हाथ के ऑर्थोडॉक्स स्पिनर थे और भारतीय स्पिन चौकड़ी का हिस्सा रहे, जिन्होंने भारत को कई टेस्ट मैच में जीत दिलाई।

8. (4): 100 के नोट का मुद्रण भारत सुरक्षा प्रेस, नासिक; बैंक नोट प्रेस, देवास; और कुछ मामलों में हैदराबाद में भी होता है। ये सभी भारतीय रिजर्व बैंक के अधीन काम करने वाले प्रेस हैं, जो विभिन्न मूल्यवर्गों के नोटों की छपाई के लिए अधिकृत हैं।

99. 4 **100.** 1

9. (1): हरीश खरे भारत के प्रधानमंत्री के मीडिया सलाहकार रह चुके हैं, विशेषकर मनमोहन सिंह के कार्यकाल में। वे एक वरिष्ठ पत्रकार और राजनीतिक विश्लेषक हैं, जिन्होंने 'द हिंदू' और 'द हिंदुस्तान टाइम्स' जैसे प्रमुख समाचार पत्रों में भी कार्य किया है।

10. (3): वैश्विक खाद्य नीति रिपोर्ट 2024 अंतर्राष्ट्रीय खाद्य नीति शोध संस्थान (IFPRI) द्वारा जारी की गई थी। यह रिपोर्ट वैश्विक खाद्य सुरक्षा, पोषण, कृषि नीति और खाद्य प्रणालियों से जुड़े मुद्दों पर केंद्रित होती है और विकासशील देशों में नीतिगत सुधारों हेतु मार्गदर्शन प्रदान करती है।

11. (1): नर्मदा नदी विंध्याचल और सतपुड़ा पर्वतमालाओं के बीच से पश्चिम की ओर बहती है। यह भारत की प्रमुख नदियों में से एक है और इसका उद्गम अमरकंटक पठार से होता है, जो मध्य प्रदेश में स्थित है।

12. (2): वर्तमान में राष्ट्रीय चावल अनुसंधान संस्थान (National Rice Research Institute) ओडिशा के कटक शहर में स्थित है। यह भारतीय कृषि अनुसंधान परिषद (ICAR) के अधीन कार्य करता है और चावल की खेती, नई किस्मों व उत्पादन तकनीकों पर अनुसंधान करता है।

13. (3): पाणिनि ने संस्कृत भाषा का व्याकरण 'अष्टाध्यायी' नामक ग्रंथ में लिखा था, जो विश्व का सबसे प्राचीन और व्यवस्थित व्याकरण ग्रंथ माना जाता है। उन्होंने व्याकरण को सूत्रों के रूप में संहिताबद्ध किया जो आज भी भाषा विज्ञान में महत्वपूर्ण है।

14. (2): रोवर्स कप भारत का एक प्रतिष्ठित फुटबॉल टूर्नामेंट था, जिसकी शुरुआत 1891 में हुई थी। यह एशिया के सबसे पुराने फुटबॉल टूर्नामेंटों में से एक था और मुख्य रूप से कोलकाता में आयोजित होता था।

15. (1): कॉमनवेल्थ गेम्स फेडरेशन (CGF) के प्रथम अध्यक्ष जेम्स लीघ-वुड थे। उन्होंने खेलों के संगठनात्मक ढांचे को मजबूत करने में महत्वपूर्ण भूमिका निभाई और प्रारंभिक वर्षों में इसकी आधारशिला रखी।

16. (2): बॉल प्वाइंट पेन का आविष्कार लाज्लो बीरो और उनके भाई द्वारा किया गया था, जो हंगरी के निवासी थे। लाज्लो एक पत्रकार थे और उन्होंने एक ऐसी पेन विकसित की जो तेजी से सूखने वाली स्याही का उपयोग करती थी, जिससे लिखने में आसानी होती थी।

17. (4): सरदार वल्लभ भाई पटेल को 'आयरन मैन ऑफ इंडिया' कहा जाता है क्योंकि उन्होंने भारत के एकीकरण में केंद्रीय भूमिका निभाई थी। वे दृढ़ इच्छाशक्ति वाले नेता थे जिन्होंने 562 से अधिक रियासतों को भारत में मिलाने में सफलता पाई।

18. (2): यूक्लिड को 'ज्यामिति का जनक' कहा जाता है। उन्होंने 'एलीमेंट्स' नामक ग्रंथ की रचना की, जो सदियों तक गणित शिक्षा का आधार रहा और जिसमें समतल ज्यामिति के मूल सिद्धांतों को व्यवस्थित रूप में प्रस्तुत किया गया।

19. (1): शारदा उकील एक प्रसिद्ध भारतीय चित्रकार थे। उन्होंने पारंपरिक भारतीय शैली को आधुनिक दृष्टिकोण के साथ प्रस्तुत किया और उकील स्कूल ऑफ आर्ट्स की स्थापना की, जो भारतीय चित्रकला के क्षेत्र में एक प्रमुख संस्थान बना।

20. (3): प्रोफेसर अमर्त्य सेन एक प्रख्यात भारतीय अर्थशास्त्री हैं जिन्हें 1998 में अर्थशास्त्र का नोबेल पुरस्कार मिला। उन्होंने गरीबी, कल्याण अर्थशास्त्र, और मानव विकास सूचकांक जैसे विषयों पर महत्वपूर्ण कार्य किया है।

21. (1): प्रेस एवं पुस्तक का पंजीकरण अधिनियम (Press and Registration of Books Act) वर्ष 1867 में लागू हुआ था। यह अधिनियम भारत में समाचार

पत्रों और पुस्तकों के प्रकाशन तथा मुद्रकों/प्रकाशकों के पंजीकरण को विनियमित करता है। इसका उद्देश्य प्रेस की पारदर्शिता और उत्तरदायित्व सुनिश्चित करना था।

22. (*): वर्ष 1947 में भारतीय पत्रकारिता के क्षेत्र में सबसे महत्वपूर्ण घटना प्रेस ट्रस्ट ऑफ इंडिया (PTI) की स्थापना थी। PTI का पंजीकरण (रजिस्ट्रेशन) 1947 ई. में हुआ था जबकि 1949 ई. से इसने कार्य करना आरंभ कर दिया था। यह एक प्रमुख भारतीय समाचार एजेंसी है, जो रॉयटर्स की जगह भारतीय समाचार पत्रों को स्वतंत्र और विश्वसनीय समाचार देने के लिए बनाई गई थी। इसकी स्थापना ने भारत में स्वदेशी समाचार सेवा की नींव रखी।

23. (4): भारतीय पत्रकारिता आज कई चुनौतियों से जूझ रही है जैसे मर्यादा का ह्रास, पक्षपाती रिपोर्टिंग और वाक् की स्वतंत्रता का दुरुपयोग। ये समस्याएं पत्रकारिता की विश्वसनीयता को प्रभावित करती हैं और लोकतांत्रिक प्रक्रिया में बाधा उत्पन्न कर सकती हैं।

24. (4): एक पत्रकार की कानूनी, नैतिक और व्यावसायिक– तीनों प्रकार की जिम्मेदारियाँ होती हैं। पत्रकार को तथ्यात्मक रिपोर्टिंग करनी होती है, नैतिक आचरण का पालन करना होता है, और व्यावसायिक दायित्वों को भी निभाना होता है। इसलिए कोई भी इनमें से अपवाद नहीं है।

25. (1): फोन-इन कार्यक्रमों को इंटरएक्टिव प्रोग्रामिंग कहा जाता है क्योंकि इनमें श्रोताओं की सीधे भागीदारी होती है। ऐसे कार्यक्रमों में लोग कॉल करके विषयों पर सवाल पूछते हैं या अपनी राय देते हैं, जिससे संवादात्मक वातावरण बनता है।

26. (1): रेडियो नाटक एक श्रव्य माध्यम है जो केवल ध्वनि और संवादों के माध्यम से कहानी को प्रस्तुत करता है। इसमें दृश्य प्रभाव नहीं होते, इसलिए चरित्रों, घटनाओं और भावनाओं को केवल आवाज, संवाद और ध्वनि प्रभावों द्वारा व्यक्त किया जाता है।

27. (3): रेडियो विज्ञापन का यह विकल्प गलत है क्योंकि रेडियो विज्ञापन उपभोक्ता की मांग पर तुरंत नहीं चलाया जा सकता। यह एक शेड्यूल आधारित माध्यम है, जहाँ विज्ञापन प्रसारण पहले से तय समय पर होता है, न कि किसी श्रोता की व्यक्तिगत मांग पर।

28. (4): KDKA दुनिया का पहला वाणिज्यिक रेडियो स्टेशन था, जिसकी शुरुआत 2 नवंबर 1920 को अमेरिका के पिट्सबर्ग में हुई थी। इस स्टेशन ने पहली बार अमेरिकी राष्ट्रपति चुनाव के नतीजे प्रसारित किए थे, जिससे वाणिज्यिक रेडियो का युग शुरू हुआ।

29. (3): एफ.एम. (Frequency Modulation) बैंड का आविष्कार एडविन हॉवर्ड आर्मस्ट्रांग ने 1930 के दशक में किया था। उन्होंने यह तकनीक इसीलिए विकसित की ताकि रेडियो प्रसारण में स्थैतिक शोर और सिग्नल की गुणवत्ता की समस्याओं को दूर किया जा सके।

30. (2): 'ब्रॉडकास्टिंग' शब्द की उत्पत्ति कृषि क्षेत्र से हुई है, जहाँ इसका अर्थ होता था बीजों को हाथ से फैलाकर खेत में छितराना। बाद में यही शब्द संचार माध्यमों में इस्तेमाल होने लगा जब एक ही समय पर संदेशों को व्यापक क्षेत्र में 'प्रसारित' किया जाने लगा।

31. (3): ए.एम. (Amplitude Modulation) तरंगें लंबी होती हैं, जिनकी तरंगदैर्ध्य लगभग 100 मीटर से भी अधिक हो सकती है। यह तरंगदैर्ध्य अक्सर एक फुटबॉल मैदान जितनी लंबी होती है, जिससे ये लंबी दूरी तक यात्रा कर सकती हैं और बड़े क्षेत्र को कवर करती हैं।

32. (3): 1975 की प्रसिद्ध फिल्म 'शोले' के स्क्रिप्ट और डायलॉग्स सलीम-जावेद की जोड़ी ने लिखे थे। यह जोड़ी हिंदी सिनेमा की सबसे सफल पटकथा लेखकों के रूप में मानी जाती है और 'शोले' को उनके सबसे प्रतिष्ठित कार्यों में से एक माना जाता है।

33. (1): 'बजरंगी भाईजान' फिल्म के मुख्य नायक सलमान खान थे, जिन्होंने एक भोले और ईमानदार व्यक्ति की भूमिका निभाई जो एक पाकिस्तानी बच्ची को उसके देश वापस पहुँचाने का प्रयास करता है। यह फिल्म 2015 में रिलीज हुई थी जो व्यावसायिक व सामाजिक दृष्टिकोण से काफी सफल रही।

34. (3): डॉ. भीमराव अंबेडकर को भारतीय संविधान का जनक कहा जाता है क्योंकि वे संविधान मसौदा समिति के अध्यक्ष थे। उन्होंने सामाजिक न्याय और समानता को ध्यान में रखते हुए संविधान का निर्माण कराया और आधुनिक भारत के विधिक ढांचे की नींव रखी।

35. (1): भारतीय संविधान की धारा 19 केवल भारतीय नागरिकों को अभिव्यक्ति की स्वतंत्रता, शांतिपूर्ण रूप से एकत्र होने, संघ बनाने, भारत में स्वतंत्र रूप से घूमने और निवास करने जैसे मौलिक अधिकार प्रदान करती है। ये अधिकार विदेशी नागरिकों पर लागू नहीं होते।

36. (3): भारतीय संविधान की धारा 19(1)(D) भारतीय नागरिकों को देश में कहीं भी स्वतंत्र रूप से आने-जाने और आंदोलन करने का अधिकार देती है। यह मौलिक अधिकार व्यक्तिगत स्वतंत्रता की गारंटी प्रदान करता है, लेकिन यह कुछ यथोचित प्रतिबंधों के अधीन होता है।

37. (2): 'तास' (TASS) रूस की एक प्रमुख सरकारी समाचार एजेंसी है। यह पूर्व सोवियत संघ की आधिकारिक समाचार एजेंसी थी और अब यह रूसी सरकार की सूचना एजेंसी के रूप में कार्य करती है, जो अंतरराष्ट्रीय और राष्ट्रीय समाचार प्रसारित करती है।

38. (2): PCI का पूर्ण रूप 'Press Council of India' है। यह एक वैधानिक निकाय है, जिसे प्रेस की स्वतंत्रता की रक्षा और पत्रकारिता के उच्च मानकों को बनाए रखने के लिए 1966 में स्थापित किया गया था। इसका कार्य मीडिया में नैतिकता बनाए रखना है।

39. (1): रॉयटर्स (Reuters) यूनाइटेड किंगडम की एक प्रमुख अंतरराष्ट्रीय समाचार एजेंसी है। इसकी स्थापना 1851 में पॉल जूलियस रॉयटर ने की थी और यह वैश्विक वित्त, राजनीति, वाणिज्य और अन्य क्षेत्रों की खबरों को व्यापक रूप से प्रसारित करती है।

40. (1): द्वितीय प्रेस आयोग के अध्यक्ष न्यायमूर्ति पी.सी. गोस्वामी थे। यह आयोग 1980 में गठित किया गया था ताकि भारतीय प्रेस की स्थिति की समीक्षा की जा सके और उसकी स्वतंत्रता, जवाबदेही तथा व्यावसायिक व्यवहार पर सुझाव दिए जा सकें।

41. (3): कुलदीप नैयर समिति का गठन समाचार समितियों से संबंधित मामलों की जांच और सुधार के लिए किया गया था। इस समिति ने समाचार एजेंसियों की स्वतंत्रता, उनकी कार्यप्रणाली और सरकारी हस्तक्षेप जैसे मुद्दों पर सुझाव दिए थे ताकि प्रेस की स्वतंत्रता सुनिश्चित की जा सके।

42. (3): भारत के प्रथम केन्द्रीय सूचना एवं प्रसारण मंत्री सरदार वल्लभ भाई पटेल थे। स्वतंत्रता प्राप्ति के बाद 15 अगस्त 1947 को जब अंतरिम मंत्रिमंडल का गठन हुआ, तो उन्होंने इस मंत्रालय का प्रभार संभाला, जो उस समय संचार और जनसंपर्क के लिए महत्वपूर्ण था।

43. (3): आपातकाल (1975-77) के दौरान सूचना एवं प्रसारण मंत्री वी.सी. शुक्ल थे। उन्होंने उस समय प्रेस सेंसरशिप और सरकारी प्रचार की नीतियों को लागू किया था, जो आपातकाल के सबसे चर्चित और आलोचित पहलुओं में से एक रहा।

44. (1): भारतीय प्रेस परिषद् के अध्यक्ष वर्तमान में न्यायमूर्ति आर.पी. देसाई हैं। यह संस्था भारत में प्रेस की स्वतंत्रता बनाए रखने और मीडिया में नैतिकता सुनिश्चित करने के लिए जिम्मेदार है। परिषद् में एक सेवानिवृत्त उच्च न्यायालय या सर्वोच्च न्यायालय के न्यायाधीश को अध्यक्ष बनाया जाता है।

45. (2): ट्विटर एक सोशल मीडिया मंच है जिसमें उपयोगकर्ता अल्प शब्दों में अपनी राय व्यक्त करते हैं और अन्य उपयोगकर्ताओं से संवाद करते हैं। यह एक इंटरैक्टिव माध्यम है जहाँ जानकारी का तेजी से प्रसार होता है, और इसे सोशल मीडिया की श्रेणी में वर्गीकृत किया जाता है।

46. (3): जब दो या दो से अधिक ग्रह या नक्षत्र एक-दूसरे के प्रभाव में आते हैं या कोणीय संबंध बनाते हैं, तो उसे ग्रहीय संचार (Planetary Communication) कहा जाता है। यह ज्योतिषीय अवधारणा है जो ग्रहों के आपसी संयोग, युति या दृष्टि पर आधारित होती है।

47. (2): यदि कुत्ता आदमी को काटता है, तो यह सामान्य और अपेक्षित घटना मानी जाती है, इसलिए इसे समाचार नहीं माना जाता। पत्रकारिता में असामान्यता को ही समाचार माना जाता है, जैसे ''जब आदमी कुत्ते को काटे''–तब वह समाचार बनता है।

48. (1): यदि प्रधानमंत्री के घुटने में दर्द होता है, तो वह समाचार के रूप में प्रकाशित होता है, क्योंकि यह किसी प्रमुख सार्वजनिक व्यक्ति से जुड़ी तात्कालिक और जनहित की जानकारी होती है। ऐसे मामलों में तथ्यात्मक और संक्षिप्त रिपोर्टिंग की जाती है।

49. (2): एकता कपूर टेलीविजन सीरियलों की प्रसिद्ध कहानी लेखिका और निर्माता हैं। उन्होंने 'क्योंकि सास भी कभी बहू थी', 'कहानी घर घर की', 'कसम', 'नागिन' जैसे अनेक लोकप्रिय टीवी शोज बनाए हैं जो भारतीय दर्शकों में बेहद लोकप्रिय हुए।

50. (4): टेलीविजन सीरियलों के लिए 'प्राइम टाइम' वह समय होता है जब सबसे अधिक दर्शक टीवी देखते हैं, जो आमतौर पर रात 7 बजे से 10 बजे के बीच होता है। इस समय दर्शक वर्ग घर पर होते हैं, इसलिए अधिकतर महत्वपूर्ण और लोकप्रिय कार्यक्रम इसी अवधि में प्रसारित होते हैं।

51. (2): बी.बी.सी. (British Broadcasting Corporation) एक अंतरराष्ट्रीय प्रसारण सेवा है जो रेडियो के माध्यम से समाचारों का प्रसारण करती है। बी.बी.सी. हिंदी सहित कई भाषाओं में विश्वसनीय और निष्पक्ष समाचार प्रसारित करता है, जो भारत समेत दुनियाभर में सुने जाते हैं।

52. (1): 'बिनाका गीतमाला' ऑल इंडिया रेडियो पर प्रसारित एक अत्यंत लोकप्रिय फिल्मी गीतों का कार्यक्रम था, जिसके प्रसिद्ध उद्घोषक अमीन सयानी थे। उनकी खास आवाज और शैली ने उन्हें भारत के सबसे लोकप्रिय रेडियो एंकरों में से एक बना दिया।

53. (3): 'द कपिल शर्मा शो' एक प्रमुख हास्य टेलीविजन मनोरंजन कार्यक्रम है जो सोनी टीवी पर प्रसारित होता है। इसमें मशहूर हस्तियों के इंटरव्यू, कॉमेडी स्केच और दर्शकों के साथ संवाद होते हैं, जिससे यह सभी उम्र के दर्शकों के बीच बेहद लोकप्रिय है।

54. (2): DAVP भारत सरकार की विज्ञापन शाखा है, जिसका पूर्ण रूप 'Directorate of Advertising & Visual Publicity' है। यह सरकार की योजनाओं, नीतियों और कार्यक्रमों के प्रचार के लिए विज्ञापन और प्रचार सामग्री तैयार करती है तथा विभिन्न माध्यमों में प्रसारित करवाती है।

55. (2): ट्विटर को खरीदने के बाद एलॉन मस्क ने इसका नाम बदलकर 'X' कर दिया और इसके चेयरमैन की भूमिका भी खुद संभाली। उन्होंने मंच पर कई संरचनात्मक और नीतिगत बदलाव किए, जिससे यह पारंपरिक माइक्रोब्लॉगिंग से एक व्यापक डिजिटल प्लेटफॉर्म बनता जा रहा है।

56. (3): मार्क जुकरबर्ग मेटा प्लेटफॉर्म्स (पूर्व में फेसबुक) के सह-संस्थापक और वर्तमान सी.ई.ओ. हैं। उन्होंने 2004 में फेसबुक की स्थापना की और 2021 में इसका नाम बदलकर मेटा कर दिया, ताकि सोशल मीडिया से आगे मेटावर्स पर केंद्रित कंपनी की नई पहचान स्थापित की जा सके।

57. (4): सूचना का अधिकार अधिनियम (RTI Act) भारत में 2005 में पारित हुआ। इस कानून के तहत नागरिकों को सरकारी विभागों से जानकारी प्राप्त करने का कानूनी अधिकार मिला, जिससे प्रशासन में पारदर्शिता और जवाबदेही बढ़ी।

58. (1): भारतीय प्रेस परिषद अधिनियम 1965 में पारित किया गया था, जिसके तहत 1966 में प्रेस परिषद की स्थापना हुई। इसका उद्देश्य प्रेस की स्वतंत्रता को बनाए रखते हुए पत्रकारिता के नैतिक मानदंडों की निगरानी करना है।

59. (1): 1 अप्रैल 1976 को दूरदर्शन और आकाशवाणी को एक-दूसरे से पृथक कर दिया गया। इससे पहले ये दोनों सूचना एवं प्रसारण मंत्रालय के अंतर्गत एक ही इकाई थे। पृथक्करण के बाद दूरदर्शन एक स्वतंत्र टेलीविजन प्रसारण संस्था बनी।

60. (2): 1913 में बनी भारत की पहली मूक फिल्म 'राजा हरिश्चंद्र' में अन्ना सालुन्के ने नायिका की भूमिका निभाई थी। उस समय महिलाएं फिल्मों में अभिनय नहीं करती थीं, इसलिए पुरुष कलाकारों को स्त्री भूमिकाएं भी निभानी पड़ती थीं।

61. (3): यूट्यूब की शुरुआत वर्ष 2005 में की गई थी। इसे तीन पूर्व PayPal कर्मचारियों—स्टीव चेन, चाड हर्ले और जावेद करीम—ने मिलकर शुरू किया। यूट्यूब ने वीडियो शेयरिंग की दुनिया में क्रांतिकारी बदलाव लाया और अब यह गूगल के स्वामित्व में है।

62. (2): नील मोहन वर्तमान में यूट्यूब के सीईओ हैं। उन्होंने 2023 में सुसान वोज्स्की की जगह ली और इससे पहले वे यूट्यूब में चीफ प्रोडक्ट ऑफिसर थे। वे तकनीक, नवाचार और यूजर एक्सपीरियंस को लेकर यूट्यूब की वैश्विक रणनीति का नेतृत्व कर रहे हैं।

63. (2): भारतीय सिनेमा के 'भीष्म पितामह' दादा साहेब फाल्के माने जाते हैं। उन्होंने भारत की पहली मूक फिल्म 'राजा हरिश्चंद्र' (1913) का निर्माण किया और भारतीय फिल्म उद्योग की नींव रखी, जिसके कारण उनके नाम पर राष्ट्रीय फिल्म पुरस्कार भी दिया जाता है।

64. (2): टाइम्स समूह, जिसे 'बेनेट कोलमैन एंड कंपनी लिमिटेड' भी कहा जाता है, का मुख्यालय मुंबई में स्थित है। यह भारत का सबसे बड़ा मीडिया समूह है, जिसके अंतर्गत 'द टाइम्स ऑफ इंडिया', 'नवभारत टाइम्स', 'इंडिया टाइम्स' और अन्य प्रमुख प्रकाशन आते हैं।

65. (4): नेशनल हेराल्ड की स्थापना 1938 में पंडित जवाहरलाल नेहरू ने की थी। यह अखबार भारतीय स्वतंत्रता संग्राम की आवाज बना और इसका उद्देश्य ब्रिटिश शासन के खिलाफ वैचारिक और राजनीतिक दृष्टिकोण प्रस्तुत करना था। यह अखबार कांग्रेस पार्टी से भी जुड़ा रहा।

66. (4): मीडिया साक्षरता का कार्य मीडिया जागरण करना है, जिससे व्यक्ति यह समझ सके कि मीडिया किस प्रकार काम करता है, उसमें कौन से तत्व हैं और किस उद्देश्य से जानकारी प्रस्तुत की जाती है। इसका उद्देश्य नागरिकों को जागरूक, आलोचनात्मक और जिम्मेदार उपभोक्ता बनाना है।

67. (2): आजकल के सभी डिजिटलीकृत मीडिया एनालॉग मीडिया से ही विकसित हुए हैं। एनालॉग मीडिया में सूचना निरंतर (continuous) रूप में होती थी जबकि डिजिटल मीडिया में सूचना को शून्य और एक (0 और 1) के रूप में बदलकर संग्रह और प्रसारित किया जाता है।

68. (4): मीडिया को समझने, उसका विश्लेषण करने और उस पर विचारपूर्वक प्रतिक्रिया देने की योग्यता को मीडिया साक्षरता कहा जाता है। यह लोगों को यह पहचानने में मदद करती है कि कौन-सी जानकारी विश्वसनीय है और किस प्रकार मीडिया हमारे सोचने और समझने के तरीके को प्रभावित करता है।

69. (2): अरुण पुरी इंडिया टुडे समूह के संस्थापक और मुख्य संपादक हैं। वे भारत के प्रमुख मीडिया उद्यमियों में से एक हैं और उनके नेतृत्व में इंडिया टुडे एक प्रतिष्ठित पत्रिका और बहुप्लेटफार्म मीडिया ब्रांड बन चुका है।

70. (1): भारत में 'जानने का अधिकार' एक मौलिक लोकतांत्रिक अधिकार के रूप में माना जाता है और यह सूचना का अधिकार अधिनियम 2005 के अंतर्गत नागरिकों को असीमित रूप से जानकारी मांगने का अवसर देता है, बशर्ते वह राष्ट्रहित, सुरक्षा या गोपनीयता का उल्लंघन न करे।

71. (3): वॉयस ऑफ अमेरिका (VOA) की शुरुआत वर्ष 1942 में द्वितीय विश्व युद्ध के दौरान हुई थी। इसका उद्देश्य विश्वभर में अमेरिका की नीतियों और लोकतांत्रिक मूल्यों का प्रचार करना था। यह अमेरिकी सरकार द्वारा वित्तपोषित अंतरराष्ट्रीय प्रसारण सेवा है।

72. (3): सुकुमार रंगनाथन हिन्दुस्तान टाइम्स के मुख्य संपादक (Editor-in-Chief) हैं। वे एक वरिष्ठ पत्रकार हैं और उनके नेतृत्व में अखबार ने डिजिटल और प्रिंट दोनों माध्यमों में अपनी उपस्थिति को और मजबूत किया है।

73. (4): भारत में शासकीय गोपनीयता अधिनियम (Official Secrets Act) की शुरुआत वर्ष 1923 में ब्रिटिश सरकार ने की थी। इसका उद्देश्य संवेदनशील व गोपनीय सरकारी सूचनाओं की सुरक्षा करना था और इसके उल्लंघन को दंडनीय अपराध घोषित किया गया।

74. (1): शासकीय गोपनीयता अधिनियम की नींव लॉर्ड कर्जन के समय रखी गई थी, जिनका कार्यकाल भारत के वायसराय के रूप में 1899 से 1905 तक रहा। हालांकि 1923 में इसे आधिकारिक रूप से अधिनियमित किया गया, इसकी अवधारणा पहले से तैयार की गई थी।

75. (1): टेलीविजन ने दुनिया को नजदीक लाने में अहम भूमिका निभाई है। इसने विश्वभर की घटनाओं, संस्कृतियों और विचारों को लोगों के घर तक पहुंचाया, जिससे वैश्विक जुड़ाव और समझ को बढ़ावा मिला। यह एक प्रभावशाली दृश्य-श्रव्य माध्यम है।

76. (2): जब सरकार मीडिया के कामकाज पर निगरानी या नियंत्रण करती है, खासकर सामग्री को प्रकाशित या प्रसारित करने से पहले उसकी समीक्षा करती है, तो उसे 'अभिवेचन' (Censorship) कहा जाता है। यह आमतौर पर आपातकालीन स्थितियों में लागू किया जाता है और अभिव्यक्ति की स्वतंत्रता को सीमित करता है।

77. (3): बी.बी.सी. (ब्रिटिश ब्रॉडकास्टिंग कॉरपोरेशन) वर्ष 1925 में एक जन निगम (Public Corporation) बना। इससे पहले यह एक निजी कंपनी थी, लेकिन सार्वजनिक सेवा प्रसारण के उद्देश्य से इसे सरकारी अधिकार के अंतर्गत लाया गया ताकि यह निष्पक्ष और विश्वसनीय सूचनाएं दे सके।

78. (2): नवनीत कुमार सहगल वर्तमान में प्रसार भारती के अध्यक्ष हैं। वे एक वरिष्ठ आईएएस अधिकारी हैं और उन्हें भारत सरकार द्वारा सार्वजनिक प्रसारण संस्थाओं के बेहतर प्रबंधन और सुचारू संचालन के लिए नियुक्त किया गया है।

79. (2): 'A Voice for Freedom' पुस्तक नयनतारा सहगल ने लिखी है, जो प्रसिद्ध लेखिका और राजनैतिक विचारक हैं। यह पुस्तक भारतीय स्वतंत्रता संग्राम, लोकतंत्र और व्यक्तित्व आधारित अनुभवों पर आधारित है। वे नेहरू परिवार से संबंधित रही हैं।

80. (3): पुलित्जर पुरस्कार अमेरिका में साहित्य, पत्रकारिता और संगीत रचनाओं के क्षेत्र में उत्कृष्ट योगदान के लिए दिया जाता है। इसकी स्थापना 1917 में जोसेफ पुलित्जर की वसीयत के अनुसार की गई थी और यह विश्व के सबसे प्रतिष्ठित पुरस्कारों में से एक है।

81. (2): The correct spelling is Vicisitudinous, which means full of changes or characterized by alternation. It comes from the word "vicissitude", meaning a change of circumstances or fortune, typically one that is unwelcome or unpleasant.

82. (3): Resilience is the correct spelling, meaning the ability to recover quickly from difficulties or toughness. It refers to both emotional strength and physical ability to spring back into shape after being stretched or compressed.

83. (3): Evolution means a gradual and continuous process of development or unfolding, especially from a simple form to a more complex or advanced one. It is most accurately represented by the word progression, as it reflects step-by-step growth or advancement over time.

84. (1): Ubiquitous means omnipresent, or present everywhere at the same time. It is used to describe something or someone that appears to be found all over the place, such as smartphones or the internet today.

85. (1): Recalcitrant means disobedient or having an uncooperative attitude toward authority or discipline. It is often used to describe a person who stubbornly resists rules or control.

86. (2): One who believes in the existence of God is called a theist. The word originates from the Greek word theos meaning "God." A theist holds belief in a divine power, unlike an atheist who denies the existence of God.

87. (2): A person who is equally skilled with both hands is called ambidextrous. The word comes from Latin: ambi (both) and dexter (right-handed or skillful). It is used for people who can write, eat, or perform tasks efficiently with either hand.

88. (3): The correct phrase is "look down upon", which means to consider someone inferior. It is a common phrasal verb in English used to express arrogance or a sense of superiority toward others.

89. (1): The correct preposition is "with" in the phrase "agree with", which is used when someone accepts another person's opinion, idea, or proposal. In this sentence, "I agree with your proposal" correctly conveys acceptance or alignment with the given suggestion.

90. (3): The phrasal verb "looking into" means to investigate or examine something thoroughly. This is the correct verb to use when referring to an inquiry or investigation, which matches the context of a scandal.

91. (1): शुद्ध रूप जनसंपर्क है, जिसमें 'जन' का अर्थ है लोग और 'संपर्क' का अर्थ है संवाद या संबंध। दोनों शब्द मिलकर एक समास का निर्माण करते हैं, इसलिए इनके बीच में कोई रिक्ति (space) नहीं होती।

92. (1): अंतर्निहित का अर्थ है–किसी चीज के भीतर छिपा हुआ या निहित तत्व। यह संस्कृत मूल से बना एक सही और व्याकरणिक रूप है, जबकि अन्य विकल्प अशुद्ध रूपांतरण हैं।

93. (2): अंबा शब्द का अर्थ भी 'माता' होता है। यह संस्कृत शब्द है जो कई देवी स्वरूपों और मातृत्व को दर्शाने के लिए प्रयोग होता है। यह माता का समरूपी शब्द है और साहित्यिक प्रयोगों में विशेष रूप से प्रयुक्त होता है।

94. (3): वृक्ष का समरूपी शब्द विटप है। यह एक साहित्यिक शब्द है जिसका प्रयोग संस्कृत एवं उच्च हिंदी काव्य में पेड़ या वृक्ष के लिए किया जाता है। अन्य विकल्प इस संदर्भ में सही नहीं हैं।

95. (1): जिसे जाना न जा सके, उसे अज्ञेय कहा जाता है। यह संस्कृत मूल का एक शब्द है, जिसमें 'ज्ञेय' का अर्थ है—जानने योग्य, और 'अ' उपसर्ग इसके विपरीत भाव को दर्शाता है, यानी 'जो जानने योग्य नहीं' है।

96. (2): अनभिज्ञ का अर्थ होता है वह व्यक्ति जिसे किसी विषय की जानकारी नहीं है। यह संस्कृत मूल का शब्द है, जिसमें 'अ' उपसर्ग अज्ञान का बोध कराता है और 'भिज्ञ' का अर्थ होता है जानने वाला।

97. (2): पानी एक पुल्लिंग शब्द है, इसलिए उसके लिए विशेषण भी पुल्लिंग होना चाहिए। 'ठंडा' पुल्लिंग विशेषण है, अतः 'पानी ठंडा है' व्याकरण की दृष्टि से शुद्ध वाक्य है।

98. (4): यह वाक्य व्याकरण के अनुसार शुद्ध है क्योंकि कर्ता 'उसने' है और क्रिया 'देखा' उसी के अनुसार पुल्लिंग एकवचन में है। 'आँखें फाड़कर' उपवाक्य क्रिया के भाव को स्पष्ट करता है।

99. (4): दूध और दही दोनों ही हिंदी में पुल्लिंग शब्द हैं। व्याकरणिक दृष्टि से जब इन पर विशेषण या क्रिया लगती है, तो वह पुल्लिंग रूप में ही होती है, जैसे—दूध ठंडा है, दही खट्टा है। इसलिए इन दोनों का लिंग क्रम पुल्लिंग—पुल्लिंग होता है।

100. (1): चाय और कॉफी दोनों ही स्त्रीलिंग शब्द हैं। सामान्यतः हिंदी में जब इनका प्रयोग होता है, तो इनसे संबंधित विशेषण और क्रिया स्त्रीलिंग के अनुसार ही प्रयोग होती है।

पिछले प्रश्न-पत्र

पत्रकारिता एवं जनसंचार

प्रवेश परीक्षा-2023*

निर्देश (प्र.सं. 1 से 5 तक): *निम्नलिखित गद्यांश को पढ़ें और प्रश्नों के उत्तर दें।*

'मेक इन इंडिया' भारत सरकार द्वारा प्रस्तावित एक ऐसा कार्यक्रम है, जिसके माध्यम से बहुराष्ट्रीय कंपनियों और घरेलू कंपनियों को भारत में अपने उत्पादों का निर्माण करने के लिए प्रोत्साहित किया जा रहा है। इसका सीधा अर्थ है कि जरूरत की आधी चीजों का निर्माण देश में ही अधिक से अधिक हो। प्रधानमंत्री कहते हैं कि इस योजना के अंतर्गत जरूरत की चीजों के प्रत्येक पैकेट पर 'मेड इन इंडिया' लिखा हो और यह तभी संभव है जब उस वस्तु का उत्पादन देश में ही हुआ हो। इस कार्यक्रम का उद्घाटन प्रधानमंत्री श्री नरेन्द्र मोदी ने 25 सितंबर, 2014 को किया था तथा इसका उद्देश्य देश का 'मैन्युफैक्चरिंग-हब' बनाना है। इस योजना के फलस्वरूप निश्चित ही देश में रोजगार बढ़ेगा और लोगों की कौशल क्षमता का विकास होगा। इस योजना से सबसे बड़ा लाभ यह होगा कि देश में बनी वस्तु की कीमत कम होगी तथा हम अपने देश में बनी वस्तुओं का निर्यात कर सकेंगे। इसके अलावा अगर वस्तु का निर्माण भारत में ही होगा तो उसका निर्यात राजकीय कोष को समृद्ध करेगा। भारत घरेलू वस्तुओं के उत्पादन में आत्मनिर्भर हो जाएगा। प्रधानमंत्री का इस कार्यक्रम को आरंभ करने का उद्देश्य पूर्ण हो जायेगा। भारत जिस दिन से घरेलू वस्तुओं का सम्पूर्ण उत्पादन करने लगेगा, वह विश्व के विकसित देशों में शामिल हो जाएगा।

1. उपर्युक्त गद्यांश के आधार पर एक उचित शीर्षक लिखिए।

A. प्रगति की दिशा में एक कदम

B. घरेलू उत्पादनों का आयात

C. मेड इन इण्डिया का प्रचार करना

D. घरेलू मुद्रा का विकास

2. दिये गये कथनों को क्रम में लिखिए:

(*a*) 'मेक इन इण्डिया' कार्यक्रम का सीधा अर्थ है कि जरूरत की अच्छी चीजों का निर्माण देश में ही अधिक से अधिक हो।

(*b*) इस कार्यक्रम का उद्घाटन प्रधानमंत्री श्री नरेन्द्र मोदी ने 25 सितम्बर, 2014 को किया था।

(*c*) इस योजना से घरेलू वस्तुओं की कीमत कम होगी।

(*d*) भारत घरेलू वस्तुओं के उत्पादन में आत्मनिर्भर हो जायेगा।

(*e*) इस कार्यक्रम से भारत आत्मनिर्भर देशों की श्रेणी में सम्मिलित हो जायेगा।

नीचे दिए गए विकल्पों में से सही उत्तर का चयन कीजिए:

A. (*a*), (*c*), (*d*), (*b*), (*e*)

B. (*e*), (*b*), (*d*), (*c*), (*a*)

C. (*a*), (*b*), (*c*), (*d*), (*e*)

D. (*c*), (*d*), (*e*), (*a*), (*b*)

3. नीचे दो कथन दिए गए हैं:

कथन I: 'मेक इन इण्डिया' का अर्थ है जरूरत की अच्छी चीजों का निर्माण देश में हो।

कथन II: देश में रोजगार बढ़ेगा और लोगों की कौशल क्षमता का विकास होगा।

उपरोक्त कथन के आलोक में, नीचे दिए गए विकल्पों में से सही उत्तर का चयन कीजिए।

A. कथन I और II दोनों सही हैं

B. कथन I और II दोनों गलत हैं

C. कथन I सही है, लेकिन कथन II गलत है

D. कथन I गलत है, लेकिन कथन II सही है

* Exam held on 10-06-2023

4. नीचे दो कथन दिए गए हैं:

कथन I: 'मेक इन इण्डिया' भारत सरकार द्वारा प्रस्तावित एक ऐसा कार्यक्रम है, जिसके माध्यम से बहुराष्ट्रीय कम्पनियों और घरेलू कम्पनियों को भारत में अपने उत्पादों का निर्माण के लिए प्रोत्साहित किया जायेगा।

कथन II: 'मेक इन इण्डिया' कार्यक्रम से निश्चित ही देश में रोजगार बढ़ेगा और लोगों की कौशल क्षमता का विकास होगा।

उपरोक्त कथन के आलोक में, नीचे दिए गए विकल्पों में से सही उत्तर का चयन कीजिए:

A. कथन I और II दोनों सत्य हैं

B. कथन I और II दोनों असत्य हैं

C. कथन I सत्य है, लेकिन कथन II असत्य है

D. कथन I असत्य है, लेकिन कथन II सत्य है

5. सूची-I के साथ सूची-II का मिलान कीजिए:

सूची-I	सूची-II
(*a*) 'मेक इन इण्डिया' कार्यक्रम की स्थापना किस वर्ष हुई	(*i*) श्री नरेंद्र मोदी
(*b*) मेक इन इंडिया कार्यक्रम का उद्घाटन भारत के किस प्रधानमंत्री ने किया था	(*ii*) घरेलू वस्तुओं के निर्माण में
(*c*) मेक इन इण्डिया कार्यक्रम से किस क्षेत्र में आत्मनिर्भरता बढ़ेगी	(*iii*) 25 सितम्बर, 2014
(*d*) मेक इन इंडिया कार्यक्रम से भारतीयों की किस क्षमता का विकास होगा	(*iv*) भारतीयों की कौशल क्षमता का विकास करना

नीचे दिए गए विकल्पों में से सही उत्तर का चयन कीजिए:

	(*a*)	(*b*)	(*c*)	(*d*)
A.	(*iii*)	(*i*)	(*ii*)	(*iv*)
B.	(*iii*)	(*ii*)	(*iv*)	(*i*)
C.	(*iii*)	(*ii*)	(*i*)	(*iv*)
D.	(*iv*)	(*ii*)	(*iii*)	(*i*)

6. निम्नलिखित में से किन शब्दों में उपसर्ग नहीं है?

(*a*) पराजय (*b*) शक्ति

(*c*) अभिभावक (*d*) विद्यमान

(*e*) उपकार

नीचे दिए गए विकल्पों में से सही उत्तर का चयन कीजिए :

A. केवल (*c*), (*a*) B. केवल (*c*), (*d*)

C. केवल (*a*), (*b*) D. केवल (*b*), (*d*)

7. आँखों में धूल झोंकना मुहावरे का सही अर्थ है:

A. सत्कार करना B. अधिक घमण्डी होना

C. धोखा देना D. क्रोध करना

8. सूची-I के साथ सूची-II का मिलान कीजिए:

सूची-I (वाक्य)	सूची-II (कारक)
(*a*) राम ने रोटी खाई	(*i*) संबोधन कारक
(*b*) वह कुल्हाड़ी से वृक्ष काटता है	(*ii*) करण कारक
(*c*) हिमालय से गंगा निकलती है	(*iii*) कर्त्ता कारक
(*d*) हे भगवान। मेरी रक्षा कीजिए	(*iv*) अपादान कारक

नीचे दिए गए विकल्पों में से सही उत्तर का चयन कीजिए:

	(*a*)	(*b*)	(*c*)	(*d*)
A.	(*ii*)	(*i*)	(*iii*)	(*iv*)
B.	(*iii*)	(*ii*)	(*iv*)	(*i*)
C.	(*i*)	(*iii*)	(*ii*)	(*iv*)
D.	(*ii*)	(*iv*)	(*i*)	(*iii*)

9. 'राम के पास तोला भर सोना है' वाक्य में कौन-सा विशेषण है?

A. सार्वनामिक विशेषण B. गुणवाचक विशेषण

C. संख्यावाचक विशेषण D. परिमाणबोधक विशेषण

10. 'सुकन्या पढ़कर सोती है'। वाक्य में किस क्रिया का बोध है?

A. मूल क्रिया B. यौगिक क्रिया

C. पूर्वकालिक क्रिया D. इनमें से कोई नहीं

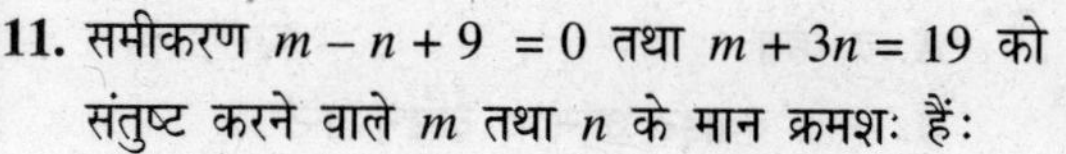

11. समीकरण $m - n + 9 = 0$ तथा $m + 3n = 19$ को संतुष्ट करने वाले m तथा n के मान क्रमशः हैं:

A. 2, –7 B. 7, –2
C. 2, 7 D. –2, 7

12. यदि $8^x = 4^y = 2^z$ तथा $x + 2y + z = 35$ हो तो x का मान है:

A. 3 B. 4
C. 5 D. 2

13. किन्हीं दो व्यंजकों के लघुत्तम तथा महत्तम का गुणनफल $x^3 - x^2y + xy^2 - y^3$ है। यदि प्रथम व्यंजक $(x^2 + y^2)$ हो तो दूसरा व्यंजक होगा:

A. $(x - y)$ B. $(x + y)$
C. $(x^2 - y^2)$ D. $(x - y + xy)$

14. 7½% वार्षिक साधारण ब्याज की दर से कोई धनराशि कितने समय में अपनी मात्रा का दोगुना हो जायेगा?

A. 14 वर्ष 3 माह B. 13 वर्ष 4 माह
C. 13 वर्ष 9 माह D. 13 वर्ष 3 माह

15. 10% वार्षिक चक्रवृद्धि ब्याज की दर से किस मूलधन का मिश्रधन 6 माह में ₹ 16,810 हो जाएगा जबकि ब्याज तिमाही चक्रवृद्धि लिया गया हो?

A. ₹ 16,400 B. ₹ 15,500
C. ₹ 15,000 D. ₹ 16,000

16. 8CM@NLT2Y6SαQ$7*W#₹3UE%A4 उपरोक्त क्रम विन्यास में कितने संकेत हैं जिनके तत्काल पूर्ववर्ती और तत्काल उत्तरवर्ती संकेत एक स्वर वर्ण है।

A. 1 B. 2
C. 3 D. 4

17. कथनः एक कॉलेज विद्यार्थी ने कहा 'हर एक की इच्छा है कि वह एक व्यक्तिगत कम्प्यूटर खरीदे'।

अभिधारणाः

I. एक व्यक्तिगत कम्प्यूटर आवश्यकता नहीं एक विलासिता है।

II. एक व्यक्तिगत कम्प्यूटर कुशलता की गुणवत्ता में वृद्धि करता है।

A. केवल पूर्वधारणा I
B. केवल पूर्वधारणा II
C. केवल पूर्वधारणा I और पूर्वाधारणा II
D. न तो पूर्वधारणा I और न ही पूर्वधारणा II

18. समान प्रतिरूप के अनुकरण में अज्ञात संख्या ज्ञात करें।

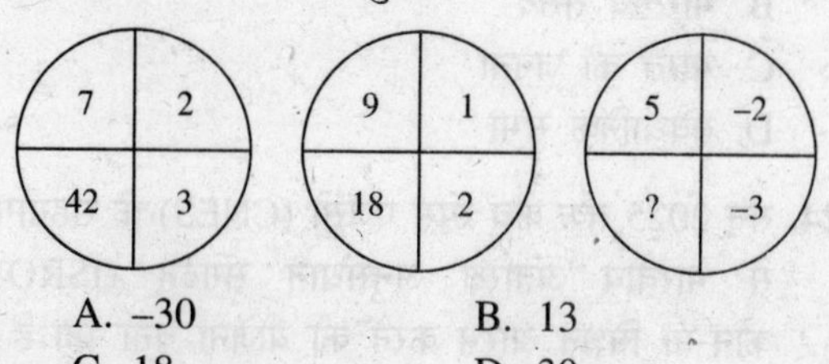

A. –30 B. 13
C. 18 D. 30

19. निम्न आरेख में कितनी संख्या में समकोण हैं?

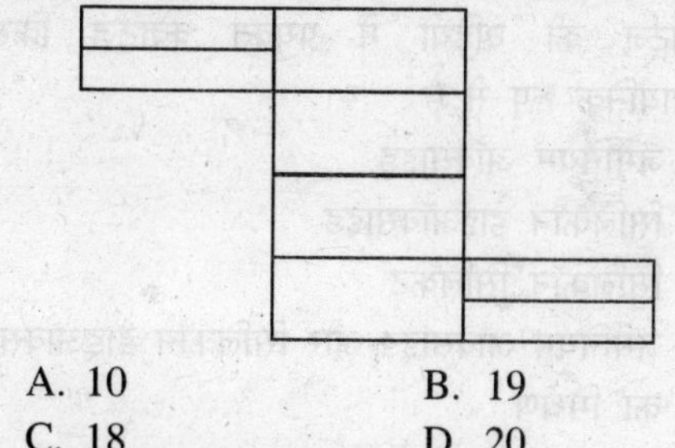

A. 10 B. 19
C. 18 D. 20

20. 45 की एक कक्षा है, जहाँ पर लड़के लड़कियों से दो गुने हैं, गीता शीर्ष से ग्यारहवें स्थान पर है। यदि 6 लड़के गीता से पहले हैं, कितनी लड़कियाँ श्रेणी में उसके पश्चात होगी?

A. 34 B. 24
C. 10 D. 12

21. मरीज-से-चिकित्सक दूरपरामर्शन प्रणाली विकसित हुई—MOHF10 के लिए, जिसे नाम दिया गया था:

A. e-चिकित्सा (E-chikitsa)
B. e-संजीवनी (E-sanjeevani)
C. e-स्वास्थ्य (E-swasthya)
D. e-निर्वाण (E-nirvana)

22. विज्ञान, कला, साहित्य और समाजसेवा पृष्ठभूमि से राज्य सभा के कितने सदस्य राष्ट्रपति द्वारा मनोनीत किए जाते हैं?

A. 20 B. 8
C. 12 D. 15

23. भारत का संविधान सर्वोच्च प्राधिकार _______ से प्राप्त करता है।

A. भारत का सर्वोच्च न्यायालय
B. भारतीय संसद
C. भारत की जनता
D. संवैधानिक सभा

24. सन् 2025 तक फ्रेंच स्पेस एजेंसी (CNES) के सहयोग से भारतीय अंतरिक्ष अनुसंधान संगठन (ISRO) कौन-सा मिशन आरंभ करने की योजना बना रहा है।

A. मंगल-मिशन　　B. बृहस्पति मिशन
C. शनि मिशन　　D. शुक्र मिशन

25. क्वार्ट्ज की घड़ियों में प्रयुक्त क्वार्ट्ज क्रिस्टल रासायनिक रूप से है:

A. जर्मेनियम ऑक्साइड
B. सिलिकॉन डाइऑक्साइड
C. सिलिकॉन सिलिकेट
D. जर्मेनियम ऑक्साइड और सिलिकॉन डाइऑक्साइड का मिश्रण

26. अनौपचारिक संचार (ग्रेप वाइन कम्युनिकेशन) शब्द निम्नलिखित में से किससे संबंधित है?

A. फिल्म　　B. विज्ञापन
C. संपादन　　D. जन संपर्क

27. निम्नलिखित में से कौन-सा शब्द विलंबित प्रकाशन के लिए अनुरोध हेतु प्रयोग किया जाता है?

A. अंतिम समय-सीमा　　B. पूर्व सावधिक रोक
C. सावधिक रोक　　D. दिनांक-रेखा

28. जी.आई.एफ. का पूर्ण रूप क्या है?

A. गाइड इंटरचेंज फाइल
B. ग्राफिक इंटरचेंज फार्मेट
C. गूगल इंटरचेंज फार्मेट
D. ग्राफिक्स इंटरचेंज फार्मेट

29. डिजिटल इंडिया प्रोग्राम किस वर्ष शुरु हुआ था?

A. 2014　　B. 2015
C. 2016　　D. 2017

30. निम्नलिखित में से किस फिल्म ने वर्ष 2023 के लिए सर्वोत्तम फिल्म श्रेणी हेतु ऑस्कर पुरस्कार जीता है?

A. द व्हेल
B. आल क्वाइट ऑन द वेस्टर्न फ्रंट
C. एवरीथिंग एवरीव्हेयर ऑल एट वन्स
D. एलिफेंट व्हिस्पर्स

31. बिट्‌कॉइन क्या होता है?

A. सॉफ्टवेयर कंपनी
B. वेब 3.0
C. आरबीआई मैन्यूफैक्चरिंग कॉइन्स
D. डिजिटल क्रिप्टो करेंसी

32. सूची-I के साथ सूची-II का मिलान कीजिए:

सूची-I	सूची-II
(*a*) फर्स्ट पोस्ट	(*i*) एस्सेल ग्रुप
(*b*) वायर	(*ii*) नेटवर्क 18
(*c*) मिंट	(*iii*) एचटी मीडिया
(*d*) वॉयन	(*iv*) एफ.आई.जे.

नीचे दिए गए विकल्पों में से सही उत्तर का चयन कीजिए:

	(*a*)	(*b*)	(*c*)	(*d*)
A.	(*iv*)	(*ii*)	(*iii*)	(*i*)
B.	(*ii*)	(*iv*)	(*iii*)	(*i*)
C.	(*i*)	(*ii*)	(*iii*)	(*iv*)
D.	(*iii*)	(*ii*)	(*iv*)	(*i*)

33. सूची-I के साथ सूची-II का मिलान कीजिए:

सूची-I	सूची-II
(*a*) राबर्ट विएंस	(*i*) सिटिजन केन
(*b*) सर्गेई आइंस्टीन	(*ii*) द बर्थ ऑफ ए नेशन
(*c*) ऑरसन वेल्स	(*iii*) द कैबिनेट ऑफ डॉ. कैलिगरी
(*d*) डी.डब्ल्यू. ग्रिफिथ	(*iv*) द बैटलशिप ऑफ पोटेम्किन

नीचे दिए गए विकल्पों में से सही उत्तर का चयन कीजिए:

	(*a*)	(*b*)	(*c*)	(*d*)
A.	(*i*)	(*iii*)	(*iv*)	(*ii*)
B.	(*iii*)	(*iv*)	(*i*)	(*ii*)
C.	(*iv*)	(*iii*)	(*i*)	(*ii*)
D.	(*i*)	(*iv*)	(*iii*)	(*ii*)

34. 'मैन, मीडिया एंड मैसेजेस' शीर्षक पुस्तक किसने लिखी है?

A. मार्शल मैकलूहान B. थॉमस फ्रेडमैन

C. विल्बर श्रम D. जुर्गन हैबरमास

35. सूची-I के साथ सूची-II का मिलान कीजिए:

सूची-I	सूची-II
(*a*) विविध भारती	(*i*) 1975
(*b*) कृषि दर्शन	(*ii*) 1967
(*c*) युववाणी	(*iii*) 1967
(*d*) एस.आई.टी.ई.	(*iv*) 1969

नीचे दिए गए विकल्पों में से सही उत्तर का चयन कीजिए:

	(*a*)	(*b*)	(*c*)	(*d*)
A.	(*ii*)	(*iii*)	(*iv*)	(*i*)
B.	(*iii*)	(*iv*)	(*ii*)	(*i*)
C.	(*ii*)	(*iv*)	(*iii*)	(*i*)
D.	(*iii*)	(*ii*)	(*iv*)	(*i*)

36. सूची-I के साथ सूची-II का मिलान कीजिए:

सूची-I	सूची-II
(*a*) हाई एंगल	(*i*) पात्र (कैरेक्टर) सशक्त दिखाई देता है
(*b*) लो एंगल	(*ii*) निरपेक्षता बरकरार रखता है
(*c*) न्यूट्रल एंगल	(*iii*) पात्र (कैरेक्टर) दुर्बल दिखाई देता है
(*d*) वाइड एंगल	(*iv*) क्षेत्र की अधिक गहराई

नीचे दिए गए विकल्पों में से सही उत्तर का चयन कीजिए:

	(*a*)	(*b*)	(*c*)	(*d*)
A.	(*iii*)	(*i*)	(*ii*)	(*iv*)
B.	(*i*)	(*ii*)	(*iii*)	(*iv*)
C.	(*i*)	(*iii*)	(*ii*)	(*iv*)
D.	(*iv*)	(*i*)	(*ii*)	(*iii*)

37. निम्नलिखित में से कौन-सा/से विकल्प सही है/हैं?

(*a*) वाल्ट डिजनी ने अधिकतम एकेडेमी पुरस्कार जीते हैं।

(*b*) विश्व का सबसे बड़ा मरुस्थल अंटार्कटिका में स्थित है।

(*c*) आँख शरीर का एकमात्र अंग है जो जन्म के समय पर पूर्णतया विकसित होता है।

(*d*) संयुक्त राष्ट्र संघ की स्थापना वर्ष 1944 में की गई थी।

नीचे दिए गए विकल्पों में से सही उत्तर का चयन कीजिए:

A. केवल (*a*) और (*d*)

B. केवल (*b*) और (*d*)

C. केवल (*a*), (*b*) और (*c*)

D. केवल (*c*) और (*d*)

38. निम्नलिखित विकल्पों में से कौन-सा/से सही हैं?

(*a*) राष्ट्रीय बालिका शिशु दिवस 24 जनवरी को मनाया जाता है।

(*b*) राष्ट्रीय विज्ञान दिवस 28 फरवरी को मनाया जाता है।

(*c*) अंतर्राष्ट्रीय महिला दिवस 8 मार्च को मनाया जाता है।

(*d*) विश्व स्वास्थ्य दिवस 8 अप्रैल को मनाया जाता है।

नीचे दिए गए विकल्पों में से सही उत्तर का चयन कीजिए:

A. केवल (*a*) और (*d*)

B. केवल (*b*), (*c*) और (*d*)

C. केवल (*a*), (*b*) और (*c*)

D. केवल (*b*) और (*d*)

39. नीचे दो कथन दिए गए हैं: एक अभिकथन (A) के रूप में लिखित है तो दूसरा उसके कारण (R) के रूप में:

अभिकथन (A): राष्ट्रीय शिक्षा नीति, 2020 में कक्षा 5 तक अनुदेशन के माध्यम के रूप में मातृभाषा अथवा स्थानीय भाषा के प्रयोग पर बल दिया गया है।

कारण (R): राष्ट्रीय शिक्षा नीति 2020 में एक अलग लिंग (जेंडर) समावेशन निधि व सुविधावंचित क्षेत्रों व समूहों के लिए विशेष शिक्षण जोन का प्रस्ताव किया गया है।

उपरोक्त कथन के आलोक में, नीचे दिए गए विकल्पों में से सबसे उपयुक्त उत्तर का चयन कीजिए:

A. (A) और (R) दोनों सही हैं और (R), (A) की सही व्याख्या है

B. (A) और (R) दोनों सही हैं, लेकिन (R), (A) की सही व्याख्या नहीं है

C. (A) सही है, लेकिन (R) सही नहीं है

D. (A) सही नहीं है, लेकिन (R) सही है

40. विपणन के निम्न तत्वों के सही क्रम की पहचान कीजिए:

(*a*) संवर्धन (*b*) उत्पाद

(*c*) स्थान (*d*) मूल्य

नीचे दिए गए विकल्पों में से सही उत्तर का चयन कीजिए:

A. (*d*), (*a*), (*b*), (*c*) B. (*b*), (*d*), (*c*), (*a*)

C. (*b*), (*c*), (*a*), (*d*) D. (*c*), (*d*), (*a*), (*b*)

41. संचार के मॉडलों के क्रमविकास के सही अनुक्रम की पहचान कीजिए।

(*a*) चक्रीय मॉडल (*b*) द्विसोपनिक मॉडल

(*c*) रेखीय मॉडल (*d*) हेलिकल मॉडल

नीचे दिए गए विकल्पों में से सही उत्तर का चयन कीजिए:

A. (*d*), (*c*), (*a*), (*b*) B. (*c*), (*b*), (*a*), (*d*)

C. (*a*), (*b*), (*c*), (*d*) D. (*c*), (*a*), (*b*), (*d*)

42. नीचे दो कथन दिए गए हैं:

कथन I: लता मंगेशकर को भारत रत्न पुरस्कार प्रदान किया गया था।

कथन II: डॉ. सी.एन.आर. राव को भारत रत्न पुरस्कार प्रदान किया गया था।

उपरोक्त कथन के आलोक में, नीचे दिए गए विकल्पों में से सही उत्तर का चयन कीजिए।

A. कथन I और II दोनों सत्य हैं

B. कथन I और II दोनों असत्य हैं

C. कथन I सत्य है, लेकिन कथन II असत्य है

D. कथन I असत्य है, लेकिन कथन II सत्य है

43. एक गीगाबाइट कितने मेगाबाइट के बराबर होती है।

A. 2024 B. 1124

C. 1024 D. 1924

44. नीचे दो कथन दिए गए हैं:

कथन I: ध्वनि संचरण करने वाले माइक्रोफोन के चारों ओर के त्रि-आयामी क्षेत्र के लिए पोलर पैटर्न की आवश्यकता होती है।

कथन II: माइक्रोफोन के चारों ओर के द्वि-आयामी क्षेत्र के लिए भी पोलर पैटर्न की आवश्यकता होती है।

उपरोक्त कथन के आलोक में, नीचे दिए गए विकल्पों में से सही उत्तर का चयन कीजिए:

A. कथन I और II दोनों सत्य हैं

B. कथन I और II दोनों असत्य हैं

C. कथन I सत्य है, लेकिन कथन II असत्य है

D. कथन I असत्य है, लेकिन कथन II सत्य है

45. 2 माह के उद्यमिता विकास प्रशिक्षण के पूर्ण होने के पश्चात निम्नलिखित में से कौन-सी एक 18 माह की स्कीम है?

A. पी.एम. स्वनिधि स्कीम

B. पी.ए.एफ.एम.ई. स्कीम

C. पी.एम. उम्मीद मित्र स्कीम

D. पी.एम. मित्र स्कीम

46. भारत की प्रथम बुलेट ट्रेन परियोजना शीघ्र ही निम्न में से कौन-से दो शहरों को जोड़ेगी?

A. हैदराबाद व मुंबई B. अहमदाबाद व जम्मू

C. मुंबई व दिल्ली D. अहमदाबाद व मुंबई

47. मंकीपॉक्स निम्नलिखित में से किस परिवार से संबंधित मंकीपॉक्स विषाणु द्वारा होने वाला संक्रमण है?

A. निपाह B. कोरोना

C. चेचक D. छोटी माता

48. ब्लॉकचेन प्रौद्योगिकी का प्रथम प्रमुख उपयोग निम्न में से किसकी रचना के साथ हुआ था?

A. सन्निहित संवर्धित यथार्थ

B. आभासी यथार्थ लेखाचित्र

C. बिट्कॉइन

D. 5 जी प्रौद्योगिकी

49. 'पाथेर पांचाली' फिल्म का निर्देशन निम्न में से किसने किया था?

A. पृथ्वी राज कपूर

B. सत्यजीत रे

C. श्याम बेनेगल

D. शेखर कपूर

50. _______ वे स्वतंत्र छायाकार होते हैं जो प्रसिद्ध व्यक्तियों के प्रकृत चित्र लेने के लिए आक्रामक रूप से व लगातार उनका पीछा करते हैं।

A. मूकाभिनय (पेंटोमाइन) B. वॉक्स पॉप
C. पॉम पायलट D. पापाराजी

51. राष्ट्रीय शिक्षा नीति 2020 का अध्यक्ष कौन है?

A. प्रोफेसर चौहान
B. अरविंद पनगढ़िया
C. डॉ. के. कस्तूरीरंगन
D. प्रोफेसर जगदीश कुमार

52. वर्ष 2022 के लिए विश्व पर्यावरण दिवस का विषय-वस्तु क्या थी?

A. केवल एक ब्रह्मांड B. केवल स्वच्छ पर्यावरण
C. केवल वैश्विक ग्राम D. केवल एक पृथ्वी

53. चाटुविज्ञप्ति निम्न में से किससे संबंधित एक नैतिक विषय है?

A. पत्रकारिता B. जन संपर्क
C. सिनेमा D. विज्ञापन

54. भारत के किस उच्च न्यायालय ने हत्या के एक मामले में जमानत की दलील की सुनवाई करते समय कृत्रिम बुद्धि आधारित चैटजीपीटी का प्रयोग किया है?

A. पंजाब व हरियाणा B. दिल्ली
C. मुंबई D. हैदराबाद

55. 'इनफार्मेशन एंड क्राइसिस इकोनॉमी' पुस्तक किसने लिखी है?

A. मैनुअल कास्टेल्स B. हर्बर्ट शिलर
C. जुर्गन हैबरमास D. एल्विन टॉफ्लर

56. आनलाइन पाठ संपादन प्लेटफार्म 'ग्रामरली' के वर्तमान सीईओ कौन हैं?

A. राहुल रॉय चौधरी B. सुंदर पिचाई
C. एलॉन मस्क D. अजय बंगा

57. 'कारगिल विजय दिवस' किस तिथि पर मनाया जाता है?

A. 21 जुलाई B. 21 जून
C. 26 जून D. 26 जुलाई

58. नीचे दो कथन दिए गए हैं: एक अभिकथन (A) के रूप में लिखित है तो दूसरा उसके कारण (R) के रूप में:

अभिकथन (A): रूपर्ट मर्डोक मीडिया जगत के एक बैरन हैं।

कारण (R): वे केबल न्यूज नेटवर्क (सी.एन.एन.) के संस्थापक हैं।

उपरोक्त कथन के आलोक में, नीचे दिए गए विकल्पों में से सबसे उपयुक्त उत्तर का चयन कीजिए।

A. (A) और (R) दोनों सही हैं और (R), (A) की सही व्याख्या है
B. (A) और (R) दोनों सही हैं, लेकिन (R), (A) की सही व्याख्या नहीं है
C. (A) सही है, लेकिन (R) सही नहीं है
D. (A) सही नहीं है, लेकिन (R) सही है

59. पुलित्जर पुरस्कार जीतने वाले प्रथम भारतीय कौन थे?

A. एम.वी. कामत B. अरुण शौरी
C. गोबिंद बिहारी लाल D. सिद्दिकी दानिश

60. निम्नलिखित में से कौन छाया (फोटो) पत्रकारिता के क्षेत्र में अपने योगदान के लिए जाने जाते हैं।

A. अरुणा आसफ अली B. होमई व्याखाला
C. बरखा दत्त D. नाविका कुमार

61. 'रिसेप्शन थ्योरी' से संबंधित विद्वान की पहचान कीजिए।

A. स्टुअर्ट हॉल B. नील पोस्टमैन
C. इरविंग गॉफमैन D. हेराल्ड लॉसवैल

62. भारतीय प्रेस परिषद् के प्रथम अध्यक्ष कौन थे/थी?

A. न्यायमूर्ति जे.आर. मुधोलकर
B. न्यायमूर्ति भागवत
C. न्यायमूर्ति कृष्णा अय्यर
D. न्यायमूर्ति सुचित्रा सेन

63. 'पासिंग ऑफ ट्रेडिशनल सोसायटी' पुस्तक के लेखक निम्न में से कौन थे?

A. श्रीनिवास मेल्कोटे B. नॉम चोम्स्की
C. एलिहू काट्ज D. डेनियल लर्नर

64. केन्द्रीय फिल्म प्रमाणन बोर्ड की स्थापना किस वर्ष हुई थी?
A. 1950 B. 1952
C. 1954 D. 1956

65. केशवानंद भारती बनाम केरल राज्य केस निम्नलिखित में से किससे संबंधित है?
A. निजता का अधिकार
B. वाक् स्वतंत्रता
C. जीवन का अधिकार
D. संविधान के मूल ढांचे का सिद्धांत

66. टेलीविजन कार्यक्रम 'डेविल्स एडवोकेट' के मेजबान कौन हैं?
A. राजदीप सरदेसाई B. करण थापर
C. अर्नब गोस्वामी D. राज चेंगप्पा

67. निम्न में से कौन एक समाचार लेखन संरचना व शैली नहीं है?
A. रेतघड़ी शैली B. मार्टिनी ग्लास शैली
C. द कबोब D. शू ग्लास शैली

68. 'कन्फैशन ऑफ एन एडवर्टाइजिंग मैन' पुस्तक किसने लिखी थी?
A. डेविड ओगिल्वी B. प्रसून जोशी
C. प्रहलाद कक्कड़ D. एरिक्सन

69. निम्नलिखित में से कौन-सी सोशल नेटवर्किंग साइट ने लापता बच्चों का पता लगाने में मदद के लिए जून, 2022 में 'एंबर अलर्ट' अभिलक्षण आरंभ किया है?
A. ट्विटर B. फेसबुक
C. इंस्टाग्राम D. यूट्यूब

70. 'वी आर डेटा एल्गोरिथम्स एंड द मेकिंग ऑफ अवर डिजिटल सेल्वज' पुस्तक का लेखन किसने किया था?
A. जॉन चेनी-लिप्पोल्ड
B. मैनुअल कास्टेल्स
C. एलेक्जेंडर गैलोवे
D. पेपे ले प्यू

71. निम्नलिखित में से कौन एक भारतीय दंड संहिता की धारा 499 के अंतर्गत आता है?
A. राजद्रोह
B. न्यायालय की अवमानना
C. मानहानि
D. सूचना का अधिकार

72. निम्न में से किस देश ने कोविड-19 के विरुद्ध 31 अक्टूबर, 2022 को प्रथम 'प्रश्वसन योग्य टीका (इन्हेलेबल वैक्सीन) आरंभ किया था?
A. ब्रिटेन
B. संयुक्त राज्य अमेरिका
C. रूस
D. चीन

73. गृह मंत्रालय ने पूर्व अग्निवीरों के लिए निम्नलिखित में से किस सुरक्षा बल में 10 प्रतिशत आरक्षण की घोषणा की थी?
A. सीमा सुरक्षा बल
B. भारत तिब्बत सीमा बल
C. केन्द्रीय रिजर्व पुलिस बल
D. केन्द्रीय औद्योगिक सुरक्षा बल

74. भारत, फ्रांस व संयुक्त अरब अमीरात के विदेश मंत्रियों की प्रथम त्रिपक्षीय वार्ता की मेजबानी निम्नलिखित में से किस देश ने की थी?
A. संयुक्त राज्य अमेरिका B. भारत
C. जर्मनी D. फ्रांस

75. कोविड-19 से संबंधित भारत के प्रथम नासिका (इंट्रानेजल) टीके को डी.सी.जी.आई. के अनुमोदन के साथ किस संगठन ने विकसित किया है?
A. भारत बायोटेक B. फाइजर
C. एस.आई.आई. D. रेड्डी लैब्स

76. धर्मपरिवर्तन करने वाले दलितों को अनुसूचित जाति का दर्जा देने के मुद्दे की जाँच करने के लिए भारत सरकार ने निम्न में से किसकी अध्यक्षता में एक समिति गठित की है?
A. भारत के पूर्व मुख्य न्यायाधीश के.जी. बालकृष्णन
B. भारत के पूर्व मुख्य न्यायाधीश एस.एन. विनोद
C. भारत के पूर्व मुख्य न्यायाधीश वाई.वी. चंद्रचूड़
D. भारत के पूर्व मुख्य न्यायाधीश एच.एन. भागवत

77. विज्ञापन रचना (प्रोडक्शन) का सही अनुक्रम कौन-सा है?

(*a*) निष्पादन (*b*) मानस दर्शन
(*c*) रचनात्मक विषयसार (*d*) लक्ष्य योजना

नीचे दिए गए विकल्पों में से सही उत्तर का चयन कीजिए :

A. (*c*), (*d*), (*b*), (*a*) B. (*d*), (*c*), (*b*), (*a*)
C. (*d*), (*c*), (*a*), (*b*) D. (*c*), (*d*), (*a*), (*b*)

78. 'विकासपरक संचार' पद को निम्न में से किसने गढ़ा था?

A. विल्बर श्रम B. मार्शल मैकलुहान
C. नोरा सी. क्यूब्राल D. हेराल्ड लॉसवेल

79. मैक्वायर के अनुसार सफल प्रत्यायन करने वाले संचार कारकों का अनुक्रम कौन-सा है?

(*a*) माध्यम (चैनल) (*b*) स्रोत
(*c*) प्राप्तकर्ता (*d*) संदेश

नीचे दिए गए विकल्पों में से सही उत्तर का चयन कीजिए :

A. (*d*), (*b*), (*a*), (*c*) B. (*a*), (*b*), (*c*), (*d*)
C. (*b*), (*d*), (*a*), (*c*) D. (*a*), (*c*), (*b*), (*d*)

80. नीचे दो कथन दिए गए हैं: एक अभिकथन (A) के रूप में लिखित है तो दूसरा उसके कारण (R) के रूप में :

अभिकथन (A): टी.वी. प्रोडक्शन एक सामूहिक कार्य है।

कारण (R): स्टुडियो तल पर तल प्रबंधक निर्माता का प्रतिनिधि होता है।

उपरोक्त कथन के आलोक में, नीचे दिए गए विकल्पों में सबसे उपयुक्त उत्तर का चयन कीजिए।

A. (A) और (R) दोनों सही हैं और (R), (A) की सही व्याख्या है
B. (A) और (R) दोनों सही हैं, लेकिन (R), (A) की सही व्याख्या नहीं है
C. (A) सही है, लेकिन (R) सही नहीं है
D. (A) सही नहीं है, लेकिन (R) सही है

81. नीचे दो कथन दिए गए हैं: एक अभिकथन (A) के रूप में लिखित है तो दूसरा उसके कारण (R) के रूप में:

अभिकथन (A): लोगों को सूचित, शिक्षित व अभिप्रेरित करने के लिए गांधी जी ने 'न्यू इंडिया' पत्र आरंभ किया।

कारण (R): गांधी जी न केवल एक स्वतंत्रता सेनानी थे अपितु वे एक महान पत्रकार भी थे।

A. (A) और (R) दोनों सही हैं और (R), (A) की सही व्याख्या है
B. (A) और (R) दोनों सही हैं, लेकिन (R), (A) की सही व्याख्या नहीं है
C. (A) सही है, लेकिन (R) सही नहीं है
D. (A) सही नहीं है, लेकिन (R) सही है

82. भारत की प्रथम फिल्म का नाम क्या है?

A. लंका दहन B. राजा हरिश्चन्द्र
C. भस्मासुर D. ए ट्रेन कमिंग टू स्टेशन

83. 2023-24 के बजट भाषण में पी.वी.जी.टी. विकास मिशन की चर्चा हुई थी। यह निम्न में से किस वर्ग के सर्वांगीण विकास के प्रति समर्पित है?

A. परलैंगिक (ट्रांसजेंडर) समूह हेतु
B. निर्माण श्रमिक
C. बच्चे
D. अरक्षित जनजातीय समूह

84. आर्थिक सर्वेक्षण 2022-23 के अनुसार, भारत विश्व में _______ सबसे बड़ा मोबाइल फोन निर्माता देश है।

A. प्रथम B. दूसरा
C. तीसरा D. चौथा

85. न्यायाधीन क्या होता है?

A. न्यायालय की अवमानना
B. न्याय का अपवहन (मिसकैरिज)
C. ऐसे मामले अथवा विषय की ओर संकेत करता है जो न्यायालय के विचाराधीन है और अंतिम निर्णय अभी लंबित है।
D. निचली अदालत ने ऊंची अदालत में अपील करने की अनुमति दे दी है।

86. भारत में टेलीविजन प्रसारण किस वर्ष में आरंभ हुआ था?

A. 1959 B. 1961
C. 1964 D. 1966

87. 'भगोरिया' मध्य प्रदेश में किस जनजाति का लोक नृत्य है?

A. भील B. गोंड
C. सतना D. लम्बाडा

88. नीचे दो कथन दिए गए हैं:

कथन I: रंगीन टेलीविजन की शुरुआत नई दिल्ली में आयोजित एशियाई खेलों के साथ हुई थी।

कथन II: रंगीन टेलीविजन की शुरुआत नई दिल्ली में आयोजित राष्ट्रमंडल खेलों के साथ हुई थी।

उपरोक्त कथन के आलोक में, नीचे दिए गए विकल्पों में से सही उत्तर का चयन कीजिए:

A. कथन I और II दोनों सत्य हैं
B. कथन I और II दोनों असत्य हैं
C. कथन I सत्य है, लेकिन कथन II असत्य है
D. कथन I असत्य है, लेकिन कथन II सत्य है

89. नीचे दो कथन दिए गए हैं:

कथन I: सतीश मन्वर फिल्म 'गभरिचा पास' के निर्देशक हैं।

कथन II: सतीश कौशिक फिल्म 'गभरिचा पास' के मुख्य अभिनेता/नायक हैं।

उपरोक्त कथन के आलोक में, नीचे दिए गए विकल्पों में से सही उत्तर का चयन कीजिए।

A. कथन I और II दोनों सत्य हैं
B. कथन I और II दोनों असत्य हैं
C. कथन I असत्य है, लेकिन कथन II असत्य है
D. कथन I असत्य है, लेकिन कथन II सत्य है

90. नीचे दो कथन दिए गए हैं:

कथन I: जार्ज आरवेल की पुस्तक '1984' अधिप्रचार (प्रोपेगेंडा) पर आधारित है।

कथन II: जार्ज आरवेल की पुस्तक '1984' सिक्ख दंगों पर आधारित है।

उपरोक्त कथन के आलोक में, नीचे दिए गए विकल्पों में से सही उत्तर का चयन कीजिए।

A. कथन I और II दोनों सत्य हैं
B. कथन I और II दोनों असत्य हैं
C. कथन I सत्य है, लेकिन कथन II असत्य है
D. कथन I असत्य है, लेकिन कथन II सत्य है

91. निम्न में से भारत के प्रथम हिंदी समाचार-पत्र की पहचान कीजिए:

A. पंजाब केसरी
B. नव भारत
C. हिन्दुस्तान
D. उदन्त मार्तण्ड

92. फिल्म एंड टेलीविजन इंस्टीच्यूट ऑफ इंडिया किस शहर में स्थित है?

A. बेंगलुरु B. पुणे
C. मुंबई D. नई दिल्ली

93. सूचना का अधिकार अधिनियम भारत में किस वर्ष प्रवृत्त हुआ?

A. 2000 B. 2002
C. 2005 D. 2007

94. निम्न में से किसे स्वतंत्र भारत का प्रथम मुख्य न्यायाधीश नियुक्त किया गया था?

A. मेहरचंद महाजन
B. ए.आर. सरकार
C. बिजान मुखर्जी
D. हीरालाल जेकिसुनदास कानिया

95. निम्न में से किस केन्द्रीय मंत्रालय ने 9 फरवरी, 2023 को मिशन अंत्योदय सर्वेक्षण 2022-23 आरंभ किया है?

A. सूचना का प्रसारण मंत्रालय
B. इलेक्ट्रॉनिकी व सूचना प्रौद्योगिकी (आईटी) मंत्रालय
C. कृषि मंत्रालय
D. ग्रामीण विकास मंत्रालय

96. आकाशवाणी पर विविध भारती पर व्यापारिक विज्ञापन निम्न में से किस तिथि से आरंभ किए गए थे?
A. 1 नवंबर, 1967 B. 1 नवंबर, 1969
C. 1 नवंबर, 1970 D. 1 नवंबर, 1971

97. भारतीय थल सेना व फ्रांसीसी थल सेना के बीच का प्रथम संयुक्त सैन्य अभ्यास फ्रिंजेक्स-23 किस शहर में आयोजित किया गया था?
A. मुंबई B. पुडुचेरी
C. चेन्नई D. तिरुवनन्तपुरम

98. अनेक व्यक्तियों द्वारा डेटा पत्रकारिता व कंप्यूटर सहायता प्राप्त रिपोर्टिंग की प्रवर्तक पुस्तक मानी जाने वाली पुस्तक 'प्रिसिजन जर्नलिज्म' के लेखक कौन हैं?
A. पी. ब्रेडशा B. ई. कोट्स
C. फिलिप मेयर D. एम. मूर

99. अंतर्राष्ट्रीय मुद्रा कोष द्वारा जारी आंकड़ों के अनुसार, निम्नलिखित में से कौन-से देश की अर्थव्यवस्था ब्रिटेन को पीछे छोड़ती हुई विश्व की पांचवीं सबसे बड़ी अर्थव्यवस्था बन गई है?
A. इजरायल B. जापान
C. भारत D. रूस

100. निम्न में से किसने कहा था 'कमेंट इज फ्री, फैक्ट्स आर सेक्रेड'?
A. थामस जैफरसन B. सी.पी. स्काट
C. आई.वी. ली D. जोसेफ पुलित्जर

उत्तरमाला

1. (A) **2. (C)** **3. (A)**
4. (A) **5. (A)**

6. (D): वे अव्यय जो किसी शब्द के पूर्व प्रयुक्त होकर विशेष आशय प्रकट करते हों, उपसर्ग कहलाते हैं। यह दो शब्दों उप + सर्ग के योग से बनता है। उप का आशय समीप या सन्निकट से है और सर्ग का आशय सृष्टि करना है। अर्थात् पास में बैठकर अन्य नवीन आशय से युक्त शब्द को प्रादुर्भूत करना। यद्यपि उपसर्गों का अपना स्वतंत्र अर्थ नहीं होता फिर भी वे अन्य शब्दों के साथ मिलकर उनके एक विशेष आशय का बोध कराते हैं। जैसेः पराजय, अभिभावक तथा उपकार।

7. (C): 'आँखों में धूल झोंकना' मुहावरे का अर्थ है 'धोखा देना'। इस मुहावरे का वाक्य में प्रयोग कुछ इस प्रकार होगा– 'रमेश ने सुरेश के आँखों में धूल झोंककर उसके सभी कागजात अपने नाम कर लिए। अतः सही विकल्प 'धोखा देना' है।

8. (B): अपादान कारकः वाक्य में क्रिया के द्वारा जिन शब्दों से अलग होना प्रकट किया जाता है, वे शब्द 'अपादान कारक' होते हैं; जैसे– हिमालय से गंगा निकलती है। मैं घर से निकलकर सीधा बाजार गया। तुम मथुरा से कब लौटे?

करण कारकः जिसकी सहायता से क्रिया संपादित होती, है उसे 'करण' कारक कहते हैं। जैसे– मैं चम्मच से खाता हूँ। वह कुल्हाड़ी से वृक्ष काटता है।

कर्त्ता कारकः वाक्य में क्रिया को करने वाला शब्द 'कर्त्ता' कहलाता है। जैसे– राम ने रोटी खाई।

संबोधन कारकः संज्ञा या सर्वनाम का वह रूप जिससे किसी को बुलाने, पुकराने या बोलने का बोध होता है, तो वह संबोधन कारक कहलाता है। संबोधन कारक में अरे, हे, अजी आदि विभक्ति चिह्न का प्रयोग होता है। संबोधन कारक में विराम चिह्न के रूप में विस्मयादिबोधक (!) चिह्न का प्रयोग किया जाता है। जैसेः हे भगवान! मेरी रक्षा कीजिए।

9. (D): परिमाणबोधक विशेषणः जिन विशेषणों में विशेष्य की मात्रा या परिमाण (नाप + तोल) का बोध होता है, उन्हें 'परिमाणबोधक विशेषण' कहते हैं। जैसे– राम के पास तोला भर सोना है।

परिमाणबोधक विशेषण के दो भेद होते हैं–

- निश्चित परिमाणबोधक विशेषण– एक, दो, तीन, चार।
- अनिश्चित परिमाणबोधक विशेषण– थोड़ा, बहुत, काफी, कुछ।

जैसे– थोड़ा सा नमक दे दो। (अनिश्चित)

10. (C): पूर्वकालिक क्रियाः जिस क्रिया का सिद्ध होना किसी दूसरी क्रिया के सिद्ध होने के पहले पाया जाए और जो लिंग, वचन, पुरुष से प्रयुक्त न हो, उसे पूर्वकालिक क्रिया कहते हैं।

उदाहरण के लिएः सुकन्या पढ़कर सोती है। यहाँ पढ़ने का कार्य सोने के पूर्व हो चुका है; अतः पढ़कर पूर्वकालिक क्रिया है।

11. (D):

$$m - n = -9$$
$$m + 3n = 19$$
$$- \quad - \qquad -$$
$$4n = 28 \Rightarrow n = 7 \text{ तथा } m = -2$$

अतः m तथा n के मान क्रमशः –2, 7 हैं।

12. (C): $8^x = 4^y \Rightarrow (2^3)^x = (2^2)^y \Rightarrow 3x = 2y$

तथा $(2^3)^x = (2)^z \Rightarrow z = 3x$

$\therefore \quad x + 2y + z = 35$

$\Rightarrow \quad x + 3x + 3x = 35$

$\Rightarrow \quad 7x = 35 \Rightarrow x = 5.$

13. (A): $x^3 - x^2y + xy^2 - y^3$

$= x^2(x - y) + y^2(x - y)$

$= (x^2 + y^2)(x - y)$

$\because$ प्रथम व्यंजक $= x^2 + y^2$

$\therefore$ दूसरा व्यंजक $= (x - y).$

14. (B): समय $= \dfrac{(2P - P) \times 100 \times 2}{P \times 15}$

$= \dfrac{P \times 100 \times 2}{P \times 15}$

$= \dfrac{40}{3} = 13\dfrac{1}{3}$ वर्ष

= 13 वर्ष 4 माह।

15. (D): मिश्रधन = मूलधन $\left(1 + \dfrac{10}{400}\right)^2$

$\Rightarrow \quad 16810 =$ मूलधन $\left(\dfrac{41 \times 41}{40 \times 40}\right)$

$\therefore$ मूलधन $= \dfrac{16810 \times 40 \times 40}{1681} =$ ₹ 16000.

16. (A): E % A

संकेत % के तत्काल पूर्ववर्ती और तत्काल उत्तरवर्ती एक स्वर वर्ण है।

अतः अभीष्ट संख्या = 1.

17. (D)

18. (D): 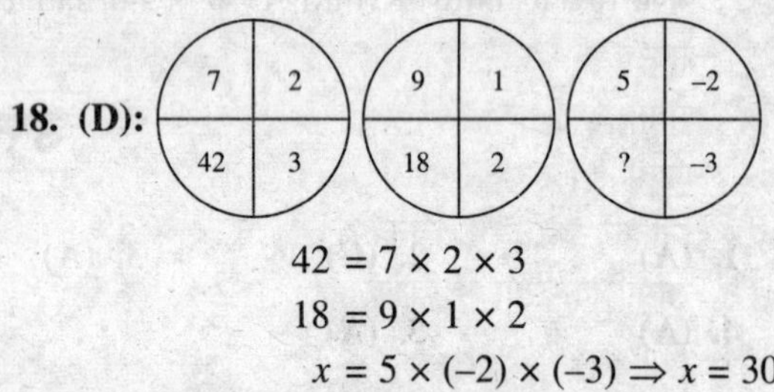

$42 = 7 \times 2 \times 3$

$18 = 9 \times 1 \times 2$

$x = 5 \times (-2) \times (-3) \Rightarrow x = 30$

अतः प्रश्न-चिह्न के स्थान पर 30 आएगा।

19. (*)

20. (C): माना कि लड़कियों की संख्या $= x$

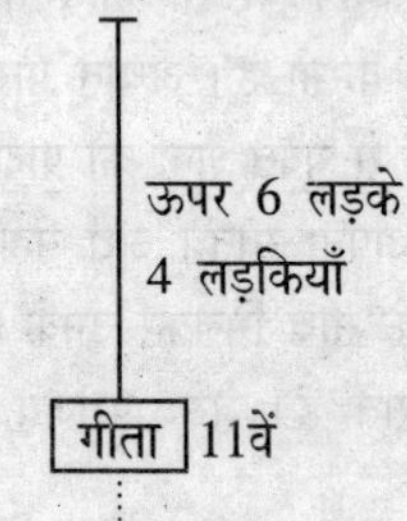

तथा लड़कों की संख्या $= 2x$

$x + 2x = 45 \Rightarrow 3x = 45$

$\Rightarrow \quad x = 15$

लड़कियों की संख्या = 15

लड़कों की संख्या = 30

अतः गीता के बाद श्रेणी में 10 लड़कियाँ होंगी।

21. (B): मरीज-से-चिकित्सक दूरपरामर्शन प्रणाली वर्ष 2019 में विकसित हुई जिसे e-संजीवनी नाम दिया गया।

- ई-संजीवनी देश के डॉक्टरों के मध्य टेलीमेडिसिन सेवा है, जो डिजिटल प्लेटफॉर्म के माध्यम से पारंपरिक प्रत्यक्षतः परामर्श का विकल्प प्रदान करती है।

22. (C): राज्यसभा का गठन 3 अप्रैल, 1952 को हुआ था। राज्य सभा (उच्च सदन) को कभी भी भंग नहीं किया जा सकता है। यह एक स्थायी सदन है इसका विघटन नहीं, किंतु स्थगन होता है। राज्य सभा के एक-तिहाई सदस्य प्रत्येक दूसरे वर्ष की समाप्ति पर सेवानिवृत्त हो जाते हैं। इस रीति के अनुसार एक सदस्य 6 वर्षों तक राज्य सभा का सदस्य होता है। सेवानिवृत्त हुए सदस्यों के स्थानों की पूर्ति भी हो जाती है। राज्य सभा में 12 सदस्यों को राष्ट्रपति नाम निर्दिष्ट करते हैं जिनको कला, साहित्य, विज्ञान व सामाजिक सेवा में विशेष ज्ञान या व्यावहारिक अनुभव हो।

23. (C): भारतीय संविधान की प्रस्तावना अथवा उद्देशिका की शुरुआत ''हम भारत के लोग भारत को संपूर्ण प्रभुत्व संपन्न लोकतंत्रात्मक गणराज्य बनाने के लिए आत्मर्पित करते हैं।'' से होती है। उक्त कथन स्पष्ट रूप से सिद्ध करता है कि भारत के लोग सारे प्राधिकार के अंतिम स्रोत हैं। अन्य शब्दों में जनता ही संविधान का अंतिम स्रोत है। समस्त शक्तियाँ जनता में निहित हैं।

24. (D): भारतीय अंतरिक्ष अनुसंधान संगठन (ISRO) अपने शुक्र मिशन को फ्रांसीसी अंतरिक्ष एजेंसी CNES (द स्पेस सेंटर फॉर स्पेस स्टडीज) की भागीदारी के साथ वर्ष 2025 में शुरू करने के लिए पूरी तरह तैयार है। 30 दिसंबर, 2020 को CNES द्वारा जारी किये गये एक बयान के अनुसार, VIRAL (वीनस इन्फ्रारेड एटमॉस्फेरिक गैस लिंकर) इंस्ट्रूमेंट, जिसे रूसी संघीय अंतरिक्ष एजेंसी ROSCOSMOS और CNRS से जुड़ी वायुमंडल, वातावरण और अंतरिक्ष अवलोकन प्रयोगशाला LATMOS (राष्ट्रीय वैज्ञानिक अनुसंधान केंद्र), फ्रांस ने एक साथ मिलकर विकसित किया है, इसे एक प्रस्ताव के अनुरोध के बाद इसरो द्वारा चुना गया है।

25. (B): क्वार्ट्ज क्रिस्टल, जो सामान्यतः क्वार्ट्ज घड़ियों आदि में प्रयुक्त होते हैं, रासायनिक रूप से सिलिकॉन डाइऑक्साइड है। सिलिकॉन डाइ ऑक्साइड (सिलिका) का रासायनिक सूत्र SiO_2 है।

26. (D): अनौपचारिक संचार या ग्रेपवाइनः संचार का अनौपचारिक चैनल, जिसे ग्रेपवाइन भी कहा जाता है, कार्यस्थल पर सामाजिक बलों के संचालन का परिणाम है। ग्रेपवाइन संचार अपने शुद्धतम रूप में अनौपचारिक कार्यस्थल संवाद है। यह शब्द जनसंपर्क से संबंधित है। ग्रेपवाइन संचार तेजी से फैलता है और संभवतः संगठन में प्रत्येक व्यक्ति को छूता है। ग्रेपवाइन शब्द अमेरिकी गृह युद्ध के दिनों के दौरान उत्पन्न हुआ था। उस समय, खुफिया टेलीफोन लाइनें अंगूर के पेड़ की तरह एक पेड़ के रूप में शिथिल रूप से फंसी हुई थीं और इसका संदेश अक्सर विकृत होता था इसलिए किसी भी अफवाह को ग्रेपवाइन से कहा जाता था।

27. (C)

28. (D): GIF का पूर्ण रूप ग्राफिक्स इंटरचेंज फॉर्मेट है। GIF एक बिटमैप छवि प्रारूप है जिसे बुलेटिन बोर्ड सेवा (BBS) प्रदाता कम्प्यूसेर्वस में एक टीम ने 15 जून, 1987 को अमेरिकी कंप्यूटर वैज्ञानिक स्टीव बिलेइट के नेतृत्व में विकसित किया था। GIF एक एनिमेटेड तस्वीर बनाने के लिए विभिन्न बिटमैप फाइलों की एक श्रृंखला है। यह एक 8-बिट प्रारूप है जिसका अर्थ है कि प्रारूप द्वारा समर्थित अधिकतम रंगों की संख्या 256 है। दो GIF मानक, 87a और 89a हैं। प्रत्येक पिक्सेल में, इसमें GIF छवि में दो सौ छप्पन में से एक रंग शामिल होता है। GIF आकार में छोटे और कॉम्पैक्ट होते हैं और आप उन्हें किसी भी प्लेटफॉर्म पर आसानी से साझा कर सकते हैं। GIF एक गतिशील छवि है जो बिना किसी ध्वनि के वीडियो की तरह है। यह आई-फोन की लाइव तस्वीर

की तरह है। यह एक छोटी सी वीडियो क्लिप है जो खुद को तब तक रिप्ले करती है जब तक हम उसे रोक नहीं देते।

29. (B): डिजिटल इंडिया भारत सरकार की एक पहल है जिसके अंतर्गत सरकारी विभागों को देश की जनता से जोड़ना है। इसके तीन प्रमुख घटक हैं–

1. डिजिटल आधारभूत ढाँचे का निर्माण करना।
2. इलेक्ट्रॉनिक्स रूप से सभी सेवाओं को जनता तक पहुँचाना।
3. डिजिटल साक्षरता।

इस योजना को 1 जुलाई, 2015 में शुरू किया गया था। इसके प्रमुख 9 स्तंभ–ब्रॉडबैंड हाईवे, मोबाइल कनेक्टिविटी के लिए यूनिवर्सल एक्सेस, ई-गवर्नेस फॉर रिफॉर्मिंग इंडिया, पब्लिक इंटरनेट एक्सेस कार्यक्रम, ई-क्रांति सेवाओं की इलेक्ट्रॉनिक डिलीवरी, सबके लिए सूचना, इलेक्ट्रॉनिक्स मैन्युफैक्चरिंग, आईटी फॉर जॉब और एअर्ली हर्वेस्ट प्रोग्राम हैं।

30. (C):

- 95वें अकादमी पुरस्कार 12 मार्च, 2023 को **लॉस एंजिल्स** में आयोजित किए गए।
- **'एवरीथिंग एवरीवेयर ऑल एट वन्स'** ने सर्वश्रेष्ठ फिल्म का पुरस्कार जीता।
- **मिशेल योह** ने 'एवरीथिंग एवरीवेयर ऑल एट वन्स' के लिए सर्वश्रेष्ठ अभिनेत्री का पुरस्कार जीता।
- **ब्रेंडन फ्रेजर** ने 'द व्हेल' के लिए सर्वश्रेष्ठ अभिनेता का पुरस्कार जीता।
- **डेनियाल क्वान और डेनियल शाइनर्ट** ने एवरीथिंग एवरीवेयर ऑल एट वन्स के लिए सर्वश्रेष्ठ निर्देशक का पुरस्कार जीता।
- **'ऑल क्वाइट ऑन द वेस्टर्न फ्रंट'** ने सर्वश्रेष्ठ अंतर्राष्ट्रीय फीचर फिल्म का पुरस्कार जीता।

31. (D): बिटकॉइन को सतोशी नाकामोतो के द्वारा वर्ष 2009 में बनाया गया। बिटकॉइन एक डिजिटल क्रिप्टो करेंसी है जिसे क्रिप्टो करेंसी भी कहा जाता है। यह पब्लिक ब्लॉक चेन पर आधारित होती है।

32. (B) **33. (B)**

34. (C): ''मैन मीडिया एंड मैसेजेस' शीर्षक पुस्तक के लेखक विल्बर श्रम हैं। विल्बर श्रम एक विद्वान और ''जन संचार के विशेषज्ञ'' थे। उन्होंने 1936 में आयोवा राइटर्स वर्कशॉप की स्थापना की और 1941 तक इसके पहले निदेशक के रूप में कार्य किया। श्रम संयुक्त राज्य अमेरिका में अध्ययन के क्षेत्र के रूप में संचार स्थापित करने और अमेरिकी विश्वविद्यालयों में संचार अध्ययन विभागों की स्थापना करने वालों में प्रमुख व्यक्ति थे। विल्बर श्रम को संचार अध्ययन के क्षेत्र का संस्थापक माना जाता है। वह संचार विद्वान के रूप में अपनी पहचान बनाने वाले पहले व्यक्ति थे।

35. (*) **36. (A)**

37. (C)

- वॉल्ट डिज्नी को सबसे अधिक 59 बार 'अकादमी पुरस्कार के लिए नामित किया गया तथा उन्होंने 22 'ऑस्कर पुरस्कार' जीते। उन्हें चार बार 'मानद ऑस्कर' भी मिले।
- अंटार्कटिका दुनिया का सबसे बड़ा मरुस्थल है। इसके अतिरिक्त, यह दुनिया का सबसे बड़ा ठंडा मरुस्थल है, जो अंटार्कटिक महाद्वीप पर लगभग 5.5 मिलियन वर्ग मील के क्षेत्र में फैला हुआ है।
- आँख शरीर का एकमात्र अंग है जो जन्म के समय पर पूर्णतया विकसित होता है।
- संयुक्त राष्ट्र संघ की स्थापना 24 अक्टूबर, 1945 ई. को की गयी थी। इसका मुख्यालय अमेरिका के न्यूयॉर्क शहर में है। वर्तमान में संयुक्त राष्ट्र संघ के सदस्य देशों की संख्या 193 है।

38. (C):

- प्रत्येक वर्ष 24-जनवरी को राष्ट्रीय बालिका दिवस के रूप में मनाया जाता है। अंतर्राष्ट्रीय बालिका दिवस 11 अक्टूबर को प्रत्येक वर्ष मनाया जाता है। राष्ट्रीय बालिका दिवस की शुरूआत वर्ष 2008 में महिला एवं बाल विकास मंत्रालय द्वारा की गई थी।

- राष्ट्रीय विज्ञान दिवस प्रतिवर्ष 28 फरवरी को मनाया जाता है। इसका उद्देश्य लोगों में विज्ञान के प्रति जागरूकता को बढ़ाना है। 28 फरवरी, 1928 को भौतिक विज्ञानी सी.वी. रमन द्वारा रमन प्रभाव की खोज को चिह्नित करने के लिए इस दिवस को मनाया जाता है।
- अंतराष्ट्रीय महिला दिवस हर साल 8 मार्च को मनाया जाता है। विश्व के विभिन्न क्षेत्रों में महिलाओं के प्रति सम्मान, प्रशंसा और प्यार प्रकट करते हुए इस दिन को महिलाओं के आर्थिक, राजनीतिक और सामाजिक उपलब्धियों के उपलक्ष्य में उत्सव के तौर पर मनाया जाता है।
- विश्व स्वास्थ्य दिवस 7 अप्रैल को मनाया जाता है। विश्व स्वास्थ्य संगठन की स्थापना 7 अप्रैल, 1948 को हुई थी इसलिए 7 अप्रैल को विश्व स्वास्थ्य दिवस के रूप में मनाया जाता है।

39. (B): जुलाई 2020 में केंद्रीय सरकार द्वारा एक नई शिक्षा नीति की घोषणा की गई, जो स्वतंत्र भारत की तीसरी शिक्षा नीति है, जो 34 साल बाद बदली गई। NEP-2020 में कक्षा-5 तक की शिक्षा में मातृभाषा/स्थानीय या क्षेत्रीय भाषा को अध्ययन के माध्यम के रूप में अपनाने पर बल दिया गया है। साथ ही इस नीति में मातृभाषा को कक्षा-8 और आगे की शिक्षा के लिये प्राथमिकता देने का सुझाव दिया गया है। स्कूली और उच्च शिक्षा में छात्रों के लिये संस्कृत और अन्य प्राचीन भारतीय भाषाओं का विकल्प उपलब होगा परंतु किसी भी छात्र पर भाषा के चुनाव की कोई बाध्यता नहीं होगी। इस शिक्षा नीति में एक अलग लिंग (जेंडर) समावेशन निधि व सुविधावंचित क्षेत्रों व समूहों के लिए विशेष शिक्षक जोन का प्रस्ताव किया गया है। इस प्रकार कथन और कारण (R) दोनों सही है, लेकिन (R), (A) की सही व्याख्या नहीं है।

40. (B)

41. (B):

(*c*) रेखीय सम्प्रेषण विधि एक एकतरफा संचार विधि है जिसमें केवल प्रेषक ही संदेश का प्रेषण करता है तथा प्राप्त करने वाले की प्रतिक्रिया नहीं होती है। इसे एक मार्गी संप्रेषण विधा या प्रेषक-केन्द्रित संप्रेषण भी कहते हैं। संचार, विपणन, पत्रकारिता आदि क्षेत्रों में उपयोग होने वाली विधि रेखीय संप्रेषण विधि है।

(*b*) संचार के द्विसोपानिक संचार मॉडल में संचारक और प्रापक दोनों को एक-दूसरे की भूमिका निभानी पड़ती है।

(*a*) संचार का एक चक्रीय मॉडल वह है जिसमें जब उपयोगकर्ता द्वारा संदेश भेजा जाता है तो उपयोगकर्ता को उसकी पावती या प्रतिक्रिया भी प्राप्त होती है। यूजर को पता चल जाता है कि मैसेज मिल गया है।

(*d*) डेन्स ने हेलीकल या सर्पाकार प्रतिदर्श को सन् 1967 में प्रतिपादित किया। इस हेलीकल या सर्पाकार प्रतिदर्श के अनुसार संचार एक निरंतर परिवर्तित होने वाली प्रक्रिया है, तथा इसमें सम्पूर्ण संचार प्रक्रिया को प्रेषक से प्राप्तकर्ता तक के संचार मार्ग में एक सर्पाकार आकार के रूप में देखा जा सकता है।

42. (A): भारत रत्नः 1954 में स्थापित यह भारत सरकार द्वारा दिया जाने वाला सर्वोच्च नागरिक सम्मान है। इसे कला, साहित्य, विज्ञान एवं सार्वजनिक सेवा या जीवन में असाधारण एवं अत्युत्तम कोटि की उपलब्धि हेतु प्रदान किया जाता है। सी.एन.आर. राव को वर्ष 2014 में तथा लता मंगेशकर को वर्ष 2001 में भारत रत्न से सम्मानित किया गया था।

43. (C): एक कम्प्यूटर की स्मृति सामान्य तौर से बाइट, किलोबाइट और मेगाबाइट के रूप में व्यक्त की जाती है। बिट-स्टोरेज की सबसे छोटी इकाई मानी जाती है। लेकिन बाइट का उपयोग हम स्टोरेज क्षमता मापने के लिए करते हैं। 1 बाइट = 8 बिट, 1 KB = 1024 बाइट, 1 MB = 1024 KB, 1 Gb = 1024 MB.

44. (C): कथन I सत्य है, लेकिन कथन II असत्य है। ध्रुवीय पैटर्न माइक्रोफोन के चारों ओर का स्थान है जहां यह ध्वनि उठाता है या ध्वनि के प्रति सबसे

अधिक संवेदनशील होता है। इन पैटर्नों को त्रि-आयामी अंतरिक्ष में देखा जा सकता है। विभिन्न माइक्रोफोन में अलग-अलग ध्रुवीय पैटर्न होते हैं, और ये पैटर्न उनके सर्वोत्तम उपयोग को निर्धारित करने में भूमिका निभाते हैं।

45. (C): पीएम उम्मीद मित्र योजनाः इस योजना के अंतर्गत नये उद्यमियों और मौजूदा उद्यमियों को उद्यमिता विकास के अंतर्गत प्रशिक्षण प्रदान किये जाने का प्रावधान है। इसके अलावा आवश्यक प्रशिक्षण को लाभार्थियों तक पहुंचाने हेतु जिला स्तर पर 610 उद्यमिता विकास केंद्र के अंतर्गत प्रशिक्षण केंद्र सुचारू रूप से शुरू किए जाएंगे। योजना के अंतर्गत प्रशिक्षण के अंतर्गत चुने हुए लोगों में से उनके तीन-चौथाई उद्यमी को योजना में लाभान्वित करने के लिए शामिल किया जाएगा। बाकी के लोगों को जिनका व्यवसाय पहले से चल रहा है, परंतु उन्हें एक अच्छे स्तर पर पहचान नहीं मिल पा रही है तो इसके अंतर्गत सरकार उन लोगों की सहायता करेगी। इस लाभकारी योजना के अंतर्गत उद्यमियों को करीब 2 महीनों का प्रशिक्षण प्रदान किया जाएगा, जिसके जरिए उन्हें अपनी आर्थिक स्थिति को सुधारने हेतु बाजारों और क्रेडिट स्थानों से जुड़ने में मदद होगी।

46. (D): सितंबर 2017 में प्रधानमंत्री नरेंद्र मोदी और जापान के प्रधानमंत्री शिंजो आबे ने बुलेट ट्रेन परियोजना की आधारशिला रखी। ट्रेनों की उपस्थिति और गति के कारण जापान की शिंकानसेन उच्च-गति ट्रेनों को बुलेट ट्रेन कहा जाता है। 250 किमी./घंटा से अधिक गति वाली किसी भी ट्रेन को बुलेट ट्रेन कहा जाता है। यह आमतौर पर 250 किमी. प्रति घंटे से अधिक की गति वाली उच्च-गति ट्रेन का वर्णन करने के लिए इस्तेमाल किया जाने वाला शब्द है। भारत की पहली बुलेट ट्रेन मुंबई और अहमदाबाद हाई-स्पीड (उच्च-गति) रेल कॉरिडोर (गलियारे) में चलेगी, जिसका निर्माण सितंबर 2017 में शुरू हुआ था। यह जापान की मदद से 508 किमी. लंबी हाई-स्पीड रेल कॉरिडोर बिल्डिंग है।

47. (C): मंकीपॉक्स और चेचक वायरस के एक समूह का हिस्सा हैं जिन्हें ऑर्थोपॉक्सवायरस कहा जाता है। यह पॉक्सविरिदे (Poxviridae) कुल के ऑर्थोपॉक्स से संबंधित जूनोसिस (जानवरों से मनुष्य में फैलने वाला) वायरस है। यह सर्वप्रथम सन् 1958 में अफ्रीकी बंदरों की कालोनियों में पाया गया, इस कारण इसका नाम मंकीपॉक्स रखा गया। इस बीमारी का स्रोत अज्ञात है। यह कृंतकों तथा गैर मानव प्राइमेंट (बंदर) से मनुष्य में फैलता है। मानव में मंकीपॉक्स का पहला मामला वर्ष 1970 में अफ्रीका के कांगो लोकतांत्रिक गणराज्य के एक 9 वर्षीय बच्चे में पाया गया।

लक्षणः इसके लक्षण चेचक से मिलते-जुलते हैं हालांकि यह चेचक की तुलना में कम खतरनाक है। थकान, बुखार, शरीर में दाने और सूजे हुए लसिका पर्व (Lymph nodes) इसके प्रमुख लक्षण हैं।

48. (C): ब्लॉकचेन तकनीक जानकारी संग्रहीत करने की एक विधि है जो सिस्टम को बदलना, हैक करना या हेर-फेर करना लगभग असंभव बना देती है। ब्लॉकचेन एक अपेक्षाकृत नई वितरित बहीखाता तकनीक है जिसे पहली बार 2009 में एक अनुमानित छद्म नाम वाले व्यक्ति या सातोशी नाकामोतो नामक व्यक्तियों द्वारा क्रिप्टोकरेंसी, बिटबॉइन के डिजाइन और विकास में पेश किया गया था। यह तकनीक पीयर-टू-पीयर नेटवर्क पर लेनदेन को मान्य करने के लिए केंद्रीय इकाई या तीसरे पक्ष की आवश्यकता को समाप्त कर देती है।

49. (B): सत्यजीत रे एक भारतीय फिल्म निर्देशक थे, जिन्हें 20वीं शताब्दी के सर्वोच्च फिल्म निर्देशकों में गिना जाता है। इनके द्वारा निर्देशित फिल्म 'पाथेर पांचाली', 'अपुर संसार' तथा 'अपराजितो' है। सत्यजीत रे को विशेष ऑस्कर अवार्ड तथा भारत रत्न (1992) से सम्मानित किया गया है।

50. (D): पापाराजी (Paparazzi): फोटोग्राफर का एक नया नाम पापाराजी भी है। बीसवीं शताब्दी के उत्तरार्द्ध में प्रेस फोटोग्राफर का यह एक नया पेशा सामने आया। ये लोग राजनीति, खेल, फिल्म या

किसी क्षेत्र के प्रसिद्ध व्यक्ति का पीछा करते हैं और उनके दैनिक जीवन के ऐसे क्षण को कैमरे में कैद करते हैं जो सनसनी पैदा करने वाला या रोचक हो। हेलीकॉप्टर से टेनिस खिलाड़ी स्टेफी ग्राफ की स्विमिंग पूल में नग्न तस्वीर लेने का मामला हो या फिर राजकुमारी डायना और उनके प्रेमी की फोटो लेने के लिए पापाराजियों द्वारा उनका पीछा करना; दोनों ही दुस्साहसिक घटनाएं पापाराजी का उदाहरण है। इस मामले में फोटोग्राफरों से बच निकलने के चक्कर में राजकुमारी डायना की मौत हो गई और फोटोग्राफरों की काफी आलोचना हुई।

51. (C): नई राष्ट्रीय शिक्षा नीति 2020 के अध्यक्ष इसरो वैज्ञानिक के. कस्तूरी रंजन जी हैं जिन्होंने अध्यापक शिक्षा के विकास हेतु अनेक बिंदुओं का उल्लेख किया तथा उसके साथ-साथ प्राथमिक शिक्षा से लेकर उच्च शिक्षा के विकास हेतु व्यावसायिक पाठ्यक्रमों पर विशेष ध्यान दिया। 29 जुलाई, 2020 को नई शिक्षा नीति की घोषणा के साथ ही मानव संसाधन मंत्रालय का नाम बदलकर शिक्षा मंत्रालय कर दिया गया। इस नीति द्वारा देश में स्कूल एवं उच्च शिक्षा में परिवर्तनकारी सुधारों की अपेक्षा की गयी है।

52. (*) **53. (D)**

54. (A): भारत के पंजाब व हरियाणा उच्च-न्यायालय ने हत्या के एक मामले में जमानत की दलील की सुनवाई करते समय कृत्रिम बुद्धि (AI) आधारित ChatGPT का प्रयोग किया।

55. (B): हर्बर्ट इरविंग शिलर एक अमेरिकी मीडिया समीक्षक, समाजशास्त्री, लेखक और विद्वान थे। उन्होंने 1960 में न्यूयॉर्क विश्वविद्यालय से पीएचडी की उपाधि प्राप्त की।

प्रमुख पुस्तकें:

- मास कम्यूनिकेशन एंड अमेरिकन एंपायर (1969)
- माइंड मैनेजर (1973)
- सुपर स्टेट; रिडिंग इन द मिलिट्री-इंडस्ट्रियल कॉम्प्लेक्स
- इन्फार्मेशन एंड क्राइसिस इकोनॉमी

56. (A): राहुल रॉय चौधरी को आर्टिफिशियल इंटेलिजेंस पर आधारित ऑनलाइन टेक्स्ट एडिटिंग प्लेटफॉर्म ग्रामरली (Grammarly) के सीईओ के रूप में नियुक्त किया गया है। भारतीय मूल के राहुल रॉय चौधरी, इस पदस्थापना से पूर्व कंपनी में वैश्विक उत्पाद प्रमुख के रूप में कार्यरत थे।

57. (D): कारगिल युद्ध मई-जुलाई 1999 के बीच जम्मू-कश्मीर के कारगिल जिले में नियंत्रण रेखा पर लड़ा गया था जिसमें भारत को जीत मिली थी। इसी जीत के उपलक्ष्य में प्रत्येक वर्ष 26 जुलाई को कारगिल विजय दिवस के रूप मनाया जाता है।

58. (C): रूपर्ट मर्डोक आस्ट्रेलियाई-अमेरिकी व्यक्ति हैं जो मीडिया जगत के बैरन के रूप में जाने जाते हैं। वे न्यूज कॉर्पोरेशन के अध्यक्ष व सीईओ हैं। कीथ रूपर्ट मर्डोक एसी केसीएसजी एक ऑस्ट्रेलियाई-अमेरिकी बिजनेस मैग्नेट, निवेशक और मीडिया मालिक हैं।

अपनी कंपनी न्यूज कॉर्प के माध्यम से, वह यू.के. (द सन् और द टाइम्स), ऑस्ट्रेलिया (द डेली टेलीग्राफ, हेराल्ड सन् और द ऑस्ट्रेलियन) सहित दुनिया भर में सैकड़ों स्थानीय, राष्ट्रीय और अंतर्राष्ट्रीय प्रकाशन आउटलेट के मालिक हैं। अमेरिका में (द वॉल स्ट्रीट जर्नल और न्यूयॉर्क पोस्ट), पुस्तक प्रकाशक हार्पर कॉलिन्स और टेलीविजन प्रसारण चैनल स्काई न्यूज ऑस्ट्रेलिया और फॉक्स न्यूज (फॉक्स कॉर्पोरेशन के माध्यम से) वह स्काई (2018 तक), 21 वीं सेंचुरी फॉक्स (2019 तक) और अब बंद हो चुकी न्यूज ऑफ द वर्ल्ड के भी मालिक थे।

1980 में टेड टर्नर ने सीएनएन के 24 घंटे के न्यूज चैनल की शुरूआत की थी।

59. (C): पुलित्जर पुरस्कार की शुरूआत सन् 1917 में की गयी थी। पत्रकारिता के क्षेत्र में यह अमेरिका का सर्वोच्च पुरस्कार है। सन् 1937 में पुलित्जर पुरस्कार को प्राप्त करने वाले प्रथम भारतीय गोविन्द बिहारी लाल थे। वर्ष 2021 का पुलित्जर पुरस्कार भारतीय मूल की अमेरिकी पत्रकार 'मेघा राजगोपालन' को दिया गया है।

60. (B) **61. (A)**

62. (A): भारतीय प्रेस परिषद् एक अर्ध-न्यायिक सांविधिक स्वायत्त निकाय है, जिसकी पुनः स्थापना वर्ष 1979 में संसद के एक अधिनियम, प्रेस परिषद् अधिनियम, 1978 के तहत प्रेस की स्वतंत्रता को संरक्षित करने और भारत में समाचारपत्रों एवं न्यूज एजेंसियों के स्तर को सुधारने के दोहरे उद्देश्य के साथ की गई है। इसे पहली बार 1966 में भारतीय प्रेस परिषद् अधिनियम, 1965 के तहत समान दोहरे उद्देश्य से प्रथम प्रेस आयोग की संस्तुतियों पर स्थापित किया गया था। हालांकि 1965 के अधिनियम को 1975 में निरस्त कर दिया गया था और आपातकाल के दौरान प्रेस परिषद् को समाप्त कर दिया गया था। तत्पश्चात्, इसी तर्ज पर 1965 के अधिनियम की तरह एक नया अधिनियम बनाया गया और प्रेस परिषद् अधिनियम, 1978 के तहत वर्ष 1979 में प्रेस परिषद् की पुनः स्थापना की गई। भारतीय प्रेस परिषद् के प्रथम अध्यक्ष न्यायमूर्ति जे.आर. मुधोलकर थे।

63. (D): डेलियल लर्नर ने अपनी कृति "The Passing of the Traditional Society" में अपना आर्थिक-सामाजिक विकास प्रारूप प्रस्तुत किया है जिसे प्रसार उपागम (Diffusion Approach) कहा जाता है। इसके अंतर्गत लर्नर ने तीन कारकों को महत्वपूर्ण माना है– 1. व्यक्तिगत प्रारूप (Personality Type), 2. शिक्षा (Education), 3. संचार (Communication)।

64. (B): भारत में फिल्में 'केंद्रीय फिल्म प्रमाणन बोर्ड' द्वारा प्रमाणित होने के बाद ही प्रदर्शित की जाती हैं। इस बोर्ड का गठन सन् 1952 में 'सिनेमैटोग्राफिक (सेंसरशिप) अधिनियम 1952' के अंतर्गत किया गया। बोर्ड में एक अध्यक्ष तथा कम-से-कम 12 और अधिक-से-अधिक 25 गैर-सरकारी सदस्य होते हैं। इन सबकी नियुक्ति सरकार करती है। बोर्ड का मुख्यालय मुंबई में है तथा इसके 9 क्षेत्रीय कार्यालय–बेंगलुरु, मुंबई, कोलकाता, हैदराबाद, चेन्नई, कटक, नई दिल्ली, तिरुवनंतपुरम तथा गुवाहाटी में हैं।

65. (D): केशवानन्द भारती बनाम केरल राज्य (1973 SC) के मामले में माननीय उच्चतम न्यायालय ने प्रस्तावना को संविधान का अंग तथा संविधान का मूलभूत ढाँचा माना। उच्चतम न्यायालय ने बहुमत से यह अभिनिर्धारित किया कि उद्देशिका संविधान का भाग है, अतः इसमें संशोधन किया जा सकता है किंतु न्यायालय ने स्पष्ट किया कि उद्देशिका के उस भाग में संशोधन नहीं किया जा सकता है जो आधारभूत ढाँचे से संबंधित है।

66. (B): करण थापर एक भारतीय पत्रकार, समाचार प्रस्तुतकर्ता और साक्षात्कारकर्ता हैं जो द वायर के साथ काम करते हैं। थापर सीएनएन-आईबीएन से जुड़े थे और उन्होंने द डेविल्स एडवोकेट और द लास्ट वर्ड की मेजबानी की थी। उनका जन्म 5 नवंबर, 1955 को श्रीनगर में हुआ था। उन्होंने कई किताबें लिखी हैं; डेविल्स एडवोकेट, इंडिया टुनाइट, द लास्ट वर्ड, फेस टू फेस (बीबीसी); हार्डटॉक इंडिया (बीबीसी), टू द प्वाइंट (इंडिया टुडे)।

67. (D)

68. (A): विज्ञापन कला का जनक डेविड ओगिल्वी को कहा जाता है।

- डेविड ओगिल्वी का जन्म 1911 ई. में यूनाइटेड किंगडम (ब्रिटेन) में हुआ था।
- 'कन्फैशन ऑफ एन एडवर्टाइजिंग मैन' इनकी प्रमुख पुस्तक थी।
- विज्ञापन का अर्थ है विज्ञान एक बहु आयामी विधा है। यह विज्ञापन के लिए अपने उत्पादों, सेवाओं या विचारों को बेचने के लिए उपभोक्ता से सम्पर्क करने का सशक्त जरिया है।
- विज्ञापन शब्द की संरचना दो शब्दों वि + ज्ञापन के संयोग से हुई है, जिसमें 'वि' का अर्थ है विशेष तथा 'ज्ञापन' का अर्थ है सूचना या जानकारी देना। अर्थात् विशेष सूचना या जानकारी देना ही विज्ञापन है जो अंग्रेजी शब्द के Advertising का हिंदी रूपांतरण है। Advertising शब्द का निर्माण लैटिन शब्द Adverto से हुआ है, जिसका अर्थ ध्यान दिलाना या आकर्षित करना है।

69. (C): सोशल नेटवर्किंग साइट इंस्टाग्राम ने लापता बच्चों का पता लगाने में मदद के लिए जून, 2022 में 'एंबर अलर्ट' (AMBER Alert) आरंभ किया। इंस्टाग्राम ने इसे कई देशों की सरकारी एजेंसियों के साथ मिलकर तैयार किया है। एम्बर अलर्ट की फुल फॉर्म Americas Missing: Broadcast Emergency Response है। इस फीचर की मदद से संभावित एरिया के Instagrram यूजर्स के पास लापता बच्चों की पूरी जानकारी के साथ एक अलर्ट भेजा जाएगा। यह फीचर फिलहाल 25 देशों में काम करेगा।

70. (A)

71. (C): मानहानि की परिभाषा भारतीय दण्ड संहिता 1860 की धारा 499 में दी गयी है। धारा 499 के अनुसार जो कोई बोले गये या पढ़े जाने के लिए आशयित शब्दों द्वारा या दृश्य-रूपणों द्वारा किसी व्यक्ति के बारे में कोई लांछन इस आशय से लगाता या प्रकाशित करता है कि ऐसे लांछन से ऐसे व्यक्ति की ख्याति की अपहानि की जाए या यह जानते हुए या विश्वास करने का कारण रखते हुए लगाता या प्रकाशित करता है कि ऐसे लांछन से ऐसे व्यक्ति की ख्याति की अपहानि होगी, उसके बारे में कहा जाता है कि वह उस व्यक्ति की मानहानि करता है।

72. (D): चीन ने कोविड-19 के विरूद्ध 31 अक्टूबर, 2022 को प्रथम प्रश्वसन योग्य टीका (Inhalable Vaccine) शुरू किया था। यह टीका मुँह के जरिए सांस भरकर लिए जाने वाला अपनी तरह की पहली सुई-मुक्त कोविड वैक्सीन है। कोविड-19 का यह टीका मुँह के जरिए लिया जाता है और इसे पहले से टीका लगवा चुके व्यक्तियों के लिए बूस्टर खुराक के रूप में मुफ्त दिया जा रहा है।

73. (A, D): केंद्रीय गृह मंत्रालय ने बीएसएफ के बाद अब केंद्रीय औद्योगिक सुरक्षा बल (सीआईएसएफ) की भर्ती में भी पूर्व अग्निवीरों के लिए 10 प्रतिशत आरक्षण की घोषणा की है। मंत्रालय ने ऊपरी आयु सीमा में छूट को भी अधिसूचित किया है, जो इस बात पर निर्भर करता है कि वे अग्निवीरों के पहले बैच का हिस्सा हैं या बाद के बैचों का। केंद्रीय औद्योगिक सुरक्षा बल अधिनियम, 1968 के तहत बनाए गए नियमों में संशोधन के बाद एक नोटिफिकेशन के माध्यम से यह घोषणा की गई थी। नोटिफिकेशन में कहा गया है, "सीआईएसएफ में 10 प्रतिशत रिक्तियां पूर्व-अग्निवीरों के लिए आरक्षित होंगी।

74. (A)

75. (A): अगस्त, 2021 में भारतीय औषध महानियंत्रक ने भारतीय कम्पनी भारत बायोटेक द्वारा विकसित नाक से दिए जाने वाले पहले करीना वैक्सीन टीके के द्वितीय एवं तृतीय चरण के नैदानिक परीक्षण को स्वीकृति प्रदान की।

76. (A): केंद्र सरकार ने धर्मांतरित दलितों को अनुसूचित जाति का दर्जा देने पर अध्ययन करने के लिए अक्टूबर 2022 में पूर्व प्रधान न्यायाधीश केजी बालाकृष्णन की अध्यक्षता में एक तीन-सदस्यीय आयोग गठित किया है। आयोग अध्ययन करके दो वर्ष के भीतर अपनी रिपोर्ट देगा। आयोग अध्ययन करेगा कि ऐतिहासिक रूप से सामाजिक असमानता और भेदभाव झेलते आ रहे दलित अगर संविधान के अनुच्छेद 341 में उल्लेखित धर्मों (हिंदू, सिख, बौद्ध) के अलावा किसी और धर्म में परिवर्तित हो गये हैं तो क्या उन्हें धर्म परिवर्तन के बाद भी अनुसूचित जाति का दर्जा दिया जा सकता है।

77. (A, B)

78. (C): "विकास संचार" शब्द पहली बार 1972 में नोरा सी. क्यूब्राल के द्वारा गढ़ा गया था। नोरा सी. क्यूब्राल ने परिभाषा का विस्तार करते हुए कहा, "मानव संचार की कला और विज्ञान का उपयोग किसी देश और उसके अधिकांश लोगों को गरीबी से आर्थिक विकास की एक गतिशील स्थिति में तेजी से बदलने के लिए किया जाता है जो अधिक सामाजिक समानता और मानव क्षमता की बड़ी पूर्ति को संभव बनाता है।

79. (C) **80. (B)**

81. (D): 'न्यू इंडिया' एक ऐसा समाचार पत्र था जिसकी स्थापना भारतीय स्वतंत्रता संग्राम से संबंधित समाचारों को फैलाने के साधन के रूप में की गई थी, और इसके संस्थापक, स्वतंत्रता सेनानी डॉ एनी बेसेंट के विचारों को अपने संपादकीय के माध्यम से मुखर करने के साधन के रूप में स्थापित किया गया था। गाँधी जी न केवल एक स्वतंत्रता सेनानी थे अपितु वे एक महान पत्रकार भी थे। गाँधी जी की प्रमुख कृतियाँ हिन्द स्वराज, माई एक्सपेरिमेंट विथ द ट्रूथ इत्यादि हैं। उन्होंने स्वतंत्रता संग्राम के दौरान कई समाचार पत्र जैसे- यंग इंडिया (अंग्रेजी), नव जीवन (हिन्दी, गुजराती), हरिजन (हिन्दी, गुजराती), इंडियन ओपिनियन इत्यादि का संपादन किया। जबकि युगांतर पत्रिका का सम्पादन भूपेन्द्रनाथ दत्त और वारीन्द्र कुमार घोष के द्वारा किया गया था। इस प्रकार अभिकथन (A) सही नहीं है, लेकिन कारण (R) सही है।

82. (B): भारत में सिनेमा की शुरुआत का श्रेय दादा साहब फाल्के- घुंडीराज गोविंद फाल्के को जाता है। उन्होंने 1912 में 'राजा हरिश्चंद्र' फिल्म बनाकर भारत में सिनेमा का श्रीगणेश किया। कुल 3700 फीट लंबी यह फिल्म 3 मई, 1913 को बंबई के कोरोनेशन सिनेमाघर में प्रदर्शित हुई।

83. (D): सरकार ने बजट 2023-24 में प्रधानमंत्री पी.वी.टी.जी. विकास मिशन की घोषणा की। इसका उद्देश्य समाज के कमजोर आदिवासी समूहों (पी.वी.टी.जी.) की सामाजिक-आर्थिक स्थितियों में सुधार करना है। इसके अंतर्गत सुरक्षित आवास, स्वच्छ, पेयजल एवं स्वच्छता और स्थायी आजीविका के अवसरों जैसी बुनियादी सुविधाएं शामिल हैं।

84. (B): केन्द्रीय वित्त एवं कॉरपोरेट कार्य मंत्री श्रीमती निर्मला सीतारमण ने 31 जनवरी, 2023 को संसद में 'आर्थिक समीक्षा 2022-23' पेश की। आर्थिक समीक्षा 2022-23 के अनुसार मोबाइल फोन सेगमेंट में भारत विश्व स्तर पर दूसरा सबसे बड़ा मोबाइल फोन निर्माता बन गया है, जिसके हैंडसेट का उत्पादन वित्त वर्ष 15 में 6 करोड़ यूनिट से बढ़कर वित्त वर्ष 21 में 29 करोड़ यूनिट हो गया है।

85. (C)

86. (A): दूरदर्शन का पहला कार्यक्रम 15 सितंबर, 1959 को नई दिल्ली में स्थित आकाशवाणी भवन के अस्थायी स्टूडियो से किया गया था। नियमित रूप से समाचार सेवा 1965 में शुरू की गई थी। इसके सात वर्ष बाद मुंबई में दूसरा चैनल शुरू हो गया था। सन् 1975 तक कोलकाता, चेन्नई, श्रीनगर, अमृतसर तथा लखनऊ में दूरदर्शन सेवा शुरू हो गई थी।

87. (A): भगोरिया उत्सव का आयोजन होलिका दहन से सात दिन पूर्व आरम्भ हो जाता है, यह मुख्यतः भीलों का त्यौहार है। भगोरिया तीन चरणों में आयोजित किया जाता है। प्रथम बाजार के दिन को 'गुलालिया हाट' कहते हैं इस दिन स्त्रियाँ तथा पुरुष अपनी आवश्यकता का सामान खरीदते हैं। इसके बाद 'भगोरिया हाट' लगता है जिसमें सबसे अधिक चहल-पहल होती है। इसी हाट में युवक-युवती एक-दूसरे को पसंद करते हैं। अंत में हाट समाप्त हो जाता है तथा शोर/शराबे से भरा मैदान वीरानी में बदल जाता है अतः इसे 'उजाड़िया हाट' कहते हैं।

88. (C): भारत में रंगीन टेलीविजन की शुरुआत 1982 में नई दिल्ली में एशियाई खेलों के समय हुई। इस दौर में टी.वी. सेट पर लगने वाला लाइसेंस शुल्क भी हटा लिया गया था। रंगीन टेलीविजन सेट और वी.सी.आर. इत्यादि के आयात पर रियायतें दी गई। विदेशी टी.वी. सेट बनाने वाली कंपनियों ने भारतीय कंपनियों से करार किए। रंगीन प्रसारण के क्षेत्रों में क्रांति आ गई। 'ब्लैक एंड व्हाइट' सेट किनारे कर दिए गए। रंगीन टी.वी. सेट बहु-चैनलों की सुविधा देने वाले होते थे। यहाँ से भारत में चैनल क्रांति की शुरुआत हुई।

89. (C): गभरिचा पॉस 2009 में आई मराठी भाषा की फिल्म है, जिसे सतीश मनवार ने लिखा और निर्देशित किया है। गभरिचा पॉस का निर्माण प्रशांत पेठे द्वारा किया गया है और यह 10 जुलाई, 2009 को रिलीज हुई। यह फिल्म एक किसान (गिरीश कुलकर्णी) के जीवन के बारे में है, जो सूखाग्रस्त विदर्भ क्षेत्र में

अच्छी फसल पाने की कोशिश कर रहा है, जो किसान आत्महत्याओं के लिए कुख्यात है। यह प्रतीकात्मक रूप से यह भी बताता है कि किसानों के बीच जानकारी और शिक्षा की कमी, उनकी अथक भावना के बावजूद, उन्हें कैसे बर्बाद कर सकती है।

गभरिचा पॉस के मुख्य अभिनेता/नायक गिरीश कुलकर्णी हैं न कि सतीश कौशिक। सतीश कौशिक हिन्दी फिल्मों के एक अभिनेता, निदेशक, निर्माता, हास्य अभिनेता एवं पटकथा लेखक थे।

90. (C): जॉर्ज ऑरवेल '1984' पुस्तक के लेखक हैं। इसे 1949 में अधिनायकवाद के खिलाफ चेतावनी के रूप में प्रकाशित किया गया था। ऑरवेल ने नाजीवाद और स्टालिनवाद के दोहरे खतरों पर वर्षों के चिंतन के बाद चेतावनी के रूप में 1984 लिखा। यह एक ऐसे राष्ट्र को दर्शाता है जहां अलग तरह से सोचने की हिम्मत करने वाले को यातना के साथ पुरस्कृत किया जाता है, जहाँ दिन के हर समय लोगों की निगरानी की जाती है, और जहाँ पार्टी प्रचार मुक्त भाषण और विचार का दमन करता है। यह उपन्यास गैरजिम्मेदार सरकारों की बुराइयों की याद दिलाने का काम करता है। इस प्रकार कथन I सत्य है जबकि कथन II असत्य है।

91. (D): उदन्त मार्तंड (The Rising Sun) हिंदी का प्रथम समाचार पत्र था। इसका प्रकाशन 30 मई, 1826 को कलकत्ता से एक साप्ताहिक के रूप में शुरू हुआ था। यह प्रति मंगलवार को निकलता था और इसके संपादक व प्रकाशक जुगलकिशोर थे।

92. (B): भारतीय फिल्म और टेलीविजन संस्थान भारत के पुणे शहर में स्थित है। भारतीय फिल्म एवं टेलीविजन संस्थान भारत सरकार के सूचना एवं प्रसारण मंत्रालय के अंतर्गत एक स्वायत्तशासी संस्थान है। इसकी स्थापना 1960 में हुई थी।

93. (C): सूचना के अधिकार (Right to information-RTI) का अर्थ है कि कोई भी भारतीय नागरिक राज्य या केंद्र सरकार के कार्यालयों और विभागों से किसी भी जानकारी (जिसे सार्वजनिक सूचना माना जाता है) को प्राप्त करने का अनुरोध कर सकता है। इसी के मद्देनजर भारतीय संसद ने सूचना का अधिकार अधिनियम 15 जून, 2005 को पारित किया जिसे 12 अक्टूबर, 2005 को लागू किया गया।

94. (D): स्वतंत्र भारत के प्रथम मुख्य न्यायाधीश हीरालाल जे. कानिया थे जो 26 जनवरी, 1950 से 6 नवम्बर, 1951 तक इस पद पर रहे।

95. (D): ग्रामीण विकास और पंचायती राज मंत्री गिरिराज सिंह ने 9 फरवरी, 2023 को नई दिल्ली में मिशन अंत्योदय सर्वेक्षण (एमएएस) 2022-23 का उद्घाटन किया।

उद्देश्यः

- विभिन्न योजनाओं के अभिसरण के माध्यम से लोगों के जीवन और आजीविका के परिणामों को समझना है।
- ग्राम पंचायत विकास योजना के लिए भागीदारी योजना की प्रक्रिया को समर्थन देना जो सेवा वितरण में सुधार करेगा, नागरिकता में वृद्धि करेगा और स्थानीय स्तर पर शासन में सुधार करेगा।
- ग्रामीण क्षेत्रों में विकास प्रक्रिया की प्रगति की निगरानी के लिए ग्राम पंचायत स्तर पर वार्षिक सर्वेक्षण आयोजित करना।
- ग्राम पंचायत स्तर पर सर्वेक्षण के माध्यम से एकत्रित आंकड़ों के आधार पर पंचायतवार रैंकिंग और गैर रिपोर्ट तैयार करना।

96. (A): सन् 1 नवंबर, 1967 से विविध भारती पर विज्ञापन प्रसारण सेवा का आरंभ हुआ। इसके बाद से विज्ञापनों के लिए दरवाजे खोल दिये गये। विज्ञापनदाताओं को विविध भारती एकमात्र ऐसा चैनल लगता था जिसके जरिए वो देश के कोने-कोने तक पहुंच बना सकते थे। विज्ञापन प्रसारण सेवा के आने के बाद प्रायोजित कार्यक्रमों का इतिहास शुरू हुआ।

97. (D): भारतीय थल सेना और फ्रांसीसी सेना के बीच पहला संयुक्त सैन्य अभ्यास फ्रिंजेक्स-23 केरल में तिरुवनंतपुरम के पैंगोड मिलिट्री स्टेशन में 07 और 08 मार्च, 2023 को आयोजित किया गया था। यह

पहली बार था जब दोनों देशों की सेनाएं इस प्रारूप में तिरुवनंतपुरम स्थित भारतीय सेना के सैनिकों और फ्रांस की 6वीं लाइट आर्मर्ड ब्रिगेड के एक-एक कंपनी समूह के प्रत्येक दल के साथ शामिल हुई।

98. (C): सुविख्यात अमरीकी पत्रकार और मीडिया शिक्षाशास्त्री फिलिप मेयर ने 70 के दशक में समाज-शास्त्र की विधियों का प्रयोग पत्रकारिता में करने की बात सोची ताकि संवाददाता उपलब्ध आँकड़ों का प्रयोग संबंधित विषयों में कर सकें। अपनी पुस्तक 'प्रिसीजन जर्नलिज्म' में उन्होंने नमूना-विधि और सामग्री विश्लेषण को पत्रकारिता का महत्वपूर्ण उपकरण बताया और स्वयं सक्रिय पत्रकारिता के दौरान इसका प्रयोग 'यू.एस.ए. टुडे', 'डेट्रॉयट फ्री प्रेस' आदि में किया।

99. (C): अंतर्राष्ट्रीय मुद्रा कोष (IMF) के अक्टूबर, 2019 की वर्ल्ड इकोनॉमिक आउटलुक रिपोर्ट के अनुसार, भारत विश्व की पाँचवीं सबसे बड़ी अर्थव्यवस्था बन गया है। IMF के आँकड़ों से पता चलता है कि भारत नॉमिनल GDP के आधार पर 2.94 ट्रिलियन डॉलर की GDP के साथ दुनिया की पाँचवीं सबसे बड़ी अर्थव्यवस्था बन गया है।

100. (B): 1921 में मैनचेस्टर गार्डियन की शताब्दी के उपलक्ष्य में एक निबंध में सी.पी. स्कॉट ने अखबार की भूमिका पर अपनी राय रखी। उन्होंने तर्क दिया कि किसी अखबार का ''प्राथमिक कार्यालय'' सटीक समाचार रिपोर्टिंग है, उन्होंने कहा, ''टिप्पणी मुफ्त है, लेकिन तथ्य पवित्र है''।

पिछले प्रश्न-पत्र (हल सहित)

पत्रकारिता एवं जनसंचार

प्रवेश परीक्षा-2022 *

---

1. निम्नलिखित में कौन-सा शब्द-रूप अशुद्ध है?

A. टोपी B. टोपियाँ

C. टोपियें D. टोपियों

2. निम्नलिखित वाक्यांशों को उचित क्रमानुसार व्यवस्थित कीजिए :

(*a*) अपना इष्टदेव मानते हैं

(*b*) श्री कृष्ण को

(*c*) वैष्णवधर्म का

(*d*) लोग

(*e*) एक और भेद है कि

A. (*c*), (*e*), (*d*), (*b*), (*a*)

B. (*a*), (*b*), (*c*), (*d*), (*e*)

C. (*b*), (*c*), (*d*), (*e*), (*a*)

D. (*c*), (*d*), (*a*), (*b*), (*e*)

3. "हम किताब पढ़ते रहेंगे।" में प्रयुक्त क्रिया से क्या अर्थ सूचित होता है?

A. संभावना B. निश्चय

C. संकेत D. संदेह

4. नीचे दो कथन दिए गए हैं : एक अभिकथन (A) के रूप में लिखित है तो दूसरा उसके कारण (R) के रूप में है :

अभिकथन (A) : 'वह चलता है'। सामान्य वर्तमान काल का वाक्य है।

कारण (R) : सामान्य वर्तमान काल से कार्य की पूर्णता का बोध होता है।

उपरोक्त कथन के आलोक में, नीचे दिए गए विकल्पों में से सबसे उपयुक्त उत्तर का चयन कीजिए :

A. (A) और (R) दोनों सही हैं और (R), (A) की सही व्याख्या है

B. (A) और (R) दोनों सही हैं, लेकिन (R), (A) की सही व्याख्या नहीं है

C. (A) सही है, लेकिन (R) सही नहीं है

D. (A) सही नहीं है, लेकिन (R) सही है

5. सूची-I के साथ सूची-II का मिलान कीजिए :

सूची-I	सूची-II
(*a*) बड़ा भाई	(*i*) अनिर्वचनीय
(*b*) जिसके बारे में कुछ कहा न जा सके	(*ii*) परोपकारी
(*c*) जिसके मन में दया न हो	(*iii*) अग्रज
(*d*) दूसरों का उपकार करने वाला	(*iv*) निर्दयी

नीचे दिए गए विकल्पों में से सही उत्तर का चयन कीजिए :

	(*a*)	(*b*)	(*c*)	(*d*)
A.	(*i*)	(*ii*)	(*iii*)	(*iv*)
B.	(*iv*)	(*iii*)	(*ii*)	(*i*)
C.	(*iii*)	(*i*)	(*ii*)	(*iv*)
D.	(*iii*)	(*i*)	(*iv*)	(*ii*)

6. निम्नलिखित में अधिकरण कारक के वाक्य हैं :

(*a*) हे प्रभु, हमारी रक्षा करो।

(*b*) नौकर काम पर है।

(*c*) आश्विन, तुम कहाँ गए थे?

*Exam Conducted by CUET (held on 04/09/2022)

(*d*) हममें तुममें कोई भेद नहीं है।

(*e*) अनन्य का घर एक कोस पर है।

नीचे दिए गए विकल्पों में से सही उत्तर का चयन कीजिए :

A. (*a*), (*b*) और (*c*)

B. (*b*), (*c*) और (*d*)

C. (*b*), (*c*) और (*e*)

D. (*b*), (*d*) और (*e*)

7. नीचे दो कथन दिए गए हैं :

कथन (I) : विशेष अर्थ में निरर्थक ध्वनि भी शब्द कही जाती है।

कथन (II) : जैसे लड़का 'बा' कहता है। निरर्थक होते हुए भी 'बा' एक शब्द है।

उपरोक्त कथन के आलोक में, नीचे दिए गए विकल्पों में से सबसे उपयुक्त उत्तर का चयन कीजिए :

A. कथन (I) और (II) दोनों सही हैं

B. कथन (I) और (II) दोनों गलत हैं

C. कथन (I) सही है, लेकिन कथन (II) गलत है

D. कथन (I) गलत है, लेकिन कथन (II) सही है

8. नीचे दो कथन दिए गए हैं :

कथन (I) : 'ऊपर की आमदनी' मुहावरे का अर्थ है– इधर-उधर से घूस आदि के द्वारा प्राप्त धन।

कथन (II) : निर्धारित कार्यावधि के बाद अतिरिक्त कार्य के एवज में मिलने वाले धन को भी ऊपर की कमाई कहते हैं।

उपरोक्त कथन के आलोक में, नीचे दिए गए विकल्पों में से सबसे उपयुक्त उत्तर का चयन कीजिए :

A. कथन (I) और (II) दोनों सही हैं

B. कथन (I) और (II) दोनों गलत हैं

C. कथन (I) सही है, लेकिन कथन (II) गलत है

D. कथन (I) गलत है, लेकिन कथन (II) सही है

9. निम्नलिखित में से कौन स्त्री के समानार्थी शब्द है?

(*a*) प्रियंगु (*b*) नारि

(*c*) प्रेयसी (*d*) औरत

(*e*) वामा

नीचे दिए गए विकल्पों में से सही उत्तर का चयन कीजिए :

A. केवल (*a*), (*b*) और (*c*)

B. केवल (*b*), (*c*) और (*d*)

C. केवल (*b*), (*d*) और (*e*)

D. केवल (*c*), (*d*) और (*e*)

10. निम्नलिखित में कौन-से विपरीतार्थक शब्द युग्म शुद्ध हैं?

(*a*) खालिस – निखालिस

(*b*) वाजिब – गैरवाजिब

(*c*) गंभीर – गैरगंभीर

(*d*) चेत – अचेत

(*e*) हाजिर – गैर हाजिर

नीचे दिए गए विकल्पों में से सही उत्तर का चयन कीजिए :

A. केवल (*a*), (*b*) और (*c*)

B. केवल (*b*), (*c*) और (*d*)

C. केवल (*b*), (*d*) और (*e*)

D. केवल (*c*), (*d*) और (*e*)

11. अल्पसंख्यक समुदायों। समूहों को घोषित करने वाली अधिसूचना कौन जारी करता है?

A. संसद

B. राज्य सरकारें

C. केन्द्रीय सरकार

D. केन्द्र और राज्य सरकारों द्वारा साथ-साथ

12. इवेन्ट हॉरिजन टेलिस्कोप (ETH) द्वारा किसी कृष्ण-विवर (Black Hole) के खींचे गए पहले प्रतिबिम्ब का क्या नाम है?

A. स्टीफन हॉकिंग BH*AB

B. SYr*A

C. मेसियर 87

D. आइन्स्टीन गैलेक्सी BH*88

13. जयदेव के 'गीत-गोविन्द' का व्यापक ढंग से उपयोग करने वाली नाट्य-कला का क्या नाम है?

A. कुचिपुडी B. छाऊ

C. मणिपुरी D. ओडिसी

14. 16 नवम्बर को राष्ट्रीय प्रेस दिवस के रूप में मनाने की शुरुआत किसने की थी?

A. भारतीय प्रेस परिषद
B. सूचना और प्रसारण मंत्रालय
C. संयुक्त राष्ट्र
D. राष्ट्रीय प्रेस क्लब

15. 2016 में श्याम बेनेगल समिति किसलिए बनाई गई थी?

A. प्रमाणन के लिए पहले से बची हुई फिल्मों का प्रमाणन कार्य समाप्त करना
B. वयस्क फिल्मों को विनियमित करना
C. बाल-फिल्मों को प्रोत्साहित करने के लिए रणनीति विकसित करना
D. फिल्म-प्रमाणन के लिए नियम बनाना

16. यदि दक्षिण-पूर्व उत्तर-पश्चिम हो जाय तो दक्षिण-पश्चिम क्या होगा?

A. उत्तर-पश्चिम B. दक्षिण
C. उत्तर D. उत्तर-पूर्व

17. नीचे दिए गए प्रश्न में एक वक्तव्य और पूर्व-धारणाएँ दी गई हैं। पूर्व-धारणाओं के आधार पर वक्तव्य पर विचार कीजिए, और नीचे दिए गए विकल्पों में से सही विकल्प का चयन कीजिए।

वक्तव्य : एरिया वेल्फेयर सोसाइटी ने स्थानीय प्रशासन से निवेदन किया कि उन्हें अपने खर्चे पर एक खाली जमीन को गाड़ियों की पार्किंग क्षेत्र बनाने की अनुमति दी जाए।

पूर्व-धारणाएँ :

(*a*) स्थानीय अधिकारी अनुमति देकर प्रसन्न होंगे।
(*b*) खाली जमीन को गाड़ी-पार्किंग क्षेत्र में बदलने के लिए वेलफेयर सोसाइटी धन-संग्रह करने में सक्षम होगी।

A. केवल (*a*) शंका-रहित है
B. केवल (*b*) शंका-रहित है
C. दोनों (*a*) और (*b*) शंका-रहित हैं
D. न तो (*a*) और न ही (*b*) शंका-रहित है

18. नीचे लिखे प्रश्न में एक वक्तव्य और दो तर्क हैं। निर्णय कीजिए कि कौन-सा तर्क प्रबल है और कौन-सा तर्क दुर्बल है?

वक्तव्य : क्या वनों में बाघों के शिकार पर लगा प्रतिबंध हटा दिया जाना चाहिए?

तर्क :

(*a*) हाँ, प्रतिबंध प्रभावकारी नहीं है क्योंकि बाघ अभी भी मारे जा रहे हैं।
(*b*) नहीं, बाघ शहर में घूमना शुरू कर देंगे।

A. केवल (*a*) प्रबल तर्क है
B. केवल (*b*) प्रबल तर्क है
C. न तो (*a*) और न ही (*b*) प्रबल तर्क है
D. दोनों (*a*) और (*b*) प्रबल तर्क हैं

19. उत्तर आकृतियों में से एक उचित आकृति का चुनाव कीजिए जो प्रश्नवाचक चिह्न (?) का स्थान ले सके।

प्रश्न आकृतियाँ

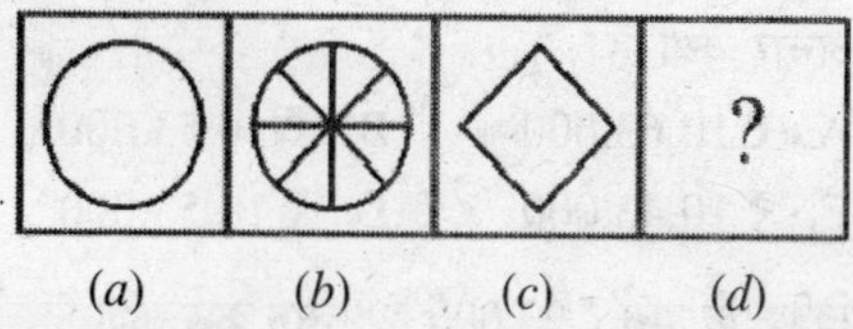

(*a*) (*b*) (*c*) (*d*)

उत्तर आकृतियाँ

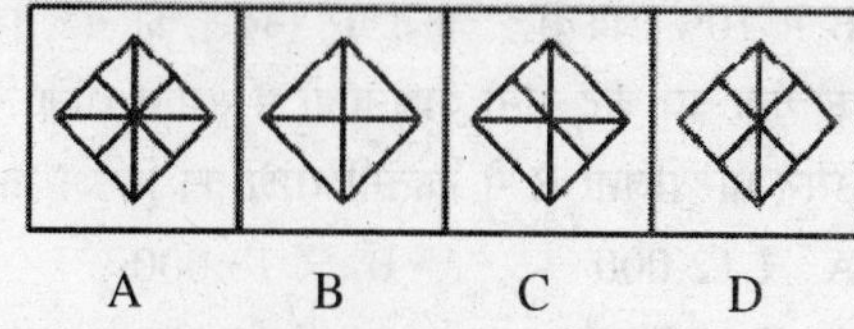

A B C D

20. मेरी की ओर संकेत करते हुए जॉन बोला, "उसके भाई की माँ के ससुर की एकमात्र पुत्री मेरी पत्नी है"। जॉन का मेरी से क्या संबंध है?

A. भाई B. चाचा
C. पिता D. सूचना अपर्याप्त है

21. एक दुकान में चावल का x किग्रा. भंडार है। पहला ग्राहक इस मात्रा का आधा तथा आधा किग्रा. चावल और खरीदता है। दूसरा ग्राहक बची हुई मात्रा का आधा तथा आधा किग्रा. चावल और खरीदता है। तीसरा ग्राहक भी बची हुई मात्रा का आधा तथा आधा किग्रा.

चावल और खरीदता है। इसके पश्चात् दुकान में कुछ भी चावल नहीं बचता है। निम्न में x का मान कौन सबसे सही वर्णित करता है?

A. $2 \leq x \leq 6$ B. $5 \leq x \leq 8$
C. $9 \leq x \leq 12$ D. $11 \leq x \leq 14$

22. भिन्न त्रिज्याओं वाले दो वृत्तों के छोटे वृत्त की त्रिज्या बड़े वृत्त की त्रिज्या का $\frac{2}{5}$ वाँ भाग है। एक वर्ग जिसका क्षेत्रफल 5184 वर्ग सेमी. है की गुणा बड़े वृत्त की त्रिज्या का तीन गुना है। छोटे वृत्त का परिमाप क्या है?

A. 65.25 सेमी. B. 60.34 सेमी.
C. 49.34 सेमी. D. 54.23 सेमी.

23. रमेश ने ₹ 10,00,000 का एक घर खरीदा तथा अमृता ने ₹ 16,00,000 की एक कार खरीदी। प्रत्येक वर्ष घर की कीमत पिछले वर्ष की कीमत का 20% बढ़ती है और कार की कीमत पिछले वर्ष की कीमत का 25% घटती है। तीन वर्ष बाद घर तथा कार की कीमतों का अन्तर क्या है?

A. ₹ 10,63,000 B. ₹ 10,53,000
C. ₹ 10,43,000 D. ₹ 11,53,000

24. विवेक के पास ₹ 23,000 हैं। उसने कुछ राशि परियोजना A में 20% साधारण ब्याज पर तथा शेष राशि परियोजना B में 10% चक्रवृद्धि ब्याज पर निवेश की यदि विवेक को एक वर्ष बाद दोनों योजनाओं में समान राशि मिली, उसने परियोजना B में कितनी राशि का निवेश किया?

A. ₹ 12,000 B. ₹ 13,000
C. ₹ 11,800 D. ₹ 12,500

25. पीटर अपनी दुकान में सभी जीन्स की कीमत 20% ज्यादा अंकित करता है। उसने कुछ जीन्स के $\frac{2}{5}$ वें भाग पर 25% छूट तथा कुल जीन्स के $\frac{1}{4}$ वें भाग पर 12% की छूट दी। यदि पीटर को कुल लाभ 2.3% प्राप्त होता है। तब शेष जीन्स पर ग्राहक को कितने प्रतिशत की छूट दी जानी चाहिए?

A. 10% B. 2%
C. 3% D. 5%

26. पी.टी.आई. का पूरा नाम है :

A. पायनियर ट्रस्ट ऑफ इंडिया
B. प्रेस टेक्नोलॉजी इंस्टीट्यूट
C. प्रेस ट्रस्ट ऑफ इंडिया
D. पायनियर टेक्नोलॉजी इंडस्ट्री

27. भारतीय संविधान का कौन-सा अनुच्छेद भाषण और अभिव्यक्ति की स्वतंत्रता की गारंटी देता है?

A. अनुच्छेद 19(1)
B. अनुच्छेद 19(2)
C. अनुच्छेद 18(1)
D. अनुच्छेद 18(2)

28. एडिटर्स गिल्ड ऑफ इंडिया क्या है?

A. वरिष्ठ पत्रकारों की सुरक्षा के लिए एक संघ
B. एक संघ जो प्रेस की स्वतंत्रता का पक्षधर है
C. एक संघ जो रक्षा मामलों पर सरकार को सलाह देता है
D. एक संघ जो नागरिकों के अधिकारों की रक्षा करता है

29. संचार के किस प्रकार में प्रतिपुष्टि संभव है?

A. ऊर्ध्वाधर B. वृत्ताकार
C. एकतरफा D. अधिकारवादी

30. निम्नलिखित में से कौन-सी संचार की विशेषता नहीं है?

A. यह सहभागी है
B. यह दोतरफा प्रवाह है
C. यह समानता की गारंटी देता है
D. इसे अभिव्यक्ति की आवश्यकता है

31. निम्नलिखित में से कौन-सा मास मीडिया का वास्तविक कार्य नहीं है?

A. कॉरपोरेट व्यवसाय B. सशक्तिकरण
C. जागरुकता D. जानकारी

32. काइनेसिक्स से आप क्या समझते हैं?

A. अ-केंद्रित बातचीत
B. कायिक भाषा
C. भाषा में संचार के सहायक तत्व
D. स्थानिक संचार

33. पी.टी.आई., यू.एन.आई., ए.एफ.पी. और ए.पी. सभी क्या हैं?

A. समाचार आयोग

B. मीडिया कॉरपोरेट्स

C. समाचार ऐजेन्सियाँ

D. मीडिया वित्तपोषण निकाय

34. निम्नलिखित में से कौन-सा भारतीय सिनेमा में सर्वोच्च पुरस्कार है?

A. टैगोर सम्मान

B. भारतीय फिल्म अकादमी पुरस्कार

C. सत्यजीत रे राष्ट्रीय पुरस्कार

D. दादासाहब फाल्के पुरस्कार

35. कठपुतली, रामलीला, नुक्कड़ नाटक और तमाशा क्या है?

A. लोक मीडिया B. ग्रामीण मीडिया

C. जन-संचार मीडिया D. प्राचीन मीडिया

36. मास मीडिया के लिए दर्शक हैं :

A. पहचान योग्य B. अज्ञात

C. विशिष्ट संस्तर D. केंद्रित

37. निम्नलिखित में से कौन-सी भारत के आधुनिक जनसंचार माध्यमों की परिघटना है?

A. फिल्म न्यूज B पेड न्यूज

C. खेल न्यूज D. फीचर्ड न्यूज

38. निम्नलिखित में से किसमें लोगों की अपेक्षाओं में अधिकतम हेर-फेर किया जाता है?

A. निर्देशात्मक स्थिति

B. आंदोलनकारी स्थिति

C. विश्वासोत्पादक स्थिति

D. व्यक्तिगत स्थिति

39. निम्नलिखित में से किसका आग्राहकों (Audiences) पर दीर्घकालिक प्रभाव पड़ता है?

A. नियमित आमने-सामने बातचीत

B. एक रेडियो जिंगल सुनना

C. किताब पढ़ना

D. फिल्म देखना

40. निम्नलिखित में से कौन-सा मीडिया अध्ययन का हिस्सा नहीं हो सकता है?

A. मनोवैज्ञानिक प्रभाव

B. शारीरिक प्रभाव

C. सांस्कृतिक प्रभाव

D. समाजशास्त्रीय प्रभाव

41. SITE का पूरा नाम क्या है?

A. सैटेलाइट इन्स्ट्रक्शनल टेक्नोलॉजी एक्सपैरिमेंट

B. सिन्क्रोनस इंटेग्रेटिड टेक्नोलॉजी एक्सपैरिमेंट

C. सैटेलाइट इन्स्ट्रक्शनल टेलीविजन एक्सपैरिमेंट

D. सिन्क्रोनस इंटेग्रेटिड टेलीविजन एक्सपैरिमेंट

42. निम्न में से कौन-सा मीडिया और सूचना साक्षरता में शामिल है?

A. आग्राहक की जवाबदेही

B. कॉरपोरेट की विश्वसनीयता

C. आग्राहक मनोवृत्त

D. मीडिया विश्लेषण

43. निम्नलिखित में से कौन-सा सीधे तौर पर मीडिया से अप्रभावित है?

A. साक्षरता दर B. उपभोक्तावाद

C. असंवेदीकरण D. खरीदार का व्यवहार

44. निम्नलिखित में से कौन-सा कथन मीडिया का सही विवरण नहीं है?

A. मीडिया सामाजिक परिवर्तन का एक एजेंट है

B. मीडिया एक जादुई गुणक है

C. मीडिया एक इन्फ्लुएंसर है

D. मीडिया संस्कृति को प्रभावित करता है

45. निम्नलिखित में से कौन-सा विकल्प समाज में अधिकतम विकास ला सकता है?

A. शहरीकरण B. अधिक उपयोग

C. लोगों की भागीदारी D. पश्चिमीकरण

46. निम्नलिखित में से कौन-सी सोशल मीडिया की विशेषता नहीं है?

A. अन्योन्यक्रिया B. फोटो साझा करना

C. वीडियो साझा करना D. वेब सीरीज

47. सूचना संचार में UGC का पूरा नाम क्या है?
A. यूजर जेनेरेटेड कन्टेन्ट
B. यूनीक ग्रामर कोड
C. यूनिकोड जेरेरेटेड कन्टेन्ट
D. यूनीक जीनोम कोड

48. निम्न में से कौन-सा सोशल नेटवर्किंग साइट्स का एक उदाहरण है?
A. इंस्टाग्राम B. गूगल पे
C. गूगल मानचित्र D. समाचार साइट्स

49. निम्न में से कौन एक क्रिप्टोकरेंसी नहीं है?
A. बिटकॉइन B. डॉजाकॉइन
C. पार्थेनियम D. एथेरियम

50. निम्नलिखित में से कौन-सा दृश्य सांस्कृतिक अध्ययन का हिस्सा नहीं है?
A. चित्र B. फिल्म
C. ग्राफिक्स D. पाठ

51. NATO क्या है?
A. एक अंतर-सरकारी राजनयिक गठबंधन
B. एक अंतर-सरकारी सैन्य गठबंधन
C. एक अंतर-सरकारी युद्ध संधि
D. एक अंतर-सरकारी तेल साझा करने वाला गठबंधन

52. विशाखा दिशानिर्देश किस पर केंद्रित है?
A. कार्यस्थल पर यौन उत्पीड़न
B. सार्वजनिक स्थान पर लैंगिक संवेदनशीलता
C. LGBTQ अधिकार
D. महिलाओं के लिए समान वेतन

53. निम्नलिखित में से कौन देश का विकास संकेतक नहीं है?
A. सकल घरेलू उत्पाद
B. मानव विकास सूचकांक
C. मातृ और बाल स्वास्थ्य सूचकांक
D. जीवन का भौतिक गुणवत्ता सूचकांक

54. ग्रेटा थनबर्ग किस देश की नागरिक हैं?
A. स्विट्जरलैंड B. स्वीडन
C. फिनलैंड D. ऑस्ट्रेलिया

55. LGBTQ समुदायों के अधिकार भारतीय संविधान के किस अनुच्छेद के तहत दिए गए हैं?
A. अनुच्छेद 370 B. अनुच्छेद 144
C. अनुच्छेद 145 D. अनुच्छेद 377

56. राष्ट्रीय मानवाधिकार आयोग की स्थापना किस वर्ष की गई थी?
A. 1948 B. 1993
C. 1996 D. 1949

57. निम्नलिखित में से कौन-सा व्यक्तित्व पर्यावरणीय योद्धा है?
A. अन्ना हजारे
B. निहाल सिंह
C. सुन्दर लाल बहुगुणा
D. कैलाश सत्यार्थी

58. विषम को चुनिए :
A. सामुदायिक मीडिया B. वैकल्पिक मीडिया
C. सहभागी मीडिया D. विरासत मीडिया

59. निम्नलिखित में से कौन-सी विज्ञापन अपील नहीं हो सकती है?
A. अपराध B. तर्क या कारण
C. भावना D. साख (विश्वसनीयता)

60. एक ब्रांड निम्नलिखित में से किसका प्रतिनिधित्व करता है?
(*a*) पहचान (*b*) महत्व
(*c*) मूल्य में लचीलापन (*d*) विश्वास
(*e*) वर्ग

नीचे दिए गए विकल्पों में से सही उत्तर का चयन कीजिए :
A. केवल (*a*), (*b*), (*c*)
B. केवल (*a*), (*b*), (*d*), (*e*)
C. केवल (*b*), (*c*), (*e*)
D. केवल (*c*), (*d*). (*e*)

61. निम्नलिखित में से कौन-सा कारक बड़े पैमाने पर आग्राहकों की अंतर्दृष्टि प्राप्त करने के लिए उपयुक्त नहीं है?
A. जनसांख्यिकीय B. भौगोलिक
C. जेनेटिक D. मानसचित्र संबंधी

62. लक्षित दर्शकों का अध्ययन किसके एक भाग के रूप में किया जाता है?

A. उत्पादन B. संपादन
C. पदोन्नति D. शोध

63. प्रेस कॉन्फ्रेंस आयोजित करने का सबसे अच्छा कारण निम्न में से कौन-सा है?

A. एक महत्वपूर्ण घोषणा करने के लिए
B. अभियान रणनीति बनाने के लिए
C. समाज में हाल के मुद्दों पर प्रकाश डालने के लिए
D. ऑफ-द-रिकॉर्ड बयान देने के लिए

64. यूक्रेन के वर्तमान राष्ट्रपति कौन हैं?

A. ब्लादिमीर पुतिन
B. वोलोदिमीर जेलेंस्की
C. व्लादिमीर ग्यूरेविच
D. वोलदिमीर गोरबाचेव

65. कितने देश NATO के सदस्य हैं?

A. 32 B. 33
C. 30 D. 27

66. मानव विकास सूचकांक में भारत की रैंकिंग क्या है?

A. 145 B. 138
C. 148 D. 131

67. निम्नलिखित में से कौन-सा एक कर नहीं है?

A. बीमा शुल्क B. उत्पाद शुल्क
C. निगमित कर D. व्यक्तिगत आयकर

68. निम्नलिखित में से कौन-सी भारत की पहली इलेक्ट्रिक कार थी?

A. महिंद्रा रेवा
B. टाटा नैनो ईवी
C. टोयोटा लेक्सस
D. वोक्सवैगन आई डी बज ई वी

69. सरकार ने वर्चुअल प्राइवेट नेटवर्क (वी.पी.एन.) के उपयोगकर्ताओं के रिकॉर्ड प्राप्त करने के लिए एक निर्देश का प्रस्ताव किया है क्योंकि इससे :

A. साइबर धोखाधड़ी हो सकती है
B. डेटा दस्तावेजीकरण हो सकता है
C. नियंत्रित पहुँच हो सकती है
D. आर्थिक राजस्व हो सकता है

70. बॉम्बे स्टॉक एक्सचेंज (बी.एस.ई.) और नेशनल स्टॉक एक्सचेंज (एन.एस.ई.) कंपनियों की किसमें मदद करते हैं?

A. खुद को सूचीबद्ध करना
B. उनकी उपार्जित आय को रिपोर्ट करना
C. उनकी वार्षिक रिपोर्ट प्रकाशित करना
D. सेक्टरों का आवंटन जिसमें वे काम करना चाहते हैं

71. निम्नलिखित में से कौन-सा सार्वजनिक क्षेत्र का उद्यम है?

A. बी.पी.सी.एल. B. आर.आई.एल.
C. रैनबैक्सी D. भारत बायोटेक

72. निम्नलिखित में से किन चार उत्तर-पूर्वी राज्यों को लेकर लम्बे समय से भारत-चीन के बीच विवाद चल रहा है?

A. मेघालय B. अरुणाचल प्रदेश
C. सिक्किम D. नगालैण्ड

73. निम्नलिखित में से कौन-सा स्थान भारत का दक्षिणतम बिंदु है?

A. कन्याकुमारी B. तिरुवनंतपुरम
C. मलपे D. इंदिरा प्वाइंट

74. संयुक्त राष्ट्र जलवायु परिवर्तन पार्टियों (CoP26) का 26वां सम्मेलन हाल ही में ग्लासगो में संपन्न हुआ। CoP26 के परिणामों के संबंध में निम्नलिखित में से कौन-सा सही है?

(*a*) विश्व नेताओं ने तापमान वृद्धि को सीमित करने के लिए कार्य करने का निर्णय लिया।
(*b*) पेरिस समझौते के लक्ष्यों की दिशा में तेजी से कार्रवाई करना।
(*c*) सामाजिक परिवर्तन लाने के लिए स्थानीय निकायों के साथ काम करना।
(*d*) विश्व स्तर पर पर्यावरण के मुद्दों के बारे में जागरुकता पैदा करना।

नीचे दिए गए विकल्पों में से सही उत्तर का चयन कीजिए :

A. केवल (*a*) और (*b*)
B. केवल (*b*) और (*c*)
C. केवल (*c*) और (*d*)
D. केवल (*a*) और (*d*)

75. भारत सरकार द्वारा प्राथमिक कोविड-19 वैक्सीन से अलग बूस्टर शॉट की अनुमति देने की संभावना नहीं है। कारण हैं :

(*a*) कोविशील्ड और कोवैक्सिन को मिलाने से उत्साहजनक परिणाम नहीं मिले।

(*b*) यदि बूस्टर पहली दो खुराक के समान है, तो प्रतिरक्षा को बेहतर तरीके से बढ़ाया जाता है।

(*c*) बूस्टर के समान वैक्सीन का उपयोग करना सस्ता है।

(*d*) एक टीके की निरंतर कमी एक बड़ी आबादी पर एक समान टीका लगाने की अनुमति नहीं देगी।

नीचे दिए गए विकल्पों में से सही उत्तर का चयन कीजिए :

A. केवल (*a*) और (*c*) B. केवल (*b*) और (*c*)
C. केवल (*a*) और (*d*) D. केवल (*a*) और (*b*)

76. फेसबुक और नेटफ्लिक्स जैसी इंटरनेट कंपनियाँ किसके कारण वृद्धि की कमी का सामना कर रही हैं?

(*a*) विश्वस्तरीय प्रतियोगिता।

(*b*) विश्व स्तर पर काफी वैश्विक आबादी ऑनलाइन नहीं है।

(*c*) इंटरनेट कनेक्शन सुसंगत और तेज नहीं हैं।

(*d*) ये कंपनियाँ विकसित दुनिया में अपने संतृप्ति बिंदु पर पहुँच गई हैं।

नीचे दिए गए विकल्पों में से सही उत्तर का चयन कीजिए :

A. केवल (*a*) और (*b*)
B. (*a*), (*b*), (*c*), (*d*)
C. केवल (*b*) और (*c*)
D. केवल (*b*), (*c*) और (*d*)

77. क्लाउड कम्प्यूटिंग, आर्टिफिशियल इंटेलिजेंस और बिग डेटा जैसे डिजिटल स्किल्स की सबसे ज्यादा मांग है। इस कथन को ध्यान में रखते हुए, निम्नलिखित में से कौन-सा सही है?

(*a*) भारतीय आई.टी. कंपनियाँ कौशल का एक अलग सेट बनाने पर विचार कर रही हैं।

(*b*) डिजिटल तकनीकी प्रतिभा कोर आई.टी. की तुलना में अधिक बढ़ रही है।

(*c*) आई.टी. कंपनियों में एट्रिशन स्तर उच्च हैं।

(*d*) अन्य क्षेत्रों में सक्रिय कार्यबल कम हो रहा है।

नीचे दिए गए विकल्पों में से सही उत्तर का चयन कीजिए :

A. केवल (*a*) और (*b*) B. केवल (*b*) और (*c*)
C. केवल (*c*) और (*d*) D. केवल (*a*) और (*d*)

78. बढ़ते साइबर अपराधों के कारण, संगठनों को अब किसी भी संभावित सुरक्षा खतरे से निपटने के लिए एक मजबूत साइबर सुरक्षा बुनियादी ढांचे के निर्माण की दिशा में काम करने की आवश्यकता है। इस कथन के आलोक में, निम्नलिखित में से कौन-सा सही है?

(*a*) मजबूत क्लाउड सुरक्षा उपायों में निवेश किया जाना चाहिए।

(*b*) चूंकि महामारी के बाद के युग में दूरस्थ संचालन जारी है, इसलिए क्षति से बचना असंभव है।

(*c*) ऐसे समय में 'गो डिजिटल' एक अच्छा विचार नहीं है।

(*d*) साइबर हमलों का सामना करने के लिए किसी को रक्षाहीन होने की आवश्यकता नहीं है।

नीचे दिए गए विकल्पों में से सही उत्तर का चयन कीजिए :

A. केवल (*a*) और (*d*)
B. केवल (*b*) और (*c*)
C. केवल (*c*) और (*d*)
D. केवल (*a*) और (*c*)

79. निम्नलिखित में से कौन-सा कथन प्रतिचयन के बारे में सही है?

(*a*) यह सर्वेक्षण के लिए किया जाता है।

(*b*) यह आग्राहक अध्ययन के लिए आवश्यक है।

(*c*) यह केवल विज्ञान के प्रयोगों में सहायक है।

(*d*) यह सामाजिक विज्ञान में प्रभावी परिणाम नहीं देता है।

नीचे दिए गए विकल्पों में से सही उत्तर का चयन कीजिए :

A. केवल (*b*) और (*c*) B. केवल (*a*) और (*b*)
C. केवल (*c*) और (*d*) D. केवल (*a*) और (*d*)

80. सूची-I के साथ सूची-II का मिलान कीजिए :

सूची-I	सूची-II
(*a*) ट्विटर	(*i*) प्रोग्रामिंग
(*b*) इंस्टाग्राम	(*ii*) सोशल मीडिया
(*c*) अमेजॉन	(*iii*) ई-कॉमर्स
(*d*) पायथन	(*iv*) चित्र साझा करना

नीचे दिए गए विकल्पों में से सही उत्तर का चयन कीजिए :

	(*a*)	(*b*)	(*c*)	(*d*)
A.	(*iv*)	(*iii*)	(*ii*)	(*i*)
B.	(*i*)	(*ii*)	(*iii*)	(*iv*)
C.	(*ii*)	(*iv*)	(*iii*)	(*i*)
D.	(*iii*)	(*ii*)	(*i*)	(*iv*)

81. सूची-I के साथ सूची-II का मिलान कीजिए :

सूची-I	सूची-II
(*a*) आभासी वास्तविकता (VR)	(*i*) जुड़े उपकरण
(*b*) वस्तुओं का अंतर्जाल (IoT)	(*ii*) दूसरा जीवन
(*c*) कृत्रिम बुद्धि (AI)	(*iii*) पोकेमॉन गो
(*d*) संवर्धित वास्तविकता (AR)	(*iv*) एलेक्सा

नीचे दिए गए विकल्पों में से सही उत्तर का चयन कीजिए :

	(*a*)	(*b*)	(*c*)	(*d*)
A.	(*i*)	(*ii*)	(*iii*)	(*iv*)
B.	(*ii*)	(*i*)	(*iv*)	(*iii*)
C.	(*iii*)	(*iv*)	(*i*)	(*ii*)
D.	(*iv*)	(*iii*)	(*ii*)	(*i*)

82. सूची-I के साथ सूची-II का मिलान कीजिए :

सूची-I	सूची-II
(*a*) वेब 1.0	(*i*) सामुदायिक सहयोग
(*b*) वेब 2.0	(*ii*) वैयक्तिकृत खोज और पिछली खोजों को रिकॉर्ड करता है
(*c*) वेब 3.0	(*iii*) केवल वेब पढ़ें
(*d*) विकी	(*iv*) परस्पर-क्रिया और सहयोग

नीचे दिए गए विकल्पों में से सही उत्तर का चयन कीजिए :

	(*a*)	(*b*)	(*c*)	(*d*)
A.	(*i*)	(*iii*)	(*iv*)	(*ii*)
B.	(*i*)	(*ii*)	(*iii*)	(*iv*)
C.	(*iv*)	(*i*)	(*ii*)	(*iii*)
D.	(*iii*)	(*iv*)	(*ii*)	(*i*)

83. सूची-I के साथ सूची-II का मिलान कीजिए :

सूची-I	सूची-II
(*a*) नेटफ्लिक्स	(*i*) सुंदर पिचाई
(*b*) अमेजॉन	(*ii*) मार्क जकरबर्ग
(*c*) फेसबुक	(*iii*) जेफ बेजोस
(*d*) गूगल	(*iv*) रीड हेस्टिंग्स

नीचे दिए गए विकल्पों में से सही उत्तर का चयन कीजिए :

	(*a*)	(*b*)	(*c*)	(*d*)
A.	(*ii*)	(*i*)	(*iv*)	(*iii*)
B.	(*iii*)	(*ii*)	(*i*)	(*iv*)
C.	(*iv*)	(*iii*)	(*ii*)	(*i*)
D.	(*i*)	(*iv*)	(*iii*)	(*ii*)

84. सूची-I के साथ सूची-II का मिलान कीजिए :

सूची-I	सूची-II
(*a*) लाइफबॉय	(*i*) पी. एंड जी.
(*b*) पैंटीन	(*ii*) आई.टी.सी.
(*c*) आशीर्वाद	(*iii*) टाटा
(*d*) टेटली	(*iv*) यूनिलीवर

नीचे दिए गए विकल्पों में से सही उत्तर का चयन कीजिए :

	(*a*)	(*b*)	(*c*)	(*d*)
A.	(*iv*)	(*i*)	(*ii*)	(*iii*)
B.	(*iii*)	(*ii*)	(*i*)	(*iv*)
C.	(*ii*)	(*iii*)	(*iv*)	(*i*)
D.	(*i*)	(*iv*)	(*iii*)	(*ii*)

85. सूची-I के साथ सूची-II का मिलान कीजिए :

सूची-I	सूची-II
(*a*) टाटा	(*i*) ई-वेरिटो
(*b*) महिंद्रा	(*ii*) कोना इलेक्ट्रिक
(*c*) हुंडई	(*iii*) नेक्सन ई.वी.
(*d*) जैगुआर	(*iv*) ऑई-पेस

नीचे दिए गए विकल्पों में से सही उत्तर का चयन कीजिए :

	(*a*)	(*b*)	(*c*)	(*d*)
A.	(*iii*)	(*i*)	(*ii*)	(*iv*)
B.	(*ii*)	(*iii*)	(*i*)	(*iv*)
C.	(*i*)	(*iv*)	(*iii*)	(*ii*)
D.	(*iv*)	(*ii*)	(*iii*)	(*i*)

86. हाल के वर्षों में निम्नलिखित प्राकृतिक आपदाएँ किस कालानुक्रमिक क्रम में घटित हुई हैं?

(*a*) चक्रवात यास

(*b*) अमेज़ॉन वर्षावन की आग

(*c*) तमिलनाडु बाढ़

(*d*) चक्रवात अम्फान

नीचे दिए गए विकल्पों में से सही उत्तर का चयन कीजिए :

A. (*a*), (*c*), (*b*), (*d*) B. (*b*), (*d*), (*a*), (*c*)

C. (*c*), (*b*), (*d*), (*a*) D. (*d*), (*a*), (*c*), (*b*)

87. मीडिया उत्पादन की प्रक्रिया के सही क्रम को पहचानें :

(*a*) स्क्रिप्टिंग (*b*) उत्पादन

(*c*) विचार (*d*) संपादन

A. (*c*), (*a*), (*b*), (*d*) B. (*b*), (*c*), (*d*), (*a*)

C. (*d*), (*b*), (*c*), (*a*) D. (*a*), (*b*), (*c*), (*d*)

88. समाचार-पत्रों के विकास के कालानुक्रमिक क्रम को इंगित करें :

(*a*) ब्रॉडशीट्स (*b*) कोरांटोस

(*c*) ई-समाचार पत्र (*d*) डायर्नल्स

नीचे दिए गए विकल्पों में से सही उत्तर का चयन कीजिए :

A. (*a*), (*b*), (*c*), (*d*) B. (*d*), (*c*), (*b*), (*a*)

C. (*b*), (*d*), (*a*), (*c*) D. (*c*), (*b*), (*d*), (*a*)

89. मानव सभ्यता के निम्नलिखित युगों की कालानुक्रमिक अनुक्रमण की पहचान कीजिए :

(*a*) औद्योगिक युग (*b*) लौह युग

(*c*) सूचना युग (*d*) पाषाण युग

नीचे दिए गए विकल्पों में से सही उत्तर का चयन कीजिए :

A. (*a*), (*b*), (*c*), (*d*) B. (*d*), (*c*), (*b*), (*a*)

C. (*d*), (*b*), (*a*), (*c*) D. (*c*), (*b*), (*a*), (*d*)

90. COVID-19 के वायरस के प्रकारों को उस क्रम में व्यवस्थित कीजिए, जिस तरीके से उन्होंने दुनिया को प्रभावित किया था।

(*a*) डेल्टा (*b*) बीटा

(*c*) अल्फा (*d*) ऑमिक्रॉन

नीचे दिए गए विकल्पों में से सही उत्तर का चयन कीजिए :

A. (*c*), (*b*), (*a*), (*d*) B. (*b*), (*d*), (*c*), (*a*)

C. (*a*), (*b*), (*c*), (*d*) D. (*c*), (*d*), (*a*), (*b*)

91. न्यू मीडिया के विकासीय अनुक्रम का पता लगाइए :

(*a*) वेब 1.0

(*b*) एस.एन.एस.

(*c*) अर्पानेट (ARPANET)

(*d*) नेटवर्क इकोनॉमी के लिए कनेक्टिविटी

नीचे दिए गए विकल्पों में से सही उत्तर का चयन कीजिए :

A. (*a*), (*c*), (*b*), (*d*) B. (*c*), (*d*), (*a*), (*b*)

C. (*b*), (*c*), (*a*), (*d*) D. (*d*), (*c*), (*b*), (*a*)

92. एक विकास संचार अभियान की रूपरेखा तैयार करने के लिए नीचे दिए गए चरणों के सही क्रम की पहचान कीजिए :

(*a*) रणनीति (*b*) स्थिति विश्लेषण

(*c*) कार्यान्वयन (*d*) उद्देश्यों की पहचान

नीचे दिए गए विकल्पों में से सही उत्तर का चयन कीजिए :

A. (*a*), (*b*), (*d*), (*c*) B. (*b*), (*a*), (*c*), (*d*)

C. (*b*), (*d*), (*a*), (*c*) D. (*d*), (*c*), (*a*), (*b*)

93. निम्नलिखित भारतीय राज्यों को उत्तर से दक्षिण तक व्यवस्थित कीजिए :

(*a*) तेलंगाना (*b*) झारखंड

(*c*) आंध्र प्रदेश (*d*) छत्तीसगढ़

नीचे दिए गए विकल्पों में से सही उत्तर का चयन कीजिए :

A. (*a*), (*b*), (*d*), (*c*) B. (*b*), (*d*), (*a*), (*c*)

C. (*b*), (*d*), (*c*), (*a*) D. (*c*), (*d*), (*a*), (*b*)

94. नीचे दो कथन दिए गए हैं : एक अभिकथन (A) के रूप में लिखित है तो दूसरा उसके कारण (R) के रूप में है :

अभिकथन (A) : बीबीसी की वेबसाइट ने वैश्विक गवाह की एक रिपोर्ट प्रकाशित की, जिसके अनुसार 2020 में प्राकृतिक संसाधनों की रक्षा के लिए 227 पर्यावरण कार्यकर्ताओं की हत्या कर दी गई।

कारण (R) : लोगों और पृथ्वी को लाभ के पहले रखना महत्वपूर्ण है, अन्यथा जलवायु का विघटन और हत्याएँ जारी रहेंगी।

उपरोक्त कथन के आलोक में, नीचे दिए गए विकल्पों में से सबसे उपयुक्त उत्तर का चयन कीजिए :

A. (A) और (R) दोनों सही हैं और (R), (A) की सही व्याख्या है
B. (A) और (R) दोनों सही हैं, लेकिन (R), (A) की सही व्याख्या नहीं है
C. (A) सही है, लेकिन (R) सही नहीं है
D. (A) सही नहीं है, लेकिन (R) सही है

95. नीचे दो कथन दिए गए हैं : एक अभिकथन (A) के रूप में लिखित है तो दूसरा उसके कारण (R) के रूप में है :

अभिकथन (A) : विश्व बैंक और संयुक्त राष्ट्र के अनुसार, एक इंटरनेट उपयोगकर्ता वह है जो पिछले तीन महीनों में कम-से-कम एक बार ऑनलाइन गया हो।

कारण (R) : सफल इंटरनेट कंपनियों के लिए आसान विकास के दिन लद गए हैं और उन्हें असंबद्ध अरबों लोगों तक पहुँचने के अपने विचारों में नवीन होने की आवश्यकता है।

उपरोक्त कथन के आलोक में, नीचे दिए गए विकल्पों में से सबसे उपयुक्त उत्तर का चयन कीजिए :

A. (A) और (R) दोनों सही हैं और (R), (A) की सही व्याख्या है
B. (A) और (R) दोनों सही हैं, लेकिन (R), (A) की सही व्याख्या नहीं है
C. (A) सही है, लेकिन (R) सही नहीं है
D. (A) सही नहीं है, लेकिन (R) सही है

96. नीचे दो कथन दिए गए हैं : एक अभिकथन (A) के रूप में लिखित है तो दूसरा उसके कारण (R) के रूप में है :

अभिकथन (A) : प्रबुद्ध व्यक्तियों और स्वस्थ लोकतंत्र के लिए मीडिया साक्षरता आवश्यक है।

कारण (R) : मीडिया व्यक्तियों को बहुत प्रभावित करता है।

उपरोक्त कथन के आलोक में, नीचे दिए गए विकल्पों में से सबसे उपयुक्त उत्तर का चयन कीजिए :

A. (A) और (R) दोनों सही हैं और (R), (A) की सही व्याख्या है
B. (A) और (R) दोनों सही हैं, लेकिन (R), (A) की सही व्याख्या नहीं है
C. (A) सही है, लेकिन (R) सही नहीं है
D. (A) सही नहीं है, लेकिन (R) सही है

97. नीचे दो कथन दिए गए हैं : एक अभिकथन (A) के रूप में लिखित है तो दूसरा उसके कारण (R) के रूप में है :

अभिकथन (A) : डेनिस मैकक्वेल के अनुसार, "संचार एक ऐसी प्रक्रिया है जो समानता को बढ़ाती है, लेकिन साथ ही इसके घटित होने के लिए समानता के तत्वों की भी आवश्यकता होती है।"

कारण (R) : आपको संचार करना चाहिए क्योंकि केवल मनुष्य जाति के पास संचार के लिए भाषा का उपयोग करने की क्षमता है।

उपरोक्त कथन के आलोक में, नीचे दिए गए विकल्पों में से सबसे उपयुक्त उत्तर का चयन कीजिए :

A. (A) और (R) दोनों सही हैं और (R), (A) की सही व्याख्या है
B. (A) और (R) दोनों सही हैं, लेकिन (R), (A) की सही व्याख्या नहीं है
C. (A) सही है, लेकिन (R) सही नहीं है
D. (A) सही नहीं है, लेकिन (R) सही है

98. .... अनुसंधान के निष्पादन की योजना या प्रस्ताव है।

A. अनुसंधान प्रयोग
B. अनुसंधान अभिकल्प
C. अनुसंधान नैतिकता
D. अनुसंधान दर्शन

99. नीचे दो कथन दिए गए हैं : एक अभिकथन (A) के रूप में लिखित है तो दूसरा उसके कारण (R) के रूप में है :

अभिकथन (A) : समावेशन महिलाओं और समाज के हाशिए के वर्गों के लिए शासन, विकास नीति और विकास योजना के मुद्दों का जवाब नहीं है।

कारण (R) : विकास के मुद्दों को इस तरह से हल किया जाना चाहिए कि गरीबों को सम्मान का जीवन जीने में मदद मिल सके और उन्हें समान अवसर मिले।

उपरोक्त कथन के आलोक में, नीचे दिए गए विकल्पों में से सबसे उपयुक्त उत्तर का चयन कीजिए :

A. (A) और (R) दोनों सही हैं और (R), (A) की सही व्याख्या है

B. (A) और (R) दोनों सही हैं, लेकिन (R), (A) की सही व्याख्या नहीं है

C. (A) सही है, लेकिन (R) सही नहीं है

D. (A) सही नहीं है, लेकिन (R) सही है

100. नीचे दो कथन दिए गए हैं :

कथन (I) : सूचना शक्ति है, जो उन लोगों के पास है जो इस तक पहुँच सकते हैं, और जिनके पास इसका उपयोग करने का कौशल है।

कथन (II) : बेहतर उत्पादन के लिए प्रौद्योगिकियों के अभिसरण या विलय से ''डिजिटल हैव्स'' और ''हैव-नॉट्स'' के बीच की खाई को पाटने में मदद मिली है।

उपरोक्त कथन के आलोक में, नीचे दिए गए विकल्पों में से सबसे उपयुक्त उत्तर का चयन कीजिए :

A. कथन (I) और (II) दोनों सत्य हैं

B. कथन (I) और (II) दोनों असत्य हैं

C. कथन (I) सत्य है, लेकिन कथन (II) असत्य है

D. कथन (I) असत्य है, लेकिन कथन (II) सत्य है

उत्तरमाला

1	**2**	**3**	**4**	**5**	**6**	**7**	**8**	**9**	**10**
C	A	B	C	D	D	A	C	C	C
11	**12**	**13**	**14**	**15**	**16**	**17**	**18**	**19**	**20**
C	C	D	A	D	D	B	C	A	B
21	**22**	**23**	**24**	**25**	**26**	**27**	**28**	**29**	**30**
B	B	B	A	D	C	A	B	A, B	C
31	**32**	**33**	**34**	**35**	**36**	**37**	**38**	**39**	**40**
A	B	C	D	A	B	B	C	A	B
41	**42**	**43**	**44**	**45**	**46**	**47**	**48**	**49**	**50**
C	D	A	*	C	D	A	A	B, C	D
51	**52**	**53**	**54**	**55**	**56**	**57**	**58**	**59**	**60**
B	A	C	B	*	B	C	D	A	B
61	**62**	**63**	**64**	**65**	**66**	**67**	**68**	**69**	**70**
C	D	A	B	C	D	A	A	A	A
71	**72**	**73**	**74**	**75**	**76**	**77**	**78**	**79**	**80**
A	B	D	A	D	B	B	*	B	*
81	**82**	**83**	**84**	**85**	**86**	**87**	**88**	**89**	**90**
B	D	C	A	A	*	A	C	C	A
91	**92**	**93**	**94**	**95**	**96**	**97**	**98**	**99**	**100**
B	C	B	A	B	A	B	B	D	C

पत्रकारिता एवं जनसंचार

Journalism & Mass Communication

1

संचार एवं जनसंचार

(Communication & Mass Communication)

पृथ्वी पर जीवन की शुरुआत के साथ ही विभिन्न जीवों द्वारा अपनी भावना या मनोभाव को व्यक्त करने के लिए संचार के विभिन्न माध्यमों अर्थात् विभिन्न प्रकार के साधनों और क्रियाओं का उपयोग किया गया। आदि मानव ने अपनी भावना को व्यक्त करने के लिए शुरूआती दौर विभिन्न प्रकार के चिह्नों या प्रतीकों का प्रयोग किया था। बाद में ध्वनि को निरूपित करने के लिए प्रतीकों या चिह्नों को अपनाया गया (अभी भी जापान और चीन में शब्दों को उनके उच्चारण के अनुरूप ही लिखा जाता है)। मानव समाज आज से लगभग 5000 वर्ष पहले अपनी सोच, अनुभवों और विचारों को कागज पर (ताड़ के पत्तों पर) लिखता था ताकि आने वाली पीढ़ियाँ उन्हें पढ़ सकें।

संचार एक ऐसी शक्ति है जो सभी व्यक्तियों को एक सूत्र में बाँधने में सक्षम है चाहे वे किसी भी जाति के हों, किसी भी धर्म को मानने वाले हों या फिर कोई भी भाषा बोलते हों। यह समस्त मानवीय व्यवहारों को नियंत्रित और परिष्कृत करता है। अतः हमें संचार की संकल्पना के संबंध में एक स्पष्ट दृष्टिकोण रखना चाहिए।

संचार क्या है?

संचार एक ऐसी प्रक्रिया है, जिसमें एक व्यक्ति दूसरे व्यक्ति के साथ भावनाओं और विचारों का आदान-प्रदान करता है। अतः हम कह सकते हैं कि संचार लोगों द्वारा आपस में कतिपय चिह्नों, प्रतीकों और शब्दों के प्रयोग द्वारा अपने विचार, प्राप्त सूचना, जानकारी और प्रवृत्ति को आपस में बाँटने या आदान-प्रदान करने की एक प्रक्रिया है।

संचार की परिभाषा

लुईस ए ऐलन के अनुसार–"सम्प्रेषण उन सब क्रियाओं का योग है, जिनको एक व्यक्ति, अपनी विचारधारा को दूसरे व्यक्ति के मस्तिष्क में पहुँचाने के लिए अथवा उसे समझाने के लिए अपनाता है। इसके अंतर्गत कहने, सुनने तथा समझने की व्यवस्थित एवं निरंतर क्रियाओं का समावेश होता है।"

वॉरेन बीवर के अनुसार–"सम्प्रेषण वह सभी प्रविधियाँ हैं जिसके द्वारा एक व्यक्ति के विचार दूसरे व्यक्ति के विचारों को प्रभावित करते हैं।"

जे पॉल लीगन के अनुसार–"संचार एक प्रक्रिया है, जिसमें दो या दो से अधिक व्यक्ति आपस में विचारों, तथ्यों तथा भावनाओं का आदान-प्रदान इस प्रकार करते हैं कि उनमें से प्रत्येक व्यक्ति संचरित संदेश के अर्थ, विषय सामग्री एवं उसके प्रयोग को समझते हैं।"

कीथ डेविस के अनुसार–"सम्प्रेषण एक व्यक्ति से दूसरे व्यक्ति को कोई सूचना या भाव पहुँचाने की एक प्रक्रिया है।"

संचार के कार्य

संचार द्वारा निम्नलिखित दो कार्य संपादित किए जाते हैं:

(i) प्राथमिक कार्य (ii) द्वितीयक कार्य।

(i) प्राथमिक कार्य : संचार का प्राथमिक कार्य लोगों को सूचना, शिक्षा और मनोरंजन प्रदान करना तथा उनकी प्रवृत्ति (या सोच) में बदलाव लाना है ताकि वे परिवार, समाज और देश के हित में निर्बाध रूप से कार्य कर सकें।

(ii) द्वितीयक कार्य : संचार का द्वितीयक कार्य चर्चा परिचर्चा और पारस्परिक संपर्क के माध्यम से संपन्न होता है जिससे लोग शांति और सौहार्द के साथ जीवन व्यतीत करने के लिए प्रेरित होते हैं।

संचार के द्वितीयक कार्य निम्नलिखित हैं :

(क) **सूचना प्रदान करना**–सूचना व्यक्ति को सजग एवं सशक्त बनाती है। कोई समाज नवीनतम सूचनाओं से जितना अधिक सुसज्जित होगा वह उतना ही अधिक सचेत एवं शक्तिशाली होगा।

सूचना विविध विषयों जैसे–पर्यावरण, युद्ध, राजनीतिक घटनाओं आदि के संबंध में प्रदान की जाती है जिससे नए-नए आविष्कार और खोज के लिए मार्ग प्रशस्त होता है।

(ख) **धारणा विकसित करना**–समाज के युवा सदस्यों को प्रशिक्षण और शिक्षा प्रदान करना तथा उनमें सामाजिक भावनाएं भरना संचार का एक प्रमुख कार्य है।

अनुनयपूर्वक (प्रेरणाप्रद) प्रशिक्षण प्रदान करने से जागरूकता सृजित होती है तथा व्यक्ति के ज्ञान में वृद्धि होती है जिससे व्यक्ति समाज को नियंत्रित और उपयुक्त रूप से शासित करने की दिशा में एक सक्रिय भूमिका निभाने में सक्षम होता है।

(ग) **मनोरंजन**–मनोरंजन दैनिक जीवन की एकरसता को समाप्त करने और जीवन की कठिनाइयों और चिंताओं से छुटकारा दिलाने का एक अत्यधिक उपयोगी उपाय है।

मनोरंजन न केवल व्यक्ति के व्यक्तित्व में निखार लाता है बल्कि यह शिक्षाप्रद भी हो सकता है।

मनोरंजन फिल्म, संगीत, नाटक, कला, साहित्य आदि के जरिए होता है जो संचार का भी एक साधन है।

(घ) **चर्चा और परिचर्चा**–चर्चा और परिचर्चा जन-संचार के माध्यमों द्वारा संचार की दो विधियां हैं जिनके द्वारा राजनीतिक और सामाजिक महत्त्व के विभिन्न मुद्दों पर जनता की राय आमंत्रित की जाती है और एक खुले मंच पर विचार-विमर्श या बहस किया जाता है तथा इस प्रकार एक सामान्य और सर्वसम्मत राय बनाई जाती है।

(ङ) **समन्वयन (तालमेल) और सांस्कृतिक संवर्धन**–संचार एक ऐसा माध्यम या साधन है जिसकी सहायता से विभिन्न व्यक्तियों, समूहों या संस्कृतियों के बीच संपर्क स्थापित होता है जिससे वे एक-दूसरे को जान सकें और एक-दूसरे की जीवन शैली को समझ सकें। यह संस्कृतियों को संरक्षण और संवर्धन भी प्रदान करता है।

संचार की विधियाँ

संचार की विभिन्न विधियाँ वर्तमान समय में प्रयोग की जाती हैं। आमतौर पर संचार की विधियों को सरलता के उद्देश्य से दो रूपों में देखा जाता है–

1. संस्थागत संचार विधियाँ
2. असंस्थागत संचार विधियाँ

1. संस्थागत संचार विधियाँ: इस विधि के अंतर्गत समाचार पत्र-पत्रिकाएँ, सिनेमा, रेडियो, पोस्टर, टेलीफोन, व्यवसायिक एजेंसियाँ आदि सम्मिलित किये जाते हैं।

2. असंस्थागत संचार विधियाँ: इस विधि के अंतर्गत अनौपचारिक बातचीत, परिवार, मित्र, दुकानदार, पड़ोसी आदि को रखा जाता है।

संचार के विभिन्न प्रकार

पारस्परिक संचार

अंतरावैयक्तिक संचार (Intra-Personal Communication) : यह किसी विषय पर जनता की राय जानने या जन-संचार प्रणाली पर उस विषय को प्रचारित करने से पूर्व व्यक्ति द्वारा संबंधित विषय पर अपने मत के स्वयं के द्वारा आत्म-विश्लेषण की एक प्रक्रिया है।

अंतरवैयक्तिक संचार (Inter-Personal Communication) : इस प्रकार का संचार दो या अधिक व्यक्तियों के बीच स्थापित किया जाता है। इस प्रकार की अंतःक्रिया या पारस्परिक संवाद के माध्यम से बेहतर समाज या सामाजिक व्यवस्था के लिए लोगों को अभिप्रेरित और प्रोत्साहित किया जा सकता है तथा विभिन्न व्यक्तियों के क्रिया-कलापों के बीच समन्वय स्थापित किया जा सकता है।

सामूहिक या सामुदायिक संचार (Group Communication) : यह अंतरवैयक्तिक संचार पद्धति से एक चरण आगे है जिसमें समूह या समुदाय के बीच भावों, विचारों, निपुणता और हितों से संबंधित जानकारियों का आदान-प्रदान किया जाता है। इससे सामूहिक निर्णयन, आत्म-अभिव्यक्ति आदि जैसे अनेक लक्ष्यों की प्राप्ति की जाती है।

जन-संचार (Mass Communication) : इस प्रकार की संचार पद्धति में किसी उच्च महत्त्व के निर्णयन में जन-साधारण (बहुत अधिक संख्या में लोग या नागरिकों) द्वारा भाग लिया जाता है।

पारस्परिक संचार की हानियाँ

(i) **अंतरावैयक्तिक संचार**–इस प्रकार के संचार में केवल एक व्यक्ति ही आत्म-विश्लेषण द्वारा निर्णय पर पहुँचता है और एक व्यक्ति के लिए उचित निर्णय पर पहुँचना कठिन है जब तक कि वह अन्य के साथ व्यापक स्तर पर चर्चा न कर ले।

(ii) **अंतरवैयक्तिक संचार**–कोई भी दो व्यक्ति समाज के महत्त्वपूर्ण मुद्दों के विषय में किसी निष्कर्ष पर नहीं पहुँच सकते। आमने-सामने बैठकर की गई चर्चा से तत्काल किसी निर्णय पर पहुँचा जा सकता है किंतु निर्णय के लाभकारी होने की संभावना कम होती है।

(iii) **सामूहिक या सामुदायिक संचार**–इस प्रकार के संचार की भी अपनी कमियाँ हैं क्योंकि इसमें निर्णय पर पहुँचने में अधिक समय लगता है और लिए गए निर्णय प्रायः बहुत अधिक उपयोगी नहीं होते, अतः यह एक दक्ष पद्धति नहीं है।

(iv) **जन-संचार**–इसमें बहुत अधिक समय लगता है और सही निर्णय पर पहुँचने के लिए अनेक माध्यमों की आवश्यकता होती है। जन-संचार लोगों द्वारा प्राप्त प्रतिपुष्टि (फीडबैक) पर आधारित होता है जो अनेक बार समय से प्राप्त नहीं होती। लोगों से प्राप्त प्रतिपुष्टि (फीडबैक) की समीक्षा करके उचित निर्णय पर पहुँचने में बहुत अधिक समय और धन की आवश्यकता होती है।

जनसंचार (Mass Communication)

जनसंचार (Mass Communication) शब्द की उत्पत्ति लैटिन भाषा के 'Communis' शब्द से हुई है, जिसका अर्थ है–किसी बात या विषय को अधिक से अधिक लोगों के बीच साझा करना।

सामान्य अर्थों में जनसंचार लोगों के विचार, ज्ञान तथा भावनाओं का संकेतों द्वारा आदान-प्रदान करता है।

जनसंचार की परिभाषाएँ

डेनिस मैकवेल के अनुसार–"जनसंचार वह प्रक्रिया है, जो समूहों में समान भाव का सृजन करती है। समान भाव को विकसित कर एकमत पैदा करती है। जब तक समूह किसी बात पर सहमत नहीं होंगे, तब तक स्वाभाविक है कि संवाद की प्रक्रिया अधूरी ही रहेगी।"

लुण्डबर्ग के अनुसार–"संचार उस पारस्परिक क्रिया का रूप है, जो प्रतीकों के माध्यम से घटित होता है। ये प्रतीक वित्तीय, मौखिक या अन्य किसी रूप में हो सकते हैं। प्रतीकों में माध्यम से होने वाले संचार, उसके सम्प्रेषण में आने वाले अवरोधों को भी रोक लेता है। सम्प्रेषण में यदि प्रतीकों का कुशलता से प्रयोग किया जाए, तो जटिलतम विचारों तथा तकनीकी ज्ञान की हिस्सेदारी भली-भाँति निभाई जा सकती है।"

ए बी सबनुगम के अनुसार–"ज्ञान, अनुभव, संवेदना, विचार और यहाँ तक कि अस्तित्व में होने वाले अभिन्न परिवर्तनों की साझेदारी ही संचार है और साझेदारी की यह प्रक्रिया संचार प्रक्रिया है।"

जन-संचार के माध्यम

जन-संचार के माध्यमों को व्यापक रूप में दो श्रेणियों में विभाजित किया जा सकता है–(1) मुद्रित माध्यम और (2) इलेक्ट्रॉनिक माध्यम।

मुद्रित माध्यम लगभग 5000 वर्ष पुराना है जबकि इलैक्ट्रॉनिक माध्यम की शुरुआत 20वीं शताब्दी में हुई।

मुद्रित माध्यम

जन-संचार के इस माध्यम का विकास और प्रसार बहुत तेजी से हुआ। इस माध्यम में समाचारपत्र, पत्रिका, पुस्तक आदि शामिल हैं। इसमें राजनीति, ऐतिहासिक और सांस्कृतिक पहलुओं, विज्ञान और प्रौद्योगिकी, इलेक्ट्रॉनिक्स, शिक्षा, दैनिक महत्त्व के विषय आदि से संबंधित विविध जानकारियाँ निहित होती है। यह तलवार के समान एक सशक्त माध्यम है जिसकी सहायता से राष्ट्र युद्ध में विजय प्राप्त कर सकते हैं और सरकारें भी बदली जा सकती हैं।

इलेक्ट्रॉनिक माध्यम

इस माध्यम में टेलीविजन, रेडियो और सिनेमा शामिल हैं। जन साधारण पर इसका प्रभाव मुद्रित माध्यम की तुलना से अधिक पड़ता है।

1. **रेडियो** : रेडियो की शुरुआत वर्ष 1920 में हुई तब से इसका नेटवर्क काफी विस्तृत हुआ है। रेडियो का यह लाभ है कि इसकी सहायता से विश्व के किसी भी कोने में रह रहे श्रोताओं से संपर्क स्थापित किया जा सकता है, उनका मनोरंजन किया जा सकता है या उन तक सूचना पहुँचाई जा सकती है।

2. **टेलीविजन :** यह संचार, सूचना तथा मनोरंजन का एक सशक्त माध्यम बन गया है। इस क्षेत्र में उपग्रह टेलीविजन से नई क्रांति आई है तथा अब इससे विभिन्न नेटवर्कों का लाभ तथा विविध जानकारियाँ, मनोरंजन आदि प्राप्त किया जा रहा है।

3. **फिल्म :** फिल्म तीसरा सबसे बड़ा और प्रमुख जन-संचार माध्यम है जिसका कारण है इसके प्रति लोगों के आकर्षण और समाज पर प्रभाव में दिन-प्रतिदिन हो रही वृद्धि। फिल्म का लोगों की जीवन-शैली, पहनावा, शिक्षा और रहन-सहन आदि प्रत्येक क्षेत्र पर काफी प्रभाव पड़ता है और फिल्म में प्रदर्शित शैली को लोग अनायास ही अपनाने लगते हैं। जन-संचार के माध्यमों में दिन-प्रतिदिन विस्तार हो रहा है, इसके बावजूद शहरी क्षेत्रों में फिल्मों के प्रति लोगों का आकर्षण कम होता जा रहा है।

मुद्रित माध्यमों और इलेक्ट्रॉनिक माध्यमों की हानियाँ

मुद्रित माध्यम–हालांकि प्रमुख महानगरों और बड़े शहरों में प्रतिदिन 20000 से भी अधिक समाचारपत्र छपते हैं किन्तु इसकी केवल एक चौथाई संख्या ही ग्रामीण क्षेत्रों तक पहुँच पाती है।

(1) हालांकि टेलीविजन देश की 70 प्रतिशत जनता तक पहुँच चुका है किन्तु अभी भी अधिकांश ग्रामीण जनता टेलीविजन के लाभ से वंचित है। यही नहीं छोटे-छोटे शहरों, कस्बों आदि में विद्युत आपूर्ति में बाधा भी टेलीविजन प्रसारण में रोड़े अटकाता है। यही स्थिति गांवों में भी लागू होती है।

(2) यदि टेलीविजन की पहुँच है भी तो अनेक अवसरों पर स्थानीय, सांस्कृतिक और संबंधित पुट (जो प्रसारित संदेश को साधारण जनता द्वारा समझने के लिए अत्यधिक आवश्यक हैं) की कमी के कारण सामान्य जन उन्हें समझ नहीं पाता।

रेडियो–रेडियो जन-संचार का एक महत्त्वपूर्ण माध्यम है और देश की लगभग 90% से 97% जनता तक इसकी पहुँच है।

फिल्म–फिल्म भी संचार का एक प्रमुख माध्यम है किंतु देश के सभी भागों में विशेषकर ग्रामीण और दूर-दराज के क्षेत्रों में सिनेमाघर नहीं है जिससे इन क्षेत्रों के लोग इसके लाभों से वंचित रह जाते हैं। सिनेमा टिकट के बढ़ते मूल्य और भाग-दौड़ की जिंदगी भी लोगों को सिनेमाघर तक सहजता से पहुँचने नहीं देते।

निष्कर्ष–वर्तमान युग संचार का युग है। समाज के हित में संचार सुविधाओं की अत्यधिक महत्त्वपूर्ण भूमिका है। संचार सुविधाओं की व्यापक उपलब्धता के कारण जनता को प्रतिदिन विभिन्न प्रकार की बहुत सारी सूचनाएँ प्रदान की जाती हैं किंतु एक महत्त्वपूर्ण प्रश्न यह है कि इन सूचनाओं का जनता पर कितना और किस हद तक प्रभाव पड़ता है।

कुल मिला कर जन-संचार के माध्यमों द्वारा प्रसारित संदेशों की सांप्रदायिक सौहार्द निर्मित करने, आतंकवाद का विरोध करने तथा राष्ट्र की अखंडता को बनाए रखने में महत्त्वपूर्ण भूमिका होती है। ये जनता में देश के सामाजिक-आर्थिक परिदृश्य और राजनीतिक घटनाक्रम के संबंध में जागरूकता पैदा करने की दिशा में भी अत्यधिक महत्त्वपूर्ण योगदान करते हैं।

जन-संचार के माध्यमों के कुछ प्रतिकूल प्रभाव भी हैं। उदाहरण के लिए टेलीविजन के कुछ चैनलों द्वारा भौतिकवादी संस्कृति को बढ़ावा दिया जा रहा है जो वास्तव में विद्यमान ही नहीं है। कुछ ऐसे दृश्य, काल्पनिक कथाएँ अपराध के तरीके दिखाए जाते हैं तो न सिर्फ हमारी संस्कृति पर कुठाराघात करते हैं बल्कि युवाओं को भी भटकने के लिए प्रेरित करते हैं। अतः यह सरकार की जिम्मेवारी बनती है कि ऐसे अनिष्टकारक प्रसारण पर रोक लगाए और यह सुनिश्चित करें कि भविष्य में सामाजिक हित में ही प्रसारण हो।

वस्तुनिष्ठ प्रश्नावली

1. निम्नलिखित में किनके अनुसार–''सामान्य बोध या सहज बुद्धि के आधार पर प्राप्त हुए अनुभवों को परस्पर बाँटना संचार है।''

   A. जे.पी. लीगन   B. कीथ डेविस

   C. विल्बर श्रैम   D. वॉरेन बीबर

2. ''सम्प्रेषण वह प्रविधियाँ हैं जिसके द्वारा एक व्यक्ति के विचार दूसरे व्यक्ति के विचारों को प्रभावित करते हैं।'' संचार की यह परिभाषा किनके द्वारा दी गयी हैं?

A. बॉरेन बीबर B. लुईस एलन
C. विल्बर श्रैम D. कीथ डेविस

3. निम्नलिखित में संचार की संस्थागत विधियों के कौन-से प्रकार हैं?

A. परिवार से बातचीत
B. मित्र
C. अनौपचारिक बातचीत
D. सिनेमा

4. संचार की असंस्थागत विधियाँ निम्नलिखित में से कौन-सी हैं?

A. पत्र-पत्रिकाएँ
B. अनौपचारिक बातचीत
C. टेलीफोन
D. व्यवसायिक एजेंसियाँ

5. ज्ञान, अनुभव की साझेदारी को संचार किन्होंने बताया?

A. लुण्डबर्ग B. मैकवेल
C. ए बी सबनुगम D. पॉल लीगन

6. "जनसंचार वह प्रक्रिया है, जो समूहों में समान भाव का सृजन करती है।"

उपरोक्त परिभाषा किनके द्वारा दी गयी है?

A. डेनिस मैकवेल
B. लुण्डबर्ग
C. जे. पॉल लीगन
D. उपरोक्त में से कोई नहीं

7. जनसंचार प्रणाली पर किसी विषय को प्रचारित करने से पूर्व व्यक्ति द्वारा संबंधित विषय पर आत्म-विश्लेषण की प्रक्रिया .... है।

A. अंतरवैयक्ति संचार (Inter Personal Communication)
B. अंतरावैयक्तिक संचार (Intra Personal Communication)
C. सामूहिक या सामुदायिक संचार (Group Communication)
D. जन संचार (Mass Communication)

उत्तरमाला

1	2	3	4	5	6	7
C	A	D	B	C	A	B

2

संचार के प्रतिरूप
(Models of Communication)

संचार के प्रतिरूप क्या हैं ?

1. प्रतिरूप प्रायः वास्तविकता के समान होते हैं हालांकि यह संचार की वास्तविकता को निरूपित करता है किंतु संचार की प्रक्रिया वास्तविकता नहीं है।
2. आरंभिक वर्षों में संचार के प्रतिरूप सरल किंतु वास्तविकता को निरूपित करने के लिए अपर्याप्त थे।
3. बाद के वर्षों में यानी 1950 के दशक के दौरान प्रतिरूप अधिक विस्तृत और पर्याप्त हुए।

संचार के महत्त्वपूर्ण प्रतिरूप

अरस्तू एवं लासवेल का मॉडल

ग्रीक दार्शनिक अरस्तू के संचार में मुख्य रूप से निम्न 5 चरणों को समाहित किया–

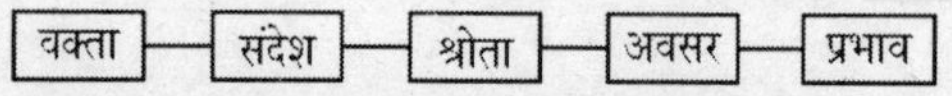

हैराल्ड लासवेल ने भी संचार प्रारूप में मुख्य रूप से 5 चरण समाहित किए, जिन्हें 5 'क' के रूप में जाना जाता है।

लासवेल का संचार प्रारूप

प्रतीक	अभिव्यक्ति
कौन	प्रेषक (स्रोत)
क्या कहा?	संदेश संदर्भ
किस माध्यम से	संचार माध्यम
किसके लिए	श्रोता
क्या प्रभाव	प्रभाव

अरस्तू एवं लासवेल के संचार प्रारूप में यह भिन्नता है कि इसमें अरस्तू के प्रारूप के अवसर का उल्लेख है, किन्तु संचार माध्यमों का नहीं।

ब्रुस एच. वेस्टले और एम.एस. मैक्लियन का प्रतिरूप (1957)

यह सिद्धांत विशेष रूप से जन-संचार माध्यमों के प्रयोजनार्थ स्वीकृत किया गया है। यह पूर्णतः इस तथ्य पर आधारित है कि जन-संचार में प्रसारित विषय (दृश्य, संवाद, आदि) विभिन्न जाँच बिंदुओं से होकर निकलते हैं जिन्हें "गेट कीपर" कहा जाता है।

"गेट कीपर" यह निर्णय करते हैं कि श्रोताओं तक कौन सा संदेश प्रसारित किया जाना है या उन संदेशों के विषय या अंतर्वस्तु को किस प्रकार अशोधित किया जाना है। अतः श्रोता तक किसी घटना से संबंधित कितनी सूचनाएँ प्रसारित की जानी हैं, यह गेट कीपरों पर निर्भर करता है।

इस प्रतिरूप में यह कमी है कि इसमें जन-संचार माध्यमों के दृष्टिकोण से निर्णय लिए जाते हैं तथा यह प्रतिरूप जन-संचार के माध्यमों और समाज के बीच संबंध की अनदेखी कर देता है।

क्लॉड शैनन और वारेन वीवर का प्रतिरूप (1949)

इनके प्रतिरूप में श्रोताओं के साथ टेलीफोन के माध्यम से संचार संबंध स्थापित किया गया और सिग्नलों के माध्यम से प्रतिपुष्टि (फीडबैक) प्राप्त की गई।

इनका प्रतिरूप इस अर्थ में महत्त्वपूर्ण है कि इन्होंने "शोर" की अवधारणा प्रस्तुत की जो चैनलों के संदर्भ में है और जो प्रेक्षित सिग्नलों के साथ व्यतिकरण करके विभिन्न सिग्नलों को उत्पन्न करते हैं।

वीबर का संचार मॉडल

स्रोत	–	प्रसारक	–	संकेतक	–	प्राप्तकर्ता	–	गंतव्य

चार्ल्स ई. ऑस्गूड का प्रतिरूप (1954)

सी.ई ऑस्गूड ने संदेशों के प्रेषक और प्राप्तकर्ता के बीच संदेशों के प्रेषण और प्रापण पर बल दिया। इस प्रकार के प्रतिरूप में संदेशों को कूटबद्ध और फिर कूटवाचन किया जाता है। इस प्रकार का प्रतिरूप परंपरागत प्रतिरूप से भिन्न है।

विल्बर श्रैम का प्रतिरूप (1971)

यह दो प्रतिरूपों (शैनन और वीवर के प्रतिरूपों) का संयोजन है। श्रैम ने प्राप्तकर्ता से तत्काल प्रतिपुष्टि प्राप्त करने पर बल दिया है।

श्रैम ने इस बात पर बल दिया है कि जन-संचार इस प्रकार होना चाहिए कि इसमें भाषा को कूटबद्ध और फिर उसका कूटवाचन भी किया जाए।

संचार का निर्वचन (व्याख्या) मूल्यों, सामाजिक अपेक्षाओं और बाधाओं को ध्यान में रखते हुए किया जाना चाहिए।

जॉर्ज गर्बनर का प्रतिरूप (1956)

गर्बनर ने संचार को तीन चरणों–क्षैतिज, ऊर्ध्वाधर और पुनःक्षैतिज चरणों मे विभाजित किया है।

संचार के आरंभ में उसका क्षैतिज चरण अंतःक्रिया और पराक्रमण (या प्रबंधन) से आरंभ होता है।

ऊर्ध्वाधर चरण पर संचार (संदेश) को सिग्नलों में परिवर्तित कर दिया जाता है।

पुनः क्षैतिज चरण आने पर संचार (संदेश) केवल संदेश ही नहीं रह जाता बल्कि यह प्राप्तकर्ता और संदेश के बीच अतःक्रिया या पराक्रमण के फलस्वरूप एक भिन्न रूप ग्रहण कर लेता है।

थियोडोर एम न्यूकॉम्ब का प्रतिरूप (1953)

इस प्रतिरूप के अनुसार संचार सामाजिक पद्धतियों में संतुलन बनाए रखता है। यह किसी समाज में संचार की भूमिका की व्याख्या करता है।

न्यूकॉम्ब प्रतिरूप लोगों के लिए सूचना की आवश्यकता पर बल देता है। इसके अनुसार लोगों को अपने सामाजिक पर्यावरण के बारे में जानना चाहिए और उन्हें अपनी समस्याओं की पहचान करने तथा अपने समूह के साथ भागीदारी करने और विभिन्न परिस्थितियों में किस प्रकार प्रतिक्रिया करनी है, इसके संबंध में अवगत होना चाहिए।

फ्रेंक ई. एक्स का मॉडल

फ्रेंक एक्स ने संचार प्रक्रिया को लट्टू के समान बताया। संचार भूतकाल से प्रभावित होता है व इसमें प्रत्येक चरण में नवीनीकरण होता है। यह प्रारूप व्यक्ति एवं घटना पर आधारित है, जिसके अनुसार संचार का कोई निश्चित प्रारंभ अथवा अंत नहीं होता। इस मॉडल के अनुसार संचार का दायरा अनिश्चित होता है इसीलिए फ्रेंक एक्स ने इसे संचार का नृत्य प्रारूप कहा है।

फ्रेंक का संचार मॉडल

10. लीगन्स का संचार मॉडल

इनके मॉडल के अनुसार संचारक किसी संदेश को जब श्रोता के पास पहुँचाता है, तो वह एक उचित माध्यम द्वारा प्रतिपादित करके भेजा जाता है। लीगन्स ने संचार प्रणाली में श्रोता की प्रतिक्रिया को भी सम्मिलित किया है।

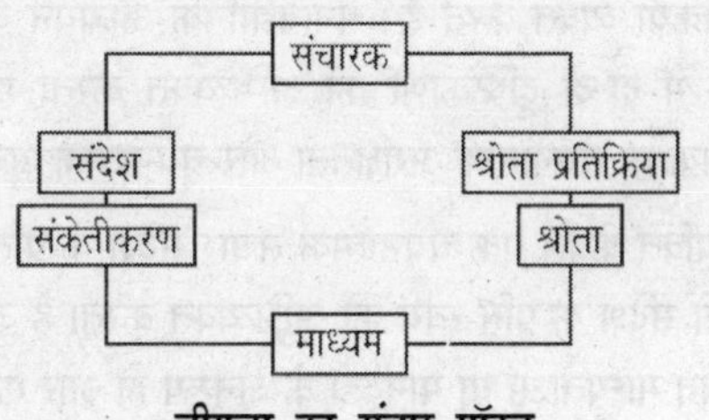

लीगन्स का संचार मॉडल

जन-संचार के सिद्धांत

सामाजिक विकास के लिए जन-संचार स्थापित करने के संबंध में समाज शास्त्रियों द्वारा अनेक सिद्धांत प्रतिपादित किए गए हैं।

समाज को सूचनाएं प्राप्त करने की आवश्यकता है ताकि विभिन्न संगठन अपने निर्धारित कार्यों को कर सकें।

जन-संचार के सर्वाधिक महत्त्वपूर्ण कार्य हैं– सामान्य जनता को सूचना, शिक्षा, अभिप्रेरण, मनोरंजन, सांस्कृतिक संवर्धन प्रदान करना तथा समाज के विभिन्न तत्त्वों के बीच समन्वय स्थापित करना।

विल्बर श्रैम, हैरॉल्ड लासबेल आदि जैसे विभिन्न विद्वानों और विचारकों द्वारा जन-संचार के संबंध में विभिन्न सिद्धांत प्रतिपादित किए गए हैं।

अधस्त्वचीय या गोली सिद्धांत

इस सिद्धांत के अनुसार संदेश को उसके प्राप्तकर्ताओं तक बंदूक की गोली की गति से पहुँचाया जाता है।

यह इस बात पर बल देता है कि संदेश के प्राप्तकर्ता के पास कोई रक्षा कवच नहीं होता और जो भी सूचना या संदेश उन तक पहुँचाया जाता है उसे प्राप्त करने के लिए वे बाध्य होते हैं। इस सिद्धांत में माना जाता है कि जन-संचार के माध्यम (मीडिया) अधिक सशक्त हैं तथा श्रोता या संदेश का प्राप्तकर्ता तरंग के समान भंगुर होता है।

किन्तु इस सिद्धांत में कमी यह है कि यह श्रोताओं या संदेश के प्राप्तकर्ताओं के विषय में यथा तथ्य जानकारी प्राप्त करने में सक्षम नहीं है क्योंकि सभी श्रोता या संदेश के प्राप्तकर्ता एक से नहीं होते और एक जैसे रूप में प्रतिक्रिया नहीं देते।

मनोवैज्ञानिक या व्यक्ति में भिन्नता का सिद्धांत

अलग-अलग व्यक्ति एक ही सिद्धांत के प्रति अलग-अलग रूप में प्रतिक्रिया व्यक्त करते हैं। मनोवैज्ञानिक अध्ययन व्यक्तियों के बारे में दो-दो दृष्टिकोणों को अभिव्यक्त करता है अर्थात् वरणात्मक या चयनात्मक अरक्षितता और चयनात्मक अवबोधन।

व्यक्ति केवल एक चयनात्मक संचार संदेश के प्रति अर्थात् एक ऐसे संदेश के प्रति स्वयं को अभिव्यक्त करता है जो उसके सुस्थापित मान्यताओं या मानदंडों के अनुरूप हो और ऐसे संचार को अनदेखा करना चाहता है जो उसे अपनी मान्यताओं या धारणा के विरुद्ध प्रतीत होता है।

चयनात्मक अवबोधन का अर्थ है व्यक्ति द्वारा उन विषयों को स्वीकार कर लेना जो संबंधित व्यक्ति की धारणा, विश्वास या पसंद के अनुरूप हो।

व्यक्तिगत प्रभाव सिद्धांत

यह सिद्धांत पॉल.ई.लैजर्सफेल्ड द्वारा प्रतिपादित किया गया। इस सिद्धांत द्वारा उन्होंने निर्णयों के बीच अंतरवैयक्तिक संबंधों पर बल दिया। इस सिद्धांत का अनुसरण करने के लिए दो चरणों का सुझाव दिया गया–1. दो-चरण प्रवाह, 2. बहुचरण प्रवाह।

दो–चरण प्रवाह

इस प्रकार के संदेश-प्रवाह में लोगों या संदेश के प्राप्तकर्ताओं को सूचना प्राप्ति के लिए जन-संचार के माध्यमों पर निर्भर करना पड़ता है, अतः प्राप्त सूचना मूल सूचना से भिन्न हो सकती है।

बहु–चरण प्रवाह

इस प्रकार के संदेश प्रवाह में संदेश बहु-दिशिक होते हैं जिससे संदेश के प्राप्तकर्ता की राय प्रभावित होती है।

जन-संचार से संबंधित समाज शास्त्रीय सिद्धांत

यह सिद्धांत जन-संचार और सामाजिक परिवर्तन के बीच अंतःसंबंध पर आधारित होता है।

जॉर्ज गर्बनर के अनुसार जन-संचार के माध्यमों का दर्शक/श्रोता/संदेश के प्राप्तकर्ता पर एक विशिष्ट प्रभाव यह होता है कि वे अनजाने में ही जन-संचार के माध्यम के प्रतीक-चिह्नों, उसकी छवि और संदेश को आत्मसात् करते जाते हैं।

जन-संचार के माध्यम समाज के अविश्वसनीय तथ्यों को उजागर करते हैं जिन्हें श्रोता/दर्शक द्वारा स्वीकार कर लिया जाता है और इस प्रकार विश्व में घटित हो रही घटनाओं के बारे में एक विशिष्ट मान्यता विकसित हो जाती है। ये मान्यताएँ निर्मित होने के उपरांत प्रबल होती चली जाती हैं।

जन-संचार के माध्यम किसी पार्टी के कार्यक्रमों के प्रचार-प्रसार में सहायता करते हैं तथा श्रोता/दर्शक/संदेश के प्राप्तकर्ता को उस पार्टी के कार्यक्रम के बारे में ही सोचने के लिए प्रेरित करते हैं। यह सिद्धांत मैक्सवेल मैककूर्ब्स और डोनाल्ड सी शॉ द्वारा प्रतिपादित किया गया।

श्रोता/दर्शक/पाठक आम जनता की मान्यताओं, मूल्यों और रुचियों के अनुसार जन-संचार के माध्यमों का उपयोग करते हैं जिसमें व्यक्ति विशेष का अवबोध, उसकी चयनात्मक क्षमता आदि का प्रभाव अत्यधिक महत्त्वपूर्ण होता है तथा बदले में जन-संचार के माध्यम अपनी सेवाओं के साथ-साथ जनता की राय भी प्राप्त करते हैं।

जन-संचार के माध्यम और श्रोता/दर्शक/पाठक संचार के लिए एक-दूसरे पर निर्भर करते हैं तथा समाज के निर्बाध और समान रूप से विकास तथा समाज में समन्वय स्थापित करने में अत्यधिक महत्त्वपूर्ण भूमिका निभाते हैं। यह सिद्धांत **मेल्विन डी फ्लेअर और सैन्ड्रा** बॉल द्वारा प्रतिपादित किया गया।

जन-संचार के माध्यमों से संबंधित मानकीय सिद्धांत

1. वर्ष 1956 से 1980 के दशक के दौरान सिबर्ट और मैक क्वैल द्वारा इस संबंध में सिद्धांत प्रतिपादित किए गए कि जन-संचार के माध्यमों को राजनीतिक आर्थिक परिस्थितियों की किसी विद्यमान दशा में किस प्रकार कार्य करना चाहिए।

सिबर्ट ने "अधिकारवादी सिद्धांत" पद का प्रयोग किया जिसके अंतर्गत उन्होंने कहा कि प्रेस (मीडिया) को राजसत्ता के अधीन होना चाहिए और उसे शासक वर्ग के हित में काम करना चाहिए।

इस सिद्धांत में पूर्णतः निर्धारित किए गए दिशा निर्देशों का अनुपालन न किए जाने की स्थिति में अग्रिम नियंत्रण और दंड को भी न्यायोचित ठहराया गया है। इस प्रकार के सिद्धांत का व्यावहारिक उदाहरण किसी तानाशाही शासन तंत्र या सैनिक शासन वाले देश या समाज में आसानी से पाया जा सकता है।

2. एक अन्य सिद्धांत, **मुक्ति या विमोचन सिद्धांत** कहलाता है जो नागरिकों के मौलिक अधिकार अर्थात् अभिव्यक्ति की स्वतंत्रता के अधिकार पर आधारित है। इस सिद्धांत के अंतर्गत लोगों या विशेष रूप से किसी व्यक्ति की भावनाओं को आहत किए बिना अपनी पसंद के अनुसार किसी सामग्री को प्रकाशित करने की स्वतंत्रता प्रदान की गई है।

3. **सामाजिक उत्तरदायित्व का सिद्धांत :** संयुक्त राज्य अमेरिका में शुरू की गई 'प्रेस की स्वतंत्रता' के सिद्धांतों/ दिशा-निर्देशों पर आधारित है। यह इस अवधारणा पर आधारित है कि मीडिया अर्थात् जन-संचार के माध्यमों की समाज में अत्यधिक महत्त्वपूर्ण भूमिका है।

यह सिद्धांत सूचना, सत्य, परिशुद्धता, उद्देश्यपरकता और संतुलित मानदंडों के संचरण में उच्च व्यावसायिक मानकों को निर्धारित करके दायित्वों को प्रतिबंधित या सीमित करता है।

4. **साम्यवादी जन-संचार सिद्धांत :** 'सोवियत जन-संचार सिद्धांत' पर आधारित है। यह सिद्धांत इस बात को उचित ठहराता है कि जन-संचार के माध्यमों को श्रमिक वर्ग के नियंत्रण में होना चाहिए और श्रमिक वर्ग के हितों की रक्षा करने की दिशा में कार्य करना चाहिए, अतः इस सिद्धांत द्वारा प्रेस पर निजी स्वामित्व को अस्वीकार कर दिया गया है।

5. **विकास संचार सिद्धांत :** इसका उपयोग राष्ट्रीय स्तर पर स्थापित नीति के अनुरूप विकास कार्यों को करने के लिए किया जाता है। यह सिद्धांत विकासशील देशों (तीसरी दुनिया के देशों) के लिए तथा तेजी से बदल रही आर्थिक और राजनीतिक दशाओं के परिणामस्वरूप विकसित किया गया था। इसके कारण इस नए दृष्टिकोण को प्रतिपादित किया गया।

6. **लोकतांत्रिक–भागीदारी सिद्धांत :** यह विकसित स्वतंत्र समाज से संबंधित है किन्तु इसमें विकास मीडिया सिद्धांत के निम्नलिखित तत्त्व समाहित हैं।

- मीडिया के जरिए संचार के विभिन्न स्रोत
- प्रचालन का लघु पैमाना
- केंद्रीकृत प्रचालन, उच्च लागत तथा व्यावसायीकृत और सरकार द्वारा नियंत्रित मीडिया के कारण सभी स्तरों पर क्षैतिज संचार।

जन-संचार के माध्यमों से संबंधित अन्य सिद्धांत

(i) व्यापक समाज सिद्धांत समाज पर अपने अधिकार और शक्ति का प्रयोग करने वाली संस्थाओं तथा समाज में शक्ति और प्राधिकार के बीच संतुलन स्थापित करने में लगे जन-संचार के माध्यमों के बीच अन्योन्याश्रित संबंध को महत्त्व देता है। यह जनसंचार के माध्यमों को महत्त्व देता है क्योंकि यह व्यापक जन समाज को शिक्षित और जागरूक रखने का कार्य करता है।

(ii) राजनीतिक आर्थिक मीडिया सिद्धांत, मीडिया (जन-संचार के माध्यमों) के सैद्धांतिक या वैचारिक महत्त्व के बजाय उसके आर्थिक ढाँचे पर बल देता है।

(iii) नेतृत्व (आधिपत्य) सिद्धांत, आर्थिक प्रणाली पर कम बल देता है और सैद्धांतिक या वैचारिक महत्त्व पर अधिक बल देता है।

(iv) संस्कृति और लाक्षणिक सिद्धांत "चिह्नों या प्रतीकों (लक्षणों) की संस्कृति, लोगों और वस्तुओं के साथ संबंध" विषय पर सॉसर और पियर्स के अध्ययनों पर आधारित है। यह सिद्धांत संदेशों के पारेषण से संबंधित नहीं है बल्कि संदेश के अर्थ (या अभिप्राय) के पारेषण (स्थानांतरण) से संबंधित है।

वस्तुनिष्ठ प्रश्नावली

1. संचार में मुख्य रूप से 5 चरणों को समाहित किनके मॉडल में किया गया है?

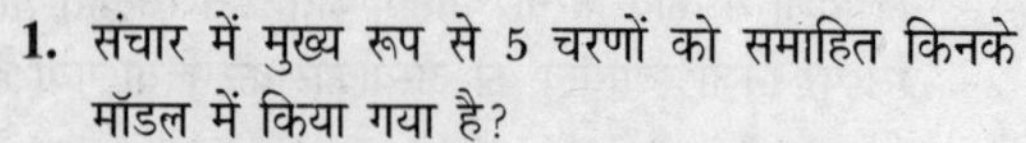

A. अरस्तू B. हैराल्ड
C. क्लॉड शैनल D. ब्रुस बेस्तले

2.

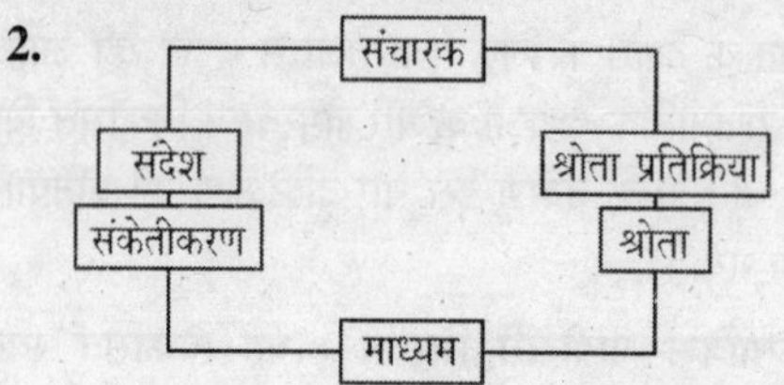

उपरोक्त संचार मॉडल किनके द्वारा प्रस्तुत किया गया है?

A. फ्रेंक B. लीगन्स
C. लासवेल D. विलबर क्षैम

3. संचार प्रक्रिया को लट्टू के समान किसने बताया?

A. लासवेल B. लीगन्स
C. फ्रेंक ई. एक्स D. चार्ल्स आस्गूड

4. किनके द्वारा प्रस्तुत संचार प्रारूप को '5 क' नाम से जाना जाता है?

A. जॉर्ज गर्बनर B. न्यूकॉम्ब
C. लीगन्स D. हैराल्ड लॉसवेल

5. वक्ता — संदेश — श्रोता — अवसर — प्रभाव

उपरोक्त संचार मॉडल किनके द्वारा प्रस्तुत किया गया है?

A. अरस्तू B. वारेन बीवर
C. विल्बर क्षैम D. ब्रुस एच. बेस्तले

6. .... ने संदेशों के प्रेषक और प्राप्तकर्ता के बीच संदेशों के प्रेषण और प्रापण पर बल दिया।

A. चार्ल्स ऑस्गूड
B. बेस्तले
C. विल्बर क्षैम
D. वारेन बीवर

7. संचार को तीन चरणों क्षैतिज, ऊर्ध्वाधर और पुनःक्षैतिज चरणों में किसने विभाजित किया?

A. थियोडोर
B. क्लॉड शैनन
C. जॉर्ज गर्बनर
D. उपरोक्त में से कोई नहीं

उत्तरमाला

1	2	3	4	5	6	7
A	B	C	D	A	A	C

3

संचार शोध
(Media Research)

सूचनाओं को क्रमबद्ध रूप से इकट्ठा करना और उसकी व्याख्या करना तथा वैज्ञानिक पद्धतियों से उसका सत्यापन करना, जिससे कि ज्ञान का विस्तार हो, उसे सामान्यतः शोध कहा जाता है।

शोध मानव ज्ञान का एक अविभाज्य अंग है। हेरिंग ने अपनी पुस्तक 'Research for Public Policy' में लिखा है कि जिस प्रकार सब्जी में नमक का महत्व है उसी प्रकार जीवन में शोध का महत्व है। अनवरत शोध एवं अनुसंधानों की सहायता से ही समाज निरंतर गतिशील व विकासशील रहता है।

विभिन्न समाजों/समुदायों के परिप्रेक्ष्य में संचार के क्षेत्र में निरंतर अनुसंधान ही आज जनसंचार के विविध आयामों एवं माध्यमों में दृष्टिगोचर हो रहा है।

मानव मन की उत्सुकता में ही शोध के बीज छिपे हैं। मनुष्य अपनी वर्तमान स्थिति और व्यवस्था तथा विकास की प्रक्रिया को अच्छी तरह से समझने के लिए अपने पिछले इतिहास को देखने का प्रयत्न करता है। सिद्धांतों, मूल्यों और नियमों की पुर्नपरीक्षा व चीजों को समझने की यह उत्सुकता शोध के लिए सही दृष्टिकोण प्रदान करती है। विकास, पर्यावरण और उत्पादन को मानव इतिहास के विभिन्न सोपानों में अच्छी तरह समझने की अवधारणा ही शोध है।

आधुनिक शोध अवधारणा में निम्न बातें विशेष उल्लेखनीय हैं :

- अन्वेशण
- निश्चित लक्ष्य
- तथ्यपरक आँकड़े
- विश्लेषण की वैज्ञानिक प्रविधि
- निष्कर्ष का तार्किक आधार

संचार प्रौद्योगिकी का इतिहास, सामाजिक संस्थाओं का अध्ययन एवं उनका सामाजिक, आर्थिक, राजनैतिक प्रभाव, पत्रकारिता एवं प्रकाशन के इतिहास का अध्ययन संचार शोध के प्रतिमानों में शामिल है। कुछ संचार वैज्ञानिकों ने अपने ऐतिहासिक शोध अध्ययन में संचार के कुछ संगठित संस्थाओं के क्षेत्र का निर्धारण किया है जिनमें हैराल्ड लासवेल (1927), बेरेल्सन (1954) डेनिस मैक्विल (1969) रोजर व बेल (1985) के नाम उल्लेखनीय हैं।

संचार अध्ययन के इतिहास का सर्वाधिक महत्वपूर्ण पक्ष सन् 1955 में काज एवं लेजर फील्ड ने प्रस्तुत किया। संचार के क्षेत्र में प्रगतिवादी सोच और मनोवैज्ञानिक सिद्धांत के जनक जॉन डावरी (1922-27) हैं।

संचार अनुसंधान से संबंधित विषयों और समस्याओं के अध्ययन में सामाजिक विधियां और व्यावहारिक वैज्ञानिक विधियां शामिल हैं।

संचार अनुसंधान के निम्नलिखित क्षेत्र हैं : स्रोत, अंतर्वस्तु (संदेश),माध्यम, प्राप्तकर्ता और प्रभाव।

1. **स्रोत विश्लेषण :** स्रोत विश्लेषण की प्रकृति संचार अनुसंधानों का ध्यान आकर्षित करके अंतर्वस्तु या संदेश को प्रभावी बनाना चाहिए।

   इस दृष्टि से अच्छे संपादकों, पत्रकारों तथा अन्य मीडिया कर्मियों के लिए यह आवश्यक है कि वे संदेश को उद्देश्यपरक और आकर्षक बनाएं ताकि उसे प्राप्तकर्ता द्वारा सरलतापूर्वक स्वीकार कर लिया जाए।

2. **संदेश विश्लेषण**–इस विश्लेषण में प्रायः संदेश की गुणवत्ता और किस्म का संदेश के प्रति प्राप्तकर्ता के रवैये (या बोध)

के अनुसार अध्ययन किया जाता है। यह प्रणाली संचार अनुसंधानकर्ताओं के बीच अधिक लोकप्रिय हो चुकी है।

3. **माध्यम विश्लेषण**–पूर्ण और प्रभावी संचार के लिए प्रत्येक माध्यम का एक विशिष्ट और निर्धारित अभिलक्षण होता है। जिस माध्यम से होकर संदेश प्रसारित किए जाते हैं वह संदेश में प्रभावकारिता उत्पन्न करने में महत्त्वपूर्ण हो सकता है।

   संचार अनुसंधानकर्ता संपूर्ण जन-संचार माध्यम और अंतरवैयक्तिक संचार में रुचि रखते हैं जबकि प्रसारण (विसरण) के विभिन्न चरणों पर माध्यम (चैनल) संदेश में पत्रकारिता लाने का कार्य करते हैं।

4. **श्रोता/दर्शक/पाठक विश्लेषण**–जन-संचार के माध्यम हमेशा अपने श्रोता/दर्शक/पाठक या संदेश के प्राप्तकर्ता पर अपेक्षित या अभिप्रेत प्रभाव उत्पन्न करने का प्रयास करते हैं। इसके लिए मीडिया (जन-संचार के माध्यमों) द्वारा संदेश के प्राप्तकर्ता की रुचि के अनुसार अपने अभिलक्षणों अर्थात् व्यापकता, प्रवृत्ति, मत आदि में व्यापक परिवर्तन किया जाता है।

   मीडिया (जन-संचार के माध्यम) संदेश के प्राप्तकर्ता की रुचि और आवश्यकताओं (अपेक्षाओं) के अनुरूप उचित सामग्री उपलब्ध कराने में रुचि रखते हैं।

प्रक्रिया और प्रभाव अनुसंधान

जन-संचार के माध्यम में अनेक प्रक्रिया और अवयव अंतर्निहित होते हैं। प्रक्रिया को अवयवों में विभाजित कर दिया जाता है ताकि उससे बेहतर समझ विकसित हो सके। इन अवयवों का विभिन्न स्तरों–बोध या परिज्ञान अर्थात् धारणा विकसित करना, अनुस्मरण, स्वीकार्यता और क्रिया आदि के संदर्भ में अध्ययन किया जाता है। यह स्तर अगले स्तर के घटित होने की एक आवश्यक पूर्वापेक्षा अर्थात् पूर्व शर्त है।

संचार अनुसंधान से संबंधित दृष्टिकोण

संचार अनुसंधान से संबंधित दृष्टिकोण विकसित करने के लिए अद्वितीय अनुप्रयोग तथा उसमें अंतर्निहित सामर्थ्य और सीमाओं के विश्लेषण की आवश्यकता होती है। सभी प्रकार के संचार अनुसंधान की स्थितियों में किसी भी विधि को एकसमान रूप से व्यवहार में नहीं लाया जा सकता।

1. **ऐतिहासिक या भूतकालिक विधि** जो कि वैज्ञानिक विधियों से भिन्न है, विगत घटनाओं पर बल देती है। यह स्रोतों की प्रामाणिकता तथा किसी परिकल्पना की स्वीकार्यता पर बल देती है। इसमें परिकल्पना की जाँच करने के लिए प्रयोग किया जाता है तथा परिवर्तनशील घटकों में परिवर्तन करके किसी अन्य संबंधित परिवर्तनशील घटक पर उसके प्रभाव को परखा जाता है।

2. **लोगों की प्रवृत्तियों,** मान्यताओं और व्यवहार के बारे में परिशुद्ध जानकारी प्राप्त करने के लिए सर्वेक्षण अनुसंधान किया जाता है।

   सर्वेक्षण अनुसंधान की निम्नलिखित तीन विधियाँ हैं :

   (क) प्रतिचयन

   (ख) प्रश्नावली द्वारा जाँच

   (ग) सक्षात्कार द्वारा जांच

   (क) प्रतिचयन : प्रतिचयन या प्रतिदर्श संग्रह की विधि में आबादी (जनसंख्या) के एक प्रतिदर्श (नमूने) और कुल आबादी के अभिलक्षणों से संबंधित अनुमानों को परस्पर संयोजित कर दिया जाता है।

   (ख) प्रश्नावली द्वारा जाँच : अनुसंधान की एक अन्य विधि प्रश्नावली देकर जानकारी प्राप्त करना है। दी गई प्रश्नावली में निहित शब्द अत्यधिक सरल भाषा में पूछे जाते हैं। प्रश्न दो प्रकार के होते हैं :

   (i) ऐसे प्रश्न जिनके उत्तर में संपूर्ण संभावनाएं अंतर्निहित होती हैं।

   (ii) ऐसे प्रश्न जिनके उत्तर स्वतः पूर्ण नहीं होते तथा ढेर सारी संभावनाएं भविष्य में घटित होने के लिए छोड़ दी जाती हैं।

   (ग) साक्षात्कार द्वारा जाँच : तीसरी विधि में सर्वेक्षण के माध्यम से टेलीफोन पर साक्षात्कार लिया जाता है या साक्षात्कार लेने वाले और प्रत्यर्थी के बीच व्यक्तिगत साक्षात्कार आयोजित किया जाता है तथा इस प्रकार प्रत्यर्थी से अपेक्षित सूचना प्राप्त की जाती है।

3. **संदेश की अंतर्वस्तु** अर्थात उसमें निहित सामग्री के विश्लेषण की विधि ऐसी विधि है जिसमें राजनीतिक, आर्थिक, कानूनी और व्यवस्था आदि से संबंधित अंतर्राष्ट्रीय या राष्ट्रीय या राज्य स्तर की जानकारियों या संपादकीय लेखों आदि का विश्लेषण किया जाता है।

4. आँकड़ा विश्लेषण इसमें निम्नलिखित से संबंधित गणितीय और विश्लेषणात्मक परिकलन अंतर्निहित होते हैं–

(क) बारंबारता प्रतिशत

(ख) औसत और विक्षेपण

(ग) सहसंबंध

(घ) महत्त्व के विषयों पर सांख्यिकीय अनुमान और जाँच

(क) प्रत्येक अंक या दिए गए वर्ग-अंतराल के लिए बारंबारता को एक सौ से गुणा करके प्राप्त गुणनफल को मामलों की कुल संख्या से भाग देकर बारंबारता प्रतिशत ज्ञात किया जा सकता है।

(ख) सामान्यतः प्रयोग में लाए जाने वाले औसत या माध्य हैं–अंकगणितीय (समांतर) माध्य, माध्यिका और बहुलक। आंकड़ों के किसी समुच्चय का दूसरा पहलू यह है कि मापों या प्रेक्षणों को किस प्रकार वितरित किया जाए अर्थात् समुच्चय में अंकों का विक्षेपण

(ग) सह-संबंध परिवर्तनशील घटकों के बीच संबंध की माप है।

(घ) सांख्यिकी की सहायता से पैरामीटरों के संबंध में अनुमान लगाने की प्रक्रिया को सांख्यिकीय अनुमान कहते हैं।

अनुमान कितने सही हैं, यह जानने के लिए सांख्यिकीय अनुमान द्वारा त्रुटियों का अनुमान लगाने के लिए मॉडल (प्रतिरूप) और विधियाँ विकसित की गई हैं और अनेक महत्त्वपूर्ण जाँच विधियां निर्धारित की गई हैं।

जनसंचार शोध

ज्ञान व्यवस्था के विकास का अनुसंधान की प्रक्रिया से घनिष्ठ संबंध है, क्योंकि अनुसंधान 'अज्ञात को ज्ञात', 'ज्ञान को वास्तविक ज्ञात' एवं अतीत-वर्तमान एवं भावी संभावनाओं के ज्ञान को कार्य-कारणता के परिप्रेक्ष्य में प्रस्तुत करने का व्यवस्थित प्रयास है।

मीडिया अनुसंधान के पक्षों की चर्चा करते समय हमें यह ध्यान रखना चाहिए कि समकालीन समाजों में मीडिया सामाजिक, आर्थिक, राजनीतिक एवं सांस्कृतिक स्वरूपों को प्रभावित करता है। तथा इन संरचना के स्वरूपों से प्रभावित होता है।

मीडिया अनुसंधान अंतरअनुशासनात्मक क्षेत्र है। मीडिया की प्रत्येक विधा में प्रत्येक 'प्रॉडक्ट' (समाचार, विज्ञापन, कहानी, सम्पादकीय, प्रस्तुतकर्ता, दर्शक, इत्यादि) अनुसंधानकर्ता के सम्मुख किसी सामाजिक, आर्थिक एवं राजनैतिक विचारधारायी स्थिति के पक्ष या विपक्ष में नवीन विकल्प हैं।

जब हम जनसंचार शोध की चर्चा करते हैं तो इसका तात्पर्य मुख्य रूप से जनसंचार प्रक्रिया एवं जनसंचार के प्रभावों का वैज्ञानिक अध्ययन करना है जिससे किसी तथ्यपरक निष्कर्ष पर पहुँचा जा सके।

आज माध्यम (Media) और जनसंचार आधुनिक जीवन की अनिवार्य आवश्यकता बन चुके हैं और ये हमारे सामाजिक, आर्थिक, राजनैतिक एवं सांस्कृतिक के साथ-साथ व्यक्तिगत जीवन को भी प्रभावित कर रहे हैं।

जनसंचार के बारे में ज्ञान प्राप्ति करने का एकमात्र विश्वसनीय माध्यम 'शोध' है। इसके लिए वैज्ञानिक पद्धतियों का प्रयोग आवश्यक है।

जनसंचार की प्रकृति

जनसंचार की प्रकृति को निम्न रूपों में देखा जा सकता है–

माध्यम

जनसंचार के माध्यम संचारक तथा प्रापक (Communicator & Audience) के बीच एक सेतु का कार्य करता है। संचारक अपने को भावी प्रापक से जोड़ने का प्रयोग करता है तथा संचारक किसी भी तरह प्रापक से सम्पर्क करना चाहता है। इसके लिए यह सामान्य माध्यमों का प्रयोग करता है, जैसे–आपसी बातचीत, व्यक्तिगत सम्पर्क, रेडियो, टेलीविजन, टेलीफोन, समाचार-पत्र आदि। ये सभी माध्यम संचार को अपने संदेश प्रापक तक पहुँचाने में मदद करते हैं।

संचार की सफलता माध्यम के सही चुनाव पर निर्भर करती है। संचारक को एक ऐसे माध्यम का चुनाव करना पड़ता है जो सर्वश्रेष्ठ हो और अपने संदेश को सही ढंग से प्रापक तक पहुँचा सके।

प्रापक

संचारक का संदेश पाने वाला प्रापक या श्रोतागण है जो संचार श्रृंखला के अंतिम छोर पर है। प्रापक एक व्यक्ति, समूह, समुदाय या जन-समूह हो सकता है।

फीडबैक

जब प्रापक संदेश प्राप्त कर उस पर अपनी प्रतिक्रिया व्यक्त करता है तो उसे फीडबैक कहते हैं। यह संचार की गति को नियंत्रण में रखता है तथा संकेतों को सही कर आगे भेजता है। फीडबैक हमें बताता है कि संदेश की व्याख्या कैसे की गयी है।

जन-संचार के माध्यमों का प्रभाव

आज के समय में जन-संचार के माध्यम न केवल जनता का मनोरंजन करते हैं बल्कि उन तक बहुमूल्य सूचनाएं भी पहुँचाते हैं।

भारत में जन-संचार के माध्यमों की व्यापक शुरुआत स्वतंत्रता संघर्ष के दिनों में हुई। हिंदुओं और मुस्लिमों में फूट पड़ने से प्रेस भी दो हिस्से में बँट गया–एक राष्ट्रवादी और दूसरा एंग्लो-इंडियन प्रेस।

स्वतंत्रता पूर्व के दिनों से लेकर आज तक प्रेस में तथा उसके प्रस्तुतीकरण के स्वरूप में व्यापक परिवर्तन हुआ है। प्रकाशन और परिचालन में लगभग दस गुना वृद्धि हुई है।

प्रेस को लोकतंत्र का प्रहरी कहा जाता है। वर्तमान समय में प्रेस न केवल सूचना प्रदान करता है, अन्वेषण करता है और तथ्यों को उजागर करता है बल्कि यह जनहित में और भी अनेक कार्य करता है।

प्रेस का प्रभाव तीव्रकारी होता है और इसके माध्यम से संदेश का दूर-दूर तक प्रसार होता है। प्रेस के प्रभाव का निर्धारण केवल मौजूदा घटनाक्रम तथा देश में परिवर्तन की गति के संदर्भ में किया जा सकता है।

मुद्रित माध्यम के साथ ही रेडियो, फिल्म, टेलीविजन और उपग्रह आधारित केबल टेलीविजन का भी आम जनता पर अपना-अपना प्रभाव होता है।

जन-संचार के माध्यमों का प्रभाव-हानियाँ

जन-संचार के माध्यम तीव्र गति से सूचना का प्रसार करके और मानव की दशाओं के विकास में सकारात्मक कदम उठाकर समाज पर अत्यधिक महत्त्वपूर्ण प्रभाव डालते हैं। सकारात्मक (लाभकारी) प्रभावों के अतिरिक्त जन-संचार के माध्यमों के कुछ हानिकारक प्रभाव भी हैं जिनमें से कुछ पर नीचे चर्चा की गई है :

1. इलेक्ट्रॉनिक युक्तियों के माध्यम से परिचालन के कारण संग्रह किए गये दृश्य और श्रव्य सामग्री में अर्थ भेद हो सकता है जिससे वह जैसी नहीं है वैसी प्रतीत हो सकती है।
2. जनहित में गोपनीयता का अधिकार नीति नियोजकों और समाज विज्ञानियों दोनों के लिए समान रूप से एक जटिल समस्या बन गई है।
3. कंप्यूटर प्रणाली में सुरक्षित रखी गईं गुप्त सरकारी सूचनाओं, सामग्रियों, संस्थागत रिकॉर्डों को सुरक्षित रख पाना चिंता का विषय हो गया है क्योंकि मीडिया इन जानकारियों को प्राप्त करने की कोशिश कर रहा है और इन्हें प्राप्त करने के लिए किसी भी हद तक प्रयास कर सकता है।
4. नई प्रौद्योगिकी की सहायता से मीडिया द्वारा आम जनता की रुचि के अनुरूप सूचनाएं सार्वजनिक कर देने से लोकतांत्रिक प्रक्रिया बाधित होती है और कभी-कभी मामले की वास्तविकता छिप जाती है।
5. यद्यपि मीडिया एक ऐसा माध्यम है जिसके द्वारा संचार क्रांति का लाभ उठाकर वैश्विक समुदाय एक-दूसरे के निकट आया है किन्तु इसके कारण व्यक्तियों और छोटे समूहों को नजर अंदाज किया गया है और वे अलग-थलग पड़ गए हैं।

जन-संचार के माध्यमों की विशेषताएं

जन का अर्थ बहुत अधिक संख्या में लोगों से है। हाल के वर्षों में सूचना प्रौद्योगिकी का बहुत अधिक विकास हुआ है तथा जन-संचार के माध्यमों के लिए राष्ट्रों की सीमाएं अब अवरोध नहीं रह गई हैं।

समाज के उद्भव और विकास के साथ ही व्यापक समाज का सिद्धांत विकसित हुआ। समय बीतने और सभ्यता के विकास के साथ ही समाज की अवधारणा अत्यधिक व्यापक हुई है और हम अब विश्व समाज की कल्पना करने लगे हैं।

श्रोता और संदेश

जन-संचार के माध्यमों के श्रोता/दर्शक/पाठक ऐसे लोगों के समूह हैं जो जन-संचार के एक जैसे साधनों का उपयोग करते हैं। इन श्रोताओं/दर्शकों/पाठकों को निम्नलिखित चार विभिन्न आधारों पर वर्गीकृत किया गया है :

1. जन-संचार के माध्यमों की पहुँच
2. जन-संचार के माध्यमों तक पहुँच
3. जन-संचार के माध्यमों से प्रभावित होने वाले लोग
4. जन-संचार के माध्यमों के प्रभाव

जन-संचार के माध्यमों पर संदेश/सूचना को सृजित करने ाला व्यक्ति उन सभी व्यक्तियों तक अपनी पहुँच स्थापित रता है जिन्हें वह अपने संदेश/सूचना से अवगत कराना ाहता है।

जन-संचार के माध्यमों तक लोगों की पहुँच कोई समस्या हीं है क्योंकि जिन लोगों के पास अभिग्राही प्रणाली (receiver) हीं है, वे भी टेलीविजन की दुकानों, मित्र या रिश्तेदार के घर ादि स्थानों पर सूचना/संदेश प्राप्त कर लेते हैं। मीडिया के ायक्रमों को देख-सुन लेते हैं।

सभी श्रोता/दर्शक/सूचना के प्राप्तकर्ता जन-संचार माध्यमों े प्रभावित नहीं होते। जो व्यक्ति जन-संचार के माध्यमों मीडिया) अर्थात् टेलीविजन, रेडियो या समाचारपत्रों तक पहुँचते वे जन-संचार के माध्यमों के श्रोता/पाठक/दर्शक (Media udience) कहलाते हैं। जन-संचार के माध्यमों तक जिन सभी यक्तियों की पहुँच होती है उन सभी को ये माध्यम प्रभावित रते हैं किंतु इन माध्यमों का भिन्न-भिन्न व्यक्तियों पर प्रभाव भेन्न-भिन्न रूप में पड़ता है जो व्यक्ति-विशेष के ज्ञान, विचार, वृत्ति या आचरण पर निर्भर करता है।

मीडिया से प्रभावित होने वाले व्यक्तियों को उनके विशिष्ट अभिलक्षणों और मानसिक संरचना के आधार पर विभिन्न समूहों/वर्गों में श्रेणीबद्ध किया जा सकता है–

(1) सर्वोत्कृष्ट श्रोता (Elite audience)

(2) सामान्य श्रोता (General audience)

(3) विशिष्ट श्रोता (Specialised audience)

सर्वोत्कृष्ट श्रोता पाठक/दर्शक वे होते हैं जो समाज में रुझान या रूख बनाने और बदलने का काम करते हैं। ये लोग आर्थिक दृष्टि से संपन्न और उच्च शिक्षा प्राप्त होते हैं।

सामान्य श्रोताओं/पाठकों/दर्शकों की संख्या काफी अधिक होती है। इस श्रेणी के श्रोता/पाठक/दर्शक बहुत से भिन्न-भिन्न समूहों में बंटे होते हैं जो समाज के भिन्न-भिन्न वर्गों का प्रतिनिधित्व करते हैं।

विशिष्ट योग्यता-प्राप्त श्रोताओं/पाठकों/दर्शकों की संख्या अपेक्षाकृत कम होती है और इनमें लगभग एक जैसे अभिलक्षण होते हैं।

जन-संचार में ऑडियन्स (श्रोता/पाठक/दर्शक) का अनुभव एक महत्त्वपूर्ण घटक है। हम देखते हैं कि प्रायः श्रोता/दर्शक/पाठक यह निर्णय स्वयं करते हैं कि उन्हें किस माध्यम का उपयोग करना है और जन-संचार के माध्यम द्वारा संप्रेषित किस प्रकार श्रेणी के कार्यक्रमों को जानना/देखना है। एक सरल सूत्र की सहायता से हम इसे आसानी से समझ सकते हैं।

ऑडियन्स द्वारा पुरस्कार का आश्वासन = संभाव्यता चयन × संचार द्वारा अपेक्षित प्रयास

ऑडियन्स से फीडबैक प्रणाली अत्यधिक महत्त्वपूर्ण है ताकि कार्यक्रमों/सामग्री को अधिकाधिक स्वीकार्य बनाया जा सके। कार्यक्रम निर्माताओं द्वारा कार्यक्रम/सामग्री को प्राप्त फीडबैक के अनुसार अशोधित किया जा सकता है।

इस प्रकार के फीडबैक तीन प्रकार से प्राप्त होते हैं–ऑडियन्स द्वारा निर्णयन, प्रत्यक्ष फीडबैक और अंत में मीडिया द्वारा समीक्षा।

किसी विशिष्ट जन-संचार सामग्री के प्रति ऑडियन्स की प्रतिक्रिया के बारे में व्यवस्थित सूचना प्रदान करने के लिए अनुसंधान आधारित फीडबैक तंत्र स्थापित किए जाते हैं।

जन-संचार की सामग्रियाँ शब्दों, चित्रों, भंगिमाओं, प्रतीकों और चिह्नों आदि द्वारा संप्रेषित की जाती हैं। यदि संदेश उपयुक्त रूप से न समझा जाए तो सारा श्रम व्यर्थ हो जाता है।

जन-संचार की सामग्रियों का निर्माता संदेश या सामग्रियों के प्रेषण में स्पष्टता, बोधगम्यता, संक्षिप्तता और सामग्रियों/संदेशों के बीच सामंजस्य को बनाए रखता है तथा सामग्री का प्रेषण अत्यधिक स्पष्ट रूप में करता है।

प्रभावी संचार के लिए सादगी, सरलता, क्रमबद्धता और कार्य के प्रति लगन का होना आवश्यक है ताकि यह सुनिश्चित किया जा सके कि संदेश का उसके प्राप्तकर्ता द्वारा गलत अर्थ न लगाया जाए।

विश्वसनीयता के साथ ही यह भी आवश्यक है कि वक्ता संदेश के प्राप्तकर्त्ता को प्रभावित करने में सक्षम हों। आज संदेश के प्रचालकों के पास अपने संदेश को विश्वसनीयता प्रदान करने के लिए अनेक तकनीक उपलब्ध हैं। संदेश प्रेषण की सशक्त तकनीक का प्रभाव इतना व्यापक हो सकता है कि सामान्य संदेशों को भी ग्राफिक और सांख्यिकी आँकड़ों के साथ प्रस्तुत करके विश्वसनीयता प्रदान की जा सकती है।

संदेशों को अनेक प्रकार से यथा-कथाओं, आँकड़ों, भावनात्मक अपीलों आदि की सहायता से विश्वसनीय बनाया जा सकता है।

संदेशों को स्वीकार्य बनाने के लिए अवबोधन की प्रक्रिया अपनाई जाती है जिसके द्वारा व्यक्ति को विभिन्न साधनों से प्रेरणा प्राप्त होती है और वह उनका निर्वचन करता है।

संक्षेप में, हम कह सकते हैं कि प्रिंट और इलेक्ट्रॉनिक मीडिया ने यह सुनिश्चित किया है कि दर्शक/श्रोता संदेश को पहली बार सुनने/देखने पर संदेश की संपूर्ण सामग्री को अक्षरशः आत्मसात् कर लें।

जन-संचार के माध्यम और जनता की राय (जनमत)

इस प्रकार हम मीडिया द्वारा प्रभावित होते हैं जो इस बात पर भी निर्भर करता है कि हम किस सामाजिक और आर्थिक समूह से संबंधित हैं। हम किस प्रकार किसी कार्यक्रम की व्याख्या करते हैं यह भी इसी तथ्य पर निर्भर करता है। हमारी संस्कृति, धर्म, जाति या शिक्षा से हमें जन-संचार के माध्यमों के साथ अंतःक्रिया करने के लिए आधार ढाँचा प्राप्त होता है। इस प्रकार जन-संचार के माध्यम काफी हद तक जनमत को सृजित करने का कार्य भी करते हैं। शेष जनमत को सृजित करने में अफवाहों, गली-मोहल्लों की चर्चा और लोगों के अपने हित की भूमिका रहती है।

जन-संचार के माध्यमों के बारे में राय की भी जनमत सृजित करने में आंशिक भूमिका रहती है। जन-संचार के माध्यमों द्वारा प्रसारित/संप्रेषित संदेश का श्रोता/दर्शक/पाठक उस माध्यम के संबंध में भी अपनी राय बनाता है। प्रबल जनमत जन-संचार के माध्यमों का अभिलक्षण निर्धारित करता है जो जनहित में भी हो सकता है। इसमें संपादक के नाम भेजे जानेवाले पत्रों की भूमिका भी अत्यधिक महत्त्वपूर्ण होती है। मीडिया के प्रति लापरवाह व्यक्ति समाज के प्रति भी जागरूक नहीं होता।

वस्तुनिष्ठ प्रश्नावली

1. 'रिसर्च फॉर पब्लिक पॉलिसी' किसकी पुस्तक है?
A. हेरिंग B. हैराल लॉसवेल
C. डेमिस मैक्विल D. जॉन कॉबरी

2. संचार के क्षेत्र में मनोवैज्ञानिक सिद्धांत एवं प्रगतिवादी सोच के जनक कौन हैं?
A. जॉन डाबरी B. डेनिस मैक्विल
C. हैराल लॉसवेल D. हेरिंग

3. निम्नलिखित में क्या संचार अनुसंधान के क्षेत्र नहीं हैं?
A. स्रोत B. अंतर्वस्तु
C. प्रतिचयन D. माध्यम

4. संचार अनुसंधान की तीन विधियों में कौन-सा नहीं है?
A. प्रतिचयन
B. प्राप्तकर्ता
C. प्रश्नावली द्वारा जाँच
D. साक्षात्कार द्वारा जाँच

5. जनसंचार के बारे में ज्ञान प्राप्ति करने का विश्वसनीय माध्यम है :
A. प्रॉडक्ट B. प्रापक
C. फीडबैक D. शोध

6. निम्नलिखित में जनसंचार की प्रकृति में कौन-सा है?
A. माध्यम B. प्राप्तकर्ता
C. प्रक्रिया D. स्रोत

7. निम्नलिखित में जनसंचार की प्रकृति में कौन-सा नहीं है?
A. माध्यम B. प्रापक
C. फीडबैक D. अंतर्वस्तु

8. आधुनिक शोध अवधारणा में उल्लेख है :
A. अन्वेषण B. निश्चित लक्ष्य
C. उपकल्पना D. उपरोक्त सभी

9. जनसंचार की प्रकृति को किन रूपों में देखा जाता है?
A. माध्यम (Channel)
B. प्रापक (Audience)
C. फीडबैक (Feedback)
D. उपरोक्त सभी

उत्तरमाला

1	2	3	4	5	6	7	8	9
A	A	C	B	D	A	D	D	D

4

प्रिंट मीडिया का उद्भव एवं विकास
(Origin and Development of Print Media)

संचार के अन्य माध्यमों के समान ही प्रिंट और इलेक्ट्रॉनिक माध्यम भी सशक्त माध्यम है, अतः इनके संचालन/प्रचालन में उत्तरदायित्व की भावना का समावेश होना आवश्यक है।

इनका विषय-क्षेत्र अत्यधिक विविध और व्यापक होता है ताकि सूचना के ये माध्यम आम जनता के लिए ज्ञानवर्धक सिद्ध हो सकें।

देश की स्वतंत्रता से पूर्व प्रिंट माध्यम मूलतः एक विशेष ध्येय के साथ एक विशिष्ट उद्देश्य की प्राप्ति के लक्ष्य को दिशा प्रदान कर रहा था और स्वतंत्रता सेनानियों की आवाज को जन-जन तक पहुँचानें में लगा हुआ था।

स्वतंत्रता प्राप्ति के पश्चात् वह उत्साह समाप्त हो गया और तब प्रकाशन उद्योग नई प्रौद्योगिकियों की सहायता से वाणिज्यीकरण के पथ पर चल पड़ा।

प्रिंट मीडिया का उद्भव एवं विकास

समाचार-पत्र का मुख्य कार्य पक्षपात रहित होकर खबरों को लोगों तक पहुँचाना है। समाचार-पत्र जनमत के गठन में एक महत्वपूर्ण भूमिका निभाते हैं। समाचार-पत्र जनहित के मामलों में दैनिक कार्यकलाप की सूची तैयार करता है और ऐसे तथ्यों और मामलों को जनता के समक्ष प्रस्तुत करता है जो उसे उचित लगते हैं। प्रत्येक वस्तुस्थिति एवं घटनाक्रम का सही चित्र देने के लिए समाचार-पत्र का अपना महत्व होता है।

मुद्रण कला की शुरुआत

पहली बार मुद्रण कला का प्रयोग चीन में हुआ। भारत में प्रेस की स्थापना 1556 ई. में पुर्तगालियों द्वारा की गयी। यांत्रिक मुद्रण की शुरुआत भारत में 1498 ई. में हुई। भारत में अनाधिकृत रूप से समाचार-पत्र के मुद्रण का प्रारंभ 1774 ई. से माना जाता है परंतु अधिकृत रूप से 1780 ई. में जेम्स ऑगस्टस हिक्की द्वारा 'बंगाल गजट' है।

समाचार-पत्र की परिभाषा

इनसाइक्लोपीडिया ब्रिटानिया के अनुसार–"समाचार-पत्र तात्कालिक घटनाओं के संबंध में सबसे सही ज्ञान और विवरण शीघ्रातिशीघ्र सम्पन्न करके पाठकों के समक्ष प्रस्तुत करता है।

ब्रिटिश पोस्ट कार्यालय नियम के अनुसार–कोई भी परचा समाचार-पत्र कहा जाएगा, बशर्ते कि उसमें सार्वजनिक समाचार, सूचनाएँ या घटनाएँ छपी हों, अथवा उन समाचारों के संबंध में कोई टीका-टिप्पणी हो और वह एक निश्चित अवधि के बाद, जो 27 दिन से अधिक की न हो, बिक्री के लिए प्रकाशित होता है।

भारत में पत्रकारिता का आरंभ

भारत में छापे की मशीन (Printing Press) का प्रयोग 1674 से प्रारम्भ हुआ जबकि इसके 100 वर्ष बाद पहला समाचार-पत्र 1776 में प्रकाशित हुआ।

सबसे पहला समाचार-पत्र जिसमें विचार स्वतंत्र रूप से व्यक्त किए गए, वह 1780 में जेम्स आगस्टस हिक्की का 'बंगाल गजट' था। इस समाचार-पत्र में हिक्की ने निर्भीक और स्वतंत्र होकर अंग्रेज अधिकारी के खिलाफ लिखने के साथ ही जन-जागृति के लिए कार्य किए। तदनुपरांत उन्हें जेल भी जाना पड़ा। हिक्की की स्वतंत्र और निर्भीक पत्रकारिता पत्रकारों को सदैव प्रेरणा देती रहेगी।

दूसरा समाचार-पत्र 'इंडिया गजट' का प्रकाशन 1780 में शुरू हुआ जिस पर ईस्ट इंडिया कंपनी का वरदहस्त था।

'कैलकटा गजट' का 1784 में और 1785 में 'बंगाल जर्नल' का प्रकाशन आरंभ हुआ।

1819 में भारतीय भाषा में पहला समाचार-पत्र राजा राममोहन राय द्वारा 'संवाद कौमुदी' प्रकाशित हुआ था, जो बंगला भाषा में था।

स्वतंत्रता की लड़ाई एवं जन-चेतना जागृत करने के उद्देश्य से बंगाल में अरविंद घोष ने 'वंदे मातरम' भूपेन्द्रनाथ दत्त ने 'युगांतर' ब्रह्म बंधु उपाध्याय ने 'सांध्य' आदि का प्रकाशन किया। एनी बेसेंट द्वारा 'न्यू इंडिया' का संपादन किया जा रहा था जिस पर प्रतिबंध लगा दिया गया। जन-चेतना जागृत करने के उद्देश्य से बाल गंगाधर तिलक ने 'केसरी' और 'मराठा' का संपादन किया।

समाचार पत्रों के कार्य :

1. विचारों के आदान-प्रदान का माध्यम बनना।
2. प्रतिदिन की घटनाओं का विवरण प्रस्तुत करना।
3. सामाजिक, आर्थिक, राजनैतिक एवं सांस्कृतिक विकास के लिए दिशा निर्देशित करना।
4. लोगों के बीच जनजागरुकता को बढ़ाना।
5. राष्ट्र की एकता, अखंडता के लिए लोगों को प्रेरित करना।
6. पाठकों को स्वस्थ मनोरंजन के साथ-साथ स्वास्थ्य संबंधी जानकारियाँ भी उपलब्ध कराना।

प्रमुख प्रारंभिक पत्र-पत्रिकाएँ

समाचार पत्र-पत्रिकाएँ	प्रकाशन वर्ष	भाषा	प्रकाशक/संपादक
बंगाल गजट	1780	अंग्रेजी	जेम्स ऑगस्टस हिक्की
बम्बई कुरियर	1790	अंग्रेजी	ल्यूक एशबर्नर
उद्दंड मार्तण्ड	1826	हिन्दी	युगल किशोर
दिग्दर्शन	1818	बंगला	जैसी मार्शमैन
अमृत बाजार पत्रिका	1868	बंगला	मोतीलाल घोष

वर्तमान में मुद्रण एक ग्राफिक आर्ट का स्थान ले चुका है तथा समाचारपत्रों का मुद्रण अब अत्यधिक सुरुचिपूर्ण तरीके से किया जाता है।

प्रमुख समाचार-पत्रों के साथ ही कुछ क्षेत्रीय समाचार-पत्र (जिनके पाठकों की संख्या अपेक्षाकृत कम है) भी समाज को अपना योगदान प्रदान कर रहे हैं।

वर्तमान में समाचार उद्योग को एक कुटीर उद्योग का ही दर्जा प्राप्त हो सका है। समाचारपत्रों के क्षेत्र में सहयोगात्मक प्रबंधन की शुरुआत नहीं हुई है जिससे भारतीय समाचारपत्र उद्योग में निचली पंक्ति की सेवा दुर्बल बनी हुई है।

पत्रकारिता और जन-संचार के संदर्भ में 'प्रेस' का अर्थ समाचारपत्र, पत्रिकाओं, पुस्तकों आदि जैसे मुद्रित माध्यमों से है।

भारत में प्रेस का उद्‌भव मुगलकाल में हुआ। इस काल में सूचना-पत्र नियमित रूप से जारी किए जाते थे।

इन सूचना पत्रों से प्रेरित होकर जेम्स ऑगस्टस हिकी ने 1780 में बंगाल गजट की शुरुआत की।

भारत में पहला मुद्रणालय (छापाखाना) 1674 ई. में बम्बई (मुंबई) में स्थापित किया गया जिसके बाद मद्रास (चेन्नई) में 1772 ई. में और कलकत्ता (कोलकाता) में 1779 ई. में मुद्रणालय स्थापित किए गए।

स्वतंत्रता संग्राम के दिनों में प्रेस की भूमिका अत्यधिक महत्त्वपूर्ण रही। प्रेस और शासनाधिकारियों के बीच प्रायः द्वंद्व की स्थिति बनी रहती थी किंतु प्रेस द्वारा स्वतंत्रता के संदेश आम जनता तक पहुँचाए जाते रहे। लॉर्ड लिटन द्वारा वर्ष 1878 में 1 मार्च को वर्नाकुलर प्रेस अधिनियम (Vernacular Press Act) लागू किया गया। यह अधिनियम प्रेस में प्रकाशित किए जाने वाले लेखों पर प्रतिबंध लगाने के लिए अधिनियमित किया गया था।

किन्तु प्रथम विश्वयुद्ध के दौरान एक बार फिर प्रेस को समाचारपत्र-पत्रिकाओं में लेख छापने की अनुमति प्रदान की गई जो इस शर्त पर थी कि प्रकाशित किए जाने वाले लेख सरकार का समर्थन करेंगे।

तत्पश्चात् समाचारपत्र के प्रकाशकों द्वारा सरकार के पास जमानत राशि जमा करके सरकार के समर्थन में लेख प्रकाशित किए जाने लगे।

किन्तु द्वितीय विश्व युद्ध के दौरान युद्ध से संबंधित समाचारों को छापने के मामले पर सरकार और प्रेस के बीच एक बार फिर से तलवार खिंच गई। इसी अवधि के दौरान अखिल भारतीय समाचारपत्र संपादक सम्मेलन (ऑल इंडिया न्यूज पेपर्स एडीटर्स कॉन्फ्रेंस) स्थापित किया गया।

वर्ष 1947 में स्वतंत्रता प्राप्ति के बाद के दिनों में भारत में शनैः-शनैः एक नए युग का प्रवेश हुआ जिस दौरान प्रेस की भूमिका में व्यापक परिवर्तन हुआ।

भारत में प्रेस की संरचना और कार्य प्रणाली की पड़ताल करने के लिए 1952-54 में प्रेस आयोग (Press Commission) की स्थापना की गई।

इस आयोग की अनेक सिफारिशों में एक सिफारिश प्रेस रजिस्ट्रार की नियुक्ति और प्रेस परिषद् की स्थापना के बारे में थी। तत्पश्चात् 1982 में इस आयोग ने प्रेस को अन्य उद्योगों से असंबद्ध करने की सिफारिश की।

इस आयोग की तीसरी और एक महत्त्वपूर्ण सिफारिश राष्ट्रीय विकास आयोग गठित करने के संबंध में थी।

वर्तमान में हमारे देश में प्रिंट मीडिया नवीनतम प्रौद्योगिकियों से सुसज्जित और अत्यधिक विकसित अवस्था में है।

मीडिया द्वारा अपने व्यवसाय में नैतिकता को बनाए रखने के लिए व्यावसायिक अनुशासन पर विशेष ध्यान दिया जाता है। पाश्चात्य देशों में प्रयोग में लाए जाने वाले प्रेस कोड से भिन्न भारतीय प्रेस परिषद् द्वारा अनुशासन सुनिश्चित करने के लिए इस प्रकार के कोड (नियम-संहिता) तैयार किए गए हैं।

समाचार-पत्रों की वर्तमान स्थिति

मुद्रण कला के विकास के साथ ही समाचार-पत्र का क्षेत्र व्यापक हुआ। वर्तमान समय में समाचार-पत्र सर्वजन सुलभ ज्ञान-विज्ञान का संवाहक बन चुका है।

भारतीय प्रेस एक्ट के अनुरूप समाचार-पत्र ऐसे नियतकालिक पत्र को कहते हैं जिसमें सार्वजनिक समाचार होते हैं या उनसे संबंधित टिप्पणी प्राप्त होती है।

स्वतंत्रता प्राप्ति के पश्चात् भारत में समाचार पत्रों का काफी विकास हुआ है। वर्तमान समय में देश में अनेक दैनिक समाचा-पत्र वीडियो प्रदर्शन, टर्मिनल, कम्प्यूटर तथा फोटो कम्पोजिंग व्यवस्था आदि साधनों के संयोजन से इलेक्ट्रॉनिक पद्धति द्वारा मुद्रित किए जाते हैं।

हमारे देश में स्वतंत्रता के पश्चात् हिन्दी पत्रकारिता के क्षेत्र में अभूतपूर्व विकास हुआ। दैनिक पत्रों में मुख्य रूप से सामाजिक, आर्थिक, राजनैतिक एवं सांस्कृतिक घटनाओं के अतिरिक्त मनोरंजन एवं स्वास्थ्य संबंधी जानकारियों की प्रमुखता रहती है।

वस्तुनिष्ठ प्रश्नावली

1. मुद्रण कला की शुरुआत सर्वप्रथम कहाँ हुई?
A. चीन B. ब्रिटेन
C. अमेरिका D. रूस

2. भारत में यांत्रिक मुद्रण की शुरुआत कब हुई?
A. 1498 ई. B. 1556 ई.
C. 1774 ई. D. 1780 ई.

3. भारत में प्रेस की स्थापना कब की गयी?
A. 1498 ई. B. 1556 ई.
C. 1774 ई. D. 1780 ई.

4. भारत में अनाधिकृत रूप से समाचार-पत्र मुद्रण का वर्ष माना जाता है?
A. 1498 ई. B. 1556 ई.
C. 1774 ई. D. 1780 ई.

5. भारत में अधिकृत रूप से समाचार-पत्र की शुरुआत किस वर्ष में मानी जाती है?
A. 1498 ई. B. 1556 ई.
C. 1774 ई. D. 1780 ई.

6. भारत में प्रेस की स्थापना किनके द्वारा की गयी?
A. पुर्तगालियों द्वारा B. फ्रांसीसियों द्वारा
C. डचों द्वारा D. अंग्रेजों द्वारा

7. भारत में छापे की मशीन का प्रयोग कब आरंभ हुआ?
A. 1674 ई. B. 1756 ई.
C. 1774 ई. D. 1776 ई.

8. भारत में स्वतंत्र रूप से प्रकाशित प्रथम समाचार-पत्र कौन-सा है?
A. बंगाल गजट B. कैलकटा गजट
C. इंडिया गजट D. संवाद कौमुदी

9. भारत में प्रथम समाचार-पत्र किनके द्वारा प्रकाशित किया गया?
A. जेम्स हिक्की B. राजा राममोहन राय
C. भूपेन्द्र नाथ दत्त D. अरविंद घोष

10. 'वंदे मातरम' का प्रकाशन किनके द्वारा किया गया?
A. अरविंद घोष B. भूपेन्द्र नाथ दत्त
C. राजा राममोहन राय D. एनी बेसेंट

11. 'न्यू इंडिया' का संपादन किनके द्वारा किया जाता था?
A. अरविंद घोष B. ब्रह्मबंधु उपाध्याय
C. एनी बेसेंट D. लाला लाजपत राय

12. 'केसरी' एवं 'मराठा' का संपादन किनके द्वारा किया जाता था?
A. भूपेन्द्रनाथ दत्त B. बाल गंगाधर तिलक
C. लाला लाजपत राय D. एनी बेसेंट

13. 'युगांतर' का प्रकाशन किनके द्वारा होता था?
A. भूपेन्द्र नाथ दत्त B. अरविंद घोष
C. राजा राममोहन राय D. एनी बेसेंट

14. भारतीय भाषा में प्रकाशित प्रथम समाचार-पत्र कौन-सा है?
A. युगांतर B. केसरी
C. संवाद कौमुदी D. मराठा

15. 'संवाद कौमुदी' किनके द्वारा प्रकाशित होता था?
A. राजा राममोहन राय B. भूपेन्द्र नाथ दत्त
C. अरविंद घोष D. बाल गंगाधर तिलक

16. 'उद्दंड मार्तण्ड' का प्रकाशन किनके द्वारा होता था?
A. मोतीलाल घोष B. युगल किशोर
C. जेम्स ऑगस्टस हिक्की D. जैसी मार्शमैन

17. भारत में पहला मुद्रणालय (छापाखाना) कब और कहाँ स्थापित किया गया?
A. 1674 ई., मुंबई B. 1772 ई., चेन्नई
C. 1662 ई., कलकत्ता D. 1779 ई., कलकत्ता

18. 'अमृत बाजार पत्रिका' किस भाषा में प्रकाशित होती थी और इनके प्रकाशक कौन थे?
A. अंग्रेजी, जेम्स हिक्की
B. बंगला, मोतीलाल घोष
C. बंगला, जैसी मार्शमैन
D. हिन्दी, युगल किशोर

19. 'दिग्दर्शन' किनके द्वारा और किस भाषा में प्रकाशित होता था?
A. मोतीलाल घोष, बंगला
B. मार्शमैन, बंगला
C. एशबर्नर, अंग्रजी
D. अरविंद घोष, हिन्दी

20. 1790 ई. में ल्यूक एसबर्नर द्वारा प्रकाशित कौन-सा समाचार-पत्र था?
A. इंडिया गजट B. कैलकटा गजट
C. बम्बई कुरियर D. न्यू इंडिया

उत्तरमाला

1	2	3	4	5	6	7	8	9	10
A	A	B	C	D	A	A	A	A	A
11	**12**	**13**	**14**	**15**	**16**	**17**	**18**	**19**	**20**
C	B	A	C	A	B	A	B	B	C

5

जनसंचार के इलेक्ट्रॉनिक माध्यम (Electronic Medium of Mass Communication)

प्रिंट मीडिया के अतिरिक्त देश में इलेक्ट्रॉनिक मीडिया का विकास भी अपनी गति से हुआ और यह मीडिया जन-संचार के सर्वोत्तम साधन के रूप में स्वीकार्यता प्राप्त करने के लिए निरंतर प्रयासरत् है।

रेडियो

इलेक्ट्रॉनिक माध्यम के उपकरणों में मुद्रित माध्यम से अधिक तीव्रता से और दूरदराज तक संदेशों को पहुँचाने की शक्ति है। रेडियो इनमें सबसे सस्ता और स्थानांतरणीय (Portable) उपकरण है। 1895 ई. में मार्कोनी ने वायरलेस के द्वारा ध्वनियों और संकेतों को एक स्थान से दूसरे स्थान पर भेजने में सफलता प्राप्त की। 1892 ई. में अमेरिका में शुरुआती रेडियो स्टेशन, पिट्सबर्ग, न्यूयार्क और शिकागो में खुले। भारत में प्रथम बार 1921 ई. में मुम्बई में टाइम्स ऑफ इंडिया ने डाक-तार विभाग के सहयोग से संगीत कार्यक्रम प्रसारित किया।

भारत में विधिवत् रूप से रेडियो प्रसारण 23 जुलाई 1927 को मुम्बई में 'इंडियन ब्रॉडकास्टिंग कं.' के नाम से शुरू हुआ। 16 मई 1928 को मद्रास में पहला रेडियो क्लब खोला गया और 31 जुलाई से कार्यक्रम प्रसारित होने शुरू हुए। सन् 1936 में दिल्ली, 1937 में पेशावर और लाहौर, 1938 में लखनऊ और मद्रास, 1939 में ढाका और त्रिचलापल्ली आदि नए केन्द्र खुल गए। 1936 ई. में इंडियन ब्रॉडकास्टिंग का नाम 'ऑल इंडिया रेडियो' जो कालांतर में आकशवाणी के नाम से जाना जाने लगा।

बी.बी.सी. के ब्रॉडकास्ट विशेषज्ञ मिस्टर गायडर 1936 में ऑल इंडिया रेडियो के प्रथम निदेशक बने। ऑल इंडिया रेडियो के प्रथम भारतीय निदेशक ए.एस. बुखारी 1940 में बने।

सन् 1957 में 'ऑल इंडिया रेडियो' का नाम 'आकाशवाणी' रखा गया। इसी वर्ष 'विविध भारती' एवं उर्दू सेवा प्रारंभ किए गए। 1967 ई. में रेडियो पर 'विज्ञापन सेवा' तथा 1969 में 'युगवाणी' की शुरुआत की गयी। रेडियो से पहली बार चुनाव का प्रसारण 1977 में किया गया। आकाशवाणी से राष्ट्रीय चैनल का प्रारंभ 1988 से हुआ।

रेडियो का आविष्कार 1909 में संयुक्त राज्य अमेरिका में हुआ किंतु निरंतर और व्यवस्थित ब्रॉडकास्टिंग की शुरुआत वर्ष 1920 में हुई।

वर्ष 1923 में बंबई (मुंबई) रेडियो क्लब द्वारा देश में पहला प्रसारण किया गया और तत्पश्चात् कलकत्ता (कोलकाता) रेडियो और तब 31 जुलाई, 1924 को मद्रास (चेन्नई) रेडियो क्लब से प्रसारण शुरू किया गया।

आकाशवाणी (ऑल इंडिया रेडियो) की शुरुआत बीबीसी के लॉयनेल फिल्डेन की सेवाएं प्राप्त करके की गई जिसे आकाशवाणी के प्रसारण का नियंत्रक नियुक्त किया गया। उसने युवाओं का एक समूह गठित करके 1938 में लघुतरंग सेवा (Short Wave Service) की शुरुआत की।

स्वतंत्र भारत में पहला रेडियो प्रसारण 14-15 अगस्त, 1947 की अर्धरात्रि में किया गया जबकि जवाहर लाल नेहरू का प्रसिद्ध भाषण ट्रिस्ट विथ डेस्टिनि (Tryst with Destiny)–"भाग्य या नियति से मिलन" प्रसारित किया गया।

देश विभाजन के पश्चात् देश में अनेक रेडियो स्टेशन खोले गए। उस समय देश में छह रेडियो स्टेशन काम कर रहे थे जो बम्बई (मुंबई), कलकत्ता (कोलकाता), दिल्ली, तिरुचि, लखनऊ और मद्रास (चेन्नई) में खोले गए थे। जब देशी रियासतें भारत का हिस्सा बन गईं तो पाँच और रेडियो स्टेशन हैदराबाद, औरंगाबाद, बड़ौदा, मैसूर और त्रिवेंद्रम में खोले गए।

वर्ष 1964 में, रेडियो और दूरदर्शन कार्यक्रमों के लिए दो स्वतंत्र निगम स्थापित करने के संबंध में अपनी रिपोर्ट देने के लिए ए.के. चंद्रा की अध्यक्षता में एक समिति गठित की गई। हालांकि इस समिति द्वारा रेडियो और दूरदर्शन के लिए दो पृथक् निगम स्थापित करने के संबंध में प्रस्तुत की गई रिपोर्ट उस समय स्वीकार नहीं की गई किन्तु अंततः वर्ष 1976 में इन्हें अलग-अलग कर दिया गया तथा आकाशवाणी और दूरदर्शन का अलग-अलग अस्तित्त्व सामने आया।

वर्ष 1977 में जनता पार्टी की सरकार द्वारा बी. जी. वर्गीज की अध्यक्षता में एक अन्य समिति गठित की गई जिसे आकाशवाणी और दूरदर्शन को स्वायत्तता प्रदान करने के संबंध में रिपोर्ट प्रस्तुत करने का कार्य सौंपा गया।

बी. जी. वर्गीज समिति ने 1978 में आकाश भारती गठित करने की सिफारिश की किन्तु जनता पार्टी की सरकार के गिरने के साथ ही इस समिति की सिफारिश व्यर्थ हो गई।

भारत में दूरदर्शन कार्यक्रमों की शुरुआत 15 सिंतबर, 1959 को की गई। आरंभिक दिनों में यह आशंका व्यक्त की गई कि टेलीविजन हमें हमारी परंपरागत संस्कृति से अलग कर देगा।

दूरदर्शन द्वारा 26 जनवरी, 1967 से 'कृषि दर्शन' और 3 दिसंबर 1971 से अंग्रेजी समाचार बुलेटिन की शुरुआत की गई।

आकाशवाणी और दूरदर्शन दोनों ही सूचना एवं प्रसारण मंत्रालय के अधीन हैं।

दूरदर्शन और अन्य उपग्रह चैनलों द्वारा देश के विकास में अत्यधिक महत्त्वपूर्ण भूमिका निभाई गई है। कार्यक्रम प्रायः सामान्य ऑडियन्स और विशिष्ट वर्ग के ऑडियन्स को ध्यान में रखकर तैयार किए जाते हैं। इनमें समाचारों के अतिरिक्त फिल्म तथा कृषक वर्ग के लिए महत्त्वपूर्ण कार्यक्रम भी प्रसारित किए जाते हैं।

रेडियो और टेलीविजन के साथ-साथ लोगों के मनोरंजन के साधन के रूप में फिल्मों की भूमिका भी अत्यधिक महत्त्वपूर्ण है।

सिनेमाघरों में चलते-फिरते चित्रों को सर्वप्रथम जे एफ. मैडान द्वारा 1902 में प्रदर्शित किया गया। टॉर्नी द्वारा नाटकीय फिल्मों की शुरुआत की गई (जिन्होंने 1912 में पुंडालिक बनाया)। दादा साहब फाल्के द्वारा 1913 में राजा हरिश्चंद्र नामक चलचित्र बनाना इस दिशा में उल्लेखनीय योगदान है।

भारत में 1913 से 1931 तक का दौर मूक फिल्मों क था। वर्ष 1930 में 'आलम आरा' नामक फिल्म से भारत मे बोलती (सवाक) फिल्मों का दौर शुरू हुआ।

धीरे-धीरे रंगीन फिल्मों का दौर शुरू हुआ तथा भारतीय रंगमंच द्वारा 1932 में पहली रंगीन फिल्म बनाई गई।

दूसरी ओर इलेक्ट्रॉनिक मीडिया जन-संचार का सर्वोत्कृष्ट माध्यम (मीडिया) बन चुका है।

टेलीविजन का 1930 के दशक में पाश्चात्य देशों में प्रवेश हुआ किंतु भारत में उसकी शुरुआत 1959 में हुई।

इलेक्ट्रॉनिक मीडिया के तीन साधन हैं–रेडियो, टेलीविजन और फिल्म। इन तीनों माध्यमों की अपनी-अपनी विशेषताएँ हैं।

रेडियो एक दृश्येतर माध्यम है जिसमें न तो संदेश का प्रस्तुतकर्ता और न ही श्रोता एक दूसरे को देख सकते हैं। इसमें ध्वनि के माध्मय से श्रोता संदेश को सुन पाता है अर्थात् संदेश का वहन ध्वनि द्वारा किया जाता है।

ध्वनि का प्रसारण उच्चरित शब्दों, संगीत और ध्वनि प्रभावों पर निर्भर करता है।

इन ध्वनियों का सुरीला अर्थात् प्रीतिकर और श्रोताओं के लिए श्रुतिकर होना आवश्यक है। रेडियो एक ऐसा माध्यम है जो किसी दूर स्थान (रेडियो स्टेशन) पर उत्पन्न ध्वनि को श्रोताओं तक पहुँचाता है।

ध्वनि को उत्पन्न करने वाला संगीतकार ध्वनि और संगीत का सुमधुर मिश्रण तैयार करता है जिससे वास्तविक सघोष या मुखरित ध्वनि उत्पन्न होती है। ऐसी अभिव्यक्ति तभी आती है जब ध्वनि को उत्पन्न करने वाले व्यक्ति के मस्तिष्क, आत्मा, मनःस्थिति, कल्पना और शरीर का आपसी तालमेल हो।

माइक्रोफोन नामक यंत्र के द्वारा वक्ता अपनी बात को श्रोताओं तक पहुँचाता है। यह रिकॉर्ड किए गए संगीत को बजाने के लिए प्रयोग में लाया जाने वाला एक यन्त्र है जिसमें उच्च गुणवत्ता की ध्वनि उत्पन्न होती है। यह बहुत मंद ध्वनि, कागज के खिसकने की हल्की सी आवाज को भी ग्रहण करके श्रोता तक पहुँचा सकता है।

माइक्रोफोन से संदेश संप्रेषण हेतु शब्दों का उपयोग और अभिव्यक्ति का तरीका अत्यधिक आत्मीय या घनिष्ठ होना चाहिए क्योंकि इसमें यह मानकर संप्रेषण या भाव-अभिव्यक्ति की जाती है कि श्रोता ध्वनि के प्रस्तुतकर्ता के बिल्कुल निकट उसकी बगल में ही बैठा है।

यह जन-संचार का एक ऐसा माध्यम है जिससे एक ही समय में सैकड़ों-हजारों व्यक्तियों तक पहुँचा जा सकता है। अतः रेडियो-प्रसारण की भाषा सरल तथा बोलचाल की भाषा होनी चाहिए जिसे आम जनता आसानी से समझ सके।

यह जन-संचार का एक सचल (Mobile), सस्ता और त्वरित माध्यम है।

टेलीविजन

यह एक श्रव्य-दृश्य माध्यम है अर्थात् इसके द्वारा संदेश को देखा भी जा सकता है और सुना भी जा सकता है। टेलीविजन प्रसारण श्रव्य-दृश्य रूप में तैयार, प्रसारित और प्राप्त किया जाता है।

यह माध्यम श्रोता/संदेश के प्राप्तकर्ता तक उसके दो संवेदी अंगों अर्थात् कान और आँख दोनों के माध्यम से संदेश पहुँचाता है। यह अन्य माध्यमों अर्थात् रेडियो (ध्वनि), मंच, फिल्म (दृश्य) आदि का संयोजन है।

इससे काफी व्यापक क्षेत्र में संदेश संप्रेषण होता है और यह अत्यधिक विश्वसनीय माध्यम है क्योंकि लोग प्रायः देखकर विश्वास करने के आदि होते हैं।

टेलीविजन एक मोहक या आकर्षण से भरपूर माध्यम है जिसे लगभग चौबीसों घंटे देखा-सुना जा सकता है। वर्तमान में इसके कार्यक्रमों के दर्शकों की संख्या में लगातार वृद्धि हो रही है।

टेलीविजन एक ऐसा माध्यम है जिसकी सहायता से विश्व भर में हो रही घटनाओं से संबंधित सूचना, चाहे वह घटना राजनीति से संबंधित हो या किसी नवीन आविष्कार से, जन-जन तक अत्यधिक तेजी से पहुँचाई जा सकती है।

इसकी सहायता से व्यवसायी वर्ग विज्ञापनों की सहायता से, जो एक ही समय में लाखों लोगों तक पहुँच जाता है, अपने उत्पादों को बहुत आसानी से बेच सकता है।

फिल्म

यह मशीन तथा कलात्मक रुझान और तकनीकी जानकारी रखने वाले लोगों के बीच पारस्परिक संबंधों का परिणाम है। इसके निर्माण में अनेक यांत्रिक युक्तियाँ जैसे कि कैमरा, माइक्रोफोन, डबिंग मशीनों, एडिटिंग मशीनों आदि का प्रयोग किया जाता है। फिल्में दैनिक जीवन की लगभग सभी घटनाओं पर आधारित होती हैं। फिल्मों की कथाएं सामाजिक घटनाओं और घटनाक्रमों पर आधारित होती हैं, जिन्हें कलाकारों द्वारा अत्यधिक तथ्यपरक रूप में इस प्रकार प्रस्तुत किया जाता है कि वे वास्तविक प्रतीत होती हैं।

कभी-कभी फिल्म निर्माता अधिकाधिक लाभ अर्जित करने के लिए सस्ती व्यावसायिक फिल्में भी बना डालते हैं जिनसे समाज पर प्रतिकूल प्रभाव पड़ने की संभावना रहती है।

रेडियो प्रसारण

जन-संचार के माध्यम के रूप में रेडियो का विकास–विश्वभर के देशों के तकनीशियनों और वैज्ञानिकों द्वारा की गई अनेकानेक खोजों और आविष्कारों के फलस्वरूप बेतार टेलीग्राफी और तत्पश्चात् रेडियो प्रसारण (Radio Broadcasting) की शुरुआत हुई। बेतार टेलीग्राफी को, जिसका एकमात्र उपयोग एक स्थान से दूसरे स्थान तक (स्थान-दर-स्थान आधार पर) दूरसंचार सुविधा उपलब्ध करवाना था, एक ब्रॉडकास्टिंग प्रणाली के रूप में विकसित होने में तथा आम जनता के सांस्कृतिक उन्नयन हेतु एक जन-संचार का माध्यम बनने में दस वर्ष लग गए। एक प्रकार के प्रौद्योगिकीय और सामाजिक उपयोग से दूसरे प्रकार के प्रौद्योगिकीय और सामाजिक उपयोग के रूप में यह बदलाव दो कारणों से हुआ। पहला, विश्वयुद्ध के फलस्वरूप बेतार टेलीग्राफी के औद्योगिकीकरण को बढ़ावा मिला और दूसरा, संयुक्त राज्य अमेरिका में रेडियो ने एक संचार परिवेश निर्मित किया जिसमें ऐमेच्योर रेडियो सरलतापूर्वक काम कर सकता था।

रेडियो ब्रॉडकास्टिंग के फलस्वरूप रिसीवरों की काफी अधिक मात्रा में उत्पादन की आवश्यकता हुई और इसके मार्केटिंग (विपणन) को भी वाणिज्यिक दृष्टि से लाभकारी बनाना आवश्यक हो गया। यह परिस्थिति प्रथम विश्वयुद्ध के दौरान सृजित हुई। इस दौरान रेडियो ब्रॉडकास्टिंग का सर्वाधिक महत्त्वपूर्ण उपयोग सैन्य सेवाओं में किया जाता था। विश्व युद्ध की समाप्ति के बाद रेडियो को वाणिज्यिक आधार प्राप्त हुआ और इसे दूरसंचार, जन-संचार के उपकरणों को निर्मित करने वाले उद्योग और प्रेस के संयोजन से एक सामाजिक आयाम प्रदान किया गया। पहला रेडियो स्टेशन 1920 के दशक में चुनाव समाचारों, क्रीड़ा जगत की खबरों और नाट्य कार्यक्रमों के विषय में जानकारी देने के लिए पिट्सबर्ग, न्यूयार्क और शिकागो से शुरू किया गया। सन् 1923 के मध्य तक संयुक्त राज्य अमेरिका में लगभग 450 रेडियो स्टेशन काम करने लगे जो ऐमेच्योर के एक पूल के पारस्परिक संबंध के माध्यम से काम करते थे। इन

स्टेशनों को बाद में ए टी एंड टी द्वारा आपस में एकीकृत कर नेशनल ब्रॉडकास्टिंग कंपनी (एनबीसी) का गठन किया गया। इसके बाद कुछ स्वतंत्र स्टेशन भी आपस में जुड़ गए और एक दूसरा राष्ट्रीय नेटवर्क बनाया जिसे कोलंबिया ब्रॉडकास्टिंग सिस्टम (सीबीएस) नाम दिया गया। आम जनता तक पहुँचने वाला नेटवर्क, पब्लिक ब्रॉडकास्टिंग सर्विस (पीबीएस) काफी बाद में स्थापित हुआ।

ब्रिटेन और यूरोप में ब्रॉडकास्टिंग को काफी अधिक महत्त्वपूर्ण माना गया और इसे निजी कंपनियों पर नहीं छोड़ा गया। पब्लिक सर्विस ब्रॉडकास्टिंग को कर के रूप में सहायता प्रदान की गई न कि विज्ञापन आधारित वाणिज्यिक प्रसारण से इसे व्यापक जनसमर्थन हासिल हुआ। अतः यह वह समय था जब संयुक्त राज्य अमेरिका में नेशनल ब्रॉडकास्टिंग कंपनी स्थापित की गई। ब्रिटिश सरकार ने अपने देश में पहल करते हुए एक स्वायत्त संस्था के रूप में बीबीसी की स्थापना की। अन्य यूरोपीय देशों ने भी सीधे सरकारी नियंत्रण में या स्वायत्तशासी निकायों के रूप में अपना राष्ट्रीय पब्लिक सर्विस नेटवर्क स्थापित किया।

ब्रिटेन और फ्रांस जैसी उपनिवेशी शक्तियों ने एशिया और अफ्रीका के देशों में स्थानीय जनता तक अपना शासन तंत्र पहुँचाने तथा अपने राजनीतिक और व्यापारिक हितों की रक्षा करने के लिए अपने ब्रॉडकास्टिंग केंद्र खोले।

भारतीय प्रसारण : आरंभिक दौड़

भारत में ब्रॉडकास्टिंग की शुरुआत कलकत्ता (कोलकाता), बम्बई (मुम्बई), मद्रास (चेन्नई) और लाहौर में ऐमेच्योर रेडियो क्लब द्वारा की गई। हालाँकि इन क्लबों द्वारा यह कार्य आरंभ किए जाने से भी पहले देश में बम्बई जैसे अनेक शहरों में प्रायोगिक आधार पर अनेक रेडियो प्रसारण किए गए थे। 'दि टाइम्स ऑफ इंडिया' का कहना है कि 20 अगस्त, 1921 को एक भवन की छत से रेडियो प्रसारण किया गया। तथापि, प्रसारण के लिए पहला लाइसेंस 23 फरवरी, 1922 को दिया गया। संभवतः कलकत्ता का रेडियो क्लब पहला ऐमेच्योर रेडियो क्लब था जिसने 1923 के नवंबर माह में प्रसारण आरंभ किया जिसके बाद 16 मई, 1924 को गठित मद्रास प्रेसीडेंसी रेडियो क्लब ने 31 जुलाई, 1924 को अपना प्रसारण आरंभ किया। वित्तीय कठिनाइयों के कारण इन क्लबों का 1927 में आपस में विलय हो गया और इंडियन ब्रॉडकास्टिंग कंपनी लिमिटेड (आईबीसी) नाम से एक निजी कंपनी गठित हुई। भारत में प्रसारण का पहला नियंत्रक लियोनेल फिलडेन ने अपनी आत्मकथा में भारतीय ब्रॉडकास्टिंग कंपनियों के शुरुआती दिनों का उल्लेख निम्नलिखित शब्दों में किया हैः "यूरोपीय ब्रॉडकास्टिंग की वित्तीय सफलता से उत्साहित होकर भारतीय व्यापारियों के एक समूह ने बहुत कम पूँजी लगाकर 1927 में एक कंपनी गठित की तथा कलकत्ता और बम्बई में दो दुर्बल और छोटे स्टेशनों को शुरू किया। उसके बाद के तीन वर्षों में उनके श्रोताओं की संख्या लगभग 7000 हो गई किंतु कंपनी का तब तक काफी धन व्यय हो चुका था जिसके कारण कंपनी ने परिसमापन का निर्णय ले लिया। तब तत्कालीन भारत सरकार ने रेडियो विक्रेताओं के हित को ध्यान में रखते हुए इस कंपनी के ट्रान्समीटरों को खरीदने का निर्णय लिया। ऐसा करने के पश्चात् सरकार ने मितव्ययिता की दिशा में कार्य आरंभ किया। दिल्ली में केन्द्र सरकार के कार्यालय में बैठे योजनाकारों से ऐसी आशा बहुत कम थी कि वे संगीत, नाटक और ऐसी ही असंगत मदों पर सरकारी धन का व्यय करेंगे। यह स्पष्ट दिखाई पड़ रहा था और ऐसे सभी अनावश्यक व्यय रोके गए। जिससे इन रेडियो स्टेशनों द्वारा प्रसारित कार्यक्रमों का स्तर पहले से भी गिर गया। भारतीय ब्रॉडकास्टिंग पर पूर्ण ग्रहण लग जाता किंतु तभी बीबीसी ने शॉर्ट वेव पर एक राजकीय कार्यक्रम शुरू किया। भारत में रहने वाले यूरोपीय लोगों में रेडियो सेट खरीदने के लिए होड़ लग गई किन्तु तब भारत सरकार ने ब्रॉडकास्टिंग हेतु धन जुटाने के लिए प्रति रेडियो सेट पर 50% शुल्क लगा दिया जिससे और भी 8000 अतिरिक्त रेडियो सेट खरीदे गए जिनसे सरकार के पास ब्रॉडकास्टिंग शीर्ष के अंतर्गत काफी धन इकट्ठा हो गया। तब विक्रेताओं ने मांग की कि ब्रॉडकास्टिंग के लिए जुटाए गए धन का उपयोग इसी क्षेत्र में सुधार लाने के लिए किया जाए। सरकार ने प्रस्ताव रखा कि दिल्ली में एक रेडियो स्टेशन खोला जाए और बीबीसी द्वारा प्रसारित कार्यक्रमों को विशेष प्राथमिकता दी जाए किंतु भारत में रहने वाले अधिकांश अंग्रेज बीबीसी के कार्यक्रमों को सुनना पसंद करते थे और भारतीय विक्रेताओं के लिए इससे कोई अंतर नहीं पड़ता था कि कौन क्या सुन रहा है क्योंकि उनके रेडियो सेट बिक रहे थे। भारतीय ब्रॉडकास्टिंग अपनी ही राह पर बना रहा।

पहला दैनिक समाचार बुलेटिन वर्ष 1936 में शुरू हुआ किन्तु द्वितीय विश्वयुद्ध के कारण एक राष्ट्रीय नेटवर्क और एक विदेशी सेवा स्थापित करना आवश्यक हो गया तथा साथ ही

कवरेज में विस्तार के लिए उच्च शक्ति का ट्रान्समीटर संस्थापित करना भी अनिवार्य हो गया। ऑल इंडिया रेडियो वर्ष 1946 में सूचना और प्रसारण विभाग के अधीन कर दिया गया। यह वर्ष 1997 में प्रसार भारती (भारतीय प्रसारण निगम) की स्थापना तक सूचना और प्रसारण विभाग के अधीन बना रहा। प्रसार भारती एक स्वायत्तशासी निकाय है जिसका गठन प्रसार भारती अधिनियम 1990 के अंतर्गत किया गया है।

काँग्रेस का गोपनीय रेडियो स्टेशन

'भारत छोड़ो' आंदोलन के नेताओं की रेडियो या प्रेस तक पहुँच नहीं थी। वे रेडियो या प्रेस के जरिए अपना कोई वक्तव्य जारी नहीं कर सकते थे। ऑल इंडिया रेडियो ब्रिटिश सरकार के प्रचार का एक तंत्र था तथा समाचारपत्र सरकार के सेंसर के अधीन प्रकाशित किए जाते थे। अतः स्वतंत्रता आंदोलन से जुड़े नेताओं के लिए अपना गुप्त रेडियो ट्रांसमीटर प्रयुक्त करके संदेश प्रसारित करने के अतिरिक्त और कोई विकल्प नहीं था। युवा कांग्रेसी स्वतंत्रता सेनानियों के एक समूह ने (जिसमें ऊषा मेहता, विट्ठल दास खाकड़ और झावेड़ी शामिल थे) भारत में किसी स्थान से, (यह स्थान वास्तव में बंबई था) 41.78 मीटर बैंड पर 3 सितंबर 1942 को एक अल्पकालिक कांग्रेस रेडियो शुरू किया। इस रेडियो स्टेशन से प्रसारण उस वर्ष 11 नवंबर तक जारी रहा। इस प्रसारण को ट्रान्समीटर की शक्ति प्रवर्धित करने के लिए 15 से 17 अक्टूबर तक थोड़े दिनों के लिए रोका गया था। पकड़े जाने के भय से इस मोबाइल स्टेशन का स्थान समय-समय पर बदला जाता रहा तथापि ब्रिटिश पुलिस शीघ्र ही इस गोपनीय रेडियो स्टेशन का पता लगा ली। पुलिस कमिश्नर का कहना था कि इस समूह का मुखिया सीधे राममनोहर लोहिया को अपनी योजना की सफलता की रिपोर्ट करता था और लोहिया ही संबंधित समूह को आवश्यक निधि उपलब्ध कराते थे। इस समूह के लोगों को शीघ्र गिरफ्तार कर लिया गया और उन पर मुकदमा चलाया गया। इस सुनवाई के दौरान खाकड़ को "प्रमुख षड्यंत्रकारी" करार दिया गया और उसे देश की जनता में भाईचारा और सद्भावना को भंग करने तथा युद्ध प्रयासों में बाधा पहुँचाने का दोषी ठहराकर पाँच वर्षो की कैद की सजा दी गई जबकि शेष प्रत्येक को एक-एक वर्ष की सजा दी गई। इस प्रकार राष्ट्रवादियों का स्वतंत्रता संग्राम में ऑल इंडिया रेडियो की एक अलग शाखा चलाने का प्रयास विफल हो गया।

स्वतंत्रता के बाद ऑल इंडिया रेडियो

देश की स्वतंत्रता प्राप्त होने तक ऑल इंडिया रेडियो सच्चे अर्थों में राष्ट्रीय नेटवर्क स्थापित नहीं कर पाया था। तब देश में दिल्ली, बम्बई (मुम्बई), कलकत्ता (कोलकाता), मद्रास (चेन्नई), लखनऊ और तिरुचिरापल्ली में छह तथा मैसूर, त्रावणकोर, हैदराबाद और औरंगाबाद–इन देशी रियासतों में चार कुल दस स्टेशन थे। मात्र 18 ट्रान्समीटरों और 250,000 रिसीवर सेटों से 325 मिलियन से भी अधिक जनता तक रेडियो सेवाएं पहुँचाई जाती थीं। रेडियो को बढ़ावा देने के लिए तब बहुत कुछ करना था। देश में कुछ प्रायोगिक तौर पर स्थापित किए गए रेडियो स्टेशन ही थे तथा बहुत बड़ा क्षेत्र ऐसा था जहाँ रेडियो सेवा उपलब्ध ही नहीं थी। स्वतंत्रता प्राप्ति के बाद कुछ ही वर्षो में 25 और रेडियो स्टेशन शुरू किए गए तथा शहरों व कस्बों में रेडियो सेटों की बिक्री में भी वृद्धि हुई किन्तु इनका मूल्य ग्रामीण जनता द्वारा वहन की जा सकने वाली सीमा से काफी अधिक था। अक्तूबर 1957 में "विविध भारती" नाम से वाणिज्यिक चैनल को शुरू किया गया जिससे रेडियो के प्रति लोगों की रुचि और जनसंख्या के एक माध्यम के रूप में इसकी लोकप्रियता में और वृद्धि हुई। दस वर्ष बाद वाणिज्यिक कार्य विविध भारती का एक प्रमुख कार्य हो गया। 23 जुलाई, 1969 को नई दिल्ली स्टेशन द्वारा 'युगवाणी' या 'युवाओं की आवाज' नाम से एक नया कार्यक्रम शुरू किया गया तथा बाद में अन्य शहरों में भी स्थानीय भाषा में इस कार्यक्रम की शुरुआत हुई।

अप्रैल 1976 में दूरदर्शन को ऑल इंडिया रेडियो से अलग कर दिया गया। इस प्रकार रेडियो को अपनी उड़ान स्वयं करने की स्वतंत्रता मिली और दूरदर्शन की एक निर्धन बहन बने रहने के अभिशाप से आकाशवाणी मुक्त हो गया। आकाशवाणी द्वारा एफएम सेवा शुरू की गई। इसकी शुरुआत पहले-पहल मद्रास रेडियो स्टेशन से किया गया और तब जालंधर और देश के अन्य शहरों में भी यह सेवा शुरू की गई। 1 अप्रैल, 1994 को स्काई रेडियो चैनल की शुरुआत एक प्रमुख घटना थी जिससे रेडियो के उपभोक्ता अपने एफएम रिसीवरों पर उपग्रह माध्यम से 20 रेडियो चैनलों के कार्यक्रम सुन सकते थे।

ऑल इंडिया रेडियो (आकाशवाणी) द्वारा देश में 17 केन्द्रों पर जहाँ एफ एम ट्रान्समीटर उपलब्ध थे, रेडियो पेजिंग आरंभ किया गया किन्तु निजी पेजिंग कंपनियों की प्रतिस्पर्धा के कारण ऑल इंडिया रेडियो का यह प्रयास बहुत अधिक सफल सिद्ध नहीं हुआ।

एफएम प्रसारण

एफएम प्रसारण सर्वप्रथम मद्रास रेडियो स्टेशन द्वारा 1977 में और तत्पश्चात जालंधर रेडियो स्टेशन द्वारा 1992 में शुरू किया गया। वर्ष 1993 में टाईम स्लॉट (Time Slot) निजी कंपनियों को लीज पर आवंटित किया जाने लगा जिसके बाद से एफएम चैनल पॉप संगीत और युवा संस्कृति का पर्यायवाची बन गया। इसी दौरान स्टार टीवी द्वारा म्यूजिक वीडियो चैनल वी-चैनल और एमटीवी चैनल शुरू किए गए। एफएम प्रसारण का रेडियो रिसीवरों द्वारा अभिग्रहण वायुमंडलीय शोर और विद्युत व्यतिकरण से मुक्त होता है। वर्तमान में दिल्ली, मुम्बई, पणजी, बेंगलुरु, चेन्नई और कोलकाता के ऑल इंडिया रेडियो स्टेशनों द्वारा टाइम्स एफएम, रेडियो मिड डे और रेडियो स्टार जैसे निजी प्रोड्यूसरों को एफएम स्लॉट आंवटित किए गए हैं।

15 अगस्त, 1993 को बंबई में एक एफएम चैनल शुरू किया गया जिसने टाइम्स एफ.एम., रेडियो स्टार और रेडियो मिड डे जैसे निजी प्रोड्यूसरों को नौ घंटे का रेडियो समय लीज पर आवंटित किया। ऑल इंडिया रेडियो प्रति घंटे ₹ 3000 का शुल्क वसूलता है जबकि निजी कंपनियाँ विज्ञापन दाता कंपनियों से दस सेकंड के वाणिज्यिक विज्ञापन के लिए ₹ 250-300 वसूल करती हैं। अधिकांश शहरों में एफएम कार्यक्रम शहरी अंग्रेजी भाषा-भाषी युवाओं को ध्यान में रखकर प्रसारित किए जाते हैं तथा उनमें पॉप संगीत की प्रमुखता होती है। एफएम कार्यक्रमों में प्रायोजित हिट संगीतों के अतिरिक्त सीधी-परिचर्चा, समाचार बुलेटिन, प्रतियोगिताएं, क्विज और नाटक कार्यक्रमों के दौरान श्रोताओं से फोन पर बात-चीत, उनके पत्रों का वाचन कार्यक्रम आदि आयोजित करके श्रोताओं को आकर्षित किया जाता है। स्वाभाविक है कि लीज्ड स्लॉटों के लिए विज्ञापन काफी जोर-शोर से किया जाता है। एफएम प्रसारण के और अधिक विकास के मार्ग में प्रमुख अवरोध एफएम रेडियो सेटों की कम प्रतिशतता, ऑल इंडिया रेडियो के प्राधिकारियों का सरकारी नियंत्रण कम करने पर सहमत न होना तथा निजी ब्रॉडकास्टरों (जिनमें से दि टाइम्स ऑफ इंडिया और मिड डे प्रमुख समाचारपत्रों का प्रकाशन भी करते हैं) का अपना एकाधिकार बनाए रखने के लिए प्रयासरत् रहना है। उन्होंने ऑल इंडिया रेडियो द्वारा दर बढ़ाए जाने के प्रयास का विरोध किया है तथा 25% से अधिक विदेशी इक्विटी वाली भारतीय कंपनियों द्वारा एफएम चैनलों पर टाइम स्लॉट के लिए बोली लगाने का भी विरोध किया है।

एफएम रेडियो प्रौद्योगिकी से प्रसारण को स्थानबद्ध करने और बहुत से स्टेशनों से प्रचालित करने में सहायता मिली है। उदाहरण के लिए न्यूयार्क में 82 रेडियो केन्द्र हैं तथा लंदन में 42, मनीला में 35, जकार्ता में 29 रेडियो स्टेशन हैं जबकि नई दिल्ली में केवल 8 रेडियो स्टेशन है। तीन अन्य एफ एम चैनलों जिनमें 98.3 एफ एम, 93.5 एफएम शमिल हैं, को शुरू करने से विशेषकर दिल्ली के श्रोताओं के मनोरंजन और सांस्कृतिक उन्नयन के क्षेत्र में व्यापक परिवर्तन आया है।

एफएम रेडियो का ट्रान्समिशन बैंड 108 मेगा हर्ट्स के बीच है तथापि, इसमें से एक बृहत् बैंडविड्थ सरकार द्वारा अपने उपयोग के लिए सुरक्षित रखा गया है। 13 आवृत्तियाँ देश के विभिन्न शहरों में विविध भाषाओं के प्रसारण हेतु उपलब्ध हैं जिन पर शहरों/क्षेत्रों के रेडियो स्टेशन अपने कार्यक्रम प्रसारित करते हैं। ऑल इंडिया रेडियो एफएम प्रसारण को देश के अधिकाधिक शहरों में पहुँचाने का प्रयास कर रहा है।

डिजिटल ऑडियो ब्रॉडकास्टिंग

भारत में ऑल इंडिया रेडियो सहित अनेक प्रसारक डिजिटल ऑडियो ब्रॉडकास्टिंग (DAB) को शुरू करने की दिशा में काम कर रहे हैं। DAB प्रौद्योगिकी यूरेका-147 नामक यूरोपीय परियोजना के फलस्वरूप विकसित हुई और इस प्रौद्योगिकी का प्रयोग करके प्रसारण बीबीसी द्वारा 1995 में लंदन क्षेत्र में शुरू किया गया। इसमें ध्वनि को एनालॉगस तरंगों के बजाए कंप्यूटर कोड के रूप में प्रसारित किया जाता है; कम्पैक्ट डिस्क (CD) प्रौद्योगिकी के समान ही यह व्यतिकरण मुक्त ध्वनि उत्पन्न करता है। हालांकि मुख्य रूप से यह एक श्रव्य माध्यम है किन्तु यह टेक्स्ट, डेटा फाईल, ग्राफिक्स, पिक्चर और मूविंग वीडियो जैसी मल्टीमीडिया सेवाएं भी प्रदान कर सकता है। अतः DAB श्रोता संगीत सुनने के साथ-साथ अपने कंप्यूटर स्क्रीन पर संबंधित सूचना और तस्वीर भी देख सकते हैं। प्रौद्योगिकी के अन्य उपयोग भी हैं जिसका प्रयोग पर्यटक और यात्रा संबधी सूचनाएं कंप्यूटर टर्मिनलों तक पहुँचाने, ट्रैफिक संबंधी सूचना को मल्टीमीडिया DAB रिसीवरों से युक्त वाहनों तक पहुँचाने तथा आँकड़ों को नोट बुक, कंप्यूटरों और मोबाइल फोनों तक प्रेषित करने के लिए किया जाता है। म्यूजिक हार्डवेयर निर्मित करने वाली बहुराष्ट्रीय कंपनियाँ जैसे कि फिलिप्स, सोनी, पैनासोनिक और ग्रण्डिक आदि DAB रिसीवरों के उत्पादन से जुड़ी हुई हैं।

ऑल इंडिया रेडियो सेवाएं

राष्ट्रीय सेवा–केन्द्रीय आधार पर सृजित राष्ट्रीय सेवा (जिसे प्राथमिक सेवा भी कहते हैं) का उद्भव और विकास द्वितीय विश्व युद्ध के दिनों में हुआ जबकि दिल्ली से समाचार बुलेटिनों का प्रसारण किया जाता था। समाचार सेवा प्रभाग समाचारों, समाचार-फिल्मों, स्पॉटलाइट, टिप्पणी और ताजे घटनाक्रमों पर आधारित कार्यक्रम तैयार करता है और उनकी प्रस्तुति करता है किन्तु संगीत, नाटक, फीचर और वार्ताओं से संबंधित राष्ट्रीय कार्यक्रमों की योजना महानिदेशक स्तर पर मंजूर की जाती है जिन्हें क्षेत्रीय केन्द्रों द्वारा तैयार किया जाता है। ऑल इंडिया रेडियो की वाणिज्यिक राजस्व प्राप्ति में वृद्धि करने के लिए अप्रैल 1982 से प्राथमिक चैनलों पर और 28 जनवरी 1985 से 55 चुनिन्दा स्टेशनों से वाणिज्यिक प्रसारण की अनुमति दी गई।

क्षेत्रीय सेवाएं–क्षेत्रीय सेवाएं प्रमुख भाषाई और सांस्कृतिक समूहों को रेडियो सेवा उपलब्ध कराती हैं। प्रत्येक राज्य और संघ राज्य क्षेत्र के क्षेत्रीय केन्द्र अपने यहाँ रह रहे लोगों और समूहों तक उनकी भाषाई आवश्यकता के अनुसार रेडियो कार्यक्रम पहुँचाता है। दिल्ली से प्रसारित किए गए राष्ट्रीय समाचारों तथा वार्ता और संगीत को राष्ट्रीय कार्यक्रमों के अतिरिक्त क्षेत्रीय केन्द्र किसानों, श्रमिकों, बच्चों, महिलाओं, युवाओं को लक्षित करके विभिन्न कार्यक्रम तैयार करते हैं और प्रसारित करते हैं। राष्ट्रीय सेवा के कार्यक्रम शॉर्टवेव ट्रान्समीटरों पर प्रसारित किए जाते हैं जिससे क्षेत्रीय केन्द्रों के लिए उन्हें प्रसारित करना संभव होता है।

स्थानीय सेवा–देश के विभिन्न क्षेत्रों में स्थानीय रेडियो स्टेशनों को स्थापित करना हाल के वर्षों की एक महत्त्वपूर्ण घटना है। वर्गीज समिति ने शिक्षा और विकास के लिए स्थानीय रेडियो के नेटवर्क में विस्तार के लिए फ्रैन्चाइजी प्रणाली शुरू करने की सिफारिश की थी। सातवीं पंचवर्षीय योजना अवधि (1982-87) के दौरान एफएम रेडियो प्रौद्योगिकी का इस्तेमाल करके स्थानीय/सामुदायिक रेडियो-तंत्र स्थापित करने पर चर्चा की गई थी और उसे स्वीकार भी कर लिया गया था। प्रस्ताव रखा गया कि देश के कुल लगभग 500 जिलों में से 73 जिलों में 1992 तक स्थानीय प्रसारण केन्द्र खोले जाएँ। प्रत्येक स्थानीय रेडियो केन्द्र लगभग 100 किलोमीटर के दायरे में अपनी सेवा प्रदान करें और देशी लोक संगीत, नाट्य आदि कार्यक्रमों पर विशेष बल दिया जाए तथा इन कार्यक्रमों में स्थानीय लोगों की भागीदारी सुनिश्चित की जाए किन्तु वाणिज्यिक प्रसारकों द्वारा एफएम चैनलों को शुरू करने से यह प्रस्ताव खटाई में पड़ गया।

एफएम सुविधायुक्त स्थानीय/सामुदायिक रेडियो कार्यक्रमों की शुरुआत सर्वप्रथम नागरकोइल (तमिलनाडु) में की गई। इस कार्यक्रम का 30 अक्तूबर, 1984 को शुभारंभ किया गया। अहमदाबाद में हुई एक कार्यशाला में एक दस्तावेज प्रस्तुत करते हुए नागरकोइल के केन्द्र निदेशक ने कहा "स्थानीय रेडियो को स्थानीय जनता की रुचि का विशेष रूप से ध्यान रखना चाहिए और प्रत्येक कार्यक्रम स्थानीय जनता के मन के तार को झंकृत करने वाला होना चाहिए।" इसी प्रकार का अन्य प्रयोग बैंगलौर और हैदराबाद के ग्रामीण क्षेत्रों में भी किया गया।

अनेक गैर सरकारी संगठनों ने भी अपने विकास कार्यक्रमों को लोगों तक पहुँचाने के लिए स्थानीय रेडियो का प्रयोग किया है। उदाहरण के लिए चेतना (कोलकाता) और रविभारती (पटना) नामक गैर सरकारी संगठनों ने स्थानीय प्रतिभाओं को शामिल करके वयस्क शिक्षा से संबंधित अपने कार्यक्रमों को जन-जन तक पहुँचाने के लिए स्थानीय रेडियो का उपयोग किया है। यूनेस्को (UNESCO) का संचार प्रभाग भारत और दुनिया के अन्य देशों में ऐसे प्रयास का सक्रिय समर्थन करता है। सामुदायिक रेडियो संभवतः दक्षिण अमेरिका में सर्वाधिक सफल हुआ है जहाँ धार्मिक और सामाजिक कार्यदल समाज के निचले स्तर पर विकास को बढ़ावा देने के लिए स्थानीय समुदायों को शामिल करके कम लागत वाले रेडियो स्टेशनों का प्रयोग करते हैं।

सुगम संगीत के क्षेत्र में देश की जनता की सेवा करने के लिए 2 अक्तूबर 1957 को विविध भारती की शुरुआत की गई जिसका उद्देश्य रेडियो सिलोन के साथ प्रतिस्पर्धा करना था जिसने भारत में शक्तिशाली शॉर्ट वेब ट्रान्समीटरों पर वाणिज्यिक सेवा प्रसारित करना आरंभ कर दिया था। इससे पूर्व ऑल इंडिया रेडियो ने अपने कार्यक्रमों में फिल्मी संगीतों को प्रसारित करने पर रोक लगा दी थी क्योंकि तत्कालीन सूचना और प्रसारण मंत्री डॉ. बी.वी. केशर (जो शास्त्रीय संगीत के प्रसिद्ध विद्वान थे) का मानना था कि फिल्मी संगीत सस्ता और हल्का मनोरंजन है। इस सेवा पर 1967 में वाणिज्यिक कार्यक्रमों की शुरुआत की गई और मई, 1970 से प्रायोजित कार्यक्रम प्रसारित किए जाने लगे। वर्ष 1986 तक वाणिज्यिक कार्यक्रमों से ऑल इंडिया रेडियो की राजस्व प्राप्ति लगभग 200 मिलियन प्रति वर्ष हो

गई। वर्ष 1989 में यह राजस्व अर्जन बढ़कर 360 मिलियन हो गया। 1990 के दशक के दौरान राजस्व प्राप्ति 370 मिलियन प्रति वर्ष तक पहुँच गई।

विदेश सेवा–आज के समय में ब्रॉडकास्टिंग को "कूटनीति के सामान्य उपकरण का अंग" माना जाता है। शॉर्ट वेब और लॉंग वेव ब्रॉडकास्टिंग की सहायता से कार्यक्रमों को देश की सीमाओं से बाहर विदेशों तक प्रसारित करना संभव हो गया है। रेडियो मॉस्को, रेडियो बीजिंग, बीबीसी, दि वी ओ ए, रेडियो ड्यूश्च वेल, श्रीलंका ब्रॉडकास्टिंग कॉर्पोरेशन, रेडियो नीदरलैंड्स, रेडियो वेटिकन, साउथ अफ्रीकन ब्रॉडकास्टिंग कॉर्पोरेशन, दि ऑस्ट्रेलियन ब्रॉडकास्टिंग कॉर्पोरेशन और अनेक राष्ट्रीय ब्रॉडकास्टिंग नेटवर्क अपने देश की सीमाओं से बाहर चौबीसों घंटे अपने कार्यक्रम प्रसारित करते रहते हैं। इन रेडियो केंद्रों का टेलीविजन विस्तार भी इस परंपरा का निर्वाह कर रहा है।

वर्ष 1939 में ऑल इंडिया रेडियो के विदेश प्रभाग की शुरुआत हुई जबकि इसने पश्तो भाषा में अपना प्रसारण किया। वर्तमान में यह प्रभाग 100 देशों के लिए 27 भाषाओं जिनमें 16 विदेशी तथा 11 भारतीय हैं, में रोजाना 70 घंटे 30 मिनट का प्रसारण करता है। ऐसे संवेदनशील क्षेत्रों में चौबीसों घंटे समाचार बुलेटिन प्रसारित किए जाते हैं जहाँ भारतीय मूल के लोग बसे हैं और जिन्हें भारत के दृष्टिकोण से अवगत कराना आवश्यक समझा जाता है। समाचार बुलेटिनों को प्रसारित करने का मुख्य उद्देश्य "विश्व मामलों पर भारतीय दृष्टिकोण उजागर करना और विदेशों में रह रहे श्रोताओं को भारत में घट रही घटनाओं से अवगत कराना तथा भारतीय जीवन, चिंतन और संस्कृति के विविध आयामों से उन्हें परिचित कराना है।"

अंतर्राष्ट्रीय प्रसारण पर यूनेस्को की एक रिपोर्ट में ऐसा ही दृष्टिकोण अपनाते हुए यह कहा गया है कि अंतर्राष्ट्रीय प्रसारकों के आदर्श उद्देश्य निम्नलिखित हैं:

(i) प्रसारणकर्ता द्वारा अपने देश की सुंदरतम संस्कृति और अवधारणा को प्रस्तुत करना

(ii) विश्व घटनाक्रमों को सकारात्मक उद्देश्य के साथ प्रस्तुत करना

(iii) विश्व की कतिपय प्रमुख समस्याओं पर प्रसारणकर्ता द्वारा देश का दृष्टिकोण व्यक्त करना तथा अंतर्राष्ट्रीय सौहार्द को बढ़ावा देना।

इस संबंध में उत्कर्ष की स्थिति 1975 में जापान में देखी गई तथा बाद में यूरोप और संयुक्त राज्य अमेरिका में भी ऐसी ही स्थिति का सूत्रपात हुआ।

विश्व भर में 80 से भी अधिक देशों द्वारा 148 भाषाओं में और 4,450 शॉर्ट वेव फ्रीक्वेन्सियों पर विश्व के लोगों का ध्यान आकर्षित करने का प्रयास किया जा रहा है। ऐसे में भारत के लिए अपनी बात विश्व के जन-जन तक पहुँचाने का अवसर बहुत कम है। ऑल इंडिया रेडियो को उसके विश्व भर में रह रहे श्रोताओं से फीडबैक प्राप्त होता है। उसके प्रमुख लक्षित क्षेत्रों में पाकिस्तान, बांग्लादेश, अफगानिस्तान, अरब और पश्चिमी यूरोप के देश हैं।

रेडियो प्रारूप और शैली

रेडियो कार्यक्रमों को दो प्रमुख समूहों में वर्गीकृत किया जा सकता है :

(i) उच्चरित शब्द कार्यक्रम, जिसमें समाचार बुलेटिन वार्ता, विचार-विमर्श, साक्षात्कार, विद्यालयों और महाविद्यालयों के लिए शैक्षणिक कार्यक्रम, महिलाओं, बच्चों, ग्रामीण और शहरी श्रोताओं के लिए विशेष रूप में तैयार किए गए कार्यक्रम, नाटक, रेडियो रूपक और वृत्तचित्र आदि शामिल होते हैं।

(ii) संगीत कार्यक्रम में डिस्क, जॉकी कार्यक्रम, सभी प्रकार के संगीत कार्यक्रम आदि शामिल होते हैं। यह स्पष्ट है कि बहुत से कार्यक्रम जैसे कि नाटक, रूपक और वृत्तचित्र के लिए शब्द और संगीत दोनों की आवश्यकता होती है। यही तथ्य विविध भारती पर प्रसारित कार्यक्रमों के संबंध में भी सत्य है।

प्रसारण नीति

रेडियो (ऑल इंडिया रेडियो या आकाशवाणी) तथा टेलीविजन (दूरदर्शन) दोनों ही सूचना और प्रसारण मंत्रालय की मीडिया इकाइयाँ है। यह मंत्रालय प्रसारण व्यवस्था हेतु एक सरकारी नीति-निर्माता निकाय है जिसमें एक सचिव और उसका एक बहुत बड़ा सचिवालय है जो कई खंडों में बँटा है (प्रसारण, सूचना, नीति और समन्वयन) तथा ये सभी खंड एक संयुक्त सचिव के अधीन काम करते हैं।

प्रसारण पर सरकार का एकाधिकार भारतीय संविधान के अनुच्छेद 246 द्वारा निर्धारित किया गया है जिसमें यह कहा गया

है कि संसद को संविधान की सातवीं अनुसूची की सूची 1 में शामिल किए गये किसी भी विषय पर कानून बनाने की विशिष्ट शक्तियाँ प्राप्त है। इस सूची की मद संख्या 31 में "डाक और तार, टेलीफोन, बेतार प्रसारण और संचार की ऐसी ही अनेक अन्य विधियाँ" शामिल की गई हैं। भारतीय तार अधिनियम 1885 और भारतीय बेतार टेलीग्राफी अधिनियम 1933 (जिन्हें ब्रिटिश शासन के दौरान अधिनियमित किया गया) आज भी जारी हैं और ये अधिनियम सरकार को प्रसारण के क्षेत्र में एकाधिकार बनाए रखने का कानूनी आधार प्रदान करते हैं। इनके अतिरिक्त सरकार को किसी भी डाक को खोलकर देखने और उसकी काट-छाँट करने का भी अधिकार है। सरकार के वायु तरंगों को इंटरसेप्ट करने के विशिष्ट अधिकार पर उच्चतम न्यायालय द्वारा 1995 में चोट पहुँचाया गया जबकि इसने यह घोषित किया कि वायु तरंगें जनता की संपत्ति हैं और जनता सरकार की तुलना में विशिष्ट स्थान रखती है। अतः इसने केन्द्र सरकार को निर्देश दिया कि प्रसारण हेतु वायु तरंगों के प्रयोग के संबंध में लाइसेंस प्रदान करने और ऐसे प्रयोग को विनियमित करने के लिए एक स्वायत्तशासी प्रसारण प्राधिकरण स्थापित किया जाए। सितंबर 1997 में प्रसार भारती अधिनियम (1990) को लागू करते हुए एक स्वायत्तशासी निकाय के रूप में प्रसार भारती (या भारतीय प्रसारण निगम) की स्थापना की गई। महामहिम राष्ट्रपति द्वारा जारी एक अध्यादेश द्वारा प्रसार भारती बोर्ड का गठन किया गया।

प्रसारण संबंधी नियमावली

मौजूदा प्रसारण नीति ऑल इंडिया रेडियो के लिए 1970 में निर्धारित नियमावली पर आधारित है जिसमें यह कहा गया है कि ऑल इंडिया रेडियो पर प्रसारण में निम्नलिखित की अनुमति नहीं प्रदान की जाएगी :

(i) मित्र राष्ट्रों की आलोचना।

(ii) किसी धर्म या समुदाय के विरोध।

(iii) अश्लील या निन्दात्मक सामग्री।

(iv) हिंसा को प्रेरित करने वाली या कानून और व्यवस्था को भंग करने वाली कोई सामग्री।

(v) ऐसी कोई भी सामग्री जिससे न्यायालय की अवमानना होती हो।

(vi) राष्ट्रपति, राज्यपालों और न्यायपालिका की सत्यनिष्ठा को कलंकित करने वाली सामग्री।

(vii) किसी राजनीतिक दल का नाम लेकर उसकी प्रतिष्ठा को हानि पहुंचाने वाली सामग्री।

(viii) किसी राज्य या केन्द्र सरकार की प्रतिष्ठा के प्रतिकूल उसकी आलोचना।

(ix) संविधान के प्रति अनादर प्रदर्शित करने वाली कोई सामग्री या ऐसी कोई भी सामग्री जो हिंसा द्वारा संविधान में परिवर्तन लाने का समर्थन करती हो; किन्तु संवैधानिक तरीके से परिवर्तन का समर्थन करने पर रोक नहीं हैं।

प्रसारण नियमावली के अंतर्गत किसी व्यक्ति का सीधे-सीधे प्रचार करना या किसी संगठन को वाणिज्यिक लाभ पहुंचाना या प्रत्यक्ष विज्ञापन के लिए किसी ट्रेड नाम का उल्लेख करना निषिद्ध है।

नियमावली द्वारा व्यक्तिगत व्यापार के स्वरूप की आलोचना या किसी मित्र सरकार या राजनीतिक पार्टी या केन्द्र सरकार या किसी भी सरकार की आलोचना के संबंध में भी निषेध किया गया है किन्तु इसमें उपर्युक्त में से किसी के भी द्वारा निर्धारित की गई नीति के संदर्भ में चर्चा करने या निष्पक्ष चर्चा करने पर रोक नहीं लगाई गई है।

इस नियमावली में उल्लेख किया गया है कि यदि कोई केन्द्र निदेशक यह पाता है कि उपर्युक्त नियमावली का किसी प्रसारणकर्ता द्वारा किसी भी संदर्भ में अनुपालन नहीं किया गया है तो वह उस प्रसारणकर्ता का ध्यान ऐसी अनियमितता की ओर आकर्षित कर सकता है और यदि संबंधित प्रसारणकर्ता केन्द्र निदेशक के सुझाव को मानने या तद्नुसार संशोधन करने से इंकार कर देता है तो केन्द्र निदेशक संबंधित प्रसारण को रद्द कर सकता है। यदि किसी राज्य सरकार के किसी मंत्री की किसी वार्ता या भाषण के अंश को प्रसारित करने के संबंध में रेडियो स्टेशन के केन्द्र निदेशक और संबंधित मंत्री के बीच मतांतर की स्थिति उत्पन्न हो जाए तो ऐसे किसी भी मामले को भारत सरकार के सूचना और प्रसारण मंत्री को भेजा जाएगा जिसके द्वारा अंततः यह निर्णय किया जाएगा कि रेडियो नियमावली के उल्लंघन को ध्यान में रखते हुए संबंधित वक्तव्य में किसी परिवर्तन की आवश्यकता है अथवा नहीं।

प्रसारण संबंधी नियमावली और अन्य प्रतिबंध भारतीय संविधान के अनुच्छेद 19 के खंड 2 पर आधारित हैं। अन्य प्रतिबंधों में उच्च प्रतिष्ठित व्यक्तियों जैसे कि राष्ट्रपति, उपराष्ट्रपति, प्रधानमंत्री और कुछ अन्य उच्च पदाधिकारियों की मृत्यु से

संबंधित समाचार को गृह सचिव की स्वीकृति प्राप्त होने के बाद ही प्रसारित करना शामिल है। ऑल इंडिया रेडियो या दूरदर्शन के संवाददाता को प्राप्त समाचार पहले समाचार कक्ष में भेजना पड़ता है जहां से क्लियरेन्स दिए जाने के बाद ही समाचार प्रसारित किया जाता है। यही कारण है कि इंदिरा गांधी की हत्या का समाचार ऑल इंडिया रेडियो पर घोषित करने में काफी विलंब हुआ जबकि बीबीसी ने लगभग चार घंटे पहले ही पूरी दुनिया को इस संबंध में बता दिया था। सभी राजनीतिक दलों के बीच 1977 में किए गए एक समझौते के अनुसार राष्ट्रीय और राज्य स्तरीय चुनावों से पहले सभी राजनीतिक दलों किया जाना निश्चित हुआ।

प्रसारण में नैतिकता का पालन

भारत में रेडियो और टेलीविजन को आम जनता के मनोरंजन और शिक्षा को ध्यान में रखते हुए बढ़ावा दिया गया। हालांकि इन दोनों इलैक्ट्रॉनिक माध्यमों को आम जनता की सेवा के प्रमुख उद्देश्य से शुरू किया गया था किन्तु इन दोनों माध्यमों का सरकारी नीतियों और कार्यक्रमों का प्रचार करने के लिए और वाणिज्यिक हित के लिए काफी व्यापक रूप में उपयोग किया जाता है। वीडियो और केबल कार्यक्रमों का प्रसारण नहीं किया जाता, अतः इन पर कोई नियंत्रण या विनियम लागू नहीं होता। केबल और उपग्रह टेलीविजन को विनियमित करने के प्रयास अधिक प्रभावी सिद्ध नहीं हुए हैं जिसका कारण है कि इस क्षेत्र में काफी अधिक संख्या में प्रचालक और उपप्रचालक जुड़े हैं। इसके अतिरिक्त, विनियामक प्राधिकरणों का भ्रष्ट होना भी इसका एक कारण है।

जहां तक समाचारों के प्रसारण का संबंध है, प्रसारण में नैतिकता प्रिंट मीडिया के संदर्भ में लागू नैतिकता के समान ही है। यह नैतिकता समाचारों की तथ्यात्मकता और निष्पक्षता, प्राइवेसी (या गोपनीयता) तथा विभिन्न समुदायों की धार्मिक मान्यताओं/परंपराओं का सम्मान, हिंसा और सामुदायिक सौहार्द भंग होने से संबंधित सूचनाओं की रिपोर्टिंग और न्यायिक निर्णयों की आलोचना में सावधानी बरतने की आवश्यकता, समस्याओं के समाधान से संबंधित स्थलों या केन्द्रों के बारे में जानकारी उपलब्ध कराने, सूचना के स्रोत की गोपनीयता बनाए रखने तथा अश्लीलता और अशिष्टता से परहेज करने की आवश्यकता से संबंधित हैं।

जनता के हित से जुड़ी घटनाओं को जान-बूझकर सम्मिलत न करना तथा विवादास्पद मुद्दों पर वैकल्पिक विचारों को अभिव्यक्त करने वाले कार्यक्रमों (जैसे कि आनन्द पटवर्धन का 'राम के नाम', सईद मिर्जा का कश्मीर और भागलपुर में पुलिस द्वारा बर्बरता पूर्वक लोगों को अंधा बना देने, भोपाल त्रासदी आदि पर बनाए गए वृत्तचित्रों) के प्रसारण पर रोक लगाना भी 'अनैतिक' समझा जाता है क्योंकि प्रसारण किसी राजनीतिक पार्टी या वाणिज्यिक प्रसारणकर्ता की निजी संपत्ति नहीं है जैसा कि उच्चतम न्यायालय द्वारा 1994 में की गई इस घोषणा से स्पष्ट होता है कि "वायु तरंगें सार्वजनिक संपत्ति हैं।"

श्रोता सर्वेक्षण

ऑल इंडिया रेडियो के प्रमुख केन्द्रों के श्रोता अनुसंधान यूनिटों द्वारा यह पता लगाने के लिए कि उसके श्रोता कौन हैं, वे कौन-कौन से कार्यक्रम सुनते हैं और विभिन्न कार्यक्रमों की लोकप्रियता कितनी है, आदि के संबंध में जानकारी एकत्रित करने के लिए नियमित रूप से श्रोता सर्वेक्षण किया जाता है। राष्ट्रीय स्तर पर पाठकों का सर्वेक्षण करने वाली विपणन एजेन्सियाँ भी रेडियो श्रोताओं के बारे में आंकड़े एकत्रित करती है।

किन्तु रेडियो 'श्रोता' कौन है? यदि किसी घर में पूरे दिन रेडियो पर 'विविध भारती' कार्यक्रम बजाया जाता हो, तो क्या इसका अर्थ यह है कि परिवार का प्रत्येक सदस्य इस कार्यक्रम का श्रोता है? वस्तुतः परिवार के अधिकतर श्रोताओं के लिए विविध भारती का संगीत पार्श्व संगीत है जिसे परिवार के सदस्य अपना काम-काज करते हुए सुनते जाते हैं।

इसके अतिरिक्त, उसी परिवार के कुछ सदस्य प्रत्येक कार्यक्रम को बहुत ध्यान से सुनते हैं और संभवतः समाचार और उद्घोषणाओं पर ध्यान नहीं देते। अतः अधिकांश रेडियो श्रोता, विशेषकर लोकप्रिय संगीत कार्यक्रमों के श्रोता वास्तव में केवल द्वितीयक और तृतीयक श्रोता हैं। इस प्रकार के संगीत को घरों या कार्यालयों में कोई अधिक महत्त्व नहीं दिया जाता।

टेलीविजन

टेलीविजन के क्षेत्र में आरंभिक प्रयोग–टेलीविजन प्रसारण के क्षेत्र में आरंभिक प्रयोग 1920 के दशक में संयुक्त राज्य अमेरिका और यूरोप में किए गए। इन प्रयोगों में यांत्रिक स्कैनिंग डिस्क का प्रयोग किया गया जो तस्वीर का तेजी से पर्याप्त क्रमवीक्षण (Scan) नहीं कर पाता था। वर्ष 1923 में विद्युत टेलीविजन ट्यूब का आविष्कार किया गया। अगले कुछ वर्षों के दौरान ही पिक्चर ट्यूब, इलैक्ट्रॉनिक कैमरा और टीवी होम रिसीवरों का

आविष्कार किया गया तथा 1930 के दशक में राष्ट्रीय प्रसारण निगम (National Broadcasting Corporation, NBC) ने न्यूयॉर्क में एक टीवी स्टेशन और बीबीसी ने लंदन में एक टीवी स्टेशन की स्थापना की जिसके द्वारा नियमित रूप से कार्यक्रम प्रसारित किए जाने लगे। इसी दौरान जर्मनी और फ्रांस में भी टीवी स्टेशन स्थापित किए गए।

किन्तु द्वितीय विश्वयुद्ध छिड़ जाने से टेलीविजन में आगे विकास की गति अवरूद्ध हो गई हालांकि नाजियों के कब्जे वाले जर्मनी में राजनीतिक प्रचार के उपकरण के रूप में टेलीविजन का व्यापक प्रयोग जारी रहा। नाजी पार्टी के कार्यक्रमों को टेलीविजन पर प्रसारित किया जाता रहा किन्तु जर्मन टेलीविजन के इतिहास के प्रथम अध्याय की महत्त्वपूर्ण घटना 1936 के बर्लिन ओलंपिक का टेलीविजन प्रसारण था किन्तु 1940 के दशक की समाप्ति और 1950 के दशक का आरंभ होने तक टेलीविजन अधिकांश विकसित देशों में आम जीवन का अंग बन चुका था।

वर्ष 1962 में पहला संचार उपग्रह अर्ली बर्ड छोड़े जाने के साथ ही उपग्रह संचार युग की शुरुआत हुई। दो बड़ी अंतर्राष्ट्रीय उपग्रह प्राणलियों–इंटेलसैट और इंटर स्पुतनिक का क्रमशः 1965 और 1971 में प्रचालन आरंभ हुआ जिसके बाद टेलीविजन की दुनिया में अभूतपूर्व प्रगति होती चली गई। आज दुनिया के लगभग सभी देशों के पास अपना स्वयं का भू केन्द्र है जो ट्रान्समीशन और रिसेप्शन हेतु उपग्रहों से जुड़ा है। कनाडा के मीडिया समाजशास्त्री मार्शल मैकलुहन के शब्दों में "संचार के क्षेत्र में हुई उपग्रह क्रांति ने आधुनिक विश्व को एक "वैश्विक ग्राम" में बदल गया है।

1970 के दशक में ऑप्टिकल फाइबर और कंप्यूटर प्रौद्योगिकी का प्रयोग करके अपेक्षाकृत अधिक परिष्कृत ट्रान्समीशन तकनीकों का आविष्कार किया गया। ऑडियो-विजुअल कैसेट (श्रव्य दृश्य कैसेट) और वीडियो टेप रिकॉर्डर, क्लोज्ड सर्किट टीवी, केबल टेलीविजन, पे-टेलीविजन और डीटीएच (डायरेक्ट-टू-होम) टेलीविजन से टेलीविजन क्षेत्र में नवीनतम और अप्रत्याशित प्रगति हुई है। डीटीएच और डिजिटल कम्प्रेशन प्रौद्योगिकी से चैनलों की संख्या में काफी वृद्धि हुई है तथा साथ ही तस्वीर और ध्वनि ट्रान्समिशन की गुणवत्ता में भी सुधार हुआ है।

किन्तु यह तीव्र विकास एक तरफा हुआ है। अफ्रीका और एशिया के अधिकांश निर्धन देशों के पास अभी भी अपना स्वयं का संचार उपग्रह नहीं है तथा इन देशों में पर्याप्त संख्या में उत्पादन और ट्रान्समिशन केन्द्र तथा रिसीविंग सेट उपलब्ध नहीं हैं। संयुक्त राष्ट्रसंघ द्वारा घोषित विश्व संचार वर्ष (1985) के दौरान विश्व के संपन्न और निर्धन देशों के बीच प्रौद्योगिकीय अंतराल को कम करने के प्रयास किए गए किन्तु सूचना प्रौद्योगिकी में और नवीनतम विकास हो जाने (जैसे कि इंटरनेट की शुरुआत होने) से इस अंतर में और अधिक वृद्धि हुई है।

डायरेक्ट टू होम (डीटीएच)

डायरेक्ट ब्रॉडकास्ट सैटेलाइट (डीबीएस) या डायरेक्ट टू होम (डीटीएच) उपग्रह से सीधे टीवी प्रसारण सेवा सुविधा है। इस प्रसारण में केबल टीवी ऑपरेटर की भूमिका खत्म हो जाती है और प्रसारणकर्ता सीधे उपभोक्ताओं को सेवा प्रदान करता है। डीटीएच नेटवर्क प्रसारण केन्द्र, उपग्रह, एनकोडर, मल्टीपिक्सर, मॉडयूलेटर और उपभोक्ताओं से मिलकर बनता है। अधिकांश डीबीएस डीबीवी-एस मानकों को अपने प्रसारण के लिए उपयोग में लाते हैं।

भारतीय टेलीविजन का इतिहास–एक दशक से भी अधिक समय तक सूचना और प्रसारण मंत्रालय से शैक्षिक संस्थाओं, औद्योगिक प्रतिष्ठानों, राजनीतिज्ञों और शहरी क्षेत्रों के मध्यम वर्ग द्वारा देश में टेलीविजन की शुरुआत करने की मांग की जाती रही। वर्ष 1959 में, फिलिप्स (इंडिया) ने सरकार को कम मूल्य पर एक ट्रान्समीटर उपलब्ध करने की पेशकश की। सरकार इस ट्रान्समीटर को "अपने देश में लोगों को प्रशिक्षित करने और अंशतः यह पता लगाने के लिए कि सामुदायिक विकास और औपचारिक शिक्षा में टीवी का क्या योगदान हो सकता है, इस ट्रान्समीटर को प्रायोगिक आधार पर अपने देश में लगाने पर सहमत हो गई। अपने देश में टेलीविजन युग की शुरुआत करने का लोभ संवरण नहीं कर सकी और परिणामस्वरूप 15 सितंबर, 1959 को दिल्ली टेलीविजन केंद्र से टेलीविजन प्रसारण आरंभ हुआ।

अगस्त 1965 में मनोरंजन और सूचना कार्यक्रमों का तथा सामाजिक शिक्षा कार्यक्रमों का प्रसारण आरंभ हुआ। इसी उद्देश्य से राजधानी में टीवी केन्द्र स्थापित किया गया था। जर्मन संघ गणराज्य ने देश में टीवी प्रोडक्शन स्टूडियो स्थापित करने में अपनी सहायता प्रदान की।

वर्ष 1970 में टीवी सेटों की संख्या (सभी आयातित) सामुदायिक सेटों को छोड़कर कुल 22,000 थी। तथापि, 1970

के दशक के मध्य तक बाजार में भारत में निर्मित टेलीविजन सेटों का प्रवेश हुआ और शीघ्र ही देश में टेलीविजन रिसीवरों की संख्या 1000,000 को पार कर गई। सत्तर के दशक के आरंभिक वर्षों में भारतीय शहरों में टेलीविजन की मांग, टेलीविजन विनिर्माताओं और विज्ञापन उद्योग की आवश्यकताओं तथा इंदिरा गांधी सरकार की लोकप्रियता को देखते हुए टेलीविजन प्रसारण को पूरे देश में पहुंचाने का निर्णय लिया गया। सत्तर के दशक के अंत तक दिल्ली और आस-पास के राज्यों में टेलीविजन सेटों की संख्या 200,000 तक पहुंच गई। वर्ष 1972 में बंबई केन्द्र की स्थापना की गई और उसके बाद के वर्षों में टीवी केन्द्र श्रीनगर, अमृतसर और पुणे में भी शुरू हो गया। वर्ष 1975 में कलकत्ता (कोलकाता), मद्रास (चेन्नई) और लखनऊ में भी टीवी केन्द्र खोले गए। 1 जनवरी, 1976 से सभी टेलीविजन केन्द्रों से वाणिज्यिक प्रसारण शुरू हुआ।

उसी वर्ष टेलीविजन का ऑल इंडिया रेडियो से अलग होना एक महत्त्वपूर्ण घटना थी। अब टेलीविजन 'दूरदर्शन' के नाम वाले एक नए बैनर के अंतर्गत सूचना और प्रसारण मंत्रालय का एक स्वतंत्र मीडिया यूनिट बन गया। इस प्रकार अपने मूल निकाय से अलग हो जाने पर दूरदर्शन की प्रसारण अवधि और सेवा की गुणवत्ता में सुधार की आशाएं बलवती हुईं।

वर्ष 1977 में जयपुर, हैदराबाद, रायपुर, गुलबर्ग, संभलपुर और मुजफ्फरपुर में स्थानीय ट्रान्समीटर स्थापित किए गए जिससे टेलीविजन के दर्शकों की संख्या 100 मिलियन से अधिक हो गई। इसी वर्ष भारतीय प्रसारण के इतिहास में पहली बार सभी राजनीतिक दलों को चाहे वे सत्ता में हों अथवा नहीं –अपने चुनावी प्रचार के लिए रेडियो और टेलीविजन पर समान समय दिया गया। इसी बीच भारत को उपग्रह अनुदेशात्मक टेलीविजन प्रयोग (Satellite Instructional Television Experiment, SITE) में सफलता प्राप्त हुई जिससे भारत को अंतर्राष्ट्रीय प्रतिष्ठा हासिल हुई तथा हमारा देश उपग्रह टेलीविजन के लिए तैयार हो गया। इस सफलता में नासा (NASA), आई टीयू, यूएनडीपी (ITU, UNDP), फोर्ड एरोस्पेस (Ford Aerospace) द्वारा भारत को प्रमुख सहायता प्रदान की गई थी। इनके अतिरिक्त, जेनरल इलेक्ट्रिक्स, ह्यूजेस एयरक्राफ्ट, मैसाच्यूसेट्स इन्स्टीच्यूट ऑफ टेक्नोलॉजी, तथा अंतर्राष्ट्रीय दूरसंचार संघ (ITU) के विश्व प्रशासनिक रेडियो सम्मेलन में शामिल हुए पश्चिमी राष्ट्रों के प्रतिनिधियों ने भी भारत की इस सफलता में महत्त्वपूर्ण योगदान दिया था। घरेलू संचार उपग्रहों की INSAT शृंखला और माइक्रोवेव केबल नेटवर्कों ने देश को राष्ट्रीय उपग्रह से जुड़ने के लिए आवश्यक सुविधाएं उपलब्ध कराईं।

नई दिल्ली में 1982 में आयोजित एशियाई खेलों ने राष्ट्रीय टेलीविजन नेटवर्क के तीव्र विस्तार को बल प्रदान किया। 1980 के दशक के मध्य में एक दूसरा चैनल शुरू किया गया जो पहले नई दिल्ली और मुंबई में और बाद में देश के अन्य महानगरों में भी शुरू की गई। यह दूसरा चैनल लोकप्रिय मेट्रो मनोरंजन चैनल या डीडी-2 के नाम से विकसित हुआ।

'हम लोग', 'बुनियाद' और 'खानदान' जैसे टीवी सीरियलों की सफलता के साथ ही विज्ञापन से दूरदर्शन की आय में अभूतपूर्व वृद्धि हुई। इसके साथ ही दूरदर्शन सीरियलों का निर्माण भी अधिकाधिक संख्या में किया जाने लगा। यहां तक कि विज्ञापनदाता एजेन्सियाँ भी टीवी सीरियलों के निर्माण कार्य से जुड़ गईं। रामायण और महाभारत जैसे धार्मिक टीवी सीरियलों ने छोटे पर्दे पर धूम मचा दी। विज्ञापनदाताओं को टीवी के रूप में एक नया विज्ञापन माध्यम प्राप्त हुआ और उन्होंने इस छोटे पर्दे पर अधिकाधिक विज्ञापन देना शुरू किया। वर्ष 1987 तक 40 से भी अधिक टीवी सीरियल बनाए जा चुके थे तथा प्रतिदिन प्राइम टाइम में औसतन दो सीरियल दिखाए जाने लगे। विदेशी धारावाहिकों का चलन धीरे-धीरे खत्म होने लगा। इसी प्रकार, प्राइम टाइम में वार्ता कार्यक्रमों, फिल्म आधारित कार्यक्रमों और क्विज कार्यक्रमों का प्रसारण भी बंद हो गया। वर्ष 1987-88 में दूरदर्शन की राजस्व प्राप्ति बढ़कर 136.3 मिलियन हो गई तथा 1990 के अंत तक इसकी राजस्व प्राप्ति बढ़कर 253 मिलियन तथा 1997-98 में इसकी राजस्व प्राप्ति बढ़कर 490 करोड़ (4900 मिलियन रुपया) के स्तर पर पहुंच गई। वर्ष 2008-09 में इसकी राजस्व प्राप्ति 10,000 मिलियन के अभूतपूर्व स्तर को पार कर गयी।

टेलीविजन और राष्ट्रीय विकास : भारत में सरकारी टेलीविजन के निम्नलिखित सामाजिक उद्देश्य हैं :

(i) सामाजिक परिवर्तन के उत्प्रेरक के रूप में अर्थात् सामाजिक परिवर्तनों की गति में वृद्धि करने के एक कारक के रूप में कार्य करना।
(ii) राष्ट्रीय अखंडता को बढ़ावा देना।
(iii) लोगों में एक वैज्ञानिक सोच विकसित करना।
(iv) जनसंख्या नियंत्रण और परिवार कल्याण के माध्यम से परिवार नियोजन का संदेश प्रसारित करना।

(v) पर्यावरण संरक्षण और पारिस्थितिकीय संतुलन को बढ़ावा देना तथा उन्हें बनाए रखने में सहायता प्रदान करना।

(vi) महिलाओं, बच्चों और अन्य सुविधा विहीन वर्गों के कल्याण सहित सामाजिक कल्याण के उपायों की आवश्यकता को जन-जन तक पहुंचाना।

(vii) खेलों और क्रीड़ाओं में रुचि विकसित करना।

(viii) कला और सांस्कृतिक विरासत के मूल्यांकन हेतु उचित मूल्य विकसित करना।

शैक्षिक टेलीविजन

औपचारिक और अनौपचारिक शिक्षा के लिए टेलीविजन के प्रयोग का एक स्पष्ट लाभ यह है कि इसकी सहायता से देश के सम्पूर्ण भू-भाग में सभी लोगों तक एक साथ पहुंचा जा सकता है। इसकी सहायता से शिक्षा के विभिन्न क्षेत्रों के विशेषज्ञों के व्याख्यानों से संपूर्ण राष्ट्र के लोग लाभान्वित हो सकते हैं। इसका एक मुख्य हानिकारक पहलू यह है कि ऐसे कार्यक्रमों से न केवल प्रोडक्शन और ट्रान्समिशन में ही बल्कि इनके अभिग्रहण में भी काफी खर्च आता है। हालांकि टेलीविजन की पहुंच दूर-दूर तक फैली है किन्तु रिसीवर सेट शहरी और ग्रामीण क्षेत्रों में रहने वाले अधिकांश निर्धन लोगों के पास उपलब्ध नहीं हैं। इसके अतिरिक्त ऐसे लोगों को और शिक्षित किए जाने की भी आवश्यकता है।

विरले तौर पर पाई जाने वाली जटिल सामग्रियों के दृश्य प्रस्तुतीकरण से भौतिक विज्ञानों, चिकित्सा शास्त्र, भूगोल तथा नाटक और इतिहास के अवयवों को समझने में अधिक सुविधा होती है।

दिल्ली टीवी ने 1961 में (जब यह प्रायोगिक आधार पर केवल दो शहरों में ही अपनी सेवाएं उपलब्ध कराता था) चुने हुए विषयों, विशेषकर विद्यालय स्तर पर विज्ञान विषय पर पाठ्यक्रम आधारित पाठ के टीवी प्रसारण का निर्णय लिया। उस समय, दिल्ली के कुछ विद्यालयों में प्रयोगशाला की सुविधा थी और विद्यालयों में विज्ञान के कुछ ही योग्य शिक्षक उपलब्ध थे। इन कठिनाइयों पर टीवी के दृश्य माध्यम द्वारा विजय प्राप्त करने के प्रयास शुरू किए गए। इस नई सुविधा का शिक्षकों और छात्रों दोनों द्वारा काफी उत्साहपूर्वक स्वागत किया गया। इस प्रायोगिक परियोजना को फोर्ड फाउंडेशन द्वारा दी गई वित्तीय सहायता से संभव बनाया गया। इसका यूनेस्को के विशेषज्ञ पॉल न्यूरथ द्वारा वर्ष 1969 में मूल्यांकन किया गया और उन्होंने यह निष्कर्ष निकाला कि शैक्षिक टेलीविजन ने "विज्ञान विषयों के अध्यापन में एक सहायक" के रूप में अपनी पर्याप्त उपयोगिता सिद्ध की है।

टेलीविजन कार्यक्रमों की शैली–टेलीविजन समाचार

टीवी न्यूजकास्ट रेडियो समाचारों के समान व्यापक कवरेज और सम्यक रिपोर्ट प्रस्तुत नहीं कर सकता। दृश्य सामग्रियों के प्रस्तुतीकरण में लगने वाले समय को देखते हुए कोई अनुसंधान या पृष्ठभूमि सूचना प्रदान करना संभव नहीं होता। वास्तव में टीवी समाचार प्रसारण द्वारा समाचारों के अत्यधिक रोचक और उल्लेखनीय अंशों को प्रस्तुत नहीं किया जा सकता क्योंकि जहां कहीं भी घटनाएं होती है उदाहरण के लिए किसी तख्ता-पलट की कोशिश, किसी आक्रमण, युद्ध या मंत्रिमंडल की बैठक स्थल प्रत्येक ऐसी जगह पर कैमरा नहीं पहुंच सकता।

तथापि, किसी समारोह आदि के प्रस्तुतीकरण हेतु टीवी समाचार एक आदर्श माध्यम है। राज्यारोहण, शपथ ग्रहण समारोह, अति महत्त्वपूर्ण व्यक्तियों का आगमन या प्रस्थान, समझौतों पर हस्ताक्षर, परेडों का आयोजन, उद्घाटन समारोह और क्रीड़ा आदि ऐसे ही समारोहों के उदाहरण हैं। दुर्भाग्यवश इन घटनाओं को सीधे प्रसारित किए जाने के बावजूद इन घटनाओं के प्रसारण में कोई महत्त्वपूर्ण सूचना उपलब्ध नहीं कराई जाती। इसके अतिरिक्त टीवी प्रसारणों द्वारा उपलब्ध कराये जाने वाले समाचार दैनिक समाचारों का मात्र कुछ प्रतिशत ही होते हैं।

भारत में समाचार को टेलीकास्ट करने का मानक यह है कि इसमें समाचार वाचन की रेडियो तकनीक का ही इस्तेमाल किया जाता है तथा किसी कार्ड या इलेक्ट्रॉनिक टाइपराइटर पर लिखे समाचारों को औपचारिक रूप में पढ़ा जाता है और बीच-बीच में किसी चित्र, नक्शा या वीडियोग्राफी को दिखाने के लिए समाचार को आगे पढ़ना रोक दिया जाता है तथा इस बीच दिखाये जा रहे दृश्य के अनुरूप सूचनाएं प्रदान की जाती हैं। ईएनजी (इलेक्ट्रानिक न्यूज गैदरिंग) और नवीनतम कंप्यूटरीकृत ग्राफिक्स उपकरणों की उपलब्धि से दूरदर्शन पर ग्राफिक्स, फिल्म आदि के प्रदर्शन की गुणवत्ता और आवृत्ति दोनों में वृद्धि हुई है। वस्तुतः दूरदर्शन चैनलों के साथ ही अनेक उपग्रह चैनलों के समाचार बुलेटिनों का स्वरूप हाल के वर्षों में पत्रिका कार्यक्रम के समान हो गया है।

समाचार बुलेटिन और ताजा घटनाक्रम

समाचार बुलेटिन, सामान्य समाचार बुलेटिन तथा जनता के हित से जुड़े मामलों पर विचार गोष्ठियां दूरदर्शन पर आयोजित कुछ लोकप्रिय कार्यक्रम हैं। राष्ट्रीय नेटवर्क पर अधिकांश अन्य कार्यक्रमों के समान ही ये सभी कार्यक्रम हिन्दी या अंग्रेजी में टेलीकास्ट किए जाते हैं। दूरदर्शन पर दिखाए जाने वाले दृश्य कार्यक्रमों में दृश्य चित्र, फिल्मों की झलकियां, नक्शे, डायग्राम, चार्ट और अन्य दृश्य सामग्रियों का प्रदर्शन शामिल है। पीटीआई-टीवी और यूएनआई इसके राष्ट्रीय और स्थानीय समाचारों और रिपोर्टों के प्रमुख स्रोत हैं। दूरदर्शन के विदेशों में बहुत कम संख्या में संवाददाता और कैमरामेन हैं जिसके कारण यह विदेशों में घटित घटनाओं के दृश्य और समाचार प्राप्त करने के लिए बहुत हद तक लेखक और एशिया-विजन पर निर्भर करता है। एशियन ब्रॉडकास्टिंग यूनियन इसे अपने अंतर्राष्ट्रीय समाचारों की विनिमय प्रणाली की सहायता से उपलब्ध कराता है। एशिया न्यूज इंटरनेशनल (एएनआई) भी इसके समाचारों का एक अन्य प्रमुख स्रोत है।

टीवी वृत्तचित्र या रूपक

टीवी वृत्तचित्रों की सहायता से बहुत से दर्शकों के लिए महत्त्वपूर्ण विषयों जैसे कि प्रदूषण, निर्धनता, अकाल, सांस्कृतिक परिदृश्य, निर्माण कार्य से जुड़े श्रमिकों की दुरावस्था आदि का फिल्मांकन किया जाता है और जनता को इस संबंध में अवगत कराया जाता है। वृत्तचित्रों का उद्देश्य जनता को जानकारी प्रदान करना, उन्हें जागरुक बनाना, अभिप्रेरित करना या फिर उनका मनोरंजन मात्र करना होता है। इसमें वास्तविक परिस्थितियों और उन परिस्थितियों में रह रहे लोगों और उनके क्रिया-कलापों को चित्रित किया जाता है। वृत्तचित्रों में परिस्थितियाँ तथा लोगों की दशाएं फिल्म तकनीक को निर्देशित करती है। इसमें फिल्म का प्रयोग वास्तविकता का चित्रण करने के लिए किया जाता है न कि इसके लिए कि वास्तविकता की तस्वीरों को कैमरामैन या एडीटर कितना आकर्षक बना सकता है। वस्तुतः वृत्तचित्र समाज में व्याप्त वास्तविकता का चित्रण है।

टीवी वृत्तचित्र किसी समस्या या घटना या परिस्थिति की वास्तविकता का सीधा प्रस्तुतीकरण होता है तथा यह टीवी पर आयोजित "परिचर्चा" से इस रूप में भिन्न है कि इसमें किसी परिस्थिति या समस्या का विवरण प्रायः सापेक्षिक रूप में, संक्षेप में किया जाता है और मुख्य बल उसके संबंध में तुलनात्मक रूप से औपचारिक चर्चा पर दिया जाता है।

बच्चों के कार्यक्रम

ये ऐसे कार्यक्रम हैं जो विशेषकर बच्चों के लिए तैयार किए जाते हैं और उनके लिए ही इन्हें प्रस्तुत किया जाता है। कार्टून फिल्में, कठपुतली का नाच, बालकथाएं, नाटक, शैक्षिक कार्यक्रम आदि बच्चों के कार्यक्रम में शामिल किए जाते हैं। बच्चों के लिए आयोजित किए जाने वाले कतिपय कार्यक्रमों में प्रश्नोत्तरी कार्यक्रम भी आयोजित किए जाते हैं। समय-समय पर बच्चों के लिए हिन्दी में फीचर फिल्में भी दिखाई जाती हैं।

संगीत और नृत्य कार्यक्रम

दूरदर्शन पर प्रसारित किए जाने वाला नृत्य और संगीत के राष्ट्रीय कार्यक्रम ने भारत के अग्रणी कलाकारों को छोटे पर्दे की ओर आकर्षित किया है। ऐसे कार्यक्रमों का एक मानक रूप यह है कि इनमें पहले कार्यक्रम प्रस्तुत करने वाले कलाकार के बारे में हिन्दी और अंग्रेजी में विस्तृत विवरण प्रस्तुत किया जाता है जिसमें उसकी शैली आदि का भी उल्लेख किया जाता है उसके बाद विभिन्न कार्यक्रमों का सीधा प्रसारण किया जाता है। अन्य भाषाओं में भी ऐसे ही कार्यक्रम काफी लोकप्रिय सिद्ध हुए हैं।

सोप ओपेरा

रेडियो या टेलीविजन धारावाहिक की ऐसी नाटकीय कथा जो किस्तों में अर्थात् दैनिक, साप्ताहिक, मासिक या किसी अन्य क्रम में प्रसारित किया जाता है। इन्हें साबुन नाटक (Soap Opera) कहते हैं क्योंकि ऐसी धारावाहिकों को शुरू में प्रोक्टर एंड गैम्बल, कोलगेट-पामोलिव एवं लीवर ब्रदर्स जैसे साबून बनाने वाली कंपनियाँ प्रस्तुत करते थे। इन धारावाहिकों को टीवी सीरियल (TV Serial) कहा जाता है।

टीवी पर वाणिज्यिक कार्यक्रम

टीवी पर प्रसारित वाणिज्यिक कार्यक्रम दर्शकों का तत्काल ध्यान आकर्षित करता है तथा दर्शक उसके आकर्षण में 10-20 सेकंडों तक पूर्णतः बंधे रहते हैं। टीवी पर प्रसारित किए जाने वाले वाणिज्यिक विज्ञापन-कार्यक्रम अनेक प्रकार के होते हैं। केवल स्लाइडों द्वारा विज्ञापन जिनमें तस्वीरें दिखाई जाती हैं और शब्द लिखे होते हैं, ध्वनि तुकबंदियों (या सशक्त संदेशों) से युक्त स्लाइड जैसे कि ध्वनि प्रभावों और अन्य आकर्षणों से युक्त लघु फिल्म आदि प्रसारित संदेश सरल और सुबोध होता है जिसे आम जनता आसानी से समझ सके, जैसे कि एक मृदु पेय बनाने वाली कंपनी का संदेश "ठंडा-ठंडा कूल-कूल" आकर्षक भी है और

सुबोध भी। जिस संदेश में शब्द कम से कम हों और संदेश काफी सशक्त हो, उसका प्रभाव सर्वाधिक होता है। टीवी पर प्रसारित वाणिज्यिक विज्ञापनों की संरचना में काफी अंतर होता है।

शब्दों और दृश्यों के बेतरतीब मिश्रण के बजाय यदि तार्किक आधार पर विज्ञापन किए जाएं तो वह लोगों को अधिक समझ में आते हैं। ऐसे विज्ञापन जिन पर लोगों को सहज ही विश्वास हो जाए, लोगों को तत्काल आकर्षित करने का सबसे अच्छा उपाय है। वाणिज्यिक विज्ञापन का आरंभिक शब्द सर्वाधिक महत्त्वपूर्ण होता है।

इसके अतिरिक्त समस्या समाधान का विज्ञापन होता है जिसमें यह बताया जाता है कि यदि हम अपने उपयोग के लिए किसी वस्तु का चयन करने में दुविधा से घिरे हैं अर्थात् कोई ठोस निर्णय नहीं कर पाते हैं तो उनके पास हमारी दुविधा का हल है। वे हमारी हताशा को दूर कर सकते हैं और यह बता सकते हैं कि किस उत्पाद से हम अपनी समस्या से छुटकारा पा लेंगे। "वक्ता ढाँचा" में किसी उत्पाद के बारे में प्रचार करने के लिए किसी प्रसिद्ध नाम का सहारा लिया जाता है। दूसरी ओर "प्रदर्शन ढाँचा" में उत्पादों के संबंध में अपील करने के लिए सार्थक और सुसंगत प्रदर्शन द्वारा अपील की जाती है ताकि उत्पादों की स्वीकार्यता में वृद्धि हो सके। विज्ञापनों में आमतौर पर असमंजस या अनिश्चय की स्थिति उत्पन्न करके प्रचार करने का कार्य किया जाता है। इनमें विज्ञापन का अत्यधिक तीव्र गति से एक ऐसे मोड़ पर अंत कर दिया जाता है कि आम उपभोक्ता उसके बारे में अधिकाधिक सोचता रहे। ऐसे विज्ञापनों में प्रायः परिहास महत्त्वपूर्ण घटक होता है।

टीवी कार्यक्रमों के अन्य प्रारूपों में फिल्म, रिकॉर्डेड संगीत और पुस्तक, शैक्षिक टीवी कार्यक्रम, सिटकॉम (विभिन्न हास-परिहास के कार्यक्रमों में एक ही समूह के पात्रों को बार-बार दिखाने वाला टीवी कार्यक्रम) पारिवारिक नाटक आदि शामिल है। सिटकॉम, सोप ओपेरा (पारिवारिक टीवी धारावाहिक) सर्वाधिक रोचक कार्यक्रम है। सिटकॉम के उदाहरणों में जबान संभाल के, मि. योगी, दिल्लगी, क्या बात है और तू तू मैं मैं जैसे धारावाहिक शामिल हैं जिसमें परिहास, प्रहसन, व्यंग्य-उपहास हल्के-फुल्के रूप में शामिल होते हैं। भारतीय टेलीविजन पर पारिवारिक धारावाहिकों का चलन काफी बढ़ा है।

टेलीविजन पर सिनेमा का प्रभाव

टेलीविजन की दुनिया में फिल्म निर्माताओं और निर्देशकों का प्रवेश अनिवार्य था। जिन निर्देशकों के पास कम बजट था जैसे कि बासु चटर्जी, सत्यजीत रे, श्याम बेनेगल, सईद मिर्जा, गोविंद निहलानी आदि, उन्होंने अपनी सोच को अभिव्यक्त करने के लिए टेलीविजन स्क्रीन का सहारा लिया। बासु चटर्जी की निर्भीक रजनी ने छोटे पर्दे पर धूम मचा दी। ऐसा ही करिश्मा मिर्जा के नुक्कड़ ने किया जो राजनीतिक और सामाजिक क्षेत्र के लिए एक चुनौती लेकर आया था। गोविंद निहलानी की देश विभाजन पर आधारित "तमस" भी तत्कालीन जन मानस पर अपनी अमिट छाप छोड़ गया। हालांकि बेनेगल अपनी रविवार सुबह की "भारत एक खोज (जो नेहरू की डिस्कवरी इंडिया पर आधारित थी) से भारतीय दर्शकों को अपनी ओर खीचने में सफल नहीं हो सके।"

किन्तु हिन्दी फिल्मकार (जिन्हें वाणिज्यिक हिट फिल्में बनाने में महारत हासिल थी) टेलीविजन पर अपना कब्जा जमाने में सफल हो गए। उन्होंने धार्मिक महाकाव्यों को भारतीय टेलीविजन पर उतारा और इसके साथ ही भारतीय दर्शकों का एक बहुत बड़ा समूह टेलीविजन कार्यक्रमों की ओर आकर्षित होता चला गया। टेलीविजन सेट अचानक ही घर-घर की एक आवश्यक वस्तु बन गया। इस दिशा में पहल रामानन्द सागर द्वारा प्रस्तुत रामायण धारावाहिक से की गई जिसके बाद टेलीविजन पर उत्तर रामायण, महाभारत आदि धार्मिक धारावाहिकों की धूम मच गई। हालांकि नब्बे के दशक में उत्तर भारत के टेलीविजन दर्शक महान धार्मिक महाकाव्यों में तिलस्म से बँधे थे किंतु इसी दौरान उन्हें कुछ वास्तविक अनुभूतियों से भी परिचित कराया गया(जैसे कि–अस्पताल के अनुभवों पर आधारित जीवनरेखा, डॉक्टर साहब आदि) तथा राजनीतिक व्यंग्य (जैसे कि काकाजी कहिन) तथा दक्षिण भारतीय रचना "मालगुडी डेज" पर आधारित धारावाहिकों का भी प्रसारण किया गया।

वीडियो सिनेमा और टेलीविजन

भारत में वीडियो कैसेट रिकॉर्डरों (वीसीआर) और वीडियो कैसेट प्लेयरों (वीसीपी) की संख्या के बारे में अनुमान लगाना कठिन है। एक समय था जबकि सिंगापुर की उड़ान वी सी आर उड़ान के नाम से जानी जाती थी। 1984 में इंडिया टुडे ने लगभग तीन लाख (3,00,000) का अनुमान लगाया था जिसमें प्रतिमाह 20,000 की दर वृद्धि हो रही थी। वर्ष 1985 में भारतीय जन-संचार संस्था नई दिल्ली द्वारा किए गए एक अध्ययन में यह आँकड़ा लगभग पाँच लाख बताया गया। वीडियो एडवरटाइजिंग एजेन्सियों ने इनकी संख्या और भी अधिक होने का दावा किया। 1987 के मध्य में मोड सर्विसेज फॉर प्राइम टाइम द्वारा किए

गए एक सर्वेक्षण में इनकी संख्या 1.8 मिलियन बताई गई। कॉन्ट्रास्ट एडवरटाइजिंग का मानना था कि वीसीआर सेटों की संख्या एक मिलियन से अधिक नहीं है। 1989 में ही वीडियो कंपनियों ने दावे किए कि प्रत्येक फिल्म के दर्शक लगभग 2.4 मिलियन होते हैं।

फिल्म फेडरेशन ऑफ इंडिया के अधिकारियों के अनुसार 1982 में नई दिल्ली में आयोजित एशियाड के दौरान देश के लगभग 400 से भी अधिक देशों में वीडियो का प्रसार हो गया। 1984 में कंज्यूमर इलेक्ट्रॉनिक्स पर गठित अध्ययन दल ने बताया कि संगठित क्षेत्र के 11 यूनिटों और लघु क्षेत्रों के 60 यूनिटों को प्रतिवर्ष 500 वीडियो कैसेट रिकॉर्डरों के उत्पादन की अनुमति प्रदान की गई थी।

तथापि, इलेक्ट्रॉनिक वस्तुओं के आयात को और उदार बनाने और इस क्षेत्र में अनेक बहुराष्ट्रीय निर्माताओं के प्रवेश के बावजूद रिकॉर्डरों का मूल्य अंतर्राष्ट्रीय बाजार में इनके मूल्यों की तुलना में काफी अधिक है। जिसके कारण वीडियो सेटों के गैर कानूनी आयात और तस्करी को बढ़ावा मिला है। जहाँ तक वीडियो कैमरा, एडीटिंग, डुप्लीकेटिंग और अन्य संबंधित प्रौद्योगिकियों का संबंध है, स्थिति कमोबेश एक जैसी बनी हुई है।

भारत में वीडियो तक पहुँचने का एकमात्र उपाय यही नहीं है कि इसे देखने के लिए वीडियो खरीद लिया जाए। प्रतिदिन वीडियो देखने वाले लगभग एक मिलियन व्यक्तियों में से बहुत से ऐसे व्यक्ति हैं जो एक साथ मिल कर किराये पर एक वीडियो प्लेयर ले आते हैं या फिर वीडियो देखने के लिए वीडियो पार्लरों, वीडियो रेस्टॉरेंटों, वीडियो क्लबों में जाते हैं या वीडियो लगे बसों में यात्रा करते हुए वीडियो देखते हैं।

ऐसा अनुमान है कि चारों महानगरों में से प्रत्येक में वीडियो किराये पर देने वाली कम से कम एक हजार कंपनियाँ काम कर रही हैं। अन्य बड़े शहरों में एक सौ से दो सौ तक ऐसी कंपनियाँ/दुकानें हैं। इसके अतिरिक्त 50,000 वीडियो पार्लर भी बहुत अधिक संख्या में वीडियो कैसेटों का व्यापार करते हैं। इसमें वीडियो रेस्तराओं, वीडियो क्लबों और वीडियो बसों की संख्या भी जुड़ जाने से इस संबंध में सन्निकट संख्या का परिकलन करना असंभव हो गया है। (तथापि, केबल और उपग्रह टेलीविजन से वीडियो व्यापार में काफी गिरावट आई है)।

वीडियो स्थायी और चलते-फिरते सिनेमा घरों का काम करने लगा है। प्रदर्शनी हेतु आउट लेटों (स्थानों) की कमी इस उद्योग के प्रसार में हमेशा से एक बड़ी बाधा रही है। अस्सी के दशक के मध्य में दूर दराज के जिलों के सुदूर गाँवों तक भी वीडियो की पहुँच थी। मध्य प्रदेश में 2000 से भी कम आबादी वाले छोटे-छोटे गावों में भी वीडियो की सुविधा उपलब्ध थी। अकेले छत्तीसगढ़ क्षेत्र में 150 रेस्तराओं द्वारा नियमित रूप से वीडियो शो आयोजित किए जाते थे जिनमें प्रवेश शुल्क प्रति व्यक्ति 5 रु. था। देश में विंध्य और मालवा क्षेत्रों में भी वीडियो की सुविधा उपलब्ध थी। पंजाब, उड़ीसा, कर्नाटक, केरल और यहाँ तक कि दूरस्थ पूर्वोत्तर राज्यों में भी रेस्तराँ मालिक लोगों के वीडियो क्रेज को भुना रहे थे। अस्सी के दशक के मध्य में वीडियो नक्कालों पर कानून का शिकंजा कस जाने से वीडियो के क्षेत्र में आए उछाल में कुछ हद तक मंदी आई। आज भी संपूर्ण वीडियो व्यवसाय गैरकानूनी धंधे की चपेट में है क्योंकि अधिकांश कैसेट फिल्म प्रिंट से चोरी-छिपे तैयार किए जाते हैं। भारत में नकली कैसेटों की खेप मुख्यतः दुबई और हांग-कांग से पहुँचती है। भारतीय सिनेमा निर्माता और एनएफडीसी के सम्मिलित प्रयासों से चलचित्र अधिनियम में संशोधन करके वीडियो टेप पर दिखाए जाने वाले फिल्मों को उक्त अधिनियम के दायरे में लाया गया है। इस संशोधन द्वारा केंद्रीय फिल्म प्रमाणन बोर्ड से प्रमाण पत्र प्राप्त किए बिना वीडियो या केबल पर फिल्में दिखाना गैर कानूनी घोषित कर दिया गया है। इसके अतिरिक्त कुछ राज्यों में वीडियो पार्लर और वीडियो रेस्तराँ के लिए यह अपेक्षित है कि वे अपने क्रिया-कलापों के लिए सरकार को मनोरंजन कर अदा करें।

ब्लू फिल्मों की वीडियो सीडी दिखाने/बेचने वाले वीडियो पार्लरों पर पुलिस द्वारा मारे जा रहे छापों के कारण वीडियो पार्लर मालिकों को ऐसे गैर कानूनी और समाज विरोधी कार्य करने से रोकना संभव हुआ है। पहले जहाँ सिनेमा प्रोड्यूसरों द्वारा विदेशों में वितरण के लिए अंतर्राष्ट्रीय वीडियो अधिकार केवल एस्क्वायर को दिए जाते थे वहीं अब सिनेमा प्रोडयूसरों द्वारा घरेलू वितरण हेतु भी विभिन्न कंपनियों को वीडियो अधिकार बेचना शुरू कर दिया गया है। वीडियो "आतंक" का सामना करने के लिए प्रोड्यूसर किसी फिल्म को प्रायः अधिकाधिक सिनेमा घरों में एक साथ जारी करते हैं और बाद में फिल्म को वीडियो कैसेट पर दिखाने के लिए वीडियो कंपनियों को कम मूल्य पर इसके अधिकार बेचते हैं। उदाहरण के लिए गोल्ड वीडियो द्वारा 'शहंशाह' फिल्म की 9000 वीडियो प्रतियाँ केवल 135 रु. प्रति वीडियो कैसेट की दर पर बेची गई।

सामाजिक और राजनीतिक शिक्षा के लिए वीडियो कैसेटों का प्रयोग

भारत में राजनीतिक दलों द्वारा क्षेत्रीय और राष्ट्रीय चुनावों के समय अपने-अपने दलों के प्रचार के लिए वीडियो कैसेटों का काफी अधिक प्रयोग किया जाता है। उदाहरण के लिए 1984 के राष्ट्रीय चुनावों के समय वीडियो टेपों पर राजीव गांधी के भाषण का चुनाव प्रचार के दौरान व्यापक उपयोग किया गया। इसके अतिरिक्त, माँ (इंदिरा गाँधी पर बनाई गई वीडियो कैसेट) के 20 मिनट के वीडियो टेप की 500 प्रतियाँ वितरित की गईं। विपक्षी दलों ने भी नए माध्यम का भरपूर उपयोग किया। अमेरिका के एक अस्पताल में इलाज करा रहे तमिलनाडु के मुख्यमंत्री एमजी राम चंद्रन पर बनाए गए वीडियो फिल्म की 100 से भी अधिक प्रतियाँ दक्षिणी राज्यों में प्रचार के लिए वितरित की गई। भारतीय जनता पार्टी, कॉंग्रेस और शिव सेना द्वारा अपने राजनीतिक प्रचार के लिए ऑडियो-वीडियो कैसेटों का व्यापक उपयोग किया गया है। इन दिनों चुनाव के दौरान वीडियो रथों का आमतौर पर उपयोग किया जाने लगा है। 1993 के अंतिम महीनों में मनोरंजन और राजनीति का सम्मेलन जिसे अंग्रेजी में इन्फोरेनमेंट कहा जाता है, प्रदान करने के लिए जैन टीवी चैनल शुरू किया गया।

सामाजिक सेवा संगठनों जैसे कि अहमदाबाद में सेवा (SEVA) और नई दिल्ली में सेन्डिट (CENDIT) द्वारा सीमांत समूहों को सजग बनाने के लिए इस नए माध्यम का उपयोग किया जा रहा है। इसके अतिरिक्त समाचार और फिल्मी पत्रिकाओं जैसे कि इंडिया टुडे, हिन्दुस्तान टाइम्स, और स्टार डस्ट ने अस्सी के दशक के अंतिम वर्षों और नब्बे के दशक के आरंभिक वर्षों के दौरान वीडियो वितरण व्यवसाय शुरू किया। इंडिया टुडे के मासिक 'न्यूजट्रेक' हिंदुस्तान टाइम्स के 'आई विटनेस' और स्टार डस्ट के स्टार वन ने वीडियो समाचार पत्रिका को एक नई दिशा प्रदान की।

उन दिनों की फिल्म वीडियो पत्रिकाओं में लहरें, चलते-चलते, एकनाथ, मुवीमैजिक, सितारों की दुनिया और 'बुश फिल्म ट्रैक्स' के नाम उल्लेखनीय है। स्पोर्ट्सवीक ने "स्पोर्ट स्टाइल" नाम से खेल वीडियो पत्रिका की शुरूआत की। 1993 के अंतिम महीनों तक केवल और सीमापार उपग्रह चैनलों द्वारा शोषण के कारण अनेक वीडियो पत्रिकाओं का उत्पादन बंद हो गया। तब न्यूजट्रेक और आई विटनेस जैसी कुछ वीडियो समाचार पत्रिकाओं ने किसी न किसी टेलीविजन चैनल पर टाईम स्लॉट प्राप्त करके अपना कार्यक्रम जारी रखा।

केबल टेलीविजन

जब तक हमारे देश में विदेशी उपग्रह टेलीविजन चैनलों की शुरुआत नहीं हुई थी तब तक भारत में केबल टेलीविजन का एकमात्र अर्थ था किसी एक केन्द्रीय कंट्रोल रूम से केबल की सहायता से भारतीय और अमेरिकी लोकप्रिय फिल्मों की चोरी-छिपे तैयार किए गए कैसेटों से उन फिल्मों को प्रसारित करना। केबल टेलीविजन में प्रत्येक टेलीविजन रिसीवर अपने निजी ऐन्टेना से सिग्नल नहीं लेता बल्कि इसमें एक उपयुक्त स्थान पर रखे गए कॉमन ऐन्टेना से केबल द्वारा जुड़े सभी टेलीविजन रिसीवरों तक कार्यक्रम पहुँचाए जाते हैं। यह पुनः विसरण (Rediffusion) की व्यवस्था भारत के शहरी और ग्रामीण क्षेत्रों में अब काफी लोकप्रिय हो गई है।

केबल टीवी की शुरुआत उत्तरी अमेरिका में की गई थी ताकि पर्वतीय और दूर-दराज के क्षेत्रों में टेलीविजन सिग्नलों के अभिग्रहण में सुधार लाया जा सके। केबल टीवी द्वारा स्थानीय ट्रान्समीटरों की सहायता से अभिग्रहण में सुधार लाया जा सकता है तथा इससे घरेलू ऐन्टेना की पहुँच से दूर स्थित ट्रान्समीटरों से सेवाएं प्रसारित भी जा सकती हैं। इसके अतिरिक्त केबल टीवी से बहुत से चैनलों तक उपभोक्ताओं की पहुँच हो जाती है। उदाहरण के लिए, केबल टीवी की सहायता से टीवी सेट से अब हम कुछ अधिक बुनियादी और पे चैनलों को देख सकते हैं (कुछ उपलब्ध चैनलों के नाम हैः दि डिज्नी चैनल, एम टीवी, समाचार चैनल, शॉपिंग चैनल, मुवी चैनल, सामुदायिक और शैक्षिक चैनल)। इनका संस्थापना शुल्क और किराया काफी कम है। भारत में, होटल उद्योग, सार्वजनिक और निजी क्षेत्र की कंपनियाँ, आवासीय कॉलोनियाँ, गगनचुंबी इमारतें और सहकारी आवासीय समितियाँ केबल टीवी के वितरण में बढ़-चढ़ कर आगे आ रही है। केवल संस्थापना के कार्य में अस्सी के दशक के मध्य में काफी तेजी आई। उदाहरण के लिए ऊँची-ऊँची बहुमंजिली इमारतों में एक निकटवर्ती-कंट्रोल रूम से भारतीय और विदेशी फिल्मों के वीडियो टेप कार्यक्रम प्रसारित किए जाने लगे। अब मुंबई और देश के अन्य शहरों में अनेकानेक आवासीय कॉलोनियों में केबल की सहायता से टीवी कार्यक्रम पहुँचाए जा रहे हैं। बंबई उच्च-न्यायालय द्वारा केबल मालिकों द्वारा फिल्म के कॉपीराइट रखने वालों से अनुमति प्राप्त किए बिना भारतीय फिल्मों के प्रसारण पर रोक लगा दी गई है। फिल्म

प्रोड्यूसरों का यह तर्क है कि केबल की सहायता से घर के भीतर टीवी पर फिल्में देखने सिनेमा घरों में सार्वजनिक तौर पर फिल्में देखने से भिन्न है। देश भर में केबल नेटवर्कों ने उपग्रह डिश स्थापित किए हैं जिनकी सहायता से स्टार टीवी और दूरदर्शन के टीवी चैनलों के कार्यक्रम को पिकअप करके उन्हें केबल के माध्यम से 20 मिलियन से भी अधिक घरों में पहुँचाया जाता है।

1990 के दशक के अंतिम वर्षों में देश में 200,000 से भी अधिक केबल नेटवर्क था। उनमें से लगभग आधे नेटवर्क बहुमंजिली इमारतों में थे और एक तिहाई नेटवर्क एकल-इमारत प्रणालियों में लगे थे। एक तिहाई से अधिक नेटवर्क 250 से 750 उपभोक्ता घरों में तथा 20% नेटवर्क 1000 से 1500 उपभोक्ता घरों में उपलब्ध थे। केबल व्यापार में सिटी केबल (जीटीवी नेटवर्क का) और इन केबल नेट (हिंदुजा समूह का) दो बड़े संघ हैं और अधिकांश केबल प्रचालक इनमें से किसी एक समूह से जुड़े हैं जिससे इन दोनों समूहों में हमेशा प्रतिस्पर्धा बनी रहती है। अकेले मुंबई में ही कुछ 1,2,00,000 केबल कनेक्शनों में से इन केबल के नियंत्रणाधीन 600,000 और सिटी केबल के नियंत्रणाधीन 400,000 केबल कनेक्शन हैं। अन्य छोटे केबल प्रचालकों का नियंत्रण केवल 200,000 कनेक्शनों पर ही है।

तथापि, केबल प्रचालकों के हस्तक्षेप के बिना विदेशी टीवी चैनलों को उपग्रह के माध्यम से लोगों के घरों तक पहुँचाने वाली डाइरेक्ट टू होम (या डीटीएच) प्रौद्योगिकी के अधिकाधिक प्रचलन से केबल प्रचालकों को अपना व्यवसाय खतरे में दिखाई दे रहा है। डीटीएच टेलीविजन डिजिटल और इंटरऐक्टिव है जो उपभोक्ताओं को 100 से भी अधिक संख्या में टीवी चैनलों को दिखाने की पेशकश कर रहा है। रूपर्ट मर्डोक का न्यूजकोर्प डीटी एच क्रांति का नेतृत्व कर रहा है जिसने पहले ही यूरोप में बी-स्काई बी और जापान में जे स्काई बी की शुरुआत की है और अब इसकी योजना भारतीय उप महाद्वीप में आई स्काई बी तथा उत्तरी अमेरिकी उप महाद्वीप में ए स्काई बी शुरू करने की है।

वीडियो और केबल टीवी पर विज्ञापन

भारत में अस्सी के दशक के आरंभिक वर्षों में वीडियो उद्योग में बहुत अधिक तेजी आई। इसका अत्यधिक सकारात्मक प्रभाव दूरदर्शन पर पड़ा जिसने विज्ञापन और सामाजिक- पारिवारिक धारावाहिकों तथा अन्य मनोरंजक कार्यक्रमों के प्रायोजन के लिए अपना मार्ग प्रशस्त किया। इसके अतिरिक्त रंगीन टेलीविजन की शुरुआत होने और आयातित टेलीविजन सेटों और वीसीआर/वीसीपी पर सीमा शुल्क में कमी करने से देश में वीडियो क्रांति आई। मई, 1985 तक देश में लगभग 5.5 मिलियन टीवी सेट और कम से कम आधा मिलियन वीडियो रिकॉर्डर/प्लेयर थे।

वीडियो उद्योग के काफी हद तक गैर कानूनी और असंगठित होने के बावजूद भारतीय विज्ञापन एजेन्सियों ने अपने व्यवसाय में वीडियो का बहुत तीव्र गति से उपयोग किया। वास्तव में, बावजूद इसके कि यह उद्योग विज्ञापन उद्योग के समान ही विनियमित नहीं था, वीडियो ने विज्ञापन दाताओं को अपनी ओर आकर्षित किया। फिल्मों की बहुत अधिक संख्या में चोरी-छिपे वीडियो कैसेटें बनाए जाने से बाध्य होकर अनेक फिल्म प्रोड्यूसरों ने अपने पुराने और नए फिल्मों का वीडियो अधिकार गारवेयर, बोम्बिनो, शेमारु, सुपर कैसेट्स, एस्क्वायर, ईगल और अन्य कंपनियों को बेचना शुरू कर दिया।

राष्ट्रीय फिल्म विकास निगम (NFDC) ने भी भारतीय और विदेशी फिल्म प्रोड्यूसरों से वीडियो अधिकार प्राप्त करने के लिए समझौता किया और यह तय किया गया कि वीडियो अधिकारों का प्रयोग विज्ञापन के जरिए उपभोक्ता उत्पादों को बढ़ावा देने के लिए नहीं किया जाएगा और ऐसा करना वीडियो अधिकारों का दुरूपयोग माना जाएगा। उत्पादों की बिक्री को बढ़ाने में लगी विज्ञापन एजेंसियाँ भी, जो रियायती मूल्य पर उत्पादों को विक्रय हेतु प्रस्तुत करती हैं, बाद में वीडियो पर श्रव्य-दृश्य प्रस्तुति हेतु अपनी उपस्थिति दर्ज कराने के लिए बढ़-चढ़ कर सामने आने लगीं। वीडियो विज्ञापन पहले केवल निर्यात हेतु निर्मित किए जाने वाले कैसेटों तक ही सीमित था किंतु निरंतर फैल रहा घरेलू बाजार इतना विस्तृत हो गया कि विज्ञापन दाताओं के लिए अपने घरेलू बाजार को नजर अंदाज करना संभव नहीं रहा। अस्सी के दशक के अंतिम वर्षों में केबल नेटवर्क के पहले मुंबई की बहुमंजिली इमारतों में और बाद में महानगरीय क्षेत्रों के आस-पास फैली कॉलोनियों में फैल जाने से वीडियो बाजार और विस्तृत हुआ। प्रमुख वीडियो वितरकों के समूह संगठित हुए। संभवतः सबसे बड़ा समूह केबल वीडियो (इंडिया) प्रा.लि. है जिसके पास 3000 से भी अधिक फिल्मों के घरेलू प्रदर्शन और केबल के अधिकार सुरक्षित हैं। कंपनी इन फिल्मों के वीडियो कैसेटों का प्रमुख वितरक है। डालमियां ग्रुप की कंपनी शोटाईम कम्युनिकेशन दिल्ली में नियंत्रणाधीन वीडियो फिल्मों का वितरण करती है। केबल उद्योग से जुड़ी अन्य

कंपनियों/समूहों में दि स्टेट वीडियो तथा मिजोरम, केरल व पश्चिम बंगाल की सरकारों और टाइम्स टेलीविजन के नाम उल्लेखनीय हैं।

वीडियो और केवल टीवी पर छाई रहने वाली बड़ी कंपनियों में नेस्ले-इंडिया, कैडबरीज, आईटीसी, यूनाइटेड ब्रेवरीज आदि के नाम उल्लेखनीय हैं। देश भर में 50000 से भी अधिक केबल प्रचालक काम कर रहे हैं। केबल टीवी और वीडियो पर सभी विज्ञापनदाता अपने उत्पादों को प्रचारित कर सकते हैं, विशेषकर वे सभी इन पर अपना विज्ञापन देते हैं जिनका विज्ञापन दूरदर्शन पर नहीं आता। ऐसे कुछ उत्पादों में बेबी फूड, अंग-वस्त्रों आदि के नाम शामिल हैं।

विज्ञापनदाता दूरदर्शन पर अपना विज्ञापन देने से पीछे नहीं हट रहे हैं बल्कि वे केबल टीवी को इसके एक पूरक माध्यम के रूप मे प्रयोग में ला रहे हैं। केबल द्वारा बाजार के खंडीकरण को लाभ पहुँच रहा है।

वीडियो और केबल विज्ञापन में आसानी से और शीघ्र धन अर्जित करने के उन्माद में सर्वाधिक नुकसान फिल्म प्रोड्यूसरों, दूरदर्शन और वीडियो केबल दर्शकों को हुआ है। कभी-कभी विज्ञापन मुख्य कार्यक्रम पर हावी हो जाता है, तो दर्शक काफी निराश हो जाते हैं। जब सभी चैनलों पर विज्ञापन का कब्जा हो जाता है तो रिमोट के बटन का फास्ट-फारवर्ड बटन भी निष्फल सिद्ध होता है। अब इन्फैक्ट (INFACT) और एसोसिएशन ऑफ वीडियो राइट्स ऑनर्स ऑफ इंडिया जैसे संगठनों ने सरकार पर कॉपीराइट अधिनियम लागू करने के लिए प्रत्येक राज्य में विशेष एंटीपाइरेसी सेल (Antipiracy Cell) गठित करने पर दबाव डाला है। इस अधिनियम को लागू करने के प्रभावी तरीकों पर विचार करने के लिए कॉपीराइट इन्फोर्समेंट एडवाइजरी काउंसिल का गठन किया गया है। इस काउंसिल ने सुझाव दिया कि एक कॉपीराइट काउंसिल स्थापित की जाए। यह भी सुझाव दिया गया कि भारतीय काउंसिल अधिनियम (1885), भारतीय बेतार अधिनियम (1933), कॉपीराइट अधिनियम (1957) में संशोधन करके वीडियो, केबल और उपग्रह टेलीविजन के क्षेत्र में हुई प्रगति को स्थान दिया जाए।

विज्ञापन दाताओं द्वारा वीडियो और केबल के घोर दुरूपयोग पर रोक लगाने के लिए दर्शकों के साथ मिलकर फिल्म प्रोड्यूसरों ने भी दर्शक एसोसिएशन गठित करने की दिशा में गंभीर प्रयास किए हैं। इनकी मांग है कि टीवी, वीडियो और केबल पर विज्ञापन हेतु एक नियमावली तैयार की जाए ताकि दर्शकों के अधिकारों की रक्षा की जा सके। उनका मानना है कि ASCI द्वारा तैयार की गई नियमावली वीडियो और केबल को नियंत्रित करने के लिए पर्याप्त है। नवंबर, 1993 में भारतीय केबल प्रचालक संघ तथा सूचना और प्रसारण मंत्रालय के बीच केबल टेलीविजन नेटवर्क (विनियम) विधेयक पर सहमति बनी जिसके अनुसरण में नवंबर, 1994 में जारी अध्यादेश द्वारा इस अधिनियम को लागू किया गया जिसके अंतर्गत केबल कंपनियों का डाकघरों में पंजीकरण कराना आवश्यक कर दिया गया। इसके अतिरिक्त सभी प्रचालकों के लिए यह अनिवार्य कर दिया गया कि वे दूरदर्शन का कम से कम एक चैनल अवश्य प्रसारित करें तथा उन वाणिज्यिक और विदेशी उपग्रह चैनलों के कार्यक्रमों का प्रसारण बंद कर दें जो भारत सरकार द्वारा निर्धारित नियमों और दिशा-निर्देशों के अनुरूप न हों तथापि प्रसार भारती (भारतीय प्रसारण निगम) गठित होने और प्रसारण अधिनियम घोषित होने के बाद उक्त अधिनियम की प्रासंगिकता समाप्त हो गई।

टेलीविजन का स्वामित्व और नियंत्रण

ऑल इंडिया रेडियो (आकाशवाणी) के समान ही दूरदर्शन भी नवंबर, 1997 तक सूचना और प्रसारण मंत्रालय की एक इकाई बना रहा। निस्संदेह, भारत सरकार हमेशा यह दावा करती रही कि दूरदर्शन को कार्यक्रम निर्धारण और प्रशासन में "कार्यात्मक स्वायत्तता" प्राप्त है किंतु दावे चाहे कुछ भी किए जाते रहे हों, वास्तविक निर्णय सूचना और प्रसारण मंत्रालय के नियंत्रण में ही रहा। मनोरंजन विषयक कार्यक्रमों के चयन और निर्माण में कुछ हद तक स्वतंत्रता दी गई थी किन्तु समाचार और ताजे घटनाक्रमों से जुड़े कार्यक्रमों पर मंत्रालय की कड़ी निगरानी रहती थी। यह स्थिति आजादी के बाद से ही बनी रही चाहे केन्द्र में शासन किसी भी राजनीतिक दल का रहा हो।

भारत में प्रसारण पर स्वामित्व और नियंत्रण का प्रश्न सर्वप्रथम संविधान सभा में एक चर्चा के दौरान उठाया गया। हालांकि पंडित नेहरू ने अपने इन शब्दों द्वारा मामले को खारिज कर दिया–"प्रसारण के संबंध में निर्धारित की जाने वाली व्यवस्था के बारे में मेरी अपनी निजी राय यह है कि हमें यथासंभव ब्रिटिश मॉडल बीबीसी के अनुसार अपनी प्रसारण नीति विकसित करनी चाहिए। अतः यह बेहतर होगा कि यदि इस संबंध में हमारे पास सरकार के नियंत्रणाधीन एक अर्ध स्वायत्त संगठन कार्य करे जिसकी नीतियों पर सरकार का नियंत्रण हो या फिर जो एक सरकारी विभाग के रूप में काम करे, किन्तु जिसकी स्थिति एक अर्धस्वायत्त निगम के समान हो।

अभी मैं ऐसा नहीं समझता कि ऐसा करना तत्काल संभव है।" हालांकि यह हमारे प्रथम प्रधानमंत्री की व्यक्तिगत राय थी किन्तु वर्ष 1964 में सभी मामलों पर नए सिरे से विचार करने के लिए चंद्रा समिति गठित होने तक सरकारी तौर पर यही स्थिति बनी रही।

चंद्रा समिति

चंद्रा समिति ने सिफारिश की कि संसद के एक अधिनियम द्वारा एक प्रसारण निगम स्थापित किया जाए जिसमें उसके उद्देश्यों का स्पष्टतः उल्लेख किया जाए। समिति ने इस बात पर बल दिया कि "सरकार के प्राधिकार क्षेत्र का स्पष्टतः उल्लेख किया जाए और इस संबंध में किसी प्रकार की दुविधा की स्थिति न रहे।" कतिपय कार्यक्रमों को प्रसारित करने के संबंध में अधिकार तथा किसी कार्यक्रम को वीटो करने का अधिकार सरकार के पास सुरक्षित रखा जाए। यह अवश्य समझ लिया जाए कि ऐसे अधिकारों का कभी-कभी ही प्रयोग किया जाए और तभी किया जाए जबकि ऐसा करना राष्ट्र हित में हो। इन प्रतिबंधों से संबंधित मंत्रालय के मंत्री का संसद में उत्तरदायित्वय स्वतः परिभाषित होता है। हम यह भी विचार करते हैं कि अधिनियम में स्वतः ही संभावित अतिक्रमण पर गर्वनरों के अधिकार और शक्तियाँ निर्धारित होती हैं।

तदनुसार, यह सिफारिश की गई कि एक अध्यक्ष की अध्यक्षता में एक बोर्ड ऑफ गवर्नर्स गठित किया जाए जिसमें सदस्यों की संख्या सात से अधिक न हो। इस बोर्ड का अध्यक्ष कोई जाना-माना व्यक्ति हो जिसकी सत्यनिष्ठा, योग्यता और क्षमता पर कोई संदेह न हो तथा इसके सदस्य देश सेवा के विभिन्न कार्यों में लगे लोगों को बनाया जाए जिन्हें संबंधित क्षेत्र में ख्याति प्राप्त हो। समिति ने इसका चयन सरकार के हाथ में छोड़ा तथा गवर्नरों का कार्यकाल छह वर्ष नियत किया गया जिसके दो सदस्य प्रत्येक दूसरे वर्ष बारी-बारी से सेवानिवृत्त होंगे। यह कहा गया कि सृजनात्मकता की शर्तें प्राधिकार के क्षेत्रीय और स्थानीय स्तरों तक विकेद्रित करने पर ही पूर्ण हो सकती हैं।

वर्गीज समिति

वर्गीज समिति ने एक राष्ट्रीय प्रसारण ट्रस्ट (या आकाश भारती) स्थापित करने की सिफारिश की जिसके अधीन एक अत्यधिक विकेंद्रित ढाँचा काम करेगा। इसमें स्वायत्त निगमों या राज्य सरकार के निगमों के संघ की परिकल्पना नहीं की गई थी। इसके अतिरिक्त, इस समिति द्वारा रेडियो और टेलीविजन के लिए दो पृथक् निगमों की भी परिकल्पना नहीं की गई। तथापि, इस बात पर बल देने के अतिरिक्त कि परिकल्पित ट्रस्ट एक स्वतंत्र, निष्पक्ष और स्वायत्त संगठन होगा, समिति ने यह भी सिफारिश की कि निगम की स्वायत्तता और सरकारी नियंत्रण से उसकी स्वतंत्रता को विशेष महत्त्व दिया जाए।

समिति ने यह सिफारिश की कि उक्त ट्रस्ट की निगरानी एक बोर्ड ऑफ ट्रस्टीज (न्यासी मंडल) द्वारा किया जाए जिसमें 12 सदस्य हों और जिनकी नियुक्ति एक नाम-नामित करने वाले पैनल जिसमें भारत के मुख्य न्यायाधीश, लोकपाल और संघ लोक सेवा आयोग के अध्यक्ष शामिल होंगे, द्वारा अग्रसारित नामों की सूची से प्रधानमंत्री द्वारा संस्तुत नामों में से राष्ट्रपति द्वारा की जाए। इसमें अध्यक्ष और तीन सदस्य पूर्णकालिक सदस्य होंगे जबकि शेष आठ सदस्य अंशकालिक होंगे। प्रसारण महानियंत्रक, निदेशक और अन्य वरिष्ठ अधिकारियों की नियुक्ति न्यासी मंडल द्वारा की जाएगी। महानियंत्रक केन्द्रीय एक्जीक्यूटिव बोर्ड का प्रमुख होगा और न्यासी मंडल का पदेन सचिव होगा। केन्द्रीय एक्जीक्यूटिव बोर्ड क्षेत्रीय एक्जीक्यूटिव परिषदों के सहयोग से न्यासी मंडल की नीतियों और निर्देशों को क्रियान्वित करेगा। कार्यक्रम निर्धारण निश्चित रूप से विकेंद्रित होगा और स्थानीय स्तरों पर प्रोड्यूसरों को काफी हद तक स्वायत्तता प्राप्त होगी।

शिक्षण हेतु सॉफ्टवेयर पर जोशी कार्य-दल

हालांकि जोशी कार्य-दल को प्रसारण को स्वायत्तता प्रदान करने के प्रश्न पर अध्ययन करने का कार्य नहीं सौंपा गया था किन्तु इस कार्य-दल ने यह स्पष्ट किया कि दूरदर्शन में कार्यात्मक स्वंतत्रता की स्थिति मौजूद नहीं है हालांकि सरकार इसका दावा करती है। तथापि, इन्होंने यह उल्लेख किया कि महत्त्वपूर्ण मुद्दा "स्वायत्तता बनाम सरकारी नियंत्रण" नहीं है बल्कि सृजनात्मकता को समर्थन देने के लिए ढाँचे और प्रबंधन की शैली में तत्काल सुधार लाने की है। अतः इस कार्यदल ने एक संस्थागत व्यवस्था सृजित करने की सिफारिश की जिससे नीतिगत दिशा निर्देशों और सॉफ्टवेयर के मूल्यांकन हेतु राजनैतिक, प्रशासनिक और संचार के क्षेत्रों में तालमेल और अन्योन्याश्रय संबंध विकसित हुआ। इसके अतिरिक्त इसने व्यापक सामाजिक उद्देश्यों और टीवी पर कार्यक्रम-निर्धारण के तरीकों पर मंत्रालय को सलाह देने के लिए एक राष्ट्रीय दूरदर्शन परिषद् स्थापित करने की सलाह दी। तथापि, जोशी कार्यदल ने प्रसारण को सूचना और प्रसारण मंत्रालय के नियंत्रण से मुक्त करने की सिफारिश नहीं की। इसे

रदर्शन द्वारा सूचना और प्रसारण मंत्रालय से या उसके द्वारा तिनियुक्त अभिकरण से निर्देश प्राप्त करने में कोई आपत्ति हीं थी।

सार भारती विधेयक (1989)

सार भारती विधेयक (1989) पूर्णतः वर्गीज रिपोर्ट (1978) और प्रसार भारती विधेयक (1979) पर आधारित है जिसे नता पार्टी की सरकार द्वारा मई, 1979 में संसद में पेश किया या था। इनमें कुछ मूलभूत अंतर भी है। प्रसार भारती विधेयक संसद के अधिनियम के जरिए प्रसारण निगम सृजित करने के क्ष में था, जबकि वर्गीज रिपोर्ट का स्पष्टतः कहना था कि सारण स्वायत्तता भारतीय संविधान का एक हिस्सा हो। इसे यह सुनिश्चित करना आवश्यक होगा कि कोई भी भावी सरकार इस निगम की स्वतन्त्रता और स्वायत्तता से छेड़-छाड़ न कर सके। इसके अतिरिक्त जैसा कि वर्गीज रिपोर्ट में परिकल्पना की गई है जनता की सेवा में समर्पित एक ट्रस्ट का स्वरूप प्रदान करते हुए वर्तमान विधेयक में एक निगम की स्थापना का प्रस्ताव किया गया जिसके पास सांविधिक गरिमा और अधिकार न हो। वर्तमान विधेयक द्वारा निगम के जिन उद्देश्यों की परिकल्पना की गई है, वे वर्गीज समिति द्वारा अनुशंसित राष्ट्रीय प्रसारण ट्रस्ट को स्थापित करने के उद्देश्यों से भिन्न हैं।

किन्तु यह वर्गीज रिपोर्ट जितना व्यापक नहीं है जिसमें यह अपेक्षा की गई है कि सूचना और प्रसारण मंत्रालय प्रसारण के उत्तरदायित्व से पूर्णतः मुक्त हो जाए। विधेयक में मंत्रालय के प्रतिनिधि को अंशकालिक गवर्नर के रूप में कार्य करने का प्रावधान किया गया है। यह वर्गीज समिति द्वारा परिकल्पित "पूर्ण स्वायत्तता"से भिन्न स्थिति है।

वर्गीज समिति ने पाश्चात्य प्रसारण संस्थाओं के ढाँचे और संगठन के आधुनिकीकरण के प्रति चिंता व्यक्त की। नए विधेयक में जो ढाँचा प्रस्तुत किया गया था वह काफी हद तक बीबीसी के अनुरूप था। इसके अतिरिक्त, वर्गीज समीति ने विकेन्द्रीकृत ढाँचे की आवश्यकता को कोई अधिक महत्त्व नहीं दिया जिसमें शक्तियाँ क्षेत्रीय और स्थानीय स्तरों पर प्रत्यायोजित हों। मौजूदा विधेयक में केन्द्र सरकार और एक्जीक्यूटिव बोर्डो की शक्तियों के अंतरण के विषय में कोई विशेष उल्लेख नहीं किया गया है। विधेयक में शैक्षिक संस्थाओं के लिए "फ्रेन्चाइज स्टेशनों" या स्वतन्त्र रेडियो और टेलीविजन प्रोड्यूसिंग एजेन्सियों के बारे में भी कुछ नहीं कहा गया है। बोर्ड ऑफ गवर्नर्स के चयन के संबंध में भी विधेयक में वर्गीज सिफारिशों का ध्यान नहीं रखा गया है। भारत के मुख्य न्यायाधीश, लोकपाल और संघ लोक सेवा आयोग के अध्यक्ष को शामिल करके पैनल नामित करने के बजाय मौजूदा विधेयक में संबंधित पैनल में राज्य सभा के अध्यक्ष, प्रेस कौंसिल के अध्यक्ष और राष्ट्रपति द्वारा नामित एक व्यक्ति को रखा जाएगा। इसी प्रकार यह विधेयक प्रसारण परिषद्/शिकायत परिषद् के गठन का भी समर्थन नहीं करता। वास्तव में, मौजूदा विधेयक की सामग्री, रूप और आत्मा काफी हद तक प्रसार भारती विधेयक (1979) के सदृश है न कि वर्गीज समिति की सिफारिशों के।

बी जी वर्गीज, उमाशंकर जोशी और अन्य समिति के सदस्यों ने 1979 के विधेयक का पुरजोर विरोध किया। वर्गीज और जोशी दोनों ने यह महसूस किया कि तत्कालीन सरकार जनता के प्रति वफादार नहीं है और विधेयक में उल्लिखित स्वायत्तता काफी हद तक क्षीण है तथा प्रस्तावित प्रसारण निगम के कार्यकरण के किसी भी प्रकार के विकेंद्रीयकरण के लिए कोई प्रावधान नहीं किया गया है। ऐसी ही आपत्तियाँ 1989 के विधेयक के संबंध में भी उठाई जा सकती है। इस विधेयक को लोकसभा और राज्यसभा में सभी राजनीतिक दलों द्वारा अनुमोदन प्राप्त हो जाने के बाद इसने अधिनियम का रूप ग्रहण कर लिया।

प्रसार भारती अधिनियम (1990)

विदेशी उपग्रह टेलीविजन के आक्रमण से बचाव के लिए सत्तासीन कांग्रेस सरकार द्वारा उठाया गया पहला कदम था, वर्ष 1991 में "वर्धन समिति" गठित किया जाना, जिसे प्रसार भारती अधिनियम (1990) की पुनरीक्षा का काम सौंपा गया। वर्धन समिति ने सुझाव दिया कि "दूरदर्शन के प्रत्येक चैनल पर कुल प्रसारण समय का कम से कम 20% समय सामाजिक रूप से वांछनीय कार्यक्रमों के प्रसारण को दिया जाए"। इसके अतिरिक्त "कार्यक्रम प्रसारण के समय का 10% से अधिक समय उपलक्षित नहीं किया जाना चाहिए।" इसने यह सिफारिश भी की कि कार्यक्रम में किसी भी प्रकार के विवादास्पद मामले के सभी बिन्दुओं पर स्पष्ट और निष्पक्ष राय व्यक्त की जाएगी।

संयुक्त मोर्चे की सरकार इससे भी एक कदम आगे बढ़ गई। उसने एक व्यापक राष्ट्रीय मीडिया नीति तैयार की जिसका आशय टेलीविजन के विकेंद्रीयकरण, विनियमन, क्रॉस-मीडिया स्वामित्व, विदेशी मीडिया घरानों द्वारा भागीदारी, विज्ञापन की

भूमिका और भारतीय क्षेत्र से अपलिंकिंग जैसे प्रश्नों पर सम्यक विचार करना था। इस प्रयोजनार्थ 1995 में रामविलास पासवान समिति गठित की गई। इस समिति ने 104 पृष्ठों का दस्तावेज और 46 सिफारिशें प्रस्तुत की जो सार्वजनिक और निजी इलेक्ट्रॉनिक मीडिया समाचारपत्रों, समाचार एजेन्सियों और फिल्म से संबंधित थीं। समिति ने राष्ट्रीय मीडिया नीति पर सर्वसम्मति तैयार करने पर बल दिया था। इसकी कुछ सिफारिशें संसद में मई, 1997 में पेश किए गए प्रसारण विधेयक में शामिल की गईं। प्रसार भारती अधिनियम की एक बार फिर से समीक्षा करने और सिफारिशें देने के लिए वर्ष 1996 में नीतीश सेन गुप्ता समिति गठित की गई। समिति ने उसी वर्ष अगस्त में अपनी सिफारिशें प्रस्तुत कर दी।

प्रसारण विधेयक (1997)

वर्ष 1997 के मध्य मई में संसद में प्रसारण विधेयक पेश किया गया। कुछ विवादास्पद मुद्दों जैसे कि क्रॉस मीडिया स्वामित्व, लाइसेंसिंग प्रक्रिया, विदेशी इक्विटी की सीमा और निजी उपग्रह चैनलों से अपलिंकिंग सेवाओं आदि पर पुनर्विचार करने के लिए कांग्रेस (आई) के श्री शरद पवार की अध्यक्षता में एक संयुक्त संसदीय समिति गठित की गई।

विधेयक में प्रस्तावित प्रावधानों के अनुसार भारतीय या विदेशी सभी चैनलों के लिए अपने कार्यक्रमों का ट्रान्समिशन भारत की भूमि से करना अनिवार्य कर दिया गया। उपग्रह चैनलों के लिए लाइसेंस केवल भारतीय कंपनियों को प्रदान किए जाएंगे और उन्हें 49% तक विदेशी इक्विटी की अनुमति प्रदान की जाएगी। स्थानीय चैनलों के लिए विदेशी इक्विटी की अनुमति नहीं होगी।

विधेयक द्वारा क्रॉस-मीडिया स्वामित्व पर प्रतिबंध लगा दिया गया है (समाचार प्रकाशन गृहों की टेलीविजन या केबल कंपनियों में 20% से अधिक इक्विटी नहीं हो सकती) तथा साथ ही विदेशी स्वामित्व पर भी रोक लगाई गई है। इसके अतिरिक्त किसी भी विज्ञापन एजेंसी, धार्मिक निकाय, राजनीतिक दल या सार्वजनिक निधि से वित्तपोषित निकाय को टीवी कंपनी चलाने का लाइसेंस प्रदान नहीं किया जाएगा। डायरेक्ट टु होम (डी टी एच) सेवाओं का लाइसेंस बोली प्रक्रिया पूर्ण होने पर केवल दो कंपनियों को ही दिया जाएगा।

इस विधेयक के लागू हो जाने के बाद केबल टेलीविजन नेटवर्क (विनियमन) अधिनियम निरस्त हो जाएगा। प्रसारण विधेयक उच्चतम न्यायालय द्वारा केन्द्र सरकार को फरव 1995 में "वायु तरंगों के प्रयोग को नियंत्रित और विनियमि करने के लिए समाज के सभी वर्गों और हितबद्ध समूहों क प्रतिनिधित्व करने वाले एक स्वतंत्त स्वायत्त सरकारी प्राधिकर स्थापित करने के लिए तत्काल कदम उठाने" का निर्देश दि जाने के बाद संसद में पेश किया गया। उच्चतम न्यायाल प्रसारण क्षेत्र के निजीकरण के विरुद्ध था क्योंकि उसका य मानना था कि "यदि प्रसारण में निजी क्षेत्रों के प्रवेश की अनुमि दी जाती है तो यह सुनिश्चित करने के लिए कि इसमें विभिन् वर्गों के हितों को ध्यान में रखते हुए कार्यक्रम प्रसारित कि जाएंगे, इसे बाजार की शक्तियों के हाथ में नहीं छोड़ा ज सकता।" न्यायालय के नजरिए से प्रसारण/टेलीकास्ट के अधिका किसी केन्द्रीय एजेंसी या कुछ निजी प्रसारण कर्ताओं के हाथ केंद्रित होने के परिणाम काफी गंभीर हो सकते हैं।

उपग्रह टेलीविजन

भारत के शहरी क्षेत्रों में उपग्रह टेलीविजन क्रांति बंबई औ दिल्ली के पांच सितारा होटलों द्वारा लाई गई जिन्होंने अटलांटा जॉर्जिया के सीएनएन (केबल न्यूज नेटवर्क) के जरिए छोटे पद पर खाड़ी युद्ध कर सीधा प्रसारण दिखाना शुरू किया। स्टा टीवी जिसमें चार चैनल थे, की शुरुआत वर्ष 1991 में की गई जबकि पूरे देश में लगभग 11,500 केबल नेटवर्क काम कर रहे थे। अकेले दिल्ली में ही उस समय लगभग 45,000 घरों मे केबल टीवी का कनेक्शन था। स्टार टीवी से 14 अक्तूबर, 1991 को "बीबीसी वर्ल्ड सर्विस" नामक नया चैनल जुड़ा। बाद में केबल नेटवर्क की संख्या लगातार बढ़ती रही क्योंकि तब यह स्पष्ट हो चुका था कि बुनियादी केबल से जुड़े घरों में स्टार-टीवी चैनलों को पहुँचाने के लिए केवल डिश ऐन्टीना आवश्यक होगा। केबल कनेक्शन वाले लगभग 78% घरों में अब स्टार टीवी के कार्यक्रम पहुँचा रहे हैं।

मई, 1992 में ए आर यू के द्वारा देश के दस शहरों/महानगरों (दिल्ली, मुम्बई, चेन्नई, कोलकाता, हैदराबाद, बैंगलौर, लखनऊ, नागपुर, जयपुर और कटक) में अध्ययन किया गया। इन शहरों/महानगरों में जनसंख्या का आकार भिन्न-भिन्न है, केबल पहुँच का स्तर भिन्न-भिन्न है तथा इसमें रहने वाले लोगों के हिंदी/अंग्रेजी ज्ञान का स्तर भी भिन्न-भिन्न है। अध्ययन से यह परिणाम निकला कि किसी भी उपग्रह टीवी कार्यक्रम के दर्शकों की संख्या 8%से अधिक नहीं है और बहुत कम ही ऐसे

पग्रह टीवी कार्यक्रम हैं जिसके दर्शकों की संख्या पाँच प्रतिशत क पहुँच पाती है। पाँच प्रतिशत से अधिक दर्शक संख्या वाले ार्यक्रमों में फीचर फिल्म, धारावाहिक, कार्टून शो और समाचार ामिल थे। अध्ययन का निष्कर्ष था कि "ऐसा प्रतीत होता है के अधिकांश दर्शक उपग्रह टीवी कार्यक्रम संयोगवश ही देखते हैं। इन कार्यक्रमों से अपने दर्शकों की संख्या में वृद्धि करने की देशा में अभी बहुत कुछ किया जाना है। इनके दर्शकों की संख्या बहुत कम होने के सुस्पष्ट कारण हैं। ये कार्यक्रम अंग्रेजी में हैं तथा अंग्रेजी जानने वाले बहुतायत लोगों के लिए भी अंग्रेजी धारावाहिकों या फिल्मों में जिस लहजे से उच्चारण किया जाता है, वह समझ पाना सरल नहीं है।

अध्ययन में यह भी कहा गया कि स्थानीय दृश्यों/घटनाओं पर आधारित वीसीआर कार्यक्रमों के दर्शक काफी अधिक संख्या में हैं और इन कार्यक्रमों को 24% तक समय आवंटित किया जाता है। इन कार्यक्रमों में प्रायः फीचर फिल्में प्रदर्शित की जाती हैं तथा वर्ष के कुछ नए व पुराने लोकप्रिय हिट गाने दिखाये जाते हैं। स्थानीय सर्वाधिक लोकप्रिय कार्यक्रम दोपहर में और रात्रि 10 बजे के बाद टेलीकास्ट किए जाते हैं जबकि केबल नेटवर्क पर स्थानीय भाषाओं में फीचर फिल्में प्रदर्शित की जाती हैं। दिल्ली में एआईएमसी (AIMC) द्वारा जनवरी, 1992 में 300 व्यक्तियों से की गई एक पूछताछ सर्वेक्षण का भी यही परिणाम निकला था।

केबल और उपग्रह टेलीविजन में अधिकाधिक हुई वृद्धि का प्रमुख प्रभाव दूरदर्शन और प्रिंट मीडिया द्वारा अर्जित किए जाने वाले विज्ञापन राजस्व पर पड़ा है। सैनिटरी नैपकिन, आभूषण और अन्य उत्पादों के विज्ञापन से जिनका विज्ञापन दूरदर्शन पर प्रतिबंधित है, स्टार टीवी के पाँचों चैनल राजस्व अर्जित कर रहे हैं। अन्य विज्ञापनदाता भी विशेषकर प्रीमियम ब्रांड के साबुनों उपभोक्ता वस्तुओं, और टिकाऊ उपभोक्ता वस्तुओं के विज्ञापनदाता, स्टार टीवी और जी टीवी के अपेक्षाकृत सस्ती विज्ञापन दरों का लाभ उठाने में पीछे नहीं रहे हैं। दूरदर्शन ने भी बड़े विज्ञापनदाताओं को अपनी ओर आकर्षित करने के लिए एक मैट्रो चैनल और चार अन्य चैनलों को शुरू किया है जिसे उपग्रह की सहायता से देश के किसी भी भाग में देखा जा सकता है। दूरदर्शन का यह प्रचालन रंग ला रहा है क्योंकि विज्ञापनदाताओं और विज्ञापन एजेन्सियों को मैट्रो और राष्ट्रीय नेटवर्कों पर कार्यक्रम तैयार करने के अवसर प्रदान किए जा रहे हैं।

जन-संचार के अन्य माध्यमों जैसे कि सिनेमा, रेडियो, रिकॉर्डेड संगीत और यहाँ तक कि समाचारपत्रों पर भी उपग्रह टेलीविजन का उल्लेखनीय प्रभाव पड़ा है। हालांकि फिल्मों का निर्माण पूर्व के वर्षों की दर (प्रतिवर्ष लगभग 800 फिल्में) पर ही किया जा रहा है, किंतु विशेषकर मुम्बई और पश्चिमी भारत के अन्य शहरों में अनेक सिनेमाघर मालिकों को अपने सिनेमाघर बंद कर देने लिए बाध्य होना पड़ा है। महानगरों में एफएम रेडियो का निजीकरण स्पष्टतः उपग्रह और केबल टेलीविजन की व्यापक पहुँच का परिणाम है तथा स्टार टीवी पर एमटीवी चैनल की लोकप्रियता के कारण मिल रही चुनौती का सामना करने का एक प्रयास है। रिकॉर्डेड म्यूजिक इंडस्ट्रीज को भी एमटीवी के दर्शकों और स्रोताओं के हित के अनुकूल अपनी कार्यनीति (कार्यक्रम निर्माण नीति) में परिवर्तन लाने के लिए बाध्य होना पड़ा है।

समाचारपत्र भी इसके प्रभाव से नहीं बचा है। बीबीसी वर्ल्ड, सीएनएन (केबल न्यूज नेटवर्क), स्टार न्यूज और जी इंडिया न्यूज पर चौबीसों घंटे समाचार प्रसारित होते रहने से भारतीय समाचारपत्रों की स्थिति यह हो गई है कि उनकी रिपोर्टें उपग्रह नेटवर्कों की तात्कालिकता का सामना नहीं कर पा रही हैं क्योंकि उपग्रह नेटवर्क द्वारा, जैसा कि वे दावा करते हैं, घटनाओं के घटित होते ही संबंधित समाचार प्रस्तुत कर दिया जाता है। इस परिस्थिति का सामना करने के लिए भारतीय समाचारपत्रों और पत्रिकाओं ने अपने पाठकों को अपनी ओर आकर्षित रखने के लिए रंग और दृश्य का संगम और रोचक प्रसंगों का विवरण प्रस्तुत करना शुरू कर दिया है। इसके अतिरिक्त समाचारपत्रों और पत्रिकाओं दोनों ने टुकड़ों में कहानियाँ तथा संक्षिप्त कहानियां और खोजी व विवेचनात्मक स्वरूप की कथाएं प्रस्तुत करने लगे हैं। इसका अनुसरण नहीं करने वाले अनेक प्रकाशन जैसे कि बॉम्बे (लिविंग मीडिया ग्रुप का) और इल्युस्ट्रेटेड वीकली ऑफ इंडिया (टाइम्स ऑफ इंडिया ग्रुप) अपनी प्रासंगिकता खोते चले जा रहे हैं।

इसमें कोई संदेह नहीं है कि केबल और उपग्रह चैनलों तक पहुँच रखने वाले शहरी और ग्रामीण वर्गों के सामाजिक-सांस्कृतिक परिवेश पर उपग्रह टेलीविजन का कुछ प्रभाव पड़ा है। अमेरिकी, ब्रिटिश और ऑस्ट्रेलियाई नेटवर्क के सामाजिक पारिवारिक पृष्ठभूमि के धारावाहिक सिटकॉम (Sitcom), वार्ता कार्यक्रमों और खेल कार्यक्रमों की प्रासंगिकता भारतीय समाज के संदर्भ में न के बराबर है। फिर भी इन कार्यक्रमों को बहुत से लोगों द्वारा देखा जाता है। जीटीवी के कार्यक्रम अमेरिकी शैली के हू-ब-हू नकल हैं। छोटे पर्दे पर जिस खुलेपन से सेक्स और हिंसा से

संबंधित चर्चाएं की जाती हैं या इससे संबंधित दृश्य दिखाए जाते हैं, उसकी छाप धनाढ्य तबकों में पहुँच रही है किंतु ऐसा अधिकांश प्राच्य संस्कृतियों में विद्यमान नहीं है। प्रभावी और शक्तिशाली संस्कृतियों की "छवियों" और "विचारों" की निरंतर छाप से मीडिया और सांस्कृतिक साम्राज्यवाद का जन्म होता है। "सत्तर और अस्सी" के दशकों में निर्गुट देशों ने इस मुद्दे को यूनेस्को (UNESCO) और अन्य मंचों पर उठाया तथा एक नई विश्व सूचना और संचार व्यवस्था (New World Information and Communication Order, NWICO) स्थापित करने की बात की जिसमें उत्तर और दक्षिण के देशों के बीच सूचना का उचित, समान और संतुलित प्रवाह हो न कि केवल अधिकाधिक उत्तर से दक्षिण की ओर ही सूचना का प्रभावी प्रवाह हो। संयुक्त राज्य अमेरिका और ब्रिटेन ने इस संघर्ष को "साम्यवादी षड्यंत्र" की संज्ञा दी और उन देशों में यूनेस्को के माध्यम से किए जा रहे इस प्रयास का बहिष्कार कर दिया।

उपग्रह चैनलों में सांस्कृतिक और राजनीतिक रूप से संवेदनशील मुद्दों पर बीबीसी, सीएनएन और एबीसी समाचार सेवाओं की रिपोर्टिंग किसी भी दृष्टि से प्रशंसनीय नहीं रही है। स्पष्टतः वे अपने बार-बार उकसाने वाले उत्तेजक दृश्यों और रिपोर्टों की संभावित प्रतिक्रिया या अप्रयत्क्ष प्रभाव के प्रति निश्चित रहे हैं। इस संबंध में कुछ राष्ट्रीय सरकारों का कहना है कि ऐसा करना विश्व समाचार प्रदान करने के नाम पर एशियाई देशों के "आंतरिक मामलों में हस्तक्षेप" करने के समान है।

केबल और उपग्रह का प्रभाव

दर्शकों की राय

भारतीय जन-संचार संस्थान (Indian Institute of Mass Communication, IIMC) ने केबल और उपग्रह टेलीविजन के सामाजिक-सांस्कृतिक प्रभाव पर दर्शकों की राय जानने के लिए नई दिल्ली में एक सर्वेक्षण किया। इस सर्वेक्षण के कुछ निष्कर्ष निम्नलिखित थेः

(i) सर्वेक्षण के दौरान 84% व्यक्तियों ने कहा कि एमटीवी के 60% मनोरंजक कार्यक्रमों का युवा पीढ़ी पर सामाजिक-सांस्कृतिक प्रभाव पड़ता है। दी गई प्रतिक्रियाओं में यह राय व्यक्त की गई कि युवा पीढ़ी पाश्चात्य जीवन शैली अपना लेगी और एमटीबी से उनका अध्ययन बाधित होगा और वे पाश्चात्य सभ्यता संस्कृति अपनाने पर अधिक बल देंगे। तथापि, कुछ व्यक्तियों का यह कहना था कि युवा पीढ़ी अधिक स्मार्ट और अधिक जागरूक बनेगी।

(ii) बीबीसी के संबंध में 58 प्रतिशत व्यक्तियों का कहना था कि इसका "व्यापक, गहरा और संतुलित कवरेज" है जबकि आश्चर्यजनक रूप से 42 प्रतिशत व्यक्तियों का यह मानना था कि बीबीसी न्यूज द्वारा भारत से संबंधित घटनाओं और विवरणों में कभी-कभी पक्षपात झलकता है और तथ्यों को तोड़-मोड़ कर पेश किया जाता है।

(iii) लगभग 80% लोगों का मानना था कि विदेशी धारावाहिक मनोरंजक होते हैं। इतने ही लोगों की यह राय थी कि दूरदर्शन की तुलना में स्टार चैनल के धारावाहिक अधिक कल्पनात्मक और सर्जनात्मक होते हैं। तथापि, 35% व्यक्तियों का यह मानना था कि विदेशी धारावाहिक "हमारी संस्कृति, इतिहास, धर्म और समाज के अनुरूप नहीं हैं। 42% व्यक्तियों का यह मत था कि विदेशी धारावाहिक हमेशा पाश्चात्य समाज और पाश्चात्य संस्कृति को महिमामंडित करते हैं जिसका हमारे बच्चों और युवाओं पर प्रतिकूल प्रभाव पड़ेगा।"

(iv) केबल प्रणालियों से "वीसीआर चैनल" पर दिखाई जाने वाली फिल्मों के संबंध में दर्शक करीब-करीब ऐसे लोगों में विभाजित थे जिनमें से एक समूह का यह मानना था कि "दिखाई जाने वाली फिल्मों की संख्या बहुत अधिक होती है" और दूसरे समूह का यह मानना था कि दिखाई जाने वाली फिल्मों की संख्या बिलकुल ठीक है"। लगभग 70% दर्शकों का यह मानना था कि फिल्मों के अधिकाधिक प्रदर्शन से हमारे सामाजिक और नैतिक मूल्यों पर प्रतिकूल प्रभाव पड़ेगा। हालांकि कुछ लोगों द्वारा फिल्मों में सेक्स और हिंसा प्रदर्शित करने पर चिंता व्यक्त की गई किन्तु कुछ लोगों का यह भी मानना था कि अन्य स्रोतों से इस संबंध में इतना कुछ परोसा जा रहा है कि केबल टीवी का कोई अधिक प्रभाव नहीं पड़ेगा।

(v) जिन व्यक्तियों से साक्षात्कार किया गया उनमें से ऐसे व्यक्तियों का एक पर्याप्त प्रतिशत (45 से 62%) था जो बच्चों पर केबल टीवी के नकारात्मक प्रभाव से चिंतित थे। बहुसंख्यक व्यक्तियों (57%) का यह मानना था कि केबल टीवी से "बच्चों पर प्रतिकूल प्रभाव पड़ेगा।" 62 प्रतिशत का यह मानना था कि बच्चों के खेल कूद का समय कम हो जाएगा जबकि 52% का मानना था कि बच्चों की पढ़ाई-लिखाई और अन्य सृजनात्मक क्रिया कलापों पर प्रतिकूल प्रभाव पड़ेगा।

टेलीकास्टिंग की नैतिकता

टेलीविजन, केबल और उपग्रह टीवी प्रोड्यूसरों ने इस व्यवसाय में विनियामक क्रियाकलापों के लिए कोई नैतिकता के नियम तैयार नहीं किए है। जबकि टेलीविजन प्रोड्यूसरों के लिए(और दूरदर्शन के लिए कार्यक्रम तैयार करने वाले स्वतंत्र प्रोड्यूसरों के लिए भी) तथा ऑल इंडिया रेडियो के लिए निर्धारित नियमावली और केन्द्र सरकार द्वारा जारी अन्य दिशा-निर्देशों का पालन करना अपेक्षित है वहीं केबल और उपग्रह टीवी प्रोड्यूसर क्रॉस-कॉमर्सिएलिज्म की नीति (Policy of Cross Commercialism) का पालन करते हैं। वस्तुतः ऐसा कोई भी कार्यक्रम जो विज्ञापनदाताओं को आकर्षित करता है और कुछ दर्शकों को अपने से जोड़ता है वह टेलीकास्ट के योग्य कार्यक्रम है। ऐसा प्रतीत होता है कि व्यावसायिक मीडिया कर्मियों में नैतिकता और नीति विषयक प्रश्नों पर कुछ उदासीनता विद्यमान है।

जबकि स्टार-टीवी एशियाई दर्शकों पर काफी हद तक पाश्चात्य किस्म के मनोरंजक और समाचार कार्यक्रम थोप रहा है। वहीं दूरदर्शन अपने कार्यक्रमों द्वारा संपूर्ण देश पर उत्तर भारतीय एवं दिल्ली केंद्रित संस्कृति से संबंधी कार्यक्रम थोप रहा है। इस बात की भी पूरी संभावना है कि मैट्रो चैनलों और अन्य राष्ट्रीय चैनलों द्वारा भी कुछ ऐसा ही "अनैतिक" व्यवहार अपनाया जाए। भारत की सामासिक संस्कृति दूरदर्शन या अन्य टीवी चैनलों पर प्रस्तुत नहीं की जाएगी क्योंकि कार्यक्रम-निर्माण पर विज्ञापन दाताओं का प्रभाव है और दूरदर्शन "जन सेवा" की भूमिका ग्रहण करने के प्रति अनिच्छुक है।

दूरदर्शन, केबल और उपग्रह चैनलों का प्रमुख प्रतिद्वंद्वी मुख्यधारा का वाणिज्यिक सिनेमा है। इसके अतिरिक्त व्यस्कों के लिए बने फिल्मों और सामाजिक पारिवारिक धारावाहिकों का प्रसारण ऐसे समय में किया जाता है जबकि बच्चों को इसे देखने से बचाया नहीं जा सकता। सेक्स और हिंसा के विशिष्ट दृश्य ऐसी फिल्मों के प्रमुख संघटक हैं। जरा सोचिए कि ऐसे टेलीविजन प्रसारण में कितनी नैतिकता है।

इसके अतिरिक्त, समाचार कार्यक्रमों में हिंसा के दृश्यों के प्रस्तुतीकरण में कितनी नैतिकता है? युद्ध की हिंसा, नागरिकों पर पुलिस की बर्बरता तथा अकाल की विभीषिका आदि को समाचार कार्यक्रमों में दिखाने में कितनी नैतिकता है? घोर गरीबी की विभीषिका को सचित्र दिखाना कहाँ तक नैतिक है? बीबीसी सुडान और सोमालिया में भूख के शिकार कृशकाय लोगों को दिखा कर खुश होता है तो इसमें कितनी नैतिकता है?

अपने एकाकी कमरे में टेलीविजन पर्दे पर मृत्यु के दृश्यों को देखने की इच्छा किसे होती है किन्तु टेलीविजन में बारंबार मृत व्यक्ति का निस्तेज चेहरा या उसकी विधवा या निकट संबंधियों का दुःख से भरा चेहरा दिखाया जाता है। ऐसे दृश्यों का वास्तविक समाचार मूल्य क्या है?

बीबीसी वर्ल्ड सर्विस की रुचि जिस दिन हमारा संपूर्ण देश सांप्रदायिक उन्माद से तनाव ग्रस्त रहता है उस दिन अयोध्या में त्रिशूल भांजते साधुओं का फाइल चित्र दिखाने में होती है। क्या प्रसारणकर्ता समाचारों से समुदाय पर पड़ने वाले परिणामों के प्रति चिंतित हुए बिना "समाचार को जैसा घटित होता है उसी रूप में" टेलीकास्ट करने में अपनी नैतिकता समझते हैं? इसके अतिरिक्त, अयोध्या की घटना के बाद भारत में छिड़े दंगों को केवल सांप्रदायिक रंग देकर दर्शाना (जबकि दंगा भड़कने के सुस्पष्ट अर्थिक और राजनीतिक आधार हैं) बीबीसी की स्थाई उपनिवेशी मानसिकता के प्रति विश्वासघात करना है। (यह एक ध्यातव्य तथ्य है कि बीबीसी अपने उकसाऊ दृश्यों के उपयोग के प्रति अत्यधिक सजग रहता है जबकि वह आईआरए–बंबिंग और अल्सटर दंगे से संबंधित समाचार प्रस्तुत करता है)।

उपग्रह चैनलों पर किसी सरकार के विनियम लागू नहीं होते। एशियाई देशों की सरकारों के विरोध पर कोई ध्यान नहीं देता। दूरदर्शन और अधिकांश एशियाई देशों के टेलीविजन नेटवर्क पर मादक पेय पदार्थों और तंबाकू के विज्ञापन पर रोक है किन्तु हांगकांग के कुछ उपग्रह चैनलों ने विभिन्न ब्रांडों के मादक पेय पदार्थों और पान मसालों का विज्ञापन दिखाना शुरू कर दिया है। विज्ञापन की नैतिकता या हम ऐसा भी कह सकते हैं कि प्रसारण की नैतिकता के प्रति जागरुकता न के बराबर है। टीवी दर्शक उसे स्वीकार कर सकता है या अस्वीकार, विज्ञापन उसके सूचना के अधिकार और स्वस्थ मनोरंजन प्राप्त करने के अधिकार में प्रत्येक कुछ मिनटों पर हस्तक्षेप करता है किन्तु वह इसका विरोध नहीं करता और इस प्रकार वह शोषण का शिकार होता रहता है।

इस क्षेत्र में कुछ नैतिक मानदंड और सामाजिक उत्तरदायित्व की भावना के समावेश की दिशा में भारत सरकार और विज्ञापन व्यवसाय के प्रयास निम्नलिखित में परिलक्षित होते हैं :

(i) ऑल इंडिया रेडियो (आकाशवाणी) और दूरदर्शन पर विज्ञापन हेतु दिशा निर्देश

(ii) दूरदर्शन द्वारा जारी वाणिज्यिक विज्ञापन हेतु निर्धारित नियमावली।

(iii) विज्ञापन के लिए नियमावली।

भारतीय मानक परिषद्

भारतीय मानक परिषद् द्वारा निर्धारित दिशा-निर्देश और नियमावली का निम्न रूप में उल्लेख किया गया है :

1. सिगरेट, बीड़ी या तंबाकू युक्त किसी भी अन्य उत्पाद, पान मसाला मादक पेयों और अन्य मादक पदार्थों, सोने और चांदी के आभूषणों, बहुमूल्य पत्थरों के विज्ञापन के प्रसारण की अनुमति नहीं है।

2. वातित जल (मृदु पेयों) की बोतलों पर इस आशय की सांविधिक घोषणा लिखी होनी चाहिए कि इस पेय पदार्थ में कोई फल का रस, फल का गूदा नहीं है और इसमें कृत्रिम सुगंध डाला गया है तथा इसमें ब्रोमिन युक्त वनस्पति तेल नहीं मिला हुआ है।

3. औषधीय उत्पाद का विज्ञापन जारी करने से पूर्व उसके साथ संबंधित जानकारियों की (हिंदी या अंग्रेजी भाषा में) पाँच प्रतियाँ और एक नमूना उत्पाद औषधी नियंत्रक के पास उसकी अनुमति प्राप्त करने के लिए भेजी जानी चाहिए।

4. औषधीय विषयक जानकारियाँ निश्चित तथ्यों से युक्त होनी चाहिए।

5. विज्ञापनों में कोई अतिरंजित, अतिशयोक्तिपूर्ण या भ्रामक दावा नहीं होना चाहिए।

विज्ञापन से जुड़े सभी व्यक्तियों को देश में विज्ञापन को विनियमित करने वाले सभी कानूनों से पूर्णतः अवगत होना चाहिए। इस संदर्भ में निम्नलिखित अधिनियमों और उनके अंतर्गत समय-समय पर नियमित नियमों का विशेष उल्लेख किया जा सकता है–

(i) औषधि एवं प्रसाधन सामग्री अधिनियम, 1940
(ii) औषधि नियंत्रण अधिनियम, 1950
(iii) औषधि और चमत्कारिक उपचार (आपेक्षणीय विज्ञापन) अधिनियम, 1954
(iv) प्रतिलिप्यधिकार अधिनियम, 1957
(v) व्यापार और पण्य वस्तु चिह्न अधिनियम, 1958
(vi) खाद्य अपमिश्रण निवारण अधिनियम, 1954
(vii) भेषजी अधिनियम, 1948
(viii) पुरस्कार प्रतियोगिता अधिनियम, 1955
(ix) संप्रतीक और नाम (अनुचित प्रयोग निवारण) अधिनियम, 1950
(x) उपभोक्ता संरक्षण अधिनियम, 1990
(xi) स्त्री अशिष्ट रूपण (प्रतिषेध) अधिनियम, 1986
(xii) भारत में विज्ञापन हेतु भारतीय विज्ञापन परिषद् द्वारा जारी नैतिकता संबंधी नियमावली
(xiii) औषधियों और उपचारों के विज्ञापन में बारे में मानक संबंधी नियमावली
(xiv) विज्ञापन एजेन्सियों के लिए व्यवहार संबंधी मानक
(xv) वाणिज्यिक प्रसारण हेतु नियमावली, इसकी प्रतिलिपि केंद्रीय/राज्य स्तरीय इकाइयों से प्राप्त की जा सकती है।

6. विज्ञापन इस प्रकार तैयार किया जाना चाहिए कि वह देश के कानूनों के अनुरूप हो तथा लोगों की नैतिक, धार्मिक और सामाजिक भावनाओं को ठेस न पहुँचाता हो।

7. ऐसे किसी भी विज्ञापन के प्रसारण की अनुमति नहीं दी जाएगी जो–

(i) किसी वंश, जाति, रंग, धर्म-सिद्धांत और राष्ट्रीयता का उपहास करता है।
(ii) भारत के संविधान में निहित किसी भी नीति- निर्देशक सिद्धांत या उपबंध के विरुद्ध हो
(iii) लोगों को अपराध के लिए उकसाता हो, समाज में अव्यवस्था या हिंसा या कानून के उल्लंघन का कारण बनता हो या किसी भी रूप में हिंसा अथवा अश्लीलता को महिमामंडित करता हो।
(iv) अपराधिकता को प्रस्तुत करता हो;
(v) विदेशी राष्ट्रों के साथ मैत्री संबंधों पर प्रतिकूल प्रभाव डालता हो;
(vi) राष्ट्रीय प्रतीक, या संविधान के किसी हिस्से या व्यक्ति या राष्ट्रीय स्तर के किसी नेता या प्रतिष्ठित व्यक्ति के व्यक्तित्त्व का दुरुपयोग करता हो।

दूरदर्शन पर वाणिज्यिक विज्ञापन हेतु नियमावली

यह नियमावली संसद में वर्ष 1987 के मध्य में प्रस्तुत की गई, इसमें महिला अधिनियम और उपभोक्ता अधिनियम जिन्हें 1986 में संसद द्वारा पारित किया गया है, के अनुचित उपयोग को रोकने से संबंधित नियमावली निहित है। इसमें विज्ञापनदाताओं के लिए करने योग्य और नहीं करने योग्य 33 बिंदुएं निहित हैं। इनमें से कुछ पर नीचे चर्चा की गई है–

विज्ञापनदाताओं को कानून के अनुरूप काम करना चाहिए तथा नैतिकता, औचित्य और लोगों की धार्मिक भावना को ठेस नहीं पहुँचाना चाहिए।

विज्ञापन की सफलता लोगों के विश्वास पर निर्भर करती है और इस विश्वास का हनन करने वाले किसी भी कार्य की अनुमति नहीं दी जानी चाहिए।

इस नियमावली का एकमात्र व्याख्याकार या निर्णयकर्ता महानिदेशक के पद पर तैनात अधिकारी है।

निम्नलिखित श्रेणियों के विज्ञापन की अनुमति नहीं दी जानी चाहिए–

(i) ऐसा विज्ञापन जो किसी वंश, जाति, रंग, धर्म-सिद्धांत और राष्ट्रीयता का उपहास करता हो या नीति निर्देशक तत्त्वों या संविधान के विरुद्ध हो।

(ii) ऐसा विज्ञापन जो लोगों को अपराध करने के लिए उकसाता हो, समाज में अव्यवस्था का कारण बनता हो या विदेशी राष्ट्रों के साथ मैत्री संबंधों पर प्रतिकूल प्रभाव डालता हो।

(iii) ऐसे विज्ञापन जो राष्ट्रीय प्रतीक या संविधान के किसी हिस्से या व्यक्ति या राष्ट्रीय स्तर के किसी नेता या प्रतिष्ठित व्यक्ति के व्यक्तित्त्व का दुरुपयोग करता हो।

(iv) किसी भी विज्ञापन को समाचार के रूप में प्रस्तुत नहीं किया जाएगा।

(v) ऐसा विज्ञापन जिसका किसी धार्मिक, राजनीतिक या औद्योगिक विवाद से संबंध हो

(vi) ऐसा विज्ञापन जो चिट फंड, साहूकारी, विदेशी माल और निजी बचत स्कीमों को बढ़ावा देता हो।

(vii) गारंटी शुदा वस्तुएं आवश्यकता पड़ने पर दूरदर्शन महानिदेशक को निरीक्षणार्थ प्रस्तुत की जाएंगी।

(viii) किसी अन्य उत्पाद के प्रति निंदापूर्ण या अप्रतिष्ठाजनक टिप्पणियाँ नहीं की जाएंगी या विज्ञापनदाता द्वारा अपना उत्पाद प्रस्तुत करते हुए किसी अन्य उत्पाद से तुलना नहीं की जाएगी।

(ix) विज्ञापनों में महिलाओं का बिना वजह अंग-प्रदर्शन नहीं किया जाएगा और उन्हें वशवर्ती नहीं दर्शाया जाएगा।

(x) ऐसे विज्ञापन जिनसे दर्शकों के चौंक जाने की संभावना हो जैसे कि बंदूक से गोली दागना, सायरन की आवाज, बमबारी, चीखने की आवाज और भयानक हँसी।

MEDIA CHRONOLOGY IN INDIA

1885 : Indian Telegraph Act

- 'Telegraph' means any appliance, instrument, material or apparatus used or capable of use for transmission or reception of signs, signals, writing, images, and sounds or intelligence of any nature by wire, visual or other electro-magnetic emissions, Radio waves or Hertzian waves, galvanic, electric or magnetic means;
- Within India, the Central Government shall have the exclusive privilege of establishing, maintaining and working telegraphs.

1918 : The Cinematograph Act

- 'Cinematograph' includes any apparatus for the representation of moving pictures or series of pictures; 'place' includes also a house, building, c [tent or any description of transport, whether by sea, land or air;] and 'prescribed' means prescribed by rules made under this Act.
- Cinematograph exhibitions to be licensed. Save as otherwise provided in this Act, no person shall give an exhibition by means of a cinematograph elsewhere than in a place licensed under this Act or otherwise than in compliance with any conditions and restrictions imposed by such license.

1923 : Official Secrets Act

Aimed at maintaining the security of State against leakage of secret information, sabotage and the like.

1932 : Indian Tariff (Wireless Broadcasting) Amendment Act

Custom duty on wireless receiving apparatus fixed at 50%.

1933 : Indian Wireless Telegraphy Act. (with Possession Rules)

Indian Telegraph Act 1885 had given control only of the establishment, maintenance and working of wireless apparatus. There had been no restriction on the possession of wireless apparatus and it was impossible to obtain a conviction without proof that the apparatus had been used for reception or transmission. This Act gave powers to control the possession of wireless apparatus.

1941 : Department of Information and Broadcasting set up.

1951 : The Indian Telegraph Act (1895) extended to the whole of India.

1952 : The Cinematograph Act amended. Extends to all of India.

1957 : Copyright Act

1966 : Asok K Chanda Committee Report on Broadcasting & Information Media

"...It is not possible in the Indian context for a creative medium like broadcasting to flourish under a regiment (sic) of departmental rules and regulations. It is only by an institutional change that AIR can be liberated from present rigid financial and administrative procedures of Government".

1975 : June 25: Proclamation of internal Emergency.

Akashvani brought under censorship and the AIR Code discarded as obsolete.

1975 : August 1: Satellite Instructional Television Experiment [SITE] was launched.

1977 : Working Group on Autonomy for Akashvani and Doordarshan constituted by the Ministry of Information and Broadcasting. Chair: B.G.Verghese.

1978 : Akash Bharati Bill

"The Govt has decided not to set-up an autonomous body of AIR and Doordarshan as recommended by the Verghese Group because such an organisation is not considered necessary to enable those mass media to discharge their basic objective of serving the people who are not served by other media".

1978 : Working Group on the Granting of Autonomy to Films Division of India.

Government took the view that Films Division already enjoys adequate Functional Autonomy, particularly with respect to creative and production matters and great films; even dramatic and poetic films, can be and have been made within the framework of the existing Films Division. Accordingly, it was decided to wind up the Group.

1982 : Working Group on Software for Doordarshan. Chair: P.C.Joshi.

"...In an unequal society people live differently, think differently and feel differently. The process of communication or software production left to the freeplay of market forces does not act as a countervailing mechanism against the natural working of an unequal society. It reinforces the unequal society rather than correcting it". "...The freedom of the communicator to produce must be harmonized with the right of the weaker sections constituting the vast majority in a developing country to be truly represented in software. The over-representation of the elite and the negligible representation or false representation of the weak in software is an issue which is as serious and fundamental as the issue of creative freedom...".

1982 : April: INSAT 1-A, India's first domestic communication satellite, launched.

August 15: Colour transmission introduced.

20 low power transmitters (100W) imported and established in all corners of India. INSAT 1-A utilised to telecast National Programme from Delhi simultaneously on all Doordarshan transmitters.

November: live telecast of IXth Asian Games all over India.

1984 : Copyright Act amended to include video and audio cassettes.

1986 : Indecent Representation of Women (Prohibition) Act

1989 : Prasar Bharati (Broadcasting Corporation of India) Bill introduced in the Lok Sabha. Bill was enacted in 1990 but not implemented.

1990 : CNN available through cable.

1991 : Star TV begins operation with a South Asia footprint.

1992 : Doordarshan's Metro Channel begins.

Zee TV begins telecast on Asiasat.

1994 : Doordarshan introduces 10 satellite channels offering regional language programmes.

December: 60,000 cable operators start functioning Asiasat carries 6 channels to India - CNN, SunTV, JainTV, AsiaNet, El-TV & ATN

1995 : ZeeTV launches SitiCable. Cable Operations expand rapidly.

Doordarshan International starts on the ZeeTV transponder.

1995 : Supreme Court Judgement by P. B. Sawant, S. Mohan and B. P. Jeevan Reddy Ministry of Information and Broadcasting, Govt. of India vs. Cricket Association of Bengal.

"...It is also urged that there is no exclusive privilege or monopoly in relation to production, transmission or telecasting and such an exclusive monopoly, if claimed, is violative of Article 19(1)(*a*)...".

"...There is no doubt that since the airwaves/ frequencies are a public property and are also limited, they have to be used in the best interest of the society and this can be done either by a central authority by establishing its own broadcasting network or regulating the grant of licences to other agencies including the private agencies...".

"...If the right to freedom of speech and expression includes the right to disseminate information to as wide a section of the population as is possible, the access which enables the right to be so exercised is also an integral part of the said right. The wider range of circulation of information or its greater impact cannot restrict the content of the right nor can it justify its denial. The virtues of the electronic media cannot become its enemies. It may warrant a greater regulation over licensing and control and vigilance on the content of the programme telecast. However, this control can only be exercised within the framework of Article 19(2) and the dictates of public interests. To plead for other grounds is to plead for unconstitutional measures. It is further difficult to appreciate such contention on the part of the Government in this country when they have a complete control over the frequencies and the content of the programme to be telecast. They control the sole agency of telecasting. They are also armed with the provisions of Article 19(2) and the powers of pre-censorship under the Cinematograph Act and Rules. The only limitations on the said right is, therefore, the limitation of resources and, the need to use them for the benefit of all. When, however, there are surplus or unlimited resources and the public interests so demand or in any case do not prevent telecasting, the validity of the argument based on limitation of resources disappears".

1995 : Cable Television Networks (Regulation) Act

"No person shall operate a cable television network unless he is registered as a cable operator under this Act ".

1996 : National Media Policy. Interprets the judgement in a Working Paper.

"There should be a regulatory body to oversee both public and private tele/broadcasting..."

"Adequate care should be taken to enable the setting up of non-commercial broadcasting stations to be run by universities, educational institutions, panchayats/local bodies, State Governments, etc.".

"A new production style, which is people-oriented should be developed. In tune with the policy framework suggested here, the Indian private sector/State Government/NGOs/Local Government should be allowed to enter the field of broadcasting/telecasting".

"The apex regulatory body should be an independent autonomous public authority representative of all sections and interests in the society and should control and regulate the use of air waves in the interests of the public and to prevent invasion of their rights encouraged".

1996 : Constitution of High Power Committee for the Implementation of the Prasar Bharati Act; Chair: Dr Nitish Sengupta.

"We recommend the setting up of an independent Radio and Television Authority of India, as strongly enjoined by the Supreme Court, to licence private channels, domestic and foreign, to impose appropriate terms and conditions on these licenses in accordance with the Broadcasting and Advertising Codes and also to receive and adjudicate on complaints of violations of these Codes, received from the public or representative bodies or consumers' forums. These 'complaints' functions of the

Authority will also cover the channels run by Prasar Bharati. This Authority will also serve as the regulatory mechanism for private radio and television stations/channels".

"We recommend that local terrestrial TV and Radio stations should be permitted. These stations will also help municipal bodies and Panchayati Raj institutions in providing local broadcasting services to the community. For this purpose, the Indian Telegraph Act, 1885 could be suitably amended".

1997 : Prasar Bharti Corporation constituted.

2000 : The Information Technology Act

1.(*a*) "access" with its grammatical variations and cognate expressions means gaining entry into, instructing or communicating with the logical, arithmetical, or memory function resources of a computer, computer system or computer network.

(66) Hacking with Computer System:

1. Whoever with the intent to cause or knowing that he is likely to cause wrongful loss or damage to the public or any person, destroys or deletes or alters any information residing in a computer resource or diminishes its value or utility or affects it injuriously by any means, commits hack:
2. Whoever commits hacking shall be punished with imprisonment up to three years, or with fine which may extend up to two lakh rupees, or with both.

(43) Penalty for damage to computer, computer system, etc.

If any person without permission of the owner or any other person who is in charge of a computer, computer system or computer network:

(*a*) accesses or secures access to such computer, computer system or computer network;

(*b*) downloads, copies or extracts any data, computer data base or information from such computer, computer system or computer network including information or data held or stored in any removable storage medium;

(*c*) introduces or causes to be introduced any computer contaminant or computer virus into any computer, computer system or computer network;

(*d*) damages or causes to be damaged any computer, computer system or computer network, data, computer data base or any other programmes residing in such computer, computer system or computer network;

(e) disrupts or causes disruption of any computer, computer system or computer network;

(f) denies or causes the denial of access to any person authorised to access any computer, computer system or computer network by any means;

(g) provides any assistance to any person to facilitate access to a computer, computer system or computer network in contravention of the provisions of this Act, rules or regulations made thereunder;

(h) charges the services availed of by a person to the account of another person by tampering with or manipulating any computer, computer system, or computer network, he shall be liable to pay damages.

Explanation - For the purposes of this section:

(i) "computer containment" means any set of computer instructions that are designed :

(*a*) to modify, destroy, record, transmit date or programme residing within a computer, computer system or computer network; or

(*b*) by any means to usurp the normal operation of the computer, computer system, or computer network.

2000 : Guidelines and General Information for setting up Submarine Cable landings for International Gateways for Internet. Issued by the Ministry of Communications, Government of India.

2005 : Right to Information Act.

2015 : Section 66A Scrapped: Supreme Court adds muscle to social media.

In a landmark judgment the Supreme Court quashed Section 66A of the Information Technology (IT) Act, 2000 which clamped down on freedom of speech and allowed the state to arrest people posting "offensive content" on social media. The new judgment means, now on, no one will be arrested for a Fecebook post, tweet or cartoon. The court said such a law hits at the root of liberty and freedom of expression, the two cardinal pillars of democracy. The court said the section has to be erased from the law books as it has gone much beyond the reasonable restrictions put by the constitution on freedom of expression. The Supreme Court said section 66A was vaguely worded and thus allowed its misuse by police.

वस्तुनिष्ठ प्रश्नावली

1. रेडियो का आविष्कार कहाँ और किस वर्ष हुआ?
A. संयुक्त राज्य अमेरिका, 1909
B. संयुक्त राज्य अमेरिका, 1923
C. जर्मनी, 1892
D. इटली, 1895

2. 'ऑल इंडिया रेडियो' का नाम किस वर्ष 'आकाशवाणी' रखा गया?
A. 1947 ई. B. 1957 ई.
C. 1959 ई. D. 1965 ई.

3. रेडियो पर 'विज्ञापन सेवा' कब आरंभ हई?
A. 1957 ई. B. 1967 ई.
C. 1969 ई. D. 1977 ई.

4. 'युगवाणी' की शुरुआत रेडियो पर कब हुई?
A. 1965 ई. B. 1967 ई.
C. 1969 ई. D. 1977 ई.

5. 'इंडियन ब्रॉडकास्टिंग' का नाम किस वर्ष 'ऑल इंडिया रेडियो' किया गया?
A. 1936 ई. B. 1939 ई.
C. 1940 ई. D. 1942 ई.

6. दूरदर्शन पर 'कृषि दर्शन' की शुरुआत किस वर्ष की गयी?
A. 1967 B. 1969
C. 1972 D. 1977

7. भारत की प्रथम बोलती फिल्म कौन-सी थी?
A. राजा हरिश्चन्द्र B. आलम आरा
C. मुगले आजम D. यहूदी

8. ऑल इंडिया रेडियो के विदेश प्रभाग की शुरुआत किस वर्ष हुई?
A. 1939 ई. B. 1940 ई.
C. 1942 ई. D. 1946 ई.

9. टेलीविजन केन्द्रों से वाणिज्यिक प्रसारण किस वर्ष प्रारंभ हुआ?
A. 1976 ई. B. 1979 ई.
C. 1982 ई. D. 1985 ई.

10. स्टार टीवी की शुरुआत किस वर्ष हुई?
A. 1985 ई. B. 1986 ई.
C. 1988 ई. D. 1991 ई.

11. एक प्रसारण निगम स्थापित करने की सिफारिश किस समिति ने की?
A. चंद्रा समिति
B. वर्गिज समिति
C. रामविलास पासवान समिति
D. वर्धन समिति

12. पहला संचार उपग्रह कौन-सा छोड़ा गया?
A. इनसेट 2A B. इनसेट 3B
C. अर्लीबर्ड D. इंटेलसैट

13. मुम्बई दूरदर्शन केन्द्र की स्थापना किस वर्ष की गयी?
A. 1970 ई. B. 1972 ई.
C. 1976 ई. D. 1985 ई.

14. दिल्ली दूरदर्शन केन्द्र से किस वर्ष प्रसारण आरंभ हुआ?
A. 1959 ई. B. 1962 ई.
C. 1972 ई. D. 1988 ई.

उत्तरमाला

1	2	3	4	5	6	7	8	9	10
A	B	B	C	A	A	B	A	A	D
11	**12**	**13**	**14**						
A	C	B	A						

6

पारंपरिक लोक-कला, संस्कृति एवं नई सूचना प्रौद्योगिकियाँ (Traditional Art, Culture and New Information Technology)

लोक माध्यम पद का प्रयोग लोगों द्वारा परंपरागत शैली में नृत्य, संगीत आदि कार्यक्रमों के प्रस्तुतीकरण को अभिव्यक्त करने के लिए किया जाता है। यह एक ऐसा माध्यम है जिसके जरिए लोक नृत्य, ग्रामीण नाटक और ग्राम्य संगीत प्रस्तुत किए जाते हैं जिनका विभिन्न रुचियों को रखने वाले ग्रामीणों द्वारा भरपूर आनंद लिया जाता है।

परंपरागत लोक माध्यम मनोरंजन में वैयक्तिक प्रकार के संचार के उदाहरण हैं।

लोक माध्यम की विशेषता यह है कि इस प्रकार के माध्यम ग्रामीण समाज के सामाजिक व सांस्कृतिक ताने-बाने में बँधे होते हैं।

ग्रामीण निरक्षर व्यक्तियों को सूचित और सुशिक्षित नागरिक बनाने में परंपरागत लोक माध्यमों की भूमिका अत्यधिक महत्त्वपूर्ण है। परंपरागत लोक माध्यम की पहचान जनता के लिए एक सफल अभिप्रेरक के रूप में की गई है।

लोक माध्यमों की भूमिका में समय-समय पर बदलाव आता रहता है। परंपरागत लोक कार्यक्रम सार गर्भित होते हैं और लोगों को नैतिक शिक्षा प्रदान करते हैं।

स्वतंत्रता प्राप्ति के पश्चात् सरकार ने वर्ष 1954 में गीत और नाटक नामक विभाग स्थापित किया। इसका उद्देश्य लोक नाटक संगीत आदि प्रस्तुत करने वाले कलाकारों को प्रशिक्षण प्रदान करना और उनकी सेवाओं का उपयोग ग्रामीण जनता को देश में उनके लिए तैयार की गई योजनाओं और विकास कार्यक्रमों से अवगत कराने के लिए करना है।

लोक माध्यम को तीन श्रेणियों में बाँटा गया है—दृढ़, अर्ध दृढ़ और अदृढ़।

दृढ़ : इनमें निहित सामग्री दृढ़ या कठोर होती है और अपरिवर्तनीय होती है। ये सामग्रियाँ धार्मिक अनुष्ठानों से संबद्ध होती हैं तथा इनका स्वरूप और मूल भाव पूर्णतः धार्मिक होता है।

अर्धदृढ़ : इस प्रकार की सामग्री में नई सामग्रियों के लिए बहुत सीमित संभावना होती है। यहाँ तक कि किसी तथ्य विशेष को प्रस्तुत करने के लिए भी इनमें स्थानाभाव की स्थिति बनी रहती है।

अदृढ़ : ये वे मीडिया हैं जो नए संदेशों को आत्मसात् कर लेते हैं और उन्हें क्षेत्र में सक्रिय रूप से कारगर रूप में प्रदर्शित करते हैं। संचार विषयक कार्यनीति में दक्षता बढ़ाने के लिए निम्नलिखित विधियों का अनुपालन किया जाता है।

(1) मल्टी मीडिया दृष्टिकोण

(2) पैकेज प्लान

(3) ग्रामीण ढाँचे और ग्रामीण कार्यकर्ताओं का उपयोग

(4) कार्यनीति का उद्देश्यपरक मूल्यांकन

(1) मल्टी मीडिया दृष्टिकोण में चमक-दमक और संदेश के विभिन्न पहलू निहित होते हैं तथा साथ ही इसमें विभिन्न वर्गो के लोगों के साथ अन्योन्य क्रिया भी की जाती है।

(2) यह समयबद्ध कार्यक्रम है जो संचार, विस्तार और सेवा के बीच-लगने वाले समय का निराकरण करता है तथा संचार के प्रस्तुतकर्ता के प्रयासों का सकारात्मक परिणाम प्रस्तुत करता है।

(3) ग्रामीण ढाँचे और ग्रामीण कार्यकर्ताओं का उपयोग करके जन-संचार के माध्यमों (Mass Media) ने व्यक्तिगत संपर्कों द्वारा सूचना और शिक्षा को सुदृढ़ बनाने में लोक माध्यमों का प्रयोग शुरू कर दिया है।

(4) कार्यनीति के उद्देश्यपरक मूल्यांकन में उपलब्धियों के संदर्भ में गुणात्मक होने के बजाय परिमाणात्मक होने की संभावना बनी रहती है। अधिक मार्गदर्शन के लिए कुछ विश्वसनीय पैमाना हासिल करने के लिए लोक माध्यमों का विशिष्ट अध्ययन किया गया है।

संगीत

मनुष्य ने युगों से अपनी आत्मा की क्रियाशीलता को अभिव्यक्त करने का प्रयास किया है, जो कि कला के माध्यम से सांसारिकता के आगे की तलाश है।

काव्य चित्रकला और अन्य दृश्य कलाओं का विकास पत्थर, पत्तों तथा कागज पर हुआ। संगीत का संबंध श्रवण से है, ऐसा कोई प्रमाण उपलब्ध नहीं है। अतः प्राचीन समय के संगीत को आज सुन पाना संभव नहीं है।

ऐसे सांस्कृतिक अन्र्तसंबंधों की विविधता के बावजूद, हमारा संगीत रागात्मक रहा है।

देश के विभिन्न क्षेत्रों से सांस्कृतिक परंपराएं भारत के प्रादेशिक क्षेत्रीय संगीत की समृद्ध विविधता को परिलक्षित करती हैं। प्रत्येक क्षेत्र की अपनी विशिष्ट शैली है।

बारहवीं सदी में जयदेव द्वारा 'गीत गोविंद' की रचना की गयी जो गीतों और श्लोकों के साथ संस्कृत की एक कृति है। ये गीत संपूर्ण देश में अलग-अलग क्षेत्रों में अपनी शैली में व्याप्त हैं। 'गीत-गोविंद' की काव्यात्मक सौंदर्य अद्वितीय होने की वजह से इसकी लोगप्रियता बनी।

'ध्रुपद' को संगीत के संरचना का विस्तार कहा जाता है। 14वीं सदी से 18वीं सदी तक इसका विकास हुआ। ध्रुपद की व्यापक लोकप्रियता ग्वालियर के राजा मानसिंह तोमर के समय में बनी। 'ध्रुपद' संरचना के दो भाग हैं–अनिवद और संचारी। 'ध्रुपद' विशिष्टतः चार भागों में गाया जाने वाला एक गीत है–1. स्थाई, 2. अंतरा, 3. संचारी, 4. अभोग।

उत्तर भारत के मंदिरों में ध्रुपद शैली को आज भी सुना जा सकता है।

वेदों के गुणगान करने की रागात्मक प्रवृतियों से भारतीय संगीत को प्रारंभ करना सामान्य सी बात है।

रसिया गीत : रसिया गीत की समृद्ध परंपरा भगवान श्रीकृष्ण की मनोहरी लीलाओं की पवित्र भूमि बृज का क्षेत्र रहा है। यह किसी विशेष त्योहार तक में ही नहीं बल्कि लोगों के दैनिक जीवन और दिन-प्रतिदिन के कामकाज में रचा बसा है।

आल्हान : उत्तर प्रदेश के बुंदेलखंड क्षेत्र की एक विशिष्ट गाथा शैली आल्हान है जिसमें आल्हा और ऊदल दो बहादुर भाइयों के साहसिक कारनामों का उल्लेख किया जाता है।

सोहर : उत्तर भारत में परिवार में पुत्र जन्मोत्सव पर 'सोहर' गायन की एक उत्साही परम्परा है।

कव्वाली : भारत में कव्वाली का आगमन 13वीं सदी के आस-पास माना जाता है, इस परंपरा की शुरुआत सूफियों द्वारा फारस में हुआ जो अपने संदेशों का प्रसार इन माध्यमों से करते थे।

दसकठिया : ओडिशा की प्रचलित गाथा गायन की एक शैली दसकठिया है।

पोवाड़ा : महाराष्ट्र की एक पारंपरिक लोक कला शैली पोवाड़ा है। इस शैली में गीत तीव्र होता है और मुख्य गायक द्वारा नियंत्रित होता है जिसका समर्थन मंडली के अन्य सदस्यों द्वारा किया जाता है।

नाट्यकला

नाटक, काव्य का रूप है, जो रचना श्रवण द्वारा ही नहीं अपितु दृष्टि द्वारा भी दर्शकों के हृदय में रसानुभूति कराती है। भारत में अभिनय-कला और रंगमंच का वैदिक काल में ही निर्माण हो चुका था।

परंपरा एक सहज प्रवाह है। भारतीय समाज में पारंपारिकता का विशेष स्थान रहा है। वास्तव में, पारंपरिक कलाएं समाज की जिजीविषा, भावना, संवेदना, ऐतिहासिकता और संकल्पना को अभिव्यक्त करती है।

दशावतार : गोवा व कोंकण क्षेत्र का प्रसिद्ध एवं विकसित नाट्य रूप 'दशावतार' है। इसमें प्रस्तोता पालन व सृजन के देवता-भगवान विष्णु के दस अवतारों को प्रस्तुत करता है।

यक्षगान : 'यक्षगान' कर्नाटक का पारंपरिक नाट्य कला है। मुख्य लोकप्रिय कथानक जो महाभारत से लिये गए हैं।

तमाशा : तमाशा महाराष्ट्र के कला संस्कृति की परंपरागत शैली है जिसमें नृत्य और गायन किया जाता है। यह कला-संस्कृति पहली शती शातवाहन शासक गौतमी पुत्र शतकर्णी के काल में विकसित किया गया। तमाशा लोकनाट्य में नृत्य क्रिया की प्रमुख प्रतिपादिका स्त्री कलाकार होती है। नृत्य के माध्यम से सभी भावनाऐं दर्शायी जाती हैं।

नौटंकी : उत्तर भारत, पाकिस्तान और नेपाल के एक लोक नृत्य और नाटक शैली का नाम है। यह भारतीय उपमहाद्वीप में प्राचीनकाल से चली आ रही स्वांग परम्परा की वंशज है और इसका नाम मुल्तान की एक ऐतिहासिक 'नौटंकी' नामक राजकुमारी पर आधारित एक 'शहजादी नौटंकी' नाम के प्रसिद्ध नृत्य-नाटक पर पड़ा। नौटंकी और स्वांग में सबसे बड़ा अंतर यह माना जाता है कि जहाँ स्वांग ज्यादातर धार्मिक विषयों से ताल्लुक रखता है और उसे थोड़ी गंभीरता से प्रदर्शित किया जाता है वहाँ नौटंकी के मौजू प्रेम और वीर-रस पर आधारित होते हैं और उनमें व्यंग्य और तंज मिश्रित किए जाते हैं।

अधिकतर समीक्षकों का मानना है कि नौटंकी स्वांग शैली का ही एक विकसित रूप है। नौटंकी की कथाएं अक्सर किसी व्यक्ति पर या महत्वपूर्ण विषय पर होती है, मसलन आल्दा-उदल की नौटंकी।

जात्रा : जात्रा पश्चिम बंगाल का एक प्रसिद्ध लोकनृत्य है। देवपूजा के निमित आयोजित मेलों, अनुष्ठानों आदि से जुड़े नाट्यगीतों को 'जात्रा' कहा जाता है। वस्तुतः श्री चैतन्य के प्रभाव से कृष्ण-जात्रा बहुत लोकप्रिय हुई। कालांतर में इसमें लौकिक प्रेम-प्रसंग भी जोड़े गए।

कीर्तन : हिन्दू धर्म में ईश्वर या देवता की भक्ति के लिए उनके नामों को भाँति-भाँति रूप में उच्चारना कीर्तन कहलाता है। यह भक्ति के अनेक मार्गों में से एक है।

भैबई : यह वेशा और स्वांग नाम से भी जाना जाता है। यह गुजरात एवं राजस्थान की लोक कला संस्कृति है जो नाट्य रूप में प्रस्तुत किया जाता है। इसमें 'रांगलां' और 'नाईक' नामक चरित्र की भूमिका दिखाई जाती है।

स्वांग : इस नाट्य शैली मे पूर्व में केवल संगीत विधान था जो बाद में गद्य में भी समाविष्ट हुआ। इसमें भावों की कोमलता रससिद्धि के साथ-साथ चरित्र का विकास भी होता है।

भांड-पाथर : यह कश्मीर का पारंपरिक नाट्य शैली है। इसमें नृत्य, संगीत और नाट्यकला का अनूठा संगम होता है।

माच : मध्य प्रदेश का पारंपरिक नाट्य माच है। मंच और खेल दोनों अर्थों में माच शब्द का इस्तेमाल किया जाता है।

कुटियाट्टम : केरल का सर्वाधिक पारंपरिक लोक नाट्य कुटियाट्टम है जो संस्कृत नाटकों की परंपरा पर आधारित है।

भारत की पुतली कला शैलियाँ

पारंपरिक नाटक की भाँति ही पुतली नाट्य महाकाव्यों और दंत कथाओं पर आधारित होते हैं तथा देश के विभिन्न प्रांतों की पुतलियों की अपनी खास पहचान होती है। उनमें चित्रकला और मूर्तिकला की क्षेत्रीय खैली झलकती है।

पुतली	सम्बन्धित राज्य
धागा पुतली	राजस्थान, ओडिशा, कर्नाटक, तमिलनाडु
कठपुतली	राजस्थान की परंपरागत पुतली
कुनढेई	ओडिशा की धागा पुतली
गोम्बेचेट्टा	कनार्टक की धागा पुलती
छाया पुतली	ओडिशा, केरल, आन्ध्र प्रदेश, महाराष्ट्र, तमिलनाडु

शास्त्रीय नृत्य

भारत में प्राचीन काल से एक समृद्ध और प्राचीन परम्परा रही है। विभिन्न कालों की खुदाई, शिलालेखों, ऐतिहासिक वर्णन, आदि स्रोतों से पता चलता है कि भारतीय कला के धर्म तथा समाज में नृत्य का व्यापक महत्व रहा है।

राष्ट्र शास्त्रीय नृत्य की कई विधाओं को पेश करता है, जिनमें से प्रत्येक का संबंध देश के विभिन्न भागों से है। प्रत्येक विधा किसी विशिष्ट क्षेत्र अथवा व्यक्तियों के समूह के लोकाचार का प्रतिनिधित्व करती है।

शास्त्रीय नृत्य	विशेषता एवं संबंधित राज्य
भरतनाट्यम	दक्षिण भारत की शास्त्रीय नृत्य शैली, तमिलनाडु में देवदासियों द्वारा किया जाता था। भरतमूनि के नाट्य शास्त्र पर आधारित
छव	ओडिशा, झारखंड, पश्चिम बंगाल
कत्थक	राजस्थान तथा उत्तर भारत की नृत्य शैली
कत्थकली	व्याख्यात्मक नृत्य, प्रस्तुतीकरण में पात्रों को मोटे तौर पर सात्विक, राजसिक तथा तामसिक वर्गों में विभाजित किया जाता है मुख्यतः केरल में
कुचीपुड़ी	आंध्र प्रदेश में
मणिपुरी	भारत का प्राचीन शास्त्रीय नृत्य जो धार्मिक और परंपरागत उत्सव पर किया जाता है। मुख्यतः मणिपुर में

ओडिसी भारतीय शास्त्रीय संगीत के अनेक रूपों में से एक। मुख्य रूप से ओडिशा में। इंद्रीय और गायन के रूप में ओडिसी प्रेम और भाव देवताओं और मानव से जुड़ा सांसारिक और लोकोतर नृत्य है।

नई सूचना प्रौद्योगिकियाँ ऐसी प्रौद्योगिकियाँ हैं जिनका विकास हाल ही में हुआ है। ऐसा पाया गया कि कंप्यूटर नेटवर्क के प्रयोग द्वारा एक ही मेनफ्रेम तक चाहे कितनी भी संख्या में प्रयोक्ताओं द्वारा एक साथ संपर्क स्थापित किया जा सकता है।

बाद के दशकों में कंप्यूटर प्रौद्योगिकी में अप्रत्याशित प्रगति हुई और काफी छोटे आकार के कंप्यूटर निर्मित किए गए।

कंप्यूटर में हुई प्रगति के साथ इंटरनेट में भी काफी प्रगति हुई और विभिन्न प्रकार की सूचना सेवाएं शुरू हुईं जैसे कि इलेक्ट्रॉनिक मेल फाइल अंतरण, डेटा बेस और मल्टी मीडिया आदि।

अतः अंतरवैयक्तिक संचार की तुलना में कंप्यूटर नेटवर्क के अनेक लाभ हैं।

टेलीकॉन्फ्रेन्सिंग एक ऐसा माध्यम है जिसके द्वारा विभिन्न स्थानों पर रहने वाले व्यक्तियों या समूहों द्वारा डेटा, वॉइस, दृश्य सामग्रियों (ग्राफ/आरेख) तथा अन्य महत्त्वपूर्ण और संगत सूचनाओं का आदान-प्रदान किया जा सकता है। टेलीकॉन्फ्रेन्सिंग कंप्यूटर और संचार सुविधाओं के नेटवर्क द्वारा ही संभव हो सका है।

टेलीकॉन्फ्रेन्सिंग निम्नलिखित वर्गों में श्रेणीबद्ध किया जा सकता है–

(a) कंप्यूटर कॉन्फ्रेन्सिंग (Computer Conferencing)
(b) ऑडियो कॉन्फ्रेन्सिंग (Audio Conferencing)
(c) ऑडियो-ग्राफिक कॉन्फ्रेन्सिंग (Audio-Graphic Conferenting)
(d) वीडियो कॉन्फ्रेन्सिंग (Video Conferencing)

संचार की एक तीसरी विधि टेलीटेक्स्ट (Teletext) है। यह एक ऐसी प्रौद्योगिकी है जिनके द्वारा कई पृष्ठों की पाठ्य सामग्री को पहले से विद्यमान टेलीविजन चैनल पर प्रेषित किया जा सकता है।

इस टेलीटेक्स्ट को टेलीविजन स्क्रीन के तथाकथित वर्टिकल ब्लैन्किंग इंटरनल (Vertical blanking internal) में कूटबद्ध किया जाता है जो टेलीविजन के सामान्य कार्यक्रमों को देखने के दौरान अदृश्य रहता है।

इससे दर्शकों को संगत सूचना वाले पाठ के किसी विशेष पृष्ठ के चयन में सहायता मिलती है।

संचार का चौथा साधन (माध्यम) रेडियो टेक्स्ट है जिसे प्रायः रेडियो डेटा प्रणाली (Radio Data System, RDS) के रूप में जाना जाता है। यह टेलीटेक्स्ट के समान ही कार्य करता है किंतु यह एफ एम रेडियो (FM Radio) के साथ मिलकर काम करता है।

इस प्रौद्योगिकी में एफ एम कैरियर पर डेटा और अन्य पाठ्य सामग्री के प्रेषण की व्यवस्था होती है ताकि ऑडियन्स किसी चालू एफ एम ट्रान्समिशन से उस सिग्नल को प्राप्त कर सके और उसे एक कंप्यूटर स्क्रीन पर भी देख सके।

वीडियो टेक्स्ट पाँचवाँ और संचार प्रौद्योगिकी की एक उत्तम प्रणाली है जिसका उपयोग अनेक उन्नत देशों में किया जाता है।

यह सार्वजनिक टेलीफोन नेटवर्क की सहायता से काम करता है। इस प्रणाली में निहित प्रमुख भाग हैं–घरेलू कंप्यूटर, टेलीफोन कनेक्शन, टेलीविजन सेट आदि।

वीडियोटेक्स्ट द्वारा टेलीटेक्स्ट या रेडियोटेक्स्ट की तुलना में काफी अधिक सामग्री प्राप्त/प्रेषित की जाती है क्योंकि टेलीटेक्स्ट/रेडियोटेक्स्ट द्वारा केवल कुछ चयनित सूचनाओं का ही आदान-प्रदान या पुनः प्राप्ति की जा सकती है। छठी प्रौद्योगिकी इंटरऐक्टिव केबल वितरण प्रणाली की है जिसमें विभिन्न घरों तक केबल के जरिए टेलीविजन कार्यक्रम पहुँचाए जाते हैं।

इसमें संचार सरल होता है और इसकी सहायता से टेलीविजन कार्यक्रम अलग-थलग स्थित पर्वतीय क्षेत्रों में भी देखे जा सकते हैं। इसमें केबल वितरण प्रणाली द्वारा उपग्रह के माध्यम से कार्यक्रम डाउनलोड किए जाते हैं।

सातवीं प्रौद्योगिकी संचार उपग्रह प्रणाली है जिसके माध्यम से टेलीविजन कार्यक्रमों का एक देश से दूसरे देश में प्रेषण किया जाता है।

ये उपग्रह पृथ्वी के विषुवत् वृत्त से ऊपर लगभग 36,000 किमी की ऊँचाई पर स्थित कक्षा, जिससे तुल्यकाली कक्षा (Geostationary orbit) कहते हैं, में स्थापित किए जाते हैं जिससे इन्हें तुल्यकाली उपग्रह (Geostaionary Satellite) कहा जाता है।

एक ही समय बहुत से स्थानों से प्रकाशित किए जाने वाले अनेक राष्ट्रीय समाचारपत्र एक प्रकाशन केन्द्र से दूसरे प्रकाशन केन्द्र में अपने पृष्ठों के तत्काल प्रेषण के लिए उपग्रह संचार प्रणाली का उपयोग करते हैं।

नई संचार प्रौद्योगिकियों की तुलना

किसी भी नव विकसित प्रौद्योगिकी का अपना विशिष्ट अभिलक्षण होता है। इसके अपने विशिष्ट लाभ और हानियाँ भी होती हैं।

(a) अन्योन्य संबंध-स्थापित करना : नई संचार प्रौद्योगिकियां पारंपरिक प्रौद्योगिकियों की तुलना में काफी उन्नत हैं। टेली-कॉन्फ्रेंसिंग और वीडियो टेलीकॉन्फ्रेंसिंग अन्योन्य संबंध-संपर्क स्थापित करने में सर्वाधिक उपयोगी सिद्ध हुआ है।

जबकि टेलीटेक्स्ट या रेडियोटेक्स्ट को अन्योन्य संबंध स्थापित करने के तंत्र के दूसरे सिरे पर रखा जा सकता है।

(b) अतुल्यकालन : इसका आशय माध्यम की ऐसी विशेषता से है जिसमें किसी संचार तंत्र में सभी भागीदारों का एक साथ विद्यमान होना अनिवार्य नहीं है तथापि अतुल्यकालन की मात्रा विभिन्न प्रौद्योगिकियों में भिन्न-भिन्न होती है। इस प्रणाली का टेलीकॉन्फ्रेन्सिंग में काफी अधिक प्रयोग किया जाता है जिससे सभी कंप्यूटर मानव हस्तक्षेप के बिना अंतः संयोजित होते हैं।

(c) समूहीकरण से दूर (Demassification) : पारंपरिक मीडिया में मानव हस्तक्षेप की आवश्यकता होती है। समूहीकरण से दूर (Demassification) का आशय ऐसी प्रौद्योगिकी से है जो व्यक्तिगत या एकल संचार को बढ़ावा देता है।

यह समूहीकरण से दूर होने की एक उच्च स्थिति है। टेलीकॉन्फ्रेन्सिंग या कंप्यूटर संचार इस स्थिति के चरम के द्योतक हैं जबकि टेलीटेक्स्ट इस शृंखला की अंतिम कड़ी है।

प्रौद्योगिकियों से होने वाली हानियाँ

नई संचार प्रौद्योगिकियों की विश्व के विकासशील देशों में पर्याप्त पहुँच नहीं हुई है।

एवरेट रोजर्स के अनुसार नई संचार प्रौद्योगिकियों से समाज पर निम्नलिखित प्रभाव पड़े हैं :

(a) नई प्रौद्योगिकियां अपेक्षाकृत महंगी हैं किन्तु ये ज्ञान प्रदान करने में काफी उपयोगी हैं। इन्हें केवल समाज के संपन्न वर्ग द्वारा ही वहन किया जा सकता है।

(b) विकसित देश अधिक सूचना प्राप्त करते हैं और ये देश संपन्न भी हैं। इससे विकसित और विकासशील देशों के बीच सूचना अंतराल में निरंतर वृद्धि हो रही है।

(c) प्रायः सूचनाओं की भरमार होने की संभावना रहती है जिससे बहुत सारी सूचनाओं के ढेर से अपेक्षित सूचना की रचनात्मक पुनःप्राप्ति में कठिनाइयाँ उत्पन्न होती हैं।

(d) नई प्रौद्योगिकियों से कुछ परंपरागत नौकरियों और पेशों में बेरोजगारी की समस्या उत्पन्न हो सकती है। उनके स्थान पर कुछ नई नौकरियाँ सृजित की जा सकती हैं किंतु इनकी संख्या इतनी पर्याप्त नहीं होती कि परंपरागत नौकरियों की संख्या में हुई कमी को पूरा किया जा सके।

(e) कंप्यूटरों की सर्वसुलभता और उसके कार्यक्रमों तक आसान पहुँच से संचार की गोपनीयता और सुरक्षा से संबंधित समस्याएं उत्पन्न हो सकती हैं।

(f) नई प्रौद्योगिकियों के अधिकाधिक उपयोग से संबंधित संगठनों के निर्णयन की प्रक्रिया और अन्य कार्यों का अपेक्षाकृत अधिक विकेन्द्रीयकरण हो सकता है।

वस्तुनिष्ठ प्रश्नावली

1. 'अनिवद्ध' एवं 'संचारी' किस संगीत संरचना के भाग हैं?

A. ध्रुपद B. आल्हान
C. कव्वाली D. दसकठिया

2. 'गीत गोविंद' किनकी रचना है?

A. चंदबरदायी B. कालिदास
C. जयदेव D. नागार्जुन

3. 'दसकठिया' कहाँ की प्रचलित गायन की एक शैली है?

A. झारखंड B. बिहार
C. छत्तीसगढ़ D. ओडिशा

4. पोवाड़ा कहाँ की पारंपरिक लोक कला शैली है?

A. महाराष्ट्र B. गुजरात
C. पश्चिम बंगाल D. आंध्र प्रदेश

5. उत्तर भारत में परिवार में पुत्र जन्मोत्सव पर कौन-सा गायन की एक उत्साही परंपरा है?

A. रसिया गीत　　B. सोहर
C. कव्वाली　　D. आल्हान

6. 'दशावतार किस क्षेत्र की प्रसिद्ध एवं विकसित नाट्यशैली है?

A. गोवा एवं कोंकण　　B. मालाबार
C. ओडिशा का तटीय क्षेत्र　　D. तेलंगाना

7. 'यक्षगान' कहाँ की पारंपरिक कला है?

A. आंध्र प्रदेश　　B. ओडिशा
C. पश्चिम बंगाल　　D. कर्नाटक

8. 'जात्रा' कहाँ का प्रसिद्ध लोक नृत्य है?

A. पश्चिम बंगाल
B. ओडिशा
C. झारखंड
D. छत्तीसगढ़ एवं मध्य प्रदेश

9. भांड-पाथर कहाँ की पारंपरिक नाट्यशैली है?

A. पंजाब
B. उत्तर प्रदेश के बुदेलखंड क्षेत्र
C. कश्मीर
D. हरियाणा

10. 'माच' कहाँ का पारंपरिक नाट्य है?

A. मध्य प्रदेश　　B. ओडिशा
C. कर्नाटक　　D. गुजरात

11. निम्नलिखित में कौन-सा केरल का पारंपरिक नाट्य है?

A. भैवई　　B. तमाशा
C. कुटियाट्टम　　D. कुचीपुड़ी

12. 'कत्थक' कहाँ की नृत्यशैली है?

A. कर्नाटक　　B. आंध्र प्रदेश
C. उत्तर भारत　　D. पश्चिम बंगाल

13. निम्न में आंध्र प्रदेश की कौन-सी नृत्यशैली है?

A. कत्थकली　　B. कुचीपुडी
C. कत्थक　　D. छव

14. 'कठपुतली' कहाँ की परंपरागत पुतली शैली है?

A. राजस्थान　　B. छत्तीसगढ़
C. ओडिशा　　D. गुजरात

15. निम्नलिखित में से कौन-सा कर्नाटक का प्रसिद्ध धागा पुलती है?

A. गोम्बेयेट्टा　　B. कुनढेई
C. धागा पुतली　　D. छाया पुतली

16. 'भरत्नाट्यम' कहाँ की प्रसिद्ध नाट्यशैली है?

A. उत्तर भारत　　B. दक्षिण भारत
C. उत्तर-पश्चिम भारत　　D. पूर्वोत्तर भारत

उत्तरमाला

1	2	3	4	5	6	7	8	9	10
A	C	D	A	B	A	D	A	C	A
11	**12**	**13**	**14**	**15**	**16**				
C	C	B	A	A	B				

7

प्रेस–समाचार एवं समाचार एजेन्सियाँ (Press-News and News Agencies)

समाचारपत्र प्रबंधन का बदलता स्वरूप

जेम्स ऑगस्टस हिकी द्वारा प्रकाशित बंगाल गजट (भारत का पहला समाचारपत्र) जो केवल एक व्यक्ति के प्रयासों का परिणाम था तथा जे ऑगस्टस स्वयं ही इस समाचारपत्र के संस्थापक, संपादक, मुद्रक और प्रवर्तक थे, के बाद से समाचारपत्र के संपूर्ण स्वरूप और संरचना में व्यापक परिवर्तन हुआ है।

आज के समय समाचारपत्र और पत्रिकाएं विशाल उद्योग का रूप ले चुकी हैं। इन्होंने समाचारपत्र और मीडिया उद्योग को आर्थिक दृष्टि से आत्मनिर्भर और लाभकारी उद्योग बनाने के लिए कुछ विशिष्ट प्रयास किए हैं।

समाचारपत्र का स्वामित्व—इनका पैटर्न

भारत में समाचारपत्रों पर दो प्रकार का स्वामित्व दृष्टिगोचर होता है :

(a) समाचारपत्र शहरी क्षेत्रों में केंद्रित हैं

(b) स्वामित्व कुछ बड़े व्यावसायिक घरानों के हाथ में है।

भारत में समाचारपत्रों का स्वामित्व व्यक्तिगत एकल स्वामित्व तथा सोसायटियों/एसोसिएशनों आदि के हाथ में हैं।

विभिन्न श्रेणियों के स्वामित्व में अन्तर

एकल स्वामित्व जिसमें समाचारपत्र जिस कंपनी द्वारा निकाला जाता है उसके 100 प्रतिशत शेयर किसी एक ही व्यक्ति के पास होते हैं तथा वही व्यक्ति संबंधित समाचारपत्र की कंपनी को एक निजी कंपनी के रूप में चलाता है, जैसे कि "दि-हिन्दुस्तान टाइम्स" और "दि टेलीगाफ्र" का स्वामित्व क्रमशः के.के. बिड़ला और अवीब सरकार के हाथ में है।

समाचारपत्र का स्वामित्व कुछ व्यक्तियों के एक छोटे समूह के हाथ में भी होता है और कंपनी में इस समूह के सभी सदस्यों की भागीदारी होती है। इन व्यक्तियों के पास संबंधित कंपनी के शेयर होते हैं। "दि-हिंदू" इसका एक उदाहरण है।

संयुक्त स्टॉक कंपनी एक बड़े वाणिज्यिक संगठन के रूप में होती है जैसे कि बेनेट कोलमैन एंड कंपनी। "दि टाइम्स ऑफ इंण्डिया" और ऐसे ही कुछ अन्य प्रकाशन समूह इस श्रेणी के संगठन हैं।

ट्रस्ट लाभ अर्जित करने की दृष्टि से काम नहीं करने वाला संगठन होता है। कुछ समाचारपत्र ट्रस्टों द्वारा भी निकाले जाते हैं। चंडीगढ़ से प्रकाशित किया जाने वाला "दि ट्रिब्यून" और कोलकाता से प्रकाशित किया जाने वाला "लोक सेवक" इस श्रेणी के समाचारपत्र हैं।

यदि किसी समाचारपत्र का प्रकाशन केन्द्र सरकार अथवा राज्य सरकारों द्वारा किया जाता हो तो उसका स्वामित्व प्रायः सूचना विभाग, प्रकाशन विभाग आदि के अधीन होता है। समाचारपत्र समाचार एजेन्सियों से प्राप्त होने वाले समाचारों के एवज में उन्हें प्रतिमाह मासिक शुल्क का भुगतान करते हैं।

समाचारपत्र और समाचार एजेन्सी में अंतर

समाचारपत्र और समाचार एजेन्सी के काम-काज के तरीके में बहुत अधिक भिन्नता होती है।

समाचार एजेन्सियाँ (उदाहरण के लिए, रॉयटर) अपना स्वयं का समाचारपत्र प्रकाशित नहीं करतीं। ये प्राप्त होने वाले सभी समाचारों को समाचारपत्रों, रेडियो, टेलीविजन आदि को प्रेषित कर देती हैं।

समाचार एजेन्सियों को प्रत्येक समाचार के संबंध में उसके स्रोत का उल्लेख करना होता है जबकि समाचारपत्र प्राप्त रिपोर्ट

का विवरण प्रस्तुत कर देते हैं और उनके लिए स्रोत का उल्लेख करना आवश्यक नहीं होता।

समाचार एजेन्सियों द्वारा दी गई रिपोर्ट पूर्णतः तथ्यों पर आधारित होती है। अतः समाचार एजेन्सियों की रिपोर्ट में कोई टिप्पणी, संपादकीय समीक्षा या समाचार की व्याख्या आदि नहीं की जाती।

समाचार एजेन्सियों के लिए हर मिनट का समय अंतिम क्षण होता है क्योंकि उनके लिए सूचनाओं की रिपोर्ट के लिए कोई निर्धारित समय नहीं होता और उन्हें अपनी रिपोर्ट यथासंभव तुरंत प्रेषित करनी होती है।

सामान्य एजेन्सियों के लिए परिशुद्धता या यथार्थता और गति दो महत्त्वपूर्ण अनिवार्यताएं हैं। यह महत्त्वपूर्ण है कि समाचार एजेन्सी द्वारा प्रेषित रिपोर्ट संक्षिप्त और तथ्य आधारित हो।

चूँकि समाचार एजेन्सी के रिपोर्टर (संवाददाता) के पास तथ्यों की छान-बीन करने और पुष्टि करने या प्रतिपुष्टि प्राप्त करने का समय नहीं होता, अतः यह आवश्यक है कि रिपोर्ट की यथार्थता पर विशेष ध्यान रखा जाए।

इसके विपरीत समाचार संवाददाता के पास किसी त्रुटि को ठीक करने के लिए पूरे दिन का समय होता है।

कोई समाचार एजेन्सी किसी विशेष शहर में ही काम नहीं करती बल्कि इसका कार्यक्षेत्र पूरे देश भर में और देश की सीमाओं से बाहर भी होता है। इससे भिन्न समाचारपत्र में स्थानीय घटनाओं का अधिक विस्तार से वर्णन किया जाता है।

आधुनिक समाचारपत्रों में मध्यम आकार की संगठनात्मक व्यवस्था काम करती है।

संगठनात्मक ढाँचा पाँच विभिन्न अनुभागों में विभाजित होती है–

(a) संपादकीय विभाग
(b) मुद्रण और उत्पादन विभाग
(c) व्यवसाय विभाग, कंप्यूटर, इंजीनियरिंग और उपकरण यंत्र
(d) कार्मिक विभाग
(e) बिक्री संवर्धन और जन-संपर्क।

संपादकीय विभाग एक जीवन सहायक अनुभाग है तथा निजी समाचारपत्र संगठन का एक अनिवार्य संघटक है।

संपादकीय विभाग समाचारपत्र या पत्रिका में प्रकाशन हेतु सभी समाचारों या सामग्रियों को संगृहीत/प्राप्त करता है, उनकी समीक्षा/काट-छाँट करता है और छापे जाने के लिए अंतिम रूप प्रदान करता है।

व्यवसाय विभाग समाचारपत्र/पत्रिका में प्रकाशित किए जाने वाले विज्ञापन, पत्र/पत्रिका के परिचालन आदि से संबंधित कार्य देखता है।

उदाहरण के लिए, विज्ञापन संबंधी अनुरोधों को प्राप्त करना इस विभाग का प्रमुख कार्य है।

अन्य विभागों द्वारा भी अपने विभाग से संबंधित कार्य किए जाते हैं।

समाचार और रूपलेख (फीचर) एजेन्सियाँ प्रिंट माध्यम के प्रमुख अंग हैं जिनके बिना समाचारपत्रों के लिए काम करना कठिन है।

समाचार एजेन्सियों की विशेषताएँ

समाचार एजेन्सी ऐसे संगठन हैं जो समाचार एकत्रित करते हैं और विभिन्न समाचारपत्रों, रेडियो स्टेशनों, टेलीविजन केन्द्रों आदि को संबंधित सूचना प्रेषित करते हैं।

संवाददाताओं, रिपोर्टरों से प्राप्त समाचार इलेक्ट्रॉनिक टेलीप्रिंटरों या कंप्यूटरों की सहायता से समाचारपत्र के कार्यालय को भेज दिए जाते हैं। समाचारों के प्रापण या प्रेषण हेतु समाचार एजेन्सियां अपने वाणिज्यिक यूनिटों का प्रचार नहीं करती। इनके विपरीत समाचारपत्रों को विज्ञापन से परहेज नहीं होता।

समाचार एजेन्सी बिना कोई टिप्पणी या व्यक्तिगत राय व्यक्त किए, प्राप्त हुए समाचारों को प्रेषित कर देती हैं जबकि समाचारपत्र को इस बात की अनुमति है कि वे समाचार के स्रोत का उल्लेख किए बिना समाचार छाप सकें और साथ ही इन्हें समाचारों पर उपयुक्त टीका-टिप्पणी करने की भी अनुमति प्राप्त है।

स्वामित्व पैटर्न

भारत में दोनों समाचार एजेन्सियां–प्रेस ट्रस्ट ऑफ इंडिया (PTI) और यूनाइटेड न्यूज ऑफ इंडिया (UNI) का स्वामित्व समाचारपत्र-समूहों के हाथ में है जिनके पास इन एजेन्सियों के शेयर हैं।

समाचारपत्र समूहों द्वारा समाचार एजेन्सियों हेतु नीति निर्धारित करने के लिए एक अध्यक्ष के अधीन निदेशक मंडल गठित किया गया है।

हालांकि इन दोनों एजेन्सियों के बीच सतत व्यावसायिक प्रतिस्पर्धा चलती रहती है किंतु निदेशक मंडल द्वारा इन एजेन्सियों के दैनिक क्रियाकलापों में कोई हस्तक्षेप नहीं किया जाता।

इन एजेन्सियों से विभिन्न समाचारपत्र और इलेक्ट्रॉनिक मीडिया और सरकारी विभाग तथा निजी उद्यमों द्वारा समाचार प्राप्त किए जाते हैं जिसके बदले उचित शुल्क का भुगतान किया जाता है।

समाचारपत्र और अन्य संबंधित प्रकाशकों द्वारा इन एजेन्सियों को मासिक अंशदान प्रदान करने के अतिरिक्त समाचार एजेन्सियों के कार्यालय उपकरणों जैसे कि कंप्यूटर टेलीप्रिंटर आदि और संस्थापन शुल्क के लिए भी वित्तीय सहायता प्रदान की जाती है।

समाचार एजेन्सियों का संगठनात्मक ढाँचा, उनका विकास और उनके द्वारा प्रदान की जाने वाली सेवाएं

समाचार एजेन्सी का महाप्रबंधक और मुख्य संपादक एजेन्सी का प्रमुख कार्यकारी अधिकारी होता है। उसकी सहायता उप महाप्रबंधक द्वारा की जाती है।

संपादकीय डेस्क एक समाचार संपादक के अधीन होता है और रिपोर्टिंग अनुभाग ब्यूरो प्रमुख (Cheif of Bureau) के अधीन कार्य करता है।

रिपोर्टिंग कर्मचारी दो भागों में विभक्त होते हैं :

(a) रिपोर्टर या प्रतिवेदक जो मुख्य संवाददाता के अधीन कार्य करते हैं और दैनिक संवाद/सूचना तैयार करते हैं तथा उनकी समीक्षा करते हैं।

(b) संवाददाता, जो मंत्रालययीय और विधिक स्वरूप की रिपोर्टिंग करते हैं और ब्यूरो प्रमुख के अधीन कार्य करते हैं।

(c) प्रमुख रिपोर्टर ब्यूरो प्रमुख के प्रति उत्तरदायी होता है।

वर्तमान में देश में अनेक एजेन्सियां समाचारपत्रों को समाचार प्रेषित करने में लगी हैं। स्वतंत्रता से पूर्व हमारे देश में अनेक विदेशी, समाचार एजेन्सियाँ कार्य कर रही थीं जैसे कि, रॉयटर, दि यूनाइटेड प्रेस इंटरनेशनल, दि एजेन्स फ्रांस प्रेस आदि।

स्वतंत्रता प्राप्ति के बाद सरकार के सहयोग से कुछ प्रमुख समाचारपत्रों द्वारा पारस्परिक सहयोग से एक ट्रस्ट गठित किया गया।

भारतीय समाचार एजेंसियाँ एवं अंतर्राष्ट्रीय समाचार एजेंसियाँ

समाचार समिति सामूहिक रूप से विभिन्न क्षेत्रों के समाचारों के संकलन, संपादन और प्रसारण की व्यवस्था है। समाचार समितियाँ अपनी सामर्थ्य के अनुरूप क्षेत्रीय, प्रादेशिक, राष्ट्रीय और अंतर्राष्ट्रीय स्वरूप धारण कर सकती हैं। समाचार पत्रों में प्रकाशित होने योग्य समाचारों का संकलन कर उनका यथाशीघ्र वितरण करना समाचार समितियों की प्रमुख विशेषता है।

भारत में समाचार-पत्रों की वृद्धि धीरे-धीरे किन्तु बराबर होती रही है। इस वृद्धि को नियंत्रित करने वाले कारण हैं–पाठकों की संख्या में वृद्धि प्रकाशक की उत्कृष्टता और संचार सुविधाओं में सुधार।

भारत में समाचार समितियों का प्रारम्भ 20वीं शताब्दी में माना जाता है। उस समय अंग्रेजी के चार प्रमुख समाचार पत्र पायोनियर, स्टेट्समैन, इण्डियन डेली न्यूज तथा इंग्लिश मैन थे। श्री के.सी. राय ने 1905 में ए.पी.आई. (एसोसियेटेड प्रेस ऑफ इंडिया) की स्थापना की। श्री के.सी. राय को भारत में समाचार समितियों का जन्मदाता माना जाता है। स्वतंत्र रूप से भारत में सन् 1905 में ए.पी.आई. 1915 में इण्डिया न्यूज एजेंसी 1925 में एफ.पी.आई. और 1933 में यूनाइटेड प्रेस ऑफ इंडिया की स्थापना की गई। इसके उपरांत भारत में अनेक समाचार समितियों की स्थापना हुई जो समाचार संगठन और उनके वितरण में अपनी अहं भूमिका निभाते हैं।

भारत की प्रमुख समाचार समितियाँ

प्रेस ट्रस्ट ऑफ इंडिया (PTI)

प्रेस ट्रस्ट ऑफ इण्डिया (PTI) एक गैर लाभकारी संस्था है। इसका मुख्यालय दिल्ली में है। पी.टी.आई. की स्थापना 27 अगस्त 1947 को लौह पुरूष सरदार बल्लभभाई पटेल के प्रयासों के फलस्वरूप हुई, लेकिन इस समाचार समिति ने अपना कार्य 1 फरवरी, 1949 से आरंभ किया। यह समाचार समिति भारत की ही नहीं बल्कि एशिया की भी सबसे बड़ी समाचार समिति है। आज भारत से विदेशों तक इसके कार्यक्रम प्रसारित होते हैं। इस्लामाबाद, बीजिंग, ढाका, नैरोबी, काठमांडु आदि अनेक देशों में पी.टी.आई. के संवाददाता कार्यरत हैं। वैश्विक स्तर पर यह अपने समाचारों के लिए रायटर्स, ए.एफ.पी., यू.पी. आई. आदि समाचार समितियों से समाचार प्राप्त करती है। समाचार प्राप्त करने में पी.टी.आई. अन्य विदेशी समाचार समितियों से भी समझौता किया हुआ है। स्थापना के समय पी.टी.आई. का नाम एसोसिऐटेड प्रेस ऑफ इंडिया था, लेकिन रायटर्स से समझौता करने के बाद इसका नाम परिवर्तित कर दिया गया। PTI वस्तुतः अंग्रेजी में ही समाचार का प्रसारण करती है।

PTI दक्षिण एशिया की ऐसी पहली समाचार समिति है, जिसका स्वयं का अपना संचार उपग्रह है। PTI अपने सभी संचार संबंधी कार्य 'इनसैट' उपग्रह से पूरी करती है। PTI के उपभोक्ताओं की बात करें तो अनेक अखबार समूह (टाइम्स ऑफ इंडिया, द हिन्दू, इण्डियन एक्सप्रेस, द हिन्दुस्तान टाइम्स, ऑल इंडिया रेडियों, दूरदर्शन) आदि वर्तमान में PTI के उपभोक्ता है।

यूनाइटेड न्यूज ऑफ इंडिया (UNI)

यूनाइटेड न्यूज ऑफ इंडिया की स्थापना सन् 1960 में हुई लेकिन इसने 21 मार्च 1961 से अपना कार्य प्रारंभ किया। इस समाचार समिति के 90 कार्यालय है जो लगभग 400 समाचार पत्रों को अपनी सेवाएं प्रदान करते हैं। पी.टी.आई. की ही भाँति इसकी अपनी टेलीप्रिंटर लाईन है। इसका संक्षिप्त नाम 'यूना' और 'यून्यू' है। यह समाचार समिति भी अंग्रेजी में ही समाचारों को वितरित करती है। समाचारों के वितरण के अतिरिक्त इसकी अनेक विशिष्ट सेवाएं भी है, जैसे : कृषि सेवा, सन्दर्भ सेवा, फोकस सेवा तथा वाणिज्यिक सेवा आदि। यह अपनी समाचार सर्विस को 120 बाजार भारत में तथा 45 बाजार विदेशों के टेलीप्रिंटर के द्वारा नियमित सूचना प्रसारित करती है।

यूनिवार्ता

भारत में पहली बार इस बात की कोशिश की गई कि हिन्दी और भारतीय भाषा-भाषी पत्रों की एक ऐसी समिति हो, जो दृष्टि से परिपूर्ण हो अर्थात् उसमें राष्ट्रीय, अन्तर्राष्ट्रीय, प्रादेशिक, राजनीतिक, सामाजिक, खेलकूद, मनोरंजन आदि सभी क्षेत्रों के समाचार उपलब्ध हो, इस आधार पर यू.एन.आई. ने 1 मई. 1982 में हिन्दी में 'यूनीवार्ता' नाम से सेवाएँ प्रदान करना प्रारंभ किया। इसे संक्षेप में यूनी लिखा जाता है। हिन्दी प्रदेशों में संस्था के करीब 105 कार्यालय हैं और करीब 225 पत्र इसकी सेवा का लाभ उठा रह हैं।

अन्तर्राष्ट्रीय समाचार समिति

विश्व में इस समय लगभग बारह सौ समाचार समितियाँ कार्य कर रही हैं किन्तु मात्र पाँच बड़े स्तर की अंतर्राष्ट्रीय स्तर की समितियाँ है और ये पाँचों समाचार समितियाँ केवल चार राष्ट्रों की उत्पाद है और ये चार राष्ट्र हैं–अमेरिका, ब्रिटेन, फ्रांस और रूस।

विश्व की बड़ी और प्रमुख एजेंसियाँ निम्नलिखित हैं:

1. एसोसिएटेड प्रेस (A.P.)
2. यूनाइटेड प्रेस इन्टरनेशनल (U.P.I.)
3. रायटर्स (Reuters)
4. एजेंसी फ्रांस प्रेस (A.F.C.)
5. टेलीग्राफनोयिक एजेन्सतबो सीवेट्सकदो सोइऊजा (TASS)

इन पाँचों के अलावा अनेक छोटी-छोटी समितियाँ भी हैं जो विश्व के संबंधित राष्ट्रों और क्षेत्रों की सेवाएँ करती हैं परन्तु प्रायः उनकी आर्थिक स्थिति अच्छी नहीं है। वे या तो सरकार द्वारा नियंत्रित होती हैं अथवा अतिशय रूप से प्रांतीयता की भावना से परिपूर्ा होती हैं। इन छोटी एजेन्सियों में से कुछ प्रभावी एजेन्सियाँ हैं जैसेः जापान की केवडो (Kyodo) एजेंसी, पश्चिमी जर्मनी की डी.पी.ए. और चीन की शिनहुआ (Xinhua)।

एसोसिएटेड प्रेस (A.P.)

समाचार समितियों में सबसे प्रमुख स्थान एसोसिएटेड प्रेस का आता है। इस संस्था की स्थापना मई, 1946 में की गई थी। वर्तमान में इसका मुख्यालय यू.एस.ए. के न्यूयार्क शहर में है। एसोसिएटेड प्रेस एक गैर-लाभकारी संस्था है। इस समाचार समिति पर टेलीग्राफ के आविष्कार का असर ज्यादा था। वास्तविक रूप में यह समिति मैक्सिकन युद्ध के पश्चात् प्रभाव में आयी थी। वास्तविक रूप में आर्थिक एवं वितीय समाचारों को इस समिति के द्वारा खास महत्व दिया जाता था।

एसोसिएटेक प्रेस सन् 1948 में न्यूयार्क के 6 प्रमुख समाचार-पत्रों के द्वारा आपसी सहयोग से शुरू किया गया था। A.P. के पास वर्तमान में विकसित तकनीकों से पूर्ण करीब सौ देशों में समाचार समितियाँ फैली हुई है।

यूनाइटेड प्रेस इंटरनेशनल (U.P.I.)

इस समाचार समिति की स्थापना की प्रेरणा एसोसिएटेड प्रेस से मिली थी और वर्ष 1907 में यू.एस.ए. में एडवर्ड विल्स स्क्रिप्स ने इसकी स्थापना की।

यूनाइटेड प्रेस इंटरनेशनल की सबसे बड़ी खासियत थी कि यह सायंकालीन खबरों में ज्यादा रूचि रखती थी। स्क्रिप्स महोदय ने इसके अलावा दो क्षेत्रीय समाचार समितियों की भी स्थापना की थी, जो युनाइटेड प्रेस इंटरनेशनल के लिए समाचारों का संकलन करती थी। ध्यान रहे कि यूनाइटेड प्रेस इंटरनेशनल का पूर्ण नाम यू.पी.ए था, लेकिन वर्ष 1907 में प्रेस एसोसिएशन और पब्लिशर्स एसोसिएशन ने मिलकर यूनाइटेड प्रेस इंटरनेशनल की स्थापना की।

यू.पी.आई. के पास इलेक्ट्रॉनिक सुविधा सम्पन्न करीब 200 से अधिक पत्रकार विदेशों में कार्यरत हैं।

रायटर्स (Reuters)

रायटर्स एक अन्तर्राष्ट्रीय समाचार समिति है। इसकी स्थापना अक्टूबर, 1851 में थॉमसन रॉयटर के द्वारा की गई थी। थॉमसन रॉयटर हॉब्स एजेन्सी के एक कार्यकर्ता के रूप में काफी पहले ही चर्चित हो चुके थे। वर्ष 2008 तक यह समिति रॉयटर्स कम्पनी की एक स्वतंत्र संस्था के रूप में कार्यरत थी, लेकिन वर्ष 2008 में इसे थॉमसन कॉर्पोरेशन के द्वारा अधिगृहीत कर लिया गया। यह संस्था वर्तमान में फ्रेंच, अंग्रेजी, अरेबिक, स्पेनिश, जर्मन, इटालियन, चीनी, आदि कई भाषाओं में अपने समचारों का प्रकाशन कर रही है।

रायटर्स अन्य समाचार समितियों, रेडियो, टेलीविजन, दूरदर्शन आदि को समाचार प्रदान करता है। इस समिति के मुख्य समाचारों में फोटो समाचार, आर्थिक समाचार, टेलीविजन समाचार आदि सम्मिलित होते हैं। इसके अलावा सांस्कृतिक गतिविधियों से संबंधित खबरों को भी यह संस्था प्रसारित करती है।

वर्तमान में यह संस्था करीब-करीब विश्व के सभी देशों में फैली हुई है। आज यह एक सार्वजनिक कंपनी के स्वामित्व के रूप में कार्यरत है? यह समाचार समिति अपने निष्पक्ष एवं स्वतंत्र चरित्र की विशेषता के लिए प्रसिद्ध है।

फ्रांस प्रेस समिति (AFP)

1835 ई. में स्थापित AFP प्रथम विश्वयुद्ध के उपरान्त एजेन्स हाब्स के उतराधिकारी के रूप में विकसित हुआ। फ्रांस के समाचार पत्र अधिकाधिक निदेशकों के प्रनिनिधित्व के द्वारा इस समाचार समिति पर अपना नियंत्रण रखते थे। इस समिति का स्वशासी चरित्र है जो बिना आर्थिक सहायता प्राप्त एक स्वशासी संगठन है। इसको अपने नियंत्रण में रहने वाली विभिन्न समितियों तथा फ्रांस सरकार द्वारा आर्थिक सहायता प्रदान की जाती रही।

ए.एफ.पी. अपने सम्पूर्ण नेटवर्क की व्यापकता एवं प्रसार के कारण प्रमुख भूमण्डलीय समाचार समितियों में से एक है।

टेलीग्राफनोयिक एजेन्सतबो सीवेट्सकदो सोइऊजा (TASS)

पारंपरिक रूप से प्रायः TASS को भूमण्डलीय समाचार समिति से बाहर रखा जाता था किन्तु जहाँ तक इसके प्रचार प्रसार एवं कार्य के प्रभाव और कार्यक्षेत्र का प्रश्न है, यह अन्य अन्तर्राष्ट्रीय समाचार समितियों से भिन्न नहीं थी।

बहरहाल, ऐतिहासिक पृष्ठभूमि के परिप्रेक्ष्य में तास के बारे में जानना जरूरी है। इस भूमंडलीय समाचार समिति की स्थापना 1917 ई. में पेट्रोग्राड, टेलीग्राफ (Petrograd Telegraph) के नाम से हुई। जहाँ तक इसके प्रभाव, कार्यप्रणाली तथा कार्यक्षेत्र का प्रश्न है यह अन्य भूमण्डलीय समाचार समिति से भिन्न नहीं थी। अपने प्रारंभिक दौर में यह समाचार समिति सजावादी क्रांति के प्रभाव से बच नहीं सकी और देश के आर्थिक जीवन के समस्त पहलुओं के प्रचार-प्रसार के कार्यक्षेत्र में लगी रही।

इस प्रकार 1949 में प्रेस ट्रस्ट ऑफ इंडिया (पी टी आई) नामक समाचार एजेन्सी अस्तित्त्व में आई। पीटीआई और यूएनआई प्रतिद्वंद्वी समाचार एजेन्सियाँ हैं। यू एन आई का गठन पी टी आई के बाद किया गया।

सरकार द्वारा 1976-1978 के दौरान कुछ संशोधन और पुनर्गठन किए गए किंतु सिंतबर 1978 में वे नवगठित एजेन्सियां बंद कर दी गईं और केवल चार समाचार एजेन्सियों का अस्तित्त्व बना रहा।

समय व्यतीत होने के बाद समाचार एजेन्सियों ने अपने अंशदाताओं को विविध समाचार प्रदान करना शुरू किया। समाचार एजेन्सियों द्वारा प्रदान की जा रही कुछ प्रमुख सेवाएं न्यूजस्कैन, कॉमस्कैन, रूपलेख (फीचर), आर्थिक सेवाएं, स्टॉक एक्सचेंज सेवा, वित्तीय सेवा, फोटो सेवा आदि हैं।

सत्तर के दशक के अंतिम वर्षों में निर्गुट देशों ने यह महसूस किया कि अंतर्राष्ट्रीय समाचार एजेन्सियां और विजुअल मीडिया (दृश्य माध्यम) तथ्यों को तोड़-मरोड़ कर प्रस्तुत कर रही हैं और इस प्रकार वे लोगों के बीच पारस्परिक संबंध और तालमेल को क्षति पहुँचा रहे हैं।

अतः साधारणतया यह स्वीकार किया गया कि निर्गुट देशों की अपनी समाचार एजेन्सी होनी चाहिए।

निर्गुट देशों का न्यूज पूल (News Pool) स्थापित करने का भी निर्णय लिया गया जिसकी ओर से समाचार प्रस्तुत करने और प्रसारित करने के लिए प्रत्येक सदस्य देश द्वारा एक राष्ट्रीय समाचार एजेन्सी को नामांकित किया जाएगा जो समन्वय कार्य करेगी।

सरकार की ओर से पीटीआई को यह कार्य सौंपा गया है। चूँकि विदेशी समाचार एजेन्सियां भारत में कोई एजेन्सी नहीं चला रही हैं, वे भारत से संबंधित सूचनाएं प्राप्त करने के लिए

पीटीआई, यू एन. आई और अन्य एजेन्सियों पर निर्भर करती हैं।

विदेशों से संबंधित समाचारों के संबंध में यही स्थिति भारतीय एजेन्सियों की है और वे विदेशों से समाचार प्राप्त करने के लिए रॉयटर, ए पी आदि जैसी विदेशी समाचार एजेन्सियों पर निर्भर करते हैं।

अभी समाचारपत्र अपने समाचार पत्रों में लेख, स्तंभ आदि-प्रकाशित करने के लिए स्तंभकारों के संघ, स्वतंत्र लेखन कार्य करने वाले लेखकों पर निर्भर करते हैं तथा इनके द्वारा लिखे गए लेख ही कुछ टिप्पणियों, समीक्षा आदि के उपरांत समाचारपत्रों में प्रकाशित किए जाते हैं।

वस्तुनिष्ठ प्रश्नावली

1. 'एसोसियेटेड प्रेस ऑफ इंडिया' (API) की स्थापना किस वर्ष की गयी?

A. 1905 ई. B. 1909 ई.
C. 1911 ई. D. 1916 ई.

2. 1915 में कौन-सी न्यूज एजेंसी स्थापित की गयी थी?

A. एफ.पी.आई.
B. इंडिया न्यूज एजेंसी
C. यूनाइटेड प्रेस ऑफ इंडिया
D. यू.टी.आई.

3. PTI की स्थापना किस वर्ष की गयी?

A. 1947 ई. B. 1950 ई.
C. 1952 ई. D. 1955 ई.

4. पी.टी.आई. किस वर्ष से कार्य करना आरंभ किया?

A. 1947 ई. B. 1949 ई.
C. 1950 ई. D. 1952 ई.

5. यूनाइटेड न्यूज ऑफ इंडिया (UNI) की स्थापना किस वर्ष हुई?

A. 1960 ई. B. 1961 ई.
C. 1962 ई. D. 1965 ई.

6. एसोसिएटेड प्रेस (A.P.) कहाँ की प्रसिद्ध समाचार एजेंसी है?

A. अमेरिका B. ब्रिटेन
C. फ्रांस D. मैक्सिको

7. प्रमुख अंतर्राष्ट्रीय समाचार एजेंसी 'रायटर्स' की स्थापना किस वर्ष हुई?

A. 1840 ई. B. 1845 ई.
C. 1850 ई. D. 1851 ई.

8. यू.एन.आई. किस वर्ष से कार्य करना प्रारंभ किया?

A. 1960 ई. B. 1961 ई.
C. 1962 ई. D. 1963 ई.

9. प्रमुख अंतर्राष्ट्रीय समाचार एजेंसी यूनाइटेड प्रेस इंटरनेशनल (UPI) की स्थापना किस वर्ष हुई?

A. 1905 ई. B. 1906 ई.
C. 1907 ई. D. 1909 ई.

10. प्रमुख अंतर्राष्ट्रीय समाचार एजेंसी 'TASS' की स्थापना किस वर्ष की गई?

A. 1949 ई. B. 1956 ई.
C. 1972 ई. D. 1976 ई.

11. महत्वपूर्ण अंतर्राष्ट्रीय समाचार एजेंसी 'TASS' का मुख्यालय किस देश में अवस्थित है?

A. इंग्लैंड B. फ्रांस
C. अमेरिका D. रूस

उत्तरमाला

1	2	3	4	5	6	7	8	9	10
A	B	A	B	A	A	D	B	C	D
11									
D									

8

सरकारी मीडिया संगठन और फिल्म उद्योग (Govt. Media Organisation and Film Industry)

अधिसंख्यक समाचारपत्र और पत्रिकाएं सरकार के स्वामित्वाधीन नहीं हैं तथापि सरकार समाचारपत्र-पत्रिकाओं के मुद्रण हेतु कागज आबंटित करने, समाचारपत्रों को पंजीकृत करने, अन्वेषण या अनुसंधान से संबंधित आचरण निर्धारित करने आदि के केन्द्र में रहती है।

(i) पत्र सूचना ब्यूरो (Press Information Bureau, PIB) : यह सरकार की नीतियों, निर्णयों, कार्यक्रमों आदि के बारे में सूचना का प्रसार करने के लिए भारत सरकार की एक केंद्रीय एजेन्सी है।

दिल्ली स्थित ब्यूरो में भारत सरकार के विभिन्न मंत्रालयों और विभागों से संबद्ध सूचना अधिकारी निहित हैं।

इसका कार्य जनता की प्रतिक्रिया और सरकार की सूचना नीति पर पाठकों की सलाह का अध्ययन-विवेचन करना है।

पत्र सूचना कार्यालय (Press Information Bureau)

भारत सरकार द्वारा पत्र सूचना कार्यालय की स्थापना सरकार की विभिन्न नीतियों, कार्यक्रमों आदि के बारे में प्रिंट और इलैक्ट्रॉनिक माध्यमों को सूचना प्रसारित करने के लिए एक केंद्रक अभिकरण (Nodal Agency) के रूप में की गई है। इस कार्यालय के कार्यालय प्रमुख को प्रधान सूचना अधिकारी कहा जाता है। सूचनाओं के प्रसार के लिए इस कार्यालय के आठ (8) क्षेत्रीय कार्यालय और तैतालिस (43) शाखा कार्यालय हैं। पत्र सूचना कार्यालय मीडिया और सरकार के बीच एक सेतु के रूप में काम करता है। इसके मुख्यालयों में बहुत से अधिकारियों की एक टीम काम करती है। ये अधिकारी विभिन्न विभागों और मंत्रालयों से संबद्ध होते हैं तथा मीडिया और जन-संपर्क के प्रबंधन में अपने संबंधित विभाग की सहायता करते हैं। सूचना अधिकारी सरकार के प्रवक्ता के रूप में काम करते हैं। पत्र सूचना कार्यालय का प्रमुख अधिकारी, जिसे प्रधान सूचना अधिकारी कहते हैं, भारत सरकार का मीडिया सलाहकार होता है।

सरकारी मीडिया के निम्नलिखित महत्त्वपूर्ण कार्य हैं :

(*i*) प्रेस कन्फ्रेन्स और प्रेस ब्रीफिंग आयोजित करना,

(*ii*) विशेष कार्यशाला, प्रशिक्षण कार्यक्रम और सेमिनार आयोजित करना,

(*iii*) भारतीय और विदेशी मीडिया प्रतिनिधियों का प्रत्यानयन।

(*iv*) सरकार की विभिन्न नीतियों और कार्यक्रमों पर मीडिया और जनता की प्रतिक्रिया के बारे में सरकार को प्रतिपुष्टि (feedback) प्रदान करना।

(*v*) दूर-दराज के क्षेत्रों में और पिछड़े क्षेत्रों में विकास परियोजनाओं का प्रयास करने के लिए प्रेस कर्मियों का दौरा कार्यक्रम आयोजित करना।

पत्र सूचना कार्यालय में विभिन्न विभागों और मंत्रालयों से संबद्ध अधिकारी निम्नलिखित कार्य करते हैं:

(*i*) सूचनाओं का प्रसार

(*ii*) मीडिया अभियानों और कार्यनीतियों को तैयार करना

(*iii*) सरकारी नीतियों के बारे में जनता की प्रतिक्रिया पर अपने संबंधित विभाग को प्रतिपुष्टि (feedback) प्रदान करना।

पत्र सूचना कार्यालय विभिन्न सरकारी कार्यक्रमों का फोटो कवरेज (छायांकन) करता है और ये फोटो चित्र देश भर के हिंदी, अंग्रेजी और अन्य भारतीय भाषाओं के सभी दैनिक और आवधिक पत्र-पत्रिकाओं को भेजे जाते हैं। राष्ट्रीय महत्त्व के मुद्दों पर दैनिक सार-संग्रह (digest) और विशेष सार-संग्रह

यार करना पत्र सूचना कार्यालय का विशेष कार्य है। ये सार ंग्रह राष्ट्रीय और क्षेत्रीय दैनिक और आवधिक पत्र-पत्रिकाओं छपे समाचार विवरणों और संपादकीय लेखों पर आधारित ते हैं। पत्र सूचना कार्यालय का रूपलेख यूनिट समय-समय पर पक और रेखाचित्र, पूर्व पीठिका और अद्यतन सूचना-सामग्रियाँ यार करता है। इन्हें क्षेत्रीय और शाखा कार्यालयों के राष्ट्रीय टवर्क पर परिचालित किया जाता है।

(ii) प्रकाशन प्रभाग (Publication Division) : यह भाग सार्वजनिक क्षेत्र का सबसे बड़ा प्रकाशन केंद्र है। यह चना एवं प्रकाशन मंत्रालय का मीडिया एकक है।

पूर्व में, यह सार्वजनिक सूचना ब्यूरो की विदेश शाखा के म से जाना जाता था जिसका वर्ष 1944 में फिर से नामकरण या गया। योजना कुरूक्षेत्र बाल भारती जैसी कई पत्रिकाओं वं पुस्तकों का प्रकाशन किया जाता है।

मुद्रण सामग्री के उत्पादन पर निगरानी रखने के लिए इसके नेक स्कंध हैं जैसे कि संपादकीय स्कंध, रोजगार समाचार, पादन और कला स्कंध, आदि।

प्रकाशन प्रभाग सरकारी क्षेत्र में सबसे बड़ा प्रकाशन गृह । यह देश का एक प्रमुख प्रकाशन संस्थान है। यह प्रभाग तकों और पत्रिकाओं का प्रकाशन भी करता है और उनका नीय मूल्यों पर विक्रय भी करता है। योजना, आजकल, जगार समाचार आदि इस प्रभाग द्वारा प्रकाशित की जा रही छ महत्त्वपूर्ण पत्रिकाएं हैं।

प्रकाशन प्रभाग के विक्रय केंद्र देश के लगभग सभी त्त्वपूर्ण शहरों में अवस्थित हैं। यह पत्रिकाओं और पुस्तकों विक्रय को बढ़ावा देने के लिए प्रदर्शनियों और पुस्तक मेलों भाग लेता है। इस प्रभाग द्वारा अब तक 7,700 से भी धिक पुस्तकें प्रकाशित की गई हैं। यह प्रभाग प्रतिवर्ष 120-0 पुस्तकों का प्रकाशन करता है।

(iii) अनुसंधान और संदर्भ प्रभाग (Research and eference Division) : यह प्रभाग विविध विषयों पर नुसंधान करता है और संदर्भ सूचनाएं उपलब्ध कराता है। कलन का कार्य पुस्तकालय के प्रलेखन और सूची अनुभाग ocumentation and Catalogue Section) द्वारा किया ता है। संकलन हेतु सूचनाएं विशेष रूप से संगृहीत की जाती और समाचारपत्रों की कतरनें सुरक्षित रखी जाती हैं।

(iv) फोटो और चित्र प्रभाग (Photo and Picture vision) : यह प्रभाग सूचना और प्रकाशन मंत्रालय के प्रशासनिक नियंत्रणाधीन काम करता है। यह प्रभाग देश में हुई सामाजिक-आर्थिक प्रगति का लेखा-जोखा रखता है तथा सांस्कृतिक क्रियाकलापों के चित्र तैयार करता है।

यह प्रभाग देश में घटी महत्त्वपूर्ण घटनाओं के चित्र पत्र सूचना ब्यूरो के माध्यम से मीडिया को प्रेषित करता है।

फोटो प्रभाग सूचना और प्रसारण मंत्रालय, केंद्र सरकार और अन्य राज्य सरकारों के प्रेस और मीडिया यूनिटों को फोटो चित्र उपलब्ध कराता है। फोटो प्रभाग के पास अपनी सुसज्जित प्रयोगशाला और उपकरण हैं। इससे यह प्रभाग पुस्तकालय में जमा विभिन्न प्रकार के फोटो चित्रों की आसानी से रख रखाव कर सकता है और सरलतापूर्वक विभिन्न आँकड़े जुटा सकता है। इस प्रभाग का मुख्यालय दिल्ली में अवस्थित है। जनता भी भुगतान करके इस प्रभाग से अपनी रुचि के फोटो चित्र खरीद सकती है।

(v) भारतीय-प्रेस परिषद् (Press Council of India) : भारतीय प्रेस परिषद् की स्थापना संसद द्वारा पारित एक अधिनियम के अधीन की गई है। यह एक अर्द्ध-न्यायिक निकाय है। इस परिषद् में 28 सदस्य और एक अध्यक्ष हैं। परिषद् का अध्यक्ष उच्चतम न्यायालय का वर्तमान या सेवानिवृत्त न्यायाधीश होता है।

परिषद् के 28 सदस्यों में से 20 सदस्य प्रेस से संबद्ध व्यक्ति होते हैं, 5 संसद सदस्य होते हैं तथा विश्वविद्यालय अनुदान आयोग, साहित्य अकादमी और भारतीय बार कांउसिल द्वारा एक-एक सदस्यों को नामांकित किया जाता है।

प्रेस परिषद् की अवधारणा

वर्ष 1966 में प्रेस आयोग की अनुशंसा पर प्रथम प्रेस काउंसिल की स्थापना की गयी परंतु अधिक प्रभावकारी न होने की वजह से 1976 में हटा दिया गया। 1978 में प्रेस काउंसिल की स्थापना के लिए एक विधान पारित कर एक नए काउंसिल का अस्तित्व 1979 में आया। यह काउंसिल विज्ञापन बंद करने तथा डाक की रियायती दरें समाप्त करने के लिए अनुशंसा की।

1978 के अधिनियम पत्रकारों को प्रशिक्षण देने संबंधी प्रावधानों का उल्लेख नहीं है जबकि 1964 के अधिनियम में यह प्रावधान था कि प्रेस काउंसिल प्रत्रकारों के प्रशिक्षण में रूचि लेगी। दूसरे प्रेस कमीशन ने पत्रकारों के प्रशिक्षण की सुविधाओं पर नजर रखने का कार्य प्रेस काउंसिल को दिए जाने की अनुशंसा की।

प्रेस परिषद् के कार्य

प्रेस परिषद् के निम्नलिखित कार्य हैं–

1. समाचार-पत्र, समाचार समिति एवं पत्रकार के मानदण्डों को बनाए रखना।
2. समाचार समिति एवं समाचार पत्रों की स्वतंत्रता की रक्षा करना।
3. परिषद् को सरकार द्वारा भेजे गए मामलों का अध्ययन कर कार्य करना।
4. पत्रकारों के उत्तरदायित्व एवं जन-सेवा की भावना बढ़ाने के लिए प्रोत्साहित करना।
5. लोकहित तथा सार्वजनिक महत्व के समाचार की सुलभता तथा प्रसार को अवरूद्ध करने वाले घटनाक्रम की समीक्षा करना।
6. भारत स्थित प्रतिनिधियों द्वारा प्रकाशित विदेशी समाचार पत्र-पत्रिकाओं का अध्ययन करना साथ ही उसके प्रभाव और प्रसार पर निगाह रखना।
7. किसी भारतीय समाचार-पत्र पत्रिकाओं एवं समाचार समितियों को प्राप्त विदेशी सहायता पर निगाह रखना।
8. समाचार पत्रों एवं समाचार समितियों के अलावा पत्रकारों के लिए आचार संहिता का निर्माण करना।

(vi) राष्ट्रीय पुस्तकालय (National Library) : इसकी स्थापना वर्ष 1948 में इम्पेरियल लाइब्रेरी एक्ट, 1948 के अधीन की गई। इस पुस्तकालय की एक विशेष बात यह है कि यह राष्ट्रीय और अंतर्राष्ट्रीय स्तर पर प्रदर्शनियां, व्याख्यान और सेमीनार आदि आयोजित करता है। इसकी देख-रेख एक पुस्तकालयाध्यक्ष (Librarian) द्वारा की जाती है। इसके अतिरिक्त राष्ट्रीय पुस्तकालय का निदेशक इसका प्रमुख अधिकारी होता है।

(vii) सरकार द्वारा फिल्मों का निर्माण और फिल्मों को मान्यता प्रदान करना : सरकार द्वारा फिल्मों का निर्माण और फिल्मों को मान्यता प्रदान करने की शुरुआत 1948 में की गई। इस प्रयोजनार्थ सरकार द्वारा स्थापित संस्थान वृत्तचित्रों, समाचार-फिल्मों, 16 मिमी की फीचर फिल्मों आदि का निर्माण और भारत सरकार के विभिन्न विभागों को वितरण किया जाता है।

सरकार द्वारा चलचित्र अधिनियम, 1952 के अंतर्गत वर्ष 1952 में केंद्रीय फिल्म प्रमाणीकरण बोर्ड की स्थापना की गई। यह बोर्ड देश में प्रदर्शित किए जाने से पूर्व सभी भारतीय और विदेशी फिल्मों को प्रमाणपत्र जारी करता है।

फिल्म प्रभाग

फिल्म प्रभाग चार स्कंधों अर्थात् उत्पादन स्कंध, वितरण स्कंध, अंतर्राष्ट्रीय वृत्तचित्र स्कंध और लघु फिल्म स्कंध में विभाजित है। फिल्म प्रभाग केंद्र सरकार के कार्यक्रमों का जनता में प्रचार करने के लिए वृत्तचित्र और समाचार पत्रिकाएं तैयार करता है। ये वृत्तचित्र और समाचार-पत्रिकाएं पूरे देश के विभिन्न सिनेमाघरों में दिखाई जाती हैं। फिल्म प्रभाग का लक्ष्य राष्ट्रीय उद्देश्यों पर केंद्रित रहता है और साथ ही यह अपने कार्यक्रमों के जरिए जनता को शिक्षित और अभिप्रेरित करने का भी प्रयास करता रहता है। जागरूकता आने से लोग विकास कार्यक्रमों के क्रियान्वयन में सक्रिय भूमिका निभा पाने में सक्षम होते हैं।

केन्द्रीय फिल्म प्रमाणन बोर्ड (CBFC)

केन्द्रीय फिल्म प्रमाणन बोर्ड (CBFC) की स्थापना 1952 में की गयी जिसका मुख्यालय मुंबई में है। केन्द्रीय फिल्म प्रमाणन बोर्ड या भारतीय सेंसर बोर्ड भारत में फिल्मों, टीवी धारावाहिकों, टीवी विज्ञापनों और विभिन्न दृश्य सामग्री की समीक्षा करने संबंधी विनियामक निकाय है। यह भारत सरकार के सूचना एवं प्रसारण मंत्रालय के अधीन है।

CBFC फिल्मों के लिए 4 श्रेणियाँ निर्धारित की है :

अ (अनिबंधित) या U: इन फिल्मों को सभी आयु वर्ग के व्यक्ति देख सकते हैं।

अ/व (U/A): इस श्रेणी की फिल्मों के कुछ दृश्य में हिंसा अश्लील भाषा या यौन संबंधित सामग्री हो सकती है।

व (वयस्क) A: इस श्रेणी की फिल्में केवल वयस्क यानि 18 साल या उससे अधिक वाले ही व्यक्ति देख सकते हैं।

वि (S) या विशेषः यह श्रेणी उन विशेष फिल्मों को दी जाती है जो विशिष्ट दर्शकों जैसे कि इंजीनियर, डॉक्टर आदि के लिए बनायी जाती है। यह श्रेणी बिरले ही प्रदान की जाती है।

राष्ट्रीय फिल्म अभिलेखागार की स्थापना वर्ष 1964 में की गई। इसका मुख्यालय पुणे में है। यह अभिलेखागार फिल्म के दर्शकों से लेकर फिल्म निर्माताओं तक सभी के लिए अत्यधिक उपयोगी सिद्ध हुआ है।

राष्ट्रीय फिल्म विकास निगम की स्थापना वर्ष 1980 में की गई जिसका उद्देश्य उच्च स्तरीय सिनेमा को संवर्धन प्रदान करना है।

राष्ट्रीय फिल्म विकास निगम फिल्मों का निर्माण और वित्त पोषण भी करता है, भारतीय फिल्मों के विदेशों में निर्यात, फिल्म-निर्माण हेतु आवश्यक प्रौद्योगिकी के आयात तथा रिकॉर्डेड वीडियो कैसेटों के उत्पादन और वितरण संबंधी मामलों पर निगरानी रखता है।

फिल्मोत्सव निदेशालय की स्थापना वर्ष 1973 में सूचना और प्रसारण मंत्रालय के अधीन की गई। इसका उद्देश्य उच्च स्तरीय सिनेमा और भारतीय फिल्म को संवर्धन प्रदान करना है।

सरकार के स्वामित्वाधीन आकाशवाणी (All India Radio) और दूरदर्शन (Doordarshan) दोनों इलेक्ट्रॉनिक मीडिया संगठनों को सरकार द्वारा वित्तपोषण और मार्गदर्शन प्रदान किया जाता है।

सरकार द्वारा नीतियाँ तैयार कर लिए जाने और कार्यक्रम निर्धारित कर दिए जाने के बाद भी बहुत से कार्य किए जाने की आवश्यकता होती है।

सरकार का विज्ञापन प्रभाग ऐसी सभी सूचनाओं को प्रकाशित करता है और यह सुनिश्चित करता है कि ये सूचनाएं देश के सुदूरतम कोनों तक पहुँचें।

विज्ञापन एवं दृश्य प्रचार निदेशालय की स्थापना वर्ष 1955 में की गई। यह भारत सरकार की योजनाओं और कार्यक्रमों का प्रचार करने के उद्देश्य से सूचना एवं प्रसारण मंत्रालय के अधीन गठित की गई एक महत्त्वपूर्ण एजेन्सी है।

क्षेत्र प्रचार निदेशालय द्वारा प्रतियोगिताएं, प्रदर्शनियाँ और कार्यक्रम आयोजित किए जाते हैं जिनमें आम जनता को भाग लेने के लिए आमंत्रित किया जाता है। यह निदेशालय सरकार के लिए और सरकार के बारे में सूचनाओं को भी प्रकाशित करता है।

क्षेत्र प्रचार निदेशालय

क्षेत्र प्रचार निदेशालय (DFP) ग्रामीण क्षेत्रों के प्रति लक्षित सबसे बड़ा प्रचार अभिकरण है। यह अपने क्षेत्र प्रचार यूनिटों के राष्टव्यापी नेटवर्क के जरिए बुनियादी स्तर पर कार्य करता है। इसका मुख्यालय दिल्ली में अवस्थित है तथा देश के लगभग सभी राज्यों में इसके 22 क्षेत्रीय कार्यालय हैं। इसके क्षेत्रीय कार्यालयों के नियंत्रणाधीन 268 यूनिट हैं। क्षेत्रीय यूनिट सरकार की नीतियों और कार्यक्रमों का प्रचार करते हैं। ये यूनिट प्रचार हेतु फिल्म प्रदर्शनियों, सामूहिक चर्चा, सेमिनार, जन सभाओं आदि जैसे विभिन्न माध्यमों से प्रचार कार्य करते हैं। सामुदायिक विकास कार्यक्रमों में आम जनता की भागीदारी बढ़ाने के लिए ये यूनिट राष्ट्रीय दिवसों जैसे कि स्वतंत्रता दिवस, गणतंत्र दिवस आदि समारोहों का भी आयोजन करते हैं। ये यूनिट सरकार के विभिन्न कार्यक्रमों और नीतियों पर जनता की प्रतिक्रियाएं भी संगृहीत करते हैं।

सरकार द्वारा जन-संचार हेतु अनेक अन्य संस्थानों की भी स्थापना की गई है। भारतीय जन-संचार संस्थान की स्थापना वर्ष 1965 में नई दिल्ली में की गई।

भारत में फिल्म उद्योग पूर्णतः नियंत्रण मुक्त और स्वंतत्र है। यह केवल 1952 के चलचित्र अधिनियम द्वारा निर्धारित निबंधन और शर्तों के अधीन ही काम करता है।

विज्ञापन और दृश्य प्रचार निदेशालय

विज्ञापन और दृश्य प्रचार निदेशालय सरकार की नीतियों और कार्यक्रमों को बहुत से जन-प्रचार माध्यमों से विज्ञापित करने और प्रचार करने का एक प्रमुख अभिकरण है। इस अभिकरण का विज्ञापन अभियान मुख्यतः ग्रामीण और पिछड़े क्षेत्रों से संबंधित होता है। इस अभिकरण द्वारा प्रमुख रूप से निम्नलिखित विकासात्मक मुद्दों पर बल दिया जाता है :

(i) औषधि दुरुपयोग निवारण
(ii) आर्थिक सुधार
(iii) हस्त कला संवर्धन
(iv) राष्ट्रीय एकता
(v) सांप्रदायिक सौहार्द
(vi) पिछड़े वर्गों और विकलांगों का कल्याण
(vii) महिला सशक्तिकरण
(viii) ग्रामीण विकास
(ix) परिवार कल्याण आदि

विज्ञापन और दृश्य प्रचार निदेशालय (DAVP) अपने उद्देश्यों की पूर्ति हेतु प्रिंट माध्यमों, इलैक्ट्रॉनिक माध्यमों, प्रदर्शनियों, व्यापक पत्राचार, आउटडोर प्रचार (जैसे कि विज्ञापन पटों आदि के प्रयोग द्वारा) किया जाता है।

गीत एवं नाटक प्रभाग

गीत एवं नाटक प्रभाग राष्ट्रीय विकास कार्यक्रमों और सामाजिक महत्त्व के मामलों पर जनता में जागरुकता उत्पन्न करने के लिए, इंटरएक्टिव और मनोरंजक संचार माध्यमों का प्रयोग कर सकता हैं। इस प्रभाग द्वारा जन-संपर्क में वृद्धि करने और जनता तक अपनी बात पहुँचाने के लिए नाटक, कठपुतली शो, नृत्य नाटक,

लोक संगीत, जनजातीय नाटक आदि का प्रयोग किया जाता है। जहाँ तक लोगों पर और विशेषकर ग्रामीण और जनजातीय क्षेत्रों में रहने वाले लोगों पर इन कलाओं के प्रभाव का संबंध है, ये अत्यधिक कारगर सिद्ध हुए हैं। इसका कारण है कि इन क्षेत्रों में टीवी और रेडियो जैसे अन्य माध्यम उपलब्ध या अभिगम्य नहीं हैं।

गीत एवं नाटक प्रभाग का मुख्यालय नई दिल्ली में अवस्थित है। 10 क्षेत्रीय केंद्रों के अतिरिक्त इस प्रभाग के निम्नलिखित केंद्र भी हैं:

विभागीय नाटक मंडलियाँ	6
सीमा केंद्र	7
सशस्त्र सेना मनोरंजन स्कंध	9
ध्वनि एवं प्रकाश एकक	3
जनजातीय पायलट परियोजना	1

वस्तुनिष्ठ प्रश्नावली

1. प्रथम प्रेस आयोग की स्थापना कब की गयी?
A. 1960 ई. B. 1966 ई.
C. 1969 ई. D. 1976 ई.

2. प्रेस परिषद् कब से अस्तित्व में आया?
A. 1976 ई. B. 1978 ई.
C. 1979 ई. D. 1982 ई.

3. भारतीय जनसंचार संस्था की स्थापना किस वर्ष हुई?
A. 1965 ई. B. 1968 ई.
C. 1972 ई. D. 1978 ई.

4. केन्द्रीय फिल्म प्रमाणन बोर्ड की स्थापना किस वर्ष हुई?
A. 1945 ई. B. 1948 ई.
C. 1950 ई. D. 1952 ई.

5. राष्ट्रीय फिल्म अभिलेखागार की स्थापना का वर्ष ...... है।
A. 1962 ई. B. 1964 ई.
C. 1965 ई. D. 1967 ई.

6. राष्ट्रीय फिल्म विकास निगम की स्थापना किस वर्ष हुई?
A. 1968 ई. B. 1972 ई.
C. 1980 ई. D. 1985 ई.

7. विज्ञापन एवं दृश्य प्रचार निदेशालय की स्थापना किस वर्ष की गयी?
A. 1955 ई. B. 1958 ई.
C. 1975 ई. D. 1982 ई.

8. प्रेस काउंसिल की स्थापना के लिए एक विधान किस वर्ष पारित किया गया था?
A. 1978 ई. B. 1979 ई.
C. 1980 ई. D. 1982 ई.

उत्तरमाला

1	2	3	4	5	6	7	8
B	C	A	D	B	C	A	A

9

विज्ञापन और जन संपर्क
(Advertisement and Public Relation)

विज्ञापन का आरंभ

गांव में नगाड़ा बजा कर सार्वजनिक घोषणा करना विज्ञापन क्रियाकलापों के आरंभिक दौर की बात थी। यह विज्ञापन से जुड़े क्रियाकलापों का प्राचीनतम उदाहरण है। ये उद्घोषक गांव के किसी मुख्य स्थान पर नगाड़ा बजाकर संदेश को ऊँची आवाज में उद्घोषित करते थे, उनकी ये उद्घोषणाएं प्रायः सरकारी आदेशों या निर्णयों से संबंधित होती थीं। वे वस्तुओं की बिक्री करने के लिए भी इसी विधि का प्रयोग करते थे। सिंधु घाटी सभ्यता के उच्च शहरीकृत नगरों में वस्तुओं की बिक्री के लिए निश्चित रूप से विज्ञापन की प्रक्रिया का अनुपालन किया जाता था। सिंधु घाटी सभ्यता के स्थलों की खुदाई से इस बात के प्रमाण मिले हैं कि दुकानों पर दुकान का नाम दर्शाने वाले साइनबोर्ड होते थे। इस प्रकार का सार्वजनिक विज्ञापन आज के समय के वर्गीकृत विज्ञापनों से काफी हद तक मिलते-जुलते हैं। रंगमच के कार्यक्रमों, क्रीड़ाओं तथा मनोविनोद के लिए आयोजित किए जाने वाले अन्य क्रियाकलापों से संबंधित सूचनाएं शहर में व्यस्त स्थानों पर, दीवारों पर चित्रित की जाती थीं। रोम में विज्ञापन हेतु पत्थर की तख्ती, ताश के पत्तों आदि का भी प्रयोग किया जाता था।

विज्ञापन का अर्थ कुछ उत्पाद या सेवा के एक सार्वजनिक संवर्द्धन से है। वर्तमान समय में विज्ञापन का महत्व स्वयंसिद्ध है। बाजार में बदली प्रतिद्वन्द्विता और विज्ञापनों के बढ़ते प्रभाव को लेकर उपभोक्ताओं में आशाएँ और आशंकाएँ दोनों हैं। आज के समय में नमक से लेकर पानी तक बिना विज्ञापन के बाजार में प्रतिस्पर्द्धा नहीं कर पाते।

विज्ञापन के विभिन्न प्रकार

टेलीविजन विज्ञापनः सभी विज्ञापनापें में टेलीविजन विज्ञापन सबसे प्रभावी विज्ञापन हैं।

रेडियो विज्ञापनः रेडियो विज्ञापनों को ट्रांसमीटर द्वारा प्रसारित किया जाता है।

ऑनलाइन विज्ञापनः ग्राहकों को आकर्षित करने के लिए इंटरनेट और वर्ल्ड वाइड वेब का उपयोग करते हैं।

कोवर्ड विज्ञापनः जब एक उत्पाद या ब्राण्ड मनोरंजन और मीडिया में शामिल हो उसे हम कोवर्ड विज्ञापन कहते हैं।

भारतीय विज्ञापन का इतिहास

भारत में गत् दो शताब्दियों के दौरान प्रेस के विकास के साथ ही विज्ञापन उद्योग में भी प्रगति हुई है। भारत में पहला समाचारपत्र जेम्स हिकी द्वारा वर्ष 1780 में शुरू किया गया। इस समाचारपत्र का नाम बंगाल गजट था। इस समाचारपत्र में बहुत कम विज्ञापन प्रकाशित किए जाते थे। अठारहवीं शताब्दी तक समाचारपत्रों में विज्ञापन केवल इंग्लैंड से जहाजों के भारत पहुँचने, घरेलू फर्नीचरों की बिक्री, जन्म-मृत्यु से संबंधित सूचनाओं के प्रकाशन तक ही सीमित था। भारत की पहली पत्रिका "दि बंगाल गजट" में केवल सरकारी विज्ञापन ही प्रकाशित किए जाते थे। उन्नीसवीं शताब्दी का आरंभ होते-होते समाचारपत्रों में विज्ञापन के लिए विज्ञापनदाताओं को प्रेरित/प्रोत्साहित करने की प्रक्रिया की शुरुआत हुई। समाचारपत्र विज्ञापनों पर शुल्क में छूट और अन्य विशेष रियायतें देने लगे। व्यावसायिक घराने समाचारपत्रों के विज्ञापन स्तंभ के जरिए अपने नए उत्पादों और सेवाओं के प्रति जनता की मांग में वृद्धि करने में सफल हुए।

वाणिज्य और उद्योग में वृद्धि के साथ ही विज्ञापन का एक व्यापार के रूप में बहुत तेजी से विकास हुआ। उन्नीसवीं शताब्दी के मध्य तक भारत में अंग्रेजी भाषा में सैकड़ों दैनिक और आवधिक समाचारपत्र, पत्रिकाएं नियमित रूप से प्रकाशित की जाने लगीं। औद्योगिक क्रांति के कारण इंग्लैंड के व्यापारिक

घरानों द्वारा अनेक विज्ञापन इन पत्र-पत्रिकाओं में प्रकाशित किए जाने लगे। समाचारपत्रों और पत्रिकाओं के लिए कमीशन आधार पर विज्ञापन प्राप्त करने के लिए विज्ञापन एजेंट काम करने लगे। उन दिनों 'दि स्टेट्समैन' और 'दि टाइम्स ऑफ इंडिया' जैसे अंग्रेजी समाचारपत्रों का अपना विज्ञापन विभाग था। ये विभाग विज्ञापन एजेंटों की सहायता करते थे। यह स्थिति 'विज्ञापन दाताओं' और 'प्रकाशकों' दोनों के लिए लाभकारी थी क्योंकि विज्ञापन दाताओं को अपने विज्ञापनों के लिए कोई खाका तैयार करने या विज्ञापन की सामग्री तैयार करने के लिए श्रम करने की आवश्यकता नहीं पड़ती थी। दूसरी ओर इस प्रक्रिया को अपनाने से समाचारपत्रों के स्तंभों में दिए जाने वाले विज्ञापनों में एकसमान मानक सुनिश्चित हुआ। विशेषज्ञता का समावेश होने से विज्ञापन ने एक विशेष व्यवसाय का रूप ग्रहण किया।

भारत में विज्ञापन के इतिहास का निम्नलिखित तीन अवधियों में विभाजित किया जा सकता है :

(i) 20वीं शताब्दी का आरंभिक काल

(ii) प्रथम और द्वितीय विश्व युद्धों का मध्यवर्ती काल

(iii) स्वतंत्र्योत्तर काल

आधुनिक विज्ञापन

मुद्रण के क्षेत्र में आधुनिकतम मशीनों के आविष्कार और प्रयोग से आधुनिक विज्ञान के युग की शुरुआत हुई। ऐसा इसलिए हुआ कि इससे सूचनाओं, पोस्टरों और इश्तहार आदि काफी अधिक संख्या में छापना संभव हुआ। औद्योगिक क्रांति के फलस्वरूप शहरीकरण की प्रक्रिया में तेजी आई और वस्तुओं का काफी बड़े पैमाने पर उत्पादन किया जाने लगा जिसके विपणन हेतु विज्ञापन की आवश्यकता हुई। अठारहवीं और उन्नीसवीं शताब्दियों के दौरान यूरोप और संयुक्त राज्य अमेरिका में ग्रामीण क्षेत्रों से शहरी क्षेत्रों में लोगों का काफी अधिक संख्या में प्रवसन हुआ। इस आबादी का एक हिस्सा विभिन्न उद्योगों में शामिल हो गया जिससे उत्पादन में काफी तेजी आई।

बड़े पैमाने पर हुए उत्पादन के फलस्वरूप उत्पादों के विपणन की आवश्यकता हुई। विशिष्ट फैक्ट्री उत्पादों को प्रयोग में लाने के लिए लोगों को प्रेरित करने की दृष्टि से विज्ञापन सर्वाधिक प्रभावी साधन सिद्ध हुआ। प्रकाशन और मुद्रण उद्योग ने इस स्थिति का स्वागत किया क्योंकि औद्योगिकीकरण के फलस्वरूप उत्पादन लागत में कमी आई थी। वर्ष 1860 तक संयुक्त राज्य अमेरिका में हजारों की संख्या में समाचारपत्र और पत्रिकाएं छपने लगीं जिनमें से अनेकों में समाचार की तुलना में विज्ञापन अधिक प्रकाशित किए जाते थे। लोगों ने विज्ञापन हेतु समाचारपत्रों में स्थान बेचने का व्यवसाय शुरू कर दिया। इन्हें स्थान विक्रेता कहा जाता था। इस प्रकार विज्ञापन के क्षेत्र में प्रतिस्पर्धा का आरंभ हुआ।

वर्ष 1857 में पहली "विज्ञापन एजेंसी" ने काम करना शुरू किया जबकि फिलाडेल्फिया के निवासी श्री ऐयर ने इस एजेंसी के माध्यम से विज्ञापन तैयार करना शुरू किया। विज्ञापन एजेन्सियों के अमेरिकी संघ तथा ब्रिटिश विज्ञापन एजेन्सियों के संघ की स्थापना 1917 में की गई। बाद के वर्षों में विज्ञापन उद्योग का एक सेवा उद्योग के रूप में बहुत तेजी से विकास हुआ। वास्तव में बीसवीं शताब्दी के आते-आते विज्ञापन एजेन्सियों ने अपना कारोबार बढ़ाना शुरू किया। इन एजेन्सियों ने बाजार अनुसंधान और बजट-निर्माण जैसी सुविधाएं देनी भी शुरू की।

20वीं शताब्दी का आरंभिक काल

वर्ष 1907 में कलकत्ता स्थित 'दि स्टेट्समैन' द्वारा पहली लिनोटाइप मशीन स्थापित की गई। बाद के वर्षों में अन्य समाचारपत्रों द्वारा भी नई मुद्रण मशीनें लगाई गईं। इस मशीन को लगाया जाना विज्ञापन के क्षेत्र में एक क्रांतिकारी कदम था। इससे बहुत अधिक संख्या में समाचारपत्र छापे जाने लगे और साथ ही समाचारपत्रों को निकालने के खर्च में भी काफी कमी आई। इसी समय भारत में पहली विज्ञापन एजेंसी "इंडियन एडवरटाइजिंग एजेन्सी" की शुरुआत हुई। वर्ष 1909 में 'कलकत्ता एडवरटाइजिंग एजेन्सी' ने अपना काम-काज शुरू किया। भारतीय विज्ञापन एजेन्सियों को ब्रिटिश एजेन्सियों की कड़ी प्रतिस्पर्धा का सामना करना पड़ा। उस दौरान की प्रमुख ब्रिटिश एजेन्सियां थीं–एल.ए.स्ट्रोनक, जे.वाल्टर थॉम्पसन (वर्तमान की हिन्दुस्तान थॉम्पसन एसोसिएट) और एलायन्स एडवरटाइजिंग एजेंसी।

विश्व युद्ध के दौरान प्रेस विज्ञापन का प्रयोग युद्ध प्रयासों हेतु धन जुटानें के लिए भी किया गया। इसके लिए भारत में आम जनता द्वारा बोली समझी जाने वाली भाषा का बड़े पैमाने पर प्रयोग किया गया। यहीं से भारतीय व्यावसायिकों को इस बात की जानकारी मिली कि भारत की आबादी के एक बड़े भाग को किस प्रकार अभिप्रेरित किया जा सकता है।

प्रथम और द्वितीय विश्वयुद्धों का मध्यवर्ती काल

युद्ध काल में कुछ भारतीय एजेन्सियों की स्थापना हुई। ऐसी कुछ महत्त्वपूर्ण एजेन्सियाँ थीं–मॉडर्न पब्लिसिटी कंपनी, मद्रास (चेन्नई), दि कलकत्ता पब्लिसिटी (1924), ओरिएंटल एडवरटाइजिंग एजेन्सी (तिरुचिरापल्ली) (1925), सेंट्रल पब्लिसिटी सर्विसेज (1925), आदि।

उसी दौरान ऐसा महसूस किया गया कि प्रेस आबादी के केवल बहुत कम तबकों तक ही पहुँच पा रहा है। इससे आउटडोर एडवरटाइजिंग की मांग में निरंतर वृद्धि हुई। श्री आई.एम. टेलर ने छोटी दुकानों, शोरुमों, रेलगाड़ियों, बसों और अन्य बाह्य माध्यमों पर विज्ञापन की संभावना की तलाश करने के लिए "पब्लिसिटी सोसायटी ऑफ इंडिया" की स्थापना की। दिल्ली में उत्तर प्रदेश, पंजाब और दिल्ली में बाह्य विज्ञापन अभियानों को चलाने के लिए "वसुदेव पब्लिसिटी सर्विस" की स्थापना हुई। उस काल की कुछ महत्वपूर्ण विज्ञापन एजेन्सियों के नामों का नीचे उल्लेख किया गया है :

विज्ञापन एजेन्सियों के नाम	स्थापना वर्ष
1. कलकत्ता में पैराडाइज एड एजेन्सी	1928
2. इंडिया पब्लिसिटी कंपनी	1930
3. इंडियन एड एजेन्सी	1931
4. श्री वी. सिस्टाज द्वारा स्थापित सेल्स एंड पब्लिसिटी सर्विस	1934
5. अल्फा एडवरटाइजिंग सर्विसेज	1937
6. लिन्टास एंड प्रेस सिंडिकेट	1938
7. पी. एस. मणि एंड कंपनी	1939

फरवरी 1939 में भारत (म्यांमार और श्रीलंका सहित) के समाचारपत्रों के स्वामियों का इंडियन एंड इस्टर्न न्यूजपेपर सोसायटी (IENS) नामक एक केन्द्रीय संगठन गठित किया गया।

आई ई एन एस ने समाचारपत्र प्रकाशन गृहों के हितों की देख भाल की। आई ई एन एस ने प्रत्यायन (accrediation) प्राप्त करने के लिए अपेक्षित न्यूनतम, योग्यता, अनुभव और संसाधन के संबंध में मानदंड निर्धारित किए। कमीशन के संबंध में भी एकसमान दर निर्धारित की गई तथा प्रत्यायन संबंधी नियमों को कड़ाई से लागू किया गया। इन उपायों से विज्ञापन एजेन्सियों में प्रचलित अनुचित व्यवहार समाप्त किए गए।

वर्ष 1945 में एडवरटाइजिंग एजेन्सीज़ एसोसिएशन ऑफ इंडिया (Advertising Agencies Association of India) की स्थापना की गई। इसके कुछ वर्षों बाद 1948 में ऑडिट ब्यूरो ऑफ सर्कुलेशन (Audit Bureau of Circulation) स्थापित किया गया। इस ब्यूरो ने विज्ञापन के क्षेत्र में प्रतिस्पर्धा को बनाए रखने के लिए कुछ व्यवस्थाएं दीं। ब्यूरो ने समाचारपत्रों के परिचालन के संबंध में समाचारपत्रों के दावों को कुछ विश्वसनीयता प्रदान की। बाद में एडवरटाइजिंग एजेन्सीज एसोसिएशन ऑफ इंडिया (AAAI) और आई ई एन एस (IENS) के प्रतिनिधियों को शामिल करके एक संयुक्त स्थायी समिति गठित की गई।

स्वतंत्रता प्राप्ति के बाद विज्ञापन का काल

स्वतंत्रता प्राप्ति के दिनों में विज्ञापन व्यवसाय काफी विकास और प्रगति पर था। देश विभाजन का इस व्यवसाय पर कोई प्रभाव नहीं पड़ा। कुछ ब्रिटिश एजेन्सियाँ भारतीयों को बेच दी गईं।

उन्नत किस्म की मुद्रण मशीनें जैसे कि ऑफसेट और वेब ऑफसेट, बहुरंगी मुद्रण की शुरुआत आदि कुछ कारणों से विज्ञापन व्यवसाय में तेजी आई। इसके अतिरिक्त समाचारपत्रों में स्थान उपलब्ध करने वाली एजेन्सियों ने कुछ अन्य सेवाएं जैसे कि बाजार अनुसंधान, जन-संपर्क परामर्श सेवाएं, मेलों आदि का आयोजन भी शुरू किया। इंडियन सोसायटी ऑफ एडवरटाइजर्स (Indian Society of Advertisers) की स्थापना 1951 में की गई। एडवरटाइजिंग एजेन्सीज ऑफ इंडिया (Advertising Agencies of India) का गठन 1952 में किया गया। विज्ञापन में उच्च मानक स्थापित करने के लिए कलकत्ता (कोलकाता) और बम्बई(मुंबई) में क्लब स्थापित किए गए।

बाजार अनुसंधान और पाठकों की संख्या के संबंध में सर्वेक्षण से विज्ञापन व्यवसाय में व्यवसायीकरण को बढ़ावा मिला। पाठकों के संबंध में पहला सर्वेक्षण "दि हिन्दू" और "टाइम्स ऑफ इंडिया" जैसे अलग-अगल प्रकाशन समूहों द्वारा किया गया। पाठकों की संख्या के बारे में राष्ट्र स्तरीय सर्वेक्षण, नेशनल रीडरशिप सर्वे (National Readership Survey, NRS) और इंडियन रीडरशिप सर्वे (Indian Readership Survey, IRS) तथा नियमित टेलीविजन रेटिंग प्वाइंट (Television Rating Point, TRP) से विज्ञापनदाताओं को सांख्यिकी आँकड़ों का पता चलता है तथा आँकड़ों के आधार पर व्यावसायिक समूह अपनी मीडिया योजनाएं बनाते हैं। टेलीविजन और केबल से भी विज्ञापन उद्योग में काफी प्रगति हुई है।

विज्ञापन एजेन्सियाँ

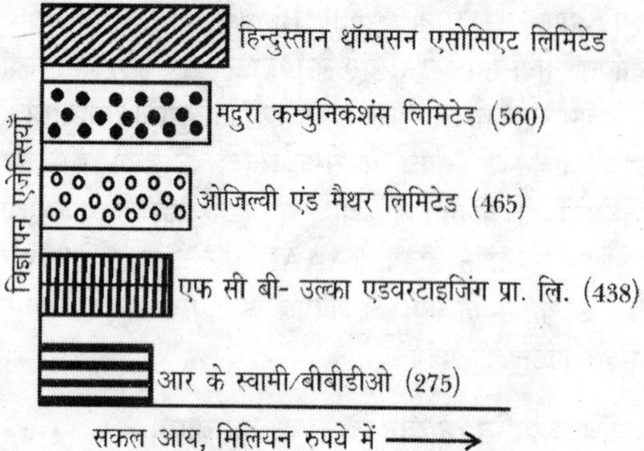

भारत की 5 अग्रणी विज्ञापन एजेन्सियाँ

अधिप्रचार (Propaganda)

अधिप्रचार (Propaganda) उन समस्त सूचनाओं को कहते हैं जो कोई व्यक्ति या संस्था किसी बड़े पैमाने पर जन समुदाय की राय और व्यवहार प्रभावित करने के लिए संचारित करती है। जिन उत्पादों के बारे में जो जानकारियाँ दी जाती है वो लगभग पूर्णतः सत्य हो वह प्रभावी अधिप्रचार होता है।

अधिप्रचार का शाब्दिक अर्थ प्रचार होता है। अधिप्रचार किसी विशेष उद्देश्य के तहत् किसी विचार या नजरिये को फैलाने के लिए किया जाता है। बड़ी-बड़ी कंपनियाँ जब अपने उत्पादों को बढ़ा-चढ़ाकर पेश किया तो लोगों ने उस प्रचार में अपनी छवि देखनी शुरू कर दी। इसीलिए विज्ञापन गुरू अलेक पद्मसी के अनुसार–भारत के लोग जब किसी वस्तु के ग्राहक बनते हैं तो वह तर्क से कम भावना से ज्यादा बनते हैं। उन्होंने लिरिल साबुन के विज्ञापन का उदाहरण देते हुए कहा कि–"आपको क्या लगता है यह लड़की जो बिकनी पहनकर झरने में नहाती है नींबू की खुशबू के एहसास जैसी तरोताजा महसूस करती है, तो वह क्या सचमुच वास्तविक भारत के गाँवों और शहरों में संभव है? जहाँ एक बाल्टी पानी ढंग से नहाने के लिए नसीब नहीं होता, वहाँ वह नींबू की खुशबू वाले एहसास का अनुभव कैसे हो सकता है? इसी आधार पर पद्मसी कहते हैं कि विज्ञापन अधिप्रचार के माध्यम से उपभोक्ता के सामने एक ऐसी छवि निर्मित कर देता है जिसमें उपभोक्ता अपनी छवि देखने लगते हैं।

अमेरिका के एक विज्ञापन लेखक ट्रीस्ट्रियन टोलिवर ने अधिप्रचार के बारे में कहा कि– मैं हमेशा अपने बारे में यही सोचता हूँ कि आपको लोग इसलिए नहीं पसंद करते कि आपने क्या किया और उनके लिए क्या किया, बल्कि आपको हमेशा इसलिए याद किया जाता है कि आपने अपनी बातों के माध्यम से उन्हें क्या महसूस कराया।

जन-संपर्क की आवश्यकता और शुरुआत

औद्योगिक क्रांति से पूर्व व्यावसायिक क्रियाकलाप और सामाजिक संबंध अत्यधिक सरल थे। औद्योगिकीकरण की तीव्र प्रक्रिया आरंभ होने पर ये संबंध अधिक जटिल हो गए। इसका कारण यह था कि इस काल में समाज और व्यवसाय की परिस्थितियों में आमूल परिवर्तन हुआ। समाज में विभिन्न वर्गों और समूहों, विभिन्न सामाजिक, धार्मिक और शैक्षिक पृष्ठभूमि के लोग थे। उद्योग और व्यावसायिक समूह अधिकाधिक लाभ अर्जित करने के लिए आपसी प्रतिस्पर्धा में जुट गए। उन सभी को अपने उत्पाद से संबंधित जानकारी अधिकाधिक लोगों तक पहुँचाने की आवश्यकता थी।

इस दिशा में जन-संपर्क सर्वाधिक उपयोगी साधन के रूप में विकसित हुआ। इसकी सहायता से व्यवसाय और सरकार की छवि विकसित करने का मार्ग प्रशस्त हुआ। इनके संबंध में जनता की स्वीकार्यता में वृद्धि हुई। जन-संपर्क क्रियाकलापों में पारदर्शिता और ईमानदारी आई। उपभोक्ताओं से प्राप्त शिकायतों की सुनवाई करने और उनके निपटान की दिशा में ईमानदारी से प्रयास करने का युग आरंभ हुआ। आज व्यावसायिक क्रियाकलाप केवल उत्पादन, वितरण और लाभ अर्जित करने तक ही सीमित नहीं है बल्कि इसे अब सामुदायिक क्रियाकलापों में शामिल होना और अपनी उपलब्धियों और विफलताओं से नियमित आधार पर जनता को सूचित करना भी आवश्यक है।

व्यवसाय में जन-संपर्क एक माध्यम उपलब्ध कराता है तथा व्यवसाय और जनता के बीच एक संपर्क सूत्र का काम करता है किन्तु यह एक आदर्श स्थिति है और वास्तविक स्थिति यह है कि जन-संपर्क एकदिशिक माध्यम बनकर रह गया है। हम जानते हैं कि सरकार और व्यावसायिक प्रतिष्ठान ग्राहकों से प्राप्त शिकायती पत्रों को विरले ही गंभीरता से लेते हैं। अतः जन-संपर्क को अधिक व्यावहारिक होने की आवश्यकता है। इसे न केवल आलोचना या शिकायत को दूर करने बल्कि एक सादृश्यता विकसित करने और अनुकूल परिस्थिति सृजित करने को भी अपना मुख्य उद्देश्य बनाना चाहिए।

जनसम्पर्क का इतिहास

जूलियस सीजर ने अपनी बातों को जनता तक पहुँचाने के लिए 753 ई. पू प्राचीन रोम में एक अखबार निकलवाया। महान

सुधारक और विचारक मार्टिन लूथर ने पुनर्जागरण काल में जनसम्पर्क के विभिन्न विधाओं का प्रयोग किया। छापेखाने के आविष्कार के साथ ही जनसम्पर्क के क्षेत्र में क्रान्ति आई।

'जनसम्पर्क' शब्द को सर्वप्रथम 1919 में अमेरिका के तात्कालिक राष्ट्रपति थॉमस जेफरसन द्वारा परिभाषित किया गया। फ्रांस की राज्य क्रांति (1789-99 ई.) में जनसम्पर्क की विभिन्न विधाओं का प्रयोग किया गया। फ्रांसीसी विचारक रूसो ने लोक निर्णय के सिद्धांत का प्रतिपादन किया जिसे 'जनमत' का फ्रांसीसी संस्करण कहा जाता है। इस क्रांति के समय नुक्कड़-नाटक, नृत्य-संगीत, जुलूस, झांकी आदि जनसम्पर्क के विद्याओं का प्रयोग किया गया।

अमेरिका में जनसम्पर्क की अनेक अवधारणाओं का प्रतिपादन हुआ। अमेरिकी क्रांति की 'बोस्टन की पाटी' जनसम्पर्क का एक बेहतरीन उदाहरण है। जनसम्पर्क के माध्यम से ही तात्कालिक अमेरिकी राष्ट्रपति अब्राह्म लिंकन गुलामी प्रथा के खिलाफ आवाज उठा कर उसका उन्मूलन करने में सफल रहे।

प्रथम विश्वयुद्ध के समय जनता के बीच जागरूकता लाने और परोक्ष रूप से युद्ध में शामिल होने के लिए जनसम्पर्क के विभिन्न विद्याओं का प्रयोग किया गया।

भारत में जन-संपर्क का इतिहास

भारत में ब्रिटिश सरकार ने 1923 में केन्द्रीय जन सूचना ब्यूरो (Central Bureau of Public Information) की स्थापना की। स्वतंत्रता के बाद इस ब्यूरो का नाम बदल कर जन सूचना ब्यूरो (Public Information Bureau) रख दिया गया। ग्रेट इंडियन पेनिनसुलर रेलवे (The Great Indian Peninsular Railway) द्वारा भारत में पर्यटन को बढ़ावा देने के लिए किया गया प्रचार भारतीय इतिहास में जन-संपर्क का सबसे पहला उदाहरण है। टाटा कंपनी ने 1945 में अपना जन-संपर्क विभाग खोला। ब्रिटिश सरकार ने विशेषकर द्वितीय विश्वयुद्ध के दौरान अपनी नीतियों पर भारतीय जनता का विश्वास जीतने के लिए जन-संपर्क तकनीकों का प्रयोग किया।

बाद में भारतीय व्यावसायिक प्रतिष्ठानों को यह महसूस हुआ कि लाभ हेतु अपने उत्पादों को बेचना और विभिन्न जन-संपर्क माध्यमों की सहायता से अपने उत्पादों का विज्ञापन/प्रचार करना ही पर्याप्त नहीं है। उन्हें बाजार में अपने उत्पादों की साख बनाने की और जिस समुदाय में वे अपने उत्पादों को बेचते थे उस समुदाय का विश्वास जीतने की आवश्यकता हुई। जन-संपर्क के माध्यम से उन्होंने भारतीय व्यवसाय की छवि सुधारने का काम शुरू किया ताकि वे आम जनता का विश्वास और उनकी स्वीकार्यता प्राप्त कर सकें।

विज्ञापन व्यवसाय और जन-संपर्क

वर्तमान में विज्ञापन और जन-संपर्क उद्योग लाखों रुपये का व्यवसाय हो गया है। 'एडवरटाइजिंग एंड मार्केटिंग' पत्रिका द्वारा विज्ञापन उद्योग के संबंध में किए गए वार्षिक सर्वेक्षण/अध्ययन द्वारा विज्ञापन और विपणन के क्षेत्र में हुए व्यय का पृथक्-पृथक् ब्योरा प्रस्तुत किया गया है किंतु जन-संपर्क पर हुए व्यय का इसमें कोई उल्लेख नहीं किया गया। अधिकांश संगठन विज्ञापन और जन-संपर्क पर हुए व्यय का सकल अनुमान लगाते हैं। विज्ञापन व्यय और अंतर्निहित राशि का प्रत्येक माध्यम पर होने वाले व्यय की दर से अनुमान लगाया जा सकता है किंतु जन-संपर्क पर हुए व्यय का अनुमान लगाना कठिन है।

जन-संपर्क (क्षेत्र और साधन)

जन-संपर्क का मुख्य उद्देश्य उत्पादों की ब्रिक्री के लिए अनुकूल परिस्थितियाँ तैयार करना तथा संबंधित उत्पाद की साख और उसके प्रति जनता का विश्वास सृजित करना है।

जन-संपर्क में निम्नलिखित क्षेत्र अंतर्निहित है :

(i) समुदाय संपर्क
(ii) कर्मचारी संबंध (आंतरिक जन-संपर्क)
(iii) ग्राहक संपर्क (बाह्य जन-संपर्क)
(iv) शेयर धारकों के साथ संबंध
(v) सरकार के साथ संबंध

जन-संपर्क के निम्नलिखित उपकरण हैं जिनके माध्यम से यह कार्य करता है :

(i) पत्रकार सम्मेलन
(ii) प्रदर्शनियाँ
(iii) कल्याणकारी क्रियाकलाप
(iv) सामुदायिक क्रियाकलापों का प्रयोजन
(v) कंपनी के क्रियाकलापों/योजनाओं से संबंधित पत्रिकाएं
(vi) विवरणिकाएं
(vii) पुस्तिकाएं
(viii) प्रेस पत्र

विज्ञापन (प्रकार) : विभिन्न बिंदुओं के आधार पर विज्ञापन को निम्नवत् वर्गीकृत किया जा सकता है। **(चार्ट-I)**

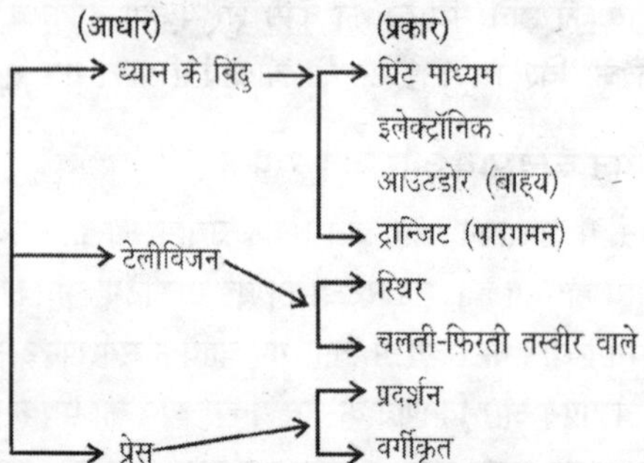

(1) वर्गीकृत विज्ञापन : इस प्रकार के विज्ञापन में अपनाया जाने वाला दृष्टिकोण प्रायः अधिक प्रत्यक्ष और सूचना अभिमुख होता है। श्रेणी में जन्म, मृत्यु, सगाई, विवाह, स्थान और मकान, रोजगार (रिक्त स्थान और काम चाहिए) तथा बिक्री की विभिन्न वस्तुओं आदि के बारे में सूचनाएं शामिल हैं। सप्ताहांत के अखबार प्रायः वैवाहिक विज्ञापनों से भरे होते हैं। सेवा क्षेत्र परामर्श सेवाओं, शोरूमों, सिनेमा, व्यवसाय प्रशिक्षण, क्लीनिक आदि के बारे में विज्ञापन जारी करते हैं।

(2) उत्पाद विज्ञापन : तथ्य या सार के आधार पर विज्ञापन तीन भाग में वर्गीकृत किए गए हैं :

पहला भाग उत्पाद विज्ञापन है। इसमें प्रमुख ध्यान उत्पाद पर ही दिया जाता है। ये उत्पाद उपभोक्ता वस्तु होते हैं जो शीघ्र नष्ट होने वाले उत्पाद या टिकाऊ उत्पाद भी हो सकते हैं। इस प्रकार के विज्ञापन में संबंधित उत्पादन को एक विलक्षण उत्पाद के रूप में प्रस्तुत किया जाता है। विज्ञापन में उत्पादन की विशेषता को दर्शाने का प्रयास किया जाता है और उत्पाद की एक विशिष्ट छवि निर्मित की जाती है। इस प्रकार के विज्ञापनों में प्रस्तुतीकरण की शैली पर बल दिया जाता है। इनसे संबंधित उत्पाद को व्यक्ति की जीवन शैली से जोड़ने के प्रयास किए जाते हैं। फास्टफुड, मृदु पेय, वस्त्र आदि उत्पादों के विज्ञापन इसी श्रेणी के विज्ञापन हैं। टिकाऊ उपभोक्ता वस्तुएं जैसे कि वाशिंग मशीन, रेफ्रीजरेटर, टीवी, वीडियो, म्युजिक सिस्टम, आदि के विज्ञापन भी इसी प्रकार किए जाते हैं।

विज्ञापन द्वारा उपभोक्ताओं को प्रेरित किया जाता है और उनके विश्वास को जीतने के प्रयास किए जाते हैं। इस प्रकार के विज्ञापन में उपभोक्ताओं की राय प्रत्यक्ष या अप्रत्यक्ष रूप में उत्पाद के पक्ष में करने के प्रयास किए जाते हैं। इस प्रकार के विज्ञापनों में प्रत्येक वस्तु आदर्श होती है और उन्हें उपभोक्ताओं को आकर्षित करने के लिए प्रयोग में लाया जाता है। स्मार्ट पुरुष, सुंदर महिलाएं, मेधावी बच्चे सभी संबंधित उत्पाद की ओर आम जनता का ध्यान आकर्षित करने के लिए विज्ञापन के घटक के रूप में कार्य करते हैं। कुल मिलाकर हम कह सकते हैं कि ऐसे विज्ञापन की प्रभावकारिता प्रस्तुतकर्ता की वाक्पटुता, प्रस्तुतीकरण की शैली आदि पर काफी हद तक निर्भर करती है।

(3) औद्योगिक विज्ञापन : इस प्रकार का विज्ञापन अन्यों से भिन्न होता है। चूँकि लक्षित ऑडियन्स (दर्शक/श्रोता/पाठक) उद्योगों से जुड़े तकनीकी लोग होते हैं। अतः अपील तर्कसंगत और यथार्थपरक होती है। इस प्रकार के विज्ञापन में अधिक परिव्यय की आवश्यकता होती है तथा सूचना परिशुद्ध (यथार्थ) और तकनीकी होती है।

(4) जन-सेवा विज्ञापन : इस प्रकार के विज्ञापन का उद्देश्य शिक्षात्मक संदेशों के जरिए जन शिक्षा प्रदान करना होता है। इस श्रेणी के विज्ञापनों का लक्ष्य उत्पाद या सेवाएं बेचना नहीं होता बल्कि ये 'भावों' या 'विचारों' का सौदा करते हैं। इन दिनों इस प्रकार का विज्ञापन 'विकासात्मक विज्ञापन' कहलाता है। इस प्रकार के विज्ञापन में बच्चों की देख-भाल, परिवार नियोजन, राष्ट्रीय अखंडता, प्रदूषण, धूम्रपान और मादक औषधियों का सेवन, विकलांगों की देखभाल आदि विषयों को विशेष महत्त्व दिया जाता है।

(5) संस्थागत विज्ञापन : इस प्रकार के विज्ञापन का उद्देश्य जनता में कंपनी की अच्छी छवि निर्मित करना होता है। ये विज्ञापन सूचना आधारित होते हैं। केन्द्र सरकार के अधीनवर्ती दूरसंचार विभाग की सेवा प्रदाता कंपनियों, भारतीय रेल तथा स्टेट बैंक ऑफ इंडिया के संबंध में सूचनाओं और उनके द्वारा प्रदान की जाने वाली सेवाओं के बारे में बड़े-बड़े विज्ञापन पटों के जरिए किया जाने वाला विज्ञापन इस प्रकार के विज्ञापन का सबसे अच्छा उदाहरण है।

जनता में अच्छी छवि सृजित करना संस्थागत विज्ञापन का मुख्य उद्देश्य होता है। उदाहरण के लिए कंपनी को सांस्कृतिक कार्यक्रमों, क्रीड़ा और सामाजिक कार्यक्रमों को प्रायोजित करके जनता की सेवा करते हुए दर्शाया जाता है। इसका एक उदाहरण किसी व्यावसायिक समूह द्वारा दो देशों के बीच आयोजित की गई "एक दिवसीय क्रिकेट शृंखला" या टेस्ट क्रिकेट मैचों को प्रायोजित करना है। फार्मास्यूटिकल कंपनियाँ मुफ्त चिकित्सीय और जाँच शिविर लगाती हैं। मृदु पेय बनाने वाली कंपनियाँ विभिन्न प्रसिद्ध कॉलेजों में "युवा महोत्सव" प्रायोजित करती हैं।

इस प्रकार का विज्ञापन निम्नलिखित तीन श्रेणियों में वर्गीकृत किया गया है :

(i) जन-सेवा संस्थागत विज्ञापन

(ii) संरक्षण संस्थागत विज्ञापन

(iii) जन-संपर्क संस्थागत विज्ञापन

अंततः हम कह सकते हैं कि संस्थाएं जनता में संस्था के प्रति बेहतर छवि सृजित करती हैं। ऐसा समुदाय के विकास में संबंधित कंपनी या संस्था के योगदान का उल्लेख करके किया जाता है।

विज्ञापन में योजना का महत्व

कंपनियों को उत्पादन लागत के अतिरिक्त अपने उत्पादों के विज्ञापन पर भी बड़ी राशि व्यय करना होता है। "दि हिन्दुस्तान टाइम्स" में एक पूरे पृष्ठ के विज्ञापन पर लगभग तीन लाख रु. का व्यय आता है, ई एस पी एन चैनल पर क्रिकेट मैच के सीधे प्रसारण के दौरान 15 सेकंड के विज्ञापन पर 2 लाख रु. से अधिक का व्यय होता है। अतः विज्ञापन की योजना बनाते समय अत्यधिक सावधानी बरतने की आवश्यकता है।

विज्ञापन की योजना के चार प्रमुख अंग हैं, जैसे कि पहला, विज्ञापन का विशिष्ट उद्देश्य क्या है? दूसरा, प्रसारित किए जाने वाले संदेश की प्रकृति क्या है? तीसरा, उत्पादन और मीडिया लागत का बजट कितना है? और चौथा, पूर्व परीक्षण। किसी विज्ञापन की योजना बनाते समय निम्नलिखित बिंदुओं पर विचार किया जाना चाहिए :

(a) **समस्या की पहचान करना :** विज्ञापन से ग्राहक (विज्ञापनदाता कंपनी) क्या उम्मीद करते हैं अर्थात् ग्राहकों की अपेक्षा क्या है? क्या विज्ञापनदाता कंपनियाँ केवल अपने उत्पाद की बिक्री बढ़ाना चाहती हैं या फिर अपने ब्रांड के संबंध में जनता में बेहतर 'छवि' भी विकसित करना चाहती है?

(b) **बजट :** पूरे विज्ञापन आयोजन पर विज्ञापनदाता कंपनी कितना व्यय करने के लिए तैयार है?

(c) **पूर्व परीक्षण :** यह पता लगाना कि लक्षित ऑडियन्स तक विज्ञापन की पहुँच किस सीमा तक है, उपभोक्ताओं के स्वभाव, उनकी आवश्यकताओं, जीवन स्तर आदि के विषय में जानकारी एकत्र करना।

(d) **लक्षित उपभोक्ता :** आप के लक्षित उपभोक्ता या ऑडियन्स (दर्शक/श्रोता/पाठक) कौन हैं? मध्यम वर्गीय-परिवार/ किशोर वर्ग के लोग/ उच्च वर्गीय अधिकारी/ युवा या उच्च वर्गीय-महिलाएँ।

(e) **मीडिया का चयन :** विज्ञापन हेतु केबल/सिनेमा/ समाचारपत्र/टीवी/पत्रिका आदि में से सर्वाधिक प्रभाव-कारी माध्यम (मीडिया) का चयन करना। यह जानना कि किस माध्यम की सहायता से अधिकाधिक लक्षित उपभोक्ताओं तक पहुँचा जा सकता है। विज्ञापन की दरों को देखते हुए मीडिया सूची तैयार करना।

(f) **भाषा :** हिंदी के साथ-साथ स्थानीय भाषा के प्रयोग से विज्ञापन रोचक और सामान्य जनों के लिए भी सुबोध हो जाता है। यदि लक्षित ऑडियन्स कुलीन वर्ग से है, तो अंग्रेजी भाषा में विज्ञापन जारी करना एक बेहतर विकल्प है।

(g) **समय और अवधि :** किसी विशिष्ट उत्पाद को बाजार में प्रस्तुत करने के लिए सही समय का चयन किया जाना चाहिए। दूसरे मौकों पर पहले से चल रहे उत्पादों को खरीदने और प्रयोग में लाने के लिए उपभोक्ताओं को प्रेरित करने वाले विज्ञापन जारी किए जाएँ।

(h) **बाद के परीक्षण :** विज्ञापन पर उपभोक्ताओं की प्रतिक्रिया का पता लगाना।

(i) **ब्रिक्री पर प्रभाव :** यह जानना कि बिक्री को बढ़ाने में विज्ञापन कितना सफल सिद्ध हुआ है।

विज्ञापन की प्रभावकारिता की जाँच करना

प्रभावकारिता किसी विज्ञापन अभियान के उद्देश्यों को पूरा करने से संबंधित है। कोई विज्ञापन कितना प्रभावकारी है यह इस बात पर निर्भर करता है कि संबंधित विज्ञापन से प्रभावित होकर कितने उपभोक्ताओं ने कंपनी के उत्पाद और सेवाओं की खरीद की है। विज्ञापन अभियान के कुछ अन्य प्रभाव भी हो सकते हैं जैसे कि प्रतिस्पर्धी उत्पाद की बिक्री में बदलाव आदि किन्तु प्रभावकारिता का अंतिम परीक्षण उसका वास्तविक(भावी और मौजूदा) ग्राहकों पर पड़ने वाला प्रभाव।

विज्ञापन के प्रभावों की जाँच हेतु विज्ञापन अभियानों के पूर्व और पश्चात् अनेक मनोवैज्ञानिक परीक्षण शुरू किए गए हैं। इनसे पठनीयता और व्यापकता दोनों में परिवर्तन होता है तथा प्रवृत्ति और अवबोधन दोनों विकसित/परिवर्तित होते हैं।

विज्ञापन अभियान के "प्रारंभिक चरण में प्रायः उपभोक्ता ही निर्णयकर्ता है"। इसमें संभावित ग्राहकों के एक छोटे समूह को एक मंच पर लाया जाता है जहाँ वे विज्ञापन की विषय वस्तु पर चर्चा करते हैं और उसका मूल्यांकन करते हैं। विज्ञापन की प्रभावकारिता को जानने के लिए एक अन्य तकनीक, जिसे कूपन-रिटर्न एनालिसिस (Coupon-return analysis) तकनीक कहते हैं, प्रयोग में लाई जाती है।

इन दिनों प्रभावकारिता की जाँच करने के लिए यांत्रिक युक्तियाँ प्रयोग में लाई जा रही हैं। उदाहरण के लिए, किसी विज्ञापन के प्रति उपभोक्ताओं की वास्तविक प्रतिक्रिया जानने के लिए 'गैल्वेनोमीटर', 'आई मुवमेंट कैमरा' और 'इलेक्ट्रोन-सेप्टालोग्राफ' का प्रयोग किया जाता है।

विज्ञापन के सिद्धांत

यह एक सर्वमान्य तथ्य है कि ग्राहकों की अपनी आवश्यकता होती है जिसे वे उत्पादों की खरीद करके और उनका उपयोग करके पूरा करते हैं। मानव की बुनियादी एवं अन्य आवश्यकताएं प्रेम, आदर, सुरक्षा प्राप्त करने की होती है। यही कारण है कि विज्ञापन में मानव और समग्रतः उपभोक्ता की भावना को प्रेरित किया जाता है।

यह माना जाता है कि विज्ञापन तभी प्रभावकारी सिद्ध हो सकता है जब उपभोक्ताओं का ध्यान (Attention) आकर्षित किया जाए, संबंधित उत्पाद के प्रति उनमें रुचि (Interest) विकसित की जाए, उनकी इच्छा (Desire) का सम्मान किया जाए, उनमें विश्वास (Conviction) सृजित किया जाए और इन सभी की दिशा में समन्वित कार्य (Action) किए जाएँ। विज्ञापन के क्षेत्र में इस दृष्टिकोण को एडका सूत्र (AIDCA Formula) के नाम से जाना जाता है। इस सूत्र के अनुसार, उपभोक्ताओं में संबंधित उत्पाद के प्रति इच्छा जागृत करने से पहले यह आवश्यक है कि संबंधित उत्पाद के प्रति उपभोक्ता का ध्यान आकर्षित किया जाए और उत्पाद के प्रति उनकी रुचि जागृत की जाए। विज्ञापन में उपभोक्ताओं से संबंधित उत्पाद के प्रति विश्वास जागृत करने और इस दिशा में कार्य करने से उपभोक्ताओं की खरीदने की प्रवृत्ति (buying trend) में बदलाव लाया जा सकता है। विज्ञापन के आकर्षक आकार, रंग, प्रस्तुतीकरण की विशिष्टता, स्थान-निर्धारण और विज्ञापन में की गई अपील से संबंधित उत्पाद की ओर उपभोक्ताओं का ध्यान आकर्षित किया जा सकता है। विज्ञापन संबंधित उत्पाद से ग्राहकों की जिज्ञासा या उन्हें कुछ उपलब्धि प्राप्त होगी अथवा वे अन्य से कुछ अलग हट कर दिखेंगे या बनेगें–ऐसी आशा जागृत करके उनमें संबंधित उत्पाद के प्रति रुचि विकसित करते हैं किन्तु उपभोक्ता की मनःस्थिति को जान पाना अत्यधिक जटिल बात है तथा किसी विज्ञापन में एक या एक से अधिक अनेक घटक निहित हो सकते हैं और इन सभी घटकों का सम्मिलित परिणाम यह होता है कि उपभोक्ता द्वारा उस उत्पाद को खरीद लिया जाए। कोई भी युक्तियुक्त निर्णय करने वाला व्यक्ति प्रायः विज्ञापनों के लुभावे में नहीं आता जब तक कि स्वयं उत्पाद का ही कोई विशिष्ट मूल्य या महत्त्व न हो।

विज्ञापन और सामाजिक उत्तरदायित्व

विज्ञापनदाता न केवल अपने उपभोक्ताओं के प्रति बल्कि समाज और समाज में रहने वाले व्यक्तियों के प्रति भी जिम्मेदार है। वे जिस समुदाय में अपने उत्पाद/सेवा का प्रचार-प्रसार करना चाहते हैं या कर रहे हैं, उसके सांस्कृतिक, सामाजिक, राष्ट्रीय और नैतिक मूल्यों की सुरक्षा के प्रति भी उत्तरदायी हैं। केवल वाणिज्यिक उन्नति के लिए ही विज्ञापनदाता समुदाय के सामाजिक और सांस्कृतिक पर्यावरण की अवहेलना नहीं कर सकते। कोई आकर्षक या मोहक विज्ञापन, जिसमें सामाजिक या सांस्कृतिक मूल्यों की अवहेलना की गई हो, कुछ देर के लिए व्यक्ति के आकर्षण का केन्द्र बन सकता है और उसमें विज्ञापन की विषय-वस्तु के प्रति रुचि उत्पन्न हो सकती है किंतु इसका दीर्घकालिक प्रभाव पड़ने की संभावना बहुत कम है।

भारतीय जन-संचार संस्थान नई दिल्ली, (The Indian Institute of Mass Communication, New Delhi) ने विज्ञापन और सामाजिक उत्तरदायित्व पर एक व्यापक अध्ययन किया था। इसमें 35 अंग्रेजी और 27 हिंदी पत्रिकाओं में दिए गए 3500 से अधिक विज्ञापनों का विश्लेषण अंतर्निहित था। अध्ययन के एक हिस्से के रूप में संस्थान ने दिल्ली में विज्ञापन के प्रति उपभोक्ताओं की प्रतिक्रिया का सर्वेक्षण भी किया। जिन उपभोक्ताओं से बातचीत की गई उनमें 62 प्रतिशत उपभोक्ताओं का मानना था कि विज्ञापन सुसंगत और महत्त्वपूर्ण उपकरण है किन्तु इस बात की आवश्यकता है कि विज्ञापनों पर उनके द्वारा किए जाने वाले दावों की वैधता की जाँच करने के लिए निगरानी रखी जाए तथा सामाजिक दृष्टि से गैर जिम्मेदार विज्ञापन करने के लिए उनकी निंदा की जाए और ऐसे विज्ञापनों पर रोक लगाई जाए। उनका मानना था कि अनेक विज्ञापन उत्पाद की गुणवत्ता

का बढ़-चढ़ कर बखान करते हैं तथा उत्पाद उस स्तर का नहीं होता जैसा होने का विज्ञापन में दावा किया जाता है।

भारतीय जन-संचार संस्थान द्वारा किए गए अध्ययन से पता चलता है कि 'प्रत्येक पाँच में से एक' विज्ञापन में महिला मॉडलों को दिखाया जाता है जबकि 10 प्रतिशत से अधिक विज्ञापनों में महिला मॉडलों को दिखाने की कोई आवश्यकता नहीं होती। इनकी उपस्थिति केवल लोगों का ध्यान आकर्षित करने के लिए ही होती है।

वस्त्र, आभूषण, सिले-सिलाए कपड़ों या परिधानों, प्रसाधन सामग्रियों के विज्ञापन में अत्यधिक पाश्चात्य शैली का प्रदर्शन किया जाता है और विलासितापूर्ण जीवन शैली दर्शाई जाती है।

टीवी और रेडियो पर आने वाले विज्ञापनों को प्रसारित किए जाने से पूर्व दूरदर्शन और आकाशवाणी के प्राधिकारियों से अनुमोदन प्राप्त करना आवश्यक है किन्तु समाचारपत्र-पत्रिकाओं में दिए जाने वाले विज्ञापन किसी दिशा-निर्देश से विनियमित नहीं होते। भारतीय विज्ञापन परिषद् (Advertising Standards Council of India) द्वारा निर्धारित की गई आचरण नियमावली और नीति नियमावली भी कोई अधिक प्रभावकारी सिद्ध नहीं हुई है। शराब विनिर्माताओं और विज्ञापन एजेन्सियों ने केबल और टीवी चैनलों पर शराब के विज्ञापन के लिए अपनी स्वयं की नियमावली तैयार की है।

विज्ञापन और जनसंपर्क में नैतिकता

विज्ञापन और जन-संपर्क संगठन इस बात से अच्छी तरह अवगत हैं कि जनमत प्रायः विज्ञापन और जन-संपर्क के कार्य से जुड़े व्यावसायिकों द्वारा अपनाए जाने वाले 'हेर-फेर' और 'धोखाधड़ी' के तरीकों के विरुद्ध होता है। भारतीय विज्ञापन मानक परिषद् (Advertising Standards Council of India ASCI) विज्ञापन एजेन्सियों, विज्ञापनदाताओं और मीडिया को एक मंच पर लाती है।

भारतीय विज्ञापन मानक परिषद् ने एक विस्तृत नियमावली तैयार की है। इसने प्राप्त हुई शिकायतों की जाँच करने के लिए एक उपभोक्ता शिकायत परिषद् (Consumer Complaints Council, CCC) की भी स्थापना की है। भारतीय जन-संपर्क सोसायटी (Public Relation Society of India, PRSI) का दावा है कि इसके सदस्य अंतर्राष्ट्रीय जन-संपर्क एसोसिएशन (International Public Relation Association, IPRA) द्वारा निर्धारित अंतर्राष्ट्रीय नैतिक नियमावली का पालन कर रहे हैं किंतु सच्चाई यह है कि दोनों नियमावलियाँ प्रभावहीन हैं।

भारतीय विज्ञापन मानक परिषद् द्वारा निर्धारित नियमावली

अध्याय (I)

विज्ञापनों द्वारा बताए गए तथ्यों और किए गए दावों की सत्यता और ईमानदारी सुनिश्चित करने और ग्राहकों को विज्ञापनों से सुरक्षा प्रदान करने के लिए :

1. विज्ञापन का सत्य होना आवश्यक है। एक विशिष्ट उद्देश्य को ध्यान में रखते हुए निश्चित किए जाने वाले तथ्यों से संबंधित सभी विवरणों, दावों और तुलनात्मक कथनों को ऐसा होना चाहिए कि उन्हें प्रमाणित किया जा सके। विज्ञापन एजेन्सियों के लिए यह अपेक्षित है कि वे भारतीय विज्ञापन मानक परिषद् (ASCI) द्वारा मांगे जाने पर ऐसे प्रमाण प्रस्तुत कर सकें।
2. विज्ञापन में किए गए दावों के संबंध में यदि स्पष्टतः ऐसा कहा गया हो कि वे किसी स्वतंत्र अनुसंधान या आकलन पर आधारित हैं तो ऐसे दावों के संबंध में विज्ञापन के साथ ऐसे अनुसंधान या आकलन के स्रोत और तारीख का उल्लेख किया जाना चाहिए।
3. विज्ञापन में किसी व्यक्ति, फर्म या संस्था का संदर्भ निहित नहीं होना चाहिए जब तक कि इस संबंध में संबंधित पक्ष से उचित अनुमति प्राप्त न कर ली गई हो; इसके साथ ही बिना उचित अनुमति के विज्ञापन में किसी सामान्य तौर पर जाने-माने या प्रतिष्ठित व्यक्ति का चित्र नहीं लगाया जाएगा।
4. विज्ञापनों द्वारा प्रत्यक्ष या अप्रत्यक्ष रूप में किसी तथ्य (तथ्यों) को तोड़ मरोड़ कर प्रस्तुत नहीं किया जाएगा और न ही उपभोक्ताओं को भ्रमित किया जाएगा। विज्ञापन में ऐसा कोई कथन या दृश्य प्रस्तुतीकरण निहित नहीं होगा जिससे प्रत्यक्ष या अप्रत्यक्ष रूप में या कथन को अस्पष्ट अथवा अतिरंजित बनाकर उपभोक्ता के विज्ञापित उत्पाद या किसी अन्य उत्पाद या विज्ञापनदाता के बारे में भ्रमित होने की संभावना हो।
5. विज्ञापन उपभोक्ताओं के विश्वास का गलत लाभ उठाने या उनकी अनुभवहीनता या उन्हें जानकारी न होने के कारण उनका शोषण करने के उद्देश्य से जारी नहीं किया जाना चाहिए। किसी भी विज्ञापन में बढ़-चढ़ कर ऐसा कोई भी दावा नहीं किया जाएगा जिससे उपभोक्ताओं को अंततः बहुत अधिक या व्यापक निराशा हाथ लगे।

उदाहरण के लिए

(a) यदि उपभोक्ता को किसी उत्पाद की सुपुर्दगी, परिवहन शुल्क या डाक व्यय के वास्तविक खर्च के अतिरिक्त कोई अन्य प्रत्यक्ष मूल्य चुकाना पड़ता हो तो ऐसे किसी भी उत्पाद का उल्लेख विज्ञापन में 'मुफ्त' रूप में नहीं किया जाएगा। यदि उपभोक्ता द्वारा ऐसी किसी मद पर खर्च किया जाता हो तो विज्ञापन में इस आशय का स्पष्ट विवरण दिया जाएगा।

(b) यदि ऐसा दावा किया जाता हो कि कोई एक उत्पाद खरीदे जाने पर विज्ञापनदाता कंपनी (उत्पादक कंपनी) द्वारा उपभोक्ता को दूसरा उत्पाद 'मुफ्त' दिया जाएगा तो विज्ञापन दाता के लिए अपेक्षित है कि इस संबंध में भारतीय विज्ञापन मानक परिषद् द्वारा पूछे जाने पर वस्तु स्थिति स्पष्ट की जाए।

(c) जिन दावों में "पाँच वर्षों की गारंटी" या "मूल्य निम्नतम स्तर पर है" जैसी अभिव्यक्ति का उल्लेख किया जाता है, तो ऐसे दावे स्वीकार्य नहीं हैं, यदि इन दावों से उत्पाद की उपलब्धता या उपयोगिता के संबंध में उपभोक्ता के भ्रमित होने की संभावना हो।

(d) किसी प्रकार की अशक्तता या विकलांगता से जूझ रहे व्यक्तियों के लिए किए जाने वाले विज्ञापन को जारी करने में विशेष सावधानी और सतर्कता बरती जानी चाहिए। किसी प्रतिकूल शारीरिक-अभिलक्षण को दूर करने जैसे कि नाटे व्यक्ति को लंबा बनाने, मोटापा कम करने, किसी प्रकार के रोग, नपुंसकता, बांझपन, गंजापन आदि को दूर करने के संबंध में किए जाने वाले विज्ञापन में यह सुनिश्चित करना चाहिए कि प्रत्यक्ष या अप्रत्यक्ष रूप में किया गया दावा समन्यतः स्वीकार्य मानकों या चिकित्सीय पद्धति और उत्पाद की वास्तविक दक्षता से भिन्न या अतिरिक्त न हो।

(e) धन निवेश करने के लिए जनता को आमंत्रित करने वाले विज्ञापनों में ऐसे विवरण निहित नहीं होंगे जो उपभोक्ता को प्रस्तुत प्रतिभूमि (जमानत), दिए जाने वाले प्रतिलाभ की दरें या प्राधिकार की शर्तें आदि के संबंध में भ्रमित करते हों, जबकि कोई भी पूर्वोक्त तथ्यों से मौजूदा शर्तें (या प्रतिबंध) अपरिवर्तित रहती हों या उनमें परिवर्तन होता हो तो ऐसी शर्तों या कथनों का विज्ञापन में स्पष्ट उल्लेख किया जाना आवश्यक है।

(f) देश के कानून के अंतर्गत अनुमति प्राप्त लॉटरियों या मूल्य प्रतियोगिताओं में भाग लेने के लिए या इनामी प्रतियोगिताओं में भाग लेने के लिए आम जनता को आमंत्रित करने वाले विज्ञापनों में सभी तथ्यपरक शर्तों का स्पष्ट उल्लेख किया जाएगा ताकि उपभोक्ता ऐसे क्रियाकलापों में अपने भविष्य के संबंध में वास्तविक और निष्पक्ष राय बना सकें। इसके अतिरिक्त ऐसे विज्ञापनदाता प्रतियोगिता के परिणाम का निर्णय करने, परिणाम की घोषणा करने तथा एक उचित समय के भीतर विज्ञापित निबंधन और शर्तों के अनुसार इनाम या उपहार के उचित वितरण की भी व्यवस्था करेंगे। परिणामों की घोषणा के संबंध में यह स्पष्ट किया जाता है कि नियमों के इस खंड के अंतर्गत विज्ञापनदाता के उत्तरदायित्व का पर्याप्त रूप में निर्वहन तभी होता है जबकि विज्ञापनदाता द्वारा जहाँ तक संभव हो, प्रतियोगिता की घोषणा करने के लिए जिस मीडिया का उपयोग किया गया था उसी मीडिया का उपयोग करके प्रतियोगिता के परिणामों को भी जनसाधारण तक पहुँचाया जाए तथा विजेताओं को डाक द्वारा अलग-अलग सूचना भी प्रेषित की जाए।

उपभोक्ताओं को आकर्षित करने के लिए उपर्युक्त छह बातें अनुमत्य हैं बशर्ते वे अतिशयोक्तिपूर्ण न हों और उनके द्वारा विज्ञापित उत्पाद के बारे में भ्रामक दावे न किए जाते हों।

अध्याय (II)

यह सुनिश्चित करना आवश्यक है कि विज्ञापन जनता के कल्याणार्थ सामान्यतः स्वीकृत मानकों के विरुद्ध न हो। विज्ञापनों में कोई भी अनुचित, अभद्र या घृणास्पद बातें निहित नहीं होनी चाहिए जो शालीनता और व्यक्ति के सम्मान को गंभीर या व्यापक ठेस पहुँचाने वाली हो तथा सामान्यतः प्रचलित मानकों के विरुद्ध हो।

अध्याय (III)

विज्ञापनों के अंधाधुंध प्रयोग या ऐसे उत्पादों की बिक्री को बढ़ाने के लिए विज्ञापनों के उपयोग जो समाज या व्यक्ति को कुछ हद तक क्षति पहुँचाने वाले हों या ऐसे विज्ञापनों के प्रयोग जिनसे समाज के सुस्थापित मानदंडों पर प्रतिकूल प्रभाव पड़ सकता हो, के विरुद्ध निम्नलिखित सुरक्षोपाय किए गए हैं–

1. ऐसे किसी भी विज्ञापन की अनुमति नहीं होगी जो

(a) लोगों को अपराध के लिए उकसाने वाला हो या जो अव्यवस्था और हिंसा या असहिष्णुता को बढ़ावा देता हो।

(b) किसी वंश, जाति, रंग, संप्रदाय या राष्ट्रीयता का उपहास करता हो।

(c) प्रत्यक्ष या अप्रत्यक्ष रूप में आपराधिक प्रवृत्ति को बढ़ावा देता हो तथा लोगों को, विशेषकर बच्चों को, उसका अनुसरण करने के लिए प्रोत्साहित करता हो या तत्संबंधी किसी भी प्रकार की कार्य-प्रणाली का प्रचार करता हो।

2. बच्चों के लिए किए जाने वाले विज्ञापन में चित्र या अन्य किसी रूप में ऐसी कोई भी सामग्री निहित नहीं होगी जिससे उन्हें शारीरिक, मानसिक या नैतिक दृष्टि से कोई क्षति पहुँचने की संभावना हो या जिससे उनका किसी भी प्रकार से शोषण होने की संभावना हो। उदाहरण के लिए किसी भी विज्ञापन में–

(a) बच्चों को अपरिचित स्थानों पर जाने या उन्हें कूपन, रैपर, लेबल या ऐसी ही कोई चीज एकत्रित करने के लिए अपरिचित व्यक्तियों से संपर्क करने के लिए प्रोत्साहित नहीं किया जाना चाहिए।

(b) बच्चों को खिड़की से खतरनाक ढंग से नीचे झुके हुए, ओवरब्रिजों से नीचे लटकते हुए या खतरनाक पहाड़ियों पर चढ़ते हुए या ऐसे ही अन्य दृश्यों में नहीं दिखाना चाहिए।

(c) बच्चों को उत्पाद प्राप्त करने या किसी अन्य उद्देश्य से ऊपर चढ़ते हुए या पहुँचते हुए नहीं दिखाना चाहिए।

(d) बच्चों को दियासलाई या किसी अन्य ज्वलनशील या विस्फोटक वस्तु को इस्तेमाल में लाते हुए या उसके साथ खेलते हुए या तेज चाकू, बंदूक या यांत्रिक या बिजली के उपकरणों को इस्तेमाल में लाते हुए या उनके साथ खेलते हुए नहीं दिखाया जाना चाहिए, क्योंकि इनके इस्तेमाल में जरा सी असावधानी से उनके शरीर का कोई अंग कट सकता है, जल सकता है या उन्हें चोट या अन्य कोई क्षति पहुँच सकती है।

(e) बिना कोई उचित कारण के किसी खतरनाक प्रक्रिया को अपनाने या सुरक्षा के प्रति लापरवाही को नहीं दर्शाया जाना चाहिए या लापरवाही पूर्ण कार्य को प्रोत्साहन नहीं दिया जाना चाहिए।

3. विज्ञापन में ऐसी कोई सूचना या अभिव्यक्ति नहीं होनी चाहिए जिससे कानून भंग होता हो या कानून द्वारा अपेक्षित किसी प्रावधान की अवहेलना होती हो।

4. विज्ञापन ऐसे किसी भी उत्पाद को बढ़ावा नहीं देगा जिसका उपयोग कानून द्वारा प्रतिबंधित हो।

अध्याय (IV)

यह सुनिश्चित करने के लिए कि विज्ञापन द्वारा प्रतिस्पर्धा में निष्पक्षता बरती जाए ताकि उपभोक्ताओं को बाजार में उपलब्ध विभिन्न विकल्पों के बारे में जानकारी रहे और सामान्यतः स्वीकृत प्रतिस्पर्धी आचरण के सिद्धांतों का अनुपालन हो :

1. जिन विज्ञापनों में किसी उत्पादक द्वारा अन्य उत्पादकों/विनिर्माताओं या आपूर्तिकर्ताओं (सप्लायरों) या अन्य उत्पादों का उल्लेख किया गया हो तथा प्रतिस्पर्धी कंपनी के नाम का उल्लेख किया गया हो, उनकी स्वस्थ प्रतिस्पर्धा के हित में तथा जनता को जागरूक बनाने की दृष्टि से अनुमति प्रदान की जाए बशर्ते–

(a) यह स्पष्ट किया जाए कि विज्ञापनदाता के उत्पाद की किस विशिष्टता की तुलना प्रतिस्पर्धी कंपनी के उत्पाद की किस विशिष्टता से की जा रही है।

(b) तुलना की विषय-वस्तु का चयन इस प्रकार न किया जाए जिससे विज्ञापनदाता को उसका एक कृत्रिम लाभ प्राप्त हो या ऐसा प्रतीत हो कि विज्ञापनदाता द्वारा तुलनात्मक रूप से एक बेहतर उत्पाद प्रस्तुत किया जा रहा है जबकि वास्तविकता उससे हट कर हो।

(c) तुलना तथ्यपरक, परिशुद्ध तथा सिद्ध की जा सकने योग्य हो।

(d) इस बात की कोई संभावना न हो कि तुलना के परिणामस्वरूप उपभोक्ता के मस्तिष्क में विज्ञापित उत्पाद या जिस उत्पाद की तुलना की जा रही है उसके संबंध में भ्रम की स्थिति उत्पन्न हो।

(e) विज्ञापन से अन्य उत्पादों, विज्ञापनदाताओं या विज्ञापनों पर प्रत्यक्ष या अप्रत्यक्ष रूप में अनुचित दुष्प्रभाव पड़े या उनकी प्रतिष्ठा पर आँच आए।

2. विज्ञापनों में किसी अन्य फर्म, कंपनी या संस्था के नाम या नाम के आद्यक्षरों का अनुचित प्रयोग नहीं किया जाएगा और न ही किसी अन्य फर्म या उसके उत्पाद के ट्रेडमार्क या चिह्न के साथ जुड़ी प्रतिष्ठा या विज्ञापन अभियानों द्वारा अर्जित साख का कोई अनुचित लाभ ही उठाया जाएगा।

3. कोई भी विज्ञापन सामान्य प्रदर्शन, प्रतिलिपि, नारों, दृश्य प्रस्तुतीकरण, संगीत या ध्वनि प्रभाव आदि की दृष्टि से किसी अन्य विज्ञापन के इतना सदृश नहीं होगा जिससे उपभोक्ताओं के भ्रमित होने की स्थिति उत्पन्न हो जाए।

भारतीय जन-संपर्क सोसायटी द्वारा निर्धारित आचार नियमावली

भारतीय जन-संपर्क सोसायटी (Public Relations Society of India, PRSI) द्वारा 21 अप्रैल, 1968 को नई दिल्ली में आयोजित अपने पहले राष्ट्रीय सम्मेलन में यथा अंगीकृत जन-संपर्क विषयक अंतर्राष्ट्रीय नीति नियमों (आचार नियमावली) का उल्लेख नीचे किया गया है।

इस बात पर विचार करते हुए कि संयुक्त राष्ट्र संघ के सभी सदस्य देश उसके चार्टर का अनुपालन करने के लिए सहमत हो गए हैं जिसमें "मौलिक मानवाधिकारों तथा व्यक्ति मात्र के गौरव और मूल्य में विश्वास" की पुनर्पुष्टि की गई है और यह कि वे अपने व्यवसाय के स्वरूप के प्रति आदर का भाव रखते हैं, इन देशों में जन-संपर्क व्यवसाय से जुड़े लोगों को उस चार्टर में निर्धारित सिद्धांतों को सुनिश्चित करने और उनका अनुपालन करने के लिए वचनबद्ध होना चाहिए, यह विचार करते हुए कि अधिकारों के अतिरिक्त मानव की न केवल भौतिक या दैहिक आवश्यकताएं हैं बल्कि उसकी बौद्धिक, नैतिक और सामाजिक आवश्यकताएं भी हैं और यह कि उनके अधिकार उनके लिए वास्तविक लाभ के हैं जहाँ तक कि इन अधिकारों की अनिवार्यतः रक्षा की जाती हो, इस बात पर विचार करते हुए कि उनके व्यावसायिक कर्तव्यों के मार्ग में और इस बात पर निर्भर करते हुए कि इन कर्तव्यों को किस प्रकार निष्पादित किया जाता है, जन-संपर्क कार्य से जुड़े लोग इन बौद्धिक, नैतिक और सामाजिक आवश्यकताओं को पूरा करने में पर्याप्त सहायता कर सकते हैं और अंत में, इस बात पर विचार करते हुए कि लाखों व्यक्तियों से एक साथ संपर्क स्थापित करने की तकनीक के प्रयोग द्वारा जन-संपर्क से जुड़े लोगों के हाथ में एक ऐसी शक्ति आ जाती है जिसका प्रयोग सभी मोर्चों पर कठोर नैतिक नियमों द्वारा किया जाना चाहिए।

भारतीय जन-संपर्क सोसायटी एतद् द्वारा घोषणा करती है कि यह अपने नैतिक चरित्र के अनुसार निम्नलिखित नीति विषयक नियमों को स्वीकार करती है और सोसायटी को प्रस्तुत किए गए साक्ष्यों के आलोक में यदि इस सोसायटी का कोई सदस्य अपने व्यावसायिक कर्तव्यों के निर्वाह के दौरान इन नियमों का उल्लंघन करता हुआ पाया गया तो उसे गंभीर कदाचार का दोषी माना जाएगा और उसके विरुद्ध उपयुक्त दंडात्मक कार्रवाई की जाएगी।

तदनुसार इस सोसायटी का प्रत्येक सदस्य

1. नैतिक और सांस्कृतिक दशाओं को प्राप्त करने की दिशा में कार्य करेगा जिससे मानव मात्र अपनी पूर्ण महत्ता को प्राप्त कर सके और अपने उन अपरिहार्य अधिकारों का उपयोग कर सके जिनके लिए वह मानवाधिकारों की सार्वदेशिक घोषणा पत्र के अनुसार पात्र है।
2. संचार प्रतिमानों और माध्यमों को सृजित करने की दिशा में कार्य करेगा जिससे अनिवार्य सूचना के मुक्त प्रवाह द्वारा समूह के प्रत्येक सदस्य को यह महसूस होगा कि उसे सूचित किया गया है तथा वह अपने निजी संबद्धता और उत्तरदायित्व के बारे में जागरूक रहे तथा समूह के अन्य सदस्यों के साथ एकता बनाए रखे।
3. हमेशा और सभी परिस्थितियों में इस प्रकार आचारण करे ताकि वह जिस किसी के भी संपर्क में आए उसका विश्वास प्राप्त करने योग्य हो और उसका विश्वास अर्जित भी कर ले।
4. हमेशा इस बात का ध्यान रखे कि उसके व्यवसाय और जनता के बीच के संबंध के कारण उसके आचरण का, यहाँ तक कि उसके निजी जीवन में आचरण का भी, व्यवसाय पर समग्र रूप से प्रभाव पड़ेगा और तद्नुसार आचरण करे।
5. अपने व्यावसायिक कर्तव्यों के निर्वहन के दौरान "मानवाधिकारों की सर्वदेशिक घोषणा" के नैतिक सिद्धांतों और नियमों का अनुपालन करे।
6. मानव के गौरव को उचित सम्मान प्रदान करे तथा प्रत्येक व्यक्ति के आत्म निर्णय के अधिकार को मान्यता प्रदान करे।
7. विचार-विनिमय के लिए वास्तविक अर्थों में नैतिक, मनोवैज्ञानिक और बौद्धिक दशाएं उपलब्ध कराने की दिशा में कार्य करे तथा अंतर्निहित पक्षों की स्थिति का उल्लेख करने और उनके मतों को अभिव्यक्ति प्रदान करने के संबंध में संबंधित पक्षों के अधिकार को मान्यता प्रदान करे।
8. सभी परिस्थितियों में इस प्रकार काम करे कि संबंधित सभी पक्षों के हितों का ध्यान रखा जा सके और साथ ही जिस

संगठन से वह जुड़ा है उसके तथा संबंधित जनता के हितों का भी ध्यान रखे।

9. ऐसी अवधारणाओं और प्रतिबद्धताओं को पूरा करे जिसमें ऐसी बातें अंतर्निहित हों जिनके द्वारा किसी भी प्रकार के भ्रम की स्थिति उत्पन्न न हो तथा प्रत्येक स्थिति में निष्ठा और सत्यनिष्ठा प्रदर्शित हो ताकि उपभोक्ता या नियोजक (विगत या वर्तमान के) तथा सभी संबद्ध जनता, जो उनके कार्य से प्रभावित हो, का विश्वास अर्जित कर सके तथा निम्नलिखित से दूर रहे–
   (i) अन्य अपेक्षाओं की तुलना में सत्य को कम महत्त्व देना
   (ii) ऐसी सूचनाओं को परिचालित करना जो सुस्थापित और प्रमाणित किए जा सकने वाले तथ्यों पर आधारित न हो।
   (iii) किसी ऐसे उद्यम या उपक्रम में भाग लेना जिसमें हेर-फेर या बेईमानी का सहारा लिया गया हो या जो मानव के गौरव और उसकी सत्यनिष्ठा को ठेस पहुँचाती हो।
   (iv) ऐसी किसी भी छल-कपट वाली विधि या तकनीक का प्रयोग करना जो व्यक्ति के अवचेतन को अभिप्रेरित करने के लिए प्रयोग में लाई गई हो जिस पर व्यक्ति का अपना नियंत्रण नहीं होता और इस कारण ऐसी किसी छल योजना को प्रतिबंधित करने के लिए कोई कार्रवाई नहीं की जा सकती।

वस्तुनिष्ठ प्रश्नावली

1. भारत की पहली विज्ञापन एजेंसी कौन-सी है?
A. इंडियन एडवरटाइजिंग एजेंसी
B. कलकत्ता एडवरटाइजिंग एजेंसी
C. नेशनल एडवरटाइजिंग एजेंसी
D. इंडिया पब्लिसिटी कंपनी

2. इंडिया पब्लिसिटी कंपनी की स्थापना किस वर्ष हुई?
A. 1920 ई. B. 1930 ई.
C. 1940 ई. D. 1950 ई.

3. इंडियन सोसायटी ऑफ एडवरटाइजर्स की स्थापना किस वर्ष हुई?
A. 1948 ई. B. 1950 ई.
C. 1951 ई. D. 1952 ई.

4. एडवरटाइजिंग एजेंसी ऑफ इंडिया की स्थापना .... वर्ष में हुई थी।
A. 1942 B. 1948
C. 1950 D. 1952

5. 'इंडियन एडवरटाइजिंग कंपनी' की शुरूआत किस वर्ष हुई?
A. 1907 ई. B. 1909 ई.
C. 1911 ई. D. 1913 ई.

6. एडवरटाइजिंग एजेन्सीज़ एसोसिएशन ऑफ इंडिया (Advertising Agencies Association if India) की स्थापना किस वर्ष हुई?
A. 1945 ई. B. 1950 ई.
C. 1952 ई. D. 1954 ई.

7. केन्द्रीय जनसूचना ब्यूरो की स्थापना कब हुई?
A. 1923 ई. B. 1925 ई.
C. 1927 ई. D. 1929 ई.

8. कलकत्ता में पैराडाइज एड एजेंसी की स्थापना किस वर्ष हुई?
A. 1928 ई. B. 1930 ई.
C. 1932 ई. D. 1944 ई.

उत्तरमाला

1	2	3	4	5	6	7	8
A	B	C	D	A	A	A	A

10

मीडिया ऑडियन्स का मनोविज्ञान और समाजशास्त्र (Psychology and Sociology of Media Audience)

मीडिया ऑडियन्स–'मीडिया ऑडियन्स' (Media Audience) की परिभाषा समाज में संचार की भूमिका के परिप्रेक्ष्य में दी जा सकती है। यदि मीडिया का प्रयोग किसी उत्पाद को बेचने के लिए किया जाता हो तो "मीडिया ऑडियन्स" संबंधित उत्पादों या सेवाओं का संभावित बाजार होगा। यदि हम संचार की सुविधाओं का उपयोग जनसेवा के लिए करें तो 'मीडिया ऑडियन्स' वह समुदाय होगा जहाँ तक मीडिया का संदेश पहुँचता है। उस स्थिति में मीडिया समुदाय की सूचनात्मक और सांस्कृतिक आवश्यकता को पूरा करता है। यदि संचार का उपयोग किसी धर्म या सिद्धांत के प्रचार हेतु किया जाता है तो "मीडिया ऑडियन्स" वह जन-समुदाय होगा जिसे उस मत या सिद्धांत की शिक्षा दी जाती है। किसी मेला, रंगमंच पर प्रस्तुत किए जाने वाले किसी नाटक का दर्शक, किसी राजनीतिक भाषण या व्याख्यान का श्रोता भी "मीडिया ऑडियन्स" है। समाज शास्त्रियों की राय में 'ऑडियन्स' किसी एक स्थान पर परंपरागत रूप से जुट गई भीड़ है। वास्तव में "मीडिया ऑडियन्स" पाठकों, श्रोताओं या दर्शकों के समूह को कहते हैं। ऑडियन्स के सदस्य वे व्यक्ति हैं जो एक ही समय में किसी एक या दूसरे माध्यम से किसी संदेश का पठन, श्रवण या दर्शन कर रहे हों। चूँकि ऑडियन्स के समूह के संघटन का पूर्वानुमान नहीं लगाया जा सकता, अतः ऑडियन्स की प्रतिक्रिया की गुणवत्ता और स्वरूप के विषय में जानकारी प्रायः नहीं मिल पाती। यह सत्य है कि किसी विशिष्ट माध्यम के कारण ऑडियन्स और ऑडियन्स की आवश्यकता की पूर्ति के लिए मीडिया बना है। ऑडियन्स मीडिया की कार्य प्रणाली और क्षमता को प्रभावित करते हैं। ऑडियन्स मीडिया के संदेश को अपने अनुभव के अनुसार ग्रहण करते हैं। वे इसके आशय को अपनी क्षमता के अनुसार ग्रहण करते हैं तथा कुछ अर्थों को स्वीकार करते हैं जबकि कुछ अन्य अर्थों को अस्वीकार कर देते हैं। ऑडियन्स एक सामाजिक वर्ग, एक परिवार या एक सांस्कृतिक समूह के रूप में न कि एक जन समूह के रूप में, मीडिया के संदेशों पर अन्योन्य प्रभाव डालते हैं।

ऑडियन्स—एक बाजार के रूप में

हमारे देश में मीडिया ऑडियन्स पर अनुसंधान कार्य किए जा रहे हैं। इसे प्रायः बाजार अनुसंधान (Market Resarch) कहा जाता है। बाजार अनुसंधान का मुख्य उद्देश्य विज्ञापन दाताओं को किसी विशिष्ट वर्ग के ऑडियन्स की पसंद या नापसंद के बारे में परिमाणात्मक आँकड़ा उपलब्ध करना है। ऐसा माना जाता है कि ये आँकड़े वैज्ञानिक दृष्टि से एकत्रित किए जाते हैं। विज्ञापन एजेन्सियाँ सर्वाधिक प्रभावी रूप में अपने विज्ञापन जारी करने के लिए इन आंकड़ों का उपयोग करती हैं।

विज्ञापन एजेन्सियाँ उन समाचारपत्रों में अपने विज्ञापन देती हैं जिसके पाठकों की संख्या सर्वाधिक हो या फिर वे ऐसे टीवी कार्यक्रमों के दौरान अपने विज्ञापन देना पंसद करती है जिनकी रेटिंग सर्वाधिक हो।

यदि आप मध्यम वर्गीय परिवारों की गृहिणियों में किसी नए ब्रांड की चाय को लोकप्रिय बनाना चाहते हैं तो मीडिया के योजनाकार आपको अपना विज्ञापन विभिन्न माध्यमों पर देने की सलाह देंगे जिन्हें आपके लक्षित ऑडियन्स देखते, पढ़ते या सुनते हैं। सलाहकारों के लिए मीडिया ऑडियन्स मीडिया में विज्ञापित उत्पाद और सेवाओं के संभावित ग्राहकों का समूह है।

समाजशास्त्री और मनोवैज्ञानिक भी मीडिया ऑडियन्स का अध्ययन और अनुसंधान करते हैं। उनके अनुसंधान के परिणामों

से बाजार के अनुसंधानकर्ताओं को सहायता मिलती है। समाजशास्त्री और मनोवैज्ञानिक ऑडियन्स को अपने स्वयं के नजरिए से देखते हैं। वे ऑडियन्स की प्रवृत्ति और राय में परिवर्तनों का अध्ययन करते हैं। हाल के वर्षों में मीडिया अनुसंधानकर्ताओं ने महिलाओं, बच्चों तथा अन्य वर्गों द्वारा टेलीविजन देखने पर व्यय किए गए समय के दृष्टिगत उन पर विशेष ध्यान देना शुरू किया है।

ऑडियन्स का मनोविज्ञान

समूह प्रभाव : व्यक्तियों का एक समुच्चय जिनकी एक सामान्य विशिष्टता हो, समूह कहलाता है। ऑडियन्स विभिन्न सामाजिक समूहों में बँटे होते हैं जैसे कि जाति, समुदाय, व्यवसाय, छात्र आदि किन्तु हम ऐसा नहीं कह सकते कि किसी एक समूह का सदस्य होने के कारण व्यक्ति को अन्य समूह से अलग किया जा सकता है। वास्तव में कोई व्यक्ति एक ही समय एक से अधिक समूहों से जुड़ा हो सकता है। समूह किसी व्यक्ति की प्रवृत्ति, मान्यताओं, मूल्यों और विचार को प्रभावित करता है।

विभिन्न प्रकार के समूह : जो समूह सर्वाधिक महत्त्वपूर्ण और संवृत होते हैं उन्हें प्राथमिक समूह कहा जाता है। उदाहरणस्वरूप परिवार, अभिजात्य व्यक्तियों का समूह, कोई दल या अन्य समूह। प्राथमिक समूहों को निर्मित करने वाली तीन शर्तें हैं : (a) घनिष्ठता (b) समूह का छोटा होना (c) संबंध की दीर्घकाल तक चलने वाली प्रकृति जैसे कि पति, पत्नी और बच्चों के बीच के संबंध जैसा बंधन दूसरी ओर, द्वितीयक समूह एक ऐसे वर्ग द्वारा निरूपित किया जा सकता है जिसके सदस्यों के बीच रुचिकर संबंध है।

द्वितीय समूह के उदाहरण के रूप में कॉलेज, स्कूल, विभिन्न संगठन और यूनियन, आर्मी, फिल्म और मनोरंजन के अन्य साधन, क्लब और राजनीतिक पक्षों के समूहों का उल्लेख किया जा सकता है। ये समूह प्राथमिक समूह के समान ही हमारी सोच और आचरण पर प्रबल प्रभाव डालते हैं। ये उन पूर्वाग्रहों को भी निर्धारित करते है जिन्हें लेकर लोग मीडिया के कार्यक्रमों को देखते हैं।

किसी व्यक्ति की प्रवृत्ति पर किसी समूह के प्रभाव को प्रायः संदर्भ समूह की संकल्पना के संदर्भ में देखा जाता है। ऐसा समूह आचरण और मान्यता के मानक निर्धारित करने और लागू करने का काम करता है। यह एक ऐसे मानक के रूप में भी काम करता है जिसकी सहायता से लोग अन्यों से तुलना कर सकते हैं।

किन्तु संदर्भ समूह भिन्न-भिन्न परिस्थितियों में भिन्न-भिन्न होता है। उदाहरण के लिए, जब हम कोई क्रिकेट मैच देखते हैं तो हमारा संदर्भ समूह वह देश या राष्ट्र होता है जहाँ हम रहते हैं न कि वह धार्मिक समूह जिसके हम सदस्य हैं। परिणामस्वरूप हम जिस समूह के सदस्य हैं वह समूह एक संदर्भ निर्मित करता है जिसके अनुरूप हम किसी संचार या किसी संदेश के प्रति अपनी प्रतिक्रिया व्यक्त करते हैं। संभवतः निर्वचनात्मक समुदाय उस समूह की सर्वाधिक उपयुक्त रूप में व्याख्या करते हैं जो विभिन्न मीडिया के संदेशों के प्रति हमारी प्रतिक्रियाओं को आयाम प्रदान करते हैं और प्रभावित करते हैं।

व्यापक जन-समुदाय का प्रतिनिधित्व करने वाला ऑडियन्स

व्यक्तियों की एक वृहत संख्या जो जन-समुदाय का निर्माण करती है, के सदस्य समाज के सभी वर्गों का प्रतिनिधित्व करते हैं। अतः ऐसा समूह एक विषमांग समूह या एक ऐसा समूह होता है जिसके सदस्यों के बीच काफी कम पारस्परिक संबंध होता है। यदि ये संगठित हों तो इस प्रकार निर्मित हुआ संगठन एक लचीला संगठन होगा। इसके सदस्य केवल मीडिया और संदेश के द्वारा ही परस्पर जुड़े होते है। दूसरे शब्दों में, यह एक मानव-मीडिया ऑडियन्स है तथापि यह जन-संचार के संदर्भ में एक अनियत अवधारणा है।

व्यापक जन-समुदाय को प्रभावित करने वाला ऑडियन्स उस ऑडियन्स समूह की तुलना में दीर्घकाल तक बना रहने वाला समूह है जो किसी व्याख्यान को सुनने या संगीतिक या रंगमंच के कार्यक्रम को देखने के लिए एकत्रित होते है किन्तु मुंबई या दिल्ली में किसी राजनेता द्वारा संबोधित की जाने वाली विशाल रैली या बैठक में भाग लेने के लिए संगठित हुए व्यक्तियों के समूह से भी यह समूह कई अर्थों में भिन्न होता है।

अतः व्यापक जन-समुदाय पद में अर्थ की परिशुद्धता का अभाव है और यह तभी मूर्त रूप ग्रहण करता है जब किसी विशिष्ट संदर्भ में प्रयुक्त हो तथा एक विशिष्ट प्रकार के आचरण, संस्था या ढाँचे से संबद्ध हो।

इसलिए हम कह सकते हैं कि व्यापक जन-समुदाय का प्रतिनिधित्व करने वाला ऑडियन्स शुद्ध अर्थों में व्यक्तियों का एक विशाल समूह है। यह नई प्रौद्योगिकी है जो संचार या संदेशों के व्यापक पैमाने पर सृजन और संयोजन का परिणाम है। ऑडियन्स या पाठकों की ठीक-ठीक संख्या, जिसके कारण व्यापक जन-संचार संभव होता है, सही रूप में बताई नहीं जा सकती किंतु यह संचार के अन्य साधनों जैसे कि किसी व्याख्यान या नाटक के मंचन को देखने-सुनने के लिए एकत्रित हुए

जन-समुदाय की संख्या की तुलना में काफी अधिक हो, यह अनिवार्य है।

व्यापक जन-समुदाय का प्रतिनिधित्व करने वाले ऑडियन्स की प्र ति

वास्तव में ऑडियन्स शब्द आज के इलेक्ट्रॉनिक्स युग की देन है। मैक क्वैल के शब्दों में "यह व्यक्तियों का एक समूह है जो समान हित से जुड़े होते हैं और एक जैसे व्यवहार या आचरण करते हैं और समान लक्ष्य की प्राप्ति हेतु क्रियाशील होते हैं, फिर भी, इसमें शामिल व्यक्ति एक दूसरे से अनजान होते हैं, उनके बीच केवल एक सीमित अन्योन्य संबंध होता है, अपने कार्यों से एक-दूसरे को अवगत नहीं कराते और केवल संगठित मात्र रहते हैं।"

ऐसा वृहत् राष्ट्रीय स्तर का ऑडियन्स समूह विश्व के विकसित देशों में पाया जाता है किन्तु ऐसा ऑडियन्स समूह अभी भारत जैसे विकासशील देशों में संगठित नहीं हुआ है। हमारे देश में स्थानीय ऑडियन्स हैं जो काफी हद तक नगरीय हैं और जो सामाजिक समूह के रूप में काम करते हैं तथा यह एक विशाल समूह के अन्दर स्थित एक छोटा समूह है और जन माध्यमों के साथ प्रत्यक्ष अन्योन्य संबंध बनाए हुए हैं।

भारत में स्थानीय ऑडियन्स स्वयं ही गतिशीलता प्राप्त किए हुए हैं। परिवार, जाति, धर्म, समुदाय, भाषा और व्यवसाय की कठिनाइयाँ और दबाव, एक नये प्रकार की सोच या नई जीवन शैली विकसित और स्थापित करने में जन माध्यमों की तुलना में अधिक प्रभावशाली भूमिका निभाते हैं।

मैक क्वैल के अनुसार, नए मीडिया से विशाल स्वत्वबोधक शक्ति की प्रत्याशा धूमिल हो गई है जिसका कारण है–पहला, असांतत्य की मिथ्या अवधारणा और दूसरा, विषय वस्तु की नवीनता से व्यापक रूप में बहकावे में आने के जोखिम की भ्रामक अवधारणा।

जनता और जनमत

जनता लोगों का एक ऐसा समूह है जो किसी मुद्दे पर पारस्परिक विचार-विनिमय करती है और भिन्न-भिन्न राय रखती है, संबंधित मुद्दे पर व्यापक चर्चा करती है ताकि एक सामूहिक राय बनाई जा सके जिसके द्वारा किसी समूह या व्यक्ति द्वारा अपनाई जाने वाली कार्य-प्रणाली को प्रभावित किया जा सकता है या कुपसवैन्सी के शब्दों में, यह किसी विशेष प्रकार की स्थिति के प्रतिक्रियास्वरूप संगठित हुए लोगों का एक स्वतः निर्मित समूह है।

जनता के सदस्यों को एक मंच पर कौन लाता है, इस संबंध में कोई एकमत नहीं है। इस संबंध में कोई निश्चित सिद्धांत नहीं है कि जनता में निहित व्यक्तियों की संख्या कितनी होगी और साथ ही कोई भी ऐसा स्थान नियत नहीं किया गया है जहाँ व्यक्तियों के एकत्रित होने पर उन्हें जनता कहा जाएगा। इस स्वतः निर्मित समूह के एकत्रीकरण या सम्मेलन का कोई बौद्धिक आधार नहीं होता। जनता अपनी राय जन-संचार के माध्यमों द्वारा निर्मित करती है तथा किसी मुद्दे पर जनता के लोगों में मतैक्य भी हो सकता है और भिन्न मत भी किन्तु मत निर्धारण हमेशा किसी मंच पर की गई खुली चर्चा द्वारा ही होता है, इसमें कोई दो मत नहीं है। यह लक्ष्योन्मुख होती है और समाज को अपने सामूहिक मत के अनुसार चलाने का प्रयास करती है। इस सामूहिक मत को जनमत (Public Opinion) कहते हैं।

तथापि जनता कोई सामाजिक या सम्मिश्र समूह नहीं है बल्कि यह एक हितबद्ध समूह है जो प्रायः भिन्न-भिन्न मतों के अनुसार चलती है। अधिसंख्यक जनसमूह तब तक लापरवाह, तटस्थ और असंबद्ध बना रहता है जब तक कि संबंधित मुद्दा उसकी जीवन शैली में आमूल परिवर्तन न लाता हो। उदाहरण के लिए, दुकानदार प्रायः सरकार के कार्यक्रमों और कार्य-प्रणालियों में कोई रुचि नहीं रखते किंतु जब आवश्यक वस्तुओं की जमाखोरी या चुंगी के विषय में कोई कानून पारित किया जाता है तो वे बंद का आह्वान करके अपना विरोध प्रदर्शन करने से नहीं चूकते। कॉलेज द्वारा परीक्षा शुल्क में वृद्धि कर दिए जाने पर छात्र विरोध पर उतर आते हैं। इसी प्रकार अन्य छोटे-छोटे हितबद्ध समूह भी जनता को अपने पक्ष में करके अपने हित के मुद्दों को प्रकाश में लाना चाहते हैं। जितना अधिक बेहतर रूप में ये समूह संगठित रहते हैं, उतना ही अधिक दबाव बनाने में वे सफल होते हैं और उतना ही प्रबल जनमत भी बनता है।

जनमत

किसी मुद्दे पर बड़ी संख्या में हितबद्ध समूहों में व्याप्त राय या मत को जनमत कहते हैं। इन समूहों में जनता के लोग शामिल होते हैं। जनमत के लिए यह आवश्यक नहीं है कि इसमें जनता के सभी वर्गों के प्रतिनिधि शामिल हों। कोई जनमत कितना प्रभावकारी है, यह विभिन्न कारकों पर निर्भर करता है जैसे कि जनमत को निर्मित करने वाले समूह का आर्थिक या सांस्कृतिक स्तर आदि।

ए.बी.शाह के अनुसार, प्रायः जनमत सरकार के मार्गदर्शन हेतु नागरिकों की किसी संस्था द्वारा पारित किया गया एक

सर्वसम्मत निर्णय न होकर एक निराशाजनक और प्रायः परस्पर विरोधी विचारों का प्रचार मात्र बनकर रह जाता है। यह जनता की आवाज बनकर विरले ही उभरता है। उदाहरण के लिए, भारतीय जनमत ने बांग्लादेश के मुक्ति संग्राम को भारत की सरकार द्वारा दिए गए समर्थन का साथ दिया किंतु इसी जनमत ने सरकार द्वारा देश में लगाए गए आपातकाल का विरोध भी किया।

सूचना का दो चरणों में प्रवाह–सूचना के प्रवाह का अपेक्षाकृत अधिक प्रभावी तरीका : विभिन्न विषयों पर जनमत तैयार करने में जन-संचार के माध्यम अत्यधिक महत्त्वपूर्ण भूमिका निभाते हैं। आरंभिक दौर में यह समझा जाता था कि जन-संचार के माध्यमों को जनता के लोगों तक अपनी बात सीधे पहुँचानी चाहिए तथा जो लोग जन माध्यमों की पहुँच से दूर हैं, उन लोगों का समूह एक पृथक् जन समुदाय निर्मित करता है।

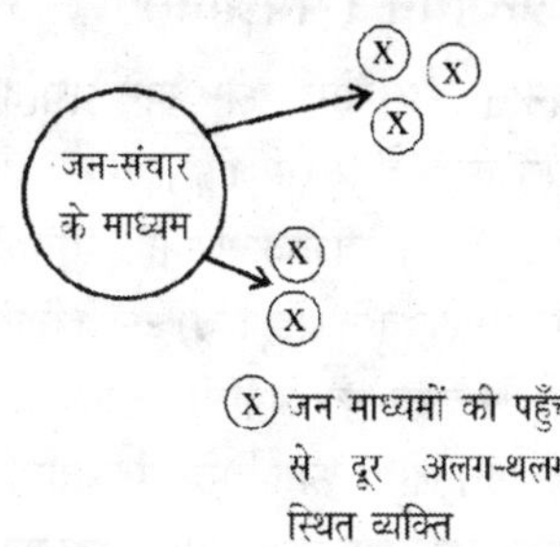

जन-संचार का आरंभिक मॉडल : बाद में सूचना के प्रवाह का उपर्युक्त मॉडल दो चरणों में प्रवाह के मॉडल में परिवर्तित हो गया।

दो चरणों में प्रवाह के मॉडल के अनुसार, विचारों का प्रवाह पहले मीडिया से अपना विचार या मत बनाने वाले समाज के सक्रिय लोगों तक होता है और तब उनसे यह विचार समाज के अपेक्षाकृत कम सक्रिय लोगों तक पहुँचता है। विचार या मत बनाने वाले लोग वे लोग होते हैं जो मीडिया के संदेश की अपने समूह के लोगों के लिए व्याख्या या निर्वचन करते हैं। ग्रामीण क्षेत्रों में ग्राम स्तरीय कार्यकर्ता विचार बनाने वाला व्यक्ति हो सकता है जबकि शहरी क्षेत्रों में यह कार्य नगर समिति के प्रमुखों द्वारा किया जाता है। ऐसे व्यक्ति सूचना की किस्म के संबंध में काफी चयनात्मक होते हैं। अंततः हम यह कह सकते हैं कि जन-संचार का माध्यम सामूहिक हित के किसी कार्य को अपने संपर्क सूत्रों या मित्रों और स्थानीय समुदाय की सहायता से पूरा करता है न कि किसी अलग-थलग रह रहे समाज की सहायता से।

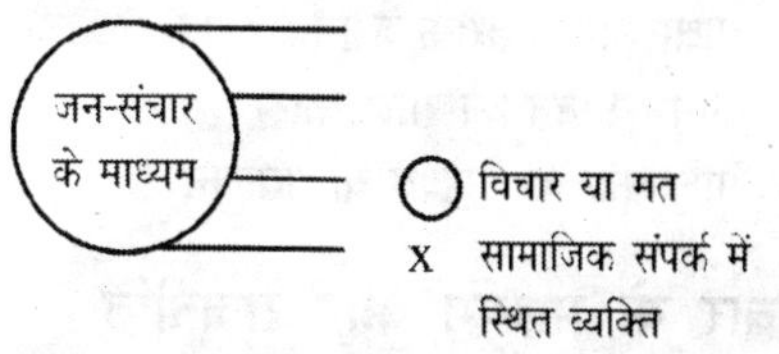

जनमत को जानने के लिए किए गए सर्वेक्षण : हमारे देश में जनमत को जानने के लिए सर्वेक्षण करने वाले विभिन्न प्रमुख संगठन हैं–ORG-MARG, IMRB, MRAS आदि। ये संगठन जनमत को जानने के लिए नियमित रूप से सर्वेक्षण अभियान चलाते हैं। इन सर्वेक्षणों से प्राप्त परिणाम सरकार को महत्त्वपूर्ण आँकड़ों के रूप में उपलब्ध कराए जाते हैं। प्रायः इस प्रकार के सभी परिणामों का मीडिया द्वारा व्यापक प्रचार किया जाता है। मत संग्रह हेतु यादृच्छिक नमूने लिए जाते हैं जैसे कि प्रत्येक क्षेत्र से कुछ सौ आँकड़े और सभी क्षेत्रों को मिलाकर लगभग 2000 या 3000 नमूने संगृहित किए जाते हैं। अब सांख्यिकी की आधुनिक प्रायिकता विधियों (Probability methods) की सहायता से नमूनों की परिशुद्धता का परिकलन करना संभव है। इन विधियों को प्रयोग में लाने के बावजूद त्रुटि लगभग 3-4 प्रतिशत रह जाती है। नमूना-संग्रहण में त्रुटि प्रायः जनमत प्राप्त करने के लिए ठीक ढंग से प्रश्नावली तैयार नहीं किए जाने और अपर्याप्त प्रतिचयन के कारण रह जाती है। आंकड़ों को सारणीबद्ध करने (Tabulation) और उनके विश्लेषण (Analysis) में भी त्रुटियाँ होती हैं।

भारत में जनमत संग्रहण की माँग में तेजी से वृद्धि हो रही है। विज्ञापन एजेन्सियाँ यह जानने का प्रयास करती हैं कि वे जिस कंपनी के लिए काम कर रही हैं उसकी जनता में बेहतर छवि बनाने में वे किस हद तक सफल हुई हैं। बड़े प्रकाशन समूह यह जानना चाहते हैं कि जनता की उनके उत्पाद (समाचारपत्र या पत्रिकाओं) के विषय में क्या राय है।

जनमत संग्रह का मूल्यांकन : जनमत संग्रह से प्राप्त आँकड़ों के विश्लेषण में जनता की राय या मत का मूल्यांकन करने के लिए निम्नलिखित बिंदुओ पर विचार किया जाता है :

(a) सर्वेक्षण का उद्देश्य
(b) प्रश्नों को सही परिप्रेक्ष्य में तैयार करना
(c) प्रतिचयन का आधार (प्रतिचयनित आबादी का प्रतिशत)
(d) प्रतिदर्श या नमूने का आकार (संख्या)
(e) त्रुटि की मात्रा

(f) साक्षात्कार के तरीके जैसे कि (डाक से, टेलीफोन पर, आमने-सामने का साक्षात्कार)

(g) साक्षात्कार का उद्देश्य या प्रयोजन

जन-संचार के माध्यम और राजनीति

राजनीतिक प्रक्रिया और जन-संचार के माध्यमों के बीच घनिष्ठ संबंध है। हमारे राजनेता अपने-अपने दलों के प्रचार हेतु जन-संचार के माध्यमों का अधिकाधिक उपयोग करते हैं।

इस संबंध में एक सर्वाधिक उल्लेखनीय तथ्य यह है कि जन-संचार के माध्यमों द्वारा नागरिकों को राजनीतिक दलों की नीतियों के मूल तत्त्व को समझने का माध्यम उपलब्ध कराना चाहिए। इसके अतिरिक्त उन्हें महत्त्वपूर्ण व्यक्तियों के कार्यों और विचारों को व्यापक प्रचार देकर प्रवर्धन या विस्तारण कार्य (Amplifying Function) करना चाहिए तथा जनता के लिए सूचना के एक सर्वनिष्ठ कोष (Common Fund of Information) के रूप में काम करना चाहिए। इसके साथ ही, जन-संचार के माध्यमों को मानक उपलब्ध कराने के प्रयास करने चाहिए जिनके द्वारा राजनीतिक कार्यों की समीक्षा की जा सके। उन्हें एक सर्वमान्य ढाँचा उपलब्ध कराने की दिशा में कार्य करने चाहिए जिसका लोकतांत्रिक प्रणाली में शासकों और शासितों दोनों द्वारा निश्चत ही अनुपालन करना चाहिए किंतु वास्तविकता यह है कि जन-संचार के माध्यम सामाजिक महत्त्व के विभिन्न मुद्दों पर प्रायः खंडित और सतही अवधारणा अभिव्यक्त करते हैं।

इसके अतिरिक्त, संभवतः शहरों में छोड़कर, मीडिया द्वारा राष्ट्रीय या राज्य स्तरीय चुनावों में कोई अधिक प्रभावशाली भूमिका नहीं निभाई जाती। इसका एक कारण यह है कि जन-संचार के माध्यमों का प्रसार बहुत हद तक शहरी क्षेत्रों तक सीमित है। इसके साथ ही स्थानीय नेता भी मीडिया के प्रभाव को निर्धारित करते हैं। जन संचार के माध्यमों का सीमित प्रभाव वर्ष 1977, 1980 और 1985 के आम चुनावों के परिणामों में देखा गया। सरकारी और निजी दोनों मीडिया चैनलों ने आपातकाल के लाभों को काफी बढ़ा-चढ़ा कर प्रस्तुत किया। इसके बावजूद सत्तासीन कांग्रेस पार्टी को चुनावों में भारी नुकसान उठाना पड़ा। इसी प्रकार, चुनाव के बाद सत्ता में आई जनता पार्टी ने "आपातकाल की ज्यादतियों" को उजागर करने में कोई कमी नहीं छोड़ी। फिर भी 1980 के आम चुनाव में देश पर आपातकाल थोपने वाली कांग्रेस पार्टी ही फिर से पूर्ण बहुमत के साथ सत्ता में आ गई। वर्ष 1989 में तमिलनाडु विधान सभा के लिए कराए गए चुनाव में प्रसारण मीडिया ने इंदिरा कांग्रेस का प्रचार करने का हर संभव प्रयास किया किन्तु डीएमके पार्टी बड़ी सरलता से वह चुनाव जीत गई। ऐसा प्रेस की ग्रामीण क्षेत्रों और निर्धन वर्ग के लोगों तक सीमित पहुँच होने के कारण हुआ। अतः मीडिया राजनीतिक दलों और नेताओं के बारे में अपने अनुभवों और विचारों से अवगत कराकर जनता की सहायता करती है जिसका चुनाव परिणामों पर अत्यधिक महत्त्वपूर्ण प्रभाव पड़ता है।

अतः ऐसा प्रतीत होता है कि जन-संचार के माध्यम निश्चित ही राजनीतिक शिक्षण में महत्त्वपूर्ण भूमिका निभाते हैं किंतु वे अपेक्षाकृत अधिक शक्तिशाली कारकों जैसे कि जाति, समुदाय और धर्म आदि के सामने शक्तिहीन हो जाते हैं तब जनता जन-संचार के माध्यमों की अधिक गंभीरता पूर्वक समीक्षा करके अपनी राय बनाती है।

प्रचार और प्रत्यायन (समझाना)

प्रत्यायन मित्र बनाने और लोगों को अपने प्रभाव में लेने की कला है। यह ऐसी कला है जिसमें किसी प्रकार के बल प्रयोग या जोर-जबरदस्ती की आवश्यकता नहीं होती। इसमें पूर्व अनुकूलता या किसी पूर्ववृत्ति (झुकाव) को इंगित करने वाले कारकों जैसे कि भावनात्मक अपीलों, तथ्यपरक तर्कों और विश्वस्त स्रोतों के प्रति लोगों की प्रतिक्रिया अंतर्निहित होती है।

यह मीडिया से जुड़े लोगों द्वारा आम जनता को अपनी सोच के अनुसार सोचने या विचार करने के लिए तैयार कर लेने जितना सरल नहीं है। जन-संचार प्रायः सामाजिक प्रवृत्ति या कार्यों में कोई उल्लेखनीय परिवर्तन लाने में विफल रहता है। जन-संचार के माध्यम प्रायः यथा स्थिति से अवगत कराने और परिस्थिति में कोई परिवर्तन किए बिना सूचना प्रदान करने का काम करते हैं। ये सामाजिक परिवर्तन हेतु किसी प्रमुख कारक का काम नहीं करते।

प्रचार : प्रचार विभिन्न प्रतीकों जैसे कि शब्दों, भावभंगिमाओं, झंडों, काल्पनिक चित्रों, स्मारकों, संगीत तथा लोगों की मान्यताओं, मूल्यों और व्यवहारों के संदर्भ में उनके विचारों या क्रियाकलापों द्वारा आम जनता को प्रभावित करना है। अतः प्रचार कोई बिना सोचे-समझे, बिना किसी कार्यनीति को अपनाए जाने वाला अनुदेशात्मक संचार नहीं है तथा यह विचारों के मुक्त विनिमय से भिन्न है। प्रचारकर्ता अपनी मान्यताओं और मूल्य प्रणाली तथा उन्हें दूसरों तक पहुँचाने की आवश्यकता पर कभी संदेह व्यक्त नहीं करता।

ब्लादिमिर लेनिन ने 'प्रचार' और आंदोलन में अंतर स्पष्ट किया है। उसके अनुसार प्रचार शिक्षित और तर्कशक्ति से युक्त व्यक्तियों को प्रभावित करने के लिए दर्शन शास्त्र, इतिहास और विज्ञान से तर्कों का युक्तियुक्त प्रयोग है। इसके विपरीत, आंदोलन में भावनात्मक नारों का प्रयोग किया जाता है जबकि अशिक्षित, अर्ध-शिक्षित और तर्कहीन लोगों को प्रभावित करने के लिए धर्म शास्त्रों में उल्लिखित छोटी-छोटी शिक्षाप्रद कथाएँ ही पर्याप्त होती हैं। तथापि, प्रचार या आंदोलन के प्रति लोगों की प्रतिक्रिया उतनी सहज और सरल नहीं होती जितनी प्रायः कही जाती है। अधिकांश मामलों में जनता द्वारा प्रचारक की आवधारणा के अनुकूल प्रतिक्रिया व्यक्त की जाती है किंतु जब व्यक्ति और समूहों द्वारा मीडिया के संदेशों का विशेषकर ऐसे संदेशों का जिन पर वे विश्वास नहीं करते, विरोध करते हैं तो वैसे व्यक्ति और समूहों की प्रतिक्रिया मीडिया की अपेक्षाओं के अनुकूल नहीं होती।

ऑडियन्स की प्रत्याशा

जन-संचार के माध्यमों से प्रसारित संदेशों की स्वीकार्यता कितनी होगी, यह ऑडियन्स की आरंभिक प्रत्याशा पर निर्भर करती है। उदाहरण के लिए, जब सरकार या नीति निर्माता संगठन की ओर से कोई आदेश या अनुदेश जारी किया जाता है तो उसकी स्वीकार्यता का स्तर काफी अधिक होता है। इसका कारण यह है कि ऑडियन्स यह चाहता है कि संदेश का प्रेषक संदेश प्रेषित करके उसकी सहायता करे। किसी प्रत्यायन (समझाने-बुझाने) की स्थिति में प्रत्याशा में यदि कमी हो तो स्वीकार्यता में भी कमी आती है। इसके अतिरिक्त कुछ लोग अन्य की तुलना में सरलतापूर्वक प्रत्यापित (समझाए) जा सकते हैं और उन्हें कोई बात मानने के लिए आसानी से तैयार किया जा सकता है। उदाहरण के लिए, शिक्षित व्यक्तियों को द्विपक्षीय सटीक तर्कों के आधार पर अधिक प्रभावी रूप से समझाया जा सकता है जबकि अशिक्षित और सूचना शून्य व्यक्तियों को समझाने के लिए एकपक्षीय तर्क ही पर्याप्त होते हैं। किसी भी व्यक्ति या समाज की प्रवृत्ति में परिवर्तन तत्काल नहीं होता बल्कि इसमें कुछ समय लगता है।

ऑडियन्स मापन कार्यक्रम का मूल्यांकन

आकाशवाणी और दूरदर्शन दोनों द्वारा अपने प्रमुख उत्पादन केन्द्रों में ऑडियन्स (श्रोता/दर्शक) अनुसंधान एकक (Audience Research Units) स्थापित किए गए हैं। प्रत्येक प्रोडक्शन केंन्द्र में एक अनुसंधान प्रकोष्ठ होता है जिसका प्रमुख एक श्रोता/दर्शक अनुसंधान अधिकारी होता है जिसकी सहायता के लिए छह या सात अनुसंधान कर्मचारी नियुक्त होते हैं। आकाशवाणी और दूरदर्शन द्वारा प्रयुक्त अनुसंधान विधियों में श्रोताओं और दर्शकों की संख्या का सर्वेक्षण (स्थूलतः परिमाणात्मक), सूचना अग्रेषण अध्ययन और बाजार सर्वेक्षण आदि निहित होता है।

श्रोता/दर्शक सर्वेक्षण–टेलीविजन दर्शकों के सर्वेक्षणों हेतु प्रयुक्त तीन सर्वाधिक सामान्य विधियाँ हैं–प्रत्याह्वान विधि (Recall Method), उपभोक्ता बैंड (साधारण विधि) और जनता मीटर (जिन्हें पहले टैममीटर के नाम से जाना जाता था)। मीटरों को सीधे टेलीफोन लाइनों से जोड़ा जा सकता है जो केंद्रीय कंप्यूटरों से जुड़े होते हैं। जनता मीटरों का सर्वप्रथम उपयोग 1988 में किया गया था किन्तु एजेन्सियों ने 1995 में केबल और उपग्रहों से टेलीविजन कार्यक्रमों का प्रसारण शुरू होने के बाद दर्शकों की संख्या के संबंध में सर्वेक्षण हेतु मीटरों का उपयोग आरंभ किया। प्रायः इस प्रकार से यांत्रिक अभिलेखन के साथ ही दर्शकों की प्रतिक्रिया जानने के लिए पैनल सर्वेक्षण और साक्षात्कार भी शुरू किया गया। भारतीय बाजार अनुसंधान ब्यूरो (Indian Market Research Bureau, IMRB) और ओआरजी-एमएआरजी (ORG-MARG) ने देश के महानगरों में जनता मीटरों (People Meters) का प्रयोग आरंभ किया।

IMRB और ORG-MARG दोनों का यह दावा है कि उनके जनता मीटर 16-18 अतिथि दर्शकों को समायोजित कर सकते हैं और यह भी कि वे 99 तक की संख्या में चैनलों की मॉनीटरिंग कर सकते हैं। IMRB का ए सी नेलसन (AC-Nelson) के साथ तकनीकी समझौता है जबकि MARG एक डच कंपनी VENU के साथ मिल कर स्थापित की गई एक संयुक्त उद्यम कंपनी है।

आकाशवाणी, दूरदर्शन और कुछ बाजार अनुसंधान एजेन्सियाँ उपभोक्ता पैनल विधि का प्रयोग करती हैं। संवाददाताओं के एक पैनल से यह अनुरोध किया जाता है कि वे एक निश्चित अवधि तक अपने-अपने प्रेक्षण का रिकॉर्ड रखें। इस विधि में त्रुटि यह है कि इसमें विश्वसनीयता और वैधता की कमी रहती है।

दूरदर्शन कार्यक्रमों की रेटिंग का परिकलन टेलीविजन रेटिंग प्वाइंट्स (TRP) द्वारा किया जाता है जहाँ एक टीआरपी 1064 लाख वयस्कों के बराबर होता है। IMRB साप्ताहिक आधार पर TRP उपलब्ध कराता है जबकि ORG-MARG केबल और

उपग्रह टेलीविजन दर्शकों की संख्या की माप (TV Audience Measurement) करते हैं। दूरदर्शन की दर्शक अनुसंधान टीम ने अब दर्शकों की संख्या और टेलीविजन कार्यक्रमों की रेटिंग की माप करने के लिए बाजार अनुसंधान एजेन्सियों के साथ समझौता किया है। दूरदर्शन की दर्शक अनुसंधान टीम में देश भर के 33 शहरों में 4700 व्यक्तियों को शामिल किया गया है किंतु यह टीम प्रत्येक सप्ताह 20 शहरों को कवर करती है।

पाठकों की संख्या संबंधी सर्वेक्षण

ऑपरेशन रिसर्च ग्रुप (ORG) या भारतीय बाजार अनुसंधान ब्यूरो (IMRB) द्वारा कुछ-कुछ वर्षों के अंतराल पर राष्ट्रीय स्तर पर पाठकों की संख्या संबंधी सर्वेक्षण किए जाते हैं। बहुराष्ट्रीय एडवरटाइजिंग एजेन्सी हिंदुस्तान थॉमसन एसोसिएट्स भी भारत की विज्ञापन एजेंसियों, राष्ट्रीय प्रेस तथा आकाशवाणी और दूरदर्शन को शामिल करके बनाए गए एक संघ-संगठन की ओर से भी राष्ट्रीय स्तर पर पाठकों की संख्या संबंधी सर्वेक्षण किए जाते हैं। राष्ट्रीय पाठक सर्वेक्षण संगठन द्वारा प्रमुख भारतीय दैनिक, साप्ताहिक, पाक्षिक और मासिक पत्र-पत्रिकाओं के पाठकों की संख्या का पूरे देश भर के नगरों और शहरों में सर्वेक्षण किया जाता है।

पाठकों की संख्या के संबंध में राष्ट्रीय स्तर पर किया गया सर्वेक्षण देश में अपने किस्म का एक सर्वाधिक पूर्ण सर्वेक्षण समझा जाता है। यह पाठकों की संख्या, रेडियो कार्यक्रमों को सुनने वालों की संख्या तथा सिनेमा और टेलीविजन के दर्शकों की संख्या के संबंध में एक संपूर्ण आँकड़ा उपलब्ध कराता है जो इसके प्रयोक्ताओं (उपभोक्ताओं) को कंप्यूटर डिस्कों पर उपलब्ध कराया जाता है। अब तक पाठकों की संख्या के संबंध में छह राष्ट्रीय सर्वेक्षण किए गए हैं। इस संबंध में पहला सर्वेक्षण ऑपरेशन रिसर्च ग्रुप (ORG) द्वारा वर्ष 1970 में किया गया था जिसे इंडियन सोसायटी ऑफ एडवरटाइजर्स एंड दि एडवरटाइजिंग द्वारा प्रायोजित किया गया था।

एजेन्सीज एसोसिएशन ऑफ इंडिया

पाठकों की संख्या के संबंध में दूसरा राष्ट्रीय सर्वेक्षण ORG और IMRB द्वारा एक साथ मिलकर 1977 में किया गया था, जबकि इस संबंध में तीसरा सर्वेक्षण IMRB और MARG द्वारा कराया गया। इन दोनों ही सर्वेक्षणों में ग्रामीण भारत से संबंधित आँकड़े नहीं जुटाए गए।

सर्वेक्षण का यह परिणाम निकला कि प्रेस की पहुँच लगभग आधी शहरी वयस्क आबादी तक है। इसके पाठकों की संख्या में पुरूषों की संख्या (60%) की तुलना में महिलाओं की संख्या (30%) काफी कम है। इसके अतिरिक्त इससे यह जानकारी भी मिली कि देश धीरे-धीरे एकल मीडिया के परिवेश से बहुल मीडिया परिवेश (Multi Media Environment) में प्रवेश कर रहा है। इस संबंध में चौथा सर्वेक्षण IMRB द्वारा 1990 में किया गया किंतु ORG ने एक वर्ष पहले एक समांतर सर्वेक्षण किया था। इस चौथे सर्वेक्षण में देश के शहरी और ग्रामीण दोनों क्षेत्रों को शामिल किया गया तथा इसमें प्रिंट और इलेक्ट्रॉनिक दोनों मीडिया एवं विडियो और केबल दर्शकों से संबंधित आँकड़े भी जुटाए गए। परिवारों का वर्गीकरण सामाजिक प्रतिष्ठा के आधार पर किया गया न कि आय के आधार पर। ऐसा ही पाचवाँ सर्वेक्षण 1995 में किया गया और छठा सर्वेक्षण 1997 में किया गया।

1997 में किया गया सर्वेक्षण नेशनल रीडरशिप स्टडीज काउंसिल द्वारा बाजार अनुसंधान एजेन्सियों के एक संघ द्वारा किया गया जिसमें IMRB, MODE और AC Nelson शामिल थे। इसी संघ ने 1995 में भी सर्वेक्षण कराया। इस सर्वेक्षण में 520 शहरों में 131568 वयस्कों से साक्षात्कार किया गया तथा 166 दैनिक समाचारपत्रों और 231 पत्रिकाओं के पाठकों की संख्या का पता लगाया गया।

जहाँ तक समाचारपत्रों और पत्रिकाओं के पाठकों की संख्या का संबंध है, सर्वेक्षण से यह पता चला कि 41% शहरी आबादी इनके नियमित पाठक हैं। हालांकि हिन्दी (18%) सर्वाधिक पढ़ी जाने वाली भाषा बनी, केवल 12% शहरी भारतीय ही अंग्रेजी पत्र-पत्रिकाएं पढ़ते हैं और 20% शिक्षित शहरी भारतीय कोई भी पत्र पत्रिका नहीं पढ़ते।

भारतीय पाठक सर्वेक्षण

राष्ट्रीय पाठक सर्वेक्षण (NRS) में पूर्णतः शहरी जनसंख्या का सर्वेक्षण किया गया जबकि भारतीय पाठक सर्वेक्षण (IRS) में ग्रामीण और शहरी सभी जनसंख्या को शामिल किया गया। IRS द्वारा पहला सर्वेक्षण 1995 में किया गया तथा बाद में 1997 और 1998 में भी यह सर्वेक्षण किया गया किंतु NRS के समान ही IRS में भी मस्तूल-शिखर विधि (Mast Head Method) प्रयोग में लाई गई जिसमें शहरी या ग्रामीण जनता को समाचारपत्र-पत्रिकाओं का शीर्षक/प्रतीक चिह्न (लोगो) दिखा कर पूछा जाता है कि क्या आपने इसे देखा है? क्या आपने इस पत्र या पत्रिका को कल (दैनिक समाचारपत्र के संबंध में) या पिछले पखवाड़े (पाक्षिक पत्रिका के संबंध में), पढ़ा है? NRS और IRS द्वारा पाठन हेतु नवीनतम तकनीक (Recent Reading Technique) का भी प्रयोग किया जाता है।

आई आर एस का वार्षिक प्रतिदर्श आकार 209, 076 है तथा इस सर्वेक्षण में शहरी और ग्रामीण क्षेत्रों के बाजारों से जुड़े 12 वर्ष की आयु प्राप्त कर चुके सभी व्यक्तियों को शामिल किया गया।

यह सर्वेक्षण टेलीविजन के दर्शकों की संख्या और किसी चैनल विशेष की लोकप्रियता का भी अध्ययन करता है।

पाठकों की संख्या संबंधी सर्वेक्षण की सीमाएं

इस संपूर्ण बाजार पर आधारित सर्वेक्षणों के विरुद्ध अनेक प्रश्न पूछे जा सकते हैं। यह स्पष्ट है कि प्रतिदर्श, चाहे उसका आधार कितना भी व्यापक क्यों न हो, चयनात्मक और शहरोन्मुख प्रतीत होते हैं। ग्रामीण क्षेत्रों में युवा शक्ति, विशेषकर दक्षिणी राज्यों में जहाँ साक्षरता का स्तर राष्ट्रीय औसत से अधिक है, प्रकाश में नहीं आ पाती।

अतः इस बात पर विचार करते हुए कि भारत की 77% से अधिक आबादी ग्रामीण है, हम किसी भी दृष्टि से यह नहीं कह सकते कि ऐसे शहरोन्मुखी सर्वेक्षण राष्ट्रीय सर्वेक्षण हैं।

भारतीय पाठक सर्वेक्षण (आई आर एस, IRS) ग्रामीण पाठकों को शामिल करता है किन्तु यह NRS के समान ही सतही बना हुआ है क्योंकि पाठकों की परिभाषा के संबंध में इनकी परिभाषा एक जैसी है और इस सर्वेक्षण में भी बाजारोन्मुख प्रश्न ही पूछे जाते हैं! NRS और IRS दोनों ही व्यक्तियों को गिनने से अधिक ऊपर नहीं जा पाते जो विज्ञापन और विपणन एजेन्सियों के लिए कुछ हद तक महत्त्वपूर्ण हैं क्योंकि इसी प्रकार हम पाठकों की संख्या के बारे में अनुमान लगा सकते हैं। मीडिया के योजनाकार, अपनी विज्ञापन नीतियों को तैयार करने में इस पर पूर्णतः निर्भर करते हैं।

वस्तुनिष्ठ प्रश्नावली

1. यदि मीडिया का प्रयोग किसी उत्पाद को बेचने के लिए किया जाता है तो .... संबंधित उत्पादों या सेवाओं का संभावित बाजार होगा।

A. मीडिया ऑडियन्स B. मीडिया रिसर्च
C. मीडिया इथिक्स D. विज्ञापन

2. किनके अनुसार–'जनमत सरकार के मार्गदर्शन हेतु नागरिकों की किसी संस्था द्वारा पारित किया गया सर्वसम्मत निर्णय न होकर परस्पर विरोधी विचारों का प्रचार मात्रा है'?

A. मैक्वेल B. ए.बी. शाह
C. ब्लादिमीर लेनिन D. वीबर

3. भारतीय बाजार अनुसंधान ब्यूरो और ओआरजी एमएआरजी ने निम्नलिखित में से किसका प्रयोग आरंभ किया?

A. ट्रांसमीटर B. जनता मीटर
C. पोस्टर D. प्रचार

4. जनता मीटर का सर्वप्रथम प्रयोग किस वर्ष आरंभ हुआ?

A. 1972 B. 1977
C. 1980 D. 1988

5. जनमत का मूल्यांकन करने के लिए किन बिंदुओं पर विचार किया जाता है?

A. सर्वेक्षण का उद्देश्य
B. प्रश्नों को सही परिप्रेक्ष्य में तैयार करना
C. त्रुटि की मात्रा
D. उपरोक्त सभी

6. दूरदर्शन कार्यक्रमों की रेटिंग का परिकलन .... के द्वारा किया जाता है।

A. ट्रांजिट रेटिंग प्वाइंट
B. ट्रांसमिशन रेटिंग पावर
C. टेलीविजन रेटिंग प्वाइंट्स
D. उपरोक्त में से कोई नहीं

7. दर्शकों की संख्या का माप .... करते हैं।

A. IMRB B. ORG-MARG
C. BMW D. PIXL

उत्तरमाला

1	2	3	4	5	6	7
A	B	B	D	D	C	B

11

पत्रकारिता का इतिहास
(History of Journalism)

समाचारपत्रों का आज का स्वरूप यूरोपीय मूल का है किन्तु यूरोप में भी समाचारपत्रों का उचित स्वरूप 19वीं शताब्दी के आरंभ में ही उभरा।

यूरोप में समाचारपत्रों से पहले दीवारों पर पोस्टर चिपकाने का प्रचलन था जिसका आरंभ सर्वप्रथम इटली के शहर वेनिस में वर्ष 1865 में हुआ। इन पोस्टरों को सार्वजनिक स्थलों पर चिपका दिया जाता था। जो लोग उन्हें पढ़ना चाहते थे उनसे बहुत कम मूल्य का सिक्का जिसे गजेटा (Gazetta) कहते थे, वसूला जाता था। इससे दीवारों पर चिपकाए जाने वाले समाचारपत्रों का गजट (Gazetta) नाम पड़ा जो आज भी प्रचलन में है। ऐसे गजट काफी लोकप्रिय हुए। वेनिस के एक मजिस्ट्रेट द्वारा डलमटिया (Dalamatia) में हुए एक युद्ध का विवरण गजट के माध्यम से प्रकाशित किया गया। इन "गजटों" के तीस खंड फ्लोरेन्स के एक पुस्तकालय में सुरक्षित रखे गए हैं।

चीन में दूसरी शताब्दी में कागज का निर्माण किया गया किन्तु इसका प्रचलन यूरोपीय देशों में 16वीं शताब्दी तक नहीं हो सका। रिकार्ड में यह मिलता है कि चीन के सम्राट के परिवार का एक सदस्य कागज का इस्तेमाल करता था। कॉक्सटन ने, जो एक समृद्ध व्यापारी था, मुद्रण की कला को इंग्लैंड लाया। इसके 21 वर्ष पश्चात् मेन्ज में पहली पुस्तक बाइबिल मुद्रित की गई। कॉक्सटन ने लंदन में ब्रिटेन की संसद के निकट अपना प्रिंटिंग प्रेस स्थापित किया जहाँ उसने बहुत अधिक संख्या में पुस्तकें और पुस्तिकाएं मुद्रित की। 16वीं शताब्दी में ये समाचारपत्र या तो विदेशी समाचारों के होते थे या फिर उन्हें खरीदने वाले लोगों की रुचि के समाचारों को एकत्रित करने के लिए लंदन में पुस्तक विक्रेताओं द्वारा नियुक्त लिपिकों (Scribes) द्वारा लिखे गए होते थे। विदेशी समाचारपत्र मुख्यतः इटली से आता था जो तब एक समाचार संग्रहण केंद्र था। यहां समाचार सभी यूरोपीय देशों से आता था तथा सूचनाओं को जिन शहरों में उत्पन्न होते थे उनके नाम पर श्रेणीबद्ध किया जाता था। इन सूचनाओं के नियमित ग्राहकों को, जिनमें संपूर्ण यूरोपीय देशों के राजनयिक और व्यवसायी शामिल थे, समाचार या सूचना पत्र व्यक्तिगत तौर पर भेजे जाते थे।

मुद्रण की कला भी चीन में ही विकसित हुई। सन् 868 ई. में वांग चियेन ने सर्वप्रथम ब्लॉक बना कर एक पुस्तक प्रकाशित की जिसकी प्रतियाँ आज भी सुरक्षित हैं। अक्षरों को अदल-बदल कर बनाए जा सकने वाले ब्लॉकों का प्रयोग सर्वप्रथम एक अन्य चीनी व्यक्ति पी चेन्ग ने सन् 1045 में किया। चीनी मुद्रण कला का प्राचीनतम साक्ष्य ''डायमंड सित्र'' नामक एक बौद्ध धर्मग्रंथ है जिसे सन् 868 ई. में प्रकाशित किया गया था। तब लकड़ी के ब्लॉकों पर अक्षर उत्कीर्ण किए जाते थे और इस प्रकार तैयार ब्लॉक पर स्याही फैलाया जाता था और तब उस पर कागज रख कर दबाया जाता था। स्याही का निर्माण काजल और राल या गोंद को मिश्रित करके किया जाता था।

यूरोप में, जर्मनी निवासी-जोहान्न ग्यूटेनबर्ग ने 15वीं शताब्दी के मध्य में मेन्ज में सबसे पहली ढलवाँ धातु की चल प्रिंटिग मशीन (Movable Priting Machine) निर्मित की। केंट के विलियम कॉक्सटन ने 1476 में इग्लैंड में पहला प्रिंटिंग प्रेस स्थापित किया।

वर्ष 1655 में ऑक्सफोर्ड गजट प्रकाशित होने के साथ ही, जिसका संपादन मड्डिमैन द्वारा किया गया, पत्रकारिता के एक नए युग का सूत्रपात हुआ। यह पहली आवधिक पत्रिका थी जो वास्तविक समाचारपत्र के काफी सदृश थी। इसे राजकीय प्राधिकार द्वारा सप्ताह में दो बार छापा जाता था तथा इसके 24

अंक प्रकाशित हो जाने के बाद यह "लंदन गजट" कहलाने लगा। इसका प्रकाशन 20वीं शताब्दी तक जारी रहा।

17वीं शताब्दी में यूरोप में समाचारपत्र के लिए तकनीकी और प्रशासनिक ढाँचा स्थापित हुआ तथा 19वीं शताब्दी में समाचारपत्रों का दैनिक प्रकाशन आरंभ होने और विविध समाचारों से युक्त होने से इसने अपना संपूर्ण स्वरूप प्राप्त किया। सरकार में पार्टी (दल) प्रणाली विकसित होने पर पत्रकारिता की गति में तेजी आई। पार्टी प्रणाली उस समय उभरी जब समाचारपत्र सरकार में अधिकाधिक रुचि लेने वाले लोगों के राजनीतिक-सामाजिक मामलों को प्रभावित करने के एक प्रभावशाली घटक के रूप में काम करने लगे थे। समाचारपत्रों के प्रकाशन के आरंभिक दिनों का एक उल्लेखनीय तथ्य यह है कि इसने आरंभ में ही एक विशाल भौगोलिक क्षेत्र की घटनाओं को कवर करना शुरू कर दिया था और समाचारपत्रों की रिपोर्टिंग या लेख केवल किसी छोटे स्थानीय क्षेत्र से ही संबंधित नहीं होते थे।

जैसा कि एक विद्वान ने कहा है, "यूरोपीय समाज में समाचारपत्रों ने प्रत्येक शिक्षित नागरिक के समक्ष संपूर्ण सार्वजनिक घटनाओं की तस्वीर प्रस्तुत की जिन्हें कोई व्यक्ति अकेले स्वयं न तो देख सकता है और न ही समझ सकता है। इसने यूरोपीय महाद्वीप और संपूर्ण विश्व के संदर्भ में अपने समाज का समीक्षात्मक विवरण प्रस्तुत किया।''

जब सरकारी प्राधिकारियों ने समाचारों को छापने और प्रकाशित करने का महत्त्व समझा तो उन्होंने प्रेस पर अपना मजबूत शिकंजा कसा और तब लाइसेंस के बिना कुछ भी प्रकाशित करना संभव नहीं रह गया। यही वह समय था जब ऐसे लोगों जिनका यह दावा था कि लोगों को जानने का अर्थात् सूचना प्राप्त करने का अधिकार है और स्वयं से संबंधित मामलों में सब कुछ कहने का और कुछ भी नहीं कहने का अधिकार है तथा ऐसे लोगों को जो सूचना को सेंसर करना और अपने हितों को सिद्ध करने के लिए उनका उपयोग करना चाहते थे, के बीच एक अनकहा युद्ध शुरू हुआ।

इस स्थिति का वर्णन करते हुए एक अंग्रेज विद्वान ने कहा, ''17वीं शताब्दी के विश्व ने लेखक को दो संभाव्य शैलियों, सत्य और असत्य को प्रस्तुत करने से रोका। सत्य कहाँ है–किस पक्ष में है–इसे जान पाना सरल नहीं था जिससे प्राधिकारियों (चाहे वे शासकीय हो, परंपरागत या आध्यात्मिक) के लिए पथ-प्रदर्शक बनना अपरिहार्य हो गया था। प्रेस को लाइसेंस प्रणाली के अधीन लाने के विरुद्ध जो तर्क दिए गए वे सेंशरशिप के विरुद्ध नहीं होकर पूर्णतः उस प्रक्रिया के विरुद्ध थे जो सत्य और असत्य को एक खुली प्रतिस्पर्धा में एक-दूसरे के सामने आने से रोक रही थी।

11 मार्च, 1702 को लंदन में पहला दैनिक समाचारपत्र प्रकाशित हुआ जिसका नाम ''डेली कोवरेण्ट'' (Daily Covorrant) था। इसे एल मौलेट द्वारा प्रकाशित किया गया था और बेचा गया था किंतु इस समाचारपत्र का प्रकाशन कुछ दिनों में ही बंद हो गया। तथापि इसे सैम्युएल बकले द्वारा पुनर्जीवित किया गया जिसने इसे एक महत्त्वपूर्ण समाचारपत्र का स्थान दिलाया। उसने पत्रकारिता के मानक पर बल दिया जो एक ऐसी बात थी जो उस दौड़ में एक सर्वथा नवीन अवधारणा थी।

18वीं शताब्दी में इंग्लैंड में कुछ महान लेखकों और पत्रकारों का उदय हुआ, जैसे कि डैनियल डेफो (रॉबिन्सन क्रुसो के रचयिता), जोनाथन स्विफ्ट (गुलिवर की यात्राएं, (Gullivers Travels) और हेनरी फिल्डिंग। डेफो सम्भवतः उस काल के सर्वाधिक प्रमुख अंग्रेज पत्रकार थे। उसने साप्ताहिक "रिव्यू" को मुद्रित और संपादित किया। प्रसिद्ध निबंधकार स्टील और एडीसन ने टेटलर और स्पेक्टेटर आरंभ की। डॉ. सेम्युएल जॉनसन अपनी पत्रिकाएँ दि रैम्बलर और आइडलर निकाल रहे थे। स्वयं जॉनसन आरंभिक दौर के संसदीय मामलों के रिपोर्टर थे।

एक लेखक के अनुसार, ''18वीं शताब्दी के आरंभिक वर्षों में साहित्यिक दशा ऐसी नहीं थी कि पत्रकारिता को रुचिकर और साथ ही लाभकारी भी बनाया जा सके। अनेक अन्य उपन्यासकारों, निबंधकारों तथा नाटककारों और कवियों ने समाचारपत्रों में लिखा और पत्रकार कहलाए तथा लेखन और रिपोर्टिंग के स्तर को काफी ऊँचाई तक पहुँचाया।

सुव्यवस्थित रिपोर्टिंग प्रणाली की शुरुआत

19वीं शताब्दी के आरंभ में भाषणों और परिचर्चाओं की व्यवस्थित रिपोर्टिंग का युग आरंभ हुआ तथा आशुलिपि (Short Hand) के प्रयोग से रिपोर्टिंग की कला ने एक विज्ञान का रूप ग्रहण किया। जैसा कि एक विद्वान ने कहा है, ''आशुलिपि'' पत्रकारिता की तकनीक की लंबी श्रृंखला का प्रथम अध्याय था जिसने पाठकों में पत्रकारिता के प्रति वास्तविकता का आभास

कराया। आशुलिपि में पूर्णतः सक्षम रिपोर्टर के संबंध में ऐसा प्रतीत होता था कि उसने लगभग अलौकिक शक्ति प्राप्त कर ली है। आशुलिपि को कुछ उसी प्रकार की सामाजिक श्रेष्ठता प्राप्त हुई जैसा कि बाद के समय में माइक्रोफोन और टेलीविजन को प्राप्त हुई। आशुलिपि की विभिन्न पद्धतियों को स्वीकार करने पर अंततः पिटमैन द्वारा पूर्णता प्रदान की गई आशुलिपि प्रणाली का विश्व भर में प्रयोग किया जाने लगा और रिपोर्टरों को इस कला में महारत हासिल हुई। इस प्रणाली को प्रयोग में लाने पर संवाददाताओं और रिपोर्टरों की भूमिकाएं भिन्न-भिन्न हो गईं। इससे व्यक्ति को घटनाओं का प्रेक्षण करने या सुनने और रिकार्ड करने में परिशुद्धता प्राप्त हुई। यह यथार्थता को रिकार्ड करने में व्यक्ति की क्षमता से संबंधित थी जिसे अपनाने से एक भिन्न व्यवसाय का सृजन हुआ।

इस प्रकार समाचारपत्र निकालने के व्यवसाय में एक सर्वाधिक महत्त्वपूर्ण श्रम विभाजन सामने आया जो इस दृष्टि से एक महत्त्वपूर्ण व्यवसाय था कि इसने पाठकों की मांग को संतुष्ट किया। इसने रिपोर्टर को एक सहज परिवेश प्रदान किया क्योंकि इससे वह घटना और पाठक के बीच की एक महत्त्वपूर्ण कड़ी बन गया। इससे उसे ऐसा महसूस करने का अवसर प्राप्त हुआ कि वह समाचारपत्रों के पाठकों का वास्तविक प्रतिनिधित्व करता है। इससे रिपोर्टिंग का कार्य प्रायोगिक विज्ञान के परिप्रेक्ष्य से जुड़ गया और इसने लेखक को एक ऐसा उपकरण प्रदान किया जिससे उसने इंजीनियर और दार्शनिक की स्थिति को प्राप्त किया।

19वीं शताब्दी के मध्य से लेकर इस शताब्दी के अंतिम वर्षों तक के समाचारपत्रों में विभिन्न क्षेत्रों अर्थात् राजनीतिक, धार्मिक, वैज्ञानिक या शैक्षणिक सभी क्षेत्रों में विद्वानों द्वारा दिए गए भाषणों की आशुलिपि की सहायता से स्वतःपूर्ण रिपोर्ट प्रकाशित की गई। इस काल में समाचारपत्रों से जो मूलभूत छवि उभरती है उसके संबंध में एक विद्वान का कहना है कि इस दौर में कोई एक वक्ता कुछ श्रोताओं को संबोधित करके ही आशुलिपि की सहायता से दर्ज की गई रिपोर्ट के माध्यम से बहुत बड़ी आबादी तक अपनी बात पहुँचा सकता था।

19वीं शताब्दी में रिपोर्टर का महत्व

रिपोर्टर समाज को दिशा प्रदान करने में एक प्रमुख मध्यस्थ की भूमिका निभाने लगा। 1960 के दशक में टेलीविजन की शुरुआत होने तक रिपोर्टर और उसकी नोट बुक सभी सामुदायिक और राष्ट्रीय घटनाओं को कवर करती रही और इस दौरान उन्हें विभिन्न प्रकार की आलोचनाओं का सामना करना पड़ा। 1840 और 1850 के दशकों में रिपोर्टरों की नई पीढ़ी ने राजनीति के मिजाज को ठंडा करने में महत्त्वपूर्ण भूमिका निभाई तथा इसी पीढ़ी ने एक राष्ट्रीय ग्राम की अवधारणा को विकसित किया जिसके अन्तर्गत सामाजिक परिवर्तनों का तर्क और परिचर्चा के माध्यम से समावेश होता रहा।

समाचारपत्र के मालिक के रूप में संपादक की भूमिका

रिपोर्टरों ने समाचारपत्रों के लिए समाचार जुटाने के लिए एक माध्यम के रूप में काम किया। लेखक या मुद्रक से भिन्न वह स्वयं अपना मालिक नहीं था और अपने स्वभाव के अनुसार वह अपना मालिक हो भी नहीं सकता था। उस पर संपादक का नियंत्रण होता था जो उसे काम पर नियुक्त करता था तथा यह बताता था कि उसे कौन सी घटना कवर करनी है। समाचारों के संग्रहण और निर्वचन के लिए एक उपकरण या माध्यम के रूप में संपादक का उभरना पत्रकारिता को उचित आयाम प्रदान करने की दिशा में एक अत्यधिक महत्त्वपूर्ण घटना थी। वर्ष 1802 से पहले संपादक शब्द का अभिप्राय एक ऐसे व्यक्ति से नहीं था जो किसी आवधिक या दैनिक पत्र का प्रभारी हो। इस शब्द का उपयोग एक ऐसे व्यक्ति के लिए किया जाता था जो मुद्रक के अधीन काम करने वाला उसका एक अधीनस्थ कर्मचारी होता था। उसका कार्य जनता से समाचार प्राप्त करना तथा जनता द्वारा समाचारपत्र या उसमें छपी किसी सूचना का विरोध करने पर मुद्रक के बचाव में खड़ा होना था।

संपादक की आधुनिक भूमिका की शुरुआत मॉर्निंग क्रोनिकल के संपादक जेम्स पेरी और दि टाइम्स के डेनिएल स्टुअर्ट और जॉन वाल्टर द्वितीय द्वारा की गई जिन्होंने संपादक की भूमिका को व्यावसायिक रूप प्रदान किया और संपादक की भूमिका को सर्वोच्च निर्णायक के स्तर पर संस्थापित किया जो समाचारपत्र के मालिक का स्तर था। समाचारपत्र एक ऐसा संगठन बन गया जिसका अध्यक्ष या मुखिया एक ऐसा व्यक्ति होता था जिसके पास समाचारपत्र से संबंधित सभी अधिकार थे तथा जो सभी प्रकार की व्यवस्था और निर्णय करने में सक्षम था। संपादक और रिपोर्टर की भूमिकाएँ स्पष्ट होने पर समाचारपत्रों को एक नई दिशा और आकृति प्राप्त हुई।

तार सेवाओं की शुरुआत

तार सेवाओं की शुरुआत से समाचारपत्रों में और भी विभाजन और सीमांकन का दौर शुरू हुआ। एकाधिक स्थलों से रिपोर्टें प्राप्त करना अब अधिक आसान हो गया हालांकि इसमें खर्च में वृद्धि हुई। जैसा कि एक लेखक ने कहा है, "इसमें कोई संदेह नहीं है कि संपूर्ण विश्व एक वैश्विक ग्राम में तब्दील हो गया किंतु इसने जितनी समस्याओं का समाधान किया उससे अधिक समस्याएं उत्पन्न हो गईं। पाठकों के मन में यह बात सताने लगी कि क्या उन्हें घटना के संबंध में पूर्ण और संतुलित जानकारी प्रदान की जा रही है अथवा नहीं।"

तार सेवाओं से पत्रकारिता के क्षेत्र में एक दबाव समूह सृजित हुआ। इसने इस अवधारणा को संभव बना दिया कि दैनिक समाचारपत्र में दिन भर की सभी घटनाओं को शामिल किया जाना चाहिए। उसके बाद से दैनिक पत्रकारिता में रिपोर्टिंग एक नए काल में की जाने लगी और समाचारों की तत्काल प्रस्तुति आरंभ हुई।

समाचार एजेन्सियों की भूमिका

समाचार एजेन्सियों ने विश्व के सभी भागों से समाचारों को प्रदान करने में सहायता प्रदान की। एलिजाबेथ युग में टॉमस फिलिप्स पहला अंग्रेज था जिसने एक समाचार एजेंसी संस्थापित की। 19वीं शताब्दी के पूवार्ध में ब्यूरो ऑफ फ्रांस ने बड़े वाणिज्यिक पैमाने पर समाचार एजेंसी की शुरुआत की।

तार सेवाओं के आविष्कार ने रायटर को एक बहुमूल्य अवसर प्रदान किया और उसने बैंकरों और व्यापारियों को वित्तीय सूचनाएं प्रदान करने के लिए हॉलैंड के एचेन शहर में एक छोटा सा तार कार्यालय खोला। अधिकाधिक तार लाइनें खुलने के साथ ही उसका व्यवसाय भी बढ़ता गया जबकि तब तार सेवाओं में काफी खामियां थी। उसने समाचार प्रेषित करने के लिए कबूतरों का इस्तेमाल किया। रायटर 1850 ई. में लंदन चला गया। यह वह समय था जबकि बहुत सी प्रदर्शनियां आयोजित की गईं। वर्ष 1860 तक उसकी एजेन्सी ब्रिटेन के लगभग सभी समाचारपत्रों और आवधिक पत्रिकाओं को विदेशी समाचार उपलब्ध कराने तथा ब्रिटेन से यूरोप के अन्य देशों को ब्रिटेन के समाचारों से अवगत कराने का कार्य करने वाली प्रमुख समाचार एजेन्सी बन गई।

1990 के दशक की "नई पत्रकारिता" शताब्दी मध्य के "संडे प्रेस" के अनुभव पर आधारित थी जो पत्रकारिता के क्षेत्र में आई क्रांति का पहला कदम थी। इसने यह महसूस किया कि पत्रकारिता का व्यवसाय लगातार फल-फूल रहा था। पाठक के हित एक अज्ञात सुरंग के समान थे जिसका बार-बार अन्वेषण किया जाना था। पत्रकारिता यथार्थ को संचित करने की कला का रूप ग्रहण कर चुकी थी न कि केवल यथार्थ को रिकार्ड करने की कला, जैसा कि किसी लेखक द्वारा कहा गया है।

ऐसा कहा गया कि पत्रकारिता के क्षेत्र में उस दौर में प्रत्येक मानसिक स्तर के लोग खप सकते थे। समाचारपत्रों में उच्च अध्ययनशील लोगों के लिए लेख, समाचार विवरण की अपेक्षा के अनुरूप उपसंपादकीय लेख तथा व्यवसायिकों के लिए व्यवसाय प्रबंधन से जुड़ी सूचनाएं छपती थीं। विशेषज्ञता के इस युग ने पत्रकारिता के क्षेत्र पर अपनी मजबूत पकड़ की, छाप को स्पष्टतः अंकित किया। विशेषज्ञ संवाददाताओं ने अपने स्रोतों पर अपनी पकड़ को बनाए रखा और एक सुस्पष्ट क्षेत्र के भीतर विशेषज्ञता को सुस्पष्ट किया। उसके अन्य सहयोगी जो विशेषज्ञ नहीं थे तथा सामान्य रिपोर्टर थे वे अपने विषय पर बल डालने और समाचार निष्कर्षित करने के लिए स्वतंत्र थे।

इंग्लैंड के सर्वाधिक प्रमुख समाचारपत्र दि टाइम्स की शुरुआत वर्ष 1784 में की गई। तब इसे दैनिक यूनिवर्सल रजिस्टर कहा जाता था और उसकी शुरुआत जॉन वाल्टर द्वारा की गई। इसका वर्तमान नाम 'दि टाइम्स' 1788 में रखा गया।

यह समाचारपत्र ब्रिटेन के महानगरों में घटित होने वाली घटनाओं का साक्षी था, मुद्रा बाजार की घटनाओं का प्रस्तुतकर्ता और उसकी प्रतिध्वनि था, यह व्यापारिक हितों को प्रतिबिंबित करता था, कोई भी महत्त्वपूर्ण घटना इससे बच नहीं सकती थी तथा यह सभी पक्षों का प्रतिनिधि समाचारपत्र था। एक अन्य लेखक ने लिखा, "दि टाइम्स ने मध्यवर्ग के हितों का प्रतिनिधित्व किया और यह एक ऐसा समाचारपत्र बन गया जिसने 19वीं शताब्दी के सभी समाचारपत्रों को मार्गदर्शन प्रदान किया। इसने अपने सभी वर्ग के पाठकों को भरपूर सामग्री प्रदान की। क्रान्ति के युग में इस समाचारपत्र ने केवल संसदीय गुटों का ही प्रतिनिधित्व नहीं किया बल्कि राजनीतिक परिदृश्य में एक स्वतंत्र अभिनेता की भूमिका निभाई। "दि टाइम्स" पहला समाचारपत्र था जिसका 1807 ई. में जर्मनी में अपना विदेशी संवाददाता था।

दि टाइम्स ने 1850 में अपना पहला महानतम विशेष संवाददाता रखा जिसका नाम विलियम हावर्ड रसेल था जिसने मुख्यतः उस काल की ऐतिहासिक घटनाओं को कवर किया। उसके द्वारा भेजे गए समाचार समकालीन इतिहास के समान

प्रतीत होते थे, जैसा कि उसके एक प्रशंसक ने लिखा है, ''इसमें कोई संदेह नहीं है कि वे समाचार उसकी अपनी सोच से प्रभावित होते थे और वह कभी-कभी घटनाओं में परिवर्तन भी कर दिया करता था।''

इंग्लैंड, यूरोप और संयुक्त राज्य अमेरिका में समाचारपत्रों के लेखकों और मालिकों के अनुसार 1880 और 1890 के दशक पत्रकारिता के स्वर्णिम काल थे। ऐसा प्रतीत होता था कि समाज जनमत से चलता था और इसकी आश्चर्यजनक गतिशीलता समाचारपत्र की अंतिम परिणति थी। डब्ल्यू. टी. स्टीड ने जो पॉल म्युल गजट के और बाद में दि टाइम्स के संपादक रहे, इंग्लैंड में 1880 के दशक की नई पत्रकारिता के पथ-प्रदर्शक बने और 20वीं शताब्दी के समाचारपत्रों के लिए राह बनाई, लिखा है कि तार और छापाखाना एकसाथ मिलकर ब्रिटेन को संपूर्ण समुदाय को एक विशाल समाज में परिवर्तित कर दिया जिसमें राज्य के मामलों पर चर्चा दिनानुदिन की जाती थी।'' एक व्यापक निर्वाचक-समूह, मुक्त मंच और सस्ता समाचारपत्र इन सभी ने मिलकर समाज पर शासन करने के लिए एक आदर्श तंत्र सृजित किया। डब्ल्यू. टी. स्टीड के शब्दों में, ''समाचारपत्र एक महान न्यायालय है जहां सभी शिकायतें सुनी जाती हैं और सभी प्रकार की खामियों (दुर्गुणों) को उजागर किया जाता है जिन पर खुली और निष्पक्ष चर्चा की जाती है।''

उस काल के एक अन्य महान संपादक सी. पी. स्कॉट ज्यूको जिसने मैनचेस्टर गार्जियन को संस्थापित किया, समाचारपत्र के सिद्धांतों को निम्नलिखित शब्दों में व्यक्त कियाः

टिप्पणियां या आलोचनाएं निष्पक्ष होती हैं किंतु तथ्य पवित्र होते हैं। उसने कहा ''मूलतः पत्रकारिता का आशय ईमानदारी, स्वच्छता, साहस, निष्पक्षता तथा पाठक और समुदाय के प्रति कर्तव्य की भावना से है। समाचारपत्र समाज की एक आवश्यकता है और इसका प्रथम कर्तव्य एकाधिकार के लाभों से बचना है इसका मुख्य कार्य समाचार एकत्रित करना है।

अपने स्वयं के अस्तित्त्व के जोखिम पर भी इसे यह देखना चाहिए कि प्रस्तुत की गई समाचार सामग्री दोषपूर्ण न हो। यह जो सामग्रियां प्रस्तुत नहीं करता उसमें भी इसका कोई दोषपूर्ण चरित्र प्रतिबिंबित न हो और न ही इसके द्वारा समाचारों की प्रस्तुति ही दोषपूर्ण हो तथा सत्य प्रत्येक दशा में जनता के सामने आए।''

1815 में यूरोप में प्रेस की स्वतंत्रता को एक विचार एक अभिकल्पना और एक प्रयोग के समान समझा जाता था और 1881 तक यह एक भयावह आशंका बनी रही। यह एक स्वागत योग्य संस्था बनी और उसी वर्ष जुलाई में पारित फ्रांसीसी प्रेस कानून में इसका सर्वाधिक उल्लेखनीय पाठ शामिल किया गया। 1881 में ब्रिटेन में भी प्रकाशित किए जाने वाले समाचारपत्रों के लिए जमानत जमाराशि जमा कराने की अनिवार्यता समाप्त कर दी गई और एक नया अभियोजन कानून पारित किया गया जिसके द्वारा समाचारपत्रों को आपराधिक अपमान के लिए उन पर अभियोजन चलाने के भय से मुक्त कर दिया गया।

छह दशकों की अवधि के दौरान प्रेस का बुनियादी स्वरूप स्थापित हुआ जो 20वीं शताब्दी के अंतिम वर्षो में भी बना रहा।

यूरोप और अमेरिका में प्रत्येक स्थान पर 20वीं शताब्दी के लोकप्रिय समाचारों के लिए तंत्र और संगठन विकसित किए गए। इस दौर में अनेकानेक प्रकार और क्षेत्रीय स्वरूप के समाचारपत्र प्रकाशित किए गए जिनका पहले कोई अस्तित्व नहीं था। रविवारीय समाचारपत्र, सांध्य संस्करण, क्षेत्रीय, वित्तीय, महिलाओं के लिए और अन्य विविध विषयों पर समाचारपत्र छपने लगे जो नई तकनीकों और तार, समाचार एजेन्सियों के संगठन और कथा-कहानियों को धारावाहिक के रूप में प्रकाशित करने की विधा को प्रयोग में लाने के फलस्वरूप संभव हुआ।

पहला अमेरिकी समाचारपत्र 24 अप्रैल, 1704 को बोस्टन से प्रकाशित हुआ जिसके संपादक और प्रकाशक का नाम जॉन कैम्पबेल था। इसे बोस्टन सूचना पत्र कहा गया। इसके बाद 1721 में फ्रेंकलिन बंधुओं द्वारा "न्यू इंग्लैंड कोवैरंट" और एन्ड्रयू ब्रॉड फोर्ड द्वारा अमेरिकी साप्ताहिक मर्करी का प्रकाशन किया गया। बोस्टन सूचना पत्र कागज के दोनों ओर छापा जाता था तथा इसमें लंदन से आ रहे समाचारपत्रों से सूचनाएं ली जाती थीं जो कई सप्ताह पुरानी होती थीं। चूंकि संपादक प्रकाशक कैंपबेल के सूचना पत्र में इतना अधिक स्थान उपलब्ध नहीं होता था जिसमें वह यूरोप से आने वाली सभी समाचार सामग्रियों को जनता तक पहुंचा सके, अतः वह सूचनाओं को परवर्ती अंकों में प्रकाशित करने के लिए भी रख लेता था। इसका अर्थ यह था कि पाठक जिन समाचारों को पढ़ते थे उनमें से कुछ समाचार महीनों पहले घटित घटनाओं से संबंधित होते थे। तथापि, कैंपबेल ने स्थानीय समाचारों को अधिक तत्परता से प्रकाशित किया।

पहला दैनिक समाचारपत्र 1783 में फिलाडेल्फिया के बेन्जामिन शहर में शुरू किया गया जिसे पेनिसैल्वेनिया इवनिंग पोस्ट के नाम से जाना गया। यह समाचारपत्र 17 माह तक

ला जाता रहा। वर्ष 1800 तक अमेरिका के अधिकांश बड़े गाहों और वाणिज्यिक केन्द्रों में दैनिक समाचारपत्र मिलने थे। वर्ष 1820 में प्रकाशित किए जा रहे कुल 512 चारपत्रों में से 24 समाचारपत्र प्रति दिन, 66 समाचारपत्र ाह में दो बार या तीन बार और 422 समाचारपत्र प्रति ाह एक बार प्रकाशित किए जाते थे।

इन समाचारपत्रों के संरक्षक अधिक संपन्न नागरिक होते और समाचारपत्र का मूल्य इतना अधिक होता था कि औसत ारिकों के लिए इन्हें खरीद पाना संभव नहीं था। बेन्जामिन 3 सितंबर, 1833 को न्यूयॉर्क सन का प्रकाशन आरंभ ए जाने से अमेरिकी पत्रकारिता में एक नए युग का सूत्रपात । इसे चार पृष्ठों में निकाला गया जिनमें से प्रत्येक पृष्ठ धुनिक समाचारपत्रों के पृष्ठ का लगभग दो तिहाई था। इसके ले पृष्ठ में तीन कॉलम होते थे और इसमें कोई चित्र आदि ीं होता था।

इस समाचारपत्र में वर्णित समाचार स्थानीय घटनाओं पर धारित होते थे और हिंसा के समाचारों का प्रमुखता से उल्लेख या जाता था। इस समाचारपत्र में छापी जाने वाली अधिकांश नकारियाँ कोई अधिक गंभीर या महत्त्वपूर्ण नहीं होती थीं न्तु इसके पाठकों की संख्या काफी अधिक थी और समाचारपत्र मूल्य मात्र एक सेंट (पेनी) था। प्रकाशन के छह माह के तर ही 'दि सन' के पाठकों की संख्या 8000 से भी अधिक गई जो इसके निकटतम प्रतिद्वंद्वी समाचारपत्र के पाठकों की ख्या की तुलना में लगभग दोगुनी थी। पाठक की रुचि की ानियाँ या घटनाएं छापना दि सन की विशेषता थी।

यह वही दौर था जबकि विश्व का सर्वाधिक प्रतिष्ठित और कप्रिय समाचारपत्र दि न्यूयॉर्क टाइम्स का प्रकाशन आरंभ आ। इसका पहला अंक 18 सितंबर, 1857 को न्यूयॉर्क से ाशित हुआ जिसका नाम 'दि न्यूयॉर्क डेली टाइम्स' था। के प्रकाशक हेनरी जे रेमण्ड और जॉर्ज जोन्स थे।

लित्जर-एक महान समाचारपत्र प्रकाशक

 दौर का एक अन्य महान समाचारपत्र प्रकाशक जोसफ लेत्जर था जिसे आधुनिक युग का एक महान अमेरिकी पादक कहा गया है। उसने 1878 में सेंट लुईस से अपने माचारपत्र 'दि पोस्ट डिस्पैच' का प्रकाशन आरंभ किया और पने इस समाचार की नीति के संबंध में उसने कहा "दि पोस्ट स्पैच किसी भी पार्टी या व्यक्ति या गणतंत्रवाद का समर्थन नहीं करता बल्कि यह केवल सत्य का समर्थन करता है; यह किसी पक्ष या वाद का समर्थन नहीं करता बल्कि यह निष्कर्ष का समर्थन करता है; यह प्रशासन का समर्थन नहीं करता है बल्कि उसके गुण-दोष की आलोचना करता है, यह जहाँ कहीं भी और जो कुछ भी धोखा और कपट से विद्यमान होगा उसका विरोध करेगा; यह पूर्वाग्रह और पक्षपात को छोड़कर अन्य सभी सिद्धातों और अवधारणाओं का समर्थन करेगा।" जब 1907 में अपनी सेवानिवृत्ति के समय उसने कहा "मैं जानता हूँ कि मेरी सेवा-निवृत्ति से इस समाचारपत्र के मूलभूत सिद्धांतों में कोई परिवर्तन नहीं होगा और यह प्रगति और सुधार के लिए हमेशा संघर्षरत् रहेगा, कभी भी अन्याय या भ्रष्टाचार को सहन नहीं करेगा, सभी पर्टियों के भ्रष्ट आचरण का विरोध करेगा, कभी भी किसी भी पार्टी का समर्थन नहीं करेगा, हमेशा विशेषाधिकार प्राप्त वर्ग और जनता को लूटने वाले वर्ग का विरोध करेगा, कभी भी निर्धनों के प्रति सहानुभूति कम नहीं करेगा, सार्वजनिक कल्याण के प्रति हमेशा कृतसंकल्प रहेगा, समाचारों को केवल छापकर ही संतुष्ट नहीं रहेगा, हमेशा पूर्णतः स्वतंत्र रहेगा, गलत बातों की चाहे वे अत्यधिक धन संग्रह या घोर गरीबी से जुड़ी हों, हमेशा विरोध करता रहेगा।"

पुलित्जर अत्यधिक ऊर्जा और अत्यधिक विकसित पत्रकारिता की भावना से अपने युग में प्रकाशन की संकल्पना और तकनीक को उच्चतम स्तर पर पहुँचाने में सफल हुए और उन्हें आधुनिक समाचारपत्र के जटिल तंत्र और प्रतिभावान कर्मचारियों के सृजक के रूप में निर्विवाद मान्यता प्राप्त हुई।

उनकी वास्तविक महानता समाचारपत्रों की भूमिका विशेषकर संपादकीय नेतृत्व प्रदान करने में भी उद्दात अवधारणा में निहित है जो आज भी समाचारपत्र के संदर्भ में लागू है। केवल सतही खबरों की रिपोर्टिंग से संतुष्ट नहीं रहने वाले पुलित्जर ने अपने स्टाफ से कहा "कभी भी किसी तथ्य को न छोड़िए जब तक कि आप उसके मूल तक न पहुँच जाएँ।" उनके सिद्धांत वाक्य थे–"लगे रहो, लगे रहो, लगे रहो जब तक कि कार्य वास्तव में समाप्त न हो जाए।" इसका परिणाम यह हुआ कि यह समाचार-पत्र पुलित्जर के निजी प्रयास से जनता के हित में आगे बढ़ता गया।

पुलित्जर का मानना था कि उसके समाचारपत्र में प्रतिदिन जनता की सेवा से संबंधित कोई बड़ी विशेष खबर अवश्य छपनी चाहिए। उसने 'न्यूयॉर्क वर्ल्ड' में जिसे उसने 1883 में खरीदा और जिसे उसने अमेरीका का सबसे अधिक लोकप्रिय समाचारपत्र

बना दिया, एक बार लिखा, "किसी भी समाचारपत्र के लिए यह अपेक्षित है कि वह लोगों की सुरुचि पर प्रहार किए बिना या सार्वजनिक हित की बातों को छिपाए बिना तथा इससे भी ऊपर विश्वसनीयता और बेदाग स्वच्छता की दृष्टि से समाचारों की सत्यता को बनाए रखते हुए मूल, विशिष्ट, नाटकीय, रोमांटिक, रोमांचक, अनन्य, अनूठा, हास्यपूर्ण तथा उचित समाचारों को प्रकाशित करे।" बीसवीं शताब्दी के आते-आते अमेरिकी समाचारपत्र 1910 के बाद के अपने कुछ समाचारपत्रों के किसी-किसी अंक में 100 से भी अधिक पृष्ठ छापने लगे। ऑफसेट और ऑफ कलर प्रिंटिंग संभव हो गया तथा विज्ञापन प्रदर्शित करने के लिए रंगों का विशिष्ट प्रयोग किया जाने लगा।

आज अमेरिका में समाचारपत्र की परंपरागत परिभाषा बदलने लगी है तथा इसमें समाज में आ रहे परिवर्तनों, मांग और नई प्रौद्योगिकियों को भी शामिल किया जाने लगा है किन्तु इसकी परंपरागत भूमिका भी बनी हुई है। एक अमेरिकी लेखक के शब्दों में, "समाचार किसी भी समाचारपत्र का मुख्य तत्त्व या घटक होता है किन्तु सर्वाधिक बल पाठकों को प्रभावित और सूचित करने पर दिया जाता है। समाचारपत्र ने केवल अपने प्रस्तुतीकरण की तकनीक और समुदाय में अपनी छवि तथा समाचारों की गुणवत्ता के माध्यम से ही समाज को प्रभावित किया है।"

इलेक्ट्रॉनिक युग का आंरभ होने से समाचारपत्रों के मुद्रण और प्रकाशन की प्रौद्योगिकी में आश्चर्यजनक प्रगति हुई है। कितु 1820 में समाचारपत्र को छापना एक जोखिम भरा काम था और इसमें काफी समस्याएं आती थीं।

1860 से पहले समाचारपत्र का मुद्रण सिंगल स्टांप्ड शीट के जरिए किया जाता था और उन दिनों ही समाचारपत्र के मुद्रण हेतु कागज के रोल (गोल गड्डी) का सफलतापूर्वक प्रयोग किया गया। साढ़े तीन मील लंबे कागज के रोल से समाचारपत्र की चार हजार प्रतियाँ निर्बाध छप जाती थीं।

वर्ष 1840 में अमेरिकी आविष्कारक 'रिचर्ड हो' ने पहला रोटरी प्रेस विकसित किया जिसे उसने पेरिस के एक समाचारपत्र को बेचा। उसने एक बेलन के परितः अक्षरों को व्यवस्थित करके उसके ऊपर से कागज की शीट गुजारने की तकनीक विकसित की, जिससे कागज पर सभी अक्षर और शब्द छप जाते थे। इसमें बाद में और भी अक्षर लगे। बेलन लगाकर एक समय में अधिक प्रतियां प्राप्त करने का उपकरण विकसित कर लिया गया। लिनो टाईप मशीन जिससे मुद्रण के क्षेत्र में क्रांति आ गई, वर्ष 1892 तक उपलब्ध नहीं थी। इसे मूलतः अमेरिका में प्रवास कर रहे जर्मन व्यक्ति ओट्टमं मर्जेण्ट हैलर द्वारा तैया किया गया। निरंतर और साथ-साथ मुद्रण की तकनीक हिप्पोलाइट मैरि निओनि द्वारा विकसित की गई जिसने 1869 में पेरिस मे आयोजित एक प्रदर्शनी में अपने उन्नत रोटरी प्रेस को प्रदर्शित किया। उसका मॉडल कागज के रोल को अपने मार्ग पर आगे-पीछे कर सकता था जिससे पृष्ठ के दोनों ओर आनुक्रमिक पन्ने छापे जा सकते थे जिन्हें बाद में काट कर काफी तेजी से पूर्ण समाचारपत्रों के ढेर में बदला जा सकता था।

सामाजिक सुधारों में पत्रकारिता की भूमिका

यदि कलकत्ता (कोलकाता) भारतीय पत्रकारिता का जन्म स्थल था तो बंबई (मुंबई) वह पालना था जहाँ से भारतीय पत्रकारिता ने अपना सामाजिक सुधार आंदोलन शुरू किया। सामाजिक सुधारक पत्रकारों में कृष्णदास मुलजी, गोपाल राव हरि देशमुख, बहराम मालाबाड़ी, महादेव गोविंद रानाडे और दादाभाई नौरोजी के नाम प्रमुख हैं। विद्रोह के एक वर्ष पहले और इसके कई वर्ष बाद भी समाज सुधार मुंबई के भाषा प्रेस का मुख्य विषय बना रहा।

बाल शास्त्री जांबेकर ने 1832 में पहली ऐंग्लो-मराठी पाक्षिक पत्रिका और 1842 में मराठी मासिक डिग शुरू किया। प्रभाकर एक अन्य पत्रिका थी जो सामाजिक सुधार की अग्रणी पत्रिका रही जिसके प्रकाशन में गोपाल राव हरि देशमुख का नियमित सहयोग प्राप्त होता रहा। देशमुख सामाजिक सुधार में काफी रुचि रखते थे और उन्होंने बहुत से समाचारपत्रों में लिखा तथा दयाप्रकाश, इंदुप्रकाश और लोकहितवादी जैसे अनेक समाचार- पत्रों से संबद्ध रहे।

उनका मानना था कि भारत में अंग्रेजों की उपस्थिति सही और लाभकारी स्थिति है और वे ब्रिटिश सरकार की सहायता से सामाजिक सुधार लाना चाहते थे।

वर्ष 1861 में देशमुख द्वारा शुरू किए गए दैनिक पत्र इन्दुप्रकाश (जो ऐंग्लो-मराठी भाषा में था) में एमजी रानाडे एक अंग्रेजी कॉलम लिखते थे और विष्णु शास्त्री पंडित उसके संपादक थे। इस पत्र का प्रमुख बल सामाजिक सुधार पर था। यह ऐसा दौर था जबकि पश्चिमी भारत के सभी प्रमुख बुद्धिजीवी अपने जीवन में कभी न कभी पत्रकारिता की ओर आकर्षित हुए जिसे जनता तक अपनी बात और अपील पहुँचाने का एक सर्वाधिक सुविधाजनक माध्यम माना जाता था।

गोपालकृष्ण गोखले ने रानाडे को "मध्य में स्थित सूर्य" कहा जिससे वे सभी प्रकाश और ऊष्मा प्राप्त करते हैं और

जिसके चारों ओर वे सभी अपनी-अपनी कक्षाओं में एक निश्चित दूरी पर घूमते रहते हैं।

रानाडे ने भारतीय भाषा के समाचारपत्रों में कार्य कर रहे पत्रकारों के एक सम्मेलन को आयोजित करने में पुणे की सार्वजनिक सभा को अपनी सहायता प्रदान की। यह सम्मेलन वर्नाकुलर प्रेस एक्ट, 1878 के विरुद्ध जनमत जुटाने के उपायों पर विचार करने के लिए आयोजित किया गया था।

इसी दौरान, तिलक और उनके सहयोगी अगरकर पुणे में केसरी (मराठी) और मराठा (अंग्रेजी) पत्र निकालने की योजना बना रहे थे जिसके लिए रानाडे से परामर्श किया गया। रानाडे ने काफी उत्साहपूर्वक उनका समर्थन किया और कहा कि राष्ट्रीय प्रेस और राष्ट्रीय शिक्षा राष्ट्र के उत्थान हेतु अत्यधिक समर्थ साधन हैं।

वर्नाकुलर प्रेस एक्ट

अंग्रज सरकार द्वारा भारत में 1878 में देशी प्रेस अधिनियम (V.P. Act) पारित किया गया ताकि भारतीय भाषाओं के पत्र-पत्रिकाओं पर और कड़ा नियंत्रण रखा जा सके। लार्ड लिट्टन गवर्नर जनरल और वायसराय थे। इस अधिनियम में पत्र-पत्रिकाओं में ऐसी सामग्री छापने पर कड़ी कार्यवाई का प्रावधान था जिससे जनता में ब्रिटिश शासन के विरूद्ध असंतोष पनपने की संभावना हो। वस्तुतः यह कानून भाषाई समाचार-पत्रों को दबाने के लिए लाया गया था। देशी प्रेस अधिनियम पारित होने के अगले दिन कोलकत्ता से बंगला में प्रकाशित अमृत बाजार पत्रिका ने अपने को 'अंग्रेजी दैनिक' पत्र बना दिया। इसके सम्पादक शिशिर कुमार घोष थे।

इस अधिनियम के अन्तर्गत सैंकड़ों देशी पत्र-पत्रिकाएँ जप्त कर ली गयी। प्रेसों में ताले डाल दिए गए। स्वदेशवासियों में राष्ट्रीय चेतना जागृत करने के लिए साहित्यकार बंकिमचन्द्र चट्टोपाध्याय (1838-1894) 'आनंद मठ' का वंदे मातरम् लेकर आए जो ब्रिटिश शासकों के कोप का कारण बना।

1857 में एक महिला पत्रिका 'स्त्रीबोध' का प्रकाशन शुरू किया गया। इन समाज सुधार पत्र-पत्रिकाओं के एक प्रमुख समर्थक करसन दास मुलजी थे जिन्होंने 1852 में स्वयं सत्य प्रकाश नामक पत्रिका का प्रकाशन आरंभ किया। बालशास्त्री जांबेकर और उसके सहयोगियों का 1832 से 1853 तक भारतीय भाषा के समाचारपत्रों पर वर्चस्व बना रहा और उसके बाद 1853 से 1870 तक करसन दास मुलजी ने इस समाचारपत्रों पर अपनी मजबूत पकड़ बनाई। तत्पश्चात् प्रार्थना समाज (ब्रह्म समाज का बंबई रूप) के हिंदू समाज सुधारकों ने भारतीय भाषाओं में छपने वाले पत्र-पत्रिकाओं पर अपना वर्चस्व स्थापित किया।

वर्ष 1884 और 1891 के बीच महान समाज सुधारक बहराम मालाबाड़ी ने हिंदू समाज की कमियों और उसकी बुराइयों को समाप्त करने के लिए प्रेस के माध्यम से अभियान शुरू किया।

इसी अवधि में भारतीय भाषा प्रेस के एक अन्य चर्चित व्यक्तित्व के रूप में वसुदेव बलवंत फड़के (1845-1883) का नाम आता है जो एक देशभक्त और क्रांतिकारी भी थे। वे अंग्रेजी सरकार को उखाड़ फेंकने के लिए प्रतिबद्ध थे तथा सरकार ने उन्हें देशद्रोही घोषित कर दिया था। पुणे के अंग्रेजी शिक्षित भारतीयों पर यह संदेह था कि वे इस क्रांतिकारी का साथ दे रहे थे। बंबई से निकलने वाले यूरोपीय समाचारपत्र में उल्लिखित एक ऐसा ही नाम रानाडे का था जिन पर यह आरोप था कि वे बाहर से सरकार के प्रति वफादारी दिखा रहे हैं किन्तु मन से वे ब्रिटिश सरकार को भारत से निकालने में जुटे हैं। फड़के का वर्णन एक ऐसे व्यक्ति के रूप में किया गया है जिसका जीवन पूर्णतः निर्भीक था और जो अपने पूर्ण निःस्वार्थ और देशभक्ति के कारण, जिन्हें अपना दुश्मन समझते थे उनकी भी क्षमता को कम करके आँकते थे।

ब्रिटिश सरकार को उखाड़ फेंकने के अपने अभियान में शिक्षित व्यक्तियों को शामिल करने में विफल होने पर उन्होंने अशिक्षितों का सहारा लिया और अपने नागरिक सेना के लिए धन एकत्रित करने के लिए डकैतियाँ डलवाई। उन्हें 1879 में गिरफ्तार करके जीवन भर के लिए देश निकाला दिया गया। उन्हें अदन ले जाया गया जहाँ 1883 में उनका देहांत हो गया।

'डेकन स्टार' ने लिखा कि अपने देशवासियों की राय में वसुदेव बलबंत फड़के ने कोई गलती नहीं की—वसुदेव जो ब्राह्मण जाति से थे, ने अपने देशवासियों की तंगहाली को दूर करने का प्रयास करके बिलकुल सही काम किया। वसुदेव केवल अपने देशवासियों के ही नहीं बल्कि अंग्रेज शासकों के भी प्रशंसा पात्र थे जो केवल अपने सम्राट के साम्राज्य के फलने-फूलने का स्वप्न देख रहे थे।

आत्म-बलिदान करके उन्होंने एक ऐसे खतरे को टाल दिया जो कभी-न-कभी असह्य उत्पीड़न का कारण बन सकता था। हम उन्हें भारत के स्वर्णिम भविष्य का अग्रदूत कह सकते हैं।

दादाभाई नौरोजी ने अपनी मासिक पत्रिका "दि वॉयस ऑफ इंडिया" का प्रकाशन, 1 फरवरी, 1882 को शुरू किया।

इस पत्रिका का उद्देश्य भारत के लिए निष्पक्ष सुनवाई और न्याय सुनिश्चित करना था। इसने सर्वाधिक महत्त्वपूर्ण समाचार और विचार प्रकाशित किए जो अन्य भारतीय पत्रिकाओं में भी छपे। इसका आशय भारतीय प्रेस के मत को प्रतिबिंबित करना था।

दादाभाई के भारत से अनुपस्थित रहने के दौरान इस पत्रिका का प्रकाशन मालाबाड़ी को सौंपा गया था तथा 1890 में इस पत्रिका का मालाबाड़ी साप्ताहिक 'स्पेक्टेटर' के साथ विलय हो गया।

उत्तर से काफी दूर दक्षिण में स्थित मद्रास प्रेसीडेंसी में समाज सुधार का बीड़ा "दि हिंदू" द्वारा उठाया गया जो इसके संपादक जी. सुब्रह्मण्यम अय्यर के प्रयासों का परिणाम था। इस महान राष्ट्रीय समाचारपत्र ने जिसे 1878 में सुब्रह्मण्यम अय्यर और अन्य पाँच युवकों द्वारा एक साप्ताहिक पत्रिका के रूप में शुरू किया गया था, ने हिंदुत्व को इसकी सामाजिक बुराइयों से मुक्त करने का पुरजोर प्रयास किया जिसका कट्टरपंथियों द्वारा भारी विरोध किया गया। "दि हिंदू" में 1889 में निम्नलिखित आशय का एक लेख छपा "हम अपने पूर्ण प्रयास से ऐसे सामाजिक सुधारों की वकालत करते रहेंगे जो विद्यमान परिस्थितियों में हमारे जीवन में एकता और सामंजस्य स्थापित करने के लिए पूर्णतः आवश्यक है हालांकि हम जानते हैं कि ऐसा करते हुए हम अपने विरुद्ध सशक्त और कट्टर विरोधियों को पाएंगे"। इस समाचारपत्र ने जिन समाज सुधारों पर बल दिया उनमें विधवा पुनर्विवाह, विवाह योग्य आयु में वृद्धि करना, जाति-प्रथा समाप्त करना और अछूतोद्धार शामिल था।

समाज में मीडिया की भूमिका

सामाजिक विकास में मीडिया की भूमिका को रेखांकित करने हेतु संचार-माध्यमों के विकास की प्रक्रिया को भी समझना होगा। प्राचीनकाल में जब मनुष्य बोल नहीं सकता था तब वह अपने भावों एवं विचारों की अभिव्यक्ति संकेतों, प्रतीक चिह्नों, चित्र आदि बनाकर करता था। मनुष्यों के लिखित विचारों एवं भावों के व्यापक पैमाने पर प्रसार की आवश्यकता को, समाज के भौगोलिक और जनसांख्यिकी के विस्तार के बाद ही अनुभव किया जा सका और इसी आवश्यकता के परिणामस्वरूप 'गुटनवर्ग की मुद्रण प्रणाली' का विकास हुआ। इसे सामाजिक विकास का ही परिणाम कहा जाएगा। मुद्रण प्रणाली ने विचारों के आदान-प्रदान के लिए एक नई तकनीक ही उपलब्ध नहीं करवायी अपितु विकसित होते हुए राष्ट्र में नए-नए राजनीतिक, सामाजिक एवं सांस्कृतिक विचारों के प्रसार का भी मार्ग प्रशस्त किया। इस प्रकार सामाजिक विकास में जनसंचार ने अपनी भूमिका को निभाना प्रारंभ किया।

समाज से गहरे जुड़े होने और उसका प्रतिबिंब प्रस्तुत करने के कारण समाचार-पत्रों को समाज का दर्पण कहा गया है। समाज में जब भी कोई क्रांति होती है, कोई नया और युगांतकारी परिवर्तन किया जाता है तब समाचार पत्र एक बड़े सहायक के रूप में खड़े हो जाते हैं।

सिर्फ प्रिंट मीडिया ही नहीं बल्कि इलेक्ट्रॉनिक मीडिया की भी समाजिक बदलाव में बहुत अहं भूमिका होती है।

प्रिंट एवं इलेक्ट्रॉनिक दोनों माध्यमों से जनजागरूकता का कार्य किया जाता रहा है और इसके माध्यम से लोगों में नवीन जानकारियों का प्रस्फूटन होता है।

मीडिया के माध्यमों से लोगों को मनोरंजन के साथ-साथ स्वास्थ्य, शिक्षा, देश-विदेश की खबरों को दिखाया जाता है। लोगों में अपने कर्तव्य के साथ-साथ अधिकारों की जानकारी, पर्यावरण संबंधी जानकारी, बच्चों के पालन-पोषण उनके परवरिश संबंधी जानकारी तथा महिलाओं के स्वास्थ्य-शिक्षा संबंधी विशेष कार्यक्रम प्रसतुत कर समाज में एक विकसित बदलाव की भूमिका निभाने का कार्य करती है।

पूरे विश्व में जब भी कोई क्रांति हुई उसमें मीडिया की भूमिका सबसे अहं रही है। मानवाधिकार संबंधी मुद्दों को छापकर एवं दिखलाकर इससे वंचित लोगों या समुदयों के लिए उनके अधिकार दिलाने में महत्वपूर्ण भूमिका निभाते हैं। दुनिया में पर्यावरण एवं वैश्विक तापन जैसे गंभीर मुद्दों पर लोगों का ध्यान आकृष्ट कराने में अपनी भूमिका एवं कर्तव्य का पालन कर रहा है। इसके अलावा लिंग असमानता जैसे मुद्दों को एवं इससे समाज के सही मायने में विकसित होने में रूकावट की वजहों को दिखाने का प्रयास कर समाज को अपनी अहं भूमिका निभाती है।

मीडिया सिर्फ सामाजिक ही नहीं बल्कि इसके साथ-साथ आर्थिक, राजनैतिक एवं सांस्कृतिक बदलाव में भी अपनी स्पष्ट भूमिका निभाती है।

समाज सुधारकों के निरंतर प्रयास के फलस्वरूप कट्टरपंथी हिंदुओं के एक वर्ग द्वारा भारी विरोध किए जाने के बावजूद 1891 में ब्रिटेन के शाही विधान परिषद् (Imperial ligislative Council) द्वारा विवाह की आयु विषयक विधेयक को पारित

कर दिया गया। इस विधेयक द्वारा लड़कियों के विवाह के लिए न्यूनतम आयु 10 वर्ष (1860 के अधिनियम द्वारा निर्धारित) से बढ़ा कर 12 वर्ष कर दी गई। इस सुधार के प्रमुख प्रणेता बीएम मालाबाड़ी थे जो चाहते थे कि स्कूल की पाठ्य पुस्तकों में भी बाल विवाह से संबंधित पाठ शामिल किया जाए जिसमें बाल विवाह की निंदा की जाए तथा विवाहित छात्रों को विश्वविद्यालय की परीक्षाओं में सम्मिलित होने की अनुमति नहीं दी जाए।

समाज सुधार हेतु मालाबाड़ी के अभियान को सरकार द्वारा जनमत को राजनीतिक प्रश्नों से विचलित करने के उपकरण के रूप में इस्तेमाल किया। गवर्नर जनरल के कांउसिल के वित्त सदस्य, सर ऑकलैंड कोल्विन ने कहा "भारतीय प्रेस को चाहिए कि वह स्वयं को समाज सुधार तक सीमित रखे जिसके लाभों को भारतीय प्रेस अच्छी तरह समझता है। वह अंग्रेजी शासन और अंग्रेजों की आलोचना करने में अपना समय व्यर्थ व्यतीत न करे।"

वस्तुनिष्ठ प्रश्नावली

1. मुद्रण कला कहाँ विकसित हुई?
A. चीन B. अमेरिका
C. इंग्लैंड D. फ्रांस

2. लंदन का पहला समाचारपत्र 'डेली कोवरेण्ट' (Daily Covorrant) कब प्रकाशित हुआ?
A. 1702 ई. B. 1706 ई.
C. 1708 ई. D. 1711 ई.

3. 'दि टाइम्स' समाचारपत्र की शुरूआत कब हुई?
A. 1780 ई. B. 1784 ई.
C. 1885 ई. D. 1886 ई.

4. 'दि टाइम्स' कहाँ का प्रमुख समाचारपत्र है?
A. अमेरिका B. लंदन
C. फ्रांस D. जर्मनी

5. 'दि टाइम्स' की शुरूआत किनके द्वारा की गयी?
A. डैनियल डैको B. जोनाथन स्विफ्ट
C. जॉन वाल्टर D. सैम्युएल बकले

6. विलियन हावर्ड रसेल किस समाचारपत्र के प्रमुख संवाददाता थे।
A. न्यू इंग्लैंड कोवरेंट
B. डेली कोवरेंट
C. दि टाइम्स
D. दि न्यूयार्क डेली टाइम्स

7. 'दि न्यूयॉर्क डेली टाइम्स' का प्रकाशन किस वर्ष शुरू हुआ?
A. 1857 ई. B. 1860 ई.
C. 1867 ई. D. 1869 ई.

8. 'दि टाइम्स' को पहले किस नाम से जाना जाता था?
A. दैनिक यूनिवर्सल टाइम्स
B. दैनिक ट्रिब्यून
C. दैनिक यूनिवर्सल रजिस्टर
D. गर्जियन

9. जोसेफ पुलित्जर किस समाचारपत्र के प्रकाशक थे?
A. दि ट्रिब्यून
B. डेली न्यूयॉर्क टाइम्स
C. दि वुड डिस्पैच
D. दि पोस्ट डिस्पैच

10. 'दि पोस्ट डिस्पैच' समाचारपत्र का प्रकाशन कब प्रारंभ हुआ?
A. 1789 ई. B. 1799 ई.
C. 1802 ई. D. 1878 ई.

11. 'वर्नाक्युलर प्रेस एक्ट' किस वर्ष लागू हुआ था?
A. 1789 ई. B. 1876 ई.
C. 1878 ई. D. 1884 ई.

12. महिला पत्रिका 'स्त्रीबोध' का प्रकाशन किस वर्ष शुरू किया गया था?
A. 1857 ई. B. 1889 ई.
C. 1899 ई. D. 1902 ई.

13. मासिक पत्रिका 'दि वॉयस ऑफ इंडिया' का प्रकाशन किनके द्वारा शुरू किया गया?
A. गोपाल हरि देशमुख
B. महादेव गोविंद राणाडे

C. दादाभाई नौरोजी
D. एनी बेसेंट

14. 'दि वॉयस ऑफ इंडिया' मासिक पत्रिका की शुरूआत किस वर्ष हुई?

A. 1789 ई. B. 1799 ई.
C. 1882 ई. D. 1889 ई.

15. 1861 में 'इन्द्रप्रकाश' दैनिक पत्र किनके द्वारा शुरू किया गया?

A. महादेव गोविंद राणाडे
B. गोपाल राव हरि देशमुख
C. बहराम मालाबाड़ी
D. कृष्णदास मुलजी

उत्तरमाला

1	2	3	4	5	6	7	8	9	10
A	A	B	B	C	C	A	C	D	D
11	**12**	**13**	**14**	**15**					
C	A	C	C	B					

12

लेखन के विविध रूप (Different Forms of Writing)

रिपोर्ट लेखन (Report Writing)

रिपोर्ट लेखन की सबसे अधिक महत्त्वपूर्ण विशेषता यह है कि इसे हमेशा समाचार पर आधारित होना चाहिए। रिपोर्टें हमारे आस-पास की घटनाओं के बारे में सूचनाएं प्रदान करती हैं। अतः रिपोर्ट पाठकों/श्रोताओं तक पहुँचने का प्रत्यक्ष या सीधा माध्यम है। रिपोर्ट विवरणात्मक और सूचनात्मक स्वरूप की होती है। इससे हमें पाँच प्रश्नों के उत्तर मिलते हैं और ये प्रश्न हैं–कब, कौन, क्या, कहाँ तथा क्यों।

कोई भी जानकारी जो नई हो, समाचार बनती है। उदाहरण के लिए, हाल में घटी घटनाओं से संबंधित कोई भी जानकारी समाचार बनती है।

समाचार रिपोर्ट को दो व्यापक श्रेणियों में वर्गीकृत किया जा सकता है :

(i) सीधे समाचारों की रिपोर्टें (ii) खोजी समाचार रिपोर्टें

सीधी रिपोर्टें घटनाओं की तथ्यात्मक और स्पष्ट रिपोर्टिंग करती हैं। इनमें समाचार के प्रस्तुतकर्ता की अपनी कोई भी राय अंतर्निहित नहीं होती। खोजी रिपोर्टिंग में दावों या तथ्यों के पीछे की सच्चाई को उजागर करने का प्रयास किया जाता है और उनकी वैधता की समीक्षा की जाती है। इस प्रकार की रिपोर्टिंग में घटना की गहराई में जाने का प्रयास किया जाता है।

घटना या तथ्यों पर विशिष्ट लेखन या रूप लेखन (Feature Writing)

इस प्रकार के लेखन में समाचारों, घटनाओं और मुद्दों की चर्चा, वृत्तांत या समीक्षात्मक लेख के रूप में विस्तृत विश्लेषण प्रस्तुत कर किया जाता है। इन दिनों इसमें फोटों चित्रों का भी प्रयोग किया जाता है। इसका ढाँचा निबंध या परिचर्चा के समान होता है और किसी घटना विशेष पर लेखक के द्वारा अपनी सुस्पष्ट राय भी व्यक्त की जाती है। इस प्रकार का लेखन प्रायः वरिष्ठ रिपोर्टरों, संपादकों या विषय के विशेषज्ञों द्वारा किया जाता है। इसमें प्रस्तुत की गई सूचना अनिवार्यतः विषयनिष्ठ होती है और भाषा अत्यधिक परिमार्जित होती है। ऐसा लेखन निबंध की शैली का अनुपालन करता है जिसे किसी समाचारपत्र या पत्रिका में प्रकाशित किए जाने के लिए लिखा जाता है।

लेख (Article)

यह विशिष्ट लेखन से सामग्री और मात्रा दोनों की दृष्टि से भिन्न होता है। लेख में दिए गए मुद्दे या विषय पर लेखक की निजी राय व्यक्त की जाती है और इस संदर्भ में लेखक लेखन की विषय निष्ठा से कोई समझौता नहीं करता किंतु यह आवश्यक है कि लेख संतुलित, निष्पक्ष और उद्देश्यपरक हों। इससे लेखक के किसी मत या वाद के प्रति झुकाव का भी पता चलता है। लेख किसी विशिष्ट समाचार, व्यक्ति, स्थान या घटना पर काफी विस्तृत लेखन होता है। लेख अनिवार्यतः विवरणात्मक और विश्लेषणात्मक स्वरूप का होता है और इनका समाचारों पर आधारित होना आवश्यक नहीं है।

पूर्व पीठिका (Backgrounder)

यह किसी विशिष्ट समाचार, घटना आदि के संबंध में आधार सामग्री उपलब्ध कराती है। पूर्व पीठिका सामान्य स्वरूप की होती है जिसमें तथ्यों को उसी रूप में प्रस्तुत किया जाता है जिस रूप में वे घटित होते हैं ताकि रिपोर्ट या लेख के लेखन में पृष्ठभूमि सामग्री का प्रयोग किया जा सके। प्रायः इनका उद्देश्य घटना की याद ताजा करना या संबंधित अद्यतन जानकारी प्रदान करना होता है।

प्रेस विज्ञप्ति (Press Communique)

प्रेस विज्ञप्ति प्रायः सरकार द्वारा लिए गए किसी महत्त्वपूर्ण निर्णय की घोषणा करने के लिए जारी की जाती है। यह पूर्णतः औपचारिक और शासकीय स्वरूप की होती है तथा नियमों को जारी करने के लिए यह आवश्यक है कि उन्हें संबंधित मंत्रालय या विभाग के लैटर हेड पर जारी किया जाए। प्रेस विज्ञप्ति की महत्त्वपूर्ण विशेषता यह होती है कि इसे संपादित या संशोधित नहीं किया जा सकता क्योंकि इसमें पूरी जिम्मेदारी, इसे जारी करने वाले विभाग की ही होती है।

साक्षात्कार (Interviews)

साक्षात्कार किसी भी पत्रकार के लिए सूचना संगृहीत करने का एक प्रमुख स्रोत है। साक्षात्कार फोन पर, व्यक्तिगत रूप में आमने-सामने बैठकर या प्रेस कन्फ्रेन्स के दौरान लिए जाते हैं। पत्रकारों से समाचार की रिपोर्ट में अपनी स्वयं की राय देने की अपेक्षा नहीं की जाती।

रूपक या रूप लेखन भी कभी-कभी साक्षात्कार का रूप ले लेता है। रूप लेखन में साक्षात्कार को सूचना के एक महत्त्वपूर्ण स्रोत के रूप में प्रयोग में लाया जाता है।

समाचार की विशेषताएं

(i) समाचार की परिभाषा "एक ऐसे तथ्य के रूप में दी जाती है जिसे हम कल तक या एक क्षण पहले तक नहीं जानते थे"। अतः कोई भी तथ्य जिसमें नवीनता हो, समाचार बन जाता है।

(ii) समाचार सही समय पर प्रकाशित किए जाने चाहिए। विलंब होने पर संबंधित समाचार में लोगों की रुचि समाप्त हो सकती है।

(iii) ऐसी कोई भी घटना जो पहली बार घटित हो रही है, समाचार बनती है।

(iv) अतिशयोक्तिपूर्ण शब्द जैसे कि अत्युत्तम, निकृष्टतम आदि से समाचारों का महत्व बढ़ता है।

(v) किसी प्रसिद्ध व्यक्ति से संबंधित समाचारों की ओर पाठकों, श्रोताओं का ध्यान सर्वाधिक आकर्षित होता है।

(vi) सरकार की नीतियाँ और कार्यक्रम, शांति और संघर्ष के संकल्प, विकासात्मक मुद्दे आदि समाचार के लि अत्यधिक महत्त्व रखते हैं।

(vii) मौसम संबंधी जानकारी समाचार का महत्त्वपूर्ण घट होती है। लोग मौसम के पूर्वानुमान को ध्यान में रख अपने कार्यक्रम में फेर-बदल करते हैं।

(viii) खेल संबंधी समाचारों में लोगों की सर्वाधिक रुचि हो है। ये समाचार विशिष्ट रूप में छापे जाते हैं जिस पाठकों का विशेष मनोरंजन होता है।

समाचार तैयार करते समय निम्नलिखित तथ्यों विचार किया जाना चाहिए :

1. विषय निष्ठा
2. परिशुद्धता
3. विश्वसनीयता
4. स्पष्टता
5. समाचारों में संतुलन
6. मुख्य समाचार के अनुवर्ती सूचनाओं का प्रकाशन
7. स्रोत
8. साक्ष्य

समाचार तैयार करना

किसी भी समाचार के चार प्रमुख भाग होते हैं। प्रत्येक भाग व अपना अलग महत्त्व होता है।

(a) मुख्य समाचार (Headline) : मुख्य समाचार किसी समाचार की मुख्य बातों के बारे में संक्षिप्त जानकारी प्रदान करते है

(b) भूमिका (Introduction) : रिपोर्ट का पहला पै भूमिका होता है। इसे मुख्य पैराग्राफ भी कहते हैं। यह घटना स्थान, समय, व्यक्ति और उद्देश्य से संबंधित होती है। भूमिका लगभग 70 से 80 शब्द होते हैं। इसमें वाक्य छोटे होने चाहिए

(c) मुख्य भाग (Body) : समाचार का यह भाग अधि लंबा नहीं होता किंतु इस भाग में सभी तथ्य और सूचनाएं निहि होती हैं। इसे इस प्रकार संरचित किया जाना चाहिए कि व पाठकों की रुचि के अनुरूप हो।

(d) निष्कर्ष (Conclusion) : यह विशिष्ट समाचा के प्रभाव निर्मित करता है। रिपोर्टर को रिपोर्ट की समाप्ति कि टिप्पणी से करनी चाहिए और पाठकों को कोई न कोई रा बनाने के लिए प्रेरित करनी चाहिए।

विश्व के विभिन्न देशों में समाचारपत्रों के पाठकों की संख्या

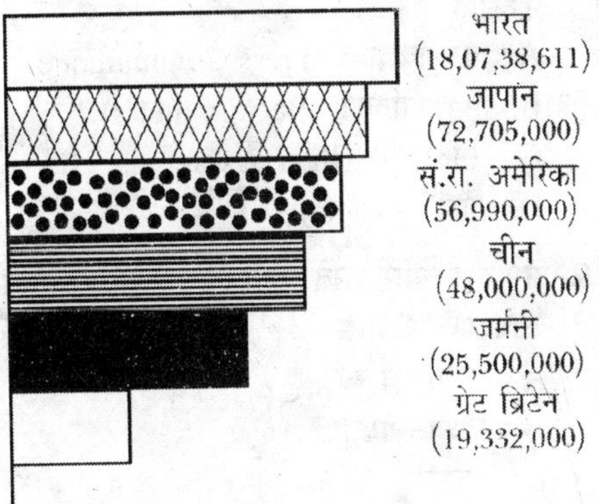

दैनिक समाचारपत्रों की संख्या

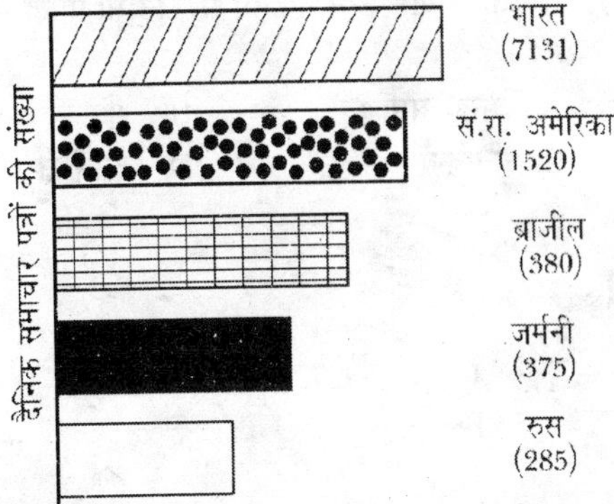

रेडियो लेखन

रेडियों लेखन में लेखक को यह ध्यान रखना आवश्यक होता है कि वह कानों के लिए लिख रहा है। अतः इन माध्यमों के लिए लेखन बहुत ही सरलतम होने चाहिए। रेडियों लेखन में सरलतम शब्दों का इस्तेमाल इसलिए भी आवश्यक है कि इसके शब्द श्रोताओं को एकबार ही सुनने को मिलते हैं जबकि पत्र-पत्रिका लेखन शब्द क्लिष्ट भी है तो पाठक उसे दुबारा पढ़ कर समझ सकता है। प्रकाशन के लिए लिखना एवं प्रसारण के लिए लिखना अलग-अलग बातें होती हैं।

रेडियो के लिए लिखते समय कुछ निम्न बातों पर ध्यान रखना चाहिए :

1. वाक्य छोटे एवं सरल हों।
2. अधिक कठिन एवं अप्रचलित शब्दों का प्रयोग न हो।
3. आलेख में अनावश्यक विस्तार से बचना चाहिए चूँकि रेडियो के हर कार्यक्रमों का समय निर्धारित होता है।
4. क्षेत्रीय प्रसारण में उन क्षेत्रों की प्रचलित शब्दों और कहावतों का समावेश से आलेख को और सुंदर और सजीव बनाया जा सकता है।
5. उप वाक्यों को जोड़ने में 'व' एवं 'तथा' के स्थान पर 'और' का प्रयोग बेहतर होता है।

टेलीविजन लेखन

ध्वनियों और छवियों का एक साथ संप्रेषण ही टेलीविजन की वास्तविक प्रक्रिया है। चलचित्र की भाँति निरंतर प्रेषण ही चित्रों को गतिशील बनाता है। इस प्रक्रिया के लिए विद्युतीय ध्वनियों को विखंडित करके निरंतर प्रेषित किया जाता है। बनती-मिटती ध्वनियों और छवियों की निरंतरता दर्शक के मन पर संश्लिष्ट प्रभाव छोड़ती है।

टेलीविजन लेखन एक चुनौतीपूर्ण कार्य है। अतः उसके लेखन में कतिपय बातों का ध्यान रखना आवश्यक है।

1. इसमें शब्दों का कम-से-कम प्रयोग करते हुए चित्रों को अधिक-से-अधिक बोलने का अवसर दिया जाता है, चूँकि इसमें ध्वनि के साथ-साथ चित्र अथवा दृश्य का विशेष महत्व होता है।
2. टेलीविजन लेखन के लिए बी.डी.ओ. तकनीक, साउंड तकनीक तथा फिल्म तकनीक का ज्ञान भी आवश्यक होता है।
3. टेलीविजन लेखन करने वालों को टेलीविजन में प्राप्त चित्र एवं दृश्य का स्रोत पता होना चाहिए।
4. टेलीविजन लेखन में प्रोडक्शन के सभी पहलुओं की जानकारी भी रखनी आवश्यक होती है।

वस्तुनिष्ठ प्रश्नावली

1. निम्नलिखित में रेडियो लेखन के लिए आवश्यक सही बातें कौन-सी है?

A. वाक्य छोटे एवं क्लिष्ट हो।

B. कठिन एवं अप्रचलित शब्दों का प्रयोग हो।

C. क्षेत्रीय प्रचलित शब्दों का इस्तेमाल हो।

D. आलेख में विस्तार हो।

2. टेलीविजन लेखन में आवश्यक निम्नलिखित में किन बातों पर ध्यान देना चाहिए?

A. लेखन में प्रोडक्शन के सभी पहलुओं की जानकारी हो।
B. शब्दों का अधिक-से-अधिक प्रयोग हो।
C. तकनीकी ज्ञान की आवश्यकता नहीं।
D. दृश्य का महत्व नहीं।

3. टेलीविजन की वास्तविक प्रक्रिया क्या है?
A. तकनीकी ज्ञान
B. चित्रों एवं दृश्यों का स्रोत
C. प्रोडक्शन
D. ध्वनियों एवं छवियों का संप्रेषण

4. किसी विशिष्ट समाचार, घटना आदि के संबंध में आधार सामग्री उपलब्ध कराती है?
A. लेख (Article)
B. पूर्व पीठिका (Backgrounder)
C. प्रेस विज्ञप्ति (Press Communique)
D. लेखन (Feature Writing)

5. सरकार द्वारा किसी महत्वपूर्ण निर्णय की घोषणा .... कहलाती है।
A. प्रेस विज्ञप्ति (Press Communique)
B. पूर्व पीठिका (Backgrounder)
C. साक्षात्कार (Interviews)
D. लेख (Article)

6. समाचार तैयार करते समय किन तथ्यों पर विचार करना आवश्यक होता है?
A. लोगों की रूचि
B. विश्वसनीयता
C. रोचक
D. व्यक्ति निष्ठा एवं वस्तु निष्ठा

7. समाचार तैयार करने में इनमें से कौन-सा प्रमुख भाग नहीं है?
A. मुख्य समाचार
B. भूमिका
C. निष्कर्ष
D. इनमें से कोई नहीं

उत्तरमाला

1	2	3	4	5	6	7
C	A	D	B	A	B	D

13

जनसंचार के माध्यमों के संबंध में विभिन्न महत्वपूर्ण सूचनाएं
(Important Information on Medium of Mass Communication)

विभिन्न भाषाओं में छपने वाले महत्वपूर्ण दैनिक समाचारपत्रों के नाम

क्र.सं.	समाचारपत्रों के नाम	भाषा	स्वामित्व
1.	दि हिंदुस्तान टाइम्स	अंग्रेजी	के. के. बिड़ला
2.	दि हिंदू	अंग्रेजी	कस्तूरी एंड संस
3.	आनंद बाजार पत्रिका	बांग्ला	एबीपी प्रा. लि.
4.	दि टाइम्स ऑफ इंडिया	अंग्रेजी	बेनेट एंड कोलमैन कं. लि.
5.	वर्तमान	बांग्ला	वर्तमान लि.
6.	गुजरात समाचार	गुजराती	लोकप्राश लिमिटेड
7.	पंजाब केसरी	हिंदी	हिंद समाचार लि.
8.	मलयालम मनोरमा	मलयालम	मलयाला मनोरमा लि.
9.	नवभारत टाइम्स	हिंदी	बेनेट एंड कोलमैन लि.
10.	सकल	मराठी	पी जी पवार
11.	नवकाल	मराठी	
12.	संदेश	गुजराती	संदेश लिमिटेड
13.	लोक सत्ता	मराठी	इंडियन एक्सप्रेस मुंबई लिमिटेड
14.	हिंदुस्तान	हिंदी	के के बिड़ला
15.	संवाद	बांग्ला	टुटु बोस, प्रतिदिन प्रकाशिनी लि.
16.	प्रजावाणी	कन्नड़	प्रिंटर्स (मैसूर) लि.
17.	दि टेलीग्राफ	अंग्रेजी	एबी वी पी प्रा. लि. अमिताभ दत्ता
18.	आज लखनऊ	हिंदी	गोमती प्रकाशन लि.
19.	राजस्थान पत्रिका	हिंदी	गुलाब कोठारी
20.	दि ट्रिब्यून	अंग्रेजी	दि ट्रिब्यून ट्रस्ट
21.	गुजरात वैभव	हिंदी	
22.	दैनिक जागरण	हिंदी	जागरण प्रकाशन. लि.
23.	अजीत	पंजाबी	बेनेट एंड कोलमैन कंपनी लि.
24.	दैनिक लोकमत	मराठी	लोकमत न्यूजपेपर्स प्राइवेट लिमिटेड
25.	महाराष्ट्र 6	मराठी	बेनेट एंड कोलमैन कंपनी लि.
26.	दैनिक तान्ती	तमिल	तान्ती ट्रस्ट

क्र.सं.	समाचारपत्रों के नाम	भाषा	स्वामित्व
27.	दैनिक लोकमत	मराठी	पृथ्वी प्रकाशन लि.
28.	जगवाणी	पंजाबी	हिंद समाचार लि.
29.	एनाडु	तेलुगू	
30.	पंढाडी	मराठी	पी. जी. जाधव
31.	दैनिक भास्कर	हिंदी	रमेश अग्रवाल
32.	मातृभूमि	मलयालम	मातृभूमि प्रिंटिंग एंड पब्लिशिंग कं. लि.
33.	स्टेट्समैन	अंग्रेजी	दि स्टेट्समैन लि.
34.	डेकन क्रोनिकल	अंग्रेजी	टी. वेंकटरमण रेड्डी
35.	डेकन हेराल्ड	अंग्रेजी	प्रिंटर्स (मैसूर) लि.
36.	अमर उजाला	हिंदी	
37.	आजकल	बांग्ला	आजकल पब्लिशर्स लिमिटेड
38.	एक्सेलसियर	अंग्रेजी	
39.	मिड डे (मुंबई)	अंग्रेजी	मिड डे मल्टी मीडिया प्रा. लि.
40.	धरित्रि	उड़िया	समाजवादी सोसायटी
41.	दि इकोनोमिक टाइम्स	अंग्रेजी	बेनेट एंड कोलमैन कंपनी लि.
42.	नई दुनिया	हिंदी	अभय सहजलानी
43.	दिनमणि	तमिल	एक्सप्रेस पब्लिकेशन्स प्रा. लि.
44.	गण शक्ति	बांग्ला	भारतीय कम्युनिस्ट पार्टी (मार्क्सवादी)
45.	समाज	उड़िया	सर्वेण्ट्स ऑफ दि पीपल सोसायटी
46.	प्रजातंत्र	उड़िया	प्रजातंत्र प्रचार सोसायटी
47.	बॉम्बे समाचार	गुजराती	बॉम्बे समाचार लि.
48.	समय	उड़िया	आशीर्वाद प्रा. लि.
49.	जनवाहिनी	कन्नड़	
50.	प्रगतिवादी	उड़िया	प्रगतिवादी पब्लिशर्स
51.	संवाद	उड़िया	ईर्स्टन मीडिया लि.
52.	राष्ट्रीय सहारा	हिंदी	सहारा इंडिया मास कम्युनिकेशन्स
53.	संयुक्त कर्नाटक	कन्नड़	लोकशिक्षण ट्रस्ट
54.	राष्ट्र दूत	हिंदी	सोमेश शर्मा
55.	उदय वाणी	कन्नड़	मणिपाल मीडिया नेटवर्क
56.	प्रभात खबर	हिंदी	नेवत्रल पब्लिशिंग हाउस लिमिटेड
57.	नवज्योति	हिंदी	
58.	दिन करन	तमिल	के एस पब्लिकेशंस प्रा. लि.
59.	एशियन एज	अंग्रेजी	एशियन एज होल्डिंग्स लिमिटेड
60.	बिजनेस स्टैंडर्ड	अंग्रेजी	बिजनेस स्टैंडर्ड लि.
61.	फाइनान्सियल	अंग्रेजी	इंडियन एक्सप्रेस न्यूज पेपर (प्रा) लि.
62.	इंडियन	अंग्रेजी	इंडियन एक्सप्रेस न्यूज पेपर (प्रा) लि.
63.	नेशनल हेराल्ड	अंग्रेजी	
64.	दि पायोनियर	अंग्रेजी	एम वाई के प्रिंटर लि.
65.	जनसत्ता	हिंदी	इंडियन एक्सप्रेस न्यूज पेपर (प्रा) लि.
66.	वीर अर्जुन	हिंदी	वीर अर्जुन न्यूज पेपर (प्रा) लि.

क्र.सं.	समाचारपत्रों के नाम	भाषा	स्वामित्व
67.	दिनामाटर	तमिल	दिनामा हर (आर. एफ.)
68.	आंध्र प्रभा	तेलुगू	मुता होप कृष्णा
69.	वार्ता	तेलुगू	गिरीश संघी
70.	हइ बैंगलौर	कन्नड़	रवि बेलागेरे
71.	लंकेश पत्रिका	कन्नड़	गौरी लंकेश
72.	न्यूजटाइम	अंग्रेजी	रामजी राव

समाचारपत्र और पत्रिकाएं

समाचारपत्र/ पत्रिका का नाम	संस्थापक संपादक का नाम
बंगाल गजट-1780	– जेम्स ऑगस्टस हिकी
इंडिया गजट-1787	– हेनरी लुई विवियन डेरोजियो
इंडियन हेराल्ड-1795	– आर. विलियम्स
कलकत्ता जर्नल्स-1818	– जे एस बकिंघम
बंगाल गजट-1818	– हरिशचंद्र राय
संवाद कौमुदी-1821	– राजा राम मोहन रॉय
मिरात-उल-अकबर-1822	– राजा राम मोहन रॉय
जाम-ए-जहाँनामा-1822	– एक अंग्रेजी फर्म
बंग दत्त-1822	– राजा राम मोहन राय
ईस्ट इंडियन-19वीं शताब्दी	– हेनरी विवियन डेरोजियो
बॉम्बे टाइम्स-1838	– रॉबर्ट नाइट
रस्त-गोफ्तार-1851	– दादाभाई नौरोजी
हिंदू पैट्रियट-1853	– गिरीश चंद्र घोष
सोमय प्रकाश-1858	– द्वारकानाथ विद्याभूषण
इंडियन मिरर-1862	– देवेंद्रनाथ टैगोर
बंगाली- 1862	– गिरीश चंद्र घोष
अमृत बाजार पत्रिका-1868	– शिशिर कुमार घोष और मोतीलाल
बंगदर्शन-1873	– बंकिम चंद्र
इंडियन स्टेट्समैन-1875	– रॉबर्ट नाइट
पंडित ट्रिब्यून-1881	– दयाल सिंह मजीठिया
इंडियन ओपिनियन	– महात्मा गाँधी
हरिजन	– महात्मा गाँधी
भारत माता	– अजीत सिंह
प्रताप	– गणेश शंकर विद्यार्थी

समाचारपत्र/ पत्रिका का नाम	संस्थापक संपादक का नाम
इंडिपेन्डेन्ट	– मोतीलाल नेहरू
हमदर्द	– मोहम्मद अली
केसरी और मराठा, 1881	– तिलक चिपलुकर अगरकर
स्वदेश मित्रम	– जी. एस. अय्यर
परिदशक-1906	– विपिन चंद्र पाल
युगान्तर-1906	– विरेंद्र कुमार घोष और भूपेंद्र नाथ दत्ता
संध्या-1906	– ब्रह्मा बांधव उपाध्याय
इंडियन सोसियोलॉजिस्ट -लंदन	– श्याम जी कृष्ण वर्मा
बंदे मातरम-पेरिस	– मैडम भीकाजी कामा
तलवार-बर्लिन	– वीरेंद्र नाथ चट्टोपाध्याय
फ्री हिंदुस्तान-वैंकुवर	– ताराकांत दास
गदर- सैनफ्रांसिस्को	– गदर पार्टी
बॉम्बे क्रॉनिकल-1913	– फिरोजशाह मेहता
दि हिंदुस्तान टाइम्स-1920	– के एम पानिकर
दि मिलाप-1923	– एम के चन्द्र
लीडर	– मदन मोहन मालवीय
कीर्ति-1926	– संतोष सिंह
वशीकृत भारत-1927	– बी. आर. अंबेदकर
कुदि अरासु-1910	– इवी. रामास्वामी नायकर
क्रांति-1927	– एस. एस. मिराजकर, के. एन. जोगलेकर, एस. वी. घाटे
लंगल और गणवाणी-1927	– गोपी चक्रवर्ती और धरणी
बंदी जीवन	– सचिंद्रनाथ सान्याल
नेशनल हेराल्ड-1938	– जवाहर लाल नेहरू

समाचारपत्र/ पत्रिका का नाम	संस्थापक संपादक का नाम
अल-हिलाल	– मौलाना अबुल कलाम आजाद
कॉमरेड	– मोहम्मद अली
यंग इंडिया, हरिजन	– महात्मा गाँधी
नेशन	– गोपाल कृष्ण गोखले
बंगाली	– सुरेन्द्र नाथ बनर्जी
सम प्रकाश	– ईश्वर चंद्र विद्यासागर
कर्म योगी	– अरविंद घोष
फ्री हिंदुस्तान	– ताराकांत दास
जमींदार, लाहौर	– जफर अली खान

समाचारपत्र/ पत्रिका का नाम	संस्थाधक संपादक का नाम
न्यू इंडिया, कॉमन वेल्थ	– ऐनी बेसेन्ट
सत पत्र श्रृंखला	– गोपाल हरि देशमुख
दीन मित्र	– मुकुंद राव पाटिल
कुदि अरासु	– पेरियार
गुलाम गिरी (गुलामी)	– ज्योतिराव फुले
मराठा, दीनबंधु	– भास्कर राव जाधव
दर्पण	– बाल शास्त्री जाम्बेकर
उद्बोधन	– विवेकानंद

महत्वपूर्ण समाचारपत्र (किसी एक स्वामित्व के अधीन प्रकाशित होने वाली पत्र-पत्रिकाए)

आनंद बाजार पत्रिका

क्र. सं.	समाचारपत्र	भाषा	आवर्तन
1.	आनंद बाजार पत्रिका	बांग्ला	दैनिक
2.	दि टेलीग्राफ	अंग्रेजी	दैनिक
3.	देश	बांग्ला	पाक्षिक

बेनेट कोलमैन एंड कंपनी लिमिटेड

क्र. सं.	समाचारपत्र	भाषा	आवर्तन
1.	दि टाइम्स आफ इंडिया	अंग्रेजी	दैनिक
2.	दि संडे टाइम्स	अंग्रेजी	साप्ताहिक
3.	दि इकोनोमिक टाइम्स	अंग्रेजी	दैनिक
4.	नव भारत टाइम्स	हिंदि	दैनिक
5.	महाराष्ट्र टाइम्स	मराठी	दैनिक
6.	सांध्य टाइम्स	हिंदी	दैनिक
7.	दि टाइम्स कंप्यूटिंग	अंग्रेजी	साप्ताहिक
8.	वेस्ट साईड प्लान	अंग्रेजी	साप्ताहिक
9.	बॉम्बे टाइम्स	अंग्रेजी	दैनिक

समाचारों से भिन्न प्रकार के प्रकाशन

10.	इंगलिश टुडे	अंग्रेजी	मासिक
11.	फिल्म फेयर	अंग्रेजी	मासिक
12.	फेमिना	अंग्रेजी	पाक्षिक

चढ़दी कला पब्लिकेशंस प्रा. लि.

1.	चढ़दी कला	पंजाबी	दैनिक
2.	चढ़दी कला बिजनेस	अंग्रेजी	दैनिक टाइम्स
3.	मेल-मिलाप	पंजाबी	साप्ताहिक

(मदुरै) एक्सप्रेस पब्लिकेशंस प्रा. लि.

1.	दि न्यू इंडियन एक्सप्रेस	अंग्रेजी	दैनिक
2.	आंध्र प्रदेश	तेलुगू	दैनिक
3.	आंध्र प्रदेश इल्युस्ट्रेटेड वीकली	तेलुगू	साप्ताहिक
4.	कन्नड़ प्रभा	कन्नड़	दैनिक
5.	दिनमणि	तमिल	दैनिक
6.	समकालिका मलयालम वारिका	मलयालम	साप्ताहिक
7.	दि न्यू संडे एक्सप्रेस	अंग्रेजी	साप्ताहिक

ईस्टर्न मीडिया लि.

1.	संवाद	उड़िया	दैनिक

डेकन क्रॉनिकल

1.	डेकन क्रॉनिकल	अंग्रेजी	दैनिक
2.	आंध्र भूमि	तेलुगू	दैनिक

हिंद समाचार लि.

1.	हिंद समाचार	अंग्रेजी	दैनिक
2.	पंजाब केसरी	हिंदी	दैनिक
3.	जगवाणी	पंजाबी	साप्ताहिक

हिंदुस्तान टाइम्स लिमिटेड

क्र.सं.	समाचारपत्र	भाषा	आवर्तन
1.	दि हिंदुस्तान टाइम्स	अंग्रेजी	दैनिक
2.	हिंदुस्तान	हिंदी	दैनिक
3.	नंदन	हिंदी	मासिक
4.	कादंबिनी	हिंदी	मासिक

इंडियन एक्सप्रेस न्यूजपेपर्स (बॉम्बे) लि.

1.	लोक सत्ता	मराठी	दैनिक
2.	दि इंडियन एक्सप्रेस	अंग्रेजी	दैनिक
3.	दि फाइनेन्सियल एक्सप्रेस	अंग्रेजी	दैनिक
4.	लोक प्रभा	मराठी	साप्ताहिक
5.	जन सत्ता	हिंदी	दैनिक
6.	समकालीन	गुजराती	दैनिक
7.	चंडीगढ़ न्यूजलाइन	अंग्रेजी	दैनिक
8.	स्क्रीन	अंग्रेजी	साप्ताहिक
9.	हेड स्टार्ट	अंग्रेजी	साप्ताहिक

कस्तूरी एंड संस लिमिटेड

1.	दि हिंदू	अंग्रेजी	दैनिक
2.	दि हिंदू बिजनेस लाइन	अंग्रेजी	दैनिक
3.	स्पोर्ट्स स्टार	अंग्रेजी	साप्ताहिक
4.	फ्रंट लाइन	अंग्रेजी	पाक्षिक

लोक प्रकाशन लिमिटेड

1.	गुजरात समाचार	गुजराती	दैनिक
2.	श्री	गुजराती	दैनिक

मलयालम मनोरमा कं. लिमिटेड

1.	मलयालम मनोरमा	मलयालम	दैनिक
2.	दि वीर	अंग्रेजी	साप्ताहिक
3.	तोजिल विधि	मलयालम	साप्ताहिक

मंगलम पब्लिकेशंस (इंडिया) प्रा. लिमिटेड

1.	मंगलम	मलयालम	दैनिक
2.	मंगलम	मलयालम	साप्ताहिक
3.	मंगला	कन्नड़	साप्ताहिक
4.	बाला मंगलम	कन्नड़	साप्ताहिक
5.	बाला मंगला	मलयालम	पाक्षिक
6.	सिनेमा मलयालम	मलयालम	साप्ताहिक

मातृभूमि प्रिंटिंग एंड पब्लिशिंग कं. लिमिटेड

1.	मातृभूमि	मलयालम	दैनिक
2.	मातृभूमि इल्युस्ट्रेटेड वीकली	मलयालम	साप्ताहिक
3.	गृह लक्ष्मी	मलयालम	मासिक
4.	बाल भूमि	मलयालम	पाक्षिक
5.	मातृभूमि तोजिल वार्ता	मलयालम	साप्ताहिक

शब्द भंडार (Glossary)

ऐड (Add) : विज्ञापन हेतु अंग्रेजी में प्रयुक्त शब्द संक्षेप।

एड (Add) : समाचार की विषय वस्तु में किसी अतिरिक्त सामग्री को समावेशित करने के लिए प्रयुक्त संक्षिप्त शब्द।

अग्रिम (Advance) : घटना घटित होने से पहले तथ्यों सहित समाचार वर्णन।

ऐगेट (Agate) : विज्ञापन का बुनियाद मात्रक : 14 ऐगेट लाइनें एक कॉलम इंच बनाती हैं।

समानुदेशन (Assignment) : किसी पत्रकार को किसी घटना की विस्तृत जानकारी प्राप्त करने के लिए सौंपा गया कार्य।

बैनर (Banner) : इसे मुख्य रूप से बैनर मुख्य लाइन (Banner head line) के नाम से जाना जाता है। यह प्रायः बहुत महत्त्वपूर्ण अवसरों/घटनाओं के लिए प्रयुक्त किया जाता है जो पाँच से आठ कॉलमों में वर्णित होता है।

बीट (Beat) : रिपोर्टरों को समाचारों के दैनिक कवरेज के लिए आवंटित स्थान/ संगठन/ विभाग।

बीएफ (BF) : बोल्ड टाइप फेस (मोटा टाईप) का संक्षिप्त रूप। यह सामान्य फेस की तुलना में अधिक चौड़ा और गहरा होता है जिससे अक्षर अधिक उभार युक्त और स्पष्ट छपते हैं।

कथ्य या कलेवर (Body) : किसी समाचार का मुख्य भाग जो पहले पैराग्राफ के बाद आता है।

बॉक्स (Box) : एक सीमा-रेखा के भीतर दी गई संक्षिप्त समाचार सूचना। समाचारों को सर्वोच्च प्राथमिकता प्रदान करने के लिए उन्हें बॉक्स में रखा जाता है।

नाम पंक्ति (By line) : समाचार विवरण के नीचे दिया गया रिपोर्टर/संवाददाता का नाम।

दीर्घाक्षर (Caps) : प्रूफ रीडिंग में अंग्रेजी के बड़े अक्षरों को लिखने के लिए दिया गया संकेत। इसके लिए अपर केस (Upper Case) का प्रयोग भी किया जाता है।

चित्र-परिचय (Captions) : समाचारपत्र में छपे चित्र का ब्यौरे सहित विवरण प्रस्तुत करना।

मध्यपन्नी सजावट (Centre Spread) : समाचारपत्र/पत्रिका में ठीक बीच में स्थित दो पृष्ठ।

नगर संपादक (City Editor) : इसे मेट्रो संपादक भी कहते हैं। यह स्थानीय समाचारों का प्रभारी होता है।

क्लिप (Clip) : समाचारपत्र से प्राप्त कतरन।

पांडुलिपि (Copy) : इसे एक 'सामग्री' के रूप में भी जाना जाता है। यह कोई भी समाचार-सूचना या सामग्री होती है जिसका प्रमुख या प्रथम पैराग्राफ के साथ वर्णन करके समाचारों को पूर्णता प्रदान की जाती है। पांडुलिपि का प्रयोग प्रायः समाचारपत्रों में किया जाता है।

पांडुलिपि संपादक (Copy Editor) : इसे कॉपी रीडर के नाम से भी जाना जाता है जो कॉपी का संपादन या संशोधन करता है।

संवाददाता (Correspondent) : जब कोई रिपोर्टर अपने मुख्य शहर से बाहर जाता है तो उसे संवाददाता कहते हैं।

कवर (Cover) : समाचार प्राप्त करने की प्रक्रिया।

नौसिखिया (Cub) : पत्रकारिता में अप्रशिक्षित रिपोर्टर या इस क्षेत्र में नए-नए प्रवेश करने वाले को नौसिखिया (Cub) कहा जाता है।

दिनांक-रेखा (Date line) : किसी समाचार या अंक के लिए प्रकाशन का अंतिम समय।

डमी (Dummy) : समाचार पृष्ठ का खाका या स्थूल या रफ (Rough) चित्रण जिसमें समाचारों को किस स्थान पर छापना है, इसके बारे में कुछ जानकारी निहित होती है।

फार्स (Fars) : समाचारपत्र के पहले पृष्ठ के दोनों ओर ऊपर बने बॉक्स।

संपादकीय (Editorial) : किसी महत्त्वपूर्ण समाचार पर टिप्पणी। संपादकीय टिप्पणी का उद्देश्य जनमत तैयार करना होता है। इससे जनता की राजनीतिक चेतना में भी वृद्धि होती है तथा जनता को इस बात का भी पता चलता है कि संबंधित समाचारपत्र का झुकाव किस राजनीतिक पार्टी की ओर है।

आपूरक (Filler) : कॉलमों को पूरा करने के लिए दी गई सूचनाएं। इनका उपयोग समाचारपत्र में खाली स्थानों को पूरा करने के लिए किया जाता है।

फ्लैग (Flag) : मुख्य पृष्ठ पर समाचारपत्र का नाम।

फ्लैश (Flash) : न्यूनतम संभव शब्दों में नवीनतम (धमाकेदार) और सर्वाधिक महत्त्वपूर्ण समाचार प्रस्तुत करना। इनका प्रयोग प्रायः चुनाव या खेल समाचारों में किया जाता है।

फॉलो (Folo) : अंग्रेजी के फॉलो-अप (Follow-up) का संक्षिप्त रूप – फॉलो-अप अर्थात् अनुवर्ती समाचार में मुख्य घटना के बाद हुए परवर्ती घटना-क्रम को सिलसिले वार ढ़ंग से प्रस्तुत करना निहित है।

विज्ञप्ति-पत्रक (Hand outs) : लिखित सामग्रियों के लिए प्रयुक्त सामान्य शब्द

मर्मस्पर्शी (Human Interest) : भावनात्मक अपील के साथ प्रस्तुत समाचार विवरण जो मानव मात्र के सामान्य हित में होते हैं।

नष्ट (Kill) : किसी समाचार का निराकरण। इसका आशय एक ऐसे समाचार को व्यर्थ कर देने या समाप्त कर देने से है जिसका लोप किया जाना हो।

आमुख (Lead) : किसी समाचार का पहला या आरंभिक अनुच्छेद।

अपमान लेख (Libel) : समाचारपत्र में प्रकाशित कोई निंदात्मक वक्तव्य

लोअर केस (Lower Case) : अंग्रेजी के छोटे अक्षरों में लिखा हुआ

धारावाहिक कथा (Running Story) : उपभोक्ता या श्रोता की कथा की दूसरी या तीसरी पांडुलिपि के लिए प्रयुक्त नाम डाइरेक्ट टू होम (DTH) को डाइरेक्ट ब्रॉडकास्ट सैटलाइट (DBS) भी कहते हैं।

डोली (Dolly) : जिस व्यक्ति या वस्तु को फोकस में लाना होता है उससे कैमरे को दूर या उसके निकट लाने की प्रक्रिया

थोथा अभ्यास (Dry run Practice) : बिना कैमरे के अभ्यास या रिहर्सल करना।

डब करना (Dub) : किसी तैयार रूपलेख में ध्वनि रिकार्ड करना या देना।

ई. एन. एस. (ENS) : इलैक्ट्रॉनिक न्यूज रूम का संक्षिप्त रूप। इन दिनों इलैक्ट्रानिक न्यूज रूम में समाचारों का सृजन और प्रक्रमण कम्प्यूटर की सहायता से किया जाता है।

दृष्टि रेखा (Eye-line) : वस्तु या लक्ष्य का तल या दिशा। कैमरा प्रायः दृष्टिरेखा का अनुसरण करता है।

अनुसंकेत (Cue) : किसी दृश्य को शुरू करने के लिए हाथ या शब्द से प्रदान किया गया दृश्य या श्रव्य संकेत या सिग्नल

कट (Cut) : एक कैमरा या दृश्य से दूसरे कैमरा या दृश्य पर अकस्मात जाने की प्रक्रिया

मृत क्षेत्र (Dead line) : इसे अंध क्षेत्र (Blind spot) भी कहते हैं। यह ऐसे क्षेत्र को सूचित करता है जिसका अभिग्रहण अत्यधिक कठिन हो।

समयांत (Dead line) : निर्धारित समय-सीमा जिसके भीतर सभी पांडुलिपियों को संपादित और अंतिम रूप दे दिया जाना चाहिए।

क्षेत्रांत (Death of field) : किसी स्थान पर निकटतम और दूरतम वस्तुओं के बीच का स्थान या क्षेत्र

डाइरेक्ट टु होम (Direct to Home) : एक प्रकार की प्रसारण प्रणाली जिसमें सीधे उपभोक्ताओं के घर तक अनेक चैनलों को पहुँचाने के लिए उच्च शक्ति युक्त उपग्रहों का प्रयोग किया जाता है।

पंक्तिक (स्लग) (Slug) : किसी नई सूचना-सामग्री का नाम, सारांश या मुख्य बातें। स्लग नियमानुसार पहले पृष्ठ और नई सूचना सामग्री के प्रत्येक पृष्ठ पर होना चाहिए।

स्टॉप प्रेस (Stop Press) : अंतिम क्षण में किसी सूचना सामग्री को छपने से रोक देना। इसे फज या छपते-छपते (Fudges) भी कहा जाता है। इसमें मुख्य प्रेस को अंतिम क्षण के परिवर्तन या योग के लिए निर्देश दिए जाते हैं। छपते-छपते समाचारों को पृष्ठ एक पर बॉक्स में रखा जाता है।

एड्रेसेबल केबल सिस्टम (Addressable Cable System) : यह केबल टीवी की अगली पीढ़ी है। इस प्रणाली में केबल ऑपरेटर अपने उपभोक्ता के परिसर में एक ऐड्रेसेबल सेट टॉप बॉक्स संस्थापित करता है जिससे केबल ऑपरेटर उपभोक्ता के टीवी सेट के लिए चैनलों को चालू कर सकता है या जिन चैनलों को उपभोक्ता देखना नहीं चाहता या भुगतान नहीं करना चाहता उन्हें बंद कर सकता है। केबल टी वी ऑपरेटर के कक्ष में ऐसी सभी प्रणालियाँ लगी होती हैं जिनसे वह पे चैनलों या निःशुल्क चैनलों को उपभोक्ताओं के सेट टॉप बॉक्स तक पहुँचा सके जिन्हें वह सेट टॉप बॉक्स टीवी सेट तक पहुँचा देता है।

एआईआर (AIR) : आकाशवाणी (ऑल इंडिया रेडियो)

आयाम माडुलन (Amplitude Modulation, AM) : उच्च आवृत्ति की किसी वाहक तरंग का आयाम परिवर्तित करके सूचना को प्रेषित करने की विधि आयाम माडुलन (Amplitude Modulation, AM) कहलाती है। वाहक तरंग से सूचना वहन हेतु निम्न आवृत्ति के सिग्नल का प्रयोग किया जाता है।

ऐन्कर (Anchor) : किसी कार्यक्रम को प्रस्तुत करने वाला व्यक्ति। इन दिनों इस शब्द का प्रयोग समाचार वाचकों के लिए भी किया जाने लगा है जिसे न्यूज ऐन्कर (News anchor) कहा जाता है।

ऐन्कर मैन (Anchor man) : किसी दल में मुख्य समाचार वाचक को ऐन्कर मैन कहा जाता है।

ऐनिमेशन (सजीवता) (Animation) : कम्प्यूटर रेखाचित्रों (Computer graphics) की सहायता से बनाई गई फिल्म। यह वस्तुओं (रेखाचित्रों) को सजीवता प्रदान करने की प्रक्रिया है। ऐसा फिल्म के एक या अधिक फ्रेमों को एक्सपोज करके और रेखाचित्र को हल्का खिसकाकर एक या अधिक प्रेसों को एक्सपोज करके किया जाता है। फिल्म या चित्र को प्रोजेक्ट (प्रक्षेपित) करने पर ऐसा प्रतीत होता है कि वे चित्र स्वयं ही चल-फिर रहे हैं। यह प्रक्रिया सजीवता (Animation) कहलाती है।

एएनएसआई (ANSI) : अमेरिकी राष्ट्रीय मानक संस्थान (American National Standards Institute)

द्वारक (Aperture) : लेन्स के द्वारक लेन्स से होकर निकलने वाले प्रकाश की मात्रा को नियंत्रित करता है। कैमरा और प्रक्षेपित्र (Projector) में यह एक छिद्र के रूप में कार्य करता है जिससे निकलने वाले प्रकाश की मात्रा से यह निधारित होता है कि कैमरे में लगे निगेटिव का कितना हिस्सा प्रभावित होगा और प्रक्षेपित्र में कितने फ्रेम (चित्र) प्रक्षेपित किए जा सकेंगे।

श्रव्य (Audio) : रिकार्ड और प्रसारित की गई ध्वनि का पुनरुत्पादन

नेपथ्य (Background) : नेपथ्य वास्तविकता का आभास कराने के लिए प्रयुक्त सेट या ध्वनि के रूप में हो सकता है।

श्वेत-श्याम (B & W) : श्वेत और श्याम (Black and White)

बीबीसी (BBC) : ब्रिटिश ब्रॉडकास्टिंग कॉरपोरेशन

बीटाकैम (Betacam) : बीडियो फॉर्मेट सिस्टम आधा इंच

कोशा (Blimp) : कैमरे में बाहर से आने वाले शोर को रोकने के लिए कैमरे को ढकने वाला एक ध्वनि रोधी प्रकोष्ठ, ताकि बाहर का शोर साउण्ड ट्रैक पर रिकार्ड की जा रही ध्वनि को विकृत न करें।

बाइट (Byte) : ऑडियो रिकार्डिंग की एक इकाई जिसे वीडियो क्लिप के साथ चलाया जाता है। तकनीकी शब्दों में यह एक 'शब्द' है जिसमें आठ बिट होते हैं।

सी-बैंड (C-Band) : इस शब्द का प्रयोग प्रायः उपग्रह से डाउनलिंकिंग के लिए किया जाता है। सी-बैंड (C-Band) का आवृत्ति-परास 3.4 गीगा हर्ट्स से 4.2 गीगा हर्ट्स तक होता है।

केबल टीवी (Cable TV) : तार युक्त टेलीविजन प्रणाली। केबलों को खंभों पर या भूमिगत बिछाया जाता है। इस व्यवस्था में टेलीविजन कार्यक्रम एक केंद्रीय स्रोत से प्राप्त किए जाते हैं तथा उपभोक्ताओं तक पहुँचाए जाते हैं जिसके लिए उनसे संस्थापन शुल्क और मासिक आधार पर भी शुल्क वसूला जाता है। केंद्रीकृत अभिग्रहण सिग्नलों को अत्यधिक दक्ष ऐन्टेना से प्राप्त (अभिगृहीत) किया जाता है और केबलों या तारों के जरिए उपभोक्ताओं के टीवी सेटों तक ये सिग्नल पहुँचाए जाते हैं। यह प्रणाली सामुदायिक ऐन्टेना टेलीविजन प्रणाली भी कहलाती है।

कैमकोरडर (Camcorder) : कैमरा और रिकार्डर का संयोजन

चित्र-परिचय (Caption) : किसी दृश्य क्लिप या चित्र के विषय में वर्णन के लिए प्रयुक्त सामान्य शब्द

सीएएस (CAS) : सप्रतिबंध अभिगम प्रणाली (Conditional Access System) एक ऐसी प्रणाली है जिसमें उपभोक्ताओं के घरों की छत पर सेट टॉप बॉक्स लगाए जाते हैं और केबल टीवी प्रचालक अपने परिसर में सिग्नलों को कोडित और विकोडित करने की प्रणाली संस्थापित करता है। इस व्यवस्था में उपभोक्ता केवल उन्हीं चैनलों के लिए भुगतान करता है जिन्हें वह देखना चाहता है।

क्लिप (Clip) : किसी कार्यक्रम में प्रयुक्त फिल्म का एक छोटा भाग या खंड। इसे विजुअल क्लिप भी कहते हैं।

निकट शॉट (Close up) : कैमरे से, निकट से लिए गए शॉट को निकट शॉट (Close up) कहते हैं। जिसमें सामान्यतः व्यक्ति के सिर, चेहरा, कंधों या बिलकुल पीछे नेपथ्य (पार्श्व) में स्थित वस्तुओं को ही शामिल किया जाता है।

समुच्चित चित्र (कॉलाज) (Collage) : बहुत से चित्रों/क्लिपों का संग्रहण और प्रस्तुतीकरण। यह मुख्य समाचारों, कथाओं या समाचार सामग्रियों का संग्रहण भी हो सकता है।

संचार उपग्रह (Communication Satellite) : अपनी निश्चित कक्षा में पृथ्वी की परिक्रमा कर रहे कृत्रिम उपग्रह जो रेडियो, टेलीविजन और टेलीफोन सिग्नल प्रसारित करते हैं।

सामुदायिक रेडियो (Community Radio) : सामुदायिक रेडियो कार्यक्रमों में उत्पादन और निर्णयन की प्रक्रिया में जनता की सहज भागीदारी होती है तथा इसमें श्रोताओं और वित्त पोषित करने वालों की भी भूमिका सुनिश्चित की जाती है। आशय यह है कि इसका प्रबंधन प्रयोक्ताओं और श्रोताओं के हाथ में होता है।

कॉमसैट (Comsat) : कम्युनिकेशन सैटलाइट कॉर्पोरेशन (यूएसए)

पांडुलिपि (Copy) : प्रिंट/इलैक्ट्रॉनिक मीडिया में प्रयोग के लिए समाचार या कहानी के रूप में व्यवस्थित लिखित सामग्री।

श्रेय (Credits) : किसी कार्यक्रम को तैयार करने में भाग लेने वाले सभी लोगों के नामों की सूची।

आवृत्ति माडुलन (Frequency Modulation) : वाहक तरंग का आयाम अपरिवर्तित रहता है। यह रेडियो द्वारा प्रसारण की एक स्थैतिक मुक्त प्रणाली है। इसमें प्रसारण तरंग की आवृत्ति भेजी जाने वाली ध्वनि के अनुरूप समायोजित कर ली जाती है।

फाइबर ऑप्टिक केबल (Fibre Optic Cable) : श्रव्य-दृश्य सिग्नलों, ऑकड़ों और ध्वनि का वहन करने के लिए काँच के फाइबर से निर्मित तार। फाइबर केबल अधिक विस्तृत बैंड चौड़ाई (band width) के होते हैं जिससे न केवल ये मितव्ययी होते हैं बल्कि सामान्य केबल की तुलना में कई गुना अधिक श्रव्य-दृश्य सिग्नलों का वहन करने में भी सक्षम होते हैं।

विज्ञप्ति पत्रक (Handouts) : प्रिंट और इलैक्ट्रॉनिक माध्यमों को दी जाने वाली प्रचार सामग्री।

इन्टेलसैट (Intelsat) : अंतर्राष्ट्रीय दूरसंचार उपग्रह संगठन। इस संगठन में विश्व के 154 देश शामिल हैं तथा यह संगठन विश्वव्यापी उपग्रह संचार में सुधार लाने के सार्वजनिक हित की प्राप्ति हेतु कार्य करता है।

आईएसडीएन (ISDN) : समेकित सेवा अंकीय नेटवर्क (Integrated Service Digital Network) का संक्षिप्त रूप।

यह एक वैश्विक अंकीय दूरसंचार नेटवर्क है। यह अपने ़पभोक्ताओं को समेकित नेटवर्क से किसी एकल बिंदु के जरिए ़नेक संचार सेवाओं तक अभिगम्यता प्रदान करता है।

ामुख (Lead) : किसी समाचारपत्र या समाचार बुलेटिन की मुख्य-मुख्य बातें या तथ्य।

ाइव (Live) : किसी घटना या कार्य का यथास्थिति सीधा प्रसारण

ध्यम शॉट (Medium Shot) : कुछ दूरी से लिया गया शॉट जिसमें प्रस्तुतकर्ता के कमर तक का भाग दिखाई देता है।

ाश्रण (Mix) : एक शॉट का लोपन या अवमंदन और दूसरे शॉट का अत्यधिक स्पष्ट होना तथा पहले शॉट का दूसरे शॉट के साथ आमेलन

ल्टीप्लेक्स (Multiplex) : किसी एक ही संचार चैनल पर दो या दो से अधिक सिग्नलों का एक साथ ट्रान्समिशन

ाकृतिक ध्वनि : चित्र लिए जाने के समय पर ही रिकार्ड की गई श्रव्य ध्वनि।

ाउट क्यू (Out Cue) : किसी समाचार रिपोर्ट को समाप्त करने से पूर्व का अंतिम शब्द

ा (Pan) : कैमरा का उर्ध्वाधर या क्षैतिज घूमना

ास टू कैमरा (Piece to Camera) : इसे संक्षेप में पी टू सी (P to C) कहा जाता है। इसमें रिपोर्टर और संवाददाता कार्यक्षेत्र की घटनाओं के विषय में बातचीत करते हैं।

पिक्सेल (Pixel) : किसी चित्र का मूल तत्त्व

प्राथमिक रंग (Primary Colour) : लाल, हरा और नीला

फौरी समाचार (Rushes) : उपग्रह टी.वी. प्रणाली में कृत्रिम उपग्रह से टीवी सिग्नल प्राप्त किए जाते हैं। इस प्रणाली में स्थानीय और लंबी दूरी की टेलीफोन सेवाएं तथा इंटरनेट और वीडियो सेवाएं भी उपलब्ध होती हैं। उपग्रह टीवी या निजी केबल टी वी प्रणाली उन विनियमों से मुक्त होती हैं जो फ्रेन्चाइज्ड केबल टीवी प्रणाली के लिए लागू होते हैं।

लोपन या अवमंदन (Fade) : यह किसी चित्र का चमकीलापन धीरे-धीरे समाप्त होकर उसके क्षीण होते जाने की प्रक्रिया है। इस प्रक्रिया का उपयोग दृश्य से दर्शकों का ध्यान हटाने के लिए किया जाता है।

अनुवर्ती समाचार (Follow up) : यह पहले कभी छपी समाचार सामग्री पर आधारित होता है जो पूर्ववर्ती समाचार के संदर्भ में बाद में हुई घटनाओं का उल्लेख करता है।

निःशुल्क चैनल (FTA) : इस श्रेणी के चैनलों को देखने के लिए उपभोक्ताओं को किसी भी प्रकार के शुल्क के भुगतान की आवश्यकता नहीं होती।

आवृत्ति माडुलन (Frequency Modulation) : वाहक तरंग की आवृत्ति संप्रेषित किए जाने वाले निम्न आवृत्ति के सिग्नल के आयाम के अनुपात में परिवर्तित करके सूचना संप्रेषित करने की विधि।

वस्तुनिष्ठ प्रश्नावली

1. 'बंगाल गजट' का प्रकाशन किस वर्ष हुआ?
   A. 1780 ई. B. 1787 ई.
   C. 1795 ई. D. 1818 ई.

2. 'प्रताप' समाचारपत्र के संपादक कौन थे?
   A. गणेश शंकर विद्यार्थी
   B. दयाल सिंह मजीठिया
   C. गिरीश चंद्र घोष
   D. हरिश्चन्द्र राय

3. 'कॉमरेड' के संपादक कौन थे?
   A. मौलाना अबुल कलाम
   B. मोहम्मद अली
   C. अरविंद घोष
   D. ज्योतिराव फुले

4. निम्नलिखित में से किसके संपादक मदन मोहन मालवीय थे?
   A. लीडर B. दीन मित्र
   C. दर्पण D. उद्बोधन

5. 1906 में विरेन्द्र घोष तथा भूपेन्द्र नाथ दत्त द्वारा निम्नलिखित में किस समाचारपत्र की शुरूआत की गयी?
   A. परिदशक B. युगांतर
   C. संध्या D. बंगदर्शन

6. निम्नलिखित में कौन-सी पत्रिका शिशिर घोष और मोतीलाल द्वारा शुरूआत की गयी?

A. अमृत बाजार पत्रिका B. संध्या

C. परिदशक D. इंडियन मिरर

7. 'न्यू इंडिया' तथा 'कॉमनवेल्थ' के संपादक थे?

A. ऐनी वेसेंट

B. दादाभाई नौरोजी

C. सरोजिनी नायडु

D. मौलाना अबुल कलाम आजाद

8. 'मातृभूमि' किस भाषा में प्रकाशित समाचारपत्र है?

A. तमिल B. मलयालम

C. हिन्दी D. बांग्ला

9. 'मिड डे' किस भाषा में प्रकाशित समाचारपत्र है?

A. अंग्रेजी B. हिन्दी

C. बांग्ला D. तमिल

10. 1853 में शुरूआत हिंदू पैट्रियट के संपादक थे?

A. दादाभाई नौरोजी

B. बंकिमचंद्र

C. गिरीश चंद्र घोष

D. देवेन्द्र नाथ टैगोर

11. मरात-उल अकबर का संपादन किनके द्वारा होता था?

A. मौलाना अबुल कलाम आजाद

B. मोहम्मद अली

C. राजा राम मोहन राय

D. विपिन चन्द्र पाल

उत्तरमाला

1	2	3	4	5	6	7	8	9	10	11
A	A	B	A	B	A	A	B	A	C	C

14

बहुविकल्पीय प्रश्न
(Multiple Choice Questions)

1. पत्रकारों को निम्नलिखित में से किसके समान माना जाता है?
(*a*) चित्रकार (*b*) लेखक
(*c*) छायाकार (*d*) प्रकाशक

2. प्राचीन काल में मंदिरों की दीवारों पर, ताम्र प्लेटों और राजाओं द्वारा विजय अभियान से लौटने पर जारी किए जाने वाले सिक्कों पर तथा चट्टानों पर खुदे अभिलेखों द्वारा जनता को निम्नलिखित में से क्या उपलब्ध कराए जाते थे?
(*a*) धनराशि (*b*) समाचार
(*c*) वस्त्र (*d*) इनमें से कोई नहीं

3. निम्नलिखित में से कहाँ सुनी-सुनाई बातों के सहारे समाचार संप्रेषित होता था?
(*a*) यूरोप (*b*) इंग्लैंड
(*c*) कनाडा (*d*) फ्रांस

4. समाचारपत्र की शुरुआत पहले-पहल किस देश में हुई?
(*a*) ऑस्ट्रेलिया (*b*) अफ्रीका
(*c*) यूरोप (*d*) फ्रांस

5. चीनी मुद्रण कला का प्राचीनतम साक्ष्य क्या है?
(*a*) डायमंड सूत्र (*b*) मेघदूत
(*c*) प्राइड एंड प्रीजुडिस (*d*) उपन्यास

6. मेन्ज में किस शताब्दी में धातु प्रकार की प्रिंटिंग मशीन तैयार की गई?
(*a*) 16वीं शताब्दी (*b*) 18वीं शताब्दी
(*c*) 9वीं शताब्दी (*d*) 15वीं शताब्दी

7. रॉबर्ट कोल और सैम्युएल पेक निम्नलिखित में से किसके सर्वाधिक प्रख्यात प्रकाशक थे?
(*a*) दैनिक पत्र (*b*) दि टाइम्स
(*c*) कोरैण्टो (*d*) इंडिया टुडे

8. निम्नलिखित में से किसे समाचार पुस्तिका (Newsbook) का चौथा चरण कहते हैं?
(*a*) दि मराठा (*b*) दि इंडियन एक्सप्रेस
(*c*) दि मर्करी (*d*) दि टाइम्स

9. निम्नलिखित में से कौन सी समाचार पत्रिका ने लंदन गजट का स्थान लिया?
(*a*) मुडेली मैन (*b*) हेन्च बैंक
(*c*) ड्युरनल (दैनिकी) (*d*) कोरैण्टो

10. विश्व में पहले दैनिक समाचारपत्र की शुरुआत कब हुई?
(*a*) 12 मार्च, 1022 (*b*) 11 मार्च, 1702
(*c*) 5 जनवरी, 1502 (*d*) फरवरी, 2003

11. निम्नलिखित में से किस कारण समाचारपत्रों का और अधिक विभाजन (वर्गीकरण) और सीमांकन हुआ?
(*a*) टेलीग्राफ और टेलीग्राम का आविष्कार
(*b*) टेलीविजन और फोन का आविष्कार
(*c*) मोबाइल और मॉनिटर का आविष्कार
(*d*) रेडियो और टेलीविजन का आविष्कार

12. पत्रकारिता के क्षेत्र में निम्नलिखित में से किसके कारण एक दबाव का वातावरण सृजित हुआ?
(*a*) रेडियो (*b*) टेलीग्राफ
(*c*) मॉनिटर (*d*) टेलीविजन

13. निम्नलिखित में से किसने पहला भाप से चलने वाला प्रिंटिंग प्रेस संस्थापित किया?
(*a*) जॉन मिल्टन (*b*) जॉन वाल्टर II
(*c*) जान वाल्टर I (*d*) जॉन डोम

14. संचार के सिद्धांतों को कितने भागों में विभाजित किया जा सकता है?
(*a*) चार भागों (*b*) तीन भागों
(*c*) पाँच भागों (*d*) एक भाग

15. "मीडिया का उपयोग व्यक्तियों द्वारा स्वयं को अन्य से संबद्ध या असंबद्ध करने के लिए किया जाता है" – यह कथन निम्नलिखित में से किसका है?
(*a*) हेमिल्टन, फ्रैंकलिन
(*b*) फ्रैंकलिन, जॉन हेनरी
(*c*) काट्ज, ग्युरे विच और हैस
(*d*) टाउन फाइल, क्राउन

16. मीडिया निर्भरता सिद्धांत (Media Dependency) कब प्रस्तुत की गई?
(*a*) 1976 में (*b*) 1956 में
(*c*) 1960 में (*d*) 1950 में

17. निम्नलिखित में से किस प्रकार की चर्चा से किसी समूह आदि में किसी व्यक्ति के घुल-मिल जाने के कौशल का पता चलता है?
(*a*) वैयक्तिक चर्चा (*b*) सामूहिक चर्चा
(*c*) सार्वजनिक चर्चा (*d*) इनमें से कोई नहीं

18. निम्नलिखित में से कौन सा संचार प्रतिमान (Communication model) स्रोत संदेश, निहित सामग्री, माध्यम, ऑडियन्स (श्रोता/पाठक/दर्शक) आदि की पहचान करने के लिए सर्वाधिक कारगर होता है?
(*a*) ब्राउन प्रतिमान (*b*) हेरॉल्ड लासवेल प्रतिमान
(*c*) डोन हनी प्रतिमान (*d*) इनमें से कोई नहीं

19. संचार को कितने भागों में विभाजित किया गया है?
(*a*) चार (*b*) पाँच
(*c*) छह (*d*) नौ

20. निम्नलिखित में से कौन सा प्रतिमान बाद में न्यूकैम्प प्रतिमान (Newcamp Model) को अनुकूलित करके निर्मित किया गया जो विशेषकर जन-संचार के विभिन्न औपचारिक माध्यमों से संबद्ध है?
(*a*) जॉर्ज प्रतिमान
(*b*) वेस्टले और मैकलिन प्रतिमान
(*c*) थियोडोर प्रतिमान I
(*d*) इनमें से कोई नहीं

21. निम्नलिखित में से किस प्रतिमान में संचार को अनिवार्य रूप से पारेषण या संचारण की एक प्रक्रिया माना जाता है?
(*a*) थियोडोर प्रतिमान (*b*) मैकलिन प्रतिमान
(*c*) गर्बनर प्रतिमान (*d*) इनमें से कोई नहीं

22. जन-संचार के मानकीय सिद्धांत (Normative Theory) को सर्वप्रथम कब प्रतिपादित किया गया?
(*a*) 1963 में (*b*) 1957 में
(*c*) 1956 में (*d*) 1950 में

23. वर्ष 1980 में विकास मीडिया सिद्धांत और लोकतांत्रिक मीडिया सिद्धांत को किसने प्रस्तुत किया?
(*a*) मैकमिलन (*b*) मैक क्वैल
(*c*) जॉन हेमिल्टन (*d*) शेक्सपियर

24. जन-संचार के माध्यमों (Mass Media) को निम्नलिखित में से किस भाग में विभाजित किया गया है?
(*a*) प्रिंट और इलैक्ट्रॉनिक माध्यम (Print and Electronic media)
(*b*) सुविज्ञ या विवेकपूर्ण माध्यम(Savvy media)
(*c*) इच्छा स्वातंत्र्यवादी माध्यम (Libertarian media)
(*d*) उपरोक्त में से कोई नहीं

25. किसी समाचारपत्र में कितने विभाग होते हैं?
(*a*) पाँच (*b*) चार
(*c*) तीन (*d*) इनमें से कोई नहीं

26. समाचारपत्र का सर्वाधिक महत्त्वपूर्ण विभाग निम्नलिखित में से कौन सा है?
(*a*) संपादकीय (*b*) परामर्शदात्री
(*c*) प्रशासन (*d*) प्रेस

27. 'चिल्ड्रन्स फिल्म सोसायटी ऑफ इंडिया' की स्थापना कब की गई थी?
(*a*) 1955 में (*b*) 1966 में
(*c*) 1990 में (*d*) 1959 में

28. भारत में फिल्म प्रभाग की स्थापना कब की गई थी?
(*a*) 1960 में (*b*) 1948 में
(*c*) 1920 में (*d*) 1970 में

29. एम आई एफ एफ क्या है?
(*a*) फिल्म उद्योग (*b*) नाटक उद्योग
(*c*) लेखन उद्योग (*d*) इनमें से कोई नहीं

30. राष्ट्रीय फिल्म विकास निगम लिमिटेड (NFDC) को निम्नलिखित में से किस वर्ष निगमित किया गया था?
(*a*) 1975 (*b*) 1980
(*c*) 1970 (*d*) 1990

31. भारत सरकार द्वारा चलचित्र समारोह निदेशालय (Directorate of Film Festivals) की स्थापना कब की गई थी?
(*a*) 1975 में (*b*) 1973 में
(*c*) 1960 में (*d*) 1970 में

32. राष्ट्रीय फिल्म विकास निगम लिमिटेड (NFDC) का क्या कार्य है?
(*a*) कम बजट वाली फिल्मों को प्रोत्साहन प्रदान करना
(*b*) कम बजट वाली फिल्मों को उपेक्षित करना
(*c*) अधिक बजट वाली फिल्मों को प्रोत्साहन प्रदान करना
(*d*) अधिक बजट वाली फिल्मों को पूरा करना

33. भारत में पहला अंतर्राष्ट्रीय फिल्म समारोह कब आयोजित किया गया?
(*a*) वर्ष 1960 में (*b*) वर्ष 1952 में
(*c*) वर्ष 1963 में (*d*) वर्ष 1972 में

34. स्वतंत्रता प्राप्ति के समय देश में कितने आकाशवाणी केन्द्र थे?
(*a*) 4 (*b*) 5
(*c*) 6 (*d*) 7

35. संचार का शैनन एवं वैबर मॉडल है
(*a*) मॉड्यूलर (*b*) सर्कुलर
(*c*) लिनियन (*d*) नॉन-लिनियर

36. केंद्र सरकार ने वर्ष 1954 से राष्ट्रीय फिल्म पुरस्कार प्रदान करना शुरू किया। इसका उद्देश्य था
(*a*) फिल्मी सितारों की कलात्मक अभिरुचि को प्रोत्साहन प्रदान करना
(*b*) कलात्मक अभिरुचि को हतोत्साहित करना
(*c*) फिल्म के कलात्मक पक्ष को धूमिल करना
(*d*) इनमें से कोई नहीं

37. स्वतंत्रता के समय भारत में केवल तीन समाचार एजेन्सियाँ अर्थात् एएफपी (AFP), एसोसिएटेड प्रेस (AP) और रायटर (Reuter) ही काम कर रही थीं। ये एजेन्सियाँ मूलतः किस देश से संबंधित हैं?
(*a*) ग्रेट ब्रिटेन (*b*) भारत
(*c*) कनाडा (*d*) इनमें से कोई नहीं

38. पीटीआई (PTI) की एक प्रतिस्पर्धी एजेन्सी के रूप में 1961 में समाचारपत्रों के समूह द्वारा निम्नलिखित में से किसकी स्थापना की गई?
(*a*) यूएनआई (UNI) (*b*) एएफपी (AFP)
(*c*) डीपीए (DPA) (*d*) एनएएनए (NANA)

39. भारतीय समाचार एजेन्सियाँ निम्नलिखित में से किसका संघटक हैं?
(*a*) एएनए (ANA)
(*b*) यूएनआई (UNI)
(*c*) एनएएनए (NANA)
(*d*) इनमें से कोई नहीं

40. चमकीले अखबारी कागज सहित सभी अखबारी कागजों का आयात निम्नलिखित में से किस वर्ष खुले सामान्य लाइसेंस (Open General Licence, OGL) के तहत लाया गया?
(*a*) 1992 (*b*) 1995
(*c*) 1998 (*d*) 2000

41. मध्य प्रदेश में स्थित नेपा मिल की केंद्र सरकार के सार्वजनिक क्षेत्र के उपक्रम के रूप में कब शुरुआत हुई?
(*a*) 15 अप्रैल, 1950 (*b*) 16 मार्च, 1960
(*c*) 26 अप्रैल, 1956 (*d*) 26 जनवरी, 1950

42. समाचार नियंत्रण आदेश (News Control Order) निम्नलिखित में से किस वर्ष पारित हुआ?
(*a*) 1962 में (*b*) 1950 में
(*c*) 1960 में (*d*) 1975 में

43. वह माध्यम जिसका भारत में सर्वाधिक पहुँच है
(*a*) मुद्रण (*b*) रेडियो
(*c*) टेलीविजन (*d*) इन्टरनेट

44. भारत में 'जन्मभूमि' नामक सबसे पहली साप्ताहिक समाचार पत्रिका का प्रकाशन निम्नलिखित में से किस वर्ष आरंभ हुआ?
(*a*) 1947 (*b*) 1950
(*c*) 1948 (*d*) 1949

45. 'बॉम्बे समाचार' नामक दैनिक समाचारपत्र कब शुरू किया गया?
(*a*) 1822 में (*b*) 1850 में
(*c*) 1849 में (*d*) 1847 में

46. दिल्ली से 'हिंदुस्तान' और 'नवभारत टाइम्स' का प्रकाशन निम्नलिखित में से किस वर्ष शुरू किया गया?
(*a*) 1950 (*b*) 1936
(*c*) 1947 (*d*) 1951

47. कन्नड़ भाषा का पहला समाचारपत्र "मंगलूर समाचार" का प्रकाशन निम्नलिखित में से किस वर्ष आरंभ हुआ?
(*a*) 1850 (*b*) 1843
(*c*) 1844 (*d*) 1847

48. सर्जन जनरल रिपोर्ट निम्नलिखित में से किन पर टेलीविजन के प्रभाव पर प्रकाश डालता है?
(*a*) युवाओं
(*b*) महिलाओं
(*c*) बच्चों
(*d*) मानवजाति के अल्पसंख्यकों पर

49. मराठी भाषा का समाचारपत्र वर्ष 1832 में निम्नलिखित में से किसके द्वारा शुरू किया गया?
(*a*) मोहन दास (*b*) बाल गंगाधर तिलक
(*c*) बाल शास्त्री जांबेकर (*d*) इनमें से कोई नहीं

50. खालसा समाचार का प्रकाशन निम्नलिखित में से कहाँ से शुरु किया गया?
(*a*) पंजाब B. राजस्थान
(*c*) तमिलनाडु (*d*) पाकिस्तान

51. वर्षानुवर्ष दैनिक समाचारपत्रों की संख्या में काफी वृद्धि हुई है। यह कथन
(*a*) सत्य है
(*b*) असत्य है
(*c*) सत्य हो सकता है
(*d*) सत्य हो सकता है और असत्य भी

52. निम्नलिखित में से किस भारतीय भाषा में प्रकाशित पत्र-पत्रिकाओं की संख्या सर्वाधिक है?
(*a*) मराठी (*b*) बांग्ला
(*c*) मलयालम (*d*) उर्दू

53. जनसंचार का ''लिमिटेड इफेक्ट मॉडल'' निम्नलिखित में से किस मॉडल का प्रतिलोम था?
(*a*) ए बी एक्स मॉडल का
(*b*) सर्कुलर मॉडल का
(*c*) डिफ्यूजन मॉडल का
(*d*) हाइपोडरमिक निड्ल मॉडल का

54. किस प्रधानमंत्री के काल में ''प्रेस के स्वामित्व'' मुद्दे पर गहन चर्चा हुई थी?
(*a*) जवाहरलाल नेहरू (*b*) इंदिरा गांधी
(*c*) आई.के. गुजराल (*d*) एच.डी. देवगौड़ा

55. 19वीं शताब्दी के उत्तरार्ध में भारत में निम्नलिखित में से किसकी स्थापना हुई?
(*a*) ऐंग्लो-इंडियन प्रेस (*b*) पीटीआई
(*c*) यू एन आई (*d*) इनमें से कोई नहीं

56. 1978 में सेल्फ सेंशरशिप के रूप में नैतिक-संहिता किसके द्वारा आहूत की गयी थी?
(*a*) द इंडियन लैंग्वेजेज न्यूजपेपर एसोसिएशन
(*b*) भारतीय विज्ञापन मानक परिषद्
(*c*) दि ऑल इण्डिया न्यूजपेपर एडिटर्स कॉन्फ्रेन्स
(*d*) द एडिटर गिल्ड

57. भारत के समाचार-पत्र पंजीयक का कार्यालय किस वर्ष अस्तित्व में आया?
(*a*) 1950 (*b*) 1956
(*c*) 1958 (*d*) इनमें से कोई नहीं

58. विश्व में किस देश में सर्वाधिक फिल्में निर्मित की जाती हैं?
(*a*) भारत (*b*) अमेरिका
(*c*) चीन (*d*) इंग्लैंड

59. मूक फीचर फिल्म 'पुंडलिक' का निर्माण निम्नलिखित में से किसने किया?
(*a*) राकेश रोशन
(*b*) पूजा भट्ट
(*c*) एन.जी. चित्रा और आर. जी. टोनी
(*d*) इनमें से कोई नहीं

60. 'पुंडलिक' नामक फीचर फिल्म कब रिलीज हुई?
(*a*) 18 मई, 1950 (*b*) 18 मई, 1912
(*c*) 26 मार्च, 1920 (*d*) 26 फरवरी, 1951

61. कॉपीराइट विषयों में लाइसेंस अनुज्ञप्ति धारकों के पास किस रूप में सृजित की जाती है?
(*a*) जन-अधिकार (*b*) व्यक्तिगत अधिकार
(*c*) मालिकाना अधिकार (*d*) सवैधानिक अधिकार

62. निम्नलिखित में से किसे दो अंग्रेजी अखबारों "द टाइम्स ऑफ इंडिया" तथा "स्टेट्समैन" का संपादक होने का गौरव प्राप्त है?
(*a*) रॉबर्ट नाइट (*b*) जेम्स ब्राइस
(*c*) पीटर रीड (*d*) रुडियार्ड किपलिंग

63. फोटो प्रभाग का मुख्यालय कहाँ अवस्थित है?
(*a*) मुंबई (*b*) नई दिल्ली
(*c*) चेन्नई (*d*) हैदराबाद

64. सामुदायिक रेडियो की अवधारणा किसके साथ सम्बन्धित है?
(*a*) ब्रॉडकास्टिंग (*b*) नेरोकास्टिंग
(*c*) पर्सनल कास्टिंग (*d*) पोडकास्टिंग

65. निम्नलिखित में से किसकी सिफारिश पर कार्यरत पत्रकारों के लिए वेतन बोर्ड गठित किया गया?
(*a*) पत्रकार यूनियन
(*b*) सूचना एवं प्रसारण मंत्रालय
(*c*) प्रथम प्रेस आयोग
(*d*) द्वितीय प्रेस आयोग

66. भारत के प्रथम प्रेस आयोग की सर्वप्रमुख संस्तुति में निम्नलिखित में से किसका उल्लेख था?
(*a*) मूल्य-पृष्ठ अनुसूची
(*b*) सूचना का अधिकार अधिनियम
(*c*) प्रेस की आजादीः एक संवैधानिक गारंटी के रूप में
(*d*) पत्रकारिता के विशेषाधिकारों का संहिताकरण

67. मराठी पत्रकारिता का जनक किसे कहा जाता है?
(*a*) बाल गंगाधर तिलक
(*b*) एमसी केलकर
(*c*) के. टी. रानाडे
(*d*) बाल शास्त्री जांबेकर

68. समाचारेत्तर पाक्षिक पत्रिका 'फेमिना' निम्नलिखित में से किसके द्वारा प्रकाशित की जाती है?
(*a*) बेनेट कोलमैन एंड कंपनी लिमिटेड
(*b*) हिंदुस्तान टाइम्स समूह
(*c*) एक्सप्रेस पब्लिकेशंस लिमिटेड
(*d*) एक्सप्रेस पब्लिकेशंस (बॉम्बे लिमिटेड)

69. निम्नलिखित में से किसे लोकतंत्र का चौथा स्तंभ (Fourth estate) कहा जाता है?
(*a*) प्रिंट मीडिया (*b*) इलैक्ट्रॉनिक मीडिया
(*c*) दृश्य मीडिया (*d*) उपरोक्त सभी

70. भारत में समाचारपत्र प्रकाशन का पथ-प्रदर्शक किसे माना जाता है?
(*a*) हेरॉल्ड पिन्टर
(*b*) इयान हिली
(*c*) जेम्स ऑगस्टस हिकी
(*d*) एम. ए. के. हैलिडे

71. भारत में प्रकाशित पहला समाचारपत्र था
(*a*) हरिजन (*b*) सेवक
(*c*) यंग इंडिया (*d*) बंगाल गजट

72. बंगाल गजट, जिसे कलकत्ता जनरल एडवाइजर के नाम से भी जाना जाता है, का प्रकाशन कब आरंभ हुआ?
(*a*) 29 जनवरी, 1780 (*b*) 30 जनवरी, 1781
(*c*) 28 जनवरी, 1779 (*d*) 28 जनवरी, 1782

73. भारत में निम्नलिखित में से किसका प्रकाशन सर्वाधिक होता है?
(*a*) दैनिक समाचारपत्र
(*b*) साप्ताहिक समाचार पत्रिका
(*c*) पाक्षिक पत्रिका
(*d*) मासिक पत्रिका

74. विकासात्मक संचार किस संचार सिद्धान्त पर विशेष बल देता है?
(*a*) टॉप-डाऊन कम्युनिकेशन
(*b*) मैकेनिस्टिक कम्युनिकेशन
(*c*) एपिस्टीमौलोजिकल एप्रोच
(*d*) एक्सटेन्सिव डिमोन्स्ट्रेशन

75. भारत में निम्नलिखित में से किस भाषा में सर्वाधिक संख्या में समाचारपत्र प्रकाशित किए जाते हैं?

(*a*) हिंदी (*b*) अंग्रेजी
(*c*) बांग्ला (*d*) उर्दू

76. आकाश भारती विधेयक, 1978 का प्रारूप निम्नलिखित में से किसकी अध्यक्षता में तैयार किया गया था?

(*a*) बी. जी. वर्गीज
(*b*) आई. राम मोहन राव
(*c*) वी. शारदा प्रसाद
(*d*) आई. डी. तिवारी

77. विकास हेतु संचार में जो रणनीति समाकलित की जाती है, वह है

(*a*) धार्मिक-आख्यान (*b*) सामाजिक-विपणन
(*c*) प्रोपेगेण्डा (*d*) ग्रामीण-प्रचार

78. "मीडल रेंज थ्योरी ऑफ कम्युनिकेशन" किसके द्वारा समर्थित था?

(*a*) जॉन फिस्के (*b*) रॉबर्ट मेरटोन
(*c*) कार्ल मार्क्स (*d*) एम.एस. आरचर

79. एम. एम. नेटवर्क लिमिटेड के स्वामित्व वाली साप्ताहिक पत्रिका 'उदयवाणी' किस भाषा की है?

(*a*) कन्नड़ (*b*) मराठी
(*c*) बांग्ला (*d*) हिन्दी

80. एफ.आर. लेविस ने मीडिया विषय के .... पर बल दिया था।

(*a*) व्यावहारिक आलोचना
(*b*) अन्तर सम्बद्धता
(*c*) अनित्यता
(*d*) व्यावसायिक तत्त्वों

81. जनसंपर्क के टू-वे-सिमेट्रिक मॉडल में, संचार के कौन-से मॉडल का उपयोग किया जाता है?

(*a*) व्यक्ति से व्यक्ति (*b*) समूह से समूह
(*c*) व्यक्ति से समूह (*d*) समूह से व्यक्ति

82. एक साइड पर मुद्रित 'सिंगल-सीट-विज्ञापन' को किस नाम से जाना जाता है?

(*a*) ब्रॉशर (*b*) फ्लैयर्स
(*c*) लिफलेट्स (*d*) पोस्टर्स

83. भारत में अधिकांश समाचारपत्रों का स्वामित्व है

(*a*) व्यक्तियों के पास
(*b*) सोसाइटियों के पास
(*c*) संयुक्त पूंजी कंपनियों के पास
(*d*) ट्रस्टों के पास

84. पत्रकारिता में "बहुल-कार्य" का कारण है

(*a*) मीडिया वैश्वीकरण
(*b*) आर्थिक उदारीकरण
(*c*) सामाजिक एकीकरण
(*d*) तकनीकी अभिसरण

85. समाचारपत्रों द्वारा अर्जित राजस्व का एक बड़ा हिस्सा निम्नलिखित में से किससे प्राप्त होता है?

(*a*) समाचारपत्रों की बिक्री
(*b*) सरकार द्वारा आर्थिक सहायता
(*c*) विज्ञापन
(*d*) उपरोक्त में से कोई नहीं

86. सरकार द्वारा प्रकाशित की जाने वाली निम्नलिखित में से किस पत्रिका की परिचालन संख्या सर्वाधिक है?

(*a*) योजना
(*b*) कुरूक्षेत्र
(*c*) रोजगार समाचार/इम्प्लॉयमेंट न्यूज
(*d*) सुरक्षा

87. भारत की पहली बोलती या सवाक फिल्म थी

(*a*) जमाई षष्टी (*b*) कालीदास
(*c*) राजा हरिश्चंद्र (*d*) आलम आरा

88. भारत का राष्ट्रीय फिल्म अभिलेखागार (National Film Archives of India, NFAI) कहाँ अवस्थित है?

(*a*) मुंबई (*b*) पुणे
(*c*) नई दिल्ली (*d*) कोलकाता

89. पहला हिंदी समाचारपत्र था

(*a*) प्रजामित्र (*b*) उदंड मार्तंड
(*c*) सुधाकर (*d*) आज

90. निम्नलिखित में से कौन-सी भाषा भारत में भाषा-पत्रकारिता का पथ प्रदर्शक बनीं?

(*a*) हिंदी (*b*) मराठी
(*c*) बांग्ला (*d*) तमिल

91. मलयालम भाषा में प्रकाशित पहला समाचारपत्र था

(*a*) मलयालम मनोरमा (*b*) विज्ञान निक्षापण

(*c*) दीन बंधु (*d*) देश अभिमानी

92. बाल गंगाधर तिलक निम्नलिखित में से किसके संपादक थे?

(*a*) केसरी

(*b*) मराठा

(*c*) (*a*) और (*b*) दोनों

(*d*) ज्ञान प्रकाश

93. भारतीय भाषा समाचारपत्र एसोसिएशन (Indian Languages Newspaper Association) की स्थापना निम्नलिखित में से किसने की?

(*a*) मामन माथर

(*b*) अमृत लाल सेठ

(*c*) बाल गंगाधर तिलक

(*d*) महात्मा गाँधी

94. मुद्रण की कला का जन्म निम्नलिखित में से किस देश में हुआ?

(*a*) संयुक्त राज्य अमेरिका

(*b*) जर्मनी

(*c*) यूनाटेड किंगडम (इंग्लैंड)

(*d*) चीन

95. प्रेस में स्वतंत्रता की गारंटी भारतीय संविधान के किस अनुच्छेद के अंतर्गत दी गई है?

(*a*) 19 (1) (क) (*b*) 19 (2) (घ)

(*c*) 21 (1) (क) (*d*) 21 (4)

96. निम्नलिखित में से किसे भारतीय ग्युटेनबर्ग के नाम से जाना जाता है?

(*a*) जॉन बॉस्को (*b*) जेम्स ऑगस्टस हिकी

(*c*) कर्नल जेम्स टॉड (*d*) जॉन डी बस्टमंट

97. निम्नलिखित में से किसे भारतीय पत्रकारिता का गुरु कहा जाता है?

(*a*) महात्मा गांधी

(*b*) राजा राममोहन राय

(*c*) जेम्स ऑगस्टस हिकी

(*d*) मदन मोहन मालवीय

98. महात्मा गांधी निम्नलिखित में से किसके संपादक थे?

(*a*) इंडियन ओपिनियन

(*b*) यंग इंडिया

(*c*) हरिजन

(*d*) उपरोक्त सभी

99. विश्व में सर्वाधिक संख्या में दैनिक समाचारपत्र प्रकाशित करने वाला देश है :

(*a*) संयुक्त राज्य अमेरिका

(*b*) चीन

(*c*) जापान

(*d*) यूनाइटेड किंगडम

100. भारत में रेडियो प्रसारण की शुरुआत निम्नलिखित में से किस वर्ष हुई?

(*a*) 1924 (*b*) 1927

(*c*) 1930 (*d*) 1936

101. ऑल इंडिया रेडियो को निम्नलिखित में से किस वर्ष आकाशवाणी नाम दिया गया?

(*a*) 1947 (*b*) 1957

(*c*) 1960 (*d*) 1972

102. ऑल इंडिया रेडियो के राष्ट्रीय चैनल की शुरुआत निम्नलिखित में से किस वर्ष हुई?

(*a*) 1955 (*b*) 1982

(*c*) 1988 (*d*) 1991

103. ऑल इंडिया रेडियो में विविध भारती की शुरुआत किस वर्ष हुई?

(*a*) 1957 (*b*) 1967

(*c*) 1982 (*d*) 1985

104. टेलीविजन का आविष्कार निम्नलिखित में से किसके द्वारा किया गया?

(*a*) मार्कोनी (*b*) टामस आल्वा एडीसन

(*c*) फैराडे (*d*) जॉन लुई बेयर्ड

105. भारत में टेलीविजन का युग कब आरंभ हुआ?

(*a*) वर्ष 1947 में (*b*) वर्ष 1953 में

(*c*) वर्ष 1955 में (*d*) वर्ष 1959 में

106. दूरदर्शन द्वारा रंगीन फिल्मों/अन्य कार्यक्रमों का संचारण निम्नलिखित में से किस वर्ष शुरू हुआ?

(*a*) 1976 (*b*) 1982

(*c*) 1984 (*d*) 1986

107. प्रसार भारती निगम निम्नलिखित में से किस वर्ष अस्तित्त्व में आया?

(*a*) 1978 (*b*) 1990
(*c*) 1997 (*d*) 1999

108. भारतीय पत्रकारिता का जन्म निम्नलिखित में से कहाँ हुआ?

(*a*) चेन्नई (*b*) कोलकाता
(*c*) मुंबई (*d*) नई दिल्ली

109. निम्नलिखित में से किसने वर्नाकुलर (देशी भाषा) प्रेस अधिनियम को रद्द किया?

(*a*) लॉर्ड लिट्टन (*b*) लॉर्ड इरविन
(*c*) लॉर्ड रिपन (*d*) लॉर्ड कर्जन

110. बिपिन चंद्र पाल ने निम्नलिखित में से किसकी स्थापना की?

(*a*) न्यू इंडिया
(*b*) बंदे मातरम
(*c*) उपरोक्त (*a*) और (*b*) दोनों
(*d*) बांग्ला

111. समाचारपत्र 'इंडिपेन्डेन्ट' (Independent) को निम्नलिखित में से किसके द्वारा शुरु किया गया?

(*a*) जवाहर लाल नेहरू (*b*) महात्मा गांधी
(*c*) सैयद हुसैन (*d*) मोतीलाल नेहरू

112. 'नेशनल हेराल्ड' समाचारपत्र निम्नलिखित में से किसके द्वारा शुरु किया गया?

(*a*) मोती लाल नेहरू (*b*) जवाहर लाल नेहरू
(*c*) इंदिरा गांधी (*d*) राजीव गांधी

113. ईस्ट इंडिया कंपनी' ने पहली बार सेंसरशिप की शुरुआत कब की?

(*a*) 1780 (*b*) 1786
(*c*) 1790 (*d*) 1795

114. निम्नलिखित में से किसे अभिव्यक्ति की स्वतंत्रता का हनन करने वाला अधिनियम (Gogging Act) कहा गया?

(*a*) भारतीय दंड संहिता
(*b*) भारतीय प्रेस संहिता
(*c*) वर्नाकुलर (देशी भाषा) प्रेस अधिनियम
(*d*) प्रेस (आपात) शक्ति अधिनियम, 1931

115. प्रेस आयोग की सिफारिशों पर प्रेस परिषद् की स्थापना निम्नलिखित में से किस वर्ष की गई?

(*a*) 1951 (*b*) 1966
(*c*) 1956 (*d*) 1977

116. एक कंपनी अपने प्रत्येक उत्पाद हेतु विज्ञापन उद्देश्यों को निर्धारित करने के पश्चात् .... को तय करती है।

(*a*) विज्ञापन रणनीति (*b*) विज्ञापन बजट
(*c*) विज्ञापन प्रारूप (*d*) विज्ञापन पोजिशनिंग

117. निम्नलिखित में से एक को छोड़कर अन्य सभी अंग्रेजी समाचारपत्रों ने अपने प्रकाशन के सौ वर्ष पूरे कर लिए हैं। वह एक समाचारपत्र है

(*a*) टाइम्स ऑफ इंडिया (*b*) दि हिंदू
(*c*) हिंदुस्तान टाइम्स (*d*) स्टेट्समैन

118. यह समाचारपत्र मूलतः देशी भाषा का समाचारपत्र था किंतु वर्नाकुलर प्रेस अधिनियम, 1878 के अधिनियमित होने पर यह रातोंरात अंग्रेजी का समाचारपत्र बन गया। यह कथन निम्नलिखित में से किस समाचारपत्र के बारे में है?

(*a*) अमृत बाजार पत्रिका (*b*) आनंद बाजार पत्रिका
(*c*) उदंड मार्तण्ड (*d*) नेशनल हेराल्ड

119. भारतीय भाषाओं के समाचारपत्रों की परिचालन संख्या के घटते हुए क्रम में उनका सही अनुक्रम है

(*a*) अंग्रेजी, हिंदी, मलयालम
(*b*) हिंदी, अंग्रेजी, मलयालम
(*c*) हिंदी, मलयालम, अंग्रेजी
(*d*) अंग्रेजी, मलयालम, हिंदी

120. भारत का सबसे पुराना अंग्रेजी दैनिक समाचारपत्र है?

(*a*) टाइम्स ऑफ इंडिया (*b*) दि हिंदू
(*c*) स्टेट्समैन (*d*) ट्रिब्यून

121. निम्नलिखित में से किस समाचारपत्र के मुखपृष्ठ के शीर्ष पर "इंडियास नेशनल न्यूजपेपर" (India's National Newspaper)" लिखा होता है?

(*a*) टाइम्स ऑफ इंडिया (*b*) हिंदुस्तान टाइम्स
(*c*) दि हिंदू (*d*) इंडियन एक्सप्रेस

122. 'फ्रंटलाइन' नामक पत्रिका निम्नलिखित में से किसके द्वारा प्रकाशित की जाती है?

(*a*) हिन्दू समूह
(*b*) बेनेट एंड कोलमैन
(*c*) इंडियन एक्सप्रेस समूह
(*d*) हिंदुस्तान टाइम्स समूह

123. निम्नलिखित में से कौन सी समाचार एजेंसी अन्य से भिन्न है?
(*a*) पीटीआई (PTI) (*b*) यूएनआई (UNI)
(*c*) एएनआई (ANI) (*d*) आईएएनएस (IANS)

124. संवाद-प्रेषक या फुटकर संवाददाता (Stringer) का क्या अर्थ है?
(*a*) अंशकालिक संवाददाता (Part time reporter)
(*b*) मुद्रक (Printer)
(*c*) संपादक (Editor)
(*d*) संवाददाता (Correspondent)

125. निम्नलिखित में से कौन सा जन-संचार का एक सशक्त माध्यम है?
(*a*) सिनेमा (*b*) टेलीविजन
(*c*) रेडियो (*d*) समाचारपत्र

126. निम्नलिखित में से किसे भारतीय सिनेमा का जनक कहा जाता है?
(*a*) आरजी टॉर्नी
(*b*) नटराज मुडलियार
(*c*) दादा साहिब फाल्के
(*d*) एवीएम मेयप्पा चेटियार

127. विज्ञापन में आत्म विनियमन हेतु नियमावली (Code of Self-regulation) निम्नलिखित में से किस वर्ष तैयार की गई?
(*a*) 1980 (*b*) 1983
(*c*) 1984 (*d*) 1986

128. प्रेस ट्रस्ट ऑफ इंडिया (PTI) की स्थापना निम्नलिखित में से किस वर्ष की गई?
(*a*) 1942 (*b*) 1947
(*c*) 1949 (*d*) 1952

129. भारत की सबसे बड़ी समाचार एजेंसी निम्नलिखित में से कौन-सी है?
(*a*) यूएनआई (UNI) (*b*) एएनआई (ANI)
(*c*) पीटीआई (PTI) (*d*) आईएएनएस (IANS)

130. निम्नलिखित में से एक को छोड़कर अन्य सभी टेलीविजन चैनलों का स्वामित्व किसी एक ही कंपनी के पास है। वह एक कौन-सा टेलीविजन चैनल है जिस पर उस कंपनी का स्वामित्व नहीं है?
(*a*) सन टीवी (*b*) सूर्या टीवी
(*c*) जेमिनी टीवी (*d*) कैराली टीवी

131. जो संबंध यूनिवार्ता का यू एन आई से है ठीक वैसा ही संबंध पी टी आई का निम्नलिखित में से किससे है?
(*a*) पी टी आई वार्ता (*b*) भाषा
(*c*) वार्ता (*d*) पीटी आई-हिंदी

132. भारत में उर्दू समाचार सेवा पहली बार निम्नलिखित में से किस समाचार एजेंसी द्वारा शुरू की गई?
(*a*) पीटीआई (*b*) आईआरएनए
(*c*) यूएनआई (*d*) एएनआई

133. भारत की सबसे पहली फीचर एजेन्सी (Feature agency) निम्नलिखित में से कौन है?
(*a*) नेशनल प्रेस एजेन्सी
(*b*) इंडियन प्रेस एजेन्सी
(*c*) स्टार फीचर एजेन्सी
(*d*) इंडियन न्यूज एंड फीचर अलायन्स

134. पत्र सूचना कार्यालय (PIB) का मुख्यालय निम्नलिखित में से कहाँ अवस्थित है?
(*a*) नई दिल्ली (*b*) मुंबई
(*c*) बेंगलूरु (*d*) चेन्नई

135. एनएफडीसी (NFDC) का मुख्यालय निम्नलिखित में से कहाँ अवस्थित है?
(*a*) नई दिल्ली (*b*) मुंबई
(*c*) बेंगलूरु (*d*) चेन्नई

136. दक्षिण अफ्रीका में रहते हुए महात्मा गांधी ने निम्नलिखित में से किस समाचारपत्र का प्रकाशन आरंभ किया?
(*a*) हिंदुस्तान (*b*) रिफॉर्मर
(*c*) इंडियन ओपिनियन (*d*) यंग इंडिया

137. 'कुदि अरसु' के संपादक थे :
(*a*) राजा जी
(*b*) सी. अन्नादुराई
(*c*) के. करुणानिधि
(*d*) ई. वी. रामास्वामी नायकर

138. एनी बेसेंट निम्नलिखित में से किस पत्रिका की संपादक रही थीं?

(*a*) न्यू इंडिया
(*b*) कॉमन व्हील
(*c*) यंग इंडिया
(*d*) (*a*) और (*b*) दोनों

139. राजा राम मोहन राय निम्नलिखित में से किसके संपादक थे?
(*a*) मिरात-उल-अकबर (*b*) संवाद कौमुदी
(*c*) वागदत्ता (*d*) उपरोक्त सभी

140. निम्नलिखित में से 'बॉम्बे क्रोनिकल' के संपादक कौन थे?
(*a*) फिरोज शाह मेहता
(*b*) श्रीनिवास शास्त्री
(*c*) बाल गंगाधर तिलक
(*d*) कुमारी जोगलेकर

141. भारत में 'एडवरटाइजिंग एजेन्सीज एसोसिएशन' की स्थापना कब हुई?
(*a*) 1935 में (*b*) 1940 में
(*c*) 1945 में (*d*) 1950 में

142. निम्नलिखित में से किसके संयोजन से 'संचार' होता है?
(i) प्रेषक (ii) माध्यम
(iii) प्राप्तकर्ता (iv) प्रतिपुष्टि (फीडबैक)
उपरोक्त में से सही कूट का चयन कीजिए
(*a*) केवल (i), (ii) और (iv)
(*b*) केवल (i), (ii) और (iii)
(*c*) केवल (i), (iii) और (iv)
(*d*) उपरोक्त सभी

143. निम्नलिखित में से किस प्रकार के संचार में 'भावनात्मक अपील' की जाती है?
(*a*) दृश्य संचार (Visual Communication)
(*b*) सामूहिक चर्चा (Group Discussion)
(*c*) अंतरावैयक्तिक संचार (Intra personal Communication)
(*d*) अंतर्वैयक्तिक संचार (Interpersonal Communication)

144. भारत में रेडियो और टेलीविजन का पहला संग्रहालय निम्नलिखित में से कहाँ अवस्थित है?
(*a*) नई दिल्ली (*b*) मुंबई
(*c*) कोलकाता (*d*) बेंगलूरु

145. भारत में सबसे बड़ा फोटो-पुस्तकालय (Photo-Library) निम्नलिखित में से कहाँ अवस्थित है?
(*a*) चेन्नई (*b*) नई दिल्ली
(*c*) कोलकाता (*d*) मुंबई

146. निम्नलिखित में से किसका कार्य समाचार सामग्रियों का चयन करना और मुद्रण हेतु भेजने से पूर्व उनकी भाषा सही करना है?
(*a*) उस व्यक्ति का जिसके पास समाचारपत्र का स्वामित्वाधिकार है
(*b*) रिर्पोटर (Reporter)
(*c*) लेखक
(*d*) उपसंपादक

147. एबीसी का विस्तार है
(*a*) ऑडिट ब्यूरो ऑफ सर्कुलेशन (Audit Bureau of Circulation)
(*b*) ऑडिट ब्यूरो ऑफ सर्टिफिकेट (Audit Bureau of Certificate)
(*c*) एडवांस बिजनेस सर्कुलेशन (Advance Business Circulation)
(*d*) एडवांस बिजनेस सर्टिफिकेट (Advance Business Certificate)

148. दिल्ली से निम्नलिखित में से किस भारतीय दैनिक समाचारपत्र का प्रकाशन सबसे पहले शुरू हुआ?
(*a*) दि इंडियन एक्सप्रेस (*b*) दि पायोनियर
(*c*) दि हिंदुस्तान टाइम्स (*d*) दि स्टेट्समैन

149. मुंबई से निम्नलिखत में से किस समाचारपत्र का प्रकाशन सबसे पहले शुरू हुआ?
(*a*) टाइम्स ऑफ इंडिया (*b*) बॉम्बे हेराल्ड
(*c*) बॉम्बे टाइम्स (*d*) बॉम्बे समाचार

150. भारत में निम्नलिखित में से अंग्रेजी भाषा के किस दैनिक समाचारपत्र का प्रकाशन सबसे पहले शुरू हुआ?
(*a*) टाइम्स ऑफ इंडिया (*b*) दि हिंदू
(*c*) बॉम्बे टाइम्स (*d*) इंडियन मिरर

151. निम्नलिखित में से कौन लंदन से प्रकाशित 'इंडियन सोशलोजिस्ट' (Indian Socialogist) के संपादक थे?
(*a*) देवेन्द्रनाथ टैगोर (*b*) तारकनाथ दास
(*c*) श्यामजी कृष्ण वर्मा (*d*) एस.एन.बनर्जी

152. भारत का पहला सांध्य समाचारपत्र है?
(a) मद्रास मेल (b) बॉम्बे मेल
(c) कलकत्ता मेल (d) मिड डे

153. वर्ष 1927 में प्रकाशित क्रांति से निम्नलिखित में से कौन जुड़े थे?
(a) एस. एस. मिराजकर (b) के. एन. जोगलेकर
(c) एस. वी. घाटे (d) उपरोक्त सभी

154. रेडियो तरंगों की खोज करने वाले हेनरिक हर्ट्स निम्नलिखित में से किस देश से संबंधित थे?
(a) जर्मनी (b) स्वीडन
(c) सं.रा. अमेरिका (d) यूनाइटेड किंगडम

155. निम्नलिखित में से किस वर्ष टेलीविजन को आकाशवाणी से अलग करके उसे दूरदर्शन नाम दिया गया?
(a) 1972 (b) 1976
(c) 1978 (d) 1980

156. सूचना और प्रसारण विभाग की स्थापना किस वर्ष की गई?
(a) 1937 (b) 1938
(c) 1940 (d) 1941

157. प्रसारण विषय को निम्नलिखित में से किस सूची में शामिल किया गया है?
(a) राज्य सूची (State List)
(b) संघ सूची (Union List)
(c) समवर्ती सूची (Concurrent List)
(d) यह विषय समय-समय पर विभिन्न सूचियों में शामिल किया जाता रहा है

158. बेतार टेलीग्राफी निम्नलिखित में से किसके द्वारा विकसित की गई?
(a) टामस अल्वा एडीसन
(b) हेनरिक हर्ट्स
(c) गुगलिडमो मारकोनी
(d) जेम्स वाट

159. तरंग के एक शीर्ष से दूसरे शीर्ष तक की आनुक्रमिक दूरी कहलाती है
(a) गर्त (trough)
(b) रेडियो लंबाई (radio length)
(c) तरंग रेखा (wave line)
(d) तरंग दैर्ध्य (wave length)

160. वेबसाइट पृष्ठों को पढ़ पाने के लिए निम्नलिखित की आवश्यकता है?
(a) कंप्यूटर (b) इंटरनेट
(c) कैमरा (d) (a) और (b) दोनों

161. लोगो (Logo) निम्नलिखित में से किसका पहचान चिह्न होता है?
(a) उत्पाद (b) कंपनी
(c) व्यक्ति (d) विक्रेता

162. कंप्यूटर की अस्थाई स्मृति (Temporary memory) कहलाती है
(a) यादृच्छिक अभिगम स्मृति (Random Access Memory, RAM)
(b) रीड वनली मैमोरी (Read only Memory, ROM)
(c) हार्ड डिस्क (Hard Disc)
(d) फ्लापी डिस्क (Floppy Disc)

163. किसी विज्ञापन की रूपरेखा या विन्यास (Layout) को कहते है
(a) योजना (Plan)
(b) प्रतिमान (Pattern)
(c) अभिकल्पना (Design)
(d) उपरोक्त सभी

164. कोरल ड्रॉ (Corel Draw) निम्नलिखित की एक किस्म या प्रकार है
(a) सॉफ्टवेयर (Software)
(b) रंग (Paint)
(c) ड्राइंग सामग्री (Drawing material)
(d) प्रिंटर (Printer)

165. समाचारपत्र में छपी किसी सामग्री पर अपनी राय व्यक्त करने के लिए समाचारपत्र के संपादक को लिखा जानेवाला पत्र कहलाता है
(a) भर्त्सना (Rebuke)
(b) प्रत्युत्तर (Rejoinder)
(c) संस्वीकृति (Confession)
(d) अनुस्मारक (Reminder)

166. विज्ञापन का एक प्रकार जिसमें खुला (बिना बंधा) पन्ना प्रयोग में लाया जाता है, कहलाता है
(a) विवरणिका (Brochure)

(*b*) पत्रक (leaflet)
(*c*) फाइल (File)
(*d*) फोल्डर (Folder)

167. पत्र की सामग्री की ऊँचाई (body height) मापने के लिए प्रयुक्त विशेष मापनी (स्केल) कहलाती है :
(*a*) माइका स्केल (*b*) प्वाइंट स्केल
(*c*) पाइका स्केल (*d*) मिनी स्केल

168. टीआरपी (TRP) का विस्तार है
(*a*) ट्रेड रेस्ट्रिक्टेड प्रैक्टिस (Trade Restricted Practice)
(*b*) टोटल रिकॉल परसेन्टेज (Total Recall Percentage)
(*c*) टेलीवाइज्ड रीयल प्रोग्राम (Televised Real Programme)
(*d*) टेलीविजन रेटिंग प्वाइंट (Television Rating Point)

169. पीटीआई (PTI) का विस्तार है
(*a*) प्रेस ट्रस्ट ऑफ इंडिया (Press Trust of India)
(*b*) पंजाब टेक्निकल इन्स्टीट्यूट (Punjab Technical Institute)
(*c*) फिजिकल ट्रेनिंग इन्स्टीट्यूट (Physical Training Institute)
(*d*) फिजिकल ट्रेनिंग इन्स्पेक्टर (Physical Training Inspector)

170. ब्रोमाइड पेपर का प्रयोग निम्नलिखित में से किसमें किया जाता है?
(*a*) फोटोग्राफी
(*b*) लेजर प्रिंटिंग
(*c*) कैमरा
(*d*) उपरोक्त (*a*) और (*b*) दोनों

171. जन-संचार की यह परिभाषा किसने दी—"जन-संचार का अर्थ है कि "कौन किस माध्यम के द्वारा किससे क्या कहता है और उसका क्या प्रभाव पड़ता है"?
(*a*) अरस्तू (*b*) सुकरात
(*c*) हैरॉल्ड जे लास्की (*d*) हैरॉल्ड डी लासवेल

172. संचार का गणितीय प्रतिमान (Mathematical model) किसने प्रस्तुत किया?
(*a*) टेग ब्ल्युस और टॉम मॉरी
(*b*) वीवर और चार्ल्स ह्यूग
(*c*) शैनन और वीवर
(*d*) डेविड बेचम और डी.जे.रीड

173. अरस्तू द्वारा प्रस्तुत किए गए संचार प्रतिमान में निम्नलिखित में से किसे स्थान नही दिया गया है?
(*a*) वक्ता (*b*) भाषण
(*c*) श्रोता (*d*) प्रतिपुष्टि (फीडबैक)

174. निम्नलिखित में से किसे "लोकतंत्र का प्रहरी" (Watchdog of democracy) कहा जाता है?
(*a*) सिनेमा (*b*) समाचारपत्र
(*c*) म्युजिक सीडी (*d*) प्रेस

175. पीआईबी का विस्तार है
(*a*) पर्सनल इन्फॉर्मेशन ब्यूरो (Personal Information Bureau)
(*b*) प्रेस इन्स्टीच्यूट ऑफ बॉम्बे (Press Institute of Bombay)
(*c*) पब्लिक इन्फॉर्मेशन ब्यूरो (Public Information Bureau)
(*d*) प्रेस इन्फॉमेशन ब्यूरो (Press Information Bureau)

176. पहला समाचारपत्र 24 अप्रैल, 1704 को प्रकाशित किया गया जिसका नाम था
(*a*) बोस्टन टाइम्स (*b*) बोस्टन एक्सप्रेस
(*c*) अमरीकन टाइम्स (*d*) बोस्टन न्यूजलेटर

177. बोस्टन न्यूजलेटर के संपादक और प्रकाशन का नाम था
(*a*) पोस्टमास्टर जॉन कैम्पबेल
(*b*) फ्रैन्कलिन ब्रदर्स
(*c*) राइट ब्रदर्स
(*d*) डेनियल प्राइस हट्टन

178. पहला दैनिक समाचारपत्र निम्नलिखित में से किसके द्वारा शुरू किया गया?
(*a*) बेन्जामिन टाउनफील्ड (*b*) बेन्जामिन क्राउन
(*c*) बेन्जामिन ब्राउन (*d*) बेन्जामिन टाउन

179. न्यूयॉर्क-सन निम्नलिखित में से किसके द्वारा प्रकाशित किया गया?
(*a*) बेन्जामिन एच. डे (*b*) बेन्जामिन हैलिडे
(*c*) बेन्जामिन ब्राउन (*d*) बेन्जामिन टाउन

180. न्यूयार्क टाइम्स का प्रकाशन कब शुरू हुआ?
(*a*) 18 सितंबर, 1851 (*b*) 20 अगस्त, 1832
(*c*) 21 मार्च, 1853 (*d*) 18 अप्रैल, 1893

181. जेम्स सिल्क बकिंघम निम्नलिखित में से किस समाचारपत्र के संपादक थे?
(*a*) कलकत्ता एक्सप्रेस (*b*) कलकत्ता टाइम्स
(*c*) कलकत्ता क्रोनिकल (*d*) कलकत्ता गजट

182. ब्राइस ने निम्नलिखित में से किस पत्र को संपादित किया?
(*a*) एशियाटिक मिरर
(*b*) एशिया माइनर
(*c*) एशियाटिक माइनॉरिटी
(*d*) एशियन क्रोनिकल

183. ब्रह्म समाज की स्थापना किसने की?
(*a*) आचार्य जे बी कृपलानी
(*b*) श्रीचंद कृपलानी
(*c*) राजा राम मोहन राय
(*d*) ईश्वर चंद्र विद्यासागर

184. 'स्टेट्समैन' की संस्थापना किसने की?
(*a*) रॉबर्ट ब्राउनिंग (*b*) रॉबर्ट फ्रॉस्ट
(*c*) रॉबर्ट नाइट (*d*) रॉबर्ट मैक मोहन

185. हिंदू पैट्रियट 1853 में कलकत्ता में निम्नलिखित में से किसके द्वारा शुरू किया गया?
(*a*) सुभाष चंद्र बोस (*b*) गिरीश चंद्र बोस
(*c*) जोसफ कॉन्वेड (*d*) गिरीश कर्नार्ड

186. 'इंडियन मिरर' 1861 में निम्नलिखित में से किसके द्वारा शुरू किया गया?
(*a*) सुरेन्द्र नाथ बनर्जी (*b*) मोहन सेनगुप्त
(*c*) मनमोहन घोष (*d*) मदनमोहन घोष

187. वर्ष 1861 में 'इंदुप्रकाश' का प्रकाशन निम्नलिखित में से किसके द्वारा शुरू किया गया?
(*a*) लाल जी टंडन
(*b*) गोपाल राव हरि देशमुख
(*c*) हरीश व्यास
(*d*) हरि कृपा देशमुख

188. कृस्तोदास पाल निम्नलिखित में से किसके संपादक थे?
(*a*) हिंदू पैट्रियट (*b*) हिंदू
(*c*) देशमुख (*d*) दैनिक जागरण

189. 'मिलिटरी गजट' का प्रकाशन निम्नलिखित में से कहाँ से शुरू किया गया?
(*a*) दिल्ली (*b*) पेशावर
(*c*) लाहौर (*d*) रावलपिंडी

190. रॉबर्ट नाइट ने स्टेट्समैन की स्थापना निम्नलिखित में से किस वर्ष की?
(*a*) 1873 (*b*) 1874
(*c*) 1875 (*d*) 1876

191. निम्नलिखित में से किन तीन समाचारपत्रों का विलय करके 'टाइम्स ऑफ इंडिया' का प्रकाशन आरंभ किया गया?
(*a*) बॉम्बे टाइम्स, स्टैंडर्ड, टेलीग्राफ
(*b*) स्टैंडर्ड, टेलीग्राफ, मिड डे
(*c*) टेलीग्राफ, मिड डे, क्रॉनिकल
(*d*) मिड डे, क्रॉनिकल, मातृभूमि

192. 'इंडियन इकोनोमिस्ट' निम्नलिखित में से किसके द्वारा शुरू किया गया?
(*a*) रॉबर्ट नाइट (*b*) रॉबर्ट डेल
(*c*) सी वी एम अय्यर (*d*) मैथियस म्यूल

193. चिंतामणि का संबंध निम्नलिखित में से किससे है?
(*a*) पायोनियर (*b*) लीडर
(*c*) इंडियन डेली मेल (*d*) फ्रंट लाइन

194. 'डेकन हेराल्ड' निम्नलिखित में से किस वर्ष शुरू किया गया?
(*a*) 1948 (*b*) 1949
(*c*) 1950 (*d*) 1951

195. 'नेशनल कॉल' निम्नलिखित में से किसके द्वारा शुरू किया गया?
(*a*) रुसी करान्जिया (*b*) जे.एन. साहनी
(*c*) पोथन जोसफ (*d*) के.एन. गुरुस्वामी

196. चितरंजन दास ने बांग्ला भाषा के किस समाचारपत्र का प्रकाशन शुरू किया?
(*a*) स्वराज्य (*b*) फ्री प्रेस जनरल
(*c*) फोरवर्ड (*d*) फारवर्ड

197. गांधीजी ने 'हरिजन' नामक पत्रिका को निम्नलिखित में से किस वर्ष निकालना शुरू किया?
(*a*) 1929 (*b*) 1930
(*c*) 1931 (*d*) 1932

198. 'इंडिपेन्डेन्ट' का प्रकाशन निम्नलिखित में से किसके द्वारा शुरू किया गया?
(*a*) मोतीलाल नेहरू (*b*) मोतीलाल शास्त्री
(*c*) जवाहर लाल नेहरू (*d*) गांधीजी

199. 'नवजीवन' का प्रकाशन निम्नलिखित में से किसके द्वारा शुरू किया गया?
(*a*) मोतीलाल नेहरू (*b*) जवाहर लाल नेहरू
(*c*) गांधीजी (*d*) कलानाथ शास्त्री

200. यंग इंडिया का बाद में नाम बदलकर नया नाम क्या रखा गया?
(*a*) कल्याण (*b*) नवजीवन
(*c*) हरिजन (*d*) इनमें से कोई नहीं

201. 'लीडर' की शुरूआत 1909 में इलाहाबाद में निम्नलिखित में से किसके द्वारा की गई?
(*a*) पंडित मदनमोहन मालवीय
(*b*) पंडित जवाहर लाल नेहरू
(*c*) मोतीलाल नेहरू
(*d*) गांधीजी

202. 'मार्निंग पोस्ट' का संबंध निम्नलिखित में से किस देश से है?
(*a*) भारत (*b*) लंदन
(*c*) अमरीका (*d*) मुंबई

203. इंडियन स्टैंडर्ड का नाम बदलकर निम्नलिखित में से किस वर्ष उसका नया नाम 'न्यू इंडिया' रखा गया?
(*a*) 1910 (*b*) 1911
(*c*) 1912 (*d*) 1913

204. अरबिन्दो (श्री अरविन्द घोष) निम्नलिखित में से किसके संपादक थे?
(*a*) वंदे मातरम (*b*) हरिजन
(*c*) क्रॉनिकल (*d*) पायोनियर

205. तमिल दैनिक पत्र 'दिनमणि' का प्रकाशन निम्नलिखित में से किस वर्ष शुरू किया गया?
(*a*) 1934 (*b*) 1935
(*c*) 1936 (*d*) 1937

206. तिलक निम्नलिखित में से किस पत्र से संबद्ध थे?
(*a*) बंदे मातरम (*b*) मराठा
(*c*) इंडिया (*d*) हिंदुस्तान

207. ऐसा सामाजिक नेटवर्क माध्यम जिसे हाल ही में वैश्विक आई.पी.ओ. के लिए जारी किया गया है।
(*a*) फेसबुक (*b*) ट्वीटर
(*c*) आर्कुट (*d*) यू ट्यूब

208. गांधीजी ने निम्नलिखित में से किसे एक संघर्षशील संपादक (a fighting editor) कहा?
(*a*) के. रामाराव (*b*) फ्रैंक मोरेस
(*c*) एम. चलपति राव (*d*) इनमें से कोई नहीं

209. फ्रंटलाइन का प्रकाशन निम्नलिखित में से किस वर्ष शुरू हुआ?
(*a*) 1983 (*b*) 1984
(*c*) 1985 (*d*) 1986

210. 'प्रजामित्र' का प्रकाशन निम्नलिखित में से कहाँ से किया गया?
(*a*) कलकत्ता (*b*) दिल्ली
(*c*) चेन्नई (*d*) लाहौर

211. जी डी आर निर्गम द्वारा वैश्विक बाजार से धन जुटाने वाली पहली भारतीय कंपनी है
(*a*) तेल एवं प्राकृतिक गैस आयोग
(*b*) इन्फोसिस
(*c*) रिलायंस
(*d*) हिंदुजा

212. 20 सितंबर 1878 को मद्रास में सभी 20 से 29 वर्ष के आयु वर्ग के छह युवाओं द्वारा निम्नलिखित में से किस समाचारपत्र का प्रकाशन शुरू किया गया?
(*a*) आनंद बाजार पत्रिका
(*b*) हिंदुस्तान टाइम्स
(*c*) हिंदू
(*d*) इनमें से कोई नहीं

213. एस कस्तूरी रंगा अय्यर, जो पेशे से वकील थे, निम्नलिखित में से किस वर्ष हिंदू के संपादक बने?
(*a*) 1905 (*b*) 1906
(*c*) 1907 (*d*) 1908

214. हिंदू की खेल पत्रिका का नाम है
(*a*) क्रिकेट टुडे (*b*) स्पोर्ट्स टुडे
(*c*) क्रिकेट स्टार (*d*) स्पोर्ट्स स्टार

215. तमिल दैनिक समाचारपत्र मक्कल कुरल का मद्रास से प्रकाशन निम्नलिखित में से किस वर्ष आरंभ किया गया?
(*a*) 1970 (*b*) 1971
(*c*) 1972 (*d*) 1973

216. तमिलनाडु के एसएस वासन द्वारा 1928 में निम्नलिखित में से कौन सी आवधिक पत्रिका शुरू की गई?
(*a*) आनंद विकातन (*b*) आनंद मूर्ति
(*c*) आनंद साहित्य (*d*) उपरोक्त में से कोई नहीं

217. किसी भारतीय व्यक्ति के स्वामित्वाधीन 1920 में प्रकाशित पहला दैनिक समाचारपत्र था
(*a*) अमृत बाजार पत्रिका (*b*) आनंद बाजार पत्रिका
(*c*) आनंदमठ (*d*) उपरोक्त सभी

218. स्वतंत्रता के पश्चात् देश के पहले सूचना और प्रसारण मंत्री कौन बने?
(*a*) सरदार पटेल (*b*) राधा कृष्णन
(*c*) बी. आर. अंबेडकर (*d*) जवाहर लाल नेहरू

219. एस आई टी ई (SITE) निम्नलिखित विषयक प्रयोग कार्यक्रम है
(*a*) संचार (*b*) पर्यावरण
(*c*) कृषि (*d*) ग्रामीण विकास

220. 'अल हिलाल' ने उर्दू पत्रकारिता के इतिहास में युगांतकारी परिवर्तन का सूत्रपात किया, इसके संपादक थे
(*a*) मौलाना अबुल कलाम आजाद
(*b*) मौलवी नासिर अली
(*c*) सैयद हुसैन
(*d*) रामचंद्र

221. निम्नलिखित में से किसे "इंटरएक्टिव मीडिया" की संज्ञा दी जा सकती है?
(*a*) उपग्रह (*b*) सेल्युलर फोन
(*c*) कंप्यूटर (*d*) उपरोक्त सभी

222. 'दि मीडियम इज दि मेसेज (The Medium is the Message)' नामक पुस्तक के लेखक हैं
(*a*) विल्बर श्रैम (*b*) मैशल मैक लुहान
(*c*) आर के नारायणन (*d*) इनमें में से कोई नहीं

223. प्रायः मीडिया के साथ लोगों का संबंध होता है
(*a*) एकरूप (*b*) अक्रिय
(*c*) निर्विवाद (*d*) उपरोक्त सभी

224. निम्नलिखित में से कौन सा जन-संचार के माध्यमों (Mass Media) का एक कार्य है?
(*a*) सूचना उपलब्ध कराना
(*b*) विज्ञापन देना
(*c*) मनोरंजन प्रदान करना
(*d*) उपरोक्त सभी

225. "दि प्ले थ्यूरी ऑफ मास कम्यूनिकेशन" (The Play theory of Mass Communication) के लेखक हैं
(*a*) डब्ल्यू एच रिवर्स (*b*) जार्ज गर्वनर
(*c*) होरेस म्युकोम्ब (*d*) विलियम स्टीफेन्सन

226. जन-संचार के माध्यमों के संबंध में पाश्चात्य सिद्धांतों को सर्वप्रथम निम्नलिखित में से किसके द्वारा प्रतिपादित किया गया?
(*a*) एफ सीबर्ट (*b*) फ्रायड सीबर्ट
(*c*) डॉम मैकक्वेल (*d*) जे. हरबर्ट

227. मीडिया का निम्नलिखित में से कौन सा सिद्धांत व्यक्ति के अभिव्यक्ति की स्वतंत्रता के मौलिक अधिकार पर आधारित है?
(*a*) स्वतंत्र प्रेस सिद्धांत (Free Press Theory)
(*b*) सामाजिक दायित्व सिद्धांत (Social Responsibility Theory)
(*c*) सोवियत मीडिया सिद्धांत (Soviet Media Theory)
(*d*) इनमें से कोई नहीं

228. प्रेस की स्वतंत्रता पर "हचिन्स आयोग" का गठन निम्नलिखित में से किसके द्वारा किया गया?
(*a*) हेनरी ल्यूस (*b*) रॉबर्ट हचिन्स
(*c*) जॉन सी. मेसिल (*d*) इनमें से कोई नहीं

229. "हचिन्स रिपोर्ट" का निम्नलिखित में से क्या परिणाम हुआ?
(*a*) प्रेस परिषदों की स्थापना
(*b*) एकाधिकार विरोधी कानूनों का पारित होना
(*c*) प्रेस को सरकारी कोष से आर्थिक सहायता प्रदान की जाने लगी
(*d*) उपरोक्त सभी

230. विश्व का पहला समाचारपत्र "एक्टा ड्यूज्ना" निम्नलिखित में से किस देश से प्रकाशित किया गया था?

(*a*) सं.रा. अमेरिका (*b*) फ्रांस
(*c*) जर्मनी (*d*) रोम

231. निम्नलिखित में से कौन बृहद्पत्रक पत्रकारिता (Broadsheet journalism) अर्थात् ऐसे समाचारपत्र जो प्रायः 40 × 60 सेमी आकार के बड़े पन्नों पर, छापे जाते हैं, का एक उदाहरण है :
(*a*) ब्लिट्ज (Blitz)
(*b*) मिड डे (Mid Day)
(*c*) इंडियन एक्सप्रेस (Indian Express)
(*d*) इनमें से कोई नहीं

232. निम्नलिखित में से कौन "लघु समाचारपत्र" के पैटर्न का अनुपालन करता है?
(*a*) दि हिंदू (The Hindu)
(*b*) दि टाइम्स ऑफ इंडिया (The Times of India)
(*c*) दि एशियन एज (The Asian Age)
(*d*) दि मिड डे (The Mid Day)

233. अनौपचारिक और सनसनीखेज शैली की पत्रकारिता को निम्नलिखित नाम से भी जाना जाता है :
(*a*) पीत पत्रकारिता (Yellow Journalism)
(*b*) लाल पत्रकारिता (Red Journalism)
(*c*) श्वेत पत्रकारिता (White Journalism)
(*d*) इनमें से कोई नहीं

234. "शेल्टन जी." के अनुसार विकास पत्रकारिता में अंतर्निहित है
(*a*) सूक्ष्म अन्वेषण अर्थात् बारीकी से जांच पड़ताल करना
(*b*) रचनात्मक या सकारात्मक आलोचना
(*c*) विश्लेषणात्मक व्याख्या
(*d*) उपरोक्त सभी

235. भारत से प्रकाशन के लिए पहले समाचारपत्र की घोषणा "विलियम बोल्ट्स" द्वारा निम्नलिखित में से किस वर्ष की गई?
(*a*) 1780 (*b*) 1776
(*c*) 1778 (*d*) 1782

236. भारत का पहला समाचारपत्र "बंगाल गजट" निम्नलिखित में से किसके द्वारा शुरू किया गया?
(*a*) जे. ए. हिकी
(*b*) विलियम बोल्ट्स
(*c*) बाल गंगाधर तिलक
(*d*) इनमें से कोई नहीं

237. फारसी भाषा के समाचारपत्र "निरातूल अकबर" को निम्नलिखित में से किसने शुरू किया?
(*a*) गोपालकृष्ण गोखले
(*b*) बाल गंगाधर तिलक
(*c*) राजा राम मोहन रॉय
(*d*) इनमें से कोई नहीं

238. सूची-I और सूची-II को सुमेलित कीजिए

सूची-I (समाचारपत्र)	**सूची-II (प्रकाशन वर्ष)**
(A) बम्बई दर्पण	1. 1850
(B) मुंबई वर्तमान	2. 1830
(C) जान-ए-जमशेद	3. 1831

	A	B	C
(*a*)	1	2	3
(*b*)	2	1	3
(*c*)	3	1	2
(*d*)	2	3	1

239. सूची-I और सूची-II को सुमेलित कीजिए

सूची-I (समाचारपत्र)	**सूची-II (पत्रकार)**
A. संध्या	1. श्री अरविंद घोष
B. युगांतर	2. श्री बी.बी. उपाध्याय
C. वंदे मातरम्	3. श्री बी. एन. दत्त

	A	B	C
(*a*)	2	1	3
(*b*)	3	1	2
(*c*)	2	3	1
(*d*)	1	3	2

240. भारतीय प्रेस अध्यादेश निम्नलिखित में से किस वर्ष पारित किया गया?
(*a*) 1930 (*b*) 1931
(*c*) 1910 (*d*) 1932

241. निम्नलिखित में से कौन दक्षिण भारत का एक प्रमुख समाचारपत्र है?
(*a*) प्रताप (*b*) बसुमत
(*c*) स्वदेश मितसम (*d*) बांग्ला कथा

242. प्रेस (आक्षेपणीय सामग्री) अधिनियम निम्नलिखित में से किस वर्ष पारित किया गया?
(*a*) 1950 (*b*) 1953
(*c*) 1952 (*d*) 1951

243. द्वितीय प्रेस आयोग निम्नलिखित में से किस वर्ष गठित किया गया?
(*a*) 1981 (*b*) 1967
(*c*) 1979 (*d*) 1982

244. भारतीय समाचारपत्र रजिस्ट्रार (Registrar of Newspapers for India, RNI) का कार्यालय कब संस्थापित किया गया?
(*a*) अक्तूबर, 1954 (*b*) अगस्त, 1960
(*c*) जुलाई, 1956 (*d*) सितंबर, 1956

245. एपी (एसोसिएटेड प्रेस) निम्नलिखित में से किस देश की समाचार एजेंसी है?
(*a*) फ्रांस (*b*) संयुक्त राज्य अमेरिका
(*c*) ब्रिटेन (*d*) जापान

246. भारत की पहली समाचार एजेंसी थी
(*a*) प्रेस न्यूज ब्यूरो (PNB)
(*b*) प्रेस ट्रस्ट ऑफ इंडिया (PTI)
(*c*) यूनाइटेड प्रेस ऑफ इंडिया (UPI)
(*d*) फ्री प्रेस ऑफ इंडिया (FPI)

247. प्रथम प्रेस आयोग कब गठित किया गया?
(*a*) 23 सितंबर, 1952 (*b*) 20 सितंबर, 1952
(*c*) 23 अगस्त, 1952 (*d*) 23 सितंबर, 1951

248. प्रथम प्रेस आयोग के अध्यक्ष कौन थे?
(*a*) डॉ. वी.के.आर.वी. राव
(*b*) न्यायमूर्ति जी.एस. रागध्यक्ष
(*c*) डॉ. सी.पी. रामेश्वरी अय्यर
(*d*) जे. नटराजन

249. निम्नलिखित में से द्वितीय प्रेस आयोग के सदस्य कौन थे?
(*a*) अमृता प्रीतम (*b*) रणवीर सिंह
(*c*) प्रो. एच.के. परांजपे (*d*) उपरोक्त सभी

250. पहला रेडियो स्टेशन कब चालू हुआ?
(*a*) 1930 के दशक में (*b*) 1920 के दशक में
(*c*) 1910 के दशक में (*d*) 1940 के दशक में

251. भारत में रेडियो प्रसारण हेतु पहला लाइसेंस निम्नलिखित में से किस वर्ष जारी किया गया?
(*a*) 1920 (*b*) 1921
(*c*) 1924 (*d*) 1922

252. देश में शुरू हुआ पहला अव्यवसायी रेडियो क्लब था
(*a*) रेडियो क्लब ऑफ कलकत्ता
(*b*) मद्रास प्रेसीडेंसी रेडियो क्लब
(*c*) रेडियो क्लब ऑफ बॉम्बे
(*d*) रेडियो क्लब ऑफ मद्रास

253. भारत में ऑल इंडिया रेडियो से पहला समाचार बुलेटिन निम्नलिखित में से किस वर्ष प्रसारित किया गया?
(*a*) 1932 (*b*) 1942
(*c*) 1938 (*d*) 1936

254. भारत की पहली बहुभाषाई समाचार एजेंसी थी
(*a*) हिंदुस्तान समाचार (*b*) यूनिवार्ता
(*c*) पी टी आई - भाषा (*d*) समाचार

255. समाचार एजेंसी "यूनाइटेड न्यूज ऑफ इंडिया (UNI)" की स्थापना निम्नलिखित में से किसके द्वारा की गई?
(*a*) डॉ वी.के.आर.वी. राव (*b*) डॉ. बी.सी. रॉय
(*c*) रणवीर सिंह (*d*) प्रो. हैशन्स

256. प्रेस परिषद् द्वारा स्वीकृत मुख्य सिद्धांतों का संग्रह कब प्रकाशित हुआ?
(*a*) 1962-63 (*b*) 1983-84
(*c*) 1985-86 (*d*) 1978-79

257. वह क्या है जो कला भी है और व्यवसाय भी जो घटनाओं और मतों दोनों से अवगत कराती है तथा उनमें शिक्षित जनता के लाभार्थ परिवर्तन या हेर-फेर करती है?
(*a*) पत्रकारिता (*b*) वकालत
(*c*) समाज शास्त्र (*d*) मानव-शास्त्र

258. भारत के अंतिम गवर्नर जनरल थे
(*a*) सी. राजगोपालाचारी (*b*) भीमराव अंबेडकर
(*c*) रवींद्रनाथ टैगोर (*d*) बाल गंगाधर तिलक

259. सर्वप्रथम निम्नलिखित में से किस देश में कागज निर्मित किया गया?
(*a*) चीन (*b*) इंग्लैंड
(*c*) भारत (*d*) अमरीका

260. कालिख और राल या गोंद के मिश्रण से निम्नलिखित में से क्या निर्मित किया जाता है?
(*a*) कलम (*b*) रबड़
(*c*) स्याही (*d*) स्केल

261. समाचारपत्रों के विकास के दूसरे चरण में "संबंधों" की एक शृंखला अंतर्निहित थी जो निम्नलिखित रूप में प्रकाशित हुई
(*a*) दैनिकी (Diurnals) (*b*) संबंध (Relation)
(*c*) कोरैण्टो (Coranto) (*d*) भास्कर (Bhaskar)

262. निम्नलिखित में से किसने सर्वाधिक संख्या में कोरैण्टो मुद्रित किए?
(*a*) जर्मनियों ने (*b*) डचों ने
(*c*) इटली निवासियों ने (*d*) यूनानियों ने

263. 11 मार्च, 1702 को लंदन से प्रकाशित पहले दैनिक समाचारपत्र का क्या नाम था?
(*a*) दि हिंदुस्तान टाइम्स
(*b*) दि टाइम्स ऑफ इंडिया
(*c*) दि इंडियन एक्सप्रेस
(*d*) डेली करेण्ट

264. 18वीं शताब्दी के सर्वाधिक प्रमुख पत्रकार थे
(*a*) जॉन मिल्टन (*b*) अब्राहम लिंकन
(*c*) डेफो (*d*) अलेक्जैंडर

265. 'फादर' और 'स्पेक्टेटर' का प्रकाशन निम्नलिखित में से किसके द्वारा शुरू किया गया?
(*a*) स्टील और एडिसन (*b*) हेनरी
(*c*) जॉन मिल्टन (*d*) जेम्सफोर्ड

266. आधुनिक संपादन के पथ प्रदर्शक थे
(*a*) जेम्स पेरी (*b*) हेनरी
(*c*) जेम्स बाण्ड (*d*) डिकन

267. पत्रकारिता पर दबाव निम्नलिखित में से किसके कारण सृजित हुआ?
(*a*) टेलीफोन (*b*) टेलीग्राफ
(*c*) अध्ययन (*d*) श्रुतिलेखन

268. इंग्लैंड का सर्वाधिक प्रमुख समाचारपत्र है
(*a*) दि हिंदुस्तान टाइम्स
(*b*) दि टाइम्स
(*c*) दि इंडियन एक्सप्रेस
(*d*) इनमें से कोई नहीं

269. "दि टाइम्स" द्वारा निम्नलिखित में से किस वर्ष अपना पहला विदेशी संवाददाता नियुक्त किया गया?
(*a*) 1905 (*b*) 1807
(*c*) 1950 (*d*) 1854

270. 'दि मैनचेस्टर गारजियन' की संस्थापना किसने की?
(*a*) सी. पी. जोशी (*b*) सी. पी. स्कॉट
(*c*) डब्ल्यू. टी. स्टील (*d*) इनमें से कोई नहीं

271. निम्नलिखित में से किसके लिए पत्रकारिता का अर्थ ईमानदारी, साहस, निष्पक्षता और कर्तव्य की भावना है?
(*a*) लेखक (*b*) पाठक
(*c*) डिक्टेटर (*d*) कमेन्ट्रेटर

272. 20वीं शताब्दी के लोकप्रिय समाचारपत्र हेतु यांत्रिक और संगठनात्मक आधार कहाँ तैयार किया गया?
(*a*) अमरीका और यूरोप में
(*b*) इंग्लैंड और यूरोप में
(*c*) अफ्रीका और इंग्लैंड में
(*d*) चीन और दक्षिण अफ्रीका में

273. 18वीं शताब्दी के आरंभिक दौर में किसी समाचारपत्र के तीव्र विकास के लिए आवश्यक सभी पूर्वापेक्षाएं किसने प्रस्तुत की?
(*a*) अमरीकी उपनिवेश (*b*) अफ्रीकी उपनिवेश
(*c*) अंग्रेजी उपनिवेश (*d*) भारतीय उपनिवेश

274. पहला अमरीकी समाचारपत्र कब और कहाँ छापा गया?
(*a*) 20 अप्रैल, 1720 को अफ्रीका में
(*b*) 24 अप्रैल, 1704 को बोस्टन में
(*c*) 15 मार्च, 1920 को श्रीलंका में
(*d*) 1 मार्च, 1721 को वेस्टमिनिस्टर में

275. बोस्टन समाचारपत्रक के लेखक और प्रकाशक थे
(*a*) जॉन अब्राहम (*b*) जॉन कैम्पबेल
(*c*) फ्रैंकलिन (*d*) विलियम काउपर

276. फिलाडेल्फिया में बेन्जामिन क्राउन द्वारा पहला दैनिक समाचारपत्र कब शुरू किया गया?
(*a*) 1783 में (*b*) 1785 में
(*c*) 1850 में (*d*) 1990 में

277. अमरीकी पत्रकारिता में नए युग का सूत्रपात कब हुआ?
(*a*) 5 सितंबर, 1950
(*b*) 10 दिसंबर, 1890
(*c*) 3 सितंबर, 1833
(*d*) इनमें से कोई नहीं

278. 18 सितंबर 1851 को न्यूयार्क से प्रकाशित समाचारपत्र का नाम था
(*a*) अमरीकन डेली टाइम्स
(*b*) इंग्लिश, दि टाइम्स
(*c*) दि हिंदुस्तान टाइम्स
(*d*) दि न्यूयॉर्क डेली टाइम्स

279. सर्वाधिक अंतर्राष्ट्रीय ख्याति प्राप्त समाचारपत्र है
(*a*) दि टाइम्स ऑफ इंडिया
(*b*) दि इंडियन एक्सप्रेस
(*c*) दि टाइम्स
(*d*) दि हिंदू

280. वर्ष 1940 में पहला रोटरी प्रेस निम्नलिखित में से किसने विकसित किया?
(*a*) रिचर्ड बेन्सन (*b*) रिचर्ड हो
(*c*) जॉन मिल्टन (*d*) शेक्सपियर

281. निम्नलिखित में से किस देश के विद्वान की राय में समाचारपत्र एक इतिहासज्ञ, रिपोर्टर, विश्लेषक, सूचना-संप्रेषक, सेल्समैन और अधिवक्ता भी है?
(*a*) अमरीका (*b*) अफ्रीका
(*c*) भारत (*d*) इंग्लैंड

282. बालशास्त्री जाम्बेकर द्वारा क्या और कब शुरू किया गया?
(*a*) एंग्लो–असमी, 1832 में
(*b*) एंग्लो–मराठी, 1932 में
(*c*) एंग्लो–राजस्थानी, 1850 में
(*d*) एंग्लो-गुजराती, 1890 में

283. 1861 में प्रकाशित इंदुप्रकाश नामक पत्रिका के संपादक थे
(*a*) गोपालराव हरि देशमुख
(*b*) बाल गंगाधर तिलक
(*c*) अरविंद घोष
(*d*) महादेव गोविंद रानाडे

284. 'स्त्रीबोध' नामक पत्रिका किस वर्ष प्रकाशित हुई?
(*a*) 1850 (*b*) 1857
(*c*) 1920 (*d*) 1720

285. 1852 में करसोदास मुलजी द्वारा संकलित पत्रिका का नाम था
(*a*) सत्यप्रकाश (*b*) मराठी
(*c*) स्त्रीबोध (*d*) किरण

286. (1845-1883) के दौरान भाषा प्रेस में सर्वाधिक महत्त्वपूर्ण व्यक्ति का नाम था :
(*a*) जॉन मिल्टन
(*b*) जेम्स
(*c*) बसुदेव बलवंत फड़के
(*d*) हेनरी

287. रानाडे द्वारा इंदुप्रकाश नामक पत्रिका कब प्रकाशित की गई?
(*a*) 1850 में (*b*) 1860 में
(*c*) 1879 में (*d*) 1950 में

288. 'दि डेकन स्टार' के लेखक का नाम था
(*a*) बाल गंगाधर तिलक
(*b*) वसुदेव बलवंत
(*c*) राजा राम मोहन राय
(*d*) मुलजी

289. 'डेकन स्टार' में अनुवादक के रूप में अपने कैरियर की शुरूआत निम्नलिखित में से किसने की?
(*a*) बाल गंगाधर तिलक (*b*) देशमुख
(*c*) रानाडे (*d*) करसनदास मुलजी

290. 'केसरी' और मराठा' पत्रिकाओं को किसने शुरू किया?
(*a*) बाल गंगाधर तिलक (*b*) गोपालकृष्ण गोखले
(*c*) रानाडे (*d*) करसनदास मुलजी

291. 'रस्त गोफ्तार' का प्रकाशन वर्ष था
(*a*) 1857 (*b*) 1850
(*c*) 1920 (*d*) 1918

292. 1884 से 1891 के दौरान, एक महान समाज सुधारक के रूप में निम्नलिखित में से किसका नाम उल्लेखनीय है?
(*a*) बाल गंगाधर तिलक (*b*) मुलजी
(*c*) रानाडे (*d*) बहराम मालाबाड़ी

293. 'डेकन स्टार' में निम्नलिखित में से किस विषय का वर्णन किया गया है?
(*a*) जिज्ञासा (*b*) समाजीकरण
(*c*) दुरावस्था (*d*) राजनीतिक बातें

294. दादाभाई नौरोजी ने अपनी स्वयं की मासिक पत्रिका निम्नलिखित में से किस वर्ष शुरू की?
(*a*) 1 फरवरी, 1882 (*b*) 10 फरवरी, 1890
(*c*) मार्च, 1950 (*d*) 10 मई, 1921

295. दादाभाई नौरोजी द्वारा निकाली गई पत्रिका का नाम था
(*a*) दि स्पेक्टेटर क्लब (*b*) दि ब्लिनमैन
(*c*) दि पैसेज टु इंडिया (*d*) दि वॉइस ऑफ इंडिया

296. निम्नलिखित में से किसे अंग्रेजियत का प्रबल समर्थक कहा जाता है?
(*a*) दादाभाई नौरोजी और तिलक
(*b*) मालाबाड़ी और करसनदास
(*c*) वसुदेव बलवंत फड़के
(*d*) माखन लाल चतुर्वेदी

297. मालाबाड़ी ने देशव्यापी आंदोलन क्यों शुरू किया?
(*a*) बाल पुर्नविवाह को समाप्त करने
(*b*) बाल पुर्नविवाह को शुरू करने
(*c*) बच्चों को अविवाहित रखने
(*d*) इनमें से कोई नहीं

298. भाषा समाचारपत्रों में काम कर रहे पत्रकारों का सम्मेलन आयोजित करने में पुणे की "सार्वजनिक सभा" की सहायता निम्नलिखित में से किसने की?
(*a*) बाल गंगाधर तिलक (*b*) रानाडे
(*c*) करसनदास मुलजी (*d*) बहराम मालाबाड़ी

299. "दि हिंदू" समाचारपत्र का प्रकाशन निम्नलिखित में से किसने किया?
(*a*) जी. सुब्रह्मणियम (*b*) बाल गंगाधर तिलक
(*c*) लाला लाजपत राय (*d*) दादा भाई नौरोजी

300. बेतार टेलीग्राफी के उद्योगीकरण की गति निम्नलिखित में से किसके कारण तीव्र हुई?
(*a*) द्वितीय विश्व युद्ध
(*b*) प्रथम विश्व युद्ध
(*c*) भारत की स्वतंत्रता प्राप्ति
(*d*) इनमें से कोई नहीं

301. विश्व में पहला रेडियो स्टेशन कहाँ स्थापित किया गया?
(*a*) लंदन, ग्रेट ब्रिटेन
(*b*) टोक्यो, जापान
(*c*) पीटर बर्ग, न्यूयार्क, शिकागो
(*d*) इनमें से कोई नहीं

302. नेशनल ब्रॉडकास्ट कंपनी (NBC) का गठन निम्नलिखित में से किस वर्ष हुआ ?
(*a*) 1923 (*b*) 1924
(*c*) 1925 (*d*) 1926

303. आईएसबीएस (ISBS) के स्थान पर भारतीय रेडियो प्रसारण कंपनी का नाम ऑल इंडिया रेडियो (AIR) कब रखा गया?
(*a*) मार्च, 1936 (*b*) अप्रैल, 1936
(*c*) मई, 1936 (*d*) जून, 1936

304. ऑल इंडिया रेडियो (AIR) को निम्नलिखित में से किस वर्ष सूचना और प्रसारण विभाग में अंतरित कर दिया गया?
(*a*) 1945 (*b*) 1946
(*c*) 1947 (*d*) 1948

305. वाणिज्यिक चैनल "विविध भारती" को कब शुरू किया गया?
(*a*) अगस्त, 1957 (*b*) सितंबर, 1957
(*c*) अक्तूबर, 1957 (*d*) नवंबर, 1957

306. दूरदर्शन को ऑल इंडिया रेडियो से कब अलग कर दिया गया?
(*a*) मार्च, 1976 (*b*) अप्रैल, 1976
(*c*) मई, 1976 (*d*) जून, 1976

307. आवृत्ति माडुलित प्रसारण (FM Broadcasting) सबसे पहले वर्ष 1977 में निम्नलिखित में से कहाँ से आरंभ किया गया?
(*a*) बंबई (*b*) दिल्ली
(*c*) मद्रास (*d*) जालंधर

308. एफएम चैनल बंबई में निम्नलिखित में से किस तारीख को शुरू हुआ?
(*a*) 15 अगस्त, 1993 (*b*) 15 अगस्त, 1994
(*c*) 27 सितंबर, 1993 (*d*) 27 नवंबर, 1994

309. शिक्षा और विकास के लिए स्थानीय रेडियो को प्रोत्साहित करने की दृष्टि से निम्नलिखित में से किस समिति ने एक फ्रैंचाइज प्रणाली शुरू करने की सिफारिश की?

(*a*) चंदा समिति, (1978)
(*b*) वर्गीज समिति, (1978)
(*c*) हीरामन समिति, (1987)
(*d*) उपर्युक्त में से कोई नहीं

310. एफएम सुविधा में स्थानीय/सामुदायिक भागीदारी का पहला प्रयोग कहाँ किया गया?
(*a*) मुंबई (*b*) चेन्नई
(*c*) दिल्ली (*d*) नागरकोइल

311. लोक सभा में आकाश भारती विधेयक किस वर्ष पेश किया गया?
(*a*) 1976 (*b*) 1977
(*c*) 1978 (*d*) 1979

312. भारत के संविधान के किस अनुच्छेद में प्रसारण पर सरकार के एकाधिकार की बात की गई?
(*a*) अनुच्छेद 236 (*b*) अनुच्छेद 336
(*c*) अनुच्छेद 264 (*d*) अनुच्छेद 246

313. पहले संचार उपग्रह का नाम था
(*a*) ब्लु बर्ड (*b*) अर्ली बर्ड
(*c*) पी कॉक (*d*) न्यू गैलेक्सी

314. दूरदर्शन और आकाशवाणी दो अलग-अलग संस्थाओं के रूप में किस वर्ष अस्तित्त्व में आए?
(*a*) 1973 (*b*) 1974
(*c*) 1975 (*d*) 1976

315. मेट्रो मनोरंजन चैनल (डीडी-2) कब शुरू किया गया?
(*a*) 1980 के दशक के आरंभिक वर्षों में
(*b*) 1980 के दशक के मध्य में
(*c*) 1988
(*d*) 1990

316. निम्नलिखित में से किस समिति ने शैक्षिक संस्थाओं को रेडियो प्रसारण का फ्रैंचाइजी बनाने की पुरजोर सिफारिश की?
(*a*) वर्गीज समिति (*b*) मालाबाड़ी समिति
(*c*) हंटर समिति (*d*) बछावत समिति

317. देश की सीमाओं से बाहर विश्व के विभिन्न भागों में रेडियो कार्यक्रम प्रसारित कर पाना निम्नलिखित में से किसके कारण संभव हो सका है?
(*a*) लघु तरंगों (Short Waves)
(*b*) मध्यम तरंगों (Medium Waves)
(*c*) केवल दीर्घ तरंगों (Only Long Waves)
(*d*) लघु और दीर्घ प्रसारण

318. यूनेस्को (UNESCO) के अनुसार निम्नलिखित में से कौन अंतर्राष्ट्रीय प्रसारण के आदर्श उद्देश्यों में शामिल नहीं है?
(*a*) प्रसारणकर्ता देश की सर्वोच्च संस्कृति और आदर्शों को प्रस्तुत करना
(*b*) विश्व समाचारों को वस्तुनिष्ठ होकर प्रस्तुत करना
(*c*) क्षेत्रीय सहयोग को प्रस्तुत करना
(*d*) अंतर्राष्ट्रीय समझ को बढ़ावा देना

319. फरवरी, 1978 में "राष्ट्रीय प्रसारण ट्रस्ट" स्थापित करने की मांग किसने की?
(*a*) केल्कर समिति (*b*) चंदा समिति
(*c*) वर्गीज समिति (*d*) इनमें से कोई नहीं

320. मौजूदा प्रसारण नीति निम्नलिखित में से किस पर आधारित है?
(*a*) ऑल इंडिया रेडियो नियमावली, 1969
(*b*) ऑल इंडिया रेडियो नियमावली, 1968
(*c*) ऑल इंडिया रेडियो नियमावली, 1970
(*d*) उपरोक्त में से कोई नहीं

321. प्रसारण संबंधी नियमावली और अन्य प्रतिबंध निम्नलिखित में से किस पर आधारित है?
(*a*) खंड 3
(*b*) भारत के संविधान के अनुच्छेद 19 का खंड 2
(*c*) खंड 4
(*d*) खंड 5

322. उपग्रह संचार का युग निम्नलिखित में से किस वर्ष आरंभ हुआ?
(*a*) 1966 (*b*) 1964
(*c*) 1952 (*d*) 1962

323. विश्व संचार वर्ष (1983) निम्नलिखित में से किसके द्वारा निर्धारित किया गया?
(*a*) यूरोपीय संघ (*b*) संयुक्त राष्ट्र संघ
(*c*) यूनेस्को (*d*) यूनिसेफ

324. निम्नलिखित में से किस समिति ने एक प्रसारण आयोग स्थापित करने की सिफारिश की?

(a) वर्गीज समिति (b) चंदा समिति
(c) मोंटेग समिति (d) चंद्रन समिति

325. किस समिति ने एक राष्ट्रीय प्रसारण ट्रस्ट (आकाश भारती) स्थापित करने की सिफारिश की?
(a) वर्गीज समिति (b) चंदा समिति
(c) नायडु समिति (d) इनमें से कोई नहीं

326. निम्नलिखित में से किस समिति ने यह सुझाव दिया कि दूरदर्शन को प्रत्येक चैनल पर कुल प्रसारण समय का कम से कम 20% समय सामाजिक दृष्टि से वांछनीय कार्यक्रमों के लिए देना चाहिए?
(a) नायडु समिति (b) वर्गीज समिति
(c) चंदा समिति (d) वर्धन समिति

327. राम विलास पासवान समिति निम्नलिखित में से किस वर्ष गठित की गई?
(a) 1994 (b) 1995
(c) 1996 (d) 1997

328. प्रसार भारती अधिनियम में संशोधनों का सुझाव देने के लिए 1996 में निम्नलिखित में से कौन सी समिति गठित की गई?
(a) वर्गीज समिति
(b) चंदा समिति
(c) राम विलास पासवान समिति
(d) नितीश सेन गुप्ता समिति

329. संसद में प्रसारण विधेयक कब पेश किया गया?
(a) मध्य जुलाई, 1998 (b) अप्रैल, 1997
(c) मध्य मई, 1997 (d) जून, 1997

330. स्टार टीवी निम्नलिखित में से किस वर्ष शुरू किया गया?
(a) 1989 (b) 1990
(c) 1991 (d) 1992

331. एनडब्ल्यूआईसीओ (NWICO) का विस्तार बताइए
(a) न्यू वर्ल्ड इन्फोरमेशन एंड कम्युनिकेशन ऑर्डर
(b) नार्थ वेस्ट इन्फोरमेशन एंड कम्युनिकेशन आर्डर
(c) उपरोक्त दोनों
(d) इनमें से कोई नहीं

332. एनएफडीसी(NFDC) का विस्तार बताइए
(a) नेशनल फैशन डिजाइनिंग सेंटर
(b) नेशनल फेडरेशन ऑफ डेवलपमेंट काउंसिल
(c) नेशनल फिल्म डेवलपमेंट कॉर्पोरेशन
(d) उपरोक्त में से कोई नहीं

333. स्काइ रेडियो चैनल कब शुरू किया गया?
(a) 1 फरवरी, 1994 (b) 1 मार्च, 1995
(c) 1 अप्रैल, 1994 (d) 1 मई, 1996

334. डिजिटल ऑडियो प्रसारण (Digital Audio Broadcasting) की शुरूआत एक यूरोपीय परियोजना से हुई। इस परियोजना का नाम था
(a) फॉर्बेस–14 (b) यूरेका फॉर्ब्स
(c) यूरेका–यूरेका (d) यूरेका–147

335. स्थानीय/सामुदायिक रेडियो का एफएम के साथ प्रसारण के संबंध में नागरकोइल में प्रयोग निम्नलिखित में से कब किया गया?
(a) 30 सितंबर, 1983 (b) 30 अक्तूबर, 1984
(c) 30 नवंबर, 1985 (d) 30 दिसंबर, 1986

336. रेडियो सीलोन का नया नाम है
(a) केएलबीसी (KLBC)
(b) सीएलबीसी (CLBC)
(c) डीएलबीसी (D LBC)
(d) एमएलबीसी (MLBC)

337. विविध भारती में वाणिज्यिक कार्यक्रमों की शुरूआत निम्नलिखित में से किस वर्ष हुई?
(a) 1967 (b) 1968
(c) 1969 (d) 1970

338. विविध भारती में प्रायोजित कार्यक्रमों की शुरूआत कब हुई?
(a) मार्च 1968 (b) अप्रैल 1969
(c) मई 1970 (d) जून 1971

339. किस वर्ष उच्चतम न्यायालय ने घोषित किया कि 'वायु तरंगें' सार्वजनिक संपत्ति हैं"?
(a) 1992 (b) 1993
(c) 1994 (d) 1995

340. केबल टीवी की शुरूआत कहाँ हुई?
(a) उत्तरी अमेरिका (b) दक्षिण अमरीका
(c) कनाडा (d) जापान

341. टेलीविजन के समाचार-लेखन में आजकल निम्नलिखित में से कौन-सा शामिल है?

(*a*) हाइपरबोल्स (*b*) नॉन सीक्विटर्स
(*c*) उभयलिंगी शब्द (*d*) असामान्य संक्षिप्तियाँ

342. निम्नलिखित सूचियों को सुमेलित कीजिए

	सूची-I		सूची-II
A.	भारतीय तार अधिनियम	1.	1993
B.	भारतीय बेतार अधिनियम	2.	1957
C.	कॉपीराइट अधिनियम	3.	1885

	(A)	(B)	(C)
(*a*)	3	1	2
(*b*)	2	1	3
(*c*)	1	2	3
(*d*)	1	3	2

343. प्रसारण भारती को निम्नलिखित नाम से भी जाना जाता है
A. ब्रॉडकास्टिंग सेंटर ऑफ इंडिया
(*b*) इंडियन ब्रॉडकास्टिंग ऑथॉरिटी
(*c*) ब्रॉडकास्टिंग एसोसिएशन ऑफ इंडिया
(*d*) ब्रॉडकास्टिंग कॉरपोरेशन ऑफ इंडिया

344. निम्नलिखित में से किस समिति ने यह सिफारिश की कि संसद के एक अधिनियम द्वारा एक प्रसारण निगम स्थापित किया जाए और उसके उद्देश्यों का उस अधिनियम में स्पष्ट उल्लेख किया जाए?
(*a*) कृष्ण समिति (*b*) वर्गीज समिति
(*c*) चंदा समिति (*d*) सुब्रह्मणयम समिति

345. भारत में पहला समाचारपत्र निम्नलिखित में से किसके द्वारा शुरू किया गया?
(*a*) एन.वी.अय्यर (*b*) जेम्स हिकी
(*c*) एल ए स्ट्रोनैक (*d*) इनमें से कोई नहीं

346. भारत का पहला समाचारपत्र होने का गौरव निम्नलिखित में से किसे प्राप्त है?
(*a*) टाइम्स ऑफ इंडिया (*b*) मराठा केसरी
(*c*) बंगाल गजट (*d*) हिंदू

347. बंगाल जर्नल का प्रकाशन सर्वप्रथम किस वर्ष हुआ?
(*a*) 1776 (*b*) 1832
(*c*) 1785 (*d*) 1792

348. पहली आधुनिक विज्ञापन एजेंसी निम्नलिखित में से किसके द्वारा शुरू की गई?
(*a*) एन डब्ल्यू अय्यर (*b*) जे वाल्टर थॉम्पसन
(*c*) डी. जे. केमर (*d*) जेम्स हिकी

349. स्टेट्समैन का प्रकाशन कहाँ से आरंभ हुआ?
(*a*) कलकत्ता (*b*) बंबई
(*c*) मद्रास (*d*) दिल्ली

350. पहला रोटरी लिनोटाइप मशीन निम्नलिखित में से किसके द्वारा संस्थापित किया गया?
(*a*) दि हिंदू (*b*) दि स्टेट्समैन
(*c*) टाइम्स ऑफ इंडिया (*d*) दि हिंदुस्तान टाइम्स

351. कलकत्ता एडवरटाइजिंग एजेंसी ने निम्नलिखित में से किस वर्ष अपना प्रचालन शुरू किया?
(*a*) 1997 (*b*) 1907
(*c*) 1909 (*d*) 1904

352. इंडियन एंड इस्टर्न न्यूजपेपर सोसायटी (IENS) की स्थापना किस वर्ष की गई?
(*a*) 1938 (*b*) 1939
(*c*) 1930 (*d*) 1942

353. भारत में विज्ञापनदाताओं का संगठन 'इंडियन सोसायटी ऑफ एडवरटाइजर्स' निम्नलिखित में से किस वर्ष बना?
(*a*) 1948 (*b*) 1950
(*c*) 1951 (*d*) 1953

354. "ऑडिट ब्यूरो ऑफ सर्कुलेशन" की स्थापना निम्नलिखित में से किस वर्ष हुई?
(*a*) 1945 (*b*) 1939
(*c*) 1930 (*d*) 1948

355. भारत में विज्ञापन एजेन्सियों का संगठन "एडवरटाइजिंग एजेन्सीज एसोसिएशन ऑफ इंडिया" निम्नलिखित में से किस वर्ष गठित हुआ?
(*a*) 1945 (*b*) 1942
(*c*) 1950 (*d*) 1939

356. पाठकों की संख्या के बारे में सर्वेक्षण सर्वप्रथम निम्नलिखित में से किसके द्वारा कराया गया?
(*a*) टाइम्स ऑफ इंडिया (*b*) दि हिंदू
(*c*) रीडर्स डाइजेस्ट (*d*) उपरोक्त सभी

357. भारत में ब्रिटिश सरकार ने निम्नलिखित में से किस वर्ष "केंद्रीय लोक सूचना ब्यूरो (Central Bureau of Public Information)" की स्थापना की?

(a) 1942 (b) 1923
(c) 1932 (d) 1930

358. भारत में निम्नलिखित में से किस विज्ञापन एजेंसी (Advertising Agency) की सकल आय सर्वाधिक है?
(a) मुद्रा कम्युनिकेशन लिमिटेड
(b) हिंदुस्तान थॉम्पसन ऐसोसिएट लिमिटेड
(c) ओजिलवि एंड मैथर लिमिटेड
(d) इनमें से कोई नहीं

359. निम्नलिखित में से कौन जन संपर्क का एक माध्यम है?
(a) प्रेस कन्फ्रेन्स (b) कल्याणकारी कार्य
(c) विवरणिकाएं (d) उपरोक्त सभी

360. राज्य सरकार की उपलब्धियों का बड़े-बड़े विज्ञापन पटों की सहायता से प्रदर्शन निम्नलिखित में से किस प्रकार का विज्ञापन है?
(a) संस्थागत (b) लोक सेवा
(c) औद्योगिक (d) वर्गीकृत

361. निम्नलिखित में से किस प्रकार के विज्ञापन में यथातथ्य और तकनीकी सूचनाएं प्रदान की जाती हैं?
(a) वर्गीकृत विज्ञापन
(b) सेवा-क्षेत्रीय विज्ञापन
(c) निगमित क्षेत्र संबंधी विज्ञापन
(d) औद्योगिक क्षेत्र संबंधी विज्ञापन

362. भारतीय लोक समाज (Public Society of India) निम्नलिखित में से किस वर्ष गठित हुआ?
(a) 1923 (b) 1926
(c) 1939 (d) 1942

363. निम्नलिखित में से किसने "पब्लिक सोसायटी ऑफ इंडिया" की स्थापना की?
(a) डी. जे. कीनर (b) एन डब्ल्यू ऐयर
(c) आई एस टेलर (d) इनमें से कोई नहीं

364. निम्नलिखित में से कौन भारत की पहली पूर्णतः सुसज्जित विज्ञापन एजेंसी बनी?
(a) नेशनल एडवरटाइजिंग सर्विसेज
(b) नेशनल एडवरटाइजिंग एजेंसी
(c) ओरिएंटल एडवरटाइजिंग एजेंसी
(d) इनमें से कोई नहीं

365. विज्ञापन अभियान चलाने के लिए निम्नलिखित में से क्या एक महत्त्वपूर्ण घटक है?
(a) लक्षित श्रोता/पाठक/दर्शक
(b) समय और अवधि
(c) भाषा
(d) उपरोक्त सभी

366. आवश्यक तथ्यों का सोपान (Hierachy of needs) निम्नलिखित में से किसके द्वारा प्रस्तुत किया गया?
(a) अब्राहम मैस्लो (b) डोनाल्ड शॉ
(c) नोएल (d) न्यूमर

367. विज्ञापन की प्रभावकारिता की जाँच करने के लिए निम्नलिखित में से किस तकनीक का प्रयोग किया जाता है?
(a) उपभोक्ता अभिनिर्णायक (Consumer Jury)
(b) कूपन-वापसी विश्लेषण (Coupan return analysis)
(c) प्रक्षेपी तकनीक (Projective technique)
(d) उपरोक्त सभी

368. निम्नलिखित सूचियों को सुमेलित कीजिए

कंपनी	**प्रकाशित पत्रिका**
A. एयर इंडिया	1. फायर साइड
B. भारतीय रिर्जव बैंक	2. हमारा
C. थर्मेक्स लिमिटेड	3. मैजिक कार्पेट
D. हिंदुस्तान लीवर लिमिटेड	4. विदाउट रिजर्व

	A	B	C	D
(a)	4	1	3	2
(b)	3	4	1	2
(c)	2	1	3	4
(d)	3	4	2	1

369. निम्नलिखित में से किस विज्ञापन का उद्देश्य किसी कंपनी के लिए अच्छी जन छवि निर्मित करना है?
(a) औद्योगिक विज्ञापन (b) संस्थागत विज्ञापन
(c) सेवा संबंधी विज्ञापन (d) उत्पाद विज्ञापन

370. भारत में समाचारपत्र-पत्रिकाओं के पाठकों की संख्या जानने के लिए पहला सर्वेक्षण कब किया गया?
(a) वर्ष 1992 में (b) वर्ष 1995 में
(c) वर्ष 1996 में (d) वर्ष 1993 में

371. निम्नलिखित में से किसने जन-संचार के माध्यमों (Mass Media) का प्रयोग करके विकास का आधुनिकीकरण प्रतिमान विकसित करने पर बल दिया?

(*a*) डैनियल लर्नर (*b*) लुसियन पाइ
(*c*) विलबर शैम (*d*) उपरोक्त सभी

372. यदि हम संचार को... का माध्यम मानें तो मीडिया ऑडियन्स (जन-संचार के माध्यमों के श्रोता/पाठक/दर्शक) उसमें भागीदारी करने वाला एक समुदाय होगा।

(*a*) सामाजिक कल्याण
(*b*) माल या विक्रय वस्तु
(*c*) उत्पादन
(*d*) इनमें से कोई नहीं

373. यदि संचार को निम्नलिखित का एक माध्यम माना जाए तो मीडिया ऑडियन्स ऐसे व्यक्तियों का समूह है जिसे शिक्षित करने की आवश्यकता है

(*a*) प्रचार
(*b*) सामाजिक सेवा
(*c*) विक्रय वस्तु
(*d*) इनमें से कोई नहीं

374. निम्नलिखित में से किनके अनुसार ऑडियन्स "रूढ़िवादी व्यक्तियों का एक समूह" है?

(*a*) मनोवैज्ञानिकों (*b*) समाज शास्त्रियों
(*c*) दार्शनिकों (*d*) सांख्यिकीविदों

375. निम्नलिखित में से कौन सा प्रतिबंध प्राथमिक समूहों का अभिलक्षण है?

(*a*) घनिष्ठ भौतिक सन्निकटता
(*b*) छोटा आकार
(*c*) अविच्छिन्न पारस्परिक संबंध
(*d*) उपरोक्त सभी

376. निम्नलिखित में से किस समूह के सदस्यों के बीच अपेक्षाकृत कम घनिष्ठ संबंध होता है?

(*a*) प्राथमिक समूह
(*b*) अभिजात या समकक्ष व्यक्तियों का समूह
(*c*) संदर्भ समूह
(*d*) उपरोक्त सभी

377. समूह के व्यक्तियों की प्रवृत्ति पर समूह के प्रभाव का आकलन प्रायः निम्नलिखित की संकल्पना के संदर्भ में किया जाता है

(*a*) समकक्ष व्यक्तियों के समूह
(*b*) प्राथमिक समूह
(*c*) संदर्भ समूह
(*d*) इनमें से कोई नहीं

378. "कम्युनिकेशन एंड सोशल डेवलपमेंट ऑफ इंडिया" के लेखक का क्या नाम है?

(*a*) प्रो. बी.सी.राय (*b*) बी. कुप्पुस्वामी
(*c*) एच. सिन्हा (*d*) केशव मुखर्जी

379. मीडिया प्रभाव के संदर्भ में द्वि चरणी प्रवाह प्रतिमान (Two Step flow model) निम्नलिखित में से किसके द्वारा प्रस्तुत किया गया?

(*a*) काट्ज और लाजस्टेड
(*b*) शॉ
(*c*) मैक कूम्ब
(*d*) जे. विल्सन

380. "कार्यसूची निर्धारण (Agenda setting)" का पद निम्नलिखित में से किस वर्ष प्रतिपादित हुआ?

(*a*) 1972 (*b*) 1975
(*c*) 1982 (*d*) 1976

381. "निःशब्दता (मौन) उत्वक्र प्रतिमान (Spiral of Silence Model)" का प्रतिपादन निम्नलिखित में से किसने किया?

(*a*) नोक्ल न्युमणि (*b*) डोनाल्ड शॉ
(*c*) मैक कूम्ब्स (*d*) इनमें से कोई नहीं

382. मत संग्रह में त्रुटि निम्नलिखित के कारण होती है

(*a*) अपर्याप्त प्रतिचयन (Inadiquate Sampling)
(*b*) सारणीकरण में त्रुटि (Errors in tabulation)
(*c*) पूछे जाने वाले प्रश्नों को ठीक ढंग से निर्धारित न कर पाना
(*d*) उपरोक्त सभी

383. प्रचार है

(*a*) नैमित्तिक संचार (Casual Communication)
(*b*) अनुदेशात्मक संचार (Instructional Communication)
(*c*) सोद्देश्य परिचालन (Deliberate Manipulation)
(*d*) उपरोक्त सभी

384. जनता के विचारों को जानने की युक्ति (People meters) का प्रयोग सर्वप्रथम किस वर्ष किया गया?

(*a*) 1982 (*b*) 1987
(*c*) 1988 (*d*) 1985

385. भारत में समाचारपत्र-पत्रिकाओं के पाठकों की संख्या के संबंध में पहला सर्वेक्षण किस वर्ष किया गया?
(*a*) 1992 (*b*) 1996
(*c*) 1998 (*d*) 1995

386. जोसफ क्लैपर द्वारा मीडिया प्रभाव से संबंधित निम्नलिखित में से कौन-सा सिद्धांत प्रस्तुत किया गया?
(*a*) उपयोग सिद्धांत (Uses theory)
(*b*) सीमित प्रभाव सिद्धांत (Limited effect theory)
(*c*) संवेदनमंदता सिद्धांत (Narcosis theory)
(*d*) आनुषंगिक प्रभाव सिद्धांत (Incidental effect theory)

387. अंतरवैयक्तिक संचार (Interpersonal Communication) है
(*a*) व्यक्तियों की अपनी पृथक्-पृथक् प्रतिक्रिया
(*b*) चिंतन (Contemplation)
(*c*) ध्यान (Meditation)
(*d*) उपरोक्त सभी

388. अंतरवैयक्तिक संचार का आरंभिक चरण कहलाता है
(*a*) सामाजिक चरण (Phatic stage)
(*b*) अंतरंग चरण (Intimate stage)
(*c*) वैयक्तिक चरण (Personal stage)
(*d*) इनमें से कोई नहीं

389. अंतरवैयक्तिक संचार का कौन-सा चरण सामाजिक ताने-बाने से संबंधित है?
(*a*) वैयक्तिक चरण (Personal stage)
(*b*) अंतरंग चरण (Intimate stage)
(*c*) सामाजिक चरण (Phatic stage)
(*d*) मध्यवर्ती चरण (Intermediate stage)

390. **अभिकथन (A):** मीडिया निगमीकरण के लिए छोटे तथा मध्यम समाचारपत्रों का भारत में भविष्य धुँधला होगा।
तर्क (R): केन्द्र सरकार ने मीडिया-व्यवसाय को एक उद्योग के रूप में घोषित नहीं किया है और यह इसके धूमिल भविष्य के लिए उत्तरदायी है।
(*a*) (A) तथा (R) दोनों सही हैं।
(*b*) (A) तथा (R) दोनों सही हैं लेकिन (A) का सही स्पष्टीकरण (R) नहीं है।
(*c*) (A) सही है, लेकिन (R) गलत है।
(*d*) (A) गलत है, लेकिन (R) सही है।

391. **अभिकथन (A):** भारत में प्रिंट मीडिया ने विकासशील देशों की तुलना में प्रसार में वृद्धि दर्ज की है।
तर्क (R): साक्षरता वृद्धि तथा बाजार-विस्तार ने प्रिंट-मीडिया को सुदृढ़ करने में योगदान दिया है।
(*a*) (A) तथा (R) दोनों सही हैं।
(*b*) (A) तथा (R) दोनों सही हैं लेकिन (A) का सही स्पष्टीकरण (R) नहीं है।
(*c*) (A) सही है तथा (R) गलत है।
(*d*) (A) गलत है, लेकिन (R) सही है।

392. **अभिकथन (A):** सूचना के अधिकार ने भारत में सुशासन के लिए अवरोध उत्पन्न किया है।
तर्क (R): सूचना का अधिकार मास मीडिया तथा खोजी पत्रकारिता हेतु एक विश्वसनीय स्रोत बन गया है।
(*a*) (A) तथा (R) दोनों सही हैं।
(*b*) (A) तथा (R) दोनों सही हैं लेकिन (A) का सही स्पष्टीकरण (R) नहीं है।
(*c*) (A) सही है, लेकिन (R) गलत है।
(*d*) (A) गलत है, लेकिन (R) सही है।

393. **अभिकथन (A):** सोशल नेटवर्किंग भारतीय राजनैतिक वर्ग को सतर्क बनाता है तथा गलत कार्यों में लिप्त होने से रोकता है।
तर्क (R): सोशल मीडिया ने अरब-स्प्रिंग को संभव बनाया है। इसलिए भारतीय राजनैतिक वर्ग सचेत हो गया है।
(*a*) (A) तथा (R) दोनों सही हैं।
(*b*) (A) तथा (R) दोनों सही हैं लेकिन (A) का सही स्पष्टीकरण (R) नहीं है।
(*c*) (A) सही है, लेकिन (R) गलत है।
(*d*) (A) गलत है, लेकिन (R) सही है।

394. **अभिकथन (A):** सरकार ने प्रभावी सामुदायिक सम्बन्धों हेतु निगमित सामाजिक दायित्व विधेयक पारित किया है।
तर्क (R): बड़े-बड़े निगमित घरानों को राष्ट्रीय-विकास में थोड़ा योगदान अवश्य देना चाहिए।
(*a*) (A) तथा (R) दोनों सही हैं।
(*b*) (A) तथा (R) दोनों सही हैं लेकिन (A) का सही स्पष्टीकरण (R) नहीं है।

(*c*) (A) सही है, लेकिन (R) गलत है।
(*d*) (A) गलत है, लेकिन (R) सही है।

395. अभिकथन (A): भारत के प्रेस परिषद को मीडिया-परिषद् में परिवर्तित किया जाना महज एक विचार है।
तर्क (R): अब जबकि इलेक्ट्रॉनिक मीडिया के पहुँच एवं विस्तार में आश्चर्यजनक वृद्धि हुई है इन मुद्दों को सम्बद्ध कर विचार किया जाना चाहिए।
(*a*) (A) तथा (R) दोनों सही हैं।
(*b*) (A) तथा (R) दोनों सही हैं लेकिन (A) का सही स्पष्टीकरण (R) नहीं है।
(*c*) (A) सही है, लेकिन (R) गलत है।
(*d*) (A) गलत है, लेकिन (R) सही है।

396. अभिकथन (A): भारतीय प्रिंट मीडिया का राजनीति के साथ सम्मोहन एक ऐतिहासिक विरासत है।
तर्क (R): क्योंकि 1947 से पहले आजादी के समर्थन हेतु बहुत सारे नेता समाचारपत्रों से सम्बद्ध थे।
(*a*) (A) तथा (R) दोनों सही हैं।
(*b*) (A) तथा (R) दोनों सही हैं लेकिन (A) का सही स्पष्टीकरण (R) नहीं है।
(*c*) (A) सही है, लेकिन (R) गलत है।
(*d*) (A) गलत है, लेकिन (R) सही है।

397. अभिकथन (A): वैश्विक व्यापार-मंदी के दौर में भारत के मीडिया घरानों में पेड-न्यूज आय का एक पूरक-स्रोत है।
तर्क (R): भारत के मीडिया घराने यह अनुभव कर रहे हैं कि पिछले कुछ वर्षों में उत्पादन-लागत तथा स्टाफ-वेतन में वृद्धि हुई है।
(*a*) (A) तथा (R) दोनों सही हैं।
(*b*) (A) तथा (R) दोनों सही हैं लेकिन (A) का सही स्पष्टीकरण (R) नहीं है।
(*c*) (A) सही है, लेकिन (R) गलत है।
(*d*) (A) गलत है, लेकिन (R) सही है।

398. अभिकथन (A): प्रिंट-पत्रकारिता में सम्पादन एक विलुप्त कला है।
तर्क (R): आजकल समाचारपत्रों द्वारा की जाने वाली नियुक्ति में भाषा की परिशुद्धता कोई योग्यता नहीं है।
(*a*) (A) तथा (R) दोनों सही हैं।
(*b*) (A) तथा (R) दोनों सही हैं लेकिन (A) का सही स्पष्टीकरण (R) नहीं है।
(*c*) (A) सही है, लेकिन (R) गलत है।
(*d*) (A) गलत है, लेकिन (R) सही है।

399. अभिकथन (A): एक ध्रुवीय विश्व में नवीन अंतर्राष्ट्रीय सूचना तथा संचार व्यवस्था एक मृत-अश्व है।
तर्क (R): विकासशील देश ने नवीन अन्तर्राष्ट्रीय तथा संचार व्यवस्था को सशक्त करने हेतु किसी नीति को अंगीकृत करने का वैश्विक प्रयास नहीं किया।
(*a*) (A) तथा (R) दोनों सही हैं।
(*b*) (A) तथा (R) दोनों सही हैं लेकिन (A) का सही स्पष्टीकरण (R) नहीं है।
(*c*) (A) सही है, लेकिन (R) गलत है।
(*d*) (A) गलत है, लेकिन (R) सही है।

400. निम्नलिखित संचार सिद्धांतशास्त्रियों को कालक्रमानुसार लिखें
(*a*) हेराल्ड लॉसवेल, शैनन तथा वेवर, थियोडोर न्यूकौम्ब, एलिजाबेथ नियोल न्यूमैन
(*b*) शैनन तथा वेवर, थियोडोर न्यूकौम्ब, एलिजाबेथ नियोल न्यूमैन, हेराल्ड लॉसवेल
(*c*) थियोडोर न्यूकौम्ब, एलिजाबेथ नियोल न्यूमैन, हेराल्ड लॉसवेल, शैनन तथा वेवर
(*d*) शैनन तथा वेवर, थियोडोर न्यूकौम्ब, एलिजाबेथ नियोल न्यूमैन, हेराल्ड लॉसवेल

401. निम्नलिखित सिनेमा को ऐतिहासिकता के आधार पर उचित क्रम में लिखिए
(*a*) स्वयंवरम्, कुली, स्लमडॉग मिलेनियर, पाथेर पांचाली।
(*b*) पाथेर पांचाली, स्वयंवरम्, कुली, स्लमडॉग मिलेनियर।
(*c*) कुली, स्लमडॉग मिलेनियर, स्वयंवरम्, पाथेर पांचाली।
(*d*) स्लमडॉग मिलेनियर, कुली, स्वयंवरम्, पाथेर पांचाली।

402. निम्नलिखित पत्रिकाओं को प्रसारण के आधार पर सही क्रम में बताएँ
(*a*) इंडिया टुडे, सरिता, कुंगुमम, कुमुदम।
(*b*) सरिता, कुमुदम, कुंगुमम, इंडिया टुडे।
(*c*) कुमुदम, कुंगुमम, इंडिया टुडे, सरिता।
(*d*) इंडिया टुडे, कुंगुमम, कुमुदम, सरिता।

403. निम्नलिखित प्रेस कानून को सही क्रम में निर्धारित करें
(*a*) सूचना का अधिकार अधिनियम, कॉपीराइट अधिनियम, सरकारी गोपनीयता अधिनियम, न्यायालय की अवमानना अधिनियम।

(*b*) कॉपीराइट अधिनियम, सरकारी गोपनीयता अधिनियम, न्यायालय की अवमानना अधिनियम, सूचना का अधिकार अधिनियम।
(*c*) सरकारी गोपनीयता अधिनियम, कॉपीराइट अधिनियम, न्यायालय की अवमानना अधिनियम, सूचना का अधिकार अधिनियम।
(*d*) न्यायालय की अवमानना अधिनियम, कॉपीराइट अधिनियम, सूचना का अधिकार अधिनियम, सरकारी गोपनीयता अधिनियम।

404. सूची-I को सूची-II से सुमेलित करें

	सूची-I		सूची-II
A.	बॉब वुडवर्ड	1.	वीथ मैलिस टू वन एंड ऑल
B.	कुलदीप नैयर	2.	इंडियन एक्सप्रेस के सम्पादक
C.	खुशवन्त सिंह	3.	खोजी रिपोर्टिंग
D.	अरुण शौरी	4.	बिटविन द लाइन्स

कूटः

	A	B	C	D
(*a*)	3	4	1	2
(*b*)	2	1	4	3
(*c*)	1	2	4	3
(*d*)	4	1	3	2

405. सूची-I को सूची-II से सुमेलित करें

	सूची-I		सूची-II
A.	बैनर	1.	आपातकाल
B.	सेडिशन	2.	शीर्षक
C.	बर्लिनर	3.	स्वाधीनता
D.	स्वदेश मित्रन	4.	समाचार-पत्र प्रारूप

कूटः

	A	B	C	D
(*a*)	2	1	4	3
(*b*)	3	4	1	2
(*c*)	1	2	4	3
(*d*)	4	1	3	2

406. सूची-I को सूची-II से सुमेलित करें

	सूची-I		सूची-II
A.	शोभा डे	1.	एन्टोगोनीस्ट ऑफ सेंशरशिप
B.	बरखा दत्त	2.	स्तम्भकार
C.	अश्विनी सरीन	3.	टी.वी. ऐंकर
D.	के.ए. अब्बास	4.	खोजी रिपोर्टिंग

कूटः

	A	B	C	D
(*a*)	1	4	3	2
(*b*)	2	3	4	1
(*c*)	3	2	1	4
(*d*)	4	1	2	3

407. सूची-I को सूची-II से सुमेलित करें

	सूची-I		सूची-II
A.	कौफिनगेट	1.	बी.जी. वर्गीज
B.	टू.जी स्पेक्ट्रम	2.	गोपीकृष्णन
C.	टेलीविजन	3.	तरुण तेजपाल
D.	मैकब्राइड आयोग	4.	प्रणव रॉय

कूटः

	A	B	C	D
(*a*)	3	4	1	2
(*b*)	3	2	4	1
(*c*)	1	2	3	4
(*d*)	4	3	2	1

408. सूची-I को सूची-II से सुमेलित करें

	सूची-I		सूची-II
A.	डी.ए.वी.पी.	1.	इन्टरनेशनल न्यूज फ्लो
B.	ए.बी.सी.	2.	एसोसिएशन
C.	आई.एन.एस.	3.	सर्टिफिकेशन
D.	एन.डब्ल्यू.आई.सी.ओ.	4.	प्रचार

कूटः

	A	B	C	D
(*a*)	2	3	4	3
(*b*)	1	2	3	4
(*c*)	4	3	2	1
(*d*)	3	4	1	2

409. डेनिस मैक्वेल ने निम्नलिखित में से किसे मास-मीडिया के कार्य के रूप में निर्धारित किया?
(*a*) पर्यावरण पर्यवेक्षण
(*b*) संस्कृति-संचरण
(*c*) अनौपचारिक शिक्षा
(*d*) प्रजातांत्रिक-प्रतिभागिता का प्रोन्नयन

410. ओनलाइन व्यंगचित्रकथा 'एंग्री लिट्टल गर्ल्स' किसका प्रस्तुतिकरण है?

(*a*) लीला ली (*b*) क्षैतिज है

(*c*) संख्यवहारिक है (*d*) वृतीय है

411. निम्नलिखित पत्रिकाओं को सही कालानुक्रमिक क्रम में लिखें:

(*a*) दी इलसट्रेटिड वीकली ऑफ इंडिया, इंडिया टूडे, फ्रंटलाइन, दी वीक

(*b*) फ्रंटलाइन, दी वीक, इंडिया टूडे, दी इलसट्रेटिड वीकली ऑफ इंडिया

(*c*) इंडिया टूडे, दी वीक, फ्रंटलाइन, दी इलसट्रेटिड वीकली ऑफ इंडिया

(*d*) दी वीक, फ्रंटलाइन, दी इलसट्रेटिड वीकली ऑफ इंडिया, इंडिया टूडे

412. निम्नलिखित प्रकाशनों के सही कालानुक्रमिक क्रम की पहचान कीजियेः

(*a*) फोर आर्गुमेंट्स अगेंस्ट टेलीविजन, पब्लिक ओपिनियन, पासिंग ऑफ दी ट्रेडीशनल सोसाइटी, प्रोफेशनल जर्नलिस्ट

(*b*) प्रोफेशनल जर्नलिस्ट, पासिंग ऑफ दी ट्रेडीशनल सोसाइटी, फोर आर्गुमेंट्स अगेंस्ट टेलीविजन, पब्लिक ओपिनियन

(*c*) पासिंग ऑफ दी ट्रेडीशनल सोसाइटी, पब्लिक ओपिनियन, प्रोफेशनल जर्नलिस्ट, फोर आर्गुमेंट्स अगेंस्ट टेलीविजन

(*d*) पब्लिक ओपिनियन, पासिंग ऑफ दी ट्रेडीशनल सोसाइटी, प्रोफेशनल जर्नलिस्ट, फोर आर्गुमेंट्स अगेंस्ट टेलीविजन

413. निम्नलिखित का मिलान कीजिए:

सूची-I (कोड)	सूची-II (विवरण)
(*i*) नियन्त्रित कोड	1. जन श्रोताओं द्वारा साझा करना
(*ii*) प्रसारण कोड	2. तेजी से परिवर्तित
(*iii*) सौंदर्यपरक कोड	3. विपथगामी डिकोडिंग असम्भव है
(*iv*) स्वैच्छिक कोड	4. सरल वाक्य विज्ञान

कोडः

	(*i*)	(*ii*)	(*iii*)	(*iv*)
(*a*)	4	1	2	3
(*b*)	3	2	4	1
(*c*)	2	1	3	4
(*d*)	1	3	4	2

414. सूचना समाज की भावी गतिविधियों को संचालित करने के लिये कम्प्यूटरोपॉलिस की कल्पना करने वाला प्रथम देश कौन-सा है?

(*a*) यूनाइटेड स्टेट्स (*b*) फ्रांस

(*c*) दक्षिण कोरिया (*d*) जापान

415. मीडिया में चिन्हों, भाषा और प्रतिरूपण के सवाल पर विवाद को क्या कहते हैं?

(*a*) मीडिया सक्रियण/सक्रियतावाद

(*b*) मीडियादृश्य

(*c*) मीडिया शिक्षाशास्त्र

(*d*) मीडिया निर्माण

416. भारतीय प्रेस काउंसिल क्या है?

(*a*) गैर-न्यायिक निकाय (*b*) निजी सत्ता

(*c*) गैर-विधिक निकाय (*d*) अर्द्ध-न्यायिक निकाय

417. मीडिया अनुसूचीकरण की तकनीकें जो स्थान की बड़ी मात्रा लेने से जुड़ी हैं क्या कहलाती हैं?

(*a*) मीडिया संकेन्द्रण सिद्धान्त

(*b*) मीडिया प्रबल सिद्धान्त

(*c*) मीडिया मोनीटरिंग (अनुवीक्षण) सिद्धान्त

(*d*) मीडिया प्रभाव सिद्धान्त

418. जब प्रसारण विज्ञापनों या घोषणाओं के समूह को लिखना है और यदि यह लम्बी कॉपी सृजित करता है, तो यह क्या कहलाता है?

(*a*) डो नट कॉपी (*b*) कारे कॉपी

(*c*) मॉड्यूलेटिड कॉपी (*d*) विवृत (या खुला) कॉपी

419. एरियल (वायवीय) विज्ञापन निम्नलिखित का रूप है:

(*a*) मुद्रण मीडिया (*b*) इन-हाऊस विज्ञापन

(*c*) इलैक्ट्रॉनिक विज्ञापन (*d*) आऊट-डोर विज्ञापन

420. विशिष्ट पी.आर. प्रोग्राम की प्रभावपूर्णता निर्धारित करने के लिये कौन-से चार श्रोता आयामों का मूल्यांकन किया जाता है?

(*a*) कवरेज, टारगेट, प्रभाव और उद्देश्य
(*b*) प्रभाव, जवाबी प्रतिक्रिया, कवरेज और इम्पैक्ट
(*c*) जवाबी प्रतिक्रिया, टारगेट, प्रभाव और संदेश
(*d*) संदेश, प्रभाव, इम्पैक्ट और टारगेट

421. सरहद बगैर टेलीविजन कहाँ प्रारम्भ किया गया था?
(*a*) यूनाइटेड स्टेट्स (*b*) यूरोपियन यूनियन
(*c*) लेटिन अमेरिका (*d*) ऑस्ट्रेलिया

422. संचार में स्वेच्छाचारी कोड क्या है?
(*a*) डिजिटल (*b*) सादृश्यता
(*c*) गैर-प्रकार्यात्मक (*d*) अनोपयुक्त

423. संचार में 'रियर-व्यू मिररिज्म' की अवधारणा का उपयोग निम्नलिखित में से किसने किया है?
(*a*) सीन मैकब्राइड (*b*) सी.पी.स्नो
(*c*) नोमी क्लीन (*d*) मार्शल मैकलोहन

424. **अभिकथन (A):** दूरसंचार प्रणाली वैश्वीकरण की प्रक्रिया के लिये केन्द्रीय है।

कारण (R): यह विश्य की उभरती नूतन अर्थव्यवस्था में सहभागिता के लिये न्यूनतम शर्त है।

कोडः
(*a*) (A) और (R) दोनों सत्य हैं।
(*b*) (A) और (R) दोनों सत्य हैं, परन्तु (R), (A) की सही व्याख्या नहीं है।
(*c*) (A) सत्य है, (R) असत्य है।
(*d*) (A) असत्य है, (R) है।

425. एनॉलौग वीजुअल इमेजेस के **सही** क्रम को पहचानें।
(*a*) इनफिनिट ग्रेडेशन ऑफ टोन, कलर, ह्यू ऐंड ग्रेन
(*b*) कलर, ह्यू, इनफिनिट ग्रेडेशन ऑफ टोन ऐंड ग्रेन
(*c*) ह्यू, इनफिनिट ग्रेडेशन ऑफ टोन, ग्रेन ऐंड कलर
(*d*) ग्रेन, कलर, ह्यू ऐंड इनफिनिट ग्रेडेशन ऑफ टोन

426. निम्नलिखित का मिलान कीजिए:

सूची-I (व्यक्तित्व)	**सूची-II (व्यावसाय)**
(*i*) दुर्गा दास	1. व्यंगचित्रकार
(*ii*) मैरियो मिरांडा	2. सम्पादक
(*iii*) सी.वाइ. चिंतामणी	3. प्रसारणकर्ता
(*iv*) मेलविल डिमैलो	4. राजनीतिक टीकाकार

कोडः

	(*i*)	(*ii*)	(*iii*)	(*iv*)
(*a*)	3	4	1	2
(*b*)	4	1	2	3
(*c*)	2	3	4	1
(*d*)	2	4	3	1

427. निम्नलिखित का मिलान कीजिए:

सूची-I (व्यक्तित्व)	**सूची-II (संघ)**
(*i*) कस्तूरी श्रीनिवासन	1. हिन्दुस्तान समाचार
(*ii*) के.एन. हरिकुमार	2. समाचार भारती
(*iii*) कृष्णकांत	3. यूनाइटेड न्यूज ऑफ इंडिया
(*iv*) आप्टे	4. प्रैस ट्रस्ट ऑफ इंडिया

कोडः

	(*i*)	(*ii*)	(*iii*)	(*iv*)
(*a*)	2	3	4	1
(*b*)	3	4	1	2
(*c*)	4	3	2	1
(*d*)	1	4	3	2

उत्तरमाला

1	2	3	4	5	6	7	8	9	10
(*a*)	(*b*)	(*a*)	(*c*)	(*a*)	(*d*)	(*a*)	(*a*)	(*a*)	(*b*)
11	**12**	**13**	**14**	**15**	**16**	**17**	**18**	**19**	**20**
(*a*)	(*b*)	(*c*)	(*b*)	(*c*)	(*a*)	(*b*)	(*b*)	(*d*)	(*b*)
21	**22**	**23**	**24**	**25**	**26**	**27**	**28**	**29**	**30**
(*c*)	(*a*)	(*b*)	(*a*)	(*a*)	(*a*)	(*a*)	(*b*)	(*a*)	(*a*)
31	**32**	**33**	**34**	**35**	**36**	**37**	**38**	**39**	**40**
(*b*)	(*a*)	(*b*)	(*c*)	(*c*)	(*a*)	(*a*)	(*a*)	(*c*)	(*b*)

41	**42**	**43**	**44**	**45**	**46**	**47**	**48**	**49**	**50**
(*c*)	(*a*)	(*b*)	(*a*)	(*a*)	(*b*)	(*b*)	(*c*)	(*c*)	(*a*)
51	**52**	**53**	**54**	**55**	**56**	**57**	**58**	**59**	**60**
(*a*)	(*d*)	(*d*)	(*b*)	(*a*)	(*c*)	(*b*)	(*a*)	(*c*)	(*b*)
61	**62**	**63**	**64**	**65**	**66**	**67**	**68**	**69**	**70**
(*b*)	(*a*)	(*b*)	(*b*)	(*b*)	(*a*)	(*d*)	(*a*)	(*d*)	(*c*)
71	**72**	**73**	**74**	**75**	**76**	**77**	**78**	**79**	**80**
(*d*)	(*a*)	(*b*)	(*c*)	(*a*)	(*a*)	(*b*)	(*b*)	(*a*)	(*a*)
81	**82**	**83**	**84**	**85**	**86**	**87**	**88**	**89**	**90**
(*b*)	(*b*)	(*a*)	(*d*)	(*c*)	(*c*)	(*d*)	(*b*)	(*b*)	(*c*)
91	**92**	**93**	**94**	**95**	**96**	**97**	**98**	**99**	**100**
(*b*)	(*c*)	(*b*)	(*d*)	(*a*)	(*d*)	(*b*)	(*d*)	(*b*)	(*b*)
101	**102**	**103**	**104**	**105**	**106**	**107**	**108**	**109**	**110**
(*b*)	(*c*)	(*a*)	(*d*)	(*d*)	(*b*)	(*c*)	(*b*)	(*c*)	(*c*)
111	**112**	**113**	**114**	**115**	**116**	**117**	**118**	**119**	**120**
(*d*)	(*b*)	(*d*)	(*c*)	(*b*)	(*b*)	(*c*)	(*a*)	(*b*)	(*a*)
121	**122**	**123**	**124**	**125**	**126**	**127**	**128**	**129**	**130**
(*c*)	(*a*)	(*c*)	(*a*)	(*a*)	(*c*)	(*b*)	(*b*)	(*c*)	(*d*)
131	**132**	**133**	**134**	**135**	**136**	**137**	**138**	**139**	**140**
(*b*)	(*c*)	(*d*)	(*b*)	(*b*)	(*c*)	(*d*)	(*d*)	(*d*)	(*a*)
141	**142**	**143**	**144**	**145**	**146**	**147**	**148**	**149**	**150**
(*c*)	(*b*)	(*d*)	(*a*)	(*c*)	(*d*)	(*a*)	(*c*)	(*b*)	(*d*)
151	**152**	**153**	**154**	**155**	**156**	**157**	**158**	**159**	**160**
(*c*)	(*a*)	(*d*)	(*a*)	(*b*)	(*d*)	(*b*)	(*c*)	(*d*)	(*d*)
161	**162**	**163**	**164**	**165**	**166**	**167**	**168**	**169**	**170**
(*b*)	(*a*)	(*d*)	(*a*)	(*b*)	(*b*)	(*c*)	(*d*)	(*a*)	(*a*)
171	**172**	**173**	**174**	**175**	**176**	**177**	**178**	**179**	**180**
(*d*)	(*c*)	(*d*)	(*d*)	(*d*)	(*d*)	(*a*)	(*d*)	(*a*)	(*a*)
181	**182**	**183**	**184**	**185**	**186**	**187**	**188**	**189**	**190**
(*c*)	(*a*)	(*c*)	(*c*)	(*b*)	(*c*)	(*b*)	(*a*)	(*c*)	(*c*)
191	**192**	**193**	**194**	**195**	**196**	**197**	**198**	**199**	**200**
(*a*)	(*a*)	(*c*)	(*a*)	(*b*)	(*d*)	(*d*)	(*a*)	(*c*)	(*c*)
201	**202**	**203**	**204**	**205**	**206**	**207**	**208**	**209**	**210**
(*a*)	(*b*)	(*d*)	(*a*)	(*a*)	(*b*)	(*a*)	(*a*)	(*b*)	(*a*)
211	**212**	**213**	**214**	**215**	**216**	**217**	**218**	**219**	**220**
(*c*)	(*c*)	(*a*)	(*d*)	(*d*)	(*a*)	(*a*)	(*a*)	(*a*)	(*a*)
221	**222**	**223**	**224**	**225**	**226**	**227**	**228**	**229**	**230**
(*d*)	(*b*)	(*d*)	(*d*)	(*d*)	(*b*)	(*a*)	(*a*)	(*d*)	(*d*)
231	**232**	**233**	**234**	**235**	**236**	**237**	**238**	**239**	**240**
(*c*)	(*d*)	(*a*)	(*d*)	(*c*)	(*a*)	(*c*)	(*b*)	(*c*)	(*a*)

241 (*c*)	242 (*d*)	243 (*b*)	244 (*b*)	245 (*b*)	246 (*d*)	247 (*a*)	248 (*b*)	249 (*d*)	250 (*b*)
251 (*d*)	252 (*a*)	253 (*d*)	254 (*a*)	255 (*b*)	256 (*b*)	257 (*a*)	258 (*a*)	259 (*a*)	260 (*c*)
261 (*c*)	262 (*b*)	263 (*d*)	264 (*c*)	265 (*a*)	266 (*a*)	267 (*b*)	268 (*b*)	269 (*b*)	270 (*c*)
271 (*b*)	272 (*a*)	273 (*a*)	274 (*b*)	275 (*b*)	276 (*a*)	277 (*b*)	278 (*d*)	279 (*c*)	280 (*b*)
281 (*a*)	282 (*b*)	283 (*a*)	284 (*b*)	285 (*a*)	286 (*c*)	287 (*c*)	288 (*b*)	289 (*b*)	290 (*a*)
291 (*c*)	292 (*d*)	293 (*a*)	294 (*a*)	295 (*d*)	296 (*b*)	297 (*a*)	298 (*b*)	299 (*a*)	300 (*b*)
301 (*c*)	301 (*d*)	303 (*d*)	304 (*b*)	305 (*c*)	306 (*b*)	307 (*c*)	308 (*a*)	309 (*a*)	310 (*d*)
311 (*c*)	312 (*d*)	313 (*b*)	314 (*c*)	315 (*b*)	316 (*a*)	317 (*d*)	318 (*c*)	319 (*c*)	320 (*c*)
321 (*b*)	322 (*d*)	323 (*b*)	324 (*b*)	325 (*a*)	326 (*d*)	327 (*b*)	328 (*d*)	329 (*c*)	330 (*c*)
331 (*a*)	332 (*c*)	333 (*c*)	334 (*d*)	335 (*b*)	336 (*b*)	337 (*a*)	338 (*c*)	339 (*c*)	340 (*a*)
341 (*c*)	342 (*a*)	343 (*d*)	344 (*c*)	345 (*b*)	346 (*c*)	347 (*c*)	348 (*a*)	349 (*a*)	350 (*b*)
351 (*c*)	352 (*b*)	353 (*c*)	354 (*d*)	355 (*a*)	356 (*d*)	357 (*b*)	358 (*b*)	359 (*d*)	360 (*a*)
361 (*d*)	362 (*b*)	363 (*c*)	364 (*a*)	365 (*d*)	366 (*a*)	367 (*d*)	368 (*b*)	369 (*b*)	370 (*b*)
371 (*d*)	372 (*a*)	373 (*a*)	374 (*b*)	375 (*d*)	376 (*b*)	377 (*c*)	378 (*b*)	379 (*a*)	380 (*d*)
381 (*a*)	382 (*d*)	383 (*c*)	384 (*c*)	385 (*d*)	386 (*b*)	387 (*d*)	388 (*a*)	389 (*a*)	390 (*b*)
391 (*a*)	392 (*d*)	393 (*b*)	394 (*d*)	395 (*a*)	396 (*a*)	397 (*d*)	398 (*c*)	399 (*a*)	400 (*a*)
401 (*b*)	402 (*d*)	403 (*c*)	404 (*a*)	405 (*a*)	406 (*b*)	407 (*b*)	408 (*c*)	409 (*d*)	410 (*a*)
411 (*a*)	412 (*d*)	413 (*a*)	414 (*d*)	415 (*a*)	416 (*d*)	417 (*b*)	418 (*a*)	419 (*d*)	420 (*b*)
421 (*b*)	422 (*a*)	423 (*d*)	424 (*d*)	425 (*a*)	426 (*b*)	427 (*c*)			

English

1 Spelling Errors

The most common errors in English are of spellings of words. Even the most learned men are sometimes confused about the correct spellings of some words. One must keep and use a dictionary religiously. Never ignore and let pass a new word casually.
A number of question to test your knowledge of spellings are compiled here. Try to solve as many as you can.

Multiple Choice Questions

Directions: *Find the correctly spelt word out of the four options in each question.*

1. A. Accompalish B. Ackmplesh C. Acomplush D. Accomplish

2. A. Acommodation B. Acomodation C. Accomodation D. Accommodation

3. A. Astonished B. Astronished C. Astoneshed D. Asstonished

4. A. Benefeted B. Benefitted C. Benifited D. Benefited

5. A. Belligerent B. Beligirent C. Belligarant D. Belligerrent

6. A. Chancelery B. Chancellery C. Chancellary D. Chancelary

7. A. Discriminate B. Discremineta C. Discrimenate D. Discriminat

8. A. Damage B. Dammage C. Damaige D. Dammege

9. A. Efficiant B. Effecient C. Efficient D. Eficient

10. A. Extravagant B. Extreragent C. Extreregant D. Extravegent

11. A. Efflorascence B. Eflorescene C. Effllorescence D. Efflorescence

12. A. Equinimity B. Equanimmity C. Equannimity D. Equanimity

13. A. Farmament B. Farmement C. Fermament D. Fremament

14. A. Grieff B. Grief C. Grieef D. Grrief

15. A. Guarantee B. Garuntee C. Guaruntee D. Gaurantee

16. A. Hypocritical B. Hypocretical C. Hypocriticel D. Hypocirticel

17. A. Humurous B. Humorous C. Humoreus D. Humorrous

18. A. Itenerary B. Itinarery C. Itinarary D. Itinerary

19. A. Indipenseble B. Indispansible C. Indispensable D. Indipensable

20. A. Imprecticability B. Impracticebility
C. Impracticibility D. Impracticability

21. A. Incradulous B. Incredulous
C. Incridulous D. Incredalous

22. A. Juddicious B. Judiceous
C. Judicious D. Judiceus

23. A. Kleptomonia B. Kleptemonia
C. Kleptomania D. Klaptomania

24. A. Lackdaisical B. Lackadaisical
C. Lckadaisicle D. Lackadisical

25. A. Licentious B. Licontious
C. Licenttious D. Licientious

26. A. Meddicine B. Medicine
C. Medicene D. Medicinne

27. A. Meritricious B. Merefrecious
C. Meretricious D. Merritricious

28. A. Missunderstood B. Miesunderstood
C. Misunderstood D. Misunderstod

29. A. Occurad B. Occurred
C. Ocurred D. Occured

30. A. Osttentatious B. Ostentetious
C. Ostentatious D. Ostenttatious

31. A. Obnosious B. Obnoxeous
C. Obnoxious D. Obnoseous

32. A. Omenous B. Ominous
C. Ommineous D. Omineous

33. A. Pecification B. Pacification
C. Pecifacation D. Pecefication

34. A. Prograssive B. Progressive
C. Progresive D. Prograsive

35. A. Pasiveness B. Passiveness
C. Passeveniss D. Passivines

36. A. Polyendry B. Poliendry
C. Pollyendry D. Polyandry

37. A. Puerille B. Puerrile
C. Puerile D. Purrile

38. A. Pesanger B. Passenger
C. Pessenger D. Pasanger

39. A. Querrelsome B. Quarrelsame
C. Quarrelsome D. Querralsome

40. A. Rigourous B. Rigerous
C. Rigorous D. Regerous

41. A. Survellance B. Surveilance
C. Surveillance D. Survaillance

42. A. Schedule B. Schdule
C. Schedale D. Schedeule

43. A. Sepalchrle B. Sepalchral
C. Sepulchrle D. Sepulchral

44. A. Sympathetic B. Smypathetic
C. Sympothetic D. Sympethetic

45. A. Sincerely B. Sencerely
C. Sincerelly D. Sincerrely

46. A. Satellite B. Sattellite
C. Satelite D. Sattelite

47. A. Teracherous B. Treacherous
C. Treacheraus D. Treachereans

48. A. Uncivilized B. Uncevilized
C. Uncivillized D. Uncevelized

49. A. Vainglorious B. Vaniglorious
C. Vaniglerious D. Vaingloreus

50. A. Vulnarable B. Valnerable
C. Velnerable D. Vulnerable

ANSWERS

1	2	3	4	5	6	7	8	9	10
D	D	A	B	A	C	A	A	C	A
11	**12**	**13**	**14**	**15**	**16**	**17**	**18**	**19**	**20**
D	D	C	B	A	A	B	D	C	D
21	**22**	**23**	**24**	**25**	**26**	**27**	**28**	**29**	**30**
B	C	C	B	A	B	C	C	B	C
31	**32**	**33**	**34**	**35**	**36**	**37**	**38**	**39**	**40**
C	B	B	B	B	D	C	B	C	C
41	**42**	**43**	**44**	**45**	**46**	**47**	**48**	**49**	**50**
C	A	D	A	A	A	B	A	A	D

2 Spotting Errors

The most common errors in English are of spellings, grammar and usage of words. By regular practice, the errors can be easily spotted and minimised.

Common Errors with Nouns and Noun-Phrases

Incorrect	*Correct*
1. I have bought new *furnitures.*	I have bought new *furniture.*
2. The wages of sin *are* death.	The wages of sin *is* death.
3. She told these *news* to her mother.	She told her mother this *news.*
4. He took *troubles* to do his work.	He took *trouble* (or pains) over his work.
5. The *cattles* were grazing.	The *cattle* were grazing.
6. He showered *many abuses* on me.	He showered *much abuse* on me.
7. I spent the holidays with my *family members.*	I spent the holidays with my *family.*
8. There is no *place* in this compartment.	There is no *room* in this compartment.
9. Write this new *poetry* in your *copy.*	Write this new *poem* in your *note-book.*
10. He took *insult* at this.	He took *offence* at this.
11. Put your *sign* here.	Put your *signatures* here.
12. She is my *cousin sister.*	She is my *cousin.*
13. *Sunil's* my *neighbour's* house was burgled.	*Sunil* my *neighbour's* house was burgled.
14. I lost a *ten-rupees* note.	I lost *a ten-rupee* note.
15. Road closed for *repair.*	Road closed for *repairs.*
16. His house is out of *repairs.*	His house is out of *repair.*
17. What is the *reason* of an earthquake?	What is the *cause* of an earthquake?
18. This building is made of *stones.*	This building is made of *stone.*
19. I disapprove of *these kinds* of games.	I disapprove of *this kind* of games.
20. Veena's and Sheela's father is ill.	Veena and Sheela's father is ill.
21. His *son-in-laws* are doctors.	His *sons-in-law* are doctors.
22. *Alms* is given to the *poor.*	*Alms* are given to the poor.
23. He always keeps his words.	He always keeps his *word.*
24. I carried the *luggages.*	I carried the *luggage.*
25. *Two-third* of the work is left.	*Two-thirds* of the work is left.

Common Errors with Pronouns

Incorrect	Correct
1. Both did not go.	Neither went.
2. We all did not go.	None of us went.
3. Each of these boys play.	Each of these boys plays.
4. Whoever does best he will get a prize.	Whoever does best will get a prize.
5. One should not waste his time.	A man should not waste his time.
6. I and she are sisters.	She and I are sisters.
7. He is wiser than me.	He is wiser than I.
8. Between you and I, Anil is not to be trusted.	Between you and me, Anil is not to be trusted.
9. Nobody was there but I.	Nobody was there but me.
10. Who is there ? It is me.	Who is there ? It is I.
11. Only he and me can use this card.	Only he and I can use this card.
12. Let you and I go now.	Let you and me go now.
13. Everyone got one's pay.	Everyone got his pay.
14. Everyone is frightened when they see a tiger.	Everyone is frightened when he sees a tiger.
15. These two friends are fond of one another.	These two friends are fond of each other.
16. I did not like him coming at that hour.	I did not like his coming at that hour.
17. Who do you think I met?	Whom do you think I met?
18. You should avail this opportunity.	You should avail yourself this opportunity.
19. When you have read these books, please return the same to me.	When you have read the books, please return them to me.
20. They that are humble need fear no fall.	Those that are humble need fear no fall.

Common Errors with Adjectives

Incorrect	Correct
1. These all oranges are good.	All these oranges are good.
2. He held the book in the both hands.	He held the book in both hands.
3. Both men have not come.	Neither man has come.
4. That man should do some or other work.	That man should do some work or other.
5. He is elder than I.	He is older than I.
6. Shakespeare is greater than any other poets.	Shakespeare is greater than any other poet.
7. He is a coward man.	He is a cowardly man.
8. Many villagers cannot write his own name.	Many villagers cannot write their own name.
9. Each of us loves our home.	Each of us loves his home.
10. Much efforts bring their reward.	Much effort brings its reward.
11. He found hundred rupees.	He found a hundred rupees.
12. He had leave of four days.	He had four days leave.

Incorrect	Correct
13. This is a worth seeing sight.	This is a sight worth seeing.
14. He will spend his future life here.	He will spend the rest of his life here.
15. There is a best teacher in that class.	There is a very good teacher in that class.
16. Of the two plans this is the best.	Of the two plans this is the better.
17. He is becoming strong every day.	He is becoming stronger every day.
18. He is worst than I.	He is worse than I.
19. Jaipur is hot than Delhi.	Jaipur is hotter than Delhi.
20. In our library the number of books is less.	In our library the number of books is small.

Common Errors with Verbs

Incorrect	Correct
1. He asked had we taken our luggage.	He asked if we had taken our luggage.
2. She asked what are you doing.	She asked what we were doing.
3. Rama asked to Anil why he is angry.	Rama asked Anil why he was angry.
4. He does not care for his money.	He does not take care of his money.
5. He does not care for his work.	He takes no care over his work.
6. No one cared for him after his mother died.	No one took care of him after his mother died.
7. He got angry before I said a word.	He got angry before I had said a word.
8. I met a man who was my tutor 20 years ago.	I met a man who had been my tutor twenty years ago.
9. I had been for walking yesterday.	I went for a walk yesterday.
10. If I shall do this I shall be wrong.	If I do this I shall be wrong.
11. I have left trekking.	I have given up trekking.
12. I came to know as to how he did this.	I learnt how he did this.
13. I came to know why he was sad.	I found out why he was sad.
14. He knows to swim.	He knows how to swim.
15. The criminal's head was cut.	The criminal's head was cut off.
16. I said to him to go.	I told him to go.
17. I told the teacher to excuse me.	I asked the teacher to excuse me.
18. He is troubling me.	He is giving me trouble.
19. I have got a hurt on my leg.	I have hurt my leg.
20. She gave a speech.	She made a speech.

Common Errors in Subject-Verb Agreement

Incorrect	Correct
1. The owners of this factory *is* very rich.	The owners of this factory *are* very rich.
2. The pleasures of nature that one can experience at Shimla *is* beyond description.	The pleasures of nature that one can experience at Shimla *are* beyond description.

Incorrect	Correct
3. There *is* no street lights in our colony.	There *are* no street lights in our colony.
4. He and I *am* entrusted with the job.	He and I *are* entrusted with the job.
5. Rice and curry *are* his favourite dish.	Rice and curry *is* his favourite dish.
6. The honour and glory of our country *are* at stake.	The honour and glory of our country *is* at stake.
7. Time and tide *waits* for none.	Time and tide *wait* for none.
8. All the passengers with the driver *was* killed.	All the passengers, with the driver, *were* killed.
9. The teacher, with her students, *were* going out.	The teacher, with her students, *was* going out.
10. I as well as they *am* tired.	I as well as they *are* tired.
11. Not only the soldiers but their captain also *were* captured.	Not only the soldiers but their captain also *was* captured.
12. Neither you nor I *were* selected.	Neither you nor I *was* selected.
13. Either of these two applicants *are* fit for the job but neither want to accept it.	Either of these two applicants *is* fit for the job but neither wants to accept it.
14. One of these students are sure to stand first.	One of these students *is* sure to stand first.
15. Everyone of these workers want a raise.	Everyone of these workers wants a raise.
16. None of these letters has been answered so far.	None of these letters *have* been answered so far.
17. None of the girls were present at the party.	None of the girls *was* present at the party.
18. Many a battle were fought on Indian soil.	Many a battle *was* fought on Indian soil.
19. A lot of work remain to be done.	A lot of work *remains* to be done.
20. The majority of these girls likes music.	The majority of these girls *like* music.

Common Errors in the Use of Modals/Auxiliary Verbs

Incorrect	Correct
1. When I shall see him I shall tell him this.	When I *see* him, I shall tell him this.
2. If I should do wrong, he would punish me.	If I *did* wrong, he would punish me.
3. Until he will have confessed his fault, he will be kept in prison.	Until he *has* confessed his fault, he will be kept in prison.
4. She will obey me.	She *shall* obey me.
5. You would work hard.	You *should* work hard.
6. You shall find him in the garden.	You *will* find him in the garden.
7. He must have died of exposure, but we cannot be certain.	He *might* have died of exposure, but we cannot be certain.
8. You might not show disrespect to your elders.	You *must* not show disrespect to your elders.
9. You may take exercise in order to maintain good health.	You *must* take exercise in order to maintain good health.
10. He must be a crook for all we know.	He *may* be a crook for all we know.

Common Errors in the Use of Adverbs

Incorrect	Correct
1. He is very much angry.	He is *very* angry.
2. She was very good enough to help me.	She was *good enough* to help me.
3. She runs much fast.	She runs *very* fast.
4. She runs very faster than Seema.	She runs *much* faster than Seema.
5. It is bitter cold today.	It is *bitterly* cold today.
6. He is a much learned man.	He is a very learned man.
7. She is thinking very hardly.	She is thinking very hard.
8. To tell in brief the film was boring.	*In short* the film was boring.
9. He told the story in details.	He told the story *in detail.*
10. I did it anyhow.	I *managed to do* it somehow.
11. Aeroplanes reach Europe soon.	Aeroplanes reach Europe quickly.
12. Before long there were dinosaurs on the earth.	*Long ago,* there were dinosaurs on the earth.
13. This book is too interesting.	This book is *very* interesting.
14. He lives miserly.	He lives in *a miserly* way.
15. Just I had gone when she came.	I had just gone when she came.
16. He sings good.	He sings *well.*
17. He sings good than I.	He sings *better* than I.
18. Really speaking it is cold.	*As a matter of fact* it is cold.
19. He is enough tall to reach the ceiling.	He is *tall enough* to reach the ceiling.
20. He went directly to his college.	He went *direct* to his college.

Common Errors in the Use of Conjunctions

Incorrect	Correct
1. As he is fat so he runs slowly.	As he is fat *he* runs slowly.
2. If he is fat then he will run slowly.	If he is fat, he will run slowly.
3. Though he is fat still he runs fast.	Though he is fat, *he runs* fast.
4. *As* I pulled the trigger at the sametime he shook my arm.	As I pulled the trigger, he shook my arm.
5. No sooner I had spoken than he left.	No sooner *had* I spoken than he left.
6. Not only he will go, but also he will stay there.	Not only *will he* go, but he *will also* stay there.
7. Neither he comes nor he writes.	Neither *does he* come nor *does he* write.
8. Scarcely he entered the room than the telephone rang.	Scarcely *had* he entered the room *when the* telephone rang.
9. Hardly she had left the house than it began to rain.	Hardly *had she* left the house *when* it began to rain.
10. He is the fastest runner and he comes last.	He is the fastest runner *but* he comes last.
11. She is as innocent as if she looks.	She is as innocent as she looks.
12. Until he does not try he must be punished.	He must be punished unless he tries.
13. I want to know as to why you are late.	I want to know why you are late.

Incorrect	Correct
14. I am fond of Chinese food as for example sweet and sour prawns.	I am fond of Chinese food, for example, sweet and sour prawns.
15. He was angry therefore I ran away.	He was angry so I ran away.
16. I was trying to work, at that time he was disturbing me.	While I was trying to work, he was disturbing me.
17. Supposing if he is late, what will happen?	Supposing he is late (or if he is late) what will happen?
18. He asked me that why I was late.	He asked me why I was late.
19. Let us catch a taxi lest we should not get late.	Let us catch a taxi lest we should get late.
20. She dresses herself like the teacher does.	She dresses herself as the teacher does.
21. Wait while I come.	Wait *until* (or *till)* I come.
22. Until, there is corruption in India, there can be little progress.	*As long* as there is corruption in India there can be little progress.
23. I have never told a lie nor cheated anybody.	I have never told a lie *nor have I* cheated anybody.
24. Both Mohan as well as Arun are responsible for this action.	Both Mohan *and* Arun are responsible for this action.
25. Hindus and Muslims both are to blame for the riots.	*Both Hindus* and Muslims are to blame for the riots.

Common Errors in the Use of Prepositions

Incorrect	Correct
1. I will not listen him.	I will not listen *to* him.
2. Copy this word by word.	Copy this word *for* word.
3. He enquired from her where she lived.	He enquired *of* her where she lived.
4. Sign here with ink.	Sign here *in* ink.
5. Has she come in train or by foot?	Has she come *by* train or *on* foot?
6. She said this at his face.	She said this *to* his face.
7. Open the book on page one.	Open the book *at* page one.
8. I was invited for lunch.	I was *invited to* lunch.
9. I am ill since three months.	I have been *ill for* three months.
10. This paper is inferior than that.	This paper is inferior *to* that.
11. This resembles to that.	This *resembles* that.
12. My brother is superior than you in strength.	My brother is superior *to* you in strength.
13. He wrote me.	He wrote *to* me.
14. I shall explain them this.	I shall explain this *to* them.
15. Send this letter on my address.	Send this letter *to* my address.
16. He suggested me this.	He suggested this *to* me.
17. He goes *on his* work.	He goes *to his* work.
18. He *reached to* Nagpur.	He *reached* Nagpur.
19. He told *to me* to go.	He told *me* to go.
20. The term begins *from* July 1st.	The term begins *on* July 1st.

Miscellaneous Errors

Incorrect	*Correct*
1. Many *homes* are lying vacant.	Many *houses* are lying vacant.
2. It is cool in the *shadow* of the tree.	It is cool in the *shade* of the tree.
3. She *keeps* good health.	She *enjoys* good health.
4. My leg is *paining*.	*I am feeling pain* in my leg.
5. *See* this word in the dictionary.	*Look up* this word in the dictionary.
6. The train will arrive *just now*.	The train will arrive *shortly*.
7. They are *pulling* on well.	They are *getting* on well.
8. The river has *over flown* its bank.	The river has *over flown* its banks.
9. He was appointed *on* the post.	He was appointed *to* the post.
10. Last but not *the least,* we have to discuss the problem of over population.	Last but not *least,* we have to discuss the problem of over population.
11. *Cities* after *cities* fell.	*City* after *city* fell.
12. What is the use Munir going there?	What is the use of Munir going there?
13. He *did many mischief.*	He *made much mischief.*
14. It is exact five *in* my watch.	It is exact five *by* my watch.
15. I will dine with them on *next Sunday.*	I will dine with them *Sunday next.*
16. Misfortunes when faced bravely and *manly* become less troublesome.	Misfortunes when faced bravely and *manfully* become less troublesome.
17. I am *laid down* with fever.	I am *laid up* with fever.
18. He is habituated to smoking.	He is *addicted* to smoking.
19. *According to my opinion* he is right.	*In my opinion* (or according *to me)* he is right.
20. Could you please *open* this knot?	Could you please *untie* this knot?

Multiple Choice Questions

Directions: *In this section, each sentence has three parts, indicated by (A), (B) and (C). Read each sentence to find out whether there is an error. If you find an error in any one of the parts (A, B, C), indicate your response by marking the letter related to that part. If a sentence has no error, indicate this by marking '(D)' which stands for "No error". Errors may belong to grammar, usage or idiom. Ignore errors of punctuation, if any.*

1. (A) Beware of/(B) a fair-weather friend/(C) who is neither a friend in need nor a friend indeed/(D) No error.

2. (A) Copernicus proved/(B) that Earth/(C) moves round the Sun./(D) No error.

3. (A) Seldom we have been treated/(B) in such a rude manner/(C) by the police personnel./(D) No error.

4. (A) Some men are born great,/(B) some achieve greatness/(C) and some had greatness thrust on them./(D) No error.

5. (A) The property/(B) was divided/(C) among the two brothers./(D) No error.

6. (A) I am quite certain/(B) that the lady is not only greedy/(C) but miserly./(D) No error.

7. (A) The aircraft overloaded/(B) there was something wrong of the battery/(C) and the engine was making a queer noise/(D) No error.

8. (A) A thorough inquiry of the misappropriation of funds/(B) is now imperative/(C) to bring the guilty to book/(D) No error.

9. (A) The brilliant success in the examination/ (B) as well as his record in sports/(C) deserves high praise/(D) No error.

10. (A) While travelling by a train/(B) on a cold winter night/(C) an argument rose between two passengers in our compartment/(D) No error.

11. (A) I cannot find/(B) where has he gone/(C) though I have tried may best/(D) No error.

12. (A) If I was/(B) the Prime Minister of India/(C) I would work wonders/(D) No error.

13. (A) Amit's severe bout of flu/(B) debilitated him so much/(C) that he was too tired to do for work for a week./(D) No error.

14. (A) This is the crux of the entire problem;/(B) everything centres on/(C) it being resolved./ (D) No error.

15. (A) One of the major aims of the Air Force/(B) was the complete demolition of all means of transportation/(C) by the bombing of rail lines and terminals./(D) No error.

16. (A) His strong voice cut over/(B) the hum of conversation/(C) like a knife through butter./ (D) No error.

17. (A) Even though they weren't expecting us/ (B) they managed to knock up/(C) a marvellous meal./(D) No error.

18. (A) The celebrated singer was/(B) surrounded by the usual crowd/(C) of lackeys and hanger-ons./(D) No error.

19. (A) If it weren't/(B) for you,/(C) I wouldn't be alive today./(D) No error.

20. (A) He looked like a lion/(B) baulked from/ (C) its prey./(D) No error.

21. (A) Widespread flooding/(B) is effecting/(C) large areas of the villages./(D) No error.

22. (A) She regards/(B) negotiating prices with customers/(C) as her special preserve./(D) No error.

23. (A) Often in political campaigns, a point is reached at which/(B) the candidates take out their gloves./(C) and start slugging with bare fists./(D) No error.

24. (A) If we really set to/(B) we can get the whole house/(C) cleaned in an afternoon./(D) No error.

25. (A) Pieces of rock plummeted/(B) down the mountainside/(C) in the ground below./(D) No error.

26. (A) Since the two parties each won/(B) the same number of seats,/(C) the minority party holds the balance of power./(D) No error.

27. (A) It's arrogant for you/(B) to assume you'll/ (C)win every time./(D) No error.

28. (A) We've paid for our travel and accommodation,/(B) so we need only to take/(C) some pocket-money with us./(D) No error.

29. (A) There's no evidence to show/(B) that information technology secrets are more/(C) vulnerable in India than Britain or the US./(D) No error.

30. (A) It is shameful that hunting/(B) is still considered sport/(C) by some unscrupulous people in the civilized world./(D) No error.

31. (A) The Prime Minister's good looks won him/ (B)the election but he has still to prove/(C) that he's not a just pretty face./(D) No error.

32. (A) The two books are the same/(B) except for the fact that this/(C) has an answer in the back./ (D) No error.

33. (A) He estimated his income tax bill/(B) by extrapolation over figures/(C) submitted in previous years./(D) No error.

34. (A) The modern office block/(B) sticks out like a sore thumb/(C) among the old buildings in the area./(D) No error.

35. (A) I will try to put over/(B) some feelers to gauge/(C) people's reactions to our proposal./ (D) No error.

36. (A) A major contribution of Mathura sculptors/ (B)of that period were the creation and popularization/(C) of the Buddha's image in human form./(D) No error.

37. (A) Amit has been deceiving Mona/(B) for many years but she/(C) has not still tumbled to it./(D) No error.

38. (A) Mahavira was an advocate of nonviolence and vegetarianism,/(B) who revived and reorganized the Jain doctrine/(C) and established rules for their monastic order. (D) No error.

39. (A) Microwaves are the principle carriers/(B) of television, telephone and data transmissions/(C)between stations on earth and between the earth and satellites./(D) No error.

40. (A) An unit is an abstract idea,/(B) defined either by reference to/(C) a randomly chosen material standard or to a natural phenomenon./(D) No error.

41. (A) With the crisis deepening,/(B) the critics sense an opportunity/(C) about putting in place a more radical strategy./(D) No error.

42. (A) The salesman gave us/(B) a big spiel about why/(C) we should buy his product./(D) No error.

43. (A) I will need several weeks/(B) to invent the lie of the land before/(C) I can make any decision about the future of the business./(D) No error.

44. (A) You should be cautious/(B) and make a few discrete enquiries about/(C) the firm before you sign anything./(D) No error.

45. (A) Your husband doesn't/(B) believe that you are older/(C) than I./(D) No error.

46. (A) We are meeting today afternoon/(B) to discuss the matter/(C) and reach a compromise./(D) No error.

47. (A) Either Ram or/(B) you is responsible/(C) for this action./(D) No error.

48. (A) The student flatly denied/(B) that he had copied/(C) in the examination hall./(D) No error.

49. (A) By the time you arrive tomorrow/(B) I have finished/(C) my work./(D) No error.

50. (A) The speaker stressed repeatedly on/(B) the importance of improving/(C) the condition of the slums./(D) No error.

51. (A) The captain with the members of his team/(B) are returning/(C) after a fortnight./(D) No error.

52. (A) After returning from/(B) an all-India tour/(C) I had to describe about it/(D) No error.

53. (A) The teacher asked his students/(B) if they had gone through/(C) either of the three chapters included in the prescribed text./(D) No error.

54. (A) Although they are living in the country/(B) since they were married/(C) they are now moving to the town./(D) No error.

55. (A) Do you know/(B) how old were you/(C) when you came here?/(D) No error.

ANSWERS

1	2	3	4	5	6	7	8	9	10
D	B	A	C	C	C	B	A	D	C
11	12	13	14	15	16	17	18	19	20
B	A	C	C	B	A	A	C	C	C
21	22	23	24	25	26	27	28	29	30
C	A	A	A	C	A	A	B	D	B
31	32	33	34	35	36	37	38	39	40
C	C	C	D	A	B	C	C	A	A
41	42	43	44	45	46	47	48	49	50
C	D	D	D	C	A	B	D	B	A
51	52	53	54	55					
B	C	C	B	D					

❑❑❑

3 Articles

Definite and Indefinite Articles

(*i*) 'A' and 'an' are Indefinite Articles.

(*ii*) 'The' is Definite Article.

(*iii*) 'A' and 'an' modify a noun in a general way.

(*iv*) 'The' particularises it. *e.g.*,

Mohan has **a pen.**

The pen which you gave me was expensive.

Vowel and Consonant Sounds

(*i*) 'A' is used before words starting with the sound of a consonant.

(*ii*) 'An' is used before a vowel sound (vowels a, e, i, o, u) *e.g.*,

a book, a cat, a useful thing, a European girl, a university,

but an FDR, an MA, an honest boy, an hour, an owl, an egg, an umbrella, etc.

Use of Articles 'A' and 'An'

A cat mews. (*i.e.*, every cat)

The cat of my neighbour mews day and night. (*i.e.*, a particular cat)

He gave me **an** egg. (Here 'an' means 'one')

Use of Article 'The'

1. 'The' is used before names of rivers, mountains, seas, oceans:

   The Himalayas, the Ganga, the Yamuna, the Bay of Bengal, the Indian Ocean, the Nile, the English Channel, *etc.*

2. Names of newspapers and magazines:

   The Times of India, the Tribune, The Sun, *etc.*

3. Names of the famous and holy books:

   The Guru Granth Sahib, The Gita, The Ramayana, *etc.*

4. Names of creations of nature:

   the sun, the earth, the moon, the sky, *etc.*

5. While using Adjectives as Nouns:

   The poor should be helped by **the rich.**

6. Sometimes with the Comparative Degree:

   The more you think, **the more** you worry.

7. With the Superlative Degree:

   She is **the most intelligent** girl in our school.

8. Before the imaginary lines and directions:

   The Latitude, The Equator, the east, the west, etc.

9. Before the names of musical instruments:

   the violin, the piano, the flute, etc.

10. While using a Proper Noun as a Common Noun:

    Mohan is **the Sachin** of our team.

Omission of Article 'The'

1. Before some Nouns used to convey general sense, articles are not used but are used to particularise them:

   Man is mortal.

2. Before Proper Nouns:

   Rakesh is an intelligent boy.

3. With Abstract Noun:

   Childhood is the prime time of one's life.

   The childhood of Sohan was full of sorrow.

4. With Material Nouns:

   Milk is an essential food.

   The milk of the cow is sweet.

5. Usually no article is used before names of diseases:
Cancer is a fatal disease.
However, when we talk about a disease figuratively, we use an article before its name, *e.g.* Corruption is a cancer.
6. Names of games and language:
I like football.
I can speak Punjabi, Hindi and English.
7. Gold is a precious metal.

NOTE: As you must have noted above, the definite article 'the' has been used where a noun is particularised.

Double Use of Article 'The'

Read the following sentences carefully to understand this :

1. The poet and novelist has been honoured.
(The same person is the poet as well as novelist)
2. The poet and the novelist have been honoured.
(The poet and the novelist are two different persons).
3. I have a black and white dog.
(that is, one dog)
4. I have a black and a white dog.
(that is, two dogs)

Multiple Choice Questions

Directions : *Fill in the blanks with suitable articles. Mark 'D' if no article required.*

1. Do you know .... boy in white?
A. a B. an
C. the D. No article

2. She is .... girl I am looking for.
A. a B. an
C. the D. No article

3. Have you read .... Mahabharat?
A. a B. an
C. the D. No article

4. ....rich are not always happy.
A. A B. An
C. The D. No article

5. Oranges are sold by .... dozen.
A. a B. an
C. the D. No article

6. Milk is sold by .... litre.
A. a B. an
C. the D. No article

7. .... Amazon is the longest river in the world.
A. A B. An
C. The D. No article

8. .... higher you climb, the colder it gets.
A. A B. An
C. The D. No article

9. She is .... untidy girl.
A. a B. an
C. the D. No article

10. I am .... M.A. is English.
A. a B. an
C. the D. No article

11. I have already spent .... few rupees I had.
A. a B. an
C. the D. No article

12. .... English are very hard-working.
A. A B. An
C. The D. No article

13. April is the fourth month of .... year.
A. a B. an
C. the D. No article

14. Rice is sold by .... kilogram
A. a B. an
C. the D. No article

15. She is .... best of the three girls.
A. a B. an
C. the D. No article

16. .... man in the car is a friend of mine.
A. A B. An
C. The D. No article

17. Brevity is .... soul of wit.
A. a B. an
C. the D. No article

18. .... thing of beauty is a joy for ever.
A. A B. An
C. The D. No article

19. .... little learning is a dangerous thing.
A. A B. An
C. The D. No article

20. .... best sauce for food is hunger.
A. A B. An
C. The D. No article

21. Birds of .... feather flock together.
A. a B. an
C. the D. No article

22. He makes .... living by begging.
A. a B. an
C. the D. No article

23. It is .... pity that he died so young.
A. a B. an
C. the D. No article

24. What .... nuisance it is?
A. a B. an
C. the D. No article

25. Delhi is .... London of India.
A. a B. an
C. the D. No article

26. Where is .... will, there is a way.
A. a B. an
C. the D. No article

27. Her father is .... physician and surgeon.
A. a B. an
C. the D. No article

28. This will benefit .... poor.
A. a B. an
C. the D. No article

29. ....bird in hand is better than two in a bush.
A. A B. An
C. The D. No article

30. As he is hard-working, he will win .... prize.
A. a B. an
C. the D. No article

31. .... water of this well is dirty.
A. A B. An
C. The D. No article

32. Only .... wearer knows where the shoe pinches.
A. a B. an
C. the D. No article

33. .... action will be taken against you.
A. A B. An
C. The D. No article

34. .... sun rises in the east.
A. A B. An
C. The D. No article

35. She was promoted to .... highest post.
A. a B. an
C. the D. No article

36. Did you see .... Taj Mahal?
A. a B. an
C. the D. No article

37. He is .... one-eyed man.
A. a B. an
C. the D. No article

38. This is .... useful book.
A. a B. an
C. the D. No article

39. Cloth is sold by .... metre.
A. a B. an
C. the D. No article

40. The sun sets in .... west.
A. a B. an
C. the D. No article

41. Amar bought......umbrella yesterday.
A. a B. an
C. the D. No article

42. Surinder is ...... honest boy.
A. a B. an
C. the D. No article

43. She wrote ...... book in French.
A. a B. an
C. the D. No article

44. ...... lion roars.
A. A B. An
C. The D. No article

45. ..... apple a day keeps the doctor away.
A. A B. An
C. The D. No article

46. John bought ...... car yesterday.
A. a B. an
C. the D. No article

47. His father is ..... engineer in the U.S.A.
A. a B. an
C. the D. No article

48. It is hard for ..... owl to fly during the day times.
A. a B. an
C. the D. No article

49. She had ..... rimmed hat.
A. a B. an
C. the D. No article

50. My uncle is ..... heart specialist.
A. a B. an
C. the D. No article

51. He looks as foolish as .... ass.
A. a B. an
C. the D. No article

52. Did you go to .... prison to visit him?
A. a B. an
C. the D. No article

53. I found .... one-rupee note in the market.
A. a B. an
C. the D. No article

54. It is a pleasure to meet such .... efficient man.
A. a B. an
C. the D. No article

55. The Sanyasi lived in a cave in .... Himalayas.
A. a B. an
C. the D. No article

56. There is .... union in our factory.
A. a B. an
C. the D. No article

57. He hit his wife on the head with .... umbrella.
A. a B. an
C. the D. No article

58. I caught him by .... collar.
A. a B. an
C. the D. No article

59. Child is .... father of man.
A. a B. an
C. the D. No article

60. He gazed at .... moon for two hours.
A. a B. an
C. the D. No article

ANSWERS

1	2	3	4	5	6	7	8	9	10
C	C	C	C	C	C	C	C	B	B
11	**12**	**13**	**14**	**15**	**16**	**17**	**18**	**19**	**20**
C	C	C	C	C	C	C	A	A	C
21	**22**	**23**	**24**	**25**	**26**	**27**	**28**	**29**	**30**
A	A	A	A	C	A	A	C	A	A
31	**32**	**33**	**34**	**35**	**36**	**37**	**38**	**39**	**40**
C	C	B	C	C	C	A	A	C	C
41	**42**	**43**	**44**	**45**	**46**	**47**	**48**	**49**	**50**
B	B	A	A	B	A	B	B	A	A
51	**52**	**53**	**54**	**55**	**56**	**57**	**58**	**59**	**60**
B	C	A	B	C	A	B	C	C	C

4 Prepositions

A Preposition is a word that comes before a Pronoun or a Noun and expresses the relationship between Noun or Pronoun and some part of the remaining sentence.

(*a*) He is busy **with** his work.
(*b*) The boy jumped **into** the river.
(*c*) The birds are chirping **in** the trees.

In these sentences the words **with**, **into** and **in** show the relationship between the verbs **busy, jumped** and **chirping** with the nouns **work, river** and **trees** respectively.

Position of the Preposition

A. A Preposition usually precedes its object.
(*i*) He laughs **at** the poor.
(*ii*) He is angry **with** you.
(*iii*) She agrees **with** me.

B. In the case of Relative Pronouns it comes after the subject.
(*i*) This is the boy whom I was looking **for**.
(*ii*) That is the pen whose mention I was making **of**.

C. In the following cases, the Preposition comes after its object.
(*i*) Where is the boy you were complaining **against**?
(*ii*) What things are there you are looking **for**?
(*iii*) Who is there, you are waiting **for**?

Omission of the Prepositon

In many cases when the sentences contain Nouns of Time or Place, the Prepositions **from, in** and **for** are often omitted.

(*i*) He walked many kilometres.
(*ii*) He came to see me last year.
(*iii*) As I could not find my puppy anywhere, looked here and there.

Prepositions are small words that show the relationship between one word and another Prepositions in the following sentences show the position of the paper in relation to the desk, the book, hand and the door.

The paper is **on** the desk.
The paper is **under** the book.
The paper is **in** his hand.
The paper is **by** the door.

Common Prepositions

about	at	by
in	onto	toward
above	before	concerning
inside	out	under
across	behind	despite
into	over	until
after	below	down
like	since	up
against	beneath	during
near	through	upon
along	beside	except
of	throughout	with
amid	between	for
off	till	within
among	beyond	from
on	to	without

589 (Eng.)–3-II

Multiple Choice Questions

Directions: *Select the most appropriate preposition from the given alternatives to fill in the blanks and make the sentence meaningfully complete.*

1. Don't try to be an advocate ..... these criminals.
A. for B. with
C. across D. in

2. The audience admired him ..... his sweet voice.
A. to B. on
C. for D. at

3. I want to check your bag ..... fake currency notes.
A. to B. for
C. upon D. on

4. The dew drops clung .... the blades of grass.
A. for B. on
C. to D. in

5. The thief was chased ..... by the police.
A. on B. after
C. into D. at

6. Please carry this bag ..... my room.
A. on B. for
C. to D. in

7. A lorry bumped ..... a car.
A. on B. over
C. into D. to

8. They were begging ..... food.
A. for B. on
C. to D. after

9. She always boasts ..... her wealth.
A. of B. for
C. on D. after

10. She banged ..... the door violently.
A. for B. to
C. on D. down

11. I applied ..... the post of a clerk.
A. for B. on
C. in D. to

12. I applied ..... the Principal for the post of a teacher.
A. to B. on
C. with D. for

13. I begged ..... him not to divulge the secret.
A. for B. of
C. with D. to

14. You had better borrow a pen ..... Rakesh.
A. over B. into
C. from D. by

15. I baked a cake ..... the guests.
A. to B. for
C. on D. of

16. She is confident ..... (her) success.
A. with B. on
C. of D. for

17. The doctor will cure you ..... malaria.
A. of B. with
C. for D. from

18. This law is common ..... all.
A. to B. upon
C. over D. at

19. She was condemned ..... her bad hand writing.
A. on B. for
C. into D. of

20. In summer there will be a great demand ..... desert cooler.
A. on B. with
C. for D. of

21. We shall wait ..... you.
A. on B. for
C. towards D. after

22. Tom displayed his injury ..... all his friends.
A. for B. upon
C. to D. at

23. She distributed the sweets ..... the two brothers.
A. among B. between
C. for D. in

24. Please distribute these apples ..... all.
A. among B. to
C. for D. at

25. It rarely happened that he defended ..... an innocent person.
A. against B. for
C. upon D. at

26. The parents were disappointed ..... the performance of their son.
A. on B. with
C. at D. of

27. Common salt dissolves ..... water.
A. for B. in
C. with D. by

28. This medicare is free ..... sugar.
A. on B. to
C. from D. of

29. The manager granted leave ..... the clerk.
A. to B. on
C. into D. for

30. The air was heavy ..... aroma of perfumes.
A. on B. with
C. into D. from

31. She had a quick glance ..... the magazine.
A. at B. from
C. into D. to

32. The climate of Kashmir is favourable ..... me.
A. with B. in
C. to D. for

33. They hate you ..... your poverty.
A. for B. on
C. in D. of

34. He is eligible ..... this post.
A. for B. to
C. with D. at

35. The smoke was emerging ..... down the foot of the hill.
A. on B. to
C. from D. at

36. The criminal managed to escape ..... the prison.
A. upon B. from
C. with D. of

37. You should educate your friends ..... the benefits of living in villages.
A. on B. towards
C. upon D. in

38. She made a lot of efforts ..... win the match.
A. for B. to
C. upon D. at

39. The new inspector will enquire ..... the murder case.
A. on B. for
C. into D. at

40. The retired soldiers were exempted ..... all taxes
A. from B. to
C. on D. of

41. She was adept ..... journalism.
A. at B. on
C. with D. in

42. She is afraid ..... snakes.
A. on B. to
C. of D. with

43. I agree ..... your proposal.
A. for B. on
C. to D. with

44. The children were amazed ..... so big a python.
A. at B. on
C. in D. with

45. She was anxious ..... the final match.
A. about B. on
C. with D. for

46. He apologized ..... his being late.
A. towards B. for
C. on D. as

47. The children were amused ..... his jokes.
A. for B. to
C. at D. on

48. She is angry ..... you.
A. to B. with
C. on D. for

49. She is angry ..... your teasing remark.
A. at B. in
C. for D. with

50. A big patch of land was allocated ..... the refugees.
A. to B. for
C. in D. upon

ANSWERS

1	2	3	4	5	6	7	8	9	10
A	C	B	C	B	C	C	A	A	C
11	12	13	14	15	16	17	18	19	20
A	A	B	C	B	C	A	A	B	C
21	22	23	24	25	26	27	28	29	30
B	C	B	A	A	C	B	C	A	B
31	32	33	34	35	36	37	38	39	40
A	C	A	A	C	B	A	B	C	A
41	42	43	44	45	46	47	48	49	50
A	C	C	A	A	B	C	B	A	A

□□□

5 Synonyms & Antonyms

There are thousands of words in English language. No one can remember their meanings easily but with regular practice one can memorise most of them. A number of words with their Synonyms and Antonyms are compiled here. Try to learn as many as you can and answer the questions thereafter.

Words	*Synonyms*	*Antonyms*
Abandon	Cease, Forsake	Continue
Abhor	Hate, Loathe, Detest	Like, Love
Abiding	Enduring, Durable	Fleeting
Able	Proficient, Competent	Incompetent, Unfit
Ability	Skill, Power	Disability, Inability
Abortive	Fruitless, Futile	Fruitful, Successful
Abolish	Destroy, Undo	Restore, Revive
Abridge	Shorten, Curtail	Lengthen, Expand
Absolve	Forgive, Pardon, Excuse	Condemn
Accelerate	Hasten	Retard
Accord	Agreement, Harmony	Discord, Disagreement
Accumulate	Collect, Store, Amass	Distribute, Scatter
Adamant	Hard, Inflexible	Flexible
Adversity	Misfortune, Distress	Prosperity
Adept	Expert, Skilful	Inexpert, Unskillful
Aggravate	Heighten, Intensify	Quell, Suppress
Agile	Nimble	Clumsy, Undeft
Alert	Vigilant	Heedless
Allay	Calm, Soothe, Assuage	Arouse
Ameliorate	Improve, Advance, Amend	Worsen, Deteriorate
Ambiguous	Vague, Unclear	Clear
Amiable	Lovable, Agreeable	Disagreeable
Annihilate	Destroy	Create
Arduous	Hard, Strenuous	Easy

Words	*Synonyms*	*Antonyms*
Attacks	Assault	Defend
Audacity	Boldness	Cowardice
Auspicious	Favourable, Propitious, Lucky	Ominous, Inauspicious, Unlucky
Austere	Harsh, Severe, Rigorous	Easy-going
Authentic	True, Genuine	Spurious, False
Avarice	Greed	Generosity
Averse	Unwilling, Loath, Disinclined	Willing, Inclined
Aversion	Hostility, Hatred	Affinity, Liking
Base	Low, Mean, Ignoble	Noble, Exalted
Boisterous	Noisy, Stormy	Calm, Quiet
Brave	Courageous, Daring, Bold, Plucky	Cowardly, Dastardly, Timid
Brief	Short, Concise, Laconic	Lengthy, Diffuse
Bright	Vivid, Radiant	Dull, Dark
Brutal	Savage, Cruel	Humane, Kindly
Callous	Hard, Cruel, Indifferent	Soft, Tender, Concerned
Cautious	Careful, Wary	Rash, Reckless, Foolhardy
Censure (*n*)	Blame, Condemnation	Praise
Censure (*vb*)	Blame, Condemn	Praise, Commend
Circumscribed	Restricted, Confined, Limited	Unconfined, Unrestricted
Civil	Polite, Courteous, Gracious, Urbane	Rude, Uncivil, Impolite, Ungracious
Coerce	Compel, Force	Volunteer
Compassionate	Pitiful, Sympathetic, Merciful	Unsympathetic, Merciless, Cruel
Compress	Condense, Abbreviate	Expand, Lengthen
Conspicuous	Noticeable, Manifest	Inconspicuous
Constant	Steady, Steadfast, Uniform	Inconstant, Variable
Cordial	Friendly, Warm, Hearty	Cold, Unfriendly
Covert	Hidden, Secret	Overt, Open
Cruel	Savage, Ruthless, Vicious	Kind, Gentle, Benevolent
Cursory	Rapid, Superficial	Thorough, Exhaustive, Intensive
Credible	Believable, Probable, Plausible	Incredible, Unbelievable, Fantastic
Crafty	Cunning, Sly	Artless, Simple, Ingenuous
Costly	Expensive, Dear	Cheap, Inexpensive
Confidence	Trust, Reliance	Distrust, Doubt
Death	Decease, Demise	Existence, Life
Dearth	Scarcity, Lack, Want, Paucity, Shortage	Plenty, Abundance
Decay	Dissolution, Decline, Decomposition, Disintegration	Regeneration

Words	*Synonyms*	*Antonyms*
Deference	Respect, Reverence	Disrespect, Irreverence
Deficient	Lacking, Inadequate	Complete, Sufficient
Desolate	Lonely, Deserted	Crowded, Occupied
Destitute	Wanting, Needy	Rich, Affluent
Diligence	Industry, Perseverance	Idleness
Disgrace	Dishonour, Discredit	Honour, Credit
Dwindle	Decrease, Shrink	Grow, Increase
Earthly	Terrestrial, Mundane	Celestial, Heavenly, Unearthly
Eligible	Qualified, Suitable	Ineligible, Unsuitable
Emancipate	Liberate, Free	Enslave
Excited	Impassioned, Stimulated	Composed, Cool, Impassive
Extraordinary	Uncommon, Remarkable, Marvellous	Commonplace, Ordinary
Extravagant	Lavish, Prodigal, Wastrel, Spendthrift	Thrifty, Economical, Frugal
Fabricate	Construct, Make	Destroy
Fabulous	Fictitious, Mythical	Actual, Real
False	Untrue, Mendacious	True, Genuine
Famous	Well-known, Renowned	Obscure, Unknown
Fantastic	Fanciful, Imaginative, Visionary	Practical, Down to earth
Fearful	Nervous, Anxious, Afraid, Scared	Fearless, Dauntless
Felicity	Happiness	Sorrow
Gaiety	Joyousness, Hilarity	Mourning, Dullness
Garrulous	Talkative, Loquacious	Taciturn, Silent, Reserved
Generous	Liberal, Magnanimous	Stingy, Miserly
Gigantic	Huge, Colossal	Minute, Small
Graphic	Vivid, Pictorial, Meaningful	Vague
Guest	Visitor	Host
Guile	Fraud, Trickery	Artlessness, Ingenuousness
Gratitude	Gratefulness	Ingratitude, Ungratefulness
Gratuitous	Voluntary, Spontaneous, Unwarranted	Involuntary, Forced
Hamper	Hinder, Obstruct	Facilitate, Ease
Haughty	Arrogant, Proud	Humble, Modest
Hazardous	Dangerous, Perilous	Safe, Secure Protected
Headstrong	Obstinate, Stubborn	Weak-willed, Flexible

Words	Synonyms	Antonyms
Hope	Belief, Conviction, Expectation	Despair, Hopelessness
Improvident	Prodigal, Carelessness	Provident, Economical
Incessant	Unceasing, Continuous	Discontinuous
Indolent	Slothful, Lethargic	Active, Energetic
Joy	Delight, Pleasure	Sadness, Gloom
Jolly	Jovial, Merry	Gloomy, Sad
Judicious	Discreet, Prudent	Indiscreet, Injudicious
Knowledge	Enlightenment, Learning	Ignorance, Stupidity
Laborious	Industrious, Assiduous	Slothful, Lazy
Laxity	Slackness, Looseness	Firmness
Lenient	Mild, Forbearing	Strict, Stern
Lethal	Deadly, Fatal, Mortal	Life-giving, Vital, Vivifying
Liberal	Generous, Tolerant	Intolerant, Illiberal
Liberty	Freedom, Independence	Slavery, Bondage
Lively	Animated, Active	Dull, Listless
Loyal	Faithful, Devoted	Treacherous, Disloyal, Unfaithful
Lucky	Fortunate	Unlucky, Unfortunate
Lucrative	Profitable	Unprofitable
Magnanimous	Generous, Largehearted	Ungenerous, Stingy
Malady	Illness, Ailment	Health
Manifest	Noticeable, Obvious	Obscure, Puzzling
Meagre	Small	Plentiful, Large
Mean	Low, Abject	Noble, Exalted
Mendacious	False, Untruthful	Truthful
Misery	Sorrow, Distress	Happiness, Joy
Morbid	Sick, Diseased	Healthy
Mournful	Sorrowful, Sad	Joyful, Happy
Negligent	Careless, Heedless	Careful
Notorious	Infamous, Disreputable	Reputable
Obedient	Submissive, Compliant, Docile	Disobedient, Recalcitrant, Wayward
Obsolete	Antiquated, Out-of-Date	Current, Modern
Opportune	Timely, Seasonable	Inopportune
Opulence	Wealth, Riches	Penury, Poverty
Onerous	Heavy, Burdensome	Light, Easy
Palatable	Tasty, Delicious	Unpalatable
Pathetic	Touching	Joyous, Cheery
Persuade	Urge, Induce	Dissuade
Praise (*vb*)	Applaud, Eulogise	Condemn

Words	*Synonyms*	*Antonyms*
Praise (*n*)	Applause, Eulogy	Condemnation
Precarious	Risky, Uncertain	Safe, Certain
Pretence	Pretext, Excuse	Candour, Frankness
Propagate	Breed, Circulate	Terminate, Restrict
Quaint	Odd, Singular	Usual, Ordinary
Quell	Suppress, Subdue	Agitate, Arouse
Rare	Uncommon, Scarce	Common, Ordinary
Refined	Polished, Elegant	Crude, Coarse
Remote	Distant	Near, Close
Renown	Fame, Reputation	Infamy, Notoriety
Rigid	Stiff, Unyielding	Flexible, Yielding
Remorseful	Regretful, Repentant	Unrepentant
Rebellion	Revolt, Mutiny, Insurgency	Loyalty
Scared	Holy, Consecrated	Profane, Unholy
Sane	Sensible, Sound	Insane
Scold	Chide, Rebuke	Praise
Serious	Grave, Earnest	Frivolous
Shy	Bashful	Bold, Impudent
Simple	Plain, Artless	Complex, Cunning, Shrewd
Solitary	Single, Lonely, Secluded	Numerous, Multitude
Shallow	Superficial	Deep
Solace	Comfort, Relief	Discomfort, Grief
Spurious	Sham, False	Genuine, Authentic
Stagnant	Still, Motionless	Moving
Surplus	Excess	Deficit, Shortage
Tame	Gentle, Mild, Domesticated	Savage, Wild
Teacher	Instructor, Educator	Student, Pupil
Tedious	Wearisome, Monotonous	Agreeable, Lively
Temporal	Worldly, Secular	Spiritual
Temperate	Moderate	Immoderate, Intemperate
Tortuous	Winding, Circuitous	Straight, Direct
Tough	Hard, Strong	Tender, Soft, Flexible
Transient	Temporary, Fleeting	Lasting, Durable, Permanent
Truswworthy	Reliable	Unreliable, Untrustworthy
Tranquil	Calm	Agitated
Ugly	Unsightly, Repulsive	Beautiful, Attractive
Useful	Advantageous, Serviceable	Useless
Vehemence	Passion, Force	Apathy, Indifference

Words	Synonyms	Antonyms
Vindictive	Revengeful	Forgiving
Wholesome	Healthy	Unwholesome, Morbid, Unhealthy, Diseased
Wicked	Evil, Impious	Pious, Good
Wise	Sagacious, Erudite	Foolish, Stupid
Wrath	Anger, Fury, Rage	Love, Peace, Calm
Wreck	Ruin, Destroy	Create, Construct
Yield	Surrender, Submit	Resist, Revolt
Yielding	Submissive, Supple	Inflexible, Intractable
Yoke	Oppression, Bondage	Freedom
Zeal	Passion, Fervour	Apathy, Indifference
Zest	Relish, Enthusiasm	Distaste, Disrelish

Multiple Choice Questions

Directions (Qs. 1 to 50): *In the following questions choose the word which best expresses the MEANING of the given word.*

1. TEPID
   A. Hot B. Warm
   C. Cold D. Boiling
2. MAYHEM
   A. Jubilation B. Havoc
   C. Excitement D. Defeat
3. TIMID
   A. Fast B. Slow
   C. Medium D. Shy
4. CANTANKEROUS
   A. Quarrelsome B. Rash
   C. Disrespectful D. Noisy
5. PRECARIOUS
   A. Cautious B. Critical
   C. Perilous D. Brittle
6. TACITURNITY
   A. Dumbness B. Changeableness
   C. Hesitation D. Reserve
7. INEBRIATE
   A. Dreamy B. Stupefied
   C. Unsteady D. Drunken
8. HARBINGER
   A. Massenger B. Steward
   C. Forerunner D. Pilot
9. INTIMIDATE
   A. To hint B. Frighten
   C. Bluff D. Harass
10. IRONIC
    A. Inflexible
    B. Bitter
    C. Good-natured
    D. Disguisedly sarcastic
11. STRINGENT
    A. Tense B. Stringy
    C. Strict D. Causing to shrink
12. ECSTATIC
    A. Animated B. Bewildered
    C. Enraptured D. Wilful
13. COMMENSURATE
    A. Measurable B. Proportionate
    C. Beginning D. Appropriate
14. DESTITUTION
    A. Humility B. Moderation
    C. Poverty D. Beggary

15. ASCEND
A. Leap B. Grow
C. Deviate D. Mount

16. UNCOUTH
A. Ungraceful B. Rough
C. Slovenly D. Dirty

17. LYNCH
A. Hang B. Madden
C. Killed D. Shoot

18. LAUD
A. Lord B. Eulogy
C. Praise D. Extolled

19. CORRESPONDENCE
A. Agreements B. Contracts
C. Documents D. Letters

20. VENUE
A. Place B. Agenda
C. Time D. Duration

21. STERILE
A. Barren B. Arid
C. Childless D. Dry

22. SYNOPSIS
A. Index B. Mixture
C. Summary D. Puzzle

23. GERMANE
A. Responsible B. Logical
C. Possible D. Relevant

24. PONDER
A. Think B. Evaluate
C. Anticipate D. Increase

25. CANNY
A. Obstinate B. Handsome
C. Clever D. Stout

26. ABUNDANT
A. Ripe B. Cheap
C. Plenty D. Absent

27. CONSEQUENCES
A. Results B. Conclusions
C. Difficulties D. Applications

28. SHIVER
A. Shake B. Rock
C. Tremble D. Move

29. DILIGENT
A. Progressive B. Brilliant
C. Inventive D. Hard-working

30. DISTANT
A. Far B. Removed
C. Reserved D. Separate

31. FORAY
A. Excursion B. Contest
C. Ranger D. Intuition

32. FRUGALITY
A. Foolishness B. Extremity
C. Enthusiasm D. Economy

33. GARNISH
A. Paint B. Garner
C. Adorn D. Abuse

34. VIGOUR
A. Strength B. Boldness
C. Warmth D. Enthusiasm

35. CANDID
A. Apparent B. Explicit
C. Frank D. Bright

36. BRIEF
A. Limited B. Small
C. Little D. Short

37. GARRULITY
A. Credulity B. Senility
C. Loquaciousness D. Speciousness

38. FURORE
A. Excitement B. Worry
C. Flux D. Anteroom

39. NEUTRAL
A. Unbiased B. Non-aligned
C. Undecided D. Indifferent

40. LAMENT
A. Complain B. Comment
C. Condone D. Console

41. ADVERSITY
A. Failure B. Helplessness
C. Misfortune D. Crisis

42. TURN UP
A. Land up B. Show up
C. Crop up D. Come up

43. DEIFY
A. Flatter B. Challenge
C. Worship D. Face

44. ERROR
A. Misadventure B. Misgiving
C. Ambiguity D. Blunder

45. SHALLOW
A. Artificial B. Superficial
C. Foolish D. Worthless

46. MASSACRE
A. Murder B. Stab
C. Assassinate D. Slaughter

47. COMBAT
A. Conflict B. Quarrel
C. Feud D. Fight

48. VORACIOUS
A. Wild B. Hungry
C. Angry D. Quick

49. IMPROMPTU
A. Offhand B. Unimportant
C. Unreal D. Effective

50. RABBLE
A. Mob B. Noise
C. Roar D. Rubbish

Directions (Qs. 51 to 100): *In the following questions choose the word which is the exact OPPOSITE of the given words.*

51. STRINGENT
A. General B. Vehement
C. Lenient D. Magnanimous

52. FLIMSY
A. Frail B. Filthy
C. Firm D. Flippant

53. BUSY
A. Occupied B. Engrossed
C. Relaxed D. Engaged

54. ADAPTABLE
A. Adoptable B. Flexible
C. Yielding D. Rigid

55. LOVE
A. Villainy B. Hatred
C. Compulsion D. Force

56. BALANCE
A. Disbalance B. Misbalance
C. Debalance D. Imbalance

57. RELINQUISH
A. Abdicate B. Renounce
C. Possess D. Deny

58. MOUNTAIN
A. Plain B. Plateau
C. Precipice D. Valley

59. FICKLE
A. Courageous B. Sincere
C. Steadfast D. Humble

60. PERENNIAL
A. Frequent B. Regular
C. Lasting D. Rare

61. RARELY
A. Hardly B. Definitely
C. Frequently D. Periodically

62. STARTLED
A. Amused B. Relaxed
C. Endless D. Astonished

63. ADHERENT
A. Detractor B. Enemy
C. Alien D. Rival

64. QUIESCENT
A. Indifferent B. Troublesome
C. Weak D. Unconcerned

65. CONDENSE
A. Expand B. Distribute
C. Interpret D. Lengthen

66. BENIGN
A. Malevolent B. Soft
C. Friendly D. Unwise

67. OBSCURE
A. Implicit B. Obnoxious
C. Explicit D. Pedantic

68. HYPOCRITICAL
A. Gentle B. Sincere
C. Amiable D. Dependable

69. EVASIVE
A. Free B. Honest
C. Liberal D. Frank

70. INDUSTRIOUS
A. Indifferent
B. Indolent
C. Casual
D. Passive

71. EXTRICATE
A. Manifest
B. Palpable
C. Release
D. Entangle

72. LUCID
A. Glory
B. Noisy
C. Obscure
D. Distinct

73. INSIPID
A. Tasty
B. Stupid
C. Discreet
D. Feast

74. OBEYING
A. Ordering
B. Following
C. Refusing
D. Contradicting

75. VICTORIOUS
A. Defeated
B. Annexed
C. Destroyed
D. Vanquished

76. COMMISSIONED
A. Started
B. Closed
C. Finished
D. Terminated

77. VANITY
A. Pride
B. Humility
C. Conceit
D. Ostentious

78. ZENITH
A. Acme
B. Top
C. Nadir
D. Pinnacle

79. TANGIBLE
A. Ethereal
B. Concrete
C. Actual
D. Solid

80. REPRESS
A. Inhibit
B. Liberate
C. Curb
D. Quell

81. EPILOGUE
A. Dialogue
B. Prelude
C. Post script
D. Epigram

82. FRAUDULENT
A. Candid
B. Direct
C. Forthright
D. Genuine

83. LOQUACIOUS
A. Reticent
B. Talkative
C. Garrulous
D. Verbose

84. NIGGARDLY
A. Frugal
B. Thrifty
C. Stingy
D. Generous

85. PERTINENT
A. Irrational
B. Irregular
C. Insistent
D. Irrelevant

86. FAINT-HEARTED
A. Warm-hearted
B. Full-blooded
C. Hot-blooded
D. Stout-hearted

87. VIOLENT
A. Humble
B. Harmless
C. Gentle
D. Tame

88. STATIONARY
A. Active
B. Mobile
C. Rapid
D. Busy

89. HONORARY
A. Dishonourable
B. Reputed
C. Paid
D. Official

90. COMMON
A. Rare
B. Small
C. Petty
D. Poor

91. REPEL
A. Attend
B. Concentrate
C. Continue
D. Attract

92. ARTIFICIAL
A. Red
B. Natural
C. Truthful
D. Solid

93. CAPACIOUS
A. Limited
B. Caring
C. Foolish
D. Changeable

94. PROVOCATION
A. Vocation
B. Pacification
C. Peace
D. Destruction

95. METICULOUS
A. Mutual
B. Shaggy
C. Meretricious
D. Slovenly

96. ABLE
A. Disable
B. Inable
C. Unable
D. Enable

97. COMFORT
A. Uncomfort
B. Miscomfort
C. Discomfort
D. None of these

98. GAIN
A. Loose
B. Fall
C. Lost
D. Lose

99. SYNTHETIC
A. Affable
B. Natural
C. Plastic
D. Cosmetic

100. ACQUITTED
A. Freed
B. Burdened
C. Convicted
D. Entrusted

ANSWERS

1	2	3	4	5	6	7	8	9	10
B	B	D	A	B	D	D	C	B	D
11	**12**	**13**	**14**	**15**	**16**	**17**	**18**	**19**	**20**
C	C	B	C	D	A	C	C	D	A
21	**22**	**23**	**24**	**25**	**26**	**27**	**28**	**29**	**30**
A	C	D	A	C	C	A	C	D	A
31	**32**	**33**	**34**	**35**	**36**	**37**	**38**	**39**	**40**
A	D	C	A	C	D	C	A	A	A
41	**42**	**43**	**44**	**45**	**46**	**47**	**48**	**49**	**50**
C	B	C	D	B	D	D	B	A	A
51	**52**	**53**	**54**	**55**	**56**	**57**	**58**	**59**	**60**
C	C	C	D	B	D	C	D	C	D
61	**62**	**63**	**64**	**65**	**66**	**67**	**68**	**69**	**70**
D	B	B	A	C	A	C	B	B	B
71	**72**	**73**	**74**	**75**	**76**	**77**	**78**	**79**	**80**
D	C	A	A	A	D	B	C	A	B
81	**82**	**83**	**84**	**85**	**86**	**87**	**88**	**89**	**90**
B	D	B	D	D	D	C	B	C	A
91	**92**	**93**	**94**	**95**	**96**	**97**	**98**	**99**	**100**
D	B	A	B	D	C	C	D	B	C

❑❑❑

6 One Word Substitutions

There are many words in English language which can be perfectly used for a number of words. These words help in expressing ideas in a short and correct manner for the right occasion. Such words not only enhance the vocabulary but also enable you to economise in the use of words to a great extent. Try to learn as many as you can.

Denoting Numbers

- A collection of poems — *anthology*
- A number of merchant ships protected by warships (in war-time) — *convoy*
- A number of stars grouped together — *constellation*
- A number of hired applauders, *i.e.* persons paid to clap — *claque*
- A number of people at church — *congregation*
- A number of people gathered together for some common purpose — *gathering, assembly, society*
- A group of people who get together to work for some cause of common interest — *coterie*
- A number of workmen, prisoners, thieves — *gang*
- A number of sheep — *flock*
- A number of geese — *gaggle*
- A number of leopards — *leap*
- A number of lions, monkeys — *pride, troop*
- A number of herrings, mackerel — *shoal*
- A number of fish taken in a net — *catch, haul*
- A number of whales, porpoises — *school, gam*
- A number of oxen or horses (two or more) harnessed together — *team*
- A number of ships, cars, buses — *fleet*

Denoting Places

- A place where bees are kept — *apiary*
- A place where birds are kept — *aviary*
- A place where fishes are kept — *aquarium*
- A dwelling-place of an animal underground — *burrow*
- A squirrel's home — *drey*
- A nest of a bird of prey — *eyrie, aerie*

- A place where spirituous liquors are produced *distillery*
- A place where clothes are washed and ironed *laundry*
- A place where Government records are kept *archives*
- A place where treasures of art, curiosities, etc. are preserved or exhibited *museum*
- A place where fruit trees are grown *orchard*

Pertaining to the Literary Sphere

- A work whose writer is unknown *anonymous*
- A record of one's life written by oneself *autobiography*
- The history of the life of a person *biography*
- The heading or short description of a newspaper article, chapter of a book etc. *caption*
- A humorous play, having a happy ending *comedy*
- A list of books in a library *catalogue, bibliography*
- A book in which the events of each day are recorded *diary*
- A books containing the words of a language with their definitions, in alphabetical order *dictionary*
- A book of names and addresses *directory*
- A short speech by a player at the end of a play *epilogue*
- A brief summary of a book *epitome*
- A book containing information on all branches of knowledge *encyclopedia*
- To remove the offensive portions of a book *expurgate*
- A speech delivered without earlier preparation *extempore*
- A noisy or vehement speech intended to excite passions *harangue*
- A written account, usually in book form of the interesting and memorable experiences of one's life *memoirs*
- A note to help the memory *memorandum*
- A declaration of plans and promises put forward by a candidate for election, political party or a sovereign *manifesto*
- A short speech by a player at the beginning of a play *prologue*
- Literary theft, or passing off an author's original work as one's own *plagiarism*
- Speaking aloud to oneself *soliloquy*
- A play with a sad or tragic end *tragedy*

Pertaining to Religion

- One who believes that man can have no knowledge of God but only of natural phenomena *agnostic*
- One who renounces his religious vows or forsakes his religious principles *apostate*
- One who does not believe in existence of God *atheist*
- One intolerantly devoted to a particular creed *bigot*
- To utter profane language against God or anything holy *blaspheme*
- A breaker of church images *iconoclast*
- Worship of images or idols *idiolatory*

- One who believes in God — *theist*
- One who believes in only one God — *monotheist*
- One who believes in many Gods — *polytheist*

Pertaining to Government

- To give up a throne or other office of dignity — *abdicate*
- Absence of government — *anarchy*
- Government by Sovereign of uncontrolled authority — *autocracy, despotism*
- Government by departments of states — *bureaucracy*
- Government of the people, for the people and by the people — *democracy*
- Government by the nobility — *aristocracy*
- The right of self-government — *autonomy*
- Government by a few — *oligarchy*
- Government by the wealthy — *plutocracy*
- Government by divine guidance — *theocracy*
- To decide a political question by the direct vote of the whole electorate — *referendum*
- Sweeping governmental change — *revolution*
- The science of government — *politics*

Pertaining to Professions

- One who attends to the diseases of the eye — *oculist*
- One who tests eyesight and sells spectacles — *optician*
- One who attends to the teeth — *dentist*
- One skilled in the care of hands and feet — *chiropodist*
- A physician who assists women at child-birth — *obstetrician*
- One who drives a motorcar — *chauffeur*
- One who makes or sells candles — *chandler*
- One who preserves the skins of animals and mounts them so as to resemble the living animals — *taxidermist*
- One who compiles a dictionary — *lexicographer*
- One who writes books — *author*
- One skilled in the treatment of diseases of animals — *veterinarian*
- A tradesman who manages funerals — *undertaker*
- One who draws up contracts and lends money on interest — *scrivener*
- One who lends money and keeps goods as security — *pawnbroker*
- A teacher who travels from place to place to give instruction. — *peripatetic*
- One who travels from place to place selling miscellaneous articles — *hawker, pedlar*
- One who collects postage stamps — *philatelist*
- One who lends money at exorbitant interest — *usurer*
- One who takes care of a building — *janitor*
- One who sells sweets and pastries — *confectioner*
- One who works in a coalmine — *collier*
- One who flies an aeroplane — *pilot, aviator*

- One who studies rocks and soils *geologist*
- One who shoes horses *farrier*
- A professional rider in horses races *jockey*
- One who deals in silks, cotton, woollen, and linen goods *mercer*
- One who deals in wines *vintner*
- One who deals in fish *fishmonger*
- One who deals in iron and hardware *ironmonger*
- One who sells fruits, vegetables, etc. from a barrow *costermonger*
- One who sets type in a printing office *compositor*

Pertaining to Medicine

- A substance which destroys or weakens germs *antiseptic*
- Any medicine which produces insensibility *anaesthetic*
- A medicine to counteract poison *antidote*
- Want or poorness of blood *anaemia*
- A medicine which alleviates pain *anodyne*
- To cut off a person's body a part which is infected *amputate*
- One who is recovering from illness *convalescent*
- To be able to tell the nature of disease by its symptoms *diagnose*
- A disease affecting many persons at the same place and time *epidemic*
- A disease confined to a particular district or place *endemic*
- To disinfect by smoke *fumigate*
- Free or exempt from infection *immune*
- A person who is sick *invalid*
- A cure for all diseases *panacea*
- A disease widely epidemic *pandemic*
- Confinement to one place to avoid spread of infection *quarantine*

Pertaining to Characteristics and Actions

- One who devotes his life to the welfare and interests of other people *altruist*
- One who can use both hands with equal ease *ambidexterous*
- One who fishes with a rod *angler*
- One who kills secretly or by surprise *assassin*
- A person who collects things belonging to ancient times *antiquary*
- One who is always finding faults *censorious*
- One living at the same time as another *contemporary*
- One who sneers at the aims and beliefs of his fellowmen *cynic*
- One who delights in speaking about oneself *egotist*
- One who exalts his own opinion *egoist*
- One who dies for a noble cause *martyr*
- One who retires from society to live a solitary life *recluse, hermit*
- One who maliciously sets fire to buildings *incendiary*

- One who is banished from his home or his country — *exile*
- One who takes refuge in a foreign country — *refugee, alien*
- One who runs away from justice or the law — *fugitive*
- One who walks in his sleep — *somnambulist*
- One who looks on the bright side of things — *optimist*
- One who looks on the dark side of things — *pessimist*
- A hater of mankind — *misanthropist*
- One who knows everything — *omniscient*
- One who is all powerful — *omnipotent*
- One who is present everywhere — *omnipresent*
- One who devotes his service or wealth for the love of mankind — *philanthropist*
- One new to anything — *novice, tyro, neophyte*
- One who engages in any pursuit for the love of it, and not for gain — *amateur*
- One who journeys to a holy place — *pilgrim*
- A leader of the people who can sway his followers by his oratory — *demagogue*
- One who has special skill in judging art, music, tastes, etc. — *connoisseur*
- One whose reasoning is clever yet false — *sophist*
- One who makes a display of his learning — *pedant*
- One who is indifferent to pain or pleasure — *stoic*
- One who loves his country and serves it devotedly — *patriot*
- One devoted to the pleasures of eating and drinking — *epicure*
- One who poses to be what he is not — *hypocrite, impostor*
- One who foretells events — *prophet*
- One who pretends to know a great deal about everything — *mountebank, charlatan, quack*
- One versed in many languages — *linguist*
- One who cannot pay one's debts — *insolvent*
- One who takes over after another in office or employment — *successor*
- One who has been before another in office or employment — *predecessor*
- One who is opposed to intellectual progress — *obscurant*
- One who abstains from alcoholic drinks — *teetotaller*
- One who hides away on a ship to obtain a free passage — *stowaway*
- One who spends very little — *miser*
- One who spends too much — *spendthrift*

Pertaining to War

- An unprovoked attack by an enemy — *aggression*
- Shells, bombs, military stores — *ammunition*
- A place where naval or military weapons are made or stored — *ordnance*
- An agreement between belligerents to stop fighting — *armistice*
- A general pardon of offenders — *amnesty*
- To reduce to nothing — *annihilate*
- Nations carrying on warfare — *belligerents*

- To surround a place with the intention of capturing *besiege*
- To camp in the open air without tents or covering *bivouac*
- To seize for military use *commandeer*
- A person who is forced by law to become a soldier *conscript*
- An order prohibiting ships to leave the ports *embargo*
- A number of firearms being discharged continuously *fusillade*
- To make an examination or preliminary survey of enemy territory for military objectives *reconnoitre*

Pertaining to Marriage and Children

- One who marries a second wife or husband while the legal spouse is alive *bigamist*
- One vowed to a single or unmarried life *celibate*
- One engaged to be married *fiancé, fiancee*
- A child whose parents are dead *orphan*
- A hater of marriage *misogamist*
- One who has more than two wives at a time *polygamist*

Pertaining to Death

- Dead and decaying flesh (esp. of animals) *carrion*
- A monument set up for persons who are buried elsewhere *cenotaph*
- To preserve a dead body from putrefaction *embalm*
- Words inscribed on a tomb *epitaph*
- An examination of dead body *postmortem, autopsy*
- An account in the newspaper of the funeral of one deceased *obituary*
- The property left to someone by a will *legacy*
- Occurring after death *posthumous*
- The act of killing a human being *homicide*
- Murder of a new born child *infanticide*
- Murder of a brother *fratricide*
- Murder of a sister *sororicide*
- Murder of a mother *matricide*
- Murder of a father *patricide*
- Murder of a parent *parricide*
- Murder of a king *regicide*

Pertaining to Sciences and Arts

- The study of all heavenly bodies and the earth in relation to them *astronomy*
- The science of land management *agronomics*
- The study of mankind *anthropology*
- The study of physical life or living matter *biology*
- The study of plants *botany*
- The art of beautiful handwriting *calligraphy*

- The science which deals with the varieties of human race *ethnology*
- The study of the origin and history of words *etymology*
- The study of coins *numismatics*
- The study of human face *physiognomy*
- The art of making fireworks *pyrotechnics*
- The study of birds *ornithology*
- The study of languages *philology*
- At home equally on land or in water *amphibious*
- The inside of a nut *kernel*
- The central or innermost part of fruit *core*
- The animals of a certain region *fauna*
- The plants and vegetation of a certain region *flora*
- Absence of rain for a long time *drought*
- To supply land with water by artificial means *irrigate*
- One who studies plant and animal life *naturalist*
- A cud-chewing animal, *e.g.* the cow *ruminant*
- A gnawing animal, *e.g.* the rat *rodent*
- A four-footed animal *quadruped*
- Animals which carry their young in a pouch, *e.g.* kangaroo *marsupials*
- Soil composed largely of decayed vegetable matter *humus*
- A preparation for killing insects *insecticide*
- A plant or animal growing on another *parasite*
- Living for many years *perennial*

Miscellaneous

- Loud enough to be heard *audible*
- Not distinct enough to be heard *inaudible*
- Fit for food *edible*
- Unfit for human consumption *inedible*
- Fit to be chosen or selected *eligible*
- Not having the qualities for being chosen *ineligible*
- Writing that is easy to read *legible*
- Writing that is difficult to decipher *illegible*
- Able to read *literate*
- Unable to read *illiterate*
- Born of married parents *legitimate*
- Born of unmarried parents *illegitimate*
- To send back a person to his own country *repatriate*
- To banish from one's country *expatriate*
- To move from one country to another *migrate*
- One who leaves his country to settle in another *emigrant*
- One who comes into a foreign country to settle there *immigrant*

- ❑ Incapable of being redeemed from evil, *i.e.* beyond correction — *incorrigible*
- ❑ That which cannot be rubbed out or blotted out — *ineffaceable, indelible*
- ❑ That which cannot be conquered — *invincible*
- ❑ Incapable of making errors — *infallible*
- ❑ That which cannot be avoided or prevented — *inevitable*
- ❑ Incapable of being burnt — *incombustible*
- ❑ That which easily catches fire — *inflammable, flammable*
- ❑ That which cannot be seen — *invisible*
- ❑ Living for ever — *immortal*
- ❑ Increase the gravity of an offence — *aggravate*
- ❑ Ordinary or commonplace remark — *platitude*
- ❑ That which cannot be satisfied — *insatiable*
- ❑ That which cannot be repaired — *irreparable*
- ❑ That which cannot be imitated — *inimitable*
- ❑ Persons (or efforts) that cannot be wearied — *indefatigable*
- ❑ One who eats too much — *glutton*
- ❑ To destroy completely — *annihilate*
- ❑ A statement open to more than one interpretation — *ambiguous*
- ❑ A round about way of speaking — *circumlocution*
- ❑ Cautious observation of events, etc. — *circumspection*
- ❑ That which cannot be hurt — *invulnerable*

Multiple Choice Questions

Directions: *Below are given some statements each of which is capable of being expressed by one word only. Each statement is followed by four such words of which only one is correct. Out of the given alternatives A, B, C and D choose the correct word which very closely fits each definition.*

1. A set of papers giving information about a person or event:
   A. editorial B. agenda
   C. dossier D. clippings
2. List and explanations of technical, difficult, etc. terms:
   A. preface B. glossary
   C. bibliography D. appendix
3. One who pays too much care to his clothes and personal appearance:
   A. conscious B. dandy
   C. cynosure D. leer
4. A child born after death of father:
   A. effeminate B. immature
   C. fatherless D. posthumous
5. A person who is hard to please:
   A. insensible B. hypocrite
   C. egoist D. fastidious
6. Complete failure in something attempted:
   A. fiasco B. vain
   C. falsies D. flop
7. A word which can be interpreted in any way:
   A. confusing B. misnomer
   C. ambiguous D. precise
8. A group of persons united by common interests:
   A. society B. class
   C. clique D. coterie

9. A person who is inexperienced and easily deceived:
A. fool B. immature
C. blackhorn D. greenhorn

10. Instruction by question and answer:
A. interrogatory B. catechism
C. bulletin D. alibi

11. Record of events by someone with first hand knowledge:
A. novice B. report
C. memoir D. itinerary

12. A mode of talk familiar to a particular group or profession:
A. jargon B. colloquial
C. slang D. abuses

13. Person who is crazy:
A. lackadaisical B. tarter
C. scrupulous D. loony

14. A person who readily believes others:
A. hasty B. immature
C. credulous D. credible

15. One who eats human flesh:
A. beast B. cannibal
C. maneater D. carnivorous

16. Intentional destruction of racial groups:
A. genocide B. homicide
C. fratricide D. communal riot

17. One with weakness of mind caused by old age:
A. dastard B. dotard
C. fop D. philanderer

18. Study of insects:
A. zoology B. philology
C. entomology D. etymology

19. A critical judge of any art particularly fine arts:
A. connoisseur B. veteran
C. philistine D. dilettante

20. One who introduces items of an entertainment:
A. consort B. compere
C. director D. introducer

21. A combination of business firms:
A. enterprise B. franchise
C. cartel D. autonomous

22. Freeing of suppressed emotions:
A. catastrophe B. catharsis
C. epilogue D. chagrin

23. One who believes in the power of fate:
A. optimist B. pessimist
C. fearful D. fatalist

24. The murder of brother:
A. genocide B. homicide
C. salvage D. fratricide

25. Additional to proper payment:
A. premium B. overtime
C. ex-gratia D. fringe

26. A person or thing used to tempt somebody into a position of danger:
A. decoy B. provocateur
C. jinx D. scapegoat

27. Custom of having more than one husband at the same time:
A. polygamy B. polyandry
C. bigamy D. sexagenary

28. A person of refined taste in food and drink:
A. emeritus B. epicure
C. glutton D. gourmand

29. A tombstone inscription:
A. epithet B. encomium
C. epistle D. epitaph

30. An office which has no work but high salary:
A. fortuitous B. gratuitous
C. sinecure D. ceremonial

31. One who is indifferent to pains and pleasure of life:
A. stoic B. metaphysical
C. pessimist D. sceptic

32. List of names of persons showing duties to be performed by each in turn:
A. notice B. bulletin
C. roster D. agenda

33. Long angry speech of criticism or accusation:
A. track record B. tirade
C. taut D. outburst

34. One who is in favour of never drinking alcoholic drinks:
A. idealist B. uxorious
C. teetotaller D. unalcoholic

35. Trying to win favour by flattery and charm:
A. smarmy B. shrewish
C. toady D. loquacious

36. A decision on which one cannot go back:
A. incorrigible B. irrevocable
C. rigid D. invulnerable

37. The science that studies the varieties of human race:
A. phrenology B. physiology
C. sociology D. ethnology

38. A person who hates women:
A. philogynist B. philatelist
C. misogamist D. misogynist

39. A group of people in a particular grade in an organisation:
A. colleague B. staff
C. echelon D. commission

40. Honourably discharged from service:
A. emeritus B. latitudinarian
C. infallible D. meritorious

41. One who does not believe in the existence of God:
A. atheist B. altruist
C. agnostic D. flippant

42. The large money paid for an early retirement:
A. goldmine B. golden handshake
C. gratuity D. lion's share

43. A hater of learning and knowledge:
A. misologist B. misogynist
C. philologist D. philanthropist

44. One who lives and acts for the welfare of others:
A. misanthrope B. credulous
C. altruist D. gregarious

45. Mental weariness for want of occupation:
A. desperate B. depression
C. fatigue D. ennui

46. That which makes it difficult to recognise the presence in real of somebody or something:
A. cover B. mask
C. make-up D. camouflage

47. To bear a hand in one's new business:
A. partnership B. interfere
C. assist D. join

48. One who renounces the world and practices self-discipline in order to attain salvation:
A. devotee B. ascetic
C. theist D. parsimonious

49. A place where gambling is practiced:
A. hotel B. motel
C. casino D. stadium

50. A sad song is a:
A. dirge B. elegy
C. ditty D. knell

ANSWERS

1	2	3	4	5	6	7	8	9	10
C	B	B	D	D	A	C	C	D	B
11	**12**	**13**	**14**	**15**	**16**	**17**	**18**	**19**	**20**
C	A	D	C	B	A	B	C	A	B
21	**22**	**23**	**24**	**25**	**26**	**27**	**28**	**29**	**30**
C	B	D	D	D	A	B	B	D	C
31	**32**	**33**	**34**	**35**	**36**	**37**	**38**	**39**	**40**
A	C	B	C	A	B	D	D	C	A
41	**42**	**43**	**44**	**45**	**46**	**47**	**48**	**49**	**50**
A	B	A	C	D	D	C	B	C	A

Idioms and Phrases

- An idiom is a group of words established by usage as having a meaning different from the individual words.
- A phrase is a small group of words standing together as an idiomatic expression.

Learn and practise as may as you can.

Idioms and Idiomatic Phrases

✦ **ABC** (basic principles)
She does not know the ABC of photography.

✦ **At one's beck and call** (ready to obey)
He had a dozen men at his beck and call.

✦ **At sixes and sevens** (in disorder)
The drawing room articles were lying at sixes and sevens on the floor.

✦ **A wet blanket** (a discouraging person)
Don't allow Rakesh to accompany you to the hunting trip because he is a wet blanket.

✦ **A big gun** (an important person)
Mr Smith is a big gun in our city.

✦ **At a stone's throw** (at a short distance from)
My school is at a stone's throw from my house.

✦ **A man of word** (a person who keeps his promise)
Mr Sharma is a man of word.

✦ **A man of a few words** (a remarkable person)
Gandhiji was a man of a few words.

✦ **At arm's length** (to keep away)
We should always keep bad boys at arm's length

✦ **A bolt from the blue** (a sudden and unexpected event)
The news of my friend's death came to me like a bolt from the blue.

✦ **A man of letters** (a scholar)
Radha Krishnan was a man of letters.

✦ **A hard nut to crack.** (a puzzling problem)
To get a win over American basket ball team is a hard nut to crack for India.

✦ **A yeoman's service** (service which is beneficial to the human beings)
He did yeoman's service through his life.

✦ **A snake in the grass** (a hidden foe)
Beware of him because he seems to be a snake in the grass.

✦ **Acid test** (hard test)
The election will be an acid test for the ruling party.

✦ **A wolf in sheep's clothing** (a hypocrite)
You should not keep company with him because he is a wolf in sheep's clothing.

✦ **At the eleventh hour** (at the last moment)
The war was about to start but fortunately at the eleventh hour a messenger came to the PM with a message of peace.

✦ **A great card** (an important person)
Mr Sood is a great card in the ministry of finance.

✦ **A fool of the first water** (one completely foolish)
Being a fool of the first water he could not solve even the simplest sum.

✦ **A bone of contention** (to be the cause of quarrel)
Kashmir is the bone of contention between India and Pakistan.

✦ **A green hand** (not very much experienced)
We shall pay a little to a green hand.

✦ **All in all** (completely)
Rajesh is all in all in this office.

✦ **A bed of roses** (a comfort)
Life is not a bed of roses.

- **An apple of discord** (to be the cause of)
  Kashmir is an apple of discord between India and Pakistan.
- **A white elephant** (of no use)
  This sort of glib talker always proves a white elephant in the end.
- **A red letter day** (An important day)
  15th August is a red letter day for the Indians.
- **By hook or by crook** (by any means fair or foul)
- **Black sheep** (a traitor)
  Later on Mr XYZ proved a black sheep.
- **By dint of** (by means of)
  By dint of hard work, she earned a lot of money.
- **Break ones back** (to work hard to get something)
  He broke his back to earn his livelihood.
- **Break the back of** (accomplish the hardest part of a certain job)
  There is nothing to be worried about as we've already broken the back of the problem.
- **Beat about the bush** (to go on talking on some worthless topic)
  Stop this beating about the bush, come to the main task.
- **Beyond one's means** (beyond one's budget)
  He is living beyond his means, therefore, he is sure to get ruined.
- **Cut loose** (Keep away)
  India should cut loose from bad politics.
- **Chips of the same block** (having the same taste)
  They are the chips of the same block.
- **Cut-throat competition** (a stiff competition)
  There is a cut-throat competition among the publishers in the market.
- **Come what may** (no matter what happens)
  I'll do it come what may.
- **Drop someone a line** (send a letter, etc.)
  Please drop me a line of your well-being.
- **Dull the edge of** (reduce the intensity of)
  Take this pill and it will dull the edge of pain.
- **From hand to mouth** (without any saving)
  The poor factory worker is living from hand to mouth.
- **Fair and square** (clean)
  One must be fair and square in one's dealing.
- **Hard of hearing** (somewhat deaf)
  She is a bit hard of hearing.
- **In the good books of** (be good in one's mind)
  Jack is in the good books of his teachers.
- **In black and white** (in written)
  Don't give him anything in black and white.
- **In cold blood** (mercilessly)
  The old woman was murdered in cold blood.
- **In a crack** (all of a sudden or rapidly)
  The thief left the place in a crack.
- **In full swing** (in full force)
  The studies of the students are going on in full swing.
- **In the twinkling of an eye** (quickly)
  The monkey ate up grams in the twinkling of an eye.
- **Keep the ball rolling** (to maintain the progress of some activity)
  After the death of his father he had to take the charge of his office to keep the ball rolling.
- **Neck and neck** (even)
  There is a neck and neck fight between the two boxers.
- **Once in a blue moon** (seldom)
  She visits her brother once in a blue moon.
- **Slow and steady** (slowly but continually)
  Slow and steady wins the race.
- **To cut a sorry figure** (present oneself in a bad way)
  She cut a sorry figure on the stage.
- **To give a red carpet reception** (to give a warm welcome)
  The PM was given a red carpet reception in America.
- **To dance one's tune** (to follow someone submissively)
  He always dances to his brother's tune.
- **To turn a deaf ear to** (to disregard)
  She turned a deaf ear to her parents' advice.

✦ **To call a spade a spade** (to speak the truth)
Gandhiji always called a spade a spade.

✦ **To bring to book** (to scold)
The naughty boy was brought to book by the teacher.

✦ **To cut short** (to reduce)
Smoking will cut short your life.
He wants to get money by hook or by crook.

✦ **To grease the palm of** (to bribe)
Rohit greased the palm of the clerk and got the file moved.

✦ **Through thick and thin.** (under all circumstances)
We'll stand by you through thick and thin.

✦ **To die by inches** (to die a painful death)
The old man died by inches.

✦ **To eat one's words** (to retract one's statement)
You'll have to eat your words because you have spoken without thinking.

✦ **To burn the midnight oil** (to work hard)
You'll have to burn the midnight oil if you want to get good marks.

✦ **To poke one's nose into** (to meddle with)
It is bad to poke your nose into others' affair.

✦ **To fall flat** (to have no effect)
His father's advice fell flat on him.

✦ **To make a clean breast of** (to confess)
He made a clean breast of his involvement in the bomb blast.

✦ **To get the better of** (overcome)
Anger got the better of him.

✦ **To break somebody's back** (to give too much work to him to do)
She broke his back by giving him so much hard work to do.

✦ **Throw cold water on** (to discourage)
She tried to throw cold water on his plan but he was well-determined.

✦ **The long and short of** (in brief)
The long and short of his lecture is that we should live like brothers.

✦ **To burn one's fingers** (to get oneself in trouble)
You have burnt your fingers by speaking against him.

✦ **To turn over a new leaf** (to change the course of life)
He has turned over a new leaf in his life.

✦ **To have one's own axe to grind** (to have vested interest)
He has his own axe to grind in this matter.

✦ **To take to one's heels** (to run away)
The thief took to his heels as soon as he saw the policeman.

✦ **To move heaven and earth** (to make too much effort)
The young man moved heaven and earth to find a job.

✦ **To be caught red handed** (to be caught at the time of committing a crime)
The clerk was caught red handed when he was accepting bribe from Mr ABC.

✦ **To receive with open arms** (to give a warm welcome)
The new president of the club was received with open arms by the members.

✦ **To be born with a silver spoon in one's mouth** (to be born in a rich family)
Mr. J. L. Nehru was born with a silver spoon in his mouth.

✦ **To come to light** (to be known)
A new disease has recently come to light.

✦ **To be the apple of one's eye** (be very dear)
He is the apple of his parent's eye.

✦ **To make fun of** (laugh at)
The children made fun of the waiter in the hotel.

✦ **To let the cat out of the bag** (to divulge secret)
It was Sohan who let the cat out of the bag by telling the real matter.

✦ **To open a new chapter** (to start some habit, etc.
By drinking, you've opened a new chapter in your life.

✦ **To make the flesh creep** (to terrify)
The story made my flesh creep.

✦ **To lose ground** (to retreat)
After fighting for some time the Pakistani army began to lose ground.

✦ **To bring to book** (to punish)
The student was brought to book by the teacher.

✦ **To show a clean pair of heels** (to run away)
The thief showed a clean pair of heels as soon as he saw the policeman approaching.

✦ **To gain ground** (to be established)
He gained ground in India in a few years.

✦ **To get wind of** (to get information)
I got wind of his secret plans.

✦ **Under a cloud** (be in trouble or in a state of disgrace or suspicion)
His company seemed to be under a cloud as it had no funds to pay the wages to the workers.

Verbal Phrases

✦ **Act upon** (to follow)
I acted upon my father's advice.

✦ **Act upto** (to perform within limits)
He acted upto his conscience.

✦ **Act beyond** (to perform crossing limits)
We should not act beyond our capacity.

✦ **Act for** (to perform in place of someone else)
The vice principal acted for the principal.

✦ **Back up** (to make a queue)
The vehicles began to back up.

✦ **Back down** (withdraw claim in the presence of opposition)
The leader backed down from his previous statement.

✦ **Back off** (draw back some plan or action)
They backed off from building a flyover.

✦ **Back out** (withdraw from a promise, etc.)
The government backed out of its promise.

✦ **Break down** (stop working) My car broke down on the highway.

✦ **Break into** (enter in certain premises by breaking the door, etc.)
Last night a thief broke into my neighbour's.

✦ **Break off** (stop all of a sudden)
She broke off and began to think over about her/his hand.

✦ **Break out** (spread)
Cholera has broken out in the town.

✦ **Break out of** (escape from)
A prisoner broke out of the prison last night.

✦ **Break up** (disperse)
The cloud of fog began to break up as the sun rose.

✦ **Break something up** (Cause something to break into small pieces)
She broke up the chocolate to distribute it among the girls.

✦ **Break with** (Cut off connection after quarrelling with someone)
He has broken with his brother.

✦ **Call on** (pay a visit to somebody)
I'll call on Mohan's today.

✦ **Call out** (to start)
The workers have called out a strike.

✦ **Call off** (to stop the strike etc.)
The workers have called off the strike.

✦ **Call at** (to visit someone's house)
I called at his house yesterday.

✦ **Call in** (send for)
Please call in the doctor.

✦ **Carry on** (continue)
Please carry on your work.

✦ **Carry something out** (perform a task)
Our company is carrying out a big deal with a foreign company.

✦ **Carry something over** (postpone)
The fancy dress competition had to be carried over till Monday)

✦ **Carry someone off** (kill somebody)
Cancer carried her off on the day of her 20th birthday.

✦ **Come of age** (get established)
As our company has come of age, so, there is no problem in selling our goods.

✦ **Come of** (belong to)
She comes of a royal family.

✦ **Come over** (surmount)
We at last came over all our problems.

✦ **Come off** (to take place)
The marriage of my brother comes off in the next month.

✦ **Come round** (agree)
At last he came round to my views.

✦ **Come under** (fall in the category of)
All these animals come under the same species.

✦ **Come down with** (suffer from)
She came down with whopping cough.

✦ **Come from** (be the nature of)
She came from London.

✦ **Come about** (happen)
The explosion came about when the worker struck the match to light a cigarette.

✦ **Cut off** (die)
The princess was cut off in the prime of her life.

✦ **Cut down** (reduce)
The prices of consumer goods should be cut down.

✦ **Cut someone out** (exclude someone)
His father cut him out of his will.

✦ **Fall in**
She fell in love with the prince.

✦ **Fall down** (fail)
The deal fell down for lack of transparency.

✦ **Fall out** (quarrel)
She fell out with his elder brother.

✦ **Fall through** (fail)
The project fell through for lack of funds.

✦ **Get away** (escape)
She got away with her life.

✦ **Get by** (to accomplish something with great difficulty)
She is not rich. She has just enough to get by.

✦ **Get on** (perform)
How are you getting on with your studies?

✦ **Get out** (become known)
The news got out that the PM was paying a visit to Russia.

✦ **Get over** (overcome)
At last I got over all obstacles.

✦ **Get up** (rise)
When do you get up in the morning?

✦ **Give up** (stop)
He gave up smoking.

✦ **Give out** (emit)
Garlic gives out a pungent smell.

✦ **Give in** (collapse)
The bridge gave in under the heavy load.

✦ **Give away** (distribute)
The Principal gave away the prizes.

✦ **Give out** (announce)
It was given out that the President of India would visit the place soon.

✦ **Go off** (explode)
The gun went off suddenly.

✦ **Go on** (continue)
She went on about how she flew the aeroplane.

✦ **Go through** (examine)
I'll go through this book later on.

✦ **Go up** (be built)
The construction of the house is going up.

✦ **Grind on** (continue for a long time in a tedious way)
The discussion over political issues ground on.

✦ **Grind something out** (produce something a tedious way)
She will grind some more short stories.

✦ **Look out** (be careful)
Look out! there is a snake.

✦ **Look down upon** (hate)
We should not look down upon the poor.

✦ **Look at** (watch)
Look at the blackboard.

✦ **Look after** (take care of)
We ought to look after our old parents.

✦ **Look into** (investigate)
The new police inspector will look into the matter.

✦ **Look up** (rise)
The prices of consumer goods are looking up.

✦ **Look back** (think of the past)
It made her feel disolate when she looked back on things of the past.

✦ **Make up** (to fulfil)
I'll make up my deficiency in Mathematics.

✦ **Make out** (understand)
I could not make out what she said.

✦ **Make up one' mind** (to resolve)
I have made up my mind to settle in the USA.

✦ **Make off** (leave hurriedly)
She made off without informing anybody.

✦ **Make something over** (transfer)
She should make her property over to her sons.

✦ **Make over** (hand over)
He made over the charge of the file to Mr Robert.

✦ **Pull back** (retreat)
The government has pulled back from its previous policy.

✦ **Pull something down** (demolish)
The authorities concerned pulled down a few building which were illegally built on government land.

✦ **Pull out** (pluck)
The child pulled out a few petals of the flower.

✦ **Pull through** (recover)
The patient will pull through.

✦ **Push on** (continue a journey)
It was getting darker but we pushed on.

✦ **Push at** (exert force)
He pushed at the bell, but it did not ring.

✦ **Push for** (demand persistently)
The workers have been pushing for the installation of new machines for five years.

✦ **Put out** (extinguish)
She put out the light.

✦ **Put on** (wear)
He put on an overcoat.

✦ **Put off** (postpone)
The plan had to be put off.

✦ **Put by** (spare something for future)
We must put by some money for future.

✦ **Put up with** (stay)
Your aunt is out of town for a couple of days, you may put up with us till she comes.

✦ **Put something down** (record something)
She put a new idea down on the paper.

✦ **Take after** (resemble)
He takes after his father.

✦ **Take off** (remove)
He took off his shoes.

✦ **Take something out** (obtain)
You may take out some money from Rohit if you want to purchase this car.

✦ **Take to** (fall into the habit of)
He took to gambling.

✦ **Turn something down** (reject something)
The judge turned down his appeal.

✦ **Turn on** (attack)
The thief turned on him with a knife.

Multiple Choice Questions

Directions: *Some idioms/phrases are given below with their probable meanings. Select the options with their correct meanings.*

1. **Carry out**
   A. To take from one place to another
   B. To continue
   C. To obey
   D. To make efforts

2. **In the same boat**
   A. A worn out choice
   B. Indifferent
   C. In identical circumstances
   D. Carry off

3. **In one's good book**
   A. A costly book
   B. A priceless treasure

C. In one's favour
D. An enchanting beauty

4. Keep a straight face
A. To do make up
B. To change clothes
C. Assume responsibility
D. To remain serious

5. To be above board
A. To have a good height
B. To be honest in any business deal
C. To have no debts
D. To try to be beautiful

6. On the face of it
A. To agree B. From an action
C. More than enough D. Apparently

7. Let the bygones be bygones
A. In one's favour B. To pretend
C. To forget the past D. Other choice

8. To split hairs
A. Major distinctions
B. Hair with two ends
C. To make minute distinction
D. Without distinction

9. Bread and butter
A. Both bread and butter
B. Something essential
C. Livelihood
D. Relevant things

10. To bell the cat
A. To catch a cat and tie a bell round its neck
B. To make an effort
C. To be quick
D. To face a risk

11. Hard and fast
A. Strict B. Solid
C. Fast moving D. Some hard surface

12. Part and parcel
A. The part of a parcel
B. An essential part
C. A missing parcel
D. Some part of a machine sent by parcel

13. Null and void
A. Something invalid
B. Something that can be avoided
C. Something that can be nullified
D. Something evil

14. To make clean breast of
A. To gain prominence
B. To praise oneself
C. To confess without reserve
D. To destroy before it blooms

15. Trump card
A. A powerful means of achieving an object
B. Resourcefulness
C. The best gamble to attain success
D. None of these

16. Tall talk
A. A discussion continued for a long time
B. A high sounding talk
C. A meaningful talk
D. A useless talk

17. Small talk
A. Gossip
B. A discussion carried on for a long time
C. A brief discussion
D. None of these

18. Throw out of gear
A. To replace B. Hinder, disturb
C. To decide D. Take up tune

19. To and fro
A. Back and forth B. Puzzled
C. Amazed D. Reprove

20. To bell the cat
A. To do an easy job
B. To be indifferent to
C. To undertake a difficult job
D. To clarify

21. To be under cloud
A. Puzzle
B. Enjoy the favour
C. Talk thoughtlessly
D. To be under suspicion

22. A labour of love
A. A tragic end
B. A funny thing
C. Not fruitful
D. Work done without payment

23. Follow suit

A. Follow an example B. Wear a new dress
C. Irrelevant D. A gay person

24. Foul play

A. Bad intentions
B. A play not well acted
C. A play not liked by the audience
D. None of these

25. To pick holes

A. To find some reason to quarrel
B. To destroy something
C. To criticise someone
D. To cut some part of an item

26. To smell a rat

A. To see signs of plague epidemic
B. To get bad smell of a dead rat
C. To suspect foul dealings
D. To be in a bad mood

27. To put a spoke in one's wheel

A. To encourage
B. Act without restraint
C. Risk something
D. To obstruct one's progress

28. To pull one's leg

A. To give up B. Take care of
C. To befool D. To know

29. To play with fire

A. Grasp the truth
B. To handle something dangerous
C. To ridicule
D. To flee away

30. To reckon with

A. Take up time
B. Make an inventory
C. To deal with
D. Submit to punishment

31. To run short

A. Talk until one is tired at
B. Apply to oneself
C. To get rid of
D. To have or be too little

32. A man of letters

A. A postman B. A learned man
C. A hypocrite D. An ignorant man

33. A maiden speech

A. A speech made in the parliament
B. A speech made before unmarried girls
C. A speech made by a political leader
D. A speech made for the first time

34. Order of the day

A. An order passed on a particular day
B. A current law
C. Something common or general
D. None of these

35. To end in smoke

A. To make completely understand
B. To ruin oneself
C. To excite great applause
D. None of these

36. To give vent to

A. To allow to flow forth
B. To prove a failure
C. To amass wealth
D. To evade

37. To eat humble pie

A. To apologise or confess
B. To order
C. To flatter
D. To get rid of

38. A black sheep

A. An unlucky person
B. A negro
C. An ugly person
D. None of these

39. To catch a tartar

A. To trap wanted criminal with great difficulty
B. To catch a dangerous person
C. To meet with disaster
D. To deal with a person who is more than one's watch

40. Sit on fence

A. To remain neutral
B. To show contempt
C. To enjoy the surroundings
D. To become fond of

41. Pay off old scores

A. To repay the debt
B. To have revenge
C. To invite
D. Secretly

42. Turn turtle

A. To cheat

B. To be lopsided

C. To frustrate

D. To dance to the tune

43. Wash one's hands of

A. To refuse B. To assist

C. To abuse D. To refuse to be

44. Under duress

A. Under compulsion

B. Willing

C. To elicit information

D. To demand

45. To turn the tables

A. To ruin someone

B. To turn the situation to one's own side

C. To reverse the situation

D. To move from one point to another

46. On the cards

A. Possibly B. Probably

C. Openly D. Likely

47. To leave someone in the lurch

A. To come to compromise with someone

B. Constant source of annoyance to someone

C. To put someone at ease

D. To desert someone in his difficulties

48. To play second fiddle

A. To be happy, cheerful and healthy

B. To reduce importance of one's senior

C. To support the role, and view of another person

D. To do back seat driving

49. To yearn for

A. To weep for

B. To remember

C. To admire

D. To long for intensely

50. Call off

A. To finish B. To withdraw

C. To postpone D. To cry

ANSWERS

1	2	3	4	5	6	7	8	9	10
C	C	C	D	B	D	C	C	C	D
11	12	13	14	15	16	17	18	19	20
A	B	A	C	C	B	A	B	A	C
21	22	23	24	25	26	27	28	29	30
D	D	A	A	C	C	D	C	B	C
31	32	33	34	35	36	37	38	39	40
D	B	D	C	D	A	A	D	B	A
41	42	43	44	45	46	47	48	49	50
B	B	D	A	C	D	D	C	D	B

❑❑❑

8 Narration

Direct and Indirect Narration/Speech

The exact words spoken by the speaker are known as Direct Speech.

The words spoken by somebody and expressed by someone else with some modification are known as Indirect Speech.

(*a*) Ram says to me, "You do not help me."

(*b*) Ram tells me that I do not help him.

The sentence (*a*) shows the words spoken by Ram. So, it is a sentence of Direct Speech.

The sentence (*b*) shows the words spoken by Ram and expressed by someone else with certain modification. So, it is a sentence of Indirect Speech.

The following points should be noted while changing Direct Speech into Indirect speech:

1. The verb outside the inverted commas is called the Reporting Verb.
2. The verb or sentence inside the inverted commas is called the Reported Speech.
3. If the Reporting verb is in the Present or Future Tense, there is no change in the tense in the Reported Speech.
4. If the Reporting Verb is in the Past Tense, the Tense in the Reported Speech is changed.
5. The Reporting verb may be in any Tense, in it the Pronouns are changed as under:
   (*i*) First Person according to Subject
   (*ii*) Second Person according to Object
   (*iii*) Third Person, No change.
6. If the Reporting verb is in the Past Tense the Adverb will change as under in the Indirect Speech.

Direct	***Indirect***
now	then
here	there
after	before
today	that day
yesterday	the previous day
these	those
tomorrow	the next day
last week	the previous week
this	that

7. Adjectives/Determiners are changed as under:

Direct	***Indirect***
this	that
these	those

Rules for Change of Tense

Reporting Verb	Reporting Speech	Change of Tense
Present Tense	Any Tense	No change
Future Tense	Any Tense	No change
Past Tense	Present/Future Tense	Change into corresponding Past Tense
Past Tense	Past Indefinite Tense	Change into Past Perfect Tense
Past Tense	Past Continuous Tense	Change into Past Perfect Continuous Tense
Past Tense	Past Perfect/Perfect Continuous Tense	No change
Past Tense	Universal Truth	No change
Past Tense	Proverb	No change

Transformation of Speech Based on Special Rules

. Rule Related to Interrogative Sentence

- If the answer of an interrogative sentence is possible in yes-no manner.

Illustration.

Dhoni said to Sachin, "Will you help me?"

Dhoni asked Sachin whether he would help him.

(**Note :** The answer of R.S. is possible in yes-no manner)

Rule of Transformation from Direct to Indirect speech

Step I : Change R.V. into ask.

Step II : In place of comma use 'if/whether'.

Step III : Change interrogative sentence into assertive sentence.

- If the answer of an interrogative sentence is not possible in yes-no manner.

Illustration:

Sachin said to Dhoni, "What do you want?"

Sachin asked Dhoni what he wanted.

(**Note :** Only in Step II, you have to avoid comma and inverted comma and rest will be same as mentioned above).

. Rule related to Imperative Sentence

- Imperative sentence is a sentence which shows Order/Advice/Request

Illustration:

My teacher said to me, "Go there".

My teacher ordered me to go there.

Rule of Transformation from Direct to Indirect Speech

Step I : Change R.V. as per meaning/sense of R.S. into order/request/advise.

Step II : In place of comma, use 'to'.

Step III : Rest portion will be same.

. Rule related to Optative Sentence

- Optative sentence is a sentence which expresses the feeling of bless/curse/pray/wish.

Illustration:

Mother said to me, "May you live long!"

Mother blessed me that I might live long.

Rule of Transformation from Direct to Indirect Speech

Step I : Change R.V. as per meaning/sense of R.S. into bless/curse/pray/wish.

Step II : In place of comma, use 'that'.

Step III : Change optative sentence into assertive sentence.

4. Rule related to Exclamatory Sentence

- Exclamatory sentence is a sentence which takes note of exclamatory (!) mark in that sentence showing inner feeling.

Illustration:

She said, "Alas! I am ruined".

She exclaimed with sorrow that she was ruined.

Rule of Transformation from Direct to Indirect Speech

Step I : Change R.V. as per meaning/sense of R.S. into exclaim/exclaims/exclaimed/will or shall exclaim + joy/sorrow/anger/surprise/applause/contempt.

Step II : Change comma into that.

Step III : Change note of exclamation (!) into full stop (.)

Step IV : Change exclamatory sentence into assertive sentence.

Universal, Historical truth, etc.

If the Reported Speech expresses a Universal or Historical or Habitual truth, its Tense will not change.

1. The teacher said to the students, "The sun rises in the east."

   The teacher told the students that the sun rises in the east.

2. My father said to me, "The First Battle of Panipat was fought in 1526."

   My father told me that the First Battle of Panipat was fought in 1526.

Multiple Choice Questions

Directions (Qs. 1 to 13): *Select the correct Indirect Speech for the following sentences:*

1. I said to him, "I shall help you."
   A. I told him that I can help him.
   B. I told him that I would help him.
   C. I told him that I will help him.
   D. I told him that I shall be helping him.

2. My Teacher said to me, "The earth revolves round the sun."
   A. My teacher told me that the earth revolves round the sun.
   B. My teacher told me that the earth revolve round the sun.
   C. My teacher told me that the earth had been revolving round the sun.
   D. My teacher told me that the earth has been revolving round the sun.

3. I said to my friend, "My father daily goes for a walk."
   A. I told my friend that my father daily goes for a walk.
   B. I told my friend that my father daily went for a walk.
   C. I told my friend that my father has to go for a walk.
   D. I told my friend that my father had gone for a walk.

4. He said to me, "May God bless you!"
   A. He requested that God can bless me.
   B. He prayed that God can bless me.
   C. He prayed that God might bless me.
   D. He prayed that God will bless me.

5. The patient said, "Thank you, doctor."
   A. The patient thanked the doctor.
   B. The patient requested the doctor with thanks.
   C. The patient told the doctor thanks.
   D. The patient suggested the doctor thanks.

6. Satish said, "No, I shall not talk to him."
   A. Satish told that he should not talk to him.
   B. Satish suggested that he would not have talked to him.
   C. Satish exclaimed with sorrow that he would not talk with him.
   D. Satish refused to talk to him.

7. The child said, "What a lovely place!"
   A. The child exclaimed with sorrow that it was a lovely place.
   B. The child thought that the place was lovely.
   C. The child exclaimed with joy that the place was very lovely.
   D. The child suggested that the place was lovely.

8. He said, "What a fool I have been!"
   A. He told himself with sorrow that he was a fool.
   B. He confessed with regret that he had been a great fool.
   C. He said himself a fool.
   D. He suggested that he could be a fool.

9. He said, "Alas! I am ruined."
   A. He told me that he had been ruined.
   B. He exclaimed with joy that he had been ruined.
   C. He exclaimed with sorrow that he was ruined.
   D. He told me that he should not be ruined.

10. The accused said, "I am not guilty."
   A. The accused exclaimed with sorrow that I am not guilty.
   B. The accused exclaimed with joy that he was not guilty.
   C. The accused stated that he was not guilty.
   D. The accused told me that he has not been guilty.

11. My teacher said, "The earth is round".
   A. My teacher said that the earth was round.
   B. My teacher says that the earth is round.
   C. My teacher said that the earth is round.
   D. My teacher ordered that the earth is round.

12. He said, "What a place it is!"
A. He said that it was a very fine place.
B. He said that is a very fine place.
C. He said that the place is fine.
D. He exclaimed with joy/surprise that it was a very fine place.

13. Ria said, "Shall I thread the needle?"
A. Ria asked if she should thread the needle.
B. Ria asked if she shall thread the needle.
C. Ria ordered if she should thread the needle.
D. Ria says that if she would thread the needle.

Directions (Qs. 14 to 33): *Pick out the correct alternative that completes the incomplete sentence which is changed into Indirect Narration.*

14. She said to me, "I shall see you as soon as I get time."
She told me:
A. that she will see me as soon as she will get time.
B. that she would see me as soon as she would get time.
C. she would see me whenever she got time.
D. that she would see me whenever she gets time.

15. My secretary said to me, "Your plane will leave if you do not go at once."
My secretary told me that:
A. her plane would leave if she did not go at that time.
B. her plane would leave if I do not go at once.
C. my plane would leave if I did not go at that very time.
D. my plane will leave if I did not go at that time.

16. My mother said to me, "Don't quarrel among yourselves".
My mother:
A. forbade me to quarrel among ourselves.
B. asked me not to quarrel among ourselves.
C. asked me that not to quarrel among ourselves.
D. asked me to quarrel not among ourselves.

17. Her father said to her mother, "Excuse the daughter."
Her father:
A. requested her mother to excuse the daughter.
B. asked her mother to excuse the daughter.
C. asked her mother to have excused the daughter.
D. asked her mother to have been excused.

18. He said to his friend, "Wait here till father comes."
He requested his friend:
A. to wait here till father had come.
B. that to wait there till his friend came.
C. to wait there till father came.
D. to wait here until his friend came.

19. She said to her maid, "Run and catch the thief."
She ordered her maid:
A. ran and catch the thief.
B. that to run and to catch the thief.
C. ran and caught the thief.
D. to run and catch the thief.

20. Anita said to Sunita, "What are you doing?"
Anita asked Sunita:
A. what she will be doing.
B. that what she is doing.
C. that what she was doing.
D. what she was doing.

21. She said to me, "Are you meeting me today?"
She enquired of me:
A. whether I am meeting her that day.
B. whether I was meeting her today.
C. whether I was meeting her that day.
D. I was meeting her that day.

22. Nitish said to me, "When did you buy this pen?"
Nitish asked me:
A. when I was to buy that pen.
B. when I would buy that pen.
C. when I had bought that pen.
D. when I was buying that pen.

23. She said to me, "Are you going to market?"
She enquired of me:
A. I am going to market.
B. I was going to market.
C. if I was going to market.
D. if I had been going to the market.

24. Damini said, "Why did not you change your clothes?"
Damini asked me:
A. why I had not changed my clothes.
B. why I did not change my clothes.
C. why I would not change my clothes.
D. why I have not been changing my clothes.

25. Umesh said to me, "Have you read that novel?"
Umesh asked me:
A. if he was reading that novel.
B. if he had read that novel.
C. if I had read that novel.
D. if I was reading that novel.

26. She said to me, "I shall forgive you."
She told me:
A. that she will forgive me.
B. that she was going to forgive me.
C. that she will not forgive me.
D. that she would forgive me.

27. I said to her, "It was very hot last night."
I told her:
A. that it had been very hot the previous night.
B. that it was very hot the previous night.
C. that it has been very hot the last night.
D. that it had been very hot this night.

28. She said to me, "I thank you for the help you have given."
She:
A. told me that she thanked me for the help I had given.
B. thanked me for the help I have given.
C. thanked to me for the help I have given.
D. thanked me for the help I had given.

29. Mohini said to me, "Trust in God."
Mohini advised me:
A. that I should trust in God.
B. should trust in God.
C. trusted in God.
D. to trust in God.

30. I said to him, "Let us go to school."
I told him:
A. we would go to school.
B. we shall go to school.
C. that we would go to school.
D. that we should go to school.

31. Rajni said, "May God bless you?"
Rajni:
A. exclaimed with wish that God might bless me.
B. expressed a wish that God might bless me.
C. asked God to bless me.
D. shouted with joy to bless me.

32. My mother said me, "Do not have so many friends."
My mother forbade me:
A. to have so many friends.
B. not to have so many friends.
C. to have been so many friends.
D. to possess so many friends.

33. Ram said, "Pay attention to me."
Ram asked:
A. pay attention to him.
B. paid attention to him.
C. having paid attention to him.
D. to pay attention to him.

Directions (Qs. 34 to 50): *In questions below, the sentences have been given in Direct/Indirect Speech. Out of the four alternatives suggested select the one which best expresses the given sentence in Indirect/Direct Speech.*

34. She said that her brother was getting married
A. She said, "Her brother is getting married."
B. She told, "My brother is getting married"
C. She said, "My brother is getting married".
D. She said, "My brother was married".

35. "Please don't go away", she said.
A. She said to please her and not go away.
B. She told me to go away.
C. She begged me not to go away.
D. She begged that I not go away.

36. "If you don't keep quiet I shall shoot you", he said to her in a calm voice.

A. He warned her to shoot if she didn't keep quiet calmly.
B. He said calmly that I shall shoot you if you don't be quiet.
C. He warned her calmly that he would shoot her if she didn't keep quiet.
D. Calmly he warned her that be quiet or else he will have to shoot her.

37. I told him that he was not working hard.

A. I said to him, "You are not working hard."
B. I told him, "You are not working hard."
C. I said, "You are not working hard."
D. I said to him, "He is not working hard."

38. She said that she would finish the work the next day.

A. She said, "I will finish the work the next day."
B. She said, "I will finish the work tomorrow."
C. She said, "You will finish the work tomorrow."
D. She said, "I finished the work."

39. She said to him, "Why don't you go today?"

A. She asked him why he did not go that day.
B. She said to him that why he don't go today.
C. She asked him not to go today.
D. She asked him why he did not go today.

40. "Are you alone, my son?" asked a soft voice close behind me.

A. A soft voice asked that what I was doing there alone.
B. A soft voice said to me are you alone son.
C. A soft voice from my back asked if I was alone.
D. A soft voice behind me asked if I was alone.

41. My cousin said, "My room-mate had snored throughout the night."

A. My cousin said that her room-mate snored throughout the night.
B. My cousin told me that her room-mate snored throughout the night.
C. My cousin complained to me that her room-mate is snoring throughout the night.
D. My cousin felt that her room-mate may be snoring throughout the night.

42. He asked Rama if he needed his help then.

A. He said to Rama, "Do you need my help?"
B. He told Rama, "Tell me if you need help."
C. He asked Rama, "Do I need your help?"
D. He said to Rama, "Do you need my help now?"

43. Nita ordered her servant to bring her a cup of tea.

A. Nita told her servant, "Bring a cup of tea."
B. Nita said, "Bring me a cup of tea."
C. Nita said to her servant, "Bring me a cup of tea."
D. Nita said to her servant, "Bring her that cup of tea."

44. He exclaimed with joy that India had won the Sahara Cup.

A. He said, "India has won the Sahara Cup."
B. He said, "India won the Sahara Cup."
C. He said, "How! India will win the Sahara Cup."
D. He said, "Hurrah! India has won the Sahara Cup."

45. The boy said, "Who dare call you a thief?"

A. The boy enquired who dared call him a thief.
B. The boy asked who called him a thief.
C. The boy told that who dared call him a thief.
D. The boy wondered who dared call a thief.

46. The little girl said to her mother, "Did the sun rise in the East?

A. The little girl said to her mother that the sun rose in the East.
B. The little girl asked her mother if the sun rose in the East.
C. The little girl said to her mother if the sun rises in the East.
D. The little girl asked her mother if the sun is in the East.

47. Dhruv said that he was sick and tired of working for that Company.

A. Dhruv said, "I am sick and tired of working for this Company."

B. Dhruv said, "He was tired of that Company."

C. Dhruv said to me, "I am sick and tired of working for this Company."

D. Dhruv said, "I will be tired of working for that Company."

48. He said to his father, "Please increase my pocket-money."

A. He told his father, please increase the pocket-money.

B. He pleaded his father to please increase my pocket-money.

C. He requested his father to increase his pocket-money.

D. He asked his father increase his pocket-money.

49. She said to her friend, "I know where is everyone."

A. She told that she knew where was everyone.

B. She told her friend that she knew where was everyone.

C. She told her friend she knew where is everyone

D. She told her friend that she knows where was everyone.

50. His father ordered him to go to his room and study.

A. His father said, "Go to your room and study."

B. His father said to him, "Go and study in your room."

C. His father shouted, "Go right now to your study room."

D. His father said firmly, "Go and study in your room."

ANSWERS

1	2	3	4	5	6	7	8	9	10
B	A	A	C	A	D	C	B	C	C
11	12	13	14	15	16	17	18	19	20
C	D	A	B	C	A	B	C	D	D
21	22	23	24	25	26	27	28	29	30
C	C	C	A	C	D	A	A	A	D
31	32	33	34	35	36	37	38	39	40
B	A	D	C	C	C	A	B	A	D
41	42	43	44	45	46	47	48	49	50
A	D	C	B	A	B	A	C	B	A

❑❑❑

9 Voice

A sentence in active voice focuses on the person or thing doing the action. A sentence in passive voice focuses on the person or thing affected by the action.

e.g.,

The idol was built. (Active voice)
Someone built the idol. (Passive voice)

Transformation of Voice

- Voice and Tense are closely associated with each other.
- Tense plays an important role while transforming the voice.

On the basis of following points, voice can be transformed from active to passive voice.

The Present Indefinite Tense

Active voice: Subject + V_1 + Object
Passive voice: Subject + is, am, are + V_3 + by + Object

1. **Active voice:** He sings sweet songs.
   Passive voice: Sweet songs are sung by him.
2. **Active voice:** She does not cause any hindrance in my work.
   Passive voice: No hindrance in my work is caused by her.
3. **Active voice:** Do they love their country?
   Passive voice: Is their country loved by them?

The Present Continuous Tense

Active voice: Subject + is/am/are + V_1 + ing + Object.
Passive voice: Subject + is/am/are + being + V_3 + by + Object.

1. **Active voice:** She is cooking food.
   Passive voice: Food is being cooked by her.
2. **Active voice:** Rita is not knitting a sweater.
   Passive voice: A sweater is not being knitted by Rita.
3. **Active voice:** Is Meena baking a cake?
   Passive voice: Is a cake being baked by Meena?

The Present Perfect Tense

Active voice: Subject + has/have + V_3 + Object.
Passive voice: Subject + has/have + been + V_3 + by + Object.

1. **Active voice:** I have written an essay.
   Passive voice: An essay has been written by me.
2. **Active voice:** They have not whitewashed the fence.
   Passive voice: The fence has not been whitewashed by them.
3. **Active voice:** Have you cut the cake?
   Passive voice: Has the cake been cut by you?

The Past Indefinite Tense

Active voice: Subject + V_2 + Object
Passive voice: Subject + was/were + V_3 + by + Object

1. **Active voice:** He composed a new song.
   Passive voice: A new song was composed by him.
2. **Active voice:** He did not operate the computer.
   Passive voice: The computer was not operated by him.
3. **Active voice:** Did she catch a fish?
   Passive voice: Was a fish caught by her?

The Past Continuous Tense

Active voice: Subject + was/were + V_1 + ing + Object

Passive voice: Subject + was/were + being + V_3 + by + Object

1. **Active voice:** The farmers were ploughing the fields.
   Passive voice: The fields were being ploughed by the farmers.
2. **Active voice:** He was not administering the new drug to the patient.
   Passive voice: The new drug was not being administered to the patient by him.
3. **Active voice:** Was she sewing a dress?
   Passive voice: Was a dress being sewn by her?

The Past Perfect Tense

Active voice: Subject + had + V_3 + Object.

Passive voice: Subject + had + been + V_3 + by + Object

1. **Active voice:** He had issued me an import licence.
   Passive voice: I had been issued an import licence.
2. **Active voice:** We had not visited the Taj.
   Passive voice: The Taj had not been visited by us.
3. **Active voice:** Who had taught you English?
   Passive voice: By whom had you been taught English?

The Future Indefinite Tense

Active voice: Subject + will/shall + V_1 + Object.

Passive voice: Subject + will/shall + be + V_3 + by + Object.

1. **Active voice:** He will remove the dust from the shelf.
   Passive voice: The dust from the shelf will be removed by him.
2. **Active voice:** He will not open the main gate.
   Passive voice: The main gate will not be opened by him.
3. **Active voice:** Will you help us?
   Passive voice: Shall we be helped by you?

The Future Perfect Tense

Active voice: Subject + will/shall + have + V_3 + Object.

Passive voice: Subject + will/shall + have + been + V_3 + by + Object.

1. **Active voice:** They will have sold their house by then.
   Passive voice: Their house will have been sold by them by then.
2. **Active voice:** He will not have informed the police about it.
   Passive voice: The police will not have been informed about it by him.
3. **Active voice:** Will they have accepted the deal?
   Passive voice: Will the deal have been accepted by them?

Imperative Sentences

1. **Active voice:** Open the window.
   Passive voice: You are ordered to open the window.

   Or

   Let the window be opened.
2. **Active voice:** Please/kindly open the window.
   Passive voice: You are requested to open the window.
3. **Active voice:** Never make a noise.
   Passive voice: A noise should never be made.

Infinitives

1. **Active voice:** It is time to open the shop.
   Passive voice: It is time for the shop to be opened.
2. **Active voice:** He begged the officer to forgive him.
   Passive voice: He begged the officer to be forgiven.
3. **Active voice:** He has to break the door.
   Passive voice: The door has to be broken by him.

Prepositional Verb

1. **Active voice:** She laughed at the beggar.
   Passive voice: The beggar was laughed at by her.
2. **Active voice:** He listened to the news.
   Passive voice: The news was listened to by him.
3. **Active voice:** They called in the doctor.
   Passive voice: The doctor was called in by them.

Double Object

1. **Active voice:** He gave me a pen.
   Passive voice: A pen was given to me by him.
   Or
   I was given a pen by him.
2. **Active voice:** She told us a story.
   Passive voice: A story was told (to) us by her.
   Or
   We were told a story by her.

Use of Preposition other than 'by'

1. **Active voice:** The jug contains juice.
   Passive voice: Juice is contained in the jug.
2. **Active voice:** The audience thronged the hall.
   Passive voice: The hall was thronged with the audience.
3. **Active voice:** I know her.
   Passive voice: She is known to me.

Quasi Passive Verbs

1. **Active voice:** Quinine tastes bitter.
   Passive voice: Quinine is bitter when tasted.
   Or
   Quinine is bitter when it is tasted.
2. **Active voice:** Sugar is sweet (to taste).
   Passive voice: Sugar is sweet when tasted.
   Or
   Sugar is sweet when it is tasted.

Implied Sentences

1. **Active voice:** The driver drove the bus.
   Passive voice: The bus was driven.
2. **Active voice:** Someone read the news.
   Passive voice: The news was read.
3. **Active voice:** They say work is worship.
   Passive voice: It is said that work is worship.

Multiple Choice Questions

Directions (Qs. 1 to 20): *In the following questions, a sentence has been given in Active/Passive Voice. Out of the four alternatives suggested, select the one that Best Expresses the same sentence in Passive/Active Voice.*

1. Circumstances will oblige me to go.
   A. I will oblige the circumstances and go.
   B. I shall be obliged to go by the circumstances.
   C. Under the circumstances, I should go.
   D. I shall be obliged by the circumstances to go.
2. We waste much time on trifles.
   A. Much time was wasted on trifles.
   B. Much time will be wasted on trifles.
   C. Much time is wasted by us on trifles.
   D. Much time is wasted on trifles.
3. Mohan gave the beggar an old shirt.
   A. An old shirt was given to Mohan by the beggar.
   B. An old shirt was given to the beggar by Mohan
   C. The begger was gave an old shirt by Mohan.
   D. An old shirt was gave to the beggar by Mohan.
4. They have made him a king.
   A. A king has been made by him.
   B. He was made a king by them.
   C. They have been made kings by him.
   D. He has been made a king by them.

5. Who taught you English?
A. By whom English was taught to you?
B. By whom you were taught English?
C. By whom was English taught to you?
D. By whom are you taught English?

6. Was he knocking at the door?
A. Was the door being knocked at by him?
B. Was the door being knocked by him?
C. Was the door knocked by him?
D. Was the door knocking at him?

7. What was Rani doing?
A. What was done by Rani?
B. What was Rani being done?
C. What was being done by Rani?
D. What was being doing Rani?

8. Why were you wasting your time?
A. Why was your time being wasted?
B. Why was your time being wasted by you?
C. Why was your time wasted by you?
D. Why was your time wasted?

9. She has laid out a small garden.
A. A small garden has been laid by her.
B. A small garden has laid her.
C. A small garden being laid by her.
D. A small garden has been laid out by her.

10. She had already solved all the sums.
A. All the sums had already been solved by her.
B. All the sums have already been solved by her.
C. All the sums have been solved by her.
D. All the sums are solved by her.

11. He will have posted the letter.
A. The letter has been posted by him.
B. The letter will be posted by him.
C. The letter will have been posted by him.
D. The letter is posted by him.

12. They will have sold all the books by 4 P.M.
A. All the books will be sold by 4 P.M.
B. All the books will have been sold by 4 P.M.
C. All the books were being sold by 4 P.M.
D. All the books must be sold by 4 P.M.

13. Do you speak English?
A. Is English spoken by you?
B. Does English spoken by you?
C. Is English being spoken by you?
D. Does English being spoken by you?

14. Had they seen me before?
A. Had myself been seen by them before?
B. Had me being seen by them before?
C. Had I been seen by them before?
D. Had I being seen by them before?

15. May I take this pen?
A. May this pen will be taken by me?
B. May this pen shall be taken by me?
C. May this pen should be taken by me?
D. May this pen be taken by me?

16. Can we send it by air?
A. Can this be sent by air?
B. Can it be sent by air?
C. Can it go by air?
D. Can it be send by air?

17. Who wrote this book?
A. By whom was this book written?
B. By whom is this book written?
C. By whom was this book being written?
D. By whom is this book being written?

18. What did you buy?
A. What is bought by you?
B. What is being bought by you?
C. What was bought by you?
D. What was being bought by you?

19. Whom do you want?
A. Who is wanted by you?
B. Who is being wanted by you?
C. You are wanted by whom?
D. You are being wanted by whom?

20. When will you raise this question?
A. When this question will be raised by you?
B. When will this question be raised by you?
C. When this question is being raised by you?
D. When is this question being raised by you?

Directions (Qs. 21 to 35): *In each of the following questions, a sentence is given in Active Voice. Below it are given four alternatives suggesting the Passive Voice form of the above sentence. Choose the correct alternative.*

21. Who did this?
A. This was done by whom?
B. By whom was this done?
C. Who has done this?
D. By whom this was done?

22. One should keep ones promises.
A. Promises should be kept.
B. Ones promises should be kept by one.
C. Promises must be kept.
D. Ones promises one should keep.

23. Give the order.
A. Order given.
B. Order be given.
C. Let the order be given.
D. Order may be given by you.

24. You will have to do it.
A. It will be done by you.
B. It will have to be done by you.
C. It has to be done by you.
D. It would have to be done by you.

25. Keep to the left.
A. You are ordered to keep to the left.
B. You ought to keep to the left.
C. You are advised to keep to the left.
D. You must keep to the left.

26. They will arrange a party.
A. A party will have to be arranged by them.
B. A party they will have to arrange.
C. A party will be arranged by them.
D. A party by them will be arranged.

27. Someone has picked my pocket.
A. My pocket is picked.
B. My pocket has picked.
C. My pocket has been picked.
D. My pocket was picked.

28. He kept me waiting.
A. I kept waiting for him.
B. I kept waiting by him.
C. I was waiting for him.
D. I was kept waiting by him.

29. Why do you tell a lie?
A. Why is a lie told by you?
B. Why is told a lie by you?
C. Why is told by you a lie?
D. Why has a lie been told by you?

30. I have written a letter.
A. A letter is written by me.
B. A letter has been written by me.
C. A letter was written by me.
D. A letter had been written by me.

31. They will have helped you.
A. You will have helped by them.
B. You will have been helped by them.
C. You will be helped by them.
D. You will be helped by them.

32. Open the door.
A. Door may be opened.
B. Let the door be open.
C. Let the door be opened.
D. Door be opened.

33. I am reading a book.
A. A book is read by me.
B. A book is being read by me.
C. A book has been read by me.
D. A book in been read by me.

34. Why did your brother write such a letter?
A. Why your brother wrote such a letter?
B. Why was by brother written such a letter?
C. Why was such a letter written by your brother?
D. Why was written such a letter by your brother?

35. Did you run a great risk?
A. Was a great risk run by you?
B. Was run a great risk by you?
C. Was by you run a great risk?
D. Had you run a great risk?

Directions (Qs. 36 to 45): *In each of the following questions, a sentence is given in Passive Voice. Below it are given four alternatives suggesting the Active Voice form of the above sentence. Choose the correct alternative.*

36. He was made king.
A. He became king.
B. They made him king.
C. They had made him king.
D. He has been made king.

37. Good news is expected by us.
A. We are expecting good news.
B. We have been expecting good news.
C. We had expected good news.
D. We expect good news.

38. The child must be looked after.
A. The child you must look after.
B. You must look after the child.
C. You must look the child after.
D. You may look after the child.

39. What is wanted by you?
A. What you want?
B. What did you want?
C. What do you want?
D. What you do want?

40. Your father is known to me.
A. I am known to your father.
B. I know your father.
C. I have known your father.
D. I knew your father.

41. She may be told the story by you.
A. The story may be told by you to her.
B. You may tell the story to her.
C. You may tell her the story.
D. You may tell to her the story.

42. Duty ought to be done.
A. Let duty be done.
B. One ought to do one's duty.
C. One should do his duty.
D. Do you duty.

43. Is English spoken by you?
A. Did you speak English?
B. Do you speak English?
C. Have you spoken English?
D. Do you know how to speak English?

44. Gold coins are contained in this box.
A. This box contains gold coins.
B. This box has contained gold coins.
C. This box is containing gold coins.
D. This box has gold coins.

45. Character is revealed by manners.
A. Manners revealed character.
B. Manners reveal character.
C. Manners have revealed character.
D. Manners do reveal character.

ANSWERS

1 D	**2** C	**3** B	**4** D	**5** C	**6** A	**7** C	**8** B	**9** D	**10** A
11 C	**12** B	**13** A	**14** C	**15** D	**16** B	**17** A	**18** C	**19** A	**20** B
21 B	**22** A	**23** C	**24** B	**25** C	**26** C	**27** C	**28** D	**29** A	**30** B
31 B	**32** C	**33** B	**34** C	**35** A	**36** B	**37** D	**38** B	**39** C	**40** B
41 C	**42** B	**43** B	**44** A	**45** B					

❑❑❑

10 Sentence Completion

Filling the blanks is such an exercise that starts with the primary schools and continues at the highest level of competitive examinations. One must practise it regularly to score well.

Multiple Choice Questions

Directions: *Pick out the most effective word(s) from the given words to fill in the blanks and make the sentence meaningfully complete.*

1. One requires great .... to teach and handle little children who are restless.
A. patience B. attitude
C. determination D. knowledge

2. The researchers will .. .. some of the causes of increasing poverty in the state.
A. fund B. investigate
C. promote D. circulate

3. I usually perform .... when nobody is watching me.
A. alone B. good
C. better D. hard

4. It was .... to everyone that the minister had been drinking.
A. observed B. known
C. discovered D. realised

5. I would rather stay indoors .... the rain stops.
A. so B. waiting
C. until D. usually

6. The process should be completed as far as possible within a week, ... which the matter should be brought to notice of the officer concerned.
A. following B. failing
C. realizing D. referring

7. The officers are ..... to regular transfers.
A. free B. open
C. subject D. available

8. All letters received from Government should ..... be acknowledged.
A. suddenly
B. obviously
C. immediately
D. occasionally

9. Mumbai office ..... a meeting of senior officials to discuss the high incidence of frauds.
A. attended B. convened
C. reported D. registered

10. The note should be ..... to all the concerned departments for their consideration.
A. regulated B. requested
C. carried D. forwarded

11. Your present statement does not .... what you said last week.
A. accord to B. accord in
C. accord with D. accord for

12. I had a vague .... that the lady originally belonged to Scotland.
A. notion B. expression
C. imagination D. theory

13. The prisoner showed no .... for his crimes.
A. hatred B. obstinacy
C. remorse D. anger

14. It is inconceivable that in many schools children are subjected to physical .... in the name of discipline.
A. violation B. exercise
C. violence D. security

15. We have not yet fully realised the .... consequences of the war.
A. happy B. pleasing
C. grim D. exciting

16. Happiness consists in being .... what we have.
A. contented to B. contented with
C. contented for D. contented in

17. His rude behaviour is a .... his organization.
A. disgrace for
B. disgrace on
C. disgrace upon
D. disgrace to

18. No child is .... understanding. One has to wait and provide proper guidance.
A. dull to B. dull in
C. dull of D. dull for

19. I am fully .... the problems facing the industry.
A. alive with B. alive to
C. alive for D. alive on

20. The Romans were .... science.
A. bad in B. bad to
C. bad for D. bad at

21. Although I was .... of his plans, I encouraged him, because there was no one else who was willing to help.
A. sceptical B. remorseful
C. fearful D. excited

22. You have no business to .... pain on a weak and poor person.
A. inflict B. put
C. direct D. force

23. Her uncle died in a car accident. He was quite rich. She suddenly .... all her uncle's money.
A. succeeded B. caught
C. gave D. inherited

24. There was a major accident. The plane crashed. The pilot .... did not see the tower.
A. likely B. probably
C. scarcely D. hurriedly

25. The car we were travelling in .... a mile from home.
A. broke off B. broke down
C. broke into D. broke up

26. What are you .... in the kitchen cupboard?
A. looking in B. looking on
C. looking to D. looking for

27. I did not see the point of .... waiting for them, so I went home.
A. hanging around B. hang on
C. hang together D. hanging up

28. He lost confidence and .... of the deal at the last minute.
A. backed out B. backed on
C. backed down D. backed onto

29. To the dismay of all the students, the class monitor was ..... berated by the principal at a school assembly.
A. critically B. ignominiously
C. prudently D. fortuitously

30. All attempts to revive the fishing industry were ..... failure.
A. foredoomed to B. heading at
C. predicted for D. estimated to

31. There are ..... parked outside than yesterday.
A. fewer cars
B. few cars
C. less cars
D. a small number of cars

32. The minister had to ..... some awkward questions from reporters.
A. fend B. fend at
C. fend out D. fend off

33. The ..... of evidence was on the side of the plaintiff since all but one of the witnesses testified that his story was correct.
A. propensity B. force
C. preponderance D. brunt

34. Attention to detail is ..... of a fine craftsman.
A. hallmark B. stamp
C. seal of authority D. authenticity

35. Behaving in a .... and serious way, even in a .... situation, makes people respect you.
A. calm, difficult
B. steady, angry
C. flamboyant, tricky
D. cool astounding

36. Along with a sharp rise in ...., a recession would eventually result in more men, women, and children living in ....
A. crime, apathy
B. fatalities, poor
C. deaths, slums
D. unemployment, poverty

37. The government has .... to provide financial aid to the ones .... by severe floods in the city.
A. desired, troubled B. promised, havoc
C. failed, affected D. wanted, struck

38. An airplane with .... passengers on board made an unscheduled .... as the airport to which it was heading was covered with thick fog.
A. imitable, slip B. faulty, stop
C. variety, halt D. numerous, landing

39. Deemed universities .... huge fees, but have not been successful in providing .... education to our students.
A. collect, maintaining
B. pay, better
C. ask, good
D. charge, quality

40. If the banks desire to .... profit, they should get rid of .... measures.
A. lose, concentrate
B. increase, populist
C. earn, unhealthy
D. maximise, traditional

41. Leadership defines what the future should look like and ...... people with that vision.
A. aligns B. develops
C. trains D. encourages

42. We upset ourselves by responding in an ...... manner to someone else's actions.
A. unabashed B. irrational
C. arduous D. arguable

43. All the people involved in that issue feel a great ...... to his suggestion.
A. contradiction B. adherence
C. indifference D. repugnance

44. These elections will be remembered as much for its anti-incumbency mood as for its ...... mandate.
A. invincible B. rational
C. unprecedented D. deliberate

45. How do you expect us to stay in such a ...... building even if it can be hired on a nominal rent?
A. scruffy B. disperate
C. fragmented D. robust

46. ...... efforts from all concerned are required to raise the social and economic conditions of our countrymen.
A. Perpetual B. Dynamic
C. Massive D. Exploring

47. Many companies see technology as a ...... for a whole host of business problems.
A. consideration B. preference
C. linking D. panacea

48. Known as devout and serious person, she also has ...... sense of humour.
A. better B. plentiful
C. quick D good

49. The matter would have become serious if ...... action had not been taken.
A. hasty B. fast
C. timely D. unusual

50. The ...... with which he is able to yield the paint brush is really remarkable.
A. ease B. practice
C. majesty D. sweep

51. You must ensure the correctness of the information before ....
A. drawing B. enabling
C. learning D. jumping

52. The rocket .... the target and did not cause any casualty.
A. sensed B. reached
C. missed D. exploded

53. It is desirable to take .... in any business if you want to make profit.
A. advice B. risk
C. loan D. recourse

54. They wasted all the money on purchase of some .... items.
A. excellent B. important
C. significant D. trivial

55. When he found the wallet his face glowed but soon it faded as the wallet was ....
A. empty B. vacant
C. recovered D. stolen

56. He has served the country by .... many significant positions.
A. appointing
B. creating
C. developing
D. holding

57. The frequent errors are a result of the student's ....
A. talent B. smartness
C. carelessness D. perception

58. The robbers eventually .... in breaking into the house.
A. succeeded B. decided
C. caught D. trained

59. I finally .... her to stay another day.
A. advised B. persuaded
C. suggested D. called

60. Most of the people who .... the book exhibition were teachers.
A. witnessed B. presented
C. conducted D. attended

ANSWERS

1 A	**2** B	**3** C	**4** A	**5** C	**6** B	**7** C	**8** C	**9** B	**10** D
11 C	**12** A	**13** C	**14** C	**15** C	**16** B	**17** D	**18** B	**19** B	**20** D
21 B	**22** C	**23** C	**24** B	**25** C	**26** C	**27** D	**28** A	**29** B	**30** A
31 A	**32** D	**33** D	**34** A	**35** A	**36** D	**37** C	**38** D	**39** C	**40** B
41 A	**42** A	**43** D	**44** C	**45** A	**46** A	**47** D	**48** D	**49** C	**50** A
51 A	**52** C	**53** B	**54** D	**55** A	**56** D	**57** C	**58** A	**59** B	**60** D

11 Sentence Improvement

One may use the same words in many ways but the best way is only one that makes the perfect usage of the words and conveys the proper meaning of the expression. Try it yourself in the following questions.

Multiple Choice Questions

Directions: *In these questions, a part of the sentence is bold. Below are given alternatives to the bold part at A, B and C which may improve the sentence. Choose the correct alternative. In case no improvement is needed, your answer is 'D'.*

1. Discreet salience **is extremely important** to create that 'irresistible-yet-unattainable' image for brands that want to take India seriously

A. was extremely important
B. is mainly important
C. was important extremely
D. No Improvement

2. This, over a designer outfit that he wanted for a friend's party and **that his sensitive** parents refused him.

A. which his sensitive
B. which his insensitive
C. that his insensitive
D. No Improvement

3. Goa was full of non-Goa property hunters **rushing about buying up the place** like tomorrow was an expired lease.

A. rushing in buying up the place
B. rushed about buying up the place
C. rushing about to buy up the place
D. No Improvement

4. Property hunting is a **tired and hungry** making business.

A. is a tiresome and hungry
B. is a tiring and hungry
C. is a tiring and waste
D. No Improvement

5. Cultural differences aside, **till luxury need speaks** in a manner that befits.

A. luxury still needs to speak
B. luxury still need to speak
C. luxury till need to speak
D. No Improvement

6. Indian food—the culinary avatar of the subcontinent's social history presented on a platter—**is without doubt the best food** in the world.

A. is undoubtedly the greatest food
B. is without doubt greatest food
C. is best food without doubt
D. No Improvement

7. It must retain the language of poetry. **It needed to create** stories, and not statements.
A. It needed creating
B. It needs creating
C. It needs to create
D. No Improvement

8. This year, Asia-Pacific has become the first region **to reach aggregate profiting** in biotech.
A. to reach aggregated profitability
B. to reach aggregate profitability
C. to reach aggregate of profit
D. No Improvement

9. India is deviating to embrace the West. If Western luxury brands deviate a little, **albeit selectively**, they will find rich Indian arms open far and wide.
A. though selectively
B. however selectively
C. albeit selectedly
D. No Improvement

10. China and India continued to attract attention and deals, motivated by the desire to increase access to these **largest and growing** drug markets and by the need to lower the costs of drug development.
A. larger and growing
B. large and growing
C. larger and grown
D. No Improvement

11. Luxury brands are **still above of the** clover curve here, with their elite (small) audiences.
A. still ahead of the
B. still in the
C. still far of the
D. No Improvement

12. Agencies **hence needed to be** sure of returns before investing, say admen.
A. hence needs to be
B. so needs to be
C. hence need to be
D. No Improvement

13. India is still a nascent market and that's the spirit everyone's **looking at it**.
A. looking for it B. looking in it
C. looking with it D. No Improvement

14. Questioning the state's move to allow women to serve liquor but not dance in bars **of the ground that** dancing aroused physical lust.
A. on the grounds that
B. of the grounds that
C. over the grounds that
D. No Improvement

15. For England the positives from their crushing series lose come in the shape of James Anderson and Kevin Pietersen, **both of which** have made significant strides up the rankings.
A. both of which B. both of whom
C. both of who D. No Improvement

16. International campaigns can work well for luxury here, **but context cannot be** ignored.
A. so context cannot be
B. but context cannot
C. but context couldn't
D. No Improvement

17. For one, the Indian luxury context, **while evolved rapidly**, still has its own meaning, and its own implications.
A. while evolved rapid
B. which evolving rapidly
C. while evolving rapidly
D. No Improvement

18. But too much of availability can compromise a luxury brand or **made it lose** its lustre.
A. make her lose B. make him lose
C. make it lose D. No Improvement

19. Still, it's under-the-upper **layers themselves who** are aspiring for slivers of luxury.
A. layers themselves which
B. layer itself who
C. layers themself which
D. No Improvement

20. It is like saying Hindi movies, with skimpily dressed dancers, would **effect public** order.
A. effect your B. affect public
C. affected public D. No Improvement

21. The court held that a few women being involved in prostitution was no **justice to deny other** bar girls the right to livelihood.
A. justification to declare other
B. justification to deny other
C. justice to let other
D. No Improvement

22. All-rounder cricketer has also made some progress **over the** player rankings.
A. above the B. at the
C. up the D. No Improvement

23. Former minister on Sunday **joined hands** with a suspended Lok Sabha member to float a new political outfit.
A. folded hands
B. walked hand in hand
C. shaked hands
D. No Improvement

24. Pakistan's former ministers will meet in London on Monday **to ask** a strategy to return home from exile.
A. to chalk out
B. to negotiate
C. to create
D. No Improvement

25. It's a family potboiler, medical thriller and political drama **all in one**–except that it's all too real and all too grim.
A. all 3 in one
B. all coupled into one
C. all rolled into one
D. No Improvement

26. India's efforts to get international support for its civil nuclear energy programme got **a go ahead on** Sunday as Germany indicated it would not come in the way of the India-US nuclear deal.
A. a life in B. a boost on
C. a boost at D. No Improvement

27. Is it time for old bungalows to **bite the dust**?
A. go down B. get down
C. come down D. No Improvement

28. The bungalows was an outward manifestation of a certain **way in life**, and with that era gone.
A. way for life B. way of life
C. way at life D. No Improvement

29. The builder Mittals will reportedly **raise their money**-raking high-rise behind it.
A. highten their money
B. rise their money
C. raise there money
D. No Improvement

30. The impatient present has usually demolished **more of the** past before we wake up to the irretrievable loss.
A. much of B. much of their
C. much of the D. No Improvement

31. Preservation is a romantic notion; demolition **quiet** more practical reasons.
A. has many, B. had many,
C. have many, D. No Improvement

32. You must get back to your **charming self** and impress the audience with your social skills.
A. own self B. main self
C. own uniqueness D. No Improvement

33. Stay focused on your goals and don't **get disturbed by** non-materialistic possessions.
A. get involved by
B. get betrayed by
C. get distracted by
D. No Improvement

34. You may appear more optimistic than your detractors **may want it to be.**
A. want you to be
B. wish yourself to be
C. seek you be
D. No Improvement

35. There are a number of mineral springs in the Czech territory, which **has been used** for medicinal purposes since the early 15th century.
A. have been used B. had been used
C. has being used D. No Improvement

36. The picturesque mountains **offer**s excellent bungee jumping spots.

A. shows B. provides
C. offer D. No Improvement

37. Begin your **meal with** traditional faves like potato soup, beef soup with liver dumplings or dill soup made from sour milk.

A. meals with B. meal in
C. meals of D. No Improvement

38. You can also **go to the** National Museum building and the famous Prague State Opera.

A. went to B. visit the
C. saw D. No Improvement

39. If they close the Gulf for a **length of time** to shipping, then certainly we could look at $150, probably higher.

A. larger amount of time
B. larger duration of time
C. larger amount of hours
D. No Improvement

40. **More of them** are owned by the state and even the privately-owned ones are open to the public.

A. Most of which B. Most of them
C. Most of all D. No Improvement

41. Constructed in the ninth century by the Prince Booivoj, the castle has transformed **oneself** from a wooden fortress surrounded by earthen bulwarks to the imposing form it has today.

A. himself B. herself
C. itself D. No Improvement

42. Apart from frequent art exhibitions, **their are also** permanent collections devoted to archaeology, anthropology, mineralogy, natural history and numismatics.

A. there is also B. there are also
C. their are also D. No Improvement

43. You can visit the Czech Museum of Fine Arts, **at a** permanent exhibition on Czech Kubism.

A. with a
B. for a
C. in a
D. No Improvement

44. Tensions **above** Iran come at a time of strong demand for energy.

A. under B. inside
C. over D. No Improvement

45. Because its shores line the narrow Straits of Hormuz, Iran **could quickly hit** both military and commercial shipping.

A. will quickly hit
B. shall quickly hit
C. will be quick hitting
D. No Improvement

46. For most people who exercise **at the** morning, there is no getting around the question: Eat and run? Or run and eat later?

A. in the
B. in
C. at the time of
D. No Improvement

47. Are ad agencies even attempting to peer into the keyhole of this indulgence sanctum to garner consumer insights **ahead of** the curve?

A. above
B. over
C. within
D. No Improvement

48. Too many people rush into the world of credit and don't stop to think about how **their actions could affect their** credit score and ability to qualify for credit in the future.

A. their actions may affect their
B. their actions might affect their
C. their actions will affect their
D. No Improvement

49. According to the report, **number of deal with** vaccines were energized by concerns around avian flu, SARS, and biodefence products, while looming patent expirations led to more deals in generics.

A. number of deals in
B. number of deal in
C. number of deals with
D. No Improvement

50. This is how the Bombay High Court responded to the state government's purported **moral stand which** dance bars were causing grave harm to society.
A. moral stand in
B. moral stand at
C. moral stand that D. No Improvement

51. If you have a high credit limit, use **at least a** third of it.
A. atleast a
B. at last a
C. utmost a
D. No Improvement

52. Fitness experts will say that **first eating provides** fuel for a proper workout.
A. eating in the beginning provides
B. first eat provides
C. eating first provides
D. No Improvement

53. One study that examined the claim directly in 1995 found that a group of people did **burned much calories from fat on days** when they exercised on an empty stomach than on days when they had a small breakfast first.
A. burn more calories from fat on days
B. burn more calorie from fat on days
C. burnt more calories from fat on days
D. No Improvement

54. Carefree children spent their afternoons **to run about barefoot**, their clothes dusty, and telltale twigs of the neighbour's mango tree in their hair.
A. running barefoot in the sun
B. run about barefoot in the sun
C. running about barefoot in the sun
D. No Improvement

55. A year ago, a 13-year-old girl attempted suicide because her mother **refuses to pay his** mobile bills.
A. refuses to pay her
B. refused to pay her
C. refused to pay his
D. No Improvement

ANSWERS

1	2	3	4	5	6	7	8	9	10
D	C	D	B	A	D	C	C	D	B
11	**12**	**13**	**14**	**15**	**16**	**17**	**18**	**19**	**20**
C	C	D	A	C	D	C	C	C	C
21	**22**	**23**	**24**	**25**	**26**	**27**	**28**	**29**	**30**
B	C	C	A	C	B	D	B	D	C
31	**32**	**33**	**34**	**35**	**36**	**37**	**38**	**39**	**40**
A	D	C	A	D	C	A	B	D	B
41	**42**	**43**	**44**	**45**	**46**	**47**	**48**	**49**	**50**
C	B	A	C	D	A	D	C	A	C
51	**52**	**53**	**54**	**55**					
C	C	A	C	B					

❑❑❑

12 Reordering Words & Sentences

Different words form a sentence and convey their meaning only when arranged in a proper order. A Paragraph is formed from sentences, it will convey its true meaning and purpose only when the sentences are arranged in a proper manner. Try and practise it in this exercise.

Multiple Choice Questions

Directions (Qs. 1 to 20): *In the following questions, some parts of the sentence have been jumbled up. You are required to rearrange these parts which are labelled P, Q, R and S to produce the correct sentence. Choose the option with proper sequence.*

1. We are doing
P : to the people
Q : to give relief
R : all we can
S : but more funds are needed
The correct sequence should be
A. P Q R S B. R Q P S
C. Q P R S D. S P Q R

2. The man
P : when he was
Q : in the office last evening
R : could not finish
S : all his work
The correct sequence should be
A. P Q R S B. Q R S P
C. R Q P S D. R S P Q

3. The people decided
P : they were going
Q : how much
R : to spend
S : on the construction of the school building
The correct sequence should be
A. Q P R S B. P Q R S
C. P R Q S D. S Q P R

4. The man said that
P : those workers
Q : would be given a raise
R : who did not go on
S : strike last month
The correct sequence should be
A. P Q R S B. P R S Q
C. Q P R S D. R S P Q

5. I think
P : the members
Q : are basically in agreement
R : of the group
S : on the following points
The correct sequence should be
A. R Q P S B. S Q R P
C. P R Q S D. P Q S R

6. While it was true that
P : I had
Q : to invest in industry
R : some lands and houses
S : I did not have ready cash

The correct sequence should be

A. P Q R S B. P R S Q

C. S Q P R D. Q P R S

7. P : But for your help

Q : to finish this work

R : it would not have been possible

S : in time

The correct sequence should be

A. P R Q S B. S P Q R

C. R P Q S D. P Q R S

8. The boy

P : in the competition

Q : who was wearing spectacles

R : won many prizes

S : held in our college

The correct sequence should be

A. P Q R S B. R P S Q

C. Q R P S D. Q P S R

9. About 200 years ago,

P : in the south of India

Q : an old king

R : ruled over a kingdom

S : called Rajavarman

The correct sequence should be

A. Q S R P B. P Q R S

C. Q P S R D. Q S P R

10. P : his land

Q : a wooden plough

R : the Indian peasant still uses

S : to cultivate

The correct sequence should be

A. R Q P S B. Q P S R

C. S R Q P D. R Q S P

11. He was a man,

P : even if he had to starve

Q : who would not beg

R : borrow or steal

S : from anyone

The correct sequence should be

A. P Q R S B. P R Q S

C. Q R S P D. Q P R S

12. P : in the progress of

Q : universities play a crucial role

R : our civilization

S : in the present age

The correct sequence should be

A. S Q P R B. Q R S P

C. Q R P S D. S Q R P

13. P : far out into the sea

Q : for the next two weeks there were further explosions

R : which hurled

S : ashes and debris

The correct sequence should be

A. Q R P S B. R S P Q

C. Q R S P D. S R P Q

14. William Shakespeare,

P : in his lifetime

Q : the great English dramatist

R : wrote thirty-five plays

S : and several poems

The correct sequence should be

A. P Q R S B. R S P Q

C. Q S R P D. Q R S P

15. Whenever I am,

P : with an old friend of mine

Q : in New Delhi

R : to have dinner

S : I always try

The correct sequence should be

A. S Q P R B. Q S R P

C. R P S Q D. P R Q S

16. P : I don't know

Q : must have thought

R : what people sitting next to me

S : but I came away

The correct sequence should be

A. R S Q P B. R Q S P

C. P Q R S D. P R Q S

17. P : in estimating the size of the earth

Q : but they were hampered by the lack of instruments of precision

R : ancient astronomers

S : used methods which were theoretically valid

The correct sequence should be

A. R P Q S B. P R Q S

C. R S Q P D. R P S Q

18. P : It is a pity that
Q : by offering a handsome dowry
R : a number of parents think that
S : they will be able to ensure the happiness of their daughters

The correct sequence should be

A. S Q R P B. P R S Q
C. P S R Q D. P R Q S

19. The common man
P : in nurturing
Q : a more active role
R : communal harmony
S : should play

The correct sequence should be

A. P R S Q B. S Q P R
C. S Q R P D. P R Q S

20. The doctor
P : able to find out
Q : what has caused
R : the food poisoning
S : has not been

The correct sequence should be

A. S P R Q B. P R Q S
C. P R S Q D. S P Q R

Directions (Qs. 21 to 40): *A number of sentences are given below which when properly sequenced form a coherent paragraph. Each sentence is labelled as abcdef...... Choose the most logical order of sentences from among the given choices to construct a coherent paragraph:*

21. (a) Parts of northern region were pounded by heavy rains today,
(b) Vehicular traffic came to a near halt.
(c) As mid and high altitude areas of Himachal Pradesh were in grip of severe cold wave with snow lashing the tribal areas and mid ranges receiving showers.
(d) As the sky remained heavily overcast with dark clouds reducing the visibility considerably.
(e) A large number of tourists were forced to buy heavy woollens and stay indoors due to inclement weather.

A. ecabd B. adecb
C. edabc D. acbde

22. (a) The idea is that students should be able to find employment for themselves after the course.
(b) The Central Board of Secondary Education is planning a revamp of its vocational courses.
(c) For this it is necessary to tie up with the industry as well as mobilise schools for their support.
(d) While others will be made less academic and more in tune with the needs of the industry.
(e) A number of courses have been identified as 'deadwood' and will be done away with.

A. bedac B. abcde
C. acebd D. baced

23. (a) Clearly, age is not a deterrent in one's choice of learning.
(b) Perhaps, it was because of her childhood desire.
(c) When Rachna came to Delhi eight years back, she had not anticipated a career in the field of art.
(d) She has been successful in the various exhibitions that she has been part of in terms of business.
(e) She had got into expressing her thoughts with the help of a brush and colours only because her daughter refused to get initiated into it.
(f) She feels that her use of colour appeals to people.

A. aedcbf B. cdefba
C. cebadf D. acdebf

24. (a) The rehabilitation record has been dismal.
(b) It has been two years years since the earthquake rudely rattled the people of Gujarat.
(c) And since then, life has been a constant struggle.
(d) The quake set Gujarat's clock back by 10 years.
(e) Things changed forever.

A. bedca B. bcade
C. dbace D. edcba

25. (a) In fact, success in exams depended on rote learning from old notes.
(b) when he was studying civil engineering in a college in Gujarat.
(c) He was detained for lack of attendance.
(d) Lectures were soporific, classes rarely worth attending and 80 per cent attendance compulsory.
(e) The college became a trap he hated.
(f) His is a plight many engineers across India would identify with.
(g) He found the going tough.
A. abcdgef B. bgdacef
C. fabcdge D. abcdefg

26. (a) In a country that has close to 600 recognised engineering colleges, there are only seven IITs.
(b) Barring a few exeptions, the academic atmosphere in these is moribund.
(c) The very best students usually get there.
(d) many waste themselves in frustration.
(e) Most of those who get into engineering are good students.
(f) but about 1.25 lakh others and up in the remaining colleges.
A. aecfbd B. abecdf
C. abcdef D. acfbed

27. (a) Whatever the job market, common wisdom says that IIT graduates will find jobs where others have failed.
(b) The IIT brand name is a ticket to success.
(c) When recruiters go headhunting, the IITs are still top of their list.
(d) Its possessor is understood to have an excellent academic record and the will to succeed.
(e) In the job market, that counts.
A. bdeac B. abcde
C. abdce D. dbace

28. (a) It will pave the way ....
(b) signalling a new beginning in strategic ties......
(c) for a tangible Indian economic presence in Iran and Central Asia.
(d) Iran has offered India valuable road linkages to central Asia ......
(e) aimed at promoting peace and economic cooperation in the region.
A. dbeac B. debca
C. acebd D. abced

29. (a) A good college is essential for a successful career and admissions are based on marks.
(b) The marks-based system followed by all the boards in the country recognises only a small percentage of students as successful.
(c) The marks one scores in the crucial board exams dictate the path his life takes.
(d) Anyone scoring below a certain percentage is automatically branded a 'failure'.
(d) So if you cannot make it into the best college, your career is over even before it has started.
A. abcde B. bcdea
C. bdcae D. abdec

30. (a) The project has already started on an experimental basis in the west district.
(b) A website is soon going to be launched where application forms can be downloaded and submitted.
(c) Standing in a queue at a government office to submit application form will be a thing of the past.
(d) A unique code will be alloted while submitting the form which will help in finding the status of the application.
A. abcd B. dabc
C. cbda D. badc

31. (a) To curb bio-terrorism is a difficult task.
(b) To check these attacks and lessen their impact, we need an impartial team of sincere, strong and dedicated men.
(c) The media can play a strong role in stopping this unnecessary spread of panic.
(d) Since bio-terrorism is not visible or easily detectable, it can be used often.
(e) Men who honour the lives of their fellow countrymen before their own.

A. abcde B. dabce
C. adbec D. acbed

32. (a) He was dying.
(b) No one was ready to touch him as even shifting him from one place to another would lead to profuse bleeding.
(c) He was a five-day old infant, premature and bleeding profusely.
(d) Even if injected one small needle, blood would ooze out and continue to flow for an hour at a stretch.
(e) This small being had haematoma, a thick blood clot in his brain.
A. edbca B. cabde
C. eacdb D. cedba

33. (a) The day I don't treat a patient, I feel ....
(b) I have enough to eat, I crave for blessings now.
(c) But if a financially weak patient gives me only ₹ 50, I don't mind.
(d) Each month I do three to four operations free of cost.
(e) I have lost something in life.
(f) My consultation fee is ₹ 300.
A. fcdeab B. dfcbae
C. fcabde D. bdfcea

34. (a) When he was rushed to the nearby Primary Health Centre after his fall, the doctor referred him to a hospital.
(b) This worsened his injury.
(c) Had a little precaution been exercised after the accident, Tarun would have continued with his gymnastic classes.
(d) He was paralysed from waist downwards when he fell from the vaulting horse while doing gymnastics.
(e) However, the doctor forgot to tell Tarun's parents to take him on a stretcher as he had suffered spinal injuries.
(f) Tarun is wheelchair bound for two years.
A. fdeabc B. abcdef
C. fdcaeb D. fdbcae

35. (a) As the temperature rises, staying hydrated can become a greater challenge for people exercising both indoors and out.
(b) Several things can influence this process, including age, gender, physical conditioning. humidity and a lack of sufficient fluids.
(c) In hot weather, individuals can lose as much as two quarts of sweat per hour.
(d) As we age, we have a lower perceived level of thirst in response to fluid loss and early stages of dehydration.
(e) If not replenished, this can lead to dehydration, heat exhaustion and even heatstroke.
A. abcde B. dbcae
C. cbdea D. acebd

36. (a) The leopard was discovered in the servant quarters of a farmhouse.
(b) The injuries appeared to have been caused by the paws of the leopard, and were not teeth wounds.
(c) It took the wild life officials, Delhi Police and Delhi zoo vets eight hours to capture the leopard that had wandered into a factory in south Delhi.
(d) The leopard then jumped into the factory where the workers managed to lock it in a small generator room before calling in the police.
(e) Before its capture, the leopard attacked two women and a man in the farmhouse.
A. aebdc B. bdaec
C. eadbc D. adbec

37. (a) Police suspect a carpenter working at John's house as he has not reported for work since the day the boy went missing.
(b) John did not return home in the afternoon.
(c) John's mother had herself put the boy on the vehicle in the morning.
(d) John smiled at him and was last seen walking up to him.
(e) His parents called the school and were told John had not been to school at all and had been marked absent.
(f) He was about to enter the school when someone called out his name.

A. cfdbea B. debfca
C. bfdaec D. abcdef

38. (a) However, the mayhem over the last few months is deeply shocking.
(b) Yet I do not agree with the prophets of doom who see nothing but disaster ahead.
(c) When I came back to my motherland India after a stay in Switzerland, I felt I was trading a hotbed of intense religious and political violence for peace and quiet.
(d) I think our nation is searching for an identity.
(e) And a new vision of the future will emerge from this.
A. abcde B. cabde
C. cebad D. bedca

39. (a) An integrated and combined approach was required to reveal the mystery of the brain —its structure, composition and function.
(b) Since the early 80's, scientists were clear that the brain would be the final frontier to conquer.
(c) The initiative was flagged off and came to be known as the Human Brain Project.
(d) But that wasn't easy because understanding the brain involved completely integrating information from the level of the gene to the level of behaviour.
(e) To fulfill this requirement a group of American scientists from various disciplines decided to work together.
A. acbed B. bdaec
C. abdec D. badec

40. (a) A product is something that is made in a factory, a brand is something that is bought by a consumer.
(b) The trick therefore, lies in the brand positioning.
(c) For a consumer, the satisfaction of becoming associated with a name that is the 'best' and the 'leader' is far more important and at times makes him ignore the price factor.
(d) Brands come and go.
(e) Still there are those who manage to stay and develop an affinity with consumers.
A. aebcd B. debac
C. decab D. aecdb

ANSWERS

1	2	3	4	5	6	7	8	9	10
B	D	A	B	C	C	A	C	A	D
11	**12**	**13**	**14**	**15**	**16**	**17**	**18**	**19**	**20**
C	A	C	D	B	D	C	B	B	D
21	**22**	**23**	**24**	**25**	**26**	**27**	**28**	**29**	**30**
D	A	C	A	B	D	A	A	C	C
31	**32**	**33**	**34**	**35**	**36**	**37**	**38**	**39**	**40**
C	D	B	C	D	A	A	B	B	B

□□□

13 Comprehension Passages

PASSAGES

Directions: *Read the following passages and answer the questions given below each.*

PASSAGE-1

In the Roman times, defected enemies were generally put to death as criminals for having offended the emperor of Rome. In the middle ages, however, the practice of ransoming of returning prisoners in exchange for money became common. Though some saw this custom as a step towards a most humane society, the primary reasons behind it were economic rather than humanitarian.

In those times, rulers had only a limited ability to raise taxes. They could neither force their subject to fight nor pay them to do so. The promise of material compensation in the form of goods and ransom was therefore the only way of inducing combatants to participate in a war. In the middle ages, the predominant incentive for the individual soldiers was the expectation of spoils. Although collecting ransom clearly brought financial gain, keeping a prisoner and arranging for his exchange had its cost. Consequently, procedures were devised to reduce transaction costs.

One such device was a rule asserting that the prisoner had to assess his own value. This compelled the prisoner to establish a value *without too much distortion;* indicating too low a value would increase, the captive's chances of being killed, while indicating too high a value would either ruin him financially or create a prohibitively expensive ransom that would also result in death.

1. It can be inferred from the passage that a medieval soldier

A. was less likely to kill captured members of opposing armies than was a soldier of the Roman Empire

B. was similar to a 20th century terrorist in that he operated on a basically independent level and was motivated solely by economic incentives

C. had few economic options and chose to fight because it was the only way to earn an adequate living

D. was motivated to spare prisoners' lives by humanitarian rather than economic ideals

2. Which of the following best describes the change in policy from executing prisoners in Roman times to ransoming prisoners in the middle ages?

A. The emperors of Rome demanded more respect than did medieval rulers and thus Roman subjects went to greater lengths to defend their nation

B. It was a reflection of the lesser degree of direct control medieval ruler had over subjects

C. It became a show of strength and honour warrior of the middles ages to be able to capture and return their enemies

D. Medieval soldiers were not as humanitarian as their ransoming practices might have indicated

3. The primary purpose of the passage is to
   A. discuss the economic basis of the medieval practice of exchanging prisoners for ransom
   B. examine the history of the treatment of prisoner of war
   C. emphasize the importance of a warrior's code of honour during the middle ages
   D. explore a way of reducing the cost of ransom
4. The author uses the phrase *"without too much distortion"* in order to
   A. indicate that prisoners would fairly assess their worth
   B. emphasize the important role medieval prisoners played in determining whether they should be ransomed
   C. explain how prisoners often paid more than an appropriate ransom in order to increase their chances for survival
   D. suggest that captors and captives often had understanding relationships

PASSAGE-2

The world dismisses curiosity by calling it idle or mere idle curiosity—even though curious persons are seldom idle. Parents do their best to extinguish curiosity in their children because it makes life difficult to be faced everyday with a string of unanswerable questions about what makes fire hot or why grass grows. Children whose curiosity survives parental discipline are invited to join our university. With the university, they go on asking their questions and trying to find the answers. In the eyes of a scholar, that is what a university is for. Some of the questions which the scholars ask, seem to the world to be scarcely worth asking, let alone answering. They asked questions too minute specialised for you and me to understand without years of explanation. If the world inquires of one of them why he wants to know the answer to a particular question he may say especially if he is a scientist, that the answer will in some obscure way make possible a new machine or weapon or gadget. He talks that way because he knows that the world understands and respects utility.

But to you who are now part of the university, he will say that he wants to know the answer simply because he does not know it, the way the mountain climber wants to climb a mountain, simply because it is there. Similarly a historian asked by an outsider why he studies history may come out with the argument that he has learnt to repeat on such occasions, something about knowledge of the past making it possible to understand the present and mould the future. But if you really want to know why a historian studies the past, the answer is much simpler, something happened and he would like to know what. All this does not mean that the answers which scholars find to their questions have no consequences. They may have enormous consequences but these seldom form the reason for asking the questions or pursuing the answers. It is true that scholars can be put to work answering questions for the sake of the consequences as thousands are working, now, for example, in search of a cure for cancer. But this is not the primary function of the scholars. For the consequences are usually subordinate to the satisfaction of curiosity.

1. According to the passage, the children make life difficult for their parents
   A. by their ceaseless curiosity
   B. by unceasing bombardment of questions
   C. by asking irrelevant questions
   D. by posing profound questions
2. The common people consider some of the questions that the scholars ask unimportant
   A. as they are too lazy and idle
   B. as they are too modest
   C. as it's beyond their comprehension
   D. as it is considered a waste of time
3. A historian really studies the past
   A. to comprehend the present and to reconstruct the future
   B. to explain the present and plan the future
   C. to understand the present and make fortune
   D. to understand the present and mould the future

4. Children whose curiosity survives parental discipline means
   A. children retaining their curiosity in spite of being discouraged by their parents
   B. children pursuing their mental curiosity
   C. children's curiosity subdued due to parents' intervention
   D. children being disciplined by their parents

5. According to the passage, parents do their best to discourage curiosity in their children
   A. because they have no time
   B. because they have no patience to answer them
   C. because they feel that their children ask stupid questions continuously
   D. because they are unable to answer all their questions

PASSAGE-3

The factor of geographical distribution is equally, possibly even more, significant that English is spoken as first or native language in at least four continents of the world, Russian in two, Chinese and the Indian languages in one. English is without question the closest approach to a world language today. It goes without saying that no two persons ever have an identical command of their common language. Certainly, they have not precisely the same vocabulary. There are at least minor differences in pronunciation, indeed the same individual will not pronounce his vowels and consonants in absolutely identical fashion everytime he utters them. Everyone possesses, in addition, certain individual traits of grammatical form and syntactical order, constituting that peculiar and personal quality of language which we term as style. All of this is implicit in the well-known phrase, 'Style is the man.' No men are identical, no two styles are the same. If this be true of but two persons, the potential of differences resident in a language spoken by more than 200 million truly staggers imagination.

1. The author argues that English is the closest approach to a world language because
   A. there are more native speakers of English than of any other language
   B. English has less number of mutually unintelligible dialects
   C. the geographical distribution of English covers a much greater area
   D. other languages are much too complex to be world languages

2. The fact that the same individual will not pronounce his vowels and consonants identically everytime shows that
   A. literary style varies from person to person
   B. mutual intelligibility is a myth
   C. vocabulary varies from individual to individual
   D. no two persons speak the same language exactly the same way

3. It is evident from the passage that style is
   A. a strange type of language
   B. a language where one does not have to be particular about correctness and grammar
   C. language used in a particular way by an individual
   D. a question of grammatical and syntactic correctness

4. According to some authorities
   A. more people speak Chinese dialect than English
   B. more people speak English as an auxiliary language than as a first language
   C. more people speak English in the UK than in England
   D. about one-fourth of the world's population speaks English

5. The overall implication of the passage is that
   A. to suppose that 230 million people speak English as a native language would certainly be an underestimate
   B. the 55 million inhabitants of the British Isles speak like the 30 million inhabitants of the dominions and colonies
   C. a little less than half the native English speakers in the world live in the US

D. about one-tenth of the total English-speaking world population lives in British dominions and colonies

PASSAGE-4

What is the future which awaits our children? The underlying assumption of the question, that Indian children have a common future, is itself dubious. It can legitimately be asked whether a student who is well-fed, attending a boarding school in the salubrious climate of the hills and learning to use computers has any future in common with a malnourished child who goes to a school with no blackboards, if indeed he does go to school. The latter may have no worthwhile future at all. And it might be worthwhile to analyse the significance of this marginalisation of more than 75 per cent of the children of this country.

The failure to provide an infrastructure for primary education in the villages of India more than 40 years after independence is in sharp contrast with the sophisticated institutions, for technical institutes of higher education are funded by the government, which essentially means that the money to support them comes from taxes. And, since indirect taxation forms a substantial part of the taxes collected by the government, the financial burden is borne by all the people. L.K. Jha put it graphically when he observed that 25 paise of every rupee spent on educating an IIT student comes from the pockets of men and women whose children may never enter a proper classroom.

1. The author is trying to highlight which of the following?

A. Faulty system of direct taxes
B. The greatness of L.K. Jha
C. Need of sophisticated education for rural poor
D. Need to have common future for Indian children

2. Which of the following pairs have been termed as 'sharp contrast' by the author?

(*i*) Infrastructure for technical education
(*ii*) Lack of infrastructure for rural primary schools
(*iii*) 25 paise of every rupee earned by Government is spent on education
(*iv*) The financial burden of higher technical education is borne by all people
(*v*) 75% of children have limited opportunities

A. (*ii*) and (*iv*) B. (*ii*) and (*iii*)
C. (*iii*) and (*iv*) D. (*i*) and (*ii*)

3. Which of the following statements is not true?

(*i*) The author welcomes Govt.'s initiative on primary education
(*ii*) 75% of the children have a bright future
(*iii*) 25% cost of educating a technocrat comes from poor people

A. Only (*i*) B. Only (*ii*)
C. Only (*iii*) D. Only (*i*) and (*ii*)

4. According to the author, who among the following does not have a hopeful and prosperous future?

(*i*) All students from technical institutes
(*ii*) All students financially supported by the Government

A. Only (*i*) B. Only (*ii*)
C. Both (*i*) and (*ii*) D. Neither (*i*) nor (*ii*)

5. What seems to be the likely answer of the author to the question posed by him in the first sentence of the passage?

(*i*) There is no common future for the Indian children
(*ii*) The future is worthwhile for majority of Indian children
(*iii*) The majority may never enter a proper classroom

A. Only (*i*) B. Only (*ii*)
C. Only (*iii*) D. Both (*i*) and (*ii*)

6. What seems to be the purpose of the author in writing this passage?

A. Setting goals for children of upper middle class
B. Questioning the legitimacy of public schools
C. Highlighting lack of infrastructural facilities for primary education
D. Focusing on inequality in educational opportunities

PASSAGE-5

Cyber crime is the branded stigma defacing the culture and magnanimity of computer technology. It is upkeeping the flag with indomitable triumph against developing computer technology worldwide.

Modern age is striding with marching steps of technology revolution beating the past decade of ancestral belief with ultimate care. Computer invention has unfolded the mystery of quick access with the objective of minimum manpower and cutting the time consumption parameters.

As each coin has dual face of its portrait, likewise computer technology is sick of creeping virus. Synthetic man-made dilemma of site hackers activation is causing setback to the expanding anchor of revolutionary device with great loss of time, economy and data profile as suffered by consumers. A recent report from Internet security firm Websense estimates that 85.6 per cent of all the unwanted e-mails contained links to spam sites. The company's data suggests that the number of malicious sites grew 233 per cent in the last six months and saw 671 per cent growth in the number of malicious sites during the last year. In June alone, the total number of e-mails detected as containing viruses increased by 600 per cent compared to May.

Chat rooms, blogs and message-boards where the users post comments have been identified as the top targets of hackers and spammers due to the high traffic these attract. According to Websense, 95 per cent of user-generated comments to blogs, chat rooms and message-boards during the first half of the year were malicious.

It is advisable not to click on spurious links and stay away from keying in passwords at unknown sites as they are most likely to be spammed. Hackers can steal your passwords and log in to your account and access critical information like account numbers and contact details among other things.

1. The above passage is:

A. an advisory for the computer users.

B. an advisory for the Internet users.

C. a warning against possible threat to the Internet users.

D. related to chat rooms, blogs and message boards.

2. People who use chat rooms and blogs,

A. are safe and have no threats from spam.

B. are more prone to malicious e-mails.

C. create virus and hack the accounts of others.

D. are unsafe.

3. According to the writer, it is not safe to:

A. log on to spurious links.

B. access one's own account frequently.

C. have essential information stored in a computer.

D. include data-stealing code.

4. Hackers and spammers, according to the writer, are:

A. a new threat to the Internet users and the economy.

B. only pranksters and not serious threat to the system.

C. trained, professional technocrats who are an asset.

D. not expert professionals.

5. Which word in the passage is synonym of *weblog*?

A. blog B. password

C. site D. e-mail

6. Which agency has assessed the data record with spam sites?

A. Microsoft

B. Internet security from Google

C. Websense

D. Spammers

7. Which month dominates the e-mails detection data record?

A. May B. June

C. Last six months D. Last year

PASSAGE-6

Progress in life depends a good deal on crossing one threshold after another. Some time ago, a man watched his little nephew try to write his name. It was hard work, very hard work. The little boy had arrived at an effort threshold. Today he writes his name with comparative ease. No new threshold confronts him. This is the way with all of us. As soon as we cross one threshold, as soon as we conquer one difficulty, a new difficulty appears, or should appear. Some people make the mistake of steering clear of thresholds. Anything that requires genuine thinking and use of energy, they avoid. They prefer to stay in a rut where thresholds are not met. Probably, they have been at their job a number of years. Things are easy for them. They make no effort to seek out new obstacles to overcome. Real progress stops under such circumstances.

Some middle-aged and elderly people greatly enrich their lives by continuing to cross thresholds. One man went into an entirely new business when he was past middle life and made success of it, De Morgan didn't start to write novels until he was past sixty. Psychologists have discovered that man can continue to learn throughout his life. And it is undoubtedly better to try and fail than not to try at all. There one can be placed in the category of the Swiss mountaineer of whom it was said, *"He died climbing"*. When a new difficulty arises to obstruct your path, do not complain. Accept the challenge. Determine to cross this threshold as you have crossed numerous other thresholds in your past. In the words of a poet, do not rest but strive *to pass from dream to grander dream.*

1. What obstructs real progress in life?
A. Remaining at one and the same post
B. Avoiding the thinking and energy
C. Shunning every work
D. Stopping education

2. What does progress in life depend upon?
A. Good habits
B. Hardwork
C. Overcoming one difficulty after another
D. Spirit of service and cooperation

3. What does *'He died climbing'* signify?
A. He died when he was climbing the hill
B. He died before getting at the top
C. He strove hard till the last moment of life
D. He climbed the hill and then died

4. What does *'to pass from dream to grander dream'* mean?
A. Always having greater and greater aspiration in life
B. Seeing one good dream and then greater aspiration in life
C. Making plan after plan
D. Seeing one dream after the other

5. What did the man entering a new business past middle life do of his business?
A. He miserably failed in it
B. He achieved partial success
C. He dropped the business after some time
D. He achieved good success in it

6. How can you accomplish the most difficult tasks?
A. By mobilizing all possible resources
B. By avoiding all obstacles
C. By sticking to hardwork
D. By doing it bit by bit and persisting in the effort

7. What does De Morgan's life teach?
A. That it is futile to learn many things
B. That one is never old in case he has vigour
C. That it is never too late to learn
D. That creative writing can be made even late in life

8. How do middle-aged and elderly people add brilliance to their lives?
A. By overcoming difficulty one after another
B. By getting sycophants to surround them
C. By making fine speeches
D. By acquiring resourcefulness

9. What should we do when a new difficulty obstructs our path?
A. Run away from it
B. Be bold and face it
C. Manoeuvre to get it removed
D. Enlist other people's help to get it over

10. When did De Morgan start to write novels?
A. When he was sixty years old
B. When he was below sixty
C. When he studied psychology
D. None of these

PASSAGE-7

It is *heartening* to know that if one had not had any heart attack earlier and he stops smoking, his chances of having a heart attack *drop* to that of a non-smoker in about six months' time. Stopping of smoking is also the single most effective means of secondary prevention (recurrence of a heart attack) in heart patients.

Smoking leads to pain and stiffness in the legs while walking. No amount of drugs can help. The only remedy is to give up smoking. If women smoke during pregnancy, there is an increased risk of death of the baby in the womb or soon after birth. Even where the baby survives, there is likelihood of delayed physical and intellectual development of the baby till it reaches 11 years of age.

Still worse the fact about smoking is that passive smoking is equally dangerous. Passive smokers are those who do not smoke but being in the company of smokers have to inhale smoke exhaled by the smokers They are equally prone to heart diseases, lung cancer and bronchitis, for no fault of theirs. It is seen that the incidence of these diseases is greater among women whose husbands are *heavy* smokers As such, every non-smoker has a fundamental right to safeguard himself against the danger of passive smoking. "Your smoking is injurious to my health and I have a right to stop you from smoking" could be the slogan against passive smoking. It is a great threat to the health of the individual, the family and the society. In fact one has to choose between health and smoking including passive smoking. *One cannot have both.*

Another matter of *grave concern* about smoking is the long time interval between the start of smoking habit and the manifestation of deadly diseases like cancer, chronic bronchitis and heart attack. People are generally not aware of the link between smoking and the misery they have to undergo years later and younger people often fall victim to this menacing habit under the wrong impression that they are *immune* to its disastrous effects, not realising that they are *heading* towards catastrophe. The prolonged incubation period of many tobacco-related diseases has prevented recognition of the size of the threat and the *grim* picture of chronic and life-threatening diseases.

1. What is "passive smoking"?

A. Giving up the habit of smoking abruptly

B. Exhaling smoke by a non-smoker

C. Unintended intake of smoke exhaled by smokers

D. Smoking cigarettes which are harmless in nature

2. The effects of passive smoking are more and more prominently observed among

A. the children

B. the smokers

C. the wives of smokers

D. the non-smokers

3. Which of the following is a heartening thing, according to the author?

A. People who have had a heart attack stop smoking

B. It takes only six months for any person to quit smoking

C. The smoker carries the risk of heart attack for six months

D. None of these

4. Which of the following statements is/are false in the context of the passage?

(*i*) Passive smokers are not free from risk of heart diseases

(*ii*) Intake of certain medicines helps recover pain and stiffness in legs caused by smoking

(*iii*) Younger people are immune to the disastrous effects if their regular smoking is under control

A. (*i*) and (*ii*) only B. (*ii*) and (*iii*) only

C. (*ii*) only D. (*iii*) only

5. Which of the following is not mentioned in the passage as a likely result of smoking by women during pregnancy?

A. Death of baby before birth

B. Death of baby after birth

C. Survival of baby with some abnormality

D. Abnormal delay in the childbirth

6. Which of the following is considered by the author as a matter of "grave concern"?
   A. Inordinate delay in appearance of symptoms of hazards of smoking
   B. Long time required for giving up the habit of smoking
   C. Manifestation of deadly diseases like cancer, bronchitis, etc.
   D. Lack of awareness of people regarding the hazards of smoking
7. The youth feel that they are immune to the hazardous effects of smoking because
   A. these effects of smoking are not visible within a short time span
   B. they do not realise that they are heading towards disaster
   C. they feel a great thrill in acquiring the habit of smoking
   D. the link between smoking and its disastrous effects cannot be established
8. Which factor prevents people from realising the extent of threat of smoking hazards?
   A. Their lack of awareness of civic responsibilities
   B. Their firm belief that they are not immune to these hazards
   C. The less disastrous effects of tobacco-related diseases
   D. None of these
9. The last sentence of the third para *"One cannot have both"* means
   A. active smoking and passive smoking
   B. smoking and risk of heart diseases
   C. threat to the individual and also to the family
   D. None of these

Directions (Qs. 10 to 12): *Choose the word which is most nearly the **SAME** in meaning as the word given in bold capitals as used in the passage.*

10. HEADING

A. crowning B. marching
C. adorning D. title

11. HEAVY

A. excessive B. bulky
C. large D. thick

12. DROP

A. roll B. escape
C. remove D. reduce

Directions (Qs. 13 to 15): *Choose the word which is most nearly the **OPPOSITE** in meaning of the word given in bold capitals as used in the passage.*

13. GRIM

A. dim B. dark
C. presentable D. pleasant

14. IMMUNE

A. free B. vulnerable
C. powerful D. weak

15. HEARTENING

A. cheerful B. miserable
C. frightening D. dangerous

PASSAGE-8

The happy man is the man who lives objectively, who has free affections and wide interests, who secures his happiness through these interests and affections and through the fact that they, in turn, make him an object of interest and affection to many others. To be the recipient of affection is a potent cause of happiness, but the man who demands affection is not the man upon whom it is *bestowed.* The man who receives affection is, speaking broadly, the man who gives it. But it is useless to attempt to give it as a calculation, in the way in which one might lend money at interest, for a calculated affection is not genuine and is not felt to be so by the recipient.

What then can a man do who is unhappy because he is encased in self? So long as he continues to think about the causes of his unhappiness, he continues to be self-centred and therefore does not get outside the vicious circle, if he is to get outside it, it must be genuine interests, not by simulated interests adopted merely as a medicine. Although this difficulty is real, there is nevertheless much that he can do if he has rightly diagnosed his trouble. If, for example, his trouble is due to a sense of sin, conscious or unconscious, he can first persuade his conscious mind that he has no reason to feel sinful and then proceed, to plant his rational conviction in his unconscious mind, concerning himself meanwhile with some more or less neutral activity. If he succeeds in *dispelling* the sense of sin, it is possible that genuine objective interests will arise spontaneously. If his trouble is self-pity, he can deal with it in the same manner after first persuading himself that there is nothing extraordinarily unfortunate in his circumstances.

If fear is his trouble, let him practise exercises designed to give courage. Courage has been recognised from time immemorial as an important virtue, and a great part of training of boys and young men has been devoted to producing a type of character capable of fearlessness in battle. But moral courage and intellectual courage have been much less studied, they also, however, have their technique. Admit to yourself everyday at least one painful truth, you will find this quite useful. Teach yourself to feel that life still be worth living even if you were not, as of course you are, immeasurably superior to all your friends in virtue and in intelligence. Exercises of this sort prolonged through several years will at last enable you to admit facts *without flinching* and will, in so doing, free you from the empire of fear over a very large field.

1. Who according to the passage is the happy man?
A who is encased in self
B. who has free affection and wide interests
C. who is free from worldly passions
D. who has externally centre passions

2. According to the passage, calculated affection
A. appears to be false and fabricated
B. makes other pen-on to love you
C. turns into permanent affection over a period of time
D. leads to self-pity

3. Which of the following virtues, according to the passage, has been recognised for long as an important virtue?
A. Patriotism B. Sacrifice
C. Courage D. Self-consciousness

4. Which of the following, according to the passage, has not been studied much?
A. Feeling of guilt and self-pity
B. The state of mind of an unhappy man
C. How to get absorbed in other interests
D. Moral and intellectual courage

5. If a man is suffering from a sense of sin
A. he should invite opinion of others
B. he should admit his sin at once
C. he should consciously realize that he has no reason to feel sinful
D. he should develop a fearless character

6. What happens to a man who demands affection?
A. His feelings are reciprocated by others
B. He tends to take a calculated risk
C. He becomes a victim of a viscious circle
D. None of these

7. What should a man do who is suffering from the feeling of self-pity?
A. He should control his passions and emotions
B. He should persuade himself that everything is alright in his circumstances
C. He should seek affection from others
D. He should develop a feeling of fearlessness

8. How to get out of the viscious circle mentioned in the passage?
A. By practicing skills of concentration
B. By inculcating the habits of self-absorption
C. Being true to others and one's internal circumstances
D. None of these

9. Which of the following statements is not *true* in the context of the passage?
A. Happy man has wide interests
B. Courage has been recognized as an important virtue
C. Unhappy man is encased in self

D. Issue of intellectual courage has been extensively studied

10. Which of the following words is ***SIMILAR*** in meaning of the word **'bestowed'** as used in the passage?

A. Conferred B. Accommodated
C. Trusted D. Withdrawn

11. Which of the following statements is *true* in the context of the passage?

A. All passions stem from unhappiness
B. The happy man lives in subjectively
C. Any virtue has a dark side also
D. One feels happy if one receives affection

12. Which of the following words is ***SIMILAR*** in meaning to the word **'flinching'** as used in the passage?

A. Wincing B. Convincing
C. Explaining D. Debating

13. What happens when you think about cause of your unhappiness?

A. You try to introspect and look critically at yourself
B. You realize that the life can be lived in different ways
C. You try to practice exercise designed to give courage
D. You remain a self-centred person

14. What according to the passage is the real cause of happiness?

A. Material rewards and incentives received
B. Critical analysis of the happy state of mind
C. Affection received from others
D. Calculated risks taken

15. Which of the following words is ***OPPOSITE*** in meaning of the word **'dispelling'** as used in the passage?

A. Giving B. Accumulating
C. Projecting D. Scattering

PASSAGE-9

Education, particularly higher education, is the obvious but crucially important instrument for nation building. As Confucious has said:

"If you are thinking of one year, plant rice. If you are thinking of a decade, plant trees. If you are thinking of a century, educate the people."

When we set about the task of higher education, we should be absolutely clear in our perception of the goals of education in the specific context of our nation's development. No *doubt,* one of the important aims of education would be to create the required range and nature of trained manpower assessed to be needed by different sectors of national growth. The entire educational apparatus must be geared progressively to fulfill the requirements of different phases of our growth in every sector—primary, secondary and *tertiary.* The aim must be to ensure that our country does not experience either *paucity,* or a *surfeit* of trained manpower in any specific segment of our economy. The requirements of our country, as a free, democratic, secular, socialist, nation, *aspiring* for rapid development, *entail* a specific recipe for our educational institutions. Today's educational institutions must therefore be developed accordingly and must regulate themselves to give the country the precise nature and quantum of trained manpower as projected by the requirements of our planned economy.

1. The author has quoted thoughts of Confucious to stress

A. importance of planting trees for human beings
B. the worthless efforts in planting rice
C. the benefits of investing in education
D. the need for assessing manpower requirement

2. Which statement cannot be made on the basis of the passage?

A. Higher education should keep in view the requirements of national economy
B. Higher education has not been employed for nation building
C. All levels of education have a role to play in nation's growth
D. In our country we need to have a specially planned educational system

3. The writer believes that
A. there are no problems related to higher education
B. investment in education is of long-range
C. higher education should be used to assess manpower needs
D. aims of higher education in India are absolutely clear

4. The author's expectations from higher education, are essentially
A. unrealistic B. confusing
C. critical D. vague

5. The writer indicates that
A. higher education did not play any role in national growth
B. primary education did not play any role in national growth
C. our nation experiences paucity of trained manpower in many sectors
D. today's higher education has no precise goals to achieve

6. Author has used the word 'apparatus' to indicate the
A. scientific nature of education
B. complicated organization demanded by education
C. readily visible benefits of education
D. entire equipment of education to perform particular function

7. Which of the following has not been conveyed by the passage?
A. Education at any level can contribute in nation building
B. Manpower needs in many areas can be fulfilled through higher education
C. Rapid development of our nation is possible through higher education
D. Present higher education does not ensure surfeit of trained manpower

8. This passage is likely to be addressed to
A. politicians only
B. scientists only
C. students only
D. cannot be said

9. Choose a suitable title to the passage:
A. Manpower Planning in India
B. Importance of Higher Education
C. Demands of Higher Education
D. Role of Higher Education in India

Directions (Qs.10 to 12): *Choose the word which is most nearly the* ***SAME*** *in meaning as the word given in bold capitals as used in the passage.*

10. DOUBT
A. suspicion B. certain
C. definite D. sure

11. TERTIARY
A. last B. important
C. third D. terminal

12. ASPIRING
A. inquiring B. awaiting
C. involving D. striving

Directions (Qs.13 to 15): *Choose the word which is most* ***OPPOSITE*** *in meaning as the word given in bold capitals as used in the passage.*

13. PAUCITY
A. moderate B. enormity
C. mediocrity D. littleness

14. SURFEIT
A. abundance B. redundancy
C. repletion D. lack

15. ENTAIL
A. entitled B. ensure
C. dismiss D. retain

PASSAGE-10

Books are a great treasurehouse of knowledge. They are the living examples of man's *march* on the path to higher and higher civilisation. The great men who died long ago, live in their books. We feel their very personality and existence when we read their books. We feel as if they were conversing with us.

Books not only store civilization but also carry it forward. All coming generations get the light of knowledge from the books written by their ancestors and try to improve upon that knowledge. Civilization cannot make much *headway* in a country where there are not many *great* books. We get through books the latest knowledge in the fields of arts, science, commerce, etc. This knowledge is helpful to us and *enables* us to achieve success in the field of our choice.

Books are never failing friends. They never *desert* us, not even when all fair-weather friends have deserted us. They dispel the dark clouds of gloom from our minds and increase our happiness if we are already happy. Through the ages, the scriptures and other great books have provided immeasurable *solace* to the wounded and strife-torn humanity.

There may be books prescribed for some course or profession, but then there are books for general study. The books of literature—poetry, drama, novel, short stories, etc., are generally highly thrilling and inspiring if they are written by a good author. There may be tragic, comical or humorous books. The question is that of an individual's choice.

To be a lover of books, though not to be bookworm, is a sign of good luck. A voracious reader gets much *more pleasure* from reading books than a miser gets in hoarding money. The knowledge embedded in books is valueless; so is pleasure obtained from reading them. A good book absorbs the whole spirit of man; the reader's pleasure is indescribable.

1. Which of the following, according to the passage, is not true about books?
   A. They are source of inspiration
   B. They are source of knowledge
   C. They are source of happiness
   D. They are means of livelihood

2. How do the books help in progress of civilization?
   A. Based on the earlier books new knowledge is obtained
   B. The books provide solution to many problems
   C. The books inspire the scientists
   D. Not mentioned in the passage

3. How do the books make people more happy?
   A. They help the reader to overcome the shadows of uncertainty
   B. They help bring in joy by amusing the reader through their content
   C. They help the reader to understand the darker side of life
   D. Not mentioned in the passage

4. Which of the following is the author's view about the knowledge and pleasure derived from books?
   (*i*) We get more of knowledge and less of pleasure
   (*ii*) We get more of pleasure and less of knowledge
   (*iii*) We get knowledge and pleasure in equal measure
   A. only (*i*) B. only (*ii*)
   C. either (*i*) or (*ii*) D. only (*iii*)

5. The high quality of books produced by a country indicates:
   A. it has a high rate of literacy
   B. it has a progressive civilization
   C. it is not an industrialised nation
   D. it has learned ancestors

6. Why are the books, according to the passage, called never-failing friends?
   A. Books do not betray individuals
   B. Books are inanimate
   C. Books always give companionship to the reader
   D. Books are available in the market anytime unlike others

7. How do the books help in bringing peace in the minds of people?
   A. Books provide information about the past civilization
   B. Books help people learn to take correct steps with the help of the recorded information
   C. Books act as a window to the minds of the great men
   D. Not mentioned in the passage

8. Which of the following has been described as a sign of good luck?
A. Being a miser
B. Having lot of money
C. Advancing the culture
D. A passion for books

Directions (Qs. 9 to 12): *Choose the word which is most nearly the **SAME** in meaning as the word given in bold capitals as used in the passage.*

9. SOLACE
A. peace B. tranquillity
C. calmness D. console

10. ENABLES
A. helps B. succeeds
C. promotes D. stops

11. HEADWAY
A. higher B. forge
C. movement D. improve

12. MARCH
A. move B. progress
C. pass D. register

Directions (Qs. 13 to 15): *Choose the word which is most **OPPOSITE** in meaning of the word given in bold capitals as used in the passage.*

13. GREAT
A. small B. thin
C. short D. ordinary

14. PLEASURE
A. displeasure B. pain
C. happiness D. hardship

15. DESERT
A. waterhole B. bitter
C. accompany D. propel

ANSWERS

PASSAGE-1

1	2	3	4
A	B	A	A

PASSAGE-2

1	2	3	4	5
A	C	D	A	D

PASSAGE-3

1	2	3	4	5
A	D	C	D	A

PASSAGE-4

1	2	3	4	5	6
D	A	D	A	A	D

PASSAGE-5

1	2	3	4	5	6	7
A	D	A	A	A	C	B

PASSAGE-6

1	2	3	4	5
A	C	C	A	D
6	**7**	**8**	**9**	**10**
D	B	A	B	D

PASSAGE-7

1	2	3	4	5
C	C	D	B	D
6	**7**	**8**	**9**	**10**
A	A	D	D	B
11	**12**	**13**	**14**	**15**
A	D	D	B	C

PASSAGE-8

1	2	3	4	5
B	A	C	D	C
6	**7**	**8**	**9**	**10**
D	B	D	D	A
11	**12**	**13**	**14**	**15**
D	D	D	C	B

PASSAGE-9

1	2	3	4	5
D	D	C	D	D
6	**7**	**8**	**9**	**10**
D	A	D	B	A
11	**12**	**13**	**14**	**15**
C	D	B	D	C

PASSAGE-10

1	2	3	4	5
D	A	D	D	B
6	**7**	**8**	**9**	**10**
A	D	D	D	A
11	**12**	**13**	**14**	**15**
D	B	D	B	C

❑❑❑

14 Cloze Test

A cloze test is a procedure in which a person is asked to supply words that have been removed from a passage as a test of his ability to comprehend text. Practise it regularly to score well.

PASSAGES

Directions: *In each of the following passages some numbered blank spaces are given. For each numbered blank space four answer choices are given. Pick out the one which is the most appropriate for that blank space, keeping the trend of the passage in mind.*

Passage-1

Mankind's most ....(1).... treasure of thoughts is carefully preserved in the golden casket of books. The ....(2).... of books is as vast as the universe, for there is no corner of it which they have left ....(3).... . There is no ....(4).... of books on any topic, be it as simple as the composition of sodium nitrate or as ....(5).... as the mechanism of a spacecraft rocketing towards Mars. The ....(6).... of books is not only most easily available but is enlightened, dependable and lifelong. In times of distress they make us stoically ....(7).... of the object that causes uneasiness and we learn to ....(8).... with the sting of adversity.

Questions

1. A. costly B. important C. valuable D. vast

2. A. area B. scope C. storage D. kingdom

3. A. unexplored B. unseen C. untouched D. unapproached

4. A. lack B. dearth C. shortage D. insufficiency

5. A. extricate B. intricate C. intrinsic D. internecine

6. A. company B. assistance C. friendship D. companionship

7. A. defiant B. defendant C. defensible D. delusive

8. A. adapt B. adopt C. exist D. co-exist

Passage-2

Though the government has tried to ....(1).... Naxalism with all its might, much more needs to be done to totally root out the ....(2).... of Naxalism. The roots of Naxalism ....(3).... economic backwardness and social exploitation of the peasants and the weaker classes. Thus, the best way to ....(4).... Naxalism is to bring the naxals ....(5).... the mainstream. ....(6).... policies and schemes should be implemented effectively ....(7).... the Naxals economically stable. They should be ....(8).... to participate in democratic processes. The government has to ....(9).... the social upliftment of the Naxals. Use of force in ....(10).... Naxalism will yield little success.

Questions

1. A. crush B. handle
   C. tackle D. suppress
2. A. menace B. whole
   C. gamut D. stems
3. A. lies in B. are in
   C. abound in D. exist in
4. A. crash B. crush
   C. break D. defy
5. A. in B. on
   C. into D. within
6. A. Current B. Latest
   C. Occurring D. Existing
7. A. so that B. so as to make
   C. such that D. to make
8. A. insisted B. brought
   C. encouraged D. forced
9. A. assure B. insure
   C. guarantee D. ensure
10. A. countering B. defying
    C. banishing D. desecrating

Passage-3

We are living in very exciting ....(1).... . The ....(2).... change is dizzying and the impact this progress is having on our present and — more importantly — on our future is difficult to ....(3).... in its ...(4).... . This is the age of ....(5).... micro-processors, sophisticated software, new hardware technology and high bandwidth, high-speed networks. The PC gave us a new way to work, play and ....(6).... . In fact, it brought ....(7).... our desktops computing power, which until a few years ....(8).... had only been available to corporates. With the ....(9).... of the internet, the PC ....(10).... us the most convenient and flexible way to head on to the Net.

Questions

1. A. periods B. days
   C. phase D. times
2. A. phase B. pace
   C. sphere D. drastic
3. A. guess B. forecast
   C. comprehend D. approximate
4. A. whole B. entirety
   C. fruition D. fullness
5. A. strong B. changing
   C. powerful D. sonorous
6. A. convey B. communicate
   C. entertain D. enjoy
7. A. onto B. to
   C. on D. at
8. A. back B. earlier
   C. behind D. before
9. A. addendum B. adherence
   C. afoot D. advent
10. A. allowed B. privileged
    C. brought D. offered

Passage-4

What is required today in our country is ....(1).... of a new political culture based on full respect for human liberty, on pluralism and on a better social deal for all. The major ....(2).... facing us today is to carry out democratic transformation in all the ....(3)...., social, cultural, economic and political. The events of the 20th century ....(4).... one thing absolutely clear that human ....(5)...., everywhere, specially in countries whose political structures were ....(6).... to reflect the revolutionary aspirations of the people ....(7).... not only under stress and strain but are ....(8).... vast upheavals because of the ....(9).... of democracy. At the same time it has also to be understood that democracy cannot be ....(10).... into a static mould.

Questions

1. A. growing B. developing
   C. creating D. creation
2. A. development B. crisis
   C. challenge D. drawback
3. A. corners B. context
   C. realm D. spheres
4. A. have made B. has made
   C. had made D. made

5. A. travails B. traverse
C. traps D. transverse

6. A. supposed B. meant
C. caused D. forced

7. A. were B. was
C. are D. have been

8. A. developing B. evolving
C. experiencing D. faced with

9. A. denial B. rebuff
C. rebuttal D. absence

10. A. shaped B. flex
C. frozen D. caused

Passage-5

For centuries, women not only in India but all over the world ....(1).... treated as ....(2).... secondary position to men. ....(3).... human history men ....(4).... far greater power then women to name, classify, and order the worlds in which they both live. ....(5).... studies in various parts of the world point out to a wide ....(6).... in male and female roles ....(7).... cultures and demonstrate the possibility of change in these sex-determined roles. The 20th century in particular ....(8).... the cause of gender justice by internationalizing struggles for equality ....(9).... women and other oppressed people. Women's struggles against their ....(10).... were intertwined in ....(11).... degrees with ideologies and movements based on the values of freedom, self-determination, equality, democracy and justice.

Questions

1. A. has been B. have been
C. had been D. were

2. A. occupying B. taking
C. possessing D. serving

3. A. All through B. Throughout
C. Since D. From

4. A. have B. had
C. have had D. enjoy

5. A. Sociological B. Anthropological
C. General D. Practical

6. A. concord B. repulsion
C. disagreement D. variation

7. A. among B. across
C. between D. of

8. A. developed B. evolved
C. promoted D. entertained

9. A. for B. to
C. among D. by

10. A. subsidiary B. subsequent
C. subservience D. subordination

11. A. various B. varying
C changing D. differing

Passage-6

Visualisation is a strong ....(1).... to memory. Those persons who ......(2)..... a powerful memory cannot do so without taking the help of visualisation. Such persons have developed the skills to ....(3).... visualisation even in such ....(4).... tasks as remembering names and numbers. These persons have the names and numbers ....(5).... in their brain even after hearing those names and figures only once. On the other hand those who take the help of revising to memorise ....(6).... to forget it once they have ....(7).... the practice of revising ....(8).... the ones who have applied visualisation to memorise. Psychologists ....(9).... in visualisation a powerful tool for personality development. The more you visualise, the more you are ....(10).... your attitude and behaviour to the blue prints of your vision and ....(11).... more you are inching towards success.

Questions

1. A. way B. path
C. aid D. symptom

2. A. command B. master
C. rule D. enjoy

3. A. use B. apply
C. put D. place

4. A. trivial B. difficult
C. mundane D. unscrupulous

5. A. impress B. imprinted
C. impinge D. store

6. A. bent B. incline
C. prone d. tend

7. A. dropped B. left
C. gave up D. given up

8. A. unlike B. opposite
C. contrary D. not like

9. A. found B. have found
C. sees D. finds

10. A. shaping B. moulding
C. making D. attuning

11. A. actually B. factually
C. subsequently D. consequently

Passage-7

The development of an area depends on the resources ....(1).... in the area, the needs and ....(2).... of the people living there and the technological skill ....(3).... by them. Humans play an important and decisive role in the ....(4).... of development of an area. We choose the ....(5).... of resources which could be developed to our ....(6).... . The natural ....(7).... available in an area ....(8).... value as a resource only when people find a use for them. There are ....(9).... where large potential resources are available, but they ....(10).... developed for economic reasons. Lack of capital for investments, roads and railway lines, and other ....(11).... facilities may stand in the way of resource development.

Questions

1. A. present B. prevalent
C. available D. exist

2. A. inspirations B. aspirations
C. ambitions D. curiosity

3. A. handled B. practised
C. availed D. possessed

4. A. system B. design
C. pattern D. style

5. A. class B. group
C. variety D. types

6. A. good B. advantage
C. approach D. favour

7. A. secrets B. phenomenon
C. products D. endowments

8. A. get B. acquire
C. possess D. takes

9. A. instances B. events
C. circumstances D. happenings

10. A. have not yet been
B. haven't been
C. are not yet
D. yet have not been

11. A. common B. general
C. infrastructural D. structural

Passage-8

The Naxal problem in India is basically socio-economic in ....(1).... . The main reasons ....(2).... the Naxal movement in India are the ....(3).... of peasants and their weak social and economic position. ....(4).... of the peasants are landless labourers whose lands have been ....(5).... occupied by the landlords. Moreover, the landlords give ....(6).... wages to the peasants. Their ....(7).... suffering at the hands of the landlords thus encourage many peasants to take law ....(8).... their own hands. Due to their poor economic condition the peasants easily ....(9).... the trap of the naxal leaders who have their ....(10).... interests. Illiteracy, unemployment, police excesses, corruption and ....(11).... administration further ....(12).... this complex problem.

Questions

1. A. form B. shape
C. behaviour D. nature

2. A. for B. of
C. in D. behind

3. A. complaisance B. exploitation
C. domination D. exculpation

4. A. Many B. Much
C. Most D. All

5. A. imperiously B. imperatively
C. forcefully D. forcibly

6. A. improper B. small
C. inadequate D. insufficient

7. A. long B. brutal
C. pathetic D. great

8. A. in B. into
C. on D. by

9. A. fall into B. fall in
   C. fell in D. fell into

10. A. selfish B. vested
    C. vicious D. vindictive

11. A. failed B. improper
    C. inefficient D. bureaucratic

12. A. heighten B. deepen
    C. add D. worsen

Passage-9

No doubt various ....(1).... and Acts are there to eliminate the ....(2).... practice of child labour. But the ....(3).... is that, these are not being implemented in both letter and spirit, for which the ....(4).... of the problem remains as it was. Therefore a judicious, pragmatic, integrated and time-bound ....(5).... supplemented by ....(6).... follow-up action is essential to ....(7).... the problem that ....(8).... deep root in our Society. It is true that child labour can't be ....(9)... with a magic wand. If we ....(10).... time-bound goals and follow, of course, with the ....(11).... assistance of ILO and UNICEF, it is possible to eliminate the problem of child labour. With strong political will power and people's backing nothing is ....(12).... . Rather ....(13).... the bud we should let it blossom and spread its fragrance all around. ....(14).... lies the progress and prosperity of the society.

Questions

1. A. means B. methods
   C. source D. provisions

2. A. unjust B. inhuman
   C. mal D. illegal

3. A. anxiety B. abrasion
   C. tragedy D. conclusion

4. A. magnitude B. depth
   C. gravity D. soaring

5. A. approach B. analysis
   C. survey D. scheme

6. A. continuous B. thorough
   C. throughout D. regular

7. A. outroot B. uproot
   C. downroot D. grassroot

8. A. have B. has
   C. had D. has taken

9. A. wipe out B. wipe off
   C. wipe up D. wiped

10. A. keep B. put
    C. put up D. set

11. A. ongoing B. continuing
    C. unending D. frequent

12. A. insurmountable B. intangible
    C. inscrutable D. incorrigible

13. A. killing B. hurting
    C. destroying D. nipping

14. A. Here B. There
    C. Therein D. Herein

Passage-10

Every action we perform ....(1).... a result. And, naturally, we lay claim ....(2).... the results or fruits ....(3).... from that action in the ....(4).... that it is we who perform the action. This is .....(5).... ignorance because ....(6).... is it the Lord who ....(7).... the result of any action, it is by His will ....(8).... that even the action is accomplished. The will of the Lord ....(9).... whether we cooperate with His will or strive ....(10).... . If God wills that an action takes place, he arranges for the ....(11).... for it to happen. It is ....(12).... experience that sometimes despite our best efforts we ....(13).... achieve the results we desire, and at other times the seemingly most ....(14).... situations mysteriously get ....(15).... . ....(16).... way man chooses to act, both the act and the outcome of the cost are dependent ....(17).... on the will of the Lord.

Questions

1. A. produce B. produces
   C. causes D. undergoes

2. A. on B. at
   C. to D. for

3. A. occurring B. obtaining
   C. deriving D. falling

4. A. belief B. hope
   C. fantasy D. folly

5. A. sheen B. keen
   C. sheer D. sheathe

6. A. alone B. only that
   C. not only D. for only

7. A. declares B. decides
C. ordains D. ornate

8. A. completely B. entirely
C. only D. alone

9. A. prevails always
B. prevails everywhere
C. is prevalent
D. always prevails

10. A. alone B. always
C. constantly D. independently

11. A. wherewithal B. whereabouts
C. whatsoever D. wherefore

12. A. usual B. general
C. universal D. common

13. A. does not B. may not
C. do not D. might not

14. A. intractable B. intangible
C. internecine D. intricate

15. A. subsided B. resolved
C. solved D. converted

16. A. Whatever B. All the
C. All those D. Whichever

17. A. mainly B. actually
C. entirely D. generally

ANSWERS

PASSAGE-1

1	2	3	4	5	6
C	D	A	B	B	D
7	8				
A	D				

PASSAGE-2

1	2	3	4	5	6
C	A	A	B	C	D
7	8	9	10		
B	C	D	A		

PASSAGE-3

1	2	3	4	5	6
D	B	C	B	C	B
7	8	9	10		
A	D	D	D		

PASSAGE-4

1	2	3	4	5	6
D	C	D	A	A	B
7	8	9	10		
C	C	A	C		

PASSAGE-5

1	2	3	4	5	6
B	A	B	C	B	D
7	8	9	10	11	
B	C	D	D	B	

PASSAGE-6

1	2	3	4	5	6
C	A	B	C	B	D
7	8	9	10	11	
A	A	B	D	D	

PASSAGE-7

1	2	3	4	5	6
C	B	D	C	D	B
7	8	9	10	11	
D	B	A	A	C	

PASSAGE-8

1	2	3	4	5	6
D	A	B	C	D	C
7	8	9	10	11	12
A	B	A	B	C	D

PASSAGE-9

1	2	3	4	5	6
D	B	C	A	A	D
7	8	9	10	11	12
B	D	B	D	B	A
13	14				
D	C				

PASSAGE-10

1	2	3	4	5	6
B	C	B	A	C	C
7	8	9	10	11	12
C	D	D	D	A	D
13	14	15	16	17	
C	A	B	D	C	

सामान्य बुद्धिमत्ता एवं तर्कशक्ति
(General Intelligence and Reasoning)

भाषिक

शृंखला (SERIES)

भाग-I अक्षर शृंखला (Letter Series)

अक्षर शृंखला में निहित अक्षरों का एक निश्चित क्रम होता है। दी गई अक्षर शृंखला में अक्षर वर्णमाला के सीधे क्रम में भी हो सकते हैं और वर्णमाला के विपरीत क्रम में भी। यही नहीं, एक ही शृंखला में अक्षर वर्णमाला के सीधे क्रम में और वर्णमाला के विपरीत या उल्टे क्रम में अर्थात् दोनों ही अनुक्रमों में भी हो सकते हैं। शृंखला में दिए गए क्रम में कुछ अक्षर छोड़े भी गए हो सकते हैं या ऐसा भी हो सकता है कि शृंखला में कुछ अक्षरों को एकाधिक बार प्रयुक्त किया गया हो या फिर वे क्रमागत हों। शृंखला एकल भी हो सकती है और एक ही शृंखला में एकांतर क्रम में दो अलग-अलग शृंखलाएं भी निहित हो सकती हैं। अक्षर शृंखला पर आधारित प्रश्नों को हल करते समय शृंखला के पैटर्न पर ध्यान दिया जाना आवश्यक होता है।

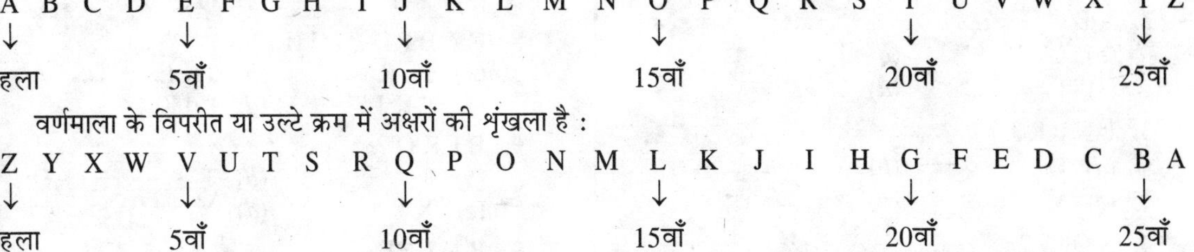

टिप्पणी : Z पर पहुंच कर शृंखला A से पुनः शुरू होती है और A पर पहुंच कर शृंखला Z से पुनः शुरू होती है।

हल किए गए उदाहरण

निर्देश: *नीचे दी गई शृंखला में प्रश्न चिह्न को प्रतिस्थापित करने के लिए दिए गए विकल्पों में से सही अक्षर का चयन करें :*

1. B D F H J ?

(*a*) L (*b*) O (*c*) M (*d*) K

उत्तर (*a*) : शृंखला में प्रत्येक दो अक्षरों के बीच वर्णमाला के सीधे क्रम में एक अक्षर छूट गया है।

B →(+2) D →(+2) F →(+2) H →(+2) J →(+2) L

2. A Z B Y C ?

(*a*) D (*b*) X (*c*) U (*d*) E

उत्तर *(b)* : इस शृंखला में बारी-बारी से दो शृंखलाएं अंतर्निहित हैं :

शृंखला *I* : A B C (प्राकृतिक क्रम अर्थात् वर्णमाला के सीधे क्रम में क्रमागत अक्षर)

शृंखला *II* : Z Y X (वर्णमाला के विपरीत क्रम में क्रमागत अक्षर)

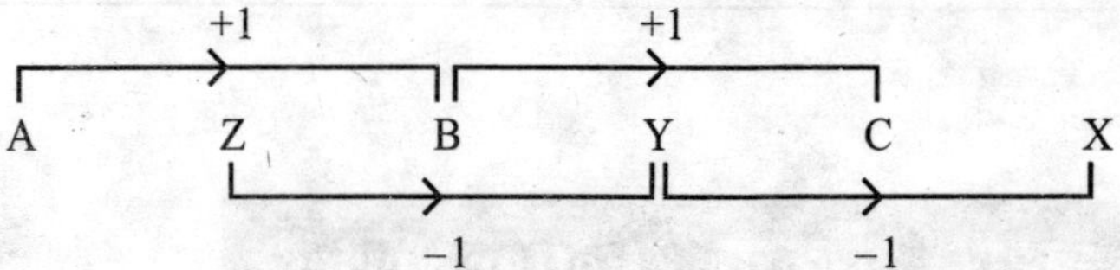

अभ्यास

निर्देश (प्र.सं. 1–10): *नीचे दी गई प्रत्येक शृंखला में अक्षरों का क्रम निर्धारित करें। तत्पश्चात् दिए गए विकल्पों में से उस विकल्प का चयन करें जिससे दी गई शृंखला में प्रश्न चिह्न प्रतिस्थापित होता हो।*

1. B Y C X D W E ?
(*a*) S (*b*) T
(*c*) U (*d*) V

2. A D C G E ?
(*a*) G (*b*) J
(*c*) I (*d*) L

3. L N P R T ?
(*a*) U (*b*) V
(*c*) W (*d*) Y

4. X O I F ?
(*a*) D (*b*) F
(*c*) B (*d*) E

5. B A F E J I P O ? U
(*a*) V (*b*) T
(*c*) S (*d*) Q

6. Z A A Y B B X C ?
(*a*) W (*b*) C
(*c*) V (*d*) D

7. A Z Y B X W C V U D T S E ?
(*a*) R S (*b*) S T
(*c*) R Q (*d*) Q R

8. C A B F D E I G H ?
(*a*) J L K (*b*) J K L
(*c*) L K J (*d*) L J K

9. B F K Q ?
(*a*) U (*b*) T
(*c*) X (*d*) Y

10. R K F ? B
(*a*) D (*b*) C
(*c*) E (*d*) B

व्याख्यात्मक उत्तर

1. (*d*) : दी गई शृंखला में बारी-बारी से दो अक्षर शृंखलाएं अंतर्निहित हैं।

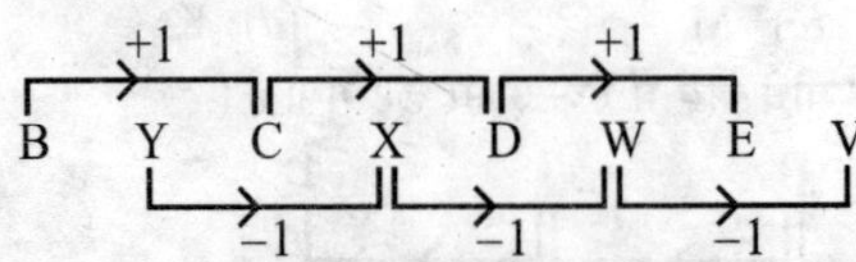

शृंखला I : BCDE (वर्णमला के सीधे क्रम में)

शृंखला II : YXWV (वर्णमाला के विपरीत क्रम में)

2. (*b*) : दी गई शृंखला में बारी-बारी से दो अक्षर शृंखलाएं अंतर्निहित हैं।

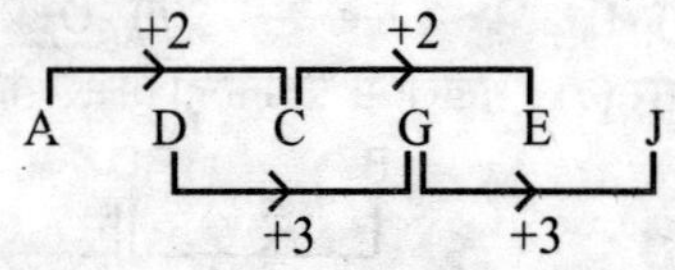

शृंखला I : ACE (शृंखला +2 पैटर्न का अनुपालन करती है)

शृंखला II : DGJ (शृंखला +3 पैटर्न का अनुपालन करती है)

3. (*b*) : शृंखला +2 पैटर्न का अनुपालन करती है, अर्थात्

L N P R T V

+2 +2 +2 +2 +2

4. (*b*) : शृंखला में दो सन्निकट अक्षरों के बीच वर्णमाला के विपरीत क्रम में क्रमशः 3 की कमी होती जाती है, अर्थात्

X O I F F

−9 −6 −3 −0

5. (*a*) : शृंखला में अंग्रेजी वर्णमाला के पांच स्वर (vowel) हैं अर्थात् (AEIOU) जिनमें से प्रत्येक के पहले वर्णमाला के सीधे क्रम में उसके ठीक बाद का क्रमागत अक्षर लिखा गया है।

B A F E J I P O V U

6. (*b*) : शृंखला में बारी-बारी से तीन शृंखलाएं अंतर्निहित हैं जिनमें से दूसरी और तीसरी शृंखलाएं एक जैसी हैं, अर्थात्

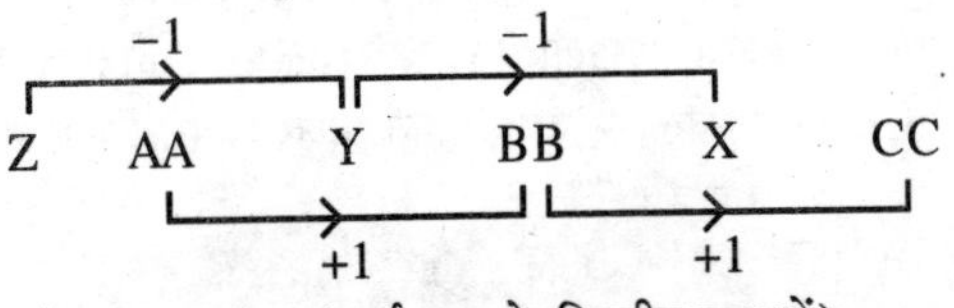

शृंखला I : ZYX (वर्णमाला के विपरीत क्रम में)

शृंखला II और III : ABC (वर्णमाला के सीधे क्रम में) अक्षर 'C' शृंखला II और III में उभयनिष्ठ है।

7. (*c*) : शृंखला में बारी-बारी से दो शृंखलाएं अंतर्निहित हैं।

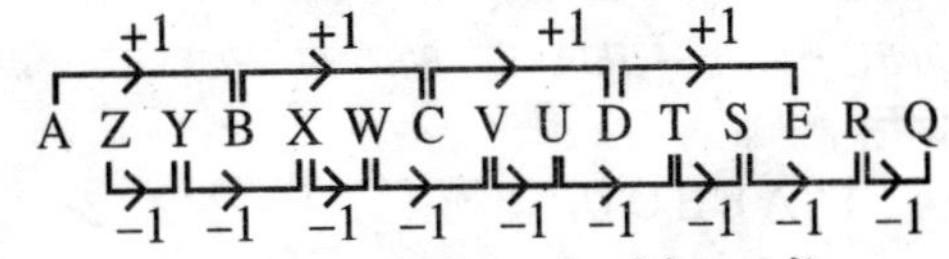

शृंखला I : ABCDE (वर्णमाला के सीधे क्रम में)

शृंखला II : ZY XW VU TS RQ (वर्णमाला के विपरीत क्रम में एक साथ दो अक्षर)

8. (*d*) : वर्णमाला के सीधे क्रम में 3 अक्षरों के समूह से एक खंड निर्मित होता है। प्रत्येक खंड में 3 अक्षरों के समूह में पहला अक्षर बीच में है जिसकी दाहिनी ओर उसका क्रमागत अक्षर है तथा तीसरा क्रमागत अक्षर बीच के अक्षर की बायीं ओर अवस्थित है।

CAB FDE IGH LJK

9. (*c*) : शृंखला में दो सन्निकट अक्षरों के बीच अंतर में प्रत्येक चरण में एक की वृद्धि होती जाती है।

B F K Q X

+4 +5 +6 +7

10. (*b*) : शृंखला में दो क्रमागत अक्षरों के बीच वर्णमाला के विपरीत क्रम में अंतर में क्रमशः 2 की कमी होती जाती है।

R K F C B

−7 −5 −3 −1

भाग-II गलत या बेमेल अक्षर-शृंखला (Wrong Letter Series)

इस प्रकार के प्रश्नों में दी गई शृंखला में अभ्यर्थियों को ऐसे अक्षर या अक्षर-समूह ज्ञात करने की आवश्यकता नहीं होती जिनसे दी गई शृंखला पूर्ण होती है बल्कि उन्हें ऐसे अक्षर का पता लगाना होता है जो शृंखला में गलत या बेमेल हो।

हल किए गए उदाहरण

दी गई शृंखला में कौन-सा अक्षर गलत या बेमेल है?

J M P T V Y

(*a*) J (*b*) P (*c*) T (*d*) Y

उत्तर (*c*) : शृंखला में दो सन्निकट अक्षरों के बीच वर्णमाला के क्रम में +3 का अंतर है।

J M P S V Y

+3 +3 +3 +3 +3

अतः अक्षर T के स्थान पर S होना चाहिए।

अभ्यास

निर्देश (प्र.सं. 1–10): नीचे के प्रत्येक प्रश्न में दी गई अक्षर-शृंखला में कौन-सा अक्षर या अक्षर-समूह गलत या बेमेल है?

1. A E H O U
(*a*) U (*b*) O
(*c*) H (*d*) E

2. C H M S W B
(*a*) C (*b*) S
(*c*) B (*d*) W

3. X S N I C Y
(*a*) Y (*b*) C
(*c*) S (*d*) I

4. Z A W B X C
(*a*) D (*b*) C
(*c*) X (*d*) W

5. M L O N Q P R
(*a*) R (*b*) O
(*c*) Q (*d*) L

6. D K R Y F L
(*a*) L (*b*) D
(*c*) R (*d*) Y

7. L N Q T W Z C F
(*a*) C (*b*) Q
(*c*) L (*d*) F

8. XW, DC, CB, NM, PQ
(*a*) NM (*b*) CB
(*c*) PQ (*d*) XW

9. B E I N S A I
(*a*) A (*b*) E
(*c*) S (*d*) I

10. Z T P K H F
(*a*) Z (*b*) P
(*c*) T (*d*) F

व्याख्यात्मक उत्तर

1. (*c*) : शृंखला अंग्रेजी वर्णमाला के केवल स्वरों AEIOU से निर्मित है। अत: H के स्थान पर I होना चाहिए।

2. (*b*) : शृंखला में दो सन्निकट अक्षरों के बीच वर्णमाला के सीधे क्रम में +5 का अंतर है।

C H M R W B
+5 +5 +5 +5 +5

अत: शृंखला में S के स्थान पर R होना चाहिए।
(शृंखला Z पर पहुंचने के बाद A से पुन: शुरू होती है।)

3. (*b*) : शृंखला में दो सन्निकट अक्षरों के बीच वर्णमाला के उल्टे क्रम में –5 का अंतर है।

X S N I D Y
–5 –5 –5 –5 –5

अत: C के स्थान पर D होना चाहिए।

4. (*d*) : दी गई शृंखला में दो शृंखलाएं अंतर्निहित हैं :

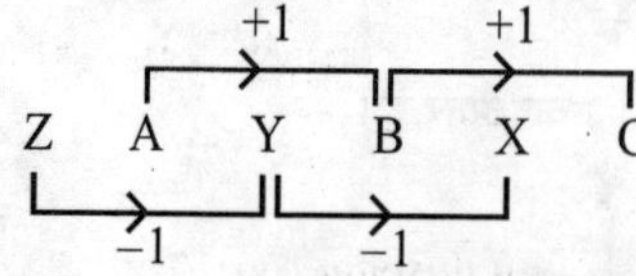

शृंखला I : ZYX (वर्णमाला के विपरीत क्रम में)

शृंखला II : ABC (वर्णमाला के सीधे क्रम में)
अत: शृंखला में W के स्थान पर Y होना चाहिए।

5. (*a*) : शृंखला में दो क्रमागत अक्षर विपरीत क्रम में लिखे गए हैं।

ML ON QP SR

अत: शृंखला में R के स्थान पर S होना चाहिए।

6. (*a*) : शृंखला में दो सन्निकट अक्षरों के बीच +7 का अंतर है।

D K R Y F M
+7 +7 +7 +7 +7

अत: शृंखला में L के स्थान पर M होना चाहिए।

7. (*c*) : शृंखला में दो सन्निकट अक्षरों के बीच +3 का अंतर है।

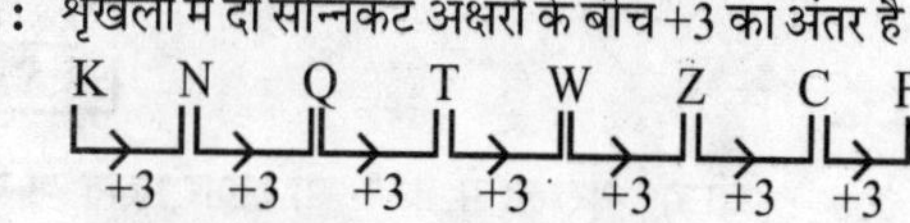

अत: L के स्थान पर K होना चाहिए।

8. (*c*) : शृंखला कोई भी दो क्रमागत अक्षरों को वर्णमाला के विपरीत क्रम में शामिल करके निर्मित की गई है।

XW ← DC ← CB ← NM ← QP ←

अत: शृंखला में P से पहले Q आना चाहिए।

9. (*c*) : शृंखला में प्रत्येक चरण में दो सन्निकट अक्षरों के बीच अंतर में एक की वृद्धि होती जाती है।

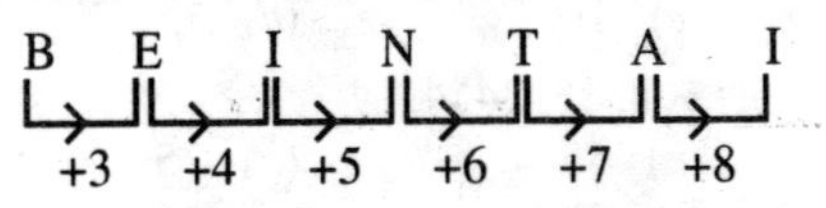

अत: शृंखला में S के स्थान पर T होना चाहिए।

10. (*b*) : वर्णमाला के विपरीत क्रम में लिखी गई इस शृंखला में प्रत्येक चरण में दो सन्निकट अक्षरों के बीच अंतर में एक की कमी होती जाती है।

Z T O K H F

−6 −5 −4 −3 −2

अत: P के स्थान पर O होना चाहिए।

भाग-III संख्या-शृंखला (Number Series)

इस प्रकार की शृंखला में दी गई संख्याओं के समुच्चय एक दूसरे से एक विशेष पैटर्न या रुप में संबंधित होते हैं। संख्याओं के बीच संबंध *(i)* क्रमागत विषम/सम संख्याओं; *(ii)* क्रमागत अविभाज्य संख्याओं; *(iii)* किसी संख्या (या संख्याओं) का वर्गफल/घनफल जिसमें किसी संख्या को जोड़ने या घटाने पर परिवर्तन होता है/नहीं होता; *(iv)* पूर्ववर्ती संख्याओं का योग/गुणनफल/अंतर; *(v)* किसी संख्या से योग/घटाव/गुणा/भाग; और *(vi)* उपर्युक्त संबंधों के अनेक और भी संयोजनों पर आधारित होता है।

हल किए गए उदाहरण

1. नीचे दी गई संख्या-शृंखला को पूरा करने के लिए कौन-सा विकल्प उपयुक्त है?

4, 8, 12, 16, ?

(*a*) 18 (*b*) 20 (*c*) 22 (*d*) 24

उत्तर (*b*): शृंखला में अंतर्निहित संख्याएं 4 की गुणज (multiples) हैं। शृंखला में अंतर्निहित अवयवों की एक अन्य व्याख्या यह है कि शृंखला की दो आनुक्रमिक संख्याओं के बीच 4 का अंतर है।

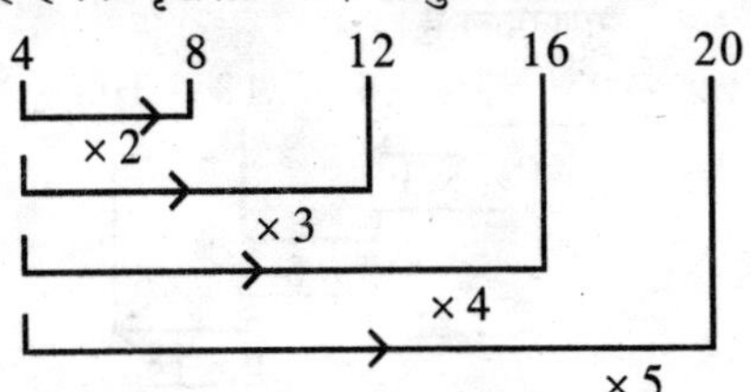

या

4 8 12 16 20

+ 4 + 4 + 4 + 4

2. दी गई शृंखला में प्रश्न चिह्न के स्थान पर क्या होगा?

2, 14, 98, 686, ?

(*a*) 1976 (*b*) 2548 (*c*) 980 (*d*) 4802

उत्तर (*d*) : शृंखला में अंतर्निहित संख्याएं 7 की गुणज हैं।

2 14 98 686 4802

× 7 × 7 × 7 × 7

(किसी दी गई संख्या-शृंखला में बारी-बारी से एकाधिक शृंखलाएं भी अंतर्निहित हो सकती हैं।)

अभ्यास

निर्देश (प्र.सं. 1–10): *शृंखलाओं को पूरा करने के लिए दिए गए विकल्पों में से लुप्त पद/संख्या ज्ञात करें।*

1. 3, 9, 27, 81, 243, ?
(*a*) 486 (*b*) 729
(*c*) 972 (*d*) 359

2. 1, 6, 12, 19, 27, ?
(*a*) 38 (*b*) 35
(*c*) 36 (*d*) 54

3. 8, 48, 16, 96, 32, ?
(*a*) 192 (*b*) 150
(*c*) 64 (*d*) 288

4. 2, 3, 6, 18, 108, ?
(*a*) 1944 (*b*) 1658
(*c*) 648 (*d*) 1008

5. 1, 2, 3, 2, 3, 5, 4, 5, ?
(*a*) 9 (*b*) 6
(*c*) 10 (*d*) 7

6. 3, 8, 13, 24, 41, ?
(*a*) 65 (*b*) 75
(*c*) 70 (*d*) 80

7. 0, 8, 24, 48, 80, ?
(*a*) 110 (*b*) 96
(*c*) 120 (*d*) 140

8. 0, 5, 22, 57, ?, 205
(*a*) 198 (*b*) 116
(*c*) 172 (*d*) 92

9. 6, 9, 18, 45, 126, 369, ?
(*a*) 1059 (*b*) 1095
(*c*) 1098 (*d*) 1089

10. 1, 2, 5, 12, 27, 58, 121, ?
(*a*) 246 (*b*) 247
(*c*) 248 (*d*) 249

व्याख्यात्मक उत्तर

1. (*b*) : शृंखला में निहित संख्याओं को अगली संख्या प्राप्त करने के लिए 3 से गुणा किया गया है।

2. (*c*) : शृंखला के आरंभिक पदों अर्थात् 1 और 6 के बीच 5 का अंतर है और तत्पश्चात् शृंखला की आनुक्रमिक संख्याओं के बीच अंतर में क्रमश: 1 की वृद्धि होती जाती है।

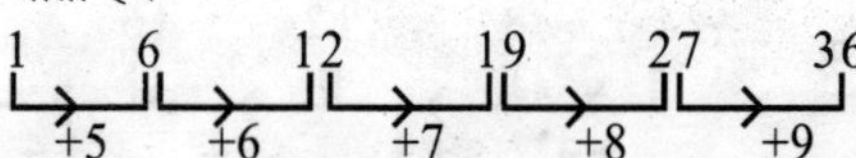

3. (*a*) : *व्याख्या I* : शृंखला में पहले 6 से गुणा करने और तत्पश्चात् 3 से भाग करने का पैटर्न अपनाया गया है जिसकी पुनरावृत्ति होती है।

8 48 16 96 32 192
× 6 ÷ 3 × 6 ÷ 3 × 6

व्याख्या II : शृंखला में बारी-बारी से दो शृंखलाएं अंतर्निहित हैं और प्रत्येक शृंखला में पहले की संख्या को 2 से गुणा करने पर आनुक्रमिक संख्या प्राप्त होती है।

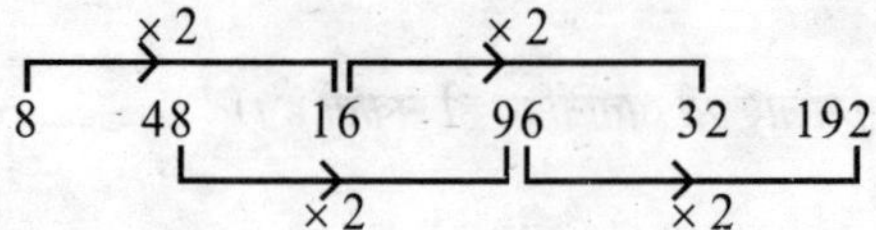

शृंखला I : 8, 16, 32

शृंखला II : 48, 96, 192

4. (*a*) : शृंखला में हर तीसरी संख्या पूर्ववर्ती दो संख्याओं का गुणनफल है।

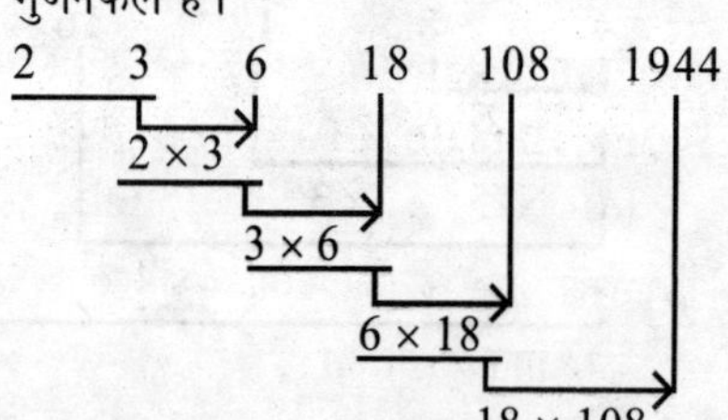

5. (*a*) : इस शृंखला में तीन संख्याओं से एक समुच्चय निर्मित होता है जिनमें से प्रत्येक समुच्चय में पहली दो संख्याएं सीधे क्रम में हैं तथा तीसरी संख्या पहली और दूसरी संख्याओं का योग है। अगले समुच्चय की पहली संख्या पूर्ववर्ती समुच्चय की पहली संख्या की दोगुनी है।

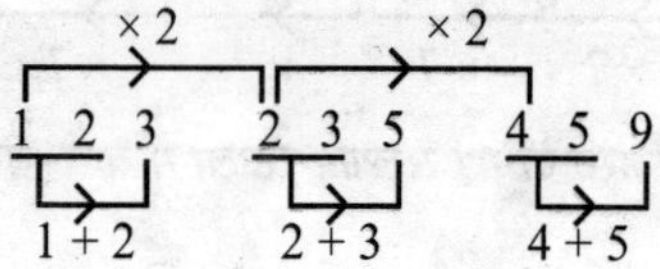

6. (*c*) : ... जाता ... (दी गई संख्या ...त पैटर्न का अनुपालन किया ... प्रत्येक चरण में 1 का ... 2 से आरंभ करके ...त प्राकृतिक संख्या का योग :

3 8 13 24 ...

(3+8) + 2

(8 + 13) + 3

(13 + 24) + 4

(24 + 41) + 5

7. (*c*) : शृंखला की संख्याएं प्राकृतिक क्रम में दो सम संख्याओं का गुणनफल हैं, अर्थात्

0	8	24	48	80	120
↓	↓	↓	↓	↓	↓
(0 × 2)	(2 × 4)	(4 × 6)	(6 × 8)	(8 × 10)	(10 × 12)

8. (*b*) : शृंखला निम्नलिखित पैटर्न का अनुपालन करती है : 1 से आरंभ करके प्राकृतिक संख्याओं का घनफल घटा 1 से आरंभ करके एकांतर विषम संख्याएं

0	5	22	57	116	205
↓	↓	↓	↓	↓	↓
1^3-1	2^3-3	3^3-5	4^3-7	5^3-9	6^3-11

9. (*c*) : शृंखला की आनुक्रमिक संख्याओं के बीच अंतर 3 की घात में वृद्धि के साथ बढ़ता है।

9 18 45 126 369 1098

+3 ... $+27 = 3^3$ $+81 = 3^4$ $+243 = 3^5$ $+729 = 3^6$

10. (*c*) : शृंखला में ... संख्या को 2 से गुणा करके 0 से आरंभ करके प्राकृति...क्रम में संख्याओं को जोड़ने पर अगली संख्या प्राप्त होती है।

1 2 5 12 27 58 121 248

(1 × 2)+0 (2 × 2)+1 (5 × 2)+2 (12 × 2)+3 (27 × 2)+4 (58 × 2)+5 (121 × 2)+6

भाग-IV मिश्रित-शृंखला (Mixed Series)

मिश्रित-शृंखला में अक्षरों और संख्याओं का संयोजन होता है। इस प्रकार की शृंखला में अक्षरों और संख्याओं का एक सर्वनिष्ठ पैटर्न या अलग-अलग अनुक्रम पैटर्न हो सकता है।

हल किए गए उदाहरण

1. निम्नलिखित अक्षर-संख्या संयोजन शृंखला में प्रश्न चिह्न के स्थान पर क्या आएगा?

F6, H8, J10, L12, ?

(*a*) N15 (*b*) O14 (*c*) N14 (*d*) O13

उत्तर (*c*) : शृंखला में अक्षर वर्णमाला के सीधे क्रम में दो स्थान आगे की ओर बढ़ते हैं तथा संख्या वर्णमाला में अक्षरों के स्थान को इंगित करती है।

F6 H8 J10 L12 N14

+2 +2 +2 +2

2. दिए गए विकल्पों में से कौन-सा विकल्प निम्नलिखित शृंखला को पूरा करता है?

R(2)S, T(4)U, V(6)W, ?

(*a*) X(8)Y (*b*) Y(10)Z (*c*) Z(8)A (*d*) Y(6)Z

उत्तर (*a*) : अक्षर वर्णमाला के सीधे क्रम में हैं जबकि संख्याएं 2 की आनुक्रमिक गुणज हैं।

अभ्यास

...ा (प्र.सं. 1–3): नीचे की प्रत्येक श्रृंखला में प्रश्न चिह्न के ...न पर क्या आएगा?

1. 2B, 4C, 8E, 14H, ?
   (*a*) 20L (*b*) 22L
   (*c*) 21I (*d*) 16K
2. W(1)A, X(4)Z, Y(9)Y, ?, A(25)W
   (*a*) X(11)Z (*b*) Z(2K
   (*c*) Z(16)X (*d*) Z
3. D2, I3, N6, S18, ?
   (*b*) W36
   (*d*) X108

... 4 और 5): नीचे की प्रत्येक अक्षर-संख्या ... में कौन-सा पद बेमेल/श्रृंखला में उपयुक्त नहीं है?

4. G4T, J10R, M20P, P43N, S90L
   (*a*) J10R (*b*) S90L
   (*c*) M20P (*d*) G4T
5. B0R, G3U, E3P, J7S, H9N
   (*a*) E3P (*b*) J7S
   (*c*) H9N (*d*) G3U

व्याख्यात्मक उत्तर

1. (*b*) : श्रृंखला में संख्याओं का अनुक्रम +2, +4, +6 +8 का तथा अक्षरों का अनुक्रम +1, +2, +3, +4 का है।

2. (*c*) : श्रृंखला में दिए गए समूहों में बायीं ओर के अक्षर वर्णमाला के विपरीत क्रम में हैं और दाहिनी ओर के अक्षर वर्णमाला के सीधे क्रम में हैं तथा संख्याएं 1 से आरंभ करके प्राकृतिक क्रम में क्रमागत संख्याओं के वर्ग हैं।

3. (*d*) : अक्षर +5 पैटर्न का अनुपालन करते हैं और हर तीसरी संख्या अपनी पूर्ववर्ती दो संख्याओं का गुणनफल है।

4. (*a*) : श्रृंखला में दिए गए समूहों में बायीं ओर के अक्षर +3 पैटर्न का, दायीं ओर के अक्षर –2 पैटर्न का अनुपालन करते हैं तथा संख्याओं द्वारा (4 × 2) +1, (9 × 2)+2, (20 × 2) +3, (43 × 2) + 4 पैटर्न का अनुपालन किया जाता है। अत: J10R के स्थान पर श्रृंखला में J9R होना चाहिए।

5. (*b*) : श्रृंखला के दिए गए समूहों में बायीं ओर के अक्षर +5, –2 (5 चरण आगे, 2 चरण पीछे) पैटर्न का अनुपालन करते हैं जिसकी आगे भी पुनरावृत्ति होती है। समूहों में दायीं ओर +3, –5 (3 चरण आगे, 5 चरण पीछे) पैटर्न का अनुपालन किया जाता है जिसकी पुनरावृत्ति होती है। श्रृंखला की संख्याएं श्रृंखला में अपने पूर्ववर्ती दो संख्याओं के योग के बराबर हैं। अत: J7S के स्थान पर J6S होना चाहिए।

सादृश्य या संबंध

(ANALOGIES OR RELATIONSHIPS)

भाग-I शब्द सादृश्य (Word Analogy)

संबंध या सादृश्य परीक्षा में दिए गए दो शब्दों के बीच संबंध स्थापित किया जाता है और उसी संबंध को दिए गए अन्य शब्दों पर अनुप्रयुक्त किया जाता है। दिए गए दो शब्दों के बीच विभिन्न प्रकार के संबंध हो सकते हैं, अत: इस प्रकार के प्रश्नों को हल करते समय सर्वप्रथम यह ज्ञात करना होता है कि दिए गए दो शब्दों के बीच किस प्रकार का संबंध है। शब्दों के बीच विभिन्न संबंधों पर नीचे चर्चा की गई है :

हल किए गए उदाहरण

1. क्रिया-साधन संबंध (**Action Object Relationship**)

उदाहरण : जैसे गोली चलाना और 'बंदूक' का संबंध है उसी प्रकार 'खाने' से किसका संबंध है?

(*a*) भूख (*b*) प्यास (*c*) रात्रि-भोज (*d*) फल

उत्तर (*d*) : दिए गए शब्दों के बीच संबंध यह है कि गोली चलाना एक क्रिया है और 'बंदूक' उस क्रिया को करने का एक विशिष्ट साधन या उपकरण है। इसी प्रकार 'खाना' एक क्रिया है और 'फल' इस क्रिया को करने अर्थात् खाने का साधन या उपकरण है।

2. **साहचर्य संबंध (Association Relationship)**

उदाहरण : जो संबंध 'ग्लैमर' और 'प्रसिद्धि' में है, ठीक वैसा ही संबंध 'रंग' का किससे है?

(*a*) इंद्रधनुष (*b*) छाया (*c*) कला (*d*) चित्रकारी

उत्तर (*d*) : जिस प्रकार ग्लैमर से प्रसिद्धि प्राप्त होती है उसी प्रकार 'रंग' से चित्रकारी की जाती है।

3. **विपर्याय (विलोम) संबंध (Antonym Relationship)**

उदाहरण : अंतर्मुखी : बहिर्मुखी

(*a*) कोण : स्पर्श रेखा (*b*) चरम : अंतरिम (*c*) प्रतिकूल : अनुकूल (*d*) क्रिया : नियम

उत्तर (*c*) : संबंधित शब्द विपरीतार्थक हैं।

4. **कार्य-कारण संबंध (Cause and Effect Relationship)**

उदाहरण : चोट : दर्द

(*a*) कोटि : योग्यता (*b*) बादल गरजना : बिजली चमकना

(*c*) घूमाना : बिलोना (*d*) धन : परिश्रम

उत्तर (*b*) : जिस प्रकार चोट के कारण दर्द होता है उसी प्रकार बादल गरजने के कारण बिजली चमकती है।

5. कोटि या अंश संबंध (Degree Relationship)

उदाहरण : गुनगुना का जो संबंध 'गरम' से वही संबंध बिलखना या विलाप करने का किससे है ?

(*a*) सिसकना (*b*) चिल्लाना (*c*) मुस्कराना (*d*) शांत रहना

उत्तर (*a*) : 'गुनगुना' का अर्थ है 'थोड़ा गरम'। इसी प्रकार बिलखने या विलाप करने की निम्न कोटि है 'सिसकना'।

अभ्यास

निर्देश (प्र.सं. 1–5): *पूछे गए प्रत्येक प्रश्न में पहले दिए गए दो शब्दों के बीच संबंध स्थापित करें। तत्पश्चात् दिए गए विकल्पों में से उस विकल्प का चयन करें जिसके शब्द और प्रश्न में दिए गए तीसरे शब्द के बीच ठीक वैसा ही संबंध या सादृश्य हो जैसा कि पहले के दो शब्दों के बीच है।*

1. जो संबंध 'उन्माद' और 'सनक' में है वही संबंध 'भय' और निम्नलिखित में से किसमें है?

(*a*) इच्छा (*b*) शौक
(*c*) आवश्यकता (*d*) डर

2. 'हकलाना' जिस प्रकार 'वाणी' से संबंधित है उसी प्रकार 'बहरापन' का संबंध निम्नलिखित में से किससे है ?

(*a*) कान (*b*) सुनना
(*c*) शोर (*d*) चुप्पी

3. जिस प्रकार 'नेता', 'अनुयायी' से संबंधित है, उसी प्रकार .... संबंधित है सिपाही से।

(*a*) कैप्टन (*b*) यूनिट
(*c*) सेना (*d*) बैरक

4. जिस प्रकार 'चिल्लाहट', 'फुसफुसाहट' से संबंधित है, उसी प्रकार 'मारना' निम्नलिखित में से किससे संबंधित है?

(*a*) थप्पड़ मारने (*b*) छूना
(*c*) क्रोध (*d*) शोरगुल

5. जिस प्रकार 'पंजा', 'बिल्ली' से संबंधित है उसी प्रकार 'खुर' निम्नलिखित में से किससे संबंधित है ?

(*a*) घोड़ा (*b*) मेमना
(*c*) हाथी (*d*) शेर

निर्देश (प्र.सं. 6–10): *नीचे दिए गए प्रत्येक प्रश्न में :: चिह्न की बाईं ओर दो शब्द दिए गए हैं। इन दोनों शब्दों में कुछ संबंध है। वैसा ही संबंध :: चिह्न की दाईं ओर के दो शब्दों में है जिनमें से एक शब्द के स्थान पर प्रश्नवाचक चिह्न (?) है। प्रश्नवाचक चिह्न (?) के स्थान पर दिए गए विकल्पों में से एक उपयुक्त विकल्प का चयन करें।*

6. शिकारी : बंदूक :: लेखक : ?

(*a*) पुस्तक (*b*) कलम
(*c*) कविता (*d*) पृष्ठ

7. भोजन : आमाशय :: ईंधन : ?

(*a*) इंजन (*b*) ऑटोमोबाइल
(*c*) रेल (*d*) वायुयान

8. जल : रेत :: महासागर : ?

(*a*) द्वीप (*b*) नदी
(*c*) मरुभूमि (*d*) तरंगें

9. वयस्क : बच्चा :: फूल : ?

(*a*) बीज (*b*) कली
(*c*) फल (*d*) तितली

10. मोती : कंठहार :: फूल : ?

(*a*) पौधा (*b*) बगीचा
(*c*) पँखुड़ी (*d*) गुलदस्ता

व्याख्यात्मक उत्तर

1. (*d*) : संबंधित शब्द पर्यायवाची हैं।

2. (*b*) : 'वाणी' के दोष से 'हकलाने' की समस्या उत्पन्न होती है जबकि 'सुनने' में कठिनाई से 'बहरापन' उत्पन्न होता है।

3. (*a*) : जिस प्रकार 'अनुयायी' अपने 'नेता' से मार्गदर्शन प्राप्त करते हैं उसी प्रकार 'सिपाही' को अपने 'कैप्टन' से मार्गदर्शन प्राप्त होता है।

4. (*b*) : 'चिल्लाहट' की तीव्रता में अत्यधिक कमी कर दी जाए तो वह 'फुसफुसाहट' का रूप ले लेती है और यदि 'मारने' की तीव्रता कम कर दी जाए तो वैसी क्रिया 'छूना' मात्र रह जाएगी।

5. (*a*) : 'बिल्ली' के 'पैर में' 'पंजा' होता है जबकि 'घोड़ा' के पैर में 'खुर' होता है।

6. (*b*) : 'शिकारी' का हथियार 'बंदूक' है और 'लेखक' का हथियार 'कलम' है।

7. (*a*) : 'भोजन', 'आमाशय' में पचता है और 'ईंधन' की खपत 'इंजन' में होती है।

8. (*c*) : संबंधित शब्द एक दूसरे के लगभग विपरीतार्थक शब्द हैं।

9. (*b*) : 'बच्चा' विकसित होकर 'वयस्क' बनता है और 'कली' खिलकर 'फूल' बनती है।

10. (*d*) : बहुत से मोतियों को मिला कर 'कंठहार' और बहुत से फूलों को मिलाकर 'गुलदस्ता' बनाया जाता है।

भाग-II अक्षर सादृश्य (Letter Analogy)

इस प्रकार के सादृश्य में अक्षरों के दो दिए गए समुच्चयों के बीच संबंध स्थापित किया जाता है और तत्पश्चात् अक्षरों के दिए गए तीसरे समुच्चय पर पहले दो अक्षर समुच्चयों के बीच के संबंध को अनुप्रयुक्त करके अक्षरों के चौथे अपेक्षित समुच्चय को ज्ञात किया जाता है। दिए गए दो अक्षर समुच्चयों में से पहले समुच्चय के अक्षरों को कुछ चरण आगे या पीछे करके, संपूर्ण समुच्चय के अक्षरों को या समुच्चय के कुछ अक्षरों को उलटे क्रम में लिखकर दूसरे समुच्चय के अक्षरों को प्राप्त किया जा सकता है।

हल किए गए उदाहरण

निर्देश: *दिए गए विकल्पों में से कौन-सा अक्षर-समूह प्रश्नचिह्न (?) के स्थान पर आएगा?*

1. JILK : KLIJ : : MNPQ : ?

(*a*) QNPM (*b*) MPQN (*c*) QPNM (*d*) PNMQ

उत्तर (*c*) : :: की बायीं ओर के अक्षर-समूहों में से पहले अक्षर-समूह के अक्षरों को विपरीत क्रम में लिखकर दूसरा अक्षर-समूह प्राप्त किया गया है। यही संबंध :: की दाहिनी ओर के दिए गए अक्षर समूह के अक्षरों पर अनुप्रयुक्त करने पर अपेक्षित अक्षर-समूह प्राप्त होता है।

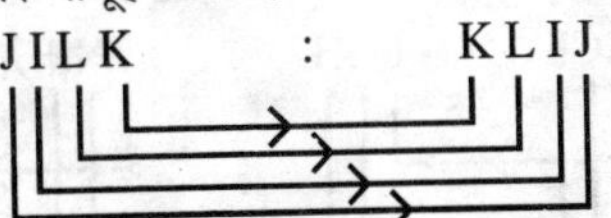

: : MNPQ : QPNM

2. FLO : DOL : : RDP : ?

(*a*) PGM (*b*) MGP (*c*) GMP (*d*) MPG

उत्तर (*a*) : पहले और तीसरे अक्षरों को क्रमशः –2 और –3 चरण पीछे खिसका कर और दूसरे अक्षर को +3 चरण आगे बढ़ा कर :: चिह्न की बायीं ओर का दूसरा अक्षर समुच्चय प्राप्त होता है। यही संबंध :: चिह्न की दायीं ओर के पहले अक्षर समुच्चय पर लगाने पर प्रश्न चिह्न के स्थान पर अक्षर समुच्चय प्राप्त होता है।

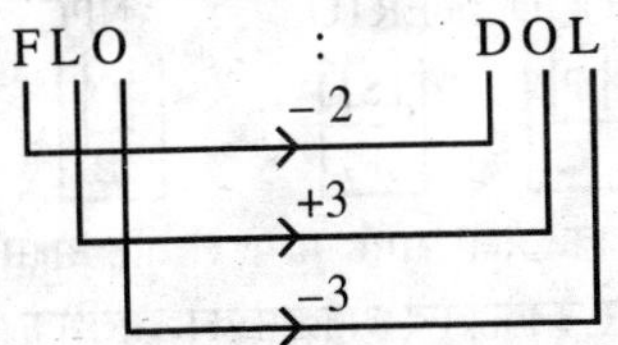

: : RDP : PGM (–2, +3, –3)

3. DumB : BonD : : RusT : ?

(*a*) MOst (*b*) TeNt (*c*) PaTH (*d*) WorK

उत्तर (*d*) : प्रत्येक समूह में सिरों पर स्थित दो अक्षर अंग्रेजी वर्णमाला के बड़े अक्षर हैं।

अभ्यास

निर्देश (प्र.सं. 1–10): *नीचे के प्रत्येक प्रश्न में एक लुप्त पद है। प्रश्न में :: चिह्न की बायीं ओर के दो अक्षर-समूहों में जो समानता या सादृश्य है वैसी ही समानता या सादृश्य :: चिह्न की दायीं ओर के दो अक्षर समूहों में है जिनमें से एक अक्षर समूह के स्थान पर प्रश्नवाचक चिह्न (?) लगा है। प्रश्नवाचक चिह्न (?) के स्थान पर लुप्त पद ज्ञात करें।*

1. GFC : CFG : : RPJ : ?
(*a*) JRP (*b*) JPR
(*c*) PJR (*d*) RJP

2. BCF : DEG : : MNQ : ?
(*a*) OPR (*b*) PQS
(*c*) OPP (*d*) QRT

3. NATION : ANITNO : : HUNGRY : ?
(*a*) HNUGRY (*b*) UNHGYR
(*c*) YRNGUH (*d*) UHGNYR

4. ACE : FGH : : LNP : ?
(*a*) QRS (*b*) PQR
(*c*) QST (*d*) MOQ

5. BOQD : ERTG : : ANPC : ?
(*a*) DQSF (*b*) FSHU
(*c*) SHFU (*d*) DSQF

6. BCDA : STUR : : KLMJ : ?
(*a*) VWXU (*b*) EFHG
(*c*) SRTU (*d*) QSRP

7. RUX : TRP : : BEH : ?
(*a*) SQN (*b*) QON
(*c*) QOM (*d*) QNL

8. BCDE : WVUT : : QRST : ?
(*a*) EFHG (*b*) JIHG
(*c*) POML (*d*) GEDC

9. AKU : AJS : : CRD : ?
(*a*) BQE (*b*) CQB
(*c*) DSB (*d*) APC

10. ODL : LOD : : PWN : ?
(*a*) WNP (*b*) NWP
(*c*) NPW (*d*) NMP

व्याख्यात्मक उत्तर

1. *(b)* : पहले समूह के अक्षरों को उलटे क्रम में लिखने पर दूसरा अक्षर-समूह प्राप्त होता है।

GFC : CFG : : RPJ : JPR

2. *(a)* : पहले और दूसरे समूह के तीनों अक्षरों के बीच वर्णमाला के सीधे क्रम में क्रमशः +2, +2 और +1 चरणों का अंतर है।

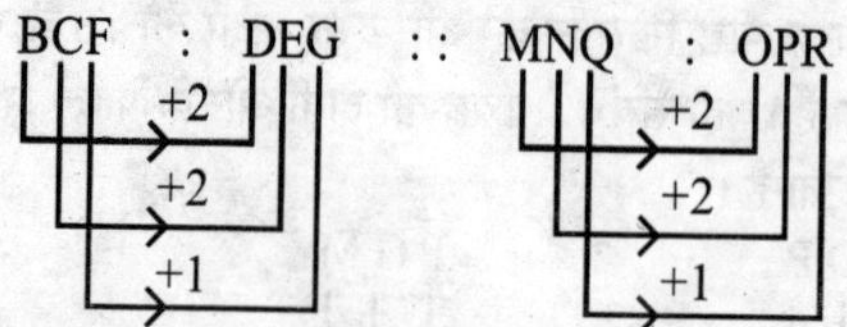

3. *(d)* : पहले समूह के अक्षरों को दो-दो अक्षरों के खंडों में विभाजित करके प्रत्येक खंड के अक्षरों को उल्टे क्रम में लिखने पर दूसरा अक्षर-समूह प्राप्त होता है।

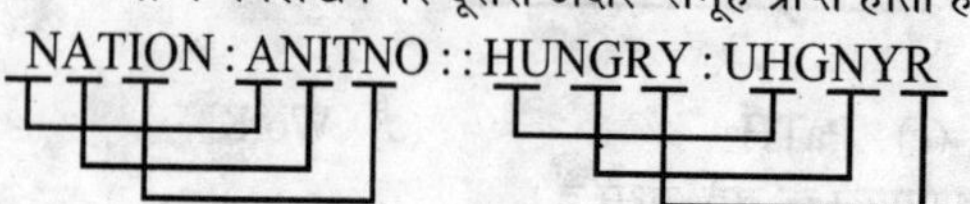

4. *(a)* : पहले और दूसरे समूह के तीनों अक्षरों के बीच वर्णमाला के सीधे क्रम में क्रमशः +5, +4, +3 चरणों का अंतर है।

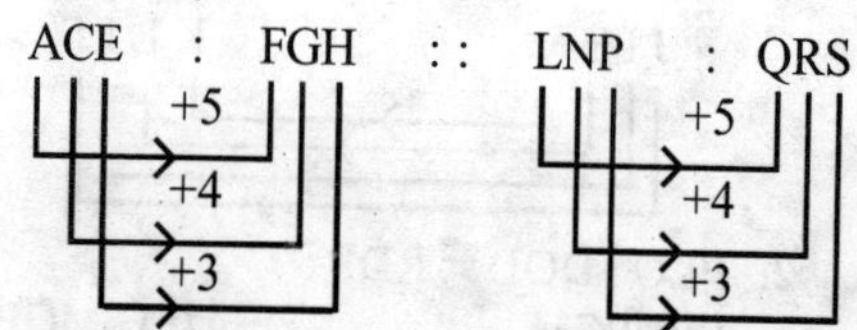

5. *(a)* : प्रत्येक अक्षर समूह में पहले और चौथे अक्षरों के बीच एक अक्षर छूटा हुआ है तथा दूसरे और तीसरे अक्षरों के बीच भी एक अक्षर छूटा हुआ है।

BOQD : ERTG : : ANPC : DQSF
P S O R
C F B E

6. *(a)* : प्रत्येक अक्षर समूह में पहले तीन अक्षर क्रमागत हैं और उनके बाद अनुक्रम का आरंभिक चौथा अक्षर लिखा गया है।

ABCD : RSTU : : JKLM : UVWX

7. (c) : पहले समूह के अक्षरों में +3 का और दूसरे समूह के अक्षरों में –2 का अंतर है।

RUX : TRP :: BEH : QOM

+3 +3   –2 –2   +3+3   –2 –2

8. (b) : पहले अक्षर-समूह के आनुक्रमिक अक्षर वर्णमाला के सीधे क्रम में हैं और दूसरे अक्षर समूह के आनुक्रमिक अक्षर वर्णमाला के उलटे क्रम में हैं।

BCDE → : WVUT ← :: QRST → : JIHG ←

9. (b) : पहले अक्षर समूह के तीन अक्षरों में से पहले अक्षर के स्थान को परिवर्तित किए बिना अन्य दो अक्षरों को वर्णमाला के विपरीत क्रम में क्रमशः –1 और –2 चरण पीछे खिसकाने पर दूसरा अक्षर-समूह प्राप्त होता है।

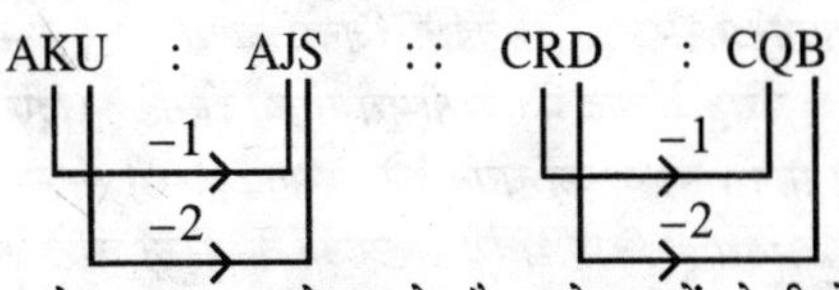

10. (c) : पहले अक्षर-समूह के पहले और दूसरे अक्षरों को तीसरे अक्षर के बाद रखने पर दूसरा अक्षर समूह प्राप्त होता है।

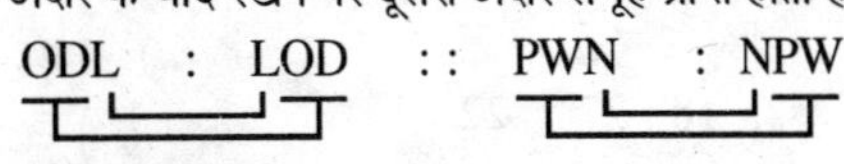

भाग-III संख्या सादृश्य (Number Analogy)

संख्या सादृश्य में भी पहले दो दी गई संख्याओं के बीच संबंध स्थापित किया जाता है और तत्पश्चात् इस ज्ञात संबंध को संख्याओं के दूसरे जोड़े पर प्रयुक्त करके उसके लुप्त पद को ज्ञात किया जाता है। संख्याओं के बीच संबंध किसी भी एक पैटर्न पर आधारित हो सकता है, जैसे कि : *(i)* संख्याएं विषम/सम/अभाज्य संख्याएं हो सकती हैं; *(ii)* संख्याएं किसी एक संख्या का गुणज हो सकती हैं; *(iii)* संख्याएं भिन्न-भिन्न संख्याओं का वर्गफल/घनफल हो सकती हैं; *(iv)* दूसरी संख्या प्राप्त करने के लिए पहली संख्या में किसी संख्या को जोड़ा/घटाया/गुणा/ भाग किया जा सकता है; *(v)* दूसरी संख्या पहली संख्या के अंकों का योगफल/गुणनफल/अंतरफल हो सकती है, और *(vi)* दो दी गई संख्याओं के बीच संबंध उपर्युक्त किसी भी गणितीय परिकलनों के संयोजन द्वारा भी ज्ञात किया जा सकता है।

हल किए गए उदाहरण

निर्देश : *निम्नलिखित प्रश्नों में प्रश्न चिह्न (?) के स्थान पर लुप्त पद ज्ञात करें।*

1. 25 : 81 : : 36 : ?

(*a*) 121   (*b*) 93   (*c*) 65   (*d*) 103

उत्तर (*a*) : सभी संख्याएं भिन्न-भिन्न संख्याओं के वर्गफल को सूचित करती हैं।

25 : 81 :: 36 : 121

↓ ↓ ↓ ↓

5^2 9^2 6^2 11^2

2. 36 : 18 : : 72 : ?

(*a*) 164   (*b*) 134   (*c*) 94   (*d*) 14

उत्तर (*d*) : दूसरी संख्या पहली संख्या के अंकों का गुणनफल है।

36 : 18 :: 72 : 14

3×6 7×2

अभ्यास

निर्देश (प्र.सं. 1–10): *नीचे के प्रत्येक प्रश्न में चिह्न ': :' के पहले दो संख्याएं दी गई हैं जिनमें आपस में एक संबंध है तथा ': :' चिह्न के बाद में एक तीसरी संख्या दी गई है। दिए गए विकल्पों में से उस संख्या का चयन करें जिसका तीसरी संख्या के साथ वैसा ही संबंध हो जैसा संबंध संख्याओं के पहले जोड़े के बीच है।*

1. 1 : 11 : : 2 : ?
(*a*) 20 (*b*) 22
(*c*) 24 (*d*) 44

2. 18 : 27 : : 22 : ?
(*a*) 42 (*b*) 39
(*c*) 33 (*d*) 54

3. 14 : 20 : : 16 : ?
(*a*) 23 (*b*) 10
(*c*) 48 (*d*) 32

4. 0.16 : 0.0016 : : 1.02 : ?
(*a*) 10.20 (*b*) 0.102
(*c*) 0.0102 (*d*) 1.020

5. 5 : 24 : : 8 : ?
(*a*) 65 (*b*) 63
(*c*) 62 (*d*) 64

6. 65 : 30 : : 44 : ?
(*a*) 79 (*b*) 62
(*c*) 28 (*d*) 16

7. 30 : 42 : : 56 : ?
(*a*) 92 (*b*) 21
(*c*) 38 (*d*) 72

8. 190 : 10 : : 102 : ?
(*a*) 4 (*b*) 7
(*c*) 3 (*d*) 5

9. 6 : 18 : : 4 : ?
(*a*) 2 (*b*) 6
(*c*) 8 (*d*) 16

10. 2 : 11 : : ?
(*a*) 6 : 17 (*b*) 8 : 43
(*c*) 5 : 41 (*d*) 7 : 35

व्याख्यात्मक उत्तर

1. (*b*) : पहली संख्या के अंक को दो बार लिखने पर दूसरी संख्या प्राप्त होती है।

2. (*c*) : पहले जोड़े की संख्याएं 9 का गुणज हैं और दूसरे जोड़े की संख्याएं 11 का गुणज हैं :

18 : 27 : : 22 : 33
↓ ↓ ↓ ↓
9×2 9×3 11×2 11×3

3. (*a*) : संख्याओं के बीच संबंध निम्नवत् है :

14 : 20 : : 16 : 23
↓ ↓ ↓ ↓
7×2 $(7 \times 3) - 1$ 8×2 $(8 \times 3) - 1$

4. (*c*) : पहली दशमलव संख्या को 100 से भाग करने पर दूसरी दशमलव संख्या प्राप्त होती है :

0.16 : 0.0016 : : 1.02 : 0.0102
$\div 100$ $\div 100$

5. (*b*) : पहली संख्या के वर्ग से 1 घटाने पर दूसरी संख्या प्राप्त होती है :

5 : 24 : : 8 : 63
$(5^2) - 1$ $(8^2) - 1$

6. (*d*) : दूसरी संख्या पहली संख्या के अंकों का गुणनफल है :

$$\frac{65 : 30}{(6 \times 5)} \; : : \; \frac{44 : 16}{(4 \times 4)}$$

7. (*d*) : संख्याएं विभिन्न संख्याओं के वर्ग में उन्हीं संख्याओं को जोड़ने पर प्राप्त होती हैं :

30 : 42 : : 56 : 72
↓ ↓ ↓ ↓
$5^2 + 5$ $6^2 + 6$ $7^2 + 7$ $8^2 + 8$

8. (*c*) : दूसरी संख्या पहली संख्या के अंकों का योगफल है :

$$\frac{190 : 10}{(1 + 9 + 0)} \; : : \; \frac{102 : 3}{(1 + 0 + 2)}$$

9. (*c*) : पहली संख्या के वर्ग को 2 से भाग करने पर दूसरी संख्या प्राप्त होती है :

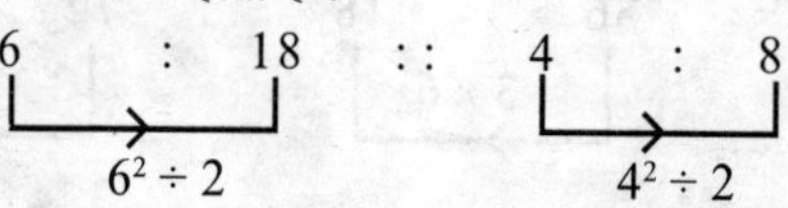

10. (*c*) : पहली संख्या दूसरी संख्या के अंकों का योगफल है :

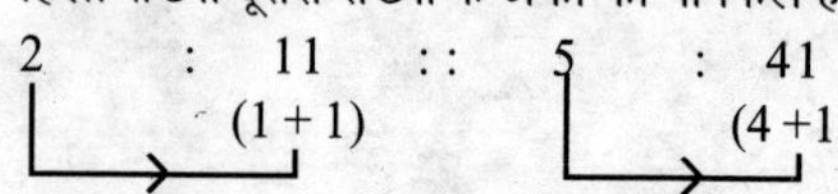

वर्गीकरण या विजातीय छांटना (CLASSIFICATION OR ODD ONE OUT)

भाग-I विजातीय छांटना – शब्दों पर आधारित समस्याएं

इस प्रकार के वर्गीकरण में चार शब्द दिए जाते हैं जिनमें से तीन शब्द तथ्य या अर्थ की दृष्टि से या अन्य किसी न किसी रूप में आपस में संबंधित होते हुए एक समूह बनाते हैं जबकि शेष केवल एक शब्द अन्य तीनों से भिन्न होता है। परीक्षार्थी को यह पता लगाना होता है कि वह एक कौन-सा शब्द है जो समूह से संबंधित नहीं है और इस कारण विजातीय है।

हल किए गए उदाहरण

निर्देश: *निम्नलिखित चार शब्दों में से उस एक शब्द का चयन करें जो अन्य तीन से भिन्न है :*

1. (*a*) पिता (*b*) माता (*c*) मित्र (*d*) भाई

उत्तर (*c*) : अन्य सभी के बीच रक्त-संबंध है।

2. (*a*) जल (*b*) जेली (*c*) नींबू शरबत (*d*) कॉफी

उत्तर (*b*) : अन्य सभी द्रव पदार्थ हैं।

अभ्यास

निर्देश (प्र.सं. 1–10): *यहां दिए गए प्रत्येक प्रश्न में तीन शब्द किसी न किसी प्रकार से समान हैं और इस कारण वे एक समूह बनाते हैं जबकि एक शब्द अन्य तीनों से भिन्न है। इस भिन्न या विजातीय शब्द को ज्ञात करें।*

1. (*a*) हरा (*b*) लाल (*c*) रंग (*d*) नारंगी

2. (*a*) अस्तबल (*b*) बिल (*c*) डोंगी (*d*) सुअर-बाड़ा

3. (*a*) बुध (*b*) चंद्रमा (*c*) बृहस्पति (*d*) मंगल

4. (*a*) खुश (*b*) उदास (*c*) प्रसन्नचित्त (*d*) प्रसन्न

5. (*a*) शंकु (*b*) वृत्त (*c*) त्रिभुज (*d*) आयत

6. (*a*) सीसा (*b*) पारद (*c*) तांबा (*d*) लोहा

7. (*a*) पतंग (*b*) चिड़िया (*c*) रेडार (*d*) जेट

8. (*a*) अतिवृष्टि (*b*) अनावृष्टि (*c*) भूस्खलन (*d*) युद्ध

9. (*a*) सिंहशावक (*b*) चूजा (*c*) सूअर (*d*) पिल्ला

10. (*a*) खरगोश (*b*) मगरमच्छ (*c*) केंचुआ (*d*) घोंघा

1701 (Reas.)–3

व्याख्यात्मक उत्तर

1. (c) : अन्य सभी विभिन्न प्रकार के रंग हैं।

2. (c) : डोंगी एक छोटी नाव होती है। अन्य सभी पशु-पक्षियों के निवासस्थलों के नाम हैं।

3. (b) : अन्य सभी ग्रहों के नाम हैं।

4. (b) : अन्य सभी आनन्द की अनुभूति को अभिव्यक्त करते हैं।

5. (a) : अन्य सभी आकृतियाँ द्विविमीय आकृतियाँ हैं।

6. (b) : अन्य सभी ठोस धातुएं हैं।

7. (c) : अन्य सभी हवा में उड़ने वाली वस्तुएं हैं। रेडार हवा में गमन करने वाली वस्तुओं की पहचान करता है।

8. (d) : अन्य सभी प्राकृतिक आपदाएं हैं। केवल युद्ध ही मानव द्वारा मानव समाज के समक्ष प्रस्तुत की जाने वाली एक कृत्रिम आपदा है।

9. (c) : अन्य सभी शब्द विभिन्न जंतुओं के शिशुओं के नाम हैं

10. (a) : अन्य सभी रेंगने वाले जंतु हैं।

भाग-II विजातीय छांटना – अक्षरों पर आधारित समस्याएं

इस कोटि के अंतर्गत विकल्प के रूप में चार अक्षर-समूह या अक्षरों की एक श्रृंखला दी जाती है। परीक्षार्थी को इनमें से ऐसे विकल्प का चयन करना होता है जो अन्यों से भिन्न अर्थात् विजातीय हो।

हल किए गए उदाहरण

निर्देश: *निम्नलिखित अक्षर समूहों में से कौन-सा अक्षर समूह भिन्न या विजातीय स्वरूप का है?*

1. (*a*) NOP (*b*) RTU (*c*) JKL (*d*) EFG

उत्तर (b) : प्रत्येक समूह में अक्षर क्रमागत हैं, जबकि विकल्प (*b*) के अक्षर-समूह में पहले दो अक्षरों के बीच एक अक्षर 'S' छूटा हुआ है।

2. (*a*) RUX (*b*) CFI (*c*) BDG (*d*) FIL

उत्तर (c) : प्रत्येक समूह में अक्षरों के बीच समान संख्या में अक्षर छूटे हुए हैं जबकि विकल्प (*c*) में पहले दो अक्षरों B और D के बीच एक अक्षर और अंतिम दो अक्षरों D और G के बीच दो अक्षर छूटे हुए हैं।

अभ्यास

निर्देश (प्र.सं. 1–10): *नीचे के प्रत्येक प्रश्न में अक्षर समूहों के रूप में चार विकल्प दिए गए हैं जिनमें से तीन में किसी न किसी प्रकार की समानता है और इस कारण वे एक समूह बनाते हैं। उस अक्षर समूह का चयन करें जो समूह से संबंधित नहीं है।*

1. (*a*) ACE (*b*) LOR (*c*) GIK (*d*) VXZ

2. (*a*) TSR (*b*) LKJ (*c*) PQO (*d*) HGF

3. (*a*) EF LM (*b*) KJ SR (*c*) XW HG (*d*) ED YX

4. (*a*) JOPK (*b*) BOPC (*c*) QOPR (*d*) TOPS

5. (*a*) JKkL (*b*) OPpQ (*c*) DEEf (*d*) VWwX

6. (*a*) BdfH (*b*) FHJL (*c*) RTvX (*d*) uVwX

7. (*a*) DFHEG (*b*) TWXUV (*c*) OQSPR (*d*) JLNKM

8. (*a*) MKGA (*b*) PNID (*c*) RPLF (*d*) VTPJ

9. (*a*) ABJNM (*b*) QRTUZ (*c*) IXYOQ (*d*) WGFPO

10. (*a*) EFGH (*b*) IRST (*c*) ULMN (*d*) JKLO

व्याख्यात्मक उत्तर

1. (*b*) : शेष सभी अक्षर समूहों में अगला अक्षर अपने पूर्ववर्ती अक्षर से वर्णमाला के सीधे क्रम में 2 अक्षर आगे का है जबकि विकल्प (*b*) के अक्षर समूह में +3 अनुक्रम का पालन होता है।

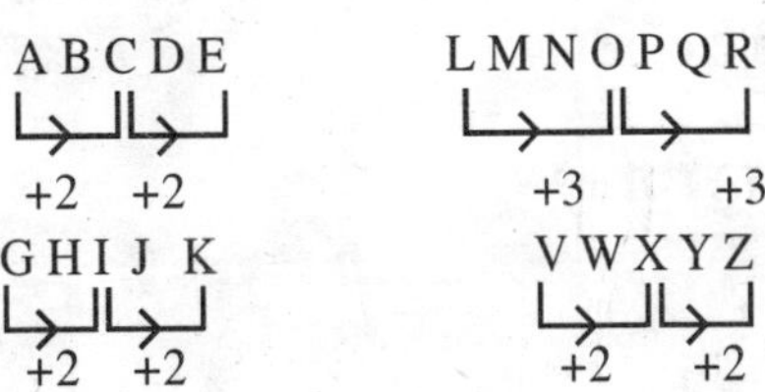

2. (*c*) : प्रत्येक समूह में अक्षर वर्णमाला के उलटे क्रम में हैं। केवल विकल्प (*c*) में अक्षरों का अनुक्रम बाधित हो रहा है।

3. (*a*) : शेष सभी समूहों में क्रमागत अक्षर वर्णमाला के उलटे क्रम में हैं।

KJ SR; XW HG; ED YX
–1 –1 –1 –1 –1 –1

केवल विकल्प (*a*) में ही क्रमागत अक्षर वर्णमाला के सीधे क्रम में है।

E F   L M
+1   +1

4. (*d*) : यहां दिए गए सभी अक्षर समूहों में बीच में 'OP' अक्षर हैं। विकल्प (*d*) में दोनों किनारों पर स्थित अक्षर वर्णमाला के उलटे क्रम में हैं, अर्थात्

जबकि शेष सभी अक्षर समूहों में दोनों किनारों पर स्थित अक्षर वर्णमाला के सीधे क्रम में हैं।

JOPK ; BOPC ; QOPR
+1 +1 +1

5. (*c*) : शेष समूहों में तीसरे अक्षर के रूप में दूसरे अक्षर की पुनरावृत्ति की गई है और उसे अंग्रेजी वर्णमाला के छोटे अक्षर के रूप में लिखा गया है जबकि विकल्प (*c*) के तीसरे अक्षर के रूप में दूसरे अक्षर की पुनरावृत्ति तो की जाती है किंतु उसे अंग्रेजी वर्णमाला के बड़े अक्षर के रूप में लिखा जाता है।

6. (*d*) : शेष समूहों में अंग्रेजी वर्णमाला के अक्षर चाहे छोटे हों या बड़े, किंतु दूसरे, तीसरे और चौथे स्थान पर स्थित अक्षर अपने पूर्ववर्ती अक्षरों से वर्णमाला के सीधे क्रम में 2 अक्षर आगे के हैं, अर्थात्

B D f H ; F H J L ; R T v X
+2 +2 +2   +2 +2 +2   +2 +2 +2

केवल विकल्प (*d*) में अक्षर वर्णमाला के सहज क्रम (+1) में हैं, अर्थात्

u V w X
+1 +1 +1

7. (*b*) : शेष समूहों में पहले, चौथे, दूसरे, पांचवें और तीसरे स्थानों पर स्थित अक्षरों से वर्णमाला का सीधा अनुक्रम बनता है। विकल्प (*b*), में पहले, चौथे, पांचवें, दूसरे और तीसरे स्थानों पर स्थित अक्षरों के मेल से वर्णमाला का सीधा अनुक्रम बनता है।

8. (*b*) : शेष समूहों में अक्षरों का अनुक्रम –2, –4, –6 के पैटर्न का पालन करता है, अर्थात्

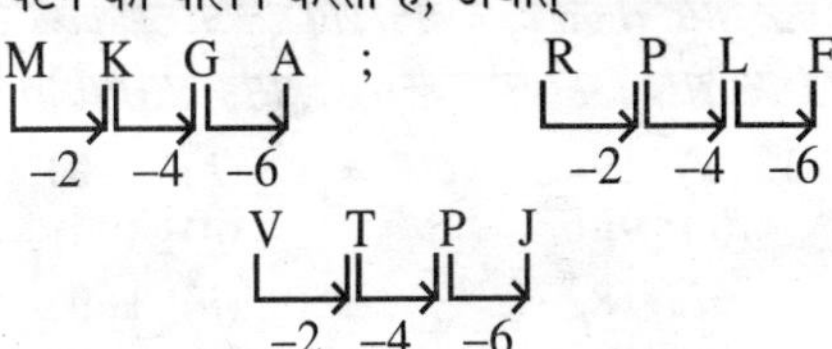

विकल्प (*b*) में अनुक्रम का निम्नलिखित पैटर्न है:

P N I D
–2 –5 –5

अत: सही पैटर्न होना चाहिए → P N J D
–2 –4 –6

9. (*c*) : शेष समूहों में कम से कम दो जोड़े अक्षर वर्णमाला के क्रम में हैं, अर्थात्

ABJNM ; QRTUZ ; WGFPO

विकल्प (*c*) में केवल एक जोड़ा अक्षर–ही वर्णमाला के क्रम में है।

IXYOQ

10. (*d*) : शेष समूहों में पहला अक्षर 'स्वर' है जिसके बाद तीन क्रमागत अक्षर लिखे गए हैं।

भाग-III विजातीय छांटना – संख्याओं पर आधारित समस्याएं

इस प्रकार के वर्गीकरण में विकल्पों के रूप में विभिन्न संख्याएं दी जाती हैं। इन संख्याओं में से एक को छोड़कर जो अन्य से भिन्न होती है, शेष किसी न किसी रूप में आपस में संबंधित होती हैं और इस प्रकार एक समूह बनाती हैं। परीक्षार्थी को दी गई संख्याओं में यह समानता ज्ञात करनी होती है और तत्पश्चात् समूह से भिन्न संख्या का चयन करना होता है। विकल्पों के रूप में दी गई संख्याएं विषम/सम/क्रमागत संख्याएं, अभाज्य संख्याएं, किसी संख्या का गुणज, एक अंकीय, विभिन्न संख्याओं का वर्ग या घन, किसी अन्य संख्या का जोड़/घटा या किसी भी गणितीय परिकलन का संयोजन हो सकती है।

हल किए गए उदाहरण

निर्देश: *दिए गए विकल्पों में विषम संख्या ज्ञात करें।*

1. (*a*) 62 (*b*) 121 (*c*) 36 (*d*) 256

उत्तर (*a*) : अन्य संख्याएं क्रमशः 11, 6 और 16 के वर्ग द्वारा सूचित होती हैं।

2. (*a*) 27 (*b*) 132 (*c*) 93 (*d*) 154

उत्तर (*d*) : शेष संख्याएं 3 से विभाज्य हैं।

अभ्यास

निर्देश (प्र.सं. 1–10): *यहां प्रत्येक प्रश्न में चार विकल्प दिए गए हैं जिनमें से तीन किसी न किसी रूप में आपस में संबंधित होते हुए एक समूह बनाते हैं, जबकि शेष एक संख्या अन्य से भिन्न है। उस भिन्न संख्या का चयन करें जो समूह से संबंधित नहीं है।*

1. (*a*) 1948 (*b*) 2401 (*c*) 966 (*d*) 1449

2. (*a*) 182 (*b*) 169 (*c*) 130 (*d*) 158

3. (*a*) 3215 (*b*) 9309 (*c*) 4721 (*d*) 2850

4. (*a*) 1776 (*b*) 2364 (*c*) 1976 (*d*) 3776

5. (*a*) 7658 (*b*) 1234 (*c*) 9876 (*d*) 6543

6. (*a*) 18 (*b*) 12 (*c*) 30 (*d*) 20

7. (*a*) 9875432 (*b*) 98765 (*c*) 98756 (*d*) 9876543

8. (*a*) 5243 (*b*) 9251 (*c*) 4256 (*d*) 3257

9. (*a*) 2553 (*b*) 1224 (*c*) 7992 (*d*) 3885

10. (*a*) 3223 (*b*) 4554 (*c*) 6116 (*d*) 9887

व्याख्यात्मक उत्तर

1. (*a*) : शेष संख्याएं 7 से विभाज्य हैं।

2. (*d*) : शेष संख्याएं 13 का गुणज हैं।

3. (*b*) : शेष संख्याओं में किसी भी अंक का दो बार प्रयोग नहीं किया गया है।

4. (*b*) : शेष संख्याओं में आखिरी दो अंक एक से हैं।

5. (*a*) : शेष संख्याओं में उनके अंक गिनती के सीधे या उलटे क्रम में क्रमागत (निरंतर) हैं।

6. (*a*) : शेष सभी संख्याएं $3^2 + 3 = 12$, $5^2 + 5 = 30$, $4^2 + 4 = 20$ हैं।

7. (*c*) : शेष सभी संख्याओं में 987 के बाद अंक अवरोही या घटते हुए क्रम (decreasing order) में हैं।

8. (*a*) : शेष सभी संख्याओं में 25 बीच में है और सिरे के दो अंकों का योग 10 के बराबर है।

9. (*b*) : शेष सभी संख्याओं में दो सिरों पर स्थित अंकों का योग बीच में स्थित अंक के बराबर है जिसे दो बार लिखा गया है।

10. (*d*) : शेष सभी संख्याओं में अंतिम दो अंक पहले दो अंकों को उलटे क्रम में लिखने पर प्राप्त होते हैं।

भाग-IV विजातीय छांटना – शब्द समूहों से संबंधित समस्याएं

शब्दों, अक्षरों या संख्याओं के समूह का वर्गीकरण एकल शब्द, अक्षर या संख्या के वर्गीकरण से अधिक भिन्न नहीं होता। इसमें परीक्षार्थी को दो परस्पर संबंधित शब्दों के बीच संबंध की विशिष्टता या प्रकृति ज्ञात करनी होती है और तत्पश्चात् दिए गए विकल्पों में से उस शब्द युग्म का पता लगाना होता है, जो अन्य शब्द-युग्मों के संबंध पैटर्न का अनुपालन नहीं करता हो। संबंधित शब्द विपरीत या सदृश अर्थ या स्वरूप के हो सकते हैं अथवा उनकी अर्थ छटा और अर्थ निरुपण में भिन्नता हो सकती है या फिर उनमें एक विशेष तुकबंदी हो सकती है।

हल किए गए उदाहरण

निर्देश: *निम्नलिखित में से कौन-सा शब्द-युग्म अन्यों से भिन्न है?*

1. (*a*) अच्छा-बेहतर (*b*) गुनगुना-गरम (*c*) नफा-लाभ (*d*) फुसफुसाना-चिल्लाना

उत्तर (*c*) : अन्य शब्द-युग्मों में युग्म के शब्द सदृश अर्थ वाले हैं किंतु उनमें सादृश्यता या साम्यता की अवस्था या कोटि भिन्न-भिन्न है।

2. (*a*) कैंची-कपड़ा (*b*) चाकू-सब्जी (*c*) कुल्हाड़ी-लकड़ी (*d*) हथौड़ा-कील

उत्तर (*d*) : हालांकि शब्दों के बीच संबंध ठीक है किंतु कील को काटने के लिए हथौड़े का प्रयोग नहीं किया जाता है। शेष तीन युग्मों में बायीं ओर उपकरण का नाम दिया गया है जिसकी सहायता से दायीं ओर लिखी गई वस्तु को काट सकते हैं।

अभ्यास

निर्देश (प्र.सं. 1–20): *नीचे के प्रत्येक प्रश्न में शब्दों के उस जोड़े का चयन करें जो शेष तीन जोड़ों से भिन्न हो।*

1. (*a*) कुर्सी-फर्नीचर (*b*) शर्ट-वस्त्र
(*c*) कंठहार-आभूषण (*d*) बोगी-इंजन

2. (*a*) चित्रांकनी-कागज (*b*) पेंसिल-लेड
(*c*) कलम-स्याही (*d*) बुरुश-रंग

3. (*a*) युद्ध-शांति (*b*) वास्तविक-सहज
(*c*) अग्रगण्य-प्रथम (*d*) क्रोध-गुस्सा

4. (*a*) अंगूली-अंगूठी (*b*) सिर-टोपी
(*c*) कमर-मुकुट (*d*) पांव-जूता

5. (*a*) दिन-रात (*b*) चालाक-मूर्ख
(*c*) स्पष्ट-धुंधला (*d*) पहुंचना-आना

6. (*a*) क्विंटल-गैलन (*b*) गुलदस्ता-फूल
(*c*) पुस्तक-पृष्ठ (*d*) संसद-सांसद

7. (*a*) चिड़िया-चहचहाना (*b*) घोड़ा-भिनभिनाना
(*c*) शेर-गरजना (*d*) सांप-फुफकारना

8. (*a*) भतीजी-भतीजा (*b*) भाई-बहन
(*c*) पति-पत्नी (*d*) पिता-माता

9. (*a*) पेट्रोल-कार (*b*) तेल-लैम्प
(*c*) डीजल-लकड़ी (*d*) मोम-मोमबत्ती

10. (*a*) गंगा-नर्मदा (*b*) थार-गोबी
(*c*) आमाशय-हाथ (*d*) एवरेस्ट-पर्वत

11. (*a*) औषधि-चिकित्सक (*b*) फूल-कलाकार
(*c*) जूता-मोची (*d*) त्वचा-त्वचारोग विशेषज्ञ

12. (*a*) प्राधिकार-मंजूरी
(*b*) प्रतिकर्षण-आकर्षण
(*c*) तुनकमिजाज-दुस्तोषणीय
(*d*) श्वास-अस्तित्व

13. (*a*) पोलो-बर्फ का मैदान (रिंक)
(*b*) गोल्फ-लॉन
(*c*) टेनिस-कोर्ट
(*d*) शतरंज-बोर्ड

14. (*a*) उमंग-तरंग (*b*) नीड़-पीड़
(*c*) अपराध-रोकथाम (*d*) आन-बान

15. (*a*) सेना-सेनापति (*b*) कॉलेज-प्रिंसिपल
(*c*) जहाज-कैप्टन (*d*) नौसेना-लेफ्टिनेंट

16. (*a*) रेलगाड़ी-पटरी
(*b*) पक्षी-उड़ना
(*c*) हवाई जहाज-आकाश
(*d*) पनडुब्बी-समुद्र

17. (*a*) जेली-सौम्य (*b*) पत्थर-कठोर
(*c*) रोवां-मुलायम (*d*) कांच-चिकना

18. (*a*) शाखा-पेड़ (*b*) मिनट-घंटा
(*c*) वाक्य-पैराग्राफ (*d*) विद्यार्थी-शिक्षक

19. (*a*) कुल-जोड़ (*b*) अभी-वर्तमान
(*c*) बड़ी-धारणा (*d*) हां-सहमत

20. (*a*) चार-चौगुना (*b*) तीन-तेरह
(*c*) दो-दोगुना (*d*) छह-छहगुना

व्याख्यात्मक उत्तर

1. (*d*) : बोगी रेलगाड़ी का एक हिस्सा होता है जो परिवहन का एक साधन है। कुर्सी, शर्ट और कंठहार क्रमशः फर्नीचर, वस्त्र और आभूषण हैं।

2. (*a*) : पेंसिल, कलम और ब्रुश से लिखने का माध्यम क्रमशः लेड, स्याही और रंग है। चित्रांकनी (क्रेयॉन) से लिखने या चित्र बनाने का माध्यम मोम होता है।

3. (*a*) : शेष सभी शब्द-युग्म समानार्थक शब्दों के युग्म हैं जबकि विकल्प (*a*) में दिया गया शब्द-युग्म विपरीतार्थक शब्दों का युग्म है।

4. (*c*) : मुकुट सिर पर पहना जाता है।

5. (*d*) : शेष शब्द-युग्म एक दूसरे के विपरीतार्थक हैं।

6. (*a*) : शेष सभी शब्द युग्मों में पहला दूसरे का समेकित रूप हैं।

7. (*b*) : शेष सभी में दूसरी पहले की बोली है। घोड़े हिनहिनाते हैं।

8. (*a*) : संबंधित शब्द-युग्मों में पहला पुल्लिंग और दूसरा स्त्रीलिंग है। विकल्प (*a*) में पहले स्त्रीलिंग और तत्पश्चात् पुल्लिंग दिया गया है।

9. (*c*) : पेट्रोल का उपयोग कार चलाने में, तेल का उपयोग लैम्प जलाने में और मोम का उपयोग मोमबत्ती जलाने में किया जाता है। डीजल और लकड़ी का आपस में ऐसा कोई संबंध नहीं है।

10. (*d*) : संबंधित शब्दों की पहचान एक जैसी है। (*a*) नदियों को, (*b*) मरुभूमि को और, (*c*) शरीर के अंगों को सूचित करते हैं जबकि विकल्प (*d*) में एवरेस्ट एक पर्वत श्रृंखला का नाम है।

11. (*b*) : चिकित्सक का औषधि, मोची का जूता और त्वचारोग विशेषज्ञ का संबंध त्वचारोग से है। फूलों की देख-रेख करने वाले व्यक्ति को माली कहते हैं।

12. (*b*) : शेष शब्द युग्म समानार्थक हैं जबकि प्रतिकर्षण और आकर्षण शब्द एक दूसरे के विपरीत अर्थ वाले हैं।

13. (*a*) : शब्द युग्मों में खेलों और उन्हें खेले जाने वाले स्थानों के बीच संबंध दर्शाया गया है। पोलो मैदान में खेला जाता है।

14. (*c*) : शेष शब्द-युग्मों में शब्दों के बीच एक विशेष लय है।

15. (*d*) : नौसेना का प्रमुख कमांडर होता है।

16. (*b*) : रेलगाड़ी पटरी पर, हवाई जहाज आकाश में और पनडुब्बी समुद्र के जल में चलती है। इसी प्रकार पक्षी हवा में उड़ते हैं और साथ ही ये सजीव प्राणी भी हैं।

17. (*a*) : शब्द युग्मों का दूसरा शब्द पहले शब्द की विशेषता बताता है। जेली मुलायम या अस्थिर होती है।

18. (*d*) : शेष समूहों में पहला शब्द दूसरे का हिस्सा है।

19. (*c*) : शेष समूहों के शब्द परस्पर समानार्थक हैं।

20. (*b*) : तीन से तिगुना

सांकेतिक भाषा परीक्षण
(CODING AND DECODING)

भाग-I

ूटलेखन या 'कोडिंग' संवाद-संप्रेषण की एक प्रक्रिया है जिसमें एक गुप्त भाषा का प्रयोग वास्तविक तथ्यों शब्दों/मूल्यों की अभिव्यक्ति ा प्रस्तुतिकरण को एक ऐसी भाषा में परिवर्तित करने के लिए किया जाता है जिसे संवाद के प्रेषक और प्राप्तकर्ता के अतिरिक्त कोई ीसरा व्यक्ति समझ न सके। कूटभाषा में लिखने के लिए *(i)* शब्दों के अक्षरों के स्थान पर वर्णमाला के सीधे उलटे क्रम में एक या ़काधिक स्थान आगे या पीछे के अक्षरों को लिखा जाता है; *(ii)* अक्षरों के स्थान पर संख्याओं को या संख्याओं के स्थान पर अक्षरों को लेखा जाता है; *(iii)* दिए गए शब्द के कुछ या सभी अक्षरों को उलटे क्रम में लिखा जाता है; और *(iv)* शब्द के अक्षरों के स्थान पर र्णमाला के उलटे क्रम में समस्थानिक अक्षरों को लिखा जाता है।

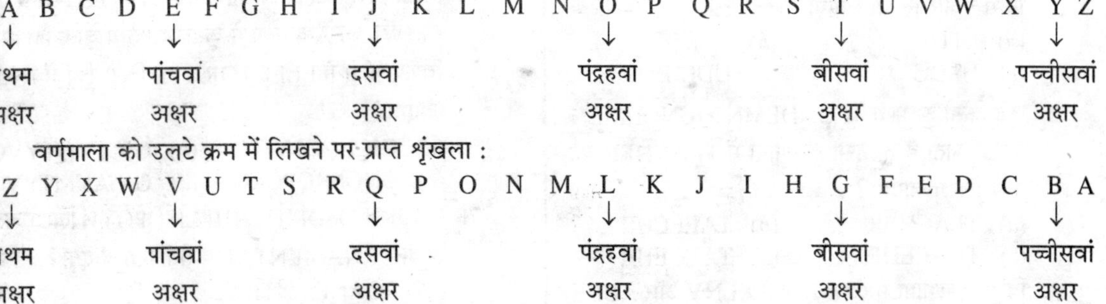

टिप्पणी: Z पर पहुंचने के पश्चात् शृंखला A से पुन: शुरू होती है और A पर पहुंचने के पश्चात् शृंखला Z से पुन: शुरू होती है।

हल किए गए उदाहरण

1. यदि एक विशेष प्रकार की कूट भाषा में शब्द FACE को GBDF की तरह लिखा जाता हो तो इसी कूट भाषा में BADE को कैसे लिखा जाएगा?

(a) CBEF *(b)* CEBF *(c)* CFBE *(d)* CBFE

उत्तर *(a)* : शब्द के अक्षरों को वर्णमाला के सीधे क्रम में एक चरण आगे का अक्षर लिखकर कूटबद्ध किया गया है।

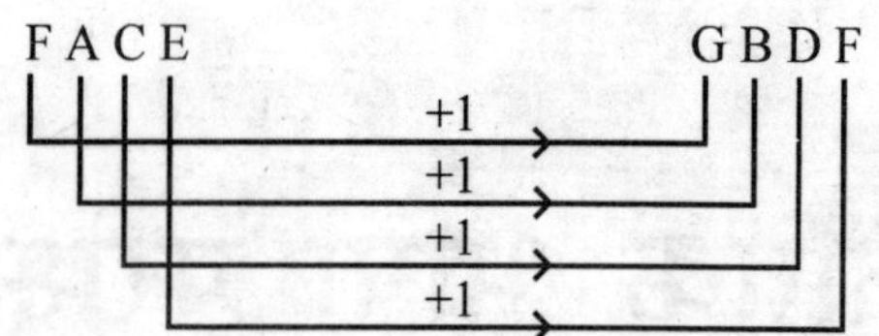

इसी प्रकार,

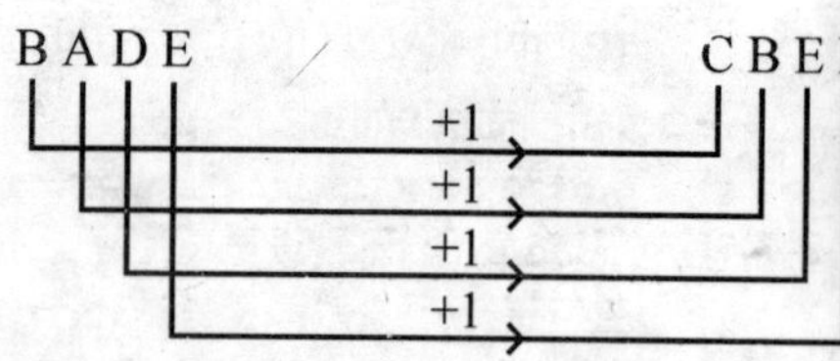

2. यदि किसी कूटभाषा में RESULT को 798206 लिखा गया हो तो उसी कूटभाषा में LET किस प्रकार लिखा जाएगा ?
(*a*) 680 (*b*) 092 (*c*) 096 (*d*) 086

उत्तर *(c)* : अक्षरों को संख्याओं द्वारा कूटबद्ध किया गया है। दिए गए शब्द को कूटबद्ध करने के लिए संबंधित कूट संख्याएं ज्ञा करें।

R E S U L T → अक्षर
7 9 8 2 0 6 → कूट

अत: LET के लिए कूट संख्याएं निम्नवत् होगी :

L E T → अक्षर
0 9 6 → कूट

अभ्यास

निर्देश (प्र.सं. 1–10): *निम्नलिखित प्रश्नों में दिए गए शब्दों या अक्षरों के लिए इंगित कूटभाषा के शब्द या अक्षर ज्ञात करें।*

1. यदि किसी कूट भाषा में CHAIR को FKDLU के रूप में लिखा जाए तो उसी कूटभाषा में RAID शब्द को किस प्रकार लिखा जाएगा ?
(*a*) ULGD (*b*) ULKG
(*c*) ULDG (*d*) UDLG

2. यदि किसी कूटभाषा में CONDEMN को CNODMEN लिखा जाता है तो उसी कूटभाषा में TEACHER को कैसे लिखा जाएगा ?
(*a*) TEACHER (*b*) TAEECHR
(*c*) TCAEEHR (*d*) TAECEHR

3. किसी कूटभाषा में COME को XLNV और ABLE को ZYOV लिखा जाता है। इसी कूटभाषा में MOLLY किस प्रकार लिखा जाएगा ?
(*a*) NLOBO (*b*) NLBOO
(*c*) LNOOB (*d*) NLOOB

4. यदि किसी कूटभाषा में ACTION को ZXGRLM लिखा जाता हो तो उसी कूटभाषा में HEALTH को कैसे लिखा जाएगा ?
(*a*) SVZOGS (*b*) TVZOGT
(*c*) RUZPGR (*d*) QVGOZQ

5. यदि किसी विशेष कूटभाषा में EARTHQUAKE को MOGPENJOSM के रूप में लिखा जाता हो तो उसी कूटभाषा में EQUATE निम्नलिखित में से किस प्रका लिखा जाएगा ?
(*a*) MENOPM (*b*) MENOMP
(*c*) MJOGPM (*d*) MNJOPM

6. किसी विशेष सांकेतिक भाषा में COUNTRY शब्द को EMWLVPA के रूप में कूटबद्ध किया जाता है। इसी विशेष भाषा में ELECTORATE किस रूप में लिख जाएगा ?
(*a*) CJCEVQPYWC (*b*) GJGERQTYVG
(*c*) CNCERQPCRG (*d*) GJGAVMTYVC

7. यदि PHILOSOPHY को HPLISOPOYH लिखा जाता हो तो ORNAMENTAL कैसे लिखा जाएगा ?
(*a*) ROANEMNTLA
(*b*) ONRAMNEALT
(*c*) ROANEMTNLA
(*d*) ROANEMNATL

8. यदि किसी कूटभाषा में लिखे गए शब्द OPFGBCST का अर्थवाचन NEAR के रूप में किया जाता हो तो उसी कूटभाषा में कूटबद्ध IJVWHI का अर्थ निम्नलिखित में से क्या होगा ?
(*a*) HAG (*b*) HUG
(*c*) HUT (*d*) KEG

9. किसी विशेष कूटलिपि में PUNCTUAL को 16598623 के रूप में कूटबद्ध किया जाता है। इसी

कूटलिपि में ACTUPULN निम्नलिखित में से किस प्रकार लिखा जाएगा?

(*a*) 29861653 (*b*) 29861635
(*c*) 28916135 (*d*) 29851536

10. यदि OUT को 152120 के रूप में कूटबद्ध किया जाता हो तो इसी नियम का प्रयोग करके IN को निम्नलिखित में से कैसे लिखा जाएगा?

(*a*) 1015 (*b*) 819
(*c*) 1813 (*d*) 914

व्याख्यात्मक उत्तर

1. (*d*) : शब्द को कूटबद्ध करने के लिए उसके अक्षरों से वर्ण-माला के क्रम में +3 चरण आगे के अक्षर लिए गए हैं।

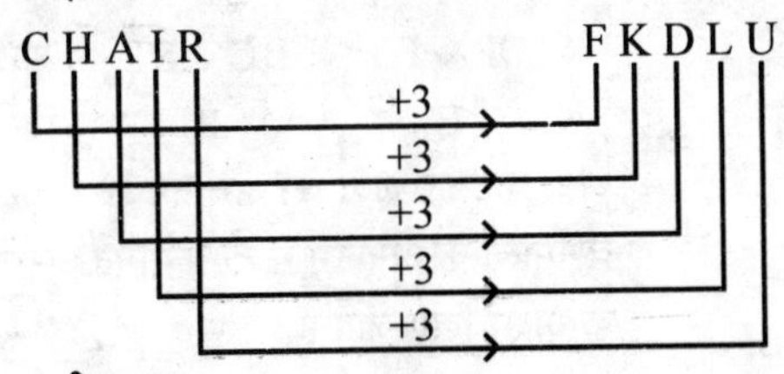

इसी प्रकार,

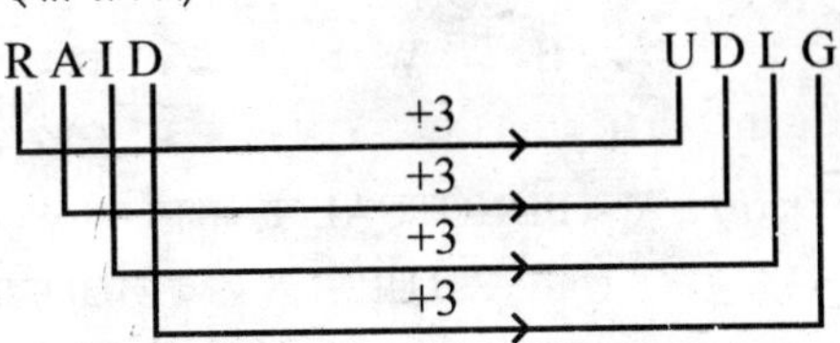

2. (*d*) : इस शब्द में दूसरे और तीसरे अक्षर एक दूसरे के स्थान पर आ जाते हैं और पांचवे और छठे अक्षरों द्वारा भी इसी नियम का पालन किया जाता है। शेष अक्षरों का स्थान अपरिवर्तित रहता है।

इसी प्रकार,

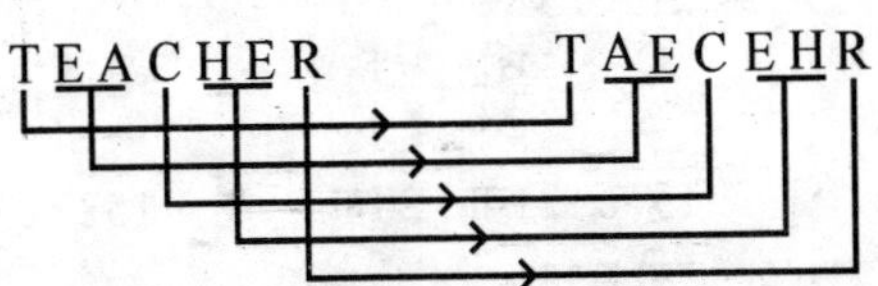

3. (*d*) : शब्द के अक्षरों को कूटबद्ध करने के लिए वर्णमाला के उलटे क्रम में समान स्थान वाले अक्षरों को लिया गया है।

C O M E → वर्णमाला के सीधे क्रम में अक्षर

X L N V → वर्णमाला के उलटे क्रम में समान स्थान वाले अक्षर

↓ ↓ ↓ ↓

3रा 15वां 13वां 5वां → वर्णमाला में अक्षरों का स्थान

A B L E → वर्णमाला के सीधे क्रम में अक्षर

Z Y O V → वर्णमाला के उलटे क्रम में समान स्थान वाले अक्षर

↓ ↓ ↓ ↓

1ला 2रा 12वां 5वां → वर्णमाला के अक्षरों का स्थान

इसी प्रकार,

M O L L Y → वर्णमाला के सीधे क्रम में अक्षर

N L O O B → वर्णमाला के उलटे क्रम में समान स्थान वाले अक्षर

↓ ↓ ↓ ↓ ↓

13वां 15वां 12वां 12वां 25वां → वर्णमाला में अक्षरों का स्थान

4. (*a*) : शब्द के अक्षरों को कूटबद्ध करने के लिए वर्णमाला के उलटे क्रम में समान स्थान वाले अक्षरों को लिया गया है।

A C T I O N → वर्णमाला के सीधे क्रम में अक्षर

Z X G R L M → वर्णमाला के उलटे क्रम में समान स्थान वाले अक्षर

↓ ↓ ↓ ↓ ↓ ↓

1ला 3रा 20वां 9वां 15वां 14वां वर्णमाला में अक्षरों का स्थान

इसी प्रकार,

H E A L T H → वर्णमाला के क्रम में अक्षर

S V Z O G S → वर्णमाला के उलटे क्रम में समान स्थान वाले अक्षर

8वां 5वां 1ला 12वां 20वां 8वां → वर्णमाला में अक्षरों का स्थान

5. (d) : EQUATE शब्द के अक्षर EARTHQUAKE शब्द से लिए गए हैं।

उत्तर कूट प्राप्त करने के लिए कूटबद्ध शब्द से अक्षरों का मिलान करें।

E A R T H Q U A K E → अक्षर

M O G P E N J O S M → कूट

E QUA T E→ कूटबद्ध किए जाने वाले अक्षर

M N J O PM→ उत्तर कूट

6. (d) : शब्द को कूटबद्ध करने के लिए शब्द के अक्षरों से वर्णमाला के क्रम में क्रमश: 2 चरण आगे और दो चरण पीछे के अक्षर लिए गए हैं।

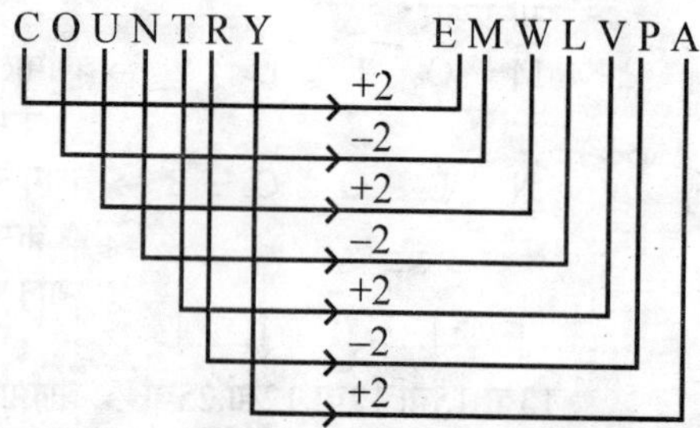

इसी प्रकार,

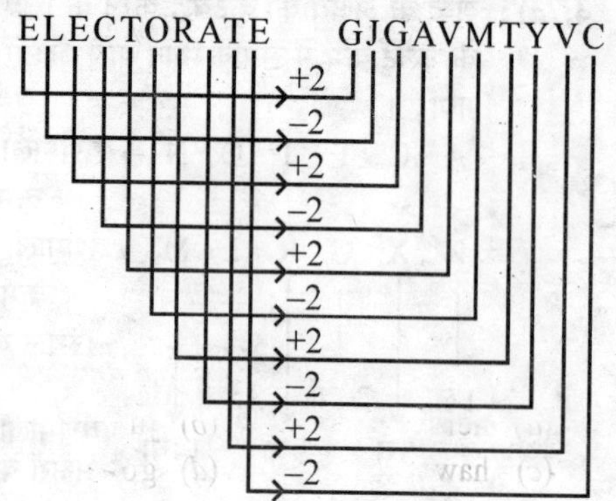

7. (c) : शब्द को कूटबद्ध करने के लिए उसके दो क्रमागत अक्षरों को एक दूसरे के स्थान पर लिखा जाता है।

इसी प्रकार,

8. (b) : कूटबद्ध शब्द का अर्थ-निर्वचन निम्नलिखित रूप में किया गया है :

↓ OP ↓ FG ↓ BC ↓ ST → कूट

N E A R → दिया गया शब्द

अत: कूटबद्ध शब्द का अर्थ-निर्वचन करने के लिए वर्णमाला के अनुक्रम में दो क्रमागत अक्षरों से पहले के अक्षर लिए जाते हैं।

इसी प्रकार,

↓ IJ ↓ VW ↓ HI → दिया गया शब्द

H U G → उत्तर शब्द

9. (b) : शब्द PUNCTUAL के अक्षरों को यादृच्छिक क्रम में लेकर ACTUPULN शब्द लिखा गया है।

इसी प्रकार संख्या कूट भी लिखा जाएगा

P U N C T U A L → दिया गया शब्द

1 6 5 9 8 6 2 3 → कूट

इसी प्रकार,

A C T U P U L N → कूटबद्ध किया जाने वाला शब्द

2 9 8 6 1 6 3 5 → उत्तर कोड

10. (d) : कूट लेखन के लिए प्रयोग में लाई गई संख्याएं वर्णमाला के सीधे क्रम (ABCD...) में अक्षरों के स्थान को सूचित करती है।

O U T → OUT

15वां 21वां 20वां → 152120

इसी प्रकार,

I N → IN

9वां 14वां → 914

भाग-II

कूट लेखन विभिन्न प्रकार से किया जाता है। कूटभाषा का प्रयोग न केवल शब्दों और संख्याओं के लिए किया जाता है बल्कि किसी शब्द-समूह, विवरण या कभी-कभी वाक्यों को भी कूटभाषा द्वारा संप्रेषित किया जाता है। इस प्रकार की कूटभाषा से भ्रम की स्थिति उत्पन्न हो सकती है किंतु कुछ प्रश्नों को हल कर लेने के बाद ऐसी कूटभाषा को समझना और हल करना अत्यंत सरल हो जाता है। इस प्रकार की कूटभाषा पर आधारित प्रश्नों को हल करने के लिए अक्षरों को गिनने या छोड़ने अथवा गणितीय परिकलनों की श्रमसाध्य प्रक्रिया को अपनाने की आवश्यकता नहीं होती बल्कि इनके लिए तेजी से मिलान करने या सादृश्यता स्थापित करने की क्षमता ही अपेक्षित होती है। कूट के रूप में अक्षरों या संख्याओं का प्रयोग किया जा सकता है।

हल किए गए उदाहरण

1. यदि किसी कूटभाषा में 'ra mei ket' का अर्थ है 'he is rich'; 'rui pha jeu' का अर्थ है 'run for money'; और 'pha rui ket' का अर्थ है 'money for rich' उस कूटभाषा में 'rich' के लिए निम्नलिखित में से किस कूट का प्रयोग किया गया है?

(*a*) ra (*b*) pha (*c*) ket (*d*) jeu

उत्तर (*c*) : दी गई जानकारी है :

कूट	**वाक्य**
1. ra mei *ket*	he is *rich*
2. rui pha jeu	run for money
3. pha rui *ket*	money for *rich*

कूटों और वाक्यों की तुलना करने पर यह स्पष्ट होता है कि वाक्य 1 और 3 दोनों में 'rich' शब्द है और दोनों ही वाक्यों में इसके लिए 'ket' शब्द का प्रयोग किया गया है।

2. यदि किसी कूटभाषा में 'ni ra ge' का अर्थ है 'who are you'; 'boi wo dur' का अर्थ है 'going far away'; और 'wo ge chi' का अर्थ है 'you went away' तो उस कूटभाषा में 'went' के लिए निम्नलिखित में से किस कूट का प्रयोग किया गया है?

(*a*) ra (*b*) chi (*c*) wo (*d*) boi

उत्तर (*b*) : दी गई सूचना है :

कूट	**वाक्य**
1. ni ra *ge*	who are *you*
2. boi *wo* dur	going far *away*
3. *wo ge* **chi**	*you* **went** *away*

'went' शब्द केवल तीसरे वाक्य में है। 'you' शब्द पहले और तीसरे दोनों वाक्यों में है जिसके लिए इन वाक्यों में 'ge' कूट का प्रयोग किया गया है। शब्द 'away' दूसरे और तीसरे दोनों वाक्यों में है जिसके लिए 'wo' कूट का प्रयोग किया गया है। एकमात्र 'chi' कूट ही ऐसा बचता है जिसका अर्थ 'went' है।

अभ्यास

निर्देश (प्र.सं. 1–10): *नीचे के प्रत्येक प्रश्न में कूटलेखन के पैटर्न को ध्यान से देखें और दिए गए विकल्पों में से सही उत्तर का चयन करें।*

1. यदि किसी कूटभाषा में (a) 'go ju mi' का अर्थ है 'plenty of money'; (b) pao ju go nei vu' का अर्थ है 'money creates lots of problems'; (c) 'kol vu nei' का अर्थ है 'problems create tension'; और (d) 'sol tun ju haw' का अर्थ है 'still money is needed' तो उस कूट भाषा में निम्नलिखित में से किसका अर्थ 'money' है?

(*a*) nei (*b*) ju
(*c*) haw (*d*) go

2. किसी कूटभाषा में (a) 'FOR' का अर्थ है 'old is gold'; (b) 'ROT' का अर्थ है 'gold is pure'; (c) 'ROM' का अर्थ है 'gold is costly'। इसी कूटभाषा में 'pure old gold is costly' कैसे लिखा जाएगा?

(*a*) TFROM (*b*) FOTRM
(*c*) FTORM (*d*) TOMRF

3. यदि किसी कूटभाषा में '415' का अर्थ है 'milk is hot'; '18' का अर्थ है 'hot soup'; और '895' का अर्थ है 'soup is tasty' तो उसी कूटभाषा में 'tasty' शब्द किस संख्या द्वारा निरूपित होगा?

(*a*) 9 (*b*) 8
(*c*) 5 (*d*) 4

4. यदि किसी कूटभाषा में '643' का अर्थ है 'she is beautiful', '593' का अर्थ है 'he is handsome', और '567' का अर्थ है 'handsome meets beautiful' तो उसी कूटभाषा में 'meets' शब्द निम्नलिखित में से किस संख्या द्वारा सूचित होगा?

(*a*) 5 (*b*) 3
(*c*) 7 (*d*) 6

5. किसी कूटभाषा में (a) 'dugo hui mul zo' का अर्थ है 'work is very hard'; (b) 'hui dugo ba ki' का अर्थ है 'Bingo is very smart'; (c) 'nano mul dugo' का अर्थ है 'cake is hard', और (d) 'mul ki qu' का अर्थ है 'smart and hard' इस कूट भाषा में 'Bingo' के लिए किस कूटशब्द का प्रयोग किया गया है?

(*a*) jalu (*b*) dugo
(*c*) ki (*d*) ba

6. किसी कूटभाषा में (a) 'pic vic nic' का अर्थ है 'winter is cold'; (b) 'to nic re' का अर्थ है 'summer is hot'; (c) 're pic boo' का अर्थ है 'winter and summer' और (d) 'vic tho pa' का अर्थ है 'nights are cold' इस कूटभाषा में 'summer' के लिए किस कूटशब्द का प्रयोग किया जाता है?

(*a*) nic (*b*) boo
(*c*) to (*d*) re

7. किसी कूटभाषा में (a) 'mx das sci' का अर्थ है 'good little frock'; (b) 'jm coz sci' का अर्थ है 'girl behaves good'; (c) 'ngv drs coz' का अर्थ है 'girl makes mischief'; और (d) 'das gp coz' का अर्थ है 'little girl fell' इस कूटभाषा में 'frock' के लिए किस कूट शब्द का प्रयोग किया गया है?

(*a*) mx (*b*) das
(*c*) sci (*d*) gp

8. किसी कूटभाषा में 'mu mit es' का अर्थ है 'who is she' और 'elb mu es' का अर्थ है 'where is she' इस कूटभाषा में 'where' के लिए किस कूटशब्द का प्रयोग किया जाता है?

(*a*) es (*b*) elb
(*c*) mu (*d*) mit

9. किसी कूटभाषा में '069' का अर्थ है 'grapes are sweet', '476' का अर्थ है 'very sweet fruit' और '509' का अर्थ है 'grapes are ripe'। इस कूटभाषा में निम्नलिखित में से किस अंक से 'ripe' शब्द सूचित होता है?

(*a*) 0 (*b*) 5
(*c*) 9 (*d*) 7

10. किसी कूटभाषा में 'roi ja kyo twa' का अर्थ है 'Moody is writing letters', 'pok ju ja twa' का अर्थ है 'Woody is writing cards', 'trn kyo pos un' का अर्थ है 'they are writing letters', और 'koi rus pok' का अर्थ है 'gifts and cards'। इसी कूटभाषा में 'Moody' के लिए किस कूटशब्द का प्रयोग किया गया है?

(*a*) ja (*b*) twa
(*c*) roi (*d*) kyo

व्याख्यात्मक उत्तर

1. (*b*):

	कूट	वाक्य
1.	go *ju* mi	plenty of *money*
2.	pao *ju* go nei vu	*money* creates lots of problems
3.	kol vu nei	problems create tension
4.	sol tun *ju* haw	still *money* is needed

ऊपर के पहले, दूसरे और चौथे कूटों और संबंधित वाक्यों में 'ju' शब्द और उसके लिए 'money' शब्द लिखा गया है।

2. (*a*) : कूट — वाक्य

1. FOR — old is gold
2. ROT — gold is pure
3. ROM — gold is costly

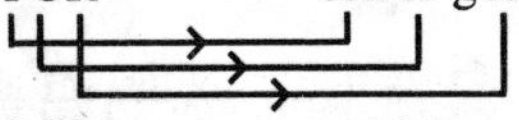

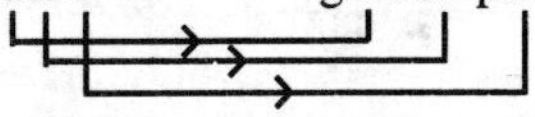

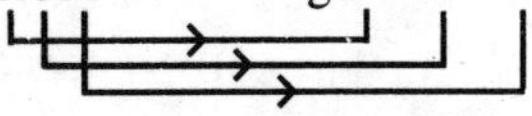

अत:,

F का अर्थ है — old
O का अर्थ है — is
R का अर्थ है — gold
T का अर्थ है — pure
M का अर्थ है — costly

अत: 'pure old gold is costly' को 'TFROM' द्वारा व्यक्त किया जाएगा।

3. (*a*) :

कूट	वाक्य
1. 415	milk is hot
2. 18	hot soup
3. 895	soup is *tasty*

तीसरे कूट और उससे संबंधित वाक्य में दी गई न तो संख्या '9' और न ही शब्द 'tasty' को किसी अन्य कूट और वाक्य में दोहराया गया है।

4. (*c*) :

कूट	वाक्य
1. 643	she is beautiful
2. 593	he is handsome
3. 567	handsome *meets* beautiful

तीसरे कूट और उससे संबंधित वाक्य में दी गई न तो संख्या '7' और न ही शब्द 'meets' को किसी अन्य कूट और वाक्य में दोहराया गया है।

5. (*d*) :

कूट	वाक्य
1. *dugo hui* mul zo	work *is very* hard
2. *hui dugo* **ba** *ki*	**Bingo** *is very smart*
3. nano mul *dugo*	cake is *hard*
4. mul *ki* qu	*smart* and hard

दूसरे कूट और संबंधित वाक्य में निहित न तो 'ba' और न ही अर्थ शब्द 'Bingo' की पुनरावृत्ति होती है। (जिन शब्दों की पुनरावृत्ति होती है उन्हें तिरछे अक्षरों में लिखा गया है)

6. (*d*) :

कूट	वाक्य
1. pic vic nic	winter is cold
2. to nic *re*	*summer* is hot
3. *re* pic boo	winter and *summer*
4. vic tho pa	nights are cold

शब्द 'summer' और कूट 're' की दूसरे और तीसरे वाक्यों में पुनरावृत्ति होती है।

7. (*a*) :

कूट	वाक्य
1. **mx** *das sci*	*good little* **frock**
2. jm coz *sci*	girl behaves *good*
3. ngv drs coz	girl makes mischief
4. *das* gp coz	*little* girl fell

शब्द 'frock' केवल पहले वाक्य में है। कूट शब्द 'das' को चौथे वाक्य में और 'sci' को दूसरे वाक्य में दोहराया गया है। अत: स्पष्ट है कि 'frock' के लिए कूट शब्द 'mx' का प्रयोग किया गया है।

8. (*b*) :

कूट	वाक्य
1. *mu* mit *es*	who *is she*
2. **elb** *mu* es	**where** *is she*

कूट शब्दों 'mu' और 'es' को दोनों वाक्यों में दोहराया गया है। केवल कूट शब्द 'elb' ही बचता है जिसका अर्थ 'where' है।

9. (*b*) :

कूट	वाक्य
1. 069	*grapes are* sweet
2. 476	very sweet fruit
3. **5**09	*grapes are* **ripe**

पहले और तीसरे वाक्यों में कूट संख्याओं '0' और '9' की पुनरावृत्ति होती है। अत: स्पष्ट है कि शेष कूट संख्या '5' का ही 'ripe' के लिए प्रयोग किया गया है।

10. (*c*) :

कूट	वाक्य
1. **roi** *ja kyo twa*	**Moody** *is writing letters*
2. pok ju *ja twa*	Woody *is writing* cards
3. trn *kyo* pos un	they are writing *letters*
4. koi rus pok	gifts and cards

'Moody' शब्द केवल पहले वाक्य में है। पहले वाक्य के कूट शब्दों 'ja' और 'twa' की दूसरे वाक्य में पुनरावृत्ति होती है और 'kyo' की तीसरे वाक्य में पुनरावृत्ति होती है। केवल कूट शब्द 'roi' ही बचता है जिसका अर्थ 'Moody' है।

भाग-III

एक अन्य प्रकार के कूट लेखन में किसी शब्द को कूट नाम दिए जाते हैं जिन्हें आगे भी कूटबद्ध किया जाता है। इस पैटर्न पर आधारित प्रश्न अर्थहीन प्रतीत हो सकते हैं किंतु कूट यथार्थता की बुनियादी बातों से हट कर नहीं होने चाहिए।

हल किए गए उदाहरण

1. यदि किसी कूट भाषा में 'केला' को 'जेली' कहा जाए, 'जेली' को 'हरा' कहा जाए, 'हरा' को 'सेब' कहा जाए, 'सेब' को 'आम' कहा जाए तो उसी कूटभाषा में पत्ते के रंग को क्या कहेंगे?

(*a*) हरा (*b*) आम (*c*) सेब (*d*) केला

उत्तर (*c*) : पत्ता हरे रंग का होता है और प्रश्न में उल्लिखित कूटों के अनुसार 'हरा' को 'सेब' कहा जाता है।

2. यदि 'धूसर' को 'भूरा', 'सफेद' को 'गुलाबी', 'लाल' को 'धूसर', 'काला' को 'लाल' और 'भूरा' को 'सफेद' कहा जाए तो 'कोयला' किस रंग का है?

(*a*) भूरा (*b*) सफेद (*c*) काला (*d*) लाल

उत्तर (*d*) : 'कोयला' काले रंग का होता है और प्रश्न में दिए गए कूटों के अनुसार 'काला' को 'लाल' कहा जाता है।

अभ्यास

निर्देश (प्र.सं. 1–10): *प्रत्येक प्रश्न में दी गई कूटबद्ध सूचना को अच्छी तरह समझें और दिए गए विकल्पों में से सही उत्तर का चयन करें।*

1. यदि किसी कूटभाषा में 'पानी' को 'नीला', 'नीला' को 'लाल', 'लाल' को 'सफेद', 'सफेद' को 'आकाश', 'आकाश' को 'वर्षा', 'वर्षा' को 'हरा', 'हरा' को 'हवा' और 'हवा' को 'मेज' कहा जाए, तो इस कूटभाषा में दूध के रंग को क्या कहेंगे?

(*a*) सफेद (*b*) वर्षा
(*c*) आकाश (*d*) हरा

2. यदि किसी कूटभाषा में 'प्रकाश' को 'अंधकार', 'अंधकार' को 'हरा', 'हरा' को 'नीला', 'नीला' को 'लाल', 'लाल' को 'सफेद' और 'सफेद' को 'पीला' कहा जाता हो तो इस कूटभाषा में रक्त का रंग क्या कहलाएगा?

(*a*) लाल (*b*) अंधकार
(*c*) सफेद (*d*) पीला

3. यदि किसी कूटभाषा में 'आकाश' को 'समुद्र', 'समुद्र' को 'पानी', 'पानी' को 'हवा', 'हवा' को 'बादल' और 'बादल' को 'नदी' कहा जाता हो तो प्यास लगने पर इस कूटभाषा में पीने के लिए किस चीज की मांग करेंगे?

(*a*) आकाश (*b*) हवा
(*c*) पानी (*d*) समुद्र

4. यदि किसी कूटभाषा में 'पीला' का अर्थ 'लाल', 'सफेद' का अर्थ 'हरा', 'लाल' का अर्थ 'नारंगी', 'नीला' का अर्थ 'सफेद' और 'हरा' का अर्थ 'नीला' हो तो उस कूटभाषा में आकाश का रंग क्या है?

(*a*) सफेद (*b*) हरा
(*c*) नीला (*d*) पीला

5. यदि किसी कूटभाषा में 'घर' को 'झोपड़ी', 'झोपड़ी' को 'नहर', 'नहर' को 'स्कूल', 'स्कूल' को 'मैदान', 'मैदान' को 'सुराही' और 'सुराही' को 'तार' कहा जाए तो इस कूटभाषा में छात्रों के पढ़ने की जगह को क्या कहेंगे?

(*a*) मैदान (*b*) सुराही
(*c*) झोपड़ी (*d*) स्कूल

6. यदि किसी कूटभाषा में 'बिल्ली' को 'घोड़ा', 'घोड़ा' को 'चूहा', 'कुत्ता' को 'खरगोश', 'खरगोश' को 'बिल्ली', 'चूहा' को 'कुत्ता' और 'शेर' को 'चींटी' कहा जाए तो इस कूटभाषा मे प्रयुक्त कूटों के आधार पर भौंकने वाले पशु को क्या कहेंगे?

(*a*) कुत्ता (*b*) बिल्ली
(*c*) शेर (*d*) खरगोश

7. यदि 'भूमि' को 'झील', 'झील' को 'पत्थर', 'पत्थर' को 'भारी', 'भारी' को 'स्टेडियम', 'स्टेडियम' को 'महासागर', 'महासागर' को 'वर्षा' और 'वर्षा' को 'आग' कहा जाए तो क्रिकेट के टेस्ट मैच खेले जाने वाले स्थान क्या कहलाते हैं?

(*a*) भारी (*b*) महासागर
(*c*) पत्थर (*d*) भूमि

8. यदि किसी कूटभाषा में 'चिड़िया' को 'राजा', 'राजा' को 'फूल', 'फूल' को 'घन', 'घन' को 'मेज', 'मेज' को 'मनुष्य' और 'मनुष्य' को 'चिड़िया' कहा जाए तो इस कूटभाषा में 'गुलाब' क्या है?

(*a*) मेज (*b*) फूल
(*c*) घन (*d*) मनुष्य

9. यदि किसी कूटभाषा में 'पानी' को 'पत्थर', 'पत्थर' को 'तेल', 'तेल' को 'हवा', 'हवा' को 'लकड़ी', 'लकड़ी' को 'गैस' और 'गैस' को 'द्रव' कहा जाए तो इस कूटभाषा में फर्नीचर किस चीज से बनता है?

(*a*) गैस (*b*) हवा
(*c*) तेल (*d*) द्रव

10. यदि किसी कूटभाषा में 'पिंजड़ा' को 'रॉकेट', 'रॉकेट' को 'फंदा', 'फंदा' को 'ग्रह', 'ग्रह' को 'हवाई जहाज', 'हवाई जहाज' को 'साइकिल' और 'साइकिल' को 'कार' कहा जाए तो इस कूटभाषा में पृथ्वी को क्या कहेंगे?

(*a*) साइकिल (*b*) रॉकेट
(*c*) ग्रह (*d*) हवाई जहाज

व्याख्यात्मक उत्तर

1. (*c*) : दूध का रंग 'सफेद' होता है और इस कूटभाषा में 'सफेद' को 'आकाश' कहते हैं।

2. (*c*) : रक्त का रंग 'लाल' होता है और इस कूटभाषा में 'लाल' को 'सफेद' कहते हैं।

3. (*b*) : प्यास लगने पर हम 'पानी' पीते हैं और इस कूटभाषा में 'पानी' को 'हवा' कहते हैं।

4. (*a*) : आकाश का रंग 'नीला' होता है और नीला का अर्थ 'सफेद' है।

5. (*a*) : छात्र 'स्कूल' में पढ़ते हैं और 'स्कूल' को इस कूटभाषा में 'मैदान' कहा जाता है।

6. (*d*) : भौंकने वाला पशु 'कुत्ता' है और 'कुत्ता' को इस कूटभाषा में 'खरगोश' कहते हैं।

7. (*b*) : टैस्ट मैच 'स्टेडियम' में खेले जाते हैं और 'स्टेडियम' को इस कूटभाषा में 'महासागर' कहा जाता है।

8. (*c*) : गुलाब एक 'फूल' है और 'फूल' को इस कूटभाषा में 'घन' कहा जाता है।

9. (*a*) : फर्नीचर 'लकड़ी' से बनता है और 'लकड़ी' को इस कूटभाषा में गैस कहते हैं।

10. (*d*) : पृथ्वी एक 'ग्रह' है 'ग्रह' को इस कूटभाषा में हवाई जहाज कहते हैं।

कथन विश्लेषण (STATEMENT ANALYSIS)

तर्कबुद्धि परीक्षण से संबंधित इस प्रकार के प्रश्नों में कुछ कथन दिए जाते हैं। इन कथनों में कतिपय तथ्यों को अलग-अलग रूपों में तोड़-मरोड़ कर प्रस्तुत किया जाता है। ऐसे प्रश्नों को हल करने के लिए अभ्यर्थियों से यह अपेक्षा की जाती है कि वे दिए गए कथनों का विश्लेषण करें, दिए गए तथ्यों को सुव्यवस्थित और वर्गीकृत करें तथा तत्पश्चात् दिए गए कथनों से संबंधित प्रश्नों के उत्तर दें।

हल किए गए उदाहरण

1. आइसक्रीम बर्फ के समान ठंडा होता है। बर्फ ओले जितनी ठंडी नहीं होती। हिमकण बर्फ जितने ठंडे नहीं होते किंतु ये आइसक्रीम से अधिक ठंडे होते हैं। इनमें से सर्वाधिक ठंडा क्या है?

(*a*) ओला (*b*) आइसक्रीम (*c*) हिमकण (*d*) हिम

उत्तर (*a*) : ठंडक में वृद्धि को दर्शाने वाला क्रम है—आइसक्रीम, बर्फ, हिमकण, हिम, ओला।

2. नीचे दिए गए कथन को सावधानीपूर्वक पढ़ें और पूछे गए प्रश्नों (*i*) और (*ii*) के उत्तर दें :

पांच आदमी जिनमें से एक वजनी, दूसरा मोटा, तीसरा दुबला-पतला, चौथा नाटा और पांचवां लंबा है, एक दूसरे के पीछे दौड़ रहे हैं। वजनी और लंबे आदमियों में से एक तो कलाकार है और दूसरा बातुनी। दुबला-पतला आदमी जो बुद्धिमान भी है, बीच में दौड़ रहा है। नाटा आदमी काला नहीं है और गोरे रंग का आदमी दुबले-पतले आदमी से आगे दौड़ रहा है। वजनी आदमी जो कलाकार नहीं है, मोटे आदमी के सामने दौड़ रहा है।

(*i*) गोरा कौन है?

(*a*) लंबा आदमी (*b*) मोटा आदमी (*c*) नाटा आदमी (*d*) वजनी आदमी

उत्तर : (*b*)

(*ii*) लंबा आदमी क्या है?

(*a*) बुद्धिमान (*b*) बातुनी (*c*) कलाकार (*d*) काला

उत्तर : (*c*)

पांचों आदमियों के गुणों का चार्ट इस प्रकार है :

वजनी आदमी बातुनी है।
मोटा आदमी गोरा है।
दुबला-पतला आदमी बुद्धिमान है।
नाटा आदमी काला नहीं है।
लंबा आदमी कलाकार है।

अभ्यास

1. A, B, C, D और E पांच मित्र हैं जिनमें से A का वजन B से अधिक है, C का वजन D से कम है, B का वजन D से कम है किंतु E से अधिक है। इनमें से किसका वजन सबसे अधिक है?

(*a*) B (*b*) C
(*c*) A (*d*) कहा नहीं जा सकता

2. झांसी की तुलना में पुणे एक बड़ा शहर है, तथा चित्तौड़ की तुलना में सीतापुर एक बड़ा शहर है। रायगढ़ झांसी जितना बड़ा शहर नहीं है किंतु यह सीतापुर की तुलना में बड़ा शहर है। चित्तौड़ सीतापुर जितना बड़ा शहर नहीं है। इनमें से सबसे छोटा शहर कौन है?

(*a*) झांसी (*b*) पुणे
(*c*) चित्तौड़ (*d*) सीतापुर

3. राम के मुकाबले अजय अधिक काम करता है। आलोक और राजू दोनों एक जितना काम करते हैं। पंकज आलोक के मुकाबले कम काम करता है। राम आलोक के मुकाबले अधिक काम करता है। इनमें से सबसे अधिक काम कौन करता है?

(*a*) अजय (*b*) राम
(*c*) आलोक (*d*) राजू

4. विपुल, हंस से लंबा है। हंस, आनंद से लंबा है। आलोक, अशोक से लंबा है। अशोक, हंस से लंबा है। इन पांचों मित्रों से कौन सबसे अधिक लंबा है?

(*a*) विपुल (*b*) आलोक
(*c*) अशोक (*d*) कहा नहीं जा सकता

5. प्रमोद, गोपाल से लंबा है। गोपाल, मधु से कम लंबा है। यह जानने के लिए कि इनमें सबसे अधिक लंबा कौन है, निम्नलिखित में से कौन-सी अतिरिक्त जानकारी आवश्यक है?

(*a*) मधु, गोपाल से लंबी है
(*b*) मधु, प्रमोद के भाई से कम लंबी है
(*c*) प्रमोद, मधु से लंबा है
(*d*) प्रमोद, मधु के भाई से लंबा है

6. A की आयु B से अधिक है जबकि C और D की आयु E से अधिक है तथा E की आयु A और B की आयुओं के बीच है। यदि C की आयु B की तुलना में अधिक हो तो बताएं कि निम्नलिखित में से कौन-सा कथन अनिवार्यत: सत्य है?

(*a*) E की आयु B से अधिक है
(*b*) A की आयु C से अधिक है
(*c*) C की आयु D से अधिक है
(*d*) D की आयु C से अधिक है

7. विक्रम की लंबाई राजन से अधिक किंतु ऐनी से कम है। जमाल, ऐनी से अधिक लंबा है। सीता, विक्रम से अधिक लंबी है। राजन, सीता से कम लंबा है। इस समूह में सबसे कम लंबाई किसकी है?

(*a*) सीता (*b*) राजन
(*c*) विक्रम (*d*) कहा नहीं जा सकता

8. सुरेश की आयु कमल से उतनी ही अधिक है जितनी कि उसकी आयु प्रबोध से कम है। नवीन और कमल की आयु एक जैसी है। निम्नलिखित में से कौन-सा कथन असत्य है?

(*a*) सुरेश की आयु नवीन से अधिक है
(*b*) कमल की आयु सुरेश से कम है
(*c*) प्रबोध सबसे अधिक आयु का नहीं है
(*d*) नवीन की आयु प्रबोध से कम है

9. प्रमोद आयु में जयेश और सुधीर से बड़ा है। विकास, अनिल से छोटा है। इनमें किसकी आयु सब से अधिक है, यह जानने के लिए निम्नलिखित में से कौन-सी अतिरिक्त जानकारी अपेक्षित है?

(*a*) सुधीर, जयेश से बड़ा है
(*b*) अनिल, जयेश से बड़ा है
(*c*) विकास, प्रमोद से बड़ा है
(*d*) विकास, प्रमोद से छोटा है

10. पांच लड़कों में बसंत, मनोहर से लंबा है किंतु वह राजू जितना लंबा नहीं है। जयंत, दत्ता से लंबा है किंतु मनोहर से उसकी लंबाई कम है। इनमें सबसे अधिक लंबा लड़का कौन है?

(*a*) राजू (*b*) मनोहर
(*c*) बसंत (*d*) कहा नहीं जा सकता

11. A और D एक ही कक्षा में पढ़ते हैं। K और L एक ही कक्षा में पढ़ते हैं। D किस कक्षा में पढ़ता है? इस प्रश्न का उत्तर ज्ञात करने के लिए निम्नलिखित A और B कथनों में से किसमें दी गई सूचना आवश्यक है?

A. D, L से एक कक्षा कम में पढ़ता है
B. A का बड़ा भाई K के साथ पढ़ता है

(*a*) उपर्युक्त A और B दोनों में दी गई सूचनाएं पर्याप्त नहीं हैं
(*b*) उपर्युक्त A और B दोनों में दी गई सूचनाएं अपेक्षित हैं

(*c*) केवल A में दी गई सूचना पर्याप्त है

(*d*) केवल B में दी गई सूचना आवश्यक है

निर्देश (प्र.सं. 12 और 13): (A) गोपाल की लंबाई अशोक से कम किंतु केशव से अधिक है; (B) नवीन की लंबाई केशव से कम है; (C) जयेश की लंबाई नवीन से अधिक है; (D) अशोक की लंबाई जयेश से अधिक है।

12. इनमें सबसे अधिक लंबा कौन है ?

(*a*) गोपाल (*b*) अशोक

(*c*) जयेश (*d*) नवीन

13. उपर्युक्त प्रश्न का उत्तर देने के लिए निम्नलिखित में से कौन-सी सूचना आवश्यक नहीं है ?

(*a*) A (*b*) B

(*c*) C (*d*) D

निर्देश (प्र.सं. 14–16): *नीचे दिए गए कथन को ध्यानपूर्वक पढ़ें और इसमें दी गई सूचना के आधार पर पूछे गए प्रश्नों के उत्तर दें:*

रवि, हरी, मनु और जतिन चार मित्र हैं। इनमें से एक कानपुर में रहता है और उसे लिखने-पढ़ने का शौक है। हरी और जतिन लखनऊ में रहते हैं। हरी को डाक टिकटें एकत्रित करने का शौक है। लखनऊ में रहने वाले दोनों मित्रों में से प्रत्येक को सिक्के एकत्रित करने का शौक है। रवि इलाहाबाद में रहता है लखनऊ में रहने वाला एक लड़का संगीत सुनना भी पंसद करता है। इलाहाबाद में रहने वाले लड़के को यात्रा करने और कॉमिक्स पढ़ने का शौक है। यदि सभी लड़कों में से प्रत्येक को दो शौक हों तो निम्नलिखित प्रश्नों के उत्तर दें :

14. कानपुर में कौन रहता है ?

(*a*) जतिन (*b*) मनु

(*c*) रवि (*d*) हरी

15. सिक्के एकत्रित करने और संगीत सुनने का शौक निम्नलिखित में से किसे है ?

(*a*) मनु (*b*) रवि

(*c*) हरी (*d*) जतिन

16. निम्नलिखित में से कौन-सा शौक रवि को नहीं है ?

(*a*) कॉमिक्स पढ़ना (*b*) पढ़ना

(*c*) यात्रा करना (*d*) कहा नहीं जा सकता

व्याख्यात्मक उत्तर

1. (*d*) : वजन के घटते क्रम में इन मित्रों को निम्नवत् श्रेणीबद्ध किया जा सकता है : A/D, B/C, E या A/D, B, C/E अत: इन मित्रों में से A या D का वजन सबसे अधिक है।

2. (*c*) : आकार के घटते क्रम में शहरों के नाम हैं: पुणे, झांसी, रायगढ़, सीतापुर, चित्तौड़।

3. (*a*) : इन व्यक्तियों के नामों का इनके द्वारा किए जाने वाले काम की मात्रा के घटते क्रम में निम्नलिखित अनुक्रम होगा :

अजय, राम, आलोक/राजू, पंकज।

4. (*d*) : लंबाई के घटते क्रम में इन व्यक्तियों के नाम हैं : विपुल/आलोक, अशोक, हंस, आनंद। अत: विपुल या आलोक में से कोई एक सबसे अधिक लंबा है।

5. (*c*) : दी गई सूचना के अनुसार प्रमोद और मधु दोनों ही गोपाल से अधिक लंबे हैं। विकल्प (*c*) में दी गई जानकारी से ही यह पता चलता है कि सबसे अधिक लंबा कौन है।

6. (*a*) : आयु के घटते क्रम में इन व्यक्तियों को निम्नवत् विन्यस्त किया जा सकता है :

A/C/D, E, B.

7. (*b*) : लंबाई के घटते क्रम में इन व्यक्तियों को निम्नवत् विन्यस्त किया जा सकता है:

जमाल/सीमा, ऐनी, विक्रम, राजन

या

जमाल, सीता/ऐनी, विक्रम, राजन

8. (*c*) : आयु के घटते क्रम में इन व्यक्तियों को निम्नवत् विन्यस्त किया जा सकता है :

प्रबोध, सुरेश, कमल/नवीन

9. (*c*) : आयु के घटते क्रम में इन व्यक्तियों को निम्नवत् विन्यस्त किया जा सकता है:

1. प्रमोद, जयेश/सुधीर और 2. अनिल, विकास

विकल्प (c) इन दोनों कथनों के बीच संबंध स्थापित करता है।

10. (*a*) : लंबाई के घटते क्रम में इन लड़कों को निम्नवत् विन्यस्त किया जा सकता है:

राजू, बसंत, मनोहर, जयंत, दत्ता

11. (*a*) : दोनों में से किसी भी कथन में उपयोगी सूचना नहीं दी गई है।

12. (*b*) : लंबाई के घटते क्रम में इन व्यक्तियों को निम्नवत् विन्यस्त किया जा सकता है:

अशोक, गोपाल/जयेश, केशव, नवीन

या

अशोक, गोपाल, केशव/जयेश, नवीन

13. (*c*) **14. (*b*)** **15. (*d*)** **16. (*b*)**

स्थान व्यवस्थीकरण
(PLACE ARRANGEMENT)

स्थान व्यवस्थीकरण का सामान्य अर्थ है दी गई सूचनाओं के आधार पर व्यक्तियों या वस्तुओं का स्थान-क्रम निर्धारित करना। इसके लिए आवश्यक है कि स्थान-क्रम को अच्छी तरह समझा जाए और तत्पश्चात् दिए गए प्रश्नों को उपलब्ध कराई गई सूचना के आधार पर हल करने का प्रयास किया जाए।

हल किए गए उदाहरण

1. पांच लड़के एक सीढ़ी पर चढ़ रहे हैं। सीढ़ी पर डेविड लड़कों के बीच में है। कार्तिक सबसे पीछे है। अनमोल नीतिन से आगे है जो अनमोल और डैनी दोनों के पीछे है। सीढ़ी पर सबसे आगे कौन है?

(*a*) डैनी (*b*) अनमोल

(*c*) डैनी या अनमोल (*d*) कहा नहीं जा सकता

उत्तर (*c*) : लड़कों के सीढ़ी पर चढ़ने का निम्नलिखित क्रम है :

डैनी		अनमोल
अनमोल		डैनी
डेविड	या	डेविड
नीतिन		नीतिन
कार्तिक		कार्तिक

अत: इस बात की पूर्ण संभावना है कि सीढ़ी पर सबसे आगे डैनी या अनमोल है।

2. पांच व्यक्ति किसी पंक्ति में एक दूसरे के पीछे चल रहे हैं। पंक्ति में सबसे आगे और सबसे पीछे चल रहे व्यक्तियों में एक व्यक्ति बुद्धिमान और दूसरा मूर्ख है। एक नाटे व्यक्ति के पीछे एक मजबूत कद काठी का व्यक्ति चल रहा है। मूर्ख व्यक्ति के सामने एक दुबला व्यक्ति चल रहा है। नाटा व्यक्ति बुद्धिमान व्यक्ति और मजबूत कद काठी के व्यक्ति के बीच में है। पंक्ति में बीचों-बीच कौन चल रहा है?

(*a*) नाटा व्यक्ति (*b*) मजबूत कद-काठी का व्यक्ति

(*c*) दुबला व्यक्ति (*d*) बुद्धिमान व्यक्ति

उत्तर (*b*) : पांचों व्यक्तियों का पंक्ति में स्थान-क्रम निम्नवत् है :

मूर्ख, दुबला व्यक्ति, मजबूत कद-काठी का व्यक्ति, नाटा व्यक्ति, बुद्धिमान व्यक्ति।

अभ्यास

निर्देश (प्र.सं. 1–10): *निम्नलिखित प्रश्नों में व्यवस्थीकरण के पैटर्न को समझें और तत्पश्चात् दिए गए विकल्पों में से सही उत्तर का चयन करें:*

1. पांच लड़के एक पंक्ति में बैठे हैं। रघु, श्याम या अमित की बगल में नहीं बैठा है। अजय, श्याम की बगल में नहीं बैठा है। रघु, मयंक की बगल में बैठा है। यदि मयंक पंक्ति में बीच में बैठा हो तो अजय निम्नलिखित में से किसकी बगल में बैठा है ?

(*a*) अमित (*b*) रघु
(*c*) मयंक (*d*) श्याम

2. मिनी, रजनी के दाएं और अनंता के बाएं बैठी है। सत्या, मिनी के दाएं बैठी है किंतु वह जया के बाएं है। यदि सभी लड़कियां उत्तर दिशा की ओर मुंह किए बैठी हों तो इनमें से सबसे बाएं छोर पर कौन बैठी है ?

(*a*) जया (*b*) मिनी
(*c*) रजनी (*d*) सत्या

3. किट्टू, मोहन और सोहन के बीच बैठा है। राजू, सोहन की बायीं ओर और श्याम, मोहन की दाहिनी ओर बैठा है। यदि ये सभी मित्र दक्षिण दिशा की ओर मुंह करके बैठे हों, तो सबसे दाहिने छोर पर कौन बैठा है ?

(*a*) मोहन (*b*) सोहन
(*c*) किट्टू (*d*) श्याम

4. A, B, C, D और E एक दूसरे के पीछे दौड़ रहे हैं। C, E के निकट नहीं है और A, D के निकट नहीं है। B, A के पीछे है और E, D के निकट नहीं है। इनके बीच में कौन व्यक्ति है ?

(*a*) B (*b*) E
(*c*) A (*d*) कहा नहीं जा सकता

5. O, P, Q, R, S और T एक बेंच पर अपनी लंबाई के घटते क्रम में खड़े हैं। P, O से अधिक लंबा है किंतु S से उसकी लंबाई कम है। केवल S ही T से अधिक लंबा है। R, P से कम लंबा है किंतु वह Q से अधिक लंबा है। इनमें किसकी लंबाई सबसे कम है ?

(*a*) O (*b*) Q
(*c*) P (*d*) कहा नहीं जा सकता

6. छह मित्र एक गोल घेरे में बैठ कर ताश खेल रहे हैं। केनी, डैनी की बायीं ओर बैठा है। माइकल, बॉब और जॉन के बीच बैठा है। रॉजर, केनी और बॉब के बीच बैठा है। माइकल की दाहिनी ओर कौन बैठा है ?

(*a*) डैनी (*b*) जॉन
(*c*) केनी (*d*) बॉब

7. चार लड़कियां A, B, C और D एक गोल घेरे में बैठी हैं। B और C का मुंह एक दूसरे की ओर है। निम्नलिखित कथनों में से कौन-सा निश्चित रूप से सत्य है ?

(*a*) A, C की बायीं ओर बैठी है
(*b*) D, C की बायीं ओर बैठी है
(*c*) A और D एक दूसरे के आमने-सामने बैठी हैं
(*d*) A, B और C के बीच नहीं बैठी है

8. 10 पुस्तकों के एक ढेर में 3 पुस्तकें इतिहास की, 3 हिंदी की, 2 गणित की और 2 अंग्रेजी की पुस्तकें हैं। यदि ऊपर से देखा जाए तो इतिहास और गणित की एक-एक पुस्तकों के बीच अंग्रेजी की एक पुस्तक है, गणित और अंग्रेजी की एक-एक पुस्तकों के बीच इतिहास की एक पुस्तक है, अंग्रेजी और गणित की एक-एक पुस्तकों के बीच एक हिंदी की पुस्तक है, हिंदी की दो पुस्तकों के बीच गणित की एक पुस्तक है तथा गणित और इतिहास की एक-एक पुस्तकों के बीच हिंदी की दो पुस्तकें हैं। इस ढेर में किस विषय की पुस्तक ऊपर से छठे स्थान पर है ?

(*a*) अंग्रेजी (*b*) हिंदी
(*c*) इतिहास (*d*) गणित

9. पांच व्यक्ति A, B, C, D और E एक पंक्ति में आपकी ओर मुंह करके इस प्रकार बैठे हैं कि D, C की बायीं ओर बैठा है और B, E की दाहिनी ओर बैठा है। A, C की दाहिनी ओर बैठा है और B, D की बायीं ओर बैठा है। यदि E कोने में बैठा हो तो बीच में कौन बैठा है ?

(*a*) A (*b*) B
(*c*) C (*d*) D

10. छह मित्र A, B, C, D, E और F एक गोल घेरे में खड़े हैं। B, F और C के बीच में है, A, E और D के बीच में है, F, D की बायीं ओर है। A और F के बीच कौन है ?

(*a*) C (*b*) B
(*c*) D (*d*) E

निर्देश (प्र.सं. 11–13): *नीचे दिए गए कथन को ध्यानपूर्वक पढ़ें और पूछे गए प्रश्नों के उत्तर दें :*

A, B, C, D और E एक पंक्ति में खड़े हैं। पंक्ति के एक छोर पर D और दूसरे छोर पर C है। B, E की दाहिनी ओर खड़ा है। A, C की बायीं ओर खड़ा है तथा E, D और B के बीच खड़ा है।

11. पंक्ति के बीच में कौन खड़ा है?
(a) E (b) D
(c) B (d) A

12. A निम्नलिखित में से किसके बीच खड़ा है?
(a) B और D (b) E और B
(c) C और E (d) B और C

13. B की दाहिनी ओर कौन खड़ा है?
(a) C (b) E
(c) A (d) D

निर्देश (प्र.सं. 14 और 15): *निम्नलिखित कथनों को सावधानी पूर्वक पढ़ें और पूछे गए प्रश्नों के उत्तर दें :*

एक शेल्फ में पांच कमीजें एक ढेर में एक के ऊपर एक रखी हुई हैं। इस ढेर में लाल कमीज नीली कमीज के ऊपर रखी गई है और हरे रंग की कमीज नारंगी रंग की कमीज के नीचे रखी गई है। नीली कमीज नारंगी रंग की कमीज के ऊपर तथा सफेद कमीज हरी कमीज के नीचे रखी गई है।

14. लाल और नारंगी रंग की कमीजों के बीच रखी कमीज किस रंग की है?
(a) सफेद रंग की (b) हरे रंग की
(c) नीले रंग की (d) आंकड़े अपर्याप्त हैं

15. सबसे नीचे किस रंग की कमीज है?
(a) लाल (b) सफेद
(c) नारंगी (d) कहा नहीं जा सकता

निर्देश (प्र.सं. 16–18): *निम्नलिखित प्रश्नों को ध्यानपूर्वक पढ़ें और पूछे गए प्रश्नों के उत्तर दें :*

(i) A, B, C, D और E एक पांच मंजिली इमारत में रहते हैं।
(ii) B और E भूतल पर नहीं रहते।
(iii) D, A से एक मंजिल ऊपर और C से एक मंजिल नीचे के तल पर रहता है
(iv) E सबसे ऊपर वाली मंजिल पर नहीं रहता।

16. D किस मंजिल पर रहता है?
(a) दूसरी (b) चौथी
(c) पांचवीं (d) पहली

17. इनमें से कितने व्यक्ति C से ऊपर वाली मंजिल पर रहते हैं?
(a) 3 (b) 2
(c) 4 (d) 1

18. उपर्युक्त दोनों प्रश्नों का उत्तर ज्ञात करने के लिए दिए गए चार कथनों में से किसे छोड़ा जा सकता है?
(a) केवल *(iv)* (b) केवल *(ii)* और *(iii)*
(c) कोई नहीं (d) केवल *(i)*

निर्देश (प्र.सं. 19 और 20): *निम्नलिखित सूचना को ध्यान से पढ़ें और नीचे पूछे गए प्रश्नों के उत्तर दें :*

(i) एक मेज पर एक के ऊपर एक मनोविज्ञान, हिंदी, अंग्रेजी, समाज विज्ञान, अर्थशास्त्र, शिक्षाशास्त्र और लेखाशास्त्र विषयों की सात पुस्तकें रखी हैं।
(ii) इनमें समाज विज्ञान की पुस्तक सभी पुस्तकों के ऊपर है।
(iii) लेखाशास्त्र की पुस्तक शिक्षाशास्त्र की पुस्तक के ठीक नीचे है जो समाज विज्ञान की पुस्तक के ठीक नीचे रखी गई है।
(iv) अर्थशास्त्र की पुस्तक मनोविज्ञान की पुस्तक के ठीक ऊपर किंतु सभी पुस्तकों के बीच में नहीं रखी गई है।
(v) हिंदी की पुस्तक मनोविज्ञान की पुस्तक के ठीक नीचे रखी गई है।

19. लेखाशास्त्र और हिंदी की पुस्तकों के बीच किन विषयों की तीन पुस्तकें रखी गई हैं?
(a) अर्थशास्त्र, मनोविज्ञान और हिंदी
(b) अर्थशास्त्र, मनोविज्ञान और शिक्षाशास्त्र
(c) अंग्रेजी, अर्थशास्त्र और मनोविज्ञान
(d) कहा नहीं जा सकता

20. अर्थशास्त्र की पुस्तक निम्नलिखित में से किन पुस्तकों के बीच रखी गई है?
(a) लेखाशास्त्र और शिक्षाशास्त्र
(b) मनोविज्ञान और हिंदी
(c) अंग्रेजी और मनोविज्ञान
(d) कहा नहीं जा सकता

व्याख्यात्मक उत्तर

1. *(b)* : पांचों लड़कों के पंक्ति में बैठने का निम्नलिखित क्रम है:
अमित, श्याम, मयंक, अजय, रघु
या
अजय, रघु, मयंक, अमित, श्याम

2. *(c)* : इन सभी लड़कियों के बैठने का निम्नलिखित क्रम है:
रजनी, मिनी, अनंता, सत्या, जया
या
सत्या, जया, अनंता
या
सत्या, अनंता, जया

3. *(d)* : दक्षिण दिशा की ओर मुंह करके बैठने पर इन मित्रों के बैठने का निम्नलिखित क्रम होगा:
श्याम, मोहन, किट्टू, सोहन, राजू

4. *(a)* : दौड़ते समय ये व्यक्ति निम्नलिखित क्रम में एक दूसरे के पीछे होंगे:

E		E
A		A
B	या	B
C		D
D		C

5. *(d)* : लंबाई के घटते क्रम में ये व्यक्ति बेंच पर निम्नलिखित विन्यास में खड़े होंगे:

S		S
T		T
P	या	P
R		R
O		Q
Q		O

इनमें या तो O या फिर Q सबसे छोटा है। दी गई सूचना उत्तर ज्ञात करने के लिए पर्याप्त नहीं है।

6. *(d)* : इन छह मित्रों के बैठने का निम्नलिखित क्रम है:

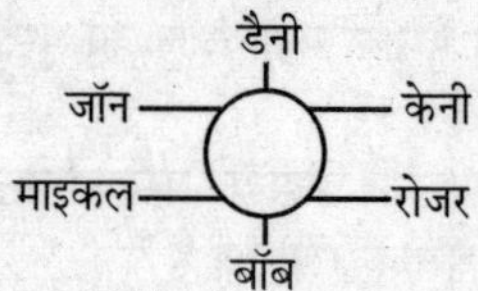

7. *(c)* : इन लड़कियों के बैठने का निम्नलिखित क्रम होगा:

A (ऊपर), B (बाएँ), C (दाएँ), D (नीचे) या D (ऊपर), B (बाएँ), C (दाएँ), A (नीचे)

8. *(b)* : पुस्तकें निम्नलिखित विषय-क्रम में एक दूसरे के ऊपर रखी गई हैं:

पहला — इतिहास
अंग्रेजी
गणित
इतिहास
अंग्रेजी
छठा — हिंदी
गणित
हिंदी
हिंदी
दसवां — इतिहास

9. *(d)* : हमारी ओर मुंह किए बैठे इन व्यक्तियों का निम्नलिखित क्रम होगा:

A, C, D, B, E

10. *(c)* : ये मित्र निम्नलिखित क्रम में एक दूसरे की बगल में खड़े हैं

D, F (ऊपर), A (बाएँ), B (दाएँ), E, C (नीचे)

11. *(c)* : प्रश्न संख्या 16 से 18 के संदर्भ में बताए गए पांच व्यक्ति पंक्ति में निम्नलिखित क्रम में खड़े हैं:

D, E, B, A, C.

12. *(d)* **13. *(c)***

14. *(c)* : प्रश्न संख्या 14 और 15 के संदर्भ में शेल्फ में कमीजों को निम्नलिखित क्रम में रखा गया है:

लाल कमीज
नीली कमीज
नारंगी रंग की कमीज
हरे रंग की कमीज
सफेद कमीज

15. *(b)*

प्रश्न संख्या 16 से 18 के संदर्भ में दी गई सूचना के अनुसार पांच मंजिली इमारत में A, B, C, D और E निम्नलिखित क्रम में रहते हैं:

B
E
C
D
A — भूतल

16. *(d)* **17. *(b)*** **18. *(c)***

19. *(c)* : पुस्तकें निम्नलिखित क्रम में एक दूसरे के ऊपर रखी गई हैं:

समाज विज्ञान
शिक्षाशास्त्र
लेखाशास्त्र
अंग्रेजी
अर्थशास्त्र
मनोविज्ञान
हिंदी

20. *(c)*

प्रश्न संख्या 21 से 25 के संदर्भ में दिए गए कथनों के अनुसार आवंटित किए गए फ्लैटों की अवस्थिति निम्नवत् है:

Q	T	S	↑N	इनका मुख्य दरवाजा उत्तर दिशा में खुलता है
U	R	P	↓S	इनका मुख्य दरवाजा दक्षिण दिशा में खुलता है

दिशा ज्ञान परीक्षण
(DIRECTION SENSE)

इस प्रकार के प्रश्न अभ्यर्थियों की सही दिशा-निर्देशों को समझने की योग्यता की जांच करने हेतु पूछे जाते हैं। ऐसे प्रश्न दिशा-चार्ट पर आधारित होते हैं:

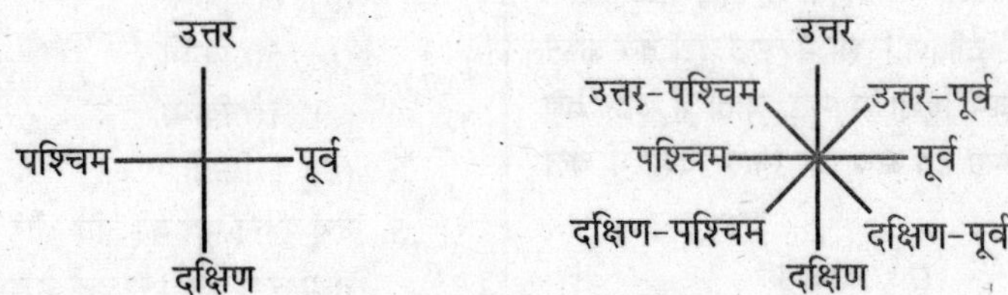

विभिन्न दिशाओं का बोध बाएं या दाएं मोड़ या कोणीय मोड़ों द्वारा निर्देशित होता है।

हल किए गए उदाहरण

1. एक व्यक्ति उत्तर दिशा में चल रहा है। वह दो बार दाहिने मुड़ता है और फिर चलने लगता है अब वह किस दिशा में चल रहा है?

(*a*) उत्तर (*b*) दक्षिण (*c*) पूर्व (*d*) पश्चिम

उत्तर (*b*) :

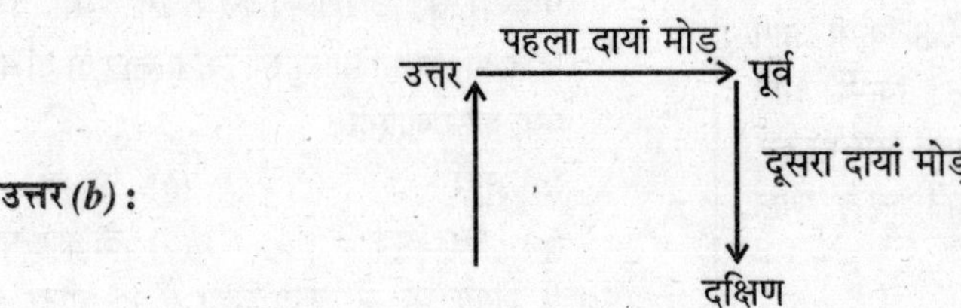

दिशा चार्ट का अनुसरण करने पर यह स्पष्ट होता है कि वह व्यक्ति अब दक्षिण दिशा में चल रहा है।

2. एक व्यक्ति पूर्व दिशा में चल रहा है। वह पहले 45° बाएं और तब 90° दाएं मुड़ता है। अब वह किस दिशा में चल रहा है?

(*a*) उत्तर (*b*) उत्तर-पश्चिम (*c*) दक्षिण-पूर्व (*d*) पश्चिम

उत्तर *(c)* : 45° मोड़ का अर्थ है, सीधी दिशा न होकर दो दिशाओं के बीच में जाना। 90° मोड़ में भी दो दिशाएं शामिल हैं और व्यक्ति उत्तर-पूर्व में न जाकर दक्षिण-पूर्व दिशा में जाने लगता है।

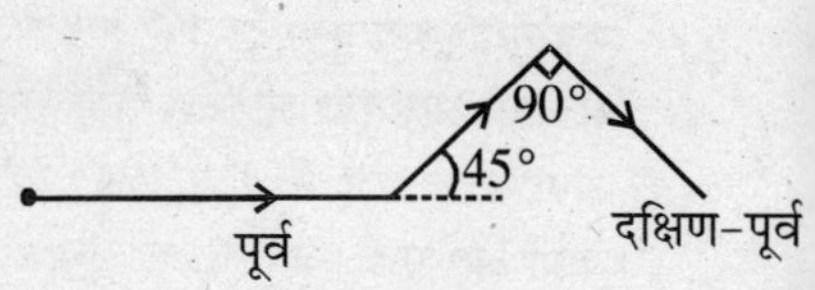

एक दिशा को छोड़कर दूसरी दिशा में जाने पर व्यक्ति किस दिशा में गति कर रहा है, इसे जानने के लिए सही दिशा-निर्देशों को समझने की आवश्यकता है। साथ ही अभ्यर्थियों को कागज पर दिशा की जानकारी होना भी आवश्यक है। दिशा चार्ट की सहायता से दूरियों को भी सरलतापूर्वक मापा जा सकता है।

अभ्यास

निर्देश (प्र.सं. 1–12): *नीचे के प्रत्येक प्रश्न में सही दिशा/दूरी दर्शाने के लिए दिए गए विकल्पों से सही उत्तर का चयन करें।*

1. किट्टू पहले पूर्व दिशा में चलता है और तब दक्षिण दिशा में चलता है। दक्षिण दिशा में कुछ दूरी तय करने के बाद वह पश्चिम दिशा में मुड़ जाता है और तब अपने बाएं मुड़ जाता है। अब वह किस दिशा में चल रहा है?

(*a*) उत्तर (*b*) दक्षिण
(*c*) पूर्व (*d*) पश्चिम

2. एक व्यक्ति पश्चिम दिशा में अपनी गाड़ी चला रहा है। वह दक्षिण दिशा में चले इसके लिए उसे निम्नलिखित में से कौन से मोड़ मुड़ने चाहिए?

(*a*) बायीं ओर, दायीं ओर, दायीं ओर
(*b*) दायीं ओर, दायीं ओर, बायीं ओर
(*c*) बायीं ओर, बायीं ओर, बायीं ओर
(*d*) दायीं ओर, दायीं ओर, दायीं ओर

3. ऋचा अपनी गाड़ी से दक्षिण दिशा में 8 किमी आगे चलकर बायीं ओर मुड़ जाती है और 5 किमी. आगे चलती है। वहां वह एक बार फिर से बायीं ओर मुड़कर 8 किमी. आगे चलती है। अब वह अपने शुरु के स्थान से कितनी दूरी पर है?

(*a*) 3 किमी.
(*b*) 5 किमी.
(*c*) 8 किमी.
(*d*) 13 किमी.

4. डिंगी अपनी गाड़ी से उत्तर की ओर 40 किमी. की दूरी तय करती है, वहां वह दायीं ओर मुड़कर 50 किमी आगे जाती है जहां वह एक बार फिर से दायीं ओर मुड़कर 30 किमी. आगे जाती है, और तब फिर से दायीं ओर मुड़कर 50 किमी. और आगे जाती है। यहां वह अपने आरंभिक बिंदु से कितनी दूरी पर है?

(*a*) 90 किमी.
(*b*) 50 किमी.
(*c*) 10 किमी.
(*d*) 5 किमी.

5. देबू पहले पूर्व की ओर और तब उत्तर की ओर चलता है तथा वहां वह 45° दायें मुड़कर कुछ देर आगे चलता है और अंततः बायीं ओर मुड़ जाता है। अब वह किस दिशा में चल रहा है?

(*a*) उत्तर
(*b*) पूर्व
(*c*) दक्षिण-पूर्व
(*d*) उत्तर-पश्चिम

6. यदि उत्तर का उत्तर-पश्चिम, उत्तर-पश्चिम का पश्चिम, पश्चिम का दक्षिण-पश्चिम और इसी प्रकार अन्य दिशाओं का भी नामकरण किया जाए तो दक्षिण पूर्व को क्या कहा जाएगा?

(*a*) पूर्व (*b*) पश्चिम
(*c*) उत्तर-पूर्व (*d*) दक्षिण-पूर्व

7. मैं अपने घर से उत्तर दिशा में 15 मीटर चला, तब पश्चिम दिशा में मुड़कर 10 मीटर और आगे चला, यहां दक्षिण दिशा में मुड़कर मैंने 5 मीटर की एक अन्य दूरी तय की और तब पूर्व की ओर मुड़कर 10 मीटर की दूरी तय की। बताइए कि मैं अपने आरंभिक स्थान से किस दिशा में हूँ?

(*a*) पूर्व (*b*) पश्चिम
(*c*) उत्तर (*d*) दक्षिण

8. मैं अपने घर से उत्तर दिशा में चला और तब बायीं ओर मुड़ गया। अब कुछ देर तक आगे चलने के बाद मैं फिर से बायीं ओर मुड़ा और तब दायीं ओर मुड़ गया। बाद में आगे चलते हुए मैं बायीं ओर और एक बार फिर से बायीं ओर मुड़ा। बताइए कि अब मैं किस दिशा में चल रहा हूँ?

(*a*) उत्तर (*b*) दक्षिण
(*c*) पूर्व (*d*) पश्चिम

9. राज पश्चिम दिशा में चल रहा है। वह आगे चलते हुए अपने दाएं, फिर दाएं और तब बाएं, हर बार 135° के कोण पर मुड़ा। बताइए कि अब वह किस दिशा में चल रहा है?

(*a*) उत्तर-पूर्व (*b*) दक्षिण-पूर्व
(*c*) पूर्व (*d*) पश्चिम

10. जतिन अपने घर से उत्तर दिशा में 12 किमी. चलता है। तब वह अपनी दायीं ओर मुड़कर 12 किमी. की एक अन्य दूरी तय करता है। वह एक बार फिर से दायीं ओर मुड़ता है और 12 किमी. की एक अन्य दूरी तय करके बायीं ओर मुड़ता है ओर तब 5 किमी. आगे चलता है। बताइए कि इस समय वह अपने घर से कितनी दूरी पर है और किस दिशा में है?

(*a*) 7 किमी., पूर्व दिशा
(*b*) 10 किमी., पूर्व दिशा
(*c*) 17 किमी., पूर्व दिशा
(*d*) 24 किमी., पूर्व दिशा

11. एक महिला उत्तर दिशा में 12 किमी. चलती है, तब वह दक्षिण दिशा में 6 किमी. चलती है और तत्पश्चात् पूर्व दिशा में 8 किमी चलती है। इस समय वह अपने आरंभिक बिंदु से कितनी दूरी पर है और किस दिशा में चल रही है?

(*a*) 5 किमी., उत्तर-पूर्व (*b*) 5 किमी., पूर्व
(*c*) 10 किमी., उत्तर-पूर्व (*d*) 10 किमी., पश्चिम

12. दिव्या पूर्व दिशा में 10 किमी. की यात्रा करती है, और तब दक्षिण-पश्चिम दिशा में 10 किमी. की यात्रा करती है। वह एक बार फिर से मुड़कर उत्तर-पश्चिम दिशा में 10 किमी. चलती है। बताइए कि अब वह अपने आरंभिक बिंदु से किस दिशा में चल रही है?

(*a*) दक्षिण (*b*) उत्तर
(*c*) पश्चिम (*d*) पूर्व

व्याख्यात्मक उत्तर

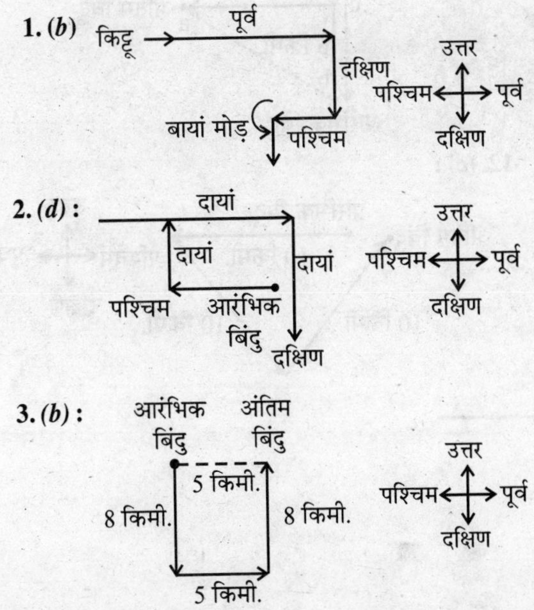

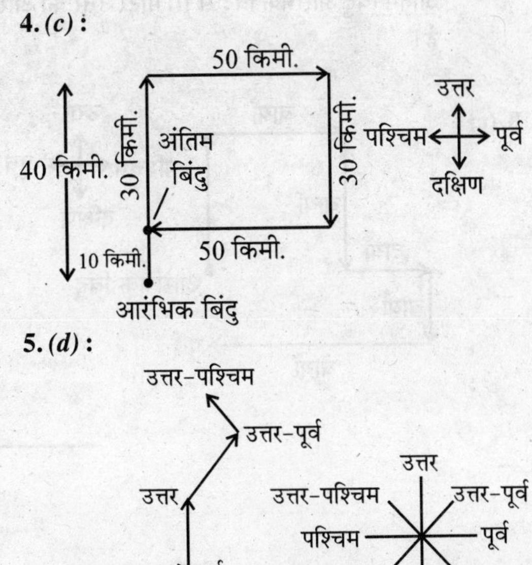

6. (a) : **मूल दिशाएं**

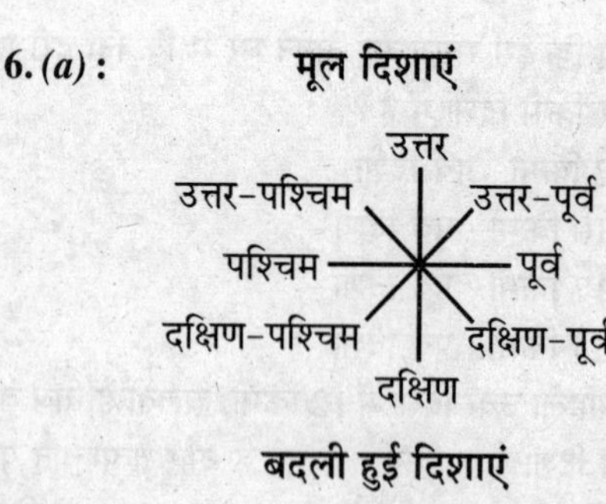

बदली हुई दिशाएं

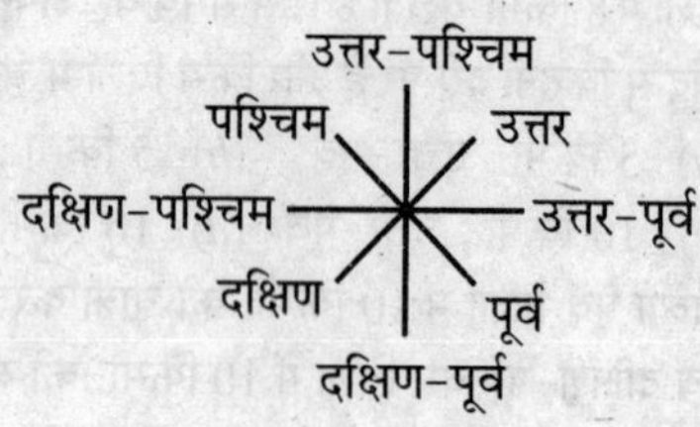

7. (c) :

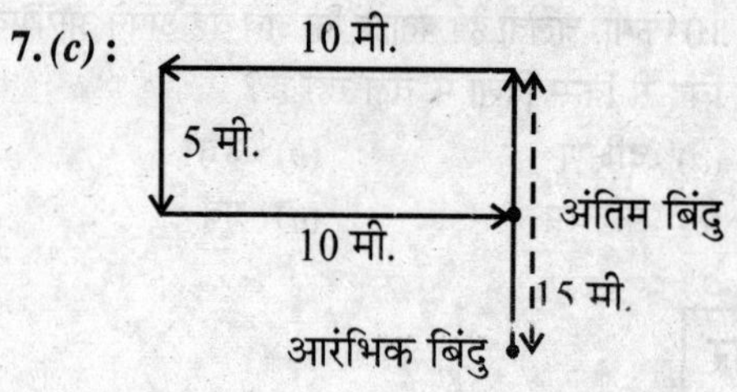

अंतिम बिंदु आरंभिक बिंदु से 10 मीटर उत्तर की ओर है।

8. (c) :

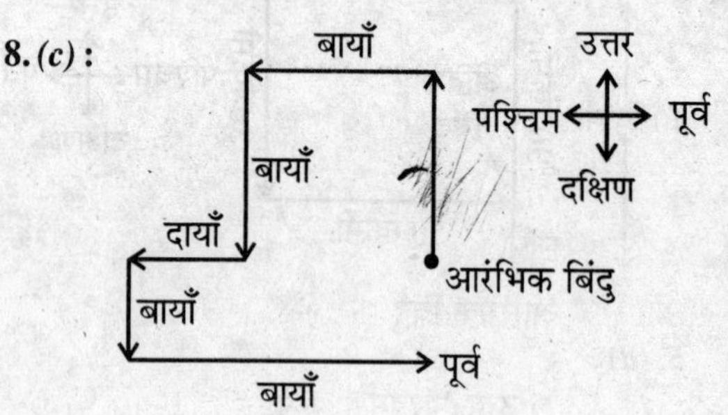

9. (a) :

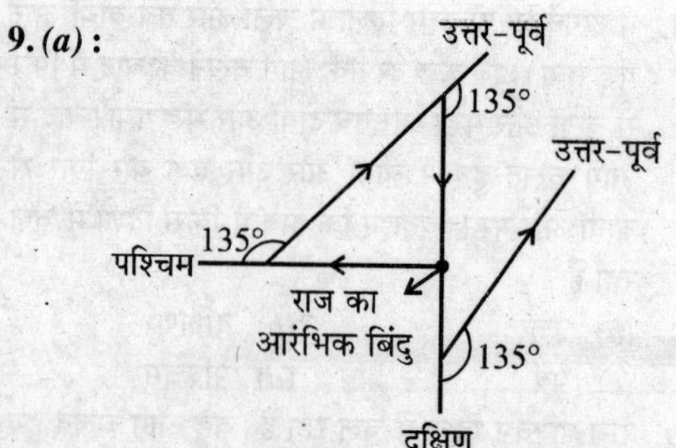

10. (c) : (12 किमी. + 5 किमी. = 17 किमी.)

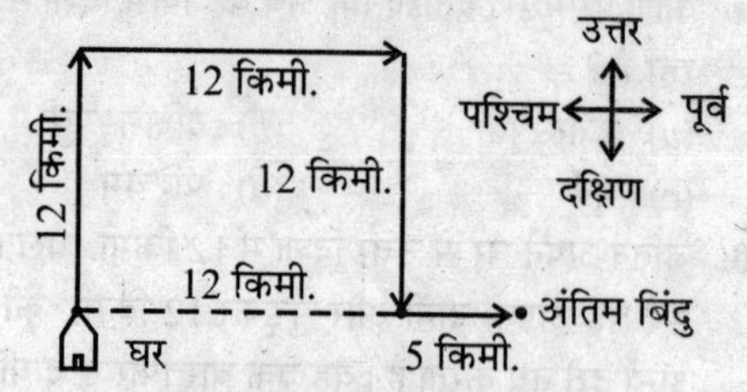

11. (c) : $ab = \sqrt{ac^2 + bc^2}$

$ab = \sqrt{8^2 + 6^2} = \sqrt{64 + 36} = \sqrt{100} = 10$

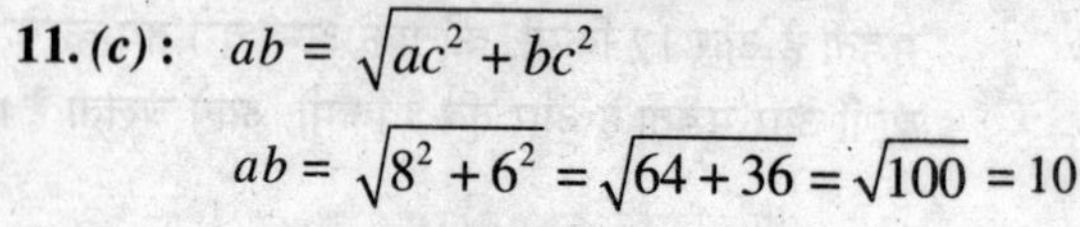

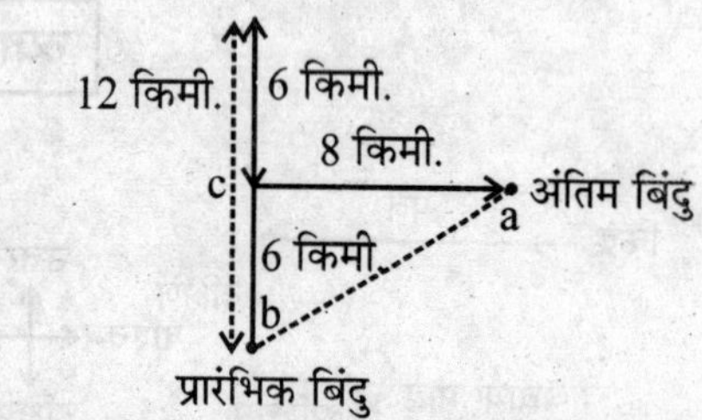

12. (c) :

रक्त संबंधी परीक्षण (BLOOD RELATIONSHIPS)

रक्त संबंधों पर आधारित प्रश्नों को हल करने के लिए यह आवश्यक है कि परीक्षार्थी रिश्तों की जटिलता को तत्काल समझ सकें और किन्हीं दो व्यक्तियों के बीच किस प्रकार के संबंध हो सकते हैं, इस बारे में उन्हें स्पष्ट जानकारी हो। इस प्रकार के प्रश्नों को पूछने का अभिप्राय मुख्यत: यह सुनिश्चित करना है कि परीक्षार्थी कतिपय जटिल भाषा में व्यक्त रिश्तों को कितनी तत्परता से समझ सकते हैं और उत्तर के रूप में सही विकल्प का चयन कर सकते हैं।

इन प्रश्नों को हल करने में सहायक कुछ संबंधों के पैटर्न नीचे दर्शाए गए हैं :

पिता का पिता	—	दादा
मां का पिता	—	नाना
पिता की मां	—	दादी
मां की मां	—	नानी
पिता या मां का पुत्र	—	भाई
पिता या मां की पुत्री	—	बहन
पिता का भाई	—	चाचा
पिता की बहन	—	बुआ
मां का भाई	—	मामा
मां की बहन	—	मौसी
चाचा या चाची का पुत्र या पुत्री	—	चचेरा भाई, चचेरी बहन
पुत्र की पत्नी	—	पुत्रवधु
पुत्री का पति	—	दामाद
पति का भाई	—	देवर
पत्नी का भाई	—	साला
पति की बहन	—	ननद
पत्नी की बहन	—	साली
भाई की पत्नी	—	भाभी
बहन का पति	—	बहनोई
भाई का पुत्र	—	भतीजा
भाई की पुत्री	—	भतीजी

हल किए गए उदाहरण

1. एक फोटो की ओर संकेत करते हुए एक महिला ने कहा ''इस व्यक्ति के पुत्र की बहन मेरी सास है''। उस महिला के पति का उस व्यक्ति से क्या संबंध है जिसका वह फोटो है?

(*a*) पुत्र (*b*) नाती (*c*) भतीजा (*d*) दामाद

उत्तर (*b*) : दिए गए प्रश्न के अनुसार संबंध चार्ट निम्नवत् दर्शाया जा सकता है :

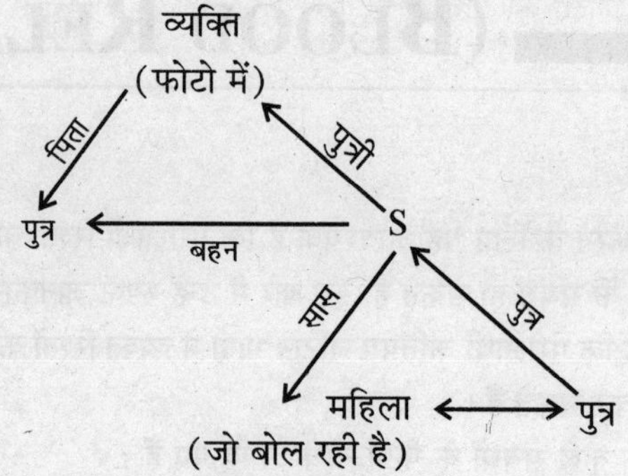

उस व्यक्ति के पुत्र की बहन (मान लें S) उस व्यक्ति की पुत्री है। यदि यह महिला 'S' उस महिला (जो बोल रही है) की सास है तो उसका विवाह 'S' के पुत्र से हुआ है। उस महिला के पति की मां S है और S फोटो वाले व्यक्ति की पुत्री है। अतः उस बोल रही महिला का पति फोटो वाले व्यक्ति का नाती है।

2. 'X', 'Y' की पत्नी है और 'Y', 'Z' का भाई है। 'Z', 'P' का पुत्र है। 'P' का 'X' से क्या संबंध है?

(*a*) बहन (*b*) चाची (*c*) भाई (*d*) श्वसुर

उत्तर (*d*) : दिए गए प्रश्न के अनुसार संबंध चार्ट निम्नवत् दर्शाया जा सकता है :

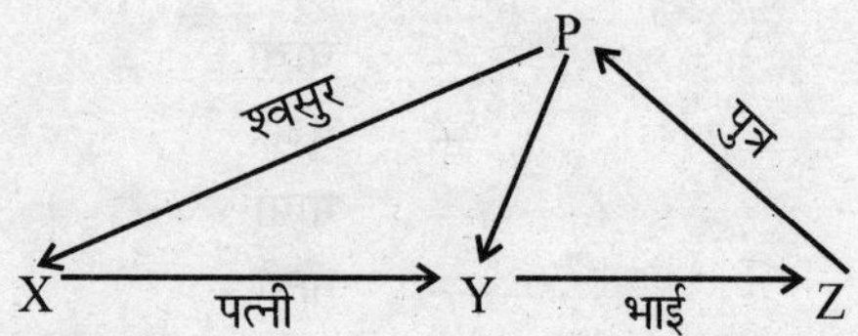

'Y', 'Z' का भाई है जो 'P' का पुत्र है। अतः 'Z' भी 'P' का पुत्र है। चूंकि 'P', 'Y' का पिता है और 'X', 'Y' की पत्नी है अतः 'P', 'X' का श्वसुर है।

अभ्यास

निर्देश (प्र.सं. 1–10): *नीचे के प्रत्येक प्रश्न में व्यक्तियों के बीच उल्लिखित संबंधों को सावधानीपूर्वक समझें और तब दिए गए विकल्पों में से सही उत्तर का चयन करें :*

1. A, B और C का पिता है। B, A का पुत्र है किंतु C, A का पुत्र नहीं है। C का A से क्या संबंध है?

(*a*) पुत्री (*b*) पुत्र
(*c*) भतीजी (*d*) भतीजा

2. एक महिला ने कहा, ''वहां खड़ी लड़की मेरे दादा जी के एकमात्र पुत्र की पुत्री है''। उस महिला का उस लड़की से क्या संबंध है?

(*a*) बहन (*b*) मां
(*c*) चाची (*d*) भतीजा

3. रवि अमित के पुत्र के पुत्र का भाई है। अमित, रवि का क्या है?

(*a*) चचेरा भाई (*b*) पिता
(*c*) दादा (*d*) पुत्र

4. मयंक ने कहा, ''मेरी मां रजत के भाई की बहन है''। रजत का मयंक से क्या संबंध है ?

(*a*) चचेरा भाई (*b*) मामा
(*c*) चाचा (*d*) साला

5. लिली से परिचय कराते हुए राघव ने कहा, ''इसके पिता मेरी मां के एकमात्र पुत्र हैं''। लिली का राघव से क्या संबंध है ?

(*a*) चाची (*b*) पुत्री
(*c*) मां (*d*) बहन

6. अजय, विजय का भाई है। शुभा, अजय की बहन है। संजय, राहुल का भाई है और मेहुल विजय की पुत्री है। संजय का चाचा कौन है ?

(*a*) राहुल
(*b*) अजय
(*c*) मेहुल
(*d*) दी गई सूचना अपर्याप्त है

7. आदित्य, रवि का भाई है। भरत, जयंत के पिता हैं। ईला, रवि की मां है। आदित्य और जयंत आपस में भाई हैं। ईला का भरत से क्या संबंध है ?

(*a*) बहन (*b*) मां
(*c*) पुत्री (*d*) पत्नी

8. एक व्यक्ति ने अपने साथ आ रहे लड़के का परिचय देते हुए कहा, ''यह मेरी पत्नी की पुत्री के पिता का पुत्र है।'' वह लड़का उस व्यक्ति का क्या है ?

(*a*) दामाद (*b*) पुत्र
(*c*) भाई (*d*) पिता

9. A और B दो भाई हैं। C, B की बहन है। D, E की बहन है। E, A का पुत्र है। D का चाचा कौन है ?

(*a*) D (*b*) E
(*c*) B (*d*) C

10. वरुण ने अरुण की ओर संकेत करते हुए कहा, ''वह मेरी बहन के एकमात्र भाई का पुत्र है।'' अरुण का वरूण से क्या संबंध है ?

(*a*) पुत्र
(*b*) भाई
(*c*) भतीजा
(*d*) दी गई सूचना अपर्याप्त है

व्याख्यात्मक उत्तर

1. (*a*) :

पिता
A
B पुत्र
C पुत्री

C, A का पुत्र नहीं है किंतु A, C का पिता है। अतः C, A की पुत्री है।

2. (*a*) :

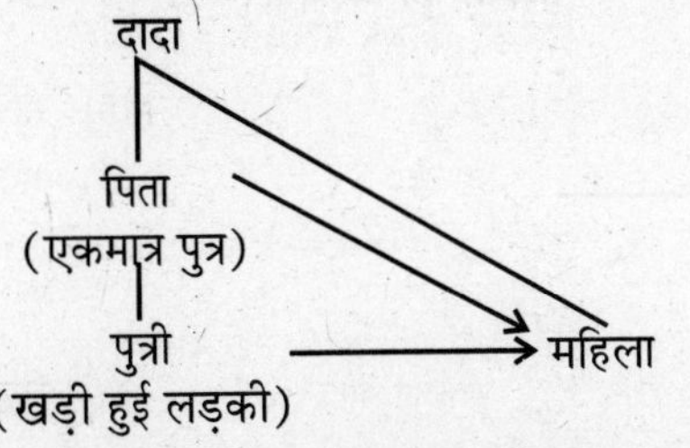

उस महिला के दादा का पुत्र उसके पिता हैं तथा पिता की पुत्री निश्चित ही उस महिला की बहन होगी।

3. (*c*) :

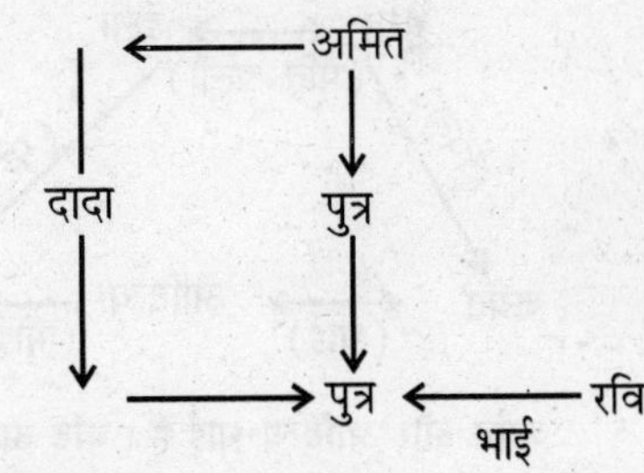

अमित के पुत्र का पुत्र अमित का पोता होगा। रवि अमित के पुत्र के पुत्र का भाई है, अतः अमित रवि के भी दादाजी हैं।

4. (*b*) :

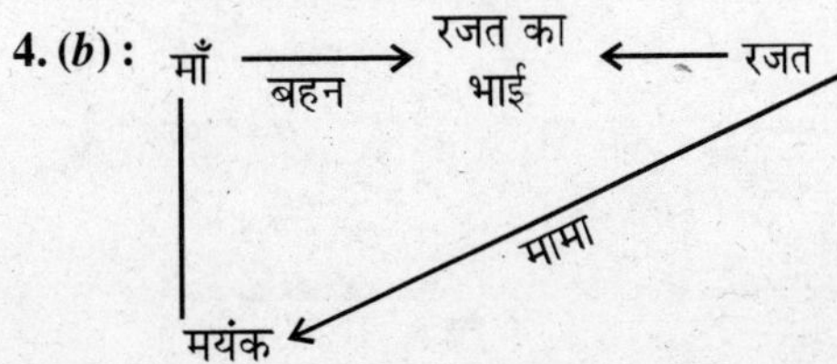

मयंक की मां रजत के भाई की बहन है। अत: रजत भी मयंक की मां का भाई है। इस प्रकार रजत, मयंक का मामा हुआ।

5. (*b*) : संबंध चार्ट निम्नवत् है : माँ

↑ पुत्र

राघव

↓ पिता

लिली (पुत्री)

राघव जब कहता है, ''मेरी मां का एकमात्र पुत्र'' तो वह स्वयं अपने बारे में ही कह रहा होता है। इसके पिता का आशय है, 'लिली के पिता' अर्थात् स्वयं राघव। अत: लिली, राघव की पुत्री है।

6. (*d*) : 1. शुभा → अजय → विजय ↓ मेहुल (पुत्री)

2. संजय → राहुल (भाई)

यहां दो संबंध-समुच्चयों का उल्लेख किया गया है। दी गई सूचना अपर्याप्त है और इन दो भिन्न संबंध-समुच्चयों के बीच कोई संबंध स्थापित नहीं किया जा सकता।

7. (*d*) : प्रश्न पर आधारित संबंध चार्ट है :

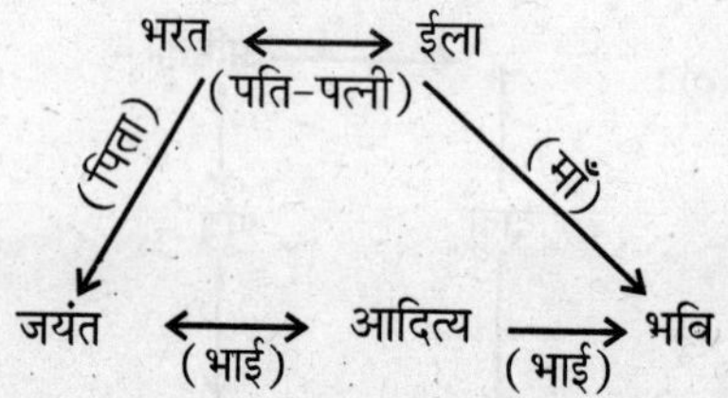

जयंत और आदित्य भाई हैं। यदि आदित्य, रवि का भाई है तो जयंत भी रवि का भाई है। यदि भरत, जयंत का पिता है तो वह आदित्य और रवि का भी पिता है। यदि ईला, रवि की मां है तो वह आदित्य और जयंत की भी मां है। इसका अर्थ है कि भरत और ईला पति-पत्नी हैं और तीनों बच्चों के माता-पिता हैं।

8. (*b*) : प्रश्न पर आधारित संबंध-चार्ट है :

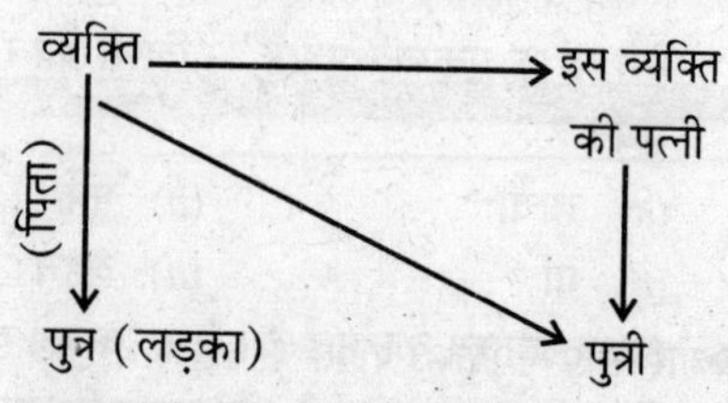

'उस व्यक्ति की पत्नी की पुत्री के पिता' का आशय है कि वह व्यक्ति स्वयं अपने बारे में बात कर रहा है, अत: वह लड़का उस व्यक्ति का पुत्र है।

9. (*c*) : प्रश्न पर आधारित संबंध-चार्ट है :

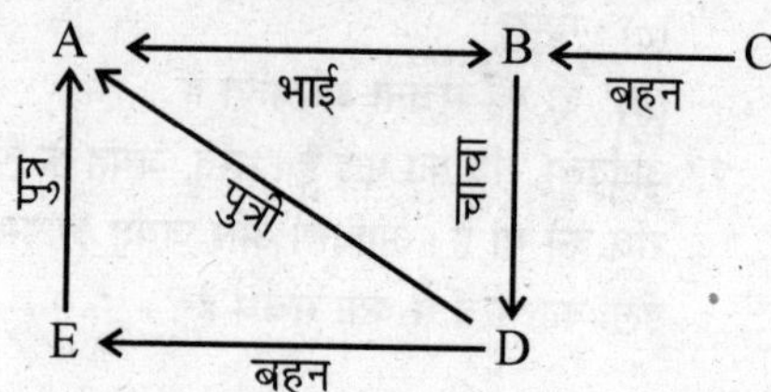

D, E की बहन है और E, A का पुत्र है। अत: D, A की पुत्री है। चूंकि A का भाई B है, अत: B, D का चाचा है।

10. (*a*) :

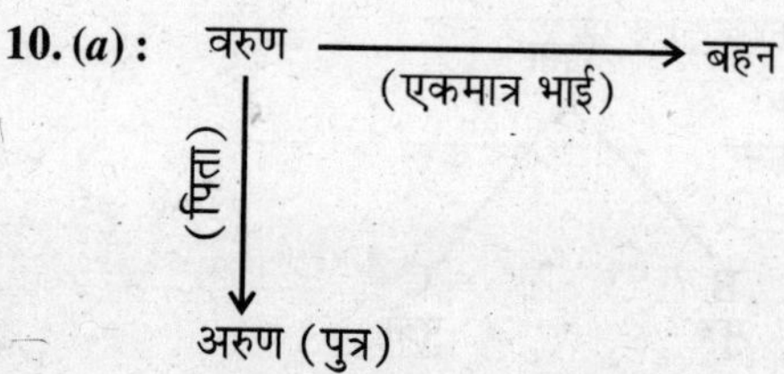

वरुण की बहन का एकमात्र भाई स्वयं वरुण है और उसका पुत्र अरुण है।

क्रम व्यवस्था और काल परीक्षण

(ROWS AND RANKS)

इस प्रकार के प्रश्न किसी पंक्ति या लाइन में व्यवस्थित वस्तुओं की संख्या या कुछ छात्रों की एक कक्षा में किसी छात्र के क्रम-स्थान (कोटि) या कक्षा में छात्रों की कुल संख्या ज्ञात करने के लिए कतिपय सरल गणितीय परिकलनों पर आधारित होते हैं।

हल किए गए उदाहरण

1. पेड़ों की किसी पंक्ति में कोई एक पेड़ किसी एक सिरे से आठवें और दूसरे सिरे से तीसरे स्थान पर है। बताइए कि इस पंक्ति में कुल कितने पेड़ हैं?

(*a*) 11 (*b*) 9 (*c*) 10 (*d*) 12

उत्तर (*c*) : इस पंक्ति में पेड़ों की संख्या

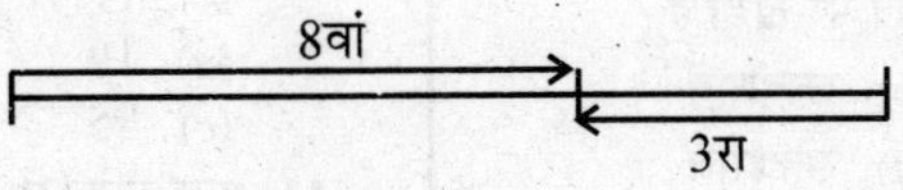

$(8 + 3) - 1 = 10$

2. यदि किसी कक्षा में योग्यता-क्रम में जानकी, पल्लवी से 12 स्थान आगे है और पल्लवी का कक्षा में 15वां स्थान है तथा जानकी का कक्षा में योग्यता-क्रम में चौथा स्थान है तो बताइए कि इस कक्षा में कुल कितने छात्र हैं?

(*a*) 23 (*b*) 27 (*c*) 31 (*d*) 33

उत्तर (*c*) : परिकलन करने पर निम्नलिखित उत्तर प्राप्त होता है :

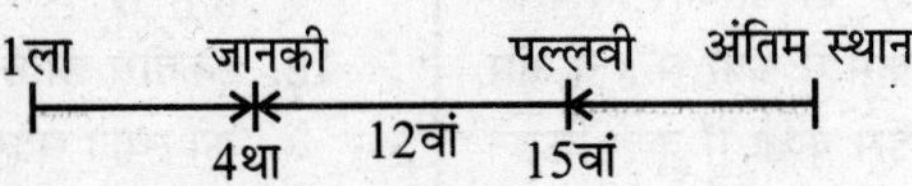

कक्षा में छात्रों की कुल संख्या $= 4 + 12 + 15 = 31$

अभ्यास

1. पेड़ों की एक पंक्ति में कोई एक पेड़ पंक्ति के दोनों छोरों से पांचवें स्थान पर है। इस पंक्ति में कुल कितने पेड़ हैं?

(*a*) 11 (*b*) 8
(*c*) 10 (*d*) 9

2. 53 छात्रों की एक कक्षा में जया का योग्यता-क्रम में 5 वां स्थान है। कक्षा में योग्यता-क्रम में नीचे से उसका क्रम-स्थान क्या है?

(*a*) 49 वां (*b*) 48 वां
(*c*) 47 वां (*d*) 50 वां

3. पैंसठ छात्रों की एक कक्षा में योग्यता-क्रम में मोहन का क्रम स्थान इक्कीसवां है। यदि योग्यता-क्रम में सबसे नीचे के छात्र का क्रम-स्थान 1 माना जाए तो योग्यता-क्रम में नीचे से मोहन का क्रम-स्थान क्या होगा?

(*a*) 44 वां
(*b*) 45 वां
(*c*) 46 वां
(*d*) दी गई सूचना अपर्याप्त है

4. लड़कों की एक पंक्ति में राहुल दाहिने से 12 वें स्थान पर और बाएं से चौथे स्थान पर खड़ा है। इस पंक्ति में और कितने लड़कों को शामिल करने पर पंक्ति में लड़कों की कुल संख्या 28 हो जाएगी?

(*a*) 12 (*b*) 14
(*c*) 20 (*d*) 13

5. लड़कों की एक पंक्ति में राजन दाहिने से दसवें स्थान पर है और सूरज बाएं से दसवें स्थान पर है। यदि राजन और सूरज आपस में अपना स्थान बदल लें तो सूरज बाएं से सताइसवें स्थान पर आ जाएगा। राजन अब पंक्ति में दाहिने से कितने स्थान पर खड़ा है?

(*a*) दसवें (*b*) छब्बीसवें
(*c*) उन्तीसवें (*d*) सताइसवें

6. 41 छात्रों की एक कक्षा में महेश और सुरेश योग्यता-क्रम में ऊपर से क्रमश: 11 वें और 12 वें स्थान पर हैं। योग्यता-क्रम में नीचे से इनका क्रम-स्थान क्या है?

(*a*) 32 वां और 33 वां (*b*) 29 वां और 30 वां
(*c*) 30 वां और 31 वां (*d*) 31 वां और 30 वां

7. किसी कक्षा में उमा योग्यता-क्रम में ऊपर से 8 वें और नीचे से 37 वें स्थान पर है। इस कक्षा में कुल कितने छात्र हैं?

(*a*) 47 (*b*) 46
(*c*) 45 (*d*) 44

8. एक पंक्ति में सादिक सामने से 14 वें स्थान पर और जोसफ अंत से 17 वें स्थान पर खड़ा है जबकि जेन, सादिक और जोसफ के बीच खड़ा है। यदि सादिक, जोसफ से आगे खड़ा है और पंक्ति में कुल 48 व्यक्ति खड़ें हो, तो सादिक और जेन के बीच पंक्ति में कितने व्यक्ति खड़े हैं?

(*a*) 5 (*b*) 6
(*c*) 7 (*d*) 8

9. किसी कक्षा में वार्षिक परीक्षा में उत्तीर्ण हुए छात्रों में योग्यता-क्रम में रोहन नीचे से सताइसवें स्थान पर और ऊपर से ग्यारहवें स्थान पर आया। यदि वार्षिक परीक्षा में इस कक्षा के 12 छात्र अनुत्तीर्ण घोषित किए गए हों तो परीक्षा में इस कक्षा के कितने छात्र शामिल हुए थे?

(*a*) 48 (*b*) 49
(*c*) 50 (*d*) कहा नहीं जा सकता

10. कुछ लड़के एक पंक्ति में बैठे हैं। P पंक्ति में बाएं से चौदहवें स्थान पर और Q दाहिने से सातवें स्थान पर बैठा है। यदि P और Q के बीच चार लड़के बैठे हों, तो इस पंक्ति में कुल कितने लड़के हैं?

(*a*) 19 (*b*) 21
(*c*) 25 (*d*) 23

11. एक पंक्ति में A, B, C, D और E कुल पांच मकान बने हैं। A, B की दाहिनी ओर, E, C की बायीं ओर और A की दाहिनी ओर अवस्थित है तथा B, D की दाहिनी ओर अवस्थित है। इनमें से कौन-सा मकान बीच में है?

(*a*) B (*b*) A
(*c*) D (*d*) E

12. इकतीस छात्रों की एक कक्षा में योग्यता-क्रम में माधव का स्थान सतरहवां है। योग्यता-क्रम में नीचे से उसका स्थान कितना है?

(*a*) 13 (*b*) 14
(*c*) 15 (*d*) 16

व्याख्यात्मक उत्तर

1. (*d*):

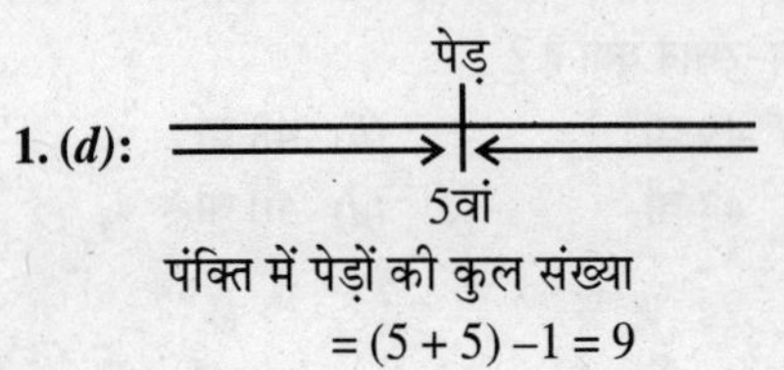

पंक्ति में पेड़ों की कुल संख्या
$= (5 + 5) - 1 = 9$

2. (*a*):

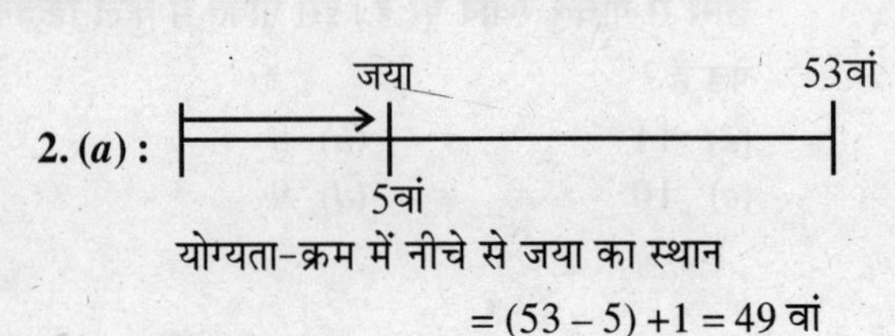

योग्यता-क्रम में नीचे से जया का स्थान
$= (53 - 5) + 1 = 49$ वां

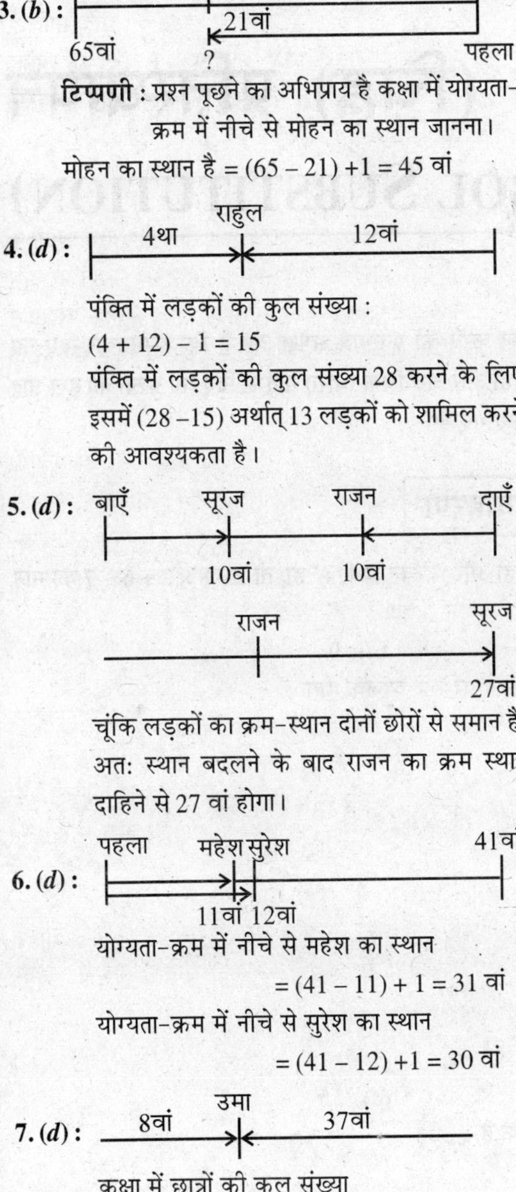

3. (*b*) :

टिप्पणी : प्रश्न पूछने का अभिप्राय है कक्षा में योग्यता-क्रम में नीचे से मोहन का स्थान जानना।

मोहन का स्थान है = (65 – 21) +1 = 45 वां

4. (*d*) :

पंक्ति में लड़कों की कुल संख्या :
(4 + 12) – 1 = 15
पंक्ति में लड़कों की कुल संख्या 28 करने के लिए इसमें (28 –15) अर्थात् 13 लड़कों को शामिल करने की आवश्यकता है।

5. (*d*) :

चूंकि लड़कों का क्रम-स्थान दोनों छोरों से समान है, अत: स्थान बदलने के बाद राजन का क्रम स्थान दाहिने से 27 वां होगा।

6. (*d*) :

योग्यता-क्रम में नीचे से महेश का स्थान
= (41 – 11) + 1 = 31 वां
योग्यता-क्रम में नीचे से सुरेश का स्थान
= (41 – 12) +1 = 30 वां

7. (*d*) :

कक्षा में छात्रों की कुल संख्या
= (8 + 37) – 1 = 44

8. (*d*) :

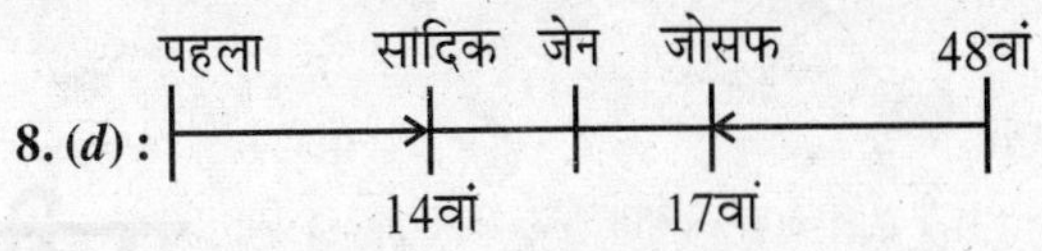

अंत से सादिक का क्रम स्थान:
(48 – 14) + 1 = 35 वां
सादिक और जोसफ के बीच व्यक्तियों की संख्या
= (35 – 17) – 1 = 17
जेन, सादिक और जोसफ के बीच में है, अर्थात् वह दोनों लड़कों से नौवें स्थान पर है।
∴ सादिक और जेन के बीच 8 व्यक्ति हैं।

टिप्पणी : (8 + 8) – 1 = 17

9. (*b*) :

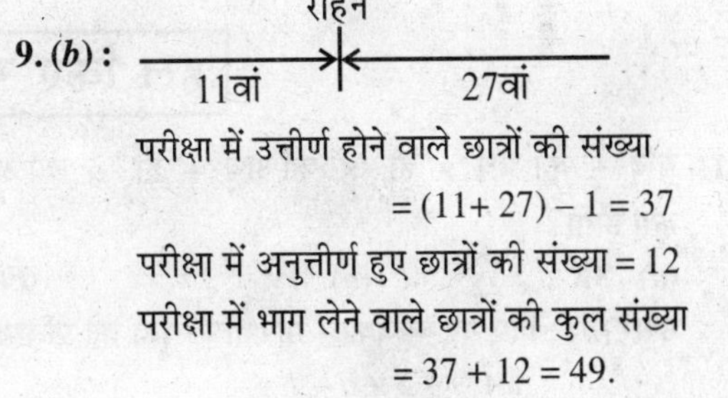

परीक्षा में उत्तीर्ण होने वाले छात्रों की संख्या
= (11+ 27) – 1 = 37
परीक्षा में अनुत्तीर्ण हुए छात्रों की संख्या = 12
परीक्षा में भाग लेने वाले छात्रों की कुल संख्या
= 37 + 12 = 49.

10. (*c*) :

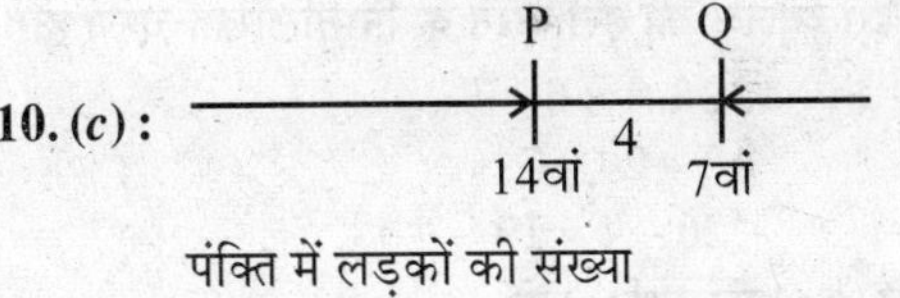

पंक्ति में लड़कों की संख्या
= (14 + 4 + 7) = 25

11. (*b*) : पंक्ति में अवस्थित मकान निम्नलिखित क्रम में हैं:
D B A E C

12. (*c*) :

योग्यता-क्रम में नीचे से माधव का स्थान है:
(31 – 17) + 1 = 15 वां

प्रतीक (चिह्न) प्रतिस्थापन
(SYMBOL SUBSTITUTION)

इस प्रकार के प्रश्नों को हल करना अत्यधिक सरल है। ऐसे प्रश्नों को हल करने की एकमात्र अपेक्षा यह है कि उम्मीदवार दिए गए प्रतीकों या चिह्नों को प्रतिस्थापित करने और परिकलन की विद्या में पारंगत हों और अत्यधिक त्वरित गति से दिए गए प्रश्नों का हल ज्ञात कर सके। इस श्रेणी में पूछे गए कुछ सामान्य प्रकार के प्रश्न नीचे हल किए गए हैं।

हल किए गए उदाहरण

1. यदि '+' का अर्थ '×' हो, '×' का अर्थ '÷' हो, '÷' का अर्थ '–' हो और '–' का अर्थ '+' हो, तो 2 – 8 × 2 + 6 ÷ 7 का मान क्या होगा?

(*a*) 32 (*b*) 19 (*c*) 23 (*d*) 9

उत्तर (*b*) : दिए गए व्यंजक में गणितीय चिह्नों को प्रतिस्थापित करने पर नया व्यंजक होगा :

$2 + 8 \div 2 \times 6 - 7$

इस व्यंजक को हल करने के निम्नलिखित चरण होंगे :

$2 + 4 \times 6 - 7$

$2 + 24 - 7$

$26 - 7 = 19$

2. यदि '▲' का अर्थ '+' हो,

'■' का अर्थ '–' हो,

'●' का अर्थ '÷' हो,

'∗' का अर्थ '×' हो, तो

13 ▲ 5 ∗ 20 ● 10 ■ 9 = ?

(*a*) 26 (*b*) 37 (*c*) 14 (*d*) 55

उत्तर (*c*) : चिह्नों को प्रतिस्थापित करने पर प्राप्त हुआ नया व्यंजक है :

$13 + 5 \times 20 \div 10 - 9$

इस व्यंजक को हल करने के चरण होंगे :

$13 + 5 \times 2 - 9$

$13 + 10 - 9$

$23 - 9 = 14$

अभ्यास

1. यदि "+" का अर्थ "–" हो; "–" का अर्थ "×" हो; "×" का अर्थ "÷" हो और "÷" का अर्थ "+" हो, तो $15 \times 5 \div 10 + 5 - 3 = ?$
(*a*) 9.5 (*b*) 0
(*c*) – 2 (*d*) 24

2. यदि "+" का अर्थ "–" हो; "–" का अर्थ "×" हो; "×" का अर्थ "÷" हो; और "÷" का अर्थ "+" हो, तो $15 \times 3 \div 15 + 5 - 2 = ?$
(*a*) 0 (*b*) 10
(*c*) 20 (*d*) 6

3. यदि "+" का अर्थ "÷" हो; "×" का अर्थ "–" हो; "÷" का अर्थ "+" हो और "–" का अर्थ "×" हो, तो $16 \div 8 \times 6 - 2 + 12 = ?$
(*a*) 22 (*b*) 24
(*c*) 23 (*d*) 20

4. यदि "+" का अर्थ "×" हो; "–" का अर्थ "÷" हो; "×" का अर्थ "–" हो और "÷" का अर्थ "+" हो, तो $5 + 8 - 4 \times 2 \div 9 = ?$
(*a*) 15 (*b*) 13
(*c*) 17 (*d*) 11

5. यदि × का आशय ज़ोड़ की संक्रिया से हो, ÷ का आशय घटाव की संक्रिया से हो, + का आशय गुणा की संक्रिया से हो और – का आशय भाग की संक्रिया से हो तो $(20 \times 6 \div 6 \times 4)$ निम्नलिखित में से किसके बराबर है?
(*a*) 5 (*b*) 24
(*c*) 25 (*d*) 80

6. यदि $A + B > C + D$, $B + E = 2C$ और $C + D > B + E$ हो, तो इसका निश्चित अर्थ यह है कि :
(*a*) $A > C$ (*b*) $A + B > 2D$
(*c*) $A + B > 2C$ (*d*) $A + B > 2E$

7. यदि $A + D > C + E$, $C + D = 2B$ और $B + E > C + D$ हो, तो इसका निश्चित अर्थ यह है कि :
(*a*) $A + D > B + E$ (*b*) $A + D > B + C$
(*c*) $A + B > 2D$ (*d*) $B + D > C + E$

8. यदि "+" का अर्थ "÷" हो; "÷" का अर्थ "–" हो; "–" का अर्थ "×" हो और "×" का अर्थ "+" हो, तो $10 \div 2 - 15 + 3 \times 5 = ?$
(*a*) 10 (*b*) 15
(*c*) 25 (*d*) 5

9. यदि "+" का अर्थ "÷" हो; "×" का अर्थ "–" हो; "÷" का अर्थ "×" हो और "–" का अर्थ "+" हो, तो निम्नलिखित व्यंजक का मान क्या होगा?
$9 + 3 \div 4 - 8 \times 2 = ?$
(*a*) $6\frac{3}{4}$ (*b*) $-1\frac{3}{4}$
(*c*) $-6\frac{1}{4}$ (*d*) 18

10. यदि 'a' का आशय '÷' हो, 'b' का आशय '×' हो, 'c' का आशय '+' है और 'd' का आशय '–', हो, तो
5 c 20 a 4 b 2 d 10 = ?
(*a*) 5 (*b*) 10
(*c*) 15 (*d*) 20

व्याख्यात्मक उत्तर

1. (*c*) : $15 \div 5 + 10 - 5 \times 3$
$3 + 10 - 15 = -2$

2. (*b*) : $15 \div 3 + 15 - 5 \times 2$
$5 + 15 - 10 = 10$

3. (*c*) : $16 + 8 - 6 \times 2 \div 12$
$16 + 8 - 1 = 23$

4. (*c*) : $5 \times 8 \div 4 - 2 + 9$
$10 - 2 + 9 = 17$

5. (*b*) : $20 + 6 - 6 + 4 = 24$

6. (*c*) : $A + B > C + D > B + E$ or $2C$
$\therefore A + B > 2C$

7. (*b*) : 1. $A + D > C + E$
2. $B + E > C + D$ or $2B$
चूँकि 1 और 2 के बीच संबंध स्पष्ट नहीं है, तथापि यह निश्चित है कि $A + D > B + C$.

8. (*d*) : $10 - 2 \times 15 \div 3 + 5$
$10 - 10 + 5 = 5$

9. (*d*) : $9 \div 3 \times 4 + 8 - 2$
$12 + 8 - 2 = 18$

10. (*a*) : $5 + 20 \div 4 \times 2 - 10$
$5 + 10 - 10 = 5$

कृत्रिम मान और लुप्त संख्याएँ (ARTIFICIAL VALUES AND MISSING NUMBERS)

इस प्रकार के प्रश्नों को हल करने के लिए संख्या संबंधी प्रश्नों को हल करने में निपुणता और गणितीय कौशल का होना अपेक्षित है। उत्तर प्राप्त करने के लिए अभ्यर्थियों के लिए यह अपेक्षित है कि वे अंकगणितीय चिह्नों या प्रतीकों के सही संयोजन का चयन करें जिसे दिए गए प्रश्नों में प्रश्न चिह्न के स्थान पर प्रतिस्थापित किया जा सके।

हल किए गए उदाहरण

1. यहाँ प्रश्न में दिए गए प्रश्न चिह्न (?) के स्थान पर प्रतिस्थापित करने के लिए सही विकल्प का चयन करें :

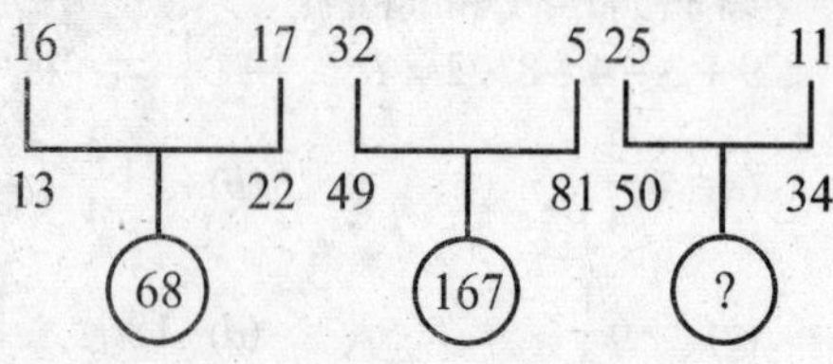

(*a*) 65 (*b*) 120 (*c*) 116 (*d*) 192

उत्तर (*b*) : गोल घेरे के भीतर दी गई संख्या शेष चार संख्याओं का योग है, अर्थात्

16 + 17 + 13 + 22 = 68

32 + 5 + 49 + 81 = 167, इसी प्रकार

25 + 11 + 50 + 34 = 120

2. यहाँ प्रश्न चिह्न के स्थान पर विकल्पों में दी गई कौन-सी संख्या आएगी?

23 16 9 2 14 8

12 19 ? 5 12 10

(*a*) 6 (*b*) 8 (*c*) 7 (*d*) 3

उत्तर (*a*) : दो सम्मुख संख्याओं का अंतर 4 है, अर्थात्

23 – 19 = 4 और 16 – 12 = 4

14 – 10 = 4 और 12 – 8 = 4, इसी प्रकार

9 – 5 = 4 और 6 – 2 = 4.

इस प्रकार के प्रश्नों में सही उत्तर ज्ञात करने का कोई निश्चित नियम नहीं है। सही उत्तर प्राप्त करने के विभिन्न तरीकों के बारे में जानने के लिए नीचे दिए गए अभ्यास में निहित प्रश्नों का हल ज्ञात करने का प्रयास करें।

अभ्यास

निर्देश (प्र.सं. 1–10): *नीचे दिए गए प्रत्येक प्रश्न में बताएँ कि प्रश्न चिह्न (?) के स्थान पर कौन-सी संख्या रखी जा सकती है?*

1. 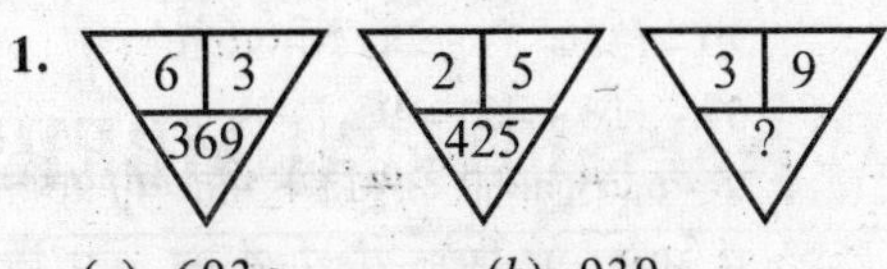

(*a*) 693 (*b*) 939
(*c*) 981 (*d*) 993

2. 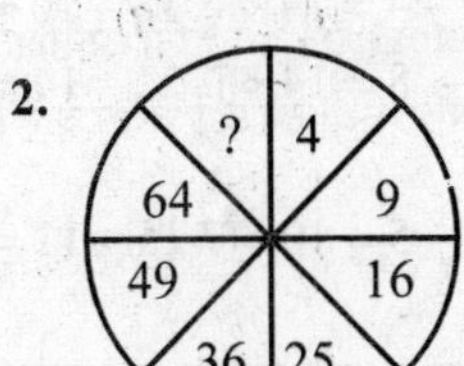

(*a*) 68 (*b*) 100
(*c*) 72 (*d*) 81

3. 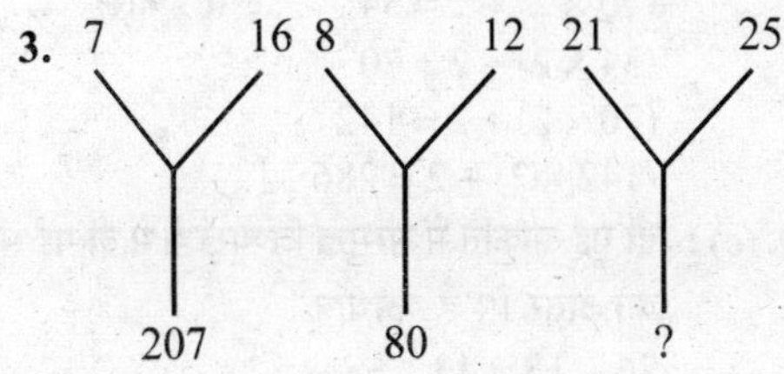

(*a*) 425 (*b*) 184
(*c*) 241 (*d*) 210

4. 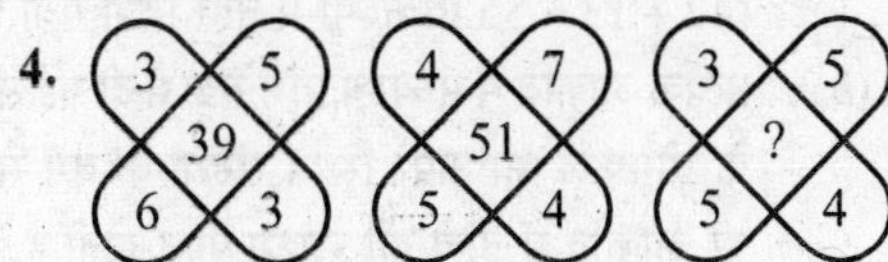

(*a*) 35 (*b*) 37
(*c*) 45 (*d*) 48

5. 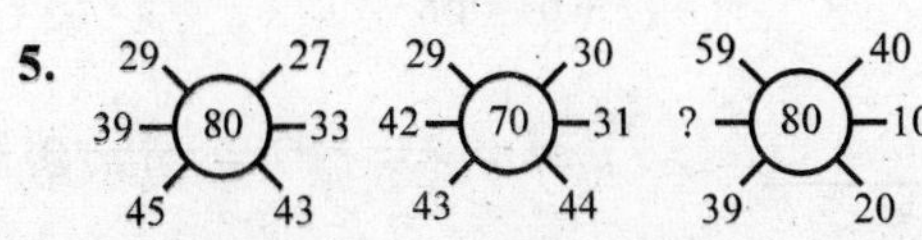

(*a*) 69 (*b*) 49
(*c*) 50 (*d*) 60

6. 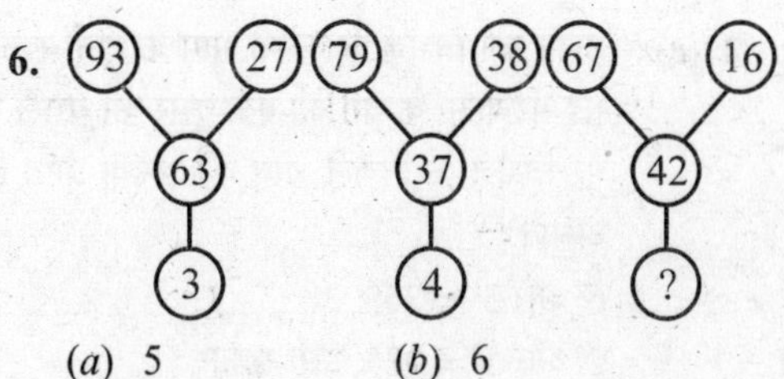

(*a*) 5 (*b*) 6
(*c*) 8 (*d*) 9

7. 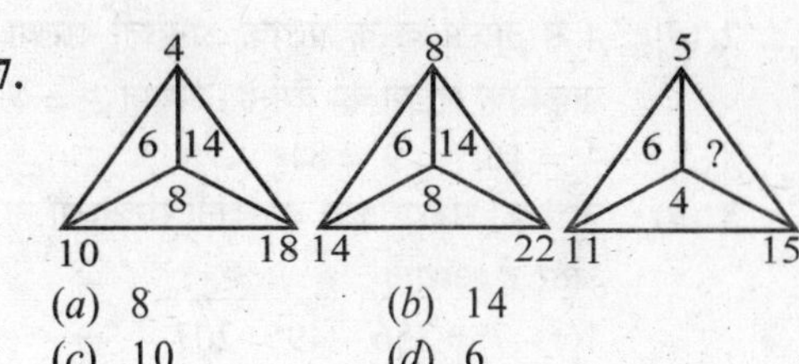

(*a*) 8 (*b*) 14
(*c*) 10 (*d*) 6

8. 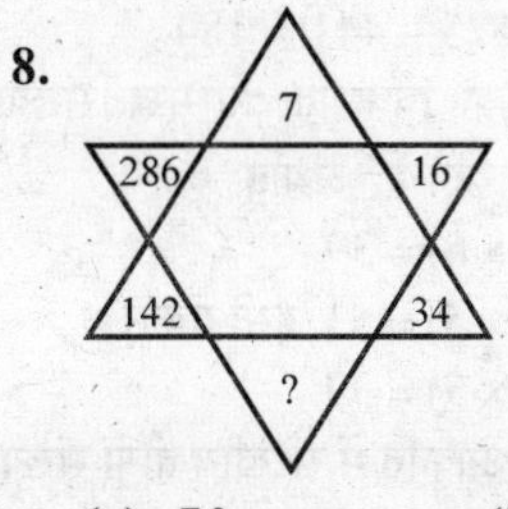

(*a*) 70 (*b*) 68
(*c*) 56 (*d*) 92

9. 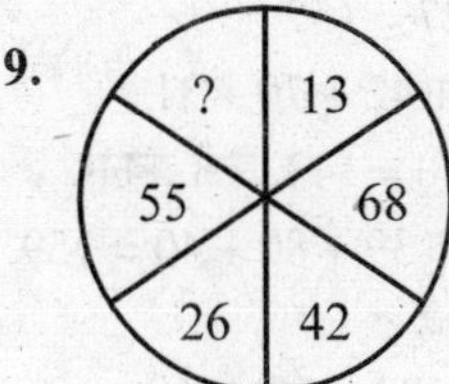

(*a*) 41 (*b*) 37
(*c*) 29 (*d*) 25

10. 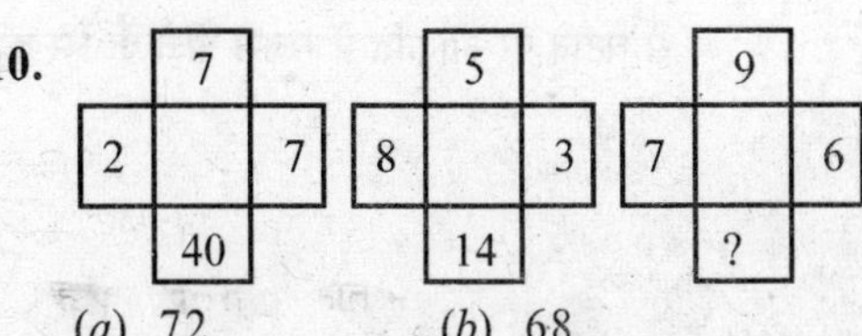

(*a*) 72 (*b*) 68
(*c*) 82 (*d*) 96

व्याख्यात्मक उत्तर

1. (*c*) : उलटे बने त्रिभुज के ऊपरी भाग के दोनों खानों में दी गई संख्याओं के वर्ग को एक दूसरे की बगल में रखने पर त्रिभुज के निचले शीर्ष की संख्या प्राप्त होती है, अर्थात्
6^2 और $3^2 = 369$
2^2 और $5^2 = 425$, इसी प्रकार
3^2 और $9^2 = 981$.

2. (*d*) : 4 से आरंभ करके प्रत्येक अनुवर्ती संख्या क्रमागत प्राकृतिक संख्या का वर्ग है। अर्थात् $2^2 = 4, 3^2 = 9, 4^2 = 16, \ldots 9^2 = 81$

3. (*b*) : नीचे की संख्या ऊपर की दोनों संख्याओं के वर्गों का अंतर है, अर्थात्
$16^2 - 7^2 = 256 - 49 = 207$
$12^2 - 8^2 = 144 - 64 = 80$, इसी प्रकार
$25^2 - 21^2 = 625 - 441 = 184$

4. (*b*) : बीच की संख्या विकर्णत: सम्मुख संख्याओं के गुणनफलों का योग है, अर्थात्
$(3 \times 3) + (5 \times 6) = 39$
$(4 \times 4) + (7 \times 5) = 51$, इसी प्रकार
$(3 \times 4) + (5 \times 5) = 37$

5. (*a*) : किसी भी एक आकृति में सरेखीय तीनों संख्याओं का योगफल समान है, अर्थात्
$29 + 80 + 43$ या $39 + 80 + 33$
या $45 + 80 + 27 = 152$
$29 + 70 + 44$ या $42 + 70 + 31$
या $43 + 70 + 30 = 143$, इसी प्रकार
$59 + 80 + 20$ या $39 + 80 + 40 = 159$.
अत: लुप्त संख्या है :
$159 - (80 + 10) = 69$

6. (*d*) : प्रत्येक आकृति में दाहिने और बीच के घेरों की संख्याओं के योगफल को बायीं ओर के घेरे की संख्या से घटाने पर आकृति में सबसे नीचे के घेरे की संख्या प्राप्त होती है, अर्थात्
$93 - (27 + 63) = 3$
$79 - (38 + 37) = 4$, इसी प्रकार
$67 - (16 + 42) = 9$

7. (*c*) : प्रत्येक त्रिभुजाकार आकृति के भीतर बने प्रत्येक त्रि में आधार पर स्थित संख्याओं का अंतर त्रिभुज भीतर स्थित संख्या के बराबर है, अर्थात्
$10 - 4 = 6$, $18 - 4 = 14$ और $18 - 10 = 8$
$14 - 8 = 6$, $22 - 8 = 14$ और $22 - 14 = 8$, इसी प्रकार
$11 - 5 = 6$, $15 - 5 = 10$ और $15 - 11 = 4$.

8. (*a*) : दी गई आकृति में 7 की संख्या से आरंभ क दक्षिणावर्त अगली संख्या पहली संख्या के दोगुने से अधिक है, अर्थात्
$(7 \times 2) + 2 = 16$
$(16 \times 2) + 2 = 34 \ldots$, इसी प्रकार
$(34 \times 2) + 2 = 70$
$(70 \times 2) + 2 = 142$
$(142 \times 2) + 2 = 286$

9. (*c*) : दी गई आकृति में सम्मुख त्रिज्यखंडों में दी गई संख्या का अंतर 13 है, अर्थात्
$26 - 13 = 13$
$68 - 55 = 13$, इसी प्रकार
अत: लुप्त संख्या है : $42 - 13 = 29$
($42 + 13 = 55$ विकल्पों में नहीं दिया गया है)

10. (*b*) : प्रत्येक आकृति में मध्यस्थ ग्रिड रेखा में दी गई संख्या के योगफल को ऊपर स्थित संख्या के वर्ग से घट पर आकृति में नीचे की संख्या प्राप्त होती है, अथ
$7^2 - (2 + 7) = 40$
$5^2 - (8 + 3) = 14$, इसी प्रकार
$9^2 - (7 + 6) = 68$

अक्षर–अंक व्यवस्थापक मशीन संबंधी प्रश्न

(PROBLEMS BASED ON ENGLISH ALPHABET)

अंग्रेजी वर्णमाला पर आधारित प्रश्नों को हल करना अत्यधिक सरल है। इस प्रकार के प्रश्न वर्णमाला के सीधे क्रम में और साथ ही उलटे क्रम में भी दी गई शृंखलाओं पर आधारित होते हैं।

अंग्रेजी वर्णमाला का सीधा क्रम (Natural Order)

A B C D E F G H I J K L M N O P Q R S T U V W X Y Z

अंग्रेजी वर्णमाला का उलटा क्रम (Reverse Order)

Z Y X W V U T S R Q P O N M L K J I H G F E D C B A

शृंखला Z पर पहुँचने के बाद A से पुन: आरंभ होती है और उलटे क्रम में A पर पहुँचने के बाद Z से पुन: आरंभ होती है। इस शृंखला में A E I O U स्वर और शेष अक्षर व्यंजन कहलाते हैं।

हल किए गए उदाहरण

1. यदि वर्णमाला के पहले दस अक्षरों को उलटे क्रम में लिखा जाए तो निम्नलिखित में से कौन–सा अक्षर उस शृंखला के दाहिने छोर से बारहवें अक्षर की बायीं ओर का सातवाँ अक्षर होगा?

A B C D E F G H I J K L M N O P Q R S T U V W X Y Z

(*a*) H (*b*) C (*c*) I (*d*) B

उत्तर (*b*) : वर्णमाला के सीधे क्रम में दी गई शृंखला में पहले दस अक्षरों को उलटे क्रम में लिखने पर निम्नलिखित शृंखला प्राप्त होगी :

JIHGFEDCBAKLMNOPQRSTUVWXYZ

7th ← 12th ←

'Z' से गिनना आरंभ करने पर दाहिने छोर से बारहवाँ अक्षर 'O' है और 'O' की बायीं ओर का 7वाँ अक्षर 'C' है।

अभ्यास

निर्देश (प्र.सं. 1–10): *निम्नलिखित प्रश्न वर्णमाला के सीधे या उलटे क्रम में लिखी गई शृंखला पर तथा दिए गए शब्द में अक्षरों के स्थान परिवर्तन पर आधारित हैं।*

1. वर्णमाला के सीधे क्रम में लिखी गई शृंखला में बाएँ छोर से छठे अक्षर के ठीक पहले कौन–सा अक्षर होता है?

(*a*) U (*b*) E

(*c*) F (*d*) V

2. वर्णमाला में G और S के ठीक बीच में कौन–सा अक्षर है?

(*a*) L (*b*) N

(*c*) M (*d*) कोई अक्षर नहीं

3. यदि अंग्रेजी वर्णमाला में प्रथम अर्द्धांश के अक्षरों को उलटे क्रम में लिखा जाए तो दायीं ओर से नौवें अक्षर की बायीं ओर का नौवाँ अक्षर कौन-सा होगा?

(*a*) I (*b*) D
(*c*) F (*d*) E

4. यदि अंग्रेजी वर्णमाला को उलटे क्रम में लिखा जाए, तो दायीं और से सातवें अक्षर की बायीं ओर का आठवाँ अक्षर कौन-सा होगा?

(*a*) O (*b*) P
(*c*) N (*d*) Q

5. वर्णमाला में दाहिने छोर से तेरहवें अक्षर की दायीं ओर का पाँचवाँ अक्षर क्या होगा?

(*a*) R (*b*) S
(*c*) I (*d*) O

6. यदि अंग्रेजी वर्णमाला को उलटे क्रम में लिखा जाए तो P के दाएँ से छठा अक्षर कौन-सा होगा?

(*a*) J (*b*) W
(*c*) K (*d*) V

7. यदि अंग्रेजी वर्णमाला को दो बराबर हिस्सों में बाँट दिया जाए जिनमें पहले अर्द्धांश में A से M तक के और दूसरे अर्द्धांश में N से Z तक के अक्षर निहित हों, तो बाद वाले अर्द्धांश का कौन-सा अक्षर पहले वाले अर्द्धांश के J अक्षर के संगत होगा?

(*a*) W (*b*) Q
(*c*) V (*d*) R

8. यदि अंग्रेजी वर्णमाला को उलटे क्रम में लिखा जाए तो प्राप्त शृंखला में आपके बाएँ से सोलहवें अक्षर की बायीं ओर का बारहवाँ अक्षर कौन-सा होगा?

(*a*) X (*b*) W
(*c*) D (*d*) V

9. अंग्रेजी वर्णमाला में बाएँ से पाँचवें अक्षर से आरंभ करके यदि बारह अक्षरों को उलटे (विपरीत) क्रम में लिखा जाए तो प्राप्त शृंखला में दाएँ से चौदहवें अक्षर की बायीं ओर का सातवाँ अक्षर कौन-सा होगा?

(*a*) N (*b*) H
(*c*) L (*d*) O

10. यदि वर्णमाला में B से आरंभ करके सभी एकांतर स्थानों पर आने वाले अक्षरों को छोटे अक्षरों में और शेष अक्षरों को बड़े अक्षरों में लिखा जाए तो प्राप्त शृंखला के अक्षरों का प्रयोग करके 'September' माह को किस प्रकार लिखा जाएगा?

(*a*) SEptEMbEr (*b*) sePTemBeR
(*c*) SEptembER (*d*) SEpteMbeR

व्याख्यात्मक उत्तर

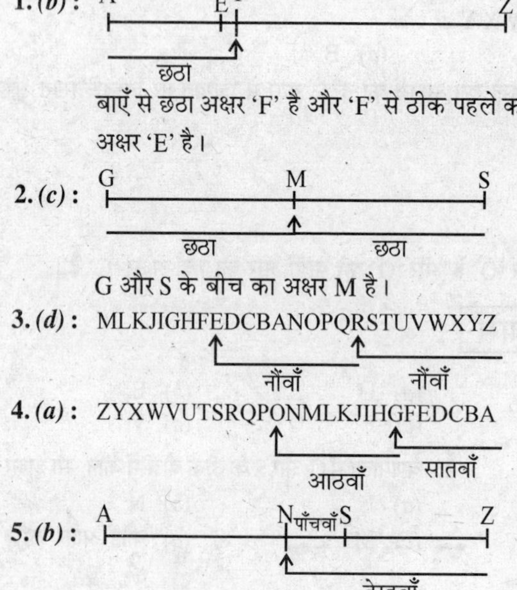

दाहिने छोर से तेरहवाँ अक्षर 'N' है और 'N' की दायीं ओर का पाँचवाँ अक्षर 'S' है।

6. (*a*) : Z ... P ... J ... A (छठा)

अंग्रेजी वर्णमाला के उलटे क्रम में 'P' के दाएँ से छठा अक्षर 'J' है।

7. (*a*) : A B C D E F G H I J K L M
N O P Q R S T U V W X Y Z

8. (*b*) : Z ... W ← बारहवाँ ... K ... A (सोलहवाँ)

वर्णमाला के उलटे क्रम में बाएँ से सोलहवाँ अक्षर 'K' है और 'K' की बायीं ओर का बारहवाँ अक्षर 'W' है।

9. (*d*) : ABCDPONMLKJIHGFEQRSTUVWXYZ
सातवाँ चौदहवाँ

10. (*a*) : A b C d E f G h I j K l M n O p Q r S t U v W x Y z

कथन एवं वेन आरेख
(LOGICAL DIAGRAMS)

इस प्रकार के प्रश्नों में विकल्प के रूप में पाँच भिन्न-भिन्न आकृतियों का समुच्चय दिया जाता है। प्रत्येक आकृति संबंधित शब्दों के कुछ समूहों का एक तार्किक पैटर्न निरूपित करती है जिनमें प्रत्येक शब्द एक वर्ग को निरूपित करता है। अभ्यर्थी को दिए गए शब्दों के समुच्चय के लिए सर्वाधिक उपयुक्त तार्किक आकृति की पहचान करनी है। नीचे इन आरेखों द्वारा निरूपित कुछ संबंध दर्शाए गए हैं। संबंधित पैटर्नों को समझें और तत्पश्चात् दिए गए प्रश्नों के उत्तर दें।

हल किए गए उदाहरण

1. दिए गए वर्गों में कोई सदस्य समान (common) नहीं है।

उदाहरण : दूध, अंडे

दूध अंडे

2. दिया गया आरेख यह दर्शाता है कि दोनों वर्गों में कुछ समान सदस्य हैं किंतु कोई भी वर्ग एक-दूसरे में पूर्णतः समाहित नहीं है।

उदाहरण : रंग, लाल

रंग लाल

3. दिया गया आरेख यह दर्शाता है कि एक वर्ग दूसरे में पूर्णतः समाहित है किंतु दूसरा वर्ग पहले वर्ग में समाहित नहीं है अर्थात् ये दोनों वर्ग आपस में मिले-जुले नहीं हैं।

फल सेब

उदाहरण : फल, सेब

4. आकृति 2 के समान ही यह आकृति भी दर्शाती है कि तीनों वर्गों में कुछ समान (common) सदस्य हैं किंतु इनमें से कोई भी वर्ग एक-दूसरे में पूर्णतः समाहित नहीं है।

उदाहरण : लंबा, आदमी, शिक्षित

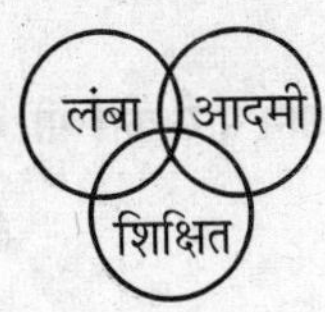

अभ्यास

निर्देश (प्र.सं. 1–5): *नीचे दिए गए पाँच तर्क आरेखों में से उस आरेख (आकृति) का चयन करें जो प्रश्न में दिए गए तीनों वर्गों के बीच संबंध को सर्वाधिक सुस्पष्ट रूप में प्रदर्शित करता है।*

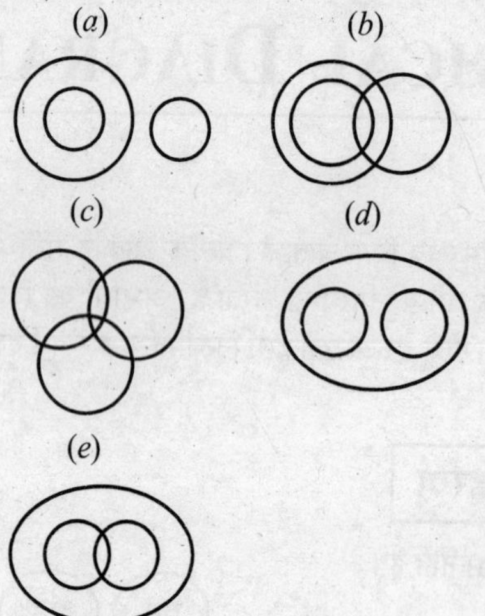

1. पक्षी, फल, आम
2. अपराधी, वकील, डकैत
3. तैराक, कुँआरा, पुरुष
4. स्मार्ट, इंजीनियर, महिला
5. सब्जियाँ, आलू, बैंगन

निर्देश (प्र.सं. **6–10**): *नीचे दिए गए पाँच तर्क आरेखों में से उस आरेख (आकृति) का चयन करें जो प्रश्न में दिए गए तीनों वर्गों के बीच संबंध को सर्वाधिक सुस्पष्ट रूप में व्यक्त करता है।*

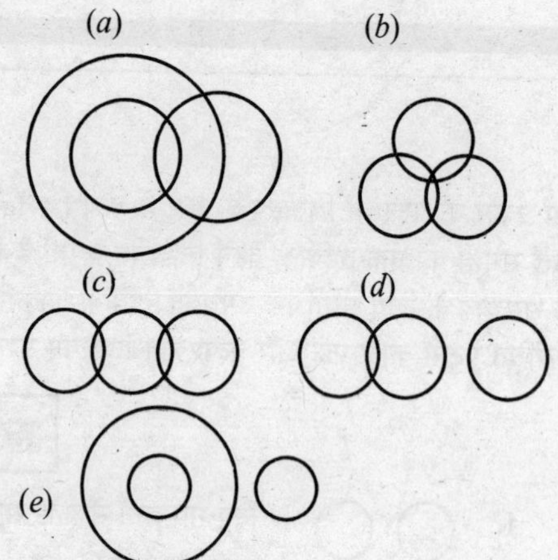

6. बहन, चचेरी-ममेरी-फुफेरी बहन, महिलाएँ
7. तारा, ग्रह, शनि
8. लोग, बुद्धिमान, धनी
9. पालतू पशु, बिल्लियाँ, कुत्ते
10. अभिनेता, मंच, फिल्म

व्याख्यात्मक उत्तर

1. (*a*) :

सभी आम फल हैं किंतु फल और आम में से कोई भी पक्षी नहीं है।

2. (*a*) :

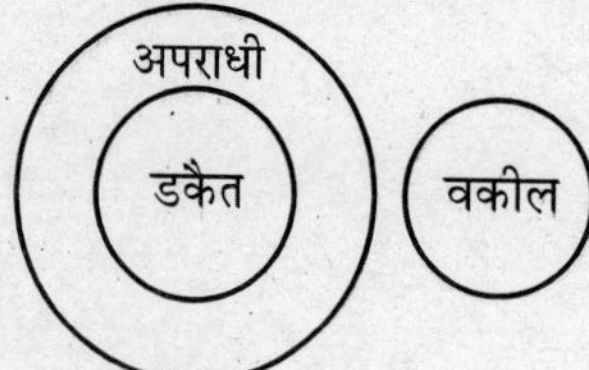

सभी डकैत अपराधी हैं किंतु अपराधी और डकैत में से कोई भी वकील नहीं हो सकता।

3. (*b*) :

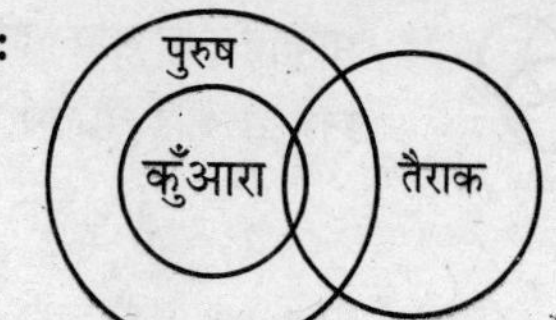

सभी कुँआरे पुरुष होते हैं तथा कुछ पुरुष और कुँआरे तैराक हो सकते हैं।

4. (*c*) :

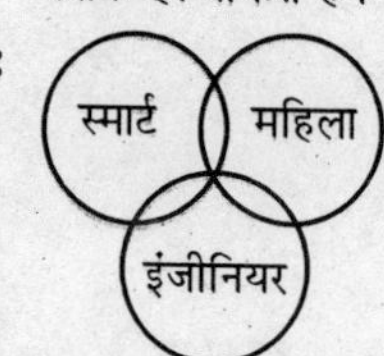

कुछ महिलाएँ स्मार्ट हो सकती हैं और कुछ महिलाएँ इंजीनियर हो सकती हैं तथा कुछ इंजीनियर स्मार्ट भी हो सकते हैं और महिला भी।

5. (*d*) :

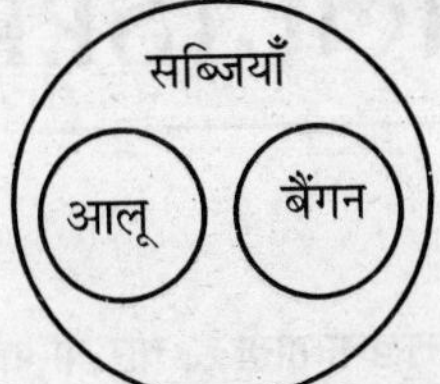

आलू और बैंगन दोनों सब्जियाँ हैं किंतु उनमें कोई समान गुण नहीं है। कुछ सब्जियाँ आलू हैं और कुछ बैंगन।

6. (*a*) :

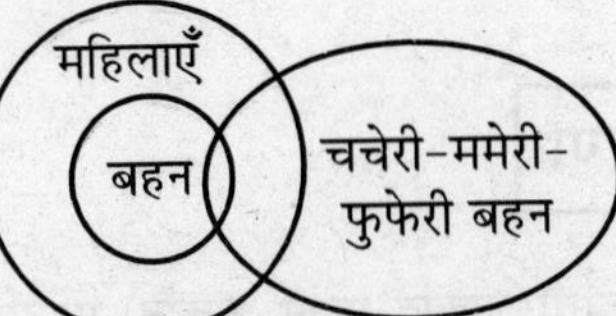

सभी बहनें महिलाएँ होती हैं। कुछ महिलाएँ जो बहनें हैं, चचेरी-ममेरी-फुफेरी बहनें हो सकती हैं या सभी चचेरी-ममेरी-फुफेरी बहनें कुछ महिलाएँ हैं।

7. (*e*) :

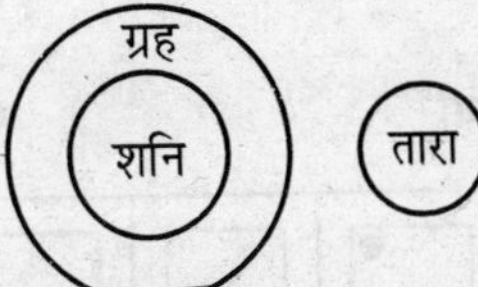

शनि एक ग्रह है। सौरमंडल के ग्रहों में एक ग्रह शनि है। तारा एक भिन्न वर्ग है।

8. (*b*) :

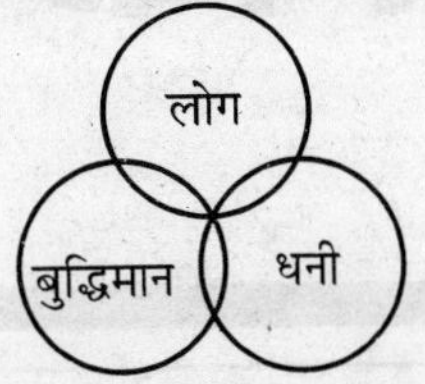

कुछ लोग बुद्धिमान हो सकते हैं और कुछ धनी हो सकते हैं तथा कुछ बुद्धिमान और धनी व्यक्ति लोगों की श्रेणी में शामिल हैं। कुछ बुद्धिमान धनी हो सकते हैं और कुछ बुद्धिमान व्यक्ति लोगों की श्रेणी में शामिल है या कुछ धनी बुद्धिमान हो सकते हैं और कुछ लोगों को बुद्धिमान कहा जा सकता है।

9. (*c*) :

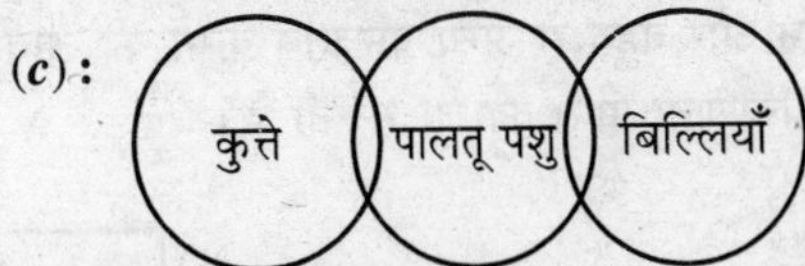

पालतू पशुओं में कुछ कुत्ते और कुछ बिल्लियाँ हो सकती हैं। कुछ कुत्ते और बिल्लियों को पालतू बनाया जा सकता है। किंतु कुत्ते और बिल्लियों का अलग-अलग वर्ग है।

10. (*b*) :

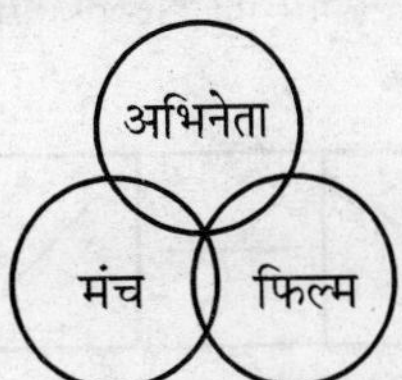

कुछ अभिनेता मंच से जुड़े होते हैं और कुछ फिल्मों से तथा मंच से जुड़े कुछ कलाकार और फिल्म से जुड़े कुछ कलाकार अभिनेता की श्रेणी में आते हैं।

अभाषिक

शृंखला (SERIES)

इस प्रकार की अभाषिक शृंखला (Non-Verbal Series) में, जो सर्वाधिक सामान्य प्रकार की शृंखला होती है, चार या पांच आनुक्रमिक प्रश्न आकृतियां एक निश्चित अनुक्रम निर्मित करते हैं और अभ्यर्थियों को दी गई उत्तर आकृतियों के सेट से उस एक आकृति का चयन करना होता है जिससे प्रश्न आकृतियों के समुच्चय की शृंखला सतत् हो जाए।

अभ्यर्थियों को प्रश्न आकृतियों के समुच्चय की शृंखला सतत् बनाने के लिए विभिन्न क्रियाएं, परिवर्तन, विस्थापन, क्रमावर्तन, पुनरावर्तन और बहुत से अन्य परिवर्तन करने की आवश्यकता होती है। निरंतर अभ्यास द्वारा शृंखला विषयक समस्याओं को हल करने में निपुणता प्राप्त की जा सकती है।

हल किए गए उदाहरण

नीचे पूछे गए प्रत्येक प्रश्न में उत्तर आकृतियों के समुच्चय से उस एक आकृति का चयन करें जिसे प्रश्न आकृतियों के बाद में रखने पर प्रश्न आकृतियों के समुच्चय की शृंखला सतत् हो जाए।

1. प्रश्न आकृतियां

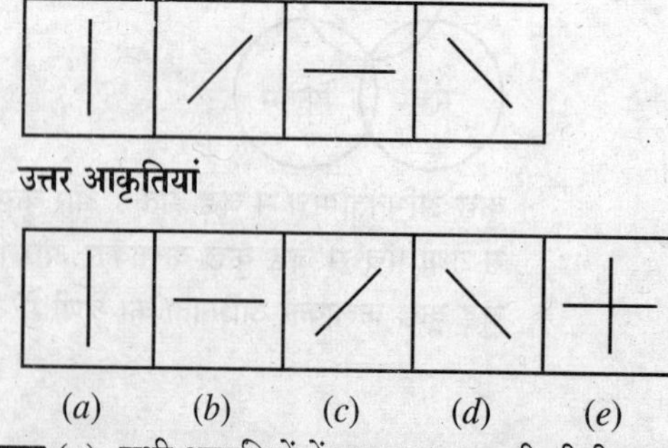

उत्तर आकृतियां

(*a*) (*b*) (*c*) (*d*) (*e*)

उत्तर (*a*): सभी आकृतियों में समान आकार की सीधी सरल रेखाएं दी गई हैं। उनकी दिशाएं और स्थिति परिवर्तित होती हैं। पहली आकृति में रेखा ऊर्ध्वाधर स्थिति में है। दूसरी आकृति में रेखा दक्षिणावर्त 45° के कोण से मुड़ जाती है और तीसरी आकृति में रेखा दक्षिणावर्त और 45° के कोण से मुड़ जाती है तथा चौथी आकृति में रेखा दक्षिणावर्त और 45° के कोण से मुड़ जाती है। अतः दो बातें स्पष्ट होती हैं: (i) रेखा दक्षिणावर्त घूमती है, और (ii) रेखा प्रत्येक चरण पर 45° के कोण से मुड़ती है।

अब चौथी आकृति (प्रश्न आकृति) भी दक्षिणावर्त 45° के कोण से मुड़नी चाहिए। अतः पांचवीं आकृति एक ऊर्ध्वाधर (उदग्र) रेखा होगी। इस प्रकार हमें ज्ञात होता है कि शृंखला को सतत् बनाने के लिए अगली आकृति एक ऊर्ध्वाधर या उदग्र सरल रेखा होगी।

2. प्रश्न आकृतियां

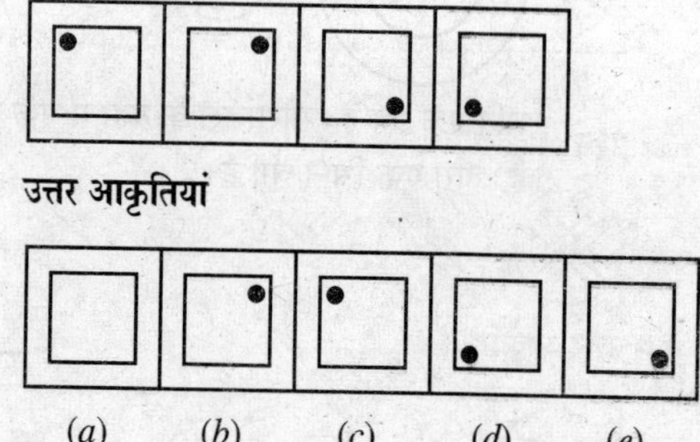

उत्तर आकृतियां

(*a*) (*b*) (*c*) (*d*) (*e*)

उत्तर (*c*): सभी चारों आकृतियां वर्ग हैं। जिनमें से प्रत्येक के भीतर एक काला बिंदु है। आकृतियों में वर्ग की अवस्थिति में परिवर्तन नहीं होता है बल्कि बिंदु की स्थिति परिवर्तित होती है। पहली आकृति में बिन्दु वर्ग के भीतर ऊपरी बाएं कोने पर अवस्थित है और दूसरी आकृति में बिन्दु वर्ग के भीतर ऊपरी दाएं

कोने पर पहुंच जाती है। तीसरी आकृति में बिन्दु निचले दाहिने कोने पर और चौथी आकृति में निचले बाएं कोने पर पहुंच जाती है। अतः दो तथ्यों का पता चलता है: (i) बिन्दु की अवस्थिति बाएं से दाएं अर्थात् दक्षिणावर्त परिवर्तित होती है, और (ii) यह प्रत्येक चरण पर वर्ग के एक कोने से दूसरे कोने पर पहुंच जाती है।

चौथी आकृति (प्रश्न आकृति) में बिन्दु निचले बाएं कोने पर अवस्थित है। अगले चरण में यह दक्षिणावर्त अगले कोने पर अर्थात् ऊपरी बाएं कोने पर पहुंच जाएगी। अतः प्रश्न आकृति में दी गई शृंखला को सतत् बनाने के लिए शृंखला की अगली अर्थात् पांचवीं आकृति में एक वर्ग होगा जिसके ऊपरी बाएं कोने पर एक बिन्दु अवस्थित होगा।

अभ्यास

निर्देश (प्र.सं. 1–30): *नीचे के प्रत्येक प्रश्न में आकृतियों के दो समुच्चय दिए गए हैं जिनमें से एक समुच्चय को* **प्रश्न आकृतियों** *का समुच्चय और दूसरे समुच्चय को* **उत्तर आकृतियों** *का समुच्चय कहा गया है। प्रश्न आकृतियों के समुच्चय से किसी न किसी प्रकार से एक शृंखला बनती है। उत्तर आकृतियों के समुच्चय से उस एक आकृति का चयन करें जिससे प्रश्न आकृतियों के समुच्चय की शृंखला संतत हो जाए।*

1. प्रश्न आकृतियां

उत्तर आकृतियां

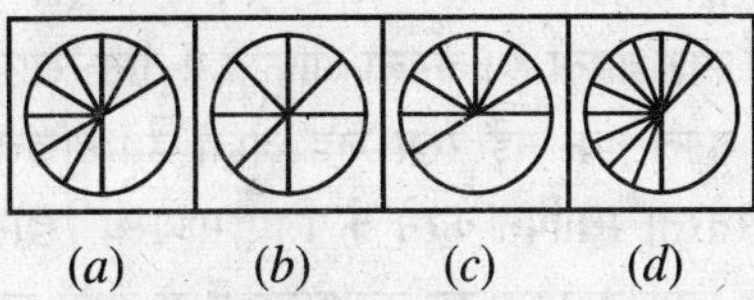

2. प्रश्न आकृतियां

उत्तर आकृतियां

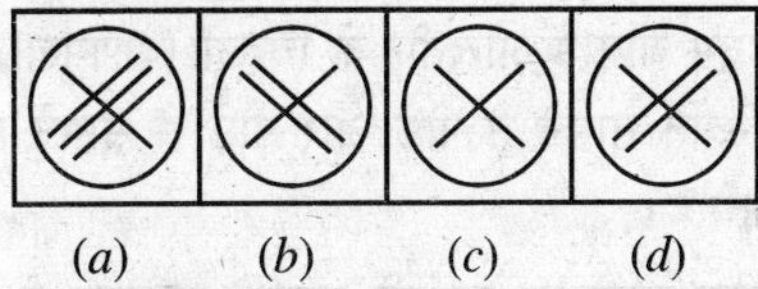

3. प्रश्न आकृतियां

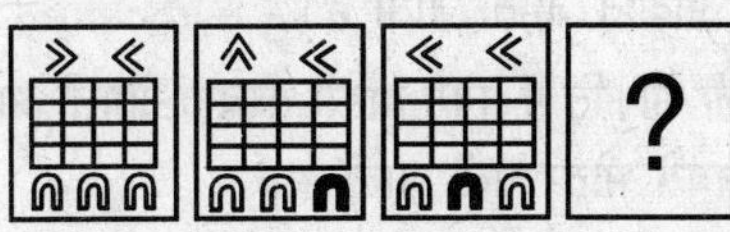

उत्तर आकृतियां

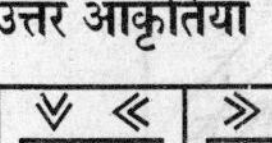

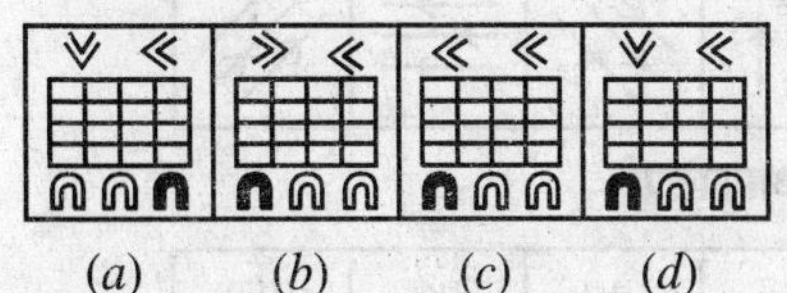

4. प्रश्न आकृतियां

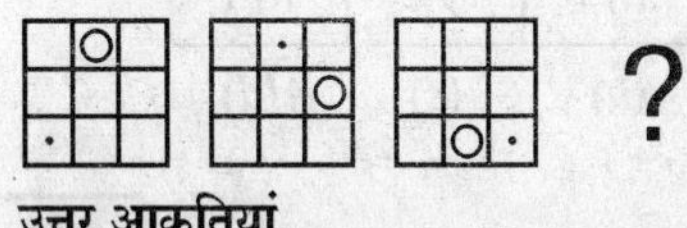

उत्तर आकृतियां

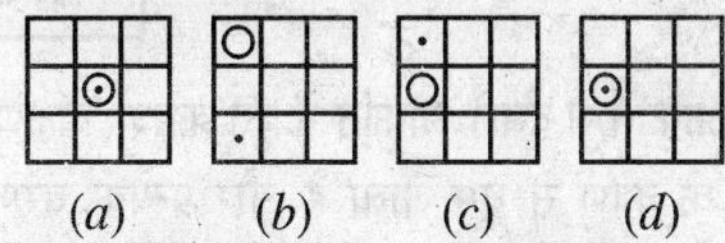

5. प्रश्न आकृतियां

उत्तर आकृतियां

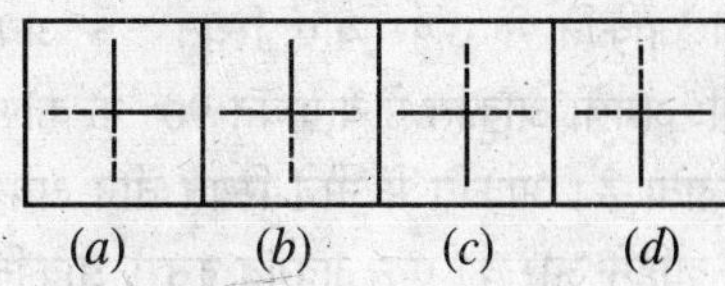

6. प्रश्न आकृतियां

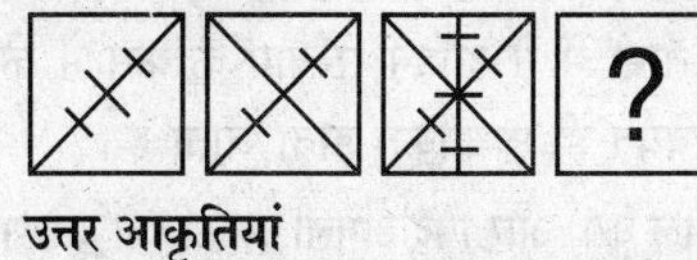

उत्तर आकृतियां

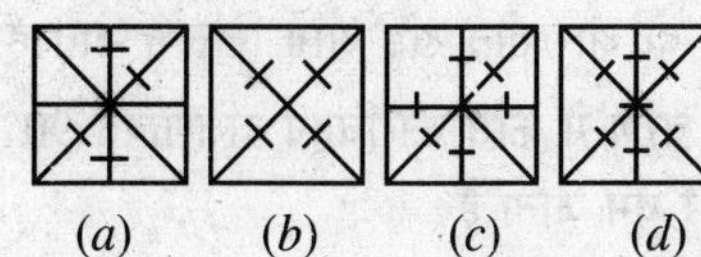

7. प्रश्न आकृतियां

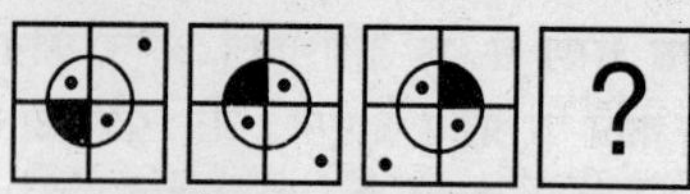

उत्तर आकृतियां

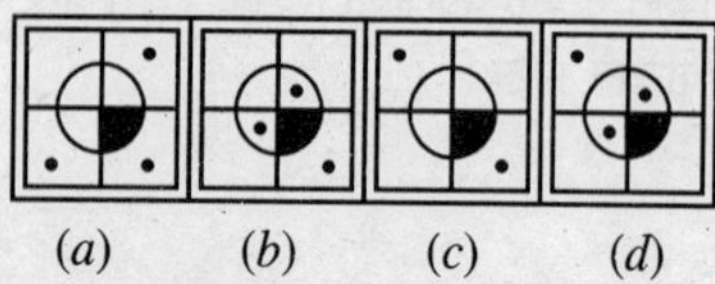

(*a*) (*b*) (*c*) (*d*)

8. प्रश्न आकृतियां

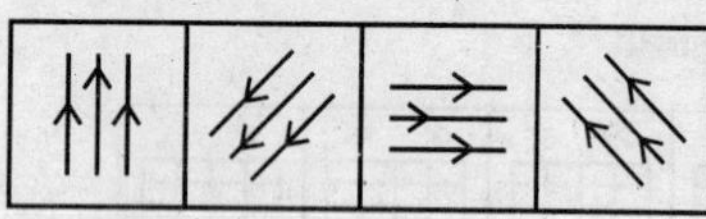

उत्तर आकृतियां

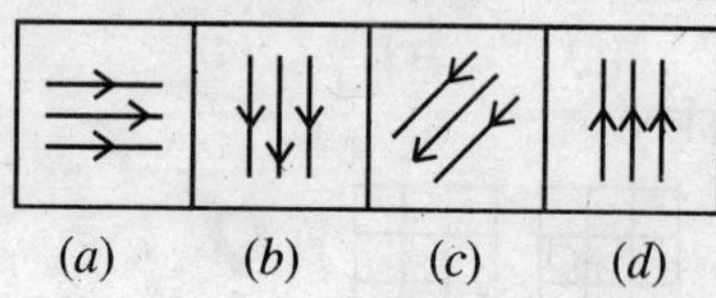

(*a*) (*b*) (*c*) (*d*)

9. प्रश्न आकृतियां

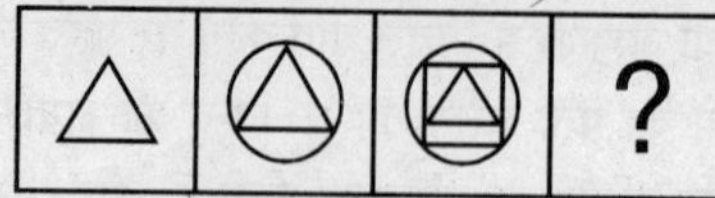

उत्तर आकृतियां

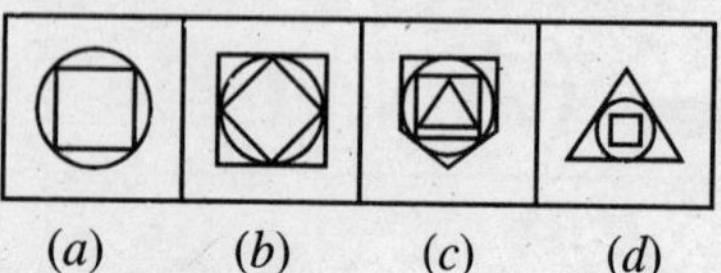

(*a*) (*b*) (*c*) (*d*)

10. प्रश्न आकृतियां

उत्तर आकृतियां

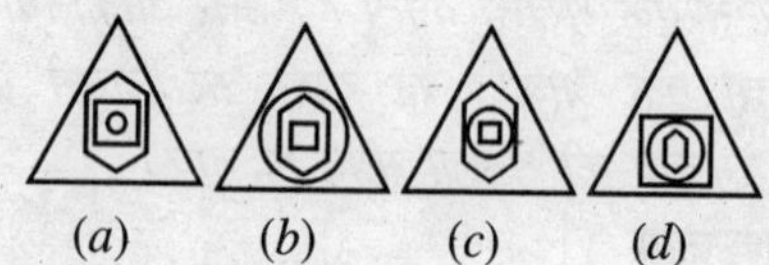

(*a*) (*b*) (*c*) (*d*)

व्याख्यात्मक उत्तर

1. (*c*) : एक आकृति से दूसरी आकृति में वृत्त क्रमशः दक्षिणावर्त 30° के कोण से घूम जाता है और प्रत्येक चरण में वृत्त के भीतर स्थित एक त्रिज्यीय रेखाखण्ड लुप्त होता जाता है।

2. (*d*) : तिरछे या विकर्णी रेखाखण्ड एक-एक करके एक निश्चित क्रम में लुप्त होते जाते हैं।

3. (*d*) : पहली आकृति में ऊपर बाएं स्थित >> अवयव क्रमशः अगली आकृति में वामावर्त 90° के कोण से घूम जाता है। आकृति में नीचे स्थित तीन अवयवों में से दाहिने ओर का एक अवयव दूसरी आकृति में छायांकित हो जाता है तथा उसके बाद की आकृति में इन तीनों में से दाहिने से बाएं के क्रम में केवल एक अवयव ही छायांकित होता जाता है।

4. (*d*) : वृत्त (गोल घेरा) और बिंदु अगली आकृति में दक्षिणावर्त क्रमशः दो और तीन खंड आगे खिसक जाते हैं।

5. (*a*) : प्रत्येक चरण में क्रॉस का चिह्न दक्षिणावर्त 90° के कोण से घूम जाता है।

6. (*a*) : पहली आकृति में विकर्ण पर बीच में स्थित रेखाखण्ड दूसरी आकृति में आगे बढ़कर वर्ग के सम्मुख कोनों को स्पर्श करता है। अगली आकृति में तीन रेखाखण्डों से युक्त एक नई रेखा जुड़ जाती है। शृंखला में निरंतरता स्थापित करने के लिए मध्यस्थ रेखाखण्ड को आगे बढ़ाकर वर्ग की भुजाओं से स्पर्श कराया जाना चाहिए।

7. (*d*) : प्रत्येक चरण पर संपूर्ण आकृति दक्षिणावर्त 90° के कोण से घूम जाती है।

8. (*b*) : एकांतर आकृतियों में तीर दक्षिणावर्त 90° के कोण से घूम जाते हैं और तीर के चिह्नों (वाणमुखों) की संस्थिति सामने से पीछे और पीछे से सामने होती जाती है।

9. (*c*) : प्रत्येक चरण पर पूर्ववर्ती आकृति-समुच्चय में एक नई आकृति जुड़ती जाती है।

10. (*a*) : पहली आकृति में सबसे बाहरी संरचना अगली आकृति में सबसे भीतर चली जाती है।

सादृश्य या संबंध
(ANALOGIES OR RELATIONSHIPS)

भाषिक सादृश्य के प्रश्नों में दो प्रकार की आकृतियां दी जाती हैं जो (i) प्रश्न आकृतियां और (ii) उत्तर आकृतियां कहलाती हैं। श्न आकृतियां दो भागों में विभाजित होती हैं। प्रश्न आकृतियों के नीचे उत्तर आकृतियां दी जाती है।

हल किए गए उदाहरण

1. प्रश्न आकृतियां

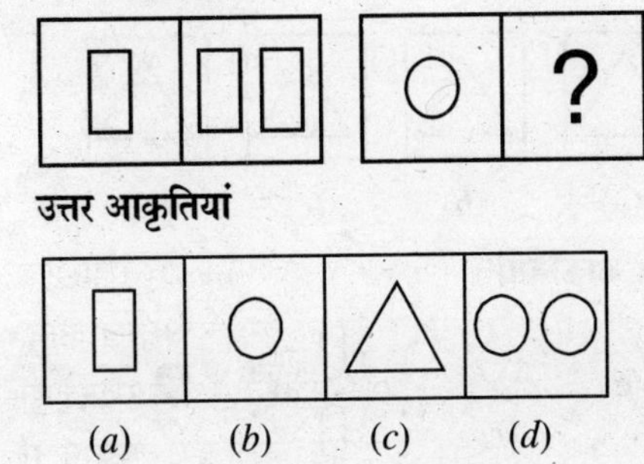

उत्तर (*d*)**:** ऊपर दी गई प्रश्न आकृतियों के दो भाग हैं। पहले भाग में दो आकृतियां हैं जबकि दूसरे भाग में एक आकृति दी गई है जिसके बाद एक प्रश्न चिह्न (?) है। पहले भाग की आकृतियों के बीच एक विशेष संबंध है जिसके आधार पर दूसरे भाग की आकृतियों के बीच संबंध स्थापित किया जाना है।

प्रश्न आकृतियों के पहले भाग की दो आकृतियों में क्रमशः एक और दो आयत निहित हैं। पहली आकृति में एक आयत है जबकि दूसरी आकृति में दो आयत हैं। इसका अर्थ है कि उनके बीच संबंध यह है कि दूसरी आकृति में पहली आकृति में निहित आयत की संख्या की दोगुनी संख्या में आयत हैं।

दूसरे भाग की दोनों प्रश्न आकृतियों के बीच भी ठीक उसी प्रकार का संबंध होना आवश्यक है जैसा संबंध पहले भाग की दो प्रश्न आकृतियों के बीच है अर्थात् इस सादृश्य के आधार पर जबकि दूसरे भाग में पहली प्रश्न आकृति एक वृत्त है तो दूसरी प्रश्न आकृति में वृत्तों की संख्या दोगुनी अर्थात् 2 होगी।

2. प्रश्न आकृतियां

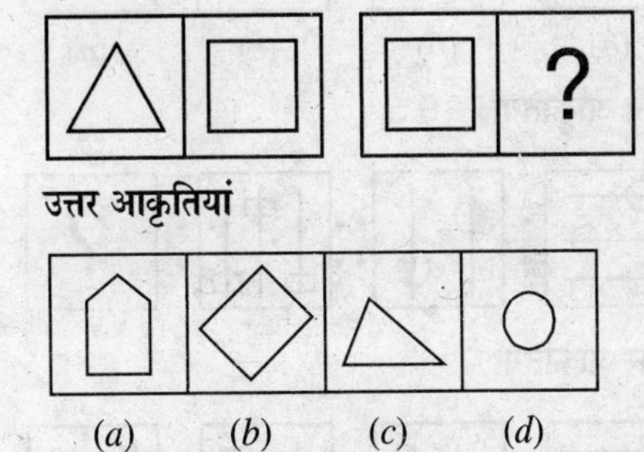

उत्तर (*a*)**:** प्रश्न आकृतियों के पहले भाग में दी गई दोनों आकृतियों को देखें। पहली आकृति में एक त्रिभुज और दूसरी आकृति में एक वर्ग है। पहली आकृति (त्रिभुज) में तीन भुजाएं और तीन कोण हैं जबकि दूसरी आकृति (वर्ग) में चार भुजाएं और चार कोण हैं। इन दोनों आकृतियों के बीच संबंध यह है कि दूसरी आकृति में पहली आकृति की तुलना में एक भुजा और एक कोण अधिक है।

इस सादृश्य संबंध के आधार पर प्रश्न चिह्न (?) के स्थान पर रखी जाने वाली आकृति पाँच भुजाओं और पाँच कोणों वाली आकृति होनी चाहिए (जिसमें प्रश्न आकृतियों के दूसरे भाग की पहली आकृति से एक भुजा और एक कोण अधिक हो)।

अभ्यास

निर्देश (प्र.सं. 1–20): *प्रश्न आकृतियों में :: चिह्न के बाएं दी गई दो आकृतियों में से दूसरी आकृति का पहली आकृति के साथ एक विशेष संबंध है। :: चिह्न की दाईं ओर की दो आकृतियों के बीच भी ऐसा ही संबंध है। दिए गए विकल्पों से उस आकृति का चयन करें जिसे प्रश्न आकृतियों में प्रश्न चिह्न के स्थान पर रखा जा सकता है और जिसका :: चिह्न की दाईं ओर की पहली आकृति के साथ ठीक वैसा ही संबंध है जैसा कि :: चिह्न की बाईं ओर की दो आकृतियों के बीच है।*

1. प्रश्न आकृतियां

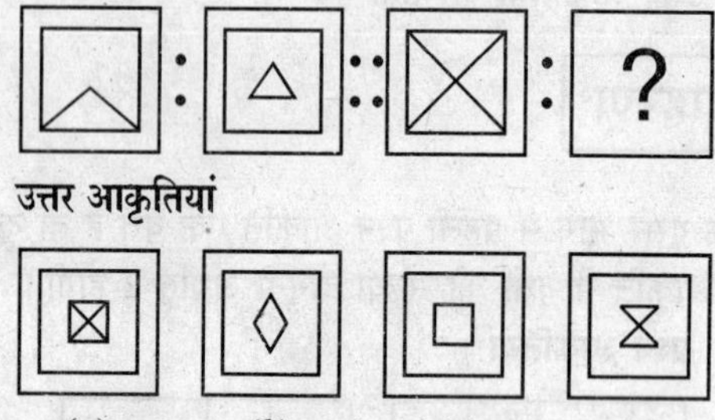

2. प्रश्न आकृतियां

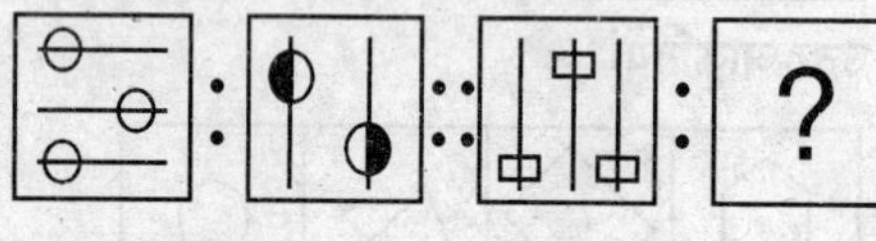

उत्तर आकृतियां

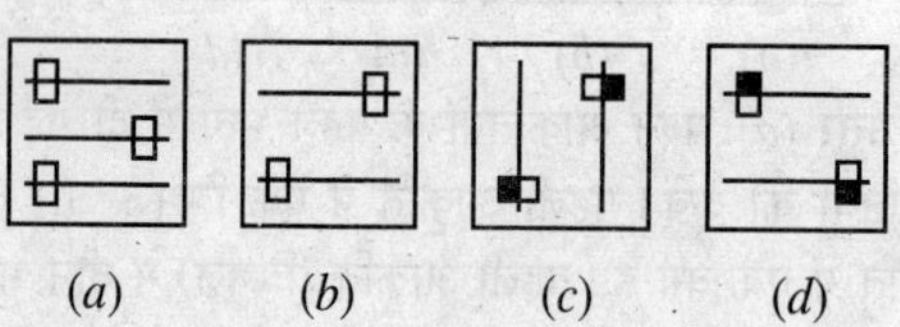

(a) (b) (c) (d)

3. प्रश्न आकृतियां

उत्तर आकृतियां

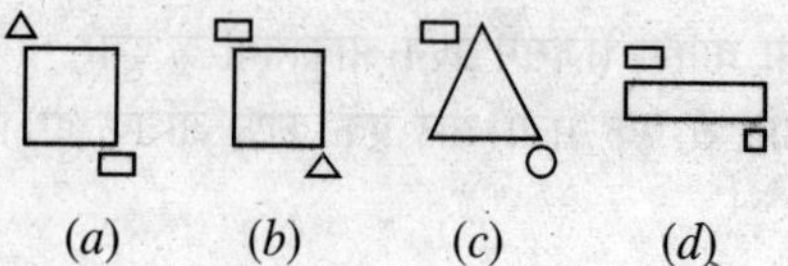

(a) (b) (c) (d)

4. प्रश्न आकृतियां

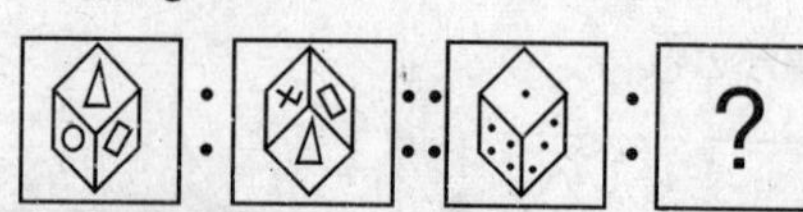

उत्तर आकृतियां

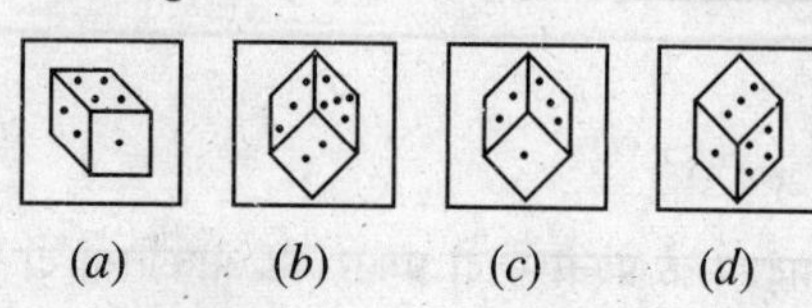

5. प्रश्न आकृतियां

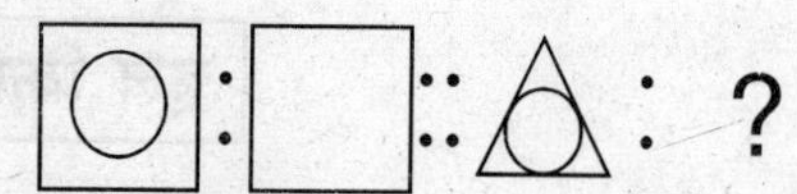

उत्तर आकृतियां

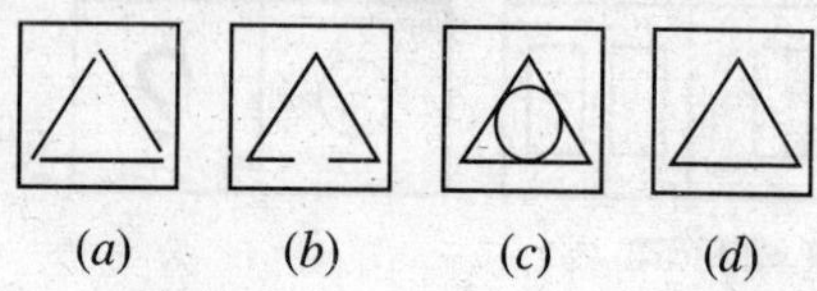

6. प्रश्न आकृतियां

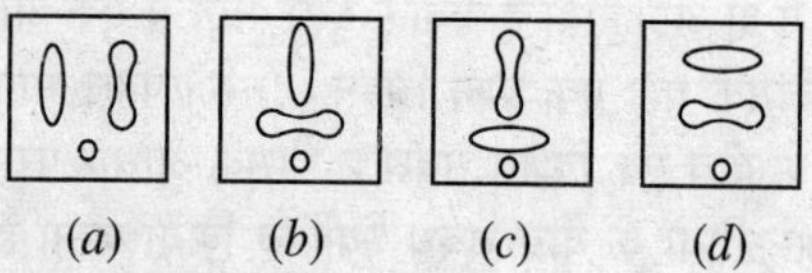

उत्तर आकृतियां

(a) (b) (c) (d)

7. प्रश्न आकृतियां

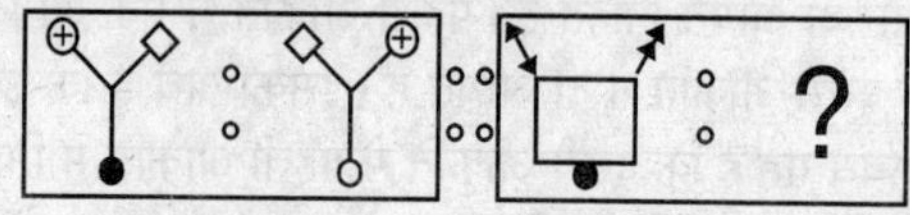

उत्तर आकृतियां

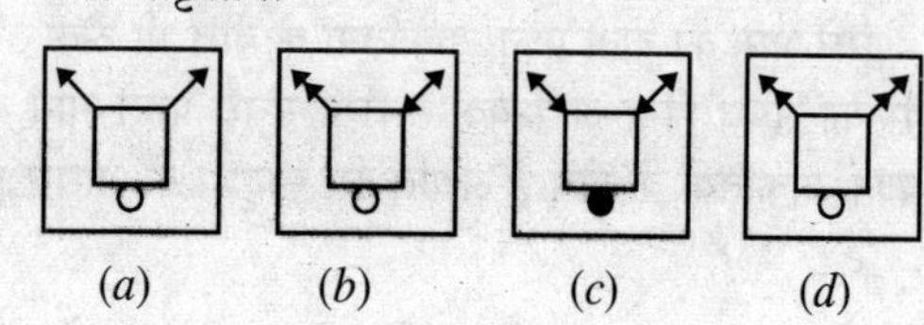

8. प्रश्न आकृतियां

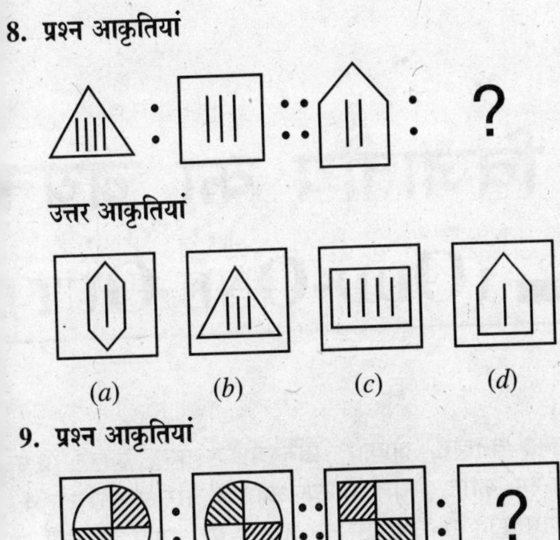

उत्तर आकृतियां

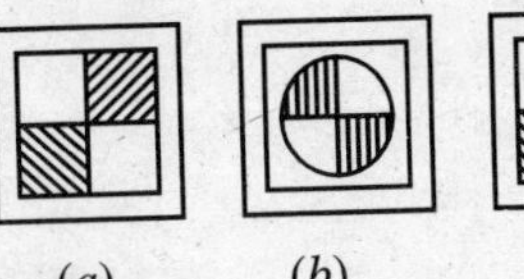

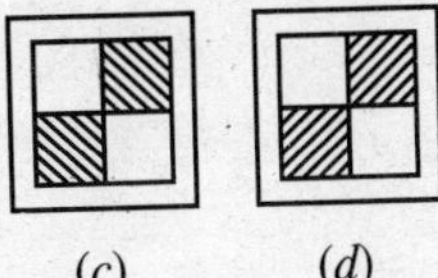

(a) (b) (c) (d)

10. प्रश्न आकृतियां

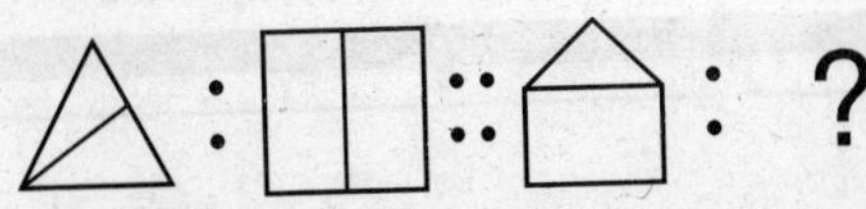

उत्तर आकृतियां

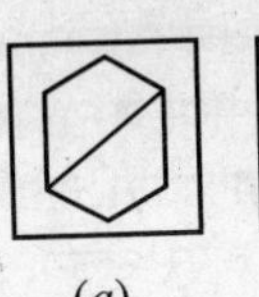

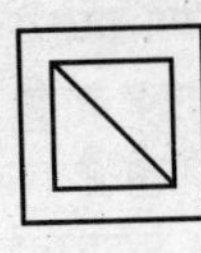

(a) (b) (c) (d)

व्याख्यात्मक उत्तर

1. (*d*) : पहली आकृति का त्रिभुज दूसरी आकृति में बीच में आ जाता है। इसी प्रकार शीर्ष पर जुड़े दो त्रिभुज भी उत्तर आकृति में बीच में आ जाते हैं।

2. (*d*) : पहली आकृति का संपूर्ण डिजाइन दूसरी आकृति में दक्षिणावर्त 90° के कोण से घूम जाता है और उसका एक अवयव लुप्त हो जाता है तथा रेखिका से जुड़े अवयव के परस्पर विपरीत दिशा वाले हिस्से छायांकित हो जाते हैं।

3. (*a*) : पहली आकृति से दूसरी आकृति में दाईं ओर नीचे का अवयव विकर्णतः सम्मुख कोने पर चला जाता है, बाईं ओर ऊपर का अवयव बड़ा हो जाता है और बीच में आ जाता है तथा बीच का अवयव छोटा होकर नीचे दाएँ कोने पर आ जाता है।

4. (*c*) : पहली आकृति से दूसरी आकृति में पाशे के फलक पर अंकित आकृति ऊपर से नीचे आ जाती है। दाहिनी ओर का डिजाइन अपरिवर्तित रहता है। जबकि बाईं ओर का डिजाइन बदल जाता है।

5. (*d*) : पहली आकृति में भीतर का अवयव दूसरी आकृति में लुप्त हो जाता है।

6. (*b*) : पहली आकृति के दो आधे अवयव दूसरी आकृति में ऊर्ध्वाधरतः पलट कर आपस में जुड जाते हैं और इस प्रकार निर्मित नया अवयव ऊपर शीर्ष पर पहुँच जाता है। पहली आकृति के दो क्षैतिजतः अवस्थित वक्र परस्पर जुड़कर एक नया अवयव निर्मित करते हैं और दूसरी आकृति में बीच में आ जाते हैं। पहली आकृति में दाएँ और बाएँ छोरों के दो सदृश अवयवों में से एक अवयव दूसरी आकृति में नीचे आ जाता है।

7. (*b*) : दूसरी आकृति में ऊपर के दो अवयव अपना स्थान बदल कर एक दूसरे के स्थान पर आ जाते हैं और वृत्त के भीतर का छायांकित भाग छायारहित हो जाता है।

8. (*a*) : पहली आकृति से दूसरी आकृति में एक ऊर्ध्वाधरतः रेखा कम हो जाती है और आकृति को निर्मित करने वाली रेखाओं की संख्या में एक की वृद्धि होती है।

9. (*a*) : पहली आकृति को वामावर्त 90° के कोण से घुमाने पर दूसरी आकृति प्राप्त होती है।

10. (*a*) : पहली आकृति से दूसरी आकृति में आकृति को निर्मित करने वाली रेखाओं की संख्या में एक की वृद्धि होती है।

विजातीय का चयन (ODD-ONE OUT)

अभाषिक वर्गीकरण संबंधी तर्कबुद्धि परीक्षण विषयक प्रश्नों में आकृतियों का एक समूह दिया जाता है तथा अभ्यर्थियों से यह अपेक्षा की जाती है कि वे दी गई आकृतियों को उनके विशिष्ट गुणों या विशेषताओं के आधार पर अलग-अलग समूहों या वर्गों में वर्गीकृत करें। आकृतियों या मदों को उनकी बनावट, आकार, प्रतिरूप, संरचना, प्रकार, क्रम, रूप-रंग, कोटि, शैली, संघटक अवयवों और अन्य प्रकार की विशेषताओं में समानता के आधार पर समूहों या वर्गों में वर्गीकृत करना होता है और तत्पश्चात् उस समूह से भिन्न अर्थात् विजातीय आकृति की पहचान करनी होती है।

भाग–I

अभाषिक वर्गीकरण के इस प्रकार के प्रश्नों में प्रश्न आकृतियों और उत्तर आकृतियों के रूप में आकृतियों के दो समुच्चय नहीं दिए जाते बल्कि इनमें चार या पाँच आकृतियों का केवल एक ही समुच्चय दिया जाता है जिन्हें प्रश्न आकृतियाँ कहते हैं। इन प्रश्न आकृतियों में से एक आकृति शेष चार आकृतियों के समान या उनके सदृश नहीं होती। दूसरे शब्दों में तीन या चार आकृतियाँ किसी न किसी रूप में आपस में संबंधित होते हुए एक समूह बनाती हैं जबकि शेष केवल एक आकृति ही अन्यों से भिन्न अथवा विजातीय होता है जिसकी पहचान की जानी होती है।

हल किए गए उदाहरण

1. 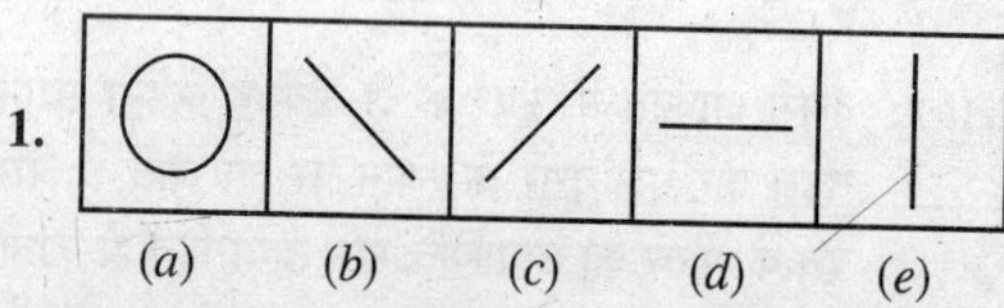

(*a*) (*b*) (*c*) (*d*) (*e*)

उत्तर (*a*): दी गई आकृतियों में (*a*) एक वृत्त है जबकि (*b*), (*c*), (*d*) और (*e*) भिन्न-भिन्न दिशाओं को इंगित करने वाली सरल रेखाएं हैं। यहाँ ध्यान दें कि दी गई पाँच आकृतियों में से चार आकृतियों (*b*), (*c*), (*d*) और (*e*) में से प्रत्येक में एक सामान्य (सर्वनिष्ठ) विशेषता यह है कि ये सभी सरल रेखाएं हैं जो भिन्न-भिन्न दिशाओं को इंगित करती हैं, अतः ये चारों आकृतियां एक समूह या वर्ग निर्मित करती हैं। इन आकृतियों के विपरीत (*a*) एक वृत्त है जो अन्य आकृतियों से भिन्न अथवा विजातीय है।

अतः आकृति (*a*) समूह में शामिल न होने वाली आकृति अर्थात् एक विजातीय आकृति है।

2. 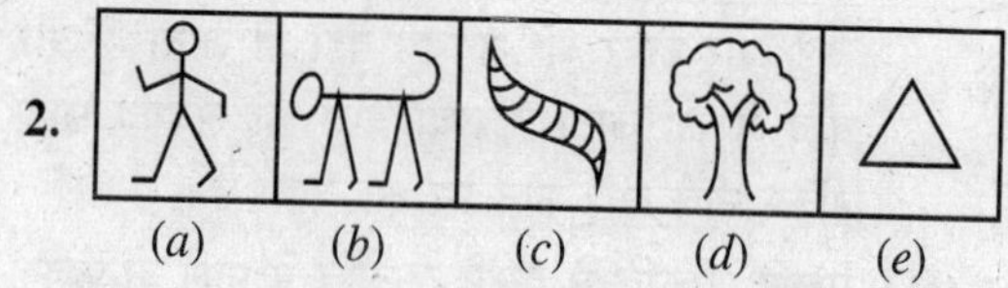

(*a*) (*b*) (*c*) (*d*) (*e*)

उत्तर (*e*): आकृति (*a*) एक मानव आकृति है, (*b*) एक चौपाया पशु की आकृति है, (*c*) एक कीट, (*d*) एक पेड़ और (*e*) एक त्रिभुज है। इन पाँच अवयवों में से चार में एक सर्वनिष्ठ विशेषता है और वह यह है कि (*a*), (*b*), (*c*) और (*d*) (मानव, पशु, कीट और पेड़) सजीव जगत् से संबंधित हैं।

आकृति (*e*) एक त्रिभुज है और यह सजीव जगत् से संबंधित नहीं है। अतः आकृति (*e*) इस समूह में शामिल नहीं है।

1701 (Reas.)–9-II

अभ्यास

निर्देश (प्र.सं. 1–20): *नीचे के प्रत्येक प्रश्न में एक आकृति को छोड़कर अन्य सभी आकृतियाँ किसी-न-किसी रूप में आपस में संबंधित हैं और इस कारण वे एक समूह बनाती हैं। प्रत्येक प्रश्न में उस एक भिन्न आकृति का चयन करें जो अन्यों से संबंधित नहीं है अर्थात् जो भिन्न अथवा विजातीय है।*

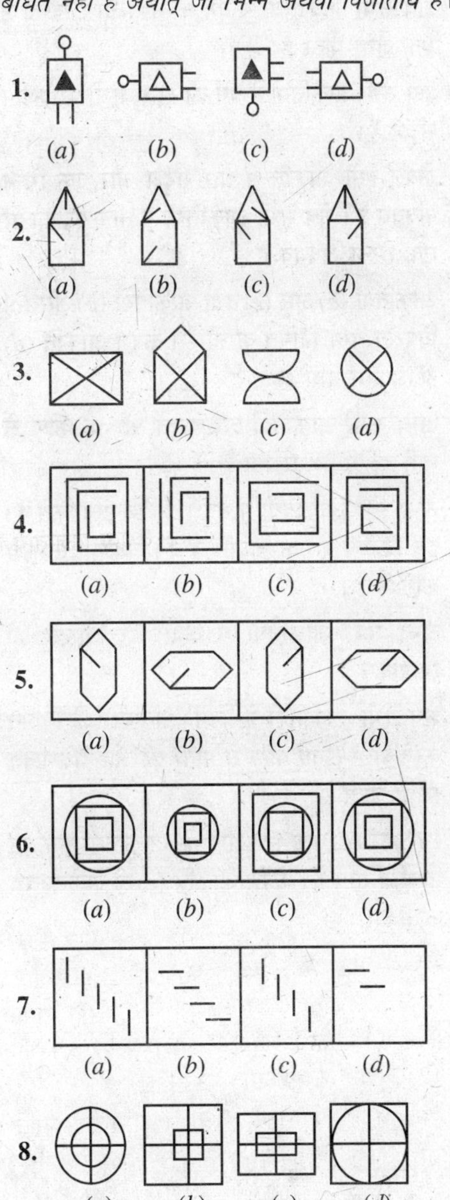

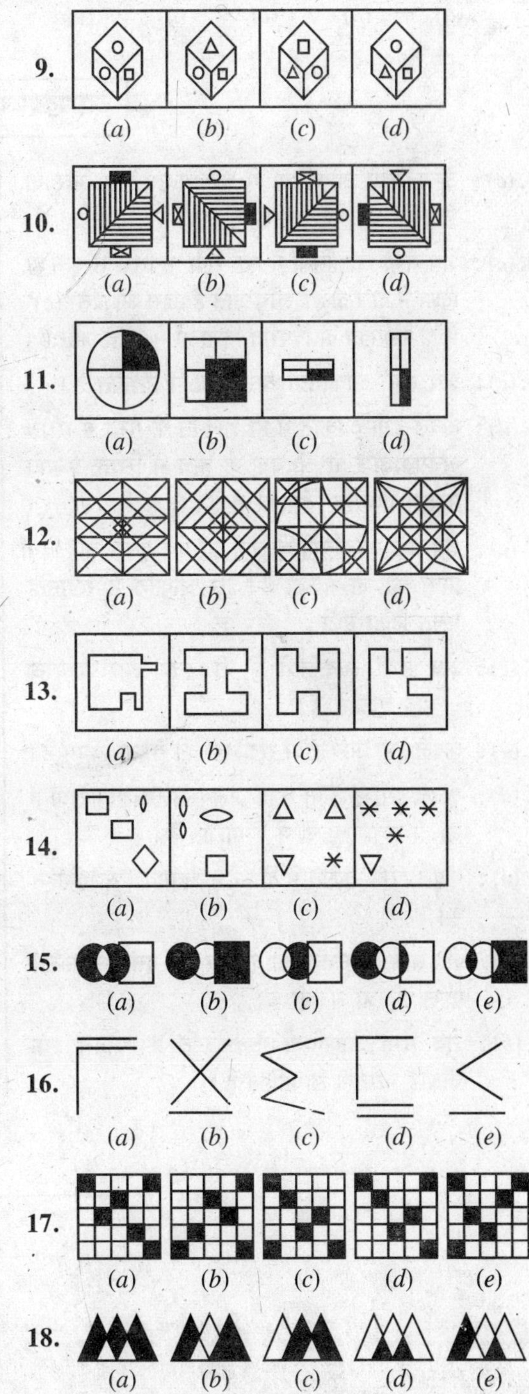

19. 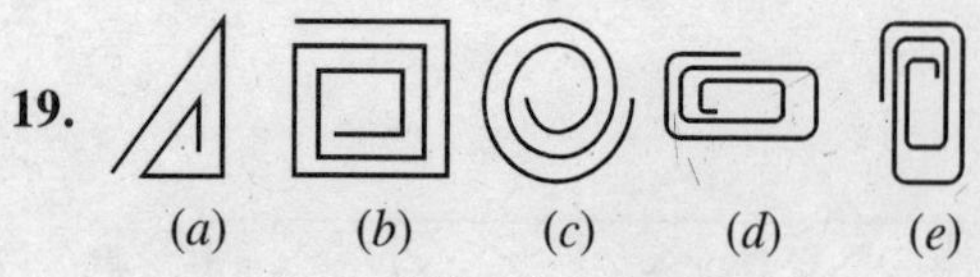

20. 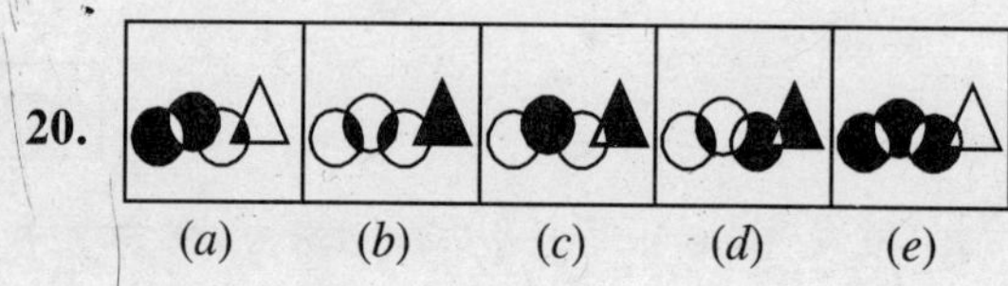

व्याख्यात्मक उत्तर

1. (*c*) : अन्य सभी आकृतियों में वृत्त युक्त रेखा और दो रेखाखंड वर्ग की सम्मुख भुजाओं पर अवस्थित हैं।

2. (*c*) : शेष सभी आकृतियों में एक रेखा के सिरों से एक ही दिशा में दो रेखाखंड खींचे जाते हैं। इस आकृति '(*c*)' में दो रेखाखंड दो विपरीत दिशाओं में खींचे जाते हैं।

3. (*c*) : शेष सभी आकृतियाँ चार भागों में विभक्त हैं।

4. (*d*) : केवल इसी आकृति में ही आकृति के मध्य में स्थित अवयव और दो अवयवों के बीच में स्थित अवयव परस्पर विपरीत दिशाओं में हैं।

5. (*c*) : शेष सभी आकृतियों को घुमा कर एक दूसरी आकृतियाँ प्राप्त की जा सकती हैं। इस आकृति में रेखाखंड गलत दिशा में है।

6. (*c*) : शेष सभी आकृतियों में बीच का और मध्यस्थ अवयव एक से हैं।

7. (*a*) : केवल इसी आकृति में रेखाखंडों की संख्या विषम है।

8. (*d*) : केवल इसी आकृति में दो अलग-अलग आकृतियाँ हैं जो दो समान भागों में विभाजित हैं।

9. (*a*) : केवल इसी आकृति में दो सदृश अवयव (वृत्त) निहित हैं।

10. (*c*) : शेष सभी आकृतियों को घुमाकर एक-दूसरी आकृतियाँ प्राप्त की जा सकती हैं।

11. (*b*) : शेष सभी आकृतियों में आकृति का केवल एक चौथाई भाग ही छायांकित है।

12. (*c*) : शेष सभी आकृतियों में वर्ग के सभी चारों खण्डों में एक जैसा पैटर्न है।

13. (*a*) : शेष सभी आकृतियों में वर्ग की दो भुजाओं पर कटान सदृश हैं।

14. (*d*) : केवल इसी आकृति में चार सदृश और एक भिन्न अवयव हैं। शेष सभी आकृतियों में तीन सदृश और एक भिन्न अवयव हैं।

15. (*d*) : आकृतियाँ (*a*) और (*e*) तथा आकृतियाँ (*b*) और (*c*) विपरीत युग्म निर्मित करती हैं। केवल आकृति (*d*) ही अकेला बचा रहता है।

16. (*c*) : अन्य सभी आकृतियाँ दक्षिणावर्त 90° के कोण से घूमी हुई रोमन संख्याएं हैं।

17. (*d*) : अन्य सभी आकृतियों में सदृश वर्ग ही छायांकित है। इस विकल्प में एक छायांकित वर्ग विकर्णतः सम्मुख कोने में है।

18. (*a*) : अन्य सभी आकृतियों में केवल दो रेखाखंड ही छायांकित हैं।

19. (*d*) : शेष सभी आकृतियों में पैटर्न (प्रतिरूप) को निर्मित करने वाली रेखाएं बाहर से भीतर की ओर दक्षिणावर्त खीची जाती हैं।

20. (*c*) : (*a*) और (*d*) तथा (*b*) और (*e*) आकृतियाँ सुमेलित विपरीत युग्म हैं। केवल आकृति (*c*) ही अकेली बच जाती है।

स्थान अवबोध

(SPACE VISUALIZATION)

इस प्रकार के प्रश्नों में एक पूर्ण आकृति के कटे हुए टुकड़े दिए जाते हैं जिनके साथ वह पूर्ण आकृति भी दी जाती है अर्थात् वह आकृति भी दी जाती है जिससे विभिन्न टुकड़े काटे गए हैं। कटे हुए टुकड़ों को देखकर यह पता लगाना होता है कि दिए गए टुकड़ों को मिलाकर कौन सी आकृति बनाई जा सकती है अर्थात् वह आकृति ज्ञात करनी होती हैं जिससे दिए गए टुकड़े काटे गए हैं। इस प्रकार के प्रश्नों को हल करने के लिए यह आवश्यक है कि अभ्यार्थी अपनी कल्पना शक्ति और स्थान बोध का भरपूर प्रयोग करें। प्रश्नों को हल करने की संपूर्ण प्रक्रिया एक मानसिक प्रक्रिया होती है, अतः अभ्यर्थियों के लिए यह आवश्यक है कि वे विभिन्न स्थानिक पैटर्नों को अपनी कल्पना की आँखों से निर्धारित करने में विशिष्ट निपुणता का प्रयोग करें। ऐसी विशिष्ट निपुणता किसी भी व्यक्ति के लिए तत्काल विकसित कर पाना संभव नहीं है किंतु यदि निरंतर सजग रहकर अभ्यास किया जाए तो निःसंदेह इसे प्राप्त किया जा सकता है।

हल किए गए उदाहरण

1. दी गई उत्तर-आकृतियों में से कौन-सी एक आकृति कागज के कटे हुए टुकड़ो का उपयोग करके बनाई जा सकती है।

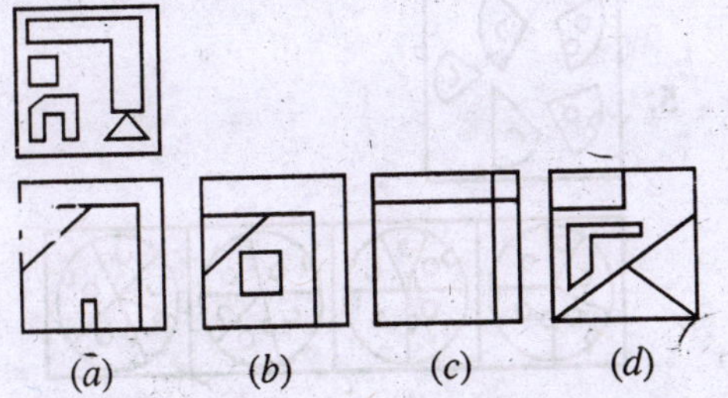

(a) (b) (c) (d)

उत्तर **A :** प्रश्न आकृतियों में कागज के दिए गए कटे हुए टुकड़ों को मिलाकर निम्नलिखित रूप में आकृति 'A' निर्मित की जा सकती है।

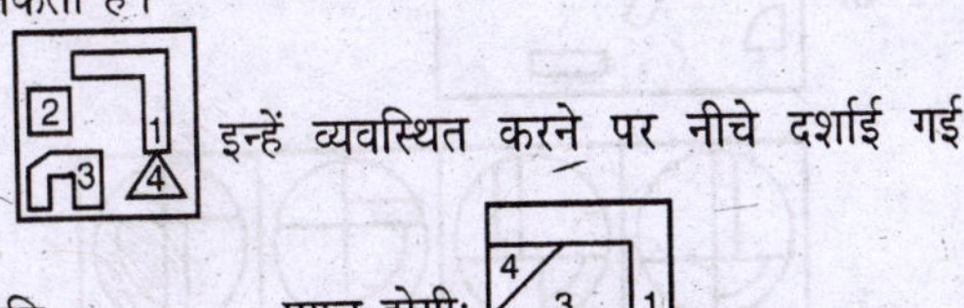

इन्हें व्यवस्थित करने पर नीचे दर्शाई गई आकृति प्राप्त होगीः

2. उत्तर-आकृतियों में दी गई कौन-सी आकृति प्रश्न में दी गई इस अनियमित आकृति को पूरा करेगी?

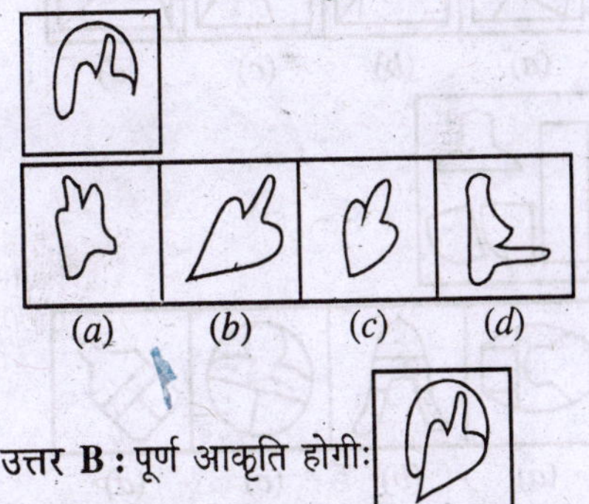

(a) (b) (c) (d)

उत्तर **B :** पूर्ण आकृति होगीः

3. नीचे पाँच रेखा-चित्र दिए गए हैं जिनमें से तीन को एक साथ मिलाकर एक समबाहु त्रिभुज बनाया जा सकता है। सही विकल्प ज्ञात करें।

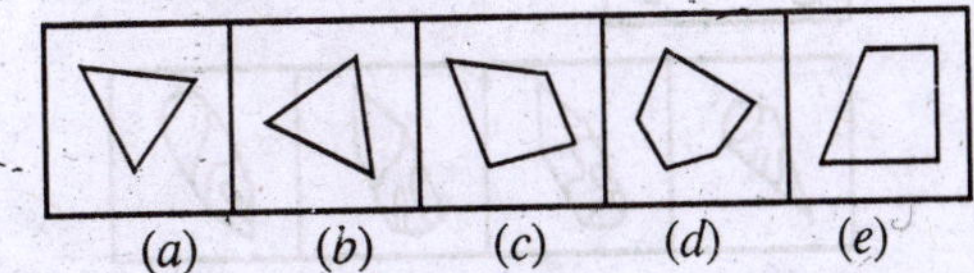

(a) (b) (c) (d) (e)

A. bca B. abc
C. cde D. bce

उत्तर B : विकल्प 'B' में दी गई आकृतियों को एक साथ मिलाकर नीचे दर्शाए गए अनुसार समबाहु त्रिभुज निर्मित किया जा सकता है।

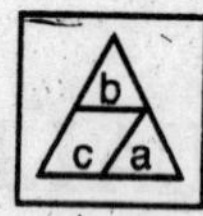

4. नीचे पाँच रेखाचित्र दिए गए हैं जिनमें से तीन को एक साथ मिलाकर एक वर्ग बनाया जा सकता है। दिए गए विकल्पों में से सही विकल्प का चयन करें।

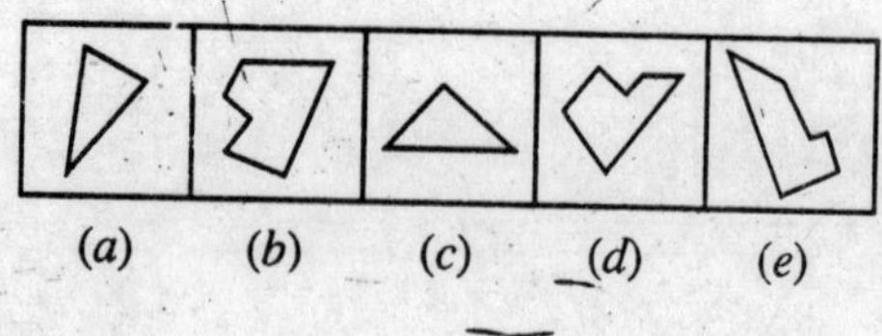

(*a*) (*b*) (*c*) (*d*) (*e*)

A. abc B. acd
C. ade D. abe

उत्तर D: विकल्प D में इंगित तीन रेखाचित्रों को निम्नवत् एक साथ रख कर वर्ग निर्मित किया जा सकता है।

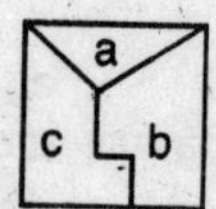

अभ्यास

निर्देश (प्रश्न 1 - 15) *प्रत्येक प्रश्न में बताएं कि प्रश्न आकृतियों के रूप में कागज के दिए गए सभी टुकड़ों को मिलाकर कौन-सी एक आकृति बनाई जा सकती है?*

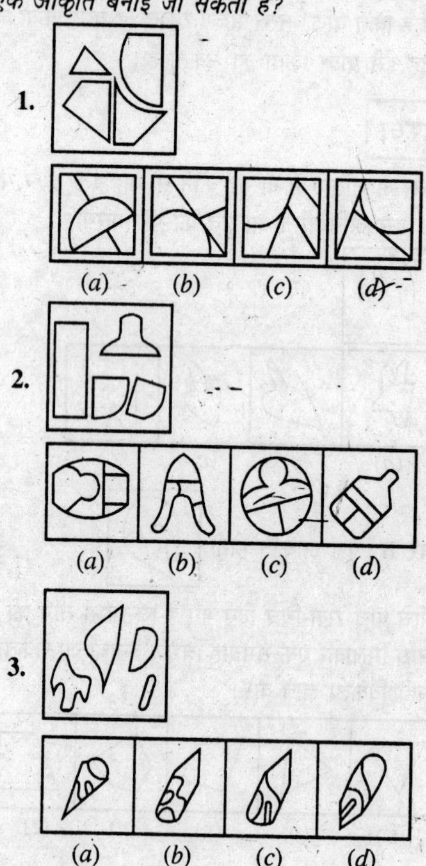

4.

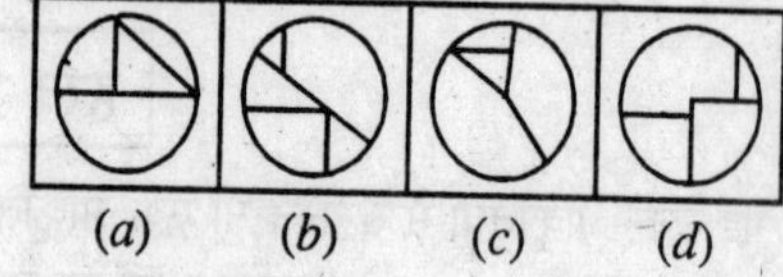

(*a*) (*b*) (*c*) (*d*)

5.

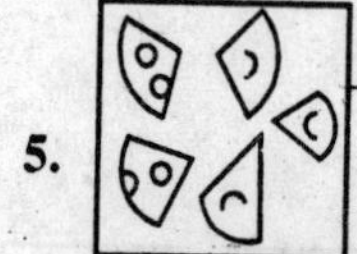

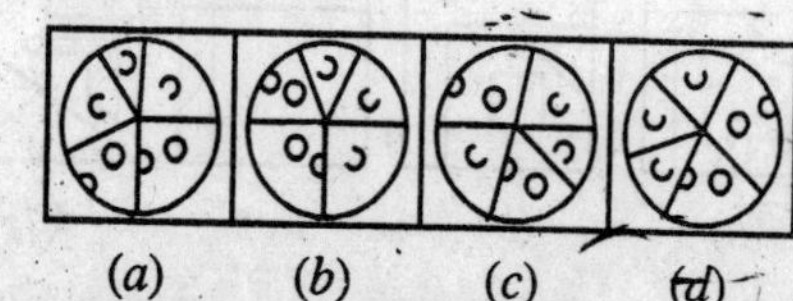

(*a*) (*b*) (*c*) (*d*)

6.

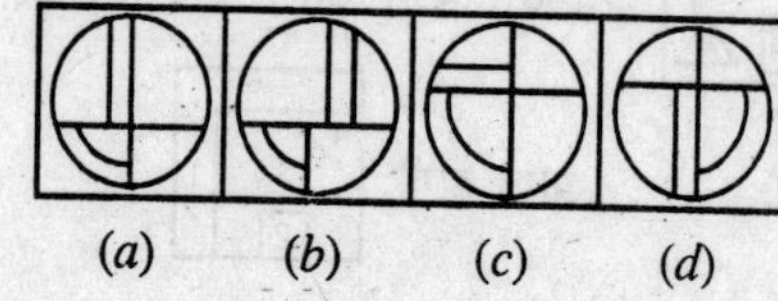

(*a*) (*b*) (*c*) (*d*)

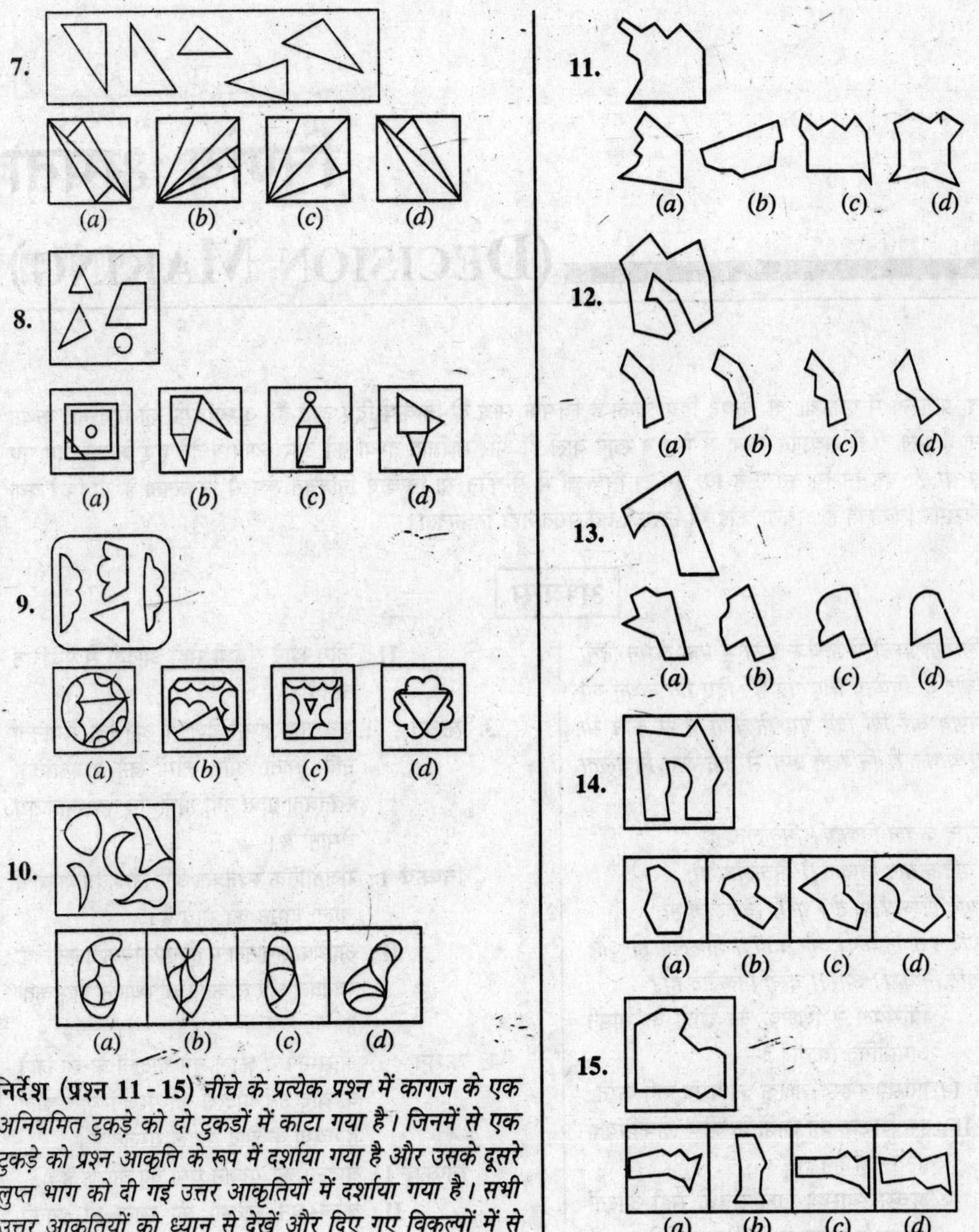

निर्देश (प्रश्न 11 - 15) नीचे के प्रत्येक प्रश्न में कागज के एक अनियमित टुकड़े को दो टुकडों में काटा गया है। जिनमें से एक टुकड़े को प्रश्न आकृति के रूप में दर्शाया गया है और उसके दूसरे लुप्त भाग को दी गई उत्तर आकृतियों में दर्शाया गया है। सभी उत्तर आकृतियों को ध्यान से देखें और दिए गए विकल्पों में से उस लुप्त भाग को ज्ञात करें:

उत्तरमाला

1	2	3	4	5	6	7	8	9	10
(b)	(d)	(c)	(a)	(b)	(a)	(d)	(c)	(d)	(d)
11	**12**	**13**	**14**	**15**					
(c)	(a)	(d)	(c)	(a)					

निर्णय क्षमता

(DECISION MAKING)

इस तार्किक प्रतिरूप में एक या दो कथन दिया जाता है जिसके साथ दो निष्कर्ष दिए जाते हैं। अभ्यर्थियों को दिए गए कथन को सत्य समझना है भले ही वे सर्वज्ञात तथ्यों से मेल न खाने वाले हों और सर्वज्ञात तथ्यों की ओर ध्यान न देते हुए केवल दिए गए कथन के आधार पर ही यह निर्णय करना है कि उन दो निष्कर्षों में से कौन सा निष्कर्ष निश्चित रूप से निकलता है या फिर क्या दोनों निष्कर्ष तर्कसंगत निकलते हैं अथवा कोई भी निष्कर्ष तर्कसंगत नहीं निकलता।

अभ्यास

निर्देश : *निम्नलिखित प्रश्नों में प्रत्येक प्रश्न में एक कथन दिया गया है जिसके बाद दो निष्कर्ष दिए गए हैं। दिए गए कथन को सत्य मानकर निर्णय करें कि दिए गए निष्कर्षों में से कौन सा निष्कर्ष दिए गए कथन से निश्चित रूप से तर्कसंगत निकलता है। अपना उत्तर*

(a) दीजिए यदि केवल निष्कर्ष I निकलता हो;
(b) दीजिए यदि केवल निष्कर्ष II निकलता हो;
(c) दीजिए यदि निष्कर्ष या तो I या II निकलता हो;
(d) दीजिए यदि न तो निष्कर्ष I और न ही II निकलता हो; और
(e) दीजिए यदि निष्कर्ष I और II दोनों निकलते हों।

1. कथन : प्रिंसिपल ने शिक्षक को छात्रों के सामने अपमानित किया।

निष्कर्ष I : प्रिंसिपल इस शिक्षक को पसंद नहीं करते।

II : इस शिक्षक को छात्रों के बीच लोकप्रियता प्राप्त नहीं है।

2. कथन : अच्छा स्वास्थ्य खाने संबंधी सही आदतों पर निर्भर करता है। अधिकतर लोग खाने के संबंध में किसी भी नियम का पालन नहीं करते।

निष्कर्ष I : अधिकतर लोगों का स्वास्थ्य निम्न कोटि का है।

II : लोग खाने संबंधी सही आदतों से परिचित नहीं हैं।

3. कथन : जब तक हमारे देश में आर्थिक समानता नहीं आती और लोगों को राजनीतिक स्वतंत्रता प्राप्त नहीं होती तब तक लोकतंत्र बेमानी है।

निष्कर्ष I : राजनीतिक स्वतंत्रता और लोकतंत्र के बीच चोली दामन का साथ है।

II : आर्थिक समानता से ही वास्तविक राजनीतिक स्वतंत्रता और लोकतंत्र की स्थापना हो सकती है।

4. कथन : आसमान में काले घने बादलों के छा जाने के बाद उन बादलों का गरजना शुरू होता है। वर्षा के बाद बादल गरजते हैं।

निष्कर्ष I : बादलों की गरजन वर्षा का कारण है।

II : काले-घने बादलों का छाना ही इनकी गरजन का कारण है।

5. कथन : 'पर उपदेश कुशल बहुतेरे।' अधिकांश चिकित्सक स्वयं अत्यधिक धूम्रपान करते हैं और दूसरों को धूम्रपान नहीं करने की सलाह देते हैं।

निष्कर्ष I : अधिकांश चिकित्सक लोगों को धूम्रपान नहीं करने की सलाह नहीं दे सकते।

II : चिकित्सक धूम्रपान को स्वास्थ्य के लिए हानिकारक नहीं मानते।

6. कथन : यदि श्रमिकों को कंपनियों के प्रबंधन में शामिल किया जाए तो वे अत्यधिक अभिप्रेरित होते हैं।

निष्कर्ष I : श्रमिकों को अधिक उत्पादन करने के लिए अभिप्रेरित किया जाना चाहिए।

II : श्रमिकों को कंपनियों के प्रबंधन में भाग लेने की अनुमति दी जानी चाहिए।

7. कथन : सर्वप्रथम यूरोप में शुरू हुए औद्योगिक आंदोलन से आधुनिक युग का सूत्रपात हुआ।

निष्कर्ष I : धनी और निर्धन के बीच असमानता क्रांति का कारण बनती है।

II : क्रांति समाज का कायापलट कर देती है।

8. कथन : अमेरिकी रक्षा मंत्री ने इस बात पर बल दिया कि वे पाकिस्तान को हथियारों की आपूर्ति जारी रखेंगे।

निष्कर्ष I : पाकिस्तान के पास हथियारों को निर्मित करने की क्षमता नहीं है।

II : इससे क्षेत्र में शांति स्थापित होगी।

9. कथन : धनवानों की तुलना में गरीब व्यक्ति अधिक विश्वास योग्य होता है। उन्हें यदि विश्वास में लिया जाए तो उपलब्धि आश्चर्यजनक हो सकती है।

निष्कर्ष I : गरीब लोग बहुत आश्चर्यजनक व्यक्तित्व के स्वामी होते हैं।

II : कुल मिलाकर धनी लोग विश्वास के योग्य नहीं होते।

10. कथन : सरकार ने अनेक उच्च स्तरीय वित्तीय संस्थाओं में निदेशक के पद पर नौकरशाहों की नियुक्ति करके इन संस्थाओं को लगभग बरबाद कर दिया है।

निष्कर्ष I : सरकार को वित्तीय संस्थानों में निदेशक के पद पर नियुक्ति संबंधित व्यक्ति की वित्त के क्षेत्र में विशेषज्ञता पर विचार करके करनी चाहिए।

II : वित्तीय संस्थानों के निदेशक को संस्थान द्वारा किए जाने वाले वित्तीय कार्य की अपेक्षाओं के अनुरूप विशेषज्ञता प्राप्त होनी चाहिए।

11. कथन I : सभी टमाटर लाल हैं।

II : सभी अंगूर टमाटर हैं।

निष्कर्ष I : सभी अंगूर लाल हैं।

II : कुछ टमाटर अंगूर हैं।

12. कथन I : सभी चित्रकार मुस्कराते हैं।

II : कुछ लेखक चित्रकार हैं।

निष्कर्ष I : सभी मुस्कराने वाले लेखक चित्रकार हैं।

II : कुछ लेखक मुस्कराते हैं।

13. कथन I : इस कार्यालय के सभी चपरासी दक्ष हैं।

II : रामू दक्ष नहीं है।

निष्कर्ष I : रामू इस कार्यालय का चपरासी नहीं है।

II : रामू को अधिक दक्ष होना चाहिए।

14. कथन I : सभी बुनकर कठोर परिश्रमी होते हैं।

II : कोई भी कठोर परिश्रमी मूर्ख व्यक्ति नहीं होता।

निष्कर्ष I : कोई भी बुनकर मूर्ख नहीं हैं

II : कुछ मूर्ख व्यक्ति बुनकर हैं।

15. कथन I : सभी मछलियां मोटरकार हैं।

II : सभी मोटरकार सब्जियां हैं।

निष्कर्ष I : कुछ सब्जियां मोटरकार हैं।

II : कुछ सब्जियां मछलियां हैं।

16. कथन I : कुछ कुत्ते पिल्ले हैं।

II : सभी घोड़े पिल्ले हैं।

निष्कर्ष I : कुछ कुत्ते घोड़े हैं।

II : कुछ घोड़े कुत्ते हैं।

17. कथन I : सभी सुंदर स्त्रियां माताएं हैं।

II : सभी माताएं समझदार हैं।

निष्कर्ष I : सभी सुंदर स्त्रियां समझदार हैं।

II : सभी माताएं सुंदर स्त्रियां हैं।

18. कथन I : कुछ खिलौने मेज हैं।

II : कोई भी मेज काला नहीं है।

निष्कर्ष I : कुछ खिलौने काले हैं।

II : कुछ खिलौने काले नहीं है।

19. कथन I : सभी नदियां पहाड़ हैं।

II : कुछ नदियां रेगिस्तान हैं।

निष्कर्ष I : कुछ पहाड़ रेगिस्तान हैं।

II : कुछ रेगिस्तान पहाड़ नहीं हैं।

20. कथन I : सभी पुरुष घोड़े हैं।

II : सभी घोड़े हाथी हैं।

निष्कर्ष I : सभी पुरुष हाथी हैं।

II : सभी हाथी पुरुष हैं।

उत्तरमाला

1	2	3	4	5	6	7	8	9	10
(a)	(a)	(b)	(b)	(e)	(e)	(b)	(d)	(b)	(e)

11. *(e)* : जबकि सभी टमाटर लाल हैं और सभी अंगूर टमाटर हैं तो सभी अंगूर लाल भी हैं। जबकि सभी अंगूर टमाटर हैं तो कुछ टमाटर निश्चित ही अंगूर हैं। अतः निष्कर्ष I और II दोनों सही हैं।

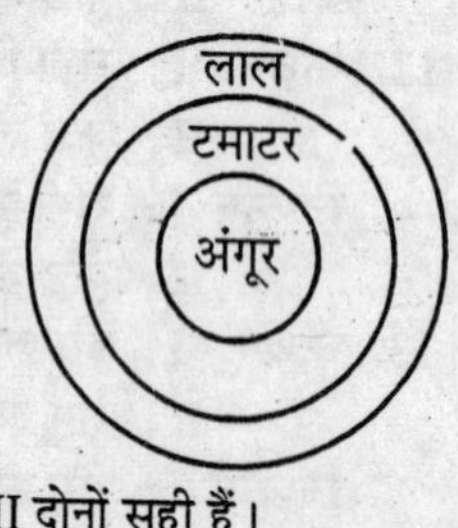

12. *(b)* : जबकि सभी चित्रकार मुस्कराते हैं और कुछ लेखक चित्रकार हैं, तो कुछ लेखक निश्चित ही मुस्कराते हैं, अतः केवल निष्कर्ष II सही है।

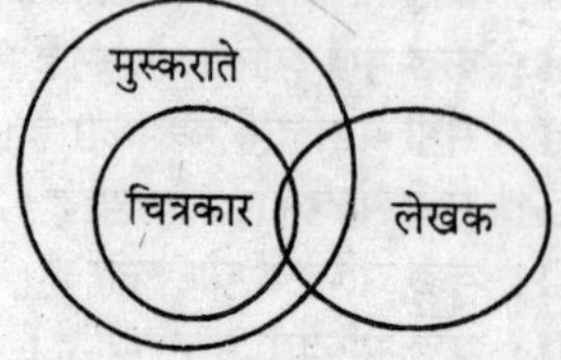

13. *(a)* : जबकि कार्यालय के सभी चपरासी दक्ष हैं, तो रामू इस कार्यालय का चपरासी नहीं हो सकता। अतः केवल निष्कर्ष I सही है।

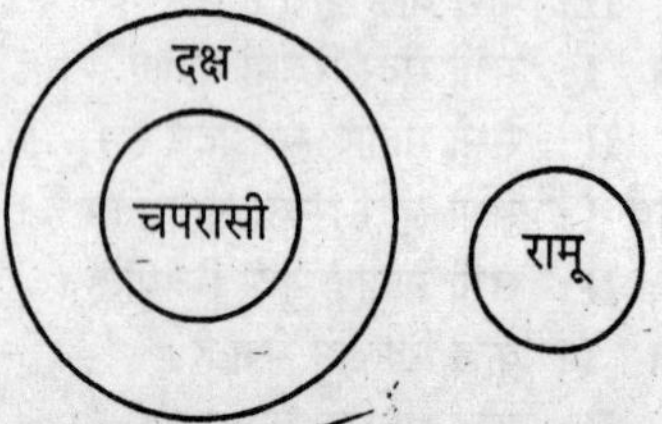

14. *(a)* : जबकि सभी बुनकर कठोर परिश्रमी हैं और कोई भी कठोर परिश्रमी व्यक्ति मूर्ख नहीं होता, तो कोई बुनकर मूर्ख नहीं है। अतः केवल निष्कर्ष I सही है।

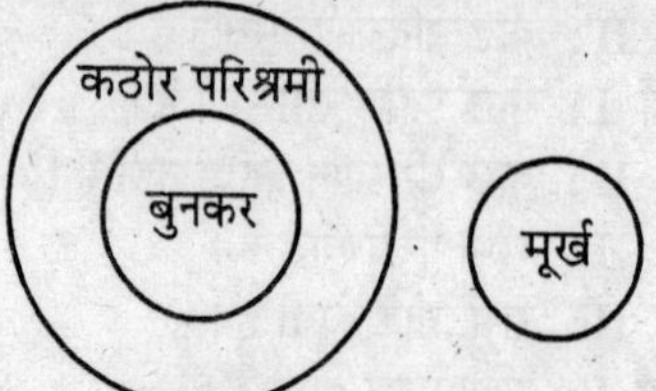

15. *(e)* :

16. *(d)* : दोनों कथनों में कोई संबंध स्थापित नहीं किया जा सकता। अतः न तो निष्कर्ष I और न ही निष्कर्ष II सही है।

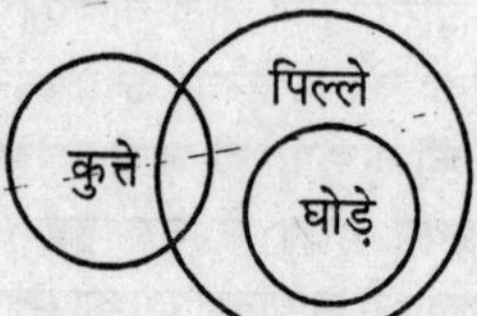

17. *(a)* :

18. *(c)* : जबकि कुछ खिलौने मेज हैं और कोई भी मेज काला नहीं है तो इससे यह सूचित होता है कि कुछ खिलौने काले हो सकते हैं क्योंकि सभी खिलौने मेज नहीं हैं। दूसरी ओर कुछ खिलौने काले नहीं भी हो सकते। अतः इस बात की संभावना है कि कुछ खिलौने काले हो भी सकते हैं और काले नहीं भी हो सकते। अतः निष्कर्ष I या निष्कर्ष II कोई भी सही हो सकता है।

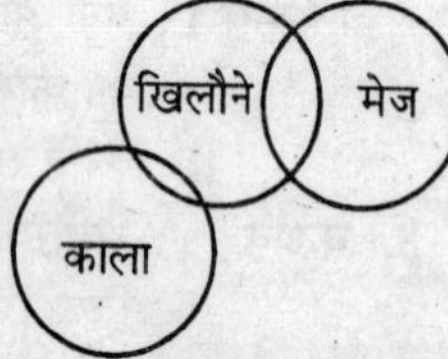

19. *(e)* : जबकि सभी नदियां पहाड़ हैं और कुछ नदियां रेगिस्तान हैं, तो कुछ रेगिस्तान पहाड़ नहीं हो सकते और साथ ही कुछ पहाड़ रेगिस्तान नहीं हो सकते। अतः निष्कर्ष I और II दोनों सही हैं।

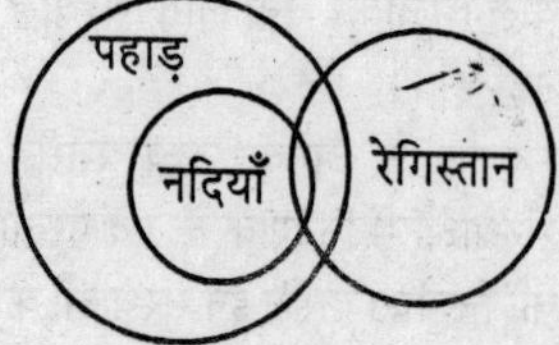

20. *(a)* : जबकि सभी पुरुष घोड़े हैं और सभी घोड़े हाथी हैं तो निश्चित ही सभी पुरुष हाथी हैं, किंतु सभी हाथी पुरुष ही होंगे, यह आवश्यक नहीं है। अतः केवल निष्कर्ष I सही है।

कथन पर्याप्तता
(DATA SUFFICIENCY)

इस प्रकार के प्रश्नों को हल करने के लिए एक सुव्यवस्थित दृष्टिकोण अपनाने की आवश्यकता है। इस प्रकार के परीक्षण में अभ्यर्थियों के लिए आवश्यक है कि वे दिए गए आंकड़ों या सूचनाओं का विश्लेषण करें और तत्पश्चात् यह निर्णय करें कि क्या दी गई सूचनाओं/आंकड़ों का प्रयोग करके प्रश्न का उत्तर ज्ञात किया जा सकता है।

अभ्यास

निर्देश : *नीचे के प्रत्येक प्रश्न में पहले एक प्रश्न दिया गया है और उसके नीचे कुछ सूचना प्रदान करने वाले I और II क्रमांकित दो कथन दिए गए हैं। आपको यह निर्णय करना है कि क्या कथन में दी गई सूचनाएं प्रश्न का उत्तर देने के लिए पर्याप्त हैं अथवा नहीं। दिए गए दोनों कथनों को सावधानीपूर्वक पढ़ें और अपना उत्तर निम्नवत् दें :*

उत्तर (*a*) दें यदि केवल कथन I में दी गई सूचना ही प्रश्न का उत्तर देने के लिए पर्याप्त हो जबकि केवल कथन II में दी गई सूचना प्रश्न का उत्तर देने के लिए पर्याप्त न हो।

उत्तर (*b*) दें, यदि केवल कथन II में दी गई सूचना ही प्रश्न का उत्तर देने के लिए पर्याप्त हो जबकि केवल कथन I में दी गई सूचना प्रश्न का उत्तर देने के लिए पर्याप्त न हो।

उत्तर (*c*) दें, यदि केवल कथन I या फिर केवल कथन II में दी गई सूचना प्रश्न का उत्तर देने के लिए पर्याप्त हो।

उत्तर (*d*) दें, यदि प्रश्न का उत्तर देने के लिए दोनों ही कथनों I और II में दी गई सूचनाएं पर्याप्त न हों, और

उत्तर (*e*) दें यदि दोनों कथनों I और II में दी गई सूचनाएं कथन का उत्तर देने के लिए अनिवार्य हों।

1. कमल के पिता कौन हैं ?

I. कमल और नवीन आपस में भाई हैं।

II. नवीन की मां अशोक के भाई की पत्नी है।

2. सुरेश के कितने पुत्र हैं ?

I. कमल और सुहांस माला के बच्चे हैं।

II. माला का विवाह सुरेश से हुआ है।

3. किसी विशेष कूटभाषा में '1 3' का अर्थ है 'धूम्रपान छोड़े' और '5 9' का अर्थ 'खतरनाक आदत' है। इस कूटभाषा में '9' और '5' का क्या अर्थ है ?

I. '1 5 7' का अर्थ है 'गंदी आदत छोड़ें'

II. '8 3 9' का अर्थ है 'धूम्रपान खतरनाक है'

4. इस वर्ष नारायण का जन्मदिन नवंबर में किस तारीख को है ?

I. उसका जन्मदिन 8 तारीख के बाद किंतु 11 तारीख से पहले है।

II. उसका जन्मदिन मंगलवार को है।

5. राकेश का मासिक वेतन 14,000 रु. है। अनिल का मासिक वेतन कितना है ?

I. अनिल का मासिक वेतन उसके स्वयं के और राकेश के औसत मासिक वेतन से 500 रु. अधिक है।

II. राकेश और अनिल का औसत मासिक वेतन 14,500 रु. है।

6. अतुल सप्ताह के किस दिन मुंबई पहुंचा ?

I. अतुल का भाई अतुल से एक दिन पहले मुंबई पहुंचा।

II. अतुल की मां अतुल के भाई के मुंबई पहुंचने के दो दिन बाद वृहस्पतिवार को मुंबई पहुंची।

7. किसी कमरे में रह रहे बच्चों में से कितने लड़के हैं ?
   I. 50% बच्चे सफेद ड्रेस में हैं।
   II. केवल लड़के ही सफेद ड्रेस में हैं।

8. चार मित्रों A, B, C और D, में से किसका वजन सबसे अधिक है ?
   I. B का वजन A से अधिक है किंतु D से कम है।
   II. C का वजन B से कम है।

9. मोहन ने कल कार्यालय में कितने कप चाय पी थी (यह मानें कि उसने जितने कप चाय पी थी उसके लि स्वयं भुगतान भी किया था।)
   I. उसने उस दिन अपने चाय-नाश्ते पर 15 रु. खर्च किया
   II. उसके कार्यालय में चाय 1 रु. प्रति कप है।

10. शीला, नुपुर, मोहिनी और चंदा में कौन सबसे अधि लंबी है ?
   I. शीला, मोहिनी से अधिक लंबी है।
   II. चंदा, नुपुर से अधिक लंबी है।

व्याख्यात्मक उत्तर

1. (*e*) : कथन के अनुसार कमल और नवीन की मां अशोक के भाई की पत्नी है। इसका अर्थ है कि अशोक का भाई कमल का पिता है। अत: प्रश्न का उत्तर देने के लिए दोनों कथन अनिवार्य हैं।

2. (*d*) : दोनों कथनों से यह स्पष्ट है कि सुरेश के कमल और सुहास दो बच्चे हैं। किंतु इनमें से किसी भी बच्चे का लिंग ज्ञात नहीं है। अत: दोनों कथन एक साथ भी प्रश्न का उत्तर देने के लिए पर्याप्त नहीं हैं।

3. (*c*) : कथन I के अनुसार '157' का अर्थ 'गंदी आदत छोड़ें' है। कूट '59' का अर्थ 'खतरनाक आदत' है। यहां कूट '5' और 'आदत' उभयनिष्ठ हैं, अत: 'खतरनाक' शब्द के लिए कूट '9' का प्रयोग किया गया है। कथन II के अनुसार '839' का अर्थ है 'धूम्रपान खतरनाक है'। कूट '59' का अर्थ 'खतरनाक आदत' है। यहां कूट '9' और खतरनाक उभयनिष्ठ हैं, अत: 'आदत' के लिए कूट '5' का प्रयोग किया गया है। अत: दोनों में से कोई भी एक कथन प्रश्न का उत्तर देने के लिए पर्याप्त है।

4. (*d*) : कथन से यह स्पष्ट नहीं है कि मंगलवार को कौन सी तारीख पड़ती है। अत: कथन I और II दोनों में दी गई सम्मिलित सूचना भी प्रश्न का उत्तर देने के लिए पर्याप्त नहीं है।

5. (*c*) : कथन I के अनुसार अनिल का मासिक वेतन उसके और राकेश के औसत मासिक वेतन से 500 रु. अधिक अर्थात 4000 + 500 = 4500.
कथन II के अनुसार राकेश और अनिल का औसत मासिक वेतन 14,500 रु. है और कथन I के अनुसा अनिल का मासिक वेतन उसके स्वयं के और राकेश के औसत मासिक वेतन अर्थात 14,500 रु. से 500 अधिक (14,500 + 500) = 15,000 रु. हैं। अत प्रश्न का उत्तर ज्ञात करने के लिए कथन I और II दोनों आवश्यक हैं।

6. (*e*) : अतुल की मां मुंबई बृहस्पतिवार को पहुंची और अतुल का भाई अपनी मां से दो दिन पहले अर्थात् मंगलवा को मुंबई पहुंचा। अतुल का भाई अतुल से एक दिन पहले मुंबई पहुंचा, अत: अतुल बुधवार को मुंब पहुंचा। अत: उत्तर प्राप्त करने के लिए दोनों कथन आवश्यक हैं।

7. (*d*) : 50% बच्चे सफेद ड्रेस में हैं किंतु कमरे में लड़कों की संख्या ज्ञात नहीं की जा सकती। अत: दोनों कथन मिलकर भी प्रश्न का उत्तर नहीं दे सकते।

8. (*e*) : दोनों कथनों के अनुसार मित्रों का अवरोही क्रम D>B>A/C है। यहां D का वजन सबसे अधिक है अत: प्रश्न का उत्तर देने के लिए दोनों कथन आवश्यक हैं।

9. (*d*) : चाय और नाश्ते दोनों पर 15 रु. खर्च किए गए। अत: दोनों कथनों का उपयोग करके भी प्रश्न का उत्तर ज्ञात नहीं किया जा सकता।

10. (*d*) : दोनों कथन आपस में संबंधित नहीं हैं, अत: दोनों कथनों से भी प्रश्न का उत्तर प्राप्त नहीं किया जा सकता।

सामान्य हिन्दी

1

समानार्थक शब्द

निर्देश (प्र.सं. 1 से 15 तक): *निम्नलिखित चार में से तीन समानार्थी शब्द हैं, जिस अक्षरांक में इनसे भिन्न शब्द दिया गया है, उसका चयन कीजिए।*

1. A. विघ्न B. बाधा C. अड़चन D. सुविधा

2. A. नासूर B. असुर C. दनुज D. दानव

3. A. यश B. कीर्ति C. निष्ठा D. गौरव

4. A. वृथा B. बेकार C. बेमतलब D. सार्थक

5. A. याचना B. जन्नत C. प्रार्थना D. विनती

6. A. चुस्त B. स्फूर्त C. सजग D. सतत

7. A. ध्वंस B. नाश C. क्षय D. निर्माण

8. A. परित्राण B. छुटकारा C. बंधन D. स्वातंत्र्य

9. A. घृणा B. प्रीति C. नफरत D. विरक्ति

10. A. आगाह B. निगाह C. नजर D. देखना

11. A. नजात B. मुक्ति C. परित्राण D. नकेल

12. A. निर्मोही B. निर्मम C. निर्दय D. सदय

13. A. दानव B. मनुज C. निशाचर D. असुर

14. A. नीरज B. राजीव C. कुंज D. नलिन

15. A. घन B. नभ C. अंबर D. आकाश

उत्तरमाला

1	2	3	4	5	6	7	8	9	10
D	A	C	D	B	D	D	C	B	D
11	**12**	**13**	**14**	**15**					
D	D	B	C	A					

2

समास

निर्देश (प्र.सं. 1 से 5 तक): *नीचे दिए गए शब्दों में प्रयुक्त समास के नाम का चयन कीजिए–*

1. पीताम्बर–
A. तत्पुरुष B. अव्ययीभाव
C. बहुव्रीहि D. द्विगु

2. चरणकमल–
A. तत्पुरुष B. कर्मधारय
C. बहुव्रीहि D. अव्ययीभाव

3. घुड़सवार–
A. द्विगु B. कर्मधारय
C. तत्पुरुष D. अव्ययीभाव

4. स्वर्गप्राप्त–
A. कर्म तत्पुरुष B. करण तत्पुरुष
C. सम्प्रदान तत्पुरुष D. अपादान तत्पुरुष

5. गर्वशून्य–
A. कर्म-तत्पुरुष B. संप्रदान-तत्पुरुष
C. करण-तत्पुरुष D. अपादान-तत्पुरुष

6. 'लम्बोदर' में कौन-सा समास है?
A. तत्पुरुष B. बहुव्रीहि
C. द्विगु D. कर्मधारय

7. 'देवालय' में कौन-सा समास है?
A. तत्पुरुष B. बहुव्रीहि
C. द्विगु D. इनमें से कोई नहीं

8. 'खरा खोटा' शब्द में कौन-सा समास है?
A. द्वंद्व B. द्विगु
C. कर्मधारय D. बहुव्रीहि

9. 'निर्विवाद' में कौन-सा समास है?
A. कर्मधारय B. अव्ययीभाव
C. तत्पुरुष D. बहुव्रीहि

10. 'दहीबड़ा' में कौन-सा समास है?
A. तत्पुरुष B. द्विगु
C. बहुव्रीहि D. द्वन्द्व

11. 'चौराहा' में समास है–
A. तत्पुरुष B. द्वन्द्व
C. कर्मधारय D. द्विगु

12. 'माता-पिता' शब्द में समास है–
A. द्वन्द्व B. द्विगु
C. तत्पुरुष D. कर्मधारय

13. 'वज्रपाणि' शब्द में कौन-सा समास है?
A. तत्पुरुष B. बहुव्रीहि
C. द्वन्द्व D. द्विगु

उत्तरमाला

1	2	3	4	5	6	7	8	9	10
C	B	C	A	C	B	A	A	B	A
11	**12**	**13**							
D	A	B							

3

वर्तनी की शुद्धता

निर्देश (प्र.सं. 1 से 49 तक): *नीचे के प्रश्नों में एक शब्द की चार अलग-अलग वर्तनियां दी हुई हैं। इनमें से सही वर्तनी छाँटकर उस पर निशान लगाइये:*

1. A. जयोत्स्ना B. ज्योत्स्ना
C. जोत्स्ना D. ज्योत्सना

2. A. कवयित्री B. कवियित्री
C. कवियत्री D. कवित्री

3. A. उत्ज्वल B. उज्जवल
C. ऊज्जवल D. उज्ज्वल

4. A. छः B. छह
C. छह् D. छै

5. A. जिजीविषा B. जिजीवषा
C. जजीवषा D. जिजिवीषा

6. A. दृश्य B. द्रश्य
C. दृष्य D. दृिश्य

7. A. इतिहासिक B. ऐतिहासिक
C. ऐतिहासीक D. ऐ्तीहासिक

8. A. वाङ्मय B. वाँङ्मय
C. वांग्मय D. वांगमय

9. A. सौर्हाद्र B. सैहार्द
C. सैर्हाद D. सौहार्द

10. A. आर्शीवाद B. आशिर्वाद
C. आशीर्वाद D. आर्शिवाद

11. A. भूगोलिक B. भूगौलिक
C. भोगौलिक D. भौगोलिक

12. A. सन्कीर्णता B. सन्कीरणता
C. संर्कीणता D. संकीर्णता

13. A. परचन्ड B. प्रचण्ड
C. प्रचान्ड D. परचण्ड

14. A. तार्क्रिक B. तार्किक
C. ताकृिक D. ताक्रिक

15. A. इर्षा B. ईर्षा
C. इर्ष्या D. ईर्ष्या

16. A. पूज्यनीय B. पुजनीय
C. पूजनीय D. पुज्यनीय

17. A. अधम्र B. अध्रम
C. अधर्म D. अधृम

18. A. अधिकृत B. अधिक्रित
C. अधिक्रित्त D. अधिर्कित

19. A. अनुकृम B. अनुक्रम
C. अनुकर्म D. अनुकम्र

20. A. अनवेषण B. अन्वेषण
C. अन्वेछण D. अन्वेशण

21. A. अभिशेक B. अभिषेख
C. अभिषेक D. अभीषेक

22. A. इच्छुक B. इक्षुक
C. इक्छुक D. इच्छिक

23. A. इन्र्दिय B. इन्द्रिय
C. इन्दिय D. इन्द्रिय

24. A. उतकण्ठा B. उत्कण्ठा
C. उत्क्णठा D. उत्त्कन्ठा

25. A. उमृिला B. उम्रिला
C. उमिर्ला D. उर्मिला

26. A. रिपि B. ऋषिं
C. क्रिषि D. ऋशि

27. A. एकागृ B. एकाग्र
C. एकार्ग D. एक्राग्र

28. A. ओजश्वि B. ओजस्वी
C. ओजश्वीं D. ओजष्वी

29. A. औशधी B. औषधी
C. औषधि D. औष्धि

30. A. करम B. क्राम
C. कम्र D. कर्म

31. A. ग्रिहीत B. ग्रहीत
C. गृहीत D. गर्हित

32. A. कृतज्ञ B. क्रतज्ञ
C. क्रितज्ञ D. क्रितग्य

33. A. चतुदर्श B. चर्तुदश
C. चतुर्दश D. चतुद्रश

34. A. जर्जर B. जरजर
C. जज्रर D. जरजर

35. A. जघ्नय B. जघ्रय
C. जघ्न्य D. जघन्य

36. A. जेष्ठ B. ज्येशठ
C. ज्येष्ठ D. ज्येस्ठ

37. A. तपस्वनी B. तपस्विनी
C. तपिस्वनी D. तपिस्विनी

38. A. तादातमय B. तदात्स्य
C. तादात्स्य D. तादात्यम

39. A. तृष्णा B. तिृष्णा
C. त्रिष्णा D. तृशणा

40. A. त्रिमूर्ती B. त्रिमुर्ति
C. त्रिमूर्ति D. त्रृमूर्ति

41. A. दक्छ B. दक्च्छ
C. दक्ष D. दज्ञ

42. A. द्रर्पन B. दर्पन
C. दर्पर्ण D. दर्पण

43. A. दामपत्य B. दम्पत्य
C. दाम्पत्य D. दाम्पत

44. A. दीप्पित B. दीपति
C. दीप्ति D. दीप्ती

45. A. दीर्घायु B. दीरघायु
C. दीघार्यु D. दीर्घिायु

46. A. दुर्निती B. दुनीर्ति
C. दुरनीति D. दुर्नीति

47. A. दुर्दषा B. दुहशा
C. दुर्दशा D. दुद्रशा

48. A. दुर्योधन B. दुयोर्धन
C. दूरयोधन D. द्रुयोधन

49. A. दुरबुद्धि B. दुर्बुधि
C. दुबुद्धि D. दुर्बुद्धि

उत्तरमाला

1	2	3	4	5	6	7	8	9	10
B	A	D	B	A	A	B	A	D	C
11	**12**	**13**	**14**	**15**	**16**	**17**	**18**	**19**	**20**
D	D	B	B	D	C	C	A	B	B
21	**22**	**23**	**24**	**25**	**26**	**27**	**28**	**29**	**30**
C	A	D	B	D	B	B	B	C	D
31	**32**	**33**	**34**	**35**	**36**	**37**	**38**	**39**	**40**
C	A	C	A	D	C	B	C	A	C
41	**42**	**43**	**44**	**45**	**46**	**47**	**48**	**49**	
C	D	C	C	A	D	C	A	D	

4

विलोम

निर्देश (प्र.सं. 1 से 34 तक): *सही-सही विलोम शब्द चुनिए–*

1. अनादर
A. मान B. सम्मान
C. आदर D. सत्कार

2. अभिज्ञ
A. अज्ञानी B. अनभिज्ञ
C. अनिपुण D. मूर्ख

3. अथ
A. इति B. समाप्त
C. खत्म D. संपूर्ण

4. करुण
A. कठोर B. निष्ठुर
C. निर्दय D. कोमल

5. ऋजु
A. सीधा B. सरल
C. तिर्यक् D. वक्र

6. मौन
A. मुखर B. मूक
C. वाचाल D. प्रगल्भ

7. निर्दय
A. निर्भय B. सह्य
C. सभय D. सदय

8. तिमिर
A. प्रकाश्य B. आलोक
C. ज्योतिर्मय D. आभास

9. तीक्ष्ण
A. मंद B. तीव्र
C. प्रखर D. क्षीण

10. कृत्रिम
A. प्राकृतिक B. स्वनिर्मित
C. स्वाभाविक D. स्वचालित

11. उदात्त
A. उद्धत B. दानशील
C. अनुदात्त D. क्षमावान्

12. उदार
A. कठोर B. निर्भय
C. अपव्यय D. अनुदार

13. शुक्ल
A. काला B. कृष्ण
C. असित D. श्यामल

14. प्रस्थान
A. आगमन B. गमनागमन
C. निगम D. निर्गम

15. शूल
A. मूल B. धूल
C. फूल D. तूल

16. अपेक्षा
A. कामना B. भावना
C. अभीप्सा D. उपेक्षा

17. निरक्षर
A. शिक्षित B. अशिक्षित
C. साक्षर D. अक्षर

18. प्रकट
A. गुप्त B. लुप्त
C. सुप्त D. विलुप्त

19. उर्वर
A. उपजाऊ B. बंजर
C. गत्वर D. शस्यश्यामल

20. संधि
A. अनुग्रह B. ग्रह
C. विच्छेद D. मैत्री

21. संयोग
A. प्रयोग B. सुयोग
C. नियोग D. वियोग

22. विकास
A. सीमा B. ह्रास
C. दुबला D. नीचा

23. उत्थान
A. नमन B. पतन
C. उदय D. ध्वंस

24. क्षुद्र
A. क्षुद्रतर B. महान्
C. तुच्छ D. अवमान

25. इहलोक
A. उपकार B. पाताल
C. आदि D. परलोक

26. ज्योति
A. पुंज B. दीपक
C. तम D. रोशनी

27. यथार्थ
A. मनोवांछित B. अनुमानित
C. कल्पित D. सत्य

28. अमर
A. देवता B. मरणशील
C. मर्त्य D. दानव

29. आघात
A. अनाघात B. विस्तीर्ण
C. स्निग्ध D. डरपोक

30. व्यष्टि
A. सृष्टि B. वृष्टि
C. समष्टि D. इनमें से कोई नहीं

31. सज्जन
A. चापलूस B. व्यभिचारी
C. सहयोगी D. दुर्जन

32. उत्कर्ष
A. अपकर्ष B. परामर्श
C. संघर्ष D. विमर्श

33. क्षुधा
A. तृषा B. तृष्ण
C. तृप्ति D. मृगतृष्णा

34. सुबह
A. प्रातः B. शाम
C. रात D. दिन

उत्तरमाला

1	2	3	4	5	6	7	8	9	10
C	B	A	B	D	A	D	A	A	A
11	**12**	**13**	**14**	**15**	**16**	**17**	**18**	**19**	**20**
C	D	B	A	C	D	C	A	B	C
21	**22**	**23**	**24**	**25**	**26**	**27**	**28**	**29**	**30**
D	B	B	B	D	C	C	C	A	C
31	**32**	**33**	**34**						
D	A	C	B						

5

पर्यायवाची शब्द

1. 'कमल' शब्द का पर्यायवाची होगा–

A. कन्दर्प　　B. अनंग
C. घनेश　　D. इन्दीवर

2. 'क्रोध' के लिए इन दिए गए पर्यायवाची शब्दों में एक गलत शब्द है, उसे चयनित कीजिए–

A. रोष　　B. अमर्ष
C. स्वत्व　　D. कोप

3. निम्नलिखित पर्यायवाची शब्दों में से जो एक शब्द 'मोर' का पर्यायवाची नहीं है, उसे चिन्हित कीजिए–

A. केकी　　B. कीश
C. शिखी　　D. शिखण्डी

4. इनमें से कौन-सा शब्द 'कृष्णा' का पर्यायवाची है?

A. राधा　　B. रुक्मिणी
C. द्रोपदी　　D. यशोदा

5. इनमें से एक शब्द 'बैल' का पर्यायवाची नहीं है, उसे चयनित कीजिए–

A. अश्म　　B. बृषभ
C. बलीवर्द　　D. गो

6. निम्नलिखित में से जो शब्द 'सौन्दर्य' का पर्यायवाची नहीं है, उसे चयनित कीजिए–

A. सुषमा　　B. शोभा
C. सुन्दरता　　D. रमणी

7. निम्नलिखित विकल्पों में से एक शब्द 'नदी' का पर्यायवाची नहीं है, उसे चयनित कीजिए–

A. तरंगिणी　　B. तटिनी
C. तरिणी　　D. सरिता

8. नीचे दिए गए विकल्पों में से एक शब्द 'घर' का पर्यायवाची नहीं है, उसे चयनित कीजिए–

A. भवन　　B. भुवन
C. निकेतन　　D. सदन

9. इनमें से कौन-सा शब्द 'पार्थ' का पर्यायवाची है?

A. भीष्म　　B. श्रीकृष्ण
C. युधिष्ठिर　　D. अर्जुन

10. 'दुःख' का पर्यायवाची शब्द निम्नलिखित में से कौन-सा है?

A. व्यथा　　B. पीड़ा
C. वेदना　　D. ये सभी पर्याय हैं

11. नीचे दिए गए शब्दों में से एक शब्द 'गीदड़' का पर्यायवाची नहीं है, उसका चयन कीजिए–

A. खगेश　　B. शृंगाल
C. सियार　　D. जम्बुक

12. निम्न में से कौन चन्द्रमा का पर्यायवाची नहीं है?

A. शशि　　B. हिमकर
C. शशांक　　D. रूपक

13. निम्न में से कौन गाय का पर्यायवाची नहीं है?

A. हेरम्ब　　B. गौरी
C. भद्रा　　D. धेनु

14. कुत्ता का पर्यायवाची शब्द निम्नलिखित में से कौन-सा है?

A. सारमेय　　B. क्रमेलक
C. कीर　　D. नागान्तक

15. आनंद का पर्यायवाची नहीं है–

A. हर्ष　　B. उल्लास
C. चाह　　D. आह्लाद

16. 'कृशानु' का पर्यायवाची शब्द है–

A. अनल　　B. पवन
C. दोहित्री　　D. अनिल

17. 'द्रौपदी' का पर्याय नहीं है–

A. द्रुपदसुता B. याज्ञसेनी
C. पांचाली D. रमणी

18. 'महादेव' का पर्यायवाची शब्द चुनिए–

A. गरुड़ध्वज B. नारायण
C. चन्द्रशेखर D. विश्वम्भर

19. 'चन्द्रमा' का पर्यायवाची शब्द चुनिए–

A. निशाकर B. निशाचर
C. तरणि D. कृशानु

20. 'धन' का पर्यायवाची जो शब्द नहीं है, उसे चुनिए–

A. द्रव्य B. द्रव
C. सम्पदा D. दौलत

21. 'पुत्री' का पर्यायवाची शब्द नहीं है–

A. तनय B. सुता
C. आत्मजा D. दुहिता

22. निम्नलिखित में से कौन-सा शब्द 'कमल' का पर्यायवाची शब्द नहीं है?

A. सरोज B. अरविन्द
C. सलिल D. पंकज

23. निम्नलिखित किस समूह में सभी शब्द 'कामदेव' के पर्यायवाची हैं?

A. कंदर्प, मदन, मनसिज, मारक
B. मदन, मन्मथ, अनंग, कंदर्प
C. मान, त्रिपुर, मन्मथ, अनंग
D. मन्मथ, मनसिज, त्रिपुर, अनंग

24. कौन-सा शब्द जंगल शब्द का पर्यायवाची नहीं है?

A. अटवी B. कान्ता
C. कान्तार D. कानन

25. कौन-सा शब्द 'अम्बर' का पर्यायवाची है?

A. आकाश B. अवनि
C. मेघ D. बादल

26. कौन-सा शब्द 'मित्र' का पर्याय नहीं है?

A. अलि B. सखा
C. सुहृद D. मीत

27. निम्नांकित में किस शब्द का अर्थ कमल होता है?

A. उत्पल B. उपल
C. जलद D. नीरद

28. निम्नलिखित में 'पुत्री' शब्द के पर्यायवाची शब्द-समूह कौन हैं?

A. भार्या, कान्ता, अबला, वनिता
B. लड़की, बेटी, अचला, वसुधा
C. सुता, धरा, वसुमती, अचला
D. तनया, आत्मजा, दुहिता, तनुजा

29. निम्नलिखित शब्द-समूह में 'बिजली' के पर्यायवाची कौन हैं?

A. ज्योति, रोशनी, चमक, प्रभा
B. विद्युत, तड़ित, चपला, दामिनी
C. उजाला, प्रभंजन, विहग, निशापति
D. मंदाकिनी, अश्म, प्रस्तर, प्रभा

30. 'जलधि' शब्द का पर्यायवाची क्या है?

A. नहर B. नाव
C. नदी D. समुद्र

31. 'पंकज' शब्द का पर्यायवाची क्या है?

A. सूर्य B. कमल
C. चन्द्रमा D. अमृत

32. 'तरकश' का पर्यायवाची शब्द है–

A. तीर B. धनुष
C. प्रत्यंचा D. निषंग

उत्तरमाला

1	2	3	4	5	6	7	8	9	10
D	C	D	D	A	D	C	B	D	D
11	**12**	**13**	**14**	**15**	**16**	**17**	**18**	**19**	**20**
A	D	A	A	C	A	D	C	A	B
21	**22**	**23**	**24**	**25**	**26**	**27**	**28**	**29**	**30**
A	C	B	B	A	A	A	D	B	D
31	**32**								
B	D								

6

संधि-विच्छेद

1. 'मृत्यु + उपरांत' में संधि करने से एक शब्द होगा—
A. मृत्यूपरांत B. मृत्योपरांत
C. मृत्युपर्यन्त D. मर्त्योपरांत

2. 'अनधिकृत' शब्द का संधि-विग्रह होगा—
A. अन + अधिकृत B. अन् + अधिकृत
C. अन्य + अधिकृत D. अन्नधि + कृत

3. 'कपि + ईश' का सही संधि-संयोजन कीजिए—
A. कपिश B. कपीश
C. कपेश D. कपिशि

4. विसर्ग के साथ स्वर अथवा व्यंजन के संयोग से जो विकार उत्पन्न होता है, उसे किस संधि के नाम से जानते हैं?
A. स्वर संधि B. व्यंजन संधि
C. विसर्ग संधि D. इनमें से कोई नहीं

5. 'परोपकार' शब्द का संधि-विच्छेद होगा—
A. परा + उपकार B. परो + पकार
C. परोप + कार D. पर + उपकार

6. 'मनः + रमा' में संधि करने से जो शब्द बनेगा, उसका सम्बन्ध किस संधि से होगा?
A. विसर्ग संधि B. स्वर संधि
C. व्यंजन संधि D. भाव संधि

7. 'चन्द्रोदय' में कौन-सी संधि है?
A. यण संधि B. दीर्घ संधि
C. वृद्धि संधि D. गुण संधि

8. निम्नलिखित में से 'वृद्धि स्वर संधि' किस शब्द में है?
A. रजनीश B. महौषध
C. यतीन्द्र D. शोधार्थी

9. 'सदाशय' का सही संधि-विच्छेद होगा—
A. सद + आशय B. सतत + आशय
C. सत् + आशय D. सदा + आशय

10. 'सन्मार्ग' में कौन-सी संधि है?
A. स्वर संधि B. व्यंजन संधि
C. विसर्ग संधि D. इनमें से कोई नहीं

11. 'ज्ञानोदय' में कौन-सी संधि है?
A. स्वर संधि B. व्यंजन संधि
C. विसर्ग संधि D. इनमें से कोई नहीं

12. 'निराधार' में कौन-सी संधि है?
A. स्वर संधि B. व्यंजन संधि
C. विसर्ग संधि D. इनमें से कोई नहीं

13. निम्नलिखित शब्दों में से किसमें विसर्ग संधि है?
A. अतएव B. नरेन्द्र
C. सज्जन D. सदैव

उत्तरमाला

1	2	3	4	5	6	7	8	9	10
A	A	B	C	D	A	D	B	C	B
11	**12**	**13**							
A	C	A							

7

अनेकार्थी शब्द

1. निम्नलिखित में से कौन एक शब्द अनेकार्थी नहीं है?
   A. पत्र B. मुद्रा
   C. दंड D. पुस्तक
2. कौन-सा शब्द 'अर्क' का अनेकार्थी नहीं है?
   A. सूर्य B. प्रकाश किरण
   C. आक का पेड़ D. ज्वाला
3. कौन-सा शब्द 'पत्र' शब्द का अनेकार्थी नहीं है?
   A. पत्ता B. चिट्ठी
   C. कागज D. पुष्प
4. निम्नलिखित में कौन-सा शब्द 'फल' शब्द का अनेकार्थी शब्द नहीं है?
   A. परिणाम B. हल्का
   C. प्रभाव D. रसयुक्त
5. निम्नलिखित में एक शब्द 'घन' का अनेकार्थी शब्द नहीं है–
   A. बादल B. घना
   C. घनिष्ठ D. हथौड़ा
6. निम्न में से कौन-सा शब्द 'रस' का अनेकार्थी शब्द नहीं है?
   A. रूप B. स्वाद
   C. पानी D. पारा
7. निम्नलिखित शब्दों में कौन एक 'वर' का अनेकार्थी नहीं है?
   A. श्रेष्ठ B. बरदान
   C. पति D. सुवर्ण
8. निम्नलिखित शब्दों में कौन-सा शब्द 'द्विज' का अनेकार्थी नहीं है?
   A. चन्द्रमा B. पक्षी
   C. दाँत D. सिंह
9. इनमें से कौन-सा शब्द 'अम्बर' का अनेकार्थी है?
   A. गगन B. पृथ्वी
   C. चन्द्रमा D. वायु
10. निम्नलिखित विकल्पों में से 'मत्सर' शब्द का अनेकार्थी रूप चुनिए–
    A. क्रोध B. राग
    C. द्वेष D. ईर्ष्या

निर्देश (प्र.सं. 11 से 13 तक): *इन प्रश्नों में प्रत्येक में चार शब्द दिए गए हैं जिनमें से तीन अनेकार्थक शब्द की श्रेणी में आते हैं। जो शब्द इस श्रेणी में नहीं आता है, उसका चयन कीजिए–*

11. A. अम्बर B. वस्त्र
    C. आकाश D. किरण
12. A. मधु B. शहद
    C. दूध D. शराब
13. A. इन्द्र B. सिंह
    C. ब्राह्मण D. सूर्य

उत्तरमाला

1	2	3	4	5	6	7	8	9	10
D	C	D	B	C	A	D	D	A	A
11	**12**	**13**							
B	C	B							

4

शब्दार्थ

निर्देश (प्र.सं. 1 से 32 तक): *नीचे दिए गए शब्दों के अर्थ को व्यक्त करने वाले सही विकल्प का चयन कीजिए—*

1. वलय
A. वृक्ष की छाल B. मृग छाल
C. घेरा D. आवरण

2. सम्पुट
A. मिश्रण B. बंधी हुई अंजलि
C. पिटारी D. मन्जूषा

3. प्रभंजन
A. अंजन B. तोड़-फोड़
C. खण्ड-खण्ड D. तेज वायु

4. पुष्कल
A. जायफल B. पुण्यफल
C. बहुत-सा D. हरा-भरा

5. प्रत्यागमन
A. परिक्रमा करना B. प्रतिरोध करना
C. बार-बार आना D. वापस आना

6. परिवाद
A. विवाद B. सम्वाद
C. निन्दा D. परिवारवाद

7. शबनम
A. शीत B. ओस
C. पाला D. कोहरा

8. नैसर्गिक
A. प्राकृतिक B. स्वर्गिक
C. पारम्परिक D. स्वर्णिम

9. अस्मिता
A. आत्म प्रशंसा B. अहंता
C. स्वार्थ D. स्वाभिमान

10. कष्ट
A. खेद B. शारीरिक असुविधा
C. दुःख D. शोक

11. कतिपय
A. अनेक B. शायद
C. थोड़ा D. कुछ

12. अपेक्षाकृत
A. अपेक्षा करके
B. किसी से अपेक्षा न करके
C. किसी से अपेक्षा करके
D. तुलना

13. अनल
A. आग B. पानी
C. धरती D. हवा

14. अनुगृहीत
A. कृपा का आभार मानने वाला
B. कृपा का आभार न मानने वाला
C. जो कृपा का पात्र न हो
D. जो सबसे कृपा का व्यवहार करे

15. उऋण
A. ऋणी B. कर्जदार
C. ऋणमुक्त D. इनमें से कोई नहीं

16. उर्मि
A. लहर B. भ्राति
C. समूह D. वेदना

17. रज्जु
A. मछली B. मेंढक
C. रस्सी D. घोड़ा

18. सतीर्थ्य
A. सतीत्व B. तीर्थसहित
C. तीर्थ के योग्य D. सहपाठी

19. चन्द्रहास
A. चाँदनी के समान हास वाला
B. तलवार
C. उदीयमान चन्द्र
D. चन्द्र का उपहास

20. वर्णिलिंगी
A. वर्ण एवं लिंग
B. वर्ण एवं लिंग वाला
C. ब्रह्मचारी के वेशवाला
D. शिव

21. कृतान्त
A. जिसका अन्त कर दिया गया
B. जिसने अन्त कर दिया
C. कृतार्थ
D. दैव

22. कृतघ्न
A. जो उपकार नहीं करता
B. जो किए हुए उपकार को नहीं मानता
C. जो शत्रु को जीत लेता है
D. जो मित्रता को नहीं मानता

23. गतानुगतिक
A. प्राचीन आदर्श के अनुसार चलने वाला
B. पीछे चलने वाला
C. अनुसरण करने वाला
D. गत को नहीं मानने वाला

24. अद्रि
A. दुःख B. गीला
C. व्यर्थ D. पर्वत

25. ऐहिक
A. दीवाना B. सांसारिक
C. एक रोग D. पागल

26. जिजीविषा
A. आय का स्रोत B. जीवित रहने की इच्छा
C. किसी से प्रेम करना D. किसी से घृणा करना

27. आभ्यांतर
A. किसी वस्तु की आभा
B. किसी वस्तु का बाहरी भाग
C. किसी वस्तु का भीतरी भाग
D. किसी वस्तु से भिन्न

28. निर्वात
A. भ्रम B. विवाद रहित
C. बिना हवा वाला D. बुराई

29. आवर्त
A. गोल B. ढक्कन
C. चाँदनी D. भँवर

30. अधिरथ
A. रथ हाँकने वाला B. रथ बनाने वाला
C. कोषाध्यक्ष D. चौकीदार

31. प्लवग
A. बन्दर B. मेंढक
C. पक्षी D. पानी

32. स्वयंभू
A. स्वावलम्बी B. स्वतः उत्पन्न
C. सर्वश्रेष्ठ D. सर्वोपरि

उत्तरमाला

1	2	3	4	5	6	7	8	9	10
C	B	D	C	D	C	B	A	B	B
11	**12**	**13**	**14**	**15**	**16**	**17**	**18**	**19**	**20**
D	D	A	A	C	A	C	D	B	C
21	**22**	**23**	**24**	**25**	**26**	**27**	**28**	**29**	**30**
B	B	B	D	B	B	C	C	D	A
31	**32**								
A	B								

9

संज्ञा, सर्वनाम, विशेषण

1. 'सभी श्रोता **यथास्थान** बैठे थे।' व्याकरण की दृष्टि से इस वाक्य में गहरा छपा पद 'यथास्थान' क्या है?
   A. अव्यय B. संज्ञा
   C. क्रिया विशेषण D. विशेषण
2. जिन शब्दों में एक ही प्रकार की वस्तुओं अथवा व्यक्तियों का बोध हो, उन्हें कहते हैं—
   A. समूहवाचक संज्ञा B. व्यक्तिवाचक संज्ञा
   C. जातिवाचक संज्ञा D. भाववाचक संज्ञा
3. निम्नलिखित में कौन-सा शब्द पुल्लिंग है?
   A. शिक्षा B. चर्चा
   C. अर्चना D. पर्चा
4. क्रिया के रूप हैं—
   A. अनुकर्मक व अकर्मक
   B. अकर्मक व अभिकर्मक
   C. अनुकर्मक व अभिकर्मक
   D. सकर्मक व अकर्मक
5. स्त्रीलिंग शब्द है—
   A. पुराण B. पोथी
   C. काव्य D. ग्रंथ
6. 'हृदय' का विशेषण है—
   A. हृदयेश B. हार्दिक
   C. हृदयी D. इनमें से कोई नहीं
7. 'बुढ़ापा' शब्द व्याकरण के किस संज्ञा भेद से संबद्ध है?
   A. जातिवाचक संज्ञा B. भाववाचक संज्ञा
   C. व्यक्तिवाचक संज्ञा D. इनमें से कोई नहीं
8. सर्वनाम के भेद हैं—
   A. छः B. पाँच
   C. तीन D. आठ
9. जो विशेषण किसी वस्तु की मात्रा, वजन, नाप-तौल का बोध कराते हैं, उन्हें कहते हैं—
   A. सार्वनामिक विशेषण
   B. गुणवाचक विशेषण
   C. परिमाणवाचक विशेषण
   D. संख्यावाचक विशेषण
10. 'ब्राह्मणत्व' शब्द है—
   A. जातिवाचक संज्ञा B. भाववाचक संज्ञा
   C. समूहवाचक संज्ञा D. इनमें से कोई नहीं
11. संज्ञा या सर्वनाम के जिस रूप से क्रिया करने वाले का बोध हो वह है—
   A. अधिकरण कारक B. कर्त्ताकारक
   C. सम्बोधन कारक D. कर्मकारक
12. "यह काम मैं आप कर लूँगा" पंक्तियों में 'आप' है—
   A. सम्बन्धवाचक सर्वनाम
   B. निजवाचक सर्वनाम
   C. निश्चयवाचक सर्वनाम
   D. पुरुषवाचक सर्वनाम
13. निम्नलिखित में से कौन-सा स्त्रीलिंग में प्रयुक्त होता है?
   A. ऋतु B. पंडित
   C. हंस D. आचार्य
14. निम्नलिखित में से स्पर्श व्यंजन है—
   A. श B. छ
   C. ल D. ह
15. सर्वनाम में किस कारक का प्रयोग नहीं होता है?
   A. सम्बन्ध B. सम्बोधन
   C. सम्प्रदान D. अपादान

16. "तुम्हारे घर उस दिन, जिसे मैंने देखा, वह कौन था?"
इस वाक्य में प्रश्नवाचक सर्वनाम है–
A. उस B. जिसे
C. कौन D. तुम्हारे

17. 'में' विभक्ति किस कारक की है?
A. सम्बोधन B. अधिकरण
C. सम्बन्ध D. कर्म

18. 'प्रशंसा' शब्द व्याकरणिक पद की दृष्टि से है–
A. गुणवाचक विशेषण
B. भाववाचक संज्ञा
C. जातिवाचक विशेषण
D. व्यक्तिवाचक संज्ञा

19. निम्न विकल्पों में से सकर्मक क्रिया का चयन कीजिए–
A. लेटना B. छूटना
C. पिघलना D. तड़पना

20. 'मानव' शब्द के लिए उपयुक्त भाववाचक संज्ञा का चयन कीजिए–
A. मनस्वी B. मानवता
C. मनुष्यत्व D. आदमीयत

21. निम्नलिखित में से कौन एक संयुक्त व्यंजन नहीं है?
A. क्ष B. ष
C. त्र D. ज्ञ

22. सम्बन्ध कारक का चिह्न है–
A. में, पर B. के लिए
C. -रा, -रे, -री D. से

23. तालव्य व्यंजन है–
A. च, छ, ज, झ B. ट, ठ, ड, ढ
C. त, थ, द, ध D. प, फ, ब, भ

24. य, र, ल, व – किस वर्ग के व्यंजन हैं?
A. तालव्य B. ऊष्म
C. अन्तःस्थ D. ओष्ठ्य

25. निम्न में से कौन जातिवाचक संज्ञा का उदाहरण है?
A. मालिनी B. स्त्री
C. सेना D. बचपन

26. "जो जैसा करेगा, वह वैसा भरेगा" वाक्य का सम्बन्ध किस सर्वनाम से है?
A. निजवाचक B. सम्बन्धवाचक
C. निश्चयवाचक D. पुरुषवाचक

27. 'ओ, औ' किस प्रकार के अर्थ हैं?
A. तालव्य B. मूर्धन्य
C. दन्तोष्ठ्य D. कंठोष्ठ्य

28. निम्नलिखित ईकारान्त शब्दों में एक पुल्लिंग है, उसे चयनित कीजिए–
A. पानी B. नदी
C. रोटी D. बकरी

29. 'लृट्' लकार किस काल का बोधक है?
A. वर्तमान काल का B. भूतकाल का
C. भविष्यत् काल का D. किसी काल का नहीं

30. निम्नलिखित शब्दों में किस एक का लिंग परिवर्तन हिन्दी भाषा में प्रचलित नहीं है?
A. चाचा B. बहन
C. कोयल D. भैंसा

उत्तरमाला

1	2	3	4	5	6	7	8	9	10
A	C	D	D	B	B	B	A	C	B
11	**12**	**13**	**14**	**15**	**16**	**17**	**18**	**19**	**20**
B	B	A	B	B	C	B	A	B	B
21	**22**	**23**	**24**	**25**	**26**	**27**	**28**	**29**	**30**
B	C	A	C	B	B	D	A	C	C

10

वर्तनी की त्रुटियाँ

निर्देशः *नीचे प्रत्येक प्रश्न में A, B और C अक्षरांक में तीन शब्द दिए गए हैं। जिनमें से एक में वर्तनी सम्बन्धी त्रुटि हो सकती है। उस त्रुटियुक्त शब्द का अक्षरांक ही आपका उत्तर होगा। यदि तीनों शब्दों की वर्तनी सही है तो उत्तर दीजिए D अर्थात् 'सभी सही हैं'।*

1. A. अप्रयुक्त B. अतीषयोक्ति
C. अशोध्य D. सभी सही हैं

2. A. अभ्युक्ति B. इष्टतम
C. अपुरित D. सभी सही हैं

3. A. उत्तरजिवीता B. प्रारक्षित
C. क्षैतिज D. सभी सही हैं

4. A. आस्थगित B. आतिथ्य
C. अंतरिम D. सभी सही हैं

5. A. किफायत B. परिस्थिति
C. असिंचीत D. सभी सही हैं

6. A. तात्पर्य B. महोत्सव
C. कृशक D. सभी सही हैं

7. A. लक्षण B. व्यंजन
C. पगडंडी D. सभी सही हैं

8. A. स्थानापन्न B. व्यावशयिक
C. कोशिका D. सभी सही हैं

9. A. दांडधिकारी B. प्राधिकरण
C. आदित्य D. सभी सही हैं

10. A. गोपनीयता B. कार्यवाही
C. उत्रदायित्व D. सभी सही हैं

11. A. चूल्लु B. जीविका
C. ठिठोली D. सभी सही हैं

12. A. नजरिया B. पंडीताइ
C. फरियादी D. सभी सही हैं

13. A. प्रकाशकीय B. फाल्गुन
C. भोतिक D. सभी सही हैं

14. A. हौसला B. स्वीकृति
C. व्यवासायिक D. सभी सही हैं

15. A. फलित B. बटोही
C. भजनीक D. सभी सही हैं

16. A. अनामिष B. अपरिहार्य
C. किफायती D. सभी सही हैं

17. A. गोधुलि B. चांचल्य
C. जिजीविषु D. सभी सही हैं

18. A. तितिक्षा B. दखलंदाजी
C. दिप्ति D. सभी सही हैं

19. A. नजदिकी B. नियोक्ता
C. परिणीता D. सभी सही हैं

20. A. पुनीत B. प्रख्यापीत
C. फरोख्त D. सभी सही हैं

21. A. अद्भुत B. व्यंग्य
C. अदृश्य D. सभी सही हैं

22. A. लक्षण B. महात्मन
C. कर्तज्ञ D. सभी सही हैं

23. A. गझिन B. आशय
C. निशपादन D. सभी सही हैं

24. A. उत्तरीय　B. स्थान्नापन
C. कुंभ　D. सभी सही हैं

25. A. न्ययाधिश　B. पुरस्कृत
C. वारिद　D. सभी सही हैं

26. A. चिनाई　B. तंबूल
C. ठिठोली　D. सभी सही हैं

27. A. अगड़ाइ　B. गठीला
C. खिलाफ　D. सभी सही हैं

28. A. सूरत　B. वैधव्य
C. लतीका　D. सभी सही हैं

29. A. इति　B. अखिलेश
C. खेरात　D. सभी सही हैं

30. A. चमत्कृत　B. जिल्द
C. तमोली　D. सभी सही हैं

31. A. प्रहसन　B. तात्पर्य
C. पाणिगृहण　D. सभी सही हैं

32. A. मस्तिष्क　B. प्रोत्साहन
C. क्रियाविधि　D. सभी सही हैं

33. A. विचारणीय　B. क्रन्दन
C. पर्यावर्ण　D. सभी सही हैं

34. A. विसतृत　B. वाग्विलास
C. तात्कालिक　D. सभी सही हैं

35. A. दृष्टांत　B. रूढ़ि
C. सूचि　D. सभी सही हैं

उत्तरमाला

1	2	3	4	5	6	7	8	9	10
B	C	A	A	C	C	D	B	A	C
11	**12**	**13**	**14**	**15**	**16**	**17**	**18**	**19**	**20**
A	B	C	C	C	A	A	C	A	B
21	**22**	**23**	**24**	**25**	**26**	**27**	**28**	**29**	**30**
D	C	C	B	A	B	A	C	C	D
31	**32**	**33**	**34**	**35**					
C	D	C	A	C					

सामान्य सचेतता
(GENERAL AWARENESS)

भारतीय इतिहास

प्राचीन भारत

हड़प्पा सभ्यता

- सिंधु सभ्यता की खोज 1921 ई. में दयाराम साहनी ने की।
- सिंधु घाटी की सभ्यता का नामकरण, हड़प्पा नामक स्थान, जहाँ यह संस्कृति पहली बार खोजी गई थी, के नाम पर हड़प्पा संस्कृति भी किया गया है।
- हड़प्पा संस्कृति का काल निर्धारण लगभग 2600 और 1900 ई.पू. के बीच किया गया है।
- हड़प्पा संस्कृति का भौगोलिक विस्तार वृहद था। यह उत्तर में कश्मीर के माण्डा से दक्षिण में ताप्ती नदी के मुहाने पर स्थित भगतराव तथा पश्चिम में बलूचिस्तान के सुत्कागेंडोर से पूर्व में पश्चिमी उत्तर प्रदेश के आलमगीरपुर तक विस्तृत है।
- भारत में हड़प्पा सभ्यता के सर्वाधिक क्षेत्र गुजरात, राजस्थान, हरियाणा तथा पंजाब में प्राप्त हुए हैं।
- हड़प्पा सभ्यता नगरीय सभ्यता थी जहाँ नियोजित जल-निकास प्रणाली भी विकसित थी।
- नगर दो भागों में विभाजित हैं–ऊपरी तथा निम्न भाग। ऊपरी भाग दुर्गीकृत है जिसमें राजकीय इमारतें, खाद्य भंडार गृह एवं स्नानागार आदि निर्मित हैं तथा निम्न भाग में सामान्य बस्ती अवस्थित थी।
- कालीबंगन से जुते हुए खेत का साक्ष्य मिला है जबकि बनावली (हरियाणा) से मिट्टी से बने हल के प्रतिरूप मिले हैं।
- अग्निकुंड लोथल एवं कालीबंगन से प्राप्त हुए हैं।
- अफगानिस्तान में शोर्तुघई नामक हड़प्पा स्थल से नहरों के कुछ अवशेष मिले हैं।
- धौलावीरा से जलाशय के अवशेष मिले हैं।
- मोहनजोदड़ो जिसका सिंधी भाषा में अर्थ 'मृतकों का टीला' है, की खोज सर्वप्रथम 1922 ई. में राखलदास बनर्जी ने की थी।
- हड़प्पा सभ्यता का प्रमुख स्थल लोथल गुजरात के काठियावाड़ में स्थित है। इसकी खोज डॉ. एस.आर. राव ने की थी। यह भोगवा नदी के तट पर स्थित था।
- लोथल एक प्रमुख बंदरगाह नगर था तथा यहाँ से फारस की मुहरें तथा युग्म शवाधान के साक्ष्य मिले हैं।
- हड़प्पा की मुहरों पर सबसे अधिक एकशृंगी पशु का अंकन मिलता है।
- मनका निर्माण की कर्मशाला चन्हुदड़ो और लोथल में प्राप्त हुई है।

वैदिक काल

- आर्यों की सामाजिक-सांस्कृतिक तथा आर्थिक व्यवस्था वैदिक संस्कृति के रूप में जानी जाती है। आर्यों के बारे में जानकारी मुख्यतः वेदों–ऋग्वेद, यजुर्वेद, सामवेद एवं अथर्ववेद से मिलती है।
- वैदिक काल को दो भागों में विभाजित किया जाता है–ऋग्वैदिक काल (1500-1000 ई.पू.) और उत्तर वैदिक काल (1000-600 ई.पू.)।
- आर्यों के निवास के विस्तृत क्षेत्र को 'सप्तसैन्धव' प्रदेश कहा गया। इस क्षेत्र में सात प्रमुख नदियाँ प्रवाहित हैं। ये नदियाँ हैं–सिंधु, सतलज, रावी, चिनाब, झेलम, व्यास तथा सरस्वती।
- आर्यों की प्रशासनिक इकाई आरोही क्रम से अग्रलिखित पाँच भागों में बंटी थी–कुल, ग्राम, विश, जन, राष्ट्र।
- सभा, समिति तथा विदथ जनप्रतिनिधि संस्थाएँ थीं। इन संस्थाओं में राजनीतिक, सामाजिक, धार्मिक तथा आर्थिक प्रश्नों पर विचार किया जाता था।
- इन्द्र ऋग्वैदिक आर्यों का सबसे महत्वपूर्ण देवता था जिसे पुरन्दर कहा गया है। वरुण, सूर्य, मित्र, अग्नि, इत्यादि अन्य प्रमुख देवता थे।
- गायत्री-मंत्र का उल्लेख ऋग्वेद में मिलता है।
- ऋग्वेद के 10वें मंडल के पुरुषसूक्त में चतुर्वर्ण–ब्राह्मण, क्षत्रिय, वैश्य और शूद्र की उत्पत्ति के उल्लेख मिलते हैं।
- आर्यों का मुख्य व्यवसाय कृषि एवं पशुपालन था।
- **उत्तर वैदिक काल** में आर्यों ने स्थायी जीवन व्यतीत करना प्रारंभ कर दिया था। इस समय आर्य मुख्य रूप से गंगा-यमुना दोआब में फैल गए थे।
- आर्यों ने पशुपालन की जगह कृषि कार्य को जीवन का प्रमुख आधार बनाया।
- चित्रित धूसर-मृद्भाण्ड तथा धातुओं में लोहा इस काल की प्रमुख विशिष्टता है।

- उत्तर वैदिक काल में राजा का पद वंशानुगत होने लगा। शासकों ने राजसूय, वाजपेय तथा अश्वमेध यज्ञों के माध्यम से अपनी शक्ति में वृद्धि की।
- गोत्र नामक संस्था का उदय उत्तर वैदिक काल में हुआ।

जैन धर्म

- जैन धर्म के संस्थापक ऋषभदेव थे।
- जैन परंपरा के अनुसार जैन धर्म में कुल 24 तीर्थंकर हुए।
- जैन धर्म के 23वें तीर्थंकर पार्श्वनाथ थे।
- जैन धर्म के मुख्य प्रवर्तक तथा 24वें तीर्थंकर महावीर स्वामी थे।
- महावीर ने तीस वर्ष की अवस्था में गृह त्याग दिया तथा 12 वर्षों की कठिन तपस्या के बाद ऋजुपालिका नदी के तट पर ज्रम्भिक ग्राम में उन्हें ज्ञान प्राप्त हुआ, जिसके बाद उन्हें 'जिन', निर्ग्रंथ, अर्हत तथा केवलिन कहा गया।
- महावीर से पहले पार्श्वनाथ ने चार जैन-सिद्धांत दिए थे। ये हैं–सत्य, अहिंसा, अपरिग्रह तथा अस्तेय। महावीर ने इसमें पाँचवाँ सिद्धांत 'ब्रह्मचर्य' जोड़ा।
- महावीर की मृत्यु के बाद जैन संघ दो भागों में विभाजित हुआ– दिगम्बर (भद्रबाहु के समर्थक) तथा श्वेताम्बर (स्थूलभद्र के समर्थक)।
- जैन धर्म पुनर्जन्म एवं कर्मवाद में विश्वास करता था।
- जैन धर्म के अनुसार मोक्ष के लिए तीन तत्वों का होना जरूरी है। ये हैं–
  - ❑ सम्यक दर्शन
  - ❑ सम्यक ज्ञान
  - ❑ सम्यक कर्म या सम्यक आचरण
- जैन धर्म में ईश्वर की मान्यता नहीं है।

बौद्ध धर्म

- महात्मा बुद्ध का जन्म 563 ई.पू. में कपिलवस्तु के निकट लुम्बिनी में हुआ था।
- गौतम बुद्ध का विवाह 16 वर्ष की आयु में यशोधरा से हुआ था। इनके पुत्र का नाम राहुल था।
- पुत्र जन्म के कुछ समय पश्चात् ही 29 वर्ष की अवस्था में उन्होंने गृह त्याग दिया।
- आलार कलाम बुद्ध के प्रथम गुरू थे।
- निरंजना नदी (गया) के तट पर उरूवेला नामक स्थान पर वैशाख पूर्णिमा के दिन सिद्धार्थ को ज्ञान की प्राप्ति हुई जिसके बाद वे बुद्ध कहलाए।
- बुद्ध ने निर्वाण (मोक्ष) प्राप्ति के लिए निम्न अष्टांगिक मार्ग बताए–

1.	सम्यक दृष्टि	2.	सम्यक संकल्प
3.	सम्यक वाणी	4.	सम्यक कर्म
5.	सम्यक आजीविका	6.	सम्यक व्यायाम
7.	सम्यक स्मृति	8.	सम्यक समाधि

- बौद्ध ग्रंथों में सबसे महत्वपूर्ण त्रिपिटक है।

त्रिपिटक

- ❑ **सुत्तपिटक**–इसमें बौद्ध धर्म के सिद्धांतों का उल्लेख है
- ❑ **विनयपिटक**–इसमें बौद्ध संघ के नियमों की व्याख्या की गई है।
- ❑ **अभिधम्मपिटक**–इसमें बौद्ध दर्शन पर प्रकाश डाला गया है।

- महात्मा बुद्ध के महापरिनिर्वाण के बाद बौध धर्म कई सम्प्रदाय में विभक्त हो गया। इनमें प्रमुख हैं–हीनयान तथा महायान
- हीनयान महात्मा बुद्ध के दर्शन तथा सिद्धांतों में विश्वास करने वाला सम्प्रदाय था, जबकि महायान सम्प्रदाय को मानने वाले बुद्ध के साथ बोधिसत्वों के जीवन तथा सिद्धांतों में भी विश्वास रखते थे।
- कालान्तर में बौद्ध धर्म में तांत्रिक विचारधारा का भी प्रवेश हुआ जिसके प्रभाव में 'वज्रयान' सम्प्रदाय अस्तित्व में आया

महाजनपद काल

- आरंभिक भारतीय इतिहास में छठी शताब्दी ई.पू. में 16 महाजनपदों का उदय हुआ। बौद्ध ग्रंथ अंगुत्तर निकाय में पहली बार 16 महाजनपदों की चर्चा मिलती है।
- अधिकांश महाजनपदों पर राजा का शासन होता था लेकिन गण और संघ के नाम से प्रसिद्ध राज्यों में कई लोगों का समूह शासन करता था, इस समूह का प्रत्येक व्यक्ति राजा कहलाता था भगवान महावीर और भगवान बुद्ध इन्हीं गणों से सम्बन्धित थे

महाजनपदों की स्थिति

क्र.स.	महाजनपद	राजधानी	क्र.स.	महाजनपद	राजधानी
1.	मगध	राजगृह	9.	वत्स	कौशाम्बी
2.	अवन्ति	उज्जयिनी	10.	कुरू	हस्तिनापुर
3.	वज्जि	वैशाली	11.	मत्स्य	विराटनगर
4.	कोसल	श्रावस्ती	12.	पांचाल	अहिच्छत्र
5.	काशी	वाराणसी	13.	शूरसेन	मथुरा
6.	अंग	चम्पा	14.	गान्धार	तक्षशिला
7.	मल्ल	कुशीनारा	15.	कम्बोज	राजपुर
8.	चेदि	शुक्तिमती	16.	अश्मक	पोतन

- छठी से चौथी शताब्दी ई.पू. में मगध सबसे शक्तिशाली महाजनपद बन गया।
- मगध पर शासन करने वाला शासकीय वंश हर्यक वंश था। इसके बाद शिशुनाग तथा नन्द वंश ने शासन किया। नन्दों को समाप्त कर मौर्य वंश ने शासन आरंभ किया।

मौर्य साम्राज्य

- 322 ई.पू. में चंद्रगुप्त मौर्य ने मौर्य साम्राज्य की स्थापना की।
- चन्द्रगुप्त मौर्य जैन धर्म का अनुयायी था।
- चंद्रगुप्त ने 305 ई.पू. में यूनानी शासक सेल्यूकस के साथ संधि की। संधि शर्तों के अनुसार सेल्यूकस ने 500 हाथियों के बदले चार प्रांत काबुल, कन्धार, हेरात एवं मकरान चंद्रगुप्त को दिए।
- सेल्यूकस ने चन्द्रगुप्त के दरबार में अपने राजदूत मेगस्थनीज की नियुक्ति की।
- मेगस्थनीज ने पाटलिपुत्र में रहते हुए इण्डिका की रचना की।
- चन्द्रगुप्त का उत्तराधिकारी बिन्दुसार बना।
- बिंदुसार के शासनकाल में तक्षशिला में दो विद्रोह हुए प्रथम को अशोक ने दबाया तथा दूसरे विद्रोह को सुसीम ने दबाया।

अशोक

- बिंदुसार का उत्तराधिकारी अशोक था जो 272 ई.पू. में मगध का शासक बना।
- अशोक शासक बनने से पूर्व उज्जयिनी तथा तक्षशिला का गवर्नर था।
- 261 ई.पू. में अशोक ने कलिंग पर आक्रमण किया। कलिंग युद्ध में व्यापक हिंसा से उसका मन द्रवित हो गया एवं उसने युद्ध विजय की जगह धम्म विजय की नीति अपनाई।
- अशोक बौद्ध धर्म का अनुयायी बन गया तथा उसके प्रचार-प्रसार में लग गया। अशोक ने अपने पुत्र महेंद्र तथा पुत्री संघमित्रा को बौद्ध धर्म के प्रचार के लिए श्रीलंका भेजा।
- अशोक ने 'धम्म' को नैतिकता से जोड़ा। इसके प्रचार-प्रसार के लिए उसने शिलालेखों को उत्कीर्ण कराया। इसकी प्रेरणा उसे ईरानी शासक देरियस प्रथम से मिली थी।
- अशोक के शिलालेख ब्राह्मी, ग्रीक, अरमाइक तथा खरोष्ठी लिपि में उत्कीर्ण हैं, जबकि सभी स्तम्भलेख प्राकृत भाषा में हैं।
- जेम्स प्रिंसेप ने 1837 ई. में अशोक के शिलालेखों को पढ़ने में सफलता प्राप्त की।
- धम्म का उल्लेख अशोक के भाब्रू शिलालेख में मिलता है।
- अशोक ने साँची, सारनाथ, तक्षशिला स्थित धर्म राजिका स्तूप का निर्माण करवाया था। उसने आजीवक संन्यासियों के लिए बाराबरी पहाड़ियों में सुदामा, कर्णचोपर व विश्व-झोपड़ी का निर्माण करवाया।

मौर्योत्तर काल

- मौर्योत्तर काल में कई विशिष्ट शासकों ने भारत के विभिन्न क्षेत्रों पर शासन किया, जिनमें पुष्यमित्र शुंग, खारवेल, गौतमीपुत्र शातकर्णी तथा कनिष्क प्रमुख थे।
- मौर्योत्तर काल में कला तथा संस्कृति का अत्यधिक विकास हुआ। मूर्तिकला की गान्धार, मथुरा तथा अमरावती शैली अस्तित्व में आई।
- मौर्य सेनापति **पुष्यमित्र शुंग** ने अंतिम मौर्य शासक वृहद्रथ की हत्या कर 184 ई.पू. में शुंग वंश की स्थापना की।
- शुंग वंश के शासनकाल में मनुस्मृति, विष्णुस्मृति तथा याज्ञवल्क्य स्मृति ग्रंथों की रचना हुई। इसी समय पतंजलि ने 'अष्टाध्यायी' पर टीका 'महाभाष्यम' लिखी।
- शुंग वंश का अन्तिम शासक देवभूति था, जिसकी हत्या कर उसके सेनापति वसुदेव ने कण्व वंश की स्थापना की।
- कण्व वंश के अंतिम शासक सुशर्मा को सातवाहन शासक सिमुक ने पराजित किया।

हिन्द-यूनानी शासक

- बैक्ट्रिया के शासक डेमेट्रियस ने भारत पर 190 ई.पू. में आक्रमण कर अफगानिस्तान, पंजाब, सिंध के बड़े भूभाग पर अधिकार कर शाकल को अपनी राजधानी बनाया। इसे हिन्द-यवन राज्य कहा गया।
- हिन्द-यूनानी शासकों में **मिनान्डर** का नाम प्रमुख है जिसने नागसेन से बौद्ध धर्म की दीक्षा ली जो मिलिन्दपन्हों ग्रंथ में संकलित है।
- भारत में सोने के सिक्के सर्वप्रथम 'हिन्द-यूनानी' शासकों ने ही जारी किए।

शक

- यूनानियों के बाद शक आए। शकों की पांच शाखाएं थीं और हर शाखा की राजधानी भारत और अफगानिस्तान में अलग-अलग भागों में थी।

- शकों का सबसे प्रतापी शासक **रूद्रदामन प्रथम** (130-150 ई.) था जिसका शासन गुजरात के बड़े भाग पर था। इसने काठियावाड़ की अर्धशुष्क सुदर्शन झील (मौर्यों द्वारा निर्मित) की मरम्मत करवाई।

कुषाण

- कुषाण वंश का संस्थापक कुजुल कडफिसस था। इसका उत्तराधिकारी विम कडफिसस था।
- विम कडफिसस ने कुषाण साम्राज्य का विस्तार किया तथा उत्तर भारत के वृहद क्षेत्र पर अधिकार स्थापित कर लिया।
- इस वंश का सबसे प्रसिद्ध शासक **कनिष्क** था। कुषाणों की एक राजधानी पुरूषपुर या पेशावर थी और दूसरी राजधानी मथुरा थी।
- कनिष्क ने 78 ई. अर्थात् अपने राज्याभिषेक के वर्ष में एक संवत् चलाया, जो शक संवत् कहलाता है, जिसे भारत सरकार द्वारा प्रयोग में लाया जाता है।

गुप्त साम्राज्य

- गुप्त वंश का संस्थापक श्रीगुप्त (240-280 ई.) को माना जाता है।
- चंद्रगुप्त प्रथम ने गुप्त सम्वत् की स्थापना 319-320 ई. में की थी।
- चंद्रगुप्त प्रथम के पश्चात् उसका पुत्र समुद्रगुप्त शासक बना। उसने स्वयं को लिच्छवी दौहित्र कहा।
- समुद्रगुप्त ने आर्यावर्त के 9 शासकों को और दक्षिणावर्त के 12 शासकों को पराजित किया। इन्हीं विजयों के कारण इसे भारत का नेपोलियन कहा जाता है।
- समुद्रगुप्त के बाद रामगुप्त शासक हुआ किन्तु वह एक दुर्बल शासक था। उसके बाद चन्द्रगुप्त द्वितीय शासक बना।
- चंद्रगुप्त द्वितीय (380-412 ई.) ने वैवाहिक सम्बन्धों और युद्ध विजय, दोनों प्रकार से गुप्त साम्राज्य का अत्यधिक विस्तार किया।
- चन्द्रगुप्त द्वितीय के शासन काल में उसकी प्रथम राजधानी पाटलिपुत्र और द्वितीय राजधानी उज्जयिनी थी।
- चंद्रगुप्त द्वितीय के शासनकाल में चीनी बौद्ध यात्री फाह्यान भारत आया था।
- चंद्रगुप्त द्वितीय के दरबार में नौरत्न थे–कालिदास, धनवन्तरि, क्षपणक, अमरसिंह, शंकु, बैताल भट्ट, घटकर्पर, वराहमिहिर और वररूचि।
- चंद्रगुप्त द्वितीय का उत्तराधिकारी कुमारगुप्त प्रथम था।
- कुमारगुप्त प्रथम (412-454 ई.) ने नालंदा विश्वविद्यालय की स्थापना की थी।
- स्कन्दगुप्त (454-467 ई.) गुप्त वंश का अंतिम महान शासक था।

गुप्तकाल में प्रशासन

- गुप्त साम्राज्य की सबसे बड़ी प्रादेशिक इकाई 'देश' थी, जिसके शासक को गोप्ता कहा जाता था। 'भुक्ति' एक दूसरी प्रादेशिक इकाई थी, जिसके शासक उपरिक कहलाते थे।
- भुक्ति के बाद विषय नामक प्रशासनिक इकाई होती थी जिसके प्रमुख विषयपति कहलाते थे।
- पुलिस विभाग का मुख्य अधिकारी 'दण्डपाशिक' कहलाता था
- कालिदास, हरिषेण, वीरसेन, विशाखदत्त आदि इस युग के प्रसिद्ध विद्वान थे। बौद्ध विद्वानों में असंग, वसुबन्धु, दिङ्नाग तथा धर्मपाल आदि प्रमुख थे।
- पुराणों की वर्तमान रूप में रचना गुप्तकाल में हुई थी। पंचतंत्र की रचना विष्णु शर्मा ने इसी युग में की।
- प्रशासन की सबसे छोटी इकाई ग्राम थी। ग्राम का प्रशासन ग्राम सभा द्वारा संचालित होता था। ग्राम-सभा का मुखिया ग्रामीक कहलाता था एवं अन्य सदस्य गहत्तर कहलाते थे।
- ग्राम समूहों की छोटी इकाई को पेठ कहा जाता था।
- संधि-विग्राहक सेना का मुख्य अधिकारी होता था।

विज्ञान

- गुप्तकाल में गणित, भौतिक विज्ञान, रसायन विज्ञान, धातु विज्ञान, ज्योतिष एवं चिकित्सा विज्ञान की बहुत उन्नति हुई
- दशमलव तथा शून्य का अन्वेषण गुप्तकाल में ही हुआ।
- आर्यभट्ट इस युग के प्रख्यात गणितज्ञ एवं खगोलशास्त्री थे आर्यभट्टीयम इनकी सुप्रसिद्ध रचना है, जिसमें अंकगणित बीजगणित तथा रेखागणित की विवेचना की गई है। आर्यभट्ट ने सूर्य सिद्धांत नामक ग्रंथ में यह प्रमाणित किया कि पृथ्वी सूर्य का चक्कर लगाती है।
- ब्रह्मगुप्त का 'ब्रह्मसिद्धांत' खगोलशास्त्र का एक प्रसिद्ध ग्रंथ है
- सुश्रुत और धनवन्तरि इस युग के प्रख्यात वैद्य थे।
- 'नवनीतकम' इस युग की प्रसिद्ध चिकित्सा पुस्तक है।

गुप्तोत्तर काल

- गुप्त वंश के पतन के बाद कई नये राजवंशों का उद्भव हुआ उनमें मैत्रक, मौखरि, पुष्यभूति, परवर्ती गुप्त और गौड़ प्रमुख हैं। इन राजवंशों में पुष्यभूति सबसे प्रमुख थे।

पुष्यभूति वंश

- पुष्यभूति वंश का संस्थापक पुष्यभूति था। इनकी राजधानी थानेश्वर थी।
- राज्यवर्द्धन की मृत्यु के बाद 606 ई. में 16 वर्ष की अवस्था में **हर्षवर्द्धन** थानेश्वर का शासक बना। इसने 'परमभट्टारक' की उपाधि धारण की। हर्ष को शिलादित्य के नाम से भी जाना जाता है।
- हर्षवर्द्धन के शासन की जानकारी बाणभट्ट की रचना हर्षचरित से मिलती है।
- हर्ष और पुलकेशिन-II के बीच नर्मदा नदी के तट पर युद्ध हुआ जिसमें हर्ष की पराजय हुई। इस युद्ध का वर्णन पुलकेशिन-II के एहोल अभिलेख में मिलता है।
- चीनी यात्री ह्वेनसांग हर्षवर्द्धन के शासनकाल में भारत आया।
- हर्ष स्वयं एक श्रेष्ठ साहित्यकार था। उसने प्रियदर्शिका, रत्नावली तथा नागानंद नामक तीन संस्कृत नाटक ग्रंथों की रचना की थी।

दक्षिण भारत के प्रमुख राजवंश

पल्लव वंश

- पल्लव वंश का संस्थापक सिंहविष्णु (575-600 ई.) था। इनकी राजधानी कांची थी।
- प्रसिद्ध लेखक भारवि जिन्होंने किरातार्जुनीयम की रचना की थी, सिंहविष्णु के दरबार में रहते थे।
- नरसिंहवर्मन प्रथम ने वातापीकोण्ड की उपाधि ली थी। इसके शासनकाल में ह्वेनसांग कांची आया था।
- नरसिंहवर्मन द्वितीय ने कांची में कैलाशनाथ मंदिर तथा महाबलीपुरम का शोर मंदिर बनवाया था।
- दशकुमारचरित के लेखक दण्डी नरसिंहवर्मन द्वितीय के दरबार में रहते थे।

चालुक्य वंश (वातापी)

- जयसिंह ने वातापी के चालुक्य-वंश की स्थापना की जिसकी राजधानी वातापी थी।
- वातापी के चालुक्य वंश के प्रमुख शासक थे—पुलकेशिन प्रथम, कीर्तिवर्मन, पुलकेशिन द्वितीय, विक्रमादित्य, विनयादित्य एवं विजयादित्य। इनमें सबसे प्रतापी राजा पुलकेशिन द्वितीय था।
- पल्लववंशी शासक नरसिंह वर्मन प्रथम ने पुलकेशिन द्वितीय को लगभग 642 ई. में परास्त किया और उसकी राजधानी वातापी पर अधिकार कर लिया।

चालुक्य वंश (कल्याणी)

- कल्याणी के चालुक्य वंश की स्थापना तैलप द्वितीय ने की थी।
- इस वंश का सबसे प्रतापी शासक विक्रमादित्य-VI था।
- विल्हण एवं विज्ञानेश्वर विक्रमादित्य-VI के दरबार में ही रहते थे।
- विज्ञानेश्वर ने मिताक्षरा की रचना की थी।
- विल्हण ने विक्रमांकदेवचरित की रचना की थी।

राष्ट्रकूट

- राष्ट्रकूट राजवंश का संस्थापक दन्तिदुर्ग (752 ई.) था। इसकी राजधानी मान्यखेत थी।
- राष्ट्रकूट वंश के प्रमुख शासक थे : कृष्ण प्रथम, ध्रुव, गोविन्द तृतीय, अमोघवर्ष, कृष्ण द्वितीय, इन्द्र तृतीय एवं कृष्ण तृतीय।
- ध्रुव राष्ट्रकूट वंश का पहला शासक था, जिसने कन्नौज पर अधिकार करने हेतु त्रिपक्षीय संघर्ष में भाग लिया और प्रतिहार नरेश वत्सराज एवं पाल नरेश धर्मपाल को पराजित किया।
- ऐलोरा एवं ऐलिफेंटा में गुहामंदिरों का निर्माण राष्ट्रकूटों के समय में हुआ।

चोल

- नौवीं शताब्दी में चोल शक्ति का पुनरुत्थान विजयालय (850 ई.) ने किया। इसकी राजधानी तंजौर थी।
- आदित्य चोल ने पल्लव शासक अपराजित को हराकर तोण्डमण्डल पर अधिकार कर लिया और 'मदुरैकोण्ड' की उपाधि धारण की।
- परान्तक प्रथम ने श्रीलंका पर हमला किया तथा श्रीलंका के उत्तर-पूर्वी भाग पर आधिपत्य स्थापित किया।
- राजराज प्रथम ने श्रीलंका पर आक्रमण किया। वहाँ के राजा को पराजित कर एक नया प्रांत 'मुम्मिडचोलमंडलम' बनाया और पोलन्नरूवा को इसकी राजधानी बनाया।
- राजेन्द्र प्रथम ने बंगाल के पाल शासक महिपाल को पराजित करने के बाद गंगैकोण्ड चोल की उपाधि धारण की और नवीन राजधानी गंगैकोंडचोलपुरम के निकट चोलगंगम नामक विशाल तालाब का निर्माण करवाया।
- राजेन्द्र प्रथम ने शैलेंद्र शासक को पराजित कर जावा, सुमात्रा, मलय को जीता।
- चोल शासकों ने श्रेष्ठ नौ-सेना का निर्माण किया था।
- सम्पूर्ण चोल साम्राज्य 6 प्रांतों में विभक्त था। प्रांत को मंडलम कहा जाता था। मंडलम कोहम में, कोहम नाडु में एवं नाडु कई कुर्रमों में विभक्त था।
- स्थानीय स्वशासन चोल प्रशासन की मुख्य विशेषता थी।

पाल वंश

- पाल वंश का संस्थापक गोपाल था।

- गोपाल बौद्ध धर्म का अनुयायी था। इसने ओदन्तपुरी विश्वविद्यालय की स्थापना की।
- पालवंश का सबसे महान शासक धर्मपाल था जिसने विक्रमशिला विश्वविद्यालय की स्थापना की थी।
- कन्नौज के लिए त्रिपक्षीय संघर्ष पाल वंश, गुर्जर प्रतिहार वंश एवं राष्ट्रकूट वंश के बीच हुआ। इसमें पाल वंश की ओर से सर्वप्रथम धर्मपाल शामिल हुआ था।

सेन वंश

- बंगाल में सेनवंश की स्थापना सामन्त सेन ने राढ़ में की थी।
- सेन वंश की राजधानी नदिया (लखनौती) थी।
- सेन वंश के प्रमुख शासक विजय सेन, बल्लालसेन एवं लक्ष्मण सेन थे।
- सेन शासक बल्लालसेन ने दानसागर एवं अद्‌भुतसागर नामक ग्रंथ रचना की थी।
- लक्ष्मणसेन की राजसभा में गीतगोविन्द के लेखक जयदेव रहते थे।
- सेन राजवंश प्रथम राजवंश था, जिसने अपना अभिलेख सर्वप्रथम हिन्दी में उत्कीर्ण करवाया।

कश्मीर के राजवंश

- कश्मीर पर विभिन्न शासक वंशों ने क्रमानुसार शासन किया–कार्कोट वंश, उत्पल वंश, लोहार वंश।
- दुर्लभवर्द्धन ने 627 ई. में कश्मीर में कार्कोट वंश (हिंदू वंश) की स्थापना की। दुर्लभवर्द्धन के शासनकाल में ह्वेनसांग ने कश्मीर की यात्रा की थी।
- कार्कोट वंश का सबसे शक्तिशाली राजा ललितादित्य मुक्तापीड था। कश्मीर के मार्तण्ड मंदिर का निर्माण ललितादित्य ने करवाया था।
- कार्कोट वंश के बाद उत्पल वंश का शासन हुआ। अवन्तिवर्मन ने उत्पल वंश की स्थापना की थी।
- उत्पल वंश की रानी दिद्दा एक महत्वपूर्ण शासिका थी।
- लोहार वंश का संस्थापक संग्रामराज था।
- लोहार वंश का शासक हर्ष एक विद्वान साहित्यकार था। इसके दरबार में प्रख्यात कवि कल्हण रहता था।

राजपूत राजवंश

गुर्जर प्रतिहार वंश

- नागभट्ट प्रथम मालवा के गुर्जर प्रतिहार वंश का संस्थापक था।
- मिहिरभोज प्रतिहार वंश का सर्वाधिक शक्तिशाली एवं प्रतापी शासक था।
- मिहिरभोज की राजधानी कन्नौज थी।
- प्रसिद्ध कवि राजशेखर, प्रतिहार शासक महेन्द्रपाल के दरबार में रहते थे। राजशेखर ने काव्य मीमांसा लिखी थी।

चौहान वंश

- चौहान वंश का संस्थापक वासुदेव था। इनकी प्रारंभिक राजधानी अहिच्छत्र थी।
- अजयराज द्वितीय ने अजमेर नगर की स्थापना की और उसे राजधानी बनाया।
- चौहान वंश का सबसे शक्तिशाली शासक अर्णोराज का पुत्र विग्रहराज चतुर्थ वीसलदेव हुआ, जिसने हरिकेलि नामक संस्कृत नाटक की रचना की।
- पृथ्वीराज तृतीय इस वंश का अंतिम शासक था। चन्दबरदाई पृथ्वीराज तृतीय का राजकवि था, जिसकी रचना पृथ्वीराजरासो है।
- तराइन का प्रथम युद्ध 1191 में हुआ जिसमें पृथ्वीराज तृतीय की विजय एवं मुहम्मद गोरी की हार हुई।
- तराइन का द्वितीय युद्ध 1192 में हुआ, जिसमें गोरी की विजय एवं पृथ्वीराज तृतीय की हार हुई।

परमार वंश

- परमार वंश की स्थापना 9वीं शताब्दी में उपेन्द्र कृष्णराज ने की। इसकी राजधानी धारा नगरी (उज्जैन) थी।
- परमार वंश का सर्वाधिक शक्तिशाली शासक राजा भोज था।
- भोज ने चिकित्सा, गणित एवं व्याकरण पर अनेक ग्रंथ लिखे। भोजकृत युक्तिकल्पतरू में वास्तुशास्त्र के साथ-साथ विविध वैज्ञानिक यंत्रों व उनके उपयोग का उल्लेख है। इसने कविराज की उपाधि ग्रहण की थी।

चंदेल वंश

- 831 ई. में नन्नुक ने बुंदेलखंड में चंदेल वंश की स्थापना की थी। इसकी प्रारंभिक राजधानी कालिंजर (महोबा) थी।
- बुंदेलखण्ड का प्राचीन नाम जेजाकभुक्ति है।
- राजा धंग ने अपनी राजधानी कालिंजर से खजुराहो में स्थानान्तरित की थी। कंदरिया महादेव मंदिर का निर्माण धंग ने ही करवाया।
- चंदेल वंश का सबसे प्रतापी राजा यशोवर्मन था।
- यशोवर्मन ने कन्नौज पर आक्रमण कर प्रतिहार राजा देवपाल को हराया तथा उससे एक विष्णु की प्रतिमा प्राप्त की, जिसे उसने खजुराहो के विष्णु मंदिर में स्थापित किया।
- चंदेल शासक विद्याधर ही एकमात्र ऐसा भारतीय शासक था जिसने महमूद गजनवी की महत्वाकांक्षाओं का सफलतापूर्वक प्रतिरोध किया।
- आल्हा-ऊदल नामक दो सेनानायक परमर्दिदेव के दरबार में रहते थे, जिन्होंने पृथ्वीराज चौहान के साथ वीरतापूर्वक लड़ाई लड़ते हुए अपनी जान गँवाई थी।

मध्यकालीन भारत

- भारत पर आक्रमण करने वाला प्रथम मुस्लिम शासक मुहम्मद बिन कासिम था।
- मुहम्मद बिन कासिम के आक्रमण के समय सिन्ध का शासक दाहिर था। कासिम ने 712 ई. में सिंध पर विजय प्राप्त की। इसने मुल्तान को भी जीता।
- महमूद गजनवी खुरासान का शासक था।
- महमूद ने 1001 से 1027 ई. तक भारत पर 17 बार आक्रमण किए। उसके आक्रमण का उद्देश्य धन लूटना था।
- महमूद गजनवी का अंतिम आक्रमण 1027 ई. में जाटों के विरुद्ध था।
- महमूद गजनवी के दरबार में अलबरूनी, फिरदौसी, उत्बी तथा फारूखी आदि प्रसिद्ध कवि रहते थे।

मुहम्मद गोरी

- शिहाबुद्दीन मुहम्मद गोरी ने 1175 ई. में मुल्तान के विरुद्ध पहला आक्रमण किया।
- तराइन का प्रथम युद्ध 1191 में हुआ जिसमें मुहम्मद गोरी पृथ्वीराज चौहान से पराजित हुआ था।
- तराइन का द्वितीय युद्ध 1192 में हुआ, जिसमें मुहम्मद गोरी ने पृथ्वीराज चौहान को पराजित किया था।
- 1194 ई. में चन्दावर के युद्ध में मुहम्मद गोरी ने कन्नौज में गाहड़वाल शासक को पराजित किया था।
- बख्तियार खिलजी ने पूर्वी भारत पर आक्रमण किया तथा नालंदा एवं विक्रमशिला विश्वविद्यालयों को नष्ट किया।

दिल्ली सल्तनत

- 1206 से 1526 ई. तक भारत पर दिल्ली सल्तनत के शासकों ने शासन किया।

गुलाम वंश

- गुलाम वंश की स्थापना 1206 ई. में कुतुबुद्दीन ऐबक ने की।
- गुलाम वंश को इल्बरी, मामलूक तथा दासवंश के नाम से भी जाना जाता है।
- कुतुबुद्दीन ऐबक ने लाहौर को अपनी राजधानी बनाया।
- कुतुबुद्दीन को अपनी उदारता के कारण लाखबक्श कहा जाता था।
- कुतुबुद्दीन की मृत्यु के बाद उसका उत्तराधिकारी आरामशाह हुआ जो एक अयोग्य शासक साबित हुआ।
- आरामशाह की हत्या करके **इल्तुतमिश** 1211 ई. में दिल्ली की गद्दी पर बैठा।
- इल्तुतमिश इल्बरी तुर्क था। वह लाहौर से राजधानी को स्थानांतरित करके दिल्ली लाया।
- इल्तुतमिश ने चालीस तुर्क सरदारों का एक दल 'तुर्कान-ए-चहलगानी' बनाया।
- इल्तुतमिश ने कुतुबमीनार का निर्माण कार्य पूरा करवाया।
- इल्तुतमिश ने अपनी पुत्री **रजिया** को अपना उत्तराधिकारी नियुक्त किया था।
- रजिया एक योग्य शासक थी परन्तु गैर तुर्कों को सामंत बनाने के रजिया के प्रयासों से तुर्की अमीर उसके विरुद्ध हो गए तथा उसे सत्ता से हटा दिया गया।
- रजिया की हत्या 13 अक्टूबर, 1240 ई. को डाकुओं के द्वारा कैथल के पास कर दी गई।
- रजिया के बाद बहरामशाह, मसूदशाह तथा नासिरूद्दीन महमूद शासक बने।
- 1266 ई. में **ग्यासुद्दीन बलबन** दिल्ली की गद्दी पर बैठा। अपने विरोधियों के प्रति इसने 'लौह एवं रक्त' की नीति अपनाई।
- बलबन ने मंगोलों के आक्रमण से भारत की सफलतापूर्वक रक्षा की।

खिलजी वंश

- गुलाम वंश के शासन को समाप्त कर 1290 ई. में जलालुद्दीन फिरोज खिलजी ने खिलजी वंश की नींव डाली।
- जलालुद्दीन की हत्या कर 1296 ई. में अलाउद्दीन खिलजी ने शासन पर अधिकार कर लिया।
- अलाउद्दीन दिल्ली सल्तनत का सबसे प्रसिद्ध एवं सफल शासक था।
- अलाउद्दीन ने सैनिक एवं बाजार व्यवस्था में महत्वपूर्ण सुधार किए।

तुगलक वंश

- गाजी मलिक उर्फ गयासुद्दीन तुगलक ने 1320 ई. में दिल्ली में तुगलक वंश की स्थापना की।

- उसने दिल्ली के निकट तुगलकाबाद नामक नगर की स्थापना की।
- ग्यासुद्दीन प्रथम सुल्तान था जिसने नहरों का निर्माण करवाया।
- गयासुद्दीन की मृत्यु के बाद उसका पुत्र 'जूना खां' मुहम्मद-बिन-तुगलक' के नाम से सुल्तान बना।
- मुहम्मद-बिन-तुगलक के शासनकाल में योग्यता के आधार पर सरकारी पद प्रदान किए गए।
- मुहम्मद-बिन-तुगलक की मृत्यु के बाद तुर्की सरदारों ने फिरोजशाह तुगलक को सुल्तान बनाया। फिरोज की माता हिन्दू थी।
- फिरोज ने शरीयत के अनुसार स्वीकृत चार कर लगाए–खराज, खुम्स, जजिया तथा जकात।
- फिरोज ने ब्राह्मणों पर सर्वप्रथम जजिया कर लगवाया।
- उसने गरीबों की सहायता के लिए दीवान-ए-खैरात नामक दान विभाग की स्थापना की।
- फिरोज ने सिंचाई के लिए नहरों का निर्माण करवाया। उसने सिंचाई कर भी लगाया।
- फिरोज तुगलक ने लगभग 300 नये नगरों की स्थापना की जिनमें हिसार, फिरोजाबाद (दिल्ली), फतेहाबाद, फिरोजपुर आदि प्रमुख हैं।

सैय्यद वंश

- सैय्यद वंश का संस्थापक खिज्र खाँ था। इसने 1414 ई. में 'रैयत-ए-आला' की उपाधि के साथ शासन संभाला।
- सैय्यद वंश का प्रसिद्ध शासक मुबारकशाह था।
- मुबारक शाह के दरबार में याह्या अहमद सरहिन्दी रहते थे जिन्होंने तारीख-ए-मुबारक शाही की रचना की।
- सैय्यद वंश का अंतिम शासक अलाउद्दीन आलमशाह था।

लोदी वंश

- बहलोल लोदी ने 1451 ई. में लोदी वंश की स्थापना की। इसने गाजी की उपाधि ग्रहण की।
- बहलोल का पुत्र निजाम खाँ सिकन्दर लोदी के नाम से 1489 ई. में शासक बना।
- सिकन्दर लोदी ने 1504 ई. में आगरा शहर की स्थापना की।
- इसने आगरा को अपनी राजधानी बनाया।
- इसने भूमि की पैमाइश के लिए प्रामाणिक पैमाना 'गजे सिकन्दरी' का प्रचलन करवाया।
- 1517 ई. में सिकन्दर लोदी की मृत्यु के पश्चात् इब्राहिम लोदी शासक बना। वह दिल्ली सल्तनत का अंतिम शासक था।
- 21 अप्रैल, 1526 ई. में पानीपत की प्रथम लड़ाई में इब्राहिम लोदी बाबर से पराजित हुआ, जिसके पश्चात् लोदी वंश एवं दिल्ली सल्तनत का अंत हुआ।

प्रान्तीय राज्यों का उदय

जौनपुर

- जौनपुर की स्थापना फिरोजशाह तुगलक ने अपने भाई जौना खाँ की स्मृति में की थी।
- मलिक सरवर ने जौनपुर में शर्की वंश के शासन का आरंभ किया उसने मलिक-उस-शर्क की उपाधि ग्रहण की।

गुजरात

- जफरखाँ ने 1407 में सुल्तान मुजफ्फरशाह की उपाधि धारण कर स्वतन्त्र राज्य की स्थापना की।
- अहमदशाह ने 'अहमदाबाद' नगर बसाया एवं इसे अपनी राजधानी बनाया।
- महमूद बेगड़ा यहां का प्रसिद्ध शासक था।

विजयनगर (1336–1614 ई.)

- विजयनगर साम्राज्य की स्थापना हरिहर तथा बुक्का नामक दो भाइयों ने अपने गुरू विद्यारण्य की सहायता से की।
- हम्पी विजयनगर की राजधानी थी।
- विजयनगर पर चार वंशों ने शासन किया। ये हैं–संगम, सालुव, तुलुव तथा आरविडु।
- **कृष्णदेव राय** विजयनगर का सर्वाधिक प्रसिद्ध एवं सफल शासक था। वह 1509 ई. में शासक बना।
- कृष्णदेव राय ने तेलुगू भाषा में 'आमुक्तमाल्यद' की एवं संस्कृत में 'जाम्बवतीकल्याणम्' की रचना की। इसके दरबार में तेलुगू भाषा के आठ विद्वान जिन्हें 'अष्ट दिग्गज' कहा जाता था, रहते थे।
- 1565 ई. में अहमदनगर, बीजापुर, गोलकुण्डा तथा बीदर की संयुक्त सेना ने विजयनगर की सेना को तालीकोटा के युद्ध या 'राक्षसीतांगड़ी' के युद्ध में पराजित किया।

बहमनी साम्राज्य

- 1347 ई. में अलाउद्दीन बहमनशाह ने बहमनी साम्राज्य की स्थापना की तथा गुलबर्गा को अपनी राजधानी बनाया।
- अहमदशाह ने बीदर को बहमनी साम्राज्य की राजधानी बनाया।
- मुहम्मद तृतीय के शासनकाल में रूसी यात्री निकितिन बहमनी राज्य की यात्रा की थी।

- कालान्तर में बहमनी राज्य पांच स्वतंत्र राज्यों में विभक्त हो गया था जो निम्नलिखित हैं–

राज्य	स्थापना वर्ष	वंश	संस्थापक
बीजापुर	1489 ई.	आदिलशाही	युसुफ आदिलशाह
अहमदनगर	1490 ई.	निजामशाही	मलिक अहमद
बरार	1490 ई.	इमादशाही	फतेहउल्लाह इमादशाह
गोलकुण्डा	1512 ई.	कुतुबशाही	कुली कुतुबशाह
बीदर	1526 ई.	बरीदशाही	अमीर अली बरीद

धार्मिक आंदोलन

सूफी आंदोलन

- 1192 ई. में मुहम्मद गोरी के साथ ख्वाजा मुइनुद्दीन चिश्ती भारत आये। इन्होंने यहां 'चिश्तिया परंपरा' की स्थापना की।
- चिश्ती सिलसिला का प्रमुख केन्द्र अजमेर था।
- बख्तियार काकी, शेख सलीम चिश्ती तथा निजामुद्दीन औलिया चिश्ती संप्रदाय के प्रमुख संत थे।
- हजरत निजामुद्दीन औलिया ने अपने जीवनकाल में दिल्ली के सात सुल्तानों का शासन देखा।
- सूफियों के सुहरावर्दी सिलसिले की स्थापना शेख शिहाबुद्दीन उमर सुहरावर्दी ने की।
- बहाउद्दीन जकारिया सुहरावर्दी सिलसिले के प्रमुख संत थे।
- सत्तारी सिलसिले की स्थापना शेख अब्दुल सत्तारी ने की।
- मुहम्मद गौस भारत में कादरी सिलसिले के प्रवर्तक थे। ये संगीत के विरोधी थे।
- नक्शबंदी सिलसिले की स्थापना ख्वाजा उबेदुल्ला ने की थी। भारत में इसके प्रवर्तक बकी बिल्लाह थे।
- 'शेख अहमद सरहिन्दी' नक्शबंदी सिलसिले के प्रमुख संत थे।
- फिरदौसी सुहरावर्दी सिलसिले की एक शाखा थी। इस सिलसिले को शेख शरीफउद्दीन याह्या ने लोकप्रिय बनाया।

भक्ति आंदोलन

- मध्यकाल में भक्ति आंदोलन की शुरुआत सर्वप्रथम दक्षिण के आलवार भक्तों द्वारा की गई।
- उत्तर भारत में भक्ति आंदोलन को लाने का श्रेय 12वीं सदी में रामानंद को है।
- भक्ति आंदोलन का महत्वपूर्ण उद्देश्य हिन्दू धर्म एवं समाज में सुधार तथा इस्लाम एवं हिन्दू धर्म में समन्वय स्थापित करना था।
- रामानुजाचार्य ने विशिष्टाद्वैत दर्शन दिया।
- रामानंद ने जातिवाद पर कड़ा प्रहार किया। उनके शिष्यों में कबीर (जुलाहा), सेना (नाई), रैदास (चमार) आदि थे।
- गुरुनानक ने सिख धर्म की स्थापना की। इनकी वाणी 'गुरुग्रंथ साहिब' में संकलित हैं। इन्होंने बाह्य आडंबर, मूर्तिपूजा आदि का विरोध किया। नानक का दृष्टिकोण विशाल मानवतावादी था।
- चैतन्य ने बंगाल में भक्ति का प्रसार किया। यह सगुण भक्ति के उपासक थे एवं वैष्णव संत थे। चैतन्य ने संकीर्तन प्रथा का प्रचलन किया।
- वल्लभाचार्य ने पुष्टिमार्ग का प्रचलन किया। इनके अनुयायी अष्टछाप के नाम से विख्यात हुए।
- तुलसीदास ने अवधी में रामचरितमानस की रचना की तथा रामभक्ति को प्रसिद्धि प्रदान की।
- रैदास रामानंद के शिष्य थे। इन्होंने रैदासी सम्प्रदाय की स्थापना की।
- दादूदयाल ने निपरन सम्प्रदाय की नींव रखी।
- संत ज्ञानेश्वर महाराष्ट्र में भक्ति आंदोलन के जनक थे। इन्हें मराठी भाषा और साहित्य का संस्थापक माना जाता है। इनकी प्रमुख रचना ज्ञानेश्वरी है।
- नामदेव ने पंढरपुर के बिठोबा की उपासना की। इन्होंने वरकरी सम्प्रदाय की स्थापना की।
- एकनाथ ने रामायण पर 'भावार्थ रामायण' नामक टीका लिखी।
- तुकाराम ने 'अभंग' की रचना की।
- महाराष्ट्र के महान संत कवि रामदास थे। यह शिवाजी के आध्यात्मिक गुरु थे। 'दाशबोध' इनकी रचनाओं और उपदेशों का संकलन है।

मुगल साम्राज्य

- भारत में मुगल वंश की स्थापना बाबर ने 1526 ई. में की। बाबर ने पद-पादशाही की स्थापना की जिसके तहत शासक को बादशाह कहा जाता था।
- बाबर ने पानीपत के प्रथम युद्ध में तोपखाना का प्रयोग किया तथा युद्ध में 'तुलुगमा' नीति अपनाई।
- बाबर ने तुर्की भाषा में अपनी आत्मकथा 'तुजुक-ए-बाबरी' (बाबरनामा) लिखी।
- बाबर की मृत्यु 1530 ई. में आगरा में हुई।

हुमायूँ

- हुमायूँ 29 दिसम्बर, 1530 ई. को आगरा में सिंहासन पर बैठा।
- हुमायूँ ने अपने राज्य का बंटवारा अपने भाइयों में कर दिया। इसने कामरान को काबुल और कंधार, मिर्जा असकरी को संभल, हिन्दाल को अलवर एवं मेवाड़ की जागीरें दीं।

- 1533 ई. में हुमायूँ ने दीनपनाह नामक नगर की स्थापना दिल्ली में की।
- अफगान सरदार शेरशाह सूरी ने उसे चौसा (1539 ई.) एवं कन्नौज (बिलग्राम) के युद्ध में 1540 ई. में पराजित कर दिया। परिणामस्वरूप उसे भारत से बाहर शरण लेनी पड़ी।
- शेरशाह की मृत्यु के पश्चात् वह पुनः भारत आया और 1555 ई. में दिल्ली की सत्ता हासिल की।
- 1556 ई. में पुस्तकालय की सीढ़ियों से गिरने के कारण हुमायूँ की मृत्यु हो गई।
- हाजी बेगम ने दिल्ली में हुमायूँ का मकबरा बनवाया।
- हुमायूँ की बहन गुलबदन बेगम ने हुमायूँनामा की रचना की।

शेरशाह

- शेरशाह ने बिलग्राम युद्ध (1540) में हुमायूँ को पराजित कर सूर साम्राज्य की स्थापना की।
- शेरशाह की मृत्यु कलिंजर के किले को जीतने के क्रम में 22 मई, 1545 ई. को हो गई।
- शेरशाह का मकबरा सासाराम में है।
- शेरशाह ने 'पट्टा' एवं 'कबूलियत' प्रथा शुरू की।
- शेरशाह ने 'ग्रैंड ट्रंक रोड' की मरम्मत करवाई।

अकबर

- अकबर का जन्म 1542 ई. में हुमायूँ के निर्वासन के दौरान, अमरकोट में राणा बीरसाल के महल में हुआ। अकबर की माँ का नाम हमीदाबानो बेगम था।
- अकबर का राज्याभिषेक 14 फरवरी, 1556 ई. को पंजाब के कलानौर नामक स्थान पर हुआ। 1556 ई. में ही पानीपत के द्वितीय युद्ध में हेमू विक्रमादित्य को पराजित किया।
- बैरम खाँ 1556 से 1560 ई. तक अकबर का संरक्षक रहा।
- 1580 ई. में अकबर ने भू-राजस्व के लिए आइन-ए-दहशाला पद्धति लागू की। इसमें उसे राजा टोडरमल का सहयोग मिला।
- अकबर ने मनसबदारी प्रथा लागू की।
- 1605 ई. में अकबर की मृत्यु हो गई।
- अकबर का मकबरा सिकन्दरा में है।
- स्थापत्य कला के क्षेत्र में अकबर की महत्वपूर्ण कृतियां हैं– दिल्ली में हुमायूँ का मकबरा, आगरा का लाल किला, फतेहपुर सीकरी में शाहीमहल, दीवान-ए-खास, पंचमहल, बुलंद दरवाजा, जोधाबाई का महल, इबादतखाना, इलाहाबाद का किला और लाहौर का किला।
- अबुल फजल दीन-ए-इलाही धर्म का मुख्य पुरोहित था। इसने अकबरनामा ग्रंथ की रचना की।

जहाँगीर

- अकबर का उत्तराधिकारी जहाँगीर था जो 24 अक्टूबर, 1605 ई. को शासक बना।
- जहाँगीर ने फारसी में अपनी आत्मकथा तुजुक-ए-जहाँगीरी की रचना की।
- जहाँगीर के शासनकाल में 1613 ई. में अंग्रेजों ने सूरत में प्रथम व्यापार केन्द्र की स्थापना की।
- जहाँगीर के समय को चित्रकला का स्वर्णकाल कहा जाता है।
- जहाँगीर के दरबार के प्रमुख चित्रकार थे–आगा रजा, अबुल हसन, मुहम्मद नासिर, मुहम्मद मुराद, उस्ताद मंसूर, बिशनदास, मनोहर एवं गोवर्धन आदि।

शाहजहाँ

- शाहजहाँ 4 फरवरी, 1628 ई. को आगरे में सिंहासन पर बैठा।
- शाहजहाँ के शासनकाल को स्थापत्यकला का स्वर्णयुग कहा जाता है।
- शाहजहाँ द्वारा बनवायी गई प्रमुख इमारतें हैं–दिल्ली का लालकिला, दिल्ली की जामा मस्जिद, आगरा की मोती मस्जिद, ताजमहल इत्यादि।
- शाहजहाँ ने दिल्ली के निकट शाहजहाँनाबाद नगर की स्थापना की और आगरा से राजधानी को यहाँ स्थानांतरित किया।
- शाहजहाँ के पुत्रों में दारा शिकोह सर्वाधिक विद्वान था। इसने भगवद्गीता, योगवशिष्ट, उपनिषद् एवं रामायण का अनुवाद फारसी में करवाया।
- 1657 ई. में शाहजहाँ के अस्वस्थ होने के पश्चात् उसके पुत्रों–दारा, शुजा, मुराद एवं औरंगजेब के बीच उत्तराधिकार का संघर्ष प्रारंभ हो गया।
- उत्तराधिकार के युद्ध में औरंगजेब की विजय हुई।

औरंगजेब

- औरंगजेब ने आलमगीर की उपाधि से 31 जुलाई, 1658 को आगरा में प्रथम बार तथा 5 जून, 1659 को दिल्ली में दूसरी बार अपना राज्याभिषेक करवाया।
- औरंगजेब ने उलेमा वर्ग की सलाह के अनुसार इस्लामी ढंग से राज किया। इसने गैर मुस्लिम जनता पर (1679 ई.) जजिया कर लगा दिया।
- औरंगजेब ने 1686 ई. में बीजापुर तथा 1687 ई. में गोलकुण्डा को जीतकर मुगल साम्राज्य में मिला लिया।
- औरंगजेब के समय हिन्दू मनसबदारों की संख्या सबसे अधिक थी।
- 1665 ई. में औरंगजेब ने हिन्दू मंदिरों को तोड़ने का आदेश दिया। इसके शासनकाल में सोमनाथ एवं बनारस के काशी विश्वनाथ मंदिर को तोड़ा गया।

उत्तर मुगल शासक

- बहादुर शाह को शाहे बेखबर के नाम से जाना जाता है।
- मुहम्मदशाह के शासनकाल में 1739 ई. में ईरानी आक्रमणकारी नादिरशाह ने दिल्ली पर आक्रमण किया। नादिरशाह मयूर सिंहासन और कोहिनूर हीरा भारत से ले गया।
- शाहआलम द्वितीय ने, अवध के नवाब शुजाउद्दौला और बंगाल के नवाब मीर कासिम के साथ मिलकर 1764 ई. में अंग्रेजों के विरुद्ध बक्सर का युद्ध लड़ा था, परन्तु पराजित हुआ।
- शाह आलम द्वितीय के समय अहमदशाह अब्दाली एवं मराठों के बीच पानीपत का तीसरा युद्ध (1761 ई.) हुआ। इस युद्ध में मराठों की हार हुई।
- अंतिम मुगल सम्राट बहादुरशाह जफर ने 1857 ई. के विद्रोह का नेतृत्व किया। यह विद्रोह असफल रहा और उन्हें बर्मा निर्वासित कर दिया गया।

मराठा साम्राज्य

- शिवाजी के नेतृत्व में मराठा साम्राज्य की स्थापना 17वीं शताब्दी की एक महत्वपूर्ण घटना है।
- शिवाजी के पिता शाहजी भोंसले और माता जीजाबाई थीं।
- शिवाजी के आध्यात्मिक गुरु समर्थ रामदास थे।
- शिवाजी ने 1656 ई. में रायगढ़ को अपनी राजधानी बनाया।
- औरंगजेब के सेनापति जयसिंह ने शिवाजी को पुरन्दर की संधि (1664 ई.) करने के लिए विवश किया जिसमें शिवाजी के काफी दुर्ग मुगलों के पास चले गए।
- 1674 ई. में शिवाजी ने रायगढ़ के दुर्ग में स्वतंत्र मराठा शासक के रूप में अपना राज्याभिषेक कराया और छत्रपति की उपाधि ली।
- 12 अप्रैल, 1680 ई. को शिवाजी की मृत्यु हो गई।
- शिवाजी के प्रशासन की प्रमुख विशेषता उनके आठ मंत्री थे जिन्हें 'अष्ट प्रधान' कहा जाता था।
- शिवाजी की आय का मुख्य साधन चौथ था। यह आय का ¼ होता था। आय का दूसरा साधन 'सरदेशमुखी' था जो आय का 1/10 भाग होता था।
- शिवाजी के उत्तराधिकारी शम्भाजी की 1689 ई. में औरंगजेब ने हत्या करवा दी।
- शम्भाजी का उत्तराधिकारी राजाराम बना जिसने सतारा को अपनी राजधानी बनाया।
- 1707 ई. में शाहू ने स्वयं को मराठा राज्य का शासक घोषित कर दिया।
- शाहू ने बालाजी विश्वनाथ को पेशवा बनाया। पेशवा का पद आगे मराठा साम्राज्य में सर्वाधिक महत्वपूर्ण हो गया।
- बालाजी विश्वनाथ के बाद बाजीराव प्रथम पेशवा बना जिसने मराठा राज्य का अत्यधिक विस्तार किया।
- 1740 ई. में बाजीराव प्रथम का पुत्र बालाजी बाजीराव पेशवा बना।
- पानीपत का तृतीय युद्ध (1761 ई.) बालाजी बाजीराव के समय ही लड़ा गया था जिसमें अहमदशाह अब्दाली के द्वारा मराठे बुरी तरह पराजित हुए।

सिख शक्ति

- सिख सम्प्रदाय को राजनीतिक शक्ति के रूप में संगठित करने का श्रेय दसवें गुरु गुरु गोविंद सिंह को दिया जाता है।
- गुरु गोविंद सिंह ने आनन्दपुर में 1699 ई. में खालसा की स्थापना की। यह सिख धर्म के अंतिम गुरु थे।
- गुरु गोविंद सिंह के बाद बन्दा बहादुर सिखों का नेता हुआ जिसकी 1715 ई. में फर्रुखसियर ने हत्या करवा दी।
- रणजीत सिंह ने विभिन्न मिसलों में बंटे सिखों को संगठित किया तथा 1798-99 ई. में लाहौर का शासक बना।
- 25 अप्रैल, 1809 ई. को चार्ल्स मेटकॉफ और महाराजा रणजीत सिंह के बीच अमृतसर की संधि हुई।
- प्रथम आंग्ल-सिख युद्ध 1845-46 ई. में एवं द्वितीय आंग्ल-सिख युद्ध 1849 ई. में हुआ।
- अंग्रेजों एवं सिक्खों के बीच निम्नलिखित दो महत्वपूर्ण संधियां हुई थीं–
  1. लाहौर की संधि 9 मार्च, 1846 ई.।
  2. भैरोंवाल की संधि 22 दिसम्बर, 1846 ई. में हुई जिसके तहत राजा दलीप सिंह के संरक्षण हेतु अंग्रेजी सेना का प्रवास पंजाब में स्वीकार कर लिया गया।

मैसूर राज्य

- 1761 ई. में हैदर अली मैसूर का शासक बना। इसने डिंडिगुल में आधुनिक शस्त्रागार की स्थापना की।
- हैदर अली ने प्रथम आंग्ल-मैसूर युद्ध (1767-1769 ई.) में अंग्रेजों को पराजित किया एवं मद्रास की संधि की।
- द्वितीय आंग्ल-मैसूर युद्ध में हैदर अली की लड़ते हुए मृत्यु हो गई।
- हैदर की मृत्यु के बाद टीपू सुल्तान शासक बना। इसने फ्रांसीसी पद्धति अपनाते हुए एक मजबूत सेना बनाई और प्रशासनिक सुधार के उपाय किए।
- तृतीय आंग्ल-मैसूर युद्ध (1789-1792 ई.) में अंग्रेज, निजाम और मराठों ने मिलकर टीपू को हरा दिया और उसे श्रीरंगपट्टनम की संधि करनी पड़ी।

- चतुर्थ आंग्ल-मैसूर युद्ध (1799 ई.) के दौरान टीपू सुल्तान की मृत्यु हुई और अंग्रेजों ने मैसूर पर नियंत्रण स्थापित कर लिया।

अवध

- अवध के स्वतंत्र राज्य की स्थापना 1722 ई. में सआदत खाँ बुरहानुल्मुल्क ने की थी।
- सफदरजंग मुगल सम्राट का वजीर बना।
- अवध के नवाब शुजाउद्दौला ने बक्सर के युद्ध (1764 ई.) में मीरकासिम तथा शाहआलम द्वितीय के साथ मिलकर अंग्रेजों के विरुद्ध संघर्ष किया।
- अवध का अंतिम नवाब वाजिद अली शाह था।

हैदराबाद

- 1724 ई. में निजामुल्मुल्क ने हैदराबाद के स्वतंत्र राज्य की स्थापना की।
- 1748 ई. में निजामुल्मुल्क की मृत्यु के पश्चात् हैदराबाद ने सर्वप्रथम 1778 में वेलेजली की सहायक संधि को स्वीकार कर लिया।

कर्नाटक

- सादुतुल्ला खाँ ने कर्नाटक के स्वतंत्र राज्य की स्थापना की एवं अर्काट को इसकी राजधानी बनाया। इसे लार्ड वेलेजली ने बलपूर्वक अधिगृहीत कर लिया।

बंगाल

- मुर्शीद कुली खाँ ने बंगाल के स्वतंत्र राज्य की स्थापना की थी। इसने 1717 ई. में बंगाल की राजधानी ढाका से स्थानांतरित कर मुर्शिदाबाद कर दी।
- 1739 ई. में अलीवर्दी खाँ शासक बना।
- 1757 ई. में प्लासी के युद्ध में अंग्रेजों ने क्लाइव के नेतृत्व में बंगाल के नवाब सिराजुद्दौला को पराजित कर दिया।
- प्लासी युद्ध के बाद मीर जाफर एवं मीर कासिम नवाब बने। कासिम ने मुर्शिदाबाद की जगह मुंगेर को राजधानी बनाया।
- 1764 ई. में बक्सर के युद्ध में मीर कासिम अंग्रेजों से पराजित हुआ।
- 1765 ई. में इलाहाबाद की संधि के साथ बंगाल पर ईस्ट इंडिया कम्पनी का प्रभुत्व हो गया।

आधुनिक भारत

यूरोपीय कम्पनियों का भारत आगमन

- 1498 ई. में वास्को-डि-गामा ने भारत के समुद्री मार्ग की खोज की और कालीकट के समुद्र तट पर उतरा।
- पुर्तगालियों का पहला गवर्नर द् अल्मीडा (1505-1509 ई.) था।
- नौसैनिक शक्ति के आधार पर पुर्तगालियों ने भारत में घोड़े के आयात पर एकाधिकार कायम किया था।
- पुर्तगालियों ने भारत में तम्बाकू की खेती तथा प्रिंटिंग प्रेस का काम आरंभ किया।
- पुर्तगालियों ने अपनी पहली व्यापारिक कोठी कोचीन में खोली।
- डचों ने 1605 ई. में मसुलीपट्टनम में अपनी पहली फैक्ट्री स्थापित की। इसके बाद पुलीकट, चिनसुरा, पटना, सूरत, नागपट्टनम, बालासोर तथा कासिम बाजार में डचों ने अपनी फैक्ट्री स्थापित की।
- 1759 ई. में बेदरा की लड़ाई में अंग्रेजों के हाथों पराजित होने के बाद डच कम्पनी का नियन्त्रण भारतीय क्षेत्रों से समाप्त हो गया।

भारत में यूरोपीय कम्पनियां

कम्पनी	*स्थापना वर्ष*
पुर्तगाली ईस्ट इण्डिया कम्पनी	1498 ई.
अंग्रेजी ईस्ट इण्डिया कम्पनी	1600 ई.
डच ईस्ट इण्डिया कम्पनी	1602 ई.
डैनिश ईस्ट इण्डिया कम्पनी	1616 ई.
फ्रांसीसी ईस्ट इण्डिया कम्पनी	1664 ई.

- इंग्लिश ईस्ट इण्डिया कम्पनी की स्थापना 1600 ई. में हुई थी। 1611 ई. में दक्षिण-पश्चिम में मसुलीपट्टम में व्यापारिक कोठी की स्थापना की।
- अंग्रेजों ने 1608 ई. में अपनी पहली फैक्ट्री सूरत में स्थापित की।
- 1664 ई. में फ्रेंच ईस्ट इंडिया कम्पनी की स्थापना हुई।
- 1668 ई. में भारत में फ्रांसीसियों की प्रथम कोठी सूरत में फ्रेंक कैरो के द्वारा स्थापित की गई।
- 1742 ई. में डूप्ले भारत में फ्रेंच गवर्नर बना।

- 1760 ई. में सर आयरकूट के नेतृत्व में अंग्रेजों ने वाण्डीवाश के युद्ध में फ्रांसीसियों को हराया।
- 1772 ई. में वारेन हेस्टिंग्स बंगाल का गवर्नर बना। इसने 1772 ई. में द्वैध शासन को समाप्त कर दिया।
- 1773 ई. में रेग्यूलेटिंग एक्ट के बाद हेस्टिंग्स बंगाल का गवर्नर-जनरल बना।
- वारेन हेस्टिंग्स ने प्रत्येक जिले में एक दीवानी तथा फौजदारी न्यायालय की स्थापना की।
- 1773 ई. में रेग्यूलेटिंग एक्ट के तहत कलकत्ता में सुप्रीम कोर्ट की स्थापना हुई।
- 1784 ई. में विलियम ज़ोंस ने द एशियाटिक सोसायटी ऑफ बंगाल की स्थापना की।
- 1793 ई. में कार्नवालिस ने स्थायी बंदोबस्त लागू किया।
- कार्नवालिस ने प्रशासनिक एवं न्यायिक शक्तियों का पृथक्करण किया। इसे प्रशासनिक सेवा का जनक कहा जाता है। इसने पुलिस अधिकारियों की नियुक्ति की तथा पुलिस थाने बनवाए।
- सर जॉन शोर ने तटस्थता एवं अहस्तक्षेप की नीति अपनाई।
- लार्ड वेलेजली ने सहायक संधि की नीति अपनाई।
- सर जार्ज बार्लो ने 1807 ई. में दासों के व्यापार पर रोक लगा दी।
- लार्ड हेस्टिंग्स ने 1816 ई. में नेपाल के साथ सुगौली की संधि की।
- लार्ड हेस्टिंग्स ने पिण्डारियों का दमन किया।
- लार्ड हेस्टिंग्स के समय 1822 ई. में काश्तकारी अधिनियम लागू किया गया।
- लार्ड एमहर्स्ट के समय प्रथम आंग्ल-बर्मा युद्ध (1824-26 ई.) हुआ जो यन्दाबू की संधि के तहत खत्म हुआ।
- लार्ड विलियम बैंटिंक बंगाल का अंतिम गवर्नर-जनरल था। 1833 ई. के चार्टर एक्ट के अन्तर्गत बंगाल के गवर्नर-जनरल को भारत का गवर्नर-जनरल बनाया गया, इस प्रकार बैंटिंक भारत का प्रथम गवर्नर-जनरल भी बना।
- बैंटिंक ने 1829 ई. में सती प्रथा को प्रतिबन्धित किया।
- बैंटिंक ने 1835 ई. में कलकत्ता मेडिकल कॉलेज की स्थापना की।
- चार्ल्स मेटकॉफ को भारतीय प्रेस का मुक्तिदाता कहा जाता है।
- लार्ड एलेनबरो ने दास प्रथा का उन्मूलन किया था।
- लार्ड हार्डिंग ने नरबली प्रथा पर प्रतिबंध लगाया।
- डलहौजी ने व्यपगत सिद्धांत के द्वारा अंग्रेजी साम्राज्य का विस्तार किया तथा भारतीय राज्यों का विलय साम्राज्य के अंतर्गत किया।
- 1854 ई. में डलहौजी ने वुड डिस्पैच के द्वारा शिक्षा संबंधी सुधार लागू किए।
- 1857 ई. में कलकत्ता, मद्रास एवं बम्बई में एक-एक विश्वविद्यालय स्थापित किया गया।
- डलहौजी के समय में रेलवे परिवहन का आरंभ हुआ। 1853 ई. में बम्बई से थाने के बीच प्रथम रेल चली।
- 1854 ई. में नया पोस्ट ऑफिस एक्ट पारित हुआ और भारत में पहली बार डाक टिकट का प्रचलन प्रारंभ हुआ।
- 1853 ई. में कलकत्ता एवं आगरा के बीच पहली बार बिजली से संचालित तार सेवा प्रारंभ हुई।
- डलहौजी के काल में भारतीय नागरिक सेवा हेतु पहली बार प्रतियोगिता परीक्षा शुरू हुई।

1857 की क्रांति

- 1857 की क्रांति का प्रारंभ 29 मार्च, 1857 को मंगल पाण्डे ने बैरकपुर छावनी में किया। इसे सिपाही विद्रोह भी कहा गया।
- विद्रोहियों ने 11 मई, 1857 को बहादुरशाह जफर को भारत का बादशाह घोषित किया।
- 1857 का विद्रोह असफल रहा परन्तु इसका प्रभाव यह हुआ कि कम्पनी का शासन समाप्त करके ब्रिटिश सरकार ने भारत का शासन प्रत्यक्ष रूप से अपने हाथ में ले लिया। इसके लिए भारत शासन अधिनियम, 1858 पारित हुआ।
- लार्ड कैनिंग भारत में कम्पनी द्वारा नियुक्त अंतिम गवर्नर-जनरल तथा ब्रिटिश सम्राट के अन्तर्गत नियुक्त भारत का प्रथम वायसराय था।
- कैनिंग के समय इण्डियन हाई कोर्ट एक्ट पारित हुआ जिसके द्वारा बम्बई, कलकत्ता तथा मद्रास में एक-एक उच्च न्यायालय की स्थापना की गई।
- कैनिंग के समय में ही 1856 ई. में विधवा पुनर्विवाह अधिनियम पारित हुआ।
- लार्ड एल्गिन ने बहाबी आंदोलन का दमन किया।
- जॉन लारेंस के समय (1866 ई.) में उड़ीसा, बुन्देलखण्ड एवं राजस्थान में भीषण अकाल पड़ा। इसने जार्ज कैम्पवेल के नेतृत्व में एक अकाल आयोग का गठन किया।
- 1865 ई. में जॉन लारेंस के द्वारा भारत एवं यूरोप के बीच प्रथम समुद्री टेलीग्राफ सेवा शुरू की गई।
- लिटन ने 1 जनवरी, 1877 को ब्रिटेन की महारानी विक्टोरिया को कैसर-ए-हिन्द की उपाधि से सम्मानित करने के लिए दिल्ली दरबार का आयोजन किया।

- लिटन ने 1878 में वर्नाक्यूलर प्रेस एक्ट पारित कर भारतीय समाचार-पत्रों पर कठोर प्रतिबन्ध लगा दिए।
- लिटन के समय में 1878 ई. में भारतीय शस्त्र अधिनियम पारित हुआ।
- लार्ड रिपन ने 1882 ई. में वर्नाक्यूलर प्रेस एक्ट को समाप्त कर दिया।
- रिपन ने स्थानीय स्वशासन की शुरुआत की।
- रिपन के समय में 1881 ई. में सर्वप्रथम नियमित जनगणना करवाई गई।
- भारत में पहली बार जनगणना 1872 ई. में हुई थी।
- लार्ड डफरिन के समय तृतीय आंग्ल-बर्मा युद्ध (1885-88 ई.) हुआ और बर्मा को अंतिम रूप से अंग्रेजी राज्य में मिला लिया गया।
- लार्ड कर्जन ने 1901 ई. में सर कॉलिन स्कार्ट मॉनक्रीक की अध्यक्षता में सिंचाई आयोग, 1902 ई. में सर एण्ड्रयूफ्रेजर की अध्यक्षता में पुलिस आयोग एवं सर टॉमस रैले की अध्यक्षता में विश्वविद्यालय आयोग की स्थापना की।
- 1904 ई. में भारतीय विश्वविद्यालय अधिनियम पास किया गया। भारतीय पुरातत्व विभाग की स्थापना भी 1904 में की गई।
- कर्जन के द्वारा राष्ट्रवादी शक्तियों को कमजोर करने के लिए 1905 ई. में बंगाल का विभाजन किया गया।
- लार्ड हार्डिंग द्वितीय के काल में 12 दिसम्बर, 1911 ई. में दिल्ली में एक भव्य दरबार का आयोजन किया गया।
- बंगाल विभाजन रद्द करने की घोषणा 1911 ई. में की गई।
- भारत की राजधानी कलकत्ता से दिल्ली स्थानांतरित करने की घोषणा 1911 ई. में की गई।
- लॉर्ड चेम्सफोर्ड के कार्यकाल में रौलट एक्ट पारित (1919 ई.) हुआ। जलियांवाला बाग कांड रौलट एक्ट के विरोध में हुआ था।
- लार्ड रीडिंग के काल में 1923 ई. से प्रशासनिक सेवाओं में उम्मीदवारों के चयन के लिए दिल्ली और लन्दन में एक साथ प्रतियोगिता परीक्षा के आयोजन की व्यवस्था की गई।
- लार्ड इर्विन के काल में 1928 ई. में 'साइमन कमीशन' भारत आया।
- इर्विन के समय में ही नवम्बर, 1930 में लन्दन में प्रथम गोलमेज सम्मेलन का आयोजन किया गया।
- गांधी-इर्विन समझौते पर 5 मार्च, 1931 ई. को हस्ताक्षर हुए और इसके साथ ही सविनय अवज्ञा आंदोलन को वापस लिया गया।
- भारतीय राष्ट्रीय कांग्रेस की स्थापना 1885 ई. में ए.ओ. ह्यूम ने बम्बई में की।
- 1885-1907 ई. के बीच कांग्रेस में उदारवादी नेताओं का प्रभाव रहा, लेकिन आगे गरमपंथी नेताओं की प्रमुखता रही।
- दादाभाई नौरोजी, सुरेन्द्रनाथ बनर्जी, फिरोजशाह मेहता, गोविन्द रानाडे, गोपाल कृष्ण गोखले आदि उदारवादी कांग्रेसी नेता थे।
- बाल गंगाधर तिलक, विपिन चन्द्र पाल तथा लाला लाजपत राय आदि गरमपंथी नेता थे।
- 1905 में बंगाल के विभाजन के विरोध में स्वदेशी आंदोलन प्रारंभ हुआ।
- 1906 ई. के कलकत्ता अधिवेशन में दादाभाई नौरोजी की अध्यक्षता में कांग्रेस ने स्वराज की मांग की।
- मुस्लिम लीग की स्थापना 1906 ई. में सलीमुल्ला खाँ एवं आगा खाँ के नेतृत्व में हुई।
- 1907 ई. में कांग्रेस के सूरत अधिवेशन में पार्टी का दो भागों में विभाजन हो गया। एक पक्ष उदारवादी नेताओं का और दूसरा उग्रवादी नेताओं का था।
- 1916 ई. में मुस्लिम लीग तथा कांग्रेस का संयुक्त अधिवेशन लखनऊ में हुआ। इसी अधिवेशन में उग्रवादी कांग्रेसी नेताओं को पुनः पार्टी में प्रवेश का अवसर दिया गया।
- कांग्रेस ने लखनऊ समझौते के द्वारा मुसलमानों के लिए पृथक निर्वाचन मंडल की मांग औपचारिक रूप से स्वीकार कर ली।
- बाल गंगाधर तिलक ने 28 अप्रैल, 1916 को पूना में होमरूल लीग की स्थापना की। सितम्बर 1916 में एनी बेसेण्ट ने भी होमरूल लीग की मद्रास में स्थापना की।
- गांधीजी ने सन् 1917 में चम्पारण के नील किसानों के समर्थन में सर्वप्रथम 'सत्याग्रह' का प्रयोग किया।
- गांधीजी ने 1918 ई. में किसानों की समस्याओं को लेकर खेड़ा में सत्याग्रह की शुरुआत की।
- 1919 ई. में मोहम्मद अली तथा शौकत अली ने अखिल भारतीय खिलाफत कमेटी का गठन किया।
- 1920 ई. में लाला लाजपत राय की अध्यक्षता में हुए कलकत्ता अधिवेशन में असहयोग आंदोलन का प्रस्ताव पारित किया गया।
- 5 फरवरी, 1922 को चौरी-चौरा की घटना के बाद गांधीजी ने असहयोग आंदोलन स्थगित करने की घोषणा की।
- मोतीलाल नेहरू तथा सी.आर. दास ने इलाहाबाद में 1923 ई. में स्वराज पार्टी का गठन किया तथा विधान परिषद् के चुनाव में भाग लिया एवं अच्छी सफलता प्राप्त की।

साइमन कमीशन का गठन 1927 में हुआ तथा 3 फरवरी, 1928 को यह भारत पहुँचा। इस कमीशन के सभी सदस्य ब्रिटिश थे परिणामस्वरूप भारत में इसका व्यापक विरोध हुआ।

साइमन कमीशन के विरोध में आयोजित आंदोलन का नेतृत्व करते हुए लाला लाजपत राय को पुलिस की लाठियां लगीं और वह गम्भीर रूप से घायल हो गए। बाद में उनकी मृत्यु हो गई।

मोतीलाल नेहरू समिति ने अपनी रिपोर्ट 1928 में प्रकाशित की। इसमें केन्द्र में द्विसदनात्मक व्यवस्था तथा प्रान्तीय स्वायत्तता को स्वीकृति दी गई।

सरदार वल्लभभाई पटेल ने 1928 ई. में बारदोली सत्याग्रह का नेतृत्व किया था।

1929 में कांग्रेस के लाहौर अधिवेशन में पूर्ण स्वराज की मांग की गई। इस अधिवेशन की अध्यक्षता जवाहरलाल नेहरू ने की थी।

12 मार्च, 1930 को गांधीजी ने साबरमती आश्रम से दाण्डी तट की यात्रा आरंभ की। इस यात्रा का उद्देश्य नमक कानून का उल्लंघन करना था।

5 अप्रैल, 1930 को नमक कानून तोड़कर गांधीजी ने सविनय अवज्ञा आंदोलन आरंभ किया।

प्रथम गोलमेज सम्मेलन का आयोजन 12 नवम्बर, 1930 से 13 जनवरी, 1931 तक लन्दन में हुआ। इस सम्मेलन में कांग्रेस ने भाग नहीं लिया परन्तु बी.आर. अम्बेडकर ने दलित वर्ग का प्रतिनिधित्व किया।

5 मार्च, 1931 को गांधीजी तथा वायसराय इर्विन के मध्य एक समझौता हुआ। इसे गांधी-इर्विन समझौता कहा जाता है। समझौते के परिणामस्वरूप कांग्रेस ने सविनय अवज्ञा आंदोलन वापस ले लिया तथा गांधीजी ने द्वितीय गोलमेज सम्मेलन में भाग लेने का प्रस्ताव मान लिया।

द्वितीय गोलमेज सम्मेलन का आयोजन दिसम्बर, 1931 में लन्दन में हुआ। गांधीजी ने कांग्रेस के प्रतिनिधि के रूप में इस सम्मेलन में भाग लिया। यह सम्मेलन विफल रहा।

- 1928 ई. में हिन्दुस्तान सोशलिस्ट रिपब्लिकन एसोसिएशन की स्थापना चंद्रशेखर आजाद तथा भगत सिंह के नेतृत्व में हुई।

23 मार्च, 1931 ई. को भगत सिंह, सुखदेव और राजगुरु को लाहौर जेल में फाँसी दे दी गई।

16 अगस्त, 1932 को तत्कालीन ब्रिटिश प्रधानमंत्री रैम्जे मैक्डोनाल्ड ने 'कम्युनल अवार्ड' जारी किया। इसमें मुसलमानों, सिखों, ईसाइयों के साथ दलित वर्गों के लिए भी पृथक निर्वाचन पद्धति लागू की गई।

- तृतीय गोलमेज सम्मेलन (17 नवम्बर, 1932-24 दिसम्बर 1932) में कांग्रेस ने भाग नहीं लिया। इस सम्मेलन में भारत सरकार अधिनियम, 1935 को अंतिम रूप दिया गया।
- 1937 ई. में प्रान्तीय विधानमण्डलों के चुनाव में कांग्रेस ने 6 राज्यों में बहुमत प्राप्त किया।
- 1939 ई. में कांग्रेस की प्रांतीय सरकारों ने द्वितीय विश्व युद्ध में भारत को शामिल करने के विरोध में इस्तीफा दे दिया।
- मुस्लिम लीग ने 22 दिसम्बर, 1939 को मुक्ति दिवस के रूप में मनाया।
- 1939 में सुभाषचंद्र बोस ने कांग्रेस के भीतर फॉरवर्ड ब्लॉक का गठन किया।
- गांधीजी ने 17 अक्टूबर, 1940 को व्यक्तिगत सत्याग्रह आरंभ किया। विनोबा भावे पहले सत्याग्रही थे।
- 8 अगस्त, 1940 को तत्कालीन वायसराय लॉर्ड लिनलिथगो ने अगस्त प्रस्ताव की घोषणा की। अगस्त प्रस्ताव के अन्त .त भारतीयों को वायसराय की कार्यकारिणी में प्रतिनिधित्व देन की बात कही गई।
- 23 मार्च, 1940 को मुस्लिम लीग के लाहौर अधिवेशन में पाकिस्तान की मांग की गई।
- क्रिप्स मिशन 1942 ई. में भारत आया। इसने युद्ध के उपरान्त भारत को डोमिनियन स्टेटस देने की बात प्रस्तावित की थी।
- गांधीजी के भारत छोड़ो प्रस्ताव को कांग्रेस कार्यसमिति ने 8 अगस्त, 1942 ई. को स्वीकार कर लिया। भारत छोड़ो आंदोलन की शुरुआत 9 अगस्त, 1942 ई. को हुई। इसी आंदोलन में गांधीजी ने 'करो या मरो' का नारा दिया।
- 4 जून, 1945 को वेवेल योजना का प्रस्ताव रखा गया। वेवेल योजना के अन्तर्गत वायसराय की कार्यकारिणी परिषद् को पुनर्गठित करने एवं इसमें सभी दलों को प्रतिनिधित्व देने का प्रस्ताव था तथा युद्ध के उपरान्त भारत को स्वयं संविधान बनाने की जिम्मेदारी दी जानी थी।
- 15 फरवरी, 1946 को कैबिनेट मिशन भारत आया। जुलाई 1946 में कैबिनेट मिशन योजना के अन्तर्गत संविधान सभा के सदस्यों का चुनाव हुआ।
- मुस्लिम लीग ने कैबिनेट मिशन योजना को अस्वीकार कर दिया तथा 16 अगस्त, 1946 को प्रत्यक्ष कार्रवाई दिवस की घोषणा की।
- लार्ड माउण्टबेटन ने 3 जून, 1947 को भारत विभाजन सम्बन्धी प्रस्ताव रखा, जिसे माउण्टबेटन प्लान कहा जाता है।

वस्तुनिष्ठ प्रश्नावली

1. हड़प्पा के निवासी–
A. ग्रामीण थे B. शहरी थे
C. यायावर (खानाबदोश) थे D. जनजातीय थे

2. हड़प्पा की सभ्यता के बारे में कौन-सी उक्ति सही है?
A. उन्हें 'अश्वमेध' की जानकारी थी
B. गाय उनके लिए पवित्र थी
C. उन्होंने 'पशुपति' का सम्मान आरंभ किया
D. उनकी संस्कृति सामान्यतः स्थिर नहीं थी

3. हड़प्पा के लोगों की सामाजिक पद्धति .... थी।
A. उचित समतावादी B. दास श्रमिक आधारित
C. वर्ण आधारित D. जाति आधारित

4. हड़प्पा की खोज किस वर्ष में हुई थी?
A. 1935 B. 1942
C. 1901 D. 1921

5. हड़प्पावासी किस वस्तु के उत्पादन में सर्वप्रथम थे?
A. मुद्राएँ B. कांसे के औजार
C. कपास D. जौ

6. हड़प्पा की सभ्यता किस युग की थी?
A. कांस्य युग B. नवपाषाण युग
C. पुरापाषाण युग D. लौह युग

7. सिंधु घाटी की खुदाई में मिले अवशेषों में तत्कालीन व्यापारिक और आर्थिक विकास में द्योतक निम्न में कौन है?
A. मिट्टी के बर्तन B. मुद्राएँ
C. नावें D. मकान

8. बिना दुर्ग के एक मात्र सिंधु नगर कौन-सा था?
A. कालीबंगन B. हड़प्पा
C. मोहनजोदड़ो D. चन्हुदाड़ो

9. 'अपवाह तंत्र' का निर्माण सबसे पहले निम्नलिखित में से किस सभ्यता के लोगों ने किया था?
A. मिस्र सभ्यता के लोगों ने
B. सिंधु घाटी सभ्यता के लोगों ने
C. चीनी सभ्यता के लोगों ने
D. मेसोपोटामिया सभ्यता के लोगों ने

10. निम्नलिखित विद्वानों में से हड़प्पा सभ्यता का सर्वप्रथम खोजकर्ता कौन था?
A. सर जॉन मार्शल B. आर.डी. बनर्जी
C. ए. कनिंघम D. दयाराम साहनी

11. इनमें से किस फसल का ज्ञान वैदिक लोगों को नहीं थ
A. जौ B. गेहूँ
C. चावल D. तम्बाकू

12. वैदिक गणित का महत्वपूर्ण अंग है
A. शतपथ ब्राह्मण B. अथर्ववेद
C. शुल्व सूत्र D. छान्दोग्य उपनिषद्

13. किस वेद में प्राचीन वैदिक युग की संस्कृति के बारे में सूच दी गई है?
A. ऋग्वेद B. यजुर्वेद
C. अथर्ववेद D. सामवेद

14. 323 ई. पू. में सिकन्दर महान की मृत्यु हुई थी–
A. फारस में B. बेबीलोन में
C. मेसीडोनिया में D. तक्षशिला में

15. सिकन्दर महान एवं पोरस/पुरू की सेनाओं ने निम्नलिखि में से किस नदी के आमने-सामने वाले तटों पर पड़ाव डा हुआ था?
A. रावी के B. झेलम के
C. सतलज के D. चेनाब के

16. किस प्रकार का मृदभाण्ड (पौटरी) भारत में द्वितीय नगरीकर के प्रारंभ का प्रतीक माना गया?
A. गेरू रंग वाले मृदभाण्ड (OCP)
B. चित्रित धूसर मृदभाण्ड (PWG)
C. उत्तरी काले पॉलिशकृत बर्तन (NBPW)
D. काले और लाल बर्तन (BRW)

17. किस शासक ने बौद्धों के लिए विख्यात विक्रमशि विश्वविद्यालय की स्थापना की थी?
A. महिपाल B. देवपाल
C. गोपाल D. धर्मपाल

18. किसके द्वारा तृतीय बौद्ध संगीति को संरक्षण प्रदान कि गया था?
A. कनिष्क B. अशोक
C. महाकस्सप D. उपालि

19. महावीर का जन्म किस क्षत्रिय गोत्र में हुआ था?
A. शाक्य B. ज्ञातृक
C. सल्लास D. लिच्छवि

20. निम्नलिखित में सम्राट अशोक की वह पत्नी कौन थी जिसने उसको प्रभावित किया था?
A. चंडालिका B. चारूलता
C. गौतमी D. कारूवाकी

21. बिन्दुसार ने विद्रोहियों को कुचलने के लिए अशोक को कहाँ भेजा था?
A. स्वर्णगिरि B. तक्षशिला
C. उज्जैन D. वैशाली

22. तक्षशिला के प्रसिद्ध स्थल होने का कारण था–
A. प्राचीन वैदिक कला B. मौर्य कालीन कला
C. गंधार कला D. गुप्त कला

23. निम्नलिखित में से कनिष्क के समकालीन कौन थे?
A. कंबन, बाणभट्ट, अश्वघोष
B. नागार्जुन, अश्वघोष, वसुमित्र
C. अश्वघोष, कालिदास, बाणभट्ट
D. कालिदास, कंबन, वसुमित्र

24. 'लाल चेर' के नाम से प्रसिद्ध वह चेर शासक कौन था, जिसने कण्णगी के मंदिर का निर्माण कराया था?
A. एलारा B. कारिकाल
C. शेनगुट्टवन D. नेदुन जेरल आदन

25. अजंता कलाकृतियाँ किससे संबंधित हैं?
A. हड़प्पा काल से B. मौर्य काल से
C. बुद्ध काल से D. गुप्त काल से

26. चालुक्य राजा पुलकेशिन II को किसने पराजित किया था?
A. महेन्द्रवर्मन I B. नरसिंहवर्मन I
C. परमेश्वरवर्मन I D. परांतक I

27. किस व्यक्ति को 'द्वितीय अशोक' कहा जाता है?
A. समुद्रगुप्त B. चंद्रगुप्त मौर्य
C. स्कंदगुप्त D. हर्षवर्धन

28. शून्य की खोज किसने की?
A. वराहमिहिर B. आर्यभट्ट
C. भास्कर D. इनमें से कोई नहीं

29. किस विदेशी यात्री ने भारत का दौरा सबसे पहले किया था?
A. ह्वेनसांग B. मेगास्थनीज
C. इत्सिंग D. फाह्यान

30. दिलवाड़ा मंदिर कहां पर स्थित हैं?
A. श्रवणबेलगोला B. पारसनाथ पर्वत
C. इंदौर D. आबू पर्वत

31. विरूपाक्ष मंदिर का निर्माण किसने करवाया था?
A. चालुक्य B. पल्लव
C. वाकाटक D. सातवाहन

32. पांड्य साम्राज्य की राजधानी कहां थी?
A. कांची B. मदुरै
C. कावेरीपट्टनम D. तिरूचि

33. कुव्वत-उल-इस्लाम मस्जिद का निर्माण किसके द्वारा किया गया था?
A. कुतुबद्दीन ऐबक B. अलाउद्दीन खिलजी
C. इल्तुतमिश D. मोहम्मद आदिलशाह

34. 'इनाम' भूमि किसे दी जाती थी?
A. विद्वान और धार्मिक व्यक्ति
B. मनसबदार
C. पैतृक राजस्व संग्राहक
D. कुलीन

35. दिल्ली के किस सुल्तान को इतिहासकारों ने 'विरोधों का मिश्रण' बताया है?
A. बलबन B. अलाउद्दीन खिलजी
C. मुहम्मद बिन तुगलक D. इब्राहिम लोदी

36. यात्री इब्नबतूता कहां से आया था?
A. मोरक्को B. फारस
C. तुर्की D. मध्य एशिया

37. विजय नगर का प्रथम शासक कौन था जिसने पुर्तगालियों के साथ संधि की?
A. हरिहर B. बुक्का
C. देवराय II D. कृष्णदेव राय

38. कृष्णदेव राय किसके समकालीन थे?
A. शेरशाह B. हुमायूँ
C. बाबर D. अकबर

39. संत कबीर का जन्म कहां हुआ था?
A. दिल्ली B. मगहर/वाराणसी
C. मथुरा D. हैदराबाद

40. महाराष्ट्र में भक्ति संप्रदाय निम्नलिखित में से किसकी शिक्षाओं द्वारा फैला था?
A. संत तुकाराम B. संत ज्ञानेश्वर
C. समर्थ गुरु रामदास D. चैतन्य महाप्रभु

41. वह सूफी संत कौन था जो यह मानता था कि भक्ति संगीत ईश्वर के निकट पहुँचने का मार्ग है?
A. मुइनुद्दीन चिश्ती B. बाबा फरीद
C. सैय्यद मुहम्मद D. शाह आलम बुखारी

42. गुजरात विजय की याद में अकबर ने किसका निर्माण कराया था?

A. बड़ा इमामबाड़ा B. बुलंद दरवाजा
C. जामा मस्जिद D. सिद्दी बशीर

43. पानीपत की दूसरी लड़ाई (5 अप्रैल, 1556) निम्नलिखित में से किसके बीच हुई थी?

A. अकबर और हेमू
B. राजपूत और मुगल
C. बाबर और इब्राहिम लोदी
D. सिकंदर और आदिलशाह

44. अपने काल के महान संगीतज्ञ तानसेन किसके दरबार में थे?

A. जहाँगीर B. अकबर
C. शाहजहाँ D. बहादुरशाह

45. मुगलकाल की राजभाषा कौन-सी थी?

A. उर्दू B. हिन्दी
C. अरबी D. फारसी

46. सती प्रथा की भर्त्सना करने वाला मुगल सम्राट था–

A. बाबर B. हुमायूँ
C. अकबर D. जहाँगीर

47. भारत में ग्रांड ट्रंक रोड बनवाई थी।

A. अशोक ने B. शेरशाह सूरी ने
C. अकबर ने D. हुमायूँ ने

48. अकबर के शासनकाल में भू-राजस्व सुधारों के लिए कौन उत्तरदायी था?

A. बीरबल B. टोडरमल
C. जयसिंह D. बिहारीमल

49. 'रामचरितमानस' के लेखक तुलसीदास किसके शासनकाल से संबंधित थे?

A. चन्द्रगुप्त विक्रमादित्य B. वाजिद अली शाह
C. हर्षवर्धन D. अकबर

50. निम्नलिखित में से गुरिल्ला युद्ध का पथ-प्रदर्शक कौन था?

A. औरंगजेब B. अकबर
C. शिवाजी D. बालाजी

51. शिवाजी के प्रशासन में 'पेशवा' कहा जाता था–

A. धार्मिक मामलों के मंत्री को
B. रक्षामंत्री को
C. प्रधानमंत्री को
D. न्यायमंत्री को

52. भारत में सबसे पहली सूती वस्त्र मिल किस शहर में स्थापित की गयी थी?

A. सूरत B. बम्बई
C. अहमदाबाद D. कोयम्बटूर

53. मुख्यतः किसके प्रयास से सती प्रथा का उन्मूलन हुआ?

A. ब्रिटिश B. राजा राममोहन राय
C. धर्म प्रचारक D. महर्षि कर्वे

54. अलीगढ़ में स्थित मुहम्मडन एंग्लो-ओरिएण्टल कॉलेज को किसने स्थापित किया?

A. सैय्यद अहमद खाँ B. बदरूद्दीन तैयब जी
C. अबुल कलाम आजाद D. मुहम्मद अली जिन्ना

55. वर्ष 1829 ई. में सती प्रथा का उन्मूलन किसके द्वारा किया गया था?

A. लार्ड कर्जन B. लार्ड वेलेस्ली
C. लार्ड लिटन D. लार्ड विलियम बैंटिंक

56. स्वामी विवेकानंद का मूल नाम था–

A. नरेन्द्रनाथ दत्त B. बटुकेश्वर दत्त
C. कृष्ण दत्त D. सुरेंद्र दत्त

57. आर्य समाज किसके विरुद्ध है?

A. ईश्वर के अस्तित्व B. मूर्ति पूजा
C. हिन्दुत्व D. इस्लाम

58. थियोसोफिकल सोसायटी ने भारत में कब और कहाँ अपना मुख्य कार्यालय संस्थापित किया?

A. 1882, अडयार B. 1885, बेलूर
C. 1890, आवडी D. 1895, वेल्लूर

59. किस वायसराय के शासनकाल में पहला फैक्ट्री अधिनियम पारित किया गया?

A. लार्ड कर्जन B. लार्ड लिटन
C. लार्ड रिपन D. लार्ड कैनिंग

60. बेगम हजरत महल ने 1857 के विद्रोह का नेतृत्व निम्नलिखित में किस शहर से किया था?

A. लखनऊ B. कानपुर
C. बनारस D. इलाहाबाद

61. 1857 के विद्रोह का नेतृत्व बिहार में किसने किया?

A. खान बहादुर खाँ B. कुँवर सिंह
C. तात्या टोपे D. रानी राम कुआंरि

62. 1857 के विद्रोह के समय भारत का गवर्नर-जनरल कौन था?

A. लार्ड डलहौजी B. लार्ड विलियम बैंटिंक
C. लार्ड कैनिंग D. लार्ड लिटन

63. भारतीय राष्ट्रीय कांग्रेस की पहली बैठक किस शहर में हुई थी?
A. कलकत्ता B. बंबई
C. अहमदाबाद D. इलाहाबाद

64. निम्नलिखित कांग्रेसी नेताओं में से किसको 'भारत का महान वृद्ध व्यक्ति' कहा जाता है?
A. महात्मा गांधी B. बाल गंगाधर तिलक
C. दादाभाई नौरोजी D. मदन मोहन मालवीय

65. किस गवर्नर-जनरल के कार्यकाल के दौरान भारतीय राष्ट्रीय कांग्रेस बनी थी?
A. लार्ड रिपन B. लार्ड विलियम बैंटिंक
C. लार्ड डफरिन D. लार्ड कर्जन

66. भारतीय सिविल सेवा (ICS) में चुने गए पहले भारतीय का नाम था–
A. सत्येन्द्रनाथ टैगोर B. सरोजिनी नायडू
C. लाला लाजपत राय D. सी.आर. दास

67. मार्ले-मिण्टो रिफॉर्म्स को किस वर्ष में प्रस्तुत किया गया था?
A. 1909 B. 1919
C. 1935 D. 1942

68. 'स्वराज मेरा जन्मसिद्ध अधिकार है और मैं उसे लेकर रहूँगा'–यह किसने कहा?
A. अरविंद घोष B. महात्मा गांधी
C. सुभाष चंद्र बोस D. बाल गंगाधर तिलक

69. 'जय हिन्द' का नारा किसने दिया?
A. सुभाष चंद्र बोस B. जवाहरलाल नेहरू
C. मोतीलाल नेहरू D. भगत सिंह

70. काकोरी ट्रेन डकैती कांड के नायक थे?
A. राम प्रसाद बिस्मिल B. भगत सिंह
C. बटुकेश्वर दत्त D. बरकतुल्ला

71. भारत की आजादी के समय कांग्रेस के अध्यक्ष कौन थे?
A. महात्मा गांधी B. जवाहरलाल नेहरू
C. जे.बी. कृपलानी D. सरदार पटेल

72. भारतीय मुसलमानों के पृथक राज्य के लिए 'पाकिस्तान' शब्द का प्रयोग सबसे पहले किसने किया?
A. मुहम्मद इकबाल B. आगा खाँ
C. एम.ए. जिन्ना D. चौधरी रहमत अली

73. मुस्लिम लीग ने 'मुक्ति दिवस' मनाया था–
A. 1939 में B. 1942 में
C. 1946 में D. 1947 में

74. भारत छोड़ो आंदोलन कब प्रारंभ हुआ?
A. 9 अगस्त, 1942 B. 10 अगस्त, 1942
C. 15 अगस्त, 1942 D. 16 अगस्त, 1942

75. वर्ष 1946 में गठित अंतरिम कैबिनेट की अध्यक्षता किसने की?
A. राजेन्द्र प्रसाद B. जवाहरलाल नेहरू
C. वल्लभभाई पटेल D. सी. राजगोपालाचारी

उत्तरमाला

1	2	3	4	5	6	7	8	9	10
B	C	A	D	C	A	B	D	B	D
11	12	13	14	15	16	17	18	19	20
D	C	A	B	B	C	D	B	B	D
21	22	23	24	25	26	27	28	29	30
B	C	B	C	D	D	D	B	B	D
31	32	33	34	35	36	37	38	39	40
A	B	A	A	C	A	D	C	B	B
41	42	43	44	45	46	47	48	49	50
A	B	A	B	D	C	B	B	D	C
51	52	53	54	55	56	57	58	59	60
C	A	B	A	D	A	B	A	C	A
61	62	63	64	65	66	67	68	69	70
B	C	B	C	C	A	A	D	A	A
71	72	73	74	75					
C	D	A	A	B					

☆☆☆☆☆☆

भूगोल

ब्रह्माण्ड (Universe)

- यूनानी विद्वान हिकेटियस को 'भूगोल का पिता' कहा जाता है क्योंकि इन्होंने सर्वप्रथम भौगोलिक वर्णनों को 'जेस पीरियोडिस' पुस्तक के माध्यम से क्रमबद्ध किया था।
- भूगोल शब्द का सर्वप्रथम प्रयोग ग्रीक विद्वान इरेटोस्थनीज ने किया। 'पृथ्वी की परिधि' का लगभग सही मापन इन्होंने दिया था।
- ब्रह्माण्ड का विकासवादी सिद्धांत महाविस्फोट (Big-Bang Theory) के नाम से प्रसिद्ध है। इसे प्रस्तुत करने का श्रेय बेल्जियम के विद्वान लिमैत्रे को है।
- ब्रह्माण्ड अति विशाल है। यह ग्रहों, तारों, धूल और गैसों के सम्पूर्ण समूह से बना है।
- तारों के एक विशाल समुदाय या तंत्र को मंदाकिनी कहते हैं।
- सूर्य एक तारा है। यह सौरमंडल के आठ ग्रहों और उनके उपग्रहों के मध्य स्थित है। सूर्य सौरमंडल का प्रमुख है तथा आठ अन्य ग्रह अर्थात् बुध, शुक्र, पृथ्वी, मंगल, बृहस्पति, शनि, यूरेनस और नेप्चून इसके चारों ओर घूमते हैं।
- सूर्य के अतिरिक्त सौरमंडल के किसी अन्य ग्रह में अपना प्रकाश और उष्मा नहीं है।
- सूर्य एक गैसीय गोला है, जिसमें 71% हाइड्रोजन, 26.5% हीलियम तथा 2% अन्य भारी तत्व जैसे—लीथियम व यूरेनियम आदि हैं।
- सूर्य का व्यास 13 लाख 92 हजार किमी है, जो पृथ्वी के व्यास का लगभग 110 गुना है।
- सूर्य का प्रकाश पृथ्वी तक पहुँचने में 8 मिनट 16.6 सेकण्ड लगते हैं।
- ग्रहों को दो भागों में विभाजित किया गया है—
  - (*i*) आन्तरिक या पार्थिव ग्रह संख्या में चार हैं। बुध, शुक्र, पृथ्वी एवं मंगल को पार्थिव ग्रह कहा जाता है क्योंकि ये पृथ्वी के समान हैं।
  - (*ii*) बृहस्पतीय या बाह्य ग्रहः बृहस्पति, शनि, अरुण एवं वरुण को बृहस्पतीय ग्रह कहा जाता है।

शुक्र एवं अरुण सूर्य के चारों ओर पूर्व से पश्चिम दिशा में परिभ्रमण करते हैं, जबकि अन्य सभी ग्रह पश्चिम से पूर्व दिशा में परिभ्रमण करते हैं।

बुध (Mercury)

- यह सूर्य का सबसे नजदीकी ग्रह है।
- इसका कोई उपग्रह नहीं है तथा यह सबसे छोटा ग्रह है।
- यह सूर्य की परिक्रमा सबसे कम समय में पूरी करता है।

शुक्र (Venus)

- बुध के बाद यह सूर्य से दूसरा सबसे निकटतम ग्रह है।
- यह पृथ्वी से सर्वाधिक नजदीकी ग्रह है।

पृथ्वी (Earth)

- यह आकार में पाँचवाँ सबसे बड़ा ग्रह है।
- जल की उपस्थिति के कारण इसे नीला ग्रह भी कहा जाता है।
- सूर्य से दूरी के अनुसार पृथ्वी सौरमंडल में तीसरे स्थान पर है।
- पृथ्वी अपने अक्ष पर पश्चिम से पूर्व की ओर 1610 कि.मी. प्रति घण्टा की चाल से 23 घण्टे 56 मिनट 4 सेकण्ड में एक पूरा चक्कर लगाती है। पृथ्वी की इस गति को घूर्णन या दैनिक गति कहते हैं। इसी घूर्णन गति के कारण दिन-रात होते हैं।
- पृथ्वी 365 दिन 5 घण्टे 48 मिनट 46 सेकण्ड में सूर्य का परिक्रमण करती है। सूर्य के चतुर्दिक पृथ्वी की इस परिक्रमा को पृथ्वी की वार्षिक गति या परिक्रमण गति कहते हैं।
- पृथ्वी द्वारा सूर्य की एक परिक्रमा करने में लगा समय सौर वर्ष कहलाता है।
- पृथ्वी पर ऋतु परिवर्तन, इसके अक्ष पर झुके होने के कारण तथा सूर्य के सापेक्ष इसकी स्थिति में परिवर्तन यानी वार्षिक गति के कारण होता है। वार्षिक गति के कारण ही पृथ्वी पर दिन-रात छोटे बड़े होते हैं।
- पृथ्वी का एकमात्र उपग्रह चंद्रमा है।
- पृथ्वी का एक-तिहाई भाग स्थल एवं दो-तिहाई भाग जल से घिरा हुआ है।

मंगल (Mars)

- इसे लाल ग्रह भी कहते हैं।
- मंगल, सूर्य का चौथा निकटतम ग्रह है।
- इस ग्रह पर वायुमण्डल पाया जाता है अतः यहाँ जीवन की संभावना व्यक्त की जा रही है।

बृहस्पति (Jupiter)

- यह सौर मंडल का सबसे बड़ा ग्रह है।
- इसे सूर्य की परिक्रमा करने में 11.86 वर्ष लगते हैं।

शनि (Saturn)

- यह सौरमण्डल का दूसरा सबसे बड़ा ग्रह है।
- इसकी प्रमुख विशेषता है कि इसके तल के चारों ओर वलय का होना।
- यह सूर्य की परिक्रमा 29.5 वर्ष में पूरी करता है।

अरुण (Uranus)

- यह सूर्य से सातवाँ और आकार में तृतीय ग्रह है।
- इसे सूर्य की परिक्रमा करने में 84 वर्ष लगते हैं।

वरुण (Neptune)

- यह सौरमण्डल का चौथा सबसे बड़ा तथा सूर्य से आठवाँ ग्रह है।
- यह सबसे ठंडा ग्रह है तथा यहाँ वर्ष दीर्घतम होता है।
- सूर्य की परिक्रमा करने में इसे 165 वर्ष लगते हैं।

सौरमण्डल के अन्य घटक

- **क्षुद्रग्रह (Asteroids)**: मंगल एवं बृहस्पति ग्रह की कक्षाओं के बीच छोटे-छोटे आकाशीय पिण्ड, जो सूर्य की परिक्रमा करते हैं क्षुद्रग्रह कहलाते हैं। सबसे बड़ा क्षुद्रग्रह सायरस है।
- **धूमकेतु (Comet)**: सौरमंडल के छोर पर बहुत ही छोटे-छोटे अरबों पिंड विद्यमान हैं, जो धूमकेतु या पुच्छल तारे कहलाते हैं।

उल्का (Meteor)

उल्काएँ, क्षुद्र ग्रहों के टुकड़े तथा धूमकेतु द्वारा पीछे छोड़े गए धूल के कण होते हैं। यह पृथ्वी के वायुमण्डल में पहुँचते ही जलने लगते हैं और टूटते तारे जैसे लगते हैं।

चन्द्रमा

- यह पृथ्वी का एकमात्र उपग्रह है।
- चन्द्रमा, पृथ्वी की परिक्रमा लगभग 27 दिन 8 घंटे में पूरी करता है और इतने ही समय में अपने अक्ष पर एक घूर्णन करता है।
- चन्द्रमा का घूर्णन और परिक्रमण अवधि समान है। इसी कारण चन्द्रमा का सदैव एक ही भाग दिखाई पड़ता है।
- चन्द्रमा पृथ्वी से लगभग 3.84 लाख किलोमीटर दूर है।

चन्द्रग्रहण

जब कभी चक्कर लगाते समय सूर्य और चंद्रमा के बीच पृथ्वी आ जाती है तो चन्द्रमा को सूर्य का प्रकाश प्राप्त नहीं होता। इसको चन्द्रग्रहण कहते हैं। सूर्य, चन्द्रमा और पृथ्वी तीनों पूर्णमासी को एक सीध में रहते हैं। अतः केवल पूर्णिमा को ही चंद्रग्रहण पड़ता है।

सूर्यग्रहण

भ्रमण करते हुए जब चंद्रमा अमावस्या के दिन पृथ्वी और सूर्य के बीच में आ जाता है तब चंद्रमा की छाया पृथ्वी पर पड़ती है। इसका फल यह होता है कि सूर्य का प्रकाश पृथ्वी पर नहीं पड़ता है। सूर्य की आकृति पर पड़ने वाले इस विक्षेप को ही सूर्य-ग्रहण कहते हैं। सूर्य-ग्रहण अमावस्या को ही पड़ता है।

पृथ्वी की संरचना

पृथ्वी की आन्तरिक संरचना को मुख्यतः तीन भागों में बाँटा गया है–

1. **भूपटल/भू-पर्पटी (Crust)**: पृथ्वी के ऊपरी भाग को भू-पर्पटी कहते हैं। यह अंदर की तरफ 8-40 किमी तक का क्षेत्र है। यह मुख्यतः बेसाल्ट चट्टानों से बना है। इसे सिआल (SIAL) भी कहते हैं।
2. **अनुपटल (Mantle):** इस अनुपटल का विस्तार 100 से 2,900 किमी की गहराई तक है। इसमें सिलिका और मैग्नेशियम की प्रधानता है। इसे सीमा भी कहते हैं। इसी परत से ज्वालामुखी के लिए लावा प्राप्त होता है।
3. **भू-क्रोड (Core):** इस परत को धात्विक क्रोड या गुरुमण्डल या अन्तरतम भी कहते हैं। यह 2900 किमी की गहराई से पृथ्वी के केन्द्र तक विस्तृत है। इसमें निकिल एवं फेरस की प्रधानता है। इसे निफे भी कहते हैं।

पृथ्वी की गतियां

1. **घूर्णन गति (Rotation)**: पृथ्वी अपने अक्ष पर पश्चिम से पूर्व की ओर चक्कर लगाती है जिसके कारण दिन और रात होते हैं। पृथ्वी की दैनिक गति के कारण समुद्र में ज्वार भाटा आता है।
2. **परिक्रमण गति (Revolution)**: पृथ्वी अपने अक्ष पर घूमने के साथ-साथ सूर्य के चारों ओर भी चक्कर लगाती है। पृथ्वी की इस परिक्रमा का मार्ग वामावर्त (Counterclockwise) है।

पृथ्वी की परिक्रमण गति के निम्न प्रभाव देखे जा सकते हैं–
(*i*) सूर्य की किरणों का सीधा और तिरछा चमकना,
(*ii*) वर्ष की अवधि का निर्धारण,
(*iii*) कर्क और मकर रेखाओं का निर्धारण,
(*iv*) ध्रुवों पर छः-छः माह के रात-दिन का होना,
(*v*) धरातल पर ताप-वितरण में भिन्नता,
(*vi*) कटिबन्धों का निर्धारण,
(*vii*) दिन-रात का छोटा-बड़ा होना,
(*viii*) ऋतु परिवर्तन।

- **कर्क संक्रांति**: 21 जून को सूर्य मकर रेखा पर लम्बवत् चमकता है। परिणामस्वरूप उत्तरी गोलार्द्ध में सबसे बड़ा दिन होता है और ग्रीष्म ऋतु होती है। दक्षिणी गोलार्द्ध में इस समय सूर्य-तिरछा चमकता है। इससे यहाँ रातें बड़ी और दिन छोटे होते हैं और गर्मी कम होने से जाड़े की ऋतु होती है।
- **मकर संक्रांति**: 22 दिसम्बर को दक्षिणी ध्रुव सूर्य के सम्मुख होता है और सूर्य मकर रेखा पर लम्बवत् चमकता है। जिससे यहाँ ग्रीष्म ऋतु होती है। इस समय उत्तरी गोलार्द्ध में सूर्य तिरछा चमकता है, जिससे दिन छोटे व रातें बड़ी होती हैं और गर्मी कम होने से जाड़े की ऋतु होती है।
- **विषुवः** यह पृथ्वी की वह स्थिति है जब सूर्य की किरणें भूमध्य रेखा पर लम्बवत् चमकती है जिससे सर्वत्र रात-दिन बराबर होते हैं।
  (*i*) बसन्त विषुव - 21 मार्च (*ii*) शरद विषुव - 23 सितम्बर
- ग्लोब पर खींची गई समानांतर रेखाओं को अक्षांश रेखा कहा जाता है।
- 0° की अक्षांश रेखा भूमध्य रेखा या विषुवत् रेखा कहलाती है। यह पृथ्वी के केन्द्र से गुजरती है एवं पृथ्वी को दो बराबर भागों में बाँटती है। भूमध्य रेखा पर दिन-रात बराबर होते हैं।
- भूमध्य रेखा से ऊपर 0° से 90° उत्तरी ध्रुव तक उत्तरी गोलार्द्ध और भूमध्य रेखा से नीचे 0° से 90° दक्षिणी ध्रुव तक दक्षिणी-गोलार्द्ध कहलाता है।
- **कर्क रेखाः** उत्तरी गोलार्द्ध में 23.5° N के दोनों बिन्दुओं को मिलाने वाली रेखा कर्क रेखा कहलाती है। कर्क रेखा अग्रलिखित देशों से होकर गुजरती है–मैक्सिको, पश्चिमी सहारा, मॉरीटानिया, माली, अल्जीरिया, लीबिया, चाड, मिस्र, सऊदी अरब, यू.ए.ई., ओमान, भारत, बांग्लादेश, म्यांमार, चीन तथा ताइवान।
- **मकर रेखाः** दक्षिण गोलार्द्ध में 23.5° S के दोनों बिन्दुओं को मिलाने वाली रेखा मकर रेखा कहलाती है। मकर रेखा अग्रलिखित देशों से होकर गुजरती है–ऑस्ट्रेलिया, नामीबिया, बोत्सवाना, द० अफ्रीका, मोजाम्बिक, मेडागास्कर, चिली, अर्जेन्टीना, पराग्वे, ब्राजील तथा मालागासी।
- **आर्कटिक रेखाः** उत्तरी गोलार्द्ध में 66.5° N के दोनों बिन्दुओं को मिलाने वाली रेखा को आर्कटिक रेखा कहते
- **अण्टार्कटिक रेखाः** दक्षिणी गोलार्द्ध में 66.5° S के दोनों बिन्दुओं को मिलाने वाली रेखा अण्टार्कटिक रेखा कहलाती
- **विषुवत् रेखाः** निम्नलिखित देशों से होकर गुजरती है–इक्वे कोलम्बिया, ब्राजील, गैबन, कांगो रिपब्लिक, कांगो डेमोक्रे रिपब्लिक, युगांडा, केन्या, सोमालिया, इण्डोनेशिया।
- **देशान्तर रेखाएँ:** यह ग्लोब पर उत्तर से दक्षिण की ओर ख जाने वाली काल्पनिक रेखाएँ हैं। ये रेखाएँ समानांतर नहीं ह हैं। ये रेखाएँ उत्तरी तथा दक्षिणी ध्रुव पर एक बिन्दु पर मि जाती हैं।
- ध्रुवों से भूमध्य रेखा की ओर बढ़ने पर देशान्तरों के बीच दूरी बढ़ती जाती है तथा भूमध्य रेखा पर इनके बीच की अधिकतम होती है।
- **ग्रीनविच वेधशालाः** यह लन्दन के निकट है। यहाँ से गुज वाली देशान्तर रेखा को प्रधान देशांतर रेखा कहा जाता इसका मान 0° देशांतर है।
- पृथ्वी की घूर्णन गति 15 अंश देशांतर प्रति घण्टा या प्रति च मिनट में एक देशांतर है।
- भारत में माध्य प्रामाणिक समय (IST) 82°-30' प्रयागराज के पास है। यह ग्रीनविच मध्याह्न से 5 घंटे मिनट आगे है।
- पामीर के पठार को विश्व की छत भी कहा जाता है।
- तिब्बत का पठार विश्व में सबसे ऊँचा है।
- बोलीविया तथा पेरू का पठार अन्तःपर्वतीय पठार है।
- **झीलः** कैस्पियन सागर खारे पानी की विश्व की सबसे ब झील है।
- सुपीरियर झील ताजे पानी की सबसे बड़ी झील है।
- बैकाल झील सबसे गहरी झील है।
- टिटिकाका झील विश्व की सबसे ऊँची झील है।
- मृत सागर विश्व की सबसे नीची झील है।
- **मरुस्थलः** पृथ्वी का वह क्षेत्र जहाँ वार्षिक वर्षा 25 सेमी कम होती है, उसे मरुस्थल कहा जाता है।
- विश्व का मरुस्थलविहीन प्रायद्वीप यूरोप है।
- दक्षिण एशिया का सबसे बड़ा मरुस्थल थार भारत में है।
- संसार का सबसे बड़ा मरुस्थल सहारा है।
- द्वीपः स्थल के ऐसे भाग जिनके चारों ओर जल का विस्ता पाया जाता है द्वीप कहलाते हैं।

पृथ्वी के प्रमुख परिमंडल

- पृथ्वी की सम्पूर्ण बाह्य परत, जिस पर महाद्वीप एवं महासागर स्थित हैं स्थलमंडल कहलाती है। पृथ्वी के कुल 29% भाग पर स्थल तथा 71% भाग पर जल है।
- पृथ्वी पर अधिकतम ऊँचाई माउण्ट एवरेस्ट (8848 मी.) की तथा अधिकतम गहराई मेरियाना गर्त (11,033 मी.) की है। इस प्रकार पृथ्वी की अधिकतम ऊँचाई एवं अधिकतम गहराई में लगभग 20 किमी. का अंतर है।
- ज्वालामुखी के द्वारा पृथ्वी का पिघला पदार्थ लावा, राख, भाप तथा अन्य गैसें बाहर निकलती हैं।
- विश्व का सबसे ऊँचा ज्वालामुखी पर्वत, कोटापैक्सी (इक्वेडोर) है।
- संसार का सर्वाधिक सक्रिय ज्वालामुखी किलायू है।
- **सिस्मोलॉजी:** यह भूगर्भशास्त्र की एक विशेष शाखा है जिसमें भूकम्पों का अध्ययन किया जाता है। भूकम्प की तीव्रता की माप रिक्टर पैमाने पर की जाती है।
- भूकम्पीय तरंगों को सिस्मोग्राफ नामक यंत्र द्वारा मापा जाता है।

वायुमण्डल

- वायुमण्डल अनेक गैसों का मिश्रण है। गैसों के अतिरिक्त वायुमण्डल में जलवाष्प तथा धूल के कण भी उपस्थित हैं। यह पृथ्वी के धरातल से 1600 किमी. की ऊँचाई तक फैली है।
- वायुमंडल की ऊपरी परत के अध्ययन को वायुर्विज्ञान (Aerology) और निचली परत के अध्ययन को ऋतु विज्ञान (Meterology) कहते हैं।

वायुमण्डल की संरचना

1. क्षोभमण्डल (Troposphere)

- यह वायुमण्डल की सबसे निचली परत है जिसमें मानव सहित अन्य जीव रहते हैं।
- इस परत में ऊँचाई के साथ-साथ तापमान घटता है। प्रत्येक 165 मी. पर 1°C तापमान की कमी हो जाती है।

2. समतापमण्डल (Stratosphere)

- क्षोभमंडल के ऊपर 32 किमी. तक अर्थात् पृथ्वी की सतह से 50 किमी. ऊपर तक समतापमंडल स्थित है।
- क्षोभ सीमा (Tropopause) ही समतापमंडल और क्षोभमंडल दोनों को अलग करती है। यहाँ पर तापमान स्थिर होता है। इसकी मोटाई 1.5 किमी. है।
- इसके ऊपर 50 किमी की ऊँचाई तक तापमान में वृद्धि होती है, जिसका कारण वहाँ उपस्थित ओजोन गैस है, जो सूर्य की पराबैंगनी किरणों का अवशोषण करती है इसलिए इसे पृथ्वी का सुरक्षा कवच कहते हैं।
- इसमें मौसमी घटनाएँ जैसे आँधी, बादलों की गरज, बिजली का कड़कना, धूलकण एवं जलवाष्प आदि कुछ नहीं होती है। परिणामस्वरूप इस मंडल में वायुयान उड़ाने की आदर्श दशा पाई जाती है।

3. मध्यमण्डल (Mesosphere)

- समताप सीमा के ऊपर मध्यमण्डल है, जिसका विस्तार 80 किमी की ऊँचाई तक है। इस परत में ऊँचाई के साथ तापमान गिरने लगता है।

4. आयनमण्डल (Ionosphere)

- मध्यमण्डल के ऊपर आयनमण्डल है जिसकी ऊँचाई 80-690 किमी तक है।
- यहाँ उपस्थित कण विद्युत आवेशित होते हैं, जिन्हें आयन कहते हैं। अतः इस परत का नाम आयनमण्डल है।
- आयनमण्डल में तीन परतें स्थित हैं जो पृथ्वी से प्रेषित रेडियो तरंगों को परावर्तित करके पृथ्वी पर वापस भेज देता है इससे रेडियो प्रसारण में सहायता मिलती है।
- संचार उपग्रह इसी मण्डल में स्थित होते हैं।

5. बाह्यमण्डल (Exosphere)

- आयनमंडल के ऊपर वायुमण्डल की यह सबसे ऊपरी परत है। यहाँ काफी विरल होती है।
- इस मंडल में हाइड्रोजन एवं हीलियम गैस की प्रधानता होती है।
- **समताप रेखा (Isotherm):** यह समान तापमान के स्थानों को मिलाने वाली रेखा है।
- **समदाब रेखा (Isobar):** सागर तल पर समान वायुदाब वाले क्षेत्रों को मिलाने वाली रेखा को समदाब रेखा कहते हैं।
- **पवन:** पृथ्वी के धरातल पर वायुदाब में क्षैतिज विषमताओं के कारण हवा उच्च वायुदाब क्षेत्र से निम्न वायुदाब क्षेत्र की ओर बहती है। क्षैतिज रूप से इस गतिशील हवा को पवन कहते हैं।
- **पछुआ पवन:** दोनों गोलार्द्धों में उपोष्ण उच्च वायुदाब कटिबंधों से उपध्रुवीय निम्न वायुदाब कटिबंधों की ओर चलने वाली स्थायी हवा को, इनकी पश्चिम दिशा के कारण, पछुआ पवन कहा जाता है।

- **व्यापारिक पवनः** लगभग 30° उत्तरी और दक्षिणी अक्षांशों के क्षेत्रों या उपोष्ण उच्च वायुदाब कटिबंधों के भूमध्य रेखीय निम्न वायुदाब कटिबंधों की ओर दोनों गोलार्द्धो में वर्ष भर निरन्तर प्रवाहित होने वाली पवन को व्यापारिक पवन कहा जाता है।
- **ध्रुवीय पवनः** ध्रुवीय उच्च वायुदाब की पेटियों से उपध्रुवीय निम्न वायुदाब की पेटियों की ओर प्रवाहित पवन को ध्रुवीय पवन के नाम से जाना जाता है।
- मानसून की उत्पत्ति कर्क और मकर रेखाओं के निकट होती है। मानसून शब्द का तात्पर्य है हवाओं के रूख का बदलना। मानसून का प्रभाव दक्षिण-पूर्वी एशिया में विशेष रूप से मिलता है।
- मानसूनी पवनें ग्रीष्म-ऋतु में समुद्र से स्थल की ओर चलती है और विस्तृत क्षेत्र पर वर्षा करती है।
- शीतकालीन मानसून पवनें स्थल से समुद्र की ओर चलती हैं तथा वर्षा नहीं करती है। इसका अपवाद तमिलनाडु के तटीय क्षेत्रों में देखा जाता है जहाँ शीतकालीन मानसून से वर्षा होती है।
- **स्थलीय समीर (Land Breeze):** रात्रि में हवाएँ स्थल से जल की ओर चलने लगती हैं जिसे स्थलीय समीर कहते हैं।
- **समुद्री समीर (Sea Breeze):** तापमान में अन्तर होने के कारण दिन में समुद्र से हवाएँ स्थल की ओर चलती हैं जिसे समुद्री समीर कहते हैं।
- **चक्रवात (Cyclones):** चक्रवात के केन्द्र में कम वायुदाब होता है। इस कारण सभी दिशाओं में हवाएँ चक्रवात के केन्द्र की ओर चलती हैं। ये हवाएँ फेरल के नियमानुसार उत्तरी गोलार्द्ध में अपनी दाईं ओर तथा दक्षिणी गोलार्द्ध में अपनी बाईं ओर मुड़ जाती है जिससे चक्रवात के केन्द्र में हवाओं का भंवर बन जाती है। टारनेडो, टाइफून व हरिकेन चक्रवात के उदाहरण हैं।
- **प्रतिचक्रवात (Anti-Cyclones):** प्रति-चक्रवात अधिक वायुदाब का एक ऐसा क्षेत्र होता है जिसमें वायुदाब क्रमशः बाहर की ओर घटता जाता है। प्रति-चक्रवात में अधिक वायुदाब केन्द्र में होता है। अतः हवाएं केन्द्र से बाहर की ओर प्रवाहित होती हैं।

चक्रवातों के विभिन्न नाम एवं उनकी भौगोलिक स्थिति

चक्रवात	*भौगोलिक स्थिति*
टॉरनेडो	संयुक्त राज्य अमेरिका, चीन एवं जापान
टाइफून	दक्षिणी चीन सागर
हरिकेन	कैरीबियन द्वीप समूह
ट्विस्टर	अमेरिका
विली-विली	ऑस्ट्रेलिया

विश्व के प्राकृतिक प्रदेश

- **भूमध्यरेखीय प्रदेशः** इसे उष्णकटिबन्धीय वर्षा वन जलवायु क्षेत्र भी कहते हैं। यहाँ पर उष्णकटिबंधीय सदाबहार वन पाए जाते हैं। इस जलवायु का विस्तार कांगो बेसिन, अमेजन बेसिन, गिनी तट, पूर्वी द्वीप समूह, मलेशिया तथा इण्डोनेशिया में पाया जाता है।
- **सवाना प्रदेशः** उष्णकटिबंधीय घास प्रदेश, जिसका विस्तार दोनों गोलार्द्धों में 5° से 20° अक्षांशों तक पाया जाता है। इस जलवायु के अंतर्गत आने वाले प्रमुख देश दक्षिण अफ्रीका, सूडान, वेनेजुएला, ब्राजील, पराग्वे तथा कोलम्बिया हैं। उच्च ताप एवं साधारण वर्षा के कारण यहाँ लम्बी सवाना घास तथा कहीं-कहीं वृक्ष उगते हैं।
- **मानसूनी प्रदेशः** ये प्रदेश दोनों गोलार्द्धों में महाद्वीपों के पूर्वी भागों में 8° से 30° अक्षांशों के मध्य तक है। इसमें भारत, पाकिस्तान, बांग्लादेश, म्यांमार, थाइलैंड, इंडोनेशिया, फिलीपींस, श्रीलंका, उत्तरी ऑस्ट्रेलिया, मालागासी, पूर्वी अफ्रीका, पूर्वी ब्राजील व मध्य अमेरिका सम्मिलित किए जाते हैं।
- **उष्णकटिबन्धीय मरुस्थलीय जलवायुः** यह प्रदेश 20° से 30° अक्षांशों के मध्य महाद्वीपों के पश्चिमी भागों में विस्तृत है। इसका विस्तार सहारा, कालाहारी, एशिया में अरब, थार व पश्चिम ऑस्ट्रेलिया के मरुस्थल तक हैं। इस प्रदेश से कर्क या मकर रेखा गुजरती है। यहाँ पर कँटीली झाड़ियाँ, बबूल व कैक्टस के पेड़ पाए जाते हैं।
- **भूमध्यसागरीय प्रदेशः** यह महाद्वीपों के पश्चिमी किनारों पर 30°-45° अक्षांशों के मध्य दोनों गोलार्द्धों में विस्तृत है–भूमध्यसागर का तटीय प्रदेश पुर्तगाल, स्पेन, फ्रांस, सर्बिया, ग्रीस, तुर्किए, दक्षिणी अफ्रीका का केप प्रांत, कैलिफोर्निया घाटी, मध्य चिली, दक्षिणी-पश्चिमी व दक्षिणी-पूर्वी ऑस्ट्रेलिया तथा न्यूजीलैंड का उत्तरी द्वीप इस प्रदेश के अंग हैं। यहाँ अँगूर व नींबू की अच्छी फसल होती है। थोड़ी शुष्क झाड़ियाँ, जैतून, ओक, कार्क के वृक्ष मिलते हैं।
- **स्टैप प्रदेशः** यह शीतोष्ण प्रदेशीय घास का प्रदेश है, इसके अंतर्गत रूसी व चीनी तुर्किस्तान, साइबेरिया का स्टैप प्रदेश, उत्तरी अमेरिका के मध्यवर्ती मैदान में प्रेयरी प्रदेश, दक्षिणी अमेरिका में पम्पास, ऑस्ट्रेलिया में डाउन्स व दक्षिणी अफ्रीका का वेल्ड क्षेत्र सम्मिलित है।
- **टैगा प्रदेशः** कनाडा, यूरोप तथा एशिया में स्टैप प्रदेश के उत्तर में 55° अक्षांशों तक नुकीली पत्ती वाले कोणधारी वन पाए

जाते हैं। यहाँ चीड़ स्प्रूस के वृक्ष पाए जाते हैं। विश्व के सबसे ठंडे स्थानों में से एक बर्खोयास्क (रूस) यहीं पर स्थित है।

टुण्ड्रा प्रदेशः यह प्रदेश यूरेशिया, अलास्का तथा कनाडा के उत्तरी तटीय भाग में 65°–80° उत्तरी अक्षांशों के मध्य विस्तृत है। आर्कटिक ध्रुव वृत्त के भीतर स्थित होने के कारण यह प्रदेश वर्ष के 8–9 महीने हिम से जमा रहता है। गर्मियों का तापमान 10°C तथा सर्दियों का तापमान –20°C से भी कम हो जाता है। इसे शीत मरुस्थल कहते हैं। यहाँ लाइकेन एवं मांस प्रायः मिलते हैं।

जलमण्डल

- भूमंडल के लगभग 71% भाग पर जल है।
- दक्षिणी गोलार्द्ध में 81% जल और 19% स्थल है जबकि उत्तरी गोलार्द्ध में 40% जल 60% स्थल भाग है।

महासागर

जलमंडल का वह बड़ा भाग जिसकी कोई निश्चित सीमा न हो, महासागर कहलाता है।

प्रशांत महासागर

- यह विश्व का सबसे बड़ा और गहरा महासागर है।
- जापान सागर, बेरिंग सागर, पीला सागर, सुण्डा सागर, बाण्डा सागर, अराफुरा सागर इसके तटवर्ती सागर हैं।
- प्रशांत महासागर में गुआम द्वीप (फिलीपीन्स) के समीप स्थित मेरियाना गर्त विश्व का सबसे गहरा गर्त है जिसे चैलेंजर गर्त भी कहते हैं।

अटलांटिक महासागर

- यह विश्व का दूसरा सबसे बड़ा महासागर है।
- इसमें बरमुडा प्रमुख प्रवाल द्वीप है जबकि सेंट हेलेना, ट्रिस्ता दी कन्हा, गुआ असेन्सन आदि प्रमुख ज्वालामुखी द्वीप हैं।
- यह संसार का सबसे व्यस्त जलमार्ग है।

हिन्द महासागर

- क्षेत्रफल और विस्तार की दृष्टि से यह पृथ्वी पर तीसरा सबसे बड़ा महासागर है।
- सुण्डा (जावा) गर्त हिन्द महासागर का सबसे गहरा गर्त है।
- यह प्रशांत महासागर और अटलाण्टिक महासागर से मिला है।
- इस महासागर में लक्षद्वीप एवं मालद्वीप प्रमुख प्रवाल द्वीप हैं जबकि मॉरीशस, अण्डमान निकोबार द्वीप समूह तथा टीयूनियन द्वीप ज्वालामुखी प्रक्रिया से निर्मित हैं।
- इसका सबसे बड़ा द्वीप मेडागास्कर है।

आर्कटिक महासागर

- यह सबसे छोटा महासागर है।
- इस महासागर पर बर्फ जमी होने के कारण इसे छिपता हुआ महासागर भी कहा जाता है।

विश्व के प्रमुख जलडमरूमध्य/जलसंधियाँ

जलडमरूमध्य	सम्बन्धित सागर	सम्बन्धित देश/क्षेत्र
• बेरिंग जलसंधि	बेरिंग सागर एवं चुकसी सागर	अलास्का-रूस
• डेविस जलसंधि	बेफिन खाड़ी एवं अटलांटिक महासागर	ग्रीनलैण्ड-कनाडा
• डेनमार्क जलसंधि	उत्तरी अटलांटिक एवं आर्कटिक महासागर	इंग्लैंड-फ्रांस
• डोवर जलसंधि	इंगलिश चैनल एवं उत्तरी सागर	इंग्लैंड-फ्रांस
• फ्लोरिडा जलसंधि	मैक्सिको की खाड़ी एवं अटलांटिक महासागर	सं.रा. अमेरिका-क्यूबा
• हॉरमुज जलसंधि	फारस की खाड़ी एवं ओमान की खाड़ी	ओमान-ईरान
• हडसन जलसंधि	हडसन की खाड़ी एवं अटलांटिक महासागर	कनाडा
• जिब्राल्टर जलसंधि	भूमध्य सागर एवं अटलांटिक महासागर	स्पेन-मोरक्को
• मलक्का जलसंधि	अण्डमान सागर एवं दक्षिण चीन सागर	इंडोनेशिया-मलेशिया
• पाक जलसंधि	मन्नार एवं बंगाल की खाड़ी	भारत-श्रीलंका
• सुण्डा जलसंधि	जावा सागर एवं हिंद महासागर	इंडोनेशिया
• नार्थ चैनल	आयरिश सागर एवं अटलांटिक महासागर	आयरलैंड-इंग्लैंड

विश्व के प्रमुख जल प्रपात

जल प्रपात	स्थान	ऊँचाई (मी०)
• एंजिल	वेनेजुएला	979 (यह कैरो नदी पर स्थित संसार का सबसे ऊँचा जल प्रपात है
• योसेमाइट	कैलिफोर्निया	739
• दक्षिण-मर्डाल्फोसेन	नार्वे	655
• तुगेला	द॰अफ्रीका	614
• कुकवेनन	वेनेजुएला	610
• सूथरलैंड	न्यूजीलैंड	580
• रिब्बोन	कैलिफोर्निया	491
• ग्रेट-कामारना	गुयाना	488
• कुंचिकल	भारत	455
• डेल्ला	कनाडा	440
• गवार्नी	फ्रांस	422
• नियाग्रा	कनाडा एवं अमेरिका की सीमा	120

विश्व की प्रमुख नहरें

नाम	स्थिति	स्थान
• ईरी	ईरी झील और मिशीगन झील को जोड़ती है।	अमेरिका
• सू नहर	सुपीरियर झील और ह्यूइन झील को जोड़ती है।	अमेरिका
• कील नहर	उत्तरी सागर को बाल्टिक सागर से जोड़ती है।	जर्मनी
• पनामा नहर	कैरीबियन सागर और प्रशांत महासागर	पनामा
• स्वेज नहर	लाल सागर और भूमध्य सागर	मिस्र
• मैनचेस्टर नहर	मैनचेस्टर एवं लिवरपूल के बीच	ग्रेट ब्रिटेन

विश्व की प्रमुख नदियाँ

नाम	उद्‌गम स्थल	गिरने का स्थान	लम्बाई (किमी)	प्रमुख स्थान
• नील (विश्व की सबसे लम्बी नदी)	विक्टोरिया झील	भूमध्य सागर	6650	आस्वान बाँध व नासिर झील स्थित है।
• अमेजन (आयतन की दृष्टि से विश्व की सबसे बड़ी नदी)	एण्डीज पर्वत	अटलांटिक महासागर	6428	
• मिसीसिपी मिसौरी	एलास्का झील	मैक्सिको की खाड़ी	6020	पक्षीपाद डेल्टा बनाती है।
• यांग्टिसीक्यांग	तिब्बत का पठार	चीन सागर	5494	
• ह्वांग हो	कुललुन पर्वत	चीन की खाड़ी	4344	
• कांगो/जायरे	लुआलिया और लुआपुआ का संगम	अटलाण्टिक महासागर	3700	विषुवत् रेखा को दो बार काटती है।

नाम	उद्‌गम स्थल	गिरने का स्थान	लम्बाई (किमी)	प्रमुख स्थान
• अमूर	शिल्का रूस, आरगून का संगम	टार्टइ स्ट्रेट	4352	चीन और रूस की सीमा बनाती है।
• वोल्गा	बल्डाई पठार	कैस्पियन सागर	3690	यूरोप की सबसे लम्बी नदी
• डेन्यूब	ब्लैक फॉरेस्ट	काला सागर	2840	बेलग्रेड, बुखारेस्ट, बुडापेस्ट और वियना शहर स्थित है।
• सेंट लारेंस	आण्टेरियो झील	सेंट-लॉरेंस की खाड़ी	3058	नियाग्रा जल प्रपात स्थित है।
• कोलोरेडो	ग्रैण्ड कंट्री	कैलीफोर्निया की खाड़ी	2333	ह्यूबर बाँध स्थित
• नाइजर	गिनी	गिनी की खाड़ी	4180	तेल नदी कहलाती है।
• मेकांग	तिब्बत का पठार	दक्षिण चीन सागर	4023	द.पू. एशिया की सबसे लम्बी नदी।
• सिन्धु	मानसरोवर झील के पास	अरब सागर	2900	
• ब्रह्मपुत्र	मानसरोवर झील	बंगाल की खाड़ी	3058	
• डार्लिंग-मरे	ऑस्ट्रेलिया आल्पस	हिन्द महासागर	2740	ऑस्ट्रेलिया की सबसे बड़ी नदी।

विश्व की प्रमुख झीलें

झील का नाम	भौगोलिक क्षेत्र	क्षेत्रफल (वर्ग.किमी.)	विशेष तथ्य
• कैस्पियन सागर	पूर्व सोवियत संघ तथा ईरान	3,71,000	खारे पानी की सबसे बड़ी झील
• सुपीरियर झील	संयुक्त राज्य अमेरिका एवं कनाडा	82,100	ताजे पानी की सबसे बड़ी झील
• विक्टोरिया झील	केन्या, युगाण्डा तथा तंजानिया	69,000	
• अरल सागर झील	कजाकिस्तान एवं उज्बेकिस्तान	64,500	
• ह्यूरन झील	संयुक्त राज्य अमेरिका तथा कनाडा	59,600	
• मिशीगन झील	संयुक्त राज्य अमेरिका	57,800	
• बैकाल झील	रूस	31,500	यह सबसे गहरी (1940 मी.) झील है।
• ग्रेट बेरियर झील	कनाडा	31,200	
• ग्रेट स्लेव झील	कनाडा	28,438	
• विनीपेग झील	कनाडा	24,341	
• ओण्टेरियो झील	सं.रा. अमेरिका तथा कनाडा	19,529	
• टिटिकाका	पेरू-बोलीविया	9,065	यह विश्व की सबसे ऊँची (3811 मी.) झील है।
• आयर झील	ऑस्ट्रेलिया	9,583	

प्रमुख अंतर्राष्ट्रीय सीमाएँ

नाम	संबन्धित राष्ट्र
• डूरण्ड रेखा	पाकिस्तान एवं अफगानिस्तान
• मैकमेहोन रेखा	भारत एवं चीन
• रेडक्लिफ रेखा	भारत एवं पाकिस्तान
• मैगीनॉट रेखा	जर्मनी एवं फ्रांस
• हिण्डनबर्ग रेखा	जर्मनी और पोलैंड
• 17वीं समान्तर रेखा	उत्तरी और दक्षिणी वियतनाम
• 38वीं समान्तर रेखा	उत्तरी और दक्षिणी कोरिया
• 49वीं समान्तर रेखा	कनाडा और सं.रा. अमेरिका

विश्व के प्रमुख द्वीप

नाम	क्षेत्रफल (वर्ग किमी. में)
• ग्रीनलैण्ड	21,75,000
• न्यू गिनी	821,400
• बोर्नियो	7,51,000
• मेडागास्कर	5,87,041
• बेफिन द्वीप (कनाडा)	5,07,451
• सुमात्रा (इण्डोनेशिया)	4,22,200
• होन्शू (जापान)	2,30,092

विविध तथ्य

- **एल-निनो (El-Nino):** एलनिनो पेरू के पश्चिमी तट से 200 किमी दूरी पर उत्तर से दक्षिण दिशा में चलने वाली एक गर्म जलधारा है। एलनिनो के कारण पेरू में सामान्य से अधिक वर्षा होती है। इसका विस्तार जब प्रशांत महासागर से हिन्द महासागर तक हो जाता है तब हिन्द महासागर पर निम्न दाब और भारतीय प्रायद्वीप पर उच्चदाब का आविर्भाव हो जाता है जिससे हवाएँ भारत में हिन्द महासागर की ओर चलने लगती हैं, परिणामस्वरूप भारत में सूखे की स्थिति उत्पन्न हो जाती है।
- **लॉ-निना (La-Nina):** ला-निना का आविर्भाव पश्चिमी प्रशांत महासागर में उस समय होता है जबकि पूर्वी प्रशांत महासागर (पेरू तट) पर एल-निनो का प्रभाव समाप्त हो जाता है। इससे भारत में सामान्य से अधिक वर्षा होती है।
- ग्रेट-बैरियर रीफ विश्व की सबसे बड़ी प्रवाल भित्ति है। यह ऑस्ट्रेलिया के उत्तर-पूर्वी तट पर स्थित है। इसकी लम्बाई 1900 किमी. और चौड़ाई 160 किमी है।
- साइबेरियन शेल्फ विश्व का सबसे चौड़ा मग्नतट है।
- दक्षिणी चीन सागर क्षेत्रफल की दृष्टि से सबसे बड़ा सागर है।
- भारत एवं अफ्रीका के मध्य कार्ल्स वर्ग कटक (Ridges) पाया जाता है। यह कटक अरब सागर को दो बराबर भागों में काटता है।
- गल्फस्ट्रीम धारा की उत्पत्ति मैक्सिको की खाड़ी में होती है।
- हम्बोल्ट जलधारा दक्षिण अमेरिका के पश्चिमी तट पर बहती है। इसका दूसरा नाम पेरू जलधारा भी है।
- **पारिस्थितिकी (Ecology):** पर्यावरण तथा जीवों के बीच पारस्परिक क्रियाओं के अध्ययन को पारिस्थितिकी कहते हैं और किसी क्षेत्र के भौतिक पर्यावरण तथा उसमें रहने वाले जीवों के बीच होने वाली पारस्परिक जटिल व्यवस्था को पारिस्थितिकी तंत्र कहते हैं।
- **अम्ल वर्षा:** सल्फ्यूरिक अम्ल तथा नाइट्रिक अम्ल बूँदों के रूप में पृथ्वी पर पहुँचते हैं। इसे अम्ल वर्षा कहते हैं।
- ओजोन की परत हानिकारक पराबैंगनी किरणों को पृथ्वी पर पहुँचने से रोकती हैं। क्लोरो फ्लोरो कार्बन्स के कारण ओजोन की परत नष्ट हो रही है। इसे ओजोन छिद्र कहते हैं। ओजोन परत के ह्रास के कारण अधिक मात्रा में पराबैंगनी किरणें पृथ्वी पर पहुँचती है। इससे त्वचा का कैंसर होता है।
- **हरित गृह प्रभाव:** कार्बन डाइऑक्साइड की अधिक सान्द्रता के कारण वायुमंडल में एक मोटा आवरण बन जाता है, जो पृथ्वी से वापस लौटने वाली ऊष्मा को रोकता है। इसे गृह प्रभाव कहते हैं। कार्बन डाइऑक्साइड, नाइट्रस ऑ और मीथेन आदि प्रमुख हरित गृह गैसें हैं।
- विश्व ओजोन दिवस 16 सितम्बर को मनाया जाता है
- क्योटो प्रोटोकॉल ग्रीनहाउस गैसों के उत्सर्जन पर नि करता है।
- मॉण्ट्रियल प्रोटोकॉल ओजोन परत को बचाने से सम्बन्धि
- **जैव-विविधता (Bio-Diversity):** जीवमण्डल में पाए वाले विविध प्रकार के जीवों, वनस्पतियों तथा सूक्ष्म जीव उपस्थिति को जैव-विविधता कहते हैं। भारत में जैव विविध तीन क्षेत्र हैं–पश्चिमी घाट, पूर्वी हिमालय तथा इंडो-बर्मा

विश्व के महाद्वीप

एशिया

- यह विश्व का सबसे बड़ा महाद्वीप है। इसका क्षेत्रफल 30,938, वर्ग किमी. है।
- यहाँ विश्व की लगभग 60% जनसंख्या निवास करती है।
- एशिया में पामीर पठार स्थित है जिसे विश्व की छत भी क जाता है।
- यहाँ विश्व का सबसे बड़ा प्रायद्वीप अरब प्रायद्वीप है।
- विश्व की सबसे गहरी झील बैकाल झील (रूस) एशिया अवस्थित है।
- यहाँ विश्व की सबसे अधिक ऊँचाई पर स्थित खारे पानी झील (पैगांग झील) लद्दाख व तिब्बत में स्थित है।
- एशिया में सर्वाधिक वर्षा वाला क्षेत्र मासिनराम (मेघाल भारत में है।
- एशिया में विश्व का सर्वाधिक प्राकृतिक रबड़ उत्पादक दे थाईलैंड है।
- एशिया में विश्व का सर्वाधिक जूट भारत में उत्पादित होता है
- विश्व का सर्वाधिक दलहन उत्पादित करने वाला देश चीन है
- एशिया में विश्व का सर्वाधिक चाय का उत्पादन चीन करता है
- एशिया का सर्वाधिक स्वर्ण उत्खनित करने वाला देश चीन है

अफ्रीका

- विश्व का दूसरा सबसे बड़ा प्रायद्वीप अफ्रीका है, जो जिब्राल्टर जलसंधि द्वारा यूरोप से पृथक होता है। इसका विस्तार सभी गोलार्द्धों में है और इसका क्षेत्रफल 29,805,695 वर्ग किमी. है।

- अफ्रीका को काला/अन्धमहाद्वीप भी कहा जाता है। इसे पठारी महाद्वीप भी कहते हैं।
- विषुवत् रेखा इस महाद्वीप को बराबर भागों में काटती है।
- यह सर्वाधिक देशों वाला महाद्वीप है। यहाँ 54 देश स्थित हैं।
- विश्व का सबसे बड़ा मरुस्थल सहारा और सबसे लम्बी नदी नील इसी महाद्वीप में स्थित है। सहारा मरुस्थल में स्थित प्रमुख झील चाड है।
- अफ्रीकी महाद्वीप को कर्क रेखा, मकर रेखा एवं भूमध्य रेखा तीनों ही काटती हैं।
- अफ्रीका में बुशमैन (कालाहारी), पिग्मी (कांगो बेसिन), बद्दू (सहारा मरुस्थल) जैसी प्रमुख मिलने वाली आदिम जातियाँ हैं।
- विश्व के सर्वाधिक गर्म स्थानों में से एक डलोल (इथियोपिया) अफ्रीका में ही स्थित है।
- अफ्रीका की कांगो नदी विषुवत् रेखा को और लिम्पोपो नदी मकर रेखा को दो बार काटती है।
- अफ्रीका के मूल निवासी नीग्रिटो हैं।
- अफ्रीका महाद्वीप के विषुवत् रेखा पर स्थित देश हैं—गैबोन, कांगो गणतंत्र, उगांडा, रवांडा, कीनिया तथा सोमालिया।

उत्तरी अमेरिका

- उत्तरी अमेरिका विश्व का तीसरा बड़ा महाद्वीप है। इसकी खोज 1492 ई. में कोलम्बस द्वारा की गई थी। इसका क्षेत्रफल 23,083,151 वर्ग किमी. है।
- 160° पश्चिमी देशांतर रेखा उत्तरी अमेरिका महादेश के मध्य से गुजरती है।
- पनामा नहर उत्तरी अमेरिका तथा दक्षिणी अमेरिका को जोड़ती है, जिससे अन्ध तथा प्रशांत महासागरों के बीच जहाजों का यातायात सुगमतापूर्वक होता है।
- रेड इंडियन तथा नीग्रो नामक प्रमुख जनजातियाँ यहाँ निवास करती हैं।
- 'ग्रैण्ड बैंक' उत्तरी अमेरिका के पूर्वी तट पर न्यूफाउण्डलैण्ड के दक्षिणी पश्चिमी तटीय भाग को कहते हैं। यह क्षेत्र मत्स्यपालन के लिए प्रसिद्ध है।
- संयुक्त राज्य अमेरिका विश्व का सर्वाधिक मक्का उत्पादित करने वाला राष्ट्र है।
- 'अमेरिकन म्यूजियम ऑफ नेचुरल हिस्ट्री' न्यूयॉर्क में स्थित है।
- 'सेंट लारेंस' नदी झीलों से मिलकर विश्व का सबसे लम्बा आन्तरिक जलमार्ग बनाती है।

यूरोप

- यूरोप सात महाद्वीपों में क्षेत्रफल की दृष्टि से छठा है। यह विश्व का सर्वाधिक नगरीकृत महाद्वीप है।
- यूराल एवं काकेशस पर्वत एशिया महाद्वीप को यूरोप से पृथक करते हैं।
- यूरोप महाद्वीप उत्तर में उत्तरी ध्रुव सागर, दक्षिण में भूमध्य सागर और काला सागर तथा पश्चिम में अंध महासागर से घिरा है।
- यूरोप की सर्वाधिक महत्वपूर्ण नदी डेन्यूब (2842 किमी) है जिसके तट पर बुडापेस्ट, बुखारेस्ट, वियाना और बेलग्रेड बंदरगाह स्थित हैं। यह काला सागर में गिरती है।
- यूरोप की सबसे लम्बी नदी वोल्गा नदी (3690 किमी.) है।
- यूरोप का सर्वोच्च शिखर 'एलबुर्ज' (5642 मी.) रूस में स्थित है।
- फिनलैंड को 'झीलों का देश' कहते हैं।
- इंगलिश चैनल फ्रांस को यूनाइटेड किंगडम से अलग करता है।
- नीदरलैण्ड ने उत्तरी सागर के तट के साथ बड़े-बड़े तटबन्ध बनाकर समुद्र से भूमि प्राप्त की है। इन तटबंधों को 'डाइक' कहते हैं। इस प्रकार प्राप्त भूमि को पोल्डर कहते हैं।
- रूस में विश्व का सबसे ज्यादा मैग्नेसाइट का भंडार है।
- एण्टवर्प (बेल्जियम) विश्व का हीरा व्यापार का सबसे बड़ा केन्द्र है।
- यूरोप में मरुस्थल नहीं हैं।

दक्षिणी अमेरिका

- दक्षिणी अमेरिका विश्व का चौथा बड़ा महाद्वीप है। इसका अधिकांश विस्तार दक्षिणी गोलार्द्ध में है। इसका क्षेत्रफल 17,433,220 वर्ग किमी. है।
- इक्वेडोर, कोलम्बिया एवं ब्राजील भूमध्य रेखा पर स्थित दक्षिण अमेरिकी देश हैं।
- विश्व की सबसे ऊँची नौकायन झील 'टिटिकाका' दक्षिणी अमेरिका में पेरू-बोलिविया सीमा पर स्थित है।

- ब्राजील में बहने वाली 'अमेजन' नदी विश्व में अपवाह क्षेत्र की दृष्टि से प्रथम नदी है।
- 'एंजिल' विश्व का सबसे ऊँचा झरना है जो वेनेजुएला में कैरो नदी पर स्थित है।
- विश्व का सबसे ऊँचा ज्वालामुखी 'ओजेस-डेल सलाडो' एण्डीज पर्वतमाला में स्थित है।
- ब्राजील विश्व में सर्वाधिक कॉफी उत्पादित करने वाला देश है। ब्राजील के कहवा के बागों को 'फजेंडा' कहते हैं।
- 'पम्पास' अर्जेण्टीना में स्थित घास के मैदान हैं।

ऑस्ट्रेलिया

- ऑस्ट्रेलिया पूर्णतः दक्षिणी गोलार्द्ध में स्थित है। मकर रेखा इसके मध्य से होकर गुजरती है। यह प्रशांत तथा हिन्द महासागर से घिरा हुआ है। इसे द्वीपीय महाद्वीप भी कहते हैं। इसका क्षेत्रफल 8,426,635 वर्ग किमी. है।
- ऑस्ट्रेलिया में 22 देश हैं। यहाँ के मूल निवासियों को एबोर्जिन्स कहते हैं।
- ऑस्ट्रेलिया की प्रमुख पर्वत शृंखला ग्रेट डिवाइडिंग रेंज है। ऑस्ट्रेलिया का सर्वोच्च पर्वत शिखर 'कोस्यूस्को (2228 मी.)' इसी पर अवस्थित है।
- ऑस्ट्रेलिया और न्यूगिनी के बीच टॉरेस जलसंधि है।
- 'कालगूर्ली' और 'कूलगार्डी' ऑस्ट्रेलिया की विश्वविख्यात सोने की खानें हैं।
- ऑस्ट्रेलिया विश्व में सर्वाधिक ऊन का निर्यात करता है। विश्व प्रसिद्ध मैरिनो ऊन का यह प्रमुख उत्पादक है।
- ऑस्ट्रेलिया विश्व में सर्वाधिक बॉक्साइट उत्खनित करने वाला देश है।
- गिब्सन और विक्टोरिया इस महाद्वीप के प्रमुख मरुस्थल हैं।
- सिडनी ऑस्ट्रेलिया का सबसे बड़ा नगर और बन्दरगाह है।

अण्टार्कटिका

- अण्टार्कटिका महाद्वीप विश्व का पाँचवाँ सबसे बड़ा महाद्वीप है। यह दक्षिणी ध्रुव पर स्थित है तथा यहाँ सदैव बर्फ जमी रहती है।
- अण्टार्कटिका में 'क्रिल' नामक मछली भोजन का मुख्य स्रोत है।
- यहाँ पर पेंग्विन और सील जैसे पक्षी पाए जाते हैं।
- अण्टार्कटिका महाद्वीप का सर्वोच्च शिखर माउण्ट विन्सन मैसिफ है।
- पृथ्वी का दक्षिणी चुम्बकीय ध्रुव पूर्वी अण्टार्कटिका में स्थित है।
- 'दक्षिणी गंगोत्री', 'मैत्री' एवं 'भारती' भारत के तीन अनुसंधान केन्द्र अण्टार्कटिका में स्थित हैं।
- कैप्टन जेम्स क्लार्क रॉस ने 1911 ई. में अण्टार्कटिका महाद्वीप की खोज की थी।

विश्व के भू-आवेष्ठित देश

- भू-आवेष्ठित देश में समुद्री तट रेखा नहीं पाई जाती है। यह देश चारों ओर से अन्य देशों की भौगोलिक सीमा से घिरा होता है। विश्व में ऐसे देशों की कुल संख्या 44 है।
- सबसे बड़ा भू-आवेष्ठित देश कजाकिस्तान है।
- लिचेंस्टीन एवं उज्बेकिस्तान दोहरे भू-आवेष्ठित देश अर्थात् ये देश चारों ओर से उन देशों से घिरे हैं, जो स्वयं भी भू-आवेष्ठित हैं।

एशिया— अफगानिस्तान, नेपाल, मंगोलिया, लाओस, अजरबैजान, उज्बेकिस्तान, कजाकिस्तान, तुर्कमेनिस्तान, किर्गिस्तान, तजाकिस्तान, भूटान।

यूरोप— ऑस्ट्रिया, चेक गणराज्य, स्लोवाकिया, स्विट्जरलैंड, हंगरी, लक्जमबर्ग, मैसीडोनिया, सर्बिया, हंगरी, अर्मीनिया, बेलारूस, अंडोरा, लिचेंस्टीन, माल्डोवा, वेटिकन सिटी।

अफ्रीका— बुरूण्डी, लुआंडा, बोत्सवाना, मलाबी, माली, जिम्बाब्वे, स्वाजीलैंड, जाम्बिया, युगांडा, बुरकिना फासो, रवांडा, चाड़, लेसोथो, नाइजर।

द. अमेरिका— बोलीविया, पराग्वे।

विश्व की प्रमुख भौगोलिक खोजें

1. क्रिस्टोफर कोलम्बस : प. द्वीप समूह (1492), द. अमेरिका (1498 ई.)
2. जॉन कैवेट : न्यूफाउण्डलैण्ड (1497 ई.)
3. कोपरनिकस : सौरमंडल (1540 ई.)
4. केपलर : ग्रहों की गति नियम (1600 ई.)
5. मैगलन : विश्व का भ्रमण, अटलांटिक के दक्षिण से प्रशांत महासागर की खोज (1519 ई.)
6. वास्को-डि-गामा : केप ऑफ गुड होप होकर भारत आगमन (1498 ई.)
7. कैप्टन कुक : हवाई द्वीप समूह (1770 ई.)
8. फ्रिड्टजौफ नानसेन : ग्रीनलैंड एवं उत्तरी ध्रुव का पहाड़ी भाग (1888 ई.)
9. आर. एमण्डसन : दक्षिणी ध्रुव पर पहुँचने वाला प्रथम व्यक्ति (1911 ई.)
10. रॉबर्ट पियरे : उत्तरी ध्रुव की खोज (1909 ई.)

विश्व की प्रमुख फसलें एवं उत्पादक देश

फसल	उत्पादक देश
• चावल	चीन, भारत, इण्डोनेशिया, बांग्लादेश
• गेहूँ	चीन, भारत, रूस, सं.रा. अमेरिका, कनाडा
• मक्का	सं.रा. अमेरिका, चीन, ब्राजील, मैक्सिको, भारत
• मूंगफली	चीन, भारत, सं.रा. अमेरिका, इण्डोनेशिया
• कपास	चीन, भारत, सं.रा. अमेरिका, रूस
• सोयाबीन	सं.रा. अमेरिका, ब्राजील, अर्जेण्टीना, चीन
• चाय	चीन, भारत, श्रीलंका, केन्या, वियतनाम
• कहवा	घाना, दक्षिण अफ्रीका, वेस्टइंडीज
• रबड़	थाइलैण्ड, मलेशिया, इंडोनेशिया, श्रीलंका, वियतनाम
• तम्बाकू	चीन, सं.रा. अमेरिका, भारत, ब्राजील
• नारियल	मलेशिया, इंडोनेशिया, थाइलैण्ड, नाइजीरिया
• जूट	भारत, बांग्लादेश
• गन्ना	ब्राजील, भारत, क्यूबा, चीन, इंडोनेशिया
• तिलहन	ब्राजील, चीन, अर्जेण्टीना, भारत
• मोटे अनाज	सं.रा. अमेरिका, चीन, भारत, रोमानिया

विश्व के विनिर्माण उद्योग

उद्योग	उत्पादक देश
• सूती वस्त्र	चीन, भारत, रूस, ब्रिटेन
• लौह इस्पात	चीन, जापान, सं.रा. अमेरिका, रूस, भारत
• मोटरगाड़ी	जापान, चीन, सं.रा. अमेरिका, जर्मनी, दक्षिण कोरिया
• व्यापारिक पोत निर्माण	जापान, सं.रा. अमेरिका, दक्षिण कोरिया
• वायुयान निर्माण	सं.रा. अमेरिका, चीन, जापान
• रासायनिक उद्योग	सं.रा. अमेरिका, रूस, जापान, चीन
• कागज निर्माण	सं.रा. अमेरिका, रूस, चीन, भारत
• रेशमी वस्त्र उद्योग	चीन, जापान, रूस
• ऊनी वस्त्र उद्योग	रूस, चीन, जापान, सं.रा. अमेरिका, ऑस्ट्रेलिया
• सिगरेट	सं.रा. अमेरिका, जर्मनी
• कृत्रिम रबड़	सं.रा. अमेरिका, जापान
• तेलशोधन	सं.रा. अमेरिका, रूस, ईरान, भारत
• नाइट्रोजन उर्वरक	रूस, चीन, सं.रा. अमेरिका, भारत
• फास्फेट उर्वरक	सं.रा. अमेरिका, रूस, चीन
• पोटाश उर्वरक	रूस, कनाडा, जर्मनी, फ्रांस
• सीमेण्ट	चीन, भारत, सं.रा. अमेरिका
• एल्युमिनियम	सं.रा. अमेरिका, रूस
• तांबा	चिली, सं.रा. अमेरिका
• टिन	चीन, इंडोनेशिया, पेरू
• कृषि यंत्र	रूस, चीन, सं.रा. अमेरिका
• कृत्रिम रेशे एवं ऊन से बने वस्त्र	सं.रा. अमेरिका, ब्रिटेन, जापान

विश्व के प्रमुख खनिज उत्पादक देश

खनिज	उत्पादक देश
• लौह-अयस्क	चीन, ऑस्ट्रेलिया, ब्राजील
• बॉक्साइट	ऑस्ट्रेलिया, ब्राजील, चीन
• एल्युमिनियम	चीन, रूस, कनाडा
• एंटिमनी	चीन, ऑस्ट्रेलिया, सं.रा. अमेरिका
• सीसा	चीन, ऑस्ट्रेलिया, सं.रा. अमेरिका
• मैगनीज	चीन, द.अफ्रीका, ब्राजील, ऑस्ट्रेलिया
• अभ्रक	चीन, भारत, रूस, द. कोरिया
• जस्ता	चीन, ऑस्ट्रेलिया, पेरू
• निकेल	फिलीपींस, रूस, कनाडा
• प्लेटिनम	दक्षिण अफ्रीका, रूस, कनाडा
• चाँदी	पेरू, मैक्सिको, चीन
• टिन	चीन, इंडोनेशिया, पेरू
• टंगस्टन	चीन, रूस, ऑस्ट्रेलिया
• नमक	सं.रा. अमेरिका, चीन, जर्मनी
• एस्बेस्टस	रूस, कजाकिस्तान, चीन
• क्रोमाइट	द. अफ्रीका, कजाकिस्तान, भारत
• कोबाल्ट	कांगो, जाम्बिया, ऑस्ट्रेलिया
• तांबा	चिली, पेरू, सं.रा. अमेरिका
• हीरा	रूस, बोत्सवाना, कांगो
• सोना	चीन, ऑस्ट्रेलिया, सं.रा. अमेरिका
• ग्रेफाइट	चीन, भारत, ब्राजील
• जिप्सम	चीन, स्पेन, ईरान
• कोयला	चीन, सं.रा. अमेरिका, भारत
• खनिज तेल	सं.रा. अमेरिका, रूस, सउदी अरब

भारत का भूगोल

- भारत उत्तरी गोलार्द्ध में स्थित है। ग्लोब में यह 8°4'–37°6' उत्तरी अक्षांश और 68°7'–97°25' पूर्वी देशांतर के बीच स्थित है।
- भारत का क्षेत्रफल 32 लाख 87 हजार 263 वर्ग किमी. है। यह विश्व के क्षेत्रफल का 2.24% है।
- भारत की पूर्व से पश्चिम की लम्बाई 2933 किमी. तथा उत्तर से दक्षिण की लम्बाई 3214 किमी है।
- भारत का पूर्वी बिन्दु वालुंग (अरुणाचल प्रदेश) और पश्चिमी बिन्दु ओखा (गुजरात) है। इसका उत्तरी बिन्दु इंदिरा कोल (जम्मू-कश्मीर) तथा दक्षिणतम बिन्दु वृहत निकोबार द्वीप के पास स्थित इन्दिरा प्वाइंट है।
- भारत की स्थलीय सीमा सात देशों–चीन (3917 किमी.), नेपाल (1752 किमी), भूटान (587 किमी), बांग्लादेश (4096 किमी), म्यांमार (1458 किमी), अफगानिस्तान (80 किमी) एवं पाकिस्तान (3310 किमी) से मिलती है। जबकि जलीय सीमा, पाकिस्तान, श्रीलंका, बांग्लादेश, म्यांमार और मालदीव से जल और थल से मिलने वाली सीमा तीन देशों (बांग्लादेश, पाकिस्तान और म्यांमार) से मिलती है।
- भारत की स्थलीय सीमा की लम्बाई 15,200 किमी तथा द्वीपों सहित जलीय सीमा की लम्बाई 11098.81 किमी है।
- भारत भूमध्य रेखा के उत्तर में स्थित है और कर्क रेखा भारत के मध्य से होकर गुजरती है। कर्क रेखा पर भारत के कई राज्य स्थित हैं, जैसे–मिजोरम, त्रिपुरा, पं. बंगाल, झारखंड, छत्तीसगढ़, मध्य प्रदेश, राजस्थान और गुजरात।

क्र.सं.	पड़ोसी देश	सीमा पर अवस्थित भारतीय राज्य
1.	पाकिस्तान	गुजरात, राजस्थान, पंजाब, जम्मू और कश्मीर, लद्दाख
2.	अफगानिस्तान	लद्दाख
3.	चीन	हिमाचल प्रदेश, उत्तराखंड, सिक्किम, अरुणाचल प्रदेश, लद्दाख
4.	नेपाल	उत्तर प्रदेश, उत्तराखंड, बिहार, पश्चिम बंगाल, सिक्किम
5.	भूटान	सिक्किम, पश्चिम बंगाल, असम, अरुणाचल प्रदेश
6.	बांग्लादेश	पश्चिम बंगाल, असम, मेघालय, त्रिपुरा
7.	म्यांमार	अरुणाचल प्रदेश, नगालैंड, मणिपुर, मिजोरम

- भारत का मानक समय प्रयागराज के निकट मिर्जापुर से गुजरने वाली 82½° पूर्वी देशांतर रेखा को माना गया है, जो ग्रीनविच समय से 5½ घंटा आगे है। 82½° पूर्वी देशांतर रेखा 5 राज्यों–उत्तर प्रदेश, मध्य प्रदेश, छत्तीसगढ़, ओडिशा और आन्ध्र प्रदेश से गुजरती है।
- भौतिक रचना की दृष्टि से भारत को चार भागों में विभाजित किया गया है–
  (*i*) उत्तर पर्वतीय प्रदेश
  (*ii*) प्रायद्वीपीय पठार
  (*iii*) विशाल मैदान
  (*iv*) तटवर्ती मैदान एवं द्वीप समूह
- भू-वैज्ञानिकों के अनुसार जहाँ आज हिमालय पर्वत है वहाँ कभी टेथिस सागर नामक समुद्र था। हिमालय की उत्पत्ति का आधुनिक सिद्धान्त प्लेट विवर्तनिकी है। यह विश्व के नवीनतम मोड़दार पर्वतों में है।
- हिमालय पर्वत श्रेणी को तीन भागों में बाँटा जाता है–

1. वृहद हिमालय या हिमाद्रि

- यह हिमालय की सबसे ऊँची श्रेणी है जिसकी चौड़ाई 120 किमी से 190 किमी तथा ऊँचाई 6000 मी. है। माउण्ट एवरेस्ट या सागरमाथा (8848 मी.) इसकी सबसे ऊँची चोटी है।
- भारत में हिमालय की ऊँची चोटी कंचनजंघा है, जो सिक्किम और नेपाल की सीमा पर है।
- भारत का सर्वोच्च पर्वत शिखर माउण्ट K_2 (गॉडविन ऑस्टिन) है। यह कराकोरम श्रेणी में है।
- इस क्षेत्र में शिपकीला, जोजिला, नीतिला, लिपुलेखला, थागला एवं नाथूला दर्रा स्थित है।

2. लघु हिमालय या हिमाचल श्रेणी

- इसका विस्तार मुख्यतः हिमालय के दक्षिण क्षेत्र में है।
- इसकी औसत ऊँचाई 3700 मी. से 4500 मी. तथा चौड़ाई 80 से 100 किमी. है।
- पीरपंजाल, धौलाधार, नागटिब्बा, महाभारत आदि श्रेणियाँ एवं कश्मीर, काठमाण्डू, काँगड़ा और कुल्लू घाटियाँ इसी श्रेणी में हैं।
- शिमला, मसूरी, नैनीताल, चकराता, दार्जिलिंग एवं रानीखेत जैसे महत्वपूर्ण पर्यटन स्थल इसी श्रेणी में हैं।

- इसकी ढाल पर छोटे-छोटे घास के मैदान पाए जाते हैं जिन्हें कश्मीर में मर्ग (जैसे–गुलमर्ग, सोनमर्ग) एवं उत्तराखंड में बुग्याल या पयार कहा जाता है।

3. शिवालिक या बाह्य हिमालय

- यह हिमालय की सबसे दक्षिणी श्रेणी है तथा इसकी चौड़ाई 10-15 किमी. एवं ऊँचाई 900-1200 मी. है।
- यह हिमालय का नवीन भाग है। इसमें मिट्टी और कंकड़ के बने ऊँचे मैदान मिलते हैं जिन्हें पश्चिम में दून (देहरादून) तथा पूर्व में द्वार (हरिद्वार) कहते हैं।
- शिवालिक के निचले भाग को तराई कहते हैं, जो दलदली व वनाच्छादित प्रदेश है।
- बुर्जिल दर्रा श्रीनगर को गिलगिट से जोड़ता है। जबकि श्रीनगर से लेह को जोड़ने वाले दर्रे का नाम जास्कर श्रेणी में स्थित जोजिला दर्रा है।
- शिपकीला दर्रा शिमला को तिब्बत से जोड़ता है। बोमडीला दर्रे (अरुणाचल प्रदेश) से त्वांग घाटी होते हुए तिब्बत को जाने वाला रास्ता है।
- तुजू दर्रा मणिपुर में स्थित है, जिससे म्यांमार को जाने का मार्ग गुजरता है।

प्रायद्वीपीय पठार

- यह प्राचीन गोण्डवानालैंड का एक भाग, जिसका आकार त्रिभुजाकार है, प्रायद्वीपीय पठार कहलाता है। इसकी ऊँचाई 600 से 900 मी. तक होती है।
- नर्मदा तथा ताप्ती नदियों की घाटियों ने इस पठारी प्रदेश को दो असमान भागों में बाँट दिया है। उत्तरी भाग को मालवा का पठार तथा दक्षिणी भाग को दक्षिण का मुख्य पठार अथवा दक्कन ट्रेप कहते हैं।

मालवा का पठार

- यह पठार नर्मदा तथा ताप्ती नदियों एवं विन्ध्याचल पर्वत के उत्तर-पश्चिम में त्रिभुजाकार आकृति में फैला हुआ है। इसके उत्तर-पश्चिम में अरावली पर्वत तथा उत्तर-पूर्व में गंगा का मैदान स्थित है।
- इस पठारी भाग की नदियाँ उत्तर-पूर्व दिशा में प्रवाहित होकर यमुना नदी में मिल जाती है।

अरावली की पहाड़ियाँ

- यह विश्व का सबसे प्राचीन वलित पर्वतमाला है। पश्चिम में गुजरात तक है। राजस्थान के माउण्ट आबू की पहाड़ी पर स्थित 'गुरू शिखर' इसका सर्वोच्च शिखर है।

पश्चिमी घाट

- यह दक्षिणी पठार की पश्चिमी सीमा बनाता है। इसे सह्याद्रि पर्वत भी कहते हैं। यह उत्तर में ताप्ती नदी की घाटी से दक्षिण में कन्याकुमारी तक 1500 किमी. की लम्बाई तक विस्तृत है। पश्चिमी घाट की ऊँचाई 900 से 1100 मी. है।
- पश्चिमी घाट में उत्तर से दक्षिण की तरफ विद्यमान दर्रों के नाम क्रमशः थालघाट, भोरघाट, पालघाट तथा शेनकोटा गेप हैं। इन दर्रों से विभिन्न रेलमार्ग गुजरते हैं। थालघाट से मुम्बई-कोलकाता रेलमार्ग, भोरघाट दर्रे से मुम्बई-चेन्नई रेलमार्ग तथा पालघाट दर्रे से होकर कोचीन-चेन्नई रेलमार्ग गुजरते हैं।
- पश्चिमी घाट के दक्षिण में नीलगिरि, अन्नामलाई, पालनी तथा इलायची की पहाड़ियां स्थित हैं।
- अन्नामलाई पहाड़ियों में स्थित अनाईमुडी शिखर दक्षिणी भारत का सबसे ऊँचा पर्वत शिखर है।
- नीलगिरि का सर्वोच्च शिखर डोडाबेट्टा है जो दक्षिण भारत का दूसरा सर्वोच्च शिखर है।
- यह प्रायद्वीपीय पठार, पठार में प्रवाहित होने वाली अधिकांश बड़ी नदियों का स्रोत है।

पूर्वी घाट पर्वत

- यह ओडिशा के उत्तर-पूर्वी मार्ग से प्रारंभ होकर बंगाल की खाड़ी के तट के समानान्तर नीलगिरि की पहाड़ियों तक फैला है। इसकी औसत ऊँचाई 600 मी. है।
- पूर्वी घाट से किसी बड़ी नदी का उदय नहीं होता।

तटीय मैदान

दक्षिणी पठार के पूर्व तथा पश्चिम में दो संकरे मैदान हैं–

1. पश्चिमी तटीय मैदान, **2.** पूर्वी तटीय मैदान

1. **पश्चिमी तटीय मैदानः** यह मैदान पश्चिमी घाट तथा अरब सागर के तट के बीच गुजरात से कन्याकुमारी के मध्य फैला हुआ है। मुम्बई से गोवा तक इस प्रदेश को कोंकण तट, मध्य भाग को कन्नड़ तथा दक्षिण भाग को मालाबार तट कहते हैं। मालाबार तट पर स्थित कोचीन बंदरगाह लैगून पर स्थित है। यह तट अधिक कटा-फटा है। इस कारण से इस तट पर बंदरगाहों की संख्या अधिक है।

2. पूर्वी तटीय मैदान

- यह मैदान पूर्वी घाट तथा बंगाल की खाड़ी के उत्तर में गंगा के मुहाने से दक्षिण में कन्याकुमारी तक फैला हुआ है।
- यह मैदान महानदी, गोदावरी, कृष्णा तथा कावेरी नदियों के डेल्टाओं द्वारा निर्मित होने के कारण अत्यधिक उपजाऊ है।
- इसे महानदी एवं कृष्णा नदियों के बीच उत्तरी सरकार का तट एवं कृष्णा, कावेरी नदियों के बीच कोरोमंडल तट कहते हैं।

- इस मैदान के तट पर कई लैगून झीलें पायी जाती हैं जिनमें चिल्का झील तथा पुलीकट झील प्रमुख हैं।

मैदान

- हिमालय तथा प्रायद्वीपीय भारत से आने वाली नदियों के द्वारा बहाकर लाई गई मिट्टी के जमा होने से इस उपजाऊ मैदान का निर्माण हुआ है।
- मिट्टी की विशेषता के आधार पर इस मैदान को मुख्यतः चार भागों में बाँटा गया है–
  1. **भाबर क्षेत्रः** यह हिमालय से निकली नदियों द्वारा लाई गई बजरी के निक्षेपण से बना है। इसे शिवालिक का जलोढ़ पंख भी कहा जाता है।
  2. **तराई क्षेत्रः** अधिक आर्द्रता के कारण यहाँ की जमीन दलदली होती है। यह निम्न समतल मैदान है जहाँ नदियों का पानी बहकर दलदली क्षेत्रों का निर्माण करता है। यह भाबर क्षेत्र के दक्षिण में स्थित है।
  3. **खादर क्षेत्रः** इसे 'कछारी प्रदेश' या 'बाढ़ का मैदान' भी कहा जाता है। यह नवीन जलोढ़ से निर्मित मैदान है। इसका भी निर्माण डेल्टा के मैदान के रूप में हुआ, जैसे–गंगा-ब्रह्मपुत्र का मैदान।
  4. **बांगर क्षेत्रः** यह पुराने जलोढ़ों से निर्मित हुआ है, जो ऊँचा भाग होता है। यहाँ बाढ़ का पानी नहीं पहुँच पाता है, जैसे गंगा-यमुना का दोआब एवं सतलज का मैदान।

द्वीप समूह

भारत की समुद्र सीमा के अंतर्गत 1256 द्वीप हैं। ये मुख्यतः दो समूहों में हैं। जो निम्न हैं–

1. **बंगाल की खाड़ी के द्वीप समूहः** इसमें लगभग 572 द्वीप हैं। इसे अंडमान और निकोबार द्वीप समूह के नाम से जाना जाता है। इस द्वीप समूह को 10° चैनल दो भागों में बाँटती हैं। भारत का एकमात्र सक्रिय ज्वालामुखी 'बैरन' इसी द्वीप समूह में है। भारत का सबसे दक्षिणी बिन्दु 'इन्दिरा प्वाइन्ट' ग्रेट निकोबार में स्थित है।
2. **अरब सागर समूहः** इस समूह में 47 द्वीप हैं। इसमें तीन द्वी मुख्य हैं–लक्षद्वीप, मिनीकॉय एवं कवारत्ती। मिनीकॉय लक्षद्वी समूह का सबसे बड़ा द्वीप है।
   - 8° चैनल मालदीव व मिनीकॉय को अलग करता है।
   - 9° चैनल लक्षद्वीप व मिनीकॉय को अलग करता है।
   - ग्रैण्ड चैनल इण्डोनेशिया व भारत को अलग करता है।

भारत की महत्वपूर्ण झीलें

झीलें	राज्य/के.प्र.
• चिल्का	ओडिशा
• लोकटक	मणिपुर
• लोनार	महाराष्ट्र
• वुलर, डल	जम्मू-कश्मीर
• नैनीताल, भीमताल	उत्तराखंड
• अष्टमुदी	केरल
• कोलेरू, पुलीकट	आन्ध्र प्रदेश
• सुकना	चण्डीगढ़
• निजाम सागर	तेलंगाना
• उमियम झील	मेघालय
• पुल्ह झील	उत्तर प्रदेश
• परशुराम कुण्ड	अरुणाचल प्रदेश
• पोगांग शो	लद्दाख

- गंगा एवं ब्रह्मपुत्र नदी बंगाल की खाड़ी में गिरने से पूर्व ए विशाल डेल्टा का निर्माण करती हैं। इस डेल्टा का न 'सुन्दरवन' का डेल्टा है।
- चिल्का झील भारत की सबसे बड़ी झील है।
- चिल्का, पेरियार, पुलीकट झीलें लैगून झीलें हैं।
- वुलर झील भारत की मीठे पानी की सबसे बड़ी झील है।
- सांभर झील खारे पानी की सबसे बड़ी झील है।
- चोलामू झील (सिक्किम) भारत की सबसे अधिक ऊँचाई स्थित झील है।

भारत के महत्वपूर्ण जल प्रपात

जल प्रपात	ऊँचाई (मी.)	नदी	राज्य
• कुंचिकल	455	वरही	कर्नाटक
• शिवसमुद्रम	90	कावेरी	कर्नाटक
• गरसोप्पा	260	शरावती	कर्नाटक
• हुण्डरू	–	स्वर्णरेखा	झारखण्ड
• केवटी	98	महाना	मध्य प्रदेश
• रकीमकुण्ड	168	गायघाट	बिहार

भारत की प्रमुख नदियाँ

नदी	उद्गम	मुहाना	लम्बाई (किमी.)	विशेष तथ्य
सिन्धु	मानसरोवर झील (तिब्बत)	अरब सागर	2800 (भारत में 1114)	सतलज, रावी, व्यास, झेलम इसकी सहायक नदियाँ हैं। लद्दाख में यह नदी गिलगित गॉर्ज का निर्माण करती है।
सतलज	राक्षसताल	चिनाब	1500 (भारत में 1050)	भाखड़ा, नांगल व नाथपा झांकरी बाँध।
गंगा	गंगोत्री के पास गोमुख से	बंगाल की खाड़ी	2525	देव प्रयाग में भागीरथी अलकनंदा से मिलती है और संयुक्त धारा का नाम गंगा हो जाता है। फरक्का बाँध एवं भागीरथी पर टिहरी बाँध।
यमुना	यमुनोत्री के पास बंदरपूंछ से	गंगा	1376	चम्बल, बेतवा, केन सहायक नदियाँ हैं।
चम्बल	महूँ (जानपाव पहाड़ी)	यमुना	966	गाँधीनगर, राणासागर तथा जवाहर सागर बाँध स्थित है।
गण्डक	धौलाधार पर्वत	गंगा	300	त्रिवेणी के पास बाँध
सोन	अमरकंटक पहाड़ी	गंगा	784	बाणसागर व रिहन्द बाँध
ब्रह्मपुत्र	मानसरोवर झील (तिब्बत)	बंगाल की खाड़ी	2900 (भारत में 916)	ब्रह्मपुत्र नदी अरुणाचल प्रदेश में दिहांग, तिब्बत में शांग-पो और बांग्लादेश में 'जमुना' के नाम से प्रसिद्ध।
नर्मदा	अमरकंटक	अरब सागर	1312	इंदिरा सागर, महेश्वर, सरदार सरोवर बाँध। डेल्टा के बजाए एश्चुअरी बनाती है।
ताप्ती	मुलताई (बैतूल)	खम्भात की खाड़ी	724	काकरापार व ऊकाई बाँध/यह नदी डेल्टा के बजाए एश्चुअरी बनाती है।
महानदी	सिहावा के समीप	बंगाल की खाड़ी	857	हीराकुड, तिरकपाड़ा बाँध स्थित है, डेल्टा बनाती है।
कृष्णा	पश्चिमी घाट की पहाड़ी (महाबलेश्वर के पास)	बंगाल की खाड़ी	1400	शैलम तथा नागार्जुन सागर बाँध स्थित है। डेल्टा बनाती है।
गोदावरी	त्रयम्बक गाँव की पहाड़ी	बंगाल की खाड़ी	1450	दक्षिण की गंगा कहा जाता है। एनीकट बाँध स्थित है। डेल्टा बनाती है।
कावेरी	ब्रह्मगिरि की पहाड़ी	बंगाल की खाड़ी	800	शिवसमुद्रम जल प्रपात स्थित है। डेल्टा बनाती है।
तुंगभद्रा	कर्नाटक के पश्चिम घाट	कृष्णा	331	कुमुदवती, वर्धा, मगारी आदि सहायक नदियाँ हैं।
माही	विन्ध्याचल पर्वत	खम्भात की खाड़ी	533	वनकवोरी बाँध।

भारत की जलवायु

- भारत की जलवायु उष्णकटिबन्धीय मानसूनी है। भारत का उत्तरी भाग जो कर्क रेखा के उत्तर में है वहाँ शीतोष्ण कटिबन्धीय जलवायु और दक्षिणी भाग उष्णकटिबन्धीय जलवायु क्षेत्र में पड़ता है।
- भारतीय जलवायु को मानसून के अतिरिक्त प्रभावित करने वाले दो अन्य प्रमुख कारक हैं–
  1. **उत्तर में हिमालय पर्वतः** इसकी उपस्थिति के कारण मध्य एशिया से आने वाली शीतल हवाएँ भारत में नहीं आ पाती हैं।
  2. **दक्षिण में हिन्द महासागरः** इसकी उपस्थिति एवं भूमध्य रेखा की समीपता के कारण उष्णकटिबंधीय जलवायु अपने आदर्श रूप में पायी जाती है।
- भारत में चार प्रकार की ऋतुएँ पाई जाती हैं–
  1. **शीत ऋतुः** मध्य नवम्बर से मध्य मार्च तक।
  2. **ग्रीष्म ऋतुः** मध्य मार्च से मध्य जून तक।
  3. **वर्षा ऋतुः** मध्य जून से मध्य सितम्बर तक।
  4. **लौटती मॉनसून ऋतुः** मध्य सितम्बर से मध्य नवम्बर तक।
- उत्तर भारत के मैदानी भागों में शीत ऋतु में वर्षा पश्चिमी विक्षोभ या जेट स्ट्रीम के कारण होती है।

- उत्तर-पूर्वी मानसून के कारण जनवरी-फरवरी महीने में कोरोमंडल तट पर वर्षा होती है।
- उत्तर-पश्चिम भारत के शुष्क भागों में ग्रीष्म-ऋतु में चलने वाली गर्म एवं शुष्क हवाओं को लू कहा जाता है।

भारत की मिट्टी

मृदा विज्ञान (Pedology): मिट्टी के अध्ययन के विज्ञान को मृदा विज्ञान कहा जाता है। भारत में पाई जाने वाली प्रमुख मिट्टियां निम्नलिखित हैं–

1. जलोढ़ मिट्टी (Alluvial Soil)

- भारत में लगभग 22% क्षेत्र पर पाई जाती है।
- यह मिट्टी नदियों द्वारा लाई जाती है।
- इसमें नाइट्रोजन, फास्फोरस तथा ह्यूमस की मात्रा कम होती है तथा पोटाश की अधिकता होती है।
- यह दो प्रकार की होती है–*(i)* बांगर–पुरानी जलोढ़ मिट्टी तथा *(ii)* खादर–नई जलोढ़ मिट्टी।
- यह मिट्टी अत्यधिक उर्वर होती है। इसमें धान, गेहूँ, मक्का, तिलहन, दलहन आदि की फसलें होती हैं।

2. काली मिट्टी (Black Soil)

- भारत में लगभग 16.6% भाग पर पाई जाती है।
- इसमें आयरन, चूना, एल्युमिनियम एवं मैग्नेशियम की बहुलता होती है। इस मिट्टी का काला रंग टिटेनीफेरस मैग्नेटाइट एवं जीवांश की उपस्थिति के कारण होता है।
- इसे कपासी या रेगुर मिट्टी भी कहा जाता है। यह कपास की खेती के लिए उपयुक्त होती है।
- गुजरात, महाराष्ट्र, मध्य प्रदेश के पश्चिमी क्षेत्र, कर्नाटक के उत्तरी जिलों एवं आंध्र प्रदेश के क्षेत्रों में पाई जाती है।

3. लाल मिट्टी (Red Soil)

- यह अम्लीय प्रकृति की मिट्टी होती है। इसमें नाइट्रोजन, फास्फोरस एवं ह्यूमस की कमी होती है। यह मिट्टी उर्वरताविहीन एवं बंजर भूमि के रूप में पाई जाती है।
- भारत में यह मिट्टी आंध्र प्रदेश, मध्य प्रदेश के पूर्वी भाग, छोटा नागपुर के पठारी क्षेत्र एवं गारो, खासी, जयंतिया के पठारी क्षेत्रों में पाई जाती है।

4. लेटेराइट मिट्टी (Laterite Soil)

- इसमें आयरन, पोटाश एवं सिलिका की बहुलता होती है। इसकी उर्वरता कम होती है।
- लैटेराइट मिट्टी चाय की खेती के लिए सर्वाधिक उपयुक्त है।

भारत के वन

- राष्ट्रीय वन नीति के अनुसार देश के 33% भाग पर वन होने चाहिए। परन्तु वन रिपोर्ट 2023 के अनुसार वर्तमान में भारत के वनों का प्रतिशत 21.76 ही है।
- **मैंग्रोव वन**
  - समुद्रतटीय क्षेत्रों में डेल्टाई एवं दलदली प्रदेशों में पाये जाते हैं।
  - सुंदरी वृक्ष पाया जाता है जिनकी जड़ें पानी के ऊपर तक निकली होती हैं। ये वृक्ष गंगा, ब्रह्मपुत्र, महानदी, गोदावरी, कृष्णा एवं कावेरी के डेल्टाई भागों में तथा अंडमान निकोबार द्वीप समूह के अंदरूनी तटीय भागों में पाये जाते हैं।
  - सुंदरवन प्रदेश में रॉयल बंगाल टाइगर पाया जाता है।
- क्षेत्रफल की दृष्टि से वनाच्छादित प्रदेशों का घटता क्रम है–मध्य प्रदेश, अरुणाचल प्रदेश, छत्तीसगढ़, ओडिशा, महाराष्ट्र।
- प्रतिशत की दृष्टि से सर्वाधिक वन वाले राज्य/संघ शासित राज्य क्रमशः हैं–लक्षद्वीप (91.33%), मिजोरम (85.34%), अण्डमान व निकोबार द्वीप समूह (81.62%), अरुणाचल प्रदेश (78.67%) व मेघालय (75.65%)।
- प्रतिशत की दृष्टि से न्यूनतम वन वाले राज्य/संघ शासित क्षेत्र बढ़ते क्रम में क्रमशः हैं–लद्दाख (1.35%), हरियाणा (3.65%), पंजाब (3.67%), राजस्थान (4.84%), उत्तर प्रदेश (6.24%)।

भारतीय कृषि

- भारत चावल उत्पादन में विश्व में चीन के बाद दूसरे स्थान पर है।
- डॉ॰ एम.एस. स्वामीनाथन को भारत में हरित क्रांति का जनक माना जाता है। इसकी शुरुआत 1966-67 में हुई थी।

ऋतुओं के आधार पर भारत में फसलों का वर्गीकरण–

- **खरीफ फसलः** इसे दक्षिणी-पश्चिमी मानसून के आने पर जून-जुलाई के महीने में बोई जाती है एवं नवम्बर-दिसम्बर में काट ली जाती है। उदाहरणस्वरूप- ज्वार, बाजरा, धान, जूट, मक्का, तिल, गन्ना, मूंगफली, कपास आदि।
- **रबी की फसलः** यह नवम्बर में बोई जाती है एवं मार्च-अप्रैल में काटी जाती है। उदाहरणतः गेहूँ, सरसों, जौ, चना, मटर, राई आदि।
- **जायद की फसलः** यह फसल अप्रैल-मई में बोई जाती है तथा जून-जुलाई में काट ली जाती है। उदाहरणस्वरूप-उड़द, मूँग, राई, तरबूज, खीरा आदि।

भारत के प्रमुख राष्ट्रीय उद्यान एवं वन्य जीव अभ्यारण्य

राज्य/केन्द्र शासित प्रदेश	उद्यान व अभ्यारण्य
• असम	कांजीरंगा राष्ट्रीय उद्यान, मानस राष्ट्रीय उद्यान, डिब्रू सैखोवा राष्ट्रीय स्थल, सोनाई रूपा वन्य जीव अभ्यारण्य।
• आंध्र प्रदेश/तेलंगाना	श्री वेंकटेश्वर राष्ट्रीय उद्यान, महावीर हरिना वनस्थली, कासू ब्रह्मानंद रेड्डी राष्ट्रीय उद्यान, मरूगार्वान राष्ट्रीय उद्यान, परवाल वन्य जीव अभ्यारण्य, मालापट्टी पक्षी विहार।
• उत्तर प्रदेश	चन्द्रप्रभा अभ्यारण्य, दुधवा राष्ट्रीय उद्यान, नवाबगंज राष्ट्रीय उद्यान, सुल्तानपुर पक्षी विहार, कैम्पवेल राष्ट्रीय उद्यान।
• अरुणाचल प्रदेश	नामदफा वन्य जीव अभ्यारण्य, पक्कुई वन्य जीव अभ्यारण्य, मौलिका राष्ट्रीय उद्यान।
• जम्मू-कश्मीर	सलीम अली राष्ट्रीय उद्यान, डाचीगाम राष्ट्रीय उद्यान।
• कर्नाटक	बाँदीपुर राष्ट्रीय उद्यान, साइलेंट वैली राष्ट्रीय उद्यान, कुद्रेमुख राष्ट्रीय उद्यान, सोमेश्वर वन्य जीव अभ्यारण्य।
• अण्डमान निकोबार द्वीप समूह	महात्मा गाँधी राष्ट्रीय उद्यान, सैडल पीक राष्ट्रीय उद्यान, नार्थ बटन द्वीप राष्ट्रीय उद्यान।
• झारखण्ड	पलामू वन्य जीव अभ्यारण्य, बेतला राष्ट्रीय उद्यान।
• मध्य प्रदेश	तदोबा राष्ट्रीय उद्यान, बान्धवगढ़ राष्ट्रीय उद्यान, कान्हा किसली राष्ट्रीय उद्यान, माधव राष्ट्रीय उद्यान।
• राजस्थान	सरिस्का वन्य जीव अभ्यारण्य, रणथम्भौर वन्य जीव अभ्यारण्य, केवलादेव राष्ट्रीय उद्यान, दर्राह राष्ट्रीय उद्यान।
• उत्तराखंड	जिम कार्बेट राष्ट्रीय उद्यान।
• छत्तीसगढ़	कांगेर राष्ट्रीय उद्यान, इंद्रावती राष्ट्रीय उद्यान।
• बिहार	बाल्मीकि राष्ट्रीय उद्यान।
• हरियाणा	कलेसर राष्ट्रीय उद्यान।
• गुजरात	गिर राष्ट्रीय उद्यान, वेसन्दा राष्ट्रीय उद्यान।
• ओडिशा	भितरकणिका राष्ट्रीय उद्यान, सिमलीपाल राष्ट्रीय उद्यान।
• महाराष्ट्र	तदोबा राष्ट्रीय उद्यान, पेंच राष्ट्रीय उद्यान, नवेगांव राष्ट्रीय उद्यान।
• केरलम	पारम्बिकलुम वन्य जीव अभ्यारण्य, पेरियार वन्य जीव अभ्यारण्य, इरविकुलम वन्य जीव अभ्यारण्य।
• नगालैंड	इन्टकी राष्ट्रीय उद्यान।
• तमिलनाडु	वेदान्तगल पक्षी विहार, मुदुमलाई वन्य जीव अभ्यारण्य, गल्फ ऑफ मन्नार राष्ट्रीय उद्यान, गिण्डी राष्ट्रीय उद्यान।
• हिमाचल प्रदेश	कुगती वन्य जीव अभ्यारण्य, ग्रेट हिमालय राष्ट्रीय उद्यान, पिन वैली राष्ट्रीय उद्यान, रोहला राष्ट्रीय उद्यान।
• मिजोरम	डाम्फा वन्य जीव अभ्यारण्य।
• पश्चिम बंगाल	सुन्दरवन टाइगर रिजर्व, जलदापाड़ा वन्य जीव अभ्यारण्य।

भारत की प्रमुख फसलें

1. चावल

- भारत में चावल के प्रमुख उत्पादक राज्य तेलंगाना, पश्चिम बंगाल, उत्तर प्रदेश, पंजाब, आन्ध्र प्रदेश हैं।
- चावल के उत्पादन के लिए 75 सेमी. से 200 सेमी. वर्षा तथा तापमान 20°C से 27°C होना चाहिए।

2. गेहूँ

- गेहूँ के उत्पादन के लिए 50 सेमी. से 75 सेमी. वर्षा की आवश्यकता होती है। हल्की दोमट मिट्टी इस फसल के लिए अनुकूल है।
- भारत गेहूँ के उत्पादन में चीन के बाद दूसरे स्थान पर है।
- गेहूँ के उत्पादन वाले प्रमुख राज्य हैं–उत्तर प्रदेश, मध्य प्रदेश, पंजाब, हरियाणा।

3. मक्का

- 50 से 100 सेमी. वर्षा एवं 25°C से 30°C तक तापमान अनुकूल है।
- गहरी दोमट मिट्टी उपयुक्त है।
- मक्का उत्पादन वाले प्रमुख राज्य हैं–कर्नाटक, बिहार, मध्य प्रदेश, महाराष्ट्र, आंध्र प्रदेश।

4. कपास

- काली मिट्टी उपयुक्त होती है।
- 80 सेमी वर्षा तथा 20°C-35°C तापमान सर्वाधिक उपयुक्त है।
- प्रमुख उत्पादक राज्य हैं–गुजरात, महाराष्ट्र, तेलंगाना।

5. गन्ना

- 100-150 सेमी. वर्षा तथा 30°-35°C तापमान उपयुक्त है।
- प्रमुख उत्पादक राज्य हैं–उत्तर प्रदेश, महाराष्ट्र, कर्नाटक।

6. तिलहन

- इसके लिए कम वर्षा वाले क्षेत्र की आवश्यकता है।
- सोयाबीन (मध्य प्रदेश), सरसों (राजस्थान), मूँगफली (गुजरात), नारियल तेल (केरल) का प्रथम स्थान है।

7. चाय

- चाय के लिए 200-300 सेमी. वर्षा तथा 24-30°C तापमान उपयुक्त है।
- भारत विश्व में चाय का दूसरा सबसे बड़ा उत्पादक व उपभोक्ता है।
- चाय के प्रमुख उत्पादक राज्य हैं–असम, पश्चिम बंगाल, तमिलनाडु, केरल आदि।

8. कहवा

- 150-250 सेमी. वर्षा तथा 15-20°C तापमान उपयुक्त है।
- प्रमुख उत्पादक राज्य हैं–कर्नाटक, तमिलनाडु, केरल।

9. रबड़

- 200 सेमी. वर्षा तथा 25°C-35°C तापमान उपयुक्त है।
- प्रमुख उत्पादक राज्य हैं–केरल, तमिलनाडु, कर्नाटक आदि।

सम्बन्धित क्रांतियाँ

• हरित क्रांति	खाद्यान्न
• श्वेत क्रांति	दुग्ध
• नीली क्रांति	मछली
• सुनहरी क्रांति	फलों के उत्पादन
• पीली क्रांति	तिलहन
• भूरी क्रांति	उर्वरक

- झूम खेतीः इसमें जंगलों को काटकर भूमि साफ की जाती है। तत्पश्चात इस भूमि पर खेती की जाती है। कुछ दिनों बाद भूमि की उर्वरता समाप्त हो जाने पर यह भूमि त्याग दी जाती है। इस प्रकार की खेती असम, अरुणाचल प्रदेश, मिजोरम, नगालैंड आदि पूर्वोत्तर राज्यों में की जाती है।

भारत में खनिज उत्पादन

खनिज पदार्थ	उत्पादक राज्य	विशेष तथ्य
• लौह अयस्क	कर्नाटक, छत्तीसगढ़, ओडिशा, गोवा, झारखंड	कर्नाटक भारत का लगभग एक-चौथाई लोहा उत्पादन करता है। हेमाटाइट (68%) सर्वोत्कृष्ट लौह अयस्क है।
• कोयला	झारखंड, छत्तीसगढ़, ओडिशा, महाराष्ट्र, मध्य प्रदेश, प. बंगाल	झारखंड कोयला उत्पादन की दृष्टि से भारत में प्रथम स्थान पर है। ऐंथ्रासाइट (90%) सर्वोच्च कोटि का कोयला है।
• मैंगनीज	ओडिशा, मध्य प्रदेश, महाराष्ट्र, कर्नाटक	मैंगनीज का सबसे बड़ा (20%) संचित भंडार है। ओडिशा भारत में मैगनीज के उत्पादन में अग्रणी राज्य है।
• बॉक्साइट	ओडिशा, गुजरात, झारखंड, महाराष्ट्र, छत्तीसगढ़	ओडिशा भारत के कुल उत्पादन का 42 प्रतिशत बॉक्साइट उत्पादन करता है।
• तांबा	झारखंड, राजस्थान, मध्य प्रदेश, छत्तीसगढ़, आंध्र प्रदेश, कर्नाटक	झारखंड के पूर्वी एवं पश्चिमी सिंहभूम जिले ताँबे के सबसे बड़े उत्पादक हैं।
• अभ्रक	आंध्र प्रदेश, बिहार, झारखंड, राजस्थान	आन्ध्र प्रदेश में सबसे ज्यादा अभ्रक का उत्पादन होता है।
• चूना-पत्थर	मध्य प्रदेश, छत्तीसगढ़, आंध्र प्रदेश, गुजरात, राजस्थान	देश का 35 प्रतिशत चूना-पत्थर मध्य प्रदेश में पाया जाता है।
• पेट्रोलियम	असम, गुजरात, महाराष्ट्र	भारत विश्व का मात्र 1 प्रतिशत पेट्रोलियम उत्पादन करता है।
• थोरियम	राजस्थान	
• यूरेनियम	झारखंड	
• हीरा	मध्य प्रदेश	
• जस्ता	राजस्थान, ओडिशा, जम्मू-कश्मीर	

यूनेस्को द्वारा घोषित भारत के प्रमुख विरासत स्थल

स्थल का नाम	राज्य
एलीफैण्टा की गुफाएँ	महाराष्ट्र
एलोरा की गुफाएँ	महाराष्ट्र
अजन्ता की गुफाएँ	महाराष्ट्र
छत्रपति शिवाजी टर्मिनल	महाराष्ट्र
भीमबेटका गुफा	मध्य प्रदेश
साँची स्तूप	मध्य प्रदेश
खजुराहो के मंदिर	मध्य प्रदेश
महाबोधि मंदिर	बिहार
कोणार्क का सूर्य मंदिर	ओडिशा
हुमायूँ का मकबरा	दिल्ली
कुतुबमीनार	दिल्ली
लाल किला	दिल्ली
नंदा देवी राष्ट्रीय उद्यान	उत्तराखंड
रानी की वाव	गुजरात
काजीरंगा राष्ट्रीय उद्यान	असम
मानस वन्यजीव अभयारण्य	असम
केवलादेव राष्ट्रीय उद्यान	राजस्थान
हम्पी स्मारक समूह	कर्नाटक
पट्टदकल स्मारक समूह	कर्नाटक
विट्ठल स्वामी मंदिर	कर्नाटक
होयसल के पवित्र मंदिर समूह	कर्नाटक
ताजमहल, आगरा का किला	उत्तर प्रदेश
फतेहपुर सीकरी	उत्तर प्रदेश
सुन्दरवन राष्ट्रीय उद्यान	पश्चिम बंगाल
दार्जिलिंग हिमालय रेलवे	पश्चिम बंगाल
शांति निकेतन	पश्चिम बंगाल
वृहदेश्वर मंदिर	तमिलनाडु
महाबलीपुरम मंदिर	तमिलनाडु
पुराने गोवा के चर्च	गोवा
विक्टोरियन गोथिक और आर्ट डेको	मुंबई
धौलावीराः एक हड़प्पाकालीन शहर	गुजरात
काकतीय रुद्रेश्वर (रामप्पा) मंदिर	तेलंगाना
असम में चराइदेव जिले में स्थित अहोम राजवंश की टीलेनुमा दफन प्रणाली (मैदाम)	असम
मराठा मिलिट्री लैंडस्केप्स	महाराष्ट्र और तमिलनाडु

वस्तुनिष्ठ प्रश्नावली

1. 'भूगोल का जनक' किसे कहा जाता है?
A. हेरोडोट्स B. एनक्जीमेण्डर
C. इरैटोस्थनीज D. हिकैटिमस

2. सर्वप्रथम सौरमण्डल के बारे में विश्व के समक्ष जानकारी प्रस्तुत करने का श्रेय किस विद्वान को है?
A. स्ट्रैबो B. केप्लर
C. गैलीलियो D. कॉपरनिकस

3. कौन-सा ग्रह सूर्य की परिक्रमा 88 दिनों में पूरी करता है?
A. बुध B. शनि
C. बृहस्पति D. मंगल

4. सुपरनोवा क्या है?
A. पुच्छल तारा B. ग्रहिका
C. विस्फोटी तारा D. ब्लैक होल

5. तारे पूर्व से पश्चिम किस कारण ज्यादा दिखते हैं?
A. पूरा ब्रह्माण्ड पूर्व से पश्चिम की ओर घूम रहा है
B. पृथ्वी सूर्य की परिक्रमा कर रही है
C. पृथ्वी पूर्व से पश्चिम को घूम रही है
D. पृथ्वी पश्चिम से पूर्व को घूम रही है

6. पृथ्वी सूर्य से अपनी अधिकतम दूरी पर होती है–
A. 30 जनवरी को B. 22 दिसम्बर को
C. 22 सितम्बर को D. 4 जुलाई को

7. निम्नलिखित में किन देशों के समूह से भूमध्य रेखा गुजरती है?
A. ब्राजील, जाम्बिया तथा मलेशिया
B. कोलम्बिया, केन्या तथा मलेशिया
C. ब्राजील, सूडान तथा मलेशिया
D. वेनेजुएला, इथोपिया तथा इण्डोनेशिया

8. अन्तर्राष्ट्रीय तिथि रेखा कहलाती है–
A. 0° अक्षांश B. 0° देशांतर
C. 66½° अक्षांश D. 180° देशान्तर

9. भू-गर्भ में जिस स्थान पर भूकम्पीय तरंगों की उत्पत्ति होती है, उस स्थान को क्या कहा जाता है?
A. अधिकेन्द्र B. भूकम्प अधिकेन्द्र
C. भूकम्प केन्द्र D. इक्लोजाइट

10. पर्वतों के उन प्राकृतिक अंतरालों को क्या कहा जाता है, जो मार्ग बन जाते हैं?
A. शिखर B. टिब्बा
C. पठार D. दर्रा

11. पृथ्वी के वायुमण्डल में सर्वाधिक घनत्व कहाँ पर होता है?
A. क्षोभ मंडल B. समताप मंडल
C. मध्य मंडल D. आयन मंडल

12. क्षोभ मंडल वायुमण्डल का सबसे तप्त परत है, क्योंकि–
A. यह सूर्य के निकटतम है
B. इसमें आवेशित कण हैं
C. यह पृथ्वी के पृष्ठ से तप्त हो जाती है
D. इसमें ऊष्मा पैदा होती है

13. क्षोभ मंडल एवं समताप मंडल के बीच स्थित संक्रमण क्षेत्र को क्या कहा जाता है?
A. समताप-सीमा B. क्षोभ सीमा
C. मध्य सीमा D. बाह्य सीमा

14. वायुमंडल में दैनिक मौसम परिवर्तन निम्नलिखित में से किसके कारण होता है?
A. क्षोभ मंडल B. मध्य मंडल
C. आयन मंडल D. समताप मंडल

15. ओजोन परत पायी जाती है–
A. प्रकाश मंडल में B. क्षोभ मंडल में
C. क्षोभ सीमा में D. समताप मंडल में

16. दीर्घ रेडियो तरंगें पृथ्वी की किस सतह से परावर्तित होती हैं?
A. क्षोभ मंडल B. आयन मंडल
C. क्षोभ सीमा D. समताप मंडल

17. वायुमंडलीय हवा पृथ्वी पर पहुँचती है–
A. गुरुत्व द्वारा B. पतनों द्वारा
C. बादलों द्वारा D. पृथ्वी के घूर्णन द्वारा

18. फ्रंटल वर्षा किस कारण से होती है?
A. संवहनी धारा
B. समुद्री हवा
C. चक्रवातीय गतिविधि
D. पर्वतों से वाष्पित जल का संघनन

19. निम्नलिखित में से वह सागर कौन-सा है जो भू-बद्ध है?
A. लाल सागर B. तिमोर सागर
C. उत्तरी सागर D. अरल सागर

20. झीलों के अध्ययन को कहते हैं–
A. लिम्नोलॉजी B. पोटोमोलॉजी
C. टोपोलॉजी D. हाइड्रोलॉजी

21. निम्नलिखित में से किस महाद्वीप को 'महाद्वीपों का महाद्वीप' कहा जाता है?
A. एशिया B. यूरोप
C. अफ्रीका D. अंटार्कटिका

22. निम्नलिखित में किसे 'द्वीपीय महाद्वीप' के नाम से जाना जाता है?
A. एशिया B. यूरोप
C. ऑस्ट्रेलिया D. अंटार्कटिका

23. संसार का सबसे आर्द्र महाद्वीप है–
A. एशिया B. यूरोप
C. उत्तरी अमेरिका D. दक्षिणी अमेरिका

24. श्रीहरिकोटा द्वीप स्थित है–
A. चिल्का झील के समीप
B. महानदी के मुहाने के समीप
C. पुलीकट झील के समीप
D. गोदावरी के मुहाने के समीप

25. समुद्र में बहिर्विष्ट भूमि कहलाती है–
A. स्थल संयोजक द्वीप B. द्वीप
C. जलडमरूमध्य D. प्रायद्वीप

26. पृथ्वी के स्थल पृष्ठ का कितना भाग रेगिस्तान है?
A. 10वाँ B. 5वाँ
C. एक-तिहाई D. छठवाँ

27. विश्व का सबसे बड़ा शीत मरुस्थल है–
A. गोबी B. लुत
C. काविर D. तकला माकन

28. तकला-माकन मरुस्थल किस देश में स्थित है?
A. कजाकिस्तान B. तुर्कमेनिस्तान
C. उज्बेकिस्तान D. चीन

29. कालाहारी मरुस्थल किस देश में स्थित है?
A. जाम्बिया B. दक्षिण अफ्रीका
C. नामीबिया D. बोत्सवाना

30. आकस्मिक बाढ़ का सम्बन्ध किससे है?
A. झुंडर तूफान B. चक्रवाती तूफान
C. सुनामी D. टॉरनेडो

31. कौन-सा जलाशय अण्डमान और निकोबार द्वीप समूहों को अलग करता है?
A. टेन डिग्री चैनल B. इलेवन डिग्री चैनल
C. अण्डमान समुद्र D. बंगाल की खाड़ी

32. पाक स्ट्रेट किनके बीच स्थित है?
A. बंगाल की खाड़ी और मन्नार की खाड़ी
B. अण्डमान और निकोबार द्वीप समूह
C. रन ऑफ कच्छ और गल्फ ऑफ खम्भात
D. लक्षद्वीप और मालदीव

33. कौन-सी जल संयोजी यूरोप को अफ्रीका से पृथक करती है?
A. बास पोरस B. जिब्राल्टर
C. डोवर D. बेरिंग

34. डोवर जलसंधि जोड़ती है–
A. बाल्टिक सागर एवं बोथनियार की खाड़ी को
B. बिस्के की खाड़ी एवं इंगलिश चैनल को
C. इंगलिश चैनल एवं उत्तरी सागर को
D. सेल्टिक सागर एवं आइरिश सागर को

35. विश्व की सबसे तेज बहने वाली महासागरीय जलधारा है–
A. गल्फस्ट्रीम जलधारा B. लेब्रोडोर जलधारा
C. बेंगुएला जलधारा D. क्यूराइल जलधारा

36. निम्नलिखित में से कौन महासागरीय धारा अटलांटिक महासागर में नहीं पायी जाती है?
A. गल्फ स्ट्रीम B. ब्राजील धारा
C. पेरू धारा D. कैनेरी धारा

37. गल्फस्ट्रीम धारा की उत्पत्ति होती है–
A. बिस्के की खाड़ी में B. मैक्सिको की खाड़ी में
C. हडसन की खाड़ी में D. इनमें से कोई नहीं

38. निम्नलिखित में किस जलधारा को 'क्रिसमस के बच्चे की धारा' कहते हैं?
A. पेरू जलधारा B. कैलिफोर्निया जलधारा
C. अलनिनो जलधारा D. गल्फस्ट्रीम जलधारा

39. निम्नलिखित में से किस जलधारा को 'हम्बोल्ट की जलधारा' के नाम से भी जाना जाता है?
A. पेरू की धारा B. ब्राजील की धारा
C. फॉकलैंड की धारा D. एलनिनो धारा

40. विक्टोरिया जलप्रपात किस नदी से संबंधित है?
A. अमेजन B. मिस्सोरी
C. सेंट लारेन्स D. जैम्बेजी

41. सागरीय लवणता का स्रोत है–
A. नदियाँ B. भूमि
C. पवन D. ज्वालामुखी से निसृप्त राख

42. प्रवाल भित्तियाँ समुद्री प्रतिरूप हैं–
A. शीतोष्ण वनों की
B. उष्णकटिबंधीय वर्षा वनों की
C. सवाना की
D. शुष्क भूमि की

43. महाद्वीपीय मग्न तट का सर्वाधिक विस्तार किस महासागर में पाया जाता है?
A. प्रशांत महासागर B. अटलांटिक महासागर
C. हिन्द महासागर D. आर्कटिक महासागर

44. सुण्डा गर्त स्थित है–
A. सुमात्रा के दक्षिण B. सुमात्रा के उत्तर
C. चागोस द्वीप के उत्तर D. चागोस द्वीप के दक्षिण

45. निम्नलिखित में से कौन-सी नदी भ्रंश घाटी से होकर बहती है?
A. अमेजन B. सिन्धु
C. वोल्गा D. राइन

46. यूरोप की कौन-सी नदी 'कोयला नदी' के नाम से जानी जाती है?
A. राइन B. रोन
C. टेम्स D. एल्ब

47. बांग्लादेश में किस नदी को पद्मा के नाम से पुकारा जाता है?
A. ब्रह्मपुत्र B. गंगा
C. तिस्ता D. हुगली

48. किसके गुरुत्वाकर्षण के कारण ज्वार-भाटा आता है?
A. पृथ्वी का चंद्रमा पर
B. पृथ्वी का सूर्य पर
C. पृथ्वी पर सूर्य और चन्द्रमा का
D. चन्द्रमा का पृथ्वी पर

49. दैनिक ज्वार-भाटा के मध्य समयान्तर होता है–
A. 12 घण्टे 16 मिनट B. 24 घण्टे 32 मिनट
C. 12 घण्टे 26 मिनट D. 24 घण्टे 52 मिनट

50. किस नदी को 'चीन का शोक' कहा जाता है?
A. यांग्स-क्यांग B. ह्वांगहो
C. आमुर D. साल्वीन

51. क्षेत्रफल की दृष्टि से विश्व का सबसे बड़ा नदी डेल्टा कौन-सा है?
A. नील नदी का डेल्टा B. अमेजन नदी का डेल्टा
C. सुन्दरवन डेल्टा D. मिसीसिपी नदी का डेल्टा

52. परित्यक्त डेल्टा का उदाहरण निम्न में से किस नदी द्वारा प्रस्तुत किया जाता है?
A. नील B. गंगा
C. ह्वांगहो D. अमेजन

53. निम्नलिखित में से कौन-सी नदी ज्वारनदमुख का निर्माण करती है?
A. यांग्टिसीक्यांग B. नील
C. मेनाम D. नर्मदा

54. रेड रिवर (लाल नदी) के डेल्टा क्षेत्र में कौन-सा नगर स्थित है?
A. सिओल B. हनोई
C. हैंकाऊ D. बैंकाक

55. एक ही तापमान वाले स्थानों को जोड़ने वाली काल्पनिक रेखाएँ कहलाती हैं–
A. आइसोबार B. आइसोहाइट
C. आइसो हैलाइन D. आइसोथर्म

56. आइसोहेल रेखाओं द्वारा क्या प्रदर्शित किया जाता है?
A. समान वर्षा B. समान ऊँचाई
C. समान धूप D. समान हिमपात

57. एक ही समय में, कम्पन करने वाले स्थानों को जोड़ने वाली रेखाओं की शृंखला कहलाती है–
A. कोसीस्मल लाइन्स B. आइसोसीस्मल लाइन्स
C. होमोसीस्मल लाइन्स D. सीस्मोलाइन्स

58. आइसोबार मानचित्र पर उन स्थानों को दर्शाने के लिए खींची गई रेखाएँ हैं, जहाँ पर–
A. एक जैसा तापमान है
B. एक जैसा वायुमंडलीय दाब है
C. एक जैसी ऊँचाई है
D. समान लवणता है

59. समान मेघाच्छन्नता को मिलाने वाली रेखा कहलाती है?
A. आइसोनिफ B. आइसोनेफ
C. आइसोराइम D. आइसोफेन

60. समान वर्षा होने वाले क्षेत्र को जोड़ने वाली रेखा कही जाती है–
A. आइसोबार B. आइसोहाइट
C. आइसोथर्म D. आइसो हैलाइन

61. समुद्र के अन्दर समान गहराई वाले स्थानों को मिलाने वाली रेखा कहलाती है–
A. आइसोबार B. आइसोथर्म
C. आइसोबाथ D. आइसोक्रोन

62. क्षेत्रफल की दृष्टि से विश्व का सबसे बड़ा भू-आवेष्ठित देश कौन-सा है?
A. कांगो रिपब्लिक B. युगाण्डा
C. कजाकिस्तान D. तंजानिया

63. निम्नलिखित में से कौन-सा बन्दरगाह 'यूरो पोर्ट' के नाम से जाना जाता है?
A. लिस्बन B. रॉटरडम
C. लन्दन D. हैम्बर्ग

64. 'पाँच सागरों का पत्तन' किसे कहा जाता है?
A. लेनिनग्राड B. मास्को
C. राटरडम D. ब्लडीवोस्टक

65. ओपीसोमीटर का प्रयोग किस कार्य में किया जाता है?
A. क्षेत्रफल मापन में B. दूरी मापन में
C. दिशा मापन में D. प्रवणता मापन में

66. सापेक्षिक आर्द्रता के मापन हेतु किस उपकरण का प्रयोग किया जाता है?
A. हाइग्रोमीटर B. हाइड्रोमीटर
C. बैरोमीटर D. मैनोमीटर

67. आकाश के नीलापन का मापन किस भौगोलिक यंत्र द्वारा किया जाता है?
A. क्लाइनोमीटर B. पायरोमीटर
C. एक्टिनोमीटर D. साइनोमीटर

68. मोंगिया पत्तन किस राष्ट्र में स्थित है?
A. श्रीलंका B. बांग्लादेश
C. भूटान D. भारत

69. कैलोरीमीटर से क्या मापा जाता है?
A. तापमान B. अवशोषण
C. उष्मा की मात्रा D. रंग

70. नैफोमीटर से निम्नलिखित में से किसका मापन किया जाता है?
A. वर्षा की मात्रा
B. बादलों की दिशा एवं गति
C. सागरीय लवणता की मात्रा
D. प्रवणता की माप

71. भूमध्य रेखा के निकट किस तरह के वन पाए जाते हैं?
A. पतझड़ी वन B. शंकुधारी वन
C. घास स्थल वन D. उष्णकटिबंधीय वन

72. पैडंग क्या है?
A. द.पू. एशियाई उष्णकटिबंधीय घास भूमि
B. ऑस्ट्रेलिया के घास के मैदान
C. स्थानान्तरणशील कृषि पद्धति
D. अमेजन की सहायक नदी

73. किसी प्राकृतिक प्रदेश में समरूपता होती है–
A. जलवायु और प्राकृतिक वनस्पति की
B. जलवायु और व्यवसाय की
C. मृदा और जल निकास की
D. आर्थिक और प्रजातियों की

74. किस प्रदेश में पूरे साल वर्षा होती है?

A. भूमध्यसागरीय B. विषुवतीय

C. मानसूनी D. शीतोष्ण

75. सेल्वा वन कहाँ मिलते हैं?

A. मानसूनी प्रदेश B. भूमध्यसागरीय प्रदेश

C. विषुवतीय प्रदेश D. टैगा प्रदेश

76. 'विकास का प्रदेश' किसे कहा जाता है?

A. मानसूनी प्रदेश B. विषुवतीय प्रदेश

C. भूमध्यसागरीय प्रदेश D. सवाना प्रदेश

77. 'प्रयास का प्रदेश' किसे कहा जाता है?

A. भूमध्यसागरीय प्रदेश B. पश्चिमी यूरोपीय प्रदेश

C. विषुवतीय प्रदेश D. मानसूनी प्रदेश

78. विश्व का सबसे बड़ा दुग्ध उत्पादक है–

A. ब्राजील B. अमेरिका

C. भारत D. जापान

79. विश्व में तम्बाकू का सबसे बड़ा उत्पादक देश है–

A. भारत B. संयुक्त राज्य अमेरिका

C. चीन D. ब्राजील

80. विश्व में इलायची का सर्वाधिक उत्पादन कहाँ होता है?

A. चीन B. ग्वाटेमाला

C. ब्राजील D. कोलम्बिया

81. विश्व में अफीम का सबसे बड़ा उत्पादक देश कौन है?

A. अफगानिस्तान B. बोलीविया

C. पाकिस्तान D. केन्या

82. विश्व में आलू का सर्वाधिक उत्पादन कहाँ होता है?

A. भारत B. रूस

C. ब्राजील D. चीन

83. सर्वाधिक सघन खेती प्रचलित है–

A. चीन में B. भारत में

C. इण्डोनेशिया में D. जापान में

84. सोपान कृषि कहाँ की जाती है?

A. पहाड़ों के ढलानों पर

B. शुष्क क्षेत्रों में

C. छतों पर पहाड़ों के ढलानों पर

D. पहाड़ों की चोटी पर

85. झूम कृषि कहाँ पर की जाती है?

A. उत्तर-पूर्व भारत B. दक्षिण-पश्चिम भारत

C. दक्षिण-पूर्व भारत D. उत्तर भारत

86. प्रसिद्ध मत्स्य क्षेत्र 'ग्रैंड बैंक' स्थित है–

A. प्रशांत महासागर में

B. आर्कटिक महासागर में

C. अटलांटिक महासागर में

D. हिन्द महासागर में

87. प्रमुख मत्स्यन क्षेत्र 'डॉगर बैंक' कहाँ स्थित है?

A. उत्तरी सागर B. बोथनिया की खाड़ी

C. इंगलिश चैनल D. हिन्द महासागर

88. संसार में ताँबा का अग्रणी उत्पादक है–

A. ऑस्ट्रेलिया B. चीन

C. भारत D. चिली

89. संसार में टाइटेनियम का सबसे बड़ा उत्पादक है–

A. भारत B. जापान

C. चीन D. सं.रा. अमेरिका

90. निम्नलिखित में से किस देश में निकेल का सबसे अधिक उत्पादन होता है?

A. इंडोनेशिया B. रूस

C. सं.रा. अमेरिका D. क्यूबा

91. भारत की कौन-सी नदी अरब सागर में गिरती है?

A. महानदी B. कृष्णा

C. नर्मदा D. कावेरी

92. विश्व के विशालतम स्वर्ण क्षेत्र दक्षिण अफ्रीका की निम्नलिखित में से कौन-सी पर्वत श्रेणियों में अवस्थित है?

A. रोगेवेल्डबर्ग B. ग्रूट स्वार्ट बर्ग

C. विटवाटर्सरैण्ड D. ड्रेकेन्सबर्ग

93. ऑस्ट्रेलिया में स्थित कालगुर्ली किसके लिए विख्यात है?

A. स्वर्ण उत्पादन B. उत्तम जलवायु

C. शिक्षा केन्द्र D. मुर्गी पालन

94. पृथ्वी से प्राप्त की जाने वाली ऊर्जा को क्या कहते हैं?

A. ज्वारीय ऊर्जा B. भूतापीय ऊर्जा

C. पवन ऊर्जा D. बायो गैस

95. विश्व में पवन ऊर्जा का सबसे बड़ा उत्पादक देश है–

A. चीन B. जर्मनी

C. नीदरलैण्ड D. भारत

96. विश्व में यूरेनियम का सर्वाधिक उत्पादन होता है–

A. भारत में B. कजाकिस्तान में

C. सं.रा.अमेरिका में D. चीन में

97. विश्व के एक-तिहाई से अधिक कच्चे इस्पात का उत्पादन प्राप्त होता है–

A. चीन से B. जापान से

C. रूस से D. सं.रा. अमेरिका से

98. जो ऊर्जा पृथ्वी की सतह के नीचे संचित ऊर्जा को काम में ला सकती है, उसे क्या कहा जाता है?

A. ऊष्मीय ऊर्जा B. परमाणुक ऊर्जा
C. ज्वारीय ऊर्जा D. भू-तापीय ऊर्जा

99. ऊन का सबसे बड़ा उत्पादक देश कौन-सा है?

A. चीन B. अमेरिका
C. ऑस्ट्रेलिया D. ब्रिटेन

100. विश्व में रेशमी वस्त्र का सबसे बड़ा उत्पादक देश है–

A. चीन B. भारत
C. सं.रा. अमेरिका D. जापान

101. विश्व का सबसे बड़ा चावल उत्पादक देश कौन-सा है?

A. चीन B. भारत
C. अमेरिका D. पाकिस्तान

102. प्राचीनतम अन्तर्राष्ट्रीय एयरलाइन है–

A. डच के.एल.एम. B. एयर कनाडा
C. क्वांटास एयरवेज D. एयर सहारा

103. जनसंख्या के अध्ययन को कहते हैं–

A. जल विज्ञान B. जनांकिकी
C. जलवायु विज्ञान D. शैल विज्ञान

104. मानव जातियों के वर्गीकरण के लिए निम्न में से किस कसौटी का प्रयोग नहीं किया जाता है?

A. आँख B. कान
C. नाक D. बाल

105. अफ्रीका की मूलभूत जनजाति 'पिग्मी' किस नदी घाटी में पायी जाती है?

A. नाइजर B. कांगो
C. नील D. जाम्बेजी

106. किस देश को 'वनों का देश' कहा जाता है?

A. ब्राजील
B. कांगो प्रजातांत्रिक गणतंत्र
C. केन्या
D. दक्षिण अफ्रीका

107. निम्नलिखित में से किसे 'यूरोप का मरीज' कहा जाता है?

A. पुर्तगाल B. तुर्किए
C. ग्रीस D. इटली

108. 'डूबते सूर्य का देश' किसे कहा जाता है?

A. जापान B. ब्रिटेन
C. नार्वे D. भारत

109. निम्नलिखित में से किसे 'सूर्योदय का देश' कहा जाता है?

A. ब्रिटेन B. जापान
C. नार्वे D. नीदरलैण्ड

110. 'प्रातः कालीन शांति की भूमि' निम्नलिखित में से किसे कहा जाता है?

A. जापान B. कोरिया
C. ब्रिटेन D. फिनलैण्ड

111. भारत के किस नगर को 'भारत की सिलिकन वैली' कहा जाता है?

A. बेंगलुरू B. चेन्नई
C. मुम्बई D. हैदराबाद

112. किसे दक्षिण भारत का मैनचेस्टर कहा जाता है?

A. कोयम्बटूर B. मदुरै
C. बेंगलुरू D. चेन्नई

113. निम्नलिखित में से किसे 'भारत की श्रिम्फ राजधानी' कहा जाता है?

A. मेंगलूर B. नागपट्टनम
C. कोच्चि D. नेल्लूर

114. निम्न में से किसको 'पर्ल सिटी' कहा जाता है?

A. काण्डला B. तूतीकोरिन
C. कोच्चि D. हैदराबाद

115. निम्नलिखित में से किसको प्रशांत महासागर की पार सड़क कहा जाता है?

A. टोंगा B. फिजी
C. हवाई D. एलिस

116. 'दीव' एक द्वीप है–

A. दमन के तट पर
B. गोवा के तट पर
C. गुजरात के तट पर
D. महाराष्ट्र के तट पर

117. डंकन पास किसके बीच स्थित है?

A. उत्तरी अंडमान एवं मध्य अंडमान
B. दक्षिणी अंडमान एवं मध्य अंडमान
C. दक्षिणी अंडमान एवं छोटा अंडमान
D. कार निकोबार एवं छोटा निकोबार

118. लद्दाख को किस वर्ष एक केन्द्रशासित प्रदेश बनाया गया?

A. सन् 2018 में B. सन् 2019 में
C. सन् 2020 में D. सन् 2017 में

119. भारत के भौगोलिक मानचित्र कौन तैयार करता है?
A. भारतीय भूवैज्ञानिक सर्वेक्षण
B. भारतीय सर्वेक्षण
C. रक्षा मंत्रालय
D. भारतीय भौगोलिक सर्वेक्षण

120. कुल्लूघाटी निम्नलिखित पर्वत श्रेणियों के बीच अवस्थित हैं–
A. धौलाधर तथा पीरपंजाल
B. रणज्योति तथा नागटिब्बा
C. लद्दाख तथा पीरपंजाल
D. मध्य हिमालय तथा शिवालिक

121. हिमाचल प्रदेश में स्थित दर्रा है–
A. शिपकी ला B. जोजिला
C. नाथुला D. जेलेप्ला

122. जोजिला दर्रा जोड़ता है–
A. श्रीनगर और लेह को
B. कलिम्पोंग और ल्हासा को
C. चम्बा और स्पीति को
D. अरुणाचल प्रदेश और ल्हासा को

123. विश्व में किन्हीं दो देशों के मध्य सबसे लम्बी सीमाएं निम्नलिखित में से किनके मध्य है?
A. चिली और अर्जेंटीना
B. चीन और भारत
C. कनाडा और संयुक्त राज्य अमेरिका
D. भारत और पाकिस्तान

124. प्रायद्वीपीय भारत की सबसे बड़ी नदी कौन-सी है?
A. नर्मदा B. गोदावरी
C. महानदी D. कावेरी

125. चम्बल नदी किन राज्यों में से होकर बहती है?
A. उत्तर प्रदेश, मध्य प्रदेश, राजस्थान
B. मध्य प्रदेश, गुजरात, उत्तर प्रदेश
C. राजस्थान, मध्य प्रदेश, बिहार
D. गुजरात, मध्य प्रदेश, छत्तीसगढ़

126. भारत में सबसे लम्बा बांध है–
A. भाखड़ा बांध B. नागार्जुन सागर बांध
C. हीराकुड बांध D. कोसी बांध

127. रिहन्द बांध परियोजना से किन राज्यों की सिंचाई होती है?
A. गुजरात और महाराष्ट्र
B. ओडिशा और पश्चिम बंगाल
C. उत्तर प्रदेश और झारखंड
D. केरल और कर्नाटक

128. गिरना परियोजना कहाँ स्थित है?
A. आंध्र प्रदेश B. महाराष्ट्र
C. ओडिशा D. छत्तीसगढ़

129. अक्टूबर और नवम्बर में कहाँ अधिक वर्षा होती है?
A. मालवा का पठार B. छोटानागपुर का पठार
C. पूर्वी पहाड़ियाँ D. कोरोमण्डल तट

130. भारत में वन अनुसंधान संस्थान कहाँ स्थित हैं?
A. दिल्ली B. भोपाल
C. देहरादून D. लखनऊ

131. वनरोपन प्रक्रिया है–
A. वन साफ करने की
B. और पेड़ लगाने की
C. पेड़ काटने की
D. वन संसाधनों को एकत्र करने की

132. भारत में अधिकांश वन संपदा का मालिक कौन है?
A. निगमित निकाय B. गैर-सरकारी व्यक्ति
C. जनजातियाँ D. राज्य

133. नीलगिरि पहाड़ियों में पेड़ की सामान्य जाति है–
A. साल B. चीड़
C. यूकेलिप्टस D. टोंक (सागौन)

134. अपने प्राकृतिक परिवेश में वन्य जीवन के लिए कानूनी तौर पर आरक्षित क्षेत्र हैं–
A. बायोस्फीयर रिजर्व B. सेंक्चुअरी
C. सामाजिक वन D. नेशनल पार्क

135. वह राज्य जहाँ सुल्तानपुर पक्षी विहार स्थित है–
A. उत्तर प्रदेश B. राजस्थान
C. हरियाणा D. गुजरात

136. विश्व का एकमात्र प्लावी राष्ट्रीय पार्क स्थित है–
A. मणिपुर में B. कुआलालम्पुर में
C. बिलासपुर में D. दिसपुर में

137. काजीरंगा किसलिए जाना जाता है?
A. गैंडा के लिए B. बाघ के लिए
C. पक्षी के लिए D. गौरेया के लिए

138. मदुमलाई पशु विहार प्रसिद्ध है–
A. व्याघ्रों के लिए B. गवलों (बाइसन) के लिए
C. पक्षियों के लिए D. हाथियों के लिए

139. जीवमण्डल आरक्षित क्षेत्रों की पहली परियोजना स्कीम कौन-सी थी?
A. सुन्दरवन जीवमण्डल आरक्षित क्षेत्र
B. नीलगिरि जीवमण्डल आरक्षित क्षेत्र
C. नन्दादेवी जीवमण्डल आरक्षित क्षेत्र
D. मन्नार की खाड़ी जीवमण्डल आरक्षित क्षेत्र

140. भारत के उत्तरी मैदान की मृदा सामान्यतः कैसे बनी है?
A. तलावचन से
B. तलोच्चन से
C. स्वस्थाने अपचयन द्वारा
D. अपरदन द्वारा

141. प्रायद्वीपीय भारत में क्षेत्रीय मृदा के निम्न प्रकारों में से कौन-सा है?
A. जलोढ़ मृदा B. लाल और पीली मृदा
C. वन मृदा D. खारी मृदा

142. भारत के किस क्षेत्र में अत्यधिक असिंचित खेती की जाती है?
A. कनेरा के मैदान B. दक्कन के पठार
C. कोरोमण्डल मैदान D. गंगा के मैदान

143. भारत में कृषि को दुष्प्रभावित करने वाला मौसम का सबसे महत्वपूर्ण तत्व है–
A. तापमान B. आर्द्रता
C. पवन D. वृष्टि

144. भारत में अधिकतम कृषि योग्य क्षेत्र घेरने वाली फसल है–
A. चावल B. गेहूँ
C. चना D. अलसी

145. उस खाद्य फसल का नाम बताइए जो भारत में सबसे अधिक उपज देती है–
A. गेहूँ B. ज्वार
C. मक्का D. चावल

146. मध्य प्रदेश विशालतम उत्पादक है–
A. कपास का B. तिलहन का
C. दालों का D. मक्का का

147. भारत का कॉफी अनुसंधान संस्थान कहाँ स्थित है?
A. येरकाड B. वायनाड
C. कुर्ग D. कोयम्बटूर

148. भारत में श्वेत क्रांति के जनक माने जाते हैं–
A. डॉ वी. कुरियन B. श्री एस.एस. राव
C. श्री एस.के. भारद्वाज D. श्री मोरारजी देसाई

149. भारत में ऊर्जा का मुख्य स्रोत क्या है?
A. आण्विक B. तापीय
C. जल-विद्युत D. सौर

150. भारत में विद्युत आपूर्ति सबसे पहले कहाँ शुरू हुई?
A. कोलकाता B. दार्जिलिंग
C. मुम्बई D. चेन्नई

151. भारत में सबसे ज्यादा ताप-विद्युत उत्पन्न करने वाला राज्य कौन-सा है?
A. तमिलनाडु B. महाराष्ट्र
C. बिहार D. छत्तीसगढ़

152. निम्न में से किस स्थान पर विद्युत जलशक्ति से पैदा की जाती है?
A. न्येवली B. एन्नौर
C. तूतीकोरिन D. मेट्टूर

153. आन्ध्र प्रदेश के तुमालापल्ली में कौन-सा सर्वाधिक निक्षेप पाया जाता है?
A. यूरेनियम निक्षेप B. टंग्स्टन निक्षेप
C. कोयला निक्षेप D. बॉक्साइट निक्षेप

154. भारत का सबसे महत्वपूर्ण लघु उद्योग है–
A. इलेक्ट्रॉनिकी उद्योग
B. हथकरघा उद्योग
C. शर्करा उद्योग
D. इंजीनियरी उद्योग

155. क्षेत्रफल की दृष्टि से विश्व का सबसे बड़ा देश कौन-सा है?
A. रूस B. चीन
C. अमेरिका D. भारत

156. केन्द्रीय चर्म अनुसंधान संस्थान कहाँ स्थित है?
A. पुणे B. गुवाहाटी
C. चेन्नई D. श्रीनगर

157. शेरशाह द्वारा निर्मित ग्रैंड ट्रंक रोड पंजाब को किसके साथ जोड़ती थी?
A. लाहौर B. मुल्तान
C. आगरा D. पूर्वी बंगाल

158. भारत में सर्वप्रथम जनगणना कब हुई थी?
A. 1861 ई. B. 1881 ई.
C. 1872 ई. D. 1851 ई.

159. भारत के जनसंख्या इतिहास में जनांकिकीय विभाजन वर्ष कहा जाता है–
A. 1921 ई. B. 1941 ई.
C. 1931 ई. D. 1951 ई.

160. जनगणना 2011 के अनुसार भारत का सबसे बड़ा जनजातीय समूह है–
A. गोंड B. भील
C. संथाल D. थारू

उत्तरमाला

1	2	3	4	5	6	7	8	9	10
D	D	A	C	D	D	D	D	B	D
11	12	13	14	15	16	17	18	19	20
A	C	B	A	D	B	D	C	D	A
21	22	23	24	25	26	27	28	29	30
A	C	D	C	D	B	A	D	D	C
31	32	33	34	35	36	37	38	39	40
A	A	B	C	A	C	B	C	A	D
41	42	43	44	45	46	47	48	49	50
A	B	B	A	D	A	B	C	D	B
51	52	53	54	55	56	57	58	59	60
C	C	D	B	D	C	B	B	B	B
61	62	63	64	65	66	67	68	69	70
C	C	B	B	B	A	D	B	C	B
71	72	73	74	75	76	77	78	79	80
D	A	A	B	C	A	B	C	C	B
81	82	83	84	85	86	87	88	89	90
A	D	D	A	A	C	A	D	C	A
91	92	93	94	95	96	97	98	99	100
C	C	A	B	A	B	A	D	C	A
101	102	103	104	105	106	107	108	109	110
A	A	B	B	B	B	B	B	B	B
111	112	113	114	115	116	117	118	119	120
A	A	D	B	C	C	C	B	B	A
121	122	123	124	125	126	127	128	129	130
A	A	C	B	A	C	C	B	B	C
131	132	133	134	135	136	137	138	139	140
B	D	D	A	C	A	A	A	B	B
141	142	143	144	145	146	147	148	149	150
B	B	D	A	D	C	C	A	B	B
151	152	153	154	155	156	157	158	159	160
B	D	A	B	A	C	D	C	A	B

☆☆☆☆☆☆

भारतीय अर्थव्यवस्था

- अर्थव्यवस्था एक ऐसा तंत्र या ढाँचा है जिसके अन्तर्गत विभिन्न प्रकार की आर्थिक क्रियाएँ सम्पादित की जाती हैं, जैसे–कृषि, उद्योग, व्यापार, बैंकिंग, बीमा, परिवहन तथा संचार आदि। दूसरे शब्दों में, अर्थव्यवस्था आर्थिक क्रियाओं का एक ऐसा संगठन है जिसके अन्तर्गत लोग कार्य करके अपनी आजीविका चलाते हैं।
- आर्थिक क्रियाओं को तीन भागों में बाँटा जाता है–
  (i) प्राथमिक क्षेत्र (Primary Sector)
  (ii) द्वितीयक क्षेत्र (Secondary Sector)
  (iii) तृतीयक क्षेत्र या सेवा क्षेत्र (Tertiary Sector or Service Sector)

  (i) **प्राथमिक क्षेत्र (Primary Sector):** प्राथमिक क्षेत्र को कृषि क्षेत्र भी कहा जाता है। इसके अन्तर्गत कृषि, पशु पालन, मछली पालन, जंगलों से वस्तुओं को प्राप्त करना जैसे व्यवसाय आते हैं।

  (ii) **द्वितीयक क्षेत्र (Secondary Sector):** द्वितीयक क्षेत्र को औद्योगिक क्षेत्र भी कहा जाता है। इसके अन्तर्गत खनिज व्यवसाय, निर्माण कार्य, जनोपयोगी सेवाएँ, जैसे–गैस और बिजली आदि के उत्पादन आते हैं।

  (iii) **तृतीयक क्षेत्र (Tertiary Sector):** तृतीयक क्षेत्र को सेवा क्षेत्र भी कहा जाता है। इसके अन्तर्गत बैंक एवं बीमा, परिवहन, संचार एवं व्यापार आदि क्रियाएँ सम्मिलित होती हैं। ये क्रियाएँ प्राथमिक एवं द्वितीयक क्षेत्रों की क्रियाओं को सहायता प्रदान करती हैं। इसलिए इसे सेवा क्षेत्र कहा जाता है।
- आजादी के समय प्राथमिक क्षेत्र का योगदान 58.7 प्रतिशत था जो घटकर 2023-24 तक अब केवल 17.66 प्रतिशत रह गया है। द्वितीयक क्षेत्र का योगदान 1947 में 14.3 प्रतिशत था जो 2023-24 तक बढ़कर 27.63 प्रतिशत हो गया है। तृतीयक क्षेत्र का योगदान 1947 में 27 प्रतिशत था जो वर्ष 2023-24 तक बढ़कर 54.71 प्रतिशत हो गया है।

अर्थव्यवस्था के प्रकार (Types of Economy)

विश्व में तीन प्रकार की अर्थव्यवस्था पाई जाती है–

1. **पूँजीवादी अर्थव्यवस्था (Capitalist Economy):** पूँजीवादी अर्थव्यवस्था वह अर्थव्यवस्था है जहाँ उत्पादन के साधनों का स्वामित्व निजी व्यक्तियों के पास होता है जो इसका उपयोग अपने निजी लाभ के लिए करते हैं। जैसे–अमेरिका, जापान, फ्रांस आदि।
2. **समाजवादी अर्थव्यवस्था (Socialist Economy):** समाजवादी अर्थव्यवस्था वह अर्थव्यवस्था है जहाँ उत्पादन के साधनों का स्वामित्व एवं संचालन देश की सरकार के पास होता है जिसका उपयोग सामाजिक कल्याण के लिए किया जाता है। चीन, क्यूबा, रूस आदि देशों में समाजवादी अर्थव्यवस्था है।
3. **मिश्रित अर्थव्यवस्था (Mixed Economy):** मिश्रित अर्थव्यवस्था पूँजीवादी तथा समाजवादी अर्थव्यवस्था का मिश्रण है। मिश्रित अर्थव्यवस्था वह अर्थव्यवस्था है जहाँ उत्पादन के साधनों का स्वामित्व सरकार तथा निजी व्यक्तियों के पास होता है।

राष्ट्रीय विकास परिषद्
(National Development Council)

- भारत में राष्ट्रीय विकास परिषद् का गठन 6 अगस्त, 1952 को किया गया था। इसका गठन आर्थिक नियोजन हेतु राज्य सरकारों तथा योजना आयोग के बीच तालमेल तथा सहयोग का वातावरण बनाने के लिए किया गया था।
- राष्ट्रीय विकास परिषद् में सभी राज्यों के मुख्यमंत्री इसके पदेन सदस्य होते हैं।
- प्रत्येक योजना अन्त में राष्ट्रीय विकास परिषद् द्वारा अनुमोदित होती है।

योजना आयोग

- योजना आयोग का भारतीय संविधान में कोई उल्लेख नहीं है। अतः इसका गठन 15 मार्च, 1950 को परामर्शदात्री निकाय के रूप में किया गया था।
- 1 जनवरी, 2015 से भारत में योजना आयोग का अस्तित्व समाप्त कर दिया गया है तथा इसके स्थान पर 'नीति आयोग' संस्था बनाई गई है।

नीति आयोग

- मंत्रिमण्डल के एक प्रस्ताव के तहत यह नई संस्था 1 जनवरी, 2015 से अस्तित्व में आ गई है। इस नई संस्था को 'राष्ट्रीय भारत परिवर्तन संस्थान' नाम दिया गया है तथा आमतौर पर 'नीति आयोग' के नाम से इसे जाना जा रहा है।
- प्रधानमंत्री की अध्यक्षता वाला यह आयोग सरकार के थिंक टैंक (बौद्धिक संस्थान) के साथ-साथ राज्य सरकारों के लिए भी नीति निर्माण करने वाले संस्थान की भूमिका निभाएगा।
- केन्द्र व राज्य सरकारों को राष्ट्रीय व अन्तर्राष्ट्रीय महत्व के महत्वपूर्ण मुद्दों पर रणनीतिक व तकनीकी सलाह भी यह देगा। योजनाओं के भावी स्वरूप आदि के सम्बन्ध में सरकार को सलाह भी यह आयोग देगा।
- सभी राज्यों के मुख्यमंत्रियों तथा केन्द्रशासित क्षेत्रों के उपराज्यपालों को नीति आयोग की अधिशासी परिषद् (Governing Council) में शामिल किया गया है। इस प्रकार नीति आयोग का स्वरूप योजना आयोग की तुलना में अधिक संघीय बनाया गया है।
- प्रधानमंत्री की अध्यक्षता वाले इस आयोग में एक उपाध्यक्ष व एक मुख्य कार्यकारी अधिकारी (Chief Executive Officer—CEO) का प्रावधान किया गया।

पंचवर्षीय योजनाएँ

- 1 अप्रैल, 1951 से भारत की प्रथम पंचवर्षीय योजना की शुरुआत की गई। तत्पश्चात् अब तक बारह पंचवर्षीय योजनाएँ लागू की जा चुकी हैं।
- **15 वर्षीय दृष्टिकोण :** भारत की 12वीं पंचवर्षीय योजना 31 मार्च, 2017 को पूरी होने के साथ ही देश में पंचवर्षीय योजनाओं की व्यवस्था समाप्त हो गई है। इसके स्थान पर 15 वर्षीय दृष्टिकोण, सात वर्षीय रणनीति व तीन वर्षीय कार्य योजना नीति आयोग द्वारा तैयार की गई है। 15 वर्षीय दृष्टिकोण (Vision) 2031-32 में ऐसे भारत की कल्पना की गई है, जिसमें पूरी तरह शिक्षित समाज हो तथा सभी को स्वास्थ्य सुविधा उपलब्ध हो।

पंचवर्षीय योजनाएँ

योजना क्रम	योजना अवधि	लक्षित विकास दर	वास्तविक विकास दर	सर्वोच्च प्राथमिकता वाले क्षेत्र
• प्रथम योजना	1951-56	2.1	3.6	कृषि
• द्वितीय योजना	1956-61	4.5	4.27	भारी उद्योग
• तृतीय योजना	1961-66	5.6	2.84	खाद्यान्न एवं कृषि
• चतुर्थ योजना	1969-74	5.5	3.30	कृषि एवं सिंचाई
• पंचम योजना	1974-78	4.4	5.00	जनस्वास्थ्य एवं समाज कल्याण
• षष्टम योजना	1980-85	5.2	5.66	कृषि उद्योग एवं ऊर्जा
• सप्तम योजना	1985-90	5.4	5.8	ऊर्जा, खाद्यान्न एवं मानव संसाधन
• अष्टम योजना	1992-97	5.6	6.50	मानव संसाधन
• नवम योजना	1997-2002	6.5	5.40	सामाजिक न्याय एवं ग्रामीण विकास
• दशम योजना	2002-07	8.0	7.8	रोजगार एवं ऊर्जा
• एकादश योजना	2007-12	9.0	8.2	व्यापक तथा समावेशी विकास
• द्वादश योजना	2012-17	8.0		त्वरित, सतत् और समावेशी विकास

नई आर्थिक नीति

भारत में आर्थिक सुधारों का मतलब उन नीतियों से है जिनका प्रारंभ 1991 से अर्थव्यवस्था में कुशलता, उत्पादकता, लाभदायकता एवं प्रतियोगिता की शक्ति के स्तरों में वृद्धि करने के दृष्टिकोण से किया गया है।

- नई आर्थिक नीति के तीन प्रमुख घटक हैं—उदारीकरण, निजीकरण तथा वैश्वीकरण। उदारीकरण का अर्थ सरकार द्वारा लगाए गए सभी अनावश्यक नियंत्रणों तथा प्रतिबंधों जैसे—लाइसेंस, कोटा आदि को हटाना है। निजीकरण का अभिप्राय, निजी क्षेत्र द्वारा सार्वजनिक क्षेत्र के उद्यमों पर पूर्ण रूप से या आंशिक रूप से स्वामित्व प्राप्त करना तथा उनका प्रबंध करना है।

- वर्तमान में नई औद्योगिक नीति के अन्तर्गत आरक्षित उद्योगों की संख्या 3 है– *(i)* परमाणु ऊर्जा *(ii)* रेल परिवहन एवं *(iii)* परमाणु ऊर्जा की अनुसूची में निर्दिष्ट खनिज।
- 100% निर्यात मूलक इकाइयों में 100% विदेशी पूँजी निवेश की स्वीकृति दी गई है।
- वैश्वीकरण वह प्रक्रिया है जिसके द्वारा विश्व की विभिन्न अर्थव्यवस्थाओं का समन्वय या एकीकरण किया जाता है ताकि वस्तुओं एवं सेवाओं, प्रौद्योगिकी, पूँजी और श्रम या मानवीय पूँजी का भी निर्बाध प्रवाह हो सके।

विभिन्न योजनाएँ एवं उनके उद्देश्य

कार्यक्रम का नाम	वर्ष	उद्देश्य
• सम्पूर्ण ग्रामीण रोजगार योजना	2001	रोजगार आश्वासन योजना और जवाहर ग्राम समृद्धि योजना को इसमें मिलाकर ग्रामीण क्षेत्रों में रोजगार का सृजन करना व खाद्यान्न उपलब्ध कराना।
• राष्ट्रीय राजमार्ग योजना	2001	समुचित गुणवत्ता वाले राष्ट्रीय राजमार्गों को विकसित करने के साथ-साथ रोजगार के अवसर उपलब्ध कराना।
• सर्वशिक्षा अभियान	2001	6-14 वर्ष के सभी बच्चों को 2010 तक आठवीं तक की निःशुल्क एवं गुणवत्तायुक्त प्राथमिक शिक्षा उपलब्ध कराना।
• स्वजल धारा योजना	2002	ग्राम पंचायतों के माध्यम से कुएँ, बावड़ी व हैण्डपम्प लगाने की सुविधा उपलब्ध कराना।
• निर्मल भारत योजना	2002	मलिन बस्तियों में सामुदायिक शौचालयों की सुविधा का विस्तार।
• अंशदायी बीमा योजना	2002	10 लाख बुनकरों व शिल्पकारों को बीमा सुरक्षा।
• जनरक्षा बीमा योजना	2002-03	₹ 1 प्रतिदिन भुगतान से चयनित व्यक्ति का निर्धारित अस्पताल में ₹ 30 हजार तक का उपचार।
• जयप्रकाश नारायण रोजगार गारण्टी योजना	2002-03	देश के पिछड़े ग्रामीण क्षेत्रों में गरीबों व जरूरतमंदों को रोजगार उपलब्ध कराने हेतु।
• वन्दे मातरम योजना	2004	गरीब एवं पिछड़े वर्ग की गर्भवती महिलाओं को स्वास्थ्य सम्बन्धी सुविधाएँ उपलब्ध कराना।
• जननी सुरक्षा योजना	2003	गर्भवती महिलाओं को शिशु जन्म तथा आवश्यक चिकित्सा सुविधाएँ उपलब्ध कराते हुए बच्चे के जन्म पर नकद सहायता उपलब्ध कराना।
• निर्मल ग्राम पुरस्कार योजना	2003	स्वच्छता के क्षेत्र में अच्छा कार्य करने वाली त्रिस्तरीय पंचायतों को पुरस्कृत कर प्रोत्साहित करना

भारत सरकार की प्रमुख कल्याणकारी योजनाएँ

कार्यक्रम का नाम	वर्ष	उद्देश्य
• मिड-डे-मील योजना	1995	स्कूली बच्चों को दोपहर का भोजन उपलब्ध कराना।
• स्वर्ण जयंती शहरी रोजगार योजना	1997	शहरी क्षेत्रों में निर्धनता निवारण योजना।
• स्वर्ण जयन्ती ग्राम स्वरोजगार	1999	सामूहिक प्रयास पर बल। सहायता प्राप्त गरीब व्यक्ति को 3 वर्ष में BPL के ऊपर लाना। इसमें छः कार्यक्रमों का विलय कर दिया गया। *(i)* IRDP *(ii)* TRYSEM *(iii)* DWCRA *(iv)* SITRA *(v)* MWS *(vi)* GKY
• जनश्री बीमा योजना	2000	BPL लोगों को बीमा सुरक्षा कवच देना।

कार्यक्रम का नाम	वर्ष	उद्देश्य
• आश्रय बीमा योजना	2001	रोजगार छूटे कर्मचारियों को सुरक्षा कवच प्रदान करना।
• जवाहरलाल नेहरू राष्ट्रीय शहरी नवीनीकरण योजना	2005	शहरी अवस्थापना विकास।
• भारत निर्माण योजना	2006	ग्रामीण अवस्थापना, सर्वांगीण तथा व्यापक विकास योजना।
• महात्मा गांधी रोजगार गारंटी योजना	2006	1 वर्ष में 100 दिन का रोजगार उपलब्ध कराना।
• राष्ट्रीय ग्रामीण पेयजल योजना	2009	ग्रामीण क्षेत्रों में पेयजल सुविधा उपलब्ध कराना।
• प्रधानमंत्री जनधन योजना	2014	आमजन को बैंकिंग सुविधा उपलब्ध करवाने हेतु।
• अटल पेंशन योजना	2015	सामाजिक क्षेत्र योजना पेंशन क्षेत्र से संबंधित।
• दीनदयाल उपाध्याय ग्राम ज्योति योजना	2015	इस कार्यक्रम का उद्देश्य ग्रामीण भारत में सभी घरों को 24×7 निर्बाध विद्युत आपूर्ति उपलब्ध कराने है।
• डिजिटल भारत कार्यक्रम	2015	सरकारी सेवाओं को इलेक्ट्रॉनिक रूप में नागरिकों के लिए उपलब्ध कराना हैं और लोगों को नवीनतम सूचना और संचार प्रौद्योगिक से लाभ सुनिश्चित करना है।
• प्रधानमंत्री सुरक्षा बीमा योजना	2015	₹ 20 के वार्षिक प्रीमियम के साथ दुर्घटना बीमा।
• प्रधानमंत्री जीवन ज्योति बीमा योजना	2015	यह मूल रूप से एक वार्षिक आधार पर या समय की एक लम्बी अवधि के लिए होता है। यह पॉलिसी धारक के मृत्यु पर जीवन बीमा कवरेज प्रदान करता है।
• कौशल भारत कार्यक्रम (राष्ट्रीय कौशल विकास मिशन)	2015	2022 तक कम से कम 40 करोड़ कुशल लोगों को प्रशिक्षित करने के लिए संस्थागत क्षमता प्रदान करना है।
• प्रधानमंत्री उज्जवला योजना	2016	ऐसी महिलाएँ जो गरीबी रेखा से नीचे जीवनयापन करती हैं, उन्हें मुफ्त एलपीजी कनेक्शन प्रदान करना है।
• 'सौभाग्य' योजना	2017	प्रधानमंत्री-सहज बिजली हर घर योजना व (SAUBHAGY) का शुभारम्भ
• जीरो हंगर कार्यक्रम	2017	गोरखपुर (उ.प्र.), थाणे (महाराष्ट्र) तथा कोरापुट (ओडिशा) में सन् 2030 तक भुखमरी को समाप्त करने की पायलट योजना।
• प्रधानमंत्री गरीब कल्याण योजना	2020	'कोरोना वायरस' के खिलाफ लड़ाई लड़ने में मदद करना।
• मिशन अमृत सरोवर	2022	भविष्य की पीढ़ी के लिए जल संग्रहण और संरक्षण
• पीएम विश्वकर्मा योजना	2023	बढ़ई, सुनार, लोहार सहित 18 विभिन्न श्रेणियों के लोगों के लिए आर्थिक उन्नयन हेतु रियायती ब्याज पर ₹ 3 लाख तक का ऋण।
• प्रधानमंत्री विद्यालक्ष्मी योजना	2024	प्रतिभावान छात्रों को विशेष छात्रवृत्ति।
• परमाणु ऊर्जा मिशन	2025	लघु मॉड्यूलर रिएक्टरों का अनुसंधान एवं विकास।

कृषि

- कृषि भारतीय अर्थव्यवस्था का एक आधार स्तंभ है। निजी क्षेत्र का यह सबसे प्रमुख व्यवसाय है।
- स्थिर कीमतों (2011-12) पर सकल मूल्यवर्द्धन में वर्ष 2015-16 में कृषि एवं सहायक क्रियाएं क्षेत्रक का हिस्सा 17.7% था, जो 2024-25 में घटकर 16% रह गया है। जबकि यह क्षेत्र कुल जनसंख्या के 45.5% लोगों को रोजगार उपलब्ध कराता है।
- हरित क्रांति का अर्थ आधुनिक कृषि तकनीकी उन्नत बीजों, खाद, सिंचाई तथा जैवकीय प्रबन्ध का कृषि क्षेत्र में प्रयोग करने से है। हरित क्रांति की शुरुआत 1966 में हुई। हरित क्रांति का विचार नॉरमन बोरलॉग ने दिया था। भारत में हरित क्रांति को डॉ. एम.एस. स्वामीनाथन ने सफल बनाया।
- हरित क्रांति का सर्वाधिक सकारात्मक प्रभाव गेहूँ पर पड़ा है, जिसकी पैदावार में 500% की वृद्धि हुई।
- राष्ट्रीय कृषि तथा ग्रामीण विकास बैंक (नाबार्ड) की स्थापना जुलाई, 1982 में की गई थी। इसका मुख्यालय मुम्बई में है।
- नाबार्ड ग्रामीण क्षेत्रों में कृषिगत ऋण तथा उत्पादन बढ़ाने के लिए ऋण प्रदान करता है।
- राष्ट्रीय कृषि सहकारी विपणन भारतीय संघ (नेफेड) राष्ट्रीय स्तर पर एक शीर्ष सहकारी संगठन है।

कृषि क्षेत्र की विभिन्न क्रांतियाँ

क्रांति	सम्बन्धित क्षेत्र
• श्वेत क्रांति	दुग्ध उत्पादन
• नीली क्रांति	मछली उत्पादन
• पीली क्रांति	तिलहन उत्पादन
• ग्रे क्रांति	ऊन उत्पादन
• इन्द्रधनुषी क्रांति	समग्र कृषि उत्पादन
• सिल्वर क्रांति	अण्डा एवं पोल्ट्री उत्पादन
• सुनहरी क्रांति	बागवानी उत्पादन

उद्योग

- सन् 1948 ई. की प्रथम औद्योगिक नीति में सार्वजनिक तथा निजी क्षेत्र दोनों के ही महत्व को स्वीकार किया गया था परन्तु मूल उद्योगों के विकास का दायित्व सार्वजनिक क्षेत्र को सौंपा गया।
- 1956 ई. में दूसरी औद्योगिक नीति घोषित की गई। इस नीति में सार्वजनिक क्षेत्र द्वारा अर्थव्यवस्था के विकास पर जोर दिया गया।
- 1991 ई. में तीसरी औद्योगिक नीति में अर्थव्यवस्था में व्यापक स्तर पर उदारवादी कार्यक्रमों की घोषणा की गई। यह उदारीकरण और निजीकरण पर आधारित था।
- सार्वजनिक क्षेत्र के उपक्रमों को वाणिज्य एवं प्रबंधन की स्वायत्तता देने के लिए नवरत्न एवं मिनीरत्न की संकल्पना सन् 1997 ई. में शुरू की गई थी। यह दर्जा 'केन्द्रीय लोक उद्यम विभाग' द्वारा दिया जाता है।
- 21 दिसम्बर, 2009 को केन्द्रीय मंत्रिमंडल ने सार्वजनिक क्षेत्र की कम्पनियों के लिए महारत्न क्षेत्रों का सृजन किया।
- महारत्न का दर्जा प्राप्त कम्पनियाँ अपनी कुल निवल मूल्य के 15% तक का निवेश करने के लिए स्वतंत्र है।
- कपड़ा उद्योग भारत का कृषि के बाद दूसरा सबसे बड़ा, रोजगार प्रदान करने वाला उद्योग है, जो देश के औद्योगिक उत्पादन का 13%, सकल घरेलू उत्पाद का लगभग 2.3% व कुल निर्यातों के 12% की आपूर्ति करता है। यह उद्योग लगभग 45 मिलियन लोगों को रोजगार प्रदान करता है।
- लघु उद्योग को वित्त प्रदान करने के उद्देश्य से सन् 1990 ई. में SIDBI अर्थात् भारतीय लघु उद्योग विकास बैंक की स्थापना की गई।

नवरत्न कम्पनियाँ (जून 2025 तक)

- भारत इलेक्ट्रॉनिक्स लिमिटेड (BEL)
- शिपिंग कॉर्पोरेशन ऑफ इण्डिया लिमिटेड (SCIL)
- निवेली लिग्नाइट लिमिटेड (NLL)
- महानगर टेलीफोन निगम लिमिटेड (MTNL)
- राष्ट्रीय खनिज विकास निगम (NMDC)
- राष्ट्रीय इस्पात निगम लिमिटेड (RINL)
- नेशनल एल्यूमिनियम कंपनी (NALCO)
- इंजीनियर्स इंडिया लिमिटेड (EIL)
- नेशनल बिल्डिंग कंस्ट्रक्शन कॉर्पोरेशन लि. (NBCCL)
- कन्टेनर कॉर्पोरेशन ऑफ इंडिया लि. (CONCOR)
- रेल विकास निगम लिमिटेड
- ओएनजीसी विदेश लिमिटेड
- राष्ट्रीय केमिकल्स एंड फर्टिलाइजर्स लिमिटेड
- IRCON इन्टरनेशनल लिमिटेड
- RITES लिमिटेड
- नेशनल फर्टिलाइजर्स लि. (NFL)
- सेन्ट्रल वेयर हाउसिंग कॉर्पोरेशन
- हाउसिंग एण्ड अर्बन डेवलपमेंट कॉर्पोरेशन (HUDCO)
- इंडियन रिन्यूएबल एनर्जी डेवलपमेंट एजेंसी लि. (IREDA)
- मझगाँव डॉक शिपबिल्डर्स लि.
- रेलटेल कॉर्पोरेशन ऑफ इंडिया लि.
- सोलर एनर्जी कॉर्पोरेशन ऑफ इंडिया (SECI) लि.
- एनएचपीसी लि.
- एसजेवीएन लि.
- आईआरसीटीसी (IRCTC)
- आईआरएफसी (IRFC)

महारत्न कम्पनियाँ (जून 2025 तक)

- भारतीय तेल निगम (IOC)
- राष्ट्रीय ताप विद्युत निगम (NTPC)
- भारतीय इस्पात प्राधिकरण लिमिटेड (SAIL)
- कोल इण्डिया लिमिटेड (CIL)
- तेल एवं प्राकृतिक गैस निगम (ONGC)
- भारतीय गैस प्राधिकरण लिमिटेड (GAIL)
- भारत हैवी इलेक्ट्रिकल्स लिमिटेड (BHEL)
- भारत पेट्रोलियम कॉर्पोरेशन लिमिटेड (BPCL)
- पॉवर ग्रिड कॉर्पोरेशन ऑफ इण्डिया लिमिटेड (PGCIL)
- हिन्दुस्तान पेट्रोलियम कॉर्पोरेशन लिमिटेड (HPCL)
- पॉवर फाइनेंस कॉर्पोरेशन (PFC)
- ग्रामीण विद्युतीकरण निगम (REC)
- ऑयल इण्डिया लिमिटेड (OIL)
- हिन्दुस्तान एयरोनॉटिक्स लिमिटेड (HAL)

- वर्ष 2006 में सूक्ष्म, लघु एवं मध्यम उद्यम विकास अधिनियम (MSMED) लाया गया।
- आबिद हुसैन समिति लघु उद्योगों में सुधार से सम्बद्ध है।
- भारतीय मानक ब्यूरो (बी.आई.एस.) की स्थापना 1947 में की गई थी।
- बी.आई.एस. विभिन्न उत्पादों पर गुणवत्ता चिह्न अर्थात् आई.एस.आई. चिह्न आवंटित करती है।

सूक्ष्म, लघु, एवं मध्यम उद्योगों का विकास

भारत के औद्योगिक परिदृश्य में एक महत्वपूर्ण यागदानकर्ता के तौर पर, एमएसएमई क्षेत्र विनिर्माण, निर्यात और रोजगार में महत्वपूर्ण भूमिका निभाता है। 25 करोड़ से अधिक लोगों को रोजगार देने वाले 5.93 करोड़ पंजीकृत एमएसएमई के साथ, ये उद्यम देश के आर्थिक उत्पादन का एक महत्वपूर्ण हिस्सा निर्माण करते हैं। 2023-24 में, एमएसएमई से संबंधित उत्पादों का भारत के कुल निर्यात में 45.73% हिस्सा था, जो देश को विनिर्माण केन्द्र के रूप में स्थापित करने में उनकी भूमिका को मजबूत करता है। इस क्षेत्र में पूरी क्षमता है कि यह देश में व्याप्त बेरोजगारी, क्षेत्रीय असन्तुलन, राष्ट्रीय आय और सम्पत्ति के असमान वितरण जैसी ढाँचागत समस्याओं का समाधान करने के लिए रामबाण का काम कर सके। तुलनात्मक रूप से कम पूँजी लागत और अन्य क्षेत्रों के साथ विनिर्माण और विपणन संबंध होने के चलते, सूक्ष्म, लघु और मध्यम उद्यम क्षेत्र देश के मेक इन इंडिया कार्यक्रम को सफल बनाने में महत्वपूर्ण भूमिका निभाएगा।

सार्वजनिक क्षेत्र के प्रमुख औद्योगिक उपक्रम

नाम	स्थान
• भारतीय उर्वरक निगम लि.	सिन्दरी (झारखंड), नांगल (पंजाब), ट्राम्बे (महाराष्ट्र), गोरखपुर (उत्तर प्रदेश), नामरूप (असम), दुर्गापुर (पश्चिम बंगाल)
• हिन्दुस्तान एण्टीबायोटिक लि.	पिम्परी (महाराष्ट्र)
• भारी जल संयन्त्र	नेवेली (तमिलनाडु), नाहर-कटिया (असम), राउरकेला (ओडिशा), ट्रॉम्बे (महाराष्ट्र)
• भारत डायनामिक्स लिमिटेड	हैदराबाद
• भारत इलेक्ट्रॉनिक्स लिमिटेड	जलाहाली (कर्नाटक), गाजियाबाद (उ.प्र.)।
• भारत हैवी इलेक्ट्रिकल्स लि.	रानीपुर (उत्तराखंड), रामचंद्रपुर (आंध्र प्रदेश), तिरूचिरापल्ली (तमिलनाडु), भोपाल (मध्य प्रदेश)
• भारत हैवी प्लेट एवं वैसेल्स लि.	विशाखापत्तनम (आन्ध्र प्रदेश)
• सेन्ट्रल मशीन टूल्स	बेंगलुरू (कर्नाटक)
• चितरंजन लोकोमोटिव वर्क्स	चितरंजन (पश्चिम बंगाल)
• कोचीन शिपयार्ड	कोच्चि
• डीजल लोकोमोटिव वर्क्स	मरवाडीह, वाराणसी (उ.प्र.)
• गार्डेन रीच वर्कशॉप लि.	कोलकाता
• हैवी इलेक्ट्रिकल्स लिमिटेड	बेंगलुरू
• भारी इंजीनियरिंग निगम लि.	राँची
• भारी वाहन कारखाना	अवाड़ी (तमिलनाडु)
• हिन्दुस्तान केबल्स कारखाना	रूपनारायणपुर (पश्चिम बंगाल)
• हिन्दुस्तान शिपयार्ड	विशाखापत्तनम एवं कोच्चि
• हिन्दुस्तान कार्बनिक रसायन लिमिटेड	रसायनी (महाराष्ट्र)
• भारतीय दवा एवं औषधि लिमिटेड (एण्टीबायोटिक संयंत्र, I.D.P.L.)	ऋषिकेश
• संश्लेषित दवा परियोजना	हैदराबाद
• इंटीग्रल कोच फैक्ट्री	पेराम्बूर (तमिलनाडु), कोटकपूरा (पंजाब)
• भारतीय मशीन टूल निगम	अजमेर
• मझगाँव डॉक्स लिमिटेड	मुम्बई
• खनन एवं सम्बद्ध उपकरण निगम लिमिटेड	दुर्गापुर
• राष्ट्रीय खनिज विकास निगम	हैदराबाद
• हिंदुस्तान जिंक लिमिटेड	उदयपुर (राजस्थान)
• भारत एल्युमीनियम कम्पनी लिमिटेड	कोरबा (छत्तीसगढ़), रत्नागिरी (महाराष्ट्र)
• हिंदुस्तान कॉपर लिमिटेड	अग्निगुडला (आंध्र प्रदेश), दारिबा (राजस्थान), मलाजखण्ड (म.प्र.), राखा (झारखंड)
• भारत गोल्ड माइन्स लिमिटेड	कोलार (कर्नाटक)
• नेवेली लिग्नाइट निगम	नेवेली (तमिलनाडु)
• भारतीय तेलशोधक लिमिटेड	बरौनी (बिहार), नूनमाटी (असम)
• भारतीय विस्फोटक कारखाना	गोमिया, हजारीबाग (झारखंड)
• राष्ट्रीय अखबारी कागज कारखाना लिमिटेड	नेपानगर (म.प्र.)

भारत के प्रमुख वित्तीय संस्थान

वित्तीय संस्थान	स्थापना वर्ष	मुख्यालय	उद्देश्य
• भारतीय औद्योगिक वित्त निगम लि. (IFCI)	1948	नई दिल्ली	देश के औद्योगिक प्रतिष्ठानों के लिए मध्यावधि एवं दीर्घावधि साख की व्यवस्था करना।
• भारतीय औद्योगिक ऋण तथा निवेश निगम लिमिटेड (ICICI)	1955	मुम्बई	निजी क्षेत्रों के लघु तथा मध्यम उद्योगों का विकास।
• जीवन बीमा निगम (LIC)	1956	मुम्बई	बीमा सुविधा उपलब्ध कराना।
• भारतीय औद्योगिक विकास बैंक लि. (IDBI)	1964	मुम्बई	औद्योगिक उद्यमों को वित्तीय सहायता प्रदान करना।
• भारतीय यूनिट ट्रस्ट (UTI)	1964	मुम्बई	लघु एवं मध्यम उद्योगों में निवेश।
• भारतीय आयात-निर्यात बैंक (EXIM Bank)	1982	मुम्बई	आयात-निर्यात की वित्तीय आवश्यकताओं की पूर्ति करना।
• राष्ट्रीय कृषि तथा ग्रामीण विकास बैंक (NABARD)	1982	मुम्बई	कृषि एवं ग्रामीण विकास के लिए वित्त उपलब्ध कराना।
• भारतीय औद्योगिक निवेश बैंक लि. (IIBIL)	1985	–	रूग्ण तथा बन्द पड़े उद्यमों का पुनर्निर्माण।
• राष्ट्रीय आवास बैंक (NHB)	1988	नई दिल्ली	आवास सम्बन्धी वित्त की व्यवस्था करना।
• भारतीय लघु उद्योग विकास बैंक (SIDBI)	1990	लखनऊ	छोटे उद्योगों का वित्त पोषण करना।

वित्त आयोग के अध्यक्ष

प्रथम वित्त आयोग	:	के॰ सी॰ नियोगी
द्वितीय वित्त आयोग	:	के॰ संतानम
तृतीय वित्त आयोग	:	ए॰ के॰ चंदा
चतुर्थ वित्त आयोग	:	डॉ. राजमन्नार
पंचम वित्त आयोग	:	महावीर त्यागी
छठा वित्त आयोग	:	ब्रह्मानंद रेड्डी
सातवां वित्त आयोग	:	न्या॰ शेलात
आठवां वित्त आयोग	:	वाई॰ वी॰ चव्हाण
नवां वित्त आयोग	:	एन॰ के॰ पी॰ साल्वे
दसवां वित्त आयोग	:	के॰ सी॰ पंत
ग्यारहवां वित्त आयोग	:	प्रो॰ ए॰ एम॰ खुसरो
बारहवां वित्त आयोग	:	सी॰ रंगराजन
तेरहवां वित्त आयोग	:	विजय केलकर
चौदहवां वित्त आयोग	:	वाई॰ वी॰ रेड्डी
पन्द्रहवां वित्त आयोग	:	एन॰ के॰ सिंह
सोलहवाँ वित्त आयोग	:	अरविंद पनगढ़िया

भारत का विदेश व्यापार

- भारत का विश्व व्यापार में कुल हिस्सा मात्र 1.4% है।
- भारत के आयात में सर्वाधिक हिस्सा पेट्रोलियम उत्पादों का है।
- भारत का प्रथम निर्यात संवर्धन औद्योगिक पार्क सीतापुर (जयपुर) में स्थापित किया गया है।
- एशिया का प्रथम निर्यात प्रसंस्करण केन्द्र काण्डला (गुजरात) में 1965 ई॰ में स्थापित किया गया था।
- सेज (SEZ) अधिनियम, 2005 के प्रमुख प्रावधान निम्नलिखित हैं–
  - कर मुक्त आयात की स्वतंत्रता।
  - एकल खिड़की योजना के अन्तर्गत सेज स्थापित करने की नीति।
  - केन्द्रीय व्यापार कर एवं सेवा कर में छूट।
  - सेज द्वारा किए जाने वाले निर्यात पर 100% की कर छूट।
- भुगतान संतुलन का अभिप्राय किसी देश का अन्य देश के निवासियों के साथ एक वर्ष की अवधि में समस्त लेन-देन होता है। भुगतान संतुलन खाते के दो भाग होते हैं–
  - चालू खाता (Current Account)
  - पूँजी खाता (Capital Account)
- चालू खाते के अन्तर्गत वस्तुगत व्यापार के साथ-साथ अदृश्य मदों (परिवहन, पर्यटन, बीमा, उपहार आदि) की लेनदारियों व देनदारियों को सम्मिलित किया जाता है।
- पूँजी खाते में पूँजीगत लेन-देन जैसे–ऋणों की प्राप्तियां व अदायगियाँ, करेन्सी लदान, स्वर्ण हस्तान्तरण आदि की प्रविष्टियाँ की जाती हैं।

- पूँजी खाते में रुपये की पूर्ण परिवर्तनीयता हेतु एस.तारापोर समिति का गठन किया गया।
- विदेशी मुद्रा भण्डार की दृष्टि से भारत, चीन, जापान एवं रूस के बाद चौथा सबसे बड़ा विदेशी मुद्रा भण्डार वाला देश है।
- **विदेश व्यापार नीति (2023):**
केन्द्रीय वाणिज्य और उद्योग, उपभोक्ता मामले, खाद्य और सार्वजनिक वितरण और कपड़ा मंत्री श्री पीयूष गोयल ने 31 मार्च, 2023 को विदेश व्यापार नीति 2023 लॉन्च की। नीति का मुख्य दृष्टिकोण 4 स्तंभों पर आधारित है–
  (*i*) छूट के लिए प्रोत्साहन,
  (*ii*) सहयोग के माधयम से निर्यात प्रोत्साहन–निर्यातक, राज्य, जिले, भारतीय मिशन।
  (*iii*) व्यापार करने में आसानी, लेनदेन लागत में कमी और ई-पहल और
  (*iv*) उभरते क्षेत्र–ई-कॉमर्स निर्यात हब के रूप में विकासशील जिले और SCOMET नीति को सुव्यवस्थित करना।
- **राष्ट्रीय आय (National Income):** किसी देश में एक वर्ष की अवधि में उत्पादित सभी वस्तुओं एवं सेवाओं के मौद्रिक मूल्य के योग को राष्ट्रीय आय कहा जाता है।
- **सकल घरेलू उत्पाद (Gross Domestic Product):** किसी देश की सीमा के अन्दर किसी भी दी गई समयावधि, प्रायः एक वर्ष में उत्पादित समस्त अंतिम वस्तुओं तथा सेवाओं का कुल बाजार या मौद्रिक मूल्य उस देश का सकल घरेलू उत्पाद (GDP) कहा जाता है।
- **सकल राष्ट्रीय उत्पाद (Gross National Product):** किसी देश में एक साल के अन्तर्गत जितनी वस्तुओं तथा सेवाओं का उत्पादन होता है उनके मौद्रिक मूल्य को कुल राष्ट्रीय उत्पाद कहते हैं। कुल राष्ट्रीय उत्पाद को निकालने के लिए सकल घरेलू उत्पादन में देशवासियों द्वारा विदेशों में उत्पादित वस्तुओं और सेवाओं के मूल्य को जोड़ दिया जाता है तथा विदेशियों द्वारा देश में उत्पादित वस्तुओं के मूल्य को घटा दिया जाता है।
- **शुद्ध राष्ट्रीय उत्पाद (Net National Product):** सकल राष्ट्रीय उत्पाद में से मूल्यह्रास की राशि घटा देने के उपरान्त शुद्ध राष्ट्रीय उत्पाद ज्ञात किया जाता है।
- **प्रति व्यक्ति आय (Per Capita Income):** राष्ट्रीय आय में देश की कुल जनसंख्या से भाग देने पर जो राशि प्राप्त होती है उसे प्रतिव्यक्ति आय कहते हैं।
- केन्द्रीय सांख्यिकीय संगठन नियमित रूप से आय के राष्ट्रीय आँकड़े प्रकाशित करता है।
- **भारतीय कर प्रणाली–**
  – कुछ कर ऐसे होते हैं जो केन्द्र सरकार द्वारा लगाए जाते हैं, एकत्र किए जाते हैं एवं उपयोग भी किए जाते हैं। सीमा शुल्क, निगम कर, पूँजी कर आदि इसके प्रमुख उदाहरण हैं।
  – कुछ कर ऐसे होते हैं जो केन्द्र सरकार द्वारा लगाए जाते हैं परन्तु उससे प्राप्त राजस्व में केन्द्र व राज्य दोनों ही भागीदार होते हैं। केन्द्रीय उत्पाद शुल्क एवं आय कर इसके अन्तर्गत आते हैं।
  – कुछ कर ऐसे होते हैं जिसे केन्द्र सरकार द्वारा लगाया जाता है परन्तु राज्य सरकार द्वारा एकत्र किया जाता है। इसमें एकत्र करों से प्राप्त राजस्व का उपभोग राज्य सरकार ही करती है। स्टाम्प शुल्क, दवाइयों तथा श्रृंगार के सामान पर उत्पादन शुल्क इसके अन्तर्गत आते हैं।
  – करों का एक समूह ऐसा होता है जो केन्द्र सरकार द्वारा लगाया जाता है तथा एकत्र किया जाता है परन्तु उससे प्राप्त राजस्व राज्य सरकारों में बाँट दिया जाता है। इसके अन्तर्गत रेल किराया एवं भाड़े पर शुल्क, समुद्री पोत एवं वायुयान से यात्रा पर कर, समाचार-पत्रों पर कर, विज्ञापन पर कर तथा कृषि भूमि के अलावा अन्य सभी सम्पदा शुल्क आदि आते हैं।
  – कुछ कर ऐसे होते हैं जिन्हें राज्यों द्वारा लगाया जाता है तथा उन्हीं के द्वारा एकत्र किया जाता है और उनसे प्राप्त राजस्व का उपयोग भी किया जाता है। भू-राजस्व, कृषि आय पर कर, बिक्री कर, मनोरंजन कर, प्रलेखों पर स्टॉम्प शुल्क इत्यादि इसके अन्तर्गत आते हैं।
- वस्तु एवं सेवा कर (जीएसटी) भारत में 1 जुलाई, 2017 से लागू होने वाली एक महत्वपूर्ण अप्रत्यक्ष कर व्यवस्था है जिसे सरकार व कई अर्थशास्त्रियों द्वारा इसे स्वतंत्रता के पश्चात् सबसे बड़ा आर्थिक सुधार बताया गया है। इससे केन्द्र एवं विभिन्न राज्य सरकारों द्वारा भिन्न-भिन्न दरों पर लगाए जा रहे विभिन्न करों को हटाकर पूरे देश के लिए एक ही अप्रत्यक्ष कर प्रणाली लागू की गई है।

प्रत्यक्ष कर		अप्रत्यक्ष कर	
• आय कर	• धन कर	• केन्द्रीय उत्पाद शुल्क	
• निगम कर	• एस्टेट ड्यूटी	• सीमा शुल्क	• सेवा कर
• व्यय कर	• ब्याज कर	• बिक्री कर	

- **रिजर्व बैंक ऑफ इण्डिया:** इसकी स्थापना 1 अप्रैल, 1935 को की गई थी तथा इसका राष्ट्रीयकरण 1 जनवरी, 1949 को किया गया। इसका मुख्यालय मुम्बई में स्थित है।
- भारतीय रिजर्व बैंक के दो प्रकार के कार्य हैं–
सामान्य केन्द्रीय बैंकिंग कार्य तथा विकास सम्बन्धी कार्य।
- सामान्य केन्द्रीय बैंकिंग कार्य के अधीन भारतीय रिजर्व बैंक के निम्नलिखित कार्य हैं–
  – करेंसी नोटों का निर्गमन।
  – सरकारी बैंकर का काम।
  – बैंकों के बैंक का काम।
  – विदेशी विनिमय को नियंत्रित करना।
  – साख नियंत्रण का कार्य।
  – आँकड़ों का संग्रहण और प्रकाशन।
- विकास सम्बन्धी या प्रवर्तन कार्य के अन्तर्गत भारतीय रिजर्व बैंक के निम्नलिखित कार्य हैं–
  – मुद्रा बाजार पर प्रतिबन्धात्मक नियंत्रण।
  – बचतों को बैंकों व अन्य वित्तीय संस्थाओं के माध्यम से उत्पादन के लिए उपलब्ध कराना।
  – लोगों में बैंकिंग की आदत बढ़ाने के लिए प्रयास करना।
- सिक्के एवं एक रुपये का नोट भारत सरकार निर्गत करती है, जबकि ₹ 10, 20, 50, 100, 200 तथा 500 के करेन्सी नोट भारतीय रिजर्व बैंक निर्गत करता है।
- भारत में वित्तीय वर्ष 1 अप्रैल से 31 मार्च तक होता है।
- इम्पीरियल बैंक ऑफ इण्डिया का राष्ट्रीयकरण 1 जुलाई, 1955 को किया गया था। राष्ट्रीयकरण के बाद इसको स्टेट बैंक ऑफ इण्डिया के नाम से जाना जाता है।
- **सहकारी बैंक (Co-operative Bank):** आपसी सहयोग और सद्भावना के आधार पर जो वित्तीय संस्थाएँ कार्यशील हैं उसे सहकारी बैंक कहते हैं, यद्यपि ये राज्य सरकारों के द्वारा रिजर्व बैंक ऑफ इण्डिया के दिशा निर्देशों पर कार्य करती हैं।
- भारत में प्रथम ग्रामीण बैंक की स्थापना 2 अक्टूबर, 1975 ई. को हुई। सिक्किम और गोवा को छोड़कर देश के सभी राज्यों में क्षेत्रीय ग्रामीण बैंक कार्यरत हैं।
- बैंकिंग प्रणाली की पुनर्संरचना के सम्बन्ध में सुझाव देने हेतु 1991 ई. में नरसिम्हन समिति का गठन किया गया।
- **भूमि-विकास बैंक (Land Development Bank):** यह किसानों की भूमि को बंधक रखकर कृषि में स्थायी सुधार एवं विकास के लिए दीर्घकालीन ऋण प्रदान करता है।
- 50 करोड़ से अधिक पूँजी वाले 14 बड़े व्यावसायिक बैंकों का राष्ट्रीयकरण 19 जुलाई, 1969 को किया गया था।

प्रथम चरण में राष्ट्रीयकृत बैंक

1. बैंक ऑफ बड़ौदा
2. बैंक ऑफ इंडिया
3. यूनियन बैंक ऑफ इण्डिया
4. बैंक ऑफ महाराष्ट्र
5. सेंट्रल बैंक ऑफ इण्डिया
6. केनरा बैंक
7. पंजाब नेशनल बैंक
8. देना बैंक
9. यूनाइटेड बैंक ऑफ इंडिया
10. सिंडिकेट बैंक
11. इलाहाबाद बैंक
12. यूनाइटेड कमर्शियल बैंक
13. इण्डियन बैंक
14. इण्डियन ओवरसीज बैंक

- 200 करोड़ से अधिक पूँजी वाले 6 अनुसूचित बैंकों का राष्ट्रीयकरण 15 अप्रैल, 1980 को किया गया।

द्वितीय चरण में राष्ट्रीयकृत बैंक

1. आंध्रा बैंक
2. विजया बैंक
3. कॉर्पोरेशन बैंक
4. न्यू बैंक ऑफ इण्डिया
5. ओरियण्टल बैंक ऑफ कॉमर्स
6. पंजाब तथा सिंध बैंक

बैंकों का विलय

वर्ष 1993 में न्यू बैंक ऑफ इंडिया का पंजाब नेशनल बैंक में तथा वर्ष 2019 में विजया बैंक और देना बैंक का बैंक ऑफ बड़ौदा में विलय हो गया है। वर्ष 2020 में ओरिएंटल बैंक ऑफ कॉमर्स और यूनाइटेड बैंक ऑफ इंडिया का पंजाब नेशनल बैंक में, सिंडीकेट बैंक का केनरा बैंक में, आन्ध्रा बैंक और कॉर्पोरेशन बैंक का यूनियन बैंक ऑफ इंडिया में तथा इलाहाबाद बैंक का इंडियन बैंक में विलय हो गया। इस विलय के पश्चात् अब देश में एसबीआई सहित सार्वजनिक क्षेत्र के बैंकों की संख्या घटकर 12 रह गई है।

भारत में प्रतिभूति मुद्रण संस्थान

छापेखाने व टकसाल	छपाई	स्थान
• इण्डिया सिक्योरिटी प्रेस	डाक सम्बन्धी लेखन सामग्री, बैंकों के बॉण्ड, राष्ट्रीय बचत पत्र व सरकारी प्रतिभूतियाँ	नासिक (महाराष्ट्र)
• बैंक नोट प्रेस	20, 50, 100, 200 व 500 मूल्य वर्ग के नोट	देवास (म॰प्र॰)
• सिक्योरिटी प्रिन्टिंग प्रेस	भारत प्रतिभूति मुद्रणालय, नासिक प्रेस के उत्पादन की अनुपूर्ति हेतु डाक लेखन सामग्री	हैदराबाद
• करेन्सी नोट प्रेस	करेन्सी नोट छापे जाते हैं	मैसूर (कर्नाटक)
• सिक्योरिटी पेपर मिल	बैंक और करेन्सी नोट कागज तथा नॉन-ज्यूडिशियल स्टाम्प	नर्मदापुरम (म॰प्र॰)
• करेन्सी नोट प्रेस	10, 50, 100, 200 तथा 500 मूल्य वर्ग के नोट	नासिक (महाराष्ट्र)
• टकसालें (Mints)	सिक्के एवं विभिन्न प्रकार के पदकों का उत्पादन	मुम्बई, नोएडा, कोलकाता, हैदराबाद

भारत में गठित प्रमुख आर्थिक समितियाँ

समिति का नाम	उद्देश्य
• नरसिम्हन समिति	बैंकिंग क्षेत्र में सुधार हेतु
• डी. सुब्बाराव समिति	मौद्रिक नीति पर सलाह हेतु
• राजा चेलैया समिति	कर-सुधार पर सलाह हेतु
• रघुराजन समिति	वित्तीय क्षेत्र में सुधार
• रामनंदन प्रसाद समिति	सर्वोच्च न्यायालय के आदेशानुसार क्रिमीलेयर की पहचान के लिए गठित विशेष समिति
• स्वामीनाथन समिति	समुद्रतटीय संसाधनों का पर्यावरणीय दृष्टि से दीर्घकालीन उपयोग सम्भव होने से सम्बन्धित
• प्रो॰ सी.पी. चन्द्रशेखर समिति	सेवा मूल्य सूचकांक के निर्माण हेतु। रिपोर्ट में निर्धनता की पहचान के लिए 'कास्ट ऑफ लिविंग' सूचकांक को आधार बनाया।
• चन्द्रशेखर समिति	पूर्व सैनिकों की 'एक रैंक, एक पेंशन' की माँग पर गठित
• सुरेश तेंदुलकर समिति	गरीबी रेखा से नीचे की जनसंख्या के आकलन हेतु मानकों के पुनर्निर्धारण के लिए
• प्रवर सेनगुप्ता समिति	निजी क्षेत्र की कुछ स्वदेशी-कम्पनियों को 'रक्षा उद्योग रत्न' का दर्जा प्रदान करने से सम्बन्धित
• रंगराजन समिति	भारतीय अर्थव्यवस्था के लिए बचत और निवेश का आकलन करने और इसमें सुधार के उपायों को सुझाने हेतु
• मदन मोहन पुंछी आयोग	केन्द्र राज्य सम्बन्ध पर
• जे.जे. ईरानी समिति	नए कम्पनी विधेयक के लिए सुझाव हेतु
• वाई.एस.पी. थोराट	चीनी उद्योग की स्थिति की समीक्षा हेतु
• अभिजीत सेन समिति	कृषिगत वस्तुओं के वायदा कारोबार से सम्बन्धित
• बी॰के॰ चतुर्वेदी समिति	सार्वजनिक क्षेत्र की तेल कम्पनियों की वित्तीय स्थिति की समीक्षा हेतु
• राकेश मोहन समिति	सरकार व रिजर्व बैंक ऑफ इण्डिया द्वारा देश के वित्तीय क्षेत्रक की पूर्ण जाँच हेतु
• के.आर. वेणुगोपाल समिति	सार्वजनिक वितरण प्रणाली के तहत केन्द्रीय निर्गम मूल्य निर्धारण हेतु
• महाजन समिति	चीनी उद्योग
• टी॰ कन्नन समिति	कपड़ा उद्योग

समिति का नाम	उद्देश्य
• महालनोबिस समिति	राष्ट्रीय आय
• खुसरो समिति	कृषि साख
• मल्होत्रा समिति	बीमा क्षेत्र में सुधार
• भण्डारी समिति	क्षेत्रीय ग्रामीण बैंकों की पुनर्संरचना
• भूरेलाल समिति	मोटरवाहन करों में वृद्धि
• गोइपोरिया समिति	बैंक सेवा सुधार
• एस. तारापोर समिति	रुपये की पूँजी खाते पर परिवर्तनीयता
• आबिद हुसैन समिति	लघु उद्योग
• बी.एस. व्यास समिति	कृषि एवं ग्रामीण साख विस्तार
• गोस्वामी समिति	औद्योगिक रूग्णता
• रेखी समिति	अप्रत्यक्ष कर
• स्वामीनाथन समिति	जनसंख्या नीति
• दांतवाला समिति	बेरोजगारी के अनुमान

मुद्रा एवं पूँजी बाजार

- मुद्रा बाजार अल्पावधि की वित्तीय व्यवस्था का बाजार है, जबकि पूँजी बाजार में मध्यम तथा दीर्घकाल के कोषों का आदान-प्रदान किया जाता है।
- डिस्काउन्ट एंड फाइनेन्स हाउस ऑफ इण्डिया लिमिटेड (DFHI), मुद्रा बाजार की एक संस्था है जिसकी स्थापना सन् 1988 ई. में की गई तथा इसका कार्य बैंकों तथा वित्तीय संस्थानों की कटौती और फिर कटौती की आवश्यकताओं को पूरा करना है।
- पूँजी बाजार को मोटे तौर पर दो भागों में बाँटा जाता है–गिल्ट एज्ड बाजार और औद्योगिक प्रतिभूति बाजार।
- गिल्ट एज्ड बाजार में रिजर्व बैंक के माध्यम से सरकारी और अर्द्धसरकारी प्रतिभूतियों का क्रय-विक्रय किया जाता है।
- औद्योगिक प्रतिभूति बाजार में पहले से स्थापित औद्योगिक उपक्रमों या नए स्थापित होने वाले उपक्रमों के शेयरों व डिबेन्चरों का क्रय-विक्रय किया जाता है।
- शेयरों व अंशपत्रों का क्रय-विक्रय जिस बाजार में होता है उसे शेयर बाजार कहते हैं। इस प्रकार के क्रय-विक्रय की सुविधा विभिन्न स्टॉक एक्सचेंज उपलब्ध कराते हैं।
- बॉम्बे स्टॉक एक्सचेंज (BSE) एशिया का सबसे पुराना स्टॉक एक्सचेंज है। इसकी स्थापना 1875 में की गई थी।
- **राष्ट्रीय शेयर बाजार (National Stock Exchange):** फेरवानी समिति की अनुशंसा पर राष्ट्रीय शेयर बाजार (NSE) की स्थापना की गई थी।
- NCDEX भारत का पहला कमोडिटी एक्सचेंज है। कुछ अन्य प्रमुख कमोडिटी एक्सचेंज निम्नलिखित हैं–
- मल्टी कमोडिटी एक्सचेंज (मुम्बई)
- नेशनल मल्टी कमोडिटी एक्सचेंज (अहमदाबाद)
- इण्डिया कमोडिटी एक्सचेंज (गुरुग्राम)
- नेशनल स्पॉट एक्सचेंज लिमिटेड (मुम्बई)

विश्व के प्रसिद्ध शेयर बाजारों के प्रमुख शेयर मूल्य सूचकांक

शेयर मूल्य सूचकांक	सम्बन्धित देश
1. सी.एन.एक्स. निफ्टी	भारत (NSE)
2. सेन्सेक्स	भारत (BSE)
3. नैस्डैक	सं.रा. अमेरिका
4. हैंगसैंग	हांगकांग
5. कैक	फ्रांस
6. डैक्स	जर्मनी
7. एफटीएसइ (100)	ब्रिटेन
8. कोस्पी	कोरिया
9. निक्की	जापान
10. स्ट्रेट्स	सिंगापुर
11. शंघाई	चीन
12. सियोल कम्पोजिट	दक्षिण कोरिया
13. सेट	थाइलैंड

14. डो जोन्स	सं.रा. अमेरिका
15. तेन	ताइवान
16. KLSE कम्पोजिट	मलेशिया
17. जकार्ता कम्पोजिट	इण्डोनेशिया

भारतीय प्रतिभूति एवं विनिमय बोर्ड (SEBI)

- सेबी की स्थापना 12 अप्रैल, 1988 को की गई थी परन्तु इसे वैधानिक दर्जा 30 जनवरी, 1992 को दिया गया।
- भारतीय पूँजी बाजार को विनियमित करने का वैधानिक अधिकार सेबी के पास है।
- म्यूचुअल फंड इंडस्ट्री का नियामक भी सेबी है।
- किसी भी स्टॉक एक्सचेंज को मान्यता प्रदान करने का अधिकार सेबी को है।
- सेबी भारतीय पूँजी बाजार में निवेशकों के हितों का संरक्षण करने का कार्य करती है।
- सेबी का प्रबन्ध 6 सदस्यों द्वारा किया जाता है, जिनमें एक चेयरमैन होता है जो केन्द्र सरकार द्वारा नामित होता है।

महत्वपूर्ण आर्थिक शब्दावली

- **रेपो दरः** अल्पकालिक आवश्यकताओं की पूर्ति हेतु जिस ब्याज दर पर कॉमर्शियल बैंक रिजर्व बैंक से नकदी ऋण प्राप्त करते हैं, 'रेपो दर' कहलाता है।
- **बैंक रेटः** जिस सामान्य ब्याज दर पर रिजर्व बैंक द्वारा वाणिज्यिक बैंकों को पैसा उधार दिया जाता है, बैंक दर कहलाता है। इसके माध्यम से रिजर्व बैंक द्वारा साख नियंत्रण/क्रेडिट कन्ट्रोल किया जाता है।
- **रिवर्स रेपो दरः** बैंकों द्वारा अपनी अतिरिक्त राशि को रिजर्व बैंक में जमा करने पर रिवर्स रेपो दर से ब्याज मिलता है।
- **प्राइम लैंडिंग रेट (पी.एल.आर.):** प्राइम लैंडिंग रेट वह ब्याज दर है, जिस पर बैंक उस ग्राहक को जिसके संबंध में जोखिम शून्य है, को ऋण देने को तैयार है। यह दर एक प्रकार से आधारित ब्याज दर के रूप में कार्य करती है।
- **नकद आरक्षित अनुपात (सी.आर.आर.):** नकद आरक्षित अनुपात किसी वाणिज्यिक बैंक में कुल जमा राशि का वह भाग है जिसे रिजर्व बैंक के पास अनिवार्य रूप से जमा करना पड़ता है। इसकी दर जितनी ऊँची होती है बैंकों की साख सृजन क्षमता उतनी ही कम होती है।
- **वैधानिक तरलता अनुपात (एस.एल.आर.):** किसी वाणिज्यिक बैंक में कुल जमा राशि का वह भाग जो नकद स्वर्ण व विदेशी मुद्रा के रूप में उसे अपने पास अनिवार्य रूप से रखना पड़ता है, 'वैधानिक तरलता अनुपात' कहलाता है। बैंकों को वित्तीय संकट का सामना करने हेतु रिजर्व बैंक द्वारा ऐसी व्यवस्था की गयी है।
- **क्रेडिट कार्डः** यह एक प्लास्टिक मुद्रा है। क्रेडिट कार्ड के अन्तर्गत ग्राहक की वित्तीय स्थिति को देखते हुए बैंक उसकी साख की एक राशि निर्धारित कर देती है जिसके अन्तर्गत वह अपने क्रेडिट कार्ड के माध्यम से निर्धारित धनराशि के अन्दर वस्तुओं और सेवाओं को खरीद सकता है। विश्व में प्रचलित क्रेडिट कार्डों में VISA, मास्टर कार्ड, अमेरिकन एक्सप्रेस आदि प्रसिद्ध हैं।
- **डेबिट कार्डः** डेबिट कार्ड भी एक प्रकार की प्लास्टिक मुद्रा है। इसे बैंक कार्ड के नाम से भी जाना जाता है। यह खरीददारी करते समय भुगतान की वैकल्पिक पद्धति प्रदान करता है।
- **किसान क्रेडिट कार्डः** इसे भारतीय रिजर्व बैंक एवं नाबार्ड की योजना के अन्तर्गत 1998 ई॰ में लागू किया गया। किसान इसे बैंक को उपलब्ध कराकर अपनी फसल के लिए आवश्यक ऋण ले सकता है।
- **बजट (Budget):** किसी संस्था या सरकार के एक वर्ष की अनुमानित आय-व्यय का लेखा-जोखा बजट कहलाता है।
- **बूमः** अर्थव्यवस्था में जब आर्थिक क्रियाओं का तेजी से विस्तार होता है तब बूम की स्थिति कही जाती है। यह मंदी अथवा रिसेशन की विपरीत स्थिति है, माँग में वृद्धि के परिणामस्वरूप किसी उद्योग विशेष में भी बूम की स्थिति उत्पन्न हो सकती है।
- **बफर स्टॉकः** आपातकालीन स्थिति में किसी वस्तु की कमी को पूरा करने के लिए वस्तु का तैयार स्टॉक बफर स्टॉक कहलाता है।
- **एटीएम (ATM):** एटीएम स्वचालित टेलर मशीन (Automated Teller Machine) को कहते हैं। यह मशीन 24 घंटे रुपये निकालने तथा जमा करने की सेवा प्रदान करती है।
- **कोर बैंकिंग (Core Banking):** कोर बैंकिंग के द्वारा कुछ ही क्षणों में देश या विदेश के एक से दूसरे भाग में मुद्रा का हस्तांतरण बिना किसी कठिनाई के किया जाता है।
- **IFSC कोडः** यह 'इण्डियन फाइनेंशियल सिस्टम कोड' है जो सामान्यतः 11 अंकों का होता है। इसमें पहले के 4 अक्षरों में बैंक का नाम, एक शून्य तथा अन्तिम 6 अंकों में बैंक ब्रॉन्च से सम्बन्धित विवरण रहता है।
- **NEFT प्रणालीः** इंटरनेट के माध्यम से नेशनल इलेक्ट्रॉनिक फण्ड ट्रान्सफर के द्वारा धनराशि को एक बैंक से उसी तथा

अन्य बैंक के खाते में खाताधारक द्वारा स्वयं ही हस्तान्तरित किया जा सकता है।

- **RTGS प्रणाली:** सामान्यतः धनराशि को खाताधारक द्वारा इण्टरनेट के माध्यम से रियल टाइम ग्रॉस सेटलमैंट विधि से किसी भी खाताधारक के किसी भी बैंक के खाते में त्वरित रूप में भेजा जा सकता है।
- **नेट बैंकिंग:** बैंकिंग की इस प्रणाली में इन्टरनेट के माध्यम से सभी प्रकार के बैंकिंग कार्यों का संचालन किया जाता है। इसमें किसी तरह का भुगतान अपने एकाउण्ट में ऑनलाइन प्राप्त कर सकते हैं तथा दूसरों को भुगतान भी कर सकते हैं। जैसे–मोबाइल का बिल, बिजली का बिल आदि का भुगतान।
- **ब्रिज:** किसी परियोजना या प्रोजेक्ट की अस्थायी वित्त व्यवस्था को ब्रिज ऋण कहते हैं।
- **एग्रोनमिक्स:** यह किसी श्रमिक की कार्यक्षमता एवं उसके द्वारा किए जाने वाले वास्तविक कार्य के मध्य सम्बन्ध का अध्ययन करता है।
- **मन्दी:** मन्दी की स्थिति में वस्तुओं की माँग उसकी आपूर्ति की तुलना में कम हो जाती है। फलस्वरूप कम्पनियाँ उत्पादन कम कर देती हैं तथा अपने कर्मचारियों की छँटनी कर देती है और बेरोजगारी एवं क्रयशक्ति में ह्रास की स्थिति उत्पन्न हो जाती है।
- **जनांकिकी:** किसी देश की जनसंख्या वृद्धि, जनसंख्या का भौगोलिक वितरण, जन्म दर, मृत्यु दर, प्रवजन दर, लिंग, शिक्षा स्तर, आय स्तर इत्यादि का सांख्यिकी माध्यम से अर्थशास्त्र के अन्तर्गत अध्ययन करना ही जनांकिकी कहलाता है।
- **क्रेता बाजार:** क्रेता बाजार में किसी वस्तु की माँग कम तथा आपूर्ति अधिक होती है। यह स्थिति क्रेता को विक्रेता से बेहतर स्थिति में रखती है।
- **विमुद्रीकरण:** जब काला धन अर्थव्यवस्था के लिए खतरा बन जाता है, तो इसे दूर करने के लिए विमुद्रीकरण की विधि अपनाई जाती है। इसके अन्तर्गत सरकार पुरानी मुद्रा को समाप्त कर देती है और नई मुद्रा चालू कर देती है। इस प्रक्रिया में जिनके पास काला धन होता है, वह उसके बदले में नई मुद्रा लेने का साहस नहीं जुटा पाते हैं और काला धन स्वयं ही नष्ट हो जाता है।
- **फ्लोटिंग ऑफ करेन्सी:** इसके अन्तर्गत किसी मुद्रा की विनिमय दर को स्वतंत्र छोड़ दिया जाता है ताकि माँग और पूर्ति की दशाओं के आधार पर वह अपना नया मूल्य स्वयं तय कर सके।
- **अवमूल्यन:** इसमें किसी मुद्रा का विनिमय मूल्य अन्य मुद्राओं की तुलना में जानबूझकर कम कर दिया जाता है। इन परिस्थितियों के अनुसार सरकारें देश में निर्यात को बढ़ावा देने के लिए करती हैं।
- **मुद्रा संकुचन:** जब बाजार में मुद्रा की कमी के कारण कीमतें गिर जाती है, उत्पादन व व्यापार गिर जाता है और बेरोजगारी बढ़ती है, वह अवस्था मुद्रा संकुचन कहलाती है।
- **मुद्रास्फीति:** अर्थव्यवस्था में जब मुद्रा की आपूर्ति बढ़ जाती है तो वह वस्तुओं की माँग को बढ़ा देती है। लेकिन संसाधन सीमित एवं पूर्ण रूप से रोजगारयुक्त होने के कारण वस्तुओं की पूर्ति मुद्रा की पूर्ति के अनुपात में नहीं बढ़ पाती, परिणामस्वरूप वस्तुओं की कीमतें बढ़ जाती है। दूसरे शब्दों में, मुद्रा प्रसार या मुद्रास्फीति वह अवस्था है, जिससे मुद्रा का मूल्य गिर जाता है और कीमतें बढ़ जाती हैं।
- **कार्बन कर:** कार्बन कर की अवधारणा वैश्विक तापन के कारण अवतरित हुई। इसके अन्तर्गत उन ऊर्जा स्रोतों पर कर लगता है जो वायुमंडल में कार्बन-डाइऑक्साइड का उत्सर्जन करते हैं।
- **उपहार कर:** किसी व्यक्ति को उपहार दिए जाने पर जो कर लगाया जाता है, उसे उपहार कर कहते हैं।
- **प्रगामी कर:** यह क्रमबद्ध कर व्यवस्था है जिसमें अधिक आय श्रेणी वाले ऊँची दर पर कर अदा करते हैं अर्थात् आय में वृद्धि के साथ-साथ कर में भी समानुपातिक वृद्धि होती रहती है।
- **दुर्लभ मुद्रा:** अन्तर्राष्ट्रीय व्यापार में अनुकूल संतुलन की स्थिति वाली मुद्रा, जिसको प्राप्त करना कठिन होता है, को 'दुर्लभ मुद्रा' (Hard Currency) कहा जाता है।
- **रिसेशन:** रिसेशन मन्दी की अवस्था है जिसमें वस्तुओं की आपूर्ति की तुलना में उनकी माँग कम हो जाती है।
- **राजस्व घाटा:** कुल राजस्व प्राप्तियों की तुलना में जब कुल राजस्व व्यय अधिक होता है तो इसे राजस्व घाटा कहा जाता है।
- **प्राथमिक घाटा:** जब राजकोषीय घाटे में से ब्याज भुगतान को घटा दिया जाता है तो बचे अवशेष को प्राथमिक घाटा कहते हैं। प्राथमिक घाटा वर्तमान वर्ष के घाटे की माप करता है। इसे शुद्ध राजकोषीय घाटा भी कहते हैं।
- **लॉरेन्ज वक्र:** इस पद्धति के द्वारा लोगों के बीच आय में विषमता को ज्ञात किया जाता है।
- **लैफर वक्र:** यह वक्र कर से राजस्व की प्राप्ति तथा कर दर के बीच सम्बन्ध को व्यक्त करता है। यह वक्र बताता है कि एक सीमा तक कर में कमी या वृद्धि करने से कुल राजस्व में वृद्धि होती है परन्तु जब कर इष्टतम स्तर पर होता है तो उसमें कमी या वृद्धि सरकार के कुल राजस्व में कमी करती है।
- **माँग का नियम:** अन्य बातों के समान रहने पर वस्तु की कीमत तथा माँग के बीच विपरीत सम्बन्ध होते हैं अर्थात् वस्तु की कीमत में कमी वस्तु की माँग में वृद्धि करेगी तथा इसके विपरीत कीमत में वृद्धि वस्तु की माँग में कमी करेगी और यही माँग का नियम है।

- **भुगतान संतुलनः** किसी देश द्वारा अन्य देशों या अन्तर्राष्ट्रीय संस्थाओं के साथ होने वाले लेन-देन में आगत-निर्गत का वह लेखा-जोखा, जो दो खण्डों–चालू खाता और पूँजी खाता में विभाजित होता है, भुगतान संतुलन कहलाता है।
- **कराघातः** जिस व्यक्ति पर सर्वप्रथम कर लगाया जाता है, और जिस पर कर का प्रत्यक्ष मौद्रिक भार पड़ता है तथा सरकार जिससे कर वसूल करती है, उस पर कराघात माना जाता है।
- **ले ऑफः** जब किसी वस्तु की माँग में कमी होने से औद्योगिक संस्थानों द्वारा उत्पादन कम किए जाने के कारण, कर्मचारियों की नौकरी से छँटनी की जाती है तो इसे ले ऑफ कहा जाता है।
- **गैर-निष्पादनकारी परिसम्पत्तियाँः** बैंकों द्वारा प्रदान किए गए ऐसे ऋण और उस पर देय ब्याज जिनका किसी वित्तीय वर्ष में मूलधन का भुगतान 90 दिनों तक रोक लिया जाता है गैर-निष्पादनकारी परिसम्पत्तियाँ मानी जाती हैं।
- **नकद साख (Cash Credit):** इस प्रकार की व्यवस्था के अन्तर्गत बैंक अपने ग्राहकों को ऋण पत्र, व्यापारिक माल अथवा अन्य स्वीकृत प्रतिभूतियों के आधार पर ऋण देते हैं।
- **अधिविकर्ष (Overdraft):** जब कोई व्यावसायिक बैंक अपने ग्राहकों को उसके खाते में जमा रकम से अधिक रकम निकालने की सुविधा देता है तो उसे अधिविकर्ष की सुविधा कहते हैं।
- **सूक्ष्म-वित्तीय संस्थाएँ (Micro Financial Institutions):** छोटे पैमाने पर गरीब जरूरतमंद लोगों को स्वयंसेवी संस्था के माध्यम से कम ब्याज पर साख अथवा ऋण की व्यवस्था करने वाली संस्था को सूक्ष्म-वित्तीय संस्थाएँ कहते हैं।
- **चेक (Cheque):** चेक एक प्रकार का साख पत्र है। यह एक प्रकार का लिखित आदेश है जो बैंक में रुपया जमा करने वाला अपने बैंक को देता है कि उसमें लिखित रकम उसमें लिखित व्यक्ति को दे दी जाए।
- **बैंक ड्राफ्ट (Bank Draft):** बैंक ड्राफ्ट वह पत्र है जो एक बैंक अपनी किसी शाखा या अन्य किसी बैंक को आदेश देता है कि उस पत्र में लिखी हुई रकम उसमें अंकित व्यक्ति को दे दी जाए।
- **यात्री चेकः** यात्रियों की सुविधा के लिए यात्री चेक बैंकों द्वारा जारी किये जाते हैं। कोई भी यात्री बैंक में निश्चित रकम जमा कर देने पर यात्री चेक प्राप्त कर सकता है। यात्री बैंक की किसी भी शाखा में यात्री चेक प्रस्तुत कर मुद्रा प्राप्त कर सकता है।
- **प्रतिज्ञा पत्र (Promissory):** यह एक प्रकार का साख पत्र होता है। इस पत्र में ऋणी की माँग पर या एक निश्चित अवधि के बाद उसमें अंकित रकम ब्याज सहित देने का वादा किया जाता है।
- **आर्बिट्रेजः** विभिन्न मुद्रा विनिमय बाजारों में जब किसी बाजार में मुद्रा का क्रय कम मूल्य पर किया जाए तथा उसे तुरंत दूसरे बाजारों में अधिक कीमतों पर विक्रय कर दिया जाए, तो इस क्रिया को आर्बिट्रेज कहते हैं।
- **एमोर्टाइजेशनः** किसी ऋण के निर्धारित ब्याज का जब पूर्ण भुगतान किया जाता है, तो उसे एमोर्टाइजेशन कहा जाता है।
- **स्टैगफ्लेशनः** यह अर्थव्यवस्था की वह अवस्था है जिसमें मुद्रास्फीति के साथ-साथ मंदी एवं बेरोजगारी की स्थिति होती है।
- **रिफ्लेशनः** आर्थिक मंदी की अवस्था में सरकार द्वारा कुछ ऐसे कदम उठाए जाते हैं जिससे लोगों की क्रयशक्ति में वृद्धि हो ताकि वस्तुओं की माँग बढ़े, इसके परिणामस्वरूप मूल्य स्तर में जो वृद्धि होती है उसे रिफ्लेशन कहा जाता है।
- **ब्लूचिप शेयरः** ब्लूचिप शेयर ऐसी कम्पनियों के शेयर होते हैं जिनका बाजार पूँजीकरण बहुत अधिक होता है और इनके बाजार मूल्यों में अपेक्षाकृत स्थिरता होती है।
- **एक्टिव शेयर (Active Share):** वैसे शेयर जिनका क्रय-विक्रय नियमित रूप से प्रतिदिन शेयर बाजार में होता है एक्टिव शेयर होते हैं।
- **डिफेंसिव शेयरः** इन शेयरों के मूल्यों में भारी उतार-चढ़ाव नहीं होता है। डिफेंसिव शेयरों पर वर्तमान लाभ तथा पूँजीगत लाभ सामान्य दर से बढ़ता है।
- **राइट शेयरः** किसी कंपनी द्वारा जारी नए शेयरों को क्रय करने का पहला अधिकार वर्तमान शेयरधारक का होता है। वर्तमान शेयरधारक के इस अधिकार को पूर्ण क्रय का अधिकार कहा जाता है तथा इस अधिकार के कारण उनको जो शेयर प्राप्त होता है, उसे राइट शेयर कहा जाता है।
- **बोनस शेयरः** जब किसी कम्पनी द्वारा अपने अर्जित लाभों में से रखे नये रिजर्व को शेयर के रूप में वर्तमान शेयरधारकों के मध्य आनुपातिक रूप से बाँट दिया जाता है तो इसे बोनस शेयर कहा जाता है।
- **पूर्वाधिकार शेयर (Preferencial Share):** पूर्वाधिकार शेयरों को कम्पनी द्वारा सर्वप्रथम लाभांश का भुगतान किया जाता है तथा लाभांश की दर निश्चित होती है। इसके अतिरिक्त यदि भविष्य में कंपनी का समापन होता है तो लेनदारों का भुगतान करने के बाद कम्पनी की सम्पत्तियों से वसूली गई राशि में से इस श्रेणी में शेयरधारक को अपनी पूँजी अन्य शेयरधारक की तुलना में पहले प्राप्त करने का अधिकार होता है।

- **कंट्रेरियन शेयरः** ऐसे शेयर बाजार की सामान्य प्रकृति के विपरीत व्यापार करते हैं अर्थात् बाजार में शेयरों के भाव में वृद्धि हो रही है तो इन शेयरों के भाव कम हो जाते हैं और यदि बाजार का रूख गिरावट का है तो इन शेयरों का मूल्य बढ़ जाता है।
- **इनसाइडर ट्रेडिंगः** कम्पनी की गुप्त सूचना के आधार पर अतिरिक्त मुनाफा कमाने के लिए सम्बन्धित कम्पनी के शेयरों में की गई खरीद-बिक्री इनसाइडर ट्रेडिंग कहलाती है।
- **फ्लोटिंग स्टॉकः** किसी कम्पनी की चुकता पूँजी का वह भाग फ्लोटिंग स्टॉक कहलाता है जो शेयर बाजार में क्रय-विक्रय के लिए उपलब्ध रहता है।
- **स्टैगः** स्टैग उन व्यक्तियों को कहा जाता है जो नई कंपनियों के इश्युओं में भारी मात्रा में शेयरों के लिए आवेदन करते हैं।
- **शार्ट सेलिंगः** जब किसी शेयर कारोबारी द्वारा बाजार में उतनी मात्रा में शेयर बेच दिए जाते हैं जितना उसके पास वह शेयर पूर्व से होता नहीं है तब यह प्रक्रिया शार्ट सेलिंग कहलाती है।
- **तेजड़िया और मंदरिया (Bulls and Bears):** यह शेयर कारोबार से संबंधित शब्द हैं। स्टॉक एक्सचेंजों में तेजड़िया उस व्यक्ति को कहा जाता है जो स्टॉक की कीमत बढ़ाना चाहता है तथा मंदरिया उसे जो स्टॉक की कीमत घटाना चाहता है।
- **भागीदारी नोट्सः** विदेशी संस्थागत निवेशकों (FIIs) द्वारा उन निवेशकों को निर्गत किए जाते हैं जो भारतीय पूँजी बाजार में निवेश करना चाहते हैं, किन्तु अपना निबन्धन सेबी के साथ नहीं करना चाहते हैं।

वस्तुनिष्ठ प्रश्नावली

1. मिश्रित अर्थव्यवस्था किसका उल्लेख करती है?
A. भारी, लघु और कुटीर उद्योगों का सहअस्तित्व
B. कृषि के साथ-साथ कुटीर उद्योगों का संवर्द्धन
C. धनी और निर्धन दोनों का सहअस्तित्व
D. सार्वजनिक और निजी क्षेत्र दोनों का सहअस्तित्व

2. आर्थिक विकास के दृष्टिकोण से भारत की गिनती होती है–
A. पिछड़े राष्ट्र के रूप में
B. विकसित राष्ट्र के रूप में
C. विकासशील राष्ट्र के रूप में
D. अर्द्धविकसित राष्ट्र के रूप में

3. भारतीय अर्थव्यवस्था का कौन-सा क्षेत्र सकल राष्ट्रीय उत्पाद में सबसे अधिक योगदान करता है?
A. प्राथमिक क्षेत्र   B. द्वितीयक क्षेत्र
C. तृतीयक क्षेत्र   D. सार्वजनिक क्षेत्र

4. बन्द अर्थव्यवस्था (Closed economy) वह अर्थव्यवस्था है, जिसमें–
A. मुद्रापूर्ति पूर्णतः नियंत्रित होती है
B. घाटे की वित्त व्यवस्था होती है
C. केवल निर्यात होता है
D. न तो निर्यात, न ही आयात होता है

5. कपार्ट (CAPART) का मुख्यालय कहाँ स्थित है?
A. नई दिल्ली   B. मुंबई
C. कोलकाता   D. बेंगलुरु

6. सेल (SAIL) की स्थापना कब की गई थी?
A. 1984 में   B. 1974 में
C. 1990 में   D. 1964 में

7. निम्नलिखित में से कौन-सा मानव विकास सूचकांक का हिस्सा नहीं है?
A. स्वास्थ्य एवं पोषण
B. प्रतिव्यक्ति आय
C. जन्म के समय जीवन प्रत्याशा
D. सकल नाम निवेश दर

8. राज्य स्तरीय मानव विकास रिपोर्ट जारी करने वाला प्रथम राज्य है–
A. केरल   B. मध्य प्रदेश
C. मिजोरम   D. तमिलनाडु

9. प्रधानमंत्री जन आरोग्य योजना अधिकृत तौर पर कब प्रारम्भ हुई?
A. 25 सितम्बर, 2018
B. 1 अप्रैल, 2018
C. 15 अगस्त, 2018
D. 2 अक्टूबर, 2018

10. भारत में प्रच्छन्न बेरोजगारी सामान्यतः दिखती है–
A. कृषि क्षेत्र में   B. फैक्टरी क्षेत्र में
C. सेवा क्षेत्र में   D. इन सभी क्षेत्रों में

11. किसी देश का आर्थिक विकास किस पर निर्भर करता है?
A. प्राकृतिक संसाधन B. पूँजी निर्माण
C. बाजार का आकार D. उपर्युक्त सभी

12. मानव विकास सूचकांक किसने बनाया था?
A. UNCTAD B. ASEAN
C. IBRD D. UNDP

13. तेंदुलकर समिति ने भारत में गरीबी रेखा के नीचे की जनसंख्या का प्रतिशत कितना आकलित किया है?
A. 27.2% B. 37.2%
C. 22.2% D. 32.7%

14. किसी अर्थव्यवस्था में क्षेत्रों को सार्वजनिक और निजी में किस आधार पर वर्गीकृत किया जाता है?
A. कच्ची सामग्रियों का प्रयोग
B. आर्थिक गतिविधियों का स्वरूप
C. उद्यमों का स्वामित्व
D. रोजगार की शर्तें

15. 'ड्रेन का सिद्धान्त' (The Theory of Drain) किसने प्रतिपादित किया था?
A. बाल गंगाधर तिलक B. दादाभाई नौरोजी
C. गोपालकृष्ण गोखले D. गोविन्द राणाडे

16. भारत में राष्ट्रीय आय का आकलन सबसे पहले किसने किया था?
A. महालनोबिस B. दादाभाई नौरोजी
C. वी.के.आर.वी. राव D. सरदार पटेल

17. राष्ट्रीय आय है–
A. बाजार मूल्य पर निबल राष्ट्रीय उत्पाद
B. उत्पादन लागत पर निबल राष्ट्रीय उत्पाद
C. बाजार मूल्य पर निबल देशीय उत्पाद
D. उत्पादन लागत पर निबल देशीय उत्पाद

18. प्रतिव्यक्ति आय निकालने के लिए राष्ट्रीय आय को भाग दिया जाता है–
A. देश की कुल जनसंख्या से
B. कुल कार्यशील जनसंख्या से
C. देश के क्षेत्रफल से
D. प्रयुक्त पूँजी के परिमाण से

19. भारत में राष्ट्रीय आय का आकलन करने के लिए उत्तरदायी सरकारी एजेंसी है–
A. भारतीय सांख्यिकीय संगठन
B. भारतीय रिजर्व बैंक
C. राष्ट्रीय सांख्यिकीय संगठन
D. राष्ट्रीय अनुप्रयुक्त अर्थशास्त्र अनुसंधान परिषद्

20. निम्नलिखित में से आर्थिक विकास की बेहतर माप कौन-सी है?
A. सकल घरेलू उत्पाद B. प्रयोज्य आय
C. निबल राष्ट्रीय उत्पाद D. प्रतिव्यक्ति आय

21. मूल्यह्रास किसके बराबर होता है?
A. सकल राष्ट्रीय उत्पाद – निबल राष्ट्रीय उत्पादन
B. निबल राष्ट्रीय उत्पादन – सकल राष्ट्रीय उत्पादन
C. सकल राष्ट्रीय उत्पाद – वैयक्तिक आय
D. वैयक्तिक आय – वैयक्तिक कर

22. निम्नलिखित में से कौन-सी राष्ट्रीय आय के मापन की विधि नहीं है?
A. मूल्य वर्द्धित विधि B. आय विधि
C. निवेश विधि D. व्यय विधि

23. राष्ट्रीय आय निकालने के लिए NNP में से किसे घटाया जाता है?
A. अप्रत्यक्ष कर B. पूँजी उपभोग छूट
C. इमदाद (Subsidy) D. ब्याज

24. GNP और NNP निकालने के लिए निम्न में से किसे घटाया जाता है?
A. ह्रास B. ब्याज
C. कर D. इमदाद

25. प्रतिव्यक्ति आय–
A. $\frac{\text{निबल राष्ट्रीय उत्पाद}}{\text{कुल जनसंख्या}}$ B. $\frac{\text{कुल जनसख्या}}{\text{राष्ट्रीय आय}}$
C. $\frac{\text{सकल राष्ट्रीय उत्पाद}}{\text{कुल जनसख्या}}$ D. $\frac{\text{राष्ट्रीय आय}}{\text{कुल जनसख्या}}$

26. किसी देश का निबल राष्ट्रीय उत्पाद (NNP) होती है–
A. सकल घरेलू उत्पाद में मूल्य ह्रास भत्ते घटाकर
B. सकल घरेलू उत्पाद में विदेशों से निबल आय जोड़कर
C. सकल घरेलू उत्पाद में विदेशों से निबल आय घटाकर
D. सकल राष्ट्रीय उत्पाद में मूल्य ह्रास भत्ते घटाकर

27. निम्न में से किस क्षेत्र से भारत में सकल घरेलू उत्पाद (GDP) का सबसे बड़ा भाग प्राप्त होता है?
A. कृषि तथा संबंधित क्षेत्रों से
B. रक्षा तथा लोक प्रशासन से
C. सेवा क्षेत्र से
D. विनिर्माण, निर्माण, बिजली तथा गैस से

28. आय विधि से राष्ट्रीय आय का आकलन करते समय निम्नलिखित में से किसको शामिल नहीं किया जाता है?
A. किराया B. मिश्रित आय
C. पेंशन D. अवितरित आय

29. सकल घरेलू उत्पाद इसका मुद्रा मूल्य है–
A. वस्तुओं और सेवाओं के स्टॉक का
B. एक वर्ष में उत्पादित सभी अंतिम वस्तुओं और सेवाओं का
C. केवल बाजार के लिए उत्पादित वस्तुओं का
D. बाजार के लिए और अपने उपयोग के लिए उत्पादित वस्तुओं का

30. व्यय विधि के माध्यम से GNP की गणना में क्या शामिल नहीं किया जाता?
A. सकल घरेलू निजी निवेश
B. निबल विदेशी निवेश
C. मूल्यह्रास व्यय
D. निजी उपभोग व्यय

31. सॉफ्ट करेन्सी से तात्पर्य है–
A. वह मुद्रा जिसकी आपूर्ति मांग की अपेक्षा अधिक हो
B. वह मुद्रा जिसकी आपूर्ति मांग की अपेक्षा कम हो
C. वह मुद्रा जिसकी मांग और आपूर्ति दोनों स्थिर हो
D. उपर्युक्त में से कोई नहीं

32. बाजार के नियम के प्रस्तुतकर्ता थे–
A. जे.बी. से B. रिकार्डो
C. ए.सी. पिगाओ D. माल्थस

33. निम्नलिखित में वह वर्ग कौन है, जिसको मुद्रास्फीति के कारण सबसे अधिक हानि होती है?
A. देनदार
B. लेनदार
C. व्यापारी वर्ग
D. वास्तविक परिसम्पत्तियों के धारक

34. भारत में मुद्रास्फीति मापी जाती है–
A. थोक मूल्य सूचकांक द्वारा
B. शहरी और कामगारों के लिए उपभोक्ता मूल्य सूचकांक द्वारा
C. कृषि श्रमिकों के लिए उपभोक्ता मूल्य सूचकांक द्वारा
D. राष्ट्रीय आय अवस्फीति द्वारा

35. गिल्ट एज्ड बाजार किससे सम्बन्धित है?
A. कटे-फटे पुराने करेंसी नोट
B. सोना-चाँदी/सर्राफा
C. सरकारी प्रतिभूतियाँ
D. निगम ऋण-पत्र

36. भारतीय रिज़र्व बैंक है–
A. वाणिज्यिक बैंक B. केन्द्रीय बैंक
C. सहकारी बैंक D. अग्रणी बैंक

37. आर.बी.आई. का मुख्यालय कहाँ पर स्थित है?
A. दिल्ली B. कोलकाता
C. मुम्बई D. चेन्नई

38. बैंक की नई शाखाएँ खोलने के लाइसेंस किसके द्वारा दिये जाते हैं?
A. वित्त मंत्रालय B. भारतीय बैंक संघ
C. आर.बी.आई. D. राज्यस्तरीय बैंकर समिति

39. भारतीय मुद्रा को पूर्ण परिवर्तनीय बनाया गया–
A. 1992-93 के केन्द्रीय बजट में
B. 1993-94 के केन्द्रीय बजट में
C. 1994-95 के केन्द्रीय बजट में
D. 1995-96 के केन्द्रीय बजट में

40. निम्नलिखित में से कौन मुद्रास्फीति के नियंत्रण की विधि नहीं है?
A. माँग पर नियंत्रण B. मुद्रा की पूर्ति पर नियंत्रण
C. ब्याज दर में कमी D. वस्तुओं की राशनिंग

41. मुद्रास्फीति से बाजार की वस्तुएँ–
A. सस्ती हो जाती हैं B. महँगी हो जाती हैं
C. बिल्कुल नहीं मिलती हैं D. प्रचुरता से मिलती हैं

42. भारतीय रिजर्व बैंक का लेखा वर्ष होता है–
A. अप्रैल-मार्च B. जुलाई-जून
C. अक्टूबर-सितम्बर D. जनवरी-दिसम्बर

43. दुर्गापुर इस्पात संयंत्र किसके सहयोग से बनाया गया था?
A. फ्रांस B. ब्रिटेन
C. अमेरिका D. जापान

44. निम्नलिखित में से एक भारतीय मौद्रिक नीति के बारे में निर्णय लेता है–
A. भारत के वित्त मंत्री B. भारतीय रिजर्व बैंक
C. भारत के प्रधानमंत्री D. अन्तर्राष्ट्रीय मौद्रिक कोष

45. बैंक नोट प्रेस कहाँ स्थित है?
A. नासिक B. देवास
C. नोएडा D. मुम्बई

46. भारत का सबसे बड़ा व्यावसायिक बैंक है–
A. पंजाब नेशनल बैंक B. आईसीआईसीआई बैंक
C. भारतीय स्टेट बैंक D. एचडीएफसी बैंक

47. भारत में सबसे अधिक ईंधन रिजर्व किसका है?
A. तेल B. गैस
C. कोयला D. जल

48. विश्व में आम तथा केले के उत्पादन में किस देश का प्रथम स्थान है?
A. भारत

B. अमेरिका
C. सिंगापुर
D. मलेशिया

49. राष्ट्रीय कृषि एवं ग्रामीण विकास बैंक की स्थापना किस पंचवर्षीय योजनावधि में की गई थी?
A. चौथी पंचवर्षीय योजना B. पाँचवीं पंचवर्षीय योजना
C. छठी पंचवर्षीय योजना D. सातवीं पंचवर्षीय योजना

50. राष्ट्रीय आवास बैंक किसका नियंत्रित उपक्रम है?
A. भारतीय रिजर्व बैंक
B. नाबार्ड
C. भारतीय यूनिट ट्रस्ट
D. भारतीय जीवन बीमा निगम

51. भारतीय लघु उद्योग विकास बैंक (SIDBI) का मुख्यालय कहाँ है?
A. लखनऊ B. मुम्बई
C. दिल्ली D. कोलकाता

52. केन्द्र सरकार द्वारा लाँच की गई प्रधानमंत्री वय वंदना योजना किससे संबंधित योजना है?
A. बैंकिंग B. पेंशन
C. बीमा D. दूरसंचार

53. भारतीय यूनिट ट्रस्ट (U.T.I.) की स्थापना किस वर्ष की गई?
A. 1961 में B. 1962 में
C. 1963 में D. 1964 में

54. भारत की सबसे बड़ी म्यूचुअल फण्ड संस्था है–
A. L.I.C. B. U.T.I.
C. Reliance D. S.B.I.

55. भारतीय जीवन बीमा निगम (L.I.C.) की स्थापना किस वर्ष की गई?
A. 1949 में B. 1956 में
C. 1952 में D. 1964 में

56. भारत में सर्वप्रथम म्यूचुअल फंड किसने प्रारंभ किया?
A. G.I.C. B. Tata Capital
C. U.T.I. D. L.I.C.

57. बीमा नियामक एवं विकास प्राधिकरण (I.R.D.A.) का मुख्यालय कहाँ हैं?
A. नई दिल्ली B. मुम्बई
C. हैदराबाद D. कोलकाता

58. आर.एन. मल्होत्रा समिति किस क्षेत्र में सुधारों से सम्बन्धित थी?
A. कर सुधार B. बीमार उद्योग
C. बीमा क्षेत्र D. चीनी उद्योग

59. भारत में प्रतिभूति बाजार का नियमन करने वाली संस्था कौन है?
A. सेबी B. इरडा
C. भारतीय रिजर्व बैंक D. एन.एस.ई.

60. भारतीय प्रतिभूति एवं विनिमय बोर्ड की स्थापना कब की गई?
A. 1988 में B. 1992 में
C. 1982 में D. 1984 में

61. 'बोवेस्पा' किस देश का स्टॉक एक्सचेंज है?
A. ब्राजील B. इटली
C. चीन D. जापान

62. भारत का सबसे पुराना स्टॉक एक्सचेंज कौन-सा है?
A. नेशनल स्टॉक एक्सचेंज
B. अहमदाबाद स्टॉक एक्सचेंज
C. बॉम्बे स्टॉक एक्सचेंज
D. दिल्ली स्टॉक एक्सचेंज

63. बॉम्बे स्टॉक एक्सचेंज का सूचकांक है–
A. सीएनएक्स निफ्टी B. सेन्सेक्स
C. DOLEX D. नैस्डैक

64. सी.एन.एक्स. निफ्टी किस स्टॉक एक्सचेंज का संवेदी सूचकांक है?
A. बॉम्बे स्टॉक एक्सचेंज
B. नेशनल स्टॉक एक्सचेंज
C. दिल्ली स्टॉक एक्सचेंज
D. अहमदाबाद स्टॉक एक्सचेंज

65. क्रिसिल (CRISIL) है
A. बैंक B. बीमा कम्पनी
C. डिपॉजिटरी D. क्रेडिट रेटिंग

66. 'ऑपरेशन फ्लड' कार्यक्रम का प्रारंभ कब हुआ था?
A. 1951 में B. 1975 में
C. 1970 में D. 1985 में

67. सस्ती मुद्रा का अर्थ है–
A. ब्याज की कम दर B. बचत का निम्न स्तर
C. आय का निम्न स्तर D. निम्न जीवन स्तर

68. भारतीय रिजर्व बैंक की खुला बाजार कार्यवाही का अर्थ है, क्रय और विक्रय–
A. वाणिज्यिक बिलों का B. विदेशी मुद्रा का
C. स्वर्ण का D. सरकारी बॉण्डों का

69. मुद्रा के अवमूल्यन के फलस्वरूप होता है–
A. निर्यात व्यापार का प्रसार
B. आयात व्यापार का संकुचन

C. आयात स्थानापत्ति का प्रसार
D. उपर्युक्त सभी

70. भारतीय रिजर्व बैंक का राष्ट्रीयकरण किया गया था?
A. 1947 में B. 1948 में
C. 1949 में D. 1951 में

71. भारत में कागजी नोट मुद्रा को जारी करने का पूर्ण अधिकार किसके पास है?
A. भारत सरकार B. वित्त आयोग
C. रिजर्व बैंक D. सेन्ट्रल बैंक ऑफ इंडिया

72. भारत में पहला ऋण वसूली न्यायाधिकरण किस शहर में स्थापित किया गया था?
A. दिल्ली B. जयपुर
C. कोलकाता D. बैंगलुरु

73. आई.एम.एफ. (IMF) के अनुसार हर सदस्य को अपनी वैध मुद्रा का सममूल्य घोषित करना होता है अमेरिकी डॉलर के रूप में और–
A. सिल्वर के रूप में
B. स्वर्ण के रूप में
C. पाउण्ड-स्टर्लिंग के रूप में
D. हीरे के रूप में

74. यदि धन (मुद्रा) बहुत अधिक हो और माल अथवा वस्तु बहुत कम हो तो वह स्थिति होती है–
A. अवस्फीति B. मुद्रास्फीति
C. मंदी D. गतिरोध

75. बैंक दर में परिवर्तन से प्रभावित होता है–
A. ब्याज की बाजार दर
B. निवेश के लिए चुनिंदा उद्योग
C. ऋण देने वाले बैंक
D. नकदी आरक्षण अनुपात

76. बैंक दर ब्याज की वह दर है, जिस पर–
A. वाणिज्यिक बैंक जनता से जमा लेते हैं
B. केन्द्रीय बैंक वाणिज्यिक बैंकों को ऋण देते हैं
C. सरकारी ऋण जारी किए जाते हैं
D. वाणिज्यिक बैंक अपने ग्राहकों को ऋण देते हैं

77. जिस विदेशी मुद्रा में शीघ्र देशांतरण की प्रवृत्ति हो, उसे कहते हैं–
A. दुर्लभ मुद्रा B. सुलभ मुद्रा
C. स्वर्ण मुद्रा D. गरम मुद्रा

78. सरकार अर्थोपाय ऋण (Ways and means advances) लेती है–
A. RBI से B. IDBI से
C. SBI से D. ICICI से

79. निम्नलिखित में से किसको वास्तविक मजदूरी (वेतन) का प्रमुख निर्धारक माना जाता है?
A. अतिरिक्त आमदनी B. कार्य की प्रकृति
C. पदोन्नति की संभावना D. मुद्रा की क्रय-शक्ति

80. निम्नलिखित भारतीय बैंकों में से कौन-सा एक राष्ट्रीयकृत बैंक नहीं है?
A. पंजाब नेशनल बैंक B. बैंक ऑफ बड़ौदा
C. फेडरल बैंक D. इंडियन बैंक

81. सहभागित नोट निम्नलिखित में से किस एक से सम्बन्धित है?
A. भारतीय संचित निधि
B. विदेशी संस्थागत निवेशक
C. संयुक्त राष्ट्र विकास कार्यक्रम
D. क्योटो प्रोटोकॉल

82. एमसीएक्स–एसएक्स (MCX-SX) क्या है?
A. एक तरह का सुपर कम्प्यूटर
B. चंद्रमा संबद्ध अन्वेषी का नाम
C. ऑनलाइन स्टॉक एक्सचेंज
D. नाभिकीय शक्तियुक्त पनडुब्बी

83. भारतीय रिजर्व बैंक के द्वारा नकद कोष अनुपात में कमी की जाती है, तो इसका साख सृजन पर प्रभाव होगा–
A. वृद्धि B. कमी
C. कोई प्रभाव नहीं D. कोई अन्य नहीं

84. एक रुपये के नोट पर हस्ताक्षर होते हैं–
A. वित्त मंत्रालय के सचिव के
B. गवर्नर, भारतीय रिजर्व बैंक के
C. वित्त मंत्री के
D. इनमें से किसी के नहीं

85. बैंक दर वह दर है, जिस पर–
A. एक बैंक पब्लिक को उधार देता है
B. RBI पब्लिक को उधार देता है
C. RBI वाणिज्यिक बैंकों को उधार देता है
D. भारत सरकार अन्य देशों को उधार देती है

86. वह कौन-सा बैंक है, जिसने कृषकों के पास पहुँचने के लिए 'किसान क्लब' बनाए हैं?
A. क्षेत्रीय ग्रामीण बैंक B. पंजाब नेशनल बैंक
C. भारतीय स्टेट बैंक D. इलाहाबाद बैंक

87. भारत में रुपए का अवमूल्यन पहली बार जिस वर्ष किया गया था, वह था–
A. 1949 B. 1966
C. 1972 D. 1990

88. नई मुद्रा 'यूरो' किस वर्ष में प्रारंभ की गई?
A. 1996 में B. 1997 में
C. 1998 में D. 1999 में

89. किसी अर्थव्यवस्था में मुद्रा के मूल्य और कीमत स्तर के बीच सम्बन्ध होता है–
A. अनुलोम B. प्रतिलोम
C. समानुपातिक D. स्थिर

90. भारत में सिक्के जारी करने के लिए कौन अधिकृत है?
A. भारतीय रिजर्व बैंक B. वित्त मंत्रालय
C. इण्डियन ओवरसीज बैंक D. भारतीय स्टेट बैंक

91. भारतीय रिजर्व बैंक करेंसी नोट जारी करता है–
A. नियत प्रत्ययी प्रणाली के अंतर्गत
B. अधिकतम प्रत्ययी प्रणाली के अंतर्गत
C. नियत न्यूनतम आरक्षण प्रणाली के अन्तर्गत
D. अनुपाती आरक्षण प्रणाली के अन्तर्गत

92. स्टैगफ्लेशन की स्थिति है–
A. गतिरोध और अवस्फीति की
B. गतिरोध और मंदी की
C. गतिरोध और मुद्रास्फीति की
D. गतिरोध और पुनरूत्थान की

93. किस वर्ष नाबार्ड की स्थापना हुई?
A. 1992 B. 1982
C. 1962 D. 1952

94. मुद्रा आपूर्ति किसके द्वारा नियंत्रित की जाती है?
A. नीति आयोग B. वित्त आयोग
C. आर.बी.आई. D. व्यापारिक बैंक

95. भारत में ग्रामीण अवस्थापना विकास कोष कार्यक्रम को क्रियान्वित करने वाली मुख्य संस्था है–
A. नाबार्ड B. राज्य सहकारी बैंक
C. आर.बी.आई. D. एस.बी.आई.

96. ग्रामीण बैंकों की कार्यकारी समूह की सिफारिशों के फलस्वरूप शुरू में 5 ग्रामीण प्रादेशिक बैंक स्थापित किये गये थे, वर्ष–
A. 1973 में B. 1974 में
C. 1975 में D. 1976 में

97. फेडरल रिजर्व निम्नलिखित में से किस देश का एक वित्तीय संगठन है?
A. यू.एस.ए. B. ब्रिटेन
C. जर्मनी D. ग्रीस

98. भारत में ट्रेजरी बिल बेचे जाते हैं–
A. आर.बी.आई. द्वारा B. राज्य सरकारों द्वारा
C. व्यापारिक बैंकों द्वारा D. सेबी द्वारा

99. निम्नलिखित में कौन माल के आयात हेतु विदेशी विनिमय को स्वीकृति देता है?
A. कोई भी राष्ट्रीयकृत बैंक
B. विनिमय बैंक
C. भारतीय रिजर्व बैंक
D. वित्त मंत्रालय

100. अल्पकालिक सरकारी प्रतिभूति पत्र को क्या कहा जाता है?
A. शेयर B. डिबेंचर
C. म्यूचुअल फंड D. ट्रेजरी बिल

101. भारत में व्यापारिक बैंकों की देनदारी के घटकों में निम्नलिखित में से सबसे महत्वपूर्ण कौन है?
A. सावधि जमा धनराशि B. माँग जमा धनराशि
C. अन्तर बैंक देनदारियाँ D. अन्य उधार

102. मुद्रास्फीति की उच्च दर और बेरोजगारी की उच्च दर की एक साथ उपस्थिति को क्या कहते हैं?
A. गतिरोध B. स्टैग्फ्लेशन
C. चलस्फीति D. अवस्फीति

103. दुर्लभ मुद्रा किसे कहते हैं?
A. ऐसी मुद्रा जो ऋण के बदले चुकायी जाती है
B. ऐसी मुद्रा जो सोने के रूप में हो
C. ऐसी मुद्रा जो आसानी से सुलभ हो
D. ऐसी मुद्रा जो आसानी से सुलभ न हो

104. वाणिज्यिक बैंकों द्वारा भारतीय रिजर्व बैंक के पास रखे हुए सांविधिक न्यूनतम से अधिक रिजर्व कहलाते हैं–
A. नकदी रिजर्व B. जमा रिजर्व
C. बेसिक रिजर्व D. क्षणिक रिजर्व

105. किसी अर्थव्यवस्था में निम्न में से कौन-सा ऐसा कार्य है, जो केन्द्रीय बैंक के कार्यों में शामिल नहीं है?
A. विदेशी मुद्रा विनिमय का कार्य
B. मौद्रिक नीति पर नियंत्रण
C. सरकारी खर्च पर नियंत्रण
D. बैंकर का बैंक के रूप में कार्य

106. निम्नलिखित में से कौन-सी मुद्रा/मुद्राएँ कृत्रिम समझी जाती हैं?
A. ADR B. GDR
C. SDR D. AAR व SCR दोनों

107. भारत में सभी राष्ट्रीयकृत बैंकों में बचत खातों पर दी जाने वाली ब्याज दर किसके द्वारा निर्धारित की जाती है?
A. केन्द्रीय वित्त मंत्रालय B. केन्द्रीय वित्त आयोग
C. भारतीय बैंक संघ D. इनमें से कोई नहीं

108. आर्थिक विकास सामान्यतः युग्मित होता है–
A. अवस्फीति के साथ B. स्फीति के साथ
C. स्टैगफ्लेशन के साथ D. अतिस्फीति के साथ

109. भारतीय रिजर्व बैंक की बैंक दर कम करने के फलस्वरूप–
A. बाजार की तरलता बढ़ जाती है
B. बाजार की तरलता घट जाती है
C. बाजार की तरलता पर कोई प्रभाव नहीं पड़ता है
D. वाणिज्यिक बैंक अधिक जमा पूँजी संगृहीत कर लेते हैं

110. निम्नलिखित में से कौन-सी वाणिज्यिक शब्दावली उस क्रियाविधि को इंगित करती है जिसके माध्यम से वाणिज्यिक बैंक सरकार को उधार देता है?
A. नकदी रिजर्व अनुपात (CRR)
B. ऋण सेवा दायित्व (DSO)
C. तरलता समायोजन सुविधा
D. सांविधिक तरलता अनुपात (SLR)

111. जब भारतीय रिजर्व बैंक नकदी रिजर्व अनुपात (CRR) में वृद्धि की घोषणा करता है, तो उसका तात्पर्य क्या है?
A. वाणिज्यिक बैंकों के पास उधार देने के लिए कम मुद्रा होगी
B. भारतीय रिजर्व बैंक के पास उधार देने के लिए मुद्रा होगी
C. केन्द्र सरकार के पास उधार देने के लिए कम मुद्रा होगी
D. वाणिज्यिक बैंकों के पास उधार देने के लिए अपेक्षाकृत अधिक मुद्रा होगी

112. इनसाइडर ट्रेडिंग सम्बन्धित है–
A. सार्वजनिक व्यय से   B. करारोपण से
C. शेयर बाजार से   D. हवाला से

113. निम्नलिखित में से कौन-सा वैकल्पिक धन का उदाहरण है?
A. करेंसी नोट   B. सिक्के
C. चेक   D. बॉण्ड

114. भारत में निम्नलिखित में से कौन-सा वायदा बाजार आयोग द्वारा विनियमित होता है?
A. मुद्रा फ्यूचर्स व्यापार
B. जिंस फ्यूचर्स व्यापार
C. इक्विटी फ्यूचर्स व्यापार
D. जिंस फ्यूचर्स एवं इक्विटी फ्यूचर्स व्यापार दोनों

115. सेंट्रल बैंक (केन्द्रीय बैंक) के परिमाणात्मक उधार नियंत्रण उपाय में निम्नलिखित में से क्या शामिल नहीं है?
A. बैंक दर नीति   B. खुला बाजार प्रचलन
C. नकदी रिजर्व अनुपात   D. नैतिक दबाव

116. सरकारी विमानन कंपनी एयर इंडिया का निम्नलिखित में से किसके द्वारा अधिग्रहण कर लिया गया है?
A. रिलायंस   B. टाटा
C. गोयनका   D. भारती

117. भारत में वर्तमान मुद्रा प्रणाली का प्रबंधकर्ता है–
A. केन्द्रीय वित्त मंत्रालय   B. भारतीय रिजर्व बैंक
C. राष्ट्रीयकृत बैंक   D. सेबी

118. निम्नलिखित में से कौन-सी समिति बैंकिंग क्षेत्र में सुधारों से सम्बन्धित है?
A. एल.सी. गुप्ता   B. नरसिम्हन
C. चक्रवर्ती   D. केलकर

119. भारत में मौद्रिक नीति किसके द्वारा बनायी और लागू की जाती है?
A. केन्द्र सरकार
B. एसोचैम
C. भारतीय रिजर्व बैंक
D. फिक्की

120. केन्द्र सरकार का पहला डिजिटल बजट किस वर्ष लोकसभा में पेश किया गया?
A. 2019–20   B. 2020–21
C. 2021–22   D. 2022–23

121. भारत में विदेशी विनिमय संचय का रख-रखाव किसके द्वारा किया जाता है?
A. भारतीय रिजर्व बैंक
B. भारतीय स्टेट बैंक
C. वित्त मंत्रालय, भारत सरकार द्वारा
D. भारतीय आयात-निर्यात बैंक द्वारा

122. निम्नलिखित में से कौन-सी संस्था भारत में कृषि एवं ग्रामीण विकास के लिए ऋण से सम्बन्धित कार्य करती है?
A. IDBI   B. NABARD
C. SIDBI   D. ICICI

123. निम्नलिखित में से किस पद का सम्बन्ध RBI के कार्य से नहीं है?
A. खुला बाजार परिचालन
B. आरक्षित नकदी निधि अनुपात
C. SENSEX
D. चलनिधि समायोजन सुविधा

124. बैंकों की निम्नलिखित में से कौन-सी सेवा/उत्पाद विशेषतः छात्रों की सहायता के लिए तैयार किया गया है?
A. वैयक्तिक ऋण   B. कॉर्पोरेट ऋण
C. शिक्षा ऋण   D. कारोबार ऋण

125. भारत में बैंकों का पहली बार राष्ट्रीयकरण कब हुआ था?
A. 1950 में   B. 1960 में
C. 1969 में   D. 1979 में

126. विशेष आर्थिक क्षेत्र की अवधारणा सबसे पहले कहाँ शुरू की गई थी?

A. चीन में　　B. भारत में
C. जापान में　　D. पाकिस्तान में

127. भारत में वस्तुओं को पेटेंट कितने वर्षों की अवधि के लिए जारी किया जाता है

A. 10　　B. 15
C. 20　　D. 25

128. देश में जीएसटी का प्रावधान किस संविधान संशोधन अधिनियम के तहत किया गया है?

A. 115 वाँ　　B. 122 वाँ
C. 101 वाँ　　D. 123 वाँ

129. केन्द्र सरकार की नई 'स्टैण्ड अप इंडिया' योजना निम्नलिखित में से किस वर्ग के लाभार्थ है?

A. अनु. जाति　　B. अनु. जनजाति
C. महिलाएं　　D. इनमें से सभी के

130. निम्नलिखित में से कौन-सा स्टील संयंत्र भारत में 1965 में प. जर्मनी के सहयोग से शुरू हुआ था?

A. जमशेदपुर टाटा स्टील संयंत्र
B. राउरकेला स्टील संयंत्र
C. दुर्गापुर स्टील संयंत्र
D. बोकारो स्टील संयंत्र

131. एग्मार्क किसके मानक की गारंटी है?

A. गुणवत्ता　　B. मात्रा
C. वजन　　D. आकार

132. भारत में थोक मूल्य सूचकांक का आधार वर्ष अब क्या है?

A. 2004-05　　B. 2011-12
C. 2009-10　　D. 2010-11

133. भारत में रासायनिक उर्वरकों के दो बड़े उपभोक्ता हैं–

A. आंध्र प्रदेश एवं महाराष्ट्र
B. पंजाब एवं हरियाणा
C. पंजाब एवं उत्तर प्रदेश
D. उत्तर प्रदेश एवं आंध्र प्रदेश

134. शर्करा फैक्ट्रियों की अधिकतम संख्या कहाँ पर है?

A. उत्तर प्रदेश　　B. बिहार
C. तमिलनाडु　　D. असम

135. भारत में पूँजी प्रधान उद्योग का सर्वोत्तम उदाहरण है–

A. वस्त्र उद्योग
B. इस्पात उद्योग
C. पर्यटन उद्योग
D. खेलकूद के सामान का उद्योग

136. बहुराष्ट्रीय कंपनी से क्या तात्पर्य है?

A. ऐसा व्यक्ति जो कई देशों में जा चुका हो
B. ऐसी कंपनी जो कई देशों में अपना कार्य संचालन करती है
C. ऐसा व्यक्ति जिसके पास कई देशों की नागरिकता है
D. विकासशील देशों की सहायता के लिए स्थापित संगठन

137. 16वें वित्त आयोग के अध्यक्ष कौन हैं?

A. डॉ. अरविन्द पनगढ़िया
B. वाई.वी. रेड्डी
C. डॉ. राजीव कुमार
D. नितिन गुप्ता

138. निम्नलिखित में से कौन-सी एक भारत की सबसे बड़ी सॉफ्टवेयर कंपनी है?

A. इन्फोसिस　　B. टी.सी.एस.
C. विप्रो　　D. एच.सी.एल. टेक

139. इस समय भारत का सबसे बड़ा तेलशोधक कारखाना निम्न में से कौन-सा है?

A. रिलायंस, जामनगर रिफाइनरी
B. IOC, मथुरा
C. HPCL, विशाखापत्तनम
D. BPCL, मुम्बई

140. भारत के किस राज्य को 'चीनी का कटोरा' कहा जाता है?

A. उत्तर प्रदेश　　B. पंजाब
C. आंध्र प्रदेश　　D. बिहार

141. भारत में मिल निर्मित कपड़े का सर्वाधिक उत्पादन प्राप्त होता है–

A. मध्य प्रदेश से　　B. गुजरात से
C. महाराष्ट्र से　　D. पंजाब से

142. नवरत्न स्टेटस सम्बन्धित है–

A. संयुक्त उद्यम कंपनी से　　B. निजी कंपनी से
C. सार्वजनिक कंपनी से　　D. पावर सेक्टर कम्पनी से

143. भारत निर्माण योजना का सम्बन्ध है–

A. अवस्थापन विकास से
B. खाद्यान्न उत्पादन आत्मनिर्भरता से
C. परिवार कल्याण कार्यक्रम से
D. उपर्युक्त में से कोई नहीं

144. निम्नलिखित में से किसकी दृष्टि से भारतीय अर्थव्यवस्था में कुटीर तथा लघु उद्योग आवश्यक है?

A. आय सृजन　　B. बड़े पैमाने पर उत्पादन
C. अल्प लागत प्रौद्योगिकी　　D. रोजगार सृजन

145. निम्नलिखित में से उत्पादन का सर्वाधिक गतिशील कारक कौन-सा है?

A. भूमि B. श्रम

C. पूँजी D. संगठन

146. निम्नलिखित में से कौन-सा भारतीय अर्थव्यवस्था का प्रमुख लक्षण है?

A. पूँजीवादी अर्थव्यवस्था B. समाजवादी अर्थव्यवस्था

C. मिश्रित अर्थव्यवस्था D. उपर्युक्त में से कोई नहीं

147. विश्व बैंक से आशय है–

A. IBRD

B. IBRD & IDA

C. IBRD, IDA, IFC & MIGA

D. IBRD, IDA, IFC, MIGA & ICSID

148. भारत में श्वेत क्रांति के जनक माने जाते हैं–

A. डॉ. वी. कुरियन B. श्री एस.एच. राव

C. श्री एस.के. भारद्वाज D. श्री मोरारजी देसाई

149. भारत में हरित क्रांति का जनक किसे माना जाता है?

A. नॉर्मन अर्नेस्ट बॉरलोग B. एम.एस. स्वामीनाथन

C. जे.एस. थॉमसन D. इनमें से कोई नहीं

150. ऑपरेशन फ्लड किस कार्य से सम्बन्धित है?

A. दुग्ध उत्पादन B. गेहूँ उत्पादन

C. बाढ़ नियंत्रण D. जल संचयन

उत्तरमाला

1	**2**	**3**	**4**	**5**	**6**	**7**	**8**	**9**	**10**
D	C	C	D	A	B	A	B	A	A
11	**12**	**13**	**14**	**15**	**16**	**17**	**18**	**19**	**20**
D	D	B	C	B	B	B	A	C	D
21	**22**	**23**	**24**	**25**	**26**	**27**	**28**	**29**	**30**
A	C	A	A	C	D	C	D	B	C
31	**32**	**33**	**34**	**35**	**36**	**37**	**38**	**39**	**40**
A	A	B	A	B	B	C	C	B	C
41	**42**	**43**	**44**	**45**	**46**	**47**	**48**	**49**	**50**
B	B	B	B	B	C	C	A	C	A
51	**52**	**53**	**54**	**55**	**56**	**57**	**58**	**59**	**60**
A	B	D	B	B	C	C	C	A	A
61	**62**	**63**	**64**	**65**	**66**	**67**	**68**	**69**	**70**
A	C	B	B	B	C	A	D	D	C
71	**72**	**73**	**74**	**75**	**76**	**77**	**78**	**79**	**80**
C	C	C	B	A	B	D	A	D	C
81	**82**	**83**	**84**	**85**	**86**	**87**	**88**	**89**	**90**
B	C	A	A	C	A	A	D	B	B
91	**92**	**93**	**94**	**95**	**96**	**97**	**98**	**99**	**100**
C	C	B	C	A	C	A	A	C	D
101	**102**	**103**	**104**	**105**	**106**	**107**	**108**	**109**	**110**
A	B	D	A	C	C	D	B	A	D
111	**112**	**113**	**114**	**115**	**116**	**117**	**118**	**119**	**120**
A	C	C	B	D	B	B	B	C	C
121	**122**	**123**	**124**	**125**	**126**	**127**	**128**	**129**	**130**
A	B	A	C	C	A	C	C	D	B
131	**132**	**133**	**134**	**135**	**136**	**137**	**138**	**139**	**140**
A	B	B	A	B	B	A	B	A	A
141	**142**	**143**	**144**	**145**	**146**	**147**	**148**	**149**	**150**
B	C	A	D	C	C	D	A	B	A

☆☆☆☆☆☆

भारतीय राजव्यवस्था

भारत का संविधान

- संविधान का निर्माण भारतीय जनता द्वारा चुने गए प्रतिनिधियों की संविधान सभा द्वारा किया गया।
- संविधान सभा का प्रथम अधिवेशन 9 दिसम्बर, 1946 को दिल्ली में हुआ जिसकी अध्यक्षता डॉ. सच्चिदानंद सिन्हा ने की थी।
- 11 दिसम्बर, 1946 को डॉ. राजेन्द्र प्रसाद को संविधान सभा का स्थायी अध्यक्ष नियुक्त किया गया।
- डॉ. भीमराव अम्बेडकर की अध्यक्षता में सात सदस्यों वाली प्रारूप समिति ने संविधान का अन्तिम रूप से निर्माण किया।
- 26 नवम्बर, 1949 को संविधान अंगीकृत किया गया तथा 26 जनवरी, 1950 से इसे सम्पूर्ण भारत में लागू किया गया। इसी कारण 26 जनवरी को गणतंत्र दिवस मनाया जाता है।
- 26 नवम्बर, 1949 को पारित भारतीय संविधान में 22 भाग, 395 अनुच्छेद तथा 8 अनुसूचियां थी।
- भारतीय संविधान का लगभग दो-तिहाई भाग 'भारत शासन अधिनियम 1935' से लिया गया था।
- संविधान की प्रस्तावना को संविधान की कुंजी कहा जाता है।
- संविधान के 42वें संशोधन अधिनियम 1976 के द्वारा इसमें 'पन्थ निरपेक्ष' तथा 'समाजवादी' एवं 'अखंडता' शब्द जोड़े गए।
- भारतीय संविधान के निर्माण में विभिन्न देशों के संविधान से उनके महत्वपूर्ण तत्व समावेशित किए गए थे।

भारतीय संविधान में विदेशी तत्व

राष्ट्र	*विविध स्रोत*
• संयुक्त राज्य अमेरिका	मौलिक अधिकार, न्यायिक पुनर्विलोकन, संविधान की सर्वोच्चता, न्यायपालिका की स्वतंत्रता, निर्वाचित राष्ट्रपति एवं उस पर महाभियोग, उपराष्ट्रपति का पद, उच्चतम एवं उच्च न्यायालयों के न्यायाधीशों को हटाने की विधि एवं वित्तीय आपात।
• ब्रिटेन	संसदीय शासन प्रणाली; एकल नागरिकता व विधि निर्माण प्रक्रिया।
• आयरलैंड	नीति निर्देशक तत्व, राष्ट्रपति के निर्वाचक मंडल की व्यवस्था, आपातकालीन उपबंध।
• ऑस्ट्रेलिया	प्रस्तावना की भाषा, समवर्ती सूची का प्रावधान, केन्द्र व राज्यों के बीच संबंध तथा शक्तियों का विभाजन।
• सोवियत संघ (रूस)	मौलिक कर्त्तव्य।
• जापान	विधि द्वारा स्थापित प्रक्रिया।
• फ्रांस	गणतंत्रात्मक शासन पद्धति।
• कनाडा	संघात्मक शासन व्यवस्था एवं अवशिष्ट शक्तियों का केन्द्र के पास होना।
• द॰ अफ्रीका	संविधान संशोधन की प्रक्रिया का प्रावधान।
• जर्मनी	आपातकाल के प्रवर्तन के दौरान राष्ट्रपति को मौलिक अधिकारों से संबंधित शक्तियां।

भारतीय संविधान की अनुसूचियाँ

- **पहली अनुसूचीः** इसमें भारतीय संघ के घटक राज्यों एवं संघ शासित क्षेत्रों का उल्लेख है।
- **दूसरी अनुसूचीः** इसमें भारतीय राजव्यवस्था के विभिन्न पदाधिकारियों को प्राप्त होने वाले वेतन, भत्ते और पेन्शन आदि का उल्लेख है।
- **तीसरी अनुसूचीः** इसमें विभिन्न पदाधिकारियों द्वारा पद-ग्रहण के समय लिये जाने वाले शपथ का उल्लेख है।

- **चौथी अनुसूचीः** इसमें विभिन्न राज्यों तथा संघीय क्षेत्रों की राज्य सभा में प्रतिनिधित्व का विवरण दिया गया है।
- **पाँचवीं अनुसूचीः** इसमें विभिन्न अनुसूचित क्षेत्रों और अनुसूचित जनजाति के प्रशासन और नियंत्रण के बारे में उल्लेख है।
- **छठी अनुसूचीः** इसमें असम, मेघालय, त्रिपुरा और मिजोरम राज्यों के जनजाति क्षेत्रों के प्रशासन का प्रावधान है।
- **सातवीं अनुसूचीः** इसमें केन्द्र और राज्यों के बीच शक्तियों के बँटवारे के बारे में उल्लेख है। इसके अन्तर्गत तीन सूचियाँ हैं—संघ सूची, राज्य सूची और समवर्ती सूची।
- **आठवीं अनुसूचीः** इसमें भारत की 22 भाषाओं का उल्लेख है।
- **नौवीं अनुसूचीः** संविधान में यह अनुसूची प्रथम संविधान संशोधन अधिनियम, 1951 द्वारा जोड़ी गई। इसके अन्तर्गत राज्य द्वारा सम्पत्ति के अधिग्रहण की विधियों का उल्लेख है।
- **दसवीं अनुसूचीः** यह संविधान में 52वें संशोधन (1985), द्वारा जोड़ी गई। इसमें दल-बदल से सम्बन्धित प्रावधानों का उल्लेख है।
- **ग्यारहवीं अनुसूचीः** यह अनुसूची 73वें संवैधानिक संशोधन (1993) द्वारा जोड़ी गई। इसमें पंचायती राज संस्थाओं को कार्य करने के लिए 29 विषय प्रदान किए गए हैं।
- **बारहवीं अनुसूचीः** यह अनुसूची 74वें संवैधानिक संशोधन (1993) द्वारा जोड़ी गई। इसमें शहरी क्षेत्र की स्थानीय स्वशासन संस्थाओं को कार्य करने के लिए 18 विषय दिए गए हैं।

भारतीय संविधान के कुछ महत्वपूर्ण अनुच्छेद

अनुच्छेद	प्रावधान
अनुच्छेद 1	संघ का नाम और उसका राज्य क्षेत्र
अनुच्छेद 2	नये राज्यों का प्रवेश व स्थापना
अनुच्छेद 3	नये राज्यों का निर्माण और वर्तमान राज्यों के क्षेत्रों, सीमाओं और नामों में परिवर्तन
अनुच्छेद 5-11	नागरिकता के प्रावधान
अनुच्छेद 12-35	मौलिक अधिकारों का प्रावधान
अनुच्छेद 36-51	राज्य के नीति-निदेशक तत्व
अनुच्छेद 51(क)	मौलिक कर्त्तव्य
अनुच्छेद 52-73	भारत के राष्ट्रपति एवं उपराष्ट्रपति
अनुच्छेद 74-75	मंत्रिपरिषद् की व्यवस्था एवं उसके कार्य
अनुच्छेद 76	भारत का महान्यायवादी
अनुच्छेद 79	संसद का गठन
अनुच्छेद 80	राज्य सभा की संरचना
अनुच्छेद 81	लोक सभा की संरचना
अनुच्छेद 89	राज्य सभा का सभापति एवं उपसभापति
अनुच्छेद 93	लोक सभा का अध्यक्ष एवं उपाध्यक्ष
अनुच्छेद 108	कुछ दशाओं में दोनों सदनों की संयुक्त बैठक
अनुच्छेद 109	धन विधेयक के सम्बन्ध में विशेष प्रक्रिया
अनुच्छेद 110	धन विधेयक की परिभाषा
अनुच्छेद 112	वार्षिक वित्तीय विवरण

अनुच्छेद	प्रावधान
अनुच्छेद 124	उच्चतम न्यायालय की स्थापना और गठन
अनुच्छेद 143	उच्चतम न्यायालय से परामर्श करने की राष्ट्रपति की शक्ति
अनुच्छेद 148	भारत का नियंत्रक महालेखा परीक्षक
अनुच्छेद 149	नियंत्रक एवं महालेखा परीक्षक के कर्त्तव्य और शक्तियाँ
अनुच्छेद 153-162	राज्यपाल की नियुक्ति व अधिकार
अनुच्छेद 163-164	राज्य की मंत्रिपरिषद्
अनुच्छेद 165	राज्य का महाधिवक्ता
अनुच्छेद 168-177	राज्य का विधानमंडल
अनुच्छेद 178-187	राज्य विधानमंडल के अधिकारी
अनुच्छेद 188-193	राज्य विधानमंडल का कार्य संचालन
अनुच्छेद 216	उच्च न्यायालय का गठन
अनुच्छेद 226	कुछ रिट निकालने की उच्च न्यायालय की शक्ति
अनुच्छेद 233	जिला न्यायाधीशों की नियुक्ति
अनुच्छेद 239-241	संघ राज्य क्षेत्र
अनुच्छेद 243-243(ण)	पंचायती राज का गठन व इसके अन्य उपबन्ध
अनुच्छेद 243(त) से 243(य, छ)	नगरपालिकाएँ व इसके अन्य उपबंध

अनुच्छेद	प्रावधान
• अनुच्छेद 248	अवशिष्ट विधायी शक्तियां
• अनुच्छेद 249	राज्य की सूची के विषयों के संबंध में राष्ट्रीय हित में विधि बनाने की संसद की शक्ति
• अनुच्छेद 250	यदि आपात की उद्‌घोषणा प्रवर्तन में हो तो राज्यसूची के विषय के संबंध में विधि बनाने की संसद की शक्ति
• अनुच्छेद 253	अन्तर्राष्ट्रीय करारों को प्रभावी करने के लिए विधान
• अनुच्छेद 262	अन्तर्राज्यिक नदियों या नदी के जल संबंधी विवादों का न्यायनिर्णयन
• अनुच्छेद 263	अन्तर्राज्य परिषद् के संबंध में उपबंध
• अनुच्छेद 266	भारत और राज्यों की संचित निधियां और लोक लेखा
• अनुच्छेद 267	आकस्मिक निधि
• अनुच्छेद 280	वित्त आयोग का गठन
• अनुच्छेद 300(क)	विधि के प्राधिकार के बिना व्यक्तियों को सम्पत्ति से वंचित न किया जाना
• अनुच्छेद 312	अखिल भारतीय सेवाएं
• अनुच्छेद 315	संघ और राज्यों के लिए लोक सेवा आयोग
• अनुच्छेद 324	भारत का निर्वाचन आयोग
• अनुच्छेद 326	लोक सभा और राज्यों की विधान सभाओं के लिए निर्वाचन में वयस्क मताधिकार का होना
• अनुच्छेद 330	लोक सभा में अनुसूचित जातियों और जनजातियों के लिए स्थानों का आरक्षण
• अनुच्छेद 331	लोक सभा में आंग्ल-भारतीय समुदाय का प्रतिनिधित्व
• अनुच्छेद 332	राज्यों की विधान सभा में अनुसूचित जातियों और अनुसूचित जनजातियों के लिए स्थानों का आरक्षण
• अनुच्छेद 333	राज्य की विधानसभाओं में आंग्ल- भारतीय समुदाय का प्रतिनिधित्व
• अनुच्छेद 343	संघ की भाषा
• अनुच्छेद 344	राजभाषा के संबंध में आयोग और संसद की समिति
• अनुच्छेद 348	उच्चतम न्यायालय और उच्च न्यायालयों में और अधिनियमों, विधेयकों आदि के लिए प्रयोग की जाने वाली भाषा
• अनुच्छेद 350 (क)	प्राथमिक स्तर पर मातृभाषा में शिक्षा की सुविधाएं
• अनुच्छेद 351	हिन्दी भाषा के विकास के लिए निर्देश
• अनुच्छेद 352	आपात की उद्‌घोषणा
• अनुच्छेद 356	राज्यों में सांविधिक तंत्र के विफल हो जाने की दशा में उपबंध
• अनुच्छेद 358	आपात के दौरान अनुच्छेद 19 के उपबंधों का निलंबन
• अनुच्छेद 360	वित्तीय आपात के बारे में उपबंध
• अनुच्छेद 368	संविधान का संशोधन करने की संसद की शक्ति और उसके लिए प्रक्रिया

नागरिकता (भाग-2, अनुच्छेद 5 से 11)

- भारत में एकल नागरिकता का प्रावधान किया गया है।
- भारतीय नागरिकता अधिनियम, 1955 के अनुसार निम्नलिखित में से किसी एक आधार पर नागरिकता प्राप्त की जा सकती है–
  1. **जन्मजातः** इसके अन्तर्गत 26 जनवरी, 1950 तथा उसके बाद भारत में जन्म लेने वाला व्यक्ति भारत का जन्मजात नागरिक होगा। इस नियम के दो अपवाद हैं– प्रथम, विदेशी राजनयिकों के भारत में जन्मे बच्चे। द्वितीय, शत्रुओं के अधीन भारत के किसी भाग में उत्पन्न बच्चे।
  2. **वंशानुगतः** 26 जनवरी, 1950 तथा उसके उपरान्त भारत के बाहर जन्म लेने वाला बच्चा वंशानुक्रम से भारत का ही नागरिक कहलाएगा, यदि उसके जन्म के समय उसका पिता भारत का नागरिक हो।
  3. **देशीयकरण द्वाराः** भारत सरकार से देशीयकरण का प्रमाण-पत्र प्राप्त कर भारत की नागरिकता प्राप्त की जा सकती है।
  4. **पंजीकरण द्वाराः** पंजीकरण के द्वारा भारत की नागरिकता प्राप्त की जा सकती है।
  5. **भूमि विस्तार द्वाराः** राज्य भू-भाग का अगर विस्तार होता है तब उस अधिगृहीत क्षेत्र के निवासियों को भारत की नागरिकता मिल जाती है।

मौलिक अधिकार (भाग-3, अनुच्छेद 12 से 35 तक)

- जब संविधान का प्रवर्तन किया गया, उस समय मूल अधिकारों की संख्या 7 थी। लेकिन 44वें संविधान संशोधन, 1976 के द्वारा सम्पत्ति के मूल अधिकार को समाप्त करके इस अधिकार को विधिक अधिकार बना दिया गया।
- भारतीय नागरिकों को निम्नलिखित छः प्रकार के मौलिक अधिकार प्राप्त हैं–

1. समता का अधिकार

- **अनुच्छेद 14:** विधि के समक्ष समता का अधिकार।
- **अनुच्छेद 15:** धर्म, नस्ल, जाति, लिंग या जन्म-स्थान के आधार पर भेदभाव का निषेध।
- **अनुच्छेद 16:** लोक नियोजन के विषय में अवसर की समता।
- **अनुच्छेद 17:** अस्पृश्यता का अंत।
- **अनुच्छेद 18:** उपाधियों का अंत।

2. स्वतंत्रता का अधिकार

- **अनुच्छेद 19:** संविधान में छः प्रकार की स्वतंत्रता का अधिकार है–
  - *(i)* बोलने की स्वतंत्रता,
  - *(ii)* शांतिपूर्वक बिना हथियारों के एकत्रित होने और सभा करने की स्वतंत्रता,
  - *(iii)* संघ बनाने की स्वतंत्रता,
  - *(iv)* देश के किसी भी क्षेत्र में आवागमन की स्वतंत्रता,
  - *(v)* देश के किसी भी क्षेत्र में निवास करने और बसने की स्वतंत्रता,
  - *(vi)* सम्पत्ति का अधिकार।
- **अनुच्छेद 20:** अपराधों के लिए दोष-सिद्धि के संबंध में संरक्षण।
- **अनुच्छेद 21:** प्राण एवं दैहिक स्वतंत्रता का संरक्षण।
- **अनुच्छेद 21 (क):** राज्य 6 से 14 वर्ष की आयु के समस्त बच्चों को इस ढंग से जैसा कि राज्य, विधि द्वारा अवधारित करें, निःशुल्क तथा अनिवार्य शिक्षा उपलब्ध करेगा। (86वाँ संशोधन-2002 के द्वारा।)
- **अनुच्छेद 22:** कुछ दशाओं में गिरफ्तारी और निरोध में संरक्षण।

3. शोषण के विरूद्ध अधिकार

- **अनुच्छेद 23:** मानव के दुर्व्यापार और बलात् श्रम का प्रतिषेध।
- **अनुच्छेद 24:** बालकों के नियोजन का प्रतिषेध।

4. धार्मिक स्वतंत्रता का अधिकार

- **अनुच्छेद 25:** अंतःकरण की और धर्म के अबाध रूप से मानने, आचरण और प्रचार करने की स्वतंत्रता।
- **अनुच्छेद 26:** धार्मिक कार्यों के प्रबंध की स्वतंत्रता।
- **अनुच्छेद 27:** राज्य किसी भी व्यक्ति को ऐसे कर देने के लिए बाध्य नहीं कर सकता है, जिसकी आय किसी विशेष धर्म अथवा धार्मिक सम्प्रदाय की उन्नति या पोषण में व्यय करने के लिए विशेष रूप से निश्चित कर दी गई है।
- **अनुच्छेद 28:** राज्य-विधि से पूर्णतः पोषित किसी शिक्षा संस्था में कोई धार्मिक शिक्षा नहीं दी जाएगी।

5. संस्कृति एवं शिक्षा संबंधी अधिकार

- **अनुच्छेद 29:** अल्पसंख्यक वर्गों के हितों का संरक्षण।
- **अनुच्छेद 30:** शिक्षा संस्थाओं की स्थापना और प्रशासन करने का अल्पसंख्यक वर्गों को अधिकार।

6. संवैधानिक उपचारों का अधिकार:

- **अनुच्छेद 32:** इसके अन्तर्गत मौलिक अधिकारों को प्रवर्तित कराने के लिए समुचित कार्रवाइयों द्वारा उच्चतम न्यायालय में आवेदन करने का अधिकार प्रदान किया गया है। इस सन्दर्भ में सर्वोच्च न्यायालय को पाँच तरह के रिट (writ) निकालने की शक्ति प्रदान की गयी है। ये रिट निम्नलिखित हैं–
  - *(i)* बन्दी प्रत्यक्षीकरण,
  - *(ii)* परमादेश,
  - *(iii)* प्रतिषेध-लेख,
  - *(iv)* उत्प्रेषण,
  - *(v)* अधिकार पृच्छा-लेख।

राज्य के नीति निदेशक सिद्धांत

(भाग-4, अनुच्छेद 36 से 51 तक)

- नीति निदेशक सिद्धांत राष्ट्र के प्रशासकों के लिए एक आचार संहिता है।
- इसे न्यायालय द्वारा लागू नहीं किया जा सकता अर्थात् इसे वैधानिक शक्ति प्राप्त नहीं है।
- राज्य के नीति निर्देशक सिद्धांत निम्न हैं–
  - **अनुच्छेद 38:** राज्य लोक कल्याण की अभिवृद्धि के लिए सामाजिक व्यवस्था बनायेगा।
  - **अनुच्छेद 39:** राज्य का यह कर्त्तव्य है कि वह समान कार्य के लिए समान वेतन प्रदान करे।
  - **अनुच्छेद 40:** ग्राम पंचायतों का गठन।
  - **अनुच्छेद 41:** कुछ दशाओं में काम, शिक्षा और लोक सहायता पाने का अधिकार।

- **अनुच्छेद 42:** काम की न्याय संगत और मानवोचित दशाओं तथा प्रसूति सहायता का उपबंध।
- **अनुच्छेद 43:** कर्मकारों के लिए निर्वाहन मजदूरी एवं कुटीर उद्योग को प्रोत्साहन।
- **अनुच्छेद 44:** नागरिकों के लिए एक समान सिविल संहिता।
- **अनुच्छेद 45:** बालकों के लिए निःशुल्क और अनिवार्य शिक्षा का उपबन्ध।
- **अनुच्छेद 46:** राज्य की अनुसूचित जातियों, अनुसूचित जनजातियों और अन्य दुर्बल वर्गों की शिक्षा और अर्थ संबंधी हितों की अभिवृद्धि।
- **अनुच्छेद 47:** पोषाहार स्तर और जीवन स्तर को ऊंचा करने तथा लोक स्वास्थ्य का सुधार करने का राज्य कर्त्तव्य।
- **अनुच्छेद 48:** कृषि और पशुपालन का संगठन।
- **अनुच्छेद 48 (क):** पर्यावरण का संरक्षण तथा संवर्धन और वन्य जीवों की रक्षा का प्रयास करेगा।
- **अनुच्छेद 49:** राष्ट्रीय महत्व के संस्मारकों, स्थानों और वस्तुओं का संरक्षण।
- **अनुच्छेद 50:** कार्यपालिका से न्यायपालिका का पृथक्करण।
- **अनुच्छेद 51:** अन्तर्राष्ट्रीय शांति और सुरक्षा की अभिवृद्धि।

मौलिक कर्त्तव्य [भाग-4 (क) में अनुच्छेद 51 (क)]

- मौलिक कर्त्तव्य संविधान के 42वें संशोधन अधिनियम द्वारा अंतःस्थापित किये गये।
- मौलिक कर्त्तव्यों की संख्या 11 है, जो इस प्रकार हैं: प्रत्येक नागरिक का यह कर्त्तव्य होगा कि–

1. संविधान का पालन करे और उसके आदर्शों, संस्थाओं, राष्ट्रध्वज और राष्ट्रगान का आदर करें।
2. स्वतंत्रता के लिए हमारे राष्ट्रीय आन्दोलन को प्रेरित करने वाले उच्च आदर्शों को हृदय में संजोये रखे और उनका पालन करे।
3. भारत की प्रभुता, एकता और अखण्डता की रक्षा करे और उसे अक्षुण्ण रखे।
4. देश की रक्षा करें और आह्वान किये जाने पर राष्ट्र की सेवा करे।
5. भारत के सभी लोगों में समरसता और समान भ्रातृत्व की भावना का निर्माण करे।
6. हमारी सामाजिक संस्कृति की गौरवशाली परंपरा का महत्व समझें और उसका परिरक्षण करे।
7. प्राकृतिक पर्यावरण की रक्षा और उसका संवर्द्धन करे।
8. वैज्ञानिक दृष्टिकोण और ज्ञानार्जन की भावना का विकास करे।
9. सार्वजनिक संपत्ति को सुरक्षित रखें।
10. व्यक्तिगत और सामूहिक गतिविधियों के सभी क्षेत्रों में उत्कर्ष की ओर बढ़ने का सतत् प्रयास करें।
11. 6 से 14 साल तक की आयु के बच्चे के माता-पिता या अभिभावक अपने बच्चे को शिक्षा दिलाने के लिए अवसर उपलब्ध कराने का प्रयास करेंगे।

संघीय कार्यपालिका

- भारत में संसदीय शासन प्रणाली को अपनाया गया है। संसद के अन्तर्गत राष्ट्रपति, राज्य सभा और लोक सभा आते हैं।
- राष्ट्रपति देश का संवैधानिक प्रधान होता है।
- अनुच्छेद 58 के अनुसार कोई व्यक्ति राष्ट्रपति होने योग्य तब होगा, जब वह–

1. भारत का नागरिक हो।
2. 35 वर्ष की आयु पूरी कर चुका हो।
3. लोक सभा का सदस्य निर्वाचित किए जाने योग्य हो।
4. चुनाव के समय लाभ का पद धारण नहीं किया हो।

राष्ट्रपति

- राष्ट्रपति का निर्वाचन एक निर्वाचक मंडल के द्वारा होता है।
- निर्वाचक मंडल में राज्य सभा, लोक सभा और राज्यों की विधानसभाओं में निर्वाचित सदस्य शामिल होते हैं।
- राष्ट्रपति का निर्वाचन समानुपातिक प्रतिनिधित्व प्रणाली और एकल संक्रमणीय मत पद्धति के द्वारा होता है।
- राष्ट्रपति के निर्वाचन से संबंधित विवादों का निपटारा उच्चतम न्यायालय द्वारा किया जाता है।
- राष्ट्रपति का कार्यकाल 5 वर्षों का होता है। अपने पद की समाप्ति के बाद भी वह पद पर तब तक बना रहेगा जब तक उसका उत्तराधिकारी पद ग्रहण नहीं कर लेता है।
- उच्चतम न्यायालय का प्रधान न्यायाधीश राष्ट्रपति को शपथ दिलाता है।
- राष्ट्रपति अपना पदत्याग उपराष्ट्रपति को संबोधित अपने त्यागपत्र के द्वारा कर सकता है।

- राष्ट्रपति द्वारा संविधान के प्रावधानों के उल्लंघन पर संसद में उस पर महाभियोग चलाया जा सकता है।
- **राष्ट्रपति के अधिकार एवं कर्त्तव्यः** राष्ट्रपति संविधान के अधीन निम्नलिखित अधिकारियों एवं आयोगों को नियुक्त करने की शक्ति रखता है–
  1. भारत का प्रधानमंत्री
  2. संघीय मंत्रिपरिषद् के अन्य मंत्री
  3. भारत का महान्यायवादी
  4. नियंत्रक एवं महालेखा परीक्षक
  5. उच्चतम न्यायालय के न्यायाधीश
  6. उच्च न्यायालय के न्यायाधीश
  7. राज्यों के राज्यपाल
  8. केन्द्रशासित प्रदेशों के प्रशासक
  9. भारत के विदेशों में राजदूत एवं उच्चायुक्त
  10. जल प्रदाय से संबंधित आयोग
  11. वित्त आयोग
  12. संघ लोक सेवा आयोग के अध्यक्ष तथा सदस्य
  13. राज्यों के समूहों के लिए संयुक्त आयोग
  14. मुख्य निर्वाचन आयुक्त तथा निर्वाचन आयोग के अन्य सदस्य
  15. अनुसूचित जाति तथा अनुसूचित जनजातियों के लिए विशेष अधिकारी/आयोग
  16. अनुसूचित क्षेत्रों के प्रशासन पर प्रतिवेदन देने के लिए आयोग
  17. पिछड़े वर्गों का अध्ययन करने के लिए आयोग
  18. राजभाषा आयोग
  19. भाषायी अल्पसंख्यक आयोग

विधायी शक्तियां

1. संसद का सत्रावसान तथा विघटन।
2. राष्ट्रपति का अभिभाषण तथा संदेश भेजना।
3. राज्य सभा के सदस्यों का मनोनयन – राज्य सभा के लिए कला, साहित्य, विज्ञान, समाज सेवा या सहकारिता क्षेत्र के 12 सदस्यों को मनोनीत कर सकता है।
4. संसद द्वारा पारित विधेयक राष्ट्रपति के अनुमोदन के बाद ही कानून बनते हैं।
5. संसद में निम्न विधेयकों को प्रस्तुत करने से पूर्व राष्ट्रपति की अनुमति आवश्यक है–
   (*i*) नये राज्यों का निर्माण और वर्तमान राज्य के क्षेत्रों, सीमाओं या नामों में परिवर्तन संबंधी विधेयक।
   (*ii*) धन विधेयक (अनुच्छेद 110)।
   (*iii*) संचित निधि में व्यय करने वाले विधेयक।
   (*iv*) ऐसे कराधान पर, जिसमें राज्य-हित जुड़े हैं, प्रभाव डालने वाले विधेयक।
   (*v*) राज्यों के बीच व्यापार, वाणिज्य और समागम पर निर्बन्धन लगाने वाले विधेयक।
6. अनुच्छेद 123 के अन्तर्गत अध्यादेश जारी करने की शक्ति।
7. राष्ट्रपति भारतीय सेना का सर्वोच्च कमांडर होता है।
8. संविधान के अनुच्छेद 72 के अन्तर्गत राष्ट्रपति को किसी अपराध के लिए दोषी ठहराए गए किसी व्यक्ति के दण्ड को क्षमा करने, उसका प्रविलम्बन, परिहार और लघुकरण की शक्ति प्राप्त है।
9. राष्ट्रपति अनुच्छेद 143 के अधीन किसी सार्वजनिक महत्व के प्रश्न पर उच्चतम न्यायालय से परामर्श ले सकता है, लेकिन वह यह परामर्श मानने के लिए बाध्य नहीं है।
10. **राष्ट्रपति की आपातकालीन शक्तियाँः** संविधान में अनुच्छेद 352 से अनुच्छेद 360 तक आपातकालीन उपबंध किए गए हैं। केन्द्रीय मंत्रिपरिषद् के परामर्श से राष्ट्रपति तीन प्रकार के आपात लागू कर सकता है– (i) युद्ध या बाह्य आक्रमण या सशस्त्र विद्रोह के कारण लगाया गया आपात (अनु॰ 352)। (ii) राज्यों में सांविधानिक तंत्र के विफल होने से उत्पन्न आपात (अनु॰ 356)। (iii) वित्तीय आपात (अनु॰ 360)।

उपराष्ट्रपति

- संविधान के अनुच्छेद 63 के अनुसार, भारत का एक उपराष्ट्रपति होगा। इसका कार्यकाल 5 वर्षों का होता है।
- उपराष्ट्रपति राज्य सभा का पदेन सभापति होता है।
- उपराष्ट्रपति का निर्वाचन संसद के दोनों सदनों के सदस्यों से मिलकर बनने वाले निर्वाचक मंडल द्वारा आनुपातिक प्रतिनिधित्व पद्धति के अनुसार एकल संक्रमणीय मत द्वारा होगा तथा ऐसा निर्वाचन गुप्त होगा। कोई व्यक्ति उपराष्ट्रपति निर्वाचित होने का पात्र तभी होगा जब वह–

(*i*) भारत का नागरिक हो,

(*ii*) पैंतीस वर्ष की आयु पूरी कर चुका हो,

(*iii*) राज्य सभा का सदस्य निर्वाचित होने के योग्य हो।

मंत्रिपरिषद्

- अनु. 74 के अनुसार, राष्ट्रपति को सहायता और सलाह देने के लिए मंत्रिपरिषद् होगी, जिसका प्रमुख **प्रधानमंत्री** होगा।
- प्रधानमंत्री की नियुक्ति राष्ट्रपति करता है तथा अन्य मंत्रियों की नियुक्ति राष्ट्रपति प्रधानमंत्री की सलाह पर करता है।
- मंत्री राष्ट्रपति के प्रसादपर्यंत अपने-अपने पद धारण करते हैं।
- मंत्रिपरिषद् लोक सभा के प्रति सामूहिक रूप से उत्तरदायी होती है।
- राष्ट्रपति मंत्रियों को पद एवं गोपनीयता की शपथ दिलाता है।
- किसी भी गैर संसद सदस्य को मंत्री बनाया जा सकता है, लेकिन उसे 6 मास की अवधि तक संसद का सदस्य हो जाना चाहिए।
- प्रधानमंत्री नीति (NITI) आयोग का पदेन अध्यक्ष होता है।
- संवैधानिक रूप से देश की समस्त शक्तियाँ राष्ट्रपति के हाथों में होती हैं किन्तु उसकी समस्त शक्तियों का उपयोग मंत्रिपरिषद् प्रधानमंत्री के नेतृत्व में संचालित करती है।

संसद

- भारत की केन्द्रीय व्यवस्थापिका को संसद कहा जाता है। भारतीय संसद के तीन अंग हैं–राष्ट्रपति, राज्य सभा और लोक सभा।
- संसद के उच्च सदन को राज्य सभा तथा निम्न सदन को लोक सभा कहा जाता है।

राज्य सभा

- संविधान के अनुच्छेद 80 के अनुसार, राज्य सभा का गठन 250 सदस्यों द्वारा होता है। इनमें 12 सदस्य राष्ट्रपति द्वारा नाम निर्देशित किये जाते हैं तथा शेष 238 का चुनाव राज्य तथा संघ राज्य क्षेत्रों की विधानसभाओं द्वारा किया जाता है।
- राज्य सभा की वर्तमान सदस्य संख्या 245 है।
- राज्य सभा का कभी विघटन नहीं होता, लेकिन इसके सदस्य 6 वर्ष के लिए चुने जाते हैं।
- राज्य सभा पहली बार 3 अगस्त, 1952 को विधिवत गठित हुई थी।
- राज्य सभा का कोई सदस्य यदि सदन की अनुमति के बिना सदन से 60 दिनों से अधिक अनुपस्थित रहता है, तो सदन में उसका स्थान समाप्त हो सकता है।
- राज्य सभा के सदस्यों का चुनाव अप्रत्यक्ष रूप से होता है।
- राज्य सभा का सदस्य होने के लिए अर्हता–
  1. वह भारत का नागरिक हो।
  2. उसकी आयु सीमा 30 वर्ष या उससे अधिक हो।
  3. संसदीय विधि द्वारा निर्धारित सभी योग्यताएँ रखता हो।
- राज्य सभा का अधिवेशन वर्ष में कम-से-कम दो बार राष्ट्रपति द्वारा बुलाया जाता है। संविधान में यह प्रावधान है कि राज्य सभा के दो अधिवेशनों के बीच 6 महीने से अधिक का अन्तराल नहीं हो सकता।
- राज्य सभा को यह अधिकार प्राप्त है कि वह संविधान के अनुच्छेद 249 के तहत राज्य सूची के किसी विषय को राष्ट्रीय महत्व का घोषित कर सके।

लोक सभा

- अनुच्छेद 81 के अनुसार, लोक सभा का गठन 5 वर्ष के लिए किया जाता है। वर्तमान में इसकी सदस्य संख्या 543 है। (संविधान के 104वें संशोधन द्वारा लोकसभा में दो एंग्लो इंडियन सदस्यों के राष्ट्रपति द्वारा मनोनयन की व्यवस्था को वर्ष 2020 में समाप्त कर दिया गया है।)
- लोक सभा के सदस्यों का चुनाव गुप्त मतदान के द्वारा वयस्क मताधिकार (18 वर्ष) के आधार पर होता है।
- लोक सभा की सदस्यता के लिए अनिवार्य योग्यताएँ निम्नलिखित हैं–

  (*i*) भारत का नागरिक हो,

  (*ii*) उसकी आयु 25 वर्ष या इससे अधिक हो,

  (*iii*) भारत सरकार अथवा किसी राज्य सरकार के अन्तर्गत वह कोई लाभ के पद पर नहीं हो,

  (*iv*) वह पागल तथा दिवालिया न हो।
- प्रधानमंत्री के परामर्श के आधार पर राष्ट्रपति के द्वारा लोक सभा को समय से पूर्व भी भंग किया जा सकता है।
- आपातकाल की घोषणा लागू होने पर विधि द्वारा संसद लोक सभा के कार्यकाल में वृद्धि कर सकती है, जो एक बार में एक वर्ष से अधिक नहीं होगी।
- लोक सभा की दो बैठकों में 6 माह से अधिक का अन्तर नहीं होना चाहिए।
- लोक सभा की गणपूर्ति या कोरम कुल सदस्य संख्या का दसवाँ भाग होता है।
- संविधान के अनुच्छेद 108 में संसद के संयुक्त अधिवेशन की व्यवस्था है। संयुक्त अधिवेशन की अध्यक्षता लोक सभा अध्यक्ष करता है।

- धन विधेयक के सम्बन्ध में लोक सभा का निर्णय अंतिम होता है। इस संबंध में संयुक्त अधिवेशन की व्यवस्था नहीं है।
- संविधान के अनुच्छेद 93 के अनुसार, लोक सभा स्वयं ही अपने सदस्यों में से एक अध्यक्ष और एक उपाध्यक्ष का निर्वाचन करेगी।
- प्रथम लोक सभा अध्यक्ष जी.वी. मावलंकर एवं उपाध्यक्ष श्री अनंतशयनम आयंगर थे।
- किसी संसद सदस्य की योग्यता अथवा अयोग्यता से सम्बन्धित प्रश्न का अंतिम विनिश्चय चुनाव आयोग की सलाह से राष्ट्रपति करता है।
- यदि कोई सदस्य सदन की अनुमति के बिना 60 दिनों की अवधि से अधिक समय के लिए सदन के सभी बैठकों से अनुपस्थित रहता है तो सदन उसकी सदस्यता समाप्त कर सकता है।
- संविधान के अनुच्छेद 110 में धन विधेयक एवं अनु॰ 112 में वार्षिक वित्तीय विवरण (बजट) का उल्लेख है।

संसद की समितियां

- **लोक लेखा समितिः** इस समिति में लोकसभा के 15 तथा राज्यसभा के 7 सदस्य होते हैं। इसका कार्यकाल एक वर्ष का होता है तथा लोकसभा में विपक्ष का नेता इसका अध्यक्ष होता है। यह समिति मुख्य रूप से सरकार के अर्थव्यय के लेखा जोखा का जांच करती है।
- **प्राक्कलन समितिः** इस समिति में लोकसभा के 30 सदस्य होते हैं। इसका मुख्य कार्य विभिन्न मंत्रालयों व विभागों के प्रस्तावित अर्थ व्यय की जांच होता है।
- **सार्वजनिक उद्यम समितिः** इस समिति में लोकसभा के 15 और राज्यसभा के 7 सदस्य होते हैं। इसका कार्यकाल एक वर्ष होता है। यह सार्वजनिक उपक्रम से संबंधित उन मुद्‌दों की जांच करती है जो लोकसभा अध्यक्ष द्वारा समय-समय पर उन्हें सौंपे जाते हैं।
- **याचिका संबंधी समितिः** यह समिति सांसदों द्वारा दाखिल की गई याचिकाओं पर विचार करती है तथा उपचारात्मक उपाय सुझाती है।
- **विशेषाधिकार समितिः** यह समिति सदस्यों के विशेषाधिकारों की सुरक्षा करती है।
- **सरकारी आश्वासन समितिः** यह समिति यह सुनिश्चित करती है कि सरकार द्वारा किए गए वायदे और दिए गए आश्वासन पूरे हों।

भारत का महान्यायवादी

- अनु॰ 76 के अनुसार, भारत का एक महान्यायवादी होता है। यह भारत सरकार का सर्वोच्च विधि अधिकारी होता है।
- महान्यायवादी संसद का सदस्य नहीं होता परन्तु वह किसी भी सदन में अथवा उसकी समितियों में बोल सकता है और उसकी कार्यवाही में भाग ले सकता है, यद्यपि उसे मत देने का अधिकार नहीं होता है।
- भारत का महान्यायवादी राष्ट्रपति के प्रसादपर्यंत पद धारण करता है।

भारत का नियंत्रक एवं महालेखा परीक्षक (CAG)

- भारतीय संविधान के अनुच्छेद 148 के अन्तर्गत नियंत्रक एवं महालेखा परीक्षक के पद का प्रावधान किया गया है।
- नियंत्रक एवं महालेखा परीक्षक की नियुक्ति राष्ट्रपति द्वारा की जाती है। यह देश की समस्त वित्तीय प्रणाली का लेखा परीक्षण करता है।
- संविधान के अनुच्छेद 151 के अन्तर्गत कैग अपनी रिपोर्ट केन्द्र के सम्बन्ध में राष्ट्रपति को तथा राज्यों के सन्दर्भ में राज्यपाल को सौंपता है।
- यह लोक लेखा समिति के समीप रहकर कार्य करता है।

संविधान में संशोधन

- अनुच्छेद 368 में संविधान संशोधन की प्रक्रिया का उल्लेख है। इसमें संशोधन की तीन विधियों को अपनाया गया है–
  - (*i*) साधारण विधि द्वारा संशोधन।
  - (*ii*) संसद के विशेष बहुमत द्वारा संशोधन।
  - (*iii*) संसद के विशेष बहुमत और राज्य के विधानमंडलों की स्वीकृति से संशोधन।

न्यायपालिका

उच्चतम न्यायालय

- अनुच्छेद 124 में उच्चतम न्यायालय के गठन संबंधी प्रावधान किये गये हैं।
- उच्चतम न्यायालय में एक मुख्य न्यायाधीश तथा 33 अन्य न्यायाधीश होते हैं।
- उच्चतम न्यायालय के मुख्य न्यायाधीश तथा अन्य न्यायाधीशों की नियुक्ति राष्ट्रपति द्वारा की जाती है।

- उच्चतम न्यायालय के न्यायाधीश के लिए योग्यताएँ हैं–
  (*i*) वह भारत का नागरिक हो।
  (*ii*) वह किसी उच्च न्यायालय अथवा दो या दो से अधिक न्यायालयों में लगातार कम-से-कम 5 वर्षों तक न्यायाधीश के रूप में कार्य कर चुका हो।

  या

  किसी उच्च न्यायालय या न्यायालयों में लगातार 10 वर्षों तक अधिवक्ता रह चुका हो।

  या

  राष्ट्रपति की राय में पारंगत विधिवेत्ता हो।
- उच्चतम न्यायालय का प्रत्येक न्यायाधीश तब तक पद धारण करेगा जब तक वह 65 वर्ष की आयु प्राप्त नहीं कर लेता। इससे पूर्व उसे उसके पद से साबित कदाचार या असमर्थता के आधार पर हटाया जा सकता है।
- कदाचार या असमर्थता के आधार पर हटाये जाने के लिए संसद के प्रत्येक सदन द्वारा अपनी कुल सदस्य संख्या के बहुमत द्वारा तथा उपस्थित और मत देने वाले सदस्यों के कम-से-कम दो-तिहाई बहुमत द्वारा पारित प्रस्ताव को राष्ट्रपति के समक्ष उसी सत्र में रखा जाता है, तब राष्ट्रपति के आदेश से न्यायाधीश को हटाया जाता है।

उच्चतम न्यायालय का क्षेत्राधिकार

1. प्रारंभिक क्षेत्राधिकार

(*i*) भारत संघ तथा एक या एक से अधिक राज्यों के मध्य उत्पन्न विवादों में।
(*ii*) भारत संघ तथा कोई एक राज्य या अनेक राज्यों और एक या एक से अधिक राज्यों के बीच विवादों में।
(*iii*) दो या दो से अधिक राज्यों के बीच ऐसे विवाद में जिसमें अनेक वैधानिक अधिकारों का प्रश्न निहित है।

- प्रारंभिक क्षेत्राधिकार के अन्तर्गत उच्चतम न्यायालय उसी विवाद को निर्णय के लिए स्वीकार करेगा, जिसमें किसी तथ्य या विधि का प्रश्न शामिल है।

2. अपीलीय क्षेत्राधिकारः देश का सबसे बड़ा अपीलीय न्यायालय उच्चतम न्यायालय है। भारत के राज्य क्षेत्र के किसी उच्च न्यायालय के निर्णय के विरुद्ध अपील सुनने का अधिकार है।

3. परामर्शदात्री क्षेत्राधिकारः यदि किसी समय राष्ट्रपति को ऐसा प्रतीत होता है, किसी व्यापक विधि या तथ्य का प्रश्न है या उत्पन्न होने वाला है तथा वह उच्चतम न्यायालय से राय लेना समीचीन समझता है, तो उच्चतम न्यायालय से राय ले सकता है तथा उच्चतम न्यायालय उस पर अपनी राय देगा।

4. पुनर्विचार सम्बन्धी क्षेत्राधिकारः अनु॰ 137 के अनुसार, उच्चतम न्यायालय स्वयं के दिए गए आदेश या निर्णय पर पुनर्विचार कर सकता है तथा यदि उचित समझें तो उसमें आवश्यक परिवर्तन कर सकता है।

5. अभिलेख न्यायालयः अनु॰ 129 उच्चतम न्यायालय को अभिलेख न्यायालय का स्थान प्रदान करता है। इसका अभिप्राय यह है कि इस न्यायालय के निर्णय सब जगह साक्षी के रूप में स्वीकार किए जाएंगे और इसकी प्रामाणिकता के विषय में प्रश्न नहीं किया जाएगा।

6. मौलिक अधिकारों का रक्षकः भारत का उच्चतम न्यायालय नागरिकों के मौलिक अधिकारों का रक्षक है। अनु॰ 32 सर्वोच्च न्यायालय को विशेष रूप से उत्तरदायी ठहराता है कि वह मौलिक अधिकारों को लागू करने के लिए आवश्यक कार्रवाई करें। न्यायालय मौलिक अधिकारों की रक्षा के लिए बन्दी प्रत्यक्षीकरण, परमादेश, प्रतिषेध, अधिकार पृच्छा और उत्प्रेषण के लेख जारी कर सकता है।

- भारत में संविधान की सर्वोच्चता की रक्षा करने का उत्तरदायित्व उच्चतम न्यायालय का है। अतः उच्चतम न्यायालय संघीय या राज्यों के विधानमण्डलों के द्वारा अतिक्रमण किये जाने पर उनके द्वारा बनाये गये कानूनों को रद्द कर सकता है। यह शक्ति न्यायिक पुनरावलोकन के रूप में समझी जाती है।

उच्च न्यायालय

- संविधान के अनुच्छेद 214 में यह उपलंध है कि प्रत्येक राज्य में एक उच्च न्यायालय होगा।
- प्रत्येक उच्च न्यायालय में एक मुख्य न्यायाधीश सहित अन्य अनेक न्यायाधीश होते हैं जो समय-समय पर राष्ट्रपति द्वारा नियुक्त किये जाते हैं।
- संविधान के अनुच्छेद 217 में उच्च न्यायालय के न्यायाधीशों के लिए निम्नलिखित शर्तें हैं–
  (*i*) वह भारत का नागरिक हो।
  (*ii*) भारत में कम-से-कम 10 वर्ष तक न्यायाधीश के पद पर कार्य कर चुका हो अथवा किसी उच्च न्यायालय अथवा दो या दो से अधिक न्यायालयों में लगातार कम-से-कम 10 वर्ष तक अधिवक्ता रहा हो।

  या

  राष्ट्रपति की दृष्टि में प्रतिष्ठित विधिवेत्ता हो।
  (*iii*) जिसकी आयु 62 वर्ष से अधिक न हो।
- **उच्च न्यायालय के कार्य एवं क्षेत्राधिकार–**
  1. प्रारंभिक क्षेत्राधिकार

2. अपीलीय क्षेत्राधिकार
3. रिट जारी करने का अधिकार
4. अधीनस्थ न्यायालयों पर नियंत्रण

राज्य की कार्यपालिका

- राज्य की कार्यपालिका का प्रधान **राज्यपाल** होता है, जो मंत्रिपरिषद् की सलाह के अनुसार कार्य करता है।
- अनुच्छेद 153 के अन्तर्गत सामान्यतया प्रत्येक राज्य के लिए एक राज्यपाल होगा, किन्तु 1956 में किये गये संशोधन के अनुसार एक ही व्यक्ति को दो या दो से अधिक राज्यों का राज्यपाल नियुक्त किया जा सकता है।
- राज्यपाल की नियुक्ति राष्ट्रपति करता है। इस पद पर नियुक्ति हेतु निम्नलिखित योग्यताएँ होनी चाहिए–
  1. वह भारत का नागरिक हो,
  2. वह 35 वर्ष की आयु पूरी कर चुका हो,
  3. वह राज्य सरकार या केन्द्र सरकार या राज्यों के नियंत्रण के अधीन किसी सार्वजनिक उपक्रम में लाभ के पद पर न हो, तथा
  4. वह राज्य विधान सभा का सदस्य चुने जाने की योग्यता रखता हो।
- राज्यपाल की नियुक्ति 5 वर्षों के लिए होती है। पाँच वर्ष की अवधि से पूर्व भी उसे राष्ट्रपति के द्वारा हटाया जा सकता है।
- राज्यपाल अपने कार्यकाल की समाप्ति के पूर्व भी राष्ट्रपति को अपना त्यागपत्र भेज सकता है।

राज्यपाल के कार्य तथा अधिकार

कार्यपालिका संबंधी

- राज्य के समस्त कार्यपालिका संबंधी कार्य राज्यपाल के नाम से किए जाते हैं।
- राज्यपाल मुख्यमंत्री की नियुक्ति करता है तथा मुख्यमंत्री की सलाह पर मंत्रिपरिषद् के अन्य सदस्यों की नियुक्ति करता है।
- राज्य के महाधिवक्ता तथा राज्य के लोक सेवा आयोग के सदस्यों की नियुक्ति करता है।
- राज्यपाल का अधिकार है कि वह राज्य के प्रशासन के संबंध में मुख्यमंत्री से सूचना प्राप्त करे।
- राज्यपाल राज्य के विश्वविद्यालयों का कुलाधिपति होता है तथा उपकुलपतियों को भी नियुक्त करता है।
- राज्यपाल संवैधानिक तंत्र की विफलता की स्थिति में राष्ट्रपति से राज्य में राष्ट्रपति शासन की सिफारिश करता है।
- अध्यादेश जारी करने का अधिकार।

विधायी शक्तियां

- राज्यपाल राज्य विधान मंडल का अंग होता है।
- राज्य विधान मंडल का सत्रावसान करने, सत्र बुलाने तथा विधान सभा को विघटित करने का अधिकार है।
- राज्यपाल को विधान मंडल में अभिभाषण करने व संदेश भेजने का अधिकार है।
- जिन राज्यों में विधानपरिषद् है, वहां पर राज्यपाल ऐसे कुछ व्यक्तियों को, जिन्हें साहित्य, विज्ञान, कला, समाज सेवा तथा सहकारिता आन्दोलन के संबंध में विशेष ज्ञान या व्यावहारिक अनुभव होता है, मनोनीत कर सकता है।
- राज्य विधान मंडल के समक्ष राज्यपाल वार्षिक वित्तीय विवरण (बजट) प्रस्तुत करवाता है।
- विधान सभा में धन विधेयक राज्यपाल की पूर्व अनुमति से ही पेश किया जाता है।

राज्यपाल की न्यायिक शक्तियां

- राज्यपाल को उस विषय संबंधी, जिस विषय पर उस राज्य की कार्यपालिका शक्ति का विस्तार है, किसी विधि के विरुद्ध, किसी अपराध के लिए सिद्ध दोष ठहराये गए किसी व्यक्ति के दंड को क्षमा, उसका प्रविलंबन, लघुकरण या परिहार कर सकता है।

महाधिवक्ता

- प्रत्येक राज्य का एक महाधिवक्ता होगा (अनु. 165)। वह भारत के महान्यायवादी के समान राज्य का अधिकारी होगा और राज्य में उसके महान्यायवादी के कार्यों के समान ही कृत्य होंगे।
- महाधिवक्ता राज्य के राज्यपाल द्वारा नियुक्त किया जायेगा और राज्यपाल के प्रसादपर्यंत पद धारण करेगा।
- महाधिवक्ता को राज्य के विधानमंडल के सदनों की कार्यवाहियों में भाग लेने और बोलने का अधिकार है, किंतु मतदान का अधिकार नहीं है। (अनु. 177)

राज्य मंत्रिपरिषद्

- अनुच्छेद 163 के अन्तर्गत राज्यपाल की सहायता और सलाह देने के लिए एक मंत्रिपरिषद् होती है जिसका प्रधान **मुख्यमंत्री** होता है।

- अनुच्छेद 164 के अनुसार, मुख्यमंत्री की नियुक्ति राज्यपाल करता है तथा अन्य मंत्रियों की नियुक्ति राज्यपाल, मुख्यमंत्री की सलाह पर करता है।
- मंत्रिपरिषद् राज्य की विधान सभा के प्रति सामूहिक रूप से उत्तरदायी होता है। सामान्यतः मुख्यमंत्री अपने पद पर तब तक बना रहता है जब तक उसे विधान सभा का विश्वास प्राप्त होता है।

विधानपरिषद्

- संविधान के अनुच्छेद 168 में प्रत्येक राज्य के लिए विधानमण्डल की व्यवस्था की गई है, जो कि राज्यपाल तथा जहाँ दो सदन हैं वहां दो सदनों से और जहां एक सदन है वहां एक सदन से मिलकर बनेगा।
- राज्य विधान सभा की (दो-तिहाई बहुमत) अनुशंसा पर संसद सम्बन्धित राज्य में विधान परिषद् का उत्सादन एवं गठन कर सकती है।
- विधान परिषद् के सदस्यों की संख्या उस राज्य के विधानसभा के सदस्यों की संख्या से 1/3 से अधिक नहीं हो सकती। किन्तु, वह संख्या 40 से कम नहीं होनी चाहिए।
- विधान परिषद् एक स्थायी सदन है। इसका विघटन नहीं होता।
- इसके सदस्यों का कार्यकाल 6 वर्ष का होता है। इसके 1/3 सदस्य प्रत्येक दो वर्ष की समाप्ति पर अपना पद त्याग करते हैं और उनके स्थान पर नए सदस्यों का चुनाव होता है।
- विधान परिषद् का सत्र एक वर्ष में दो बार अवश्य होना चाहिए।
- निम्नलिखित छह राज्यों में विधान परिषद् विद्यमान हैं–

1. उत्तर-प्रदेश	2. कर्नाटक	3. महाराष्ट्र
4. आंध्र प्रदेश	5. बिहार	6. तेलंगाना

विधान सभा

- अनुच्छेद 170 के अनुसार, विधान सभा के सदस्यों की संख्या अधिकतम 500 और न्यूनतम 60 होगी। अपवादस्वरूप सिक्किम (32), गोवा (40) मिजोरम (40) एवं पुडुचेरी (30) हैं।
- विधान सभा में निर्वाचित होने के लिए न्यूनतम आयु सीमा 25 वर्ष है।
- किसी विधेयक को धन विधेयक माना जाए अथवा नहीं, इसका निर्णय विधान सभा अध्यक्ष ही करता है।
- सदन की कार्यवाही आयोजित करने के लिए गणपूर्ति के रूप में एक-दहाई सदस्यों की आवश्यकता होती है।
- विधान सभा का कार्यकाल 5 वर्ष है, किन्तु राज्य मंत्रिपरिषद् की सिफारिश पर इसे समय से पूर्व भी भंग किया जा सकता है।
- **विधान सभा के अधिकार एवं कार्य–**
  1. **विधायीः** विधान सभा को संविधान द्वारा विधित राज्य सूची के विषय पर कानून बनाने का अधिकार प्राप्त है।
  2. **वित्तीयः** विधान सभा को राज्य बजट पारित करने का अधिकार है। राज्य विधानमंडल राज्य सरकार की वित्तीय अवस्था को पूर्णतया नियंत्रित करता है। कोई धन विधेयक प्रारंभ में विधान सभा में ही प्रस्तुत किया जा सकता है। जब विधान सभा किसी धन विधेयक को पारित कर देती है, तब वह विधानपरिषद् के पास भेज दिया जाता है। विधानपरिषद् को 14 दिनों के भीतर इसे विधान सभा को लौटाना पड़ता है। विधान परिषद् उस विधेयक के संबंध में संस्तुतियाँ तो दे सकती हैं, किन्तु वह न तो उसे अस्वीकार कर सकती है और न उसमें संशोधन कर सकती है।
  3. **कार्यपालिका पर नियंत्रणः** मंत्रिपरिषद् सामूहिक रूप से विधान सभा के प्रति उत्तरदायी होती है। विधान सभा में मंत्रिपरिषद् के विरुद्ध अविश्वास प्रस्ताव पारित हो जाने के बाद समूची मंत्रिपरिषद् को त्यागपत्र देना पड़ता है।

अन्तर्राज्य परिषद्

- संविधान के अनुच्छेद 263 के अन्तर्गत केन्द्र एवं राज्यों के बीच समन्वय स्थापित करने के लिए राष्ट्रपति एक अन्तर्राज्य परिषद् की स्थापना कर सकता है।
- अन्तर्राज्य परिषद् में प्रधानमंत्री तथा उनके द्वारा मनोनीत छह कैबिनेट स्तर के मंत्री, सभी राज्यों एवं संघ राज्य क्षेत्रों के मुख्यमंत्री एवं संघ राज्य क्षेत्रों के प्रशासक इसके सदस्य होते हैं।
- अन्तर्राज्य परिषद् की बैठक वर्ष में तीन बार की जाएगी जिसकी अध्यक्षता प्रधानमंत्री या उनकी अनुपस्थिति में प्रधानमंत्री द्वारा नियुक्त कैबिनेट स्तर का मंत्री करता है।
- अंतर्राज्य परिषद् का प्राथमिक उद्देश्य समन्वय और परिसंघीय घनिष्ठता स्थापित करना है।

वित्त आयोग

- अनुच्छेद 280 के अनुसार, राष्ट्रपति प्रत्येक पाँचवें वर्ष की समाप्ति पर या ऐसे पूर्वत्तर समय पर, जिसे वह आवश्यक समझे वित्त आयोग का गठन करेगा।
- वित्त आयोग में एक अध्यक्ष तथा चार अन्य सदस्य होते हैं।

- वित्त आयोग की सिफारिशों पर विचार करने के बाद ही करों एवं प्राप्तियों का वितरण संघ एवं राज्यों के बीच किया जाता है।

लोक सेवा आयोग

- संविधान के अनुच्छेद 315 के अनुसार, संघ एवं राज्यों के लिए एक लोक सेवा आयोग होंगे।
- अनुच्छेद 316 के अनुसार, संघ लोक सेवा आयोग के अध्यक्ष एवं अन्य सदस्यों की नियुक्ति राष्ट्रपति करता है तथा राज्य लोक सेवा आयोग के अध्यक्ष एवं अन्य सदस्यों की नियुक्ति राज्यपाल करता है।
- संघ लोक सेवा आयोग के अध्यक्ष एवं अन्य सदस्यों की नियुक्ति 6 वर्षों के लिए की जाती है। यदि वह 6 वर्षों के अन्दर 65 वर्ष की आयु पूरी कर लेता है तो वह पदमुक्त हो जाता है। राज्य लोक सेवा आयोग के सम्बन्ध में यह आयु सीमा 62 वर्ष है।
- लोक सेवा आयोग संघ तथा राज्यों में सेवाओं में नियुक्तियों के लिए परीक्षाओं का संचालन करते हैं।

निर्वाचन आयोग

- अनुच्छेद 324 के अनुसार, निर्वाचनों के अधीक्षण, निदेशन और नियंत्रण के लिए एक निर्वाचन आयोग होगा।
- निर्वाचन आयोग का गठन मुख्य निर्वाचन आयुक्त एवं अन्य निर्वाचन आयुक्तों से किया जाता है, जिनकी नियुक्ति राष्ट्रपति द्वारा की जाती है।
- मुख्य चुनाव आयुक्त का कार्यकाल 6 वर्ष या 65 वर्ष की आयु, जो भी पहले हो, तक होगा। अन्य चुनाव आयुक्तों का कार्यकाल 6 वर्ष या 62 वर्ष की आयु जो पहले हो, तक रहता है।
- अनुच्छेद 326 के अनुसार, लोक सभा और प्रत्येक विधान सभा के लिए निर्वाचन वयस्क मताधिकार के आधार पर होते हैं।
- मुख्य निर्वाचन आयुक्त को महाभियोग जैसी प्रक्रिया से ही हटाया जा सकता है।

निर्वाचन आयोग के मुख्य कार्य

- मतदाता सूचियों को तैयार करना।
- चुनाव क्षेत्रों का परिसीमन।
- राजनीतिक दलों को मान्यता प्रदान करना।
- राजनीतिक दलों को चुनाव चिह्न प्रदान करना।
- संसद एवं विधानमंडल के सदस्यों तथा राष्ट्रपति एवं उपराष्ट्रपति का समयानुसार चुनाव करवाना।
- राजनीतिक दलों के लिए आचारसंहिता का निर्माण करना।

राजभाषा

- अनुच्छेद 343 के अनुसार, संघ की राजभाषा हिन्दी और लिपि देवनागरी होगी।
- अनुच्छेद 344 में राष्ट्रपति को राजभाषा से सम्बन्धित कुछ विषयों में सलाह देने के लिए एक आयोग की नियुक्ति का प्रावधान है।
- संविधान के अनुच्छेद 345 के अधीन प्रत्येक राज्य के विधानमंडल को यह अधिकार दिया गया है कि वह आठवीं अनुसूची में अन्तर्विष्ट भाषाओं में से किसी एक या अधिक को सरकारी कार्यों के लिए राज्य की सरकारी भाषा के रूप में अंगीकार कर सकता है। किन्तु राज्यों में परस्पर संबंधों में तथा संघ एवं राज्यों के परस्पर संबंधों में संघ की राजभाषा को ही प्राधिकृत भाषा माना जाएगा।

स्थानीय प्रशासन

पंचायती राज

- अनुच्छेद 40 के अनुसार, 'राज्य ग्राम पंचायतों का संगठन करने के लिए कदम उठायेगा और उनको ऐसी शक्तियाँ और प्राधिकार प्रदान करेगा, जो उन्हें स्वायत्त शासन की इकाइयों के रूप में कार्य करने योग्य बनाने के लिए आवश्यक हों।
- 73वाँ संविधान संशोधन पंचायती राज से संबंधित है। इसके मुख्य प्रावधान निम्नलिखित हैं–
  1. पंचायती राज का ढाँचा त्रिस्तरीय होगा। ग्राम स्तर पर ग्राम पंचायत, प्रखण्ड स्तर पर पंचायत समिति तथा जिला स्तर पर जिला परिषद् के गठन की व्यवस्था की गई है।
  2. इसका निर्वाचन पाँच वर्षों के लिए होता है। समय पूर्व पंचायत के भंग होने पर 6 माह के अन्दर निर्वाचन होंगे।
  3. पंचायती राज संस्था के प्रत्येक स्तर में महिलाओं को एक-तिहाई स्थानों पर आरक्षण का प्रावधान है।

नगरपालिकाएँ

- 74वां संविधान संशोधन अधिनियम, 1993 के तहत भारतीय संविधान के अनुच्छेद 243(त) से 243(य)(छ) तक इसका विशेष उल्लेख है।
- इसके अन्तर्गत तीन प्रकार की नगरीय व्यवस्था का उल्लेख है– (1) नगर पंचायत (2) नगरपालिका परिषद् (3) नगर निगम
- नगरपालिकाओं में महिलाओं के लिए एक-तिहाई भाग स्थान आरक्षित है।
- नगरीय संस्थाओं का कार्यकाल पाँच वर्ष का होगा। विघटन की स्थिति में छह माह के अन्दर चुनाव अनिवार्य होते हैं।

महत्वपूर्ण संविधान संशोधन

संविधान संशोधन	प्रावधान
• प्रथम संविधान संशोधन अधिनियम, 1951	• मौलिक अधिकारों में समानता, स्वतंत्रता तथा सम्पत्ति के अधिकार को सीमित किया गया।
• द्वितीय संविधान संशोधन अधिनियम, 1952	• लोक सभा चुनाव के लिए प्रतिनिधित्व के अनुपात को पुनः समायोजित किया गया।
• सातवां संविधान संशोधन अधिनियम, 1956	• लोक सभा एवं राज्य सभा में सीटों का पुनर्वितरण। • राज्यों का पुनर्गठन-14 राज्य तथा 6 केन्द्रशासित प्रदेश। • संघ राज्य क्षेत्र का प्रावधान।
• 10वाँ संविधान संशोधन अधिनियम, 1961	• दादरा तथा नगर हवेली को भारत का अंग बनाया गया।
• 12वाँ संविधान संशोधन अधिनियम, 1962	• गोवा, दमन एवं दीव को भारत का अंग बनाया गया।
• 13वाँ संविधान संशोधन अधिनियम, 1962	• कुछ विशेष उपबन्धों के साथ नगालैंड को नया राज्य बनाया गया।
• 14वाँ संविधान संशोधन अधिनियम, 1962	• पुडुचेरी को भारत का अंग बनाया गया।
• 21वाँ संविधान संशोधन अधिनियम, 1967	• सिंधी भाषा को आठवीं अनुसूची में सम्मिलित किया गया।
• 22वाँ संविधान संशोधन अधिनियम, 1969	• मेघालय को नया राज्य बनाया गया।
• 26वाँ संविधान संशोधन अधिनियम, 1971	• भूतपूर्व देशी राज्यों के शासकों की विशेष उपाधियों एवं उनके प्रिवी-पर्स को समाप्त कर दिया गया।
• 31वाँ संविधान संशोधन अधिनियम, 1973	• इसके द्वारा लोक सभा के सदस्यों की संख्या 525 से 545 कर दी गई तथा केन्द्रशासित प्रदेशों का प्रतिनिधित्व 25 से घटाकर 20 कर दिया गया।
• 36वाँ संविधान संशोधन अधिनियम, 1975	• सिक्किम को भारत का 22वाँ राज्य बनाया गया।
• 39वाँ संविधान संशोधन अधिनियम, 1975	• राष्ट्रपति, उपराष्ट्रपति, प्रधानमंत्री एवं लोक सभाध्यक्ष के निर्वाचन संबंधी विवादों को न्यायिक पुनर्विचार से मुक्त रखा गया।
• 42वाँ संविधान संशोधन अधिनियम, 1976	• संविधान की प्रस्तावना में पन्थनिरपेक्ष, समाजवादी तथा अखण्डता जैसे शब्द जोड़े गए। • नीति निदेशक सिद्धांतों को मूल अधिकारों पर वरीयता दी गई। • संविधान में अनु॰ 51 'क' के अन्तर्गत 10 मौलिक कर्तव्य जोड़े गए। • राष्ट्रपति को मंत्रिमंडल की सलाह को मानना अनिवार्य कर दिया गया। • लोक सभा एवं विधानसभाओं की अवधि को 5 वर्ष से बढ़ाकर 6 वर्ष कर दिया गया।
• 44वाँ संविधान संशोधन अधिनियम, 1978	• राष्ट्रीय आपात की उद्घोषणा 'आंतरिक अशांति' के आधार पर नहीं की जा सकती, बल्कि सशस्त्र विद्रोह के कारण की जा सकेगी। • संपत्ति के मूल अधिकार को विधिक अधिकार में परिवर्तित कर दिया गया। • लोकसभा तथा विधान सभाओं की अवधि को 6 वर्ष से घटाकर 5 वर्ष किया गया। • व्यक्तिगत स्वतंत्रता के अधिकार को शक्तिशाली बनाया गया।
• 52वाँ संविधान संशोधन अधिनियम, 1985	• संविधान में दसवीं अनुसूची को जोड़कर दल-बदल को रोकने के लिए कानून बनाया गया।

संविधान संशोधन	प्रावधान
• 61वाँ संविधान संशोधन अधिनियम, 1989	• मतदान करने की न्यूनतम आयु 21 वर्ष से घटाकर 18 वर्ष कर दी गई।
• 71वाँ संविधान संशोधन अधिनियम, 1992	• कोंकणी, मणिपुरी तथा नेपाली भाषाओं को 8वीं अनुसूची में शामिल किया गया।
• 73वाँ संविधान संशोधन अधिनियम, 1993	• पंचायती राज सम्बन्धी प्रावधान किये गए। • 11वीं अनुसूची जोड़ी गई।
• 74वाँ संविधान संशोधन अधिनियम, 1993	• 12वीं अनुसूची जोड़ी गई तथा नगरपालिकाओं के गठन सम्बन्धी प्रावधान किये गए।
• 86वाँ संविधान संशोधन अधिनियम, 2002	• संविधान में अनुच्छेद-21 (क), 45 तथा 51 (क) (ज्ञ) जोड़ा गया। • राज्य द्वारा 6 से 14 वर्ष के सभी बच्चों को निःशुल्क और अनिवार्य सेवा का प्रावधान किया गया।
• 91वाँ संविधान संशोधन अधिनियम, 2003	• दल-बदल व्यवस्था में संशोधन किया गया। अब केवल सम्पूर्ण दल के विलय को मान्यता है। • केन्द्र तथा राज्यों में मंत्रिपरिषद् की संख्या क्रमशः लोक सभा तथा विधान सभा की सदस्य संख्या का 15% से अधिक नहीं होगी।
• 92वाँ संविधान संशोधन अधिनियम, 2003	• डोगरी, मैथिली, बोडो और सन्थाली भाषाओं को संविधान की आठवीं अनुसूची में शामिल किया गया।
• 96वाँ संविधान संशोधन अधिनियम, 2011	• 'उडिया' भाषा का 'ओडिया' में परिवर्तन किया गया।
• 98वाँ संविधान संशोधन अधिनियम, 2012	• संविधान में अनुच्छेद 371(J) शामिल किया गया। इसका उद्देश्य कर्नाटक के राज्यपाल को हैदराबाद-कर्नाटक क्षेत्र के विकास हेतु कदम उठाने के लिए सशक्त करना था।
• 99वाँ संविधान संशोधन अधिनियम, 2013	• यह अधिनियम प्रस्तावित राष्ट्रीय न्यायिक नियुक्ति आयोग (NJAC) की संरचना एवं कामकाज हेतु संविधान की विभिन्न अनुच्छेद 124(2), 127(1), 128, 217(1) व (2) तथा 224(क) में संशोधन किया गया।
• 100वाँ संविधान संशोधन अधिनियम, 2014	• इस विधेयक का उद्देश्य भारत एवं बांग्लादेश के मध्य 41 वर्ष पुराने भू-सीमा समझौता—LBA 1974 को प्रभाव में लाना है।
• 101वाँ संविधान संशोधन अधिनियम, 2016	• इस अधिनियम द्वारा "वस्तु एवं सेवा कर (जीएसटी)" लागू करने के लिए संविधान की धाराएं 248, 249, 250, 268, 269, 270, 271, 286, 366, एवं 368 में संशोधन किया गया है।
• 103वाँ संविधान संशोधन अधिनियम, 2019	• आर्थिक रूप से पिछड़े वर्ग के लोगों के लिए 10% आरक्षण का प्रावधान।
• 104वाँ संविधान संशोधन अधिनियम, 2019	• लोक सभा और विधान सभाओं में अनुसूचित जातियों एवं जनजातियों के लिए आरक्षण की अवधि को 10 वर्ष और बढ़ाया गया तथा आंग्ल-भारतीयों के लिए सीटों के आरक्षण को समाप्त किया गया।
• 105वाँ संविधान संशोधन अधिनियम, 2021	• सामाजिक और आर्थिक रूप से पिछड़े वर्गों की पहचान और चिह्नित करने के लिए राज्य सरकारों की शक्तियों को बहाल किया गया।
• 106वाँ संविधान संशोधन अधिनियम, 2023	• लोकसभा एवं राज्य विधानसभाओं में महिलाओं के लिए 33 प्रतिशत सीटें आरक्षित करने का प्रावधान किया गया।

महत्वपूर्ण राजनैतिक शब्दावली

- **आकस्मिक निधिः** संविधान के अनुच्छेद 267 के अनुसार, भारत सरकार एक आकस्मिक निधि की स्थापना करेगी। इसमें जमा धनराशि का व्यय विधि द्वारा स्थापित प्रक्रिया के अनुसार किया जाता है। संसद की स्वीकृति से इस मद से धन निकाला जा सकता है। राष्ट्रपति विशिष्ट परिस्थितियों में अग्रिम रूप से इस निधि से धन निकाल सकता है।
- **संचित निधिः** अनुच्छेद 266 में संचित निधि का प्रावधान है। संचित निधि से धन संसद में प्रस्तुत अनुदान माँगों के द्वारा ही व्यय किया जाता है। राज्यों को करों एवं शुल्कों में से उनका अंश देने के बाद जो धन बचता है, निधि में डाल दिया जाता है। राष्ट्रपति, उपराष्ट्रपति, नियंत्रक एवं महालेखा परीक्षक आदि के वेतन तथा भत्ते इसी पर भारित होते हैं।
- **अध्यादेशः** जब संसद का अधिवेशन नहीं चल रहा हो और किसी उद्देश्य विशेष के लिए कानून की आवश्यकता हो, तो राष्ट्रपति अध्यादेश जारी कर सकता है। इस अध्यादेश का प्रभाव संसद द्वारा निर्मित विधि के जैसा ही होता है।

- **अविश्वास प्रस्तावः** यह प्रस्ताव लोक सभा में विपक्ष के द्वारा प्रस्तुत किया जाता है। इसकी प्रस्तुति के लिए लोक सभा के कम-से-कम 50 सदस्यों के प्रस्ताव का समर्थन आवश्यक होता है। अविश्वास प्रस्ताव अगर लोक सभा में बहुमत से पास हो जाए तो मंत्रिपरिषद् को त्याग-पत्र देना पड़ता है।
- **कार्यस्थगन प्रस्तावः** जब संसद के सदस्यों को लगता है कि देश में कोई विशेष घटना हुई है, तो उस पर चर्चा करने के लिए संसद सदस्य प्रस्ताव पारित कर सदन की कार्यवाही को स्थगित कर उस घटना पर चर्चा करने की माँग करते हैं, इसलिए इसे कार्यस्थगन या 'काम रोको प्रस्ताव' कहा जाता है।
- **ध्यानाकर्षण प्रस्तावः** अध्यक्ष की अनुमति से जब कोई संसद सदस्य किसी मंत्री का ध्यान सार्वजनिक हित की दृष्टि से अति आवश्यक विषय की ओर आकर्षित करना चाहते हैं तो उसे ध्यानाकर्षण प्रस्ताव कहते हैं।
- **विश्वास प्रस्तावः** बहुमत का समर्थन प्रदर्शित करने के लिए मंत्रिपरिषद् द्वारा संसद में यह लाया जाता है। विश्वास प्रस्ताव के पारित न होने की दशा में सरकार को त्याग-पत्र देना पड़ता है।
- **विशेषाधिकार प्रस्तावः** यह प्रस्ताव संसद के किसी सदस्य द्वारा पेश किया जाता है, जब उसे ये प्रतीत होता है कि मंत्रिपरिषद् के किसी सदस्य ने संसद में झूठा तथ्य प्रस्तुत करके सदन के विशेषाधिकार का उल्लंघन किया है।
- **लेखानुदानः** अनुच्छेद 116(क) के अन्तर्गत लोक सभा लेखाअनुदान पारित कर सरकार के लिए एक अग्रिम राशि मंजूर कर सकती है, जिसके बारे में बजट-विवरण देना सरकार के लिए सम्भव नहीं हो।
- **विनियोग विधेयकः** विनियोग विधेयक में भारत की संचित निधि पर भारित व्यय की पूर्ति के लिए अपेक्षित धन तथा सरकार के खर्च हेतु अनुदान की माँग शामिल होती है। भारत की संचित निधि में से कोई भी धन विनियोग विधेयक के द्वारा ही निकाला जा सकता है।
- **वित्त विधेयकः** संविधान का अनुच्छेद 112 वित्त विधेयक को परिभाषित करता है। जिन वित्तीय प्रस्तावों को सरकार आगामी वर्ष के लिए सदन में प्रस्तुत करती है, उन वित्तीय प्रस्तावों को मिलकर वित्त विधेयक की रचना होती है।
- **धन विधेयकः** संसद में राजस्व एकत्र करने अथवा अन्य प्रकार से धन से संबद्ध विधेयक को धन विधेयक कहते हैं। संविधान के अनुच्छेद 110(1) के उपखण्ड (क) से (छ) तक में उल्लिखित विषयों से सम्बन्धित विधेयकों को धन विधेयक कहा जाता है। धन विधेयक केवल लोक सभा में ही पेश किया जाता है।
- **शून्य कालः** संसद के दोनों सदनों में प्रश्नकाल के ठीक बाद के समय को शून्य काल कहा जाता है। यह 12 बजे प्रारंभ होता है इस वजह से इसे 'जीरो आवर' या 'शून्य काल' कहा जाता है। इस अवधि में सांसद अविलम्बनीय महत्व के मामले सदन में उठाते हैं।
- **अनुपूरक प्रश्नः** सदन में किसी सदस्य द्वारा अध्यक्ष की अनुमति से किसी विषय, जिसके सम्बन्ध में उत्तर दिया जा चुका है, के स्पष्टीकरण हेतु अनुपूरक प्रश्न पूछने की अनुमति प्रदान की जाती है।
- **तारांकित प्रश्नः** जिन प्रश्नों का उत्तर सदस्य तुरंत सदन में चाहता है उसे तारांकित प्रश्न कहा जाता है। तारांकित प्रश्नों का उत्तर मौखिक दिया जाता है।

वस्तुनिष्ठ प्रश्नावली

1. केन्द्र में द्वैध शासन किस अधिनियम के अन्तर्गत स्थापित किया गया?

A. 1909 के अधिनियम
B. भारत सरकार अधिनियम, 1919
C. भारत सरकार अधिनियम, 1935
D. भारतीय स्वतंत्रता अधिनियम, 1947

2. किस अधिनियम की प्रमुख विशेषता प्रांतीय स्वायत्तता थी?

A. 1935　　B. 1919
C. 1904　　D. 1858

3. संघीय प्रणाली का पहला प्रयास भारत सरकार अधिनियम .... द्वारा किया गया था।

A. 1909　　B. 1919
C. 1935　　D. इनमें से कोई नहीं

4. भारत की संविधान सभा गठित करने का आधार क्या था?

A. भारतीय राष्ट्रीय कांग्रेस का प्रस्ताव
B. कैबिनेट मिशन प्लान, 1946

C. भारतीय स्वतंत्रता अधिनियम, 1947
D. भारतीय डोमिनियन के प्रान्तीय/राज्य विधानमण्डल के प्रस्ताव

5. संविधान की प्रारूप समिति के समक्ष प्रस्तावना का प्रस्ताव किसने रखा?
A. डॉ. बी.आर. अम्बेडकर B. बी.एन. राव
C. महात्मा गाँधी D. जवाहरलाल नेहरू

6. भारतीय संविधान सभा की संघीय शक्ति समिति के अध्यक्ष कौन थे?
A. सरदार पटेल
B. डॉ. बी.आर. अम्बेडकर
C. अल्लादी कृष्णा स्वामी अय्यर
D. पं. जवाहर लाल नेहरू

7. भारत का संविधान लागू हुआ था–
A. 26 जनवरी, 1950 को B. 26 जनवरी, 1952 को
C. 15 अगस्त, 1948 को D. 26 नवम्बर, 1949 को

8. संविधान सभा ने भारत के संविधान को कब स्वीकृत किया था?
A. 12 दिसम्बर, 1946 B. 15 अगस्त, 1947
C. 26 नवम्बर, 1949 D. 26 जनवरी, 1950

9. भारतीय संविधान सभा ने भारतीय राष्ट्रीय ध्वज की रूपरेखा को कब अंगीकार किया?
A. 23 अगस्त, 1947 B. 13 सितम्बर, 1947
C. 15 अगस्त, 1947 D. 22 जुलाई, 1947

10. भारतीय संविधान में समवर्ती सूची किसके संविधान से ली गई है?
A. यू.एस.ए. B. कनाडा
C. जर्मनी D. ऑस्ट्रेलिया

11. अब तक भारत के संविधान की उद्देशिका में कितनी बार संशोधन किया जा चुका है?
A. एक बार B. दो बार
C. तीन बार D. कभी नहीं

12. भारतीय संविधान की उद्देशिका में परिवर्तन किस संशोधन अधिनियम में किए गए थे?
A. 38वाँ संशोधन अधिनियम, 1975
B. 40वाँ संशोधन अधिनियम, 1976
C. 42वाँ संशोधन अधिनियम, 1976
D. 44वाँ संशोधन अधिनियम, 1978

13. भारतीय संविधान के किस संशोधन द्वारा प्रस्तावना में दो शब्द 'समाजवादी' और 'धर्मनिरपेक्ष' जोड़े गए थे?
A. 28वें B. 40वें
C. 42वें D. 52वें

14. भारत में वैध प्रभुसत्ता निहित है–
A. राष्ट्रपति में B. न्यायपालिका में
C. मंत्रिमंडल में D. संविधान में

15. निम्नलिखित में से कौन-सी विशेषता भारतीय संघ और अमेरिकी संघ दोनों में साझी है?
A. एकल नागरिकता
B. दोहरी नागरिकता
C. संविधान में तीन सूचियाँ
D. संविधान की व्याख्या के लिए संघीय उच्चतम न्यायालय

16. भारतीय संविधान में सम्मिलित नीति निदेशक तत्वों की प्रेरणा हमें किस संविधान से प्राप्त हुई है?
A. ऑस्ट्रेलिया B. अमेरिका
C. फ्रांस D. आयरलैंड

17. भारतीय संविधान में मौलिक अधिकारों का उल्लेख करते हुए निम्नलिखित में से किस देश का अनुसरण किया गया है?
A. ब्रिटेन B. अमेरिका
C. फ्रांस D. ऑस्ट्रेलिया

18. भारत की संसदीय प्रणाली प्रभावित है–
A. इंग्लैंड से B. USA से
C. जर्मनी से D. आयरलैंड से

19. भारत के राष्ट्रपति की आपातकालीन शक्तियाँ निम्नलिखित में से किस देश की देन है?
A. कनाडा के संविधान की
B. ऑस्ट्रेलिया के संविधान की
C. जर्मनी क वीमर संविधान की
D. अमेरिका के संविधान की

20. भारतीय संविधान में कुल कितने भाग हैं?
A. 12 B. 18
C. 22 D. 24

21. दल-बदल के आधार पर निर्वाचित सदस्यों की अयोग्यता सम्बन्धी विवरण संविधान की किस अनुसूची में दिया गया है?
A. 8वीं B. 9वीं
C. 10वीं D. 11वीं

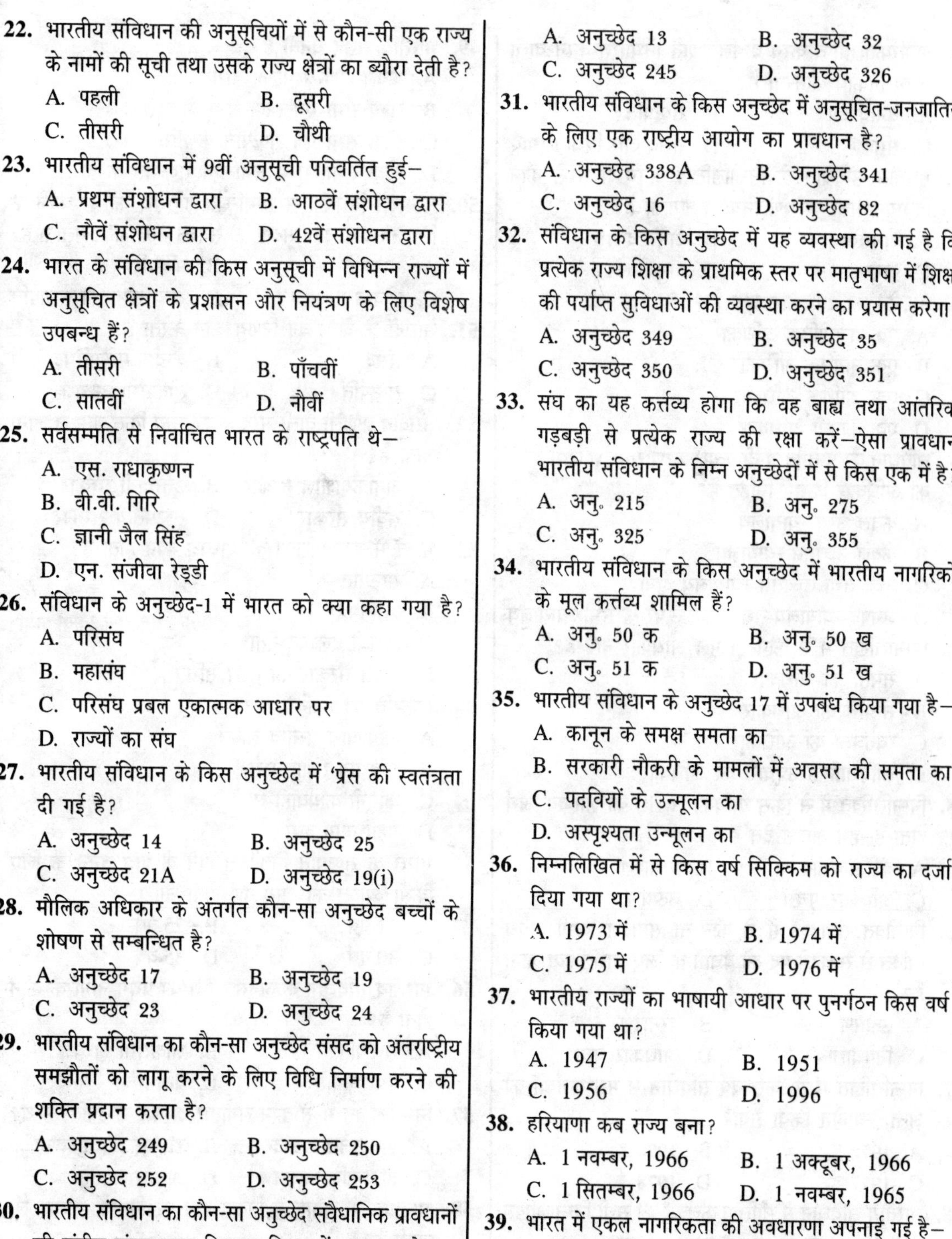

22. भारतीय संविधान की अनुसूचियों में से कौन-सी एक राज्य के नामों की सूची तथा उसके राज्य क्षेत्रों का ब्यौरा देती है?

A. पहली B. दूसरी
C. तीसरी D. चौथी

23. भारतीय संविधान में 9वीं अनुसूची परिवर्तित हुई–

A. प्रथम संशोधन द्वारा B. आठवें संशोधन द्वारा
C. नौवें संशोधन द्वारा D. 42वें संशोधन द्वारा

24. भारत के संविधान की किस अनुसूची में विभिन्न राज्यों में अनुसूचित क्षेत्रों के प्रशासन और नियंत्रण के लिए विशेष उपबन्ध हैं?

A. तीसरी B. पाँचवीं
C. सातवीं D. नौवीं

25. सर्वसम्मति से निर्वाचित भारत के राष्ट्रपति थे–

A. एस. राधाकृष्णन
B. वी.वी. गिरि
C. ज्ञानी जैल सिंह
D. एन. संजीवा रेड्डी

26. संविधान के अनुच्छेद-1 में भारत को क्या कहा गया है?

A. परिसंघ
B. महासंघ
C. परिसंघ प्रबल एकात्मक आधार पर
D. राज्यों का संघ

27. भारतीय संविधान के किस अनुच्छेद में 'प्रेस की स्वतंत्रता दी गई है?

A. अनुच्छेद 14 B. अनुच्छेद 25
C. अनुच्छेद 21A D. अनुच्छेद 19(i)

28. मौलिक अधिकार के अंतर्गत कौन-सा अनुच्छेद बच्चों के शोषण से सम्बन्धित है?

A. अनुच्छेद 17 B. अनुच्छेद 19
C. अनुच्छेद 23 D. अनुच्छेद 24

29. भारतीय संविधान का कौन-सा अनुच्छेद संसद को अंतर्राष्ट्रीय समझौतों को लागू करने के लिए विधि निर्माण करने की शक्ति प्रदान करता है?

A. अनुच्छेद 249 B. अनुच्छेद 250
C. अनुच्छेद 252 D. अनुच्छेद 253

30. भारतीय संविधान का कौन-सा अनुच्छेद संवैधानिक प्रावधानों की संघीय संसद/राज्य विधानपालिकाओं द्वारा बनाये गए नियमों/कानूनों पर प्राथमिकता प्रदान करती है?

A. अनुच्छेद 13 B. अनुच्छेद 32
C. अनुच्छेद 245 D. अनुच्छेद 326

31. भारतीय संविधान के किस अनुच्छेद में अनुसूचित-जनजातियों के लिए एक राष्ट्रीय आयोग का प्रावधान है?

A. अनुच्छेद 338A B. अनुच्छेद 341
C. अनुच्छेद 16 D. अनुच्छेद 82

32. संविधान के किस अनुच्छेद में यह व्यवस्था की गई है कि प्रत्येक राज्य शिक्षा के प्राथमिक स्तर पर मातृभाषा में शिक्षा की पर्याप्त सुविधाओं की व्यवस्था करने का प्रयास करेगा?

A. अनुच्छेद 349 B. अनुच्छेद 35
C. अनुच्छेद 350 D. अनुच्छेद 351

33. संघ का यह कर्त्तव्य होगा कि वह बाह्य तथा आंतरिक गड़बड़ी से प्रत्येक राज्य की रक्षा करें–ऐसा प्रावधान भारतीय संविधान के निम्न अनुच्छेदों में से किस एक में है?

A. अनु॰ 215 B. अनु॰ 275
C. अनु॰ 325 D. अनु॰ 355

34. भारतीय संविधान के किस अनुच्छेद में भारतीय नागरिकों के मूल कर्त्तव्य शामिल हैं?

A. अनु॰ 50 क B. अनु॰ 50 ख
C. अनु॰ 51 क D. अनु॰ 51 ख

35. भारतीय संविधान के अनुच्छेद 17 में उपबंध किया गया है–

A. कानून के समक्ष समता का
B. सरकारी नौकरी के मामलों में अवसर की समता का
C. पदवियों के उन्मूलन का
D. अस्पृश्यता उन्मूलन का

36. निम्नलिखित में से किस वर्ष सिक्किम को राज्य का दर्जा दिया गया था?

A. 1973 में B. 1974 में
C. 1975 में D. 1976 में

37. भारतीय राज्यों का भाषायी आधार पर पुनर्गठन किस वर्ष किया गया था?

A. 1947 B. 1951
C. 1956 D. 1996

38. हरियाणा कब राज्य बना?

A. 1 नवम्बर, 1966 B. 1 अक्टूबर, 1966
C. 1 सितम्बर, 1966 D. 1 नवम्बर, 1965

39. भारत में एकल नागरिकता की अवधारणा अपनाई गई है–

A. इंग्लैड से B. यू.एस.ए. से
C. कनाडा से D. फ्रांस से

40. नागरिकता प्राप्त करने के लिए शर्तें निर्धारित करने वाला सक्षम निकाय कौन-सा है?
A. चुनाव आयोग B. राष्ट्रपति
C. संसद D. संसद और विधानसभाएँ

41. भारतीय संविधान के निम्नलिखित अनुच्छेदों में से कौन विधायन सत्ता पर पूर्ण नियंत्रण लगाता है?
A. अनुच्छेद 14 B. अनुच्छेद 15
C. अनुच्छेद 16 D. अनुच्छेद 17

42. मत देने का अधिकार होता है--
A. एक राजनीतिक अधिकार
B. एक नागरिक अधिकार
C. एक आर्थिक अधिकार
D. एक कानूनी अधिकार

43. संविधान के अन्तर्गत बन्दी प्रत्यक्षीकरण समादेश जारी करने का अधिकार किसमें निहित है?
A. केवल उच्च न्यायालय
B. केवल उच्चतम न्यायालय
C. उच्च तथा उच्चतम न्यायालय दोनों
D. जनपद न्यायालय तथा उनके ऊपर के सभी न्यायालय

44. निम्नलिखित में से कौन-सा मूल अधिकार नहीं है?
A. समता का अधिकार
B. सम्पत्ति का अधिकार
C. स्वतंत्रता का अधिकार
D. सांविधानिक उपचारों का अधिकार

45. निम्नलिखित में से किस याचिका (writ) का शाब्दिक अर्थ होता है–हम आदेश देते हैं?
A. बंदी प्रत्यक्षीकरण B. परमादेश
C. अधिकार पृच्छा D. उत्प्रेषण

46. निम्नोक्त समादेशों में से कौन-सा समादेश किसी अवैध व्यक्ति से सरकारी पद को बचाने के लिए जारी किया जाता है?
A. उत्प्रेषण B. परमादेश
C. निषेधाज्ञा D. अधिकार पृच्छा

47. निम्नलिखित में से किस वर्ष संविधान में मूल कर्त्तव्यों को अन्तः स्थापित किया गया?
A. 1972 ई. B. 1976 ई.
C. 1977 ई. D. 1978 ई.

48. भारतीय संविधान में मौलिक कर्त्तव्यों की सूची निम्नलिखित में से किस भाग के रूप में जोड़ी गई थी?
A. चार B. पाँच
C. दो D. तीन

49. भारतीय संसद बनती है–
A. केवल लोक सभा के द्वारा
B. राज्य सभा एवं लोक सभा के द्वारा
C. लोक सभा एवं राष्ट्रपति के द्वारा
D. लोक सभा, राज्य सभा एवं राष्ट्रपति के द्वारा

50. साधारण विधेयक से सम्बन्धित गतिरोध को दूर करने के लिए संसद के दोनों सदनों की संयुक्त बैठक कौन बुलाता है?
A. राष्ट्रपति B. मंत्रिपरिषद्
C. लोकसभा अध्यक्ष D. राज्य सभा का सभापति

51. सांसदों के वेतन का निर्णय कौन करता है?
A. संसद B. केन्द्रीय मंत्रिपरिषद्
C. राष्ट्रपति D. लोकसभा अध्यक्ष

52. संसदीय प्रणाली वाली सरकार को अन्य किस नाम से जाना जाता है?
A. अनुक्रियाशील सरकार B. उत्तरदायी सरकार
C. संघीय सरकार D. राष्ट्रपतीय सरकार

53. भारत में कार्यपालिका का अध्यक्ष कौन होता है?
A. राष्ट्रपति
B. प्रधानमंत्री
C. विरोधी दल का नेता
D. भारत सरकार का मुख्य सचिव

54. राष्ट्रपति को हटाया जा सकता है--
A. अविश्वास प्रस्ताव लाकर
B. संविधान संशोधन से
C. कानूनी कार्यवाही से
D. महाभियोग द्वारा

55. भारत के राष्ट्रपति निर्वाचित होने के पात्र बनने के लिए किसी व्यक्ति की आयु पूर्ण होनी चाहिए–
A. 21 वर्ष B. 25 वर्ष
C. 30 वर्ष D. 35 वर्ष

56. भारतीय संविधान के अनुसार देश का प्रथम नागरिक कौन होता है?
A. राष्ट्रपति B. लोकसभा अध्यक्ष
C. उपराष्ट्रपति D. प्रधानमंत्री

57. निम्नलिखित में से कौन लगातार दो बार राष्ट्रपति रहे थे?
A. डॉ. राजेन्द्र प्रसाद B. डॉ. एस. राधाकृष्णन
C. डॉ. जाकिर हुसैन D. A और B दोनों

58. राष्ट्रपति के चुनाव में विवाद होने पर किसकी सलाह ली जाती है?
A. उपराष्ट्रपति B. चुनाव आयोग
C. सर्वोच्च न्यायालय D. लोकसभा अध्यक्ष

59. भारत सरकार का सांविधानिक अध्यक्ष कौन है?
A. राष्ट्रपति
B. प्रधानमंत्री
C. भारत का मुख्य न्यायाधीश
D. महान्यायवादी

60. भारत के पहले राष्ट्रपति के रूप में डॉ. राजेन्द्र प्रसाद का चुनाव किया गया था–
A. निर्वाचकमंडल द्वारा B. भारत की जनता द्वारा
C. संविधान सभा द्वारा D. संसद द्वारा

61. भारत के उपराष्ट्रपति का चुनाव किया जाता है–
A. संसद के सदस्यों द्वारा
B. राज्य सभा के सदस्यों द्वारा
C. संसद के निर्वाचित सदस्यों द्वारा
D. संसद और राज्य विधानसभाओं के सदस्यों द्वारा

62. राष्ट्रपति द्वारा राज्य सभा में कितने व्यक्ति मनोनीत किये जाते हैं?
A. 10 B. 15
C. 12 D. 20

63. राज्य सभा के सदस्यों के लिए न्यूनतम आयु .... है।
A. 21 वर्ष B. 25 वर्ष
C. 30 वर्ष D. 35 वर्ष

64. निम्नलिखित में से किसके सम्बन्ध में राज्य सभा को लोक सभा के अपेक्षाकृत अधिक अधिकार प्राप्त हैं?
A. धन विधेयक
B. धनेतर विधेयक
C. नई अखिल भारतीय सेवाओं का गठन करना
D. संविधान का संशोधन

65. राज्य सभा को भंग करने में कौन सक्षम है?
A. अध्यक्ष राज्य सभा B. राष्ट्रपति
C. संसद का संयुक्त सत्र D. उपर्युक्त में से कोई नहीं

66. वर्तमान में लोक सभा सदस्यों की प्रभावी संख्या कितनी है?
A. 540 B. 543
C. 548 D. 552

67. निम्न में से किस राज्य में विधान परिषद है।
A. राजस्थान B. उत्तर प्रदेश
C. ओडिशा D. पश्चिम बंगाल

68. किसी विशेष दिन लोक सभा में अधिकतम कितने तारांकित प्रश्न पूछे जा सकते हैं?
A. 15 B. 20
C. 25 D. कोई सीमा नहीं

69. लोक सभा चुनाव में कोई प्रत्याशी अपनी जमानत खो देता है यदि उसे प्राप्त न हो सके–
A. वैध मतों का 1/3 B. वैध मतों का 1/4
C. वैध मतों का 1/5 D. इनमें से कोई नहीं

70. उत्तर प्रदेश के अतिरिक्त लोक सभा में किन दो राज्यों का प्रतिनिधित्व सबसे अधिक है?
A. बिहार और आन्ध्र प्रदेश
B. महाराष्ट्र और पश्चिम बंगाल
C. कर्नाटक और आन्ध्र प्रदेश
D. तमिलनाडु और राजस्थान

71. लोक सभा के निर्वाचन क्षेत्रों का सीमा निर्धारण पहली बार निम्नलिखित में से किस ई॰ सन् में किया गया था?
A. 1970 B. 1972
C. 1976 D. 1977

72. संसद के दोनों सदनों की संयुक्त बैठक को भेजा गया विधेयक का पारित होना होता है–
A. उपस्थित सदस्यों के साधारण बहुमत से
B. कुल सदस्यों के पूर्ण बहुमत से
C. उपस्थित सदस्यों के दो-तिहाई बहुमत से
D. उपस्थित सदस्यों के तीन-चौथाई बहुमत से

73. निम्नलिखित में से कौन-सा एक लोक सभा का सर्वाधिक बड़ा (क्षेत्रफल के अनुसार) निर्वाचन क्षेत्र है?
A. काँगड़ा B. लद्दाख
C. कच्छ D. भीलवाड़ा

74. मंत्रिमंडल (संघीय) की बैठक की अध्यक्षता कौन करता है?
A. राष्ट्रपति B. उपराष्ट्रपति
C. लोकसभा अध्यक्ष D. प्रधानमंत्री

75. भारत के प्रधानमंत्री–
A. राष्ट्रपति द्वारा चुने जाते हैं
B. राज्यों के मुख्यमंत्री द्वारा चुने जाते हैं
C. लोक सभा में बहुमत दल के नेता होते हैं
D. चुने नहीं जाते, बल्कि वंशगत होते हैं

76. भारतीय संविधान के अनुसार तथ्यात्मक सम्प्रभुता निवास करती है–
A. संसद में B. राष्ट्रपति में
C. प्रधानमंत्री में D. जनता में

77. भारतीय संविधान के अनुच्छेद 74 और 75 किन विषयों पर विचार करते हैं?
A. मंत्रिपरिषद् B. लोक सभा के सदस्य
C. राष्ट्रपति D. मंत्रिमंडल के सदस्य

78. भारत सरकार का वह मंत्री जो संसद के दोनों में से किसी सदन का सदस्य नहीं है, उसे मंत्री के पद से मुक्त हो जाना पड़ता है–

A. 6 मास बाद B. 1 वर्ष बाद
C. 2 वर्ष बाद D. 3 वर्ष बाद

79. संघीय मंत्रिपरिषद् अपने आचरण के लिए किसके प्रति उत्तरदायी होता है?

A. राष्ट्रपति B. लोक सभा
C. राज्य सभा D. संसद

80. मंत्रिपरिषद् व्यक्तिगत रूप से उत्तरदायी होता है–

A. राष्ट्रपति के प्रति
B. प्रधानमंत्री के प्रति
C. लोकसभा अध्यक्ष के प्रति
D. संसद के प्रति

81. सामूहिक रूप से मंत्रिपरिषद् किसके प्रति उत्तरदायी होता है?

A. राष्ट्रपति B. प्रधानमंत्री
C. लोक सभा D. संसद

82. भारतीय गणराज्य में वास्तविक कार्यकारी प्राधिकार निम्नलिखित में से किसके पास होता है?

A. प्रधानमंत्री B. राष्ट्रपति
C. नौकरशाही D. मंत्रिपरिषद्

83. निम्नलिखित में से कौन भारत के उपप्रधानमंत्री नहीं रहे हैं?

A. सरदार पटेल B. एल.के. आडवाणी
C. चरण सिंह D. बी.डी. जत्ती

84. लोक सभा में विरोधी दल के नेता के रूप में मान्यता देने के लिए उसके दल के सदस्यों की संख्या कुल सदस्यों की संख्या के कम-से-कम कितने प्रतिशत होनी चाहिए?

A. 10% B. 15%
C. 25% D. 50%

85. लोक सभा में विरोधी दल के पहले मान्यता प्राप्त नेता थे–

A. श्यामा प्रसाद मुखर्जी B. इन्दिरा गाँधी
C. रामसुभग सिंह D. वाई.बी. चौहान

उत्तरमाला

1	**2**	**3**	**4**	**5**	**6**	**7**	**8**	**9**	**10**
C	A	C	B	C	D	A	C	D	D
11	**12**	**13**	**14**	**15**	**16**	**17**	**18**	**19**	**20**
A	C	C	D	D	D	B	A	C	C
21	**22**	**23**	**24**	**25**	**26**	**27**	**28**	**29**	**30**
C	A	A	B	D	D	D	D	D	C
31	**32**	**33**	**34**	**35**	**36**	**37**	**38**	**39**	**40**
A	C	D	C	D	C	C	A	A	C
41	**42**	**43**	**44**	**45**	**46**	**47**	**48**	**49**	**50**
A	B	C	B	A	D	B	A	D	A
51	**52**	**53**	**54**	**55**	**56**	**57**	**58**	**59**	**60**
A	C	A	D	D	A	A	C	A	C
61	**62**	**63**	**64**	**65**	**66**	**67**	**68**	**69**	**70**
A	C	C	C	D	B	B	B	D	B
71	**72**	**73**	**74**	**75**	**76**	**77**	**78**	**79**	**80**
B	A	B	D	C	A	A	A	B	A
81	**82**	**83**	**84**	**85**					
C	D	D	A	D					

☆☆☆☆☆☆

सामान्य विज्ञान

विज्ञान की विविध शाखाएं

नाम	अध्ययन	नाम	अध्ययन
एरोनॉटिक्स	वैमानिकी का अध्ययन	फिलाटेली	टिकट संग्रह कला
एनाटोमी	मानव शरीर की रचना	हार्टीकल्चर	बागवानी
आर्कियोलॉजी	पुरातत्व अध्ययन	सीस्मोलॉजी	भूकंप का अध्ययन
एकॉस्टिक	ध्वनि से संबंधित अध्ययन	ऑस्टोलॉजी	हड्डियों का अध्ययन
एस्ट्रोनामी	खगोल अध्ययन	जेनेटिक्स	आनुवंशिकी का अध्ययन
एण्टोमोलॉजी	कीटाणुओं का अध्ययन	जूलॉजी	जन्तु विज्ञान
एस्ट्रोफिजिक्स	ग्रह-मंडल का अध्ययन	बायलॉजी	प्राणी विज्ञान
कैलिस्थेनिक्स	व्यायाम विद्या का अध्ययन	जिओलॉजी	भूगर्भ की बनावट का अध्ययन
क्रोनोलॉजी	ऐतिहासिक क्रम का अध्ययन	पैथॉलाजी	रोगों का अध्ययन
बॉटनी	वनस्पति का अध्ययन	फिजिक्स	भौतिक विज्ञान
केमिस्ट्री	रसायन का अध्ययन	बायोकेमिस्ट्री	प्राणी का रासायनिक अध्ययन
सेरामिक्स	चीनी के बर्तनों के निर्माण का अध्ययन	युजेनिक्स	नस्ल सुधार का अध्ययन
इकोलॉजी	जीव एवं पर्यावरण संबंधों का अध्ययन	एटिमोलॉजी	शब्द व्युत्पत्ति का अध्ययन
एन्टोमोलॉजी	कीट-पतंगों का अध्ययन		

आविष्कार और आविष्कारक

आविष्कार	आविष्कारक	देश	सन्
वायुयान	ओरविल और विलबर राइट	अमेरिका	1903
बॉल-पांइट	जॉन जे॰ लाउड	अमेरिका	1888
बैरोमीटर	इवेंजलिस्ता टौरीसेली	इटली	1644
बाईसिकिल	कर्कपैट्रिक मैकमिलन	इंग्लैंड	1839-40
बाईफोकल लेंस	बेन्जामिन फ्रैंकलिन	अमेरिका	1780
बनसेन बर्नर	आर॰ विल्हेम वोन बनसेन	जर्मनी	1855
कार (पेट्रोल)	कार्ल बेन्ज	जर्मनी	1888
सीमेंट (पोर्टलैंड)	जोसेफ एस्पडिन	इंग्लैंड	1824
सिनेमा	निकोलस और जीन लूमियर	फ्रांस	1895
क्लॉक (मैकेनिकल)	आई.सिंग और लियांग लिंग-तसान	चीन	1725
डीजल इंजन	रूडोल्फ डीजल	जर्मनी	1895
डायनेमो	हाइपोलाइट पिक्सी	फ्रांस	1832
इलैक्ट्रिक लैम्प	थॉमस अल्वा एडिसन	अमेरिका	1879
सेफ्टी पिन	वाल्टर हन्ट	अमेरिका	1849
सिलाई मशीन	बार्थलेमी थिम्मोनियर	फ्रांस	1829
जहाज (भाप)	जे॰सी॰ पेरियर	फ्रांस	1775

जहाज (टरबाइन)	होन॰ सर सी॰ पारसंस	इंग्लैंड	1894
स्लाइड रूल	विलियम ऑग्ट्रेड	इंग्लैंड	1621
भाप का इंजन	जेम्स वॉट	इंग्लैंड	1765
स्टेनलेस स्टील	हेरि ब्रियरले	इंग्लैंड	1913
समुद्री जहाज	डेविड बुशनेल	अमेरिका	1776
टैंक	सर अर्नस्ट स्विनटन	इंग्लैंड	1914
टेलीग्राफ	एम॰ लम्मोंड	फ्रांस	1787
टेलीग्राफ कोड	सैमुअल एफ॰ बी॰ मोर्स	अमेरिका	1837
टेलीफोन (परफैक्टेड)	अलेक्जैण्डर ग्राहम बेल	अमेरिका	1876
टेलीस्कोप	हेन्स लिप्परशे	नीदरलैंड्स	1608
टेलीविजन (मैकेनिकल)	जे.एल॰ बेयर्ड	इंग्लैंड	1926
टेलीविजन (इलेक्ट्रॉनिक)	पी॰टी॰ फार्न्सवर्थ	अमेरिका	1927
थर्मामीटर	गैलिलियो गैलिली	इटली	1593
ट्रांसफार्मर	माइकल फैराडे	इंग्लैंड	1831
ट्रांजिस्टर	बरडीन, शोकले तथा ब्राट्टेन	अमेरिका	1948
टाइपराइटर	पेलेग्रिन टेर्री	इटली	1808
कपड़ा धोने की मशीन (विद्युत)	हर्ले मशीन कम्पनी	अमेरिका	1907
घड़ी	बारथोलोम्यू मैनफ्रेडी	इटली	1462

माप/तौल की इकाइयां

वॉट	बिजली की शक्ति की इकाई
ओम	विद्युत प्रतिरोध
हर्ट्ज	तरंगों की आवृत्ति
डाइन	बल की सापेक्ष इकाई
कैलोरी	ऊष्मा की इकाई
कूलम्ब	विद्युत की मात्रा
एम्पियर	विद्युत धारा
नॉट	समुद्र पोतों की गति
बार	वायुमंडलीय दाब की इकाई
डेसीबल	सापेक्ष ध्वनि की तीव्रता
एंगस्ट्रम	प्रकाश तरंगों की लम्बाई
कैरेट	बहुमूल्य पत्थर की तौल
फैदम	समुद्र की गहराई की इकाई
न्यूटन	बल
कैन्डला	ज्योति तीव्रता
प्रकाश वर्ष	आकाश के ग्रहों आदि की दूरी की इकाई

चिकित्सा विज्ञान संबंधी आविष्कार

फ्रेडरिक-बैटिन	इन्सुलिन (डायबिटीज के उपचार के लिए)
ब्रह्मचारी यू.एन.	काला-ज्वर बुखार की चिकित्सा
डॉ. क्रिश्चियन बर्नार्ड	हृदय प्रत्यारोपण
जी. डोमाग	सल्फा ड्रग्स
राबर्ट कोच	हैजे का टीका
डॉ. पाल मुलर	डी.डी.टी.
आइजकमैन	बेरी-बेरी की चिकित्सा
आर्थर बर्ग तथा जेम्स वाटसन	आर.एन.ए.
जेम्स वाटसन तथा क्रिक	डी.एन.ए.
ड्रेसर	एस्प्रिन
रेबी	क्लोरोक्वीन (कुनैन)
हरगोविन्द खुराना	कृत्रिम जीन
फिनले	टेरामाइसिन
ल्यूवेनहॉक	बैक्टीरिया
रोबर्थ	टायफायड के जीवाणु
रीड	पीले बुखार की चिकित्सा
फिन्सेन	अल्ट्रा वायलेट रेंज द्वारा चिकित्सा
पाल एरिक	सिफलिस की चिकित्सा
सर अलेक्जेंडर फ्लेमिंग और फ्लोरे	पेन्सिलिन
विलियम हार्वे	रक्त परिवहन (संचरण)
कार्ल लैंडस्टीनर	रक्त-आधान

हैनीमेन	होम्योपैथी की स्थापना
फंक	विटामिन
मैकुलन	विटामिन 'ए'
मैकुलन	विटामिन 'बी'
यूजोक्ट होल्कट	विटामिन 'सी'
एफ.जी. हॉपकिन्स	विटामिन 'डी'
एडवर्ड जेनर	चेचक का टीका
राबर्ट कोच	टी.बी. की चिकित्सा
लेनेक	स्टेथॉस्कोप
लार्डजोसेफ लिस्टर	एण्टीसेप्टिक द्वारा चिकित्सा
लुई पाश्चर	हाइड्रोफोबिया की चिकित्सा
डॉ. रोनेल्ड रॉस	मलेरिया की चिकित्सा
डॉ. जोन्स् इ. साल्क	एण्टी पोलियो वैक्सीन
सर जेम्स् हैरीसन	क्लोरोफार्म की खोज
वैक्समैन	स्ट्रेप्टोमाइसिन

विटामिन की कमी से होने वाले रोग

विटामिन	रोग	स्रोत
विटामिन A	रतौंधी	गाजर, दूध, अंडा
विटामिन B_{12}	अरक्तता	कलेजी, अंडा
विटामिन B_1	बेरी-बेरी	दाल, अंडा, मूंगफली
विटामिन C	स्कर्वी	संतरा, टमाटर
विटामिन B_2	मुँह की त्वचा	कलेजी, दूध, मांस
विटामिन D	सूखा रोग	सूर्य का प्रकाश,
विटामिन B_6	एनीमिया और होंठ फटना	कलेजी, दूध, मांस, मछली का तेल
विटामिन E	बांझपन	हरी सब्जियाँ, दूध, कलेजी
विटामिन B_7	पेलाग्रा	मछली, अंडा
विटामिन K	रक्त का थक्का जमने में कमी	हरी सब्जी

प्रमुख बीमारियों द्वारा प्रभावित अंग

बीमारी	प्रभावित अंग
निमोनिया	फेफड़े
टायफाइड	आँत
डिप्थीरिया	श्वसन नलिका
सिफलिस	जनन अंग
मेनिनजाइटिस	मस्तिष्क
आर्थ्राइटिस	जोड़ों की सूजन
एग्जीमा	चमड़ी
पीलिया	यकृत
अतिसार	आँत का अग्रभाग
सुजाक, श्वेत प्रदर	मूत्र मार्ग
प्लूरिसी	छाती
पायरिया	दाँत तथा मसूड़े
गठिया या ट्यूमैटिज्म	जोड़ों में
टिटनेस	तंत्रिका तंत्र, मांसपेशी
कुष्ठ	त्वचा, तंत्रिकाएं
हैजा	आँत, आहार नाल
रिकेट्स	हड्डियाँ
गोइटर (गण्डमाला)	थाइराइड ग्रंथि
काली खाँसी	श्वसन तंत्र
बॉट्यूलिज्म	तंत्रिका-तंत्र
एड्स	सम्पूर्ण शरीर
प्लेग	फेफड़े, लाल रक्त कणिकाएं
रेबीज या हाइड्रोफोबिया	तंत्रिका तंत्र
खसरा	सम्पूर्ण शरीर
कालाजार	रुधिर, प्लीहा व अस्थि मज्जा
हरपीस	त्वचा, श्लेष्मकला
क्षय रोग	शरीर का कोई भी अंग, विशेषकर फेफड़े
केटेरेक्ट, ग्लाइकोमा, ट्रेकोमा, मायोपिया	आँख
चेचक	सम्पूर्ण शरीर, विशेषकर चेहरा तथा हाथ-पैर

प्रमुख पाचक एन्जाइम एवं उनके कार्य

पाचक एन्जाइम	स्रोत	कार्य
टाइलिन	लार ग्रन्थि	स्टार्च का माल्टोस में परिवर्तन
एमाइलेज	लार ग्रन्थि, अग्न्याशय	पॉलीसैकेराइड का डाइसैकेराइड में परिवर्तन
पेप्सिन	आमाशय	प्रोटीन को पेप्टाइड खण्डों में तोड़ना
ट्रिप्सिन एवं काइमोट्रिप्सिन	अग्न्याशय	प्रोटीन एवं पॉलीपेप्टाइड को पेप्टाइड खण्डों में तोड़ना
लाइपेस	अग्न्याशय	ट्राइग्लिसराइड को वसीय अम्ल एवं मोनोग्लिसराइड में तोड़ना

मानव शरीर से सम्बन्धित महत्वपूर्ण तथ्य

तथ्य	स्थिति/मात्र
अस्थियों की कुल संख्या	206
सबसे छोटी अस्थि	स्टेपीज (मध्य कर्ण में)
सबसे लम्बी अस्थि	फीमर (जंघा में)
कशेरुकाओं की कुल संख्या	33
पेशियों की कुल संख्या	+639
सबसे लम्बी पेशी	सारटोरियस
बड़ी आँत की लम्बाई	1.5 मी (4.9 फीट)
छोटी आँत की लम्बाई	6.25 मी (20 फीट)
यकृत का भार (पुरुष में)	1.4-1.8 किग्रा
यकृत का भार (महिला में)	1.2-1.4 किग्रा
सबसे बड़ी ग्रन्थि	यकृत
सर्वाधिक पुनरुद्भवन की क्षमता	यकृत में
सबसे कम पुनरुद्भवन की क्षमता	मस्तिष्क में
शरीर का सबसे कठोर भाग	दाँत का इनेमल
सबसे बड़ी लार ग्रन्थि	पैरोटिड ग्रन्थि
शरीर का सामान्य तापमान	98.4°F (37°C)
शरीर में रुधिर की मात्रा	5.5 ली
हीमोग्लोबिन की औसत मात्रा (पुरुष में)	13.16 g/dl
हीमोग्लोबिन की औसत मात्रा (महिला में)	11.5-14 g/dl
श्वेत रुधिर कोशिकाओं (WBCs) की संख्या	5000-10000/cu mm
सबसे छोटी श्वेत रुधिर कोशिका	लिम्फोसाइट
सबसे बड़ी श्वेत रुधिर कोशिका	मोनोसाइट कोशिका
श्वेत रुधिर कोशिकाओं का जीवनकाल	120 दिन
लाल रुधिर कोशिकाओं (RBCs) का जीवनकाल	2-5 दिन
रुधिर का थक्का बनने का समय	3-6 मिनट
सर्वग्राही रुधिर वर्ग	AB
सर्वदाता रुधिर वर्ग	O
सामान्य रुधिर दाब	120/80 Hg
वयस्क में हृदय गति	72 बार प्रति मिनट

श्वसन अंग और उसके उदाहरण

श्वसन अंग	उदाहरण
फेफड़े	मनुष्य, मेंढक, पक्षी, छिपकली, पशु इत्यादि
त्वचा	मेंढक, केंचुआ
गिल्स	टैडपोल, मछली प्रॉन
श्वसन नाल	कीट
शरीर सतह	अमीबा, युग्लीना

जन्तु विज्ञान से सम्बन्धित महत्वपूर्ण तथ्य

विशेषता — **नाम**

- सबसे बड़ी स्तनी–**नीली व्हेल**
- सबसे विशाल स्थलीय स्तनी–**हाथी**
- सबसे बड़ी अस्थि–**फीमर (जंघा में)**
- सबसे बड़ा अण्डा–**शतुरमुर्ग**
- सबसे बड़ा शिरा–**इन्फीरियर वेना केवा**
- सबसे बड़ा स्थलीय पक्षी–**शतुरमुर्ग**
- विशालतम जीवित सरीसृप–**टर्टिल**
- विश्व में सबसे विषैला सर्प–**ऑस्ट्रेलिया का पेनिन्सुलर टाइगर सर्प**
- सबसे लम्बा स्तनी–**जिराफ**
- सबसे छोटी चिड़िया–**हमिंग बर्ड**
- दाँत रहित स्तनी–**चींटीखोर**
- शरीर का सबसे व्यस्त अंग–**यकृत**
- शरीर का सबसे भारी अंग–**यकृत**
- सबसे भारी कशेरुका–**लुम्बर**
- सबसे मजबूत पेशी–**जबड़े की पेशी**
- सबसे पुराना प्राइमेट–**लीमर**
- सबसे पुरानी स्तनी–***एकिडना***
- सबसे पुराना कपि–**गिब्बन**
- सबसे विषैला भारतीय सर्प–**किंग कोबरा**
- विषैली छिपकली–***हीलोडर्मा***
- विषैली मछली–**स्टोन मछली**
- अण्डा देने वाली स्तनी–***एकिडना,* डक बिल्ड प्लेटीपस**
- सबसे छोटा स्तनी–**छछुँदर**
- सबसे तेज दौड़ने वाला जन्तु–**चीता**
- सबसे बड़ा सर्प–**पाइथन**
- घोंसला बनाने वाला साँप–**किंग कोबरा**

✧✧✧✧✧

विश्व : विविध

विश्व की धार्मिक जनसंख्या (2022)

धर्मावलम्बी	मानने वालों की संख्या	धर्मावलम्बी	मानने वालों की संख्या
ईसाई	2.5 अरब	जुचे	1.9 करोड़
इस्लाम	1.9 अरब	स्पीरिटिज्म	1.4 करोड़
नास्तिक (atheism)	1.4 अरब	यहूदी	1.4 करोड़
हिंदू	107.0 करोड़	बहाई	89 लाख
बौद्ध	54.5 करोड़	जैन	64 लाख
चीनी लोक धर्म	47.6 करोड़	शिन्टो	28 लाख
एनीमिस्ट	13.6 करोड़	जरथ्रुस्ट	1.9 लाख
अफ्रीकन लोक धर्म	10.0 करोड़	टेनरिक्यो	20 लाख
सिक्ख	2.7 करोड़	एकल विश्ववादी	8 लाख

विदेशी लेखक

पुस्तकें	लेखक	पुस्तकें	लेखक
ए चाइना पैसेज	जे.के. गेलब्रेथ	ब्रेझनेव–द मास्क्स ऑफ पावर	जान डार्नवर्ग
ए डेंजरस प्लेस	डेनिस पैट्रिक मोमनिहन	सीजर एंड क्लियोपेट्रा	जार्ज बर्नार्ड शा
ए डॉल्स हाउस	इप्सन	कैंसर वार्ड	एलेक्जेंडर सोलझेनिस्तिन
ए फेयरवेल टू आर्म्स	अर्नेस्ट हैमिंग्वे	चार्जिंग	लियो विलमन
ए मिड समर नाईट्स ड्रीम	शेक्सपीयर	चैरी आर्कड	एंटन चेखोव
ए पेयर ऑफ ब्लू आईज	थॉमस हार्डी	चिल्ड्रन ऑफ गेबेल्वी	नकीब महफूज
ए पैसेज टू इंडिया	ई. एम. फोस्टर	कामेडी ऑफ इटर्स	शेक्सपीयर
बेबिट	सिनक्लेयर लिविस	क्राइम एंड पनिसमेंट	फिदूर दोस्तोवस्की
बेनहुर	लिविस वैलेस	क्रिटिकल मास	बिलयम ई. बूरोअज और राबर्ट विंड्रेम
बैरी पैचेज	येवगेनि येव्लुशेंको	क्रासिंग द थ्रेसहोल्ड ऑफ होप	पोप जान पॉल II
बर्थ एंड डेथ ऑफ सन	जार्ज गैमोव	द क्राउन ऑफ वाइल्ड ओलिव	जान रस्किन
बिटर स्वीट	नील कोवार्ड	कास्मोस	कार्ल सगन
द ब्लाइंड ब्यूटी	बेरिस पेस्त्रनक	डार्कनेस एट नून	आर्थर कोएस्लर
ब्लू बर्ड	मौरिस मैक्टरलिंक	दास कैपिटल	कार्ल मार्क्स
बोस्तां	जाय एडमसन		

पुस्तकें	लेखक
डेविड कापरफील्ड	चार्ल्स डिकेन्स
डेज ऑफ हिज ग्रेस	इविंद जानसन
डेथ ऑफ ए प्रेसिडेंट	बिलियम मैनचेस्टर
एम्मा	जेन आस्टिन
इंड्स एंड मींस	एलडोअस हक्सले
एस्केप	जान फोरस्टायल
इरहॉन	सेमुअल बटलर
एस्से ऑफ इलिया	चार्ल्स लैंब
आई ऑफ द स्ट्रीम	पैट्रिक ह्वाइट
एक्सपेंडिंग यूनिवर्स	आर्थर स्टेनले इडिंग्डन
एक्सपेरिमेंट विद अनट्रुथ	माइकल एंडरसन
फर्स्ट सर्किल	एलेक्जेंडर सोलझेनिस्तिन
फेस टू फेस	लिसे और लिसा बे
फैन्ट्स आर. फैक्ट्स	खान अब्दुल वली खान
ग्रामर ऑफ पॉलिटिक्स	हेराल्ड जोसफ लास्की
ग्रेट एक्सपैक्टेशन	चार्ल्स डिकिन्स
द ग्रेट इलयूजन	नार्मल एंजेल
ग्रे इमिनेंस	एलडोअस हक्सले
गुलग आर्किप्लेगो	अलेक्जेंडर सोल्फेनिस्तिन
गुलिवर्स ट्रेवल	जोनाथन स्विफ्ट
जिप्सी	पुश्किन
हेमलेट	विलियम शेक्सपीयर
हैप्पी वैली	पैट्रिक ह्वाइट
हीट एंड डस्ट	रुथ परावर झबवाला
इनसाइड एशिया	जॉन गुन्थर
इनसाइड द थर्ड राइट	एलबर्ट स्पेंसर
द इनविजिवल मैंन	एच. जी. वेल्स
इसेबेला	जान कीट्स
इवानहो	सर वॉल्टर स्काट
जेन आयर	शारलोटि ब्रान्टे
जेन क्रिस्टोफर	रोमेन रोलेण्ड
जंगल बुक	रूडयार्ड किपलिंग
जुलियस सीजर	विलियम शेक्सपीयर
जुरासिक पार्क	मिशेल क्रिकटन
केन एंड अवेल	जेफ्री आर्कर
वेन अटेंडेंट गॉडोट	सैमुअल बेकेट
कैनिल बर्थ	सर वॉल्टर स्काट
किडनैप्ड	राबर्ट लुईस स्टीवेंसन
किम	रूडयार्ड किपलिंग
लेस मिजरेबल्स	विक्टर ह्यूगो
लाईफ ऑफ डाक्टर सेमुअल जॉन्सन	जेम्स बॉस्वेल
लिविंग रूम	ग्राहम ग्रीन
लोलिता	बी. नाबाकोव
लार्ड ऑफ द फाइल्स	विलियम गोल्डिंग
नाइन डेज वंडर	जान मैंसफील्ड
नाइंटिन एटीफोर	जार्ज आरवेल
नाइन्थ सिंफनी	ली बेथोवन
ओ येरूशलम	लैरी कालिन्स
ओडिसी	होमर
ऑफ ह्यूमन बान्डेज	सोमरसेट मॉम
ओह, कैलकटा	कीनथ टिनन
ओह, लिबॉक्स जोर्स	सैमुअल बेकेट
द ओल्ड मैंन एंड सी	अर्नेस्ट हैमिंग्वे
ओलिवर ट्विस्ट	चार्ल्स डिकिन्स
आन कंट्राडिक्शन	माओत्से तुंग
वन हंर्डेड इयर्स ऑफ सॉलिट्रयूड	अक्ताविायो पेज
वार एण्ड पीस	लियो टालस्टाय
वन लाइफ	क्रिश्चन बर्नार्ड
ओनली वन इयर	स्वेतलाना
ऑरिजिन ऑफ स्पीसेज	चार्ल्स डार्विन
द ओरियन	रिचर्ड हेनरी हार्न
द प्रिंस	निकोलो मैक्यिावली
प्राइड एंड प्रेजूडिस	जेन ऑस्टिन
प्रिंसीपिया	आइजक न्यूटन ब्रोन्टे
द प्रोफेसर	चेरियट ब्रान्टे
पिगमेलियन	जार्ज बर्नार्ड शा
रेन्स केम	लुईस ब्रोमफील्ड
रेप ऑफ बांग्लादेश	एंथोनी मेक्रेहेंस
रेजर्स एज	डब्ल्यू. सोमरसेट मौम
रेड गॉनलेट	वाल्टर स्कॉट
रेड स्टार ओवर चायना	एजर स्नो

पुस्तकें	लेखक
रिफ्लेक्शन आन द फ्रेंच रिवोल्यूशन	एडमंड बर्क
रिप्रीव	जीन पॉल सार्थ
रिपब्लिक	प्लेटो
द राइबल्स	आर.बी. शेरिडन
रॉबिन्सन क्रूसो	डेनियल डिफो
स्पाई कैचर	पीटर राइट
सेंट जॉन	जार्ज बर्नार्ड शा
स्ट्रेंजर एंड ब्रदर्स ओमिनीबस	सी.पी. स्नो
सरवाइविंग डूम्स डे	ब्रूस सिवले
टेल्स फ्राम शेक्सपीयर	चार्ल्स लैम्ब
तिलिस्म	सर वाल्टर स्कॉट
टार्जन ऑफ द एप्स	एडगर राइस बूरोग्धूस
द टेम्पेस्ट	विलियम शेक्सपीयर
टेस ऑफ द डी अरबरविलिस	थामस हार्डी
टेस्टामेंट ऑफ ब्यूटी	राबर्ट ब्रिजेज
थैंक यू जीव्स	पी.जी. वोडहाउस
दि ट्रीटाइजेज ऑफ गवर्नमेंट	जॉन लॉक
ट्रॉपिक ऑफ कैंसर	हेनरी मिलर
द ट्रम्पेट मेजर	थामस हार्डी
ट्वैल्थ नाइट	विलियम शेक्सपीयर
द रेप ऑफ द लॉक	एलेक्जेंडर पोप
द कॉकर्र	पी.जी. वूडहाउस
द कोड	पी.जी. वूडहाउस
यूलीसेस	जेम्स ज्वाइस
अंकल टॉम्स केबिन	हैरिट बी. स्टोव
द यूनिवर्स अराउंड अस	जेम्स जींस
अनटू दिस लास्ट	जान रस्किन
द अपटर्न्ड स्वॉयल	मिखेल सोलोवोक
यूटोपिया	थामस मूर
वैली ऑफ डॉल्स	जैक्वेलिन सुसान
वॉयसरायज जर्नल	पेंडेरल मूल
विकार ऑफ वेकफील्ड	ओलिवट गोल्डस्मिथ
वेटिंग फॉर गोडाट	थामस बेकेट
वेक अप इंडिया	एनी बेसेंट
वार एंड पीस	लियो टॉलस्टाय

पुस्तकें	लेखक
द वेस्ट लैंड	टी.एस. इलियट
वे टू आफ आल फ्लेस	सेमुअल बटलर
गॉड इज ए बुलेट	बोस्टम तेरान
हैरी पाटर शृंखला की 7 पुस्तकें	जे.के. रोलिंग
द ब्लाइंड एसेसिन (वर्ष 2000 के लिए बुकर पुरस्कार से सम्मानित)	मारग्रेट एटवुड
राइडिंग दि बुलेट (इंटरनेट पर विश्व का प्रथम उपन्यास)	स्टीफन किंग
महादेवी वर्मा	कैरीन शोमर
द डे डायना डाइड	क्रिस्टोफर एण्डरसन
द नेक्स्ट वर्ल्डवार	जेम्स एडम्स
विजनेश @ द स्पीड ऑफ थॉट	बिल गेट्स
द टेस्टामेंट	जॉन ग्रीशम
ग्रेट वनडे इंटरनेशनल	गुलु एजेकील
ब्लाइंडनेस	जोस सरमागो
ऑल द नेम्स	जोस सरमागो
मैनुअल ऑफ पेंटिंग्स एंड कैलीग्राफी	जोस सरमागो
एम्सटर्डम (वर्ष 1998 के लिए बुकर पुरस्कार से सम्मानित)	इयान मैकेवन
मास्टर जार्जी	बेरिल बाइनब्रिज
इंगलैंड, इंगलैंड	जूलियन बार्नेस
द इंडस्ट्री ऑफ सोल्स	मार्टिन बूथ
ब्रेकफास्ट आन प्लूटो	पैट्रिक मैक्वे
द रेस्ट्रेन ऑफ वीट्स	मेंग्नस मिल्स
1998 : ए लव स्टोरी (मोनिका-क्लिंटन यौन संबंधों पर आधारित रिपोर्ट)	केनेथ स्टार
वूमन इन माडर्न इण्डिया	जेराल्डीन फोरवेस
सराह, द डचेज ऑफ यार्क : माई स्टोरी	साराह फार्ग्यूसन
द वेल्थ ऑफ नेशंस	एडम स्मिथ
विलहेम मिस्टर	जे.डब्ल्यू. वान गोथे
विटनेस टू एन इरा	फ्रैंक मोरिस
यूथेरिंग हाईट्स	इमिली ब्रोन्टे

संयुक्त राष्ट्र संघ (UNO)

संयुक्त राष्ट्र संघ (यूएनओ) : 'संयुक्त राष्ट्र' शब्द का प्रयोग सर्वप्रथम यू.एस.ए. के राष्ट्रपति फ्रैंकलिन डी. रूजवेल्ट द्वारा किया गया। संयुक्त राष्ट्र के चार्टर के निर्माण में 50 देशों के प्रतिनिधियों ने भाग लिया और इसकी घोषणा पर 26 जून, 1945 को हस्ताक्षर किए गए। लेकिन आधिकारिक रूप से यह 24 अक्टूबर, 1945 को अस्तित्व में आया। संयुक्त राष्ट्र के घोषणा पत्र में 19 अध्यायों में वर्गीकृत 111 अनुच्छेद हैं तथा एक प्रस्तावना है।

मुख्यालय/भाषाएं: संयुक्त राष्ट्र का मुख्यालय न्यूयॉर्क (अमेरिका) में है तथा इसका यूरोपीय कार्यालय जिनेवा में है। अरबी, चीनी, अंग्रेजी, फ्रेंच, रूसी और स्पेनिश संयुक्त राष्ट्र की आधिकारिक भाषाएं हैं। स्पेनिश महासभा तथा आर्थिक और सामाजिक परिषद् की भी आधिकारिक भाषा है।

ध्वज: संयुक्त राष्ट्र के ध्वज की पृष्ठभूमि हल्की नीली है तथा इसका मध्य भाग सफेद है, ध्वज पर विश्व का मानचित्र अंकित है जो उत्तरी ध्रुव की ओर से ऊपर उठा हुआ दिखाई देता है। मानचित्र पर फैली हुई जैतून की शाखाओं का एक युग्म (शांति के प्रतीक) भी अंकित हैं। इस ध्वज को महासभा द्वारा 20 अक्तूबर, 1947 को अपनाया गया था।

संयुक्त राष्ट्र संघ के अंग: इसके छह प्रमुख अंग हैं–साधारण सभा, सुरक्षा परिषद्, अन्तर्राष्ट्रीय न्यायालय, आर्थिक तथा सामाजिक परिषद्, न्यासी परिषद् तथा सचिवालय।

साधारण सभा: यह संयुक्त राष्ट्र की संसद है। संयुक्त राष्ट्र के सभी सदस्य इसके सदस्य होते हैं। प्रत्येक सदस्य राष्ट्र को इसमें 5 सदस्य भेजने का अधिकार है। 193 सदस्यों वाली यह महासभा विश्व शांति, अन्तर्राष्ट्रीय सहयोग तथा निरस्त्रीकरण पर विचार करती है।

सुरक्षा परिषद् (Security Council)

सुरक्षा परिषद् संयुक्त राष्ट्र का कार्यकारी अंग है। इसमें दो प्रकार के सदस्य होते हैं—स्थायी तथा अस्थायी। स्थायी सदस्यों : चीन, फ्रांस, ग्रेट ब्रिटेन, संयुक्त राज्य अमेरिका और रूस (पहले सोवियत संघ); के नाम घोषणा पत्र में ही उल्लिखित हैं। महासभा 2 वर्षों के कार्यकाल के लिए 10 अस्थायी सदस्यों का चुनाव करती है जिसमें से 5 सदस्य अफ्रीका और एशिया महादेश से, दो लैटिन अमेरिकी देशों से, दो पश्चिमी यूरोप व अन्य महादेश से और एक सदस्य पूर्वी यूरोपीय देशों में से चुना जाता है। 5 स्थायी सदस्यों को किसी कार्रवाई पर वीटो का अधिकार प्राप्त है।

अन्तर्राष्ट्रीय न्यायालय
(International Court)

न्यायालय एक स्वायत्त संस्था है जो अपने सभापति, उपसभापति और रजिस्ट्रार की नियुक्ति करती है। इसका मुख्यालय हेग, नीदरलैंड में है परन्तु आवश्यकता पड़ने पर अन्य स्थानों पर भी इसकी बैठक हो सकती है। संयुक्त राष्ट्र के सभी सदस्य अन्तर्राष्ट्रीय न्यायालय के स्वयंमेव सदस्य हैं।

इस न्यायालय में महासभा तथा सुरक्षा परिषद् द्वारा 9 वर्ष की अवधि के लिए निर्वाचित 15 स्वतंत्र न्यायाधीश होते हैं। उनकी नियुक्ति का आधार उनका 'उच्च नैतिक चरित्र' तो होता ही है, उनकी योग्यता इतनी होनी चाहिए कि वे अपने-अपने देश में सर्वोच्च न्यायिक पद पर नियुक्ति के योग्य माने जा सकें।

सचिवालय (Secretariat)

स्थायी रूप से निरंतर कार्य करने वाला एक ऐसा निकाय है जो संयुक्त राष्ट्र को सभा तथा परिषद् की सामाजिक बैठकों की श्रेणी से उठाकर एक स्थायी एवं सुसंबद्ध संगठन का स्वरूप प्रदान करता है। सचिवालय में एक महासचिव होता है जिसकी नियुक्ति सुरक्षा परिषद् की सिफारिश पर महासभा द्वारा की जाती है तथा न्यूयॉर्क और जिनेवा में कार्य करने वाले 10,000 से अधिक कर्मचारीगण होते हैं।

महासचिव का निर्वाचन 5 वर्षों के लिए होता है तथा अवकाश प्राप्ति के तत्काल बाद उसका फिर से निर्वाचन किया जा सकता है।

संयुक्त राष्ट्र के महासचिवों की सूची

1.	त्रिग्वेली (नार्वे)	1946-1953
2.	डॉ. डैग एच.ए.सी. हैमरशोल्ड (स्वीडन)	1953-1961
3.	ऊ थांट (म्यांमार)	1961-1971
4.	डॉ. कुर्त वाल्दहीम (ऑस्ट्रिया)	1972-1981
5.	पैरेज द कुइयार (पेरू)	1982-1991
6.	बुतरस बुतरस घाली (मिस्र)	1992-1996
7.	कोफी अन्नान (घाना)	1997-2006
8.	बान की-मून (दक्षिण कोरिया)	2007-2016
9.	एंटोनियो गुटेरस (पुर्तगाल)	2017 से —

संयुक्त राष्ट्र से संबद्ध विशिष्ट अभिकरण

1. अंतर्राष्ट्रीय आण्विक ऊर्जा अभिकरण (आईएईए) : संपूर्ण विश्व में अणुशक्ति का अधिक से अधिक उपयोग शांति, स्वास्थ्य तथा समृद्धि के लिए हो, इसे सुनिश्चित करने हेतु इस अभिकरण की स्थापना 29 जुलाई, 1957 को की गई। इसका मुख्यालय वियना में है।

2. अंतर्राष्ट्रीय श्रमिक संगठन (आईएलओ) : इसकी स्थापना 1919 में गई। यह मजदूरी, काम के घंटों के निर्धारण, नौकरी करने की न्यूनतम आयु, औद्योगिक सुरक्षा, सामाजिक सुरक्षा, संगठन बनाने की स्वतंत्रता जैसे विषयों पर न्यूनतम अंतर्राष्ट्रीय मानकों का निर्धारण करता है। इसका मुख्यालय जिनेवा, स्विट्जरलैण्ड में है।

3. अंतर्राष्ट्रीय पुनर्निर्माण एवं विकास बैंक (आईबीआरडी) : इसका लोकप्रिय नाम विश्व बैंक है। इसकी स्थापना राष्ट्रों को निवेश संबंधी पूंजी उपलब्ध करा कर उनके पुनर्निर्माण और विकास में सहायता उपलब्ध कराने हेतु 1945 में की गई थी। इसका मुख्यालय वाशिंगटन, संयुक्त राज्य अमेरिका में है।

4. अंतर्राष्ट्रीय वित्त परिषद् (आईएफसी) : इसकी स्थापना 1956 में की गई थी। इसका उद्देश्य सदस्य राष्ट्रों खासतौर से अल्प विकसित क्षेत्रों के आर्थिक विकास के लिए निजी उत्पादक उद्यमों को बढ़ावा देना है। इसका मुख्यालय वाशिंगटन, यूएसए में है।

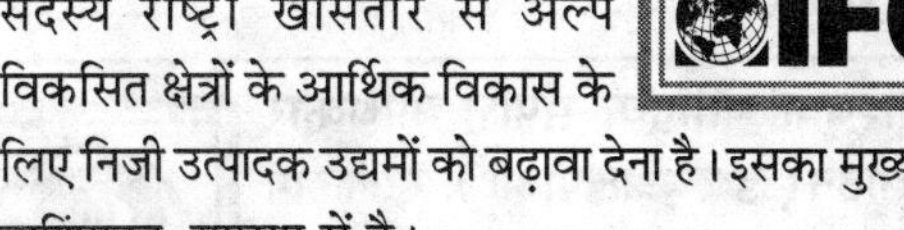

5. अंतर्राष्ट्रीय मुद्राकोष (आईएमएफ) : अंतर्राष्ट्रीय स्तर पर मौद्रिक सहयोग तथा व्यापार को बढ़ावा देने के लिए 27 दिसम्बर, 1945 को इस अभिकरण की स्थापना की गई थी। इसका मुख्यालय वाशिंगटन, यूएसए में है।

6. अंतर्राष्ट्रीय नागरिक उड्डयन संगठन (आईसीएओ) : अंतर्राष्ट्रीय उड्डयन की समस्याओं का अध्ययन करने तथा नागरिक उड्डयन के संदर्भ में अंतर्राष्ट्रीय मानकों और नियमन की स्थापना के लिए इस अभिकरण की स्थापना 4 अप्रैल, 1944 को हुई। यह सुरक्षा उपायों, प्रचालन हेतु एकसमान नियमों व अंतर्राष्ट्रीय सीमाओं के लिए सरलतम प्रक्रियाओं को बढ़ावा देता है। इसका मुख्यालय मांट्रियल, कनाडा में है।

7. अंतर्राष्ट्रीय तार संवाद संघ (आईटीयू) : इसकी स्थापना 1865 में अंतर्राष्ट्रीय तार संघ के नाम से की गई थी। परंतु 1934 में इसका नाम बदलकर अंतर्राष्ट्रीय तार संवाद संघ कर दिया गया। 1947 में इसका पुनर्गठन किया गया। यह सभी प्रकार के दूरसंचार के सुधार तथा तर्कसंगत इस्तेमाल के संदर्भ में अंतर्राष्ट्रीय सहयोग को बढ़ावा देता है। इसका मुख्यालय जिनेवा, स्विट्जरलैंड में है।

8. अंतर्राष्ट्रीय विकास संगठन (आईडीए) : विश्व बैंक से संबद्ध एक अभिकरण के रूप में इसकी स्थापना 1960 में की गई थी। यह अभिकरण अल्पविकसित देशों को महत्त्वपूर्ण परियोजनाओं हेतु बहुत ही कम ब्याज पर लम्बी अवधि के लिए ऋण उपलब्ध कराता है। इसका मुख्यालय वाशिंगटन, यूएसए में है।

9. अंतर्राष्ट्रीय मेरीटाइम संगठन (आईएमओ): समुद्र के संदर्भ में सरकारी नियमनों तथा कार्यों के क्षेत्र में सदस्य राष्ट्रों के बीच सहयोग बढ़ाने की एक मशीनरी के रूप में, इसका गठन 1948 में किया गया था। इसका मुख्यालय लंदन, यूके में है।

10. अंतर्राष्ट्रीय कृषि विकास कोष (आईएफएडी) : विकासशील देशों में कृषि विकास के लिए रियायती दरों पर अतिरिक्त संसाधनों को जुटाने के लिए इस अभिकरण की स्थापना 1977 में की गई थी। इसका मुख्यालय रोम, इटली में है।

11. व्यापार एवं प्रशुल्क पर सामान्य समझौता (गैट) : सदस्यों के बीच प्रशुल्कों को कम करने और उसे स्थिर बनाए रखने के लिए 'गैट' नामक एक समझौता किया गया। समझौते में विवादों का समाधान करने का प्रावधान है। अंततः 1 जनवरी, 1995 को गैट का अधिकार विश्व व्यापार संगठन (डब्ल्यूटीओ) के हाथ में आ गया।

12. खाद्य और कृषि संगठन (एफएओ) : पोषण स्तर तथा लोगों का जीवन स्तर ऊपर उठाने के उद्देश्य से इसकी स्थापना 1945 में की गई थी। यह आधारभूत भूमि एवं जन संसाधनों के विकास को बढ़ावा देता है तथा प्राथमिक वस्तुओं के लिए स्थिर अंतर्राष्ट्रीय बाजार की स्थापना करता है। इसका मुख्यालय रोम, इटली में है।

13. संयुक्त राष्ट्र शैक्षिक, वैज्ञानिक और सांस्कृतिक संगठन (यूनेस्को) : इसकी स्थापना 1946 में की गई थी। इसका लक्ष्य शिक्षा एवं समृद्ध सांस्कृतिक परम्पराओं तक लोगों की पहुंच बनाकर, वैज्ञानिक प्रयासों को संगठित कर, कलाकारों, शिक्षाविदों और बुद्धिजीवियों को एकजुट कर अंतर्राष्ट्रीय समझदारी में विकास की उपयुक्त परिस्थितियों का निर्माण करना है। इसका मुख्यालय पेरिस, फ्रांस में है।

14. संयुक्त राष्ट्र आपातकालीन बाल कोष (यूनिसेफ) : युद्ध का शिकार बने बच्चों के पुनर्वास तथा बच्चों के स्वास्थ्य की देखभाल करने के लिए 1946 में इसकी स्थापना की गई। बाढ़, भूकंप जैसी अन्य आपदाएं, जो बच्चों और माताओं को प्रभावित करती हैं, के समय यूनिसेफ ने आपातकालीन राहत कार्रवाइयां की हैं। इसका मुख्यालय न्यूयार्क, यूएसए में है।

15. संयुक्त राष्ट्र शरणार्थी उच्चायोग (यूएनएचसीआर) : इसकी स्थापना 1951 में की गई थी। यह अभिकरण अंतर्राष्ट्रीय सहायता की उम्मीद कर रहे शरणार्थियों की देखभाल के संदर्भ में अंतर्राष्ट्रीय सहयोग को संगठित करता है तथा इसका संयोजन और सर्वेक्षण करता है। इसका मुख्यालय जिनेवा (स्विटजरलैंड) में है।

16. संयुक्त राष्ट्र पर्यावरण कार्यक्रम (यूएनईपी) : प्राकृतिक पर्यावरण की सुरक्षा, वायु और ध्वनि प्रदूषण की रोकथाम, मिट्टी के क्षरण तथा मरुस्थलीकरण के विस्तार को रोकने आदि के संदर्भ में राष्ट्रों को सहयोग प्रदान करने हेतु इसकी स्थापना 1972 में की गई थी। इसका मुख्यालय नैरोबी, केन्या में है।

17. विश्व डाक संघ (यूपीयू) : इसकी स्थापना 1875 में ही हुई थो ।1949 में इसे संयुक्त राष्ट्र का अंग बना लिया गया। इसकी स्थापना सभी सदस्य देशों के बीच बेहतर संवाद व्यवस्था कायम करने हेतु एकल स्थलीय डाक व्यवस्था का निर्माण करने तथा डाक सेवा में सुधार करने हेतु किया गया था। इसका मुख्यालय बर्न, स्विट्जरलैंड में है।

18. संयुक्त राष्ट्र औद्योगिक विकास संगठन (यूनिडो) : यह अभिकरण 1967 में अस्तित्व में आया, परंतु 1979 में एक नए संविधान को स्वीकृत किया गया। इसका उद्देश्य नई अंतर्राष्ट्रीय आर्थिक व्यवस्था की स्थापना में सहयोग करने को ध्यान में रखते हुए विकासशील देशों में औद्योगिक विकास को बढ़ावा देना है। इसका मुख्यालय वियेना, आस्ट्रिया में है।

19. व्यापार और विकास पर संयुक्त राष्ट्र सम्मेलन (अंकटाड) : विकासशील देशों में आर्थिक विकास को बढ़ावा देकर उन्हें विकसित देशों की श्रेणी में खड़ा करने के उद्देश्य से तथा अंतर्राष्ट्रीय व्यापार को बढ़ावा देने के उद्देश्य से इसकी स्थापना 1964 में की गई थी। इसका मुख्यालय जिनेवा (स्विटजरलैंड) में है।

20. संयुक्त राष्ट्र जनसंख्या कोष (यूएनएफपीए) : इसकी स्थापना 1969 में की गई। यह विश्व जनसंख्या की समस्याओं का समाधान करता है तथा परिवार कल्याण से संबंधित परियोजनाओं के लिए वित्त प्रदान करता है। इसका मुख्यालय न्यूयार्क (यू.एस.ए.) में है।

21. वैश्विक बौद्धिक संपत्ति अधिकार संगठन (डब्ल्यूआईपीओ): स्टाकहोम में एक समझौते पर हस्ताक्षर किए जाने के बाद, इसकी स्थापना 1967 में की गई। इसका मुख्यालय जिनेवा में है। यह वैश्विक आधार पर औद्योगिक संपदा (आविष्कार, खोजों, ट्रेडमार्क और डिजायन) तथा कापीराइट सामग्री (साहित्यिक लेखों, कलाकृतियों, तस्वीरों अथवा अन्य कलात्मक उपलब्धियों) को सुरक्षा प्रदान करता है।

22. विश्व मौसम विज्ञान संगठन (डब्ल्यूएमओ) : मौसम और अंतरिक्ष संबंधी सर्वेक्षण करने और इनसे संबंधित अन्य भू-भौतिक सर्वेक्षणों के लिए स्टेशनों का नेटवर्क स्थापित

करने के लिए विश्वव्यापी सहयोग को संगठित करने के उद्देश्य से यह अभिकरण 1951 में अस्तित्व में आया। यह मौसम विज्ञान के क्षेत्र में अनुसंधान और प्रशिक्षण को बढ़ावा देता है। इसका मुख्यालय जिनेवा, स्विट्जरलैंड में है।

23. विश्व स्वास्थ्य संगठन (डब्ल्यूएचओ) : इसकी स्थापना 1948 में की गई। इसका लक्ष्य सभी लोगों के लिए स्वास्थ्य के सर्वोच्च मानकों की प्राप्ति है। यह औषधियों के लिए जैविक मानक तैयार करने, रोगों के बारे में सूचनाओं को एकत्र करने एवं उनका प्रसारण करने तथा तकनीकी और वैज्ञानिक कार्यों के संबंध में विशिष्ट अंतर्राष्ट्रीय अनुसंधान कराने और उनका प्रकाशन करने जैसे कार्यों से संलग्न है। इसका मुख्यालय जिनेवा, स्विट्जरलैंड में है।

24. विश्व व्यापार संगठन (डब्ल्यूटीओ) : गैट के स्थान पर इस अभिकरण की स्थापना 1995 में की गई। यह 120 देशों के बीच 8 वर्षों तक चली लम्बी चर्चा का प्रतिफल था। इसका लक्ष्य सदस्य देशों के बीच व्यापार को बढ़ावा देना है तथा सभी प्रकार की प्रत्यक्ष-अप्रत्यक्ष बाधाओं को दूर करना है। इसका मुख्यालय जिनेवा में है।

प्रमुख अन्तर्राष्ट्रीय सहयोग संगठन

संगठन	स्थापना वर्ष	मुख्यालय	प्रमुख उद्देश्य
• राष्ट्रमंडल	1949	लंदन	भूतपूर्व ब्रिटिश उपनिवेशों के परस्पर (Commonwealth) हितों की रक्षा।
• गुट निरपेक्ष आंदोलन (NAM)	1961	जकार्ता	शांति एवं निरस्त्रीकरण।
• दक्षिण एशियाई क्षेत्रीय सहयोग संघ (SAARC)	1985	काठमांडू	दक्षिण एशियाई क्षेत्र के देशों में परस्पर सहयोग।
• आसियान	1967	जकार्ता	दक्षिण पूर्व एशिया में आर्थिक प्रगति को त्वरित करना तथा स्थायित्व को बनाए रखना।
• एपेक	1989	सिंगापुर	प्रशांत तटीय देशों में क्षेत्रीय सहयोग एवं मुक्त व्यापार।
• बिम्सटेक	1997	ढाका	आपसी सहयोग के लिए व्यापार निवेश, उद्योग एवं विज्ञान तकनीक को बढ़ावा देना।
• उत्तर अटलांटिक संगठन (NATO)	1949	ब्रुसेल्स	परस्पर सैनिक शक्ति संतुलन बनाए रखना।
• यूरोपीय संघ	1958 में स्थापित EEC का परिवर्तित रूप	ब्रुसेल्स	यूरोप के आर्थिक सामाजिक मुद्दों पर विचार करना, जनवरी 2002 से यूरो मुद्रा का यूरोप के 17 देशों में चलन, 1998 में फ्रेंकफर्ट (जर्मनी) में 'यूरोपीय सेन्ट्रल बैंक' की स्थापना, 27 सदस्यीय यूरोपीय संघ के 8 देश यूरो मुद्रा संघ के सदस्य नहीं हैं।
• ओपक (OPEC)	1960	वियना	तेल निर्यातक देशों का संगठन सदस्य राष्ट्रों के हितों की सुरक्षा एवं गला काट स्पर्धा उत्पन्न होने से रोकता है।
• शंघाई सहयोग संगठन (SCO)	2001	बीजिंग	चीन, रूस, कजाखस्तान, किर्गिस्तान, ताजिकिस्तान, उज्बेकिस्तान, भारत एवं पाकिस्तान इसके सदस्य राष्ट्र हैं।
• ब्रिक्स (BRICS)	2008	–	ब्राजील, रूस, भारत, चीन, दक्षिण अफ्रीका, मिस्र, इथोपिया, ईरान, संयुक्त अरब अमीरात और सऊदी अरब इसके सदस्य राष्ट्र हैं।
• स्वतंत्र देशों का राष्ट्रकुल (CIS)	1991	मिंस्क (बेलारूस)	यह सोवियत संघ से पृथक हुए देशों का संगठन है। इसका मुख्य उद्देश्य सदस्य राष्ट्रों के बीच सहयोग व समन्वय है।
• एशियाई विकास बैंक (ADB)	1967	मनीला	इसका मुख्यालय मनीला, फिलीपीन्स में है। संयुक्त राष्ट्र इसका प्रायोजक है।
• इंटरपोल	1923	लियोन (फ्रांस)	इसकी स्थापना का उद्देश्य सदस्य देशों के बीच पुलिस गतिविधियों में बेहतर संयोजन स्थापित करना है।

☆☆☆☆☆☆

भारत : विविध

भारत एक संक्षिप्त परिचय

✦ जनसंख्या	:	1,21,08,54,977 (1.21 अरब)
✦ क्षेत्रफल	:	32,87,263 वर्ग कि.मी.
✦ भौगोलिक स्थिति	:	8°4' और 37°6' उत्तरी अक्षांश के बीच
	:	68°7' और 97°25' पूर्वी देशांतर के बीच
✦ तटरेखा की लम्बाई	:	11,098.81 कि.मी.
✦ प्रमुख भाषाएं	:	22
✦ राष्ट्र गान	:	जन-गण-मन
✦ राष्ट्र गीत	:	वंदे मातरम्
✦ राष्ट्रीय मुद्रा	:	रुपया (₹) (1 रुपया = 100 पैसे)
✦ राष्ट्रीय पशु	:	बाघ
✦ राष्ट्रीय पक्षी	:	मोर
✦ भारत की चारित्रिक विशेषताएँ	:	समाजवादी, पंथनिरपेक्ष, लोकतांत्रिक, गणराज्य
✦ विधान मण्डल	:	केन्द्र में द्विसदनीय संसद तथा राज्यों में एकल, द्विसदनीय विधान मण्डल
✦ कार्यकारी कार्यपालिका	:	केन्द्र में राष्ट्रपति, उपराष्ट्रपति और मंत्रिपरिषद्, राज्य में राज्यपाल और मंत्रिपरिषद्
✦ विधायिका	:	राष्ट्रपति और लोकसभा एवं राज्य सभा
✦ न्यायपालिका	:	कार्यपालिका से स्वतंत्र, सर्वोच्च न्यायालय सबसे बड़ी न्यायिक संस्था
✦ सड़क मार्ग की लम्बाई	:	66.71 लाख कि.मी. से अधिक
✦ खाद्यान्न उत्पादन	:	353.96 मिलियन टन (2024-2025)
✦ प्रति व्यक्ति आय	:	₹ 2,00,162 (2024-2025 के चालू मूल्यों पर अनुमानित)

वैज्ञानिक गतिविधियां

परमाणु ऊर्जा

भारत में परमाणु ऊर्जा कार्पोरेशन लिमिटेड के अधीन सात परमाणु निर्माण केन्द्र (अणु ऊर्जा बिजलीघर) चल रहे हैं।

(i) तारापुर-महाराष्ट्र
(ii) रावतभाटा-राजस्थान
(iii) कल्पक्कम-तमिलनाडु
(iv) नरौरा-उत्तर प्रदेश
(v) काकरापारा-गुजरात
(vi) कुडनकुलम-तमिलनाडु, और
(vii) कैगा-कर्नाटक।

प्रमुख ऊर्जा परियोजनाएं

1. ताप बिजलीघर (थर्मल परियोजनाएं)

1.	कोठागुंडम परियोजना	: आन्ध्र प्रदेश	14.	एन्नोर परियोजना	: तमिलनाडु
2.	नहरकटिया परियोजना	: असम	15.	नैवेली परियोजना	: तमिलनाडु
3.	बरौनी परियोजना	: बिहार	16.	हरदुआगंज परियोजना	: उत्तर प्रदेश
4.	पतरातू परियोजना	: झारखण्ड	17.	पनकी परियोजना	: उत्तर प्रदेश
5.	बदरपुर परियोजना	: दिल्ली	18.	सिंगरौली परियोजना	: उत्तर प्रदेश
6.	धुवारन परियोजना	: गुजरात	19.	रामगुंडम परियोजना	: आन्ध्र प्रदेश
7.	उकाई परियोजना	: गुजरात	20.	फरक्का परियोजना	: प. बंगाल
8.	कोरबा परियोजना	: छत्तीसगढ़	21.	रिहन्द परियोजना	: उत्तर प्रदेश
9.	विन्ध्याचल परियोजना	: मध्य प्रदेश	22.	कहलगांव परियोजना	: बिहार
10.	सन्थालडीह परियोजना	: प. बंगाल	23.	सतपुड़ा परियोजना	: मध्य प्रदेश-राजस्थान
11.	कोराडी परियोजना	: महाराष्ट्र	24.	ट्राम्बे परियोजना	: महाराष्ट्र
12.	तालचर परियोजना	: ओडिशा	25.	बंडेल परियोजना	: प. बंगाल
13.	नानक परियोजना	: पंजाब	26.	दहानू परियोजना	: महाराष्ट्र

2. पनबिजली घर (हाइड्रो इलेक्ट्रिक परियोजनाएं)

1.	मचकुंड परियोजना	: आन्ध्र प्रदेश	12.	दूलहस्ती परियोजना	: जम्मू व कश्मीर
2.	श्री सैलम परियोजना	: आन्ध्र प्रदेश	13.	उरी परियोजना	: जम्मू व कश्मीर
3.	सिलेरू परियोजना	: आन्ध्र प्रदेश	14.	चमेरा परियोजना	: हिमाचल प्रदेश
4.	सलाल परियोजना	: जम्मू व कश्मीर	15.	टनकपुर परियोजना	: उत्तराखंड
5.	शरावती परियोजना	: कर्नाटक	16.	बैरा सियुल परियोजना	: हिमाचल प्रदेश
6.	इडुकी परियोजना	: केरल	17.	भाखड़ा परियोजना	: पंजाब
7.	कोयना परियोजना	: महाराष्ट्र	18.	यमुना परियोजना	: उत्तराखंड
8.	लोकटक परियोजना	: मणिपुर	19.	नाथपा झाकरी परियोजना	: हिमाचल प्रदेश
9.	हीराकुड परियोजना	: ओडिशा	20.	दोयांग परियोजना	: नगालैण्ड
10.	यमुना परियोजना	: उत्तर प्रदेश	21.	रंगानदी परियोजना	: अरुणाचल प्रदेश
11.	मनेरी परियोजना	: उत्तराखंड			

भारी जल

प्रेशराइज्ड हैवी वाटर रिएक्टरों को चलाने के लिए भारी जल की आवश्यकता अनिवार्य है : यह कूलैंट और मॉडरेटर का काम करता है। भारी जल का पहला कारखाना 1961 में नंगल में बना था। बाद में 7 अन्य कारखाने (i) वडोदरा, (ii) तूतीकोरिन, (iii) कोटा, (iv) तालचेर, (v) थाल, (vi) हजीरा और (vii) मानगुरु में स्थापित किए गए हैं।

अनुसंधान एवं विकास केन्द्र

परमाणु ऊर्जा और उससे जुड़े विषयों में अनुसंधान के प्रमुख केन्द्र हैं : (i) भाभा एटॉमिक रिसर्च सेन्टर, ट्रॉम्बे (महाराष्ट्र), (ii) इन्दिरा गांधी सेन्टर फॉर एटॉमिक रिसर्च, कलपक्कम (तमिलनाडु), (iii) सेन्टर फॉर एडवान्स्ड टेक्नॉलोजी इन्दौर (मध्य प्रदेश), (iv) वेरिएबल एनर्जी साइक्लोट्रॉन सेन्टर, कोलकाता (पश्चिम बंगाल) और (v) एटॉमिक मिनरल्स डायरेक्टोरेट फॉर एक्सप्लोरेशन एण्ड रिसर्च, हैदराबाद (तेलंगाना)।

परमाणु ऊर्जा विभाग के अधीन सरकारी क्षेत्र के चार उपक्रम हैं : (i) न्यूक्लियर पावर कार्पोरेशन ऑफ इण्डिया लिमिटेड, (ii) यूरेनियम कार्पोरेशन ऑफ इण्डिया लिमिटेड, (iii) इण्डियन रेयर अर्थ्स लिमिटेड, (iv) इलेक्ट्रॉनिक्स कार्पोरेशन ऑफ इण्डिया लिमिटेड।

अन्तरिक्ष अनुसंधान

भारतीय अन्तरिक्ष अनुसंधान संगठन 1969 में स्थापित हुआ, लेकिन भारत में औपचारिक ढंग से अन्तरिक्ष कार्यक्रम 1972 में अन्तरिक्ष आयोग और अन्तरिक्ष विभाग की स्थापना के बाद प्रारंभ हुआ। भारत के अंतरिक्ष कार्यक्रम का प्रमुख लक्ष्य अंतरिक्ष आधारित सेवाओं का प्रयोग, संचार, मौसम विज्ञान, संसाधनों के सर्वे जैसे कामों को करना है और इस प्रयोजन की पूर्ति के लिए उपग्रह तैयार करना, उन्हें कक्षा में पहुंचाने हेतु यान और इससे संबंधित प्रणालियों का विकास करना है।

उपग्रह प्रक्षेपण

(1) **आर्यभट्ट :** 19 अप्रैल, 1975 को दोपहर 1 बजे भारत ने अपना पहला उपग्रह आर्यभट्ट कक्षा में स्थापित किया। इसके साथ ही भारत अंतरिक्ष युग में प्रवेश करने वाला ग्यारहवां देश बन गया।

(2) **भास्कर :** भारत का दूसरा उपग्रह भास्कर 7 जून, 1979 को सायं 4 बजे सोवियत कास्मोड्रम से अंतरिक्ष की कक्षा में स्थापित किया गया। 444 किलोग्राम वजन वाले इस उपग्रह का निर्माण बंगलूर स्थित उपग्रह-निर्माण केन्द्र में भारतीय वैज्ञानिकों ने किया था।

(3) **रोहिणी :** 10 अगस्त, 1979 को प्रात: 8.30 बजे भारत ने एस.एल.वी. 3 (उपग्रह प्रक्षेपक वाहन) नामक राकेट द्वारा 35 किलोग्राम भार वाले रोहिणी उपग्रह को कक्षा में स्थापित किया। इस राकेट का निर्माण-कार्य विक्रम साराभाई अंतरिक्ष केन्द्र में पूरा हुआ था।

(4) **रोहिणी II :** भारत के चतुर्थ उपग्रह रोहिणी II को 18 जुलाई, 1980 को श्रीहरिकोटा से एस.एल.वी. 3 वाहन द्वारा अंतरिक्ष में भेजा गया।

(5) **एपल (APPLE) :** भारतीय 'एपल' उपग्रह 19 जून, 1981 को फ्रांसीसी गयाना के कोरू अंतरिक्ष केन्द्र से यूरोपीय प्रक्षेपण रॉकेट 'एरियन' की सहायता से अंतरिक्ष में प्रक्षेपित किया गया था। एपल एक संचार उपग्रह था।

(6) **भास्कर II :** भारत ने अपना पांचवां उपग्रह भास्कर II, 20 नवम्बर, 1981 को रूस के वोल्गाग्राद अंतरिक्ष केन्द्र से रूस द्वारा प्रदत्त उत्थापक रॉकेट द्वारा अंतरिक्ष कक्षा में प्रस्थापित किया।

(7) **इन्सेट-1A :** भारत का प्रथम बहुप्रयोजनीय संचार उपग्रह इन्सेट-1A, 10 अप्रैल, 1982 को अमेरिका के केनेडी स्पेस सेन्टर से अंतरिक्ष में स्थापित किया गया।

(8) **इन्सेट-1 B :** भारत का दूसरा बहुप्रयोजनीय उपग्रह इन्सेट-1 B अमरीकी स्पेस शटल द्वारा 31 अगस्त, 1983 को कक्षा में पहुंचाया गया। यह एक साथ तीन सेवायें देता है—दूर संचार, जन संचार एवं मौसम संबंधी जानकारी।

(9) **IRS-1A :** 17 मार्च, 1988 को भारत का 980 कि.ग्रा. का दूर संवेदी उपग्रह IRS-1A पूर्व सोवियत रूस के बैकानूर अंतरिक्ष केन्द्र से रूसी राकेट की सहायता से अंतरिक्ष में भेजा गया।

(10) **IRS-1B :** भारत का दूसरा संवेदी उपग्रह IRS-1B एक सोवियत राकेट की सहायता से 29 अगस्त, 1991 को अंतरिक्ष में पहुंचाया गया।

(11) **INSAT- 2B :** यह उपग्रह 23 जुलाई, 1993 को फ्रेंच गयाना, के कोरू अंतरिक्ष केन्द्र से छोड़ा गया।

(12) **INSAT-2C :** दक्षिणी अमेरिका में फ्रेंच गयाना के कोरू अंतरिक्ष केन्द्र से यूरोपियन स्पेस एजेन्सी के एरियन रॉकेट से 7 दिसम्बर, 1995 को INSAT-2C को सफलतापूर्वक अंतरिक्ष में पहुंचाया गया।

(13) **IRS-1C :** विश्व का सबसे समुन्नत दूरसंवेदी उपग्रह भारत का IRS-1C उपग्रह 28 दिसम्बर 1995 को बैकानूर अंतरिक्ष केन्द्र से एक रूसी रॉकेट की सहायता से सफलतापूर्वक अंतरिक्ष में छोड़ा गया।

(14) **INSAT-2D :** भारत के चौथे दूरसंचार उपग्रह INSAT-2D को 4 जून, 1997 को फ्रेंच गयाना के कोरू अंतरिक्ष से यूरोपियन रॉकेट एरियन की मदद से सफलतापूर्वक अंतरिक्ष में पहुंचाया गया।

(15) **IRS-1D :** 7 अक्टूबर, 1997 को इस उपग्रह को पी.एस.एल.वी-डी4 की सहायता से अंतरिक्ष में पहुंचाया गया।

(16) **INSAT-2E :** INSAT-2 श्रृंखला का अंतिम उपग्रह INSAT- 2E 3 अप्रैल, 1999 को फ्रेंच गुयाना में कौरू से यूरोपियन एरियन 42P रॉकेट की सहायता से सफलतापूर्वक अंतरिक्ष में पहुंचाया गया।

(17) **INSAT-3B :** INSAT 3 श्रृंखला का पहला उपग्रह INSAT-3B 22 मार्च, 2000 को फ्रेंच गयाना के कोरू अंतरिक्ष केन्द्र से एरियन-5 रॉकेट की सहायता से सफलतापूर्वक अंतरिक्ष में पहुंचाया गया। इस पर 429 करोड़ रुपए (लान्च एवं बीमा सहित) की लागत आई है।

(18) **INSAT-3C :** INSAT 3 श्रृंखला का दूसरा उपग्रह INSAT-3C 24 जनवरी, 2002 को कौरू से सफलतापूर्वक छोड़ा गया।

(19) **MET SAT:** देश के पहले विशिष्ट मौसम उपग्रह 'मेट सैट' (MET SAT) का सफल प्रक्षेपण 12 सितम्बर, 2002 को PSLV-C4 के जरिए श्रीहरिकोटा से किया गया।

(20) **INSAT-3A:** बहुउद्देश्यीय उपग्रह INSAT-3A का 10 अप्रैल, 2003 को फ्रेंच गुयाना के कौरू प्रक्षेपण स्थल से सफल प्रक्षेपण किया गया।

(21) **INSAT-3E:** बहुउद्देश्यीय संचार उपग्रह INSAT-3E का 28 सितम्बर, 2003 को फ्रेंच गुयाना के कौरू प्रक्षेपण स्थल से सफल प्रक्षेपण किया गया।

(22) PSLV-C6 : पांच मई 2005 को बंगाल की खाड़ी के तट पर स्थित श्री हरिकोटा के सतीश धवन अंतरिक्ष केन्द्र से अत्याधुनिक दूर संवेदी उपग्रह 'कार्टोसेट-1' और हैमसेट को सफलतापूर्वक ध्रुवीय और समस्थैतिक कक्षा में स्थापित किया गया।

(23) INSAT-4B : चौथी पीढ़ी के संचार उपग्रह INSAT-4B का 12 मार्च, 2007 को फ्रेंच गुयाना के कौरू प्रक्षेपण स्थल से सफल प्रक्षेपण किया गया।

(24) PSLV-C7 : PSLV-C7 द्वारा 10 जनवरी, 2007 को श्री हरिकोटा से चार उपग्रहों को सफलतापूर्वक प्रक्षेपण किया गया।

(25) PSLV-C8 : PSLV-C8, द्वारा 23 अप्रैल, 2007 को इटली के उपग्रह 'एजाइल' को सफलतापूर्वक अंतरिक्ष की कक्षा में स्थापित किया गया।

(26) INSAT-4CR: संचार उपग्रह इनसैट-4 सीआर का 2 सितम्बर, 2007 को श्री हरिकोटा से जिओसिनक्रोनस सैटलाइट लॉन्च वीइकल (जीएसएलवीएफ-04) द्वारा सफल प्रक्षेपण किया गया।

(27) PSLV-C14: भारतीय अंतरिक्ष अनुसंधान संगठन (इसरो) ने 23 सितम्बर, 2009 को देश के 16वें दूरसंवेदी उपग्रह ओशनसेट-2 सहित सात उपग्रहों को पीएसएलवी-C14 की सहायता से महज 20 मिनट में सफलतापूर्वक कक्षा में स्थापित कर दिया।

(28) PSLV-C15: 12 जुलाई, 2010 को कार्टोसेट-2B सहित पांच उपग्रहों का सफल प्रक्षेपण किया गया।

(29) PSLV-C16: 20 अप्रैल, 2011 को तीन स्वदेशी उपग्रहों को उनकी कक्षा में स्थापित किया गया।

(30) PSLV-C17: 15 जुलाई, 2011 को संचार उपग्रह जीसैट-12 को उसकी कक्षा में स्थापित किया गया।

(31) PSLV-C18: 12 अक्टूबर, 2011 को 'मेघा-ट्रॉपिक्स' सहित चार उपग्रहों को कक्षा में स्थापित किया गया।

(32) PSLV-C19: 26 अप्रैल, 2012 को राडार इमेजिंग सेटेलाइट रीसैट-1 को उसकी कक्षा में स्थापित किया गया।

(33) PSLV-C21: 9 सितंबर, 2012 को दो विदेशी उपग्रहों स्पॉट-6 (फ्रांस) और प्राइटेरेस (जापान) को उनकी कक्षा में स्थापित किया गया।

(34) एरियन-5: 29 सितम्बर 2012 को संचार उपग्रह जी सैट-10 वीं उसकी कक्षा में स्थापित किया गया।

(35) PSLV-C20: 25 फरवरी 2013 को मौसम संबंधी उपग्रह 'सरल' को उसकी कक्षा में स्थापित किया गया।

(36) PSLV-C26: 16 अक्टूबर 2014 को आइआरएनएसएस 1 सी नौवहन उपग्रह को उसकी कक्षा में स्थापित किया गया।

(37) PSLV-C27: 28 मार्च 2015 को आइआरएनएसएस 1 डी का सफल प्रक्षेपण किया गया।

(38) PSLV-C38: 23 जून, 2017 को कार्टोसेट-2 सहित 31 उपग्रहों का सफल प्रक्षेपण किया गया।

(39) IRNSS-1E : इसरो ने पीएसएलवी सी-31 के द्वारा 20 जनवरी, 2016 को 1425 किलोग्राम वजनी दिशासूचक उपग्रह आईआरएनएसएस-1ई को सफलतापूर्वक अंतरिक्ष में प्रक्षेपित किया।

(40) GSLV-F05 : इसरो ने भूस्थैतिक प्रक्षेपण यान जीएसएलवी एफ 05 से मौसम उपग्रह इनसैट 3डीआर का सफल प्रक्षेपण श्रीहरिकोटा से 8 सितम्बर, 2016 को किया।

(41) GSLV-III : देश का सबसे भारी और शक्तिशाली स्वदेशी रॉकेट जीएसएलवी मार्क-III को 5 जून, 2017 को अंतरिक्ष में सफलतापूर्वक प्रक्षेपित किया गया।

(42) PSLV-C37 : इसरो ने 15 फरवरी, 2017 को सतीश धवन अंतरिक्ष केन्द्र, श्री हरिकोटा से कार्टोसेट-2 सीरीज उपग्रह के साथ 103 अन्य उपग्रहों का सफलतापूर्वक प्रक्षेपण किया।

(43) PSLV-C50 : 17 दिसम्बर, 2020 को संचार उपग्रह CMS-01 का सफल प्रक्षेपण किया गया।

(44) PSLV-C51 : 28 फरवरी, 2021 को संचार उपग्रह एमेजोनिया एवं 19 अन्य का सफल प्रक्षेपण किया गया।

(45) PSLV-C52 : 14 फरवरी, 2022 को अर्थ ऑबजर्वेशन उपग्रह EOS-04 एवं अन्य का सफल प्रक्षेपण किया गया।

(46) PSLV-C53 : 30 जून, 2022 को DS-EO और अन्य का सफल प्रक्षेपण किया गया।

(47) SSLV-02 : 10 फरवरी, 2023 को पृथ्वी अवलोकन उपग्रह EOS-07 का सफल प्रक्षेपण किया गया।

(48) LVM-3 : 14 जुलाई, 2023 को चंद्रमिशन चंद्रयान-3 का सफल प्रक्षेपण किया गया।

(49) PSLV-C57 : 02 सितम्बर, 2023 को सूर्य के अध्ययन हेतु आदित्य-एल 1 का सफल प्रक्षेपण किया गया।

(50) PSLV-C58 : 01 जनवरी, 2024 मानचित्र व खोज के लिए एक्सपोसैट का सफल प्रक्षेपण किया गया।

(51) GSLV-F14 : 17 फरवरी, 2024 मौसम अवलोकन के लिए इनसैट-3 डीएस का सफल प्रक्षेपण किया गया।

(52) SSLV-D3 : 16 अगस्त, 2024 को पृथ्वी अवलोकन उपग्रह EOS-08 का सफल प्रक्षेपण किया गया।

(53) PSLV-C59 : 05 दिसम्बर, 2024 को इसरो ने सूर्य के अध्ययन के लिए प्रौबा-3 उपग्रह का सफल प्रक्षेपण किया।

(54) PSLV-C60 : 30 दिसम्बर, 2024 को इसरो ने स्पेस डॉकिंग एक्सपेरिमेंट के लिए एसडीएक्स-01 और एसडीएक्स-02 उपग्रह का सफल प्रक्षेपण किया।

(55) GSLV-F15 : 29 जनवरी, 2025 को इसरो ने पृथ्वी अवलोकन उपग्रह NVS-02 का सफल प्रक्षेपण किया।

भारत का प्रथम अंतरिक्ष यात्री

3 अप्रैल, 1984 को प्रथम भारतीय अंतरिक्ष में गया। इस प्रकार भारत मानव को अंतरिक्ष में भेजने वाला 14वां देश बन गया। भारत के स्क्वाड्रन लीडर राकेश शर्मा दो अन्य रूसी अंतरिक्ष यात्रियों के साथ सोयुज-T-11 में बैठकर अंतरिक्ष की 9 दिन की यात्रा पर गए। उनकी यात्रा 11 अप्रैल, 1984 को सफलतापूर्वक समाप्त हुई।

भारत में अंतरिक्ष से जुड़ी संस्थाएं

1. **विक्रम साराभाई अंतरिक्ष केन्द्र (वीएसएससी), तिरुवनंतपुरम :** यह अंतरिक्ष अनुसंधान और अंतरिक्ष मामलों से संबद्ध प्रमुख संस्थान है। थुम्बा इक्वेटोरियल रॉकेट लांचिंग केन्द्र वह स्थल है जहां से छोटे रॉकेटों की प्रयोगात्मक उड़ानें आरंभ हुईं। यहां विभिन्न प्रौद्योगिकियों का विकास किया जाता है।
2. **भारतीय अंतरिक्ष अनुप्रयोग केन्द्र (आइएसएसी), बंगलौर :** यह केन्द्र भारतीय उपग्रहों के लिए योजना बनाने, डिजायन करने, फैब्रीकेशन, इंटीग्रेशन और परीक्षण करने के मुख्य उत्तरदायित्व का वहन करता है। भविष्य की स्पेसक्राफ्ट परियोजना के लिए यहां प्रौद्योगिकी का विकास किया जाता है।
3. **श्रीहरिकोटा केन्द्र (एसएचएआर) :** यह केन्द्र आंध्र प्रदेश के तट पर एक द्वीप में स्थित है। सभी रॉकेटों और उपग्रहों का यहां परीक्षण किया जाता है तथा यहीं से उन्हें लांच भी किया जाता है।
4. **अंतरिक्ष अनुप्रयोग केन्द्र (एसएसी), अहमदाबाद :** इस केन्द्र में अनुसंधान, अवधारणा निर्माण, योजना निर्माण और परियोजनाओं का निष्पादन किया जाता है ताकि अंतरिक्ष तकनीक के व्यावहारिक अनुप्रयोग को सफल बनाया जा सके। यहां उपग्रह आधारित दूरसंचार, टेलीविजन सिगनलों की बीजिंग, प्राकृतिक संसाधनों के लिए रिमोट सेंसिंग, उनका सर्वेक्षण और प्रबंधन तथा मौसम की भविष्यवाणी जैसे मामलों का कार्य-व्यवहार किया जाता है।
5. **मास्टर कंट्रोल फैसिलिटी (एमएफसी), हासन :** कर्नाटक स्थित यह स्थल उपग्रहों का पता लगाने और उनका नियंत्रण करने का कार्य करता है।
6. **नेशनल रिमोट सेंसिंग एजेंसी (एनआरएसए), सिकंदराबाद :** रिमोट सेंसिंग उपग्रह पर आधारित देश के संसाधनों की योजना और प्रबंधन के संदर्भ में यहां कार्य-व्यवहार किया जाता है। यह अपने प्रयोगकर्ता को व्यावहारिक सहायता भी प्रदान करता है।

फिजीकल रिसर्च लेबोरेटरी, अहमदाबाद, इसरो टेलीमैट्री, ट्रेकिंग एंड कमांड नेटवर्क (ISTRAC), बंगलौर, सैटेलाइट ट्रैकिंग एंड रेंजिंग स्टेशन (स्टार्स), केवालुर और बंगलौर तथा तिरुवनंतपुरम में स्थित लिक्विड प्रपल्सन सिस्टम्स केन्द्र अंतरिक्ष कार्यक्रम से जुड़े कुछ अन्य महत्त्वपूर्ण केन्द्र हैं।

भारत की मिसाइल शक्ति

पृथ्वी	(जमीन से जमीन पर मार करने वाली थलसैनिक किस्म : 150 किमी. सेना में तैनात)
पृथ्वी	(जमीन से जमीन पर मार करने वाली वायुसैनिक किस्म : 250 किमी. वायुसेना में तैनात)
धनुष	(पृथ्वी की नौसैनिक किस्म युद्धपोत से जमीन पर मार करने वाली : 350 किमी. नौसेना में तैनात)
अग्नि-1	(जमीन से जमीन पर मार करने वाली : 700 किमी : सेना में तैनात)
अग्नि-2	(जमीन से जमीन पर मार करने वाली इंटरमीडिएट रेंज बलिस्टिक मिसाइल: 2000 किमी. सेना में तैनात)
अग्नि-3	(जमीन से जमीन पर मार करने वाली इंटरमीडिएट रेंज बलिस्टिक मिसाइल: 3500-4000 किमी. : थलसेना में तैनात)
अग्नि-4	(जमीन से जमीन पर मार करने वाली इंटरमीडिएट रेंज बलिस्टिक मिसाइल: 3500 किमी. : 2011 एवं 2014 में सफल परीक्षण)
अग्नि-5	जमीन से जमीन पर मार करने वाली अंतरमहाद्वीपीय बैलिस्टिक मिसाइल: 5000 किमी. : 2012 से कई सफल परीक्षण
ब्रह्मोस क्रूज मिसाइल	जमीन से जमीन पर मार करने वाली : 290 किमी. : थलसेना में तैनात
ब्रह्मोस क्रूज मिसाइल	युद्धपोत से युद्धपोत या जमीन पर मार करने वाली : 290 किमी. : नौसेना में तैनात
ब्रह्मोस क्रूज मिसाइल	विमान से छोड़ी जाने वाली 290 किमी क्रूज मिसाइल
ब्रह्मोस क्रूज मिसाइल	पनडुब्बी से छोड़ी जाने वाली 290 किमी क्रूज मिसाइल
आकाश	जमीन से हवा में विमान भेदी : 25 किमी. वायुसेना में शामिल

प्रतिरक्षा

भारत का राष्ट्रपति देश की सशस्त्र सेनाओं का सर्वोच्च कमांडर होता है हालांकि प्रकार्यात्मक और प्रशासनिक नियंत्रण रक्षा मंत्रालय और संबंधित सेवाओं के मुख्यालय के हाथों में रहता है। प्रतिरक्षा प्रत्यक्ष रूप से केन्द्र सरकार के अधिकार क्षेत्र में आती है। प्रतिरक्षा से संबद्ध सभी मामलों के लिए संसद के समक्ष रक्षामंत्री जवाबदेह होता है। इससे यह पता चलता है कि देश में सशस्त्र सेनाएं विधानमंडल के नियंत्रण में आती हैं। प्रतिरक्षा सेवाओं के संदर्भ में तीन तरह की सेवाएं मौजूद हैं। सेना, नौसेना और वायु सेना। इन तीनों सेनाओं का एक-एक मुखिया होता है। वर्ष 2019 में एक चीफ ऑफ डिफेंस स्टाफ (CDS) पद का सृजन किया गया है। इन तीनों सेनाओं में कमीशन की गई विभिन्न श्रेणियां (पद) इस प्रकार हैं :

थल सेना	*नौ सेना*	*वायु सेना*
जनरल	एडमिरल	एयर चीफ मार्शल
लेफ्टिनेंट-जनरल	वाइस-एडमिरल	एयर मार्शल
मेजर जनरल	रियर-एडमिरल	एयर वाइस मार्शल
ब्रिगेडियर	कमोडोर	एयर कमोडोर
कर्नल	कैप्टन	ग्रुप कैप्टन
लेफ्टिनेंट कर्नल	कमाण्डर	विंग कमाण्डर
मेजर	लेफ्टिनेंट कमाण्डर	स्क्वाड्रन लीडर
कैप्टन	लेफ्टिनेंट	फ्लाइट लेफ्टिनेंट
लेफ्टिनेंट	सब-लेफ्टिनेंट	फ्लाइंग आफिसर

थल सेना: थल सेना को एक प्रशिक्षण कमांड और 6 ऑपरेशन कमांड में संगठित किया गया है। ये हैं दक्षिणी, पूर्वी, पश्चिमी, मध्य, उत्तरी और दक्षिणी पश्चिमी कमांड। सेना में अनेकों सशस्त्र तथा सेवा-समूह होते हैं जैसे कि आर्मर्ड कार्प्स, रेजिमेंट ऑफ आर्टिलरी, कार्प्स ऑफ एयर डिफेंस आर्टिलरी, आर्मी एविएशन कार्प्स, कार्प्स ऑफ इंजीनियर्स, कार्प्स ऑफ सिगनल्स, मैकेनाइज्ड इंफैन्ट्री, इंफैन्ट्री, आर्मी सर्विस कार्प्स, आर्मी मेडिकल कार्प्स, मिलिट्री नर्सिंग सर्विसेज, आर्मी ऑर्डिनेंस कार्प्स, कार्प्स ऑफ इलेक्ट्रिकल एंड मैकेनिकल इंजीनियर्स, रिमाऊंट एंड वेटरिनरी कार्प्स, मिलिट्री फार्म सर्विस, आर्मी एजूकेशन कार्प्स, इंटेलीजेंस कार्प्स, कार्प्स ऑफ मिलिट्री पुलिस, आर्मी पोस्टल सर्विस, जज एडवोकेट जनरल डिपार्टमेंट, आर्मी फिजिकल ट्रेनिंग कार्प्स, पॉयोनियर कार्प्स, टेरिटोरियल आर्मी कार्प्स और डिफेंस सिक्योरिटी कार्प्स।

नौसेना: भारतीय नौसेना जो देश की समुद्री सीमा और परिसंपत्तियों की प्रतिरक्षा और सुरक्षा के लिए उत्तरदायी है, को तीन कमांडों में विभाजित किया गया है—पश्चिमी, पूर्वी और दक्षिणी तथा इनके मुख्यालय क्रमशः मुम्बई, विशाखापट्टनम और कोच्चि में स्थित हैं। पश्चिमी और पूर्वी कमाण्ड के पास ऑपरेशनल जहाजी बेड़े हैं जिनमें युद्धपोत, पनडुब्बियां, फ्रिगेट्स और अन्य बेड़े शामिल हैं। दक्षिणी कमांड भारतीय नौसेना की प्रशिक्षण गतिविधियों के लिए उत्तरदायी है।

वायु सेना: देश की वायु सीमा की सुरक्षा करने वाली भारतीय वायुसेना में 5 ऑपरेशनल कमांड हैं तथा 2 फंक्शनल कमांड। ऑपरेशनल कमांड भौगोलिक आधार पर विभाजित हैं यथा पश्चिमी, दक्षिण-पश्चिम, मध्य, पूर्वी और दक्षिणी एयर कमांड। फंक्शनल कमांड मेंटेनेंस और प्रशिक्षण कमांड हैं।

तटरक्षक बल: भारतीय तटरक्षक बल 19 अगस्त, 1978 को अस्तित्व में आया। देश की सबसे युवा सशक्त सेना के कर्तव्य निम्नवत् हैं :

1. तटों पर स्थापित संरचनाओं और कृत्रिम द्वीपों की सुरक्षा, ***2.*** संकट में फंसे मछुआरों की सुरक्षा करना, ***3.*** समुद्री पर्यावरण की सुरक्षा, ***4.*** तस्करी के खिलाफ अभियानों में कस्टम विभाग की सहायता करना और ***5.*** समुद्र में जीवन और संपत्ति की सुरक्षा। तटरक्षक बल के पास तीन अत्यन्त विकसित तटीय गश्ती जहाज (AOPVs), नौ तटीय गश्ती जहाज (OPVs), 23 अति तीव्र गश्ती जहाज (FPVs), 24 इंटरसेप्टर बोट (IBs) ओर इंटरसेप्टर क्रॉफ्ट्स (ICs), 17 डेनियर एयरक्रॉफ्ट और 17 चेतक हैलीकॉप्टर मौजूद हैं। तटरक्षक की कमान और नियंत्रण तटरक्षक महानिदेशक में निहित है। इसका मुख्यालय नई दिल्ली है। इसके तीन क्षेत्रीय मुख्यालय मुंबई, चेन्नई और पोर्ट ब्लेयर में हैं। अपने 11 तटरक्षक जिलों और 6 तटरक्षक स्टेशनों के जरिए ये क्षेत्रीय मुख्यालय संगठन की कमान संभालते हैं।

सेना के लिए प्रशिक्षण केन्द्र

दूरसंचार अभियांत्रिकी सेना कॉलेज, म्हो; सेना इंजीनियरिंग कालेज, किरकी; आर्मर्ड कार्प्स सेंटर एंड स्कूल, अहमदनगर; द कॉलेज ऑफ कॅम्बैट, म्हो; प्रतिरक्षा प्रबंधन संस्थान, सिकंदराबाद; द स्कूल आर्टिलरी, देओराली; द इन्फैंट्री स्कूल, म्हो और बेलगाम; द आर्मी ऑर्डिनेंस स्कूल, जबलपुर; द आर्मी सर्विसेज कार्प्स स्कूल, बरेली; द आर्मी एंड एयर ट्रांसपोर्ट स्कूल, आगरा; द कार्प्स ऑफ मिलिट्री पुलिस सेंटर एंड स्कूल, बेंगलुरु; द इलेक्ट्रिकल एण्ड मैकेनिकल इंजीनियरिंग स्कूल, बड़ोदरा; मिलिट्री कॉलेज ऑफ इलेक्ट्रॉनिक्स एंड मैकेनिकल इंजीनियरिंग, सिकंदराबाद; रिमाउंट

वेटेरिनरी कार्प्स सेंटर एंड स्कूल, मेरठ; इंटेलीजेंस ट्रेनिंग स्कूल एंड डिपो, पुणे।

वायुसेना के लिए प्रशिक्षण केन्द्र

फ्लाइंग स्कूल, बिदर; एयरफोर्स फ्लाइंग स्कूल, जोधपुर; कॉलेज ऑफ एयर वारफेयर, सिकंदराबाद; एयर फोर्स एडमिनिस्ट्रेटिव कॉलेज, कोयम्बटूर; नेविगेशन एंड सिगनल्स स्कूल, हैदराबाद; एयरफोर्स टेक्निकल कॉलेज, जालाहाली; आइएएफ पाराट्रूपर्स ट्रेनिंग स्कूल, आगरा; एयरफोर्स अकादमी, हैदराबाद; फाइटर ट्रेनिंग विंग एंड हैलीकॉप्टर ट्रेनिंग स्कूल, हकीमपेट।

नौसेना के लिए प्रशिक्षण केन्द्र

आइएनएस वेनदुरुत्ती, कोचीन; आइएनएस गरुड़, कोचीन; आइएनएस शिवाजी, लोनावाला; आइएनएस वलसुरा, जामनगर; आइएनएस सरकार्स, विशाखापट्टनम; आइएनएस हमाला, मुम्बई; आइएनएस किस्तना (प्रशिक्षण पोत); आइएनएस अंगरका, मुंबई; नौसेना अकादमी, कोचीन; सेलर्स ट्रेनिंग एस्टेब्लिशमेंट, डेबोलिन।

प्रतिरक्षा सेवाओं के लिए संयुक्त प्रशिक्षण संस्थान

राष्ट्रीय रक्षा अकादमी, खड़गवासला
भारतीय सैन्य अकादमी, देहरादून
नेशनल डिफेंस कॉलेज, नई दिल्ली
डिफेंस सर्विसेज स्टॉफ कॉलेज, वेलिंगटन
राष्ट्रीय इंडियन मिलिट्री कॉलेज, देहरादून
आर्म्ड फोर्स मेडिकल कॉलेज, पुणे

उत्पादन और अनुसंधान

देश की प्रतिरक्षा आवश्यकताओं के पर्याप्त अंशों का विकास और उत्पादन देश में ही किया जाता है। रक्षा मंत्रालय के अंतर्गत आठ पब्लिक अंडरटेकिंग कार्यरत हैं :

(क) हिन्दुस्तान एयरोनॉटिक्स लिमिटेड (HAL); *(ख)* भारत इलेक्ट्रॉनिक्स लिमिटेड (BEL); *(ग)* भारत अर्थ मूवर्स लिमिटेड (BEML); *(घ)* मझगांव डॉक लिमिटेड (MDL); *(ङ)* गार्डन रीच शिप-बिल्डर्स एंड इंजीनियर्स लिमिटेड (GRSE); *(च)* गोवा शिपयार्ड लिमिटेड (GSL); *(छ)* मिश्र धातु निगम लिमिटेड (MIDHANI); *(ज)* भारत डायनामिक्स लिमिटेड (BDL)

देश की आन्तरिक सुरक्षा हेतु स्थापित संगठन

संगठन	स्थापना वर्ष
इंटेलीजेंस ब्यूरो (IB)	1920
राष्ट्रीय कैडेट कोर (NCC)	1948
प्रादेशिक सेना (Territorial Army)	1948
केन्द्रीय रिजर्व पुलिस बल (CRPF)	1939
असम राइफल्स	1835
नेशनल क्राइम रिकॉर्डस् ब्यूरो	1986
केन्द्रीय जाँच ब्यूरो (CBI)	1953
इंडो-तिब्बती सीमा पुलिस	1962
होम गार्डस्	1962
सीमा सुरक्षा बल (BSF)	1965
केन्द्रीय औद्योगिक सुरक्षा बल (CISF)	1969
तट रक्षा बल (Coast Guards)	1978
राष्ट्रीय सुरक्षा गार्ड (NSG)	1984
रैपिड एक्शन फोर्स (RAF)	1992
रक्षा गुप्तचर एजेंसी (DIA)	2002

प्रादेशिक सेना : इसका गठन सन् 1949 में दूसरी रक्षा पंक्ति के रूप में किया गया था। इसमें 18 से 42 वर्ष तक की आयु के सक्षम शरीर वाले और अपेक्षित योग्यताओं वाले व्यक्तियों को अंशकालिक सैन्य प्रशिक्षण देने के लिए भर्ती किया जाता है।

सीमा सुरक्षा बल : सन् 1965 में गठित यह संगठन एक अर्द्धसैन्य बल के समान है। इसका कार्य सीमा पर चौकसी रखना तथा राज्य सरकारों को शांति और सुव्यवस्था बनाए रखने के लिए सहयोग देना है।

होम गार्ड्स : आन्तरिक सुरक्षा बनाए रखने में पुलिस की सहायता करने, सुरक्षा सेवाओं में सहायता करने और महामारी फैलने पर स्थानीय प्राधिकारियों की सहायता करने के लिए इसका गठन सन् 1962 में किया गया था।

राष्ट्रीय सेवा कोर (एन.एस.सी.) : इसे सन् 1968 में इस उद्देश्य से गठित किया गया था कि विद्यार्थियों को वास्तविक जीवन के समीप लाया जा सके और उनमें उत्तरदायी नेतृत्व के आदर्शों का विकास किया जा सके।

राष्ट्रीय कैडेट कोर (एन.सी.सी.) : इसकी स्थापना 1948 में हुई है। इसमें तीन प्रभाग हैं-(1) वरिष्ठ, (2) कनिष्ठ, (3) छात्रायें (बालिकायें)। वरिष्ठ और कनिष्ठ प्रभागों के तीन स्कंध (विंग) हैं, जिन्हें थल सेना विंग, नौ सेना विंग तथा वायु सेना विंग कहा जाता है। वरिष्ठ प्रभाग में कॉलेज के विद्यार्थी भाग लेते हैं तथा कनिष्ठ प्रभाग उच्च माध्यमिक कक्षाओं के छात्र-छात्राओं के लिए हैं। इसका उद्देश्य नवयुवकों के व्यक्तित्व का विकास करना और उनमें नेतृत्व, चरित्र और सहयोग जैसे गुणों का निर्माण करना है।

परिवहन

रेलवे

भारतीय रेलवे देश में सबसे बड़ा राष्ट्रीय उपक्रम है। विश्व रेलवे में इसका महत्वपूर्ण स्थान है। 31 मार्च, 2025 तक स्टेशनों की संख्या 7,469 तथा रेलमार्ग की कुल लंबाई 69,439 किलोमीटर थी। भारतीय रेल के पास 16,092 रेल इंजन, 98,179 यात्री डिब्बे और 3,46,366 माल डिब्बे थे। रेलवे ने अपनी 170 वर्ष की अवधि में असाधारण प्रगति की है। इसने देश के सामाजिक-आर्थिक और औद्योगिक विकास में महत्त्वपूर्ण भूमिका अदा की है। विभिन्न गेज वाली रेल प्रणाली के तहत कुल 69,439 किलोमीटर लंबे रेलमार्गो पर अनेक रेलें चलाई जाती हैं।

जोन (मुख्यालय)

मध्य रेलवे (मुंबई सेंट्रल)	पूर्व रेलवे (कोलकाता)	उत्तर रेलवे (नई दिल्ली)
उत्तर-पूर्व रेलवे (गोरखपुर)	उत्तर-पूर्व सीमांत रेलवे (मालेगांव, गुवाहाटी)	दक्षिण रेलवे (चेन्नई)
दक्षिण मध्य रेलवे (सिकंदराबाद)	दक्षिण पूर्व रेलवे (कोलकाता)	पश्चिम रेलवे (चर्चगेट, मुंबई)
पूर्व मध्य रेलवे (हाजीपुर)	पूर्व तटवर्ती रेलवे (भुवनेश्वर)	उत्तर मध्य रेलवे (प्रयागराज)
उत्तर पश्चिम रेलवे (जयपुर)	दक्षिण पूर्व मध्य रेलवे (विलासपुर)	कोलकाता मेट्रो रेलवे (कोलकाता)
पश्चिम मध्य रेलवे (जबलपुर)	दक्षिण पश्चिम रेलवे हुब्बल्लि (हुबली)	दक्षिण तटीय रेलवे (विशाखापत्तनम), (प्रस्तावित)

जहाजरानी

परिवहन क्षेत्र में देश की अर्थव्यवस्था को मजबूत करने में जहाजरानी की प्रमुख भूमिका है। देश का लगभग 95 प्रतिशत (मूल्य स्तर पर 70 प्रतिशत) व्यापार समुद्री मार्ग से होता है। विकासशील देशों में भारत के पास व्यापारिक जहाजों का सबसे बड़ा बेड़ा है। व्यापारिक जहाजरानी बेड़े की दृष्टि से भारत विश्व में 16वें स्थान पर है। भारतीय जहाजरानी क्षेत्र न केवल राष्ट्रीय तथा अंतर्राष्ट्रीय माल की ढुलाई करता है, बल्कि कई तरह की अन्य सेवाएं भी प्रदान करता है, जैसे–माल लादने-उतारने की सेवाएं, पोतों का निर्माण व रखरखाव, माल अंग्रेषण (फ्रेट फॉरवर्डिंग), प्रकाश स्तंभ व्यवस्था, तटवर्ती कर्मचारियों का प्रशिक्षण, आदि। विदेशी मुद्रा अर्जित करने में राष्ट्रीय जहाजरानी का महत्त्वपूर्ण योगदान है।

बंदरगाह

भारतीय समुद्र तट पर 12 बड़े बन्दरगाह और 200 छोटे बन्दरगाह हैं। बड़े बन्दरगाह केन्द्र सरकार के अधीन हैं और छोटे बन्दरगाहों की जिम्मेदारी राज्य सरकारों के ऊपर है।

मुम्बई : यह महाराष्ट्र की राजधानी है, यह एक टापू है जिसे भारत का द्वार भी कहते हैं। व्यापारिक दृष्टि से यह बहुत अच्छा बन्दरगाह है जो सूती कपड़ा उद्योग का केन्द्र है और अपनी अच्छी पृष्ठभूमि रखता है।

जवाहरलाल नेहरू (न्हावा शेबा) : यह मुम्बई का नया बन्दरगाह हैं, जिस पर लगभग 985 करोड़ रुपया व्यय किया गया है। इसमें तीन महत्त्वपूर्ण रूप से यंत्रीकृत कंटेनर घाट, बड़े आकार के शुष्क मालवाही जहाजों को सम्भालने के लिए दो यंत्रीकृत घाट और एक घाट जहाजों के रख रखाव के लिए बनाया गया है।

श्यामा प्रसाद मुखर्जी (कोलकाता) : कोलकाता पश्चिम बंगाल की राजधानी है। हुगली नदी पर बसा यह ज्वारीय बन्दरगाह बंगाल की खाड़ी से 144 कि.मी. दूर स्थित है।

हल्दिया : यह बन्दरगाह हुगली की एस्चुअरी पर विकसित किया गया है, यह कोलकाता का सहायक बन्दरगाह है, इसके निकट तेलशोधनशाला, लोहा-इस्पात, रेल के डिब्बे, खाद आदि के कारखाने विकसित करने की सम्भावनाएं हैं, यहां से कोयला, कच्चा तेल, पेट्रोलियम पदार्थ, उर्वरक व अन्य शुष्क माल ले जाया जाता है।

कोच्चि : यह भी केरल राज्य में पश्चिमी तट पर मुम्बई से 928 कि.मी. दूर दक्षिण में स्थित है, यह प्राकृतिक बन्दरगाह है।

दीनदयाल (कांडला) : गुजरात राज्य में कच्छ की खाड़ी में कांडला एक बन्दरगाह के रूप में निर्मित किया गया है। यह ज्वारीय बन्दरगाह है।

चेन्नई (मद्रास) : यह तमिलनाडु की राजधानी है और भारत का तीसरा बड़ा बन्दरगाह है। यह एक व्यापारिक नगर भी है जो सूती कपड़ा उद्योग, चमड़ा उद्योग आदि के लिए विख्यात है।

न्यू मंगलौर : यह कर्नाटक में पश्चिमी तट पर स्थित है। यह ज्वार-भाटा के द्वारा चल पाता है।

पारादीप : बंगाल की खाड़ी में स्थित, कटक से 96 कि.मी. दूर, ओडिशा राज्य में यह बन्दरगाह है। यह सबसे गहरा तथा हर मौसम में कार्य करने वाला बन्दरगाह है।

वी.ओ. चिदंबरनार (तूतीकोरिन) : यह दक्षिणतम बिन्दु पर तमिलनाडु में स्थित है, इसका समुद्र अधिक उथला होने के कारण जहाज पांच मील दूर खड़े होते हैं।

विशाखापत्तनम : यह आंध्र प्रदेश में पूर्वी तट पर कोलकाता और चेन्नई के बीच स्थित है। यह जलयान निर्माण करने वाला बन्दरगाह है। यहां तेलशोधक कम्पनी भी है। यह देश का सबसे गहरा बन्दरगाह है।

मोरमुगाओ : दक्षिण गोवा जिले में स्थित एक प्रमुख बंदरगाह है। 1885 में स्थापित, यह भारत के सबसे पुराने और सबसे महत्वपूर्ण प्राकृतिक बंदरगाहों में से एक है, जो जुआरी नदी के मुहारे पर स्थित है। यह मुख्य रूप से लौह अयस्क के निर्यात के लिए प्रसिद्ध है।

अलेप्पी : कोच्चि से 48 किलोमीटर दूर पश्चिमी तट पर, केरलम राज्य का यह मुख्य बन्दरगाह है।

भत्कल : पश्चिमी तट पर कर्नाटक का प्रसिद्ध बन्दरगाह है।

भावनगर : पश्चिमी तट पर खम्भात की खाड़ी पर, गुजरात का मुख्य बन्दरगाह है।

कोजीकोड (कालीकट) : इसका नया नाम कोजीकोड है। यह पश्चिमी तट पर केरलम राज्य में कोच्चि से 145 कि.मी. दूर स्थित है। यहां लकड़ी का व्यापार होता है।

काकीनाडा : यह पूर्वी तट पर गोदावरी के उत्तर में आंध्र प्रदेश में स्थित है। व्यापारिक दृष्टि से यह अच्छा बन्दरगाह है, इसे एशिया विकास बैंक की वित्तीय सहायता से विकसित किया गया है।

कुडलोर : यह पूर्वी तट पर तमिलनाडु का बन्दरगाह है।

धनुषकोडी : रामेश्वरम् की दक्षिणी-पूर्वी नोंक पर यह बन्दरगाह स्थित है। यह दक्षिणी रेलवे का टर्मिनल है।

ओखा : यह गुजरात राज्य का मुख्य बन्दरगाह है, यह सौराष्ट्र की उत्तरी-पश्चिमी सीमा पर स्थित है। यहां से तिलहन, नमक तथा सीमेंट का निर्यात किया जाता है तथा विदेशों से कोयला, पेट्रोलियम, रासायनिक पदार्थ और मशीनें आयात की जाती हैं।

पोरबन्दर : यह गुजरात का महत्त्वपूर्ण बन्दरगाह है और पूर्वी अफ्रीका से इसका अधिकतर व्यापार होता है। वर्षा के दिनों में बन्दरगाह अधिकतर बन्द रहता है, क्योंकि यह बिल्कुल खुला है।

बेदी बन्दरगाह : यह कच्छ की खाड़ी में स्थित है। इसका समुद्र तट जहाजों के लिए बहुत उपयुक्त है, यह वर्ष के सभी मौसमों में खुला रहता है।

नागरिक उड्डयन

भारतीय विमानपत्तन प्राधिकरण 1 अप्रैल, 1995 को अस्तित्व में आया। इसका मुख्य कार्य हवाई अड्डों पर बुनियादी सुविधाओं का निर्माण करना है। यह वायुपत्तनों का प्रबंधन करता है। सार्वजनिक क्षेत्र की इकलौती विमान सेवा कम्पनी एयर इंडिया का जनवरी, 2022 में पूर्ण निजीकरण कर दिया गया है। इसे टाटा संस ने खरीद लिया है। देश की अन्य निजी क्षेत्र की प्रमुख विमान सेवा कम्पनियाँ डेकन विमानन, गो एअरवेज, विस्तारा तथा स्पाइस एयरजेट आदि हैं।

सड़कें

भारत संसार के ऐसे देशों में से एक है जिनमें सड़कों का लम्बा-चौड़ा जाल बिछा हुआ है। हमारा देश विश्व की सबसे बड़ी सड़क प्रणाली वाले देशों में से एक है। मार्च 2025 तक देश की कुल सड़कों की लंबाई 66.71 लाख किलोमीटर से अधिक है। देश के सड़क

नेटवर्क में राष्ट्रीय राजमार्ग, राज्य राजमार्ग, प्रमुख/अन्य जिला सड़कें और ग्रामीण/देहाती सड़कें शामिल हैं। इनमें राष्ट्रीय राजमार्गों की कुल लंबाई 1,46,195 किलोमीटर, राज्य राजमार्गों की 1,79,535 किमी तथा अन्य सड़कों की लम्बाई 63,45,403 किमी. है। राष्ट्रीय राजमार्ग सड़कों की कुल लंबाई का मात्र 2.08 प्रतिशत है, लेकिन कुल यातायात का 40 प्रतिशत इन्हीं राष्ट्रीय राजमार्गों के जरिए होता है। सीमा सड़क संगठन सड़कों का निर्माण करता है।

आकाशवाणी (ऑल इण्डिया रेडियो)

भारत में सर्वप्रथम रेडियो प्रसारण बम्बई (मुम्बई) और कलकत्ता (कोलकाता) से दो निजी ट्रांसमीटरों द्वारा 1927 में आरम्भ हुआ। भारत सरकार ने 1930 में दोनों को अपने हाथ में ले लिया और उन्हें मिलाकर उसका नाम इण्डियन ब्रॉडकास्टिंग सर्विस रखा। 1936 में उसका नाम बदलकर ऑल इण्डिया रेडियो रखा गया और 1957 में इसे आकाशवाणी कहा जाने लगा।

स्वतंत्रता प्राप्ति के समय देश में छह आकाशवाणी केंद्र और 18 ट्रांसमीटर थे। ये देश के 2.5 प्रतिशत क्षेत्र में फैले थे और 11 प्रतिशत जनसंख्या तक इनकी पहुंच थी। इस समय (मार्च 2025) आकाशवाणी विश्व का सबसे बड़ा प्रसारण तंत्र है। मार्च, 2025 तक 591 आकाशवाणी केंद्र और 755 ट्रांसमीटर हैं जिनकी पहुंच देश के 92 प्रतिशत क्षेत्र में 98 प्रतिशत जनसंख्या तक है।

दूरदर्शन (टेलीविजन)

भारत में दूरदर्शन का आरंभ 15 सितम्बर, 1959 से आकाशवाणी के दिल्ली केन्द्र से हुआ। आकाशवाणी के भाग के रूप में टेलीविजन सेवा की नियमित शुरुआत दिल्ली (1965), मुंबई (1972), कोलकाता (1975), चेन्नई (1975) में हुई।

दूरदर्शन 15 सितंबर, 1976 को स्वतंत्र रूप से अस्तित्व में आया। उसके बाद रंगीन प्रसारण की शुरुआत नई दिल्ली में 1982 के एशियाई खेलों के दौरान हुई, जिसके साथ देश में प्रसारण क्षेत्र में बड़ी क्रांति आ गई। वर्तमान में दूरदर्शन के 30 से ज्यादा चैनल हैं। डीडी नेशनल चैनल दुनिया का सबसे बड़ा स्थलीय नेटवर्क है जो देश की लगभग 92 प्रतिशत जनसंख्या और 81 प्रतिशत भूभाग तक पहुंचता है।

प्रमुख समाचार पत्र

समाचार पत्र	शहर	भाषा
अमृत बाजार पत्रिका	कोलकाता	अंग्रेजी
स्टेट्समैन	नई दिल्ली/कोलकाता	अंग्रेजी
आनंद बाजार पत्रिका	कोलकाता	बंगला
युगांतर	कोलकाता	बंगला
नूतन असमिया	गुवाहाटी	असमिया
विश्वमित्र	कोलकाता/मुंबई/कानपुर	हिंदी
प्रताप	नई दिल्ली/जालंधर	उर्दू
हिन्दुस्तान टाइम्स	नई दिल्ली/पटना/लखनऊ/भोपाल	अंग्रेजी
केशरी	पुणे	मराठी
नई दुनिया	इंदौर/नई दिल्ली	हिन्दी
बाम्बे समाचार	मुम्बई	गुजराती
आन्ध्र पत्रिका	विजयवाड़ा	तेलगु
कन्नड़ प्रभा	बेंगलुरु	कन्नड़
हिन्दुस्तान	नई दिल्ली/पटना	हिन्दी
वीर अर्जुन	नई दिल्ली	हिन्दी
ट्रिब्यून	चंड़ीगढ़	अंग्रेजी/हिन्दी
अकाली पत्रिका	जालंधर	पंजाबी
फाइनेंसियल एक्सप्रेस	मुम्बई/दिल्ली	अंग्रेजी
इण्डियन एक्सप्रेस	नई दिल्ली/मुंबई/अहमदाबाद/ चण्डीगढ़/नागपुर/पुणे/बड़ोदरा	अंग्रेजी

समाचार पत्र	शहर	भाषा
आज	वाराणसी/कानपुर/पटना/ आगरा/गोरखपुर	हिन्दी
टेलीग्राफ	कोलकाता	अंग्रेजी
टाइम्स ऑफ इंडिया	नई दिल्ली/मुंबई/अहमदाबाद/ पटना/लखनऊ/बेंगलुरु	अंग्रेजी
नवभारत टाइम्स	नई दिल्ली/मुंबई/	हिन्दी
जनसत्ता	नई दिल्ली/चण्डीगढ़	हिन्दी
डकन हेराल्ड	बेंगलुरु	अंग्रेजी
डकन क्रॉनिकल	हैदराबाद	अंग्रेजी
बिजनेस स्टैण्डर्ड	कोलकाता	अंग्रेजी
इकोनॉमिक टाइम्स	मुंबई/नई दिल्ली	अंग्रेजी
महाराष्ट्र टाइम्स	मुंबई	मराठी
हिन्दू	चेन्नई/नई दिल्ली	अंग्रेजी
दिनामनि	मदुरै	तमिल
मथरूभूमि	कोझिकोड	मलयालम
पायनियर	नई दिल्ली/लखनऊ/कानपुर	अंग्रेजी
कौमी आवाज	नई दिल्ली	उर्दू
अवाम	नई दिल्ली	उर्दू

समाचार पत्र	शहर	भाषा
राष्ट्रीय सहारा	नई दिल्ली/लखनऊ	हिन्दी
दैनिक जागरण	कानपुर/वाराणसी/आगरा/मेरठ/झांसी/नई दिल्ली/लखनऊ/गोरखपुर/देहरादून/बरेली/जालंधर/पटना	हिन्दी
अमर उजाला	आगरा/अलीगढ़/मेरठ/कानपुर/मुरादाबाद/बरेली/जालंधर	हिन्दी
पंजाब केसरी	नई दिल्ली/जालंधर	हिन्दी
हिन्द समाचार	नई दिल्ली/जालंधर	उर्दू
मलयाला मनोरमा	कोझिकोड	मलयालम
राजस्थान पत्रिका	जयपुर/अजमेर/कोटा	हिन्दी

प्रमुख पत्रिकाएं

साप्ताहिक

पत्रिका	भाषा
बिल्ट्ज	अंग्रेजी
मलयाला मनोरमा	मलयालम
मातृभूमि	मलयालम
देश	बंगला
कुमुदम	तमिल
सुधा	कन्नड़
स्वराज	मराठी
सण्डे	अंग्रेजी
द वीक	अंग्रेजी
इंडिया टुडे	अंग्रेजी, हिन्दी, तमिल
आउट लुक	अंग्रेजी, हिन्दी
नई दुनिया	उर्दू
रोजगार समाचार	अंग्रेजी, हिन्दी, उर्दू

पाक्षिक

पत्रिका	भाषा
फेमिना	अंग्रेजी, हिंदी
फ्रंटलाइन	अंग्रेजी
माधुरी	हिन्दी
सरिता	हिन्दी
बिजनेस वर्ल्ड	अंग्रेजी
जन कल्याण	गुजराती
सरस सलिल	हिन्दी

मासिक

पत्रिका	भाषा
न्यूज एंड इवेन्ट्स	अंग्रेजी/हिन्दी
फिल्म फेयर	अंग्रेजी
मनोरमा	हिन्दी
योजना	अंग्रेजी/हिन्दी
नंदन	हिन्दी
कादम्बिनी	हिन्दी
आजकल	हिन्दी, उर्दू
विकास सेतु	हिन्दी

रोजगार समाचार

यह साप्ताहिक समाचार पत्र है जो भारत सरकार द्वारा हिन्दी, अंग्रेजी व उर्दू भाषाओं में प्रकाशित होता है। यह अपने ढंग का पहला समाचार पत्र है, जिसमें केन्द्र सरकार, राज्य सरकारों, सरकारी विभागों और सरकारी उपक्रमों में रोजगार के अवसरों (नौकरियों) के बारे में पूरी जानकारी और विज्ञापन होते हैं। यह नई दिल्ली से निकलता है।

समाचार अभिकरण (एजेन्सी)

भारतीय : (1) प्रेस ट्रस्ट ऑफ इण्डिया (पी.टी.आई.)—पी.टी.आई. की हिन्दी में 'भाषा' नाम से न्यूज एजेन्सी है (2) यूनाइटेड न्यूज ऑफ इण्डिया (यू.एन.आई.)—यू.एन.आई. की 'वार्ता' के नाम से हिन्दी सेवा है ; (3) हिन्दुस्तान समाचार एवं (4) समाचार भारती; इंडियन न्यूज सर्विस, इंडियन न्यूज एंड फीचर एयरलाइंस।

विदेशी : नियर एण्ड फॉर ईस्ट न्यूज (नाफेन); रायटर्स (ब्रिटेन); एसोसिएटेड प्रेस ऑफ अमेरिका; यूनाइटेड प्रेस ऑफ अमेरिका (यू. एस. ए.); तास (रूस); ग्लोब न्यूज एजेन्सी, फ्रांस; किंग फीचर्स सिंडिकेट ऑफ यू.एस.ए.; एजेन्सी फ्रांस प्रेस, फ्रांस; इंटरनेशनल न्यूज सर्विस, अमेरिका; अंतारा, इंडोनेशिया; अरब न्यूज एजेन्सी; अरब देश, सेतका, स्लोवाकिया; न्यू चाइना न्यूज एजेन्सी, चीन।

☆☆☆☆☆☆

कला एवं साहित्य

भारत में कला और संस्कृति की समृद्ध परंपरा रही है। भारतीय राजे-महाराजे कला और संस्कृति के बड़े पारखी और हितैषी थे। उन्होंने न सिर्फ कला की विविध शाखाओं को आश्रय दिया, उनके फूलने-फलने में मदद की बल्कि कलाकारों, फनकारों को भी भरपूर समर्थन एवं पुरस्कार प्रदान किया।

संस्कृति विचारने और क्रिया करने की पद्धति है जो सीखी जाती है अपनायी जाती है। इनमें मूल्य, रहन-सहन के तौर-तरीके, विचारने की पद्धतियां, भाषा, शिक्षा, कलाकारिता, सामाजिक संरचना की संस्थाएं आदि शामिल हैं।

ललित कला

विजुअल आर्ट के जरिए चित्रों को उकेरने, कर्मकांडों को सामने रखने और भावनाओं को अभिव्यक्त करने की परंपराएं उतनी ही पुरानी हैं जितनी कि प्राचीन भारत की सभ्यता। पत्थरों पर नक्काशी करने और चिकनी मिट्टी के नमूने तैयार करने का कार्य आरंभिक दिनों में विकसित हुआ। बाद में धातु की मूर्तियां बनाने, धातु की वस्तुएं बनाने, चित्रकारी करने और बेल-बूटों की कढ़ाई करने का कार्य विकसित हुआ।

भारत के प्रमुख चित्रकार एवं उनकी कृतियां

अवनीन्द्र नाथ टैगोर	शाहजहाँ का ताज को देखना, बुद्ध और सुजाता, कमल के पत्ते पर अश्रुकण, वन साम्राज्ञी, औरंगजेब का बुढ़ापा, भारतमाता आदि।
गगनेन्द्र नाथ टैगोर	माँ से विदा लेते चैतन्य, कल्कि अवतार आदि।
राजा रवि वर्मा	दुष्यन्त को प्रेम पत्र लिखती शकुन्तला, नायर लेडी, शकुन्तला वियोग आदि।
नन्द लाल बोस	उमा की तपस्या, घायल बकरी को ले जाते भगवान बुद्ध, कृष्णार्जुन, उड़ीसा की एक दुकान, प्रणाम, बसन्त, गोपिनी आदि।
के० वेंकटप्पा	हनुमान द्वारा लंका दहन, स्वर्ण मृग, राम और मृग तृष्णा आदि।
जॉर्ज कीट	कृष्ण जन्म, कर्ण जन्म, यम मार्कण्डेय निराभरण गोपियाँ आदि।
भवेश चन्द्र सन्याल	आश्रयहीन लड़की, गोल मार्केट के भिखारी आदि।
मनीषी डे	नारीशृंगार, पनघट की ओर, बंगाली शरणार्थी
अमृता शेरगिल	एलिफेन्ट्स बाथिंग इन ग्रीन पुल, हिल साईड भारतीय लड़कियाँ आदि।
नारायण श्रीधर बेन्द्रे	स्टेशन पर यात्री, बुद्ध पूजा आदि।
देवी प्रसाद राय चौधरी	लेपचा कुमारी, भौटिया आदि।
शोभा सिंह	हीर रांझा
सतीश गुजराल	काला चांद

संगीत

भारत में चार प्रकार के संगीत साज मिलते हैं—तंतु या तार वाले, समीर या वायु वाले, अवनाद अथवा थाप से संचालित होने वाले और घन जिसमें घंटियां, मंजीरे, घड़ियाल आदि शामिल हैं। तंतु या तार वाले सामान्य साज हैं जैसे—वीणा, सितार, सारंगी, सरोद, दिलरुबा, इसराज, एकतारा, तानपुरा और मयूरी। वायु संचालित साज हैं शहनाई, बांसुरी, नादस्वरम, निनकिर्नस और पोंगी। थाप अथवा संघात से संचालित होने वाले साज हैं तबला, मृदंग, ढोलक, पखावज, घटाम तथा कंजीरा-मंजीरा। करतल, जल तरंग आदि अन्य भारतीय साज हैं।

गायन के क्षेत्र में विष्णु नारायण भातखण्डे, बेगम अख्तर, बड़े गुलाम अली, हीराभाई बरोडकर, भीमसेन जोशी, केसरभाई केलकर, ओंकारनाथ ठाकुर, सिद्धेश्वरी देवी, त्यागराज, विष्णु दिगंबर पलुसकर, पंकज मलिक, एम.एस. सुब्बालक्ष्मी, पंडित जसराज, गंगूभाई हंगल, मल्लिकार्जुन मंसूर, डागर बंधु, डी.के. जयरामन, के.जे. यशुदास, गुलाम मुस्तफा खान, कुमार गंधर्व, के.एल. वसंधा कुमारी, किशोरी अमोनकर, गिरिजा देवी, वी.के. नारायण स्वामी दीक्षितर, तानसेन, श्यामा शास्त्री, स्वाति तरूिनल आदि साजपरक संगीत के कुछ दिग्गज कलाकार रहे हैं।

साजपरक संगीत के कुछ दिग्गज कलाकार निम्न हैं:–

बांसुरी	हरि प्रसाद चौरसिया, पन्नालाल घोष, टी.आर. महालिंगम, एन. रमानी, विजय राघव राव, रघुनाथ सेठ, राजेन्द्र कुलकर्णी
कंजीरा	वी. नागराजन
घटाम	टी.एच. विनयाकरम
गिटार	पंडित विष्णु मोहन भट्ट, मोहन भट्ट, बृजभूषण कालरा, श्रीकृष्ण नलिन
हारमोनियम	पुरुषोत्तम वालावाकर, एम. धौलपुरी
मृदंग	पालघात आर. रघु, यू.एस. वर्मन
पखावज	गोविन्द राव, अनोखे लाल, कंठी महाराज
रूद्रवीणा	जिया मोहिउद्दीन डागर, असद अली खान
संतूर	शिव कुमार शर्मा, तरूण भट्टाचार्य
सितार	पंडित रविशंकर, बिलायत खान, देबू चौधरी, अब्दुल हलीम जफर खान
सरोद	अली अकबर खान, अमजद अली खान, अलाउद्दीन खान, सरेन रानी, बृ ज नारायण, मुकेश शर्मा, चंदन राय
शहनाई	बिस्मिल्ला खान, सुरबहार इमरत खान, दयाशंकर जगन्नाथ
वायलिन	लालगुडी जयारमण, एल. सुब्रह्मण्यम, एम.एस. गोपालकृष्णन, एस. सुब्रह्मण्यम, वी.जी. जोग, एन. राजन
तबला	अल्लारखा, गुदई महाराज, जाकिर हुसैन, लतीफ खां, किशन महाराज आदि।

नृत्य

भारतीय नृत्य की दो शाखाएं हैं—शास्त्रीय तथा लोकनृत्य। नृत्य शैली की विशिष्टता और जटिल पद्धति को देखते हुए नृत्य की छह शैलियों को शास्त्रीय अथवा कलानृत्य के रूप में रखा गया है। इनमें से प्रत्येक का प्राचीन अथवा मध्यकालीन भारत के विशिष्ट क्षेत्रों, साहित्य तथा संगीत की पुरातन परंपराओं से संबंध रहा है।

भरतनाट्यम : इस नृत्य शैली का ताल्लुक तमिलनाडु से है। यह कर्नाटक संगीत के साथ किया जाने वाला एकांतिक नृत्य है। अपने शुद्ध रूप में यह नृत्य शरीर की विभिन्न हलचलों, कोणों व घुमाव के जरिए लय-ताल का एक बेहतरीन नमूना पेश करता है।

ओडिसी : इसकी उत्पत्ति ओडिशा में हुई है। यह नृत्य भरतनाट्यम के समानांतर है। 'गीत-गोविन्द' नामक काव्य की संरचना इस नृत्य शैली के काव्य तथा संगीत घटकों पर हावी रही है।

मणिपुरी : यह मणिपुर का लयबद्ध नृत्य है। यह राधा-कृष्ण और गोपियों की अवधारणा के इर्द-गिर्द संकेद्रित रही है। नगाड़ों और मंजीरों पर बजने वाले कई प्रकार के ताल इस नृत्य के साथ-साथ चलते हैं।

कत्थक : यह उत्तरी भारत का एक विशिष्ट शहरी नृत्य है। पूर्व में इसे दरबारों से जुड़ी नृत्य परंपरा के रूप में लिया जाता था। इस नृत्य के दौरान गायन चलता रहता है, मृदंग बजते रहते हैं तथा एक और कलाकार एक साज बजाता रहता है। कलाकारों का यह समूह सुर-ताल का आकर्षक नजारा पेश करता है।

कथकली : यह केरल की शास्त्रीय नृत्य नाटिका है। अपने स्वरूप में यह नृत्य वर्णात्मक होने के बजाय नाट्यरूप में होता है। यह नृत्य महाकाव्यों के मिथकीय घटनाओं पर आधारित होता है जिसे अतिनाटकीय अंदाज में प्रस्तुत किया जाता है। नाटकीय कथा आंखों और भौहों के संचालन से, हाथों की भाव-भंगिमाओं से तथा शरीर के विशिष्ट संचालन से आगे बढ़ती है।

कुचिपुड़ी : इस नृत्य का अभ्युदय आंध्र प्रदेश में हुआ माना जाता है। पारंपरिक रूप से यह नृत्य नाटिका मंदिरों से संबद्ध रही है।

लोकनृत्य काफी मनभावन होते हैं और उसमें लोक-संस्कृति की झलक मिलती है। नृत्य के दौरान ढोल, मृदंग, आदि बजते रहते हैं।

विभिन्न राज्यों के कुछ महत्त्वपूर्ण लोक-नृत्य निम्नलिखित हैं:

- **महाराष्ट्र :** तमाशा, दही हण्डी, गोफ, दीपक, डिंडी
- **गुजरात :** गरबा, रासलीला, तिप्पनी, डांडिया
- **ओडिशा :** छऊ, माया शवरी, दलचाई
- **राजस्थान :** घूमर, कठपुतली, तेरा ताली
- **मध्य प्रदेश :** लोटा नृत्य, जवारा
- **हिमाचल प्रदेश :** दशहरा नृत्य, हिकत, नेतियो

- **पंजाब** : गिद्धा, भांगड़ा, पणिहारी
- **उत्तर प्रदेश** : रासलीला, नौटंकी, थाली, धुरंग, झुमेला, हुड़का बोल, कजरी
- **नगालैण्ड** : बांस नृत्य, केदोहोह
- **असम** : बिहू, केली गोपाल, सतरिया
- **पश्चिम बंगाल** : कीर्तन, कालत्री, असुरबध, वृता, काली नाच
- **बिहार** : छऊ, मगही, दुर्गा नृत्य
- **तमिलनाडु** : तेरुकलथु, कबलतम, कर्गम, पुली वेशम
- **केरल** : मोहिनी अट्टम, पदायुनी
- **कर्नाटक** : यक्षगान, कुजीता, कोडवास
- **जम्मू एवं कश्मीर** : दुम्हल, हिकत, चाकरी
- **त्रिपुरा** : हजागिरि
- **आंध्र प्रदेश** : डंडारिया, बंजारा, घण्टा मरदाला
- **गोवा** : गोडे मोदनी, ढकनी
- **मेघालय** : नोंगकरेम, बांग्ला
- **मणिपुर** : ढोल चोलम, बसंत रस
- **हरियाणा** : धमचाल, लहूर, भांगड़ा, गिद्दा
- **झारखंड** : सरहुल, सोहराई

शास्त्रीय नृत्य के प्रख्यात कलाकार हैं:

- **भरतनाट्यम** : यामिनी कृष्णमूर्ति, रुक्मिणी देवी अरुणडेल, स्वप्न सुन्दरी, सोनल मानसिंह, वैजयंती माला, मृणालिनी साराभाई, चंद्रलेखा, इंद्राणी, राम गोपाल, बाल सरस्वती
- **कथकली** : गोपीनाथ, के.के. नायर, कुंजुकुरुप, टी.के. चंदू, शांताराव, उदयशंकर
- **कुचिपुड़ी** : स्वप्न सुंदरी, राजा रेड्डी, राधा रेड्डी, शोभा नायर, वेदांतम सत्यनारायण, विम्पत्ति चिन्ना सत्यम
- **कत्थक** : बिरजू महराज, गोपीकृष्ण, शंभू महाराज, सितारा देवी, उमा शर्मा, दुर्गा लाल, शोभना नारायण
- **मणिपुरी** : उदय शंकर, दरोहरा झावेरी, चैतम्बि सिंह, बिपिन सिंह, सूर्यमुखी
- **ओडिसी** : केलुचरण महापात्र, इंद्राणी रहमान, माधवी मुद्गल, प्रोतिमा बेदी, संयुक्ता पाणिग्रही, सोनल मानसिंह, देवू दास, प्रियवंदा मोहन्ती, मिनाती दास

सिनेमा

भारत में सबसे पहली चलती-फिरती लेकिन मूक फिल्म 1896 में एक फ्रांसीसी कम्पनी द्वारा मुम्बई में दिखाई गई। हरिश्चन्द्र, भाटवाडेकर पहले भारतीय थे, जिन्होंने 1899 में चलती-फिरती मूक फिल्म बनाई। भारतीय कहानी पर आधारित पहली भारतीय मूक फिल्म 'पुण्डलीक' थी जिसे 1912 में आर.जी. टोनी और एन.सी. चित्रा ने बनाया और उसके बाद 1913 में दादा साहब फाल्के ने 'राजा हरिश्चंद्र' नामक फिल्म बनाई। दादा फाल्के की अन्य फिल्में 'मोहिनी भस्मासुर', 'सत्यवान सावित्री' और 'लंका दहन' सभी मूक थीं। भारत का पहला सिनेमा हाउस 1907 में कोलकाता में बना।

भारत में बनी पहली बोलती फिल्म 'आलमआरा' थी, जिसका निर्माण 1931 में आर्देशिर ईरानी ने बम्बई में किया था।

भारत में पहली रंगीन फिल्म 'किसान कन्या' थी, जो 1937 में बनी थी। पहली सिनेमास्कोप फिल्म गुरुदत्त की 'कागज के फूल' थी, जो 1959 में बनी और पहली 3-D फिल्म 'माई डियर कुट्टीचाथन' (मलयालम) थी, जो 1984 में बनी।

1952 में सेण्ट्रल बोर्ड ऑफ फिल्म सर्टिफिकेशन बना। इस बोर्ड की स्वीकृति मिलने के बाद ही फिल्में प्रदर्शित की जाती हैं।

भारत सरकार द्वारा 1948 में स्थापित फिल्म डिवीजन फिल्म डाक्यूमेंटरी बनाता है। नेशनल फिल्म डेवलपमेंट कार्पोरेशन देश में फिल्मों के विकास में सहायता करता है। चिल्ड्रन्स फिल्म्स सोसाइटी की स्थापना बच्चों और नवयुवकों के लिए स्वस्थ फिल्में बनाने के उद्देश्य से 1955 में की गई थी।

मई 1982 में भारतीय फिल्म उद्योग की स्वर्ण जयंती, 1989 में भारतीय सिनेमा की प्लेटिनम जुबली तथा 2012 में भारतीय सिनेमा का शताब्दी वर्ष मनाया गया।

संस्कृति से संबद्ध अकादमी और संस्थाएं

ललित कला अकादमी : वर्ष 1954 में सरकार ने देश के अंदर और विदेशों में भारतीय कला को बढ़ावा देने और उसका विस्तार करने के उद्देश्य से इस अकादमी की स्थापना की। इसका मुख्यालय दिल्ली में है तथा क्षेत्रीय केंद्र लखनऊ, कोलकाता, चेन्नई और भुवनेश्वर में स्थित है।

संगीत नाटक अकादमी : यह संगीत, नृत्य और नाट्यकला की राष्ट्रीय अकादमी है। 1953 में स्थापित की गई यह अकादमी राज्य सरकारों और स्वैच्छिक संस्थाओं की सहायता से कला के निष्पादन को प्रोत्साहित करती है। यह अकादमी सेमिनार और उत्सवों का आयोजन करती है।

साहित्य अकादमी : साहित्य के संवर्द्धन को समर्पित यह एक राष्ट्रीय निकाय है। 1954 में स्थापित यह अकादमी साहित्य के निरंतर विकास हेतु शिक्षा प्रदान करती है तथा साहित्यिक सृजन को प्रोत्साहित करती है। इसका मुख्यालय दिल्ली में है।

नेशनल स्कूल ऑफ ड्रामा : यह भारत में अपनी तरह का इकलौता नाट्य विद्यालय है जिसकी गिनती विश्व के सर्वश्रेष्ठ थियेटर प्रशिक्षण संस्थाओं में की जाती है। इसे 1959 में संगीत नाटक अकादमी के अंतर्गत स्थापित किया गया था परंतु 1975 में यह एक स्वायत्तशासी संगठन बन गया जिसे केन्द्र सरकार का संस्कृति विभाग वित्त प्रदान करता है।

भारतीय पुरातत्त्व सर्वेक्षण : सरकार के संस्कृति विभाग से संबद्ध इस संस्था की स्थापना 1861 में की गई थी। इसका मुख्य कार्य संरक्षित स्मारकों/स्थलों की देखभाल करना तथा संरक्षण परिरक्षण करना है।

भारत का राष्ट्रीय अभिलेखागार : 1891 में स्थापित यह संस्था सरकार तथा उसकी पूर्ववर्ती संस्थाओं/ निकायों के लिए स्थायी महत्त्व के प्राचीन रिकॉर्डों की संरक्षक है। इसका मुख्यालय नई दिल्ली में है। मुख्यालय दिल्ली के अलावा चार क्षेत्रीय संग्रहणालयों भोपाल, भुवनेश्वर, जयपुर और पांडिचेरी (पुडुचेरी) में प्रमुख अभिलेखों का संग्रह किया गया है। ये केंद्र रिकॉर्डों की देखभाल कर रहे हैं।

अजायबघर : अजायबघर सांस्कृतिक विरासत के संग्रह केंद्र हैं जहां ऐतिहासिक महत्त्व की वस्तुओं, तकनीकों का संरक्षण किया जाता है ताकि उन्हें नष्ट होने से बचाए रखा जा सके और इतिहास के तत्वों को उसी स्वरूप में सामने रखा जा सके।

साहित्य

पुस्तकें और उनके लेखक

पुस्तकें	लेखक
आधे अधूरे	मोहन राकेश
आग का दरिया	कुर्रतुल-एन-हैदर
ए मिलियन म्युटिनीज नाऊ	वी.एस. नाइपॉल
ए सूटेबल ब्वाय	विक्रम सेठ
ए पैसेज टू इंग्लैंड	नीरद सी चौधरी
ए वॉयस ऑफ फ्रीडम	नयनतारा सहगल
एक्सेशन टू इंस्टिंक्शन	डॉ. आर. मनेकर
आदि ग्रंथ	गुरु अर्जुन देव
बिट्विन द लाइंस	कुलदीप नैयर
भगवत गीता, महाभारत	वेदव्यास
भारत भारती	मैथिलीशरण गुप्त
विसर्जन	रवीन्द्रनाथ टैगोर
ब्रोकन विंग	सरोजिनी नायडू
बुद्ध चरित	अश्वघोष
बाय गाड्स डिक्री	कपिल देव
चंडालिका	रवीन्द्रनाथ टैगोर
चैमिन	शिवशंकर पिल्लाई
चिदंबरा	सुमित्रानंदन पंत
चिकवीरा राजेन्द्र	मस्ती वेंकटेश अयंगर 'श्री निवास'
देवदास	शरत चंद्र
डिस्कवरी ऑफ इंडिया	जवाहरलाल नेहरू
डिवाइन लाइफ	शिवानंद
दुर्गेश नन्दिनी	बंकिम चन्द्र चटर्जी
गीत गोविन्द	जयदेव
घासीराम कोतवाल	विजय तेंदुलकर
गीतांजलि	रवीन्द्रनाथ टैगोर
ग्लिम्पसेज ऑफ वर्ल्ड हिस्ट्री	जवाहरलाल नेहरू
गोदान	मुंशी प्रेमचंद
द गॉड ऑफ स्माल थिंग्स	अरुंधति राय
गोल्डन गेट	विक्रम सेठ
गोरा	रवीन्द्र नाथ टैगोर
द गाइड	आर.के. नारायण
गुल-ए-नग्मा	रघुपति सहाय ''फिराक''
हर्ष चरित	बाणभट्ट
हिंदू व्यू ऑफ लाइफ	राधाकृष्णन
हिन्दुइज्म	नीरद सी. चौधरी
हितोपदेश	नारायण भट्ट
हंग्री स्टोन्स	रवीन्द्र नाथ टैगोर
आई एम नॉट एन आइलैंड	ख्वाजा अहमद अब्बास
आईडोल्स	सुनील गावस्कर
लौरिंगन	वी.के. भट्टाचार्य
जस्टिस ऑफ पीस के आंसू	जनार्दन प्रसाद सिंह
जूही की कली	सूर्यकांत त्रिपाठी ''निराला''
जुग बदल गया	सोहन सिंह शीतल
जाब्स फॉर मिलियंस	वी.वी.गिरि
कादंबरी	बाणभट्ट
कामसूत्र	वात्स्यायन
कामायनी	जयशंकर प्रसाद
कपाल-कुंडला	बंकिम चंद्र चटर्जी
कर्पूर मंजरी	राजशेखर
खाक-ए-दिल	जां निसार अख्तर
किरातार्जुनीयम्	भारवि

पुस्तकें	लेखक
द लास्ट फेज	प्यारेलाल
लाइफ डिवाइन	अरविंदो घोष
मिडनाइट्स चिल्ड्रन	सलमान रुश्दी
नैकेड ट्राइएंगल	बलवंत गार्गी
नाकू थंथी	दत्तात्रेय रामचद्र बेंद्रे
नेताजी डेड ऑर अलाइव	समर गुहा
निशीथ	उमाशंकर जोशी
नीति शतक	भर्तृहरि
ओडाकूजाल	जी शंकर कुरुप
आवर इंडिया	मीनू मसानी
आवर प्रेसिडेंट्स	एम.ए. नायडू
पदमावत	मलिक मोहम्मद जायसी
पंचग्राम	ताराशंकर बंद्योपाध्याय
पंचतंत्र	विष्णु शर्मा
पाथेर पांचाली	विभूति भूषण बंद्योपाध्याय
रामचरित मानस	तुलसीदास
रंगभूमि	मुंशी प्रेमचंद
रंती-अंगझी	टी.एस. पिल्लई
रत्नावली	हर्षवर्धन
रेड लेप एंड ह्वाइट कैप	पी.वी.आर.राव
रेमिनिसेंस ऑफ द नेहरू एज	एम.ओ. मथाई
रिटर्न ऑफ रेड रोज	के.ए. अब्बास
ऋतु सम्हार	कालिदास
साकेत	मैथिलीशरण गुप्त
संस्कृति के चार अध्याय	रामधारी सिंह ''दिनकर''
सत्यार्थ प्रकाश	स्वामी दयानंद
स्कॉलर एक्स्ट्रा आर्डेनरी	नीरद सी. चौधरी
द स्कोप ऑफ हैप्पीनेस	विजय लक्ष्मी पंडित
सेवन समर्स	मुल्कराज आनंद
शैडो फ्राम लद्दाख	भवानी भट्टाचार्य
नेहरू टु वाजपेयी : प्राइम मिनिस्टर्स	जनार्दन ठाकुर
नए इलाके में	अरुण कमल
विंग्स ऑफ फायर	ए.पी.जे. अब्दुल कलाम
रागमाला	पंडित रविशंकर
मजमीन-ए-गुजराल	आई.के. गुजराल
जत दूर मन पूरे (आत्मकथा)	ज्योति बसु
सूरसागर	सूरदास
तपस्यी ओ तरंगिणी	बुद्धदेव बोस
थिरुकुरल	तिरुवल्लूवर
द नेशंस वॉयस	सी. राज-गोपालाचारी
द सिक्ख टुडे	खुशवंत सिंह
टुवर्ड्स टोटल रिवोल्यूशन	जयप्रकाश नारायण
तुलसी का ज्ञानबोध	सूर्यकांत त्रिपाठी ''निराला''

भारतीय भाषाओं के प्रसिद्ध लेखक

असमिया : हेम चन्द्र बरुआ, हेम चन्द्र गोस्वामी, योगेश दास, वीरेन्द्र कुमार भट्टाचार्य, इन्दिरा गोस्वामी।

ओडिया: गोपीनाथ मोहन्ती, राधा नाथराय, गोपाबंधुदास, सच्चिदानंद राउत्रे, कालिन्दी चरण पटनायक, सुरेन्द्र महन्ती, डा. सीताकान्त महापात्र।

बंगला : बंकिम चन्द्र चटर्जी, विभूति भूषण बंद्योपाध्याय, तारा शंकर बंद्योपाध्याय, शरत चन्द्र चटर्जी, रवीन्द्र नाथ ठाकुर, आर.सी. दत्त, प्रेमेन्द्र मित्र, माइकेल मधुसुदन दत्त, काजी नजरूल इस्लाम, विष्णु दे, आशापूर्णा देवी, महाश्वेता देवी, सुभाष मुखोपाध्याय, विमल मित्र।

गुजराती : मीराबाई, नरसिंह मेहता, परमानंद (कवि), के.एम. मुंशी, गोवर्धन राम, नर्मदा सागर, उमाशंकर जोशी, पन्नालाल पटेल, मनभाई पंचौली 'दर्शक', निरंजन भगत, राजेन्द्र केशवलाल साह।

हिन्दी : सूरदास, तुलसीदास, केशव, बिहारी, कबीर, जायसी, मुंशी प्रेमचंद, सुदर्शन, उपेन्द्र नाथ अश्क, जैनेन्द्र कुमार जैन, भारतेन्दु हरिश्चन्द्र, मैथिलीशरण गुप्त, सूर्यकान्त त्रिपाठी 'निराला' महादेवी वर्मा, जयशंकर प्रसाद, सुमित्रानंदन पंत, हरिवंश राय बच्चन, रामधारी सिंह दिनकर, वात्स्यायन अज्ञेय, नरेश मेहता।

कन्नड़ : के.बी. पुटप्पा, रान्ना, पुरन्दर दास, बी.एम. श्रीकान्त, दत्तात्रेय रामचन्द्र बेन्द्रे, के. शिवराम कारन्थ, मस्ति वेंकटेश आयंगर, वी. के. गोकाक, यू.आर. अनंतमूर्ति, गिरिश कर्नाड।

मलयालम : जी. शंकर कुरूप, तझाकी शिवशंकर पिल्लई, सी.बी. रमन पिल्लई, ओ. चन्दु मेनन, कुमारन आसन, वल्लाथोल, नारायण मेनन, एस.के. पोट्टेकर, नलन्कल कृष्ण पिल्लई, एम. टी. वासुदेवन नायर, सी. वी. श्रीरमण, डॉ. एम. लीलावती।

मराठी : तुकाराम, टीकाराम सहाय, हरि नारायण आप्टे, वी. एस. खाण्डेकर, वी.वी. शिरवाडकर, रंगनाथ ठाकरे, बिन्दा करांदीकर, प्रह्लाद केशव अत्रे, श्रीपाद नारायण वेंडसे, एन. सी. फड़के।

पंजाबी : भाई वीरसिंह, वारिस शाह, धनीराम चैत्रिक, अमृता प्रीतम, नानक सिंह, बलवंत गार्गी, के.एस. दुग्गल, डॉ. हरभजन सिंह, निरंजन तसनीम, गुरुदयाल सिंह, सुरजीत दत्तर।

संस्कृत : वाल्मीकि, व्यास, कालिदास, बाणभट्ट, भर्तृहरि, कल्हण, भवभूति, श्री निवास रथ, प्रो. रसिक बिहारी जोशी, प्रो. सुषमा कुलश्रेष्ठ, सत्यव्रत शास्त्री।

तमिल : सुब्रह्मण्यम भारती, रामलिंगम, पी. वी. अकिलंदम, बाल सुन्दरम्, अब्दुल रहमान, डॉ. इन्दिरा पार्थसारथी, डी. जयकांतन।

तेलुगु : लक्ष्मी नरसिंघम, त्रिपुती, विश्वनाथ सत्यनारायण, डॉ. सी. नारायण रेड्डी, गुर्रम जोशुआ बल्लमपती वेंकटसुवैया, डॉ. वलीरेड्डी सीतादेवी।

उर्दू : मिर्जा गालिब, मो. इकबाल, हाली, जोश मलीहाबादी, जिगर मुरादाबादी, साहिर लुधियानवी, रघुपति सहाय ''फिराक'' गोरखपुरी, राजेन्द्र सिंह बेदी, कृश्न चन्दर, मन्टो, पं. ब्रज नारायण 'चकबस्त', पं. आनन्द नारायण 'मुल्ला', श्रीमती कुर्रतुल एन. हैदर, जोगिन्दर पाल, कुंवर मोहिन्द्र सिंह 'बेदी', अली सरदार जाफरी।

मैथिली : विद्यापति, ज्योतिरीश्वर ठाकुर, नागार्जुन, जीवकान्त, मायानन्द मिश्र, दीना नाथ पाठक 'बन्धु', सुरेन्द्र झा 'सुमन', धीरेन्द्र, बाल गोविन्द झा 'व्यथित'।

☆☆☆☆☆☆

पुरस्कार एवं सम्मान

प्रमुख पुरस्कार एवं सम्मान

- **नोबेल पुरस्कारः** नोबेल पुरस्कार स्वीडन के वैज्ञानिक अल्फ्रेड बर्नहर्ड नोबेल की स्मृति में दिए जाते हैं। भौतिक शास्त्र, रसायन विज्ञान, चिकित्सा, साहित्य तथा शांति के क्षेत्र में उत्कृष्ट योगदान के लिए नोबेल पुरस्कार दिए जाते हैं। अर्थशास्त्र के लिए नोबेल पुरस्कार दिए जाने की शुरुआत 1969 ई॰ से हुई। इसे अर्थशास्त्र में नोबेल स्मृति पुरस्कार भी कहते हैं।
- **पुलित्जर पुरस्कारः** न्यूयॉर्क वर्ल्ड के प्रकाशक 'जोसेफ पुलित्जर' की स्मृति में 1917 से अमेरिका के कोलम्बिया विश्वविद्यालय द्वारा पत्रकारिता एवं साहित्य के क्षेत्र में दिया जाता है।
- **रेमन मैग्सेसे पुरस्कारः** यह पुरस्कार फिलीपींस के पूर्व राष्ट्रपति रेमन मैग्सेसे की स्मृति में वर्ष 1957 से प्रदान किया जाता है। इस पुरस्कार को एशिया का नोबेल भी कहा जाता है। यह पुरस्कार प्रत्येक वर्ष –जनसेवा, सरकारी सेवा, पत्रकारिता, सामुदायिक नेतृत्व एवं अंतर्राष्ट्रीय सद्भाव के लिए प्रदान किया जाता है।
- **गाँधी शांति अन्तर्राष्ट्रीय पुरस्कारः** विश्व शांति में उल्लेखनीय भूमिका निभाने वाले व्यक्ति को भारत सरकार द्वारा 1995 से दिया जाता है।
- **जवाहरलाल नेहरू अन्तर्राष्ट्रीय सद्भावना पुरस्कारः** भारत सरकार द्वारा यह पुरस्कार अन्तर्राष्ट्रीय शांति, विभिन्न देशों के मध्य मेलमिलाप व मित्रता के क्षेत्र में उल्लेखनीय योगदान हेतु प्रदान किया जाता है।
- **इन्दिरा गाँधी अन्तर्राष्ट्रीय शांति, निरस्त्रीकरण एवं विकास पुरस्कारः** भारत सरकार के द्वारा यह पुरस्कार प्रतिवर्ष अन्तर्राष्ट्रीय शांति, निरस्त्रीकरण एवं विकास के क्षेत्र में विशिष्ट योगदान के लिए दिया जाता है।
- **कलिंग पुरस्कारः** विज्ञान को लोकप्रिय बनाने के लिए यह पुरस्कार कलिंग फाउण्डेशन द्वारा दिया जाता है।
- **ग्रेमी पुरस्कारः** यह पुरस्कार नेशनल एकेडमी फॉर रिकार्डिंग आर्ट्स एण्ड साइंसेज द्वारा पश्चिमी संगीत की विभिन्न विधाओं में विशिष्ट योगदान हेतु प्रदान किया जाता है।
- **ऑस्कर पुरस्कारः** संयुक्त राज्य अमेरिका की नेशनल एकेडमी ऑफ मोशन पिक्चर्स द्वारा फिल्म जगत के क्षेत्र में दिया जाता है।
- **मैन बुकर पुरस्कारः** यह पुरस्कार बुकर कंपनी एवं ब्रिटिश प्रकाशक संघ द्वारा संयुक्त रूप से साहित्य के क्षेत्र में उत्कृष्ट कार्य करने के लिए दिया जाता है।
- **भारत रत्नः** यह कला, साहित्य, खेल तथा विज्ञान या बड़े पैमाने पर जनसेवा में उत्कृष्ट कार्य करने के लिए देश का सर्वोच्च राष्ट्रीय पुरस्कार है।
- **पद्म पुरस्कारः** यह भारत रत्न के बाद दूसरा बड़ा सम्मान है। यह पुरस्कार तीन प्रकार के हैं–
  (i) पद्म विभूषण, *(ii)* पद्म भूषण, *(iii)* पद्मश्री।
- **परमवीर चक्रः** भारत में वीरता के लिए दिया जाने वाला सर्वोच्च पुरस्कार जिसे थल सेना, वायु सेना, जल सेना में दुश्मन के सामने बहादुरी के सर्वोत्कृष्ट प्रदर्शन या आत्मबलिदान के लिए दिया जाता है।
- **महावीर चक्रः** देश का यह द्वितीय सर्वोच्च शौर्य पुरस्कार उस बहादुर सैनिक को प्रदान किया जाता है, जिसने शत्रु के दमन में अद्वितीय पराक्रम प्रदर्शित किया है।
- **वीर चक्रः** शौर्य एवं वीरता का तीसरा सर्वोच्च पुरस्कार उसे प्रदान किया जाता है, जिसने शत्रुओं का सामना अदम्य साहस करके उसे पीछे धकेला हो अथवा मौत के घाट उतार दिया हो।
- **अशोक चक्रः** यह देश का सर्वोच्च शान्तिकालीन शौर्य पुरस्कार है। यह पुरस्कार भी शौर्य प्रदर्शन में उल्लेखनीय भूमिका निभाने वाले बहादुर कर्मी को प्रदान किया जाता है।
- **कीर्ति चक्रः** यह पुरस्कार उस वीर सैनिक को प्रदान किया जाता है, जिसने शत्रु के मुकाबले में अभूतपूर्व साहस का प्रदर्शन किया हो।
- **शौर्य चक्रः** युद्ध की परिस्थितियों में अद्भुत शौर्य प्रदर्शित करने वाले शूरवीरों को यह पुरस्कार प्रदान किया जाता है।
- **दादा साहेब फाल्के पुरस्कारः** दादा साहेब फाल्के की स्मृति में स्थापित यह पुरस्कार सूचना एवं प्रसारण मंत्रालय, भारत सरकार द्वारा उस व्यक्ति को दिया जाता है, जिसने भारतीय सिनेमा के विकास में उल्लेखनीय योगदान दिया हो।

- **भारतीय ज्ञानपीठ पुरस्कार:** संविधान की 8वीं अनुसूची में उल्लिखित 22 भाषाओं और अंग्रेजी में से किसी भी भाषा में उत्कृष्ट साहित्य के सृजन के लिए दिया जाता है।
- **साहित्य अकादमी पुरस्कार:** अंग्रेजी सहित 24 भाषाओं में गत् पाँच वर्षों में प्रकाशित उत्कृष्ट रचना के लिए साहित्य अकादमी पुरस्कार, भारत सरकार द्वारा दिया जाता है।
- **मूर्तिदेवी पुरस्कार:** भारतीय जीवन के शाश्वत मूल्यों को उभारने के लिए किसी भी भारतीय भाषा या अंग्रेजी साहित्य में भारतीय ज्ञानपीठ ट्रस्ट द्वारा दिया जाता है।
- **भारत-भारती सम्मान:** उत्तर प्रदेश हिन्दी संस्थान द्वारा साहित्य सृजन व हिन्दी की अनवरत सेवा हेतु प्रदान किया जाता है।
- **व्यास सम्मान:** हिन्दी लेखन के क्षेत्र में अविस्मरणीय योगदान हेतु के.के. बिरला फाउण्डेशन द्वारा दिया जाता है।
- **वाचस्पति पुरस्कार:** संस्कृत साहित्य में विशिष्ट एवं उल्लेखनीय योगदान के लिए के.के. बिरला फाउण्डेशन द्वारा प्रदान किया जाता है।
- **सरस्वती सम्मान:** संविधान की 8वीं अनुसूची में शामिल किसी भी भाषा में गत दस वर्षों में प्रकाशित उत्कृष्ट साहित्यिक कृति के लिए दिया जाता है।
- **जमनालाल बजाज पुरस्कार:** सामाजिक कार्यक्षेत्र में महत्वपूर्ण योगदान, ग्रामीण विकास, विज्ञान एवं प्रौद्योगिकी के उपयोग तथा महिलाओं एवं बच्चों के उत्थान एवं कल्याण कार्यों हेतु जमनालाल बजाज फाउंडेशन के द्वारा प्रदान किया जाता है।
- **शांतिस्वरूप भटनागर पुरस्कार:** विज्ञान के क्षेत्र में उल्लेखनीय योगदान के लिए प्रदान किया जाता है।
- **धन्वन्तरि पुरस्कार:** चिकित्सा के क्षेत्र में।
- **अर्जुन पुरस्कार:** खेल के क्षेत्र में।
- **द्रोणाचार्य पुरस्कार:** खेल प्रशिक्षण के क्षेत्र में।
- **ध्यानचंद पुरस्कार:** खेलों में जीवन भर की उपलब्धियों के लिए।
- **मेजर ध्यानचंद खेल रत्न पुरस्कार:** खेलों में सराहनीय प्रदर्शन हेतु प्रदान किया जाता है।

नोबेल पुरस्कार विजेता भारतीय

यह पुरस्कार अब तक पाँच भारतीयों को प्राप्त हुआ है—

(i) डॉ. रवीन्द्रनाथ ठाकुर को साहित्य के लिए उनकी कृति 'गीतांजलि' पर सन् 1913 में

(ii) डॉ. सी.बी. रमन को भौतिकी में महत्त्वपूर्ण योगदान के लिए सन् 1930 में

(iii) मदर टेरेसा को सन् 1979 में शान्ति के लिए,

(iv) प्रो. अमर्त्य सेन को 1998 में अर्थशास्त्र के लिए, और

(v) कैलाश सत्यार्थी को 2014 में शांति के लिए

इसके अलावा भारतीय मूल के चार लोगों सुब्रमण्यन चंद्रशेखर (भौतिक विज्ञान), हर गोविंद खुराना (चिकित्सा विज्ञान), वेंकटरामन रामकृष्णन (रसायन विज्ञान)और अभिजीत बनर्जी (अर्थशास्त्र) को भी यह पुरस्कार मिल चुका है।

विश्व के प्रमुख देशों की राजधानी एवं मुद्रा

देश	राजधानी	मुद्रा
भारत	नई दिल्ली	रुपया
बांग्लादेश	ढाका	टका
भूटान	थिम्पू	न्गुलट्रम
नेपाल	काठमांडू	रुपया
म्यांमार	ने पी ता	क्यात
पाकिस्तान	इस्लामाबाद	रुपया
अफगानिस्तान	काबुल	अफगानी
चीन	बीजिंग	युआन
श्रीलंका	कोलम्बो	रुपया
ईरान	तेहरान	रियाल
इराक	बगदाद	दीनार
इंडोनेशिया	जकार्ता	रुपिया

देश	राजधानी	मुद्रा
बहरीन	मनामा	दीनार
मंगोलिया	उलानबटोर	तुगरिक
मलेशिया	क्वालालंपुर	रिंगगिट
मालदीव	माले	रुफिया
लेबनान	बेरुत	पाउंड
लाओस	वियन्तियान	न्यूकिपलाओ
कुवैत	कुवैत सिटी	दीनार
वियतनाम	हनोई	डाग
थाईलैण्ड	बैंकाक	बहत
सं.अ. अमीरात	अबुधाबी	दिरहम
ताइवान	ताइपे	डॉलर
कतर	दोहा	रियाल
कम्बोडिया	न्होमपेन्ह	रिएल
उत्तर कोरिया	प्योंगयांग	युआन
दक्षिण कोरिया	सिओल	वॉन
जापान	टोक्यो	येन
ओमान	मस्कट	रियाल
फिलीपींस	मनीला	पीसो
सीरिया	दमिश्क	पाउंड
सऊदी अरब	रियाद	रियाल
सिंगापुर	सिंगापुर	डॉलर
उज्बेकिस्तान	ताशकंद	सुम
कजाकिस्तान	अस्टाना	टेनगे
यमन	साना	रियाल
मॉरीशस	पोर्ट लुईस	रुपया
मोरक्को	रबात	दिरहम
नामीबिया	विंडहॉक	रैंड
नाइजर	नियामी	फ्रैंक
नाइजीरिया	लागोस	नैरा
रवांडा	किगाली	फ्रैंक
सोमालिया	मोगाडिशू	शिलिंग
द. अफ्रीका	प्रिटोरिया	रैंड
सूडान	खारतूम	पाउंड
तंजानिया	डोडोमा	शिलिंग
ट्यूनीशिया	ट्यूनिश	दीनार
युगांडा	कंपाला	शिलिंग
जांबिया	लुसाका	क्वाचा
जिम्बाब्वे	हरारे	डॉलर
कांगो (लो.ग.)	किंशासा	फ्रेंक (CDF)
मिस्र	काहिरा	पाउंड
घाना	अक्रा	केडी
गिनी	कोनाक्रे	फ्रैंक

देश	राजधानी	मुद्रा
केन्या	नैरोबी	शिलिंग
स्वाजीलैण्ड	म्बाबने	लिलान्गनी
लेसोथा	मसेरू	लोति
लाइबेरिया	मोनरोविया	फ्रैंक
गेबोन	लिब्रेविले	फ्रैंक (CFA)
जिबूती	जिबूती	फ्रैंक
गुयाना	मालाबो	फ्रैंक
कनाडा	ओटावा	डॉलर
क्यूबा	हवाना	पीसो
पनामा	पनामा सिटी	बाल बोआ
बरमूडा	हेमिल्टन	डॉलर
बहामाज	नसाऊ	डॉलर
कोस्टारिका	सान जोस	कोलन
ग्वाटेमाला	ग्वाटेमाला सिटी	क्वाट्जाल
निकारागुआ	मनागुआ	न्यू कोरडोवा
जमैका	किंगस्टन	डॉलर
ग्रेनाडा	सेंट जॉर्ज	डॉलर
ग्रीनलैण्ड	नूक	क्रोन
मैक्सिको	मैक्सिको सिटी	पीसो
सं.रा. अमेरिका	वाशिंगटन (डी.सी.)	डॉलर
डोमीनिक	रोसेऊ	डॉलर
डोमीनियन गणतंत्र	सैंटो डोमिंगो	पीसो
हैती	पोर्ट-ओ-प्रिंस	गोर्डे
ब्राजील	साओ पाउलो	रिएल
चिली	सांतियागो	पीसो
इक्वाडोर	क्वेटो	सुक्रे
वेनेजुएला	काराकस	बोलिवर
अर्जेंटीना	ब्यूनस आयर्स	अर्जेण्टीनो
त्रिनिदाद व टोबैगो	पोर्ट ऑफ स्पेन	डॉलर
पेरू	लीमा	न्यू सोल
कोलम्बिया	बोगोटा	पीसो
गुयाना	जॉर्ज टाउन	डॉलर
पराग्वे	असनश्यान	गुआरानी
उरुग्वे	मोंटेवीडिओ	पीसो
फ्रेंच गुयाना	कोयेन्ने	फ्रैंक
रूस	मास्को	रूबल
स्पेन	मैड्रिड	यूरो
पोलैण्ड	वारसा	ज्लोती
नार्वे	ओस्लो	क्रोन
पुर्तगाल	लिस्बन	यूरो
फ्रांस	पेरिस	यूरो
जर्मनी	बर्लिन	यूरो
यूनान	एथेंस	यूरो

देश	राजधानी	मुद्रा
हंगरी	बुडापेस्ट	फ्रोरिंट
डेनमार्क	कोपेनहेगन	क्रोन
लिथुआनिया	विल्नियस	लितास
स्वीडन	स्टॉकहोम	क्रोना
स्विट्जरलैण्ड	बर्न	फ्रैंक
ग्रेट-ब्रिटेन	लंदन	पाउंड
आस्ट्रिया	वियना	यूरो
चेक गणराज्य	प्राग	कोरूना
माल्टा	वालेटा	यूरो
सान मारिनो	सान मारिनो	यूरो
बोस्निया-हर्जेगोविना	सरायेवो	दीनार
अंडोरा	अंडोरा ला विले	यूरो
आयरलैण्ड	डबलिन	यूरो
लक्समबर्ग	लक्समबर्ग	यूरो
बेल्जियम	ब्रूसेल्स	यूरो
बुल्गारिया	सोफिया	लेव

देश	राजधानी	मुद्रा
मेसीडोनिया	स्कोपजे	दिनार
स्लोवेनिया	ल्यूकिल्यान	यूरो
फिनलैण्ड	हेलसिंकी	यूरो
नीदरलैण्ड्स	एमस्टरर्डम	यूरो
अल्बानिया	तिराना	लेक
लातविया	रीगा	लात
क्रोशिया	जागरेव	दीनार
इटली	रोम	लीरा
ऑस्ट्रेलिया	केनबरा	डॉलर
न्यूजीलैण्ड	वेलिंग्टन	डॉलर
पापुआ न्यू गिनी	पोर्ट मोरेस्वी	किना
फिजी	सुवा	डॉलर
मार्शल द्वीप	मजुरो	डॉलर
पलाऊ (बेलाऊ)	कोडोर	USA डॉलर
सोलोमन द्वीपसमूह	होनियारा	डॉलर

महत्त्वपूर्ण सीमा रेखाएं

- **डूरंड लाइन** : यह भारत और अफगानिस्तान के बीच सीमा के विभाजन को परिलक्षित करती थी! इसका सीमांकन सर मोर्टीमर डूरंड ने 1896 में किया था। अब यह पाकिस्तान और अफगानिस्तान के बीच की सीमा रेखा है।
- **हिंडेनवर्ग लाइन** : यह वह रेखा है जहां से विश्व युद्ध के दौरान जर्मनी की सेना वापस लौट गई थी। यह रेखा पोलैण्ड और जर्मनी के बीच की सीमा रेखा है।
- **मैकमोहन रेखा** : यह भारत और चीन के बीच सीमा रेखा है जिसका सीमांकन सर हेनरी मैकमोहन ने किया था।
- **मैगिनोट रेखा** : यह फ्रांस और जर्मनी के बीच सीमा रेखा है।
- **रेडक्लिफ रेखा** : यह भारत और पाकिस्तान के बीच सीमा रेखा है जिसका सीमांकन सर सिरिल रेडक्लिफ ने किया था।
- **17वां पैरेलल** : यह उत्तरी एवं दक्षिणी वियतनाम के बीच की सीमा रेखा है।
- **38वां पैरलल** : यह उत्तर और दक्षिण कोरिया के बीच सीमा रेखा है।
- **49वां पैरलल** : यह यू.एस. और कनाडा के बीच सीमा रेखा है।
- **अदूर निसे रेखा** : यह रेखा पोलैण्ड और पूर्वी जर्मनी के बीच की सीमा रेखा है जो द्वितीय विश्व युद्ध में खींची गई थी।
- **सिंगफ्रेड रेखा** : प्रथम विश्व युद्ध में फ्रांस और जर्मनी के बीच की सीमा रेखा।

विश्व की प्रमुख जनजातियाँ

जनजाति	सम्बन्धित क्षेत्र/देश
माओरी	न्यूजीलैंड
बुशमैन	कालाहारी मरुस्थल (बोत्सवाना)
वेद्दा	श्रीलंका
बद्दू	अरब
आइनू	जापान
यूकाधिर	साइबेरिया
एस्कीमो	ग्रीनलैंड, कनाडा
ममाई	पूर्वी अफ्रीका
बोरो	ब्राजील
सेमांग	मलेशिया
जूलू	नेटाल (दक्षिण अफ्रीका)
खिरगीज	मध्य एशिया
रेड इंडियन	उ. अमेरिका
पिग्मीज	कांगो बेसिन
नीग्रो	मध्य एशिया
याइ	टुण्ड्रा प्रदेश

महत्वपूर्ण दिवस

दिवस	महत्व
• 9 जनवरी	प्रवासी दिवस
• 15 जनवरी	थल सेना दिवस
• 25 जनवरी	भारतीय पर्यटन दिवस
• 26 जनवरी	भारतीय गणतंत्र दिवस
• 30 जनवरी	शहीद दिवस, विश्व कुष्ठ निवारण दिवस (महात्मा गाँधी की पुण्य तिथि)
• 1 फरवरी	तटरक्षक दिवस, डाक जीवन बीमा दिवस
• 4 फरवरी	विश्व कैंसर दिवस
• 20 फरवरी	विश्व सामाजिक न्याय दिवस
• 21 फरवरी	विश्व मातृभाषा दिवस
• 22 फरवरी	पल्स पोलियो दिवस
• 28 फरवरी	राष्ट्रीय विज्ञान दिवस (रमन प्रभाव की स्मृति में)
• 8 मार्च	अन्तर्राष्ट्रीय महिला दिवस
• 15 मार्च	विश्व उपभोक्ता अधिकार दिवस, विश्व विकलांगता दिवस
• 21 मार्च	विश्व वानिकी दिवस, विश्व रंगभेद उन्मूलन दिवस
• 22 मार्च	विश्व जल दिवस
• 23 मार्च	शहीद दिवस, विश्व मौसम विज्ञान दिवस
• 24 मार्च	विश्व तपेदिक दिवस
• 7 अप्रैल	विश्व स्वास्थ्य दिवस
• 18 अप्रैल	विश्व विरासत दिवस
• 22 अप्रैल	विश्व पृथ्वी दिवस
• 1 मई	मई दिवस (अन्तर्राष्ट्रीय श्रम दिवस)
• 8 मई	विश्व रेडक्रॉस दिवस
• 9 मई	अन्तर्राष्ट्रीय थैलीसीमिया दिवस
• 11 मई	राष्ट्रीय प्रौद्योगिकी दिवस
• 24 मई	कॉमनवेल्थ दिवस
• 31 मई	विश्व धूम्रपान दिवस

दिवस	महत्व
• 1 जून	अन्तर्राष्ट्रीय बाल दिवस
• 5 जून	विश्व पर्यावरण दिवस
• 14 जून	वर्ल्ड ब्लड डोनर डे
• 20 जून	शरणार्थी दिवस
• 21 जून	विश्व योग दिवस
• 11 जुलाई	विश्व जनसंख्या दिवस
• 10 अगस्त	अंतर्राष्ट्रीय युवा दिवस
• 29 अगस्त	राष्ट्रीय खेल दिवस
• 5 सितम्बर	शिक्षक दिवस
• 8 सितम्बर	विश्व साक्षरता दिवस
• 14 सितम्बर	हिन्दी दिवस
• 16 सितम्बर	विश्व ओजोन दिवस
• 21 सितम्बर	अन्तर्राष्ट्रीय शांति दिवस
• 27 सितम्बर	विश्व पर्यटन दिवस
• 2 अक्टूबर	गाँधी जयन्ती/अन्तर्राष्ट्रीय अहिंसा दिवस
• 3 अक्टूबर	विश्व पर्यावास दिवस
• 5 अक्टूबर	विश्व आवास दिवस, शिक्षक दिवस
• 9 अक्टूबर	विश्व डाक दिवस
• 16 अक्टूबर	विश्व खाद्य दिवस
• 17 अक्टूबर	विश्व गरीबी उन्मूलन दिवस
• 20 अक्टूबर	राष्ट्रीय एकता दिवस, विश्व सांख्यिकी दिवस
• 14 नवम्बर	विश्व मधुमेह दिवस
• 19 नवम्बर	अन्तर्राष्ट्रीय नागरिक दिवस
• 26 नवम्बर	विश्व पर्यावरण संरक्षण दिवस
• 1 दिसम्बर	विश्व एड्स दिवस
• 4 दिसम्बर	रासायनिक दुर्घटना निवारण दिवस
• 10 दिसम्बर	अन्तर्राष्ट्रीय मानवाधिकार दिवस
• 18 दिसम्बर	अन्तर्राष्ट्रीय प्रवास दिवस

☆☆☆☆☆☆

खेल जगत

खेलों से जुड़ी शब्दावली

ऐथलेटिक्स : ऐली, स्प्रॉम, बैटन, बेंड, ब्लाइंड पास, बाक्स, सर्किल, क्लियरेंस, क्रासबार, हीट्स, फाल्स स्टार्ट, फ्लाप स्टाइल, फाउल, हर्डलेस, लेन, लैप, डेकाथलॉन, हैप्टेथलॉन, मैराथन, पेंटाथलोन, स्क्रैच, शॉट पुट, स्प्रिंट, स्टार्टिंग ब्लाक स्टेपल चेज, स्ट्रैडल, टाई, जोन।

बैडमिंटन : एश, एली, बैक हैण्ड, ब्लाक, कैरी, चैकिंग द स्मैस, कोर्ट, क्रास कोर्ट, डबल हिट, ड्राप शाट, फाल्ट, फोरहैण्ड, फ्रेम, गेम प्वाइंट, किल, लोब, लव, नेट, रैकेट, रैली, सर्व, शार्ट सर्व, शटल (बर्ड भी कहते हैं) साइड आउट, अंडर हैंड।

बेसबाल : आर्म थ्रोअर, एराउंड द हार्न, बल्क, बाल, बाल हॉक, बेस ओपन बेस रनर, बैट, बैटर, कैचर, काक्ड आर्म, क्रास फायर, डाउनर, होम, हाट कार्नर, इनफील्ड फ्लाई, की स्टोन सैक, लेट अप, पेग, पिंच हिटर, पॉपी, पंच, रबर, इनअप, सिंकर, स्लाइडर, थ्री फुट लाइन।

बास्केट बॉल: बैक डोर, बैंग बोर्ड, बैंक शाट, बेसबाल पास, बाउंस पास, चार्ज, चेस्ट पास, कार्नर प्लेयर, कट, डेड बॉल, डबल फाउल, ड्रिबल, फेक, फील्ड गोल, फाउल, फ्री थ्रो, गोल, हेल्ड बॉल, जम्प बॉल, पायवोट, रिवाइंड, रिस्ट्रेनिंग सर्कल, टी, टैक्नीकल फाउल, थ्रो इन।

बिलियर्डस एंड स्नूकर : एंगल, राउण्ड द टेबल, बल्क, बॉल, ब्रेक, ब्रिज, केनन, क्यू बाल, कॉप, फॉलो, हजार्ड, पाकेट, पॉट, पिरामिड, रेडबाल, रेस्ट्स, रन, सेट अप, शार्ट स्विंग, टेबल।

बॉलिंग : एप्पल, एप्रोच, एवरेज, बेबी स्पिल्ट, बॉयस, बिग फाइव, बिग फोर, बाक्स ब्रेक, बकेट, बम्पर, कटर, डाइव, डबल, ड्राइव, डचमैंन, फ्लोटर, ग्रिप, मूव, हैंडी कैप, हेडपिन, हनी, लेन, लीड, मैपल्स, नोजहिट, मदर इन लॉ, पिक, पींस, पाकेट, पोर्ट, स्लीपर, एप्लैस (टर्की) टर्की।

बॉक्सिग : स्प्रॉन, अटैक, ब्लैक पेडल, बैक हैंड पंच, ब्लाकिंग, बोली, बाउट, बट, चॉप, कम्बीनेशन, कट, डाइव, एलबोइंग, फर्स्ट ब्लड, फ्लोर, फुल काउंट, ग्लोब्स, हीलिंग, होल्डिंग, हुक, जब, माउथपीस, पंच, रिंग, स्कोरिंग, सेकेण्ड, स्पाट, वार्निंग।

पेशेवर लोगों के बीच बॉक्सिग अमूमन समान वजन वाले मुक्केबाजों के बीच आयोजित की जाती है। तद्नुसार ही विभिन्न वर्ग बनाए गए हैं—लाइट फ्लाईवेट (48 किग्रा तक), फ्लाई वेट (51 किग्रा. तक), बैंटन वेट (54 कि.ग्रा. तक), फीदरवेट (57 कि.ग्रा. तक), लाइट वेट (60 कि.ग्रा. तक), लाइट-वेल्टर वेट (63.5 कि.ग्रा.), वेल्टर वेट (67 कि.ग्रा. तक), लाइट मिडिल वेट (71 कि.ग्रा. तक), मिडिल वेट (75 कि.ग्रा. तक), लाइट हैवी वेट (81 कि.ग्रा. तक), हैवी वेट (100 कि.ग्रा. तक), सुपर हैवी वेट (100 कि.ग्रा. से ऊपर)।

क्रिकेट : आल राउण्डर, ऐशेज, बैकफुट, बेल्स, बॉल, बैट, बैटिंग, बैट्समैन, बीमर, बाउंसर, बाउण्ड्री, बॉलर, बॉलिंग क्रीज, बाई, कॉट एण्ड बोल्ड, कॉल, कैच, कॉट बिहाइंड, सेंचुरी, क्लीन बोल्ड, कवर प्वाइंट, क्रास बैट, कट, कटर, डेड बॉल, एक्स्ट्राज, फास्ट मीडियम, फालोआन, फ्रंट फुट, फुलटास, ग्लास, गुगली, गार्ड, गिल्ली, हाफ वॉली, हैट्रिक, हिट विकेट, हुक, इनस्वींगर, लेटकट, लेग ब्रेक, लेग साइड, मेडन, मिड ऑफ, मिड आन, मिड विकेट, नाइट वाचमैन, प्वांइट, ओपनर, ओवर, ओवर थ्रो, ओवर द विकेट, पिच, पुल-राउण्ड द विकेट, स्क्वायर कट, स्क्वायर लेग, स्वीप, टॉस, अम्पायर, विकेट कीपर, यार्कर।

साईकलिंग : एंकलिंग, ब्रेक, बन्च, हैण्डीकैप, हॉक, मेडिसन रिले, म्यूसेट, परस्यूट।

गोल्फ : एश, एड्रेस, एयर शॉट, एप्रोन, अवे, बॉल मार्क, ब्रिडी, बोगी, बाई, चिप, क्लब, कप, ड्राइव, ईगल, फ्लफ्फ, हाल्वड्, हैण्डीकैप, हजार्ड, होल, ऑनर, हुक, जिग्गर, लाई, पार, पिन, पुट, रन, स्लाइस, स्टांस, स्विंग, टी, वेज।

हॉकी : बैकपास, बुली, कैरिंग द बॉल, सेंटर फारवर्ड, चार्जिंग, कार्नर, डी, डिफेंडर, ड्रिवलिंग, फ्लिक, फारवर्ड, फाउल, फ्रीहिट, फुल बैक्स, गोल, हाब्स, हिट, हुकिंग, इंटरसेप्टिंग, लांग कार्नर, शार्ट पेनल्टी स्ट्रोक, पुश, रिवर्स स्टिक, स्कूप, सिक्सटीन यार्ड हिट, स्टिक, स्ट्राइकिंग सर्कल, टैकलिंग, थ्रू पास, ट्रैपिंग, ट्वेन्टी फाइव यार्ड लाइन, अंडरकटिंग।

रोविंग : वेग ऑल, वीट, बो, कनवास, कैच, काक्सवेन या कॉक्स, डबल एट, पूडल, रिकवरी, रिगिंग, रो, एकल्स, सिंगल, स्लाइड, स्वीप, स्वीवल।

रग्बी : ब्लाकिंग बैक, बटन हुक, सेंटर, क्लिपिंग, क्रास बार, कट बैक, डेड बॉल लाइन, ड्राप किक, फेक, फ्लेंकर, फ्लैट पास, फम्बल, गोल, हडल, किक ऑफ, लूपिंग लाइन, ऑफ साइड, पैक, पुंट, स्क्रीन पास, स्लगिंग, टैकल, थ्रो इन, टाइम आउट, ट्रैप, ट्राई।

शूटिंग : एयर गन, बैरल, बोर डाइमीटर, बुल, कैलिवर, कैटिंग, ड्रैग, फायर आर्म, ग्रिप, लांग रायफल, मजल वेलोसिटी, राइफल, साइटर्स, स्नैप, स्टोक।

सॉकर : बाईसाईकिल किक, बाड़ी सर्व, बाक्स या पेनाल्टी एरिया, कैरिंग, चेस्टिंग, क्लीयरिंग, कार्नर किक, कार्नर फ्लैग, क्रास, क्रास ओवर, डी, डायरेक्ट फ्री किक, डाइव, डबल फाऊल, ड्रिवल, ड्राप वॉल, एक्स्ट्रा टाइम, फिनिशिंग, फ्लैंक, फाउल, गोल किक, गोल पोस्ट, गोल्स, हॉफ वॉली, हैट्रिक, हैडिंग, इनडायरेक्ट फ्री किक, इंटरसेप्सन, किक ऑफ, लाइंस मैन, लिंक मैन, लोब, मार्किंग, न्यूटमैग, ऑफ साइड, पास, पेनल्टी स्पॉट, रिवर्स पास, सीजर्स किक, शैडो मार्किंग, साइड लाइंस, स्ट्राइकर स्वीपर, टेंकल, थ्रोइन, ड्रिपिंग, विंगर, येलो कार्ड।

स्क्वैश : एंगल, बोर्ड कोर्ट, कट लाइन, ड्राइव, फुट फाउल्ट, हॉफ कोर्ट लाइन, हैमर, हैंड इन, किल, निक, पेनल्टी प्वाइंट, रैली, सर्विस बाक्स, सेट, शार्ट लाइन, वॉली, वेल्स।

स्वीमिंग : बैकस्ट्रोक, बटरफ्लाई, ब्रेस्ट स्ट्रोक, कैसल, क्राउल, फाल्स स्टार्ट, फ्री स्टाइल, किकिंग, लेग, मेडले रिले, पुल, टच।

टेबल टेनिस : एश, बैकहैण्ड, शॉट, ब्लेड, ब्लॉक शॉट, ड्यूस, ड्राप शॉट, गेम, ग्रिप, रैली, सर्विस, स्मैश, टॉप स्पिन, रिवर्स सेंटर लाइन।

टेनिस : एश, एडवांटेज, बैक कोर्ट, बैक हैण्ड, बॉल ब्वाय या बॉल गर्ल, ब्रेक, बाई, सेंट्रल लाइन, चिप, चाप, कोर्ट, डेड, ड्यूस, डबल फाल्ट, डाउन द लाइन, ड्राप शॉट, ड्राप वॉली, इरर, फेस या रैकेट, फाउल्ट, फोर कोर्ट, फ्रेम, गेम, गेम प्वाइंट, ग्राउंड स्ट्रोक, लेट, लाइन बॉल, लोब, लव, मैच प्वाइंट, नेट, नेट बॉल, ओवर हैड, स्मैश, पासिंग शॉट, रैली रिटायर, रिटर्न, सर्व, सर्विस, सेट, सेटप्वाइंट, शार्ट बाल, स्मैश, स्ट्रोक, टॉस, अंडरहैंड, वॉली।

वॉलीबॉल : एश, एड ऑन, बैकलाइन, ब्लॉक, बॉडी फाउल, कैरिंग द बॉल, चेस्टपास, कवर, क्रास कोर्ट शाट, ड्यूस, डिग, डबल हिट, फुट फाउल्ट, गेम प्वाइंट, किल, हेल्ड, बॉल, मल्टीपल टचेज, नेट, ओवर नेट, प्वाइंट, पावर सर्व, सर्व, सेट, साइड आउट, स्मै [illegible], स्पाइकर टाइम आउट वाली।

रेसलिंग : एकल एण्ड लेग ड्राइव, बाडी लॉक, बाडी प्रेस, ब्रिज, कोबरा ट्विस्ट, क्रडल, क्रास वुटक, डी फाल्ट, इलीमिनेशन, फाल या पिन, फ्रीस्टाइल, फुल नेलसन, ग्रीको रोमन, हेड होल्ड, नेट, न्यूट्रल पोजीशन, पैसेविटी, पैनाल्टी प्वाइंट, राउण्ड, [illegible]नम, स्टेलमेट, स्ट्रेंगल होल्ड, सूमो, थ्री प्वाइंट, टू प्वाइंट।

खेलकूद में महत्त्वपूर्ण माप

- **बैडमिंटन कोर्ट :** 20 फीट × 44 फीट (युगल); 17 फीट × 44 फीट (एकल)
- **बेसबॉल :** डायगोनल बेस में से निकटतम आधार के बीच की दूरी 90 फीट और 127 फीट 3⅜ इंच होती है। पिचर के सर्किल और बालर के बीच 60½ फीट की दूरी होती है।
- **बास्केटबॉल कोर्ट :** 85 फीट × 46 फीट।
- **बिलियर्ड टेबल :** 12 फीट × 6 फीट 1½ इंच।
- **बॉक्सिग रिंग :** 20 फीट वर्ग।
- **क्रिकेट :** दोनों विकेट 22 गज की दूरी पर होते हैं। बॉल का व्यास लगभग 9 से.मी. और वजन 5½ से 5¾ ओंस होता है।
- **डाइविंग :** स्प्रिंगबोर्ड जल की सतह से 7 और 3 [illegible]टर ऊपर होते हैं।
- **हैंडबाल कोर्ट :** 126 से 147 फीट लम्बा और [illegible] से 73 फीट चौड़ा।
- **हाकी का मैदान :** 100 गज × 55 गज।
- **आइस हाकी ग्राउंड :** 184 से 200 फीट लम्बा और 85 से 98 फीट चौड़ा।
- **रोविंग :** एकल नौका चालन हेतु नौका की लम्बाई 27 फीट और युगल के लिए 34 फीट होती है। कॉक्स्ड जोड़ा 35 फीट, काक्सलेस फोर 44 फीट, कॉक्स्ड फोर 45 फीट और कॉक्स्ड एट 62 फीट होता है।
- **रग्बी मैदान :** यह मैदान अंडाकार होता है जिसकी अधिकतम लम्बाई 150 से 200 गज और अधिकतम चौड़ाई 120 से 170 गज होती है।
- **फुटबाल मैदान :** 100 से 130 गज लम्बा और 50 से 100 गज चौड़ा।
- **स्क्वैश कोर्ट :** [illegible]2 फीट × 21 फीट, कट लाइन 6 फीट का और टिन 19 इंच [illegible]ता है।
- **स्वीमिंग पुल :** 50 मीटर लम्बा।
- **टेबल टेनिस :** टेबल 9 फीट × 5 फीट का होता है तथा नेट की ऊंचाई 6 इंच होती है।
- **टेनिस कोर्ट :** एकल के लिए 78 फीट × 27 फीट और युगल के लिए 78 फीट × 36 फीट।
- **वालीबॉल कोर्ट :** 18 मीटर × 9 मीटर।
- **मैराथन दौड़ :** 26 मील 385 गज।

ओलंपिक

प्राचीन काल में अपने नागरिकों को स्वस्थ एवं फिट बनाए रखने के लिए यूनानवासी प्रतियोगी खेल स्पर्द्धाओं का आयोजन करते थे। जौस देवता के सम्मान में प्रथम ओलम्पिक खेलों का आयोजन ओलम्पस माउंट में ईसा पूर्व 776 में किया गया था। इसके बाद 394 ईस्वी जबकि यूनानी सभ्यता का पतन हो गया प्रत्येक 4 वर्षों के अंतराल के बाद ओलम्पिक खेलों का आयोजन किया जाता रहा। आधुनिक समय में फ्रांस के धनकुबेर पियरे डी कुबर्टिन ने आधुनिक खेलों को पुनर्जीवित किया। प्रथम आधुनिक ओलम्पिक खेल का आयोजन 1896 में एथेंस (यूनान) में किया गया। इसके बाद से विश्व युद्धों को छोड़कर प्रत्येक 4 वर्ष के अंतराल पर ओलम्पिक खेलों का आयोजन होता रहा है। ओलम्पिक खेलों का ध्वज श्वेत रंग का है जिस पर 5 रंगीन छल्ले बने हैं। प्रत्येक रिंग एक महादेश का प्रतिनिधित्व करता है। एक ही वर्ष में ग्रीष्मकालीन और शीतकालीन ओलंपिक खेलों का आयोजन किया जाता है।

एशियाई खेल

द्वितीय विश्व युद्ध के पश्चात् अनेकों एशियाई देशों ने स्वतंत्रता प्राप्त की। ओलंपिक खेलों की तर्ज पर प्रत्येक चार वर्षों बाद एशियाई खेलों के आयोजन की योजना बनायी गई। भारत ने 1951 में नई दिल्ली में प्रथम एशियाई खेलों का आयोजन किया था।

राष्ट्रमंडल खेल

राष्ट्रमंडल खेल भी प्रत्येक चार वर्ष बाद आयोजित किए जाते हैं उसी वर्ष में जिसमें एशियाई खेल आयोजित होते हैं। सभी राष्ट्रमंडल देश (ब्रिटेन के पूर्व उपनिवेश) इसमें भाग ले सकते हैं। प्रथम राष्ट्रमंडल खेल 1930 में हैमिल्टन (कनाडा) में आयोजित हुआ। अठारहवां राष्ट्रमंडल खेल वर्ष 2006 में मेलबोर्न में आयोजित किया गया। 2010 के राष्ट्रमंडल खेलों का आयोजन भारत में हुआ।

कामनवेल्थ गेम्स फेडरेशन (CGF) की छत्रछाया में आयोजित होने वाले राष्ट्रमंडल देशों के खेलों का आयोजन प्रत्येक चार वर्ष के अंतराल पर किया जाता है। पहले राष्ट्रमंडल खेल, जो 1930 में कनाडा के हैमिल्टन में आयोजित किये गये थे, को ''ब्रिटिश अम्पायर गेम'' के नाम से जाना गया। 1954 में इनका नाम बदलकर ''ब्रिटिश अम्पायर एण्ड कामनवेल्थ गेम्स'' कर दिया गया। 1970 में एक बार फिर इनका नाम परिवर्तन कर 'ब्रिटिश कामनवेल्थ गेम्स' किया गया। वर्ष 1978 से इन्हें कामनवेल्थ गेम्स अथवा राष्ट्रमंडल खेलों के नाम से जाना जा रहा है।

प्रमुख खेल एवं उससे संबंधित जानकारी

क्रिकेट : क्रिकेट खेल का जन्मदाता इंग्लैंड को माना जाता है। दुनिया का पहला क्रिकेट क्लब हैम्बल्डन में 1760 के दशक में बना और मेरिलबॉन क्रिकेट क्लब (MCC) 1787 में।

हॉकी : हॉकी का पहला संगठित क्लब 1861 में स्थापित 'ब्लैकहीथ एबी एण्ड क्लब' (इंग्लैंड) है। हॉकी की सर्वोच्च संस्था 'फेडरेशन इंटरनेशल दि हॉकी' (एफ. आई. एच.) है, जिसकी स्थापना 1884 ई. में की गयी थी। हॉकी का पहला अन्तर्राष्ट्रीय मैच 26 जून, 1895 को राइल में वेल्स एवं आयरलैंड के बीच खेला गया। ओलम्पिक में सर्वाधिक आठ बार हॉकी का खिताब भारत ने जीता है।

फुटबॉल : फुटबॉल का जन्म इंग्लैंड में हुआ। 1857 ई. में इंग्लैंड में विश्व का पहला फुटबॉल क्लब 'शेफील्ड फुटबॉल क्लब' का गठन हुआ। भारत में फुटबॉल अंग्रेजों के द्वारा लाया गया और भारत का पहला फुटबॉल क्लब 'डलहौजी क्लब' था।

टेबल टेनिस : इस खेल का जन्मदाता इंग्लैंड है। 'इंटरनेशनल टेबल टेनिस एसोसिएशन' की स्थापना 1926 ई. में की गयी थी। टेबल टेनिस विश्व चैम्पियनशिप का मैच पहली बार 1927 ई. में हुआ।

लॉन टेनिस : आधुनिक संदर्भ में इस खेल का विकास इंग्लैंड में हुआ। टेनिस की सर्वोच्च संस्था इंटरनेशनल टेनिस फेडरेशन (I.T.F.) की स्थापना 1913 ई. में पेरिस में की गई।

बास्केटबॉल : इस खेल का आविष्कार जेम्स स्मिथ ने सन् 1891 में अमेरिका में किया। इसके अन्तर्राष्ट्रीय संघ की स्थापना सन् 1932 में फेडरेशन इंटरनेशनल डे बास्केटबॉल एसोसिएशन (FIBA) के नाम से हुई। भारत में प्रथम बास्केटबॉल खेल सन् 1930 में खेला गया। इसका पहला विश्व चैम्पियन मैच 1950 ई. में आयोजित हुआ।

बैडमिंटन : आधुनिक बैडमिंटन का विकास संभवत: इंग्लैंड में हुआ था। इसकी सर्वोच्च संस्था इंटरनेशनल बैडमिंटन फेडरेशन की स्थापना 1934 में की गयी थी। विश्व बैडमिंटन चैम्पियनशिप की शुरुआत 1977 ई. में हुई थी।

पोलो : आमतौर से यह माना जाता है कि पोलो का जन्म फारस में हुआ था। फारस में 525 ई.पू. में 'पुलु' के नाम से यह खेल खेला जाता था। कुछ लोगों का मानना है कि पोलो का जन्म भारत के मणिपुर में हुआ।

शतरंज : सामान्यत: ऐसा माना जाता है कि भारत में यह खेल ईसा बाद 7वीं सदी में शुरू हुआ।

एथलेटिक्स : पहला ओलंपिक जो ई.पू. 8वीं सदी में हुआ था उसमें यह एक मात्र खेल था। ई.पू. 8वीं शताब्दी में होमर द्वारा लिखित इलियड में पैदल दौड़ का वर्णन मिलता है। एथलेटिक्स इंग्लैंड में ईसा बाद 12वीं सदी में प्रारंभ हुई।

कुश्ती : ई.पू. 708 में यूनानियों ने अपने ओलंपिक में कुश्ती को शामिल कर लिया था। कुल मिलाकर कुश्ती के 50 प्रकार हैं। ओलंपिक में ग्रीको रोमन और फ्री स्टाइल कुश्ती आर्मेचर होती है।

गोल्फ : आधुनिक गोल्फ का खेल सर्वप्रथम स्कॉटलैंड में शुरू हुआ। आधुनिक गोल्फ में पुरुषों के ग्रैंड स्लैम में चार टूर्नामेंट होते हैं। मास्टर ओपन, यूनाइटेड स्टेट्स ओपन, ब्रिटिश ओपन और प्रोफेशनल गोल्फर्स एसोसिएशन ऑफ अमेरिका (पी.जी.ए.) चैम्पियनशिप।

बेसबॉल : यह खेल 19वीं सदी के मध्य में अमेरिका में विकसित हुआ। ऐसा माना जाता है कि इसकी खोज अबनेर डबलडे ने सन् 1839 ई. में की। इस खेल के नियमों को एलेक्जेंडर कार्टराइट ने लिखा।

तैराकी : द फेडरेशन इंटरनेशनल डी नेशनल एमैच्योर (FINA) तैराकी एवं अन्य सभी गैर-पेशेवर जल-क्रीड़ाओं को संचालित करती है।

स्पोर्ट्स से जुड़े प्रमुख खिलाड़ी

- **एथलेटिक्स :** कार्ल लुईस, मौरिस ग्रीन, माइकल जानसन, लिंडफोर्ड क्रिस्टी, जैकी जायनर, मेरियन जोंस, बेन जानसन, कैल्विन स्मिथ, जेसी ओवंस, सर्गेई बुबका, सेबेस्टियन को, मिल्खा सिंह, पीटी उषा, उसैन बोल्ट, ज्योतिर्मय सिकदर।
- **बॉक्सिग :** कैसियस क्ले (मोहम्मद अली), जो फ्रेजर, माइक टायसन, लैरी टोलम्स, फैंक ब्रूनो, हेनरी कूपर, आर्ची मूर, इवांडर होलीफील्ड, विजेंद्र कुमार, एम.सी. मैरीकॉम।
- **बैडमिंटन :** प्रकाश पादुकोण, सैय्यद मोदी, दिनेश खन्ना, जेमी पोलसन, नंदू नाटेकर, लिम स्वीकिंग, सायना नेहवाल।
- **बिलियर्ड :** गीत सेठी, माइकल फरेरा, पंकज आडवाणी।
- **शतरंज :** बोरिस स्पॉस्की, गैरी कास्परोव, अंतोली कार्पोव, विक्टर कोरकोनी, विश्वनाथन आनंद, कोनेरू हम्पी, प्रवीण थिप्से, रोहिणी खादिलकर, सूर्य शेखर गांगुली, गुकेश डी.।
- **क्रिकेट :** सुनील गावस्कर, बिशन सिंह बेदी, कपिल दे मुहम्मद अजहरुद्दीन, सचिन तेंदुलकर, जी.आर. विश्वना लाला अमरनाथ, अजित वाडेकर, वी एस चंद्रशेखर, ईए प्रसन्ना, एस. वेंकटराघवन, डान ब्रैडमेन, रिचर्ड हैडली, ग सोबर्स, इयान बाथम, विवियन रिचर्डस, क्लाइव लायड, इमर खान, ज्योफ बायकाट, टोनी ग्रेग, वसीम अकरम, हनी मोहम्मद, रिची बेनो, माल्कम मार्शल, माइकल होल्डिंग, ग्रे चैपल, जावेद मियांदाद, विजय मांजरेकर, फैंकवारेल, बि लॉरी, क्लाइब राइस, विराट कोहली, मार्क टेलर, जीएल गारन अर्जुन राणातुंगा, अरविन्द डीसिल्वा, सौरव गांगुली, विनो कांबली, नयन मोंगिया, अजित अगरकर, जैक कालिस, इया हिली, जान ट्राइकास, क्रेग मैकडरमोट, ब्रायन मैकलिमन, डब्ल आर हैमंड, सनत जयसूर्या, ब्रायन लारा, एंडी फ्लावर, बी.वी.एस लक्ष्मण, राहुल द्रविड़, डेनियल विटोरी, वीरेन्द्र सहवाग, एम एस. धोनी, युवराज सिंह, रिकी पोन्टिंग।
- **हॉकी :** ध्यान चंद, अशोक कुमार, अजित सिंह, परगट सिंह प्रीतपाल सिंह, जफर इकबाल, शंकर लक्ष्मण, चारू चार्ल्सवर्थ बलबीर सिंह, टेरी वाल्स, किशनलाल, धनराज पिल्लै।
- **फुटबॉल :** पेले, डियागो माराडोना, फ्रेंज बेकनबोर, सोक्रेट्स, रूड गुलिट, गैरी लिनेकर, कोरेका, पी सी बनर्जी, अरुणलाल घोष, युनी गोस्वामी, इंदर सिंह, डावर सूकर, रोनाल्डो, रिवाल्डो, डिसचैम्पस, ओलिवर कॉन, लुईस फिगो, वाइचुंग भूटिया।
- **टेनिस (लान) :** ब्योन बोर्ग, जिमी कानर्स, जान मैकनरो, इवान लेंडल, पीट सम्प्रास, मार्टिना नवरातिलोवा, स्टेफी ग्राफ, स्टीफन एडवर्ग, आंद्रे अगासी, माइकल चांग, रमेश कृष्णन, बोरिस बेकर, लिएण्डर पेस, महेश भूपति, विजय अमृतराज, आनंद अमृतराज, जयदीप मुखर्जी, राड लीवर, राय इमर्सन, नरेश कुमार, प्रेमजीत लाल, मार्टिना हिंगिस, मेरी पियर्स, सेरेना विलियम्स, वीनस विलियम्स, सानिया मिर्जा, सोमदेव वर्मन, रोजर फेडरर, राफेल नडाल, मारिया शरापोवा।
- **गोल्फ :** ग्रेग नारमेन, निक प्राइस, जीव मिलखा सिंह, एस. चौधरी, आर.के. पीतांबर, विक्रमजीत सिंह, अर्जुन अटवाल।
- **स्वीमिंग :** आरती गुप्ता, अरुण कुमार शा, वैद्यनाथ, डाउन फ्रेजर, मिहिर सेन, आरती शाहा, मार्क स्पिट्ज, माइकल फेल्प्स।
- **कुश्ती :** दारा सिंह, भीमसेन, मुख्तार सिंह, सुदेश कुमार, चांदगी राम, सुशील कुमार।
- **निशानेबाजी:** अंजली भागवत, राज्यवर्धन सिंह राठौर, समरेश जंग, अभिनव बिंद्रा, गगन नारंग।

☆☆☆☆☆☆